늦깎이 易學徒·새내기 看命師를 위한

한글 四柱·大運 만세력

1935(을해)년 부터
2070(경인)년 까지

청필 **박규병**(미카엘) 편저

신아사

머리말

영어를 공부하려면 사전이 필요하듯 역학을 공부하려면 만세력은 반드시 준비해야 할 필수품이다. 만세력의 종류도 많으나 필요한 이유는 한 가지이다. 즉, 사주팔자를 정확히 세우자는 데 있다. 그래야 올바른 사주 감정을 할 수 있기 때문이다. 역학 공부를 오래 하다 보면 만세력 없이도 사주를 세울 수는 있지만, 역학에서는 절기(節氣)를 중요시한다. 가령, 우리는 흔히 1월 1일이 되면 신년, 새해로 보지만 역학에서는 입춘(立春)이 들기 전까지는 새해로 보지 않는다. 또한 월(月)도 입절(入節) 전까지는 전달(前月)로 계산한다.

이렇게 절기를 중요시하기 때문에 절기법을 잘 모르거나 수지법(手指法)으로 사주를 세우다 보면 자칫 남의 사주를 세울 수가 있다.

또, 현재 시중에 있는 만세력들은 대부분이 절기를 자신이 계산해가며 사주를 세워야 하기 때문에 초보자가 사용하기가 매우 불편하다. 왜냐하면 역학공부를 제법 했다하는 이들도 틀리는 경우가 많기 때문이다.

더구나 학교에서조차 한문 교육을 도외시하는 사회 풍조상 한문을 제대로 배울 기회가 부족한 요즘의 젊은 세대에게는 한문 투성이의 역학 서적이나 만세력이 대부분이어서 역학에 관심이 있으면서도 선뜻 배우지 못하는 이유 중의 하나라고 필자는 믿는다.

그래서 한글판 『당일치기 역술총정리』를 펴내면서 『한글 사주 · 대운 만세력』을 함께 펴내는 바이니, 누구나 쉽고 빠르게 배워서 부디 뜻있게 써주기를 바란다.

청필 박규병 白

한글 四柱 · 大運 만세력을 보아야 하는 이유

역학공부를 비록 취미로 한다 할지라도 프로역술인이 되어 상담을 직업으로 삼겠다는 각오로 해야만 된다. 그래야 발전이 있다.

역할을 공부하다 보면 사주(四柱))를 세우고 또 대운수(大運數)를 계산해내야 하는데 늦깎이 역학도, 초보역술인으로서는 진땀나는 과정이다.

사주를 세우려면 만세력은 필수품이다. 역학공부하는 사람치고 만세력 없는 사람은 없다.

그런데 문제는, 지금 시중의 대부분 만세력(=천세력)은 한자로 되어 있다. 학교에서 한자(漢字)를 배우지 못한 세대들에게는 한자 투성이의 역학교재도 문제지만 한자만세력은 공포의 책일 수 있다.

설령 한글로 된 만세력이라도 일진(日辰) 중심이어서 그런 만세력으로 더듬더듬 사주를 세우다 보면 시간이 걸리는 것은 물론이려니와 십중팔구 남의 사주를 세우기가 십상이다.

또 대운수(大運數) 계산법은 알고 보면 간단한 산수(算數)에 불과하지만 역시 초보자에게는 대운수 계산하기란 진땀나는 일이다.

물론 달인(達人)이 되어서 초보자 시절을 생각하면 웃음이 절로 나겠지만 그때까지는 이 책에 쓰여진 대로 쉽게, 그리고 정확하게 사주를 세우고 대운수도 이 책에 쓰여진 대로 우선하기 바란다.

또 말하건대, 비록 취미로 역학을 공부한다 하더라도 직업상담인 처럼 공부해야 한다. 사주작성에서 부터 대운작업까지의 시간은 5분을 초과해서는 안된다. 작성자는 5분이 짧은지 몰라도 피상담에게 5분, 10분은 30분이나 1시간처럼 길고 지루하게 느껴지기 마련이다. 그러나 이 한글만세력을 활용하면 5분이면 상담을 시작할 수 있다. 그렇게 만든 만세력이다.

차 례

만세력 보는 법

■여는 말

본 만세력은 한글세대를 위해서 펴낸 것이다. 그래서 본 만세력을 보는 이를 기준으로 해서 할아버지, 할머니 연세에도 해당될 1935(을해)년부터 차세대가 될 2070(경인)년까지로 해서 순 한글로 만들었다.

■보는 법

해당되는 생년(生年)을 펴면 왼편 쪽에는 달(月)이 있는데 음력 월(달)이다. 매월 칸 상단에 있는 '음력'은 음력 일(日)이고 그 밑에 있는 '양력'은 양력 월.일을 적은 것이다. 그러므로 생월 · 일은 음력으로 알든 양력으로 알든 한 눈에 연주 · 월주 · 일주를 찾을 수가 있다.

매달 드는 절기를 계산해서 월주(月柱)를 세워 놓았으니 해당되는 연주, 월주, 일주의 간지(干支)를 쓰면 된다.

다만, 시주(時柱)는 각 일주(日柱) 밑에 적어 놓기가 너무 방대한지라 '**6. 시주천간(時柱天干) 찾는 표**'에 따라 시주를 세우기로 하겠다.

■명리학(=운명학)은 윤달(閏月)을 쓰는 절기력

· 윤달을 쓰지 않는 점술(占術)

기문둔갑, 자미두수, 하락이수, 육임술, 구성학(=술), 당사주

· 윤달은 표시하되 절기(節氣)를 바꾸지 않는 만세력의 문제점

명리(운명)학은 절기마다 바뀌는 月의 氣를 중요시하는 역학(易學)이다. 그러므로 달(月)이 바뀌는 것이 중요한 것이 아니라 절기의 흐름이 중요한 것이다.

시중의 만세력 중 예를 들어 윤달 6月이 있으면, 6月 다음달에는 윤6월이라고 써놓기는 하지만 그대로 6월로 치부하는 만세력은 윤달을 무시한 만세력이다. 고로 정확한 운명 간명(看命)이 될 수 없다.

반드시 확인하고 사용해야 한다.

매월 맨아래 대운(大運)칸에는 남 · 여 별로 대운수(大運數)를 적어 놓았다. 같은 연 · 월 · 일에 태어나도 남자와 여자의 대운수가 다른 것은 남자가 순행(順行)하는 대운이라면 여자는 역행(逆行)하는 대운이기 때문이다.

대운수를 계산하는 방법은 다음과 같다.

먼저 **순행**하는 사주는 미래 절(節)이 드는 날에서 생일(生日)을 뺀 후 그날수를 3으로 나눈다. 이때 나머지가 1이면 버리고, 나머지가 2이면 반올림해서 쓴다(예 : 일수가 10일이면 10÷3=3…1, 나머지가 1이므로 1을 버리고 대운수를 3으로 한다. 그러나 일수가 11일이면 11÷3=3…2 나머지가 2이므로 대운수는 4이다).

또 **역행**하는 사주일 때는 자기 생일(生日)에서 과거 절이 든 날을 빼서 나온 날 수를 3으로 나누어서 위와 같이 대운수를 계산한다.

특히 역학 공부에 자신이 붙을 때까지는 본 「한글사주 · 대운 만세력」을 보면서 대운수를 찾아 쓰는 게 바람직하다.

시간(時間)에 대하여

時에는 문화시(文化時)와 자연시(自然時)가 있다.

문화란 우리가 흔히 쓰고 있는 시계(時計)에 의한 시간으로 하루를 24시간으로 나누어 측정하는 시간 단위를 말한다.

자연시란 하루의 밤과 낮이 바뀌는, 즉 음극(陰極)에서 양극(陽極)으로 한차례 순환하는 시간을 태양의 조사각도(照射角度)에 따라서 12지간(支間)으로 구분해 놓은 것이다. 역학(易學)에서는 자연시를 사용한다.

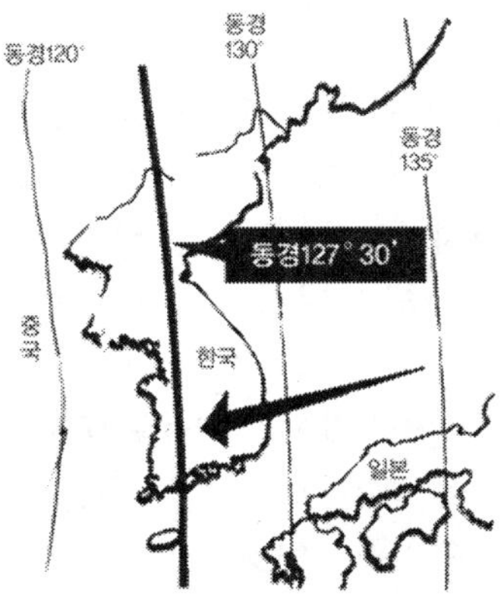

물론 중국이나 일본의 역학에서도 자연시를 쓰고 있다. 다만 우리나라와는 기준이 되는 경도(經度)가 다르기 때문에 자시(子時)를 밤 11시 부터 해서 밤 1시까지, 즉 두 시간씩 나누어 하루를 12지간(支間)으로 구분해 쓰고 있다. 중국이나 일본에서도 자연시를 쓰고 있다.

그런데 우리나라에서 중국이나 일본의 자연시를 인용해 사용한다면 30분씩의 오차가 생긴다.

왜일까? 일본 자연시의 기준은 동경(東經) 135°를 기준하여 12지간(支間)으로 나누었기 때문에 일본에서는 동경 135°를 표준자연시로 기준한다.

중국은 동경(東經) 120도를 기준했기 때문에 중국에서는 표준자연시가 동경 120°다. 시차(時差)는 경도(經度) 15도마다 1시간씩 차이가 난다.

우리나라는 동경(東經) 127도 30분에 위치한다.

그러므로 일본식의 시간 구분법에 따르면 우리나라는 일본보다는 30분이 늦고, 중국보다는 30분이 빠르다.

그럼에도 불구하고 지금 우리나라 역학자 · 역술인들 거의 대부분과 또 **대부분의 만세력에서도 일본식 아니면 중국시간**을 따르고 있는 딱한 설정이다.

2005년 KBS에서 세종 때 만든 해시계인 **앙부일귀**로 자연시와 문화시를 비교 · 측정해 본 적이 있었다. 시계가 정오(正午), 즉 정각 12시를 가리켰을때 앙부일귀는 12시 30분을 가리키고 있었다.

그러므로 우리나라의 자연시는 기존의 자연시간에다 30분씩을 더(加)해야 정확한 자연시가 된다. 이 한글만세력의 시간이 일본이나 중국식 시간보다 30분씩을 더한 시간이 우리나라의 자연시에 맞는 시간임을 알아야 한다.

곁들여 한마디 더한다면, **일본인들이 꾸며낸 조자시(朝子時), 야자시(夜子時)** 또 서양의 자본주의들이 노동력을 착취하기 위해서 발명(?)해 낸 **서머타임** (summer time) 등 따위에 놀아나지 말기 바란다. 무시해라.

역학(易學)은 천기(天氣)(=절기 節氣)를 중요시 하는 학문 · 학술이다.

하루를 2시간(=120분)씩으로 나누어 하루를 12支間(지간)으로 한 것은 하루는 **2시간** 마다 氣가 바뀌기 때문이다.

대운(大運)에 대하여

1. 日干(=日柱)기준, 年干(연간)에 따라 順行(순행)과 逆行(역행)이 결정되는 이유

태양의 위성 중에는 지구도 있고 달도 있다.
태양은 陽中陽이라 하며 태양의 자전 방향은 시계방향, 즉 순행한다.
지구는 陽(=**陽男**) 중 陰(=**陰女**)에 속하며 자전방향은 태양과 같다.
달은 陰(=**陰男**) 중 陽(=**陽女**)에 속하며 지구주위를 역행한다.

그래서 남자가 陽年(양년)에 태어나거나 여자가 陰年(음년)애 태어난 경우는 태양처럼 대운 60갑자의 방향이 순행한다.
반대로 남자가 음년에 태어나거나 여자가 양년에 태어난 경우는 달(月)처럼 대운 60갑자의 방향이 역행하게 되는 것이다.

2. 대운의 시작을 月柱(월주)로 하는 이유

대운의 간지(干支)를 지나다 보면 춘 · 하 · 추 · 동 사계절의 변화를 겪게 된다. 다시 말하면 한 사람의 운로(運路)는 대운을 지나면서 평지를 걷기도 할 수 있고, 가파른 언덕을 올라가야 할 수도, 내려가야 할 수도 있는 변화를 겪게 된다.
바꾸어 말하면 달(月)의 작용으로 계절의 변화가 생기듯 한 명주(命主)의 운기(運氣) 변화도 달(月), 즉 월주(月柱)의 영향을 받게 되므로 월령(月令=月柱)를 기준으로 하는 것이다.

3. 한 대운을 10년씩 정하는 이유

지구는 태양을 중심으로 공전(公轉)한다. 한 번 공전하는데 1년(=12개월)이 걸린다.

태양계도 태양을 중심으로 북극성(北極星)을 공전한다. 한번 공전하는 데 120년이 걸린다.

따라서 지구의 공전 1개월은 태양 공전의 10년에 해당한다. 즉, 지구의 1년 12개월은 태양계에는 1년이 되는 셈이다. 그래서 대운의 한 기간을 10년으로 정한 것이다.

4. 命主의 生日로부터 절입일(節入日)까지를 3으로 나누는 이유

10년을 1개월인 30일로 약분(約分)해 놓았기 때문이다.

그러므로 30일을 10으로 나누면 3일이 나온다. 그래서 3일이 1세(歲)에 해당하는 것이므로 3으로 일수(日數)를 나누면 대운수(大運數)가 결정된다.

대운수를 따져보기란 초보자 아니, 어지간한 역술인도 오산(誤算)하기 십상이다. 그러므로 처음부터 만세력 하단에 있는 남 · 여 별 대운수를 사용하는 것이 四柱세우기도 빠르고 보다 더 정확하다.

(1) 10천간(天干)의 5행(行) 분류

오행 / 음·양	木	火	土	金	水
양⊕	甲 木 갑 목	丙 火 병 화	戊 土 무 토	庚 金 경 금	壬 水 임 수
음⊖	乙 木 을 목	丁 火 정 화	己 土 기 토	辛 金 신 금	癸 水 계 수

(2) 12지지(地支)의 5행(行) 분류

오행 / 음·양	木	火	土	金	水
양⊕	寅 木 인 목	午 火 오 화	辰土戌土 진토술토	申 金 신 금	子 水 자 수
음⊖	卯 木 묘 목	巳 火 사 화	丑土未土 축토미토	酉 金 유 금	亥 水 해 수

(3) 사주(四柱)의 구성

年 柱 연 주	月 柱 월 주	日 柱 일 주	時 柱 시 주
① 年 干 연 간	③ 月 干 월 간	⑤ 日 干 일 간	⑦ 時 干 시 간
② 年 支 연 지	④ 月 支 월 지	⑥ 日 支 일 지	⑧ 時 支 시 지

도움말

- 사주란 기둥(柱)이 4개 있다 해서 사주라 한다.
- 또 4개의 간(干)글자, 즉 ① ③ ⑤ ⑦의 4글자와 4개의 지(支) 글자. 즉 ② ④ ⑥ ⑧의 4글자를 합쳐 8자(字)라고도 하다.
- 남자는 8자 중 ⑤일간이 자기(自己)이다. 그래서 8자 중 가장 중요시한다.
- 여자는 ⑥일지 중 해당 지장간이 日干이 된다.
  그래서 여자는 8자중 가장 중요시한다. 이때 ⑤는 여자의 배우자 오행이다.

(4) 60갑자(甲子)

1	갑자(甲子)	11	갑술(甲戌)	21	갑신(甲申)	31	갑오(甲午)	41	갑진(甲辰)	51	갑인(甲寅)
2	을축(乙丑)	12	을해(乙亥)	22	을유(乙酉)	32	을미(乙未)	42	을사(乙巳)	52	을묘(乙卯)
3	병인(丙寅)	13	병자(丙子)	23	병술(丙戌)	33	병신(丙申)	43	병오(丙午)	53	병진(丙辰)
4	정묘(丁卯)	14	정축(丁丑)	24	정해(丁亥)	34	정유(丁酉)	44	정미(丁未)	54	정사(丁巳)
5	무진(戊辰)	15	무인(戊寅)	25	무자(戊子)	35	무술(戊戌)	45	무신(戊申)	55	무오(戊午)
6	기사(己巳)	16	기묘(己卯)	26	기축(己丑)	36	기해(己亥)	46	기유(己酉)	56	기미(己未)
7	경오(庚午)	17	경진(庚辰)	27	경인(庚寅)	37	경자(庚子)	47	경술(庚戌)	57	경신(庚申)
8	신미(辛未)	18	신사(辛巳)	28	신묘(辛卯)	38	신축(辛丑)	48	신해(辛亥)	58	신유(申酉)
9	임신(壬申)	19	임오(壬午)	29	임진(壬辰)	39	임인(壬寅)	49	임자(壬子)	58	임술(壬戌)
10	계유(癸酉)	20	계미(癸未)	30	계사(癸巳)	40	계묘(癸卯)	50	계축(癸丑)	60	계해(癸亥)

도움말

- 60갑자의 글자가 중요한 게 아니라 각 간(干)과 지(支)가 지니고 있는 오행이 중요하다.
- 1~60까지의 번호는 60갑자, 즉 갑자(甲子)부터 계해(癸亥)까지의 순서이다.

(5) 12절기(節氣)의 이름과 뜻 그리고 입절(入節)되는 양력 날짜

계절	음력월	절기명	양력일	절기의 뜻
봄	1	입춘	2월 3~5일경	봄이 시작된다는 절기
	2	경칩	3월 5~6일경	얼음이 녹으며 곤충이 깨어난다는 절기
	3	청명	4월 4~5일경	날씨가 맑고 밝은 절기
여름	4	입하	5월 5~6일경	여름이 시작된다는 절기
	5	망종	6월 5~6일경	보리를 베는 절기
	6	소서	7월 6~8일경	더워지는 절기
가을	7	입추	8월 7~8일경	가을이 시작되는 절기
	8	백로	9월 7~8일경	흰 이슬이 내리는 절기
	9	한로	10월 7~9일경	찬 이슬이 내리는 절기
겨울	10	입동	11월 7~8일경	겨울이 시작되는 절기
	11	대설	12월 6~7일경	눈이 많이 오는 절기
	12	소한	1월 5~7일경	추워지는 절기

도움말

- 매년, 매월을 보면 **고딕체**(굵은 글자)로 된 간지(干支)가 있다. 그 간지(干支)는 해(年)가 바뀌거나 새 절기(節氣)가 드는 날을 표시한 것이다.
- 절기를 24절기로 나누기도 하지만 역학에서는 위에서처럼 12절기를 쓴다.

(6) 시주천간(時柱天干=時干) 찾는 표

時支 \ 日干		갑(甲)	을(乙)	병(丙)	정(丁)	무(戊)	기(己)	경(庚)	신(辛)	임(壬)	계(癸)
자(子)	23:00~01:30	갑	병	무	경	임	갑	병	무	경	임
축(丑)	01:30~03:30	을	정	기	신	계	을	정	기	신	계
인(印)	03:30~05:30	병	무	경	임	갑	병	무	경	임	갑
묘(卯)	05:30~07:30	정	기	신	계	을	정	기	신	계	을
진(辰)	07:30~09:30	무	경	임	갑	병	무	경	임	갑	병
사(巳)	09:30~11:30	기	신	계	을	정	기	신	계	을	정
오(午)	11:30~13:30	경	임	갑	병	무	경	임	갑	병	무
미(未)	13:30~15:30	신	계	을	정	기	신	계	을	정	기
신(申)	15:30~17:30	임	갑	병	무	경	임	갑	병	무	경
유(酉)	17:30~19:30	계	을	정	기	신	계	을	정	기	신
술(戌)	19:30~21:30	갑	병	무	경	임	갑	병	무	경	임
해(亥)	21:30~23:30	을	정	기	신	계	을	정	기	신	계

[예 1] 1953년 음 3월 3일 진시생. 남자

연	계 사
월	병 진
일	정 유
시	갑 진

옆과 같이 사주가 세워지는데 이때 시지(時支)는 진(辰)시로 알 수 있지만 시간(時干)을 모르는 것이다. 그 시간을 알려면 일간(日干)을 본다. 보면, 정(丁)이다. 그러면 '**시주 천간 찾는 표**'의 일간, 정(丁)에서 밑으로 진(辰)시까지 내려오면 갑(甲)이라 적혀 있다. 그 **갑**이 시간(時干) '갑'이므로 시간(時干) 자리에 갑을 써 넣으면 시주(時柱)는 **갑진**이 된다.

[예 2] 1960년 음 5월 20일 묘시생. 남자

연	경 자
월	임 오
일	임 신
시	계 묘

일간(日干)이 기준이다. 그러나 '**시주 천간 찾는 표**'의 일간 임(壬)에서 밑으로 내려가면서 묘(卯)시와 만나는 칸을 보면 '계(癸)'라 적혀 있다. 그러므로 '계'가 시간(時干)이므로 시주(時柱)는 **계묘**가 된다.

한글 만세력

1935(을해)년 【단기 4268년】

월	구분		1	2	3	4	5	6	7	8	9	10	11	12	13
음 1 월	음력		1	2	3	4	5	6	7	8	9	10	11	12	13
	양력		**2/4**	5	6	7	8	9	10	11	12	13	14	15	16
	연주 (생년)		갑술	**을해**	을해	을해	을해	을해	을해	을해	을해	을해	을해	을해	을해
	월주 (생월)		정축	**무인**	무인	무인	무인	무인	무인	무인	무인	무인	무인	무인	무인
	일주 (생일)		신해	임자	계축	갑인	을묘	병진	정사	무오	기미	경신	신유	임술	계해
	대운	남	1	10	1	1	1	1	2	2	2	3	3	3	4
		여	10	10	9	9	9	8	8	8	7	7	7	6	6
음 2 월	음력		1	2	3	4	5	6	7	8	9	10	11	12	13
	양력		**3/5**	6	7	8	9	10	11	12	13	14	15	16	17
	연주 (생년)		을해	을해	을해	을해	을해	을해	을해	을해	을해	을해	을해	을해	을해
	월주 (생월)		무인	**기묘**	기묘	기묘	기묘	기묘	기묘	기묘	기묘	기묘	기묘	기묘	기묘
	일주 (생일)		경진	신사	임오	계미	갑신	을유	병술	정해	무자	기축	경인	신묘	임진
	대운	남	9	10	1	1	1	1	2	2	2	3	3	3	4
		여	1	10	10	10	9	9	9	8	8	8	7	7	7
음 3 월	음력		1	2	3	4	5	6	7	8	9	10	11	12	13
	양력		**4/3**	4	5	6	7	8	9	10	11	12	13	14	15
	연주 (생년)		을해	을해	을해	을해	을해	을해	을해	을해	을해	을해	을해	을해	을해
	월주 (생월)		기묘	기묘	기묘	**경진**	경진	경진	경진	경진	경진	경진	경진	경진	경진
	일주 (생일)		기유	경술	신해	임자	계축	갑인	을묘	병진	정사	무오	기미	경신	신유
	대운	남	9	10	10	10	1	1	1	1	2	2	2	3	3
		여	1	1	1	10	10	9	9	9	8	8	8	7	7
음 4 월	음력		1	2	3	4	5	6	7	8	9	10	11	12	13
	양력		**5/3**	4	5	6	7	8	9	10	11	12	13	14	15
	연주 (생년)		을해	을해	을해	을해	을해	을해	을해	을해	을해	을해	을해	을해	을해
	월주 (생월)		경진	경진	경진	**신사**	신사	신사	신사	신사	신사	신사	신사	신사	신사
	일주 (생일)		기묘	경진	신사	임오	계미	갑신	을유	병술	정해	무자	기축	경인	신묘
	대운	남	9	9	10	10	1	1	1	1	2	2	2	3	3
		여	1	1	1	10	10	10	10	9	9	9	8	8	8
음 5 월	음력		1	2	3	4	5	6	7	8	9	10	11	12	13
	양력		**6/1**	2	3	4	5	6	7	8	9	10	11	12	13
	연주 (생년)		을해	을해	을해	을해	을해	을해	을해	을해	을해	을해	을해	을해	을해
	월주 (생월)		신사	신사	신사	신사	신사	신사	**임오**	임오	임오	임오	임오	임오	임오
	일주 (생일)		무신	기유	경술	신해	임자	계축	갑인	을묘	병진	정사	무오	기미	경신
	대운	남	9	9	9	10	10	10	10	1	1	1	1	2	2
		여	2	2	1	1	1	1	10	10	10	9	9	9	8
음 6 월	음력		1	2	3	4	5	6	7	8	9	10	11	12	13
	양력		**7/1**	2	3	4	5	6	7	8	9	10	11	12	13
	연주 (생년)		을해	을해	을해	을해	을해	을해	을해	을해	을해	을해	을해	을해	을해
	월주 (생월)		임오	임오	임오	임오	임오	임오	임오	**계미**	계미	계미	계미	계미	계미
	일주 (생일)		무인	기묘	경진	신사	임오	계미	갑신	을유	병술	정해	무자	기축	경인
	대운	남	8	8	9	9	9	10	10	10	1	1	1	1	2
		여	2	2	2	1	1	1	1	10	10	10	9	9	9

음1월	14	15	16	17	18	19	20	21	22	23	24	25	26	27	28	29	
	17	18	19	20	21	22	23	24	25	26	27	28	**3/1**	2	3	4	
	을해	을해	을해	을해	을해	을해	을해	을해	을해	을해	을해	을해	을해	을해	을해	을해	
	무인	무인	무인	무인	무인	무인	무인	무인	무인	무인	무인	무인	무인	무인	무인	무인	
	갑자	을축	병인	정묘	무진	기사	경오	신미	임신	계유	갑술	을해	병자	정축	무인	기묘	
	4	4	5	5	5	6	6	6	7	7	7	8	8	8	9	9	
	6	5	5	5	4	4	4	3	3	3	2	2	2	1	1	1	
음2월	14	15	16	17	18	19	20	21	22	23	24	25	26	27	28	29	
	18	19	20	21	22	23	24	25	26	27	28	29	30	31	**4/1**	2	
	을해	을해	을해	을해	을해	을해	을해	을해	을해	을해	을해	을해	을해	을해	을해	을해	
	기묘	기묘	기묘	기묘	기묘	기묘	기묘	기묘	기묘	기묘	기묘	기묘	기묘	기묘	기묘	기묘	
	계사	갑오	을미	병신	정유	무술	기해	경자	신축	임인	계묘	갑진	을사	병오	정미	무신	
	4	4	5	5	5	6	6	6	7	7	7	8	8	8	9	9	
	6	6	6	5	5	5	4	4	4	3	3	3	2	2	2	1	
음3월	14	15	16	17	18	19	20	21	22	23	24	25	26	27	28	29	30
	16	17	18	19	20	21	22	23	24	25	26	27	28	29	30	**5/1**	2
	을해	을해	을해	을해	을해	을해	을해	을해	을해	을해	을해	을해	을해	을해	을해	을해	을해
	경진	경진	경진	경진	경진	경진	경진	경진	경진	경진	경진	경진	경진	경진	경진	경진	경진
	임술	계해	갑자	을축	병인	정묘	무진	기사	경오	신미	임신	계유	갑술	을해	병자	정축	무인
	3	4	4	4	5	5	5	6	6	6	7	7	7	8	8	8	9
	7	6	6	6	5	5	5	4	4	4	3	3	3	2	2	2	1
음4월	14	15	16	17	18	19	20	21	22	23	24	25	26	27	28	29	
	16	17	18	19	20	21	22	23	24	25	26	27	28	29	30	31	
	을해	을해	을해	을해	을해	을해	을해	을해	을해	을해	을해	을해	을해	을해	을해	을해	
	신사	신사	신사	신사	신사	신사	신사	신사	신사	신사	신사	신사	신사	신사	신사	신사	
	임진	계사	갑오	을미	병신	정유	무술	기해	경자	신축	임인	계묘	갑진	을사	병오	정미	
	3	4	4	4	5	5	5	6	6	6	7	7	7	8	8	8	
	7	7	7	6	6	6	5	5	5	4	4	4	3	3	3	2	
음5월	14	15	16	17	18	19	20	21	22	23	24	25	26	27	28	29	30
	14	15	16	17	18	19	20	21	22	23	24	25	26	27	28	29	30
	을해	을해	을해	을해	을해	을해	을해	을해	을해	을해	을해	을해	을해	을해	을해	을해	을해
	임오	임오	임오	임오	임오	임오	임오	임오	임오	임오	임오	임오	임오	임오	임오	임오	임오
	신유	임술	계해	갑자	을축	병인	정묘	무진	기사	경오	신미	임신	계유	갑술	을해	병자	정축
	2	3	3	3	4	4	4	5	5	5	6	6	6	7	7	7	8
	8	8	7	7	7	6	6	6	5	5	5	4	4	4	3	3	3
음6월	14	15	16	17	18	19	20	21	22	23	24	25	26	27	28	29	
	14	15	16	17	18	19	20	21	22	23	24	25	26	27	28	29	
	을해	을해	을해	을해	을해	을해	을해	을해	을해	을해	을해	을해	을해	을해	을해	을해	
	계미	계미	계미	계미	계미	계미	계미	계미	계미	계미	계미	계미	계미	계미	계미	계미	
	신묘	임진	계사	갑오	을미	병신	정유	무술	기해	경자	신축	임인	계묘	갑진	을사	병오	
	2	2	3	3	3	4	4	4	5	5	5	6	6	6	7	7	
	8	8	8	7	7	7	6	6	6	5	5	5	4	4	4	3	

1935(을해)년 【단기 4268년】

음 7월	음력		1	2	3	4	5	6	7	8	9	10	11	12	13
	양력		**7/30**	31	**8/1**	2	3	4	5	6	7	8	9	10	11
	연주 (생년)		을해	을해	을해	을해	을해	을해	을해	을해	을해	을해	을해	을해	을해
	월주 (생월)		계미	계미	계미	계미	계미	계미	계미	계미	계미	**갑신**	갑신	갑신	갑신
	일주 (생일)		정미	무신	기유	경술	신해	임자	계축	갑인	을묘	병진	정사	무오	기미
	대운	남	7	8	8	8	9	9	9	10	10	10	1	1	1
		여	3	3	2	2	2	1	1	1	1	10	10	10	1

음 8월	음력		1	2	3	4	5	6	7	8	9	10	11	12	13
	양력		**8/29**	30	31	**9/1**	2	3	4	5	6	7	8	9	10
	연주 (생년)		을해	을해	을해	을해	을해	을해	을해	을해	을해	을해	을해	을해	을해
	월주 (생월)		갑신	갑신	갑신	갑신	갑신	갑신	갑신	갑신	갑신	갑신	**을유**	을유	을유
	일주 (생일)		정축	무인	기묘	경진	신사	임오	계미	갑신	을유	병술	정해	무자	기축
	대운	남	7	7	8	8	8	9	9	9	10	10	10	1	1
		여	3	3	3	2	2	2	1	1	1	1	10	10	10

음 9월	음력		1	2	3	4	5	6	7	8	9	10	11	12	13
	양력		**9/28**	29	30	**10/1**	2	3	4	5	6	7	8	9	10
	연주 (생년)		을해	을해	을해	을해	을해	을해	을해	을해	을해	을해	을해	을해	을해
	월주 (생월)		을유	을유	을유	을유	을유	을유	을유	을유	을유	을유	을유	**병술**	병술
	일주 (생일)		정미	무신	기유	경술	신해	임자	계축	갑인	을묘	병진	정사	무오	기미
	대운	남	7	7	7	8	8	8	9	9	9	10	10	10	1
		여	4	3	3	3	2	2	2	1	1	1	1	10	10

음 10월	음력		1	2	3	4	5	6	7	8	9	10	11	12	13
	양력		**10/27**	28	29	30	31	**11/1**	2	3	4	5	6	7	8
	연주 (생년)		을해	을해	을해	을해	을해	을해	을해	을해	을해	을해	을해	을해	을해
	월주 (생월)		병술	병술	병술	병술	병술	병술	병술	병술	병술	병술	병술	병술	**정해**
	일주 (생일)		병자	정축	무인	기묘	경진	신사	임오	계미	갑신	을유	병술	정해	무자
	대운	남	6	6	7	7	7	8	8	8	9	9	9	10	10
		여	4	4	3	3	3	2	2	2	1	1	1	1	10

음 11월	음력		1	2	3	4	5	6	7	8	9	10	11	12	13
	양력		**11/26**	27	28	29	30	**12/1**	2	3	4	5	6	7	8
	연주 (생년)		을해	을해	을해	을해	을해	을해	을해	을해	을해	을해	을해	을해	을해
	월주 (생월)		정해	정해	정해	정해	정해	정해	정해	정해	정해	정해	정해	정해	**무자**
	일주 (생일)		병오	정미	무신	기유	경술	신해	임자	계축	갑인	을묘	병진	정사	무오
	대운	남	6	6	7	7	7	8	8	8	9	9	9	10	10
		여	4	4	3	3	3	2	2	2	1	1	1	1	10

음 12월	음력		1	2	3	4	5	6	7	8	9	10	11	12	13
	양력		**12/26**	27	28	29	30	31	**1/1**	2	3	4	5	6	7
	연주 (생년)		을해	을해	을해	을해	을해	을해	을해	을해	을해	을해	을해	을해	을해
	월주 (생월)		무자	무자	무자	무자	무자	무자	무자	무자	무자	무자	무자	**기축**	기축
	일주 (생일)		병자	정축	무인	기묘	경진	신사	임오	계미	갑신	을유	병술	정해	무자
	대운	남	6	6	7	7	7	8	8	8	9	9	9	10	1
		여	4	3	3	3	2	2	2	1	1	1	1	10	10

음 7월	14	15	16	17	18	19	20	21	22	23	24	25	26	27	28	29	30
	12	13	14	15	16	17	18	19	20	21	22	23	24	25	26	27	28
	을해	을해	을해	을해	을해	을해	을해	을해	을해	을해	을해	을해	을해	을해	을해	을해	을해
	갑신	갑신	갑신	갑신	갑신	갑신	갑신	갑신	갑신	갑신	갑신	갑신	갑신	갑신	갑신	갑신	갑신
	경신	신유	임술	계해	갑자	을축	병인	정묘	무진	기사	경오	신미	임신	계유	갑술	을해	병자
	1	2	2	2	3	3	3	4	4	4	5	5	5	6	6	6	7
	9	9	8	8	8	7	7	7	6	6	6	5	5	5	4	4	4

음 8월	14	15	16	17	18	19	20	21	22	23	24	25	26	27	28	29	30
	11	12	13	14	15	16	17	18	19	20	21	22	23	24	25	26	27
	을해	을해	을해	을해	을해	을해	을해	을해	을해	을해	을해	을해	을해	을해	을해	을해	을해
	을유	을유	을유	을유	을유	을유	을유	을유	을유	을유	을유	을유	을유	을유	을유	을유	을유
	경인	신묘	임진	계사	갑오	을미	병신	정유	무술	기해	경자	신축	임인	계묘	갑진	을사	병오
	1	1	2	2	2	3	3	3	4	4	4	5	5	5	6	6	6
	9	9	9	8	8	8	7	7	7	6	6	6	5	5	5	4	4

음 9월	14	15	16	17	18	19	20	21	22	23	24	25	26	27	28	29	
	11	12	13	14	15	16	17	18	19	20	21	22	23	24	25	26	
	을해	을해	을해	을해	을해	을해	을해	을해	을해	을해	을해	을해	을해	을해	을해	을해	
	병술	병술	병술	병술	병술	병술	병술	병술	병술	병술	병술	병술	병술	병술	병술	병술	
	경신	신유	임술	계해	갑자	을축	병인	정묘	무진	기사	경오	신미	임신	계유	갑술	을해	
	1	1	1	2	2	2	3	3	3	4	4	4	5	5	5	6	
	9	9	9	8	8	8	7	7	7	6	6	6	5	5	5	4	

음 10월	14	15	16	17	18	19	20	21	22	23	24	25	26	27	28	29	30
	9	10	11	12	13	14	15	16	17	18	19	20	21	22	23	24	25
	을해	을해	을해	을해	을해	을해	을해	을해	을해	을해	을해	을해	을해	을해	을해	을해	을해
	정해	정해	정해	정해	정해	정해	정해	정해	정해	정해	정해	정해	정해	정해	정해	정해	정해
	기축	경인	신묘	임진	계사	갑오	을미	병신	정유	무술	기해	경자	신축	임인	계묘	갑진	을사
	1	1	1	1	2	2	2	3	3	3	4	4	4	5	5	5	6
	10	9	9	9	8	8	8	7	7	7	6	6	6	5	5	5	4

음 11월	14	15	16	17	18	19	20	21	22	23	24	25	26	27	28	29	30
	9	10	11	12	13	14	15	16	17	18	19	20	21	22	23	24	25
	을해	을해	을해	을해	을해	을해	을해	을해	을해	을해	을해	을해	을해	을해	을해	을해	을해
	무자	무자	무자	무자	무자	무자	무자	무자	무자	무자	무자	무자	무자	무자	무자	무자	무자
	기미	경신	신유	임술	계해	갑자	을축	병인	정묘	무진	기사	경오	신미	임신	계유	갑술	을해
	1	1	1	1	2	2	2	3	3	3	4	4	4	5	5	5	6
	9	9	9	8	8	8	7	7	7	6	6	6	5	5	5	4	4

음 12월	14	15	16	17	18	19	20	21	22	23	24	25	26	27	28	29	
	8	9	10	11	12	13	14	15	16	17	18	19	20	21	22	23	
	을해	을해	을해	을해	을해	을해	을해	을해	을해	을해	을해	을해	을해	을해	을해	을해	
	기축	기축	기축	기축	기축	기축	기축	기축	기축	기축	기축	기축	기축	기축	기축	기축	
	기축	경인	신묘	임진	계사	갑오	을미	병신	정유	무술	기해	경자	신축	임인	계묘	갑진	
	1	1	1	2	2	2	3	3	3	4	4	4	5	5	5	6	
	9	9	9	8	8	8	7	7	7	6	6	6	5	5	5	4	

1936(병자)년 【단기4269년】

월	구분		1	2	3	4	5	6	7	8	9	10	11	12	13
음 1 월	음력		1	2	3	4	5	6	7	8	9	10	11	12	13
	양력		**1/24**	25	26	27	28	29	30	31	**2/1**	2	3	4	5
	연주 (생년)		을해	을해	을해	을해	을해	을해	을해	을해	을해	을해	을해	을해	**병자**
	월주 (생월)		기축	기축	기축	기축	기축	기축	기축	기축	기축	기축	기축	기축	**경인**
	일주 (생일)		을사	병오	정미	무신	기유	경술	신해	임자	계축	갑인	을묘	병진	정사
	대운	남	6	6	7	7	7	8	8	8	9	9	9	10	10
		여	4	4	3	3	3	2	2	2	1	1	1	1	10
음 2 월	음력		1	2	3	4	5	6	7	8	9	10	11	12	13
	양력		**2/23**	24	25	26	27	28	29	**3/1**	2	3	4	5	6
	연주 (생년)		병자	병자	병자	병자	병자	병자	병자	병자	병자	병자	병자	병자	병자
	월주 (생월)		경인	경인	경인	경인	경인	경인	경인	경인	경인	경인	경인	경인	**신묘**
	일주 (생일)		을해	병자	정축	무인	기묘	경진	신사	임오	계미	갑신	을유	병술	정해
	대운	남	4	4	3	3	3	2	2	2	1	1	1	1	10
		여	6	6	7	7	7	8	8	8	9	9	9	10	10
음 3 월	음력		1	2	3	4	5	6	7	8	9	10	11	12	13
	양력		**3/23**	24	25	26	27	28	29	30	31	**4/1**	2	3	4
	연주 (생년)		병자	병자	병자	병자	병자	병자	병자	병자	병자	병자	병자	병자	병자
	월주 (생월)		신묘	신묘	신묘	신묘	신묘	신묘	신묘	신묘	신묘	신묘	신묘	신묘	신묘
	일주 (생일)		갑진	을사	병오	정미	무신	기유	경술	신해	임자	계축	갑인	을묘	병진
	대운	남	4	4	4	3	3	3	2	2	2	1	1	1	1
		여	6	6	6	7	7	7	8	8	8	9	9	9	10
윤 3 월	음력		1	2	3	4	5	6	7	8	9	10	11	12	13
	양력		**4/21**	22	23	24	25	26	27	28	29	30	**5/1**	2	3
	연주 (생년)		병자	병자	병자	병자	병자	병자	병자	병자	병자	병자	병자	병자	병자
	월주 (생월)		임진	임진	임진	임진	임진	임진	임진	임진	임진	임진	임진	임진	임진
	일주 (생일)		계유	갑술	을해	병자	정축	무인	기묘	경진	신사	임오	계미	갑신	을유
	대운	남	5	5	4	4	4	3	3	3	2	2	2	1	1
		여	5	6	6	6	7	7	7	8	8	8	9	9	9
음 4 월	음력		1	2	3	4	5	6	7	8	9	10	11	12	13
	양력		**5/21**	22	23	24	25	26	27	28	29	30	31	**6/1**	2
	연주 (생년)		병자	병자	병자	병자	병자	병자	병자	병자	병자	병자	병자	병자	병자
	월주 (생월)		계사	계사	계사	계사	계사	계사	계사	계사	계사	계사	계사	계사	계사
	일주 (생일)		계묘	갑진	을사	병오	정미	무신	기유	경술	신해	임자	계축	갑인	을묘
	대운	남	5	5	5	4	4	4	3	3	3	2	2	2	1
		여	5	5	6	6	6	7	7	7	8	8	8	9	9
음 5 월	음력		1	2	3	4	5	6	7	8	9	10	11	12	13
	양력		**6/19**	20	21	22	23	24	25	26	27	28	29	30	**7/1**
	연주 (생년)		병자	병자	병자	병자	병자	병자	병자	병자	병자	병자	병자	병자	병자
	월주 (생월)		갑오	갑오	갑오	갑오	갑오	갑오	갑오	갑오	갑오	갑오	갑오	갑오	갑오
	일주 (생일)		임신	계유	갑술	을해	병자	정축	무인	기묘	경진	신사	임오	계미	갑신
	대운	남	6	6	5	5	5	4	4	4	3	3	3	2	2
		여	4	5	5	5	6	6	6	7	7	7	8	8	8
음 6 월	음력		1	2	3	4	5	6	7	8	9	10	11	12	13
	양력		**7/19**	20	21	22	23	24	25	26	27	28	29	30	31
	연주 (생년)		병자	병자	병자	병자	병자	병자	병자	병자	병자	병자	병자	병자	병자
	월주 (생월)		을미	을미	을미	을미	을미	을미	을미	을미	을미	을미	을미	을미	을미
	일주 (생일)		임인	계묘	갑진	을사	병오	정미	무신	기유	경술	신해	임자	계축	갑인
	대운	남	7	6	6	6	5	5	5	4	4	4	3	3	3
		여	4	4	5	5	5	6	6	6	7	7	7	8	8

음 1 월	14	15	16	17	18	19	20	21	22	23	24	25	26	27	28	29	30
	6	7	8	9	10	11	12	13	14	15	16	17	18	19	20	21	22
	병자	병자	병자	병자	병자	병자	병자	병자	병자	병자	병자	병자	병자	병자	병자	병자	병자
	경인	경인	경인	경인	경인	경인	경인	경인	경인	경인	경인	경인	경인	경인	경인	경인	경인
	무오	기미	경신	신유	임술	계해	갑자	을축	병인	정묘	무진	기사	경오	신미	임신	계유	갑술
	10	9	9	9	8	8	8	7	7	7	6	6	6	5	5	5	4
	1	1	1	1	2	2	2	3	3	3	4	4	4	5	5	5	6
음 2 월	14	15	16	17	18	19	20	21	22	23	24	25	26	27	28	29	
	7	8	9	10	11	12	13	14	15	16	17	18	19	20	21	22	
	병자	병자	병자	병자	병자	병자	병자	병자	병자	병자	병자	병자	병자	병자	병자	병자	
	신묘	신묘	신묘	신묘	신묘	신묘	신묘	신묘	신묘	신묘	신묘	신묘	신묘	신묘	신묘	신묘	
	무자	기축	경인	신묘	임진	계사	갑오	을미	병신	정유	무술	기해	경자	신축	임인	계묘	
	10	9	9	9	8	8	8	7	7	7	6	6	6	5	5	5	
	1	1	1	1	2	2	2	3	3	3	4	4	4	5	5	5	
음 3 월	14	15	16	17	18	19	20	21	22	23	24	25	26	27	28	29	
	5	6	7	8	9	10	11	12	13	14	15	16	17	18	19	20	
	병자	병자	병자	병자	병자	병자	병자	병자	병자	병자	병자	병자	병자	병자	병자	병자	
	임진	임진	임진	임진	임진	임진	임진	임진	임진	임진	임진	임진	임진	임진	임진	임진	
	정사	무오	기미	경신	신유	임술	계해	갑자	을축	병인	정묘	무진	기사	경오	신미	임신	
	10	10	10	9	9	9	8	8	8	7	7	7	6	6	6	5	
	10	1	1	1	1	2	2	2	3	3	3	4	4	4	5	5	
윤 3 월	14	15	16	17	18	19	20	21	22	23	24	25	26	27	28	29	30
	4	5	6	7	8	9	10	11	12	13	14	15	16	17	18	19	20
	병자	병자	병자	병자	병자	병자	병자	병자	병자	병자	병자	병자	병자	병자	병자	병자	병자
	임진	임진	**계사**	계사	계사	계사	계사	계사	계사	계사	계사	계사	계사	계사	계사	계사	계사
	병술	정해	무자	기축	경인	신묘	임진	계사	갑오	을미	병신	정유	무술	기해	경자	신축	임인
	1	1	10	10	10	9	9	9	8	8	8	7	7	7	6	6	6
	10	10	10	1	1	1	1	2	2	2	3	3	3	4	4	4	5
음 4 월	14	15	16	17	18	19	20	21	22	23	24	25	26	27	28	29	
	3	4	5	6	7	8	9	10	11	12	13	14	15	16	17	18	
	병자	병자	병자	병자	병자	병자	병자	병자	병자	병자	병자	병자	병자	병자	병자	병자	
	계사	계사	계사	**갑오**	갑오	갑오	갑오	갑오	갑오	갑오	갑오	갑오	갑오	갑오	갑오	갑오	
	병진	정사	무오	기미	경신	신유	임술	계해	갑자	을축	병인	정묘	무진	기사	경오	신미	
	1	1	1	10	10	10	9	9	9	8	8	8	7	7	7	6	
	9	10	10	10	1	1	1	1	2	2	2	3	3	3	4	4	
음 5 월	14	15	16	17	18	19	20	21	22	23	24	25	26	27	28	29	30
	2	3	4	5	6	7	8	9	10	11	12	13	14	15	16	17	18
	병자	병자	병자	병자	병자	병자	병자	병자	병자	병자	병자	병자	병자	병자	병자	병자	병자
	갑오	갑오	갑오	갑오	갑오	**을미**	을미	을미	을미	을미	을미	을미	을미	을미	을미	을미	을미
	을유	병술	정해	무자	기축	경인	신묘	임진	계사	갑오	을미	병신	정유	무술	기해	경자	신축
	2	1	1	1	1	10	10	10	10	9	9	9	8	8	8	7	7
	9	9	9	10	10	10	1	1	1	1	2	2	2	3	3	3	4
음 6 월	14	15	16	17	18	19	20	21	22	23	24	25	26	27	28	29	
	8/1	2	3	4	5	6	7	8	9	10	11	12	13	14	15	16	
	병자	병자	병자	병자	병자	병자	병자	병자	병자	병자	병자	병자	병자	병자	병자	병자	
	을미	을미	을미	을미	을미	을미	을미	**병신**	병신	병신	병신	병신	병신	병신	병신	병신	
	을묘	병진	정사	무오	기미	경신	신유	임술	계해	갑자	을축	병인	정묘	무진	기사	경오	
	2	2	2	1	1	1	1	10	10	10	9	9	9	8	8	8	
	8	9	9	9	10	10	10	10	1	1	1	1	2	2	2	3	

1936(병자)년 【단기 4269년】

음 7월	음력	1	2	3	4	5	6	7	8	9	10	11	12	13
	양력	8/17	18	19	20	21	22	23	24	25	26	27	28	29
	연주 (생년)	병자	병자	병자	병자	병자	병자	병자	병자	병자	병자	병자	병자	병자
	월주 (생월)	병신	병신	병신	병신	병신	병신	병신	병신	병신	병신	병신	병신	병신
	일주 (생일)	신미	임신	계유	갑술	을해	병자	정축	무인	기묘	경진	신사	임오	계미
	대운 남	7	7	7	6	6	6	5	5	5	4	4	4	3
	대운 여	3	3	4	4	4	5	5	5	6	6	6	7	7

음 8월	음력	1	2	3	4	5	6	7	8	9	10	11	12	13
	양력	9/16	17	18	19	20	21	22	23	24	25	26	27	28
	연주 (생년)	병자	병자	병자	병자	병자	병자	병자	병자	병자	병자	병자	병자	병자
	월주 (생월)	정유	정유	정유	정유	정유	정유	정유	정유	정유	정유	정유	정유	정유
	일주 (생일)	신축	임인	계묘	갑진	을사	병오	정미	무신	기유	경술	신해	임자	계축
	대운 남	7	7	7	6	6	6	5	5	5	4	4	4	3
	대운 여	3	3	3	4	4	4	5	5	5	6	6	6	7

음 9월	음력	1	2	3	4	5	6	7	8	9	10	11	12	13
	양력	10/15	16	17	18	19	20	21	22	23	24	25	26	27
	연주 (생년)	병자	병자	병자	병자	병자	병자	병자	병자	병자	병자	병자	병자	병자
	월주 (생월)	무술	무술	무술	무술	무술	무술	무술	무술	무술	무술	무술	무술	무술
	일주 (생일)	경오	신미	임신	계유	갑술	을해	병자	정축	무인	기묘	경진	신사	임오
	대운 남	8	7	7	7	6	6	6	5	5	5	4	4	4
	대운 여	2	3	3	3	4	4	4	5	5	5	6	6	6

음 10월	음력	1	2	3	4	5	6	7	8	9	10	11	12	13
	양력	11/14	15	16	17	18	19	20	21	22	23	24	25	26
	연주 (생년)	병자	병자	병자	병자	병자	병자	병자	병자	병자	병자	병자	병자	병자
	월주 (생월)	기해	기해	기해	기해	기해	기해	기해	기해	기해	기해	기해	기해	기해
	일주 (생일)	경자	신축	임인	계묘	갑진	을사	병오	정미	무신	기유	경술	신해	임자
	대운 남	8	7	7	7	6	6	6	5	5	5	4	4	4
	대운 여	2	3	3	3	4	4	4	5	5	5	6	6	6

음 11월	음력	1	2	3	4	5	6	7	8	9	10	11	12	13
	양력	12/14	15	16	17	18	19	20	21	22	23	24	25	26
	연주 (생년)	병자	병자	병자	병자	병자	병자	병자	병자	병자	병자	병자	병자	병자
	월주 (생월)	경자	경자	경자	경자	경자	경자	경자	경자	경자	경자	경자	경자	경자
	일주 (생일)	경오	신미	임신	계유	갑술	을해	병자	정축	무인	기묘	경진	신사	임오
	대운 남	8	7	7	7	6	6	6	5	5	5	4	4	4
	대운 여	2	3	3	3	4	4	4	5	5	5	6	6	6

음 12월	음력	1	2	3	4	5	6	7	8	9	10	11	12	13
	양력	1/13	14	15	16	17	18	19	20	21	22	23	24	25
	연주 (생년)	병자	병자	병자	병자	병자	병자	병자	병자	병자	병자	병자	병자	병자
	월주 (생월)	신축	신축	신축	신축	신축	신축	신축	신축	신축	신축	신축	신축	신축
	일주 (생일)	경자	신축	임인	계묘	갑진	을사	병오	정미	무신	기유	경술	신해	임자
	대운 남	7	7	7	6	6	6	5	5	5	4	4	4	3
	대운 여	2	3	3	3	4	4	4	5	5	5	6	6	6

음 7월	14	15	16	17	18	19	20	21	22	23	24	25	26	27	28	29	30
	30	31	**9/1**	2	3	4	5	6	7	8	9	10	11	12	13	14	15
	병자	병자	병자	병자	병자	병자	병자	병자	병자	병자	병자	병자	병자	병자	병자	병자	병자
	병신	병신	병신	병신	병신	병신	병신	병신	병신	**정유**	정유	정유	정유	정유	정유	정유	정유
	갑신	을유	병술	정해	무자	기축	경인	신묘	임진	계사	갑오	을미	병신	정유	무술	기해	경자
	3	3	2	2	2	1	1	1	1	10	10	9	9	9	8	8	8
	7	8	8	8	9	9	9	10	10	10	1	1	1	1	2	2	2
음 8월	14	15	16	17	18	19	20	21	22	23	24	25	26	27	28	29	
	29	30	**10/1**	2	3	4	5	6	7	8	9	10	11	12	13	14	
	병자	병자	병자	병자	병자	병자	병자	병자	병자	병자	병자	병자	병자	병자	병자	병자	
	정유	정유	정유	정유	정유	정유	정유	정유	정유	**무술**	무술	무술	무술	무술	무술	무술	
	갑인	을묘	병진	정사	무오	기미	경신	신유	임술	계해	갑자	을축	병인	정묘	무진	기사	
	3	3	2	2	2	1	1	1	1	10	10	9	9	9	8	8	
	7	7	8	8	8	9	9	9	10	10	1	1	1	1	2	2	
음 9월	14	15	16	17	18	19	20	21	22	23	24	25	26	27	28	29	30
	28	29	30	31	**11/1**	2	3	4	5	6	7	8	9	10	11	12	13
	병자	병자	병자	병자	병자	병자	병자	병자	병자	병자	병자	병자	병자	병자	병자	병자	병자
	무술	무술	무술	무술	무술	무술	무술	무술	무술	무술	**기해**	기해	기해	기해	기해	기해	기해
	계미	갑신	을유	병술	정해	무자	기축	경인	신묘	임진	계사	갑오	을미	병신	정유	무술	기해
	3	3	3	2	2	2	1	1	1	1	10	10	9	9	9	8	8
	7	7	7	8	8	8	9	9	9	10	10	1	1	1	1	2	2
음 10월	14	15	16	17	18	19	20	21	22	23	24	25	26	27	28	29	30
	27	28	29	30	**21/1**	2	3	4	5	6	7	8	9	10	11	12	13
	병자	병자	병자	병자	병자	병자	병자	병자	병자	병자	병자	병자	병자	병자	병자	병자	병자
	기해	기해	기해	기해	기해	기해	기해	기해	기해	기해	**경자**	경자	경자	경자	경자	경자	경자
	계축	갑인	을묘	병진	정사	무오	기미	경신	신유	임술	계해	갑자	을축	병인	정묘	무진	기사
	3	3	3	2	2	2	1	1	1	1	10	10	9	9	9	8	8
	7	7	7	8	8	8	9	9	9	10	10	1	1	1	1	2	2
음 11월	14	15	16	17	18	19	20	21	22	23	24	25	26	27	28	29	30
	27	28	29	30	31	**1/1**	2	3	4	5	6	7	8	9	10	11	12
	병자	병자	병자	병자	병자	병자	병자	병자	병자	병자	병자	병자	병자	병자	병자	병자	병자
	경자	경자	경자	경자	경자	경자	경자	경자	경자	경자	**신축**	신축	신축	신축	신축	신축	신축
	계미	갑신	을유	병술	정해	무자	기축	경인	신묘	임진	계사	갑오	을미	병신	정유	무술	기해
	3	3	3	2	2	2	1	1	1	1	10	9	9	9	8	8	8
	7	7	7	8	8	8	9	9	9	10	10	1	1	1	1	2	2
음 12월	14	15	16	17	18	19	20	21	22	23	24	25	26	27	28	29	
	26	27	28	29	30	31	**2/1**	2	3	4	5	6	7	8	9	10	
	병자	병자	병자	병자	병자	병자	병자	병자	병자	**정축**	정축	정축	정축	정축	정축	정축	
	신축	신축	신축	신축	신축	신축	신축	신축	신축	**임인**	임인	임인	임인	임인	임인	임인	
	계축	갑인	을묘	병진	정사	무오	기미	경신	신유	임술	계해	갑자	을축	병인	정묘	무진	
	3	3	2	2	2	1	1	1	1	10	1	1	1	1	2	2	
	7	7	7	8	8	8	9	9	9	10	10	9	9	9	8	8	

1937(정축)년 【단기 4270년】

음 1 월	음력	1	2	3	4	5	6	7	8	9	10	11	12	13
	양력	2/11	12	13	14	15	16	17	18	19	20	21	22	23
	연주 (생년)	정축	정축	정축	정축	정축	정축	정축	정축	정축	정축	정축	정축	정축
	월주 (생월)	임인	임인	임인	임인	임인	임인	임인	임인	임인	임인	임인	임인	임인
	일주 (생일)	기사	경오	신미	임신	계유	갑술	을해	병자	정축	무인	기묘	경진	신사
	대운 남	2	3	3	3	4	4	4	5	5	5	6	6	6
	대운 여	8	7	7	7	6	6	6	5	5	5	4	4	4

음 2 월	음력	1	2	3	4	5	6	7	8	9	10	11	12	13
	양력	3/13	14	15	16	17	18	19	20	21	22	23	24	25
	연주 (생년)	정축	정축	정축	정축	정축	정축	정축	정축	정축	정축	정축	정축	정축
	월주 (생월)	계묘	계묘	계묘	계묘	계묘	계묘	계묘	계묘	계묘	계묘	계묘	계묘	계묘
	일주 (생일)	기해	경자	신축	임인	계묘	갑진	을사	병오	정미	무신	기유	경술	신해
	대운 남	2	3	3	3	4	4	4	5	5	5	6	6	6
	대운 여	8	7	7	7	6	6	6	5	5	5	4	4	4

음 3 월	음력	1	2	3	4	5	6	7	8	9	10	11	12	13
	양력	4/11	12	13	14	15	16	17	18	19	20	21	22	23
	연주 (생년)	정축	정축	정축	정축	정축	정축	정축	정축	정축	정축	정축	정축	정축
	월주 (생월)	갑진	갑진	갑진	갑진	갑진	갑진	갑진	갑진	갑진	갑진	갑진	갑진	갑진
	일주 (생일)	무진	기사	경오	신미	임신	계유	갑술	을해	병자	정축	무인	기묘	경진
	대운 남	2	2	3	3	3	4	4	4	5	5	5	6	6
	대운 여	8	8	8	7	7	7	6	6	6	5	5	5	4

음 4 월	음력	1	2	3	4	5	6	7	8	9	10	11	12	13
	양력	5/10	11	12	13	14	15	16	17	18	19	20	21	22
	연주 (생년)	정축	정축	정축	정축	정축	정축	정축	정축	정축	정축	정축	정축	정축
	월주 (생월)	을사	을사	을사	을사	을사	을사	을사	을사	을사	을사	을사	을사	을사
	일주 (생일)	정유	무술	기해	경자	신축	임인	계묘	갑진	을사	병오	정미	무신	기유
	대운 남	1	2	2	2	3	3	3	4	4	4	5	5	5
	대운 여	9	9	8	8	8	7	7	7	6	6	6	5	5

음 5 월	음력	1	2	3	4	5	6	7	8	9	10	11	12	13
	양력	6/9	10	11	12	13	14	15	16	17	18	19	20	21
	연주 (생년)	정축	정축	정축	정축	정축	정축	정축	정축	정축	정축	정축	정축	정축
	월주 (생월)	병오	병오	병오	병오	병오	병오	병오	병오	병오	병오	병오	병오	병오
	일주 (생일)	정묘	무진	기사	경오	신미	임신	계유	갑술	을해	병자	정축	무인	기묘
	대운 남	1	1	2	2	2	3	3	3	4	4	4	5	5
	대운 여	9	9	9	8	8	8	7	7	7	6	6	6	5

음 6 월	음력	1	2	3	4	5	6	7	8	9	10	11	12	13
	양력	7/8	9	10	11	12	13	14	15	16	17	18	19	20
	연주 (생년)	정축	정축	정축	정축	정축	정축	정축	정축	정축	정축	정축	정축	정축
	월주 (생월)	정미	정미	정미	정미	정미	정미	정미	정미	정미	정미	정미	정미	정미
	일주 (생일)	병신	정유	무술	기해	경자	신축	임인	계묘	갑진	을사	병오	정미	무신
	대운 남	1	1	1	1	2	2	2	3	3	3	4	4	4
	대운 여	10	10	10	9	9	9	8	8	8	7	7	7	6

	14	15	16	17	18	19	20	21	22	23	24	25	26	27	28	29	30
	24	25	26	27	28	**3/1**	2	3	4	5	6	7	8	9	10	11	12
음	정축	정축	정축	정축	정축	정축	정축	정축	정축	정축	정축	정축	정축	정축	정축	정축	정축
1	임인	임인	임인	임인	임인	임인	임인	임인	임인	임인	**계묘**	계묘	계묘	계묘	계묘	계묘	계묘
월	임오	계미	갑신	을유	병술	정해	무자	기축	경인	신묘	임진	계사	갑오	을미	병신	정유	무술
	7	7	7	8	8	8	9	9	9	10	10	1	1	1	1	2	2
	3	3	3	2	2	2	1	1	1	1	10	10	9	9	9	8	8
	14	15	16	17	18	19	20	21	22	23	24	25	26	27	28	29	
	26	27	28	29	30	31	**4/1**	2	3	4	5	6	7	8	9	10	
음	정축	정축	정축	정축	정축	정축	정축	정축	정축	정축	정축	정축	정축	정축	정축	정축	
2	계묘	계묘	계묘	계묘	계묘	계묘	계묘	계묘	계묘	계묘	**갑진**	갑진	갑진	갑진	갑진	갑진	
월	임자	계축	갑인	을묘	병진	정사	무오	기미	경신	신유	임술	계해	갑자	을축	병인	정묘	
	7	7	7	8	8	8	9	9	9	10	10	1	1	1	1	2	
	3	3	3	2	2	2	1	1	1	1	10	10	10	9	9	9	
	14	15	16	17	18	19	20	21	22	23	24	25	26	27	28	29	
	24	25	26	27	28	29	30	**5/1**	2	3	4	5	6	7	8	9	
음	정축	정축	정축	정축	정축	정축	정축	정축	정축	정축	정축	정축	정축	정축	정축	정축	
3	갑진	갑진	갑진	갑진	갑진	갑진	갑진	갑진	갑진	갑진	갑진	갑진	**을사**	을사	을사	을사	
월	신사	임오	계미	갑신	을유	병술	정해	무자	기축	경인	신묘	임진	계사	갑오	을미	병신	
	6	7	7	7	8	8	8	9	9	9	10	10	10	1	1	1	
	4	4	3	3	3	2	2	2	1	1	1	1	10	10	10	9	
	14	15	16	17	18	19	20	21	22	23	24	25	26	27	28	29	30
	23	24	25	26	27	28	29	30	31	**6/1**	2	3	4	5	6	7	8
음	정축	정축	정축	정축	정축	정축	정축	정축	정축	정축	정축	정축	정축	정축	정축	정축	정축
4	을사	을사	을사	을사	을사	을사	을사	을사	을사	을사	을사	을사	을사	을사	**병오**	병오	병오
월	경술	신해	임자	계축	갑인	을묘	병진	정사	무오	기미	경신	신유	임술	계해	갑자	을축	병인
	6	6	6	7	7	7	8	8	8	9	9	9	10	10	10	1	1
	5	4	4	4	3	3	3	2	2	2	1	1	1	1	10	10	10
	14	15	16	17	18	19	20	21	22	23	24	25	26	27	28	29	
	22	23	24	25	26	27	28	29	30	**7/1**	2	3	4	5	6	7	
음	정축	정축	정축	정축	정축	정축	정축	정축	정축	정축	정축	정축	정축	정축	정축	정축	
5	병오	병오	병오	병오	병오	병오	병오	병오	병오	병오	병오	병오	병오	병오	병오	**정미**	
월	경진	신사	임오	계미	갑신	을유	병술	정해	무자	기축	경인	신묘	임진	계사	갑오	을미	
	5	6	6	6	7	7	7	8	8	8	9	9	9	10	10	10	
	5	5	4	4	4	3	3	3	2	2	2	1	1	1	1	10	
	14	15	16	17	18	19	20	21	22	23	24	25	26	27	28	29	
	21	22	23	24	25	26	27	28	29	30	31	**8/1**	2	3	4	5	
음	정축	정축	정축	정축	정축	정축	정축	정축	정축	정축	정축	정축	정축	정축	정축	정축	
6	정미	정미	정미	정미	정미	정미	정미	정미	정미	정미	정미	정미	정미	정미	정미	정미	
월	기유	경술	신해	임자	계축	갑인	을묘	병진	정사	무오	기미	경신	신유	임술	계해	갑자	
	5	5	5	6	6	6	7	7	7	8	8	8	9	9	9	10	
	6	6	5	5	5	4	4	4	3	3	3	2	2	2	1	1	

1937(정축)년 【단기 4270년】

음 7 월	음력		1	2	3	4	5	6	7	8	9	10	11	12	13
	양력		**8/6**	7	8	9	10	11	12	13	14	15	16	17	18
	연주 (생년)		정축	정축	정축	정축	정축	정축	정축	정축	정축	정축	정축	정축	정축
	월주 (생월)		정미	정미	**무신**	무신	무신	무신	무신	무신	무신	무신	무신	무신	무신
	일주 (생일)		을축	병인	정묘	무진	기사	경오	신미	임신	계유	갑술	을해	병자	정축
	대운	남	10	10	10	1	1	1	1	2	2	2	3	3	3
		여	1	1	10	10	10	9	9	9	8	8	8	7	7
음 8 월	음력		1	2	3	4	5	6	7	8	9	10	11	12	13
	양력		**9/5**	6	7	8	9	10	11	12	13	14	15	16	17
	연주 (생년)		정축	정축	정축	정축	정축	정축	정축	정축	정축	정축	정축	정축	정축
	월주 (생월)		무신	무신	무신	**기유**	기유	기유	기유	기유	기유	기유	기유	기유	기유
	일주 (생일)		을미	병신	정유	무술	기해	경자	신축	임인	계묘	갑진	을사	병오	정미
	대운	남	9	10	10	10	1	1	1	1	2	2	2	3	3
		여	1	1	1	10	10	10	9	9	9	8	8	8	7
음 9 월	음력		1	2	3	4	5	6	7	8	9	10	11	12	13
	양력		**10/4**	5	6	7	8	9	10	11	12	13	14	15	16
	연주 (생년)		정축	정축	정축	정축	정축	정축	정축	정축	정축	정축	정축	정축	정축
	월주 (생월)		기유	기유	기유	기유	기유	**경술**	경술	경술	경술	경술	경술	경술	경술
	일주 (생일)		갑자	을축	병인	정묘	무진	기사	경오	신미	임신	계유	갑술	을해	병자
	대운	남	9	9	9	10	10	10	1	1	1	1	2	2	2
		여	2	1	1	1	1	10	10	9	9	9	8	8	8
음 10 월	음력		1	2	3	4	5	6	7	8	9	10	11	12	13
	양력		**11/3**	4	5	6	7	8	9	10	11	12	13	14	15
	연주 (생년)		정축	정축	정축	정축	정축	정축	정축	정축	정축	정축	정축	정축	정축
	월주 (생월)		경술	경술	경술	경술	경술	**신해**	신해	신해	신해	신해	신해	신해	신해
	일주 (생일)		갑오	을미	병신	정유	무술	기해	경자	신축	임인	계묘	갑진	을사	병오
	대운	남	8	9	9	9	10	10	1	1	1	1	2	2	2
		여	2	1	1	1	1	10	9	9	9	8	8	8	7
음 11 월	음력		1	2	3	4	5	6	7	8	9	10	11	12	13
	양력		**12/3**	4	5	6	7	8	9	10	11	12	13	14	15
	연주 (생년)		정축	정축	정축	정축	정축	정축	정축	정축	정축	정축	정축	정축	정축
	월주 (생월)		신해	신해	신해	신해	**임자**	임자	임자	임자	임자	임자	임자	임자	임자
	일주 (생일)		갑자	을축	병인	정묘	무진	기사	경오	신미	임신	계유	갑술	을해	병자
	대운	남	8	9	9	9	10	1	1	1	1	2	2	2	3
		여	1	1	1	1	10	10	9	9	9	8	8	8	7
음 12 월	음력		1	2	3	4	5	6	7	8	9	10	11	12	13
	양력		**1/2**	3	4	5	6	7	8	9	10	11	12	13	14
	연주 (생년)		정축	정축	정축	정축	정축	정축	정축	정축	정축	정축	정축	정축	정축
	월주 (생월)		임자	임자	임자	임자	**계축**	계축	계축	계축	계축	계축	계축	계축	계축
	일주 (생일)		갑오	을미	병신	정유	무술	기해	경자	신축	임인	계묘	갑진	을사	병오
	대운	남	9	9	9	10	10	1	1	1	1	2	2	2	3
		여	1	1	1	1	10	9	9	9	8	8	8	7	7

	14	15	16	17	18	19	20	21	22	23	24	25	26	27	28	29	30
	19	20	21	22	23	24	25	26	27	28	29	30	31	**9/1**	2	3	4
음	정축	정축	정축	정축	정축	정축	정축	정축	정축	정축	정축	정축	정축	정축	정축	정축	정축
7	무신	무신	무신	무신	무신	무신	무신	무신	무신	무신	무신	무신	무신	무신	무신	무신	무신
월	무인	기묘	경진	신사	임오	계미	갑신	을유	병술	정해	무자	기축	경인	신묘	임진	계사	갑오
	4	4	4	5	5	5	6	6	6	7	7	7	8	8	8	9	9
	7	6	6	6	5	5	5	4	4	4	3	3	3	2	2	2	1
	14	15	16	17	18	19	20	21	22	23	24	25	26	27	28	29	
	18	19	20	21	22	23	24	25	26	27	28	29	30	**10/1**	2	3	
음	정축	정축	정축	정축	정축	정축	정축	정축	정축	정축	정축	정축	정축	정축	정축	정축	
8	기유	기유	기유	기유	기유	기유	기유	기유	기유	기유	기유	기유	기유	기유	기유	기유	
월	무신	기유	경술	신해	임자	계축	갑인	을묘	병진	정사	무오	기미	경신	신유	임술	계해	
	3	4	4	4	5	5	5	6	6	6	7	7	7	8	8	8	
	7	7	6	6	6	5	5	5	4	4	4	3	3	3	2	2	
	14	15	16	17	18	19	20	21	22	23	24	25	26	27	28	29	30
	17	18	19	20	21	22	23	24	25	26	27	28	29	30	31	**11/1**	2
음	정축	정축	정축	정축	정축	정축	정축	정축	정축	정축	정축	정축	정축	정축	정축	정축	정축
9	경술	경술	경술	경술	경술	경술	경술	경술	경술	경술	경술	경술	경술	경술	경술	경술	경술
월	정축	무인	기묘	경진	신사	임오	계미	갑신	을유	병술	정해	무자	기축	경인	신묘	임진	계사
	3	3	3	4	4	4	5	5	5	6	6	6	7	7	7	8	8
	7	7	7	6	6	6	5	5	5	4	4	4	3	3	3	2	2
	14	15	16	17	18	19	20	21	22	23	24	25	26	27	28	29	30
	16	17	18	19	20	21	22	23	24	25	26	27	28	29	30	**12/1**	2
음	정축	정축	정축	정축	정축	정축	정축	정축	정축	정축	정축	정축	정축	정축	정축	정축	정축
10	신해	신해	신해	신해	신해	신해	신해	신해	신해	신해	신해	신해	신해	신해	신해	신해	신해
월	정미	무신	기유	경술	신해	임자	계축	갑인	을묘	병진	정사	무오	기미	경신	신유	임술	계해
	3	3	3	4	4	4	5	5	5	6	6	6	7	7	7	8	8
	7	7	6	6	6	5	5	5	4	4	4	3	3	3	2	2	2
	14	15	16	17	18	19	20	21	22	23	24	25	26	27	28	29	30
	16	17	18	19	20	21	22	23	24	25	26	27	28	29	30	31	**1/1**
음	정축	정축	정축	정축	정축	정축	정축	정축	정축	정축	정축	정축	정축	정축	정축	정축	정축
11	임자	임자	임자	임자	임자	임자	임자	임자	임자	임자	임자	임자	임자	임자	임자	임자	임자
월	정축	무인	기묘	경진	신사	임오	계미	갑신	을유	병술	정해	무자	기축	경인	신묘	임진	계사
	3	3	4	4	4	5	5	5	6	6	6	7	7	7	8	8	8
	7	7	6	6	6	5	5	5	4	4	4	3	3	3	2	2	2
	14	15	16	17	18	19	20	21	22	23	24	25	26	27	28	29	
	15	16	17	18	19	20	21	22	23	24	25	26	27	28	29	30	
음	정축	정축	정축	정축	정축	정축	정축	정축	정축	정축	정축	정축	정축	정축	정축	정축	
12	계축	계축	계축	계축	계축	계축	계축	계축	계축	계축	계축	계축	계축	계축	계축	계축	
월	정미	무신	기유	경술	신해	임자	계축	갑인	을묘	병진	정사	무오	기미	경신	신유	임술	
	3	3	4	4	4	5	5	5	6	6	6	7	7	7	8	8	
	7	6	6	6	5	5	5	4	4	4	3	3	3	2	2	2	

1938(무인)년 【단기 4271년】

월	구분		1	2	3	4	5	6	7	8	9	10	11	12	13
음 1 월	음력		1	2	3	4	5	6	7	8	9	10	11	12	13
	양력		**1/31**	**2/1**	2	3	4	5	6	7	8	9	10	11	12
	연주 (생년)		정축	정축	정축	정축	**무인**	무인	무인	무인	무인	무인	무인	무인	무인
	월주 (생월)		계축	계축	계축	계축	**갑인**	갑인	갑인	갑인	갑인	갑인	갑인	갑인	갑인
	일주 (생일)		계해	갑자	을축	병인	정묘	무진	기사	경오	신미	임신	계유	갑술	을해
	대운	남	8	9	9	9	10	10	9	9	9	8	8	8	7
		여	2	1	1	1	10	1	1	1	1	2	2	2	3
음 2 월	음력		1	2	3	4	5	6	7	8	9	10	11	12	13
	양력		**3/2**	3	4	5	6	7	8	9	10	11	12	13	14
	연주 (생년)		무인	무인	무인	무인	무인	무인	무인	무인	무인	무인	무인	무인	무인
	월주 (생월)		갑인	갑인	갑인	갑인	**을묘**	을묘	을묘	을묘	을묘	을묘	을묘	을묘	을묘
	일주 (생일)		계사	갑오	을미	병신	정유	무술	기해	경자	신축	임인	계묘	갑진	을사
	대운	남	1	1	1	1	10	10	9	9	9	8	8	8	7
		여	9	9	9	10	10	1	1	1	1	2	2	2	3
음 3 월	음력		1	2	3	4	5	6	7	8	9	10	11	12	13
	양력		**4/1**	2	3	4	5	6	7	8	9	10	11	12	13
	연주 (생년)		무인	무인	무인	무인	무인	무인	무인	무인	무인	무인	무인	무인	무인
	월주 (생월)		을묘	을묘	을묘	을묘	**병진**	병진	병진	병진	병진	병진	병진	병진	병진
	일주 (생일)		계해	갑자	을축	병인	정묘	무진	기사	경오	신미	임신	계유	갑술	을해
	대운	남	1	1	1	1	10	10	10	9	9	9	8	8	8
		여	9	9	9	10	10	1	1	1	1	2	2	2	3
음 4 월	음력		1	2	3	4	5	6	7	8	9	10	11	12	13
	양력		**4/30**	**5/1**	2	3	4	5	6	7	8	9	10	11	12
	연주 (생년)		무인	무인	무인	무인	무인	무인	무인	무인	무인	무인	무인	무인	무인
	월주 (생월)		병진	병진	병진	병진	병진	병진	**정사**	정사	정사	정사	정사	정사	정사
	일주 (생일)		임진	계사	갑오	을미	병신	정유	무술	기해	경자	신축	임인	계묘	갑진
	대운	남	2	2	1	1	1	1	10	10	10	9	9	9	8
		여	8	9	9	9	10	10	10	1	1	1	1	2	2
음 5 월	음력		1	2	3	4	5	6	7	8	9	10	11	12	13
	양력		**5/29**	30	31	**6/1**	2	3	4	5	6	7	8	9	10
	연주 (생년)		무인	무인	무인	무인	무인	무인	무인	무인	무인	무인	무인	무인	무인
	월주 (생월)		정사	정사	정사	정사	정사	정사	정사	정사	**무오**	무오	무오	무오	무오
	일주 (생일)		신유	임술	계해	갑자	을축	병인	정묘	무진	기사	경오	신미	임신	계유
	대운	남	3	2	2	2	1	1	1	1	10	10	10	10	9
		여	8	8	8	9	9	9	10	10	10	1	1	1	1
음 6 월	음력		1	2	3	4	5	6	7	8	9	10	11	12	13
	양력		**6/28**	29	30	**7/1**	2	3	4	5	6	7	8	9	10
	연주 (생년)		무인	무인	무인	무인	무인	무인	무인	무인	무인	무인	무인	무인	무인
	월주 (생월)		무오	무오	무오	무오	무오	무오	무오	무오	무오	무오	**기미**	기미	기미
	일주 (생일)		신묘	임진	계사	갑오	을미	병신	정유	무술	기해	경자	신축	임인	계묘
	대운	남	3	3	3	2	2	2	1	1	1	1	10	10	10
		여	7	8	8	8	9	9	9	10	10	10	10	1	1

음1월	14	15	16	17	18	19	20	21	22	23	24	25	26	27	28	29	30
	13	14	15	16	17	18	19	20	21	22	23	24	25	26	27	28	**3/1**
	무인	무인	무인	무인	무인	무인	무인	무인	무인	무인	무인	무인	무인	무인	무인	무인	무인
	갑인	갑인	갑인	갑인	갑인	갑인	갑인	갑인	갑인	갑인	갑인	갑인	갑인	갑인	갑인	갑인	갑인
	병자	정축	무인	기묘	경진	신사	임오	계미	갑신	을유	병술	정해	무자	기축	경인	신묘	임진
	7	7	6	6	6	5	5	5	4	4	4	3	3	3	2	2	2
	3	3	4	4	4	5	5	5	6	6	6	7	7	7	8	8	8
음2월	14	15	16	17	18	19	20	21	22	23	24	25	26	27	28	29	30
	15	16	17	18	19	20	21	22	23	24	25	26	27	28	29	30	31
	무인	무인	무인	무인	무인	무인	무인	무인	무인	무인	무인	무인	무인	무인	무인	무인	무인
	을묘	을묘	을묘	을묘	을묘	을묘	을묘	을묘	을묘	을묘	을묘	을묘	을묘	을묘	을묘	을묘	을묘
	병오	정미	무신	기유	경술	신해	임자	계축	갑인	을묘	병진	정사	무오	기미	경신	신유	임술
	7	7	6	6	6	5	5	5	4	4	4	3	3	3	2	2	2
	3	3	4	4	4	5	5	5	6	6	6	7	7	7	8	8	8
음3월	14	15	16	17	18	19	20	21	22	23	24	25	26	27	28	29	
	14	15	16	17	18	19	20	21	22	23	24	25	26	27	28	29	
	무인	무인	무인	무인	무인	무인	무인	무인	무인	무인	무인	무인	무인	무인	무인	무인	
	병진	병진	병진	병진	병진	병진	병진	병진	병진	병진	병진	병진	병진	병진	병진	병진	
	병자	정축	무인	기묘	경진	신사	임오	계미	갑신	을유	병술	정해	무자	기축	경인	신묘	
	7	7	7	6	6	6	5	5	5	4	4	4	3	3	3	2	
	3	3	4	4	4	5	5	5	6	6	6	7	7	7	8	8	
음4월	14	15	16	17	18	19	20	21	22	23	24	25	26	27	28	29	
	13	14	15	16	17	18	19	20	21	22	23	24	25	26	27	28	
	무인	무인	무인	무인	무인	무인	무인	무인	무인	무인	무인	무인	무인	무인	무인	무인	
	정사	정사	정사	정사	정사	정사	정사	정사	정사	정사	정사	정사	정사	정사	정사	정사	
	을사	병오	정미	무신	기유	경술	신해	임자	계축	갑인	을묘	병진	정사	무오	기미	경신	
	8	8	7	7	7	6	6	6	5	5	5	4	4	4	3	3	
	2	3	3	3	4	4	4	5	5	5	6	6	6	7	7	7	
음5월	14	15	16	17	18	19	20	21	22	23	24	25	26	27	28	29	30
	11	12	13	14	15	16	17	18	19	20	21	22	23	24	25	26	27
	무인	무인	무인	무인	무인	무인	무인	무인	무인	무인	무인	무인	무인	무인	무인	무인	무인
	무오	무오	무오	무오	무오	무오	무오	무오	무오	무오	무오	무오	무오	무오	무오	무오	무오
	갑술	을해	병자	정축	무인	기묘	경진	신사	임오	계미	갑신	을유	병술	정해	무자	기축	경인
	9	9	8	8	8	7	7	7	6	6	6	5	5	5	4	4	4
	2	2	2	3	3	3	4	4	4	5	5	5	6	6	6	7	7
음6월	14	15	16	17	18	19	20	21	22	23	24	25	26	27	28	29	
	11	12	13	14	15	16	17	18	19	20	21	22	23	24	25	26	
	무인	무인	무인	무인	무인	무인	무인	무인	무인	무인	무인	무인	무인	무인	무인	무인	
	기미	기미	기미	기미	기미	기미	기미	기미	기미	기미	기미	기미	기미	기미	기미	기미	
	갑진	을사	병오	정미	무신	기유	경술	신해	임자	계축	갑인	을묘	병진	정사	무오	기미	
	9	9	9	8	8	8	7	7	7	6	6	6	5	5	5	4	
	1	1	2	2	2	3	3	3	4	4	4	5	5	5	6	6	

1938(무인)년 【단기 4271년】

월	구분		1	2	3	4	5	6	7	8	9	10	11	12	13
음 7 월	음력		1	2	3	4	5	6	7	8	9	10	11	12	13
	양력		**7/27**	28	29	30	31	**8/1**	2	3	4	5	6	7	8
	연주 (생년)		무인	무인	무인	무인	무인	무인	무인	무인	무인	무인	무인	무인	무인
	월주 (생월)		기미	기미	기미	기미	기미	기미	기미	기미	기미	기미	기미	기미	**경신**
	일주 (생일)		경신	신유	임술	계해	갑자	을축	병인	정묘	무진	기사	경오	신미	임신
	대운	남	4	4	3	3	3	2	2	2	1	1	1	1	10
		여	6	7	7	7	8	8	8	9	9	9	10	10	10
윤 7 월	음력		1	2	3	4	5	6	7	8	9	10	11	12	13
	양력		**8/25**	26	27	28	29	30	31	**9/1**	2	3	4	5	6
	연주 (생년)		무인	무인	무인	무인	무인	무인	무인	무인	무인	무인	무인	무인	무인
	월주 (생월)		경신	경신	경신	경신	경신	경신	경신	경신	경신	경신	경신	경신	경신
	일주 (생일)		기축	경인	신묘	임진	계사	갑오	을미	병신	정유	무술	기해	경자	신축
	대운	남	5	4	4	4	3	3	3	2	2	2	1	1	1
		여	6	6	6	7	7	7	8	8	8	9	9	9	10
음 8 월	음력		1	2	3	4	5	6	7	8	9	10	11	12	13
	양력		**9/24**	25	26	27	28	29	30	**10/1**	2	3	4	5	6
	연주 (생년)		무인	무인	무인	무인	무인	무인	무인	무인	무인	무인	무인	무인	무인
	월주 (생월)		신유	신유	신유	신유	신유	신유	신유	신유	신유	신유	신유	신유	신유
	일주 (생일)		기미	경신	신유	임술	계해	갑자	을축	병인	정묘	무진	기사	경오	신미
	대운	남	5	5	4	4	4	3	3	3	2	2	2	1	1
		여	5	6	6	6	7	7	7	8	8	8	9	9	9
음 9 월	음력		1	2	3	4	5	6	7	8	9	10	11	12	13
	양력		**10/23**	24	25	26	27	28	29	30	31	**11/1**	2	3	4
	연주 (생년)		무인	무인	무인	무인	무인	무인	무인	무인	무인	무인	무인	무인	무인
	월주 (생월)		임술	임술	임술	임술	임술	임술	임술	임술	임술	임술	임술	임술	임술
	일주 (생일)		무자	기축	경인	신묘	임진	계사	갑오	을미	병신	정유	무술	기해	경자
	대운	남	5	5	5	4	4	4	3	3	3	2	2	2	1
		여	5	5	5	6	6	6	7	7	7	8	8	8	9
음 10 월	음력		1	2	3	4	5	6	7	8	9	10	11	12	13
	양력		**11/22**	23	24	25	26	27	28	29	30	**12/1**	2	3	4
	연주 (생년)		무인	무인	무인	무인	무인	무인	무인	무인	무인	무인	무인	무인	무인
	월주 (생월)		계해	계해	계해	계해	계해	계해	계해	계해	계해	계해	계해	계해	계해
	일주 (생일)		무오	기미	경신	신유	임술	계해	갑자	을축	병인	정묘	무진	기사	경오
	대운	남	5	5	5	4	4	4	3	3	3	2	2	2	1
		여	5	5	5	6	6	6	7	7	7	8	8	8	9
음 11 월	음력		1	2	3	4	5	6	7	8	9	10	11	12	13
	양력		**12/22**	23	24	25	26	27	28	29	30	31	**1/1**	2	3
	연주 (생년)		무인	무인	무인	무인	무인	무인	무인	무인	무인	무인	무인	무인	무인
	월주 (생월)		갑자	갑자	갑자	갑자	갑자	갑자	갑자	갑자	갑자	갑자	갑자	갑자	갑자
	일주 (생일)		무자	기축	경인	신묘	임진	계사	갑오	을미	병신	정유	무술	기해	경자
	대운	남	5	5	4	4	4	3	3	3	2	2	2	1	1
		여	5	5	5	6	6	6	7	7	7	8	8	8	9
음 12 월	음력		1	2	3	4	5	6	7	8	9	10	11	12	13
	양력		**1/20**	21	22	23	24	25	26	27	28	29	30	31	**2/1**
	연주 (생년)		무인	무인	무인	무인	무인	무인	무인	무인	무인	무인	무인	무인	무인
	월주 (생월)		을축	을축	을축	을축	을축	을축	을축	을축	을축	을축	을축	을축	을축
	일주 (생일)		정사	무오	기미	경신	신유	임술	계해	갑자	을축	병인	정묘	무진	기사
	대운	남	5	5	5	4	4	4	3	3	3	2	2	2	1
		여	5	5	5	6	6	6	7	7	7	8	8	8	9

음 7월	14	15	16	17	18	19	20	21	22	23	24	25	26	27	28	29	
	9	10	11	12	13	14	15	16	17	18	19	20	21	22	23	24	
	무인	무인	무인	무인	무인	무인	무인	무인	무인	무인	무인	무인	무인	무인	무인	무인	
	경신	경신	경신	경신	경신	경신	경신	경신	경신	경신	경신	경신	경신	경신	경신	경신	
	계유	갑술	을해	병자	정축	무인	기묘	경진	신사	임오	계미	갑신	을유	병술	정해	무자	
	10	10	9	9	9	8	8	8	7	7	7	6	6	6	5	5	
	1	1	1	1	2	2	2	3	3	3	4	4	4	5	5	5	
윤 7월	14	15	16	17	18	19	20	21	22	23	24	25	26	27	28	29	30
	7	8	9	10	11	12	13	14	15	16	17	18	19	20	21	22	23
	무인	무인	무인	무인	무인	무인	무인	무인	무인	무인	무인	무인	무인	무인	무인	무인	무인
	경신	**신유**	신유	신유	신유	신유	신유	신유	신유	신유	신유	신유	신유	신유	신유	신유	신유
	임인	계묘	갑진	을사	병오	정미	무신	기유	경술	신해	임자	계축	갑인	을묘	병진	정사	무오
	1	10	10	10	9	9	9	8	8	8	7	7	7	6	6	6	5
	10	10	1	1	1	1	2	2	2	3	3	3	4	4	4	5	5
음 8월	14	15	16	17	18	19	20	21	22	23	24	25	26	27	28	29	
	7	8	9	10	11	12	13	14	15	16	17	18	19	20	21	22	
	무인	무인	무인	무인	무인	무인	무인	무인	무인	무인	무인	무인	무인	무인	무인	무인	
	신유	신유	**임술**	임술	임술	임술	임술	임술	임술	임술	임술	임술	임술	임술	임술	임술	
	임신	계유	갑술	을해	병자	정축	무인	기묘	경진	신사	임오	계미	갑신	을유	병술	정해	
	1	1	10	10	9	9	9	8	8	8	7	7	7	6	6	6	
	10	10	10	1	1	1	1	2	2	2	3	3	3	4	4	4	
음 9월	14	15	16	17	18	19	20	21	22	23	24	25	26	27	28	29	30
	5	6	7	8	9	10	11	12	13	14	15	16	17	18	19	20	21
	무인	무인	무인	무인	무인	무인	무인	무인	무인	무인	무인	무인	무인	무인	무인	무인	무인
	임술	임술	임술	**계해**	계해	계해	계해	계해	계해	계해	계해	계해	계해	계해	계해	계해	계해
	신축	임인	계묘	갑진	을사	병오	정미	무신	기유	경술	신해	임자	계축	갑인	을묘	병진	정사
	1	1	1	10	10	9	9	9	8	8	8	7	7	7	6	6	6
	9	9	10	10	1	1	1	1	2	2	2	3	3	3	4	4	4
음 10월	14	15	16	17	18	19	20	21	22	23	24	25	26	27	28	29	30
	5	6	7	8	9	10	11	12	13	14	15	16	17	18	19	20	21
	무인	무인	무인	무인	무인	무인	무인	무인	무인	무인	무인	무인	무인	무인	무인	무인	무인
	계해	계해	계해	**갑자**	갑자	갑자	갑자	갑자	갑자	갑자	갑자	갑자	갑자	갑자	갑자	갑자	갑자
	신미	임신	계유	갑술	을해	병자	정축	무인	기묘	경진	신사	임오	계미	갑신	을유	병술	정해
	1	1	1	10	9	9	9	8	8	8	7	7	7	6	6	6	5
	9	9	10	10	1	1	1	1	2	2	2	3	3	3	4	4	4
음 11월	14	15	16	17	18	19	20	21	22	23	24	25	26	27	28	29	
	4	5	6	7	8	9	10	11	12	13	14	15	16	17	18	19	
	무인	무인	무인	무인	무인	무인	무인	무인	무인	무인	무인	무인	무인	무인	무인	무인	
	갑자	갑자	**을축**	을축	을축	을축	을축	을축	을축	을축	을축	을축	을축	을축	을축	을축	
	신축	임인	계묘	갑진	을사	병오	정미	무신	기유	경술	신해	임자	계축	갑인	을묘	병진	
	1	1	10	10	9	9	9	8	8	8	7	7	7	6	6	6	
	9	9	10	1	1	1	1	2	2	2	3	3	3	4	4	4	
음 12월	14	15	16	17	18	19	20	21	22	23	24	25	26	27	28	29	30
	2	3	4	5	6	7	8	9	10	11	12	13	14	15	16	17	18
	무인	무인	무인	**기묘**	기묘	기묘	기묘	기묘	기묘	기묘	기묘	기묘	기묘	기묘	기묘	기묘	기묘
	을축	을축	을축	**병인**	병인	병인	병인	병인	병인	병인	병인	병인	병인	병인	병인	병인	병인
	경오	신미	임신	계유	갑술	을해	병자	정축	무인	기묘	경진	신사	임오	계미	갑신	을유	병술
	1	1	1	10	1	1	1	1	2	2	2	3	3	3	4	4	4
	9	9	10	10	9	9	9	8	8	8	7	7	7	6	6	6	5

1939(기묘)년 【단기 4274년】

월	구분													
음 1 월	음력	1	2	3	4	5	6	7	8	9	10	11	12	13
	양력	**2/19**	20	21	22	23	24	25	26	27	28	**3/1**	2	3
	연주 (생년)	기묘	기묘	기묘	기묘	기묘	기묘	기묘	기묘	기묘	기묘	기묘	기묘	기묘
	월주 (생월)	병인	병인	병인	병인	병인	병인	병인	병인	병인	병인	병인	병인	병인
	일주 (생일)	정해	무자	기축	경인	신묘	임진	계사	갑오	을미	병신	정유	무술	기해
	대운 남	5	5	5	6	6	6	7	7	7	8	8	8	9
	대운 여	5	5	4	4	4	3	3	3	2	2	2	1	1
음 2 월	음력	1	2	3	4	5	6	7	8	9	10	11	12	13
	양력	**3/21**	22	23	24	25	26	27	28	29	30	31	**4/1**	2
	연주 (생년)	기묘	기묘	기묘	기묘	기묘	기묘	기묘	기묘	기묘	기묘	기묘	기묘	기묘
	월주 (생월)	정묘	정묘	정묘	정묘	정묘	정묘	정묘	정묘	정묘	정묘	정묘	정묘	정묘
	일주 (생일)	정사	무오	기미	경신	신유	임술	계해	갑자	을축	병인	정묘	무진	기사
	대운 남	5	5	6	6	6	7	7	7	8	8	8	9	9
	대운 여	5	5	5	4	4	4	3	3	3	2	2	2	1
음 3 월	음력	1	2	3	4	5	6	7	8	9	10	11	12	13
	양력	**4/20**	21	22	23	24	25	26	27	28	29	30	**5/1**	2
	연주 (생년)	기묘	기묘	기묘	기묘	기묘	기묘	기묘	기묘	기묘	기묘	기묘	기묘	기묘
	월주 (생월)	무진	무진	무진	무진	무진	무진	무진	무진	무진	무진	무진	무진	무진
	일주 (생일)	정해	무자	기축	경인	신묘	임진	계사	갑오	을미	병신	정유	무술	기해
	대운 남	5	5	5	6	6	6	7	7	7	8	8	8	9
	대운 여	5	5	5	4	4	4	3	3	3	2	2	2	1
음 4 월	음력	1	2	3	4	5	6	7	8	9	10	11	12	13
	양력	**5/19**	20	21	22	23	24	25	26	27	28	29	30	31
	연주 (생년)	기묘	기묘	기묘	기묘	기묘	기묘	기묘	기묘	기묘	기묘	기묘	기묘	기묘
	월주 (생월)	기사	기사	기사	기사	기사	기사	기사	기사	기사	기사	기사	기사	기사
	일주 (생일)	병진	정사	무오	기미	경신	신유	임술	계해	갑자	을축	병인	정묘	무진
	대운 남	4	5	5	5	6	6	6	7	7	7	8	8	8
	대운 여	6	6	5	5	5	4	4	4	3	3	3	2	2
음 5 월	음력	1	2	3	4	5	6	7	8	9	10	11	12	13
	양력	**6/17**	18	19	20	21	22	23	24	25	26	27	28	29
	연주 (생년)	기묘	기묘	기묘	기묘	기묘	기묘	기묘	기묘	기묘	기묘	기묘	기묘	기묘
	월주 (생월)	경오	경오	경오	경오	경오	경오	경오	경오	경오	경오	경오	경오	경오
	일주 (생일)	을유	병술	정해	무자	기축	경인	신묘	임진	계사	갑오	을미	병신	정유
	대운 남	4	4	4	5	5	5	6	6	6	7	7	7	8
	대운 여	7	7	6	6	6	5	5	5	4	4	4	3	3
음 6 월	음력	1	2	3	4	5	6	7	8	9	10	11	12	13
	양력	**7/17**	18	19	20	21	22	23	24	25	26	27	28	29
	연주 (생년)	기묘	기묘	기묘	기묘	기묘	기묘	기묘	기묘	기묘	기묘	기묘	기묘	기묘
	월주 (생월)	신미	신미	신미	신미	신미	신미	신미	신미	신미	신미	신미	신미	신미
	일주 (생일)	을묘	병진	정사	무오	기미	경신	신유	임술	계해	갑자	을축	병인	정묘
	대운 남	3	3	4	4	4	5	5	5	6	6	6	7	7
	대운 여	7	7	7	6	6	6	5	5	5	4	4	4	3

음 1 월	14	15	16	17	18	19	20	21	22	23	24	25	26	27	28	29	30
	4	5	6	7	8	9	10	11	12	13	14	15	16	17	18	19	20
	기묘	기묘	기묘	기묘	기묘	기묘	기묘	기묘	기묘	기묘	기묘	기묘	기묘	기묘	기묘	기묘	기묘
	병인	병인	**정묘**	정묘	정묘	정묘	정묘	정묘	정묘	정묘	정묘	정묘	정묘	정묘	정묘	정묘	정묘
	경자	신축	임인	계묘	갑진	을사	병오	정미	무신	기유	경술	신해	임자	계축	갑인	을묘	병진
	9	9	10	1	1	1	1	2	2	2	3	3	3	4	4	4	5
	1	1	10	10	10	9	9	9	8	8	8	7	7	7	6	6	6
음 2 월	14	15	16	17	18	19	20	21	22	23	24	25	26	27	28	29	30
	3	4	5	6	7	8	9	10	11	12	13	14	15	16	17	18	19
	기묘	기묘	기묘	기묘	기묘	기묘	기묘	기묘	기묘	기묘	기묘	기묘	기묘	기묘	기묘	기묘	기묘
	정묘	정묘	정묘	**무진**	무진	무진	무진	무진	무진	무진	무진	무진	무진	무진	무진	무진	무진
	경오	신미	임신	계유	갑술	을해	병자	정축	무인	기묘	경진	신사	임오	계미	갑신	을유	병술
	9	10	10	10	1	1	1	1	2	2	2	3	3	3	4	4	4
	1	1	1	10	10	9	9	9	8	8	8	7	7	7	6	6	6
음 3 월	14	15	16	17	18	19	20	21	22	23	24	25	26	27	28	29	
	3	4	5	6	7	8	9	10	11	12	13	14	15	16	17	18	
	기묘	기묘	기묘	기묘	기묘	기묘	기묘	기묘	기묘	기묘	기묘	기묘	기묘	기묘	기묘	기묘	
	무진	무진	무진	**기사**	기사	기사	기사	기사	기사	기사	기사	기사	기사	기사	기사	기사	
	경자	신축	임인	계묘	갑진	을사	병오	정미	무신	기유	경술	신해	임자	계축	갑인	을묘	
	9	9	10	10	1	1	1	1	2	2	2	3	3	3	4	4	
	1	1	1	10	10	10	9	9	9	8	8	8	7	7	7	6	
음 4 월	14	15	16	17	18	19	20	21	22	23	24	25	26	27	28	29	
	6/1	2	3	4	5	6	7	8	9	10	11	12	13	14	15	16	
	기묘	기묘	기묘	기묘	기묘	기묘	기묘	기묘	기묘	기묘	기묘	기묘	기묘	기묘	기묘	기묘	
	기사	기사	기사	기사	기사	**경오**	경오	경오	경오	경오	경오	경오	경오	경오	경오	경오	
	기사	경오	신미	임신	계유	갑술	을해	병자	정축	무인	기묘	경진	신사	임오	계미	갑신	
	9	9	9	10	10	10	1	1	1	1	2	2	2	3	3	3	
	2	1	1	1	1	10	10	10	10	9	9	9	8	8	8	7	
음 5 월	14	15	16	17	18	19	20	21	22	23	24	25	26	27	28	29	30
	30	**7/1**	2	3	4	5	6	7	8	9	10	11	12	13	14	15	16
	기묘	기묘	기묘	기묘	기묘	기묘	기묘	기묘	기묘	기묘	기묘	기묘	기묘	기묘	기묘	기묘	기묘
	경오	경오	경오	경오	경오	경오	경오	경오	**신미**	신미	신미	신미	신미	신미	신미	신미	신미
	무술	기해	경자	신축	임인	계묘	갑진	을사	병오	정미	무신	기유	경술	신해	임자	계축	갑인
	8	8	9	9	9	10	10	10	10	1	1	1	1	2	2	2	3
	3	2	2	2	1	1	1	1	10	10	10	9	9	9	8	8	8
음 6 월	14	15	16	17	18	19	20	21	22	23	24	25	26	27	28	29	
	30	31	**8/1**	2	3	4	5	6	7	8	9	10	11	12	13	14	
	기묘	기묘	기묘	기묘	기묘	기묘	기묘	기묘	기묘	기묘	기묘	기묘	기묘	기묘	기묘	기묘	
	신미	신미	신미	신미	신미	신미	신미	신미	신미	**임신**	임신	임신	임신	임신	임신	임신	
	무진	기사	경오	신미	임신	계유	갑술	을해	병자	정축	무인	기묘	경진	신사	임오	계미	
	7	8	8	8	9	9	9	10	10	10	1	1	1	1	2	2	
	3	3	2	2	2	1	1	1	1	10	10	10	9	9	9	8	

1939(기묘)년 【단기 4272년】

월	구분		1	2	3	4	5	6	7	8	9	10	11	12	13
음 7 월	음력		1	2	3	4	5	6	7	8	9	10	11	12	13
	양력		8/15	16	17	18	19	20	21	22	23	24	25	26	27
	연주 (생년)		기묘	기묘	기묘	기묘	기묘	기묘	기묘	기묘	기묘	기묘	기묘	기묘	기묘
	월주 (생월)		임신	임신	임신	임신	임신	임신	임신	임신	임신	임신	임신	임신	임신
	일주 (생일)		갑신	을유	병술	정해	무자	기축	경인	신묘	임진	계사	갑오	을미	병신
	대운	남	2	3	3	3	4	4	4	5	5	5	6	6	6
		여	8	8	7	7	7	6	6	6	5	5	5	4	4
음 8 월	음력		1	2	3	4	5	6	7	8	9	10	11	12	13
	양력		9/13	14	15	16	17	18	19	20	21	22	23	24	25
	연주 (생년)		기묘	기묘	기묘	기묘	기묘	기묘	기묘	기묘	기묘	기묘	기묘	기묘	기묘
	월주 (생월)		계유	계유	계유	계유	계유	계유	계유	계유	계유	계유	계유	계유	계유
	일주 (생일)		계축	갑인	을묘	병진	정사	무오	기미	경신	신유	임술	계해	갑자	을축
	대운	남	2	2	2	3	3	3	4	4	4	5	5	5	6
		여	9	8	8	8	7	7	7	6	6	6	5	5	5
음 9 월	음력		1	2	3	4	5	6	7	8	9	10	11	12	13
	양력		10/13	14	15	16	17	18	19	20	21	22	23	24	25
	연주 (생년)		기묘	기묘	기묘	기묘	기묘	기묘	기묘	기묘	기묘	기묘	기묘	기묘	기묘
	월주 (생월)		갑술	갑술	갑술	갑술	갑술	갑술	갑술	갑술	갑술	갑술	갑술	갑술	갑술
	일주 (생일)		계미	갑신	을유	병술	정해	무자	기축	경인	신묘	임진	계사	갑오	을미
	대운	남	1	2	2	2	3	3	3	4	4	4	5	5	5
		여	9	8	8	8	7	7	7	6	6	6	5	5	5
음 10 월	음력		1	2	3	4	5	6	7	8	9	10	11	12	13
	양력		11/11	12	13	14	15	16	17	18	19	20	21	22	23
	연주 (생년)		기묘	기묘	기묘	기묘	기묘	기묘	기묘	기묘	기묘	기묘	기묘	기묘	기묘
	월주 (생월)		을해	을해	을해	을해	을해	을해	을해	을해	을해	을해	을해	을해	을해
	일주 (생일)		임자	계축	갑인	을묘	병진	정사	무오	기미	경신	신유	임술	계해	갑자
	대운	남	1	1	2	2	2	3	3	3	4	4	4	5	5
		여	9	9	8	8	8	7	7	7	6	6	6	5	5
음 11 월	음력		1	2	3	4	5	6	7	8	9	10	11	12	13
	양력		12/11	12	13	14	15	16	17	18	19	20	21	22	23
	연주 (생년)		기묘	기묘	기묘	기묘	기묘	기묘	기묘	기묘	기묘	기묘	기묘	기묘	기묘
	월주 (생월)		병자	병자	병자	병자	병자	병자	병자	병자	병자	병자	병자	병자	병자
	일주 (생일)		임오	계미	갑신	을유	병술	정해	무자	기축	경인	신묘	임진	계사	갑오
	대운	남	1	1	2	2	2	3	3	3	4	4	4	5	5
		여	9	8	8	8	7	7	7	6	6	6	5	5	5
음 12 월	음력		1	2	3	4	5	6	7	8	9	10	11	12	13
	양력		1/9	10	11	12	13	14	15	16	17	18	19	20	21
	연주 (생년)		기묘	기묘	기묘	기묘	기묘	기묘	기묘	기묘	기묘	기묘	기묘	기묘	기묘
	월주 (생월)		정축	정축	정축	정축	정축	정축	정축	정축	정축	정축	정축	정축	정축
	일주 (생일)		신해	임자	계축	갑인	을묘	병진	정사	무오	기미	경신	신유	임술	계해
	대운	남	1	1	2	2	2	3	3	3	4	4	4	5	5
		여	9	9	8	8	8	7	7	7	6	6	6	5	5

	14	15	16	17	18	19	20	21	22	23	24	25	26	27	28	29	
	28	29	30	31	**9/1**	2	3	4	5	6	7	8	9	10	11	12	
음	기묘	기묘	기묘	기묘	기묘	기묘	기묘	기묘	기묘	기묘	기묘	기묘	기묘	기묘	기묘	기묘	
7	임신	임신	임신	임신	임신	임신	임신	임신	임신	임신	임신	**계유**	계유	계유	계유	계유	
월	정유	무술	기해	경자	신축	임인	계묘	갑진	을사	병오	정미	무신	기유	경술	신해	임자	
	7	7	7	8	8	8	9	9	9	10	10	10	1	1	1	1	
	4	3	3	3	2	2	2	1	1	1	1	10	10	10	9	9	
	14	15	16	17	18	19	20	21	22	23	24	25	26	27	28	29	30
	26	27	28	29	30	**10/1**	2	3	4	5	6	7	8	9	10	11	12
음	기묘	기묘	기묘	기묘	기묘	기묘	기묘	기묘	기묘	기묘	기묘	기묘	기묘	기묘	기묘	기묘	기묘
8	계유	계유	계유	계유	계유	계유	계유	계유	계유	계유	계유	계유	계유	**갑술**	갑술	갑술	갑술
월	병인	정묘	무진	기사	경오	신미	임신	계유	갑술	을해	병자	정축	무인	기묘	경진	신사	임오
	6	6	7	7	7	8	8	8	9	9	9	10	10	10	1	1	1
	4	4	4	3	3	3	2	2	2	1	1	1	1	10	10	9	9
	14	15	16	17	18	19	20	21	22	23	24	25	26	27	28	29	
	26	27	28	29	30	31	**11/1**	2	3	4	5	6	7	8	9	10	
음	기묘	기묘	기묘	기묘	기묘	기묘	기묘	기묘	기묘	기묘	기묘	기묘	기묘	기묘	기묘	기묘	
9	갑술	갑술	갑술	갑술	갑술	갑술	갑술	갑술	갑술	갑술	갑술	갑술	갑술	**을해**	을해	을해	
월	병신	정유	무술	기해	경자	신축	임인	계묘	갑진	을사	병오	정미	무신	기유	경술	신해	
	6	6	6	7	7	7	8	8	8	9	9	9	10	10	1	1	
	4	4	4	3	3	3	2	2	2	1	1	1	1	10	10	9	
	14	15	16	17	18	19	20	21	22	23	24	25	26	27	28	29	30
	24	25	26	27	28	29	30	**12/1**	2	3	4	5	6	7	8	9	10
음	기묘	기묘	기묘	기묘	기묘	기묘	기묘	기묘	기묘	기묘	기묘	기묘	기묘	기묘	기묘	기묘	기묘
10	을해	을해	을해	을해	을해	을해	을해	을해	을해	을해	을해	을해	을해	을해	**병자**	병자	병자
월	을축	병인	정묘	무진	기사	경오	신미	임신	계유	갑술	을해	병자	정축	무인	기묘	경진	신사
	5	6	6	6	7	7	7	8	8	8	9	9	9	10	10	1	1
	5	4	4	4	3	3	3	2	2	2	1	1	1	1	10	9	9
	14	15	16	17	18	19	20	21	22	23	24	25	26	27	28	29	
	24	25	26	27	28	29	30	31	**1/1**	2	3	4	5	6	7	8	
음	기묘	기묘	기묘	기묘	기묘	기묘	기묘	기묘	기묘	기묘	기묘	기묘	기묘	기묘	기묘	기묘	
11	병자	병자	병자	병자	병자	병자	병자	병자	병자	병자	병자	병자	병자	**정축**	정축	정축	
월	을미	병신	정유	무술	기해	경자	신축	임인	계묘	갑진	을사	병오	정미	무신	기유	경술	
	5	6	6	6	7	7	7	8	8	8	9	9	9	10	1	1	
	4	4	4	3	3	3	2	2	2	1	1	1	1	10	10	9	
	14	15	16	17	18	19	20	21	22	23	24	25	26	27	28	29	30
	22	23	24	25	26	27	28	29	30	31	**2/1**	2	3	4	5	6	7
음	기묘	기묘	기묘	기묘	기묘	기묘	기묘	기묘	기묘	기묘	기묘	기묘	기묘	기묘	**경진**	경진	경진
12	정축	정축	정축	정축	정축	정축	정축	정축	정축	정축	정축	정축	정축	정축	**무인**	무인	무인
월	갑자	을축	병인	정묘	무진	기사	경오	신미	임신	계유	갑술	을해	병자	정축	무인	기묘	경진
	5	6	6	6	7	7	7	8	8	8	9	9	9	10	10	10	9
	5	4	4	4	3	3	3	2	2	2	1	1	1	1	10	1	1

1940(경진)년 【단기 4273년】

월	구분		1	2	3	4	5	6	7	8	9	10	11	12	13
음 1 월	음력		1	2	3	4	5	6	7	8	9	10	11	12	13
	양력		2/8	9	10	11	12	13	14	15	16	17	18	19	20
	연주 (생년)		경진	경진	경진	경진	경진	경진	경진	경진	경진	경진	경진	경진	경진
	월주 (생월)		무인	무인	무인	무인	무인	무인	무인	무인	무인	무인	무인	무인	무인
	일주 (생일)		신사	임오	계미	갑신	을유	병술	정해	무자	기축	경인	신묘	임진	계사
	대운	남	9	9	8	8	8	7	7	7	6	6	6	5	5
		여	1	1	2	2	2	3	3	3	4	4	4	5	5
음 2 월	음력		1	2	3	4	5	6	7	8	9	10	11	12	13
	양력		3/9	10	11	12	13	14	15	16	17	18	19	20	21
	연주 (생년)		경진	경진	경진	경진	경진	경진	경진	경진	경진	경진	경진	경진	경진
	월주 (생월)		기묘	기묘	기묘	기묘	기묘	기묘	기묘	기묘	기묘	기묘	기묘	기묘	기묘
	일주 (생일)		신해	임자	계축	갑인	을묘	병진	정사	무오	기미	경신	신유	임술	계해
	대운	남	9	9	8	8	8	7	7	7	6	6	6	5	5
		여	1	1	2	2	2	3	3	3	4	4	4	5	5
음 3 월	음력		1	2	3	4	5	6	7	8	9	10	11	12	13
	양력		4/8	9	10	11	12	13	14	15	16	17	18	19	20
	연주 (생년)		경진	경진	경진	경진	경진	경진	경진	경진	경진	경진	경진	경진	경진
	월주 (생월)		경진	경진	경진	경진	경진	경진	경진	경진	경진	경진	경진	경진	경진
	일주 (생일)		신사	임오	계미	갑신	을유	병술	정해	무자	기축	경인	신묘	임진	계사
	대운	남	9	9	9	8	8	8	7	7	7	6	6	6	5
		여	1	1	2	2	2	3	3	3	4	4	4	5	5
음 4 월	음력		1	2	3	4	5	6	7	8	9	10	11	12	13
	양력		5/7	8	9	10	11	12	13	14	15	16	17	18	19
	연주 (생년)		경진	경진	경진	경진	경진	경진	경진	경진	경진	경진	경진	경진	경진
	월주 (생월)		신사	신사	신사	신사	신사	신사	신사	신사	신사	신사	신사	신사	신사
	일주 (생일)		경술	신해	임자	계축	갑인	을묘	병진	정사	무오	기미	경신	신유	임술
	대운	남	10	10	9	9	9	8	8	8	7	7	7	6	6
		여	1	1	1	1	2	2	2	3	3	3	4	4	4
음 5 월	음력		1	2	3	4	5	6	7	8	9	10	11	12	13
	양력		6/6	7	8	9	10	11	12	13	14	15	16	17	18
	연주 (생년)		경진	경진	경진	경진	경진	경진	경진	경진	경진	경진	경진	경진	경진
	월주 (생월)		**임오**	임오	임오	임오	임오	임오	임오	임오	임오	임오	임오	임오	임오
	일주 (생일)		경진	신사	임오	계미	갑신	을유	병술	정해	무자	기축	경인	신묘	임진
	대운	남	10	10	10	9	9	9	8	8	8	7	7	7	6
		여	10	1	1	1	1	2	2	2	3	3	3	4	4
음 6 월	음력		1	2	3	4	5	6	7	8	9	10	11	12	13
	양력		7/5	6	7	8	9	10	11	12	13	14	15	16	17
	연주 (생년)		경진	경진	경진	경진	경진	경진	경진	경진	경진	경진	경진	경진	경진
	월주 (생월)		임오	임오	**계미**	계미	계미	계미	계미	계미	계미	계미	계미	계미	계미
	일주 (생일)		기유	경술	신해	임자	계축	갑인	을묘	병진	정사	무오	기미	경신	신유
	대운	남	1	1	10	10	10	10	9	9	9	8	8	8	7
		여	10	10	10	1	1	1	1	2	2	2	3	3	3

음 1 월	14	15	16	17	18	19	20	21	22	23	24	25	26	27	28	29	30
	21	22	23	24	25	26	27	28	29	**3/1**	2	3	4	5	6	7	8
	경진	경진	경진	경진	경진	경진	경진	경진	경진	경진	경진	경진	경진	경진	경진	경진	경진
	무인	무인	무인	무인	무인	무인	무인	무인	무인	무인	무인	무인	무인	무인	**기묘**	기묘	기묘
	갑오	을미	병신	정유	무술	기해	경자	신축	임인	계묘	갑진	을사	병오	정미	무신	기유	경술
	5	4	4	4	3	3	3	2	2	2	1	1	1	1	10	10	9
	5	6	6	6	7	7	7	8	8	8	9	9	9	10	10	1	1
음 2 월	14	15	16	17	18	19	20	21	22	23	24	25	26	27	28	29	30
	22	23	24	25	26	27	28	29	30	31	**4/1**	2	3	4	5	6	7
	경진	경진	경진	경진	경진	경진	경진	경진	경진	경진	경진	경진	경진	경진	경진	경진	경진
	기묘	기묘	기묘	기묘	기묘	기묘	기묘	기묘	기묘	기묘	기묘	기묘	기묘	기묘	**경진**	경진	경진
	갑자	을축	병인	정묘	무진	기사	경오	신미	임신	계유	갑술	을해	병자	정축	무인	기묘	경진
	5	4	4	4	3	3	3	2	2	2	1	1	1	1	10	10	10
	5	6	6	6	7	7	7	8	8	8	9	9	9	10	10	1	1
음 3 월	14	15	16	17	18	19	20	21	22	23	24	25	26	27	28	29	
	21	22	23	24	25	26	27	28	29	30	**5/1**	2	3	4	5	6	
	경진	경진	경진	경진	경진	경진	경진	경진	경진	경진	경진	경진	경진	경진	경진	경진	
	경진	경진	경진	경진	경진	경진	경진	경진	경진	경진	경진	경진	경진	경진	경진	**신사**	
	갑오	을미	병신	정유	무술	기해	경자	신축	임인	계묘	갑진	을사	병오	정미	무신	기유	
	5	5	4	4	4	3	3	3	2	2	2	1	1	1	1	10	
	5	6	6	6	7	7	7	8	8	8	9	9	9	10	10	10	
음 4 월	14	15	16	17	18	19	20	21	22	23	24	25	26	27	28	29	30
	20	21	22	23	24	25	26	27	28	29	30	31	**6/1**	2	3	4	5
	경진	경진	경진	경진	경진	경진	경진	경진	경진	경진	경진	경진	경진	경진	경진	경진	경진
	신사	신사	신사	신사	신사	신사	신사	신사	신사	신사	신사	신사	신사	신사	신사	신사	신사
	계해	갑자	을축	병인	정묘	무진	기사	경오	신미	임신	계유	갑술	을해	병자	정축	무인	기묘
	6	5	5	5	4	4	4	3	3	3	2	2	2	1	1	1	1
	5	5	5	6	6	6	7	7	7	8	8	8	9	9	9	10	10
음 5 월	14	15	16	17	18	19	20	21	22	23	24	25	26	27	28	29	
	19	20	21	22	23	24	25	26	27	28	29	30	**7/1**	2	3	4	
	경진	경진	경진	경진	경진	경진	경진	경진	경진	경진	경진	경진	경진	경진	경진	경진	
	임오	임오	임오	임오	임오	임오	임오	임오	임오	임오	임오	임오	임오	임오	임오	임오	
	계사	갑오	을미	병신	정유	무술	기해	경자	신축	임인	계묘	갑진	을사	병오	정미	무신	
	6	6	5	5	5	4	4	4	3	3	3	2	2	2	1	1	
	4	5	5	5	6	6	6	7	7	7	8	8	8	9	9	9	
음 6 월	14	15	16	17	18	19	20	21	22	23	24	25	26	27	28	29	30
	18	19	20	21	22	23	24	25	26	27	28	29	30	31	**8/1**	2	3
	경진	경진	경진	경진	경진	경진	경진	경진	경진	경진	경진	경진	경진	경진	경진	경진	경진
	계미	계미	계미	계미	계미	계미	계미	계미	계미	계미	계미	계미	계미	계미	계미	계미	계미
	임술	계해	갑자	을축	병인	정묘	무진	기사	경오	신미	임신	계유	갑술	을해	병자	정축	무인
	7	7	6	6	6	5	5	5	4	4	4	3	3	3	2	2	2
	4	4	4	5	5	5	6	6	6	7	7	7	8	8	8	9	9

1940(경진)년 【단기 4273년】

음 7 월	음 력		1	2	3	4	5	6	7	8	9	10	11	12	13
	양 력		**8/4**	5	6	7	8	9	10	11	12	13	14	15	16
	연주 (생년)		경진	경진	경진	경진	경진	경진	경진	경진	경진	경진	경진	경진	경진
	월주 (생월)		계미	계미	계미	계미	**갑신**	갑신	갑신	갑신	갑신	갑신	갑신	갑신	갑신
	일주 (생일)		기묘	경진	신사	임오	계미	갑신	을유	병술	정해	무자	기축	경인	신묘
	대운	남	1	1	1	1	10	10	10	9	9	9	8	8	8
		여	9	10	10	10	10	1	1	1	1	2	2	2	3

음 8 월	음 력		1	2	3	4	5	6	7	8	9	10	11	12	13
	양 력		**9/2**	3	4	5	6	7	8	9	10	11	12	13	14
	연주 (생년)		경진	경진	경진	경진	경진	경진	경진	경진	경진	경진	경진	경진	경진
	월주 (생월)		갑신	갑신	갑신	갑신	갑신	갑신	**을유**	을유	을유	을유	을유	을유	을유
	일주 (생일)		무신	기유	경술	신해	임자	계축	갑인	을묘	병진	정사	무오	기미	경신
	대운	남	2	2	1	1	1	1	10	10	9	9	9	8	8
		여	8	9	9	9	10	10	10	1	1	1	1	2	2

음 9 월	음 력		1	2	3	4	5	6	7	8	9	10	11	12	13
	양 력		**10/1**	2	3	4	5	6	7	8	9	10	11	12	13
	연주 (생년)		경진	경진	경진	경진	경진	경진	경진	경진	경진	경진	경진	경진	경진
	월주 (생월)		을유	을유	을유	을유	을유	을유	을유	**병술**	병술	병술	병술	병술	병술
	일주 (생일)		정축	무인	기묘	경진	신사	임오	계미	갑신	을유	병술	정해	무자	기축
	대운	남	2	2	2	1	1	1	1	10	10	9	9	9	8
		여	8	8	8	9	9	9	10	10	1	1	1	1	2

음 10 월	음 력		1	2	3	4	5	6	7	8	9	10	11	12	13
	양 력		**10/31**	**11/1**	2	3	4	5	6	7	8	9	10	11	12
	연주 (생년)		경진	경진	경진	경진	경진	경진	경진	경진	경진	경진	경진	경진	경진
	월주 (생월)		병술	병술	병술	병술	병술	병술	병술	**정해**	정해	정해	정해	정해	정해
	일주 (생일)		정미	무신	기유	경술	신해	임자	계축	갑인	을묘	병진	정사	무오	기미
	대운	남	2	2	2	1	1	1	1	10	10	9	9	9	8
		여	8	8	9	9	9	10	10	10	1	1	1	1	2

음 11 월	음 력		1	2	3	4	5	6	7	8	9	10	11	12	13
	양 력		**11/29**	30	**12/1**	2	3	4	5	6	7	8	9	10	11
	연주 (생년)		경진	경진	경진	경진	경진	경진	경진	경진	경진	경진	경진	경진	경진
	월주 (생월)		정해	정해	정해	정해	정해	정해	정해	정해	**무자**	무자	무자	무자	무자
	일주 (생일)		병자	정축	무인	기묘	경진	신사	임오	계미	갑신	을유	병술	정해	무자
	대운	남	3	2	2	2	1	1	1	1	10	10	9	9	9
		여	7	8	8	8	9	9	9	10	10	1	1	1	1

음 12 월	음 력		1	2	3	4	5	6	7	8	9	10	11	12	13
	양 력		**12/29**	30	31	**1/1**	2	3	4	5	6	7	8	9	10
	연주 (생년)		경진	경진	경진	경진	경진	경진	경진	경진	경진	경진	경진	경진	경진
	월주 (생월)		무자	무자	무자	무자	무자	무자	무자	무자	**기축**	기축	기축	기축	기축
	일주 (생일)		병오	정미	무신	기유	경술	신해	임자	계축	갑인	을묘	병진	정사	무오
	대운	남	3	2	2	2	1	1	1	1	10	9	9	9	8
		여	7	8	8	8	9	9	9	10	10	1	1	1	1

음 7 월	14	15	16	17	18	19	20	21	22	23	24	25	26	27	28	29	
	17	18	19	20	21	22	23	24	25	26	27	28	29	30	31	**9/1**	
	경진	경진	경진	경진	경진	경진	경진	경진	경진	경진	경진	경진	경진	경진	경진	경진	
	갑신	갑신	갑신	갑신	갑신	갑신	갑신	갑신	갑신	갑신	갑신	갑신	갑신	갑신	갑신	갑신	
	임진	계사	갑오	을미	병신	정유	무술	기해	경자	신축	임인	계묘	갑진	을사	병오	정미	
	7	7	7	6	6	6	5	5	5	4	4	4	3	3	3	2	
	3	3	4	4	4	5	5	5	6	6	6	7	7	7	8	8	
음 8 월	14	15	16	17	18	19	20	21	22	23	24	25	26	27	28	29	
	15	16	17	18	19	20	21	22	23	24	25	26	27	28	29	30	
	경진	경진	경진	경진	경진	경진	경진	경진	경진	경진	경진	경진	경진	경진	경진	경진	
	을유	을유	을유	을유	을유	을유	을유	을유	을유	을유	을유	을유	을유	을유	을유	을유	
	신유	임술	계해	갑자	을축	병인	정묘	무진	기사	경오	신미	임신	계유	갑술	을해	병자	
	8	7	7	7	6	6	6	5	5	5	4	4	4	3	3	3	
	2	3	3	3	4	4	4	5	5	5	6	6	6	7	7	7	
음 9 월	14	15	16	17	18	19	20	21	22	23	24	25	26	27	28	29	30
	14	15	16	17	18	19	20	21	22	23	24	25	26	27	28	29	30
	경진	경진	경진	경진	경진	경진	경진	경진	경진	경진	경진	경진	경진	경진	경진	경진	경진
	병술	병술	병술	병술	병술	병술	병술	병술	병술	병술	병술	병술	병술	병술	병술	병술	병술
	경인	신묘	임진	계사	갑오	을미	병신	정유	무술	기해	경자	신축	임인	계묘	갑진	을사	병오
	8	8	7	7	7	6	6	6	5	5	5	4	4	4	3	3	3
	2	2	3	3	3	4	4	4	5	5	5	6	6	6	7	7	7
음 10 월	14	15	16	17	18	19	20	21	22	23	24	25	26	27	28	29	
	13	14	15	16	17	18	19	20	21	22	23	24	25	26	27	28	
	경진	경진	경진	경진	경진	경진	경진	경진	경진	경진	경진	경진	경진	경진	경진	경진	
	정해	정해	정해	정해	정해	정해	정해	정해	정해	정해	정해	정해	정해	정해	정해	정해	
	경신	신유	임술	계해	갑자	을축	병인	정묘	무진	기사	경오	신미	임신	계유	갑술	을해	
	8	8	7	7	7	6	6	6	5	5	5	4	4	4	3	3	
	2	2	3	3	3	4	4	4	5	5	5	6	6	6	7	7	
음 11 월	14	15	16	17	18	19	20	21	22	23	24	25	26	27	28	29	30
	12	13	14	15	16	17	18	19	20	21	22	23	24	25	26	27	28
	경진	경진	경진	경진	경진	경진	경진	경진	경진	경진	경진	경진	경진	경진	경진	경진	경진
	무자	무자	무자	무자	무자	무자	무자	무자	무자	무자	무자	무자	무자	무자	무자	무자	무자
	기축	경인	신묘	임진	계사	갑오	을미	병신	정유	무술	기해	경자	신축	임인	계묘	갑진	을사
	8	8	8	7	7	7	6	6	6	5	5	5	4	4	4	3	3
	2	2	2	3	3	3	4	4	4	5	5	5	6	6	6	7	7
음 12 월	14	15	16	17	18	19	20	21	22	23	24	25	26	27	28	29	
	11	12	13	14	15	16	17	18	19	20	21	22	23	24	25	26	
	경진	경진	경진	경진	경진	경진	경진	경진	경진	경진	경진	경진	경진	경진	경진	경진	
	기축	기축	기축	기축	기축	기축	기축	기축	기축	기축	기축	기축	기축	기축	기축	기축	
	기미	경신	신유	임술	계해	갑자	을축	병인	정묘	무진	기사	경오	신미	임신	계유	갑술	
	8	8	7	7	7	6	6	6	5	5	5	4	4	4	3	3	
	2	2	2	3	3	3	4	4	4	5	5	5	6	6	6	7	

1941(신사)년 【단기 4274년】

월	구분		1	2	3	4	5	6	7	8	9	10	11	12	13
음 1 월	음력		1	2	3	4	5	6	7	8	9	10	11	12	13
	양력		**1/27**	28	29	30	31	**2/1**	2	3	4	5	6	7	8
	연주 (생년)		경진	경진	경진	경진	경진	경진	경진	경진	**신사**	신사	신사	신사	신사
	월주 (생월)		기축	기축	기축	기축	기축	기축	기축	기축	**경인**	경인	경인	경인	경인
	일주 (생일)		을해	병자	정축	무인	기묘	경진	신사	임오	계미	갑신	을유	병술	정해
	대운	남	3	2	2	2	1	1	1	1	10	1	1	1	1
		여	7	7	8	8	8	9	9	9	10	10	9	9	9
음 2 월	음력		1	2	3	4	5	6	7	8	9	10	11	12	13
	양력		**2/26**	27	28	**3/1**	2	3	4	5	6	7	8	9	10
	연주 (생년)		신사	신사	신사	신사	신사	신사	신사	신사	신사	신사	신사	신사	신사
	월주 (생월)		경인	경인	경인	경인	경인	경인	경인	경인	**신묘**	신묘	신묘	신묘	신묘
	일주 (생일)		을사	병오	정미	무신	기유	경술	신해	임자	계축	갑인	을묘	병진	정사
	대운	남	7	8	8	8	9	9	9	10	10	1	1	1	1
		여	3	2	2	2	1	1	1	1	10	10	9	9	9
음 3 월	음력		1	2	3	4	5	6	7	8	9	10	11	12	13
	양력		**3/28**	29	30	31	**4/1**	2	3	4	5	6	7	8	9
	연주 (생년)		신사	신사	신사	신사	신사	신사	신사	신사	신사	신사	신사	신사	신사
	월주 (생월)		신묘	신묘	신묘	신묘	신묘	신묘	신묘	신묘	**임진**	임진	임진	임진	임진
	일주 (생일)		을해	병자	정축	무인	기묘	경진	신사	임오	계미	갑신	을유	병술	정해
	대운	남	7	8	8	8	9	9	9	10	10	1	1	1	1
		여	3	2	2	2	1	1	1	1	10	10	10	9	9
음 4 월	음력		1	2	3	4	5	6	7	8	9	10	11	12	13
	양력		**4/26**	27	28	29	30	**5/1**	2	3	4	5	6	7	8
	연주 (생년)		신사	신사	신사	신사	신사	신사	신사	신사	신사	신사	신사	신사	신사
	월주 (생월)		임진	임진	임진	임진	임진	임진	임진	임진	임진	임진	**계사**	계사	계사
	일주 (생일)		갑진	을사	병오	정미	무신	기유	경술	신해	임자	계축	갑인	을묘	병진
	대운	남	7	7	8	8	8	9	9	9	10	10	10	1	1
		여	3	3	3	2	2	2	1	1	1	1	10	10	10
음 5 월	음력		1	2	3	4	5	6	7	8	9	10	11	12	13
	양력		**5/26**	27	28	29	30	31	**6/1**	2	3	4	5	6	7
	연주 (생년)		신사	신사	신사	신사	신사	신사	신사	신사	신사	신사	신사	신사	신사
	월주 (생월)		계사	계사	계사	계사	계사	계사	계사	계사	계사	계사	계사	**갑오**	갑오
	일주 (생일)		갑술	을해	병자	정축	무인	기묘	경진	신사	임오	계미	갑신	을유	병술
	대운	남	7	7	7	8	8	8	9	9	9	10	10	10	1
		여	4	3	3	3	2	2	2	1	1	1	1	10	10
음 6 월	음력		1	2	3	4	5	6	7	8	9	10	11	12	13
	양력		**6/25**	26	27	28	29	30	**7/1**	2	3	4	5	6	7
	연주 (생년)		신사	신사	신사	신사	신사	신사	신사	신사	신사	신사	신사	신사	신사
	월주 (생월)		갑오	갑오	갑오	갑오	갑오	갑오	갑오	갑오	갑오	갑오	갑오	갑오	**을미**
	일주 (생일)		갑진	을사	병오	정미	무신	기유	경술	신해	임자	계축	갑인	을묘	병진
	대운	남	6	7	7	7	8	8	8	9	9	9	10	10	10
		여	4	4	3	3	3	2	2	2	1	1	1	1	10
윤 6 월	음력		1	2	3	4	5	6	7	8	9	10	11	12	13
	양력		**7/24**	25	26	27	28	29	30	31	**8/1**	2	3	4	5
	연주 (생년)		신사	신사	신사	신사	신사	신사	신사	신사	신사	신사	신사	신사	신사
	월주 (생월)		을미	을미	을미	을미	을미	을미	을미	을미	을미	을미	을미	을미	을미
	일주 (생일)		계유	갑술	을해	병자	정축	무인	기묘	경진	신사	임오	계미	갑신	을유
	대운	남	6	6	6	7	7	7	8	8	8	9	9	9	10
		여	5	5	4	4	4	3	3	3	2	2	2	1	1

월																	
음 1 월	14	15	16	17	18	19	20	21	22	23	24	25	26	27	28	29	30
	9	10	11	12	13	14	15	16	17	18	19	20	21	22	23	24	25
	신사	신사	신사	신사	신사	신사	신사	신사	신사	신사	신사	신사	신사	신사	신사	신사	신사
	경인	경인	경인	경인	경인	경인	경인	경인	경인	경인	경인	경인	경인	경인	경인	경인	경인
	무자	기축	경인	신묘	임진	계사	갑오	을미	병신	정유	무술	기해	경자	신축	임인	계묘	갑진
	2	2	2	3	3	3	4	4	4	5	5	5	6	6	6	7	7
	8	8	8	7	7	7	6	6	6	5	5	5	4	4	4	3	3
음 2 월	14	15	16	17	18	19	20	21	22	23	24	25	26	27	28	29	30
	11	12	13	14	15	16	17	18	19	20	21	22	23	24	25	26	27
	신사	신사	신사	신사	신사	신사	신사	신사	신사	신사	신사	신사	신사	신사	신사	신사	신사
	신묘	신묘	신묘	신묘	신묘	신묘	신묘	신묘	신묘	신묘	신묘	신묘	신묘	신묘	신묘	신묘	신묘
	무오	기미	경신	신유	임술	계해	갑자	을축	병인	정묘	무진	기사	경오	신미	임신	계유	갑술
	2	2	2	3	3	3	4	4	4	5	5	5	6	6	6	7	7
	8	8	8	7	7	7	6	6	6	5	5	5	4	4	4	3	3
음 3 월	14	15	16	17	18	19	20	21	22	23	24	25	26	27	28	29	
	10	11	12	13	14	15	16	17	18	19	20	21	22	23	24	25	
	신사	신사	신사	신사	신사	신사	신사	신사	신사	신사	신사	신사	신사	신사	신사	신사	
	임진	임진	임진	임진	임진	임진	임진	임진	임진	임진	임진	임진	임진	임진	임진	임진	
	무자	기축	경인	신묘	임진	계사	갑오	을미	병신	정유	무술	기해	경자	신축	임인	계묘	
	2	2	2	3	3	3	4	4	4	5	5	5	6	6	6	7	
	9	8	8	8	7	7	7	6	6	6	5	5	5	4	4	4	
음 4 월	14	15	16	17	18	19	20	21	22	23	24	25	26	27	28	29	30
	9	10	11	12	13	14	15	16	17	18	19	20	21	22	23	24	25
	신사	신사	신사	신사	신사	신사	신사	신사	신사	신사	신사	신사	신사	신사	신사	신사	신사
	계사	계사	계사	계사	계사	계사	계사	계사	계사	계사	계사	계사	계사	계사	계사	계사	계사
	정사	무오	기미	경신	신유	임술	계해	갑자	을축	병인	정묘	무진	기사	경오	신미	임신	계유
	1	1	2	2	2	3	3	3	4	4	4	5	5	5	6	6	6
	9	9	9	8	8	8	7	7	7	6	6	6	5	5	5	4	4
음 5 월	14	15	16	17	18	19	20	21	22	23	24	25	26	27	28	29	30
	8	9	10	11	12	13	14	15	16	17	18	19	20	21	22	23	24
	신사	신사	신사	신사	신사	신사	신사	신사	신사	신사	신사	신사	신사	신사	신사	신사	신사
	갑오	갑오	갑오	갑오	갑오	갑오	갑오	갑오	갑오	갑오	갑오	갑오	갑오	갑오	갑오	갑오	갑오
	정해	무자	기축	경인	신묘	임진	계사	갑오	을미	병신	정유	무술	기해	경자	신축	임인	계묘
	1	1	1	2	2	2	3	3	3	4	4	4	5	5	5	6	6
	10	10	9	9	9	8	8	8	7	7	7	6	6	6	5	5	5
음 6 월	14	15	16	17	18	19	20	21	22	23	24	25	26	27	28	29	
	8	9	10	11	12	13	14	15	16	17	18	19	20	21	22	23	
	신사	신사	신사	신사	신사	신사	신사	신사	신사	신사	신사	신사	신사	신사	신사	신사	
	을미	을미	을미	을미	을미	을미	을미	을미	을미	을미	을미	을미	을미	을미	을미	을미	
	정사	무오	기미	경신	신유	임술	계해	갑자	을축	병인	정묘	무진	기사	경오	신미	임신	
	1	1	1	1	2	2	2	3	3	3	4	4	4	5	5	5	
	10	10	10	9	9	9	8	8	8	7	7	7	6	6	6	5	
윤 6 월	14	15	16	17	18	19	20	21	22	23	24	25	26	27	28	29	**30**
	6	7	8	9	10	11	12	13	14	15	16	17	18	19	20	21	22
	신사	신사	신사	신사	신사	신사	신사	신사	신사	신사	신사	신사	신사	신사	신사	신사	신사
	을미	을미	**병신**	병신	병신	병신	병신	병신	병신	병신	병신	병신	병신	병신	병신	병신	병신
	병술	정해	무자	기축	경인	신묘	임진	계사	갑오	을미	병신	정유	무술	기해	경자	신축	임인
	10	10	10	1	1	1	1	2	2	2	3	3	3	4	4	4	5
	1	1	10	10	10	9	9	9	8	8	8	7	7	7	6	6	6

1941(신사)년 【단기 4274년】

월	구분		1	2	3	4	5	6	7	8	9	10	11	12	13
음 7 월	음력		1	2	3	4	5	6	7	8	9	10	11	12	13
	양력		**8/23**	24	25	26	27	28	29	30	31	**9/1**	2	3	4
	연주 (생년)		신사	신사	신사	신사	신사	신사	신사	신사	신사	신사	신사	신사	신사
	월주 (생월)		병신	병신	병신	병신	병신	병신	병신	병신	병신	병신	병신	병신	병신
	일주 (생일)		계묘	갑진	을사	병오	정미	무신	기유	경술	신해	임자	계축	갑인	을묘
	대운	남	5	5	6	6	6	7	7	7	8	8	8	9	9
		여	5	5	5	4	4	4	3	3	3	2	2	2	1
음 8 월	음력		1	2	3	4	5	6	7	8	9	10	11	12	13
	양력		**9/21**	22	23	24	25	26	27	28	29	30	**10/1**	2	3
	연주 (생년)		신사	신사	신사	신사	신사	신사	신사	신사	신사	신사	신사	신사	신사
	월주 (생월)		정유	정유	정유	정유	정유	정유	정유	정유	정유	정유	정유	정유	정유
	일주 (생일)		임신	계유	갑술	을해	병자	정축	무인	기묘	경진	신사	임오	계미	갑신
	대운	남	4	5	5	5	6	6	6	7	7	7	8	8	8
		여	6	6	5	5	5	4	4	4	3	3	3	2	2
음 9 월	음력		1	2	3	4	5	6	7	8	9	10	11	12	13
	양력		**10/20**	21	22	23	24	25	26	27	28	29	30	31	**11/1**
	연주 (생년)		신사	신사	신사	신사	신사	신사	신사	신사	신사	신사	신사	신사	신사
	월주 (생월)		무술	무술	무술	무술	무술	무술	무술	무술	무술	무술	무술	무술	무술
	일주 (생일)		신축	임인	계묘	갑진	을사	병오	정미	무신	기유	경술	신해	임자	계축
	대운	남	4	4	4	5	5	5	6	6	6	7	7	7	8
		여	6	6	6	5	5	5	4	4	4	3	3	3	2
음 10 월	음력		1	2	3	4	5	6	7	8	9	10	11	12	13
	양력		**11/19**	20	21	22	23	24	25	26	27	28	29	30	**12/1**
	연주 (생년)		신사	신사	신사	신사	신사	신사	신사	신사	신사	신사	신사	신사	신사
	월주 (생월)		기해	기해	기해	기해	기해	기해	기해	기해	기해	기해	기해	기해	기해
	일주 (생일)		신미	임신	계유	갑술	을해	병자	정축	무인	기묘	경진	신사	임오	계미
	대운	남	4	4	4	5	5	5	6	6	6	7	7	7	8
		여	6	6	5	5	5	4	4	4	3	3	3	2	2
음 11 월	음력		1	2	3	4	5	6	7	8	9	10	11	12	13
	양력		**12/18**	19	20	21	22	23	24	25	26	27	28	29	30
	연주 (생년)		신사	신사	신사	신사	신사	신사	신사	신사	신사	신사	신사	신사	신사
	월주 (생월)		경자	경자	경자	경자	경자	경자	경자	경자	경자	경자	경자	경자	경자
	일주 (생일)		경자	신축	임인	계묘	갑진	을사	병오	정미	무신	기유	경술	신해	임자
	대운	남	4	4	4	5	5	5	6	6	6	7	7	7	8
		여	6	6	6	5	5	5	4	4	4	3	3	3	2
음 12 월	음력		1	2	3	4	5	6	7	8	9	10	11	12	13
	양력		**1/17**	18	19	20	21	22	23	24	25	26	27	28	29
	연주 (생년)		신사	신사	신사	신사	신사	신사	신사	신사	신사	신사	신사	신사	신사
	월주 (생월)		신축	신축	신축	신축	신축	신축	신축	신축	신축	신축	신축	신축	신축
	일주 (생일)		경오	신미	임신	계유	갑술	을해	병자	정축	무인	기묘	경진	신사	임오
	대운	남	4	4	5	5	5	6	6	6	7	7	7	8	8
		여	6	6	5	5	5	4	4	4	3	3	3	2	2

음 7 월	14	15	16	17	18	19	20	21	22	23	24	25	26	27	28	29	
	5	6	7	8	9	10	11	12	13	14	15	16	17	18	19	20	
	신사	신사	신사	신사	신사	신사	신사	신사	신사	신사	신사	신사	신사	신사	신사	신사	
	병신	병신	병신	**정유**	정유	정유	정유	정유	정유	정유	정유	정유	정유	정유	정유	정유	
	병진	정사	무오	기미	경신	신유	임술	계해	갑자	을축	병인	정묘	무진	기사	경오	신미	
	9	10	10	10	1	1	1	1	2	2	2	3	3	3	4	4	
	1	1	1	10	10	10	9	9	9	8	8	8	7	7	7	6	
음 8 월	14	15	16	17	18	19	20	21	22	23	24	25	26	27	28	29	
	4	5	6	7	8	9	10	11	12	13	14	15	16	17	18	19	
	신사	신사	신사	신사	신사	신사	신사	신사	신사	신사	신사	신사	신사	신사	신사	신사	
	정유	정유	정유	정유	정유	**무술**	무술	무술	무술	무술	무술	무술	무술	무술	무술	무술	
	을유	병술	정해	무자	기축	경인	신묘	임진	계사	갑오	을미	병신	정유	무술	기해	경자	
	9	9	9	10	10	10	1	1	1	2	2	2	3	3	3	4	
	2	1	1	1	1	10	10	9	9	9	8	8	8	7	7	7	
음 9 월	14	15	16	17	18	19	20	21	22	23	24	25	26	27	28	29	30
	2	3	4	5	6	7	8	9	10	11	12	13	14	15	16	17	18
	신사	신사	신사	신사	신사	신사	신사	신사	신사	신사	신사	신사	신사	신사	신사	신사	신사
	무술	무술	무술	무술	무술	무술	**기해**	기해	기해	기해	기해	기해	기해	기해	기해	기해	기해
	갑인	을묘	병진	정사	무오	기미	경신	신유	임술	계해	갑자	을축	병인	정묘	무진	기사	경오
	8	8	9	9	9	10	10	1	1	1	1	2	2	2	3	3	3
	2	2	1	1	1	1	10	9	9	9	8	8	8	7	7	7	6
음 10 월	14	15	16	17	18	19	20	21	22	23	24	25	26	27	28	29	
	2	3	4	5	6	7	8	9	10	11	12	13	14	15	16	17	
	신사	신사	신사	신사	신사	신사	신사	신사	신사	신사	신사	신사	신사	신사	신사	신사	
	기해	기해	기해	기해	기해	**경자**	경자	경자	경자	경자	경자	경자	경자	경자	경자	경자	
	갑신	을유	병술	정해	무자	기축	경인	신묘	임진	계사	갑오	을미	병신	정유	무술	기해	
	8	8	9	9	9	10	1	1	1	1	2	2	2	3	3	3	
	2	1	1	1	1	10	10	9	9	9	8	8	8	7	7	7	
음 11 월	14	15	16	17	18	19	20	21	22	23	24	25	26	27	28	29	30
	31	**1/1**	2	3	4	5	6	7	8	9	10	11	12	13	14	15	16
	신사	신사	신사	신사	신사	신사	신사	신사	신사	신사	신사	신사	신사	신사	신사	신사	신사
	경자	경자	경자	경자	경자	경자	**신축**	신축	신축	신축	신축	신축	신축	신축	신축	신축	신축
	계축	갑인	을묘	병진	정사	무오	기미	경신	신유	임술	계해	갑자	을축	병인	정묘	무진	기사
	8	8	9	9	9	10	10	1	1	1	1	2	2	2	3	3	3
	2	2	1	1	1	1	10	9	9	9	8	8	8	7	7	7	6
음 12 월	14	15	16	17	18	19	20	21	22	23	24	25	26	27	28	29	
	30	31	**2/1**	2	3	4	5	6	7	8	9	10	11	12	13	14	
	신사	신사	신사	신사	신사	**임오**	임오	임오	임오	임오	임오	임오	임오	임오	임오	임오	
	신축	신축	신축	신축	신축	**임인**	임인	임인	임인	임인	임인	임인	임인	임인	임인	임인	
	계미	갑신	을유	병술	정해	무자	기축	경인	신묘	임진	계사	갑오	을미	병신	정유	무술	
	8	9	9	9	10	10	10	10	9	9	9	8	8	8	7	7	
	2	1	1	1	1	10	1	1	1	1	2	2	2	3	3	3	

1942(임오)년 【단기 4275년】

월	구분		1	2	3	4	5	6	7	8	9	10	11	12	13
음 1 월	음력		1	2	3	4	5	6	7	8	9	10	11	12	13
	양력		2/15	16	17	18	19	20	21	22	23	24	25	26	27
	연주 (생년)		임오	임오	임오	임오	임오	임오	임오	임오	임오	임오	임오	임오	임오
	월주 (생월)		임인	임인	임인	임인	임인	임인	임인	임인	임인	임인	임인	임인	임인
	일주 (생일)		기해	경자	신축	임인	계묘	갑진	을사	병오	정미	무신	기유	경술	신해
	대운	남	6	6	6	5	5	5	4	4	4	3	3	3	2
		여	4	4	4	5	5	5	6	6	6	7	7	7	8
음 2 월	음력		1	2	3	4	5	6	7	8	9	10	11	12	13
	양력		3/17	18	19	20	21	22	23	24	25	26	27	28	29
	연주 (생년)		임오	임오	임오	임오	임오	임오	임오	임오	임오	임오	임오	임오	임오
	월주 (생월)		계묘	계묘	계묘	계묘	계묘	계묘	계묘	계묘	계묘	계묘	계묘	계묘	계묘
	일주 (생일)		기사	경오	신미	임신	계유	갑술	을해	병자	정축	무인	기묘	경진	신사
	대운	남	6	6	6	5	5	5	4	4	4	3	3	3	2
		여	4	4	4	5	5	5	6	6	6	7	7	7	8
음 3 월	음력		1	2	3	4	5	6	7	8	9	10	11	12	13
	양력		4/15	16	17	18	19	20	21	22	23	24	25	26	27
	연주 (생년)		임오	임오	임오	임오	임오	임오	임오	임오	임오	임오	임오	임오	임오
	월주 (생월)		갑진	갑진	갑진	갑진	갑진	갑진	갑진	갑진	갑진	갑진	갑진	갑진	갑진
	일주 (생일)		무술	기해	경자	신축	임인	계묘	갑진	을사	병오	정미	무신	기유	경술
	대운	남	7	7	6	6	6	5	5	5	4	4	4	3	3
		여	3	4	4	4	5	5	5	6	6	6	7	7	7
음 4 월	음력		1	2	3	4	5	6	7	8	9	10	11	12	13
	양력		5/15	16	17	18	19	20	21	22	23	24	25	26	27
	연주 (생년)		임오	임오	임오	임오	임오	임오	임오	임오	임오	임오	임오	임오	임오
	월주 (생월)		을사	을사	을사	을사	을사	을사	을사	을사	을사	을사	을사	을사	을사
	일주 (생일)		무진	기사	경오	신미	임신	계유	갑술	을해	병자	정축	무인	기묘	경진
	대운	남	7	7	7	6	6	6	5	5	5	4	4	4	3
		여	3	3	4	4	4	5	5	5	6	6	6	7	7
음 5 월	음력		1	2	3	4	5	6	7	8	9	10	11	12	13
	양력		6/14	15	16	17	18	19	20	21	22	23	24	25	26
	연주 (생년)		임오	임오	임오	임오	임오	임오	임오	임오	임오	임오	임오	임오	임오
	월주 (생월)		병오	병오	병오	병오	병오	병오	병오	병오	병오	병오	병오	병오	병오
	일주 (생일)		무술	기해	경자	신축	임인	계묘	갑진	을사	병오	정미	무신	기유	경술
	대운	남	8	8	7	7	7	6	6	6	5	5	5	4	4
		여	3	3	3	4	4	4	5	5	5	6	6	6	7
음 6 월	음력		1	2	3	4	5	6	7	8	9	10	11	12	13
	양력		7/13	14	15	16	17	18	19	20	21	22	23	24	25
	연주 (생년)		임오	임오	임오	임오	임오	임오	임오	임오	임오	임오	임오	임오	임오
	월주 (생월)		정미	정미	정미	정미	정미	정미	정미	정미	정미	정미	정미	정미	정미
	일주 (생일)		정묘	무진	기사	경오	신미	임신	계유	갑술	을해	병자	정축	무인	기묘
	대운	남	9	8	8	8	7	7	7	6	6	6	5	5	5
		여	2	2	2	3	3	3	4	4	4	5	5	5	6

	14	15	16	17	18	19	20	21	22	23	24	25	26	27	28	29	30
	28	**3/1**	2	3	4	5	6	7	8	9	10	11	12	13	14	15	16
음	임오	임오	임오	임오	임오	임오	임오	임오	임오	임오	임오	임오	임오	임오	임오	임오	임오
1	임인	임인	임인	임인	임인	임인	**계묘**	계묘	계묘	계묘	계묘	계묘	계묘	계묘	계묘	계묘	계묘
월	임자	계축	갑인	을묘	병진	정사	무오	기미	경신	신유	임술	계해	갑자	을축	병인	정묘	무진
	2	2	1	1	1	1	10	10	9	9	9	8	8	8	7	7	7
	8	8	9	9	9	10	10	1	1	1	1	2	2	2	3	3	3
	14	15	16	17	18	19	20	21	22	23	24	25	26	27	28	29	
	30	31	**4/1**	2	3	4	5	6	7	8	9	10	11	12	13	14	
음	임오	임오	임오	임오	임오	임오	임오	임오	임오	임오	임오	임오	임오	임오	임오	임오	
2	계묘	계묘	계묘	계묘	계묘	계묘	**갑진**	갑진	갑진	갑진	갑진	갑진	갑진	갑진	갑진	갑진	
월	임오	계미	갑신	을유	병술	정해	무자	기축	경인	신묘	임진	계사	갑오	을미	병신	정유	
	2	2	1	1	1	1	10	10	10	9	9	9	8	8	8	7	
	8	8	9	9	9	10	10	1	1	1	1	2	2	2	3	3	
	14	15	16	17	18	19	20	21	22	23	24	25	26	27	28	29	30
	28	29	30	**5/1**	2	3	4	5	6	7	8	9	10	11	12	13	14
음	임오	임오	임오	임오	임오	임오	임오	임오	임오	임오	임오	임오	임오	임오	임오	임오	임오
3	갑진	갑진	갑진	갑진	갑진	갑진	갑진	갑진	**을사**	을사	을사	을사	을사	을사	을사	을사	을사
월	신해	임자	계축	갑인	을묘	병진	정사	무오	기미	경신	신유	임술	계해	갑자	을축	병인	정묘
	3	2	2	2	1	1	1	1	10	10	10	9	9	9	8	8	8
	8	8	8	9	9	9	10	10	10	1	1	1	1	2	2	2	3
	14	15	16	17	18	19	20	21	22	23	24	25	26	27	28	29	30
	28	29	30	31	**6/1**	2	3	4	5	6	7	8	9	10	11	12	13
음	임오	임오	임오	임오	임오	임오	임오	임오	임오	임오	임오	임오	임오	임오	임오	임오	임오
4	을사	을사	을사	을사	을사	을사	을사	을사	을사	**병오**	병오	병오	병오	병오	병오	병오	병오
월	신사	임오	계미	갑신	을유	병술	정해	무자	기축	경인	신묘	임진	계사	갑오	을미	병신	정유
	3	3	2	2	2	1	1	1	1	10	10	10	10	9	9	9	8
	7	8	8	8	9	9	9	10	10	10	1	1	1	1	2	2	2
	14	15	16	17	18	19	20	21	22	23	24	25	26	27	28	29	
	27	28	29	30	**7/1**	2	3	4	5	6	7	8	9	10	11	12	
음	임오	임오	임오	임오	임오	임오	임오	임오	임오	임오	임오	임오	임오	임오	임오	임오	
5	병오	병오	병오	병오	병오	병오	병오	병오	병오	병오	병오	**정미**	정미	정미	정미	정미	
월	신해	임자	계축	갑인	을묘	병진	정사	무오	기미	경신	신유	임술	계해	갑자	을축	병인	
	4	3	3	3	2	2	2	1	1	1	1	10	10	10	9	9	
	7	7	8	8	8	9	9	9	10	10	10	10	1	1	1	1	
	14	15	16	17	18	19	20	21	22	23	24	25	26	27	28	29	30
	26	27	28	29	30	31	**8/1**	2	3	4	5	6	7	8	9	10	11
음	임오	임오	임오	임오	임오	임오	임오	임오	임오	임오	임오	임오	임오	임오	임오	임오	임오
6	정미	정미	정미	정미	정미	정미	정미	정미	정미	정미	정미	정미	정미	**무신**	무신	무신	무신
월	경진	신사	임오	계미	갑신	을유	병술	정해	무자	기축	경인	신묘	임진	계사	갑오	을미	병신
	4	4	4	3	3	3	2	2	2	1	1	1	1	10	10	10	9
	6	6	7	7	7	8	8	8	9	9	9	10	10	10	1	1	1

1942(임오)년 【단기 4275년】

월	구분		1	2	3	4	5	6	7	8	9	10	11	12	13
음 7 월	음력		1	2	3	4	5	6	7	8	9	10	11	12	13
	양력		**8/12**	13	14	15	16	17	18	19	20	21	22	23	24
	연주 (생년)		임오	임오	임오	임오	임오	임오	임오	임오	임오	임오	임오	임오	임오
	월주 (생월)		무신	무신	무신	무신	무신	무신	무신	무신	무신	무신	무신	무신	무신
	일주 (생일)		정유	무술	기해	경자	신축	임인	계묘	갑진	을사	병오	정미	무신	기유
	대운	남	9	9	8	8	8	7	7	7	6	6	6	5	5
		여	1	2	2	2	3	3	3	4	4	4	5	5	5
음 8 월	음력		1	2	3	4	5	6	7	8	9	10	11	12	13
	양력		**9/11**	12	13	14	15	16	17	18	19	20	21	22	23
	연주 (생년)		임오	임오	임오	임오	임오	임오	임오	임오	임오	임오	임오	임오	임오
	월주 (생월)		기유	기유	기유	기유	기유	기유	기유	기유	기유	기유	기유	기유	기유
	일주 (생일)		정묘	무진	기사	경오	신미	임신	계유	갑술	을해	병자	정축	무인	기묘
	대운	남	9	9	9	8	8	8	7	7	7	6	6	6	5
		여	1	1	2	2	2	3	3	3	4	4	4	5	5
음 9 월	음력		1	2	3	4	5	6	7	8	9	10	11	12	13
	양력		**10/10**	11	12	13	14	15	16	17	18	19	20	21	22
	연주 (생년)		임오	임오	임오	임오	임오	임오	임오	임오	임오	임오	임오	임오	임오
	월주 (생월)		경술	경술	경술	경술	경술	경술	경술	경술	경술	경술	경술	경술	경술
	일주 (생일)		병신	정유	무술	기해	경자	신축	임인	계묘	갑진	을사	병오	정미	무신
	대운	남	10	9	9	9	8	8	8	7	7	7	6	6	6
		여	1	1	1	1	2	2	2	3	3	3	4	4	4
음 10 월	음력		1	2	3	4	5	6	7	8	9	10	11	12	13
	양력		**11/9**	10	11	12	13	14	15	16	17	18	19	20	21
	연주 (생년)		임오	임오	임오	임오	임오	임오	임오	임오	임오	임오	임오	임오	임오
	월주 (생월)		신해	신해	신해	신해	신해	신해	신해	신해	신해	신해	신해	신해	신해
	일주 (생일)		병인	정묘	무진	기사	경오	신미	임신	계유	갑술	을해	병자	정축	무인
	대운	남	10	9	9	9	8	8	8	7	7	7	6	6	6
		여	1	1	1	2	2	2	3	3	3	4	4	4	5
음 11 월	음력		1	2	3	4	5	6	7	8	9	10	11	12	13
	양력		**12/8**	9	10	11	12	13	14	15	16	17	18	19	20
	연주 (생년)		임오	임오	임오	임오	임오	임오	임오	임오	임오	임오	임오	임오	임오
	월주 (생월)		**임자**	임자	임자	임자	임자	임자	임자	임자	임자	임자	임자	임자	임자
	일주 (생일)		을미	병신	정유	무술	기해	경자	신축	임인	계묘	갑진	을사	병오	정미
	대운	남	10	9	9	9	8	8	8	7	7	7	6	6	6
		여	10	1	1	1	2	2	2	3	3	3	4	4	4
음 12 월	음력		1	2	3	4	5	6	7	8	9	10	11	12	13
	양력		**1/6**	7	8	9	10	11	12	13	14	15	16	17	18
	연주 (생년)		임오	임오	임오	임오	임오	임오	임오	임오	임오	임오	임오	임오	임오
	월주 (생월)		**계축**	계축	계축	계축	계축	계축	계축	계축	계축	계축	계축	계축	계축
	일주 (생일)		갑자	을축	병인	정묘	무진	기사	경오	신미	임신	계유	갑술	을해	병자
	대운	남	10	10	9	9	9	8	8	8	7	7	7	6	6
		여	10	1	1	1	1	2	2	2	3	3	3	4	4

	14	15	16	17	18	19	20	21	22	23	24	25	26	27	28	29	30
	25	26	27	28	29	30	31	**9/1**	2	3	4	5	6	7	8	9	10
음	임오	임오	임오	임오	임오	임오	임오	임오	임오	임오	임오	임오	임오	임오	임오	임오	임오
7	무신	무신	무신	무신	무신	무신	무신	무신	무신	무신	무신	무신	무신	무신	**기유**	기유	기유
월	경술	신해	임자	계축	갑인	을묘	병진	정사	무오	기미	경신	신유	임술	계해	갑자	을축	병인
	5	4	4	4	3	3	3	2	2	2	1	1	1	1	10	10	10
	6	6	6	7	7	7	8	8	8	9	9	9	10	10	10	1	1
	14	15	16	17	18	19	20	21	22	23	24	25	26	27	28	29	
	24	25	26	27	28	29	30	**10/1**	2	3	4	5	6	7	8	9	
음	임오	임오	임오	임오	임오	임오	임오	임오	임오	임오	임오	임오	임오	임오	임오	임오	
8	기유	기유	기유	기유	기유	기유	기유	기유	기유	기유	기유	기유	기유	기유	기유	**경술**	
월	경진	신사	임오	계미	갑신	을유	병술	정해	무자	기축	경인	신묘	임진	계사	갑오	을미	
	5	5	4	4	4	3	3	3	2	2	2	1	1	1	1	10	
	5	6	6	6	7	7	7	8	8	8	9	9	9	10	10	10	
	14	15	16	17	18	19	20	21	22	23	24	25	26	27	28	29	30
	23	24	25	26	27	28	29	30	31	**11/1**	2	3	4	5	6	7	8
음	임오	임오	임오	임오	임오	임오	임오	임오	임오	임오	임오	임오	임오	임오	임오	임오	임오
9	경술	경술	경술	경술	경술	경술	경술	경술	경술	경술	경술	경술	경술	경술	경술	경술	**신해**
월	기유	경술	신해	임자	계축	갑인	을묘	병진	정사	무오	기미	경신	신유	임술	계해	갑자	을축
	5	5	5	4	4	4	3	3	3	2	2	2	1	1	1	1	10
	5	5	5	6	6	6	7	7	7	8	8	8	9	9	9	10	10
	14	15	16	17	18	19	20	21	22	23	24	25	26	27	28	29	
	23	24	25	26	27	28	29	30	31	**12/1**	2	3	4	5	6	7	
음	임오	임오	임오	임오	임오	임오	임오	임오	임오	임오	임오	임오	임오	임오	임오	임오	
10	신해	신해	신해	신해	신해	신해	신해	신해	신해	신해	신해	신해	신해	신해	신해	신해	
월	기묘	경진	신사	임오	계미	갑신	을유	병술	정해	무자	기축	경인	신묘	임진	계사	갑오	
	5	5	5	4	4	4	3	3	3	2	2	2	1	1	1	1	
	5	5	6	6	6	7	7	7	8	8	8	9	9	9	10	10	
	14	15	16	17	18	19	20	21	22	23	24	25	26	27	28	29	
	21	22	23	24	25	26	27	28	29	30	31	**1/1**	2	3	4	5	
음	임오	임오	임오	임오	임오	임오	임오	임오	임오	임오	임오	임오	임오	임오	임오	임오	
11	임자	임자	임자	임자	임자	임자	임자	임자	임자	임자	임자	임자	임자	임자	임자	임자	
월	무신	기유	경술	신해	임자	계축	갑인	을묘	병진	정사	무오	기미	경신	신유	임술	계해	
	5	5	5	4	4	4	3	3	3	2	2	2	1	1	1	1	
	5	5	5	6	6	6	7	7	7	8	8	8	9	9	9	10	
	14	15	16	17	18	19	20	21	22	23	24	25	26	27	28	29	30
	19	20	21	22	23	24	25	26	27	28	29	30	31	**2/1**	2	3	4
음	임오	임오	임오	임오	임오	임오	임오	임오	임오	임오	임오	임오	임오	임오	임오	임오	임오
12	계축	계축	계축	계축	계축	계축	계축	계축	계축	계축	계축	계축	계축	계축	계축	계축	계축
월	정축	무인	기묘	경진	신사	임오	계미	갑신	을유	병술	정해	무자	기축	경인	신묘	임진	계사
	6	5	5	5	4	4	4	3	3	3	2	2	2	1	1	1	1
	4	5	5	5	6	6	6	7	7	7	8	8	8	9	9	9	10

1943(계미)년 【단기 4276년】

월	구분	1	2	3	4	5	6	7	8	9	10	11	12	13
음 1 월	음력	1	2	3	4	5	6	7	8	9	10	11	12	13
	양력	**2/5**	6	7	8	9	10	11	12	13	14	15	16	17
	연주 (생년)	**계미**	계미	계미	계미	계미	계미	계미	계미	계미	계미	계미	계미	계미
	월주 (생월)	**갑인**	갑인	갑인	갑인	갑인	갑인	갑인	갑인	갑인	갑인	갑인	갑인	갑인
	일주 (생일)	갑오	을미	병신	정유	무술	기해	경자	신축	임인	계묘	갑진	을사	병오
	대운 남	10	1	1	1	1	2	2	2	3	3	3	4	4
	대운 여	10	9	9	9	8	8	8	7	7	7	6	6	6
음 2 월	음력	1	2	3	4	5	6	7	8	9	10	11	12	13
	양력	**3/6**	7	8	9	10	11	12	13	14	15	16	17	18
	연주 (생년)	계미	계미	계미	계미	계미	계미	계미	계미	계미	계미	계미	계미	계미
	월주 (생월)	**을묘**	을묘	을묘	을묘	을묘	을묘	을묘	을묘	을묘	을묘	을묘	을묘	을묘
	일주 (생일)	계해	갑자	을축	병인	정묘	무진	기사	경오	신미	임신	계유	갑술	을해
	대운 남	10	1	1	1	1	2	2	2	3	3	3	4	4
	대운 여	10	10	10	9	9	9	8	8	8	7	7	7	6
음 3 월	음력	1	2	3	4	5	6	7	8	9	10	11	12	13
	양력	**4/5**	6	7	8	9	10	11	12	13	14	15	16	17
	연주 (생년)	계미	계미	계미	계미	계미	계미	계미	계미	계미	계미	계미	계미	계미
	월주 (생월)	을묘	**병진**	병진	병진	병진	병진	병진	병진	병진	병진	병진	병진	병진
	일주 (생일)	계사	갑오	을미	병신	정유	무술	기해	경자	신축	임인	계묘	갑진	을사
	대운 남	10	10	1	1	1	1	2	2	2	3	3	3	4
	대운 여	1	10	10	9	9	9	8	8	8	7	7	7	6
음 4 월	음력	1	2	3	4	5	6	7	8	9	10	11	12	13
	양력	**5/4**	5	6	7	8	9	10	11	12	13	14	15	16
	연주 (생년)	계미	계미	계미	계미	계미	계미	계미	계미	계미	계미	계미	계미	계미
	월주 (생월)	병진	병진	**정사**	정사	정사	정사	정사	정사	정사	정사	정사	정사	정사
	일주 (생일)	임술	계해	갑자	을축	병인	정묘	무진	기사	경오	신미	임신	계유	갑술
	대운 남	9	10	10	1	1	1	1	2	2	2	3	3	3
	대운 여	1	1	10	10	10	9	9	9	8	8	8	7	7
음 5 월	음력	1	2	3	4	5	6	7	8	9	10	11	12	13
	양력	**6/3**	4	5	6	7	8	9	10	11	12	13	14	15
	연주 (생년)	계미	계미	계미	계미	계미	계미	계미	계미	계미	계미	계미	계미	계미
	월주 (생월)	정사	정사	정사	**무오**	무오	무오	무오	무오	무오	무오	무오	무오	무오
	일주 (생일)	임진	계사	갑오	을미	병신	정유	무술	기해	경자	신축	임인	계묘	갑진
	대운 남	9	10	10	10	1	1	1	1	2	2	2	3	3
	대운 여	1	1	1	10	10	10	10	9	9	9	8	8	8
음 6 월	음력	1	2	3	4	5	6	7	8	9	10	11	12	13
	양력	**7/2**	3	4	5	6	7	8	9	10	11	12	13	14
	연주 (생년)	계미	계미	계미	계미	계미	계미	계미	계미	계미	계미	계미	계미	계미
	월주 (생월)	무오	무오	무오	무오	무오	무오	**기미**	기미	기미	기미	기미	기미	기미
	일주 (생일)	신유	임술	계해	갑자	을축	병인	정묘	무진	기사	경오	신미	임신	계유
	대운 남	9	9	9	10	10	10	10	1	1	1	1	2	2
	대운 여	2	2	1	1	1	1	10	10	10	9	9	9	8

음 1 월	14	15	16	17	18	19	20	21	22	23	24	25	26	27	28	29	
	18	19	20	21	22	23	24	25	26	27	28	**3/1**	2	3	4	5	
	계미	계미	계미	계미	계미	계미	계미	계미	계미	계미	계미	계미	계미	계미	계미	계미	
	갑인	갑인	갑인	갑인	갑인	갑인	갑인	갑인	갑인	갑인	갑인	갑인	갑인	갑인	갑인	갑인	
	정미	무신	기유	경술	신해	임자	계축	갑인	을묘	병진	정사	무오	기미	경신	신유	임술	
	4	5	5	5	6	6	6	7	7	7	8	8	8	9	9	9	
	5	5	5	4	4	4	3	3	3	2	2	2	1	1	1	1	
음 2 월	14	15	16	17	18	19	20	21	22	23	24	25	26	27	28	29	30
	19	20	21	22	23	24	25	26	27	28	29	30	31	**4/1**	2	3	4
	계미	계미	계미	계미	계미	계미	계미	계미	계미	계미	계미	계미	계미	계미	계미	계미	계미
	을묘	을묘	을묘	을묘	을묘	을묘	을묘	을묘	을묘	을묘	을묘	을묘	을묘	을묘	을묘	을묘	을묘
	병자	정축	무인	기묘	경진	신사	임오	계미	갑신	을유	병술	정해	무자	기축	경인	신묘	임진
	4	5	5	5	6	6	6	7	7	7	8	8	8	9	9	9	10
	6	6	5	5	5	4	4	4	3	3	3	2	2	2	1	1	1
음 3 월	14	15	16	17	18	19	20	21	22	23	24	25	26	27	28	29	
	18	19	20	21	22	23	24	25	26	27	28	29	30	**5/1**	2	3	
	계미	계미	계미	계미	계미	계미	계미	계미	계미	계미	계미	계미	계미	계미	계미	계미	
	병진	병진	병진	병진	병진	병진	병진	병진	병진	병진	병진	병진	병진	병진	병진	병진	
	병오	정미	무신	기유	경술	신해	임자	계축	갑인	을묘	병진	정사	무오	기미	경신	신유	
	4	4	5	5	5	6	6	6	7	7	7	8	8	8	9	9	
	6	6	5	5	5	4	4	4	3	3	3	2	2	2	1	1	
음 4 월	14	15	16	17	18	19	20	21	22	23	24	25	26	27	28	29	30
	17	18	19	20	21	22	234	24	25	26	27	28	29	30	31	**6/1**	2
	계미	계미	계미	계미	계미	계미	계미	계미	계미	계미	계미	계미	계미	계미	계미	계미	계미
	정사	정사	정사	정사	정사	정사	정사	정사	정사	정사	정사	정사	정사	정사	정사	정사	정사
	을해	병자	정축	무인	기묘	경진	신사	임오	계미	갑신	을유	병술	정해	무자	기축	경인	신묘
	4	4	4	5	5	5	6	6	6	7	7	7	8	8	8	9	9
	7	6	6	6	5	5	5	4	4	4	3	3	3	2	2	2	1
음 5 월	14	15	16	17	18	19	20	21	22	23	24	25	26	27	28	29	
	16	17	18	19	20	21	22	234	24	25	26	27	28	29	30	**7/1**	
	계미	계미	계미	계미	계미	계미	계미	계미	계미	계미	계미	계미	계미	계미	계미	계미	
	무오	무오	무오	무오	무오	무오	무오	무오	무오	무오	무오	무오	무오	무오	무오	무오	
	을사	병오	정미	무신	기유	경술	신해	임자	계축	갑인	을묘	병진	정사	무오	기미	경신	
	3	4	4	4	5	5	5	6	6	6	7	7	7	8	8	8	
	7	7	7	6	6	6	5	5	5	4	4	4	3	3	3	2	
음 6 월	14	15	16	17	18	19	20	21	22	23	24	25	26	27	28	29	30
	15	16	17	18	19	20	21	22	234	24	25	26	27	28	29	30	31
	계미	계미	계미	계미	계미	계미	계미	계미	계미	계미	계미	계미	계미	계미	계미	계미	계미
	기미	기미	기미	기미	기미	기미	기미	기미	기미	기미	기미	기미	기미	기미	기미	기미	기미
	갑술	을해	병자	정축	무인	기묘	경진	신사	임오	계미	갑신	을유	병술	정해	무자	기축	경인
	2	3	3	3	4	4	4	5	5	5	6	6	6	7	7	7	8
	8	8	7	7	7	6	6	6	5	5	5	4	4	4	3	3	3

1943(계미)년 【단기 4276년】

월	구분														
음 7 월	음력		1	2	3	4	5	6	7	8	9	10	11	12	13
	양력		**8/1**	2	3	4	5	6	7	8	9	10	11	12	13
	연주 (생년)		계미	계미	계미	계미	계미	계미	계미	계미	계미	계미	계미	계미	계미
	월주 (생월)		기미	기미	기미	기미	기미	기미	기미	**경신**	경신	경신	경신	경신	경신
	일주 (생일)		신묘	임진	계사	갑오	을미	병신	정유	무술	기해	경자	신축	임인	계묘
	대운	남	8	8	9	9	9	10	10	10	1	1	1	1	2
		여	2	2	2	1	1	1	1	10	10	10	9	9	9
음 8 월	음력		1	2	3	4	5	6	7	8	9	10	11	12	13
	양력		**8/31**	**9/1**	2	3	4	5	6	7	8	9	10	11	12
	연주 (생년)		계미	계미	계미	계미	계미	계미	계미	계미	계미	계미	계미	계미	계미
	월주 (생월)		경신	경신	경신	경신	경신	경신	경신	경신	**신유**	신유	신유	신유	신유
	일주 (생일)		신유	임술	계해	갑자	을축	병인	정묘	무진	기사	경오	신미	임신	계유
	대운	남	8	8	8	9	9	9	10	10	10	1	1	1	1
		여	3	2	2	2	1	1	1	1	10	10	10	9	9
음 9 월	음력		1	2	3	4	5	6	7	8	9	10	11	12	13
	양력		**9/29**	30	**10/1**	2	3	4	5	6	7	8	9	10	11
	연주 (생년)		계미	계미	계미	계미	계미	계미	계미	계미	계미	계미	계미	계미	계미
	월주 (생월)		신유	신유	신유	신유	신유	신유	신유	신유	신유	신유	**임술**	임술	임술
	일주 (생일)		경인	신묘	임진	계사	갑오	을미	병신	정유	무술	기해	경자	신축	임인
	대운	남	7	7	8	8	8	9	9	9	10	10	10	1	1
		여	3	3	3	2	2	2	1	1	1	1	10	10	9
음 10 월	음력		1	2	3	4	5	6	7	8	9	10	11	12	13
	양력		**10/29**	30	31	**11/1**	2	3	4	5	6	7	8	9	10
	연주 (생년)		계미	계미	계미	계미	계미	계미	계미	계미	계미	계미	계미	계미	계미
	월주 (생월)		임술	임술	임술	임술	임술	임술	임술	임술	임술	임술	**계해**	계해	계해
	일주 (생일)		경신	신유	임술	계해	갑자	을축	병인	정묘	무진	기사	경오	신미	임신
	대운	남	7	7	7	8	8	8	9	9	9	10	10	1	1
		여	3	3	3	2	2	2	1	1	1	1	10	10	9
음 11 월	음력		1	2	3	4	5	6	7	8	9	10	11	12	13
	양력		**11/28**	29	30	**12/1**	2	3	4	5	6	7	8	9	10
	연주 (생년)		계미	계미	계미	계미	계미	계미	계미	계미	계미	계미	계미	계미	계미
	월주 (생월)		계해	계해	계해	계해	계해	계해	계해	계해	계해	계해	**갑자**	갑자	갑자
	일주 (생일)		경인	신묘	임진	계사	갑오	을미	병신	정유	무술	기해	경자	신축	임인
	대운	남	7	7	7	8	8	8	9	9	9	10	10	1	1
		여	3	3	3	2	2	2	1	1	1	1	10	9	9
음 12 월	음력		1	2	3	4	5	6	7	8	9	10	11	12	13
	양력		**12/27**	28	29	30	31	**1/1**	2	3	4	5	6	7	8
	연주 (생년)		계미	계미	계미	계미	계미	계미	계미	계미	계미	계미	계미	계미	계미
	월주 (생월)		갑자	갑자	갑자	갑자	갑자	갑자	갑자	갑자	갑자	갑자	**을축**	을축	을축
	일주 (생일)		기미	경신	신유	임술	계해	갑자	을축	병인	정묘	무진	기사	경오	신미
	대운	남	6	7	7	7	8	8	8	9	9	9	10	1	1
		여	3	3	3	2	2	2	1	1	1	1	10	10	9

음 7월	14	15	16	17	18	19	20	21	22	23	24	25	26	27	28	29	30
	14	15	16	17	18	19	20	21	22	23	24	25	26	27	28	29	30
	계미	계미	계미	계미	계미	계미	계미	계미	계미	계미	계미	계미	계미	계미	계미	계미	계미
	경신	경신	경신	경신	경신	경신	경신	경신	경신	경신	경신	경신	경신	경신	경신	경신	경신
	갑진	을사	병오	정미	무신	기유	경술	신해	임자	계축	갑인	을묘	병진	정사	무오	기미	경신
	2	2	3	3	3	4	4	4	5	5	5	6	6	6	7	7	7
	8	8	8	7	7	7	6	6	6	5	5	5	4	4	4	3	3

음 8월	14	15	16	17	18	19	20	21	22	23	24	25	26	27	28	29	
	13	14	15	16	17	18	19	20	21	22	23	24	25	26	27	28	
	계미	계미	계미	계미	계미	계미	계미	계미	계미	계미	계미	계미	계미	계미	계미	계미	
	신유	신유	신유	신유	신유	신유	신유	신유	신유	신유	신유	신유	신유	신유	신유	신유	
	갑술	을해	병자	정축	무인	기묘	경진	신사	임오	계미	갑신	을유	병술	정해	무자	기축	
	2	2	2	3	3	3	4	4	4	5	5	5	6	6	6	7	
	9	8	8	8	7	7	7	6	6	6	5	5	5	4	4	4	

음 9월	14	15	16	17	18	19	20	21	22	23	24	25	26	27	28	29	30
	12	13	14	15	16	17	18	19	20	21	22	23	24	25	26	27	28
	계미	계미	계미	계미	계미	계미	계미	계미	계미	계미	계미	계미	계미	계미	계미	계미	계미
	임술	임술	임술	임술	임술	임술	임술	임술	임술	임술	임술	임술	임술	임술	임술	임술	임술
	계묘	갑진	을사	병오	정미	무신	기유	경술	신해	임자	계축	갑인	을묘	병진	정사	무오	기미
	1	1	2	2	2	3	3	3	4	4	4	5	5	5	6	6	6
	9	9	8	8	8	7	7	7	6	6	6	5	5	5	4	4	4

음 10월	14	15	16	17	18	19	20	21	22	23	24	25	26	27	28	29	30
	11	12	13	14	15	16	17	18	19	20	21	22	23	24	25	26	27
	계미	계미	계미	계미	계미	계미	계미	계미	계미	계미	계미	계미	계미	계미	계미	계미	계미
	계해	계해	계해	계해	계해	계해	계해	계해	계해	계해	계해	계해	계해	계해	계해	계해	계해
	계유	갑술	을해	병자	정축	무인	기묘	경진	신사	임오	계미	갑신	을유	병술	정해	무자	기축
	1	1	2	2	2	3	3	3	4	4	4	5	5	5	6	6	6
	9	9	8	8	8	7	7	7	6	6	6	5	5	5	4	4	4

음 11월	14	15	16	17	18	19	20	21	22	23	24	25	26	27	28	29	
	11	12	13	14	15	16	17	18	19	20	21	22	23	24	25	26	
	계미	계미	계미	계미	계미	계미	계미	계미	계미	계디	계미	계미	계미	계미	계미	계미	
	갑자	갑자	갑자	갑자	갑자	갑자	갑자	갑자	갑자	갑자	갑자	갑자	갑자	갑자	갑자	갑자	
	계묘	갑진	을사	병오	정미	무신	기유	경술	신해	임자	계축	갑인	을묘	병진	정사	무오	
	1	1	2	2	2	3	3	3	4	4	4	5	5	5	6	6	
	9	8	8	8	7	7	7	6	6	6	5	5	5	4	4	4	

음 12월	14	15	16	17	18	19	20	21	22	23	24	25	26	27	28	29	30
	9	10	11	12	13	14	15	16	17	18	19	20	21	22	23	24	25
	계미	계미	계미	계미	계미	계미	계미	계미	계미	계미	계미	계미	계미	계미	계미	계미	계미
	을축	을축	을축	을축	을축	을축	을축	을축	을축	을축	을축	을축	을축	을축	을축	을축	을축
	임신	계유	갑술	을해	병자	정축	무인	기묘	경진	신사	임오	계미	갑신	을유	병술	정해	무자
	1	1	2	2	2	3	3	3	4	4	4	5	5	5	6	6	6
	9	9	8	8	8	7	7	7	6	6	6	5	5	5	4	4	4

1944(갑신)년 【단기 4277년】

월	구분		1	2	3	4	5	6	7	8	9	10	11	12	13
음 1 월	음력		1	2	3	4	5	6	7	8	9	10	11	12	13
	양력		**1/26**	27	28	29	30	31	**2/1**	2	3	4	5	6	7
	연주 (생년)		계미	계미	계미	계미	계미	계미	계미	계미	계미	계미	**갑신**	갑신	갑신
	월주 (생월)		을축	을축	을축	을축	을축	을축	을축	을축	을축	을축	**병인**	병인	병인
	일주 (생일)		기축	경인	신묘	임진	계사	갑오	을미	병신	정유	무술	기해	경자	신축
	대운	남	7	7	7	8	8	8	9	9	9	10	10	10	9
		여	3	3	3	2	2	2	1	1	1	1	10	1	1
음 2 월	음력		1	2	3	4	5	6	7	8	9	10	11	12	13
	양력		**2/24**	25	26	27	28	29	**3/1**	2	3	4	5	6	7
	연주 (생년)		갑신	갑신	갑신	갑신	갑신	갑신	갑신	갑신	갑신	갑신	갑신	갑신	갑신
	월주 (생월)		병인	병인	병인	병인	병인	병인	병인	병인	병인	병인	병인	**정묘**	정묘
	일주 (생일)		무오	기미	경신	신유	임술	계해	갑자	을축	병인	정묘	무진	기사	경오
	대운	남	4	3	3	3	2	2	2	1	1	1	1	10	10
		여	6	7	7	7	8	8	8	9	9	9	10	10	1
음 3 월	음력		1	2	3	4	5	6	7	8	9	10	11	12	13
	양력		**3/24**	25	26	27	28	29	30	31	**4/1**	2	3	4	5
	연주 (생년)		갑신	갑신	갑신	갑신	갑신	갑신	갑신	갑신	갑신	갑신	갑신	갑신	갑신
	월주 (생월)		정묘	정묘	정묘	정묘	정묘	정묘	정묘	정묘	정묘	정묘	정묘	정묘	**무진**
	일주 (생일)		정해	무자	기축	경인	신묘	임진	계사	갑오	을미	병신	정유	무술	기해
	대운	남	4	4	3	3	3	2	2	2	1	1	1	1	10
		여	6	6	7	7	7	8	8	8	9	9	9	10	10
음 4 월	음력		1	2	3	4	5	6	7	8	9	10	11	12	13
	양력		**4/23**	24	25	26	27	28	29	30	**5/1**	2	3	4	5
	연주 (생년)		갑신	갑신	갑신	갑신	갑신	갑신	갑신	갑신	갑신	갑신	갑신	갑신	갑신
	월주 (생월)		무진	무진	무진	무진	무진	무진	무진	무진	무진	무진	무진	무진	무진
	일주 (생일)		정사	무오	기미	경신	신유	임술	계해	갑자	을축	병인	정묘	무진	기사
	대운	남	4	4	4	3	3	3	2	2	2	1	1	1	1
		여	6	6	7	7	7	8	8	8	9	9	9	10	10
윤 4 월	음력		1	2	3	4	5	6	7	8	9	10	11	12	13
	양력		**5/22**	23	24	25	26	27	28	29	30	31	**6/1**	2	3
	연주 (생년)		갑신	갑신	갑신	갑신	갑신	갑신	갑신	갑신	갑신	갑신	갑신	갑신	갑신
	월주 (생월)		기사	기사	기사	기사	기사	기사	기사	기사	기사	기사	기사	기사	기사
	일주 (생일)		병술	정해	무자	기축	경인	신묘	임진	계사	갑오	을미	병신	정유	무술
	대운	남	5	5	4	4	4	3	3	3	2	2	2	1	1
		여	5	6	6	6	7	7	7	8	8	8	9	9	9
음 5 월	음력		1	2	3	4	5	6	7	8	9	10	11	12	13
	양력		**6/21**	22	23	24	25	26	27	28	29	30	**7/1**	2	3
	연주 (생년)		갑신	갑신	갑신	갑신	갑신	갑신	갑신	갑신	갑신	갑신	갑신	갑신	갑신
	월주 (생월)		경오	경오	경오	경오	경오	경오	경오	경오	경오	경오	경오	경오	경오
	일주 (생일)		병진	정사	무오	기미	경신	신유	임술	계해	갑자	을축	병인	정묘	무진
	대운	남	5	5	5	4	4	4	3	3	3	2	2	2	1
		여	5	6	6	6	7	7	7	8	8	8	9	9	9
음 6 월	음력		1	2	3	4	5	6	7	8	9	10	11	12	13
	양력		**7/20**	21	22	23	24	25	26	27	28	29	30	31	**8/1**
	연주 (생년)		갑신	갑신	갑신	갑신	갑신	갑신	갑신	갑신	갑신	갑신	갑신	갑신	갑신
	월주 (생월)		신미	신미	신미	신미	신미	신미	신미	신미	신미	신미	신미	신미	신미
	일주 (생일)		을유	병술	정해	무자	기축	경인	신묘	임진	계사	갑오	을미	병신	정유
	대운	남	6	6	6	5	5	5	4	4	4	3	3	3	2
		여	4	5	5	5	6	6	6	7	7	7	8	8	8

	14	15	16	17	18	19	20	21	22	23	24	25	26	27	28	29	
음	8	9	10	11	12	13	14	15	16	17	18	19	20	21	22	23	
	갑신	갑신	갑신	갑신	갑신	갑신	갑신	갑신	갑신	갑신	갑신	갑신	갑신	갑신	갑신	갑신	
1	병인	병인	병인	병인	병인	병인	병인	병인	병인	병인	병인	병인	병인	병인	병인	병인	
	임인	계묘	갑진	을사	병오	정미	무신	기유	경술	신해	임자	계축	갑인	을묘	병진	정사	
월	9	9	8	8	8	7	7	7	6	6	6	5	5	5	4	4	
	1	1	2	2	2	3	3	3	4	4	4	5	5	5	6	6	
	14	15	16	17	18	19	20	21	22	23	24	25	26	27	28	29	
음	8	9	10	11	12	13	14	15	16	17	18	19	20	21	22	23	
	갑신	갑신	갑신	갑신	갑신	갑신	갑신	갑신	갑신	갑신	갑신	갑신	갑신	갑신	갑신	갑신	
2	정묘	정묘	정묘	정묘	정묘	정묘	정묘	정묘	정묘	정묘	정묘	정묘	정묘	정묘	정묘	정묘	
	신미	임신	계유	갑술	을해	병자	정축	무인	기묘	경진	신사	임오	계미	갑신	을유	병술	
월	9	9	9	8	8	8	7	7	7	6	6	6	5	5	5	4	
	1	1	1	2	2	2	3	3	3	4	4	4	5	5	5	6	
	14	15	16	17	18	19	20	21	22	23	24	25	26	27	28	29	30
음	6	7	8	9	10	11	12	13	14	15	16	17	18	19	20	21	22
	갑신	갑신	갑신	갑신	갑신	갑신	갑신	갑신	갑신	갑신	갑신	갑신	갑신	갑신	갑신	갑신	갑신
3	무진	무진	무진	무진	무진	무진	무진	무진	무진	무진	무진	무진	무진	무진	무진	무진	무진
	경자	신축	임인	계묘	갑진	을사	병오	정미	무신	기유	경술	신해	임자	계축	갑인	을묘	병진
월	10	10	9	9	9	8	8	8	7	7	7	6	6	6	5	5	5
	1	1	1	1	2	2	2	3	3	3	4	4	4	5	5	5	6
	14	15	16	17	18	19	20	21	22	23	24	25	26	27	28	29	
음	6	7	8	9	10	11	12	13	14	15	16	17	18	19	20	21	
	갑신	갑신	갑신	갑신	갑신	갑신	갑신	갑신	갑신	갑신	갑신	갑신	갑신	갑신	갑신	갑신	
4	**기사**	기사	기사	기사	기사	기사	기사	기사	기사	기사	기사	기사	기사	기사	기사	기사	
	경오	신미	임신	계유	갑술	을해	병자	정축	무인	기묘	경진	신사	임오	계미	갑신	을유	
월	10	10	10	9	9	9	8	8	8	7	7	7	6	6	6	5	
	10	1	1	1	1	2	2	2	3	3	3	4	4	4	5	5	
	14	15	16	17	18	19	20	21	22	23	24	25	26	27	28	29	30
윤	3	5	6	7	8	9	10	11	12	13	14	15	16	17	18	19	20
	갑신	갑신	갑신	갑신	갑신	갑신	갑신	갑신	갑신	갑신	갑신	갑신	갑신	갑신	갑신	갑신	갑신
4	기사	기사	**경오**	경오	경오	경오	경오	경오	경오	경오	경오	경오	경오	경오	경오	경오	경오
	기해	경자	신축	임인	계묘	갑진	을사	병오	정미	무신	기유	경술	신해	임자	계축	갑인	을묘
월	1	1	10	10	10	9	9	9	8	8	8	7	7	7	6	6	6
	10	10	10	1	1	1	2	2	2	3	3	3	4	4	4	5	5
	14	15	16	17	18	19	20	21	22	23	24	25	26	27	28	29	
음	3	5	6	7	8	9	10	11	12	13	14	15	16	17	18	19	
	갑신	갑신	갑신	갑신	갑신	갑신	갑신	갑신	갑신	갑신	갑신	갑신	갑신	갑신	갑신	갑신	
5	경오	경오	경오	**신미**	신미	신미	신미	신미	신미	신미	신미	신미	신미	신미	신미	신미	
	기사	경오	신미	임신	계유	갑술	을해	병자	정축	무인	기묘	경진	신사	임오	계미	갑신	
월	1	1	1	10	10	10	10	9	9	9	8	8	8	7	7	7	
	10	10	10	10	1	1	1	1	2	2	2	3	3	3	4	4	
	14	15	16	17	18	19	20	21	22	23	24	25	26	27	28	29	30
음	2	3	4	5	6	7	8	9	10	11	12	13	14	15	16	17	18
	갑신	갑신	갑신	갑신	갑신	갑신	갑신	갑신	갑신	갑신	갑신	갑신	갑신	갑신	갑신	갑신	갑신
6	신미	신미	신미	신미	신미	신미	**임신**	임신	임신	임신	임신	임신	임신	임신	임신	임신	임신
	무술	기해	경자	신축	임인	계묘	갑진	을사	병오	정미	무신	기유	경술	신해	임자	계축	갑인
월	2	2	1	1	1	1	10	10	10	9	9	9	8	8	8	7	7
	9	9	9	10	10	10	10	1	1	1	1	2	2	2	3	3	3

1944(갑신)년 【단기 4277년】

음 7월

음력		1	2	3	4	5	6	7	8	9	10	11	12	13
양력		8/19	20	21	22	23	24	25	26	27	28	29	30	31
연주 (생년)		갑신	갑신	갑신	갑신	갑신	갑신	갑신	갑신	갑신	갑신	갑신	갑신	갑신
월주 (생월)		임신	임신	임신	임신	임신	임신	임신	임신	임신	임신	임신	임신	임신
일주 (생일)		을묘	병진	정사	무오	기미	경신	신유	임술	계해	갑자	을축	병인	정묘
대운	남	7	6	6	6	5	5	5	4	4	4	3	3	3
	여	4	4	4	5	5	5	6	6	6	7	7	7	8

음 8월

음력		1	2	3	4	5	6	7	8	9	10	11	12	13
양력		9/17	18	19	20	21	22	23	24	25	26	27	28	29
연주 (생년)		갑신	갑신	갑신	갑신	갑신	갑신	갑신	갑신	갑신	갑신	갑신	갑신	갑신
월주 (생월)		계유	계유	계유	계유	계유	계유	계유	계유	계유	계유	계유	계유	계유
일주 (생일)		갑신	을유	병술	정해	무자	기축	경인	신묘	임진	계사	갑오	을미	병신
대운	남	7	7	6	6	6	5	5	5	4	4	4	3	3
	여	3	3	4	4	4	5	5	5	6	6	6	7	7

음 9월

음력		1	2	3	4	5	6	7	8	9	10	11	12	13
양력		10/17	18	19	20	21	22	23	24	25	26	27	28	29
연주 (생년)		갑신	갑신	갑신	갑신	갑신	갑신	갑신	갑신	갑신	갑신	갑신	갑신	갑신
월주 (생월)		갑술	갑술	갑술	갑술	갑술	갑술	갑술	갑술	갑술	갑술	갑술	갑술	갑술
일주 (생일)		갑인	을묘	병진	정사	무오	기미	경신	신유	임술	계해	갑자	을축	병인
대운	남	7	7	6	6	6	5	5	5	4	4	4	3	3
	여	3	3	4	4	4	5	5	5	6	6	6	7	7

음 10월

음력		1	2	3	4	5	6	7	8	9	10	11	12	13
양력		11/16	17	18	19	20	21	22	23	24	25	26	27	28
연주 (생년)		갑신	갑신	갑신	갑신	갑신	갑신	갑신	갑신	갑신	갑신	갑신	갑신	갑신
월주 (생월)		을해	을해	을해	을해	을해	을해	을해	을해	을해	을해	을해	을해	을해
일주 (생일)		갑신	을유	병술	정해	무자	기축	경인	신묘	임진	계사	갑오	을미	병신
대운	남	7	7	6	6	6	5	5	5	4	4	4	3	3
	여	3	3	4	4	4	5	5	5	6	6	6	7	7

음 11월

음력		1	2	3	4	5	6	7	8	9	10	11	12	13
양력		12/15	16	17	18	19	20	21	22	23	24	25	26	27
연주 (생년)		갑신	갑신	갑신	갑신	갑신	갑신	갑신	갑신	갑신	갑신	갑신	갑신	갑신
월주 (생월)		병자	병자	병자	병자	병자	병자	병자	병자	병자	병자	병자	병자	병자
일주 (생일)		계축	갑인	을묘	병진	정사	무오	기미	경신	신유	임술	계해	갑자	을축
대운	남	7	7	7	6	6	6	5	5	5	4	4	4	3
	여	3	3	3	4	4	4	5	5	5	6	6	6	7

음 12월

음력		1	2	3	4	5	6	7	8	9	10	11	12	13
양력		1/14	15	16	17	18	19	20	21	22	23	24	25	26
연주 (생년)		갑신	갑신	갑신	갑신	갑신	갑신	갑신	갑신	갑신	갑신	갑신	갑신	갑신
월주 (생월)		정축	정축	정축	정축	정축	정축	정축	정축	정축	정축	정축	정축	정축
일주 (생일)		계미	갑신	을유	병술	정해	무자	기축	경인	신묘	임진	계사	갑오	을미
대운	남	7	7	6	6	6	5	5	5	4	4	4	3	3
	여	3	3	3	4	4	4	5	5	5	6	6	6	7

	14	15	16	17	18	19	20	21	22	23	24	25	26	27	28	29	
	9/1	2	3	4	5	6	7	8	9	10	11	12	13	14	15	16	
음	갑신	갑신	갑신	갑신	갑신	갑신	갑신	갑신	갑신	갑신	갑신	갑신	갑신	갑신	갑신	갑신	
7	임신	임신	임신	임신	임신	임신	임신	**계유**	계유	계유	계유	계유	계유	계유	계유	계유	
월	무진	기사	경오	신미	임신	계유	갑술	을해	병자	정축	무인	기묘	경진	신사	임오	계미	
	2	2	2	1	1	1	1	10	10	9	9	9	8	8	8	7	
	8	8	9	9	9	10	10	10	1	1	1	1	2	2	2	3	
	14	15	16	17	18	19	20	21	22	23	24	25	26	27	28	29	30
	30	**10/1**	2	3	4	5	6	7	8	9	10	11	12	13	14	15	16
음	갑신	갑신	갑신	갑신	갑신	갑신	갑신	갑신	갑신	갑신	갑신	갑신	갑신	갑신	갑신	갑신	갑신
8	계유	계유	계유	계유	계유	계유	계유	계유	**갑술**	갑술	갑술	갑술	갑술	갑술	갑술	갑술	갑술
월	정유	무술	기해	경자	신축	임인	계묘	갑진	을사	병오	정미	무신	기유	경술	신해	임자	계축
	3	2	2	2	1	1	1	1	10	10	9	9	9	8	8	8	7
	7	8	8	8	9	9	9	10	10	1	1	1	1	2	2	2	3
	14	15	16	17	18	19	20	21	22	23	24	25	26	27	28	29	30
	30	31	**11/1**	2	3	4	5	6	7	8	9	10	11	12	13	14	15
음	갑신	갑신	갑신	갑신	갑신	갑신	갑신	갑신	갑신	갑신	갑신	갑신	갑신	갑신	갑신	갑신	갑신
9	갑술	갑술	갑술	갑술	갑술	갑술	갑술	갑술	**을해**	을해	을해	을해	을해	을해	을해	을해	을해
월	정묘	무진	기사	경오	신미	임신	계유	갑술	을해	병자	정축	무인	기묘	경진	신사	임오	계미
	3	2	2	2	1	1	1	1	10	10	9	9	9	8	8	8	7
	7	8	8	8	9	9	9	10	10	1	1	1	1	2	2	2	3
	14	15	16	17	18	19	20	21	22	23	24	25	26	27	28	29	
	29	30	**12/1**	2	3	4	5	6	7	8	9	10	11	12	13	14	
음	갑신	갑신	갑신	갑신	갑신	갑신	갑신	갑신	갑신	갑신	갑신	갑신	갑신	갑신	갑신	갑신	
10	을해	을해	을해	을해	을해	을해	을해	을해	**병자**	병자	병자	병자	병자	병자	병자	병자	
월	정유	무술	기해	경자	신축	임인	계묘	갑진	을사	병오	정미	무신	기유	경술	신해	임자	
	3	2	2	2	1	1	1	1	10	10	9	9	9	8	8	8	
	7	8	8	8	9	9	9	10	10	1	1	1	1	2	2	2	
	14	15	16	17	18	19	20	21	22	23	24	25	26	27	28	29	30
	28	29	30	31	**1/1**	2	3	4	5	6	7	8	9	10	11	12	13
음	갑신	갑신	갑신	갑신	갑신	갑신	갑신	갑신	갑신	갑신	갑신	갑신	갑신	갑신	갑신	갑신	갑신
11	병자	병자	병자	병자	병자	병자	병자	병자	병자	**정축**	정축	정축	정축	정축	정축	정축	정축
월	병인	정묘	무진	기사	경오	신미	임신	계유	갑술	을해	병자	정축	무인	기묘	경진	신사	임오
	3	3	2	2	2	1	1	1	1	10	9	9	9	8	8	8	7
	7	7	8	8	8	9	9	9	10	10	1	1	1	1	2	2	2
	14	15	16	17	18	19	20	21	22	23	24	25	26	27	28	29	30
	27	28	29	30	31	**2/1**	2	3	4	5	6	7	8	9	10	11	12
음	갑신	갑신	갑신	갑신	갑신	갑신	갑신	갑신	**을유**	을유	을유	을유	을유	을유	을유	을유	을유
12	정축	정축	정축	정축	정축	정축	정축	정축	**무인**	무인	무인	무인	무인	무인	무인	무인	무인
월	병신	정유	무술	기해	경자	신축	임인	계묘	갑진	을사	병오	정미	무신	기유	경술	신해	임자
	3	2	2	2	1	1	1	1	10	1	1	1	1	2	2	2	3
	7	7	8	8	8	9	9	9	10	10	9	9	9	8	8	8	7

1945(을유)년 【단기 4278년】

월	구분	1	2	3	4	5	6	7	8	9	10	11	12	13
음 1 월	음 력	1	2	3	4	5	6	7	8	9	10	11	12	13
	양 력	2/13	14	15	16	17	18	19	20	21	22	23	24	25
	연주 (생년)	을유	을유	을유	을유	을유	을유	을유	을유	을유	을유	을유	을유	을유
	월주 (생월)	무인	무인	무인	무인	무인	무인	무인	무인	무인	무인	무인	무인	무인
	일주 (생일)	계축	갑인	을묘	병진	정사	무오	기미	경신	신유	임술	계해	갑자	을축
	대운 남	3	3	4	4	4	5	5	5	6	6	6	7	7
	대운 여	7	7	6	6	6	5	5	5	4	4	4	3	3
음 2 월	음 력	1	2	3	4	5	6	7	8	9	10	11	12	13
	양 력	3/14	15	16	17	18	19	20	21	22	23	24	25	26
	연주 (생년)	을유	을유	을유	을유	을유	을유	을유	을유	을유	을유	을유	을유	을유
	월주 (생월)	기묘	기묘	기묘	기묘	기묘	기묘	기묘	기묘	기묘	기묘	기묘	기묘	기묘
	일주 (생일)	임오	계미	갑신	을유	병술	정해	무자	기축	경인	신묘	임진	계사	갑오
	대운 남	3	3	3	4	4	4	5	5	5	6	6	6	7
	대운 여	7	7	7	6	6	6	5	5	5	4	4	4	3
음 3 월	음 력	1	2	3	4	5	6	7	8	9	10	11	12	13
	양 력	4/12	13	14	15	16	17	18	19	20	21	22	23	24
	연주 (생년)	을유	을유	을유	을유	을유	을유	을유	을유	을유	을유	을유	을유	을유
	월주 (생월)	경진	경진	경진	경진	경진	경진	경진	경진	경진	경진	경진	경진	경진
	일주 (생일)	신해	임자	계축	갑인	을묘	병진	정사	무오	기미	경신	신유	임술	계해
	대운 남	2	3	3	3	4	4	4	5	5	5	6	6	6
	대운 여	8	8	7	7	7	6	6	6	5	5	5	4	4
음 4 월	음 력	1	2	3	4	5	6	7	8	9	10	11	12	13
	양 력	5/12	13	14	15	16	17	18	19	20	21	22	23	24
	연주 (생년)	을유	을유	을유	을유	을유	을유	을유	을유	을유	을유	을유	을유	을유
	월주 (생월)	신사	신사	신사	신사	신사	신사	신사	신사	신사	신사	신사	신사	신사
	일주 (생일)	신사	임오	계미	갑신	을유	병술	정해	무자	기축	경인	신묘	임진	계사
	대운 남	2	2	3	3	3	4	4	4	5	5	5	6	6
	대운 여	8	8	8	7	7	7	6	6	6	5	5	5	4
음 5 월	음 력	1	2	3	4	5	6	7	8	9	10	11	12	13
	양 력	6/10	11	12	13	14	15	16	17	18	19	20	21	22
	연주 (생년)	을유	을유	을유	을유	을유	을유	을유	을유	을유	을유	을유	을유	을유
	월주 (생월)	임오	임오	임오	임오	임오	임오	임오	임오	임오	임오	임오	임오	임오
	일주 (생일)	경술	신해	임자	계축	갑인	을묘	병진	정사	무오	기미	경신	신유	임술
	대운 남	1	2	2	2	3	3	3	4	4	4	5	5	5
	대운 여	9	9	8	8	8	7	7	7	6	6	6	5	5
음 6 월	음 력	1	2	3	4	5	6	7	8	9	10	11	12	13
	양 력	7/9	10	11	12	13	14	15	16	17	18	19	20	21
	연주 (생년)	을유	을유	을유	을유	을유	을유	을유	을유	을유	을유	을유	을유	을유
	월주 (생월)	계미	계미	계미	계미	계미	계미	계미	계미	계미	계미	계미	계미	계미
	일주 (생일)	기묘	경진	신사	임오	계미	갑신	을유	병술	정해	무자	기축	경인	신묘
	대운 남	1	1	1	2	2	2	3	3	3	4	4	4	5
	대운 여	10	10	9	9	9	8	8	8	7	7	7	6	6

	14	15	16	17	18	19	20	21	22	23	24	25	26	27	28	29	
	26	27	28	**3/1**	2	3	4	5	6	7	8	9	10	11	12	13	
음	을유	을유	을유	을유	을유	을유	을유	을유	을유	을유	을유	을유	을유	을유	을유	을유	
1	무인	무인	무인	무인	무인	무인	무인	무인	**기묘**	기묘	기묘	기묘	기묘	기묘	기묘	기묘	
월	병인	정묘	무진	기사	경오	신미	임신	계유	갑술	을해	병자	정축	무인	기묘	경진	신사	
	7	8	8	8	9	9	9	10	10	1	1	1	1	2	2	2	
	3	2	2	2	1	1	1	1	10	10	9	9	9	8	8	8	
	14	15	16	17	18	19	20	21	22	23	24	25	26	27	28	29	
	27	28	29	30	31	**4/1**	2	3	4	5	6	7	8	9	10	11	
음	을유	을유	을유	을유	을유	을유	을유	을유	을유	을유	을유	을유	을유	을유	을유	을유	
2	기묘	기묘	기묘	기묘	기묘	기묘	기묘	기묘	기묘	**경진**	경진	경진	경진	경진	경진	경진	
월	을미	병신	정유	무술	기해	경자	신축	임인	계묘	갑진	을사	병오	정미	무신	기유	경술	
	7	7	8	8	8	9	9	9	10	10	1	1	1	1	2	2	
	3	3	2	2	2	1	1	1	1	10	10	10	9	9	9	8	
	14	15	16	17	18	19	20	21	22	23	24	25	26	27	28	29	30
	25	26	27	28	29	30	**5/1**	2	3	4	5	6	7	8	9	10	11
음	을유	을유	을유	을유	을유	을유	을유	을유	을유	을유	을유	을유	을유	을유	을유	을유	을유
3	경진	경진	경진	경진	경진	경진	경진	경진	경진	경진	경진	**신사**	신사	신사	신사	신사	신사
월	갑자	을축	병인	정묘	무진	기사	경오	신미	임신	계유	갑술	을해	병자	정축	무인	기묘	경진
	7	7	7	8	8	8	9	9	9	10	10	10	1	1	1	1	2
	4	3	3	3	2	2	2	1	1	1	1	10	10	10	9	9	9
	14	15	16	17	18	19	20	21	22	23	24	25	26	27	28	29	
	25	26	27	28	29	30	31	**6/1**	2	3	4	5	6	7	8	9	
음	을유	을유	을유	을유	을유	을유	을유	을유	을유	을유	을유	을유	을유	을유	을유	을유	
4	신사	신사	신사	신사	신사	신사	신사	신사	신사	신사	신사	신사	**임오**	임오	임오	임오	
월	갑오	을미	병신	정유	무술	기해	경자	신축	임인	계묘	갑진	을사	병오	정미	무신	기유	
	6	7	7	7	8	8	8	9	9	9	10	10	10	1	1	1	
	4	4	3	3	3	2	2	2	1	1	1	1	10	10	10	9	
	14	15	16	17	18	19	20	21	22	23	24	25	26	27	28	29	
	23	24	25	26	27	28	29	30	**7/1**	2	3	4	5	6	7	8	
음	을유	을유	을유	을유	을유	을유	을유	을유	을유	을유	을유	을유	을유	을유	을유	을유	
5	임오	임오	임오	임오	임오	임오	임오	임오	임오	임오	임오	임오	임오	임오	**계미**	계미	
월	계해	갑자	을축	병인	정묘	무진	기사	경오	신미	임신	계유	갑술	을해	병자	정축	무인	
	6	6	6	7	7	7	8	8	8	9	9	9	10	10	10	1	
	5	4	4	4	3	3	3	2	2	2	1	1	1	1	10	10	
	14	15	16	17	18	19	20	21	22	23	24	25	26	27	28	29	30
	22	23	24	25	26	27	28	29	30	31	**8/1**	2	3	4	5	6	7
음	을유	을유	을유	을유	을유	을유	을유	을유	을유	을유	을유	을유	을유	을유	을유	을유	을유
6	계미	계미	계미	계미	계미	계미	계미	계미	계미	계미	계미	계미	계미	계미	계미	계미	계미
월	임진	계사	갑오	을미	병신	정유	무술	기해	경자	신축	임인	계묘	갑진	을사	병오	정미	무신
	5	5	6	6	6	7	7	7	8	8	8	9	9	9	10	10	10
	6	5	5	5	4	4	4	3	3	3	2	2	2	1	1	1	1

1945(을유)년 【단기 4278년】

음 7 월	음력		1	2	3	4	5	6	7	8	9	10	11	12	13
	양력		**8/8**	9	10	11	12	13	14	15	16	17	18	19	20
	연주 (생년)		을유	을유	을유	을유	을유	을유	을유	을유	을유	을유	을유	을유	을유
	월주 (생월)		**갑신**	갑신	갑신	갑신	갑신	갑신	갑신	갑신	갑신	갑신	갑신	갑신	갑신
	일주 (생일)		기유	경술	신해	임자	계축	갑인	을묘	병진	정사	무오	기미	경신	신유
	대운	남	10	1	1	1	1	2	2	2	3	3	3	4	4
		여	10	10	10	9	9	9	8	8	8	7	7	7	6
음 8 월	음력		1	2	3	4	5	6	7	8	9	10	11	12	13
	양력		**9/6**	7	8	9	10	11	12	13	14	15	16	17	18
	연주 (생년)		을유	을유	을유	을유	을유	을유	을유	을유	을유	을유	을유	을유	을유
	월주 (생월)		갑신	갑신	**을유**	을유	을유	을유	을유	을유	을유	을유	을유	을유	을유
	일주 (생일)		무인	기묘	경진	신사	임오	계미	갑신	을유	병술	정해	무자	기축	경인
	대운	남	10	10	10	1	1	1	1	2	2	2	3	3	3
		여	1	1	10	10	10	9	9	9	8	8	8	7	7
음 9 월	음력		1	2	3	4	5	6	7	8	9	10	11	12	13
	양력		**10/6**	7	8	9	10	11	12	13	14	15	16	17	18
	연주 (생년)		을유	을유	을유	을유	을유	을유	을유	을유	을유	을유	을유	을유	을유
	월주 (생월)		을유	을유	을유	**병술**	병술	병술	병술	병술	병술	병술	병술	병술	병술
	일주 (생일)		무신	기유	경술	신해	임자	계축	갑인	을묘	병진	정사	무오	기미	경신
	대운	남	9	10	10	10	1	1	1	1	2	2	2	3	3
		여	1	1	1	10	10	9	9	9	8	8	8	7	7
음 10 월	음력		1	2	3	4	5	6	7	8	9	10	11	12	13
	양력		**11/5**	6	7	8	9	10	11	12	13	14	15	16	17
	연주 (생년)		을유	을유	을유	을유	을유	을유	을유	을유	을유	을유	을유	을유	을유
	월주 (생월)		병술	병술	병술	**정해**	정해	정해	정해	정해	정해	정해	정해	정해	정해
	일주 (생일)		무인	기묘	경진	신사	임오	계미	갑신	을유	병술	정해	무자	기축	경인
	대운	남	9	9	10	10	1	1	1	1	2	2	2	3	3
		여	1	1	1	10	9	9	9	8	8	8	7	7	7
음 11 월	음력		1	2	3	4	5	6	7	8	9	10	11	12	13
	양력		**12/5**	6	7	8	9	10	11	12	13	14	15	16	17
	연주 (생년)		을유	을유	을유	을유	을유	을유	을유	을유	을유	을유	을유	을유	을유
	월주 (생월)		정해	정해	**무자**	무자	무자	무자	무자	무자	무자	무자	무자	무자	무자
	일주 (생일)		무신	기유	경술	신해	임자	계축	갑인	을묘	병진	정사	무오	기미	경신
	대운	남	9	9	10	1	1	1	1	2	2	2	3	3	3
		여	1	1	10	10	9	9	9	8	8	8	7	7	7
음 12 월	음력		1	2	3	4	5	6	7	8	9	10	11	12	13
	양력		**1/3**	4	5	6	7	8	9	10	11	12	13	14	15
	연주 (생년)		을유	을유	을유	을유	을유	을유	을유	을유	을유	을유	을유	을유	을유
	월주 (생월)		무자	무자	무자	**기축**	기축	기축	기축	기축	기축	기축	기축	기축	기축
	일주 (생일)		정축	무인	기묘	경진	신사	임오	계미	갑신	을유	병술	정해	무자	기축
	대운	남	9	9	10	10	1	1	1	1	2	2	2	3	3
		여	1	1	1	10	9	9	9	8	8	8	7	7	7

음 7 월	14	15	16	17	18	19	20	21	22	23	24	25	26	27	28	29	
	21	22	23	24	25	26	27	28	29	30	31	**9/1**	2	3	4	5	
	을유	을유	을유	을유	을유	을유	을유	을유	을유	을유	을유	을유	을유	을유	을유	을유	
	갑신	갑신	갑신	갑신	갑신	갑신	갑신	갑신	갑신	갑신	갑신	갑신	갑신	갑신	갑신	갑신	
	임술	계해	갑자	을축	병인	정묘	무진	기사	경오	신미	임신	계유	갑술	을해	병자	정축	
	4	5	5	5	6	6	6	7	7	7	8	8	8	9	9	9	
	6	6	5	5	5	4	4	4	3	3	3	2	2	2	1	1	

음 8 월	14	15	16	17	18	19	20	21	22	23	24	25	26	27	28	29	30
	19	20	21	22	23	24	25	26	27	28	29	30	**10/1**	2	3	4	5
	을유	을유	을유	을유	을유	을유	을유	을유	을유	을유	을유	을유	을유	을유	을유	을유	을유
	을유	을유	을유	을유	을유	을유	을유	을유	을유	을유	을유	을유	을유	을유	을유	을유	을유
	신묘	임진	계사	갑오	을미	병신	정유	무술	기해	경자	신축	임인	계묘	갑진	을사	병오	정미
	4	4	4	5	5	5	6	6	6	7	7	7	8	8	8	9	9
	7	6	6	6	5	5	5	4	4	4	3	3	3	2	2	2	1

음 9 월	14	15	16	17	18	19	20	21	22	23	24	25	26	27	28	29	30
	19	20	21	22	23	24	25	26	27	28	29	30	31	**11/1**	2	3	4
	을유	을유	을유	을유	을유	을유	을유	을유	을유	을유	을유	을유	을유	을유	을유	을유	을유
	병술	병술	병술	병술	병술	병술	병술	병술	병술	병술	병술	병술	병술	병술	병술	병술	병술
	신유	임술	계해	갑자	을축	병인	정묘	무진	기사	경오	신미	임신	계유	갑술	을해	병자	정축
	3	4	4	4	5	5	5	6	6	6	7	7	7	8	8	8	9
	7	6	6	6	5	5	5	4	4	4	3	3	3	2	2	2	1

음 10 월	14	15	16	17	18	19	20	21	22	23	24	25	26	27	28	29	30
	18	19	20	21	22	23	24	25	26	27	28	29	30	**12/1**	2	3	4
	을유	을유	을유	을유	을유	을유	을유	을유	을유	을유	을유	을유	을유	을유	을유	을유	을유
	정해	정해	정해	정해	정해	정해	정해	정해	정해	정해	정해	정해	정해	정해	정해	정해	정해
	신묘	임진	계사	갑오	을미	병신	정유	무술	기해	경자	신축	임인	계묘	갑진	을사	병오	정미
	3	4	4	4	5	5	5	6	6	6	7	7	7	8	8	8	9
	6	6	6	5	5	5	4	4	4	3	3	3	2	2	2	1	1

음 11 월	14	15	16	17	18	19	20	21	22	23	24	25	26	27	28	29	
	18	19	20	21	22	23	24	25	26	27	28	29	30	31	**1/1**	2	
	을유	을유	을유	을유	을유	을유	을유	을유	을유	을유	을유	을유	을유	을유	을유	을유	
	무자	무자	무자	무자	무자	무자	무자	무자	무자	무자	무자	무자	무자	무자	무자	무자	
	신유	임술	계해	갑자	을축	병인	정묘	무진	기사	경오	신미	임신	계유	갑술	을해	병자	
	4	4	4	5	5	5	6	6	6	7	7	7	8	8	8	9	
	6	6	6	5	5	5	4	4	4	3	3	3	2	2	2	1	

음 12 월	14	15	16	17	18	19	20	21	22	23	24	25	26	27	28	29	30
	16	17	18	19	20	21	22	23	24	25	26	27	28	29	30	31	**2/1**
	을유	을유	을유	을유	을유	을유	을유	을유	을유	을유	을유	을유	을유	을유	을유	을유	을유
	기축	기축	기축	기축	기축	기축	기축	기축	기축	기축	기축	기축	기축	기축	기축	기축	기축
	경인	신묘	임진	계사	갑오	을미	병신	정유	무술	기해	경자	신축	임인	계묘	갑진	을사	병오
	3	4	4	4	5	5	5	6	6	6	7	7	7	8	8	8	9
	6	6	6	5	5	5	4	4	4	3	3	3	2	2	2	1	1

1946(병술)년 【단기 4279년】

월	구분													
음 1 월	음력		1	2	3	4	5	6	7	8	9	10	11	12	13
	양력		**2/2**	3	4	5	6	7	8	9	10	11	12	13	14
	연주 (생년)		을유	을유	**병술**	병술	병술	병술	병술	병술	병술	병술	병술	병술	병술
	월주 (생월)		기축	기축	**경인**	경인	경인	경인	경인	경인	경인	경인	경인	경인	경인
	일주 (생일)		정미	무신	기유	경술	신해	임자	계축	갑인	을묘	병진	정사	무오	기미
	대운	남	9	9	10	10	9	9	9	8	8	8	7	7	7
		여	1	1	10	1	1	1	1	2	2	2	3	3	3
음 2 월	음력		1	2	3	4	5	6	7	8	9	10	11	12	13
	양력		**3/4**	5	6	7	8	9	10	11	12	13	14	15	16
	연주 (생년)		병술	병술	병술	병술	병술	병술	병술	병술	병술	병술	병술	병술	병술
	월주 (생월)		경인	경인	**신묘**	신묘	신묘	신묘	신묘	신묘	신묘	신묘	신묘	신묘	신묘
	일주 (생일)		정축	무인	기묘	경진	신사	임오	계미	갑신	을유	병술	정해	무자	기축
	대운	남	1	1	10	10	9	9	9	8	8	8	7	7	7
		여	9	10	10	1	1	1	1	2	2	2	3	3	3
음 3 월	음력		1	2	3	4	5	6	7	8	9	10	11	12	13
	양력		**4/2**	3	4	5	6	7	8	9	10	11	12	13	14
	연주 (생년)		병술	병술	병술	병술	병술	병술	병술	병술	병술	병술	병술	병술	병술
	월주 (생월)		신묘	신묘	신묘	**임진**	임진	임진	임진	임진	임진	임진	임진	임진	임진
	일주 (생일)		병오	정미	무신	기유	경술	신해	임자	계축	갑인	을묘	병진	정사	무오
	대운	남	1	1	1	10	10	10	9	9	9	8	8	8	7
		여	9	9	10	10	1	1	1	1	2	2	2	3	3
음 4 월	음력		1	2	3	4	5	6	7	8	9	10	11	12	13
	양력		**5/1**	2	3	4	5	6	7	8	9	10	11	12	13
	연주 (생년)		병술	병술	병술	병술	병술	병술	병술	병술	병술	병술	병술	병술	병술
	월주 (생월)		임진	임진	임진	임진	임진	**계사**	계사	계사	계사	계사	계사	계사	계사
	일주 (생일)		을해	병자	정축	무인	기묘	경진	신사	임오	계미	갑신	을유	병술	정해
	대운	남	2	1	1	1	1	10	10	10	9	9	9	8	8
		여	9	9	9	10	10	10	1	1	1	1	2	2	2
음 5 월	음력		1	2	3	4	5	6	7	8	9	10	11	12	13
	양력		**5/31**	**6/1**	2	3	4	5	6	7	8	9	10	11	12
	연주 (생년)		병술	병술	병술	병술	병술	병술	병술	병술	병술	병술	병술	병술	병술
	월주 (생월)		계사	계사	계사	계사	계사	계사	**갑오**	갑오	갑오	갑오	갑오	갑오	갑오
	일주 (생일)		을사	병오	정미	무신	기유	경술	신해	임자	계축	갑인	을묘	병진	정사
	대운	남	2	2	1	1	1	1	10	10	10	10	9	9	9
		여	8	9	9	9	10	10	10	1	1	1	1	2	2
음 6 월	음력		1	2	3	4	5	6	7	8	9	10	11	12	13
	양력		**6/29**	30	**7/1**	2	3	4	5	6	7	8	9	10	11
	연주 (생년)		병술	병술	병술	병술	병술	병술	병술	병술	병술	병술	병술	병술	병술
	월주 (생월)		갑오	갑오	갑오	갑오	갑오	갑오	갑오	갑오	갑오	**을미**	을미	을미	을미
	일주 (생일)		갑술	을해	병자	정축	무인	기묘	경진	신사	임오	계미	갑신	을유	병술
	대운	남	3	3	2	2	2	1	1	1	1	10	10	10	9
		여	8	8	8	9	9	9	10	10	10	10	1	1	1

음 1월	14	15	16	17	18	19	20	21	22	23	24	25	26	27	28	29	30
	15	16	17	18	19	20	21	22	23	24	25	26	27	28	**3/1**	2	3
	병술	병술	병술	병술	병술	병술	병술	병술	병술	병술	병술	병술	병술	병술	병술	병술	병술
	경인	경인	경인	경인	경인	경인	경인	경인	경인	경인	경인	경인	경인	경인	경인	경인	경인
	경신	신유	임술	계해	갑자	을축	병인	정묘	무진	기사	경오	신미	임신	계유	갑술	을해	병자
	6	6	6	5	5	5	4	4	4	3	3	3	2	2	2	1	1
	4	4	4	5	5	5	6	6	6	7	7	7	8	8	8	9	9

음 2월	14	15	16	17	18	19	20	21	22	23	24	25	26	27	28	29	
	17	18	19	20	21	22	23	24	25	26	27	28	29	30	31	**4/1**	
	병술	병술	병술	병술	병술	병술	병술	병술	병술	병술	병술	병술	병술	병술	병술	병술	
	신묘	신묘	신묘	신묘	신묘	신묘	신묘	신묘	신묘	신묘	신묘	신묘	신묘	신묘	신묘	신묘	
	경인	신묘	임진	계사	갑오	을미	병신	정유	무술	기해	경자	신축	임인	계묘	갑진	을사	
	6	6	6	5	5	5	4	4	4	3	3	3	2	2	2	1	
	4	4	4	5	5	5	6	6	6	7	7	7	8	8	8	9	

음 3월	14	15	16	17	18	19	20	21	22	23	24	25	26	27	28	29	
	15	16	17	18	19	20	21	22	23	24	25	26	27	28	29	30	
	병술	병술	병술	병술	병술	병술	병술	병술	병술	병술	병술	병술	병술	병술	병술	병술	
	임진	임진	임진	임진	임진	임진	임진	임진	임진	임진	임진	임진	임진	임진	임진	임진	
	기미	경신	신유	임술	계해	갑자	을축	병인	정묘	무진	기사	경오	신미	임신	계유	갑술	
	7	7	6	6	6	5	5	5	4	4	4	3	3	3	2	2	
	3	4	4	4	5	5	5	6	6	6	7	7	7	8	8	8	

음 4월	14	15	16	17	18	19	20	21	22	23	24	25	26	27	28	29	30
	14	15	16	17	18	19	20	21	22	23	24	25	26	27	28	29	30
	병술	병술	병술	병술	병술	병술	병술	병술	병술	병술	병술	병술	병술	병술	병술	병술	병술
	계사	계사	계사	계사	계사	계사	계사	계사	계사	계사	계사	계사	계사	계사	계사	계사	계사
	무자	기축	경인	신묘	임진	계사	갑오	을미	병신	정유	무술	기해	경자	신축	임인	계묘	갑진
	8	7	7	7	6	6	6	5	5	5	4	4	4	3	3	3	2
	3	3	3	4	4	4	5	5	5	6	6	6	7	7	7	8	8

음 5월	14	15	16	17	18	19	20	21	22	23	24	25	26	27	28	29	
	13	14	15	16	17	18	19	20	21	22	23	24	25	26	27	28	
	병술	병술	병술	병술	병술	병술	병술	병술	병술	병술	병술	병술	병술	병술	병술	병술	
	갑오	갑오	갑오	갑오	갑오	갑오	갑오	갑오	갑오	갑오	갑오	갑오	갑오	갑오	갑오	갑오	
	무오	기미	경신	신유	임술	계해	갑자	을축	병인	정묘	무진	기사	경오	신미	임신	계유	
	8	8	8	7	7	7	6	6	6	5	5	5	4	4	4	3	
	2	3	3	3	4	4	4	5	5	5	6	6	6	7	7	7	

음 6월	14	15	16	17	18	19	20	21	22	23	24	25	26	27	28	29	
	12	13	14	15	16	17	18	19	20	21	22	23	24	25	26	27	
	병술	병술	병술	병술	병술	병술	병술	병술	병술	병술	병술	병술	병술	병술	병술	병술	
	을미	을미	을미	을미	을미	을미	을미	을미	을미	을미	을미	을미	을미	을미	을미	을미	
	정해	무자	기축	경인	신묘	임진	계사	갑오	을미	병신	정유	무술	기해	경자	신축	임인	
	9	9	8	8	8	7	7	7	6	6	6	5	5	5	4	4	
	1	2	2	2	3	3	3	4	4	4	5	5	5	6	6	6	

1946(병술)년 【단기 4279년】

음 7 월		1	2	3	4	5	6	7	8	9	10	11	12	13
음력		1	2	3	4	5	6	7	8	9	10	11	12	13
양력		**7/28**	29	30	31	**8/1**	2	3	4	5	6	7	8	9
연주 (생년)		병술	병술	병술	병술	병술	병술	병술	병술	병술	병술	병술	병술	병술
월주 (생월)		을미	을미	을미	을미	을미	을미	을미	을미	을미	을미	을미	**병신**	병신
일주 (생일)		계묘	갑진	을사	병오	정미	무신	기유	경술	신해	임자	계축	갑인	을묘
대운	남	4	3	3	3	2	2	2	1	1	1	1	10	10
	여	7	7	7	8	8	8	9	9	9	10	10	10	1

음 8 월		1	2	3	4	5	6	7	8	9	10	11	12	13
음력		1	2	3	4	5	6	7	8	9	10	11	12	13
양력		**8/27**	28	29	30	31	**9/1**	2	3	4	5	6	7	8
연주 (생년)		병술	병술	병술	병술	병술	병술	병술	병술	병술	병술	병술	병술	병술
월주 (생월)		병신	병신	병신	병신	병신	병신	병신	병신	병신	병신	병신	병신	**정유**
일주 (생일)		계유	갑술	을해	병자	정축	무인	기묘	경진	신사	임오	계미	갑신	을유
대운	남	4	4	3	3	3	2	2	2	1	1	1	1	10
	여	6	7	7	7	8	8	8	9	9	9	10	10	10

음 9 월		1	2	3	4	5	6	7	8	9	10	11	12	13
음력		1	2	3	4	5	6	7	8	9	10	11	12	13
양력		**9/25**	26	27	28	29	30	**10/1**	2	3	4	5	6	7
연주 (생년)		병술	병술	병술	병술	병술	병술	병술	병술	병술	병술	병술	병술	병술
월주 (생월)		정유	정유	정유	정유	정유	정유	정유	정유	정유	정유	정유	정유	정유
일주 (생일)		임인	계묘	갑진	을사	병오	정미	무신	기유	경술	신해	임자	계축	갑인
대운	남	5	4	4	4	3	3	3	2	2	2	1	1	1
	여	6	6	6	7	7	7	8	8	8	9	9	9	10

음 10 월		1	2	3	4	5	6	7	8	9	10	11	12	13
음력		1	2	3	4	5	6	7	8	9	10	11	12	13
양력		**10/25**	26	28	28	29	30	31	**11/1**	2	3	4	5	6
연주 (생년)		병술	병술	병술	병술	병술	병술	병술	병술	병술	병술	병술	병술	병술
월주 (생월)		무술	무술	무술	무술	무술	무술	무술	무술	무술	무술	무술	무술	무술
일주 (생일)		임신	계유	갑술	을해	병자	정축	무인	기묘	경진	신사	임오	계미	갑신
대운	남	5	4	4	4	3	3	3	2	2	2	1	1	1
	여	5	6	6	6	7	7	7	8	8	8	9	9	9

음 11 월		1	2	3	4	5	6	7	8	9	10	11	12	13
음력		1	2	3	4	5	6	7	8	9	10	11	12	13
양력		**11/24**	25	26	27	28	29	30	**12/1**	2	3	4	5	6
연주 (생년)		병술	병술	병술	병술	병술	병술	병술	병술	병술	병술	병술	병술	병술
월주 (생월)		기해	기해	기해	기해	기해	기해	기해	기해	기해	기해	기해	기해	기해
일주 (생일)		임인	계묘	갑진	을사	병오	정미	무신	기유	경술	신해	임자	계축	갑인
대운	남	5	4	4	4	3	3	3	2	2	2	1	1	1
	여	5	6	6	6	7	7	7	8	8	8	9	9	9

음 12 월		1	2	3	4	5	6	7	8	9	10	11	12	13
음력		1	2	3	4	5	6	7	8	9	10	11	12	13
양력		**12/23**	24	25	26	27	28	29	30	31	**1/1**	2	3	4
연주 (생년)		병술	병술	병술	병술	병술	병술	병술	병술	병술	병술	병술	병술	병술
월주 (생월)		경자	경자	경자	경자	경자	경자	경자	경자	경자	경자	경자	경자	경자
일주 (생일)		신미	임신	계유	갑술	을해	병자	정축	무인	기묘	경진	신사	임오	계미
대운	남	5	4	4	4	3	3	3	2	2	2	1	1	1
	여	5	5	6	6	6	7	7	7	8	8	8	9	9

	14	15	16	17	18	19	20	21	22	23	24	25	26	27	28	29	30
	10	11	12	13	14	15	16	17	18	19	20	21	22	23	24	25	26
음	병술	병술	병술	병술	병술	병술	병술	병술	병술	병술	병술	병술	병술	병술	병술	병술	병술
7	병신	병신	병신	병신	병신	병신	병신	병신	병신	병신	병신	병신	병신	병신	병신	병신	병신
월	병진	정사	무오	기미	경신	신유	임술	계해	갑자	을축	병인	정묘	무진	기사	경오	신미	임신
	10	9	9	9	8	8	8	7	7	7	6	6	6	5	5	5	4
	1	1	1	2	2	2	3	3	3	4	4	4	5	5	5	6	6

	14	15	16	17	18	19	20	21	22	23	24	25	26	27	28	29	
	9	10	11	12	13	14	15	16	17	18	19	20	21	22	23	24	
음	병술	병술	병술	병술	병술	병술	병술	병술	병술	병술	병술	병술	병술	병술	병술	병술	
8	정유	정유	정유	정유	정유	정유	정유	정유	정유	정유	정유	정유	정유	정유	정유	정유	
월	병술	정해	무자	기축	경인	신묘	임진	계사	갑오	을미	병신	정유	무술	기해	경자	신축	
	10	10	9	9	9	8	8	8	7	7	7	6	6	6	5	5	
	1	1	1	1	2	2	2	3	3	3	4	4	4	5	5	5	

	14	15	16	17	18	19	20	21	22	23	24	25	26	27	28	29	30
	8	9	10	11	12	13	14	15	16	17	18	19	20	21	22	23	24
음	병술	병술	병술	병술	병술	병술	병술	병술	병술	병술	병술	병술	병술	병술	병술	병술	병술
9	정유	**무술**	무술	무술	무술	무술	무술	무술	무술	무술	무술	무술	무술	무술	무술	무술	무술
월	을묘	병진	정사	무오	기미	경신	신유	임술	계해	갑자	을축	병인	정묘	무진	기사	경오	신미
	1	10	10	9	9	9	8	8	8	7	7	7	6	6	6	5	5
	10	10	1	1	1	1	2	2	2	3	3	3	4	4	4	5	5

	14	15	16	17	18	19	20	21	22	23	24	25	26	27	28	29	30
	7	8	9	10	11	12	13	14	15	16	17	18	19	20	21	22	23
음	병술	병술	병술	병술	병술	병술	병술	병술	병술	병술	병술	병술	병술	병술	병술	병술	병술
10	무술	**기해**	기해	기해	기해	기해	기해	기해	기해	기해	기해	기해	기해	기해	기해	기해	기해
월	을유	병술	정해	무자	기축	경인	신묘	임진	계사	갑오	을미	병신	정유	무술	기해	경자	신축
	1	10	10	9	9	9	8	8	8	7	7	7	6	6	6	5	5
	10	10	1	1	1	1	2	2	2	3	3	3	4	4	4	5	5

	14	15	16	17	18	19	20	21	22	23	24	25	26	27	28	29	
	7	8	9	10	11	12	13	14	15	16	17	18	19	20	21	22	
음	병술	병술	병술	병술	병술	병술	병술	병술	병술	병술	병술	병술	병술	병술	병술	병술	
11	기해	**경자**	경자	경자	경자	경자	경자	경자	경자	경자	경자	경자	경자	경자	경자	경자	
월	을묘	병진	정사	무오	기미	경신	신유	임술	계해	갑자	을축	병인	정묘	무진	기사	경오	
	1	10	9	9	9	8	8	8	7	7	7	6	6	6	5	5	
	10	10	1	1	1	1	2	2	2	3	3	3	4	4	4	5	

	14	15	16	17	18	19	20	21	22	23	24	25	26	27	28	29	30
	5	6	7	8	9	10	11	12	13	14	15	16	17	18	19	20	21
음	병술	병술	병술	병술	병술	병술	병술	병술	병술	병술	병술	병술	병술	병술	병술	병술	병술
12	경자	**신축**	신축	신축	신축	신축	신축	신축	신축	신축	신축	신축	신축	신축	신축	신축	신축
월	갑신	을유	병술	정해	무자	기축	경인	신묘	임진	계사	갑오	을미	병신	정유	무술	기해	경자
	1	10	10	9	9	9	8	8	8	7	7	7	6	6	6	5	5
	9	10	1	1	1	1	2	2	2	3	3	3	4	4	4	5	5

1947(정해)년 【단기 4280년】

월	구분		1	2	3	4	5	6	7	8	9	10	11	12	13
음 1 월	음 력		1	2	3	4	5	6	7	8	9	10	11	12	13
	양 력		**1/22**	23	24	25	26	27	28	29	30	31	**2/1**	2	3
	연주 (생년)		병술	병술	병술	병술	병술	병술	병술	병술	병술	병술	병술	병술	병술
	월주 (생월)		신축	신축	신축	신축	신축	신축	신축	신축	신축	신축	신축	신축	신축
	일주 (생일)		신축	임인	계묘	갑진	을사	병오	정미	무신	기유	경술	신해	임자	계축
	대운	남	5	4	4	4	3	3	3	2	2	2	1	1	1
		여	5	6	6	6	7	7	7	8	8	8	9	9	9
음 2 월	음 력		1	2	3	4	5	6	7	8	9	10	11	12	13
	양 력		**2/21**	22	23	24	25	26	27	28	**3/1**	2	3	4	5
	연주 (생년)		정해	정해	정해	정해	정해	정해	정해	정해	정해	정해	정해	정해	정해
	월주 (생월)		임인	임인	임인	임인	임인	임인	임인	임인	임인	임인	임인	임인	임인
	일주 (생일)		신미	임신	계유	갑술	을해	병자	정축	무인	기묘	경진	신사	임오	계미
	대운	남	5	6	6	6	7	7	7	8	8	8	9	9	9
		여	4	4	4	3	3	3	2	2	2	1	1	1	1
윤 2 월	음 력		1	2	3	4	5	6	7	8	9	10	11	12	13
	양 력		**3/23**	24	25	26	27	28	29	30	31	**4/1**	2	3	4
	연주 (생년)		정해	정해	정해	정해	정해	정해	정해	정해	정해	정해	정해	정해	정해
	월주 (생월)		계묘	계묘	계묘	계묘	계묘	계묘	계묘	계묘	계묘	계묘	계묘	계묘	계묘
	일주 (생일)		신축	임인	계묘	갑진	을사	병오	정미	무신	기유	경술	신해	임자	계축
	대운	남	6	6	6	7	7	7	8	8	8	9	9	9	10
		여	5	4	4	4	3	3	3	2	2	2	1	1	1
음 3 월	음 력		1	2	3	4	5	6	7	8	9	10	11	12	13
	양 력		**4/21**	22	23	24	25	26	27	28	29	30	**5/1**	2	3
	연주 (생년)		정해	정해	정해	정해	정해	정해	정해	정해	정해	정해	정해	정해	정해
	월주 (생월)		갑진	갑진	갑진	갑진	갑진	갑진	갑진	갑진	갑진	갑진	갑진	갑진	갑진
	일주 (생일)		경오	신미	임신	계유	갑술	을해	병자	정축	무인	기묘	경진	신사	임오
	대운	남	5	5	6	6	6	7	7	7	8	8	8	9	9
		여	5	5	4	4	4	3	3	3	2	2	2	1	1
음 4 월	음 력		1	2	3	4	5	6	7	8	9	10	11	12	13
	양 력		**5/20**	21	22	23	24	25	26	27	28	29	30	31	**6/1**
	연주 (생년)		정해	정해	정해	정해	정해	정해	정해	정해	정해	정해	정해	정해	정해
	월주 (생월)		을사	을사	을사	을사	을사	을사	을사	을사	을사	을사	을사	을사	을사
	일주 (생일)		기해	경자	신축	임인	계묘	갑진	을사	병오	정미	무신	기유	경술	신해
	대운	남	5	5	5	6	6	6	7	7	7	8	8	8	9
		여	6	5	5	5	4	4	4	3	3	3	2	2	2
음 5 월	음 력		1	2	3	4	5	6	7	8	9	10	11	12	13
	양 력		**6/19**	20	21	22	23	24	25	26	27	28	29	30	**7/1**
	연주 (생년)		정해	정해	정해	정해	정해	정해	정해	정해	정해	정해	정해	정해	정해
	월주 (생월)		병오	병오	병오	병오	병오	병오	병오	병오	병오	병오	병오	병오	병오
	일주 (생일)		기사	경오	신미	임신	계유	갑술	을해	병자	정축	무인	기묘	경진	신사
	대운	남	4	5	5	5	6	6	6	7	7	7	8	8	8
		여	6	6	6	5	5	5	4	4	4	3	3	3	2
음 6 월	음 력		1	2	3	4	5	6	7	8	9	10	11	12	13
	양 력		**7/18**	19	20	21	22	23	24	25	26	27	28	29	30
	연주 (생년)		정해	정해	정해	정해	정해	정해	정해	정해	정해	정해	정해	정해	정해
	월주 (생월)		정미	정미	정미	정미	정미	정미	정미	정미	정미	정미	정미	정미	정미
	일주 (생일)		무술	기해	경자	신축	임인	계묘	갑진	을사	병오	정미	무신	기유	경술
	대운	남	4	4	4	5	5	5	6	6	6	7	7	7	8
		여	7	7	6	6	6	5	5	5	4	4	4	3	3

월																	
음 1 월	14	15	16	17	18	19	20	21	22	23	24	25	26	27	28	29	30
	4	5	6	7	8	9	10	11	12	13	14	15	16	17	18	19	20
	병술	**정해**	정해	정해	정해	정해	정해	정해	정해	정해	정해	정해	정해	정해	정해	정해	정해
	신축	**임인**	임인	임인	임인	임인	임인	임인	임인	임인	임인	임인	임인	임인	임인	임인	임인
	갑인	을묘	병진	정사	무오	기미	경신	신유	임술	계해	갑자	을축	병인	정묘	무진	기사	경오
	1	10	1	1	1	1	2	2	2	3	3	3	4	4	4	5	5
	10	10	9	9	9	8	8	8	7	7	7	6	6	6	5	5	5
음 2 월	14	15	16	17	18	19	20	21	22	23	24	25	26	27	28	29	30
	6	7	8	9	10	11	12	13	14	15	16	17	18	19	20	21	22
	정해	정해	정해	정해	정해	정해	정해	정해	정해	정해	정해	정해	정해	정해	정해	정해	정해
	계묘	계묘	계묘	계묘	계묘	계묘	계묘	계묘	계묘	계묘	계묘	계묘	계묘	계묘	계묘	계묘	계묘
	갑신	을유	병술	정해	무자	기축	경인	신묘	임진	계사	갑오	을미	병신	정유	무술	기해	경자
	10	1	1	1	1	2	2	2	3	3	3	4	4	4	5	5	5
	10	10	10	9	9	9	8	8	8	7	7	7	6	6	6	5	5
윤 2 월	14	15	16	17	18	19	20	21	22	23	24	25	26	27	28	29	
	5	6	7	8	9	10	11	12	13	14	15	16	17	18	19	20	
	정해	정해	정해	정해	정해	정해	정해	정해	정해	정해	정해	정해	정해	정해	정해	정해	
	계묘	**갑진**	갑진	갑진	갑진	갑진	갑진	갑진	갑진	갑진	갑진	갑진	갑진	갑진	갑진	갑진	
	갑인	을묘	병진	정사	무오	기미	경신	신유	임술	계해	갑자	을축	병인	정묘	무진	기사	
	10	10	1	1	1	1	2	2	2	3	3	3	4	4	4	5	
	1	10	10	9	9	9	8	8	8	7	7	7	6	6	6	5	
음 3 월	14	15	16	17	18	19	20	21	22	23	24	25	26	27	28	29	
	4	5	6	7	8	9	10	11	12	13	14	15	16	17	18	19	
	정해	정해	정해	정해	정해	정해	정해	정해	정해	정해	정해	정해	정해	정해	정해	정해	
	갑진	갑진	**을사**	을사	을사	을사	을사	을사	을사	을사	을사	을사	을사	을사	을사	을사	
	계미	갑신	을유	병술	정해	무자	기축	경인	신묘	임진	계사	갑오	을미	병신	정유	무술	
	9	10	10	1	1	1	1	2	2	2	3	3	3	4	4	4	
	1	1	10	10	10	9	9	9	8	8	8	7	7	7	6	6	
음 4 월	14	15	16	17	18	19	20	21	22	23	24	25	26	27	28	29	30
	2	3	3	5	6	7	8	9	10	11	12	13	14	15	16	17	18
	정해	정해	정해	정해	정해	정해	정해	정해	정해	정해	정해	정해	정해	정해	정해	정해	정해
	을사	을사	을사	을사	**병오**	병오	병오	병오	병오	병오	병오	병오	병오	병오	병오	병오	병오
	임자	계축	갑인	을묘	병진	정사	무오	기미	경신	신유	임술	계해	갑자	을축	병인	정묘	무진
	9	9	10	10	10	1	1	1	1	2	2	2	3	3	3	4	4
	1	1	1	1	10	10	10	10	9	9	9	8	8	8	7	7	7
음 5 월	14	15	16	17	18	19	20	21	22	23	24	25	26	27	28	29	
	2	3	3	5	6	7	8	9	10	11	12	13	14	15	16	17	
	정해	정해	정해	정해	정해	정해	정해	정해	정해	정해	정해	정해	정해	정해	정해	정해	
	병오	병오	병오	병오	병오	병오	**정미**	정미	정미	정미	정미	정미	정미	정미	정미	정미	
	임오	계미	갑신	을유	병술	정해	무자	기축	경인	신묘	임진	계사	갑오	을미	병신	정유	
	9	9	9	10	10	10	10	1	1	1	1	2	2	2	3	3	
	2	2	1	1	1	1	10	10	10	9	9	9	8	8	8	7	
음 6 월	14	15	16	17	18	19	20	21	22	23	24	25	26	27	28	29	
	31	**8/1**	2	3	4	5	6	7	8	9	10	11	12	13	14	15	
	정해	정해	정해	정해	정해	정해	정해	정해	정해	정해	정해	정해	정해	정해	정해	정해	
	정미	정미	정미	정미	정미	정미	정미	정미	**무신**	무신	무신	무신	무신	무신	무신	무신	
	신해	임자	계축	갑인	을묘	병진	정사	무오	기미	경신	신유	임술	계해	갑자	을축	병인	
	8	8	9	9	9	10	10	10	10	1	1	1	1	2	2	2	
	3	2	2	2	1	1	1	1	10	10	10	9	9	9	8	8	

1947(정해)년 【단기 4280년】

월	구분		1	2	3	4	5	6	7	8	9	10	11	12	13
음 7 월	음력		1	2	3	4	5	6	7	8	9	10	11	12	13
	양력		8/16	17	18	19	20	21	22	23	24	25	26	27	28
	연주 (생년)		정해	정해	정해	정해	정해	정해	정해	정해	정해	정해	정해	정해	정해
	월주 (생월)		무신	무신	무신	무신	무신	무신	무신	무신	무신	무신	무신	무신	무신
	일주 (생일)		정묘	무진	기사	경오	신미	임신	계유	갑술	을해	병자	정축	무인	기묘
	대운	남	3	3	3	4	4	4	5	5	5	6	6	6	7
		여	8	7	7	7	6	6	6	5	5	5	4	4	4
음 8 월	음력		1	2	3	4	5	6	7	8	9	10	11	12	13
	양력		9/15	16	17	18	19	20	21	22	23	24	25	26	27
	연주 (생년)		정해	정해	정해	정해	정해	정해	정해	정해	정해	정해	정해	정해	정해
	월주 (생월)		기유	기유	기유	기유	기유	기유	기유	기유	기유	기유	기유	기유	기유
	일주 (생일)		정유	무술	기해	경자	신축	임인	계묘	갑진	을사	병오	정미	무신	기유
	대운	남	2	3	3	3	4	4	4	5	5	5	6	6	6
		여	8	8	7	7	7	6	6	6	5	5	5	4	4
음 9 월	음력		1	2	3	4	5	6	7	8	9	10	11	12	13
	양력		10/14	15	16	17	18	19	20	21	22	23	24	25	26
	연주 (생년)		정해	정해	정해	정해	정해	정해	정해	정해	정해	정해	정해	정해	정해
	월주 (생월)		경술	경술	경술	경술	경술	경술	경술	경술	경술	경술	경술	경술	경술
	일주 (생일)		병인	정묘	무진	기사	경오	신미	임신	계유	갑술	을해	병자	정축	무인
	대운	남	2	2	2	3	3	3	4	4	4	5	5	5	6
		여	8	8	8	7	7	7	6	6	6	5	5	5	4
음 10 월	음력		1	2	3	4	5	6	7	8	9	10	11	12	13
	양력		11/13	14	15	16	17	18	19	20	21	22	23	24	25
	연주 (생년)		정해	정해	정해	정해	정해	정해	정해	정해	정해	정해	정해	정해	정해
	월주 (생월)		신해	신해	신해	신해	신해	신해	신해	신해	신해	신해	신해	신해	신해
	일주 (생일)		병신	정유	무술	기해	경자	신축	임인	계묘	갑진	을사	병오	정미	무신
	대운	남	2	2	2	3	3	3	4	4	4	5	5	5	6
		여	8	8	8	7	7	7	6	6	6	5	5	5	4
음 11 월	음력		1	2	3	4	5	6	7	8	9	10	11	12	13
	양력		12/12	13	14	15	16	17	18	19	20	21	22	23	24
	연주 (생년)		정해	정해	정해	정해	정해	정해	정해	정해	정해	정해	정해	정해	정해
	월주 (생월)		임자	임자	임자	임자	임자	임자	임자	임자	임자	임자	임자	임자	임자
	일주 (생일)		을축	병인	정묘	무진	기사	경오	신미	임신	계유	갑술	을해	병자	정축
	대운	남	1	2	2	2	3	3	3	4	4	4	5	5	5
		여	8	8	8	7	7	7	6	6	6	5	5	5	4
음 12 월	음력		1	2	3	4	5	6	7	8	9	10	11	12	13
	양력		1/11	12	13	14	15	16	17	18	19	20	21	22	23
	연주 (생년)		정해	정해	정해	정해	정해	정해	정해	정해	정해	정해	정해	정해	정해
	월주 (생월)		계축	계축	계축	계축	계축	계축	계축	계축	계축	계축	계축	계축	계축
	일주 (생일)		을미	병신	정유	무술	기해	경자	신축	임인	계묘	갑진	을사	병오	정미
	대운	남	2	2	2	3	3	3	4	4	4	5	5	5	6
		여	8	8	8	7	7	7	6	6	6	5	5	5	4

음 7 월	14	15	16	17	18	19	20	21	22	23	24	25	26	27	28	29	30
	29	30	31	**9/1**	2	3	4	5	6	7	8	9	10	11	12	13	14
	정해	정해	정해	정해	정해	정해	정해	정해	정해	정해	정해	정해	정해	정해	정해	정해	정해
	무신	무신	무신	무신	무신	무신	무신	무신	무신	무신	**기유**	기유	기유	기유	기유	기유	기유
	경진	신사	임오	계미	갑신	을유	병술	정해	무자	기축	경인	신묘	임진	계사	갑오	을미	병신
	7	7	8	8	8	9	9	9	10	10	10	1	1	1	1	2	2
	3	3	3	2	2	2	1	1	1	1	10	10	10	9	9	9	8

음 8 월	14	15	16	17	18	19	20	21	22	23	24	25	26	27	28	29	
	28	29	30	**10/1**	2	3	4	5	6	7	8	9	10	11	12	13	
	정해	정해	정해	정해	정해	정해	정해	정해	정해	정해	정해	정해	정해	정해	정해	정해	
	기유	기유	기유	기유	기유	기유	기유	기유	기유	기유	기유	**경술**	경술	경술	경술	경술	
	경술	신해	임자	계축	갑인	을묘	병진	정사	무오	기미	경신	신유	임술	계해	갑자	을축	
	7	7	7	8	8	8	9	9	9	10	10	10	1	1	1	1	
	4	3	3	3	2	2	2	1	1	1	1	10	10	9	9	9	

음 9 월	14	15	16	17	18	19	20	21	22	23	24	25	26	27	28	29	30
	27	28	29	30	31	**11/1**	2	3	4	5	6	7	8	9	10	11	12
	정해	정해	정해	정해	정해	정해	정해	정해	정해	정해	정해	정해	정해	정해	정해	정해	정해
	경술	경술	경술	경술	경술	경술	경술	경술	경술	경술	경술	경술	**신해**	신해	신해	신해	신해
	기묘	경진	신사	임오	계미	갑신	을유	병술	정해	무자	기축	경인	신묘	임진	계사	갑오	을미
	6	6	7	7	7	8	8	8	9	9	9	10	10	1	1	1	1
	4	4	3	3	3	2	2	2	1	1	1	1	10	10	9	9	9

음 10 월	14	15	16	17	18	19	20	21	22	23	24	25	26	27	28	29	
	26	27	28	29	30	**12/1**	2	3	4	5	6	7	8	9	10	11	
	정해	정해	정해	정해	정해	정해	정해	정해	정해	정해	정해	정해	정해	정해	정해	정해	
	신해	신해	신해	신해	신해	신해	신해	신해	신해	신해	신해	신해	**임자**	임자	임자	임자	
	기유	경술	신해	임자	계축	갑인	을묘	병진	정사	무오	기미	경신	신유	임술	계해	갑자	
	6	6	7	7	7	8	8	8	9	9	9	10	10	1	1	1	
	4	4	3	3	3	2	2	2	1	1	1	1	10	9	9	9	

음 11 월	14	15	16	17	18	19	20	21	22	23	24	25	26	27	28	29	30
	25	26	27	28	29	30	31	**1/1**	2	3	4	5	6	7	8	9	10
	정해	정해	정해	정해	정해	정해	정해	정해	정해	정해	정해	정해	정해	정해	정해	정해	정해
	임자	임자	임자	임자	임자	임자	임자	임자	임자	임자	임자	임자	**계축**	계축	계축	계축	계축
	무인	기묘	경진	신사	임오	계미	갑신	을유	병술	정해	무자	기축	경인	신묘	임진	계사	갑오
	6	6	6	7	7	7	8	8	8	9	9	9	10	1	1	1	1
	4	4	3	3	3	2	2	2	1	1	1	10	10	10	9	9	9

음 12 월	14	15	16	17	18	19	20	21	22	23	24	25	26	27	28	29	30
	24	25	26	27	28	29	30	31	**2/1**	2	3	4	5	6	7	8	9
	정해	정해	정해	정해	정해	정해	정해	정해	정해	정해	정해	정해	**무자**	무자	무자	무자	무자
	계축	계축	계축	계축	계축	계축	계축	계축	계축	계축	계축	계축	**갑인**	갑인	갑인	갑인	갑인
	무신	기유	경술	신해	임자	계축	갑인	을묘	병진	정사	무오	기미	경신	신유	임술	계해	갑자
	6	6	7	7	7	8	8	8	9	9	9	10	10	10	9	9	9
	4	4	3	3	3	2	2	2	1	1	1	1	10	1	1	1	1

1948(무자)년 【단기 4281년】

월	구분														
음 1 월	음력		1	2	3	4	5	6	7	8	9	10	11	12	13
	양력		2/10	11	12	13	14	15	16	17	18	19	20	21	22
	연주 (생년)		무자	무자	무자	무자	무자	무자	무자	무자	무자	무자	무자	무자	무자
	월주 (생월)		갑인	갑인	갑인	갑인	갑인	갑인	갑인	갑인	갑인	갑인	갑인	갑인	갑인
	일주 (생일)		을축	병인	정묘	무진	기사	경오	신미	임신	계유	갑술	을해	병자	정축
	대운	남	8	8	8	7	7	7	6	6	6	5	5	5	4
		여	2	2	2	3	3	3	4	4	4	5	5	5	6
음 2 월	음력		1	2	3	4	5	6	7	8	9	10	11	12	13
	양력		3/11	12	13	14	15	16	17	18	19	20	21	22	23
	연주 (생년)		무자	무자	무자	무자	무자	무자	무자	무자	무자	무자	무자	무자	무자
	월주 (생월)		을묘	을묘	을묘	을묘	을묘	을묘	을묘	을묘	을묘	을묘	을묘	을묘	을묘
	일주 (생일)		을미	병신	정유	무술	기해	경자	신축	임인	계묘	갑진	을사	병오	정미
	대운	남	8	8	8	7	7	7	6	6	6	5	5	5	4
		여	2	2	2	3	3	3	4	4	4	5	5	5	6
음 3 월	음력		1	2	3	4	5	6	7	8	9	10	11	12	13
	양력		4/9	10	11	12	13	14	15	16	17	18	19	20	21
	연주 (생년)		무자	무자	무자	무자	무자	무자	무자	무자	무자	무자	무자	무자	무자
	월주 (생월)		병진	병진	병진	병진	병진	병진	병진	병진	병진	병진	병진	병진	병진
	일주 (생일)		갑자	을축	병인	정묘	무진	기사	경오	신미	임신	계유	갑술	을해	병자
	대운	남	9	8	8	8	7	7	7	6	6	6	5	5	5
		여	1	2	2	2	3	3	3	4	4	4	5	5	5
음 4 월	음력		1	2	3	4	5	6	7	8	9	10	11	12	13
	양력		5/9	10	11	12	13	14	15	16	17	18	19	20	21
	연주 (생년)		무자	무자	무자	무자	무자	무자	무자	무자	무자	무자	무자	무자	무자
	월주 (생월)		정사	정사	정사	정사	정사	정사	정사	정사	정사	정사	정사	정사	정사
	일주 (생일)		갑오	을미	병신	정유	무술	기해	경자	신축	임인	계묘	갑진	을사	병오
	대운	남	9	9	9	8	8	8	7	7	7	6	6	6	5
		여	1	2	2	2	3	3	3	4	4	4	5	5	5
음 5 월	음력		1	2	3	4	5	6	7	8	9	10	11	12	13
	양력		6/7	8	9	10	11	12	13	14	15	16	17	18	19
	연주 (생년)		무자	무자	무자	무자	무자	무자	무자	무자	무자	무자	무자	무자	무자
	월주 (생월)		무오	무오	무오	무오	무오	무오	무오	무오	무오	무오	무오	무오	무오
	일주 (생일)		계해	갑자	을축	병인	정묘	무진	기사	경오	신미	임신	계유	갑술	을해
	대운	남	10	10	9	9	9	8	8	8	7	7	7	6	6
		여	1	1	1	1	2	2	2	3	3	3	4	4	4
음 6 월	음력		1	2	3	4	5	6	7	8	9	10	11	12	13
	양력		7/7	8	9	10	11	12	13	14	15	16	17	18	19
	연주 (생년)		무자	무자	무자	무자	무자	무자	무자	무자	무자	무자	무자	무자	무자
	월주 (생월)		기미	기미	기미	기미	기미	기미	기미	기미	기미	기미	기미	기미	기미
	일주 (생일)		계사	갑오	을미	병신	정유	무술	기해	경자	신축	임인	계묘	갑진	을사
	대운	남	10	10	10	10	9	9	9	8	8	8	7	7	7
		여	10	1	1	1	1	2	2	2	3	3	3	4	4

음 1 월	14	15	16	17	18	19	20	21	22	23	24	25	26	27	28	29	30
	23	24	25	26	27	28	29	**3/1**	2	3	4	5	6	7	8	9	10
	무자	무자	무자	무자	무자	무자	무자	무자	무자	무자	무자	무자	무자	무자	무자	무자	무자
	갑인	갑인	갑인	갑인	갑인	갑인	갑인	갑인	갑인	갑인	갑인	갑인	**을묘**	을묘	을묘	을묘	을묘
	무인	기묘	경진	신사	임오	계미	갑신	을유	병술	정해	무자	기축	경인	신묘	임진	계사	갑오
	4	4	3	3	3	2	2	2	1	1	1	1	10	10	9	9	9
	6	6	7	7	7	8	8	8	9	9	9	10	10	1	1	1	1

음 2 월	14	15	16	17	18	19	20	21	22	23	24	25	26	27	28	29	
	24	25	26	27	28	29	30	31	**4/1**	2	3	4	5	6	7	8	
	무자	무자	무자	무자	무자	무자	무자	무자	무자	무자	무자	무자	무자	무자	무자	무자	
	을묘	을묘	을묘	을묘	을묘	을묘	을묘	을묘	을묘	을묘	을묘	을묘	**병진**	병진	병진	병진	
	무신	기유	경술	신해	임자	계축	갑인	을묘	병진	정사	무오	기미	경신	신유	임술	계해	
	4	4	3	3	3	2	2	2	1	1	1	1	10	10	9	9	
	6	6	7	7	7	8	8	8	9	9	9	10	10	1	1	1	

음 3 월	14	15	16	17	18	19	20	21	22	23	24	25	26	27	28	29	30
	22	23	24	25	26	27	28	29	30	**5/1**	2	3	4	5	6	7	8
	무자	무자	무자	무자	무자	무자	무자	무자	무자	무자	무자	무자	무자	무자	무자	무자	무자
	병진	병진	병진	병진	병진	병진	병진	병진	병진	병진	병진	병진	병진	**정사**	정사	정사	정사
	정축	무인	기묘	경진	신사	임오	계미	갑신	을유	병술	정해	무자	기축	경인	신묘	임진	계사
	4	4	4	3	3	3	2	2	2	1	1	1	1	10	10	10	10
	6	6	6	7	7	7	8	8	8	9	9	9	10	10	1	1	1

음 4 월	14	15	16	17	18	19	20	21	22	23	24	25	26	27	28	29	
	22	23	24	25	26	27	28	29	30	31	**6/1**	2	3	4	5	6	
	무자	무자	무자	무자	무자	무자	무자	무자	무자	무자	무자	무자	무자	무자	무자	무자	
	정사	정사	정사	정사	정사	정사	정사	정사	정사	정사	정사	정사	정사	정사	정사	**무오**	
	정미	무신	기유	경술	신해	임자	계축	갑인	을묘	병진	정사	무오	기미	경신	신유	임술	
	5	5	4	4	4	3	3	3	2	2	2	1	1	1	1	10	
	6	6	6	7	7	7	8	8	8	9	9	9	10	10	10	10	

음 5 월	14	15	16	17	18	19	20	21	22	23	24	25	26	27	28	29	30
	20	21	22	23	24	25	26	27	28	29	30	**7/1**	2	3	4	5	6
	무자	무자	무자	무자	무자	무자	무자	무자	무자	무자	무자	무자	무자	무자	무자	무자	무자
	무오	무오	무오	무오	무오	무오	무오	무오	무오	무오	무오	무오	무오	무오	무오	무오	무오
	병자	정축	무인	기묘	경진	신사	임오	계미	갑신	을유	병술	정해	무자	기축	경인	신묘	임진
	6	5	5	5	4	4	4	3	3	3	2	2	2	1	1	1	1
	5	5	5	6	6	6	7	7	7	8	8	8	9	9	9	10	10

음 6 월	14	15	16	17	18	19	20	21	22	23	24	25	26	27	28	29	
	20	21	22	23	24	25	26	27	28	29	30	31	**8/1**	2	3	4	
	무자	무자	무자	무자	무자	무자	무자	무자	무자	무자	무자	무자	무자	무자	무자	무자	
	기미	기미	기미	기미	기미	기미	기미	기미	기미	기미	기미	기미	기미	기미	기미	기미	
	병오	정미	무신	기유	경술	신해	임자	계축	갑인	을묘	병진	정사	무오	기미	경신	신유	
	6	6	6	5	5	5	4	4	4	3	3	3	2	2	2	1	
	4	5	5	5	6	6	6	7	7	7	8	8	8	9	9	9	

1948(무자)년 【단기 4281년】

월	구분		1	2	3	4	5	6	7	8	9	10	11	12	13
음 7 월	음력		1	2	3	4	5	6	7	8	9	10	11	12	13
	양력		**8/5**	6	7	8	9	10	11	12	13	14	15	16	17
	연주 (생년)		무자	무자	무자	무자	무자	무자	무자	무자	무자	무자	무자	무자	무자
	월주 (생월)		기미	기미	기미	**경신**	경신	경신	경신	경신	경신	경신	경신	경신	경신
	일주 (생일)		임술	계해	갑자	을축	병인	정묘	무진	기사	경오	신미	임신	계유	갑술
	대운	남	1	1	1	10	10	10	9	9	9	8	8	8	7
		여	10	10	10	10	1	1	1	1	2	2	2	3	3
음 8 월	음력		1	2	3	4	5	6	7	8	9	10	11	12	13
	양력		**9/3**	4	5	6	7	8	9	10	11	12	13	14	15
	연주 (생년)		무자	무자	무자	무자	무자	무자	무자	무자	무자	무자	무자	무자	무자
	월주 (생월)		경신	경신	경신	경신	경신	**신유**	신유	신유	신유	신유	신유	신유	신유
	일주 (생일)		신묘	임진	계사	갑오	을미	병신	정유	무술	기해	경자	신축	임인	계묘
	대운	남	2	1	1	1	1	10	10	9	9	9	8	8	8
		여	9	9	9	10	10	10	1	1	1	1	2	2	2
음 9 월	음력		1	2	3	4	5	6	7	8	9	10	11	12	13
	양력		**10/3**	4	5	6	7	8	9	10	11	12	13	14	15
	연주 (생년)		무자	무자	무자	무자	무자	무자	무자	무자	무자	무자	무자	무자	무자
	월주 (생월)		신유	신유	신유	신유	신유	**임술**	임술	임술	임술	임술	임술	임술	임술
	일주 (생일)		신유	임술	계해	갑자	을축	병인	정묘	무진	기사	경오	신미	임신	계유
	대운	남	2	1	1	1	1	10	10	9	9	9	8	8	8
		여	8	9	9	9	10	10	1	1	1	1	2	2	2
음 10 월	음력		1	2	3	4	5	6	7	8	9	10	11	12	13
	양력		**11/1**	2	3	4	5	6	7	8	9	10	11	12	13
	연주 (생년)		무자	무자	무자	무자	무자	무자	무자	무자	무자	무자	무자	무자	무자
	월주 (생월)		임술	임술	임술	임술	임술	임술	**계해**	계해	계해	계해	계해	계해	계해
	일주 (생일)		경인	신묘	임진	계사	갑오	을미	병신	정유	무술	기해	경자	신축	임인
	대운	남	2	2	1	1	1	1	10	10	9	9	9	8	8
		여	8	8	9	9	9	10	10	1	1	1	1	2	2
음 11 월	음력		1	2	3	4	5	6	7	8	9	10	11	12	13
	양력		**12/1**	2	3	4	5	6	7	8	9	10	11	12	13
	연주 (생년)		무자	무자	무자	무자	무자	무자	무자	무자	무자	무자	무자	무자	무자
	월주 (생월)		계해	계해	계해	계해	계해	계해	**갑자**	갑자	갑자	갑자	갑자	갑자	갑자
	일주 (생일)		경신	신유	임술	계해	갑자	을축	병인	정묘	무진	기사	경오	신미	임신
	대운	남	2	2	1	1	1	1	10	10	9	9	9	8	8
		여	8	8	9	9	9	10	10	1	1	1	1	2	2
음 12 월	음력		1	2	3	4	5	6	7	8	9	10	11	12	13
	양력		**12/30**	31	**1/1**	2	3	4	5	6	7	8	9	10	11
	연주 (생년)		무자	무자	무자	무자	무자	무자	무자	무자	무자	무자	무자	무자	무자
	월주 (생월)		갑자	갑자	갑자	갑자	갑자	갑자	갑자	**을축**	을축	을축	을축	을축	을축
	일주 (생일)		기축	경인	신묘	임진	계사	갑오	을미	병신	정유	무술	기해	경자	신축
	대운	남	2	2	2	1	1	1	1	10	9	9	9	8	8
		여	8	8	8	9	9	9	10	10	1	1	1	1	2

음 7 월	14	15	16	17	18	19	20	21	22	23	24	25	26	27	28	29	
	18	19	20	21	22	23	24	25	26	27	28	29	30	31	**9/1**	2	
	무자	무자	무자	무자	무자	무자	무자	무자	무자	무자	무자	무자	무자	무자	무자	무자	
	경신	경신	경신	경신	경신	경신	경신	경신	경신	경신	경신	경신	경신	경신	경신	경신	
	을해	병자	정축	무인	기묘	경진	신사	임오	계미	갑신	을유	병술	정해	무자	기축	경인	
	7	7	6	6	6	5	5	5	4	4	4	3	3	3	2	2	
	3	4	4	4	5	5	5	6	6	6	7	7	7	8	8	8	
음 8 월	14	15	16	17	18	19	20	21	22	23	24	25	26	27	28	29	30
	16	17	18	19	20	21	22	23	24	25	26	27	28	29	30	**10/1**	2
	무자	무자	무자	무자	무자	무자	무자	무자	무자	무자	무자	무자	무자	무자	무자	무자	무자
	신유	신유	신유	신유	신유	신유	신유	신유	신유	신유	신유	신유	신유	신유	신유	신유	신유
	갑진	을사	병오	정미	무신	기유	경술	신해	임자	계축	갑인	을묘	병진	정사	무오	기미	경신
	7	7	7	6	6	6	5	5	5	4	4	4	3	3	3	2	2
	3	3	3	4	4	4	5	5	5	6	6	6	7	7	7	8	8
음 9 월	14	15	16	17	18	19	20	21	22	23	24	25	26	27	28	29	
	16	17	18	19	20	21	22	23	24	25	26	27	28	29	30	31	
	무자	무자	무자	무자	무자	무자	무자	무자	무자	무자	무자	무자	무자	무자	무자	무자	
	임술	임술	임술	임술	임술	임술	임술	임술	임술	임술	임술	임술	임술	임술	임술	임술	
	갑술	을해	병자	정축	무인	기묘	경진	신사	임오	계미	갑신	을유	병술	정해	무자	기축	
	7	7	7	6	6	6	5	5	5	4	4	4	3	3	3	2	
	3	3	3	4	4	4	5	5	5	6	6	6	7	7	7	8	
음 10 월	14	15	16	17	18	19	20	21	22	23	24	25	26	27	28	29	30
	14	15	16	17	18	19	20	21	22	23	24	25	26	27	28	29	30
	무자	무자	무자	무자	무자	무자	무자	무자	무자	무자	무자	무자	무자	무자	무자	무자	무자
	계해	계해	계해	계해	계해	계해	계해	계해	계해	계해	계해	계해	계해	계해	계해	계해	계해
	계묘	갑진	을사	병오	정미	무신	기유	경술	신해	임자	계축	갑인	을묘	병진	정사	무오	기미
	8	7	7	7	6	6	6	5	5	5	4	4	4	3	3	3	2
	2	3	3	3	4	4	4	5	5	5	6	6	6	7	7	7	8
음 11 월	14	15	16	17	18	19	20	21	22	23	24	25	26	27	28	29	
	14	15	16	17	18	19	20	21	22	23	24	25	26	27	28	29	
	무자	무자	무자	무자	무자	무자	무자	무자	무자	무자	무자	무자	무자	무자	무자	무자	
	갑자	갑자	갑자	갑자	갑자	갑자	갑자	갑자	갑자	갑자	갑자	갑자	갑자	갑자	갑자	갑자	
	계유	갑술	을해	병자	정축	무인	기묘	경진	신사	임오	계미	갑신	을유	병술	정해	무자	
	8	7	7	7	6	6	6	5	5	5	4	4	4	3	3	3	
	2	3	3	3	4	4	4	5	5	5	6	6	6	7	7	7	
음 12 월	14	15	16	17	18	19	20	21	22	23	24	25	26	27	28	29	30
	12	13	14	15	16	17	18	19	20	21	22	23	24	25	26	27	28
	무자	무자	무자	무자	무자	무자	무자	무자	무자	무자	무자	무자	무자	무자	무자	무자	무자
	을축	을축	을축	을축	을축	을축	을축	을축	을축	을축	을축	을축	을축	을축	을축	을축	을축
	임인	계묘	갑진	을사	병오	정미	무신	기유	경술	신해	임자	계축	갑인	을묘	병진	정사	무오
	8	7	7	7	6	6	6	5	5	5	4	4	4	3	3	3	2
	2	2	3	3	3	4	4	4	5	5	5	6	6	6	7	7	7

1949(기축)년 【단기 4282년】

월	구분		1	2	3	4	5	6	7	8	9	10	11	12	13
음 1 월	음력		1	2	3	4	5	6	7	8	9	10	11	12	13
	양력		**1/29**	30	31	**2/1**	2	3	4	5	6	7	8	9	10
	연주 (생년)		무자	무자	무자	무자	무자	무자	**기축**	기축	기축	기축	기축	기축	기축
	월주 (생월)		을축	을축	을축	을축	을축	을축	**병인**	병인	병인	병인	병인	병인	병인
	일주 (생일)		기미	경신	신유	임술	계해	갑자	을축	병인	정묘	무진	기사	경오	신미
	대운	남	2	2	1	1	1	1	10	1	1	1	1	2	2
		여	8	8	8	9	9	9	10	10	9	9	9	8	8
음 2 월	음력		1	2	3	4	5	6	7	8	9	10	11	12	13
	양력		**2/28**	**3/1**	2	3	4	5	6	7	8	9	10	11	12
	연주 (생년)		기축	기축	기축	기축	기축	기축	기축	기축	기축	기축	기축	기축	기축
	월주 (생월)		병인	병인	병인	병인	병인	병인	**정묘**	정묘	정묘	정묘	정묘	정묘	정묘
	일주 (생일)		기축	경인	신묘	임진	계사	갑오	을미	병신	정유	무술	기해	경자	신축
	대운	남	8	8	9	9	9	10	10	1	1	1	1	2	2
		여	2	2	1	1	1	1	10	10	9	9	9	8	8
음 3 월	음력		1	2	3	4	5	6	7	8	9	10	11	12	13
	양력		**3/30**	31	**4/1**	2	3	4	5	6	7	8	9	10	11
	연주 (생년)		기축	기축	기축	기축	기축	기축	기축	기축	기축	기축	기축	기축	기축
	월주 (생월)		정묘	정묘	정묘	정묘	정묘	정묘	**무진**	무진	무진	무진	무진	무진	무진
	일주 (생일)		기미	경신	신유	임술	계해	갑자	을축	병인	정묘	무진	기사	경오	신미
	대운	남	8	8	9	9	9	10	10	1	1	1	1	2	2
		여	2	2	1	1	1	1	10	10	10	9	9	9	8
음 4 월	음력		1	2	3	4	5	6	7	8	9	10	11	12	13
	양력		**4/28**	29	30	**5/1**	2	3	4	5	6	7	8	9	10
	연주 (생년)		기축	기축	기축	기축	기축	기축	기축	기축	기축	기축	기축	기축	기축
	월주 (생월)		무진	무진	무진	무진	무진	무진	무진	무진	**기사**	기사	기사	기사	기사
	일주 (생일)		무자	기축	경인	신묘	임진	계사	갑오	을미	병신	정유	무술	기해	경자
	대운	남	8	8	8	9	9	9	10	10	10	1	1	1	1
		여	3	2	2	2	1	1	1	1	10	10	10	9	9
음 5 월	음력		1	2	3	4	5	6	7	8	9	10	11	12	13
	양력		**5/28**	29	30	31	**6/1**	2	3	4	5	6	7	8	9
	연주 (생년)		기축	기축	기축	기축	기축	기축	기축	기축	기축	기축	기축	기축	기축
	월주 (생월)		기사	기사	기사	기사	기사	기사	기사	기사	기사	**경오**	경오	경오	경오
	일주 (생일)		무오	기미	경신	신유	임술	계해	갑자	을축	병인	정묘	무진	기사	경오
	대운	남	7	8	8	8	9	9	9	10	10	10	1	1	1
		여	3	3	2	2	2	1	1	1	1	10	10	10	9
음 6 월	음력		1	2	3	4	5	6	7	8	9	10	11	12	13
	양력		**6/26**	27	28	29	30	**7/1**	2	3	4	5	6	7	8
	연주 (생년)		기축	기축	기축	기축	기축	기축	기축	기축	기축	기축	기축	기축	기축
	월주 (생월)		경오	경오	경오	경오	경오	경오	경오	경오	경오	경오	경오	**신미**	신미
	일주 (생일)		정해	무자	기축	경인	신묘	임진	계사	갑오	을미	병신	정유	무술	기해
	대운	남	7	7	7	8	8	8	9	9	9	10	10	10	1
		여	4	3	3	3	2	2	2	1	1	1	1	10	10

	14	15	16	17	18	19	20	21	22	23	24	25	26	27	28	29	30
음	11	12	13	14	15	16	17	18	19	20	21	22	23	24	25	26	27
	기축	기축	기축	기축	기축	기축	기축	기축	기축	기축	기축	기축	기축	기축	기축	기축	기축
1	병인	병인	병인	병인	병인	병인	병인	병인	병인	병인	병인	병인	병인	병인	병인	병인	병인
	임신	계유	갑술	을해	병자	정축	무인	기묘	경진	신사	임오	계미	갑신	을유	병술	정해	무자
월	2	3	3	3	4	4	4	5	5	5	6	6	6	7	7	7	8
	8	7	7	7	6	6	6	5	5	5	4	4	4	3	3	3	2
	14	15	16	17	18	19	20	21	22	23	24	25	26	27	28	29	30
음	13	14	15	16	17	18	19	20	21	22	23	24	25	26	27	28	29
	기축	기축	기축	기축	기축	기축	기축	기축	기축	기축	기축	기축	기축	기축	기축	기축	기축
2	정묘	정묘	정묘	정묘	정묘	정묘	정묘	정묘	정묘	정묘	정묘	정묘	정묘	정묘	정묘	정묘	정묘
	임인	계묘	갑진	을사	병오	정미	무신	기유	경술	신해	임자	계축	갑인	을묘	병진	정사	무오
월	2	3	3	3	4	4	4	5	5	5	6	6	6	7	7	7	8
	8	7	7	7	6	6	6	5	5	5	4	4	4	3	3	3	2
	14	15	16	17	18	19	20	21	22	23	24	25	26	27	28	29	
음	12	13	14	15	16	17	18	19	20	21	22	23	24	25	26	27	
	기축	기축	기축	기축	기축	기축	기축	기축	기축	기축	기축	기축	기축	기축	기축	기축	
3	무진	무진	무진	무진	무진	무진	무진	무진	무진	무진	무진	무진	무진	무진	무진	무진	
	임신	계유	갑술	을해	병자	정축	무인	기묘	경진	신사	임오	계미	갑신	을유	병술	정해	
월	2	3	3	3	4	4	4	5	5	5	6	6	6	7	7	7	
	8	8	7	7	7	6	6	6	5	5	5	4	4	4	3	3	
	14	15	16	17	18	19	20	21	22	23	24	25	26	27	28	29	30
음	11	12	13	14	15	16	17	18	19	20	21	22	23	24	25	26	27
	기축	기축	기축	기축	기축	기축	기축	기축	기축	기축	기축	기축	기축	기축	기축	기축	기축
4	기사	기사	기사	기사	기사	기사	기사	기사	기사	기사	기사	기사	기사	기사	기사	기사	기사
	신축	임인	계묘	갑진	을사	병오	정미	무신	기유	경술	신해	임자	계축	갑인	을묘	병진	정사
월	2	2	2	3	3	3	4	4	4	5	5	5	6	6	6	7	7
	9	8	8	8	7	7	7	6	6	6	5	5	5	4	4	4	3
	14	15	16	17	18	19	20	21	22	23	24	25	26	27	28	29	
음	10	11	12	13	14	15	16	17	18	19	20	21	22	23	24	25	
	기축	기축	기축	기축	기축	기축	기축	기축	기축	기축	기축	기축	기축	기축	기축	기축	
5	경오	경오	경오	경오	경오	경오	경오	경오	경오	경오	경오	경오	경오	경오	경오	경오	
	신미	임신	계유	갑술	을해	병자	정축	무인	기묘	경진	신사	임오	계미	갑신	을유	병술	
월	1	2	2	2	3	3	3	4	4	4	5	5	5	6	6	6	
	9	9	8	8	8	7	7	7	6	6	6	5	5	5	4	4	
	14	15	16	17	18	19	20	21	22	23	24	25	26	27	28	29	30
음	9	10	11	12	13	14	15	16	17	18	19	20	21	22	23	24	25
	기축	기축	기축	기축	기축	기축	기축	기축	기축	기축	기축	기축	기축	기축	기축	기축	기축
6	신미	신미	신미	신미	신미	신미	신미	신미	신미	신미	신미	신미	신미	신미	신미	신미	신미
	경자	신축	임인	계묘	갑진	을사	병오	정미	무신	기유	경술	신해	임자	계축	갑인	을묘	병진
월	1	1	1	2	2	2	3	3	3	4	4	4	5	5	5	6	6
	10	10	9	9	9	8	8	8	7	7	7	6	6	6	5	5	5

1949(기축)년 【단기 4282년】

월	구분													
음 7 월	음력	1	2	3	4	5	6	7	8	9	10	11	12	13
	양력	**7/26**	27	28	29	30	31	**8/1**	2	3	4	5	6	7
	연주 (생년)	기축	기축	기축	기축	기축	기축	기축	기축	기축	기축	기축	기축	기축
	월주 (생월)	신미	신미	신미	신미	신미	신미	신미	신미	신미	신미	신미	신미	신미
	일주 (생일)	정사	무오	기미	경신	신유	임술	계해	갑자	을축	병인	정묘	무진	기사
	대운 남	6	7	7	7	8	8	8	9	9	9	10	10	10
	대운 여	4	4	4	3	3	3	2	2	2	1	1	1	1
윤 7 월	음력	1	2	3	4	5	6	7	8	9	10	11	12	13
	양력	**8/24**	25	26	27	28	29	30	31	**9/1**	2	3	4	5
	연주 (생년)	기축	기축	기축	기축	기축	기축	기축	기축	기축	기축	기축	기축	기축
	월주 (생월)	임신	임신	임신	임신	임신	임신	임신	임신	임신	임신	임신	임신	임신
	일주 (생일)	병술	정해	무자	기축	경인	신묘	임진	계사	갑오	을미	병신	정유	무술
	대운 남	5	6	6	6	7	7	7	8	8	8	9	9	9
	대운 여	5	5	4	4	4	3	3	3	2	2	2	1	1
음 8 월	음력	1	2	3	4	5	6	7	8	9	10	11	12	13
	양력	**9/22**	23	24	25	26	27	28	29	30	**10/1**	2	3	4
	연주 (생년)	기축	기축	기축	기축	기축	기축	기축	기축	기축	기축	기축	기축	기축
	월주 (생월)	계유	계유	계유	계유	계유	계유	계유	계유	계유	계유	계유	계유	계유
	일주 (생일)	을묘	병진	정사	무오	기미	경신	신유	임술	계해	갑자	을축	병인	정묘
	대운 남	5	5	5	6	6	6	7	7	7	8	8	8	9
	대운 여	6	5	5	5	4	4	4	3	3	3	2	2	2
음 9 월	음력	1	2	3	4	5	6	7	8	9	10	11	12	13
	양력	**10/22**	23	24	25	26	27	28	29	30	31	**11/1**	2	3
	연주 (생년)	기축	기축	기축	기축	기축	기축	기축	기축	기축	기축	기축	기축	기축
	월주 (생월)	갑술	갑술	갑술	갑술	갑술	갑술	갑술	갑술	갑술	갑술	갑술	갑술	갑술
	일주 (생일)	을유	병술	정해	무자	기축	경인	신묘	임진	계사	갑오	을미	병신	정유
	대운 남	4	5	5	5	6	6	6	7	7	7	8	8	8
	대운 여	6	5	5	5	4	4	4	3	3	3	2	2	2
음 10 월	음력	1	2	3	4	5	6	7	8	9	10	11	12	13
	양력	**11/20**	21	22	23	24	25	26	27	28	29	30	**12/1**	2
	연주 (생년)	기축	기축	기축	기축	기축	기축	기축	기축	기축	기축	기축	기축	기축
	월주 (생월)	기해	기해	기해	기해	기해	기해	기해	기해	기해	기해	기해	기해	기해
	일주 (생일)	갑인	을묘	병진	정사	무오	기미	경신	신유	임술	계해	갑자	을축	병인
	대운 남	4	4	5	5	5	6	6	6	7	7	7	8	8
	대운 여	6	5	5	5	4	4	4	3	3	3	2	2	2
음 11 월	음력	1	2	3	4	5	6	7	8	9	10	11	12	13
	양력	**12/20**	21	22	23	24	25	26	27	28	29	30	31	**1/1**
	연주 (생년)	기축	기축	기축	기축	기축	기축	기축	기축	기축	기축	기축	기축	기축
	월주 (생월)	병자	병자	병자	병자	병자	병자	병자	병자	병자	병자	병자	병자	병자
	일주 (생일)	갑신	을유	병술	정해	무자	기축	경인	신묘	임진	계사	갑오	을미	병신
	대운 남	4	5	5	5	6	6	6	7	7	7	8	8	8
	대운 여	6	5	5	5	4	4	4	3	3	3	2	2	2
음 12 월	음력	1	2	3	4	5	6	7	8	9	10	11	12	13
	양력	**1/18**	19	20	21	22	23	24	25	26	27	28	29	30
	연주 (생년)	기축	기축	기축	기축	기축	기축	기축	기축	기축	기축	기축	기축	기축
	월주 (생월)	정축	정축	정축	정축	정축	정축	정축	정축	정축	정축	정축	정축	정축
	일주 (생일)	계축	갑인	을묘	병진	정사	무오	기미	경신	신유	임술	계해	갑자	을축
	대운 남	4	4	5	5	5	6	6	6	7	7	7	8	8
	대운 여	6	5	5	5	4	4	4	3	3	3	2	2	2

월																	
음 7월	14	15	16	17	18	19	20	21	22	23	24	25	26	27	28	29	
	8	9	10	11	12	13	14	15	16	17	18	19	20	21	22	23	
	기축	기축	기축	기축	기축	기축	기축	기축	기축	기축	기축	기축	기축	기축	기축	기축	
	임신	임신	임신	임신	임신	임신	임신	임신	임신	임신	임신	임신	임신	임신	임신	임신	
	경오	신미	임신	계유	갑술	을해	병자	정축	무인	기묘	경진	신사	임오	계미	갑신	을유	
	10	1	1	1	1	2	2	2	3	3	3	4	4	4	5	5	
	10	10	10	9	9	9	8	8	8	7	7	7	6	6	6	5	
윤 7월	14	15	16	17	18	19	20	21	22	23	24	25	26	27	28	29	
	6	7	8	9	10	11	12	13	14	15	16	17	18	19	20	21	
	기축	기축	기축	기축	기축	기축	기축	기축	기축	기축	기축	기축	기축	기축	기축	기축	
	임신	임신	**계유**	계유	계유	계유	계유	계유	계유	계유	계유	계유	계유	계유	계유	계유	
	기해	경자	신축	임인	계묘	갑진	을사	병오	정미	무신	기유	경술	신해	임자	계축	갑인	
	10	10	10	1	1	1	1	2	2	2	3	3	3	4	4	4	
	1	1	10	10	10	9	9	9	8	8	8	7	7	7	6	6	
음 8월	14	15	16	17	18	19	20	21	22	23	24	25	26	27	28	29	30
	5	6	7	8	9	10	11	12	13	14	15	16	17	18	19	20	21
	기축	기축	기축	기축	기축	기축	기축	기축	기축	기축	기축	기축	기축	기축	기축	기축	기축
	계유	계유	계유	계유	**갑술**	갑술	갑술	갑술	갑술	갑술	갑술	갑술	갑술	갑술	갑술	갑술	갑술
	무진	기사	경오	신미	임신	계유	갑술	을해	병자	정축	무인	기묘	경진	신사	임오	계미	갑신
	9	9	10	10	10	1	1	1	1	2	2	2	3	3	3	4	4
	1	1	1	1	10	10	9	9	9	8	8	8	7	7	7	6	6
음 9월	14	15	16	17	18	19	20	21	22	23	24	25	26	27	28	29	
	4	5	6	7	8	9	10	11	12	13	14	15	16	17	18	19	
	기축	기축	기축	기축	기축	기축	기축	기축	기축	기축	기축	기축	기축	기축	기축	기축	
	갑술	갑술	갑술	갑술	**을해**	을해	을해	을해	을해	을해	을해	을해	을해	을해	을해	을해	
	무술	기해	경자	신축	임인	계묘	갑진	을사	병오	정미	무신	기유	경술	신해	임자	계축	
	9	9	9	10	10	1	1	1	1	2	2	2	3	3	3	4	
	1	1	1	1	10	9	9	9	8	8	8	7	7	7	6	6	
음 10월	14	15	16	17	18	19	20	21	22	23	24	25	26	27	28	29	30
	3	4	5	6	7	8	9	10	11	12	13	14	15	16	17	18	19
	기축	기축	기축	기축	기축	기축	기축	기축	기축	기축	기축	기축	기축	기축	기축	기축	기축
	을해	을해	을해	을해	**병자**	병자	병자	병자	병자	병자	병자	병자	병자	병자	병자	병자	병자
	정묘	무진	기사	경오	신미	임신	계유	갑술	을해	병자	정축	무인	기묘	경진	신사	임오	계미
	8	9	9	9	10	1	1	1	1	2	2	2	3	3	3	4	4
	1	1	1	1	10	10	9	9	9	8	8	8	7	7	7	6	6
음 11월	14	15	16	17	18	19	20	21	22	23	24	25	26	27	28	29	
	2	3	4	5	6	7	8	9	10	11	12	13	14	15	16	17	
	기축	기축	기축	기축	기축	기축	기축	기축	기축	기축	기축	기축	기축	기축	기축	기축	
	병자	병자	병자	병자	**정축**	정축	정축	정축	정축	정축	정축	정축	정축	정축	정축	정축	
	정유	무술	기해	경자	신축	임인	계묘	갑진	을사	병오	정미	무신	기유	경술	신해	임자	
	9	9	9	10	10	1	1	1	1	2	2	2	3	3	3	4	
	1	1	1	1	10	9	9	9	8	8	8	7	7	7	6	6	
음 12월	14	15	16	17	18	19	20	21	22	23	24	25	26	27	28	29	30
	31	**2/1**	2	3	4	5	6	7	8	9	10	11	12	13	14	15	16
	기축	기축	기축	기축	**경인**	경인	경인	경인	경인	경인	경인	경인	경인	경인	경인	경인	경인
	정축	정축	정축	정축	**무인**	무인	무인	무인	무인	무인	무인	무인	무인	무인	무인	무인	무인
	병인	정묘	무진	기사	경오	신미	임신	계유	갑술	을해	병자	정축	무인	기묘	경진	신사	임오
	8	9	9	9	10	10	9	9	9	8	8	8	7	7	7	6	6
	1	1	1	1	10	1	1	1	1	2	2	2	3	3	3	4	4

1950(경인)년 【단기 4283년】

월	구분														
음 1 월	음력		1	2	3	4	5	6	7	8	9	10	11	12	13
	양력		2/17	18	19	20	21	22	23	24	25	26	27	28	3/1
	연주 (생년)		경인	경인	경인	경인	경인	경인	경인	경인	경인	경인	경인	경인	경인
	월주 (생월)		무인	무인	무인	무인	무인	무인	무인	무인	무인	무인	무인	무인	무인
	일주 (생일)		계미	갑신	을유	병술	정해	무자	기축	경인	신묘	임진	계사	갑오	을미
	대운	남	6	5	5	5	4	4	4	3	3	3	2	2	2
		여	4	5	5	5	6	6	6	7	7	7	8	8	8
음 2 월	음력		1	2	3	4	5	6	7	8	9	10	11	12	13
	양력		3/19	20	21	22	23	24	25	26	27	28	29	30	31
	연주 (생년)		경인	경인	경인	경인	경인	경인	경인	경인	경인	경인	경인	경인	경인
	월주 (생월)		기묘	기묘	기묘	기묘	기묘	기묘	기묘	기묘	기묘	기묘	기묘	기묘	기묘
	일주 (생일)		계축	갑인	을묘	병진	정사	무오	기미	경신	신유	임술	계해	갑자	을축
	대운	남	6	5	5	5	4	4	4	3	3	3	2	2	2
		여	4	5	5	5	6	6	6	7	7	7	8	8	8
음 3 월	음력		1	2	3	4	5	6	7	8	9	10	11	12	13
	양력		4/17	18	19	20	21	22	23	24	25	26	27	28	29
	연주 (생년)		경인	경인	경인	경인	경인	경인	경인	경인	경인	경인	경인	경인	경인
	월주 (생월)		경진	경진	경진	경진	경진	경진	경진	경진	경진	경진	경진	경진	경진
	일주 (생일)		임오	계미	갑신	을유	병술	정해	무자	기축	경인	신묘	임진	계사	갑오
	대운	남	6	6	6	5	5	5	4	4	4	3	3	3	2
		여	4	4	5	5	5	6	6	6	7	7	7	8	8
음 4 월	음력		1	2	3	4	5	6	7	8	9	10	11	12	13
	양력		5/17	18	19	20	21	22	23	24	25	26	27	28	29
	연주 (생년)		경인	경인	경인	경인	경인	경인	경인	경인	경인	경인	경인	경인	경인
	월주 (생월)		신사	신사	신사	신사	신사	신사	신사	신사	신사	신사	신사	신사	신사
	일주 (생일)		임자	계축	갑인	을묘	병진	정사	무오	기미	경신	신유	임술	계해	갑자
	대운	남	7	6	6	6	5	5	5	4	4	4	3	3	3
		여	4	4	4	5	5	5	6	6	6	7	7	7	8
음 5 월	음력		1	2	3	4	5	6	7	8	9	10	11	12	13
	양력		6/16	17	18	19	20	21	22	23	24	25	26	27	28
	연주 (생년)		경인	경인	경인	경인	경인	경인	경인	경인	경인	경인	경인	경인	경인
	월주 (생월)		임오	임오	임오	임오	임오	임오	임오	임오	임오	임오	임오	임오	임오
	일주 (생일)		임오	계미	갑신	을유	병술	정해	무자	기축	경인	신묘	임진	계사	갑오
	대운	남	7	7	7	6	6	6	5	5	5	4	4	4	3
		여	3	4	4	4	5	5	5	6	6	6	7	7	7
음 6 월	음력		1	2	3	4	5	6	7	8	9	10	11	12	13
	양력		7/15	16	17	18	19	20	21	22	23	24	25	26	27
	연주 (생년)		경인	경인	경인	경인	경인	경인	경인	경인	경인	경인	경인	경인	경인
	월주 (생월)		계미	계미	계미	계미	계미	계미	계미	계미	계미	계미	계미	계미	계미
	일주 (생일)		신해	임자	계축	갑인	을묘	병진	정사	무오	기미	경신	신유	임술	계해
	대운	남	8	8	7	7	7	6	6	6	5	5	5	4	4
		여	2	3	3	3	4	4	4	5	5	5	6	6	6

음 1 월	14	15	16	17	18	19	20	21	22	23	24	25	26	27	28	29	30
	2	3	4	5	6	7	8	9	10	11	12	13	14	15	16	17	18
	경인	경인	경인	경인	경인	경인	경인	경인	경인	경인	경인	경인	경인	경인	경인	경인	경인
	무인	무인	무인	무인	**기묘**	기묘	기묘	기묘	기묘	기묘	기묘	기묘	기묘	기묘	기묘	기묘	기묘
	병신	정유	무술	기해	경자	신축	임인	계묘	갑진	을사	병오	정미	무신	기유	경술	신해	임자
	1	1	1	1	10	10	9	9	9	8	8	8	7	7	7	6	6
	9	9	9	10	10	1	1	1	1	2	2	2	3	3	3	4	4

음 2 월	14	15	16	17	18	19	20	21	22	23	24	25	26	27	28	29	
	4/1	2	3	4	5	6	7	8	9	10	11	12	13	14	15	16	
	경인	경인	경인	경인	경인	경인	경인	경인	경인	경인	경인	경인	경인	경인	경인	경인	
	기묘	기묘	기묘	기묘	**경진**	경진	경진	경진	경진	경진	경진	경진	경진	경진	경진	경진	
	병인	정묘	무진	기사	경오	신미	임신	계유	갑술	을해	병자	정축	무인	기묘	경진	신사	
	1	1	1	1	10	10	10	9	9	9	8	8	8	7	7	7	
	9	9	9	10	10	1	1	1	1	2	2	2	3	3	3	4	

음 3 월	14	15	16	17	18	19	20	21	22	23	24	25	26	27	28	29	30
	30	**5/1**	2	3	4	5	6	7	8	9	10	11	12	13	14	15	16
	경인	경인	경인	경인	경인	경인	경인	경인	경인	경인	경인	경인	경인	경인	경인	경인	경인
	경진	경진	경진	경진	경진	경진	**신사**	신사	신사	신사	신사	신사	신사	신사	신사	신사	신사
	을미	병신	정유	무술	기해	경자	신축	임인	계묘	갑진	을사	병오	정미	무신	기유	경술	신해
	2	2	1	1	1	1	10	10	10	9	9	9	8	8	8	7	7
	8	9	9	9	10	10	10	1	1	1	1	2	2	2	3	3	3

음 4 월	14	15	16	17	18	19	20	21	22	23	24	25	26	27	28	29	30
	30	31	**6/1**	2	3	4	5	6	7	8	9	10	11	12	13	14	15
	경인	경인	경인	경인	경인	경인	경인	경인	경인	경인	경인	경인	경인	경인	경인	경인	경인
	신사	신사	신사	신사	신사	신사	신사	**임오**	임오	임오	임오	임오	임오	임오	임오	임오	임오
	을축	병인	정묘	무진	기사	경오	신미	임신	계유	갑술	을해	병자	정축	무인	기묘	경진	신사
	2	2	2	1	1	1	1	10	10	10	10	9	9	9	8	8	8
	8	8	9	9	9	10	10	10	1	1	1	1	2	2	2	3	3

음 5 월	14	15	16	17	18	19	20	21	22	23	24	25	26	27	28	29	
	29	30	**7/1**	2	3	4	5	6	7	8	9	10	11	12	13	14	
	경인	경인	경인	경인	경인	경인	경인	경인	경인	경인	경인	경인	경인	경인	경인	경인	
	임오	임오	임오	임오	임오	임오	임오	임오	임오	**계미**	계미	계미	계미	계미	계미	계미	
	을미	병신	정유	무술	기해	경자	신축	임인	계묘	갑진	을사	병오	정미	무신	기유	경술	
	3	3	2	2	2	1	1	1	1	10	10	10	9	9	9	8	
	8	8	8	9	9	9	10	10	10	10	1	1	1	1	2	2	

음 6 월	14	15	16	17	18	19	20	21	22	23	24	25	26	27	28	29	30
	28	29	30	31	**8/1**	2	3	4	5	6	7	8	9	10	11	12	13
	경인	경인	경인	경인	경인	경인	경인	경인	경인	경인	경인	경인	경인	경인	경인	경인	경인
	계미	계미	계미	계미	계미	계미	계미	계미	계미	계미	계미	**갑신**	갑신	갑신	갑신	갑신	갑신
	갑자	을축	병인	정묘	무진	기사	경오	신미	임신	계유	갑술	을해	병자	정축	무인	기묘	경진
	4	3	3	3	2	2	2	1	1	1	1	10	10	10	9	9	9
	7	7	7	8	8	8	9	9	9	10	10	10	1	1	1	1	2

1950(경인)년【단기 4283년】

월	구분														
음 7 월	음력		1	2	3	4	5	6	7	8	9	10	11	12	13
	양력		8/14	15	16	17	18	19	20	21	22	23	24	25	26
	연주 (생년)		경인	경인	경인	경인	경인	경인	경인	경인	경인	경인	경인	경인	경인
	월주 (생월)		갑신	갑신	갑신	갑신	갑신	갑신	갑신	갑신	갑신	갑신	갑신	갑신	갑신
	일주 (생일)		신사	임오	계미	갑신	을유	병술	정해	무자	기축	경인	신묘	임진	계사
	대운	남	8	8	8	7	7	7	6	6	6	5	5	5	4
		여	2	2	3	3	3	4	4	4	5	5	5	6	6
음 8 월	음력		1	2	3	4	5	6	7	8	9	10	11	12	13
	양력		9/12	13	14	15	16	17	18	19	20	21	22	23	24
	연주 (생년)		경인	경인	경인	경인	경인	경인	경인	경인	경인	경인	경인	경인	경인
	월주 (생월)		을유	을유	을유	을유	을유	을유	을유	을유	을유	을유	을유	을유	을유
	일주 (생일)		경술	신해	임자	계축	갑인	을묘	병진	정사	무오	기미	경신	신유	임술
	대운	남	9	9	8	8	8	7	7	7	6	6	6	5	5
		여	1	2	2	2	3	3	3	4	4	4	5	5	5
음 9 월	음력		1	2	3	4	5	6	7	8	9	10	11	12	13
	양력		10/11	12	13	14	15	16	17	18	19	20	21	22	23
	연주 (생년)		경인	경인	경인	경인	경인	경인	경인	경인	경인	경인	경인	경인	경인
	월주 (생월)		병술	병술	병술	병술	병술	병술	병술	병술	병술	병술	병술	병술	병술
	일주 (생일)		기묘	경진	신사	임오	계미	갑신	을유	병술	정해	무자	기축	경인	신묘
	대운	남	9	9	9	8	8	8	7	7	7	6	6	6	5
		여	1	1	1	2	2	2	3	3	3	4	4	4	5
음 10 월	음력		1	2	3	4	5	6	7	8	9	10	11	12	13
	양력		11/10	11	12	13	14	15	16	17	18	19	20	21	22
	연주 (생년)		경인	경인	경인	경인	경인	경인	경인	경인	경인	경인	경인	경인	경인
	월주 (생월)		정해	정해	정해	정해	정해	정해	정해	정해	정해	정해	정해	정해	정해
	일주 (생일)		기유	경술	신해	임자	계축	갑인	을묘	병진	정사	무오	기미	경신	신유
	대운	남	9	9	9	8	8	8	7	7	7	6	6	6	5
		여	1	1	1	2	2	2	3	3	3	4	4	4	5
음 11 월	음력		1	2	3	4	5	6	7	8	9	10	11	12	13
	양력		12/9	10	11	12	13	14	15	16	17	18	19	20	21
	연주 (생년)		경인	경인	경인	경인	경인	경인	경인	경인	경인	경인	경인	경인	경인
	월주 (생월)		무자	무자	무자	무자	무자	무자	무자	무자	무자	무자	무자	무자	무자
	일주 (생일)		무인	기묘	경진	신사	임오	계미	갑신	을유	병술	정해	무자	기축	경인
	대운	남	9	9	9	8	8	8	7	7	7	6	6	6	5
		여	1	1	1	1	2	2	2	3	3	3	4	4	4
음 12 월	음력		1	2	3	4	5	6	7	8	9	10	11	12	13
	양력		1/8	9	10	11	12	13	14	15	16	17	18	19	20
	연주 (생년)		경인	경인	경인	경인	경인	경인	경인	경인	경인	경인	경인	경인	경인
	월주 (생월)		기축	기축	기축	기축	기축	기축	기축	기축	기축	기축	기축	기축	기축
	일주 (생일)		무신	기유	경술	신해	임자	계축	갑인	을묘	병진	정사	무오	기미	경신
	대운	남	9	9	9	8	8	8	7	7	7	6	6	6	5
		여	1	1	1	2	2	2	3	3	3	4	4	4	5

음 7월	14	15	16	17	18	19	20	21	22	23	24	25	26	27	28	29	
	27	28	29	30	31	**9/1**	2	3	4	5	6	7	8	9	10	11	
	경인	경인	경인	경인	경인	경인	경인	경인	경인	경인	경인	경인	경인	경인	경인	경인	
	갑신	갑신	갑신	갑신	갑신	갑신	갑신	갑신	갑신	갑신	갑신	갑신	**을유**	을유	을유	을유	
	갑오	을미	병신	정유	무술	기해	경자	신축	임인	계묘	갑진	을사	병오	정미	무신	기유	
	4	4	3	3	3	2	2	2	1	1	1	1	10	10	10	9	
	6	7	7	7	8	8	8	9	9	9	10	10	10	1	1	1	
음 8월	14	15	16	17	18	19	20	21	22	23	24	25	26	27	28	29	
	25	26	27	28	29	30	**10/1**	2	3	4	5	6	7	8	9	10	
	경인	경인	경인	경인	경인	경인	경인	경인	경인	경인	경인	경인	경인	경인	경인	경인	
	을유	을유	을유	을유	을유	을유	을유	을유	을유	을유	을유	을유	을유	을유	**병술**	병술	
	계해	갑자	을축	병인	정묘	무진	기사	경오	신미	임신	계유	갑술	을해	병자	정축	무인	
	5	4	4	4	3	3	3	2	2	2	1	1	1	1	10	10	
	6	6	6	7	7	7	8	8	8	9	9	9	10	10	10	1	
음 9월	14	15	16	17	18	19	20	21	22	23	24	25	26	27	28	29	30
	24	25	26	27	28	29	3	31	**11/1**	2	3	4	5	6	7	8	9
	경인	경인	경인	경인	경인	경인	경인	경인	경인	경인	경인	경인	경인	경인	경인	경인	경인
	병술	병술	병술	병술	병술	병술	병술	병술	병술	병술	병술	병술	병술	병술	병술	**정해**	정해
	임진	계사	갑오	을미	병신	정유	무술	기해	경자	신축	임인	계묘	갑진	을사	병오	정미	무신
	5	5	4	4	4	3	3	3	2	2	2	1	1	1	1	10	10
	5	5	6	6	6	7	7	7	8	8	8	9	9	9	10	10	1
음 10월	14	15	16	17	18	19	20	21	22	23	24	25	26	27	28	29	
	23	24	25	26	27	28	29	30	**12/1**	2	3	4	5	6	7	8	
	경인	경인	경인	경인	경인	경인	경인	경인	경인	경인	경인	경인	경인	경인	경인	경인	
	정해	정해	정해	정해	정해	정해	정해	정해	정해	정해	정해	정해	정해	정해	정해	**무자**	
	임술	계해	갑자	을축	병인	정묘	무진	기사	경오	신미	임신	계유	갑술	을해	병자	정축	
	5	5	4	4	4	3	3	3	2	2	2	1	1	1	1	10	
	5	5	6	6	6	7	7	7	8	8	8	9	9	9	10	10	
음 11월	14	15	16	17	18	19	20	21	22	23	24	25	26	27	28	29	30
	22	23	24	25	26	27	28	29	30	31	**1/1**	2	3	4	5	6	7
	경인	경인	경인	경인	경인	경인	경인	경인	경인	경인	경인	경인	경인	경인	경인	경인	경인
	무자	무자	무자	무자	무자	무자	무자	무자	무자	무자	무자	무자	무자	무자	무자	**기축**	기축
	신묘	임진	계사	갑오	을미	병신	정유	무술	기해	경자	신축	임인	계묘	갑진	을사	병오	정미
	5	5	4	4	4	3	3	3	2	2	2	1	1	1	1	10	10
	5	5	6	6	6	7	7	7	8	8	8	9	9	9	10	10	1
음 12월	14	15	16	17	18	19	20	21	22	23	24	25	26	27	28	29	
	21	22	23	24	25	26	27	28	29	30	31	2/1	2	3	4	5	
	경인	경인	경인	경인	경인	경인	경인	경인	경인	경인	경인	경인	경인	경인	경인	**신묘**	
	기축	기축	기축	기축	기축	기축	기축	기축	기축	기축	기축	기축	기축	기축	기축	**경인**	
	신유	임술	계해	갑자	을축	병인	정묘	무진	기사	경오	신미	임신	계유	갑술	을해	병자	
	5	5	4	4	4	3	3	3	2	2	2	1	1	1	1	10	
	5	5	6	6	6	7	7	7	8	8	8	9	9	9	10	10	

1951(신묘)년 【단기 4284년】

월	구분		1	2	3	4	5	6	7	8	9	10	11	12	13
음 1 월	음력		1	2	3	4	5	6	7	8	9	10	11	12	13
	양력		**2/6**	7	8	9	10	11	12	13	14	15	16	17	18
	연주 (생년)		신묘	신묘	신묘	신묘	신묘	신묘	신묘	신묘	신묘	신묘	신묘	신묘	신묘
	월주 (생월)		경인	경인	경인	경인	경인	경인	경인	경인	경인	경인	경인	경인	경인
	일주 (생일)		정축	무인	기묘	경진	신사	임오	계미	갑신	을유	병술	정해	무자	기축
	대운	남	1	1	1	1	2	2	2	3	3	3	4	4	4
		여	9	9	9	8	8	8	7	7	7	6	6	6	5
음 2 월	음력		1	2	3	4	5	6	7	8	9	10	11	12	13
	양력		**3/8**	9	10	11	12	13	14	15	16	17	18	19	20
	연주 (생년)		신묘	신묘	신묘	신묘	신묘	신묘	신묘	신묘	신묘	신묘	신묘	신묘	신묘
	월주 (생월)		신묘	신묘	신묘	신묘	신묘	신묘	신묘	신묘	신묘	신묘	신묘	신묘	신묘
	일주 (생일)		정미	무신	기유	경술	신해	임자	계축	갑인	을묘	병진	정사	무오	기미
	대운	남	1	1	1	2	2	2	3	3	3	4	4	4	5
		여	9	9	9	8	8	8	7	7	7	6	6	6	5
음 3 월	음력		1	2	3	4	5	6	7	8	9	10	11	12	13
	양력		**4/6**	7	8	9	10	11	12	13	14	15	16	17	18
	연주 (생년)		신묘	신묘	신묘	신묘	신묘	신묘	신묘	신묘	신묘	신묘	신묘	신묘	신묘
	월주 (생월)		임진	임진	임진	임진	임진	임진	임진	임진	임진	임진	임진	임진	임진
	일주 (생일)		병자	정축	무인	기묘	경진	신사	임오	계미	갑신	을유	병술	정해	무자
	대운	남	1	1	1	1	2	2	2	3	3	3	4	4	4
		여	10	10	9	9	9	8	8	8	7	7	7	6	6
음 4 월	음력		1	2	3	4	5	6	7	8	9	10	11	12	13
	양력		**5/6**	7	8	9	10	11	12	13	14	15	16	17	18
	연주 (생년)		신묘	신묘	신묘	신묘	신묘	신묘	신묘	신묘	신묘	신묘	신묘	신묘	신묘
	월주 (생월)		**계사**	계사	계사	계사	계사	계사	계사	계사	계사	계사	계사	계사	계사
	일주 (생일)		병오	정미	무신	기유	경술	신해	임자	계축	갑인	을묘	병진	정사	무오
	대운	남	10	1	1	1	1	2	2	2	3	3	3	4	4
		여	10	10	10	9	9	9	8	8	8	7	7	7	6
음 5 월	음력		1	2	3	4	5	6	7	8	9	10	11	12	13
	양력		**6/5**	6	7	8	9	10	11	12	13	14	15	16	17
	연주 (생년)		신묘	신묘	신묘	신묘	신묘	신묘	신묘	신묘	신묘	신묘	신묘	신묘	신묘
	월주 (생월)		계사	**갑오**	갑오	갑오	갑오	갑오	갑오	갑오	갑오	갑오	갑오	갑오	갑오
	일주 (생일)		병자	정축	무인	기묘	경진	신사	임오	계미	갑신	을유	병술	정해	무자
	대운	남	10	10	1	1	1	1	2	2	2	3	3	3	4
		여	1	10	10	10	10	9	9	9	8	8	8	7	7
음 6 월	음력		1	2	3	4	5	6	7	8	9	10	11	12	13
	양력		**7/4**	5	6	7	8	9	10	11	12	13	14	15	16
	연주 (생년)		신묘	신묘	신묘	신묘	신묘	신묘	신묘	신묘	신묘	신묘	신묘	신묘	신묘
	월주 (생월)		갑오	갑오	갑오	갑오	**을미**	을미	을미	을미	을미	을미	을미	을미	을미
	일주 (생일)		을사	병오	정미	무신	기유	경술	신해	임자	계축	갑인	을묘	병진	정사
	대운	남	9	10	10	10	10	1	1	1	1	2	2	2	3
		여	1	1	1	1	10	10	10	9	9	9	8	8	8

월																	
음 1 월	14	15	16	17	18	19	20	21	22	23	24	25	26	27	28	29	30
	19	20	21	22	23	24	25	26	27	28	**3/1**	2	3	4	5	6	7
	신묘	신묘	신묘	신묘	신묘	신묘	신묘	신묘	신묘	신묘	신묘	신묘	신묘	신묘	신묘	신묘	신묘
	경인	경인	경인	경인	경인	경인	경인	경인	경인	경인	경인	경인	경인	경인	경인	**신묘**	신묘
	경인	신묘	임진	계사	갑오	을미	병신	정유	무술	기해	경자	신축	임인	계묘	갑진	을사	병오
	5	5	5	6	6	6	7	7	7	8	8	8	9	9	9	10	1
	5	5	4	4	4	3	3	3	2	2	2	1	1	1	1	10	10
음 2 월	14	15	16	17	18	19	20	21	22	23	24	25	26	27	28	29	
	21	22	23	24	25	26	27	28	29	30	31	**4/1**	2	3	4	5	
	신묘	신묘	신묘	신묘	신묘	신묘	신묘	신묘	신묘	신묘	신묘	신묘	신묘	신묘	신묘	신묘	
	신묘	신묘	신묘	신묘	신묘	신묘	신묘	신묘	신묘	신묘	신묘	신묘	신묘	신묘	신묘	**임진**	
	경신	신유	임술	계해	갑자	을축	병인	정묘	무진	기사	경오	신미	임신	계유	갑술	을해	
	5	5	6	6	6	7	7	7	8	8	8	9	9	9	10	10	
	5	5	4	4	4	3	3	3	2	2	2	1	1	1	1	10	
음 3 월	14	15	16	17	18	19	20	21	22	23	24	25	26	27	28	29	30
	19	20	21	22	23	24	25	26	27	28	29	30	**5/1**	2	3	4	5
	신묘	신묘	신묘	신묘	신묘	신묘	신묘	신묘	신묘	신묘	신묘	신묘	신묘	신묘	신묘	신묘	신묘
	임진	임진	임진	임진	임진	임진	임진	임진	임진	임진	임진	임진	임진	임진	임진	임진	임진
	기축	경인	신묘	임진	계사	갑오	을미	병신	정유	무술	기해	경자	신축	임인	계묘	갑진	을사
	5	5	5	6	6	6	7	7	7	8	8	8	9	9	9	10	10
	6	5	5	5	4	4	4	3	3	3	2	2	2	1	1	1	1
음 4 월	14	15	16	17	18	19	20	21	22	23	24	25	26	27	28	29	30
	19	20	21	22	23	24	25	26	27	28	29	30	31	**6/1**	2	3	4
	신묘	신묘	신묘	신묘	신묘	신묘	신묘	신묘	신묘	신묘	신묘	신묘	신묘	신묘	신묘	신묘	신묘
	계사	계사	계사	계사	계사	계사	계사	계사	계사	계사	계사	계사	계사	계사	계사	계사	계사
	기미	경신	신유	임술	계해	갑자	을축	병인	정묘	무진	기사	경오	신미	임신	계유	갑술	을해
	4	5	5	5	6	6	6	7	7	7	8	8	8	9	9	9	10
	6	6	5	5	5	4	4	4	3	3	3	2	2	2	1	1	1
음 5 월	14	15	16	17	18	19	20	21	22	23	24	25	26	27	28	29	
	18	19	20	21	22	23	24	25	26	27	28	29	30	**7/1**	2	3	
	신묘	신묘	신묘	신묘	신묘	신묘	신묘	신묘	신묘	신묘	신묘	신묘	신묘	신묘	신묘	신묘	
	갑오	갑오	갑오	갑오	갑오	갑오	갑오	갑오	갑오	갑오	갑오	갑오	갑오	갑오	갑오	갑오	
	기축	경인	신묘	임진	계사	갑오	을미	병신	정유	무술	기해	경자	신축	임인	계묘	갑진	
	4	4	5	5	5	6	6	6	7	7	7	8	8	8	9	9	
	7	6	6	6	5	5	5	4	4	4	3	3	3	2	2	2	
음 6 월	14	15	16	17	18	19	20	21	22	23	24	25	26	27	28	29	30
	17	18	19	20	21	22	23	24	25	26	27	28	29	30	31	**8/1**	2
	신묘	신묘	신묘	신묘	신묘	신묘	신묘	신묘	신묘	신묘	신묘	신묘	신묘	신묘	신묘	신묘	신묘
	을미	을미	을미	을미	을미	을미	을미	을미	을미	을미	을미	을미	을미	을미	을미	을미	을미
	무오	기미	경신	신유	임술	계해	갑자	을축	병인	정묘	무진	기사	경오	신미	임신	계유	갑술
	3	3	4	4	4	5	5	5	6	6	6	7	7	7	8	8	8
	7	7	7	6	6	6	5	5	5	4	4	4	3	3	3	2	2

1951(신묘)년 【단기 4284년】

월	구분		1	2	3	4	5	6	7	8	9	10	11	12	13
음 7 월	음력		1	2	3	4	5	6	7	8	9	10	11	12	13
	양력		**8/3**	4	5	6	7	8	9	10	11	12	13	14	15
	연주 (생년)		신묘	신묘	신묘	신묘	신묘	신묘	신묘	신묘	신묘	신묘	신묘	신묘	신묘
	월주 (생월)		을미	을미	을미	을미	을미	**병신**	병신	병신	병신	병신	병신	병신	병신
	일주 (생일)		을해	병자	정축	무인	기묘	경진	신사	임오	계미	갑신	을유	병술	정해
	대운	남	9	9	9	10	10	10	1	1	1	1	2	2	2
		여	2	1	1	1	1	10	10	10	9	9	9	8	8
음 8 월	음력		1	2	3	4	5	6	7	8	9	10	11	12	13
	양력		**9/1**	2	3	4	5	6	7	8	9	10	11	12	13
	연주 (생년)		신묘	신묘	신묘	신묘	신묘	신묘	신묘	신묘	신묘	신묘	신묘	신묘	신묘
	월주 (생월)		병신	병신	병신	병신	병신	병신	병신	**정묘**	정묘	정묘	정묘	정묘	정묘
	일주 (생일)		갑진	을사	병오	정미	무신	기유	경술	신해	임자	계축	갑인	을묘	병진
	대운	남	8	8	9	9	9	10	10	10	1	1	1	1	2
		여	2	2	1	2	1	1	1	10	10	10	9	9	9
음 9 월	음력		1	2	3	4	5	6	7	8	9	10	11	12	13
	양력		**10/1**	2	3	4	5	6	7	8	9	10	11	12	13
	연주 (생년)		신묘	신묘	신묘	신묘	신묘	신묘	신묘	신묘	신묘	신묘	신묘	신묘	신묘
	월주 (생월)		정유	정유	정유	정유	정유	정유	정유	정유	**무술**	무술	무술	무술	무술
	일주 (생일)		갑술	을해	병자	정축	무인	기묘	경진	신사	임오	계미	갑신	을유	병술
	대운	남	8	8	8	9	9	9	10	10	10	1	1	1	1
		여	3	2	2	2	1	1	1	1	10	10	9	9	9
음 10 월	음력		1	2	3	4	5	6	7	8	9	10	11	12	13
	양력		**10/30**	31	**11/1**	2	3	4	5	6	7	8	9	10	11
	연주 (생년)		신묘	신묘	신묘	신묘	신묘	신묘	신묘	신묘	신묘	신묘	신묘	신묘	신묘
	월주 (생월)		무술	무술	무술	무술	무술	무술	무술	무술	무술	**기해**	기해	기해	기해
	일주 (생일)		계묘	갑진	을사	병오	정미	무신	기유	경술	신해	임자	계축	갑인	을묘
	대운	남	7	7	8	8	8	9	9	9	10	10	1	1	1
		여	3	3	3	2	2	2	1	1	1	10	10	9	9
음 11 월	음력		1	2	3	4	5	6	7	8	9	10	11	12	13
	양력		**11/29**	30	**12/1**	2	3	4	5	6	7	8	9	10	11
	연주 (생년)		신묘	신묘	신묘	신묘	신묘	신묘	신묘	신묘	신묘	신묘	신묘	신묘	신묘
	월주 (생월)		기해	기해	기해	기해	기해	기해	기해	기해	기해	**경자**	경자	경자	경자
	일주 (생일)		계유	갑술	을해	병자	정축	무인	기묘	경진	신사	임오	계미	갑신	을유
	대운	남	7	7	8	8	8	9	9	9	10	10	1	1	1
		여	3	3	2	2	2	1	1	1	1	10	9	9	9
음 12 월	음력		1	2	3	4	5	6	7	8	9	10	11	12	13
	양력		**12/28**	29	30	31	**1/1**	2	3	4	5	6	7	8	9
	연주 (생년)		신묘	신묘	신묘	신묘	신묘	신묘	신묘	신묘	신묘	신묘	신묘	신묘	신묘
	월주 (생월)		경자	경자	경자	경자	경자	경자	경자	경자	경자	**신축**	신축	신축	신축
	일주 (생일)		임인	계묘	갑진	을사	병오	정미	무신	기유	경술	신해	임자	계축	갑인
	대운	남	7	7	7	8	8	8	9	9	9	10	1	1	1
		여	3	3	2	2	2	1	1	1	1	10	10	9	9

음 7월	14	15	16	17	18	19	20	21	22	23	24	25	26	27	28	29	
	16	17	18	19	20	21	22	23	24	25	26	27	28	29	30	31	
	신묘	신묘	신묘	신묘	신묘	신묘	신묘	신묘	신묘	신묘	신묘	신묘	신묘	신묘	신묘	신묘	
	병신	병신	병신	병신	병신	병신	병신	병신	병신	병신	병신	병신	병신	병신	병신	병신	
	무자	기축	경인	신묘	임진	계사	갑오	을미	병신	정유	무술	기해	경자	신축	임인	계묘	
	3	3	3	4	4	4	5	5	5	6	6	6	7	7	7	8	
	8	7	7	7	6	6	6	5	5	5	4	4	4	3	3	3	
음 8월	14	15	16	17	18	19	20	21	22	23	24	25	26	27	28	29	30
	14	15	16	17	18	19	20	21	22	23	24	25	26	27	28	29	30
	신묘	신묘	신묘	신묘	신묘	신묘	신묘	신묘	신묘	신묘	신묘	신묘	신묘	신묘	신묘	신묘	신묘
	정유	정유	정유	정유	정유	정유	정유	정유	정유	정유	정유	정유	정유	정유	정유	정유	정유
	정사	무오	기미	경신	신유	임술	계해	갑자	을축	병인	정묘	무진	기사	경오	신미	임신	계유
	2	2	3	3	3	4	4	4	5	5	5	6	6	6	7	7	7
	8	8	8	7	7	7	6	6	6	5	5	5	4	4	4	3	3
음 9월	14	15	16	17	18	19	20	21	22	23	24	25	26	27	28	29	
	14	15	16	17	18	19	20	21	22	23	24	25	26	27	28	29	
	신묘	신묘	신묘	신묘	신묘	신묘	신묘	신묘	신묘	신묘	신묘	신묘	신묘	신묘	신묘	신묘	
	무술	무술	무술	무술	무술	무술	무술	무술	무술	무술	무술	무술	무술	무술	무술	무술	
	정해	무자	기축	경인	신묘	임진	계사	갑오	을미	병신	정유	무술	기해	경자	신축	임인	
	2	2	2	3	3	3	4	4	4	5	5	5	6	6	6	7	
	9	8	8	8	7	7	7	6	6	6	5	5	5	4	4	4	
음 10월	14	15	16	17	18	19	20	21	22	23	24	25	26	27	28	29	30
	12	13	14	15	16	17	18	19	20	21	22	23	24	25	26	27	28
	신묘	신묘	신묘	신묘	신묘	신묘	신묘	신묘	신묘	신묘	신묘	신묘	신묘	신묘	신묘	신묘	신묘
	기해	기해	기해	기해	기해	기해	기해	기해	기해	기해	기해	기해	기해	기해	기해	기해	기해
	병진	정사	무오	기미	경신	신유	임술	계해	갑자	을축	병인	정묘	무진	기사	경오	신미	임신
	1	2	2	2	3	3	3	4	4	4	5	5	5	6	6	6	7
	9	8	8	8	7	7	7	6	6	6	5	5	5	4	4	4	3
음 11월	14	15	16	17	18	19	20	21	22	23	24	25	26	27	28	29	
	12	13	14	15	16	17	18	19	20	21	22	23	24	25	26	27	
	신묘	신묘	신묘	신묘	신묘	신묘	신묘	신묘	신묘	신묘	신묘	신묘	신묘	신묘	신묘	신묘	
	경자	경자	경자	경자	경자	경자	경자	경자	경자	경자	경자	경자	경자	경자	경자	경자	
	병술	정해	무자	기축	경인	신묘	임진	계사	갑오	을미	병신	정유	무술	기해	경자	신축	
	1	2	2	2	3	3	3	4	4	4	5	5	5	6	6	6	
	8	8	8	7	7	7	6	6	6	5	5	5	4	4	4	3	
음 12월	14	15	16	17	18	19	20	21	22	23	24	25	26	27	28	29	30
	10	11	12	13	14	15	16	17	18	19	20	21	22	23	24	25	26
	신묘	신묘	신묘	신묘	신묘	신묘	신묘	신묘	신묘	신묘	신묘	신묘	신묘	신묘	신묘	신묘	신묘
	신축	신축	신축	신축	신축	신축	신축	신축	신축	신축	신축	신축	신축	신축	신축	신축	신축
	을묘	병진	정사	무오	기미	경신	신유	임술	계해	갑자	을축	병인	정묘	무진	기사	경오	신미
	1	2	2	2	3	3	3	4	4	4	5	5	5	6	6	6	7
	9	8	8	8	7	7	7	6	6	6	5	5	5	4	4	4	3

1952(임진)년 【단기 4285년】

월	구분		1	2	3	4	5	6	7	8	9	10	11	12	13
음 1 월	음력		1	2	3	4	5	6	7	8	9	10	11	12	13
	양력		**1/27**	28	29	30	31	**2/1**	2	3	4	5	6	7	8
	연주 (생년)		신묘	신묘	신묘	신묘	신묘	신묘	신묘	신묘	신묘	**임진**	임진	임진	임진
	월주 (생월)		신축	신축	신축	신축	신축	신축	신축	신축	신축	**임인**	임인	임인	임인
	일주 (생일)		임신	계유	갑술	을해	병자	정축	무인	기묘	경진	신사	임오	계미	갑신
	대운	남	7	7	8	8	8	9	9	9	10	10	10	9	9
		여	3	3	2	2	2	1	1	1	1	10	1	1	1
음 2 월	음력		1	2	3	4	5	6	7	8	9	10	11	12	13
	양력		**2/25**	26	27	28	29	**3/1**	2	3	4	5	6	7	8
	연주 (생년)		임진	임진	임진	임진	임진	임진	임진	임진	임진	임진	임진	임진	임진
	월주 (생월)		임인	임인	임인	임인	임인	임인	임인	임인	임인	임인	**계묘**	계묘	계묘
	일주 (생일)		신축	임인	계묘	갑진	을사	병오	정미	무신	기유	경술	신해	임자	계축
	대운	남	3	3	3	2	2	2	1	1	1	1	10	10	9
		여	7	7	7	8	8	8	9	9	9	10	10	1	1
음 3 월	음력		1	2	3	4	5	6	7	8	9	10	11	12	13
	양력		**3/26**	27	28	29	30	31	**4/1**	2	3	4	5	6	7
	연주 (생년)		임진	임진	임진	임진	임진	임진	임진	임진	임진	임진	임진	임진	임진
	월주 (생월)		계묘	계묘	계묘	계묘	계묘	계묘	계묘	계묘	계묘	계묘	**갑진**	갑진	갑진
	일주 (생일)		신미	임신	계유	갑술	을해	병자	정축	무인	기묘	경진	신사	임오	계미
	대운	남	3	3	3	2	2	2	1	1	1	1	10	10	9
		여	7	7	7	8	8	8	9	9	9	10	10	1	1
음 4 월	음력		1	2	3	4	5	6	7	8	9	10	11	12	13
	양력		**4/24**	25	26	27	28	29	30	**5/1**	2	3	4	5	6
	연주 (생년)		임진	임진	임진	임진	임진	임진	임진	임진	임진	임진	임진	임진	임진
	월주 (생월)		갑진	갑진	갑진	갑진	갑진	갑진	갑진	갑진	갑진	갑진	갑진	**을사**	을사
	일주 (생일)		경자	신축	임인	계묘	갑진	을사	병오	정미	무신	기유	경술	신해	임자
	대운	남	4	3	3	3	2	2	2	1	1	1	1	10	10
		여	6	7	7	7	8	8	8	9	9	9	10	10	1
음 5 월	음력		1	2	3	4	5	6	7	8	9	10	11	12	13
	양력		**5/24**	25	26	27	28	29	30	31	**6/1**	2	3	4	5
	연주 (생년)		임진	임진	임진	임진	임진	임진	임진	임진	임진	임진	임진	임진	임진
	월주 (생월)		을사	을사	을사	을사	을사	을사	을사	을사	을사	을사	을사	을사	을사
	일주 (생일)		경오	신미	임신	계유	갑술	을해	병자	정축	무인	기묘	경진	신사	임오
	대운	남	4	4	4	3	3	3	2	2	2	1	1	1	1
		여	6	7	7	7	8	8	8	9	9	9	10	10	10
윤 5 월	음력		1	2	3	4	5	6	7	8	9	10	11	12	13
	양력		**6/22**	23	24	25	26	27	28	29	30	**7/1**	2	3	4
	연주 (생년)		임진	임진	임진	임진	임진	임진	임진	임진	임진	임진	임진	임진	임진
	월주 (생월)		병오	병오	병오	병오	병오	병오	병오	병오	병오	병오	병오	병오	병오
	일주 (생일)		기해	경자	신축	임인	계묘	갑진	을사	병오	정미	무신	기유	경술	신해
	대운	남	5	5	4	4	4	3	3	3	2	2	2	1	1
		여	5	6	6	6	7	7	7	8	8	8	9	9	9
음 6 월	음력		1	2	3	4	5	6	7	8	9	10	11	12	13
	양력		**7/22**	23	24	25	26	27	28	29	30	31	**8/1**	2	3
	연주 (생년)		임진	임진	임진	임진	임진	임진	임진	임진	임진	임진	임진	임진	임진
	월주 (생월)		정미	정미	정미	정미	정미	정미	정미	정미	정미	정미	정미	정미	정미
	일주 (생일)		기사	경오	신미	임신	계유	갑술	을해	병자	정축	무인	기묘	경진	신사
	대운	남	5	5	5	4	4	4	3	3	3	2	2	2	1
		여	5	5	6	6	6	7	7	7	8	8	8	9	9

음 1 월	14	15	16	17	18	19	20	21	22	23	24	25	26	27	28	29	
	9	10	11	12	13	14	15	16	17	18	19	20	21	22	23	24	
	임진	임진	임진	임진	임진	임진	임진	임진	임진	임진	임진	임진	임진	임진	임진	임진	
	임인	임인	임인	임인	임인	임인	임인	임인	임인	임인	임인	임인	임인	임인	임인	임인	
	을유	병술	정해	무자	기축	경인	신묘	임진	계사	갑오	을미	병신	정유	무술	기해	경자	
	9	8	8	8	7	7	7	6	6	6	5	5	5	4	4	4	
	1	2	2	2	3	3	3	4	4	4	5	5	5	6	6	6	
음 2 월	14	15	16	17	18	19	20	21	22	23	24	25	26	27	28	29	30
	9	10	11	12	13	14	15	16	17	18	19	20	21	22	23	24	25
	임진	임진	임진	임진	임진	임진	임진	임진	임진	임진	임진	임진	임진	임진	임진	임진	임진
	계묘	계묘	계묘	계묘	계묘	계묘	계묘	계묘	계묘	계묘	계묘	계묘	계묘	계묘	계묘	계묘	계묘
	갑인	을묘	병진	정사	무오	기미	경신	신유	임술	계해	갑자	을축	병인	정묘	무진	기사	경오
	9	9	8	8	8	7	7	7	6	6	6	5	5	5	4	4	4
	1	1	2	2	2	3	3	3	4	4	4	5	5	5	6	6	6
음 3 월	14	15	16	17	18	19	20	21	22	23	24	25	26	27	28	29	
	8	9	10	11	12	13	14	15	16	17	18	19	20	21	22	23	
	임진	임진	임진	임진	임진	임진	임진	임진	임진	임진	임진	임진	임진	임진	임진	임진	
	갑진	갑진	갑진	갑진	갑진	갑진	갑진	갑진	갑진	갑진	갑진	갑진	갑진	갑진	갑진	갑진	
	갑신	을유	병술	정해	무자	기축	경인	신묘	임진	계사	갑오	을미	병신	정유	무술	기해	
	9	9	8	8	8	7	7	7	6	6	6	5	5	5	4	4	
	1	1	2	2	2	3	3	3	4	4	4	5	5	5	6	6	
음 4 월	14	15	16	17	18	19	20	21	22	23	24	25	26	27	28	29	30
	7	8	9	10	11	12	13	14	15	16	17	18	19	20	21	22	23
	임진	임진	임진	임진	임진	임진	임진	임진	임진	임진	임진	임진	임진	임진	임진	임진	임진
	을사	을사	을사	을사	을사	을사	을사	을사	을사	을사	을사	을사	을사	을사	을사	을사	을사
	계축	갑인	을묘	병진	정사	무오	기미	경신	신유	임술	계해	갑자	을축	병인	정묘	무진	기사
	10	10	9	9	9	8	8	8	7	7	7	6	6	6	5	5	5
	1	1	1	2	2	2	3	3	3	4	4	4	5	5	5	6	6
음 5 월	14	15	16	17	18	19	20	21	22	23	24	25	26	27	28	29	
	6	7	8	9	10	11	12	13	14	15	16	17	18	19	20	21	
	임진	임진	임진	임진	임진	임진	임진	임진	임진	임진	임진	임진	임진	임진	임진	임진	
	병오	병오	병오	병오	병오	병오	병오	병오	병오	병오	병오	병오	병오	병오	병오	병오	
	계미	갑신	을유	병술	정해	무자	기축	경인	신묘	임진	계사	갑오	을미	병신	정유	무술	
	10	10	10	9	9	9	8	8	8	7	7	7	6	6	6	5	
	10	1	1	1	1	2	2	2	3	3	3	4	4	4	5	5	
윤 5 월	14	15	16	17	18	19	20	21	22	23	24	25	26	27	28	29	30
	5	6	7	8	9	10	11	12	13	14	15	16	17	18	19	20	21
	임진	임진	임진	임진	임진	임진	임진	임진	임진	임진	임진	임진	임진	임진	임진	임진	임진
	병오	병오	**정미**	정미	정미	정미	정미	정미	정미	정미	정미	정미	정미	정미	정미	정미	정미
	임자	계축	갑인	을묘	병진	정사	무오	기미	경신	신유	임술	계해	갑자	을축	병인	정묘	무진
	1	1	10	10	10	9	9	9	8	8	8	7	7	7	6	6	6
	10	10	10	1	1	1	1	2	2	2	3	3	3	4	4	4	5
음 6 월	14	15	16	17	18	19	20	21	22	23	24	25	26	27	28	29	30
	4	5	6	7	8	9	10	11	12	13	14	15	16	17	18	19	20
	임진	임진	임진	임진	임진	임진	임진	임진	임진	임진	임진	임진	임진	임진	임진	임진	임진
	정미	정미	정미	**무신**	무신	무신	무신	무신	무신	무신	무신	무신	무신	무신	무신	무신	무신
	임오	계미	갑신	을유	병술	정해	무자	기축	경인	신묘	임진	계사	갑오	을미	병신	정유	무술
	1	1	1	10	10	10	10	9	9	9	8	8	8	7	7	7	6
	9	10	10	10	1	1	1	1	2	2	2	3	3	3	4	4	4

1952(임진)년 【단기 4285년】

월	구분														
음 7 월	음력		1	2	3	4	5	6	7	8	9	10	11	12	13
	양력		**8/21**	22	23	24	25	26	27	28	29	30	31	**9/1**	2
	연주 (생년)		임진	임진	임진	임진	임진	임진	임진	임진	임진	임진	임진	임진	임진
	월주 (생월)		무신	무신	무신	무신	무신	무신	무신	무신	무신	무신	무신	무신	무신
	일주 (생일)		기해	경자	신축	임인	계묘	갑진	을사	병오	정미	무신	기유	경술	신해
	대운	남	6	6	5	5	5	4	4	4	3	3	3	2	2
		여	5	5	5	6	6	6	7	7	7	8	8	8	9
음 8 월	음력		1	2	3	4	5	6	7	8	9	10	11	12	13
	양력		**9/19**	20	21	22	23	24	25	26	27	28	29	30	**10/1**
	연주 (생년)		임진	임진	임진	임진	임진	임진	임진	임진	임진	임진	임진	임진	임진
	월주 (생월)		기유	기유	기유	기유	기유	기유	기유	기유	기유	기유	기유	기유	기유
	일주 (생일)		무진	기사	경오	신미	임신	계유	갑술	을해	병자	정축	무인	기묘	경진
	대운	남	6	6	6	5	5	5	4	4	4	3	3	3	2
		여	4	4	4	5	5	5	6	6	6	7	7	7	8
음 9 월	음력		1	2	3	4	5	6	7	8	9	10	11	12	13
	양력		**10/19**	20	21	22	23	24	25	26	27	28	29	30	31
	연주 (생년)		임진	임진	임진	임진	임진	임진	임진	임진	임진	임진	임진	임진	임진
	월주 (생월)		경술	경술	경술	경술	경술	경술	경술	경술	경술	경술	경술	경술	경술
	일주 (생일)		무술	기해	경자	신축	임인	계묘	갑진	을사	병오	정미	무신	기유	경술
	대운	남	6	6	6	5	5	5	4	4	4	3	3	3	2
		여	4	4	4	5	5	5	6	6	6	7	7	7	8
음 10 월	음력		1	2	3	4	5	6	7	8	9	10	11	12	13
	양력		**11/17**	18	19	20	21	22	23	24	25	26	27	28	29
	연주 (생년)		임진	임진	임진	임진	임진	임진	임진	임진	임진	임진	임진	임진	임진
	월주 (생월)		신해	신해	신해	신해	신해	신해	신해	신해	신해	신해	신해	신해	신해
	일주 (생일)		정묘	무진	기사	경오	신미	임신	계유	갑술	을해	병자	정축	무인	기묘
	대운	남	7	7	6	6	6	5	5	5	4	4	4	3	3
		여	3	4	4	4	5	5	5	6	6	6	7	7	7
음 11 월	음력		1	2	3	4	5	6	7	8	9	10	11	12	13
	양력		**12/17**	18	19	20	21	22	23	24	25	26	27	28	29
	연주 (생년)		임진	임진	임진	임진	임진	임진	임진	임진	임진	임진	임진	임진	임진
	월주 (생월)		임자	임자	임자	임자	임자	임자	임자	임자	임자	임자	임자	임자	임자
	일주 (생일)		정유	무술	기해	경자	신축	임인	계묘	갑진	을사	병오	정미	무신	기유
	대운	남	7	6	6	6	5	5	5	4	4	4	3	3	3
		여	3	4	4	4	5	5	5	6	6	6	7	7	7
음 12 월	음력		1	2	3	4	5	6	7	8	9	10	11	12	13
	양력		**1/15**	16	17	18	19	20	21	22	23	24	25	26	27
	연주 (생년)		임진	임진	임진	임진	임진	임진	임진	임진	임진	임진	임진	임진	임진
	월주 (생월)		계축	계축	계축	계축	계축	계축	계축	계축	계축	계축	계축	계축	계축
	일주 (생일)		병인	정묘	무진	기사	경오	신미	임신	계유	갑술	을해	병자	정축	무인
	대운	남	7	6	6	6	5	5	5	4	4	4	3	3	3
		여	3	3	4	4	4	5	5	5	6	6	6	7	7

음 7 월	14	15	16	17	18	19	20	21	22	23	24	25	26	27	28	29	
	3	4	5	6	7	8	9	10	11	12	13	14	15	16	17	18	
	임진	임진	임진	임진	임진	임진	임진	임진	임진	임진	임진	임진	임진	임진	임진	임진	
	무신	무신	무신	무신	무신	**기유**	기유	기유	기유	기유	기유	기유	기유	기유	기유	기유	
	임자	계축	갑인	을묘	병진	정사	무오	기미	경신	신유	임술	계해	갑자	을축	병인	정묘	
	2	1	1	1	1	10	10	9	9	9	8	8	8	7	7	7	
	9	9	10	10	10	10	1	1	1	1	2	2	2	3	3	3	

음 8 월	14	15	16	17	18	19	20	21	22	23	24	25	26	27	28	29	30
	2	3	4	5	6	7	8	9	10	11	12	13	14	15	16	17	18
	임진	임진	임진	임진	임진	임진	임진	임진	임진	임진	임진	임진	임진	임진	임진	임진	임진
	기유	기유	기유	기유	기유	기유	**경술**	경술	경술	경술	경술	경술	경술	경술	경술	경술	경술
	신사	임오	계미	갑신	을유	병술	정해	무자	기축	경인	신묘	임진	계사	갑오	을미	병신	정유
	2	2	1	1	1	1	10	10	9	9	9	8	8	8	7	7	7
	8	8	9	9	9	10	10	1	1	1	1	2	2	2	3	3	3

음 9 월	14	15	16	17	18	19	20	21	22	23	24	25	26	27	28	29	
	11/2	2	3	4	5	6	7	8	9	10	11	12	13	14	15	16	
	임진	임진	임진	임진	임진	임진	임진	임진	임진	임진	임진	임진	임진	임진	임진	임진	
	경술	경술	경술	경술	경술	경술	**신해**	신해	신해	신해	신해	신해	신해	신해	신해	신해	
	신해	임자	계축	갑인	을묘	병진	정사	무오	기미	경신	신유	임술	계해	갑자	을축	병인	
	2	2	1	1	1	1	10	10	9	9	9	8	8	8	7	7	
	8	8	9	9	9	10	10	1	1	1	1	2	2	2	3	3	

음 10 월	14	15	16	17	18	19	20	21	22	23	24	25	26	27	28	29	30
	30	**12/1**	2	3	4	5	6	7	8	9	10	11	12	13	14	15	16
	임진	임진	임진	임진	임진	임진	임진	임진	임진	임진	임진	임진	임진	임진	임진	임진	임진
	신해	신해	신해	신해	신해	신해	신해	**임자**	임자	임자	임자	임자	임자	임자	임자	임자	임자
	경진	신사	임오	계미	갑신	을유	병술	정해	무자	기축	경인	신묘	임진	계사	갑오	을미	병신
	3	2	2	1	1	1	1	10	10	9	9	9	8	8	8	7	7
	8	8	8	9	9	9	10	10	1	1	1	1	2	2	2	3	3

음 11 월	14	15	16	17	18	19	20	21	22	23	24	25	26	27	28	29	
	30	31	**1/1**	2	3	4	5	6	7	8	9	10	11	12	13	14	
	임진	임진	임진	임진	임진	임진	임진	임진	임진	임진	임진	임진	임진	임진	임진	임진	
	임자	임자	임자	임자	임자	임자	임자	**계축**	계축	계축	계축	계축	계축	계축	계축	계축	
	경술	신해	임자	계축	갑인	을묘	병진	정사	무오	기미	경신	신유	임술	계해	갑자	을축	
	2	2	2	1	1	1	1	10	9	9	9	8	8	8	7	7	
	8	8	8	9	9	9	10	10	1	1	1	1	2	2	2	3	

음 12 월	14	15	16	17	18	19	20	21	22	23	24	25	26	27	28	29	30
	28	29	30	31	**2/1**	2	3	4	5	6	7	8	9	10	11	12	13
	임진	임진	임진	임진	임진	임진	임진	**계사**	계사	계사	계사	계사	계사	계사	계사	계사	계사
	계축	계축	계축	계축	계축	계축	계축	**갑인**	갑인	갑인	갑인	갑인	갑인	갑인	갑인	갑인	갑인
	기묘	경진	신사	임오	계미	갑신	을유	병술	정해	무자	기축	경인	신묘	임진	계사	갑오	을미
	2	2	2	1	1	1	1	10	1	1	1	1	2	2	2	3	3
	7	8	8	8	9	9	9	10	10	9	9	9	8	8	8	7	7

1953(계사)년 【단기 4286년】

월	구분		1	2	3	4	5	6	7	8	9	10	11	12	13
음 1 월	음력		1	2	3	4	5	6	7	8	9	10	11	12	13
	양력		2/14	15	16	17	18	19	20	21	22	23	24	25	26
	연주 (생년)		계사	계사	계사	계사	계사	계사	계사	계사	계사	계사	계사	계사	계사
	월주 (생월)		갑인	갑인	갑인	갑인	갑인	갑인	갑인	갑인	갑인	갑인	갑인	갑인	갑인
	일주 (생일)		병신	정유	무술	기해	경자	신축	임인	계묘	갑진	을사	병오	정미	무신
	대운	남	3	4	4	4	5	5	5	6	6	6	7	7	7
		여	7	6	6	6	5	5	5	4	4	4	3	3	3
음 2 월	음력		1	2	3	4	5	6	7	8	9	10	11	12	13
	양력		3/15	16	17	18	19	20	21	22	23	24	25	26	27
	연주 (생년)		계사	계사	계사	계사	계사	계사	계사	계사	계사	계사	계사	계사	계사
	월주 (생월)		을묘	을묘	을묘	을묘	을묘	을묘	을묘	을묘	을묘	을묘	을묘	을묘	을묘
	일주 (생일)		을축	병인	정묘	무진	기사	경오	신미	임신	계유	갑술	을해	병자	정축
	대운	남	3	3	4	4	4	5	5	5	6	6	6	7	7
		여	7	7	6	6	6	5	5	5	4	4	4	3	3
음 3 월	음력		1	2	3	4	5	6	7	8	9	10	11	12	13
	양력		4/14	15	16	17	18	19	20	21	22	23	24	25	26
	연주 (생년)		계사	계사	계사	계사	계사	계사	계사	계사	계사	계사	계사	계사	계사
	월주 (생월)		병진	병진	병진	병진	병진	병진	병진	병진	병진	병진	병진	병진	병진
	일주 (생일)		을미	병신	정유	무술	기해	경자	신축	임인	계묘	갑진	을사	병오	정미
	대운	남	3	3	4	4	4	5	5	5	6	6	6	7	7
		여	7	7	7	6	6	6	5	5	5	4	4	4	3
음 4 월	음력		1	2	3	4	5	6	7	8	9	10	11	12	13
	양력		5/13	14	15	16	17	18	19	20	21	22	23	24	25
	연주 (생년)		계사	계사	계사	계사	계사	계사	계사	계사	계사	계사	계사	계사	계사
	월주 (생월)		정사	정사	정사	정사	정사	정사	정사	정사	정사	정사	정사	정사	정사
	일주 (생일)		갑자	을축	병인	정묘	무진	기사	경오	신미	임신	계유	갑술	을해	병자
	대운	남	2	3	3	3	4	4	4	5	5	5	6	6	6
		여	8	8	7	7	7	6	6	6	5	5	5	4	4
음 5 월	음력		1	2	3	4	5	6	7	8	9	10	11	12	13
	양력		6/11	12	13	14	15	16	17	18	19	20	21	22	23
	연주 (생년)		계사	계사	계사	계사	계사	계사	계사	계사	계사	계사	계사	계사	계사
	월주 (생월)		무오	무오	무오	무오	무오	무오	무오	무오	무오	무오	무오	무오	무오
	일주 (생일)		계사	갑오	을미	병신	정유	무술	기해	경자	신축	임인	계묘	갑진	을사
	대운	남	2	2	2	3	3	3	4	4	4	5	5	5	6
		여	9	8	8	8	7	7	7	6	6	6	5	5	5
음 6 월	음력		1	2	3	4	5	6	7	8	9	10	11	12	13
	양력		7/11	12	13	14	15	16	17	18	19	20	21	22	23
	연주 (생년)		계사	계사	계사	계사	계사	계사	계사	계사	계사	계사	계사	계사	계사
	월주 (생월)		기미	기미	기미	기미	기미	기미	기미	기미	기미	기미	기미	기미	기미
	일주 (생일)		계해	갑자	을축	병인	정묘	무진	기사	경오	신미	임신	계유	갑술	을해
	대운	남	1	2	2	2	3	3	3	4	4	4	5	5	5
		여	9	9	9	8	8	8	7	7	7	6	6	6	5

음 1 월	14	15	16	17	18	19	20	21	22	23	24	25	26	27	28	29	
	27	28	**3/1**	2	3	4	5	6	7	8	9	10	11	12	13	14	
	계사	계사	계사	계사	계사	계사	계사	계사	계사	계사	계사	계사	계사	계사	계사	계사	
	갑인	갑인	갑인	갑인	갑인	갑인	갑인	**을묘**	을묘	을묘	을묘	을묘	을묘	을묘	을묘	을묘	
	기유	경술	신해	임자	계축	갑인	을묘	병진	정사	무오	기미	경신	신유	임술	계해	갑자	
	8	8	8	9	9	9	10	10	1	1	1	1	2	2	2	3	
	2	2	2	1	1	1	1	10	10	9	9	9	8	8	8	7	
음 2 월	14	15	16	17	18	19	20	21	22	23	24	25	26	27	28	29	30
	28	29	30	31	**4/1**	2	3	4	5	6	7	8	9	10	11	12	13
	계사	계사	계사	계사	계사	계사	계사	계사	계사	계사	계사	계사	계사	계사	계사	계사	계사
	을묘	을묘	을묘	을묘	을묘	을묘	을묘	을묘	**병진**	병진	병진	병진	병진	병진	병진	병진	병진
	무인	기묘	경진	신사	임오	계미	갑신	을유	병술	정해	무자	기축	경인	신묘	임진	계사	갑오
	7	8	8	8	9	9	9	10	10	1	1	1	1	2	2	2	3
	3	2	2	2	1	1	1	1	10	10	10	9	9	9	8	8	8
음 3 월	14	15	16	17	18	19	20	21	22	23	24	25	26	27	28	29	
	27	28	29	30	**5/1**	2	3	4	5	6	7	8	9	10	11	12	
	계사	계사	계사	계사	계사	계사	계사	계사	계사	계사	계사	계사	계사	계사	계사	계사	
	병진	병진	병진	병진	병진	병진	병진	병진	병진	**정사**	정사	정사	정사	정사	정사	정사	
	무신	기유	경술	신해	임자	계축	갑인	을묘	병진	정사	무오	기미	경신	신유	임술	계해	
	7	8	8	8	9	9	9	10	10	10	1	1	1	1	2	2	
	3	3	2	2	2	1	1	1	1	10	10	10	9	9	9	8	
음 4 월	14	15	16	17	18	19	20	21	22	23	24	25	26	27	28	29	
	26	27	28	29	30	31	**6/1**	2	3	4	5	6	7	8	9	10	
	계사	계사	계사	계사	계사	계사	계사	계사	계사	계사	계사	계사	계사	계사	계사	계사	
	정사	정사	정사	정사	정사	정사	정사	정사	정사	정사	정사	**무오**	무오	무오	무오	무오	
	정축	무인	기묘	경진	신사	임오	계미	갑신	을유	병술	정해	무자	기축	경인	신묘	임진	
	7	7	7	8	8	8	9	9	9	10	10	10	1	1	1	1	
	4	3	3	3	2	2	2	1	1	1	1	10	10	10	10	9	
음 5 월	14	15	16	17	18	19	20	21	22	23	24	25	26	27	28	29	30
	24	25	26	27	28	29	30	**7/1**	2	3	4	5	6	7	8	9	10
	계사	계사	계사	계사	계사	계사	계사	계사	계사	계사	계사	계사	계사	계사	계사	계사	계사
	무오	무오	무오	무오	무오	무오	무오	무오	무오	무오	무오	무오	무오	**기미**	기미	기미	기미
	병오	정미	무신	기유	경술	신해	임자	계축	갑인	을묘	병진	정사	무오	기미	경신	신유	임술
	6	6	7	7	7	8	8	8	9	9	9	10	10	10	1	1	1
	4	4	4	3	3	3	2	2	2	1	1	1	1	10	10	10	10
음 6 월	14	15	16	17	18	19	20	21	22	23	24	25	26	27	28	29	30
	24	25	26	27	28	29	30	31	**8/1**	2	3	4	5	6	7	8	9
	계사	계사	계사	계사	계사	계사	계사	계사	계사	계사	계사	계사	계사	계사	계사	계사	계사
	기미	기미	기미	기미	기미	기미	기미	기미	기미	기미	기미	기미	기미	기미	기미	**경신**	경신
	병자	정축	무인	기묘	경진	신사	임오	계미	갑신	을유	병술	정해	무자	기축	경인	신묘	임진
	6	6	6	7	7	7	8	8	8	9	9	9	10	10	10	10	1
	5	5	4	4	4	3	3	3	2	2	2	1	1	1	1	10	10

1953(계사)년 【단기 4286년】

월	구분		1	2	3	4	5	6	7	8	9	10	11	12	13
음 7 월	음력		1	2	3	4	5	6	7	8	9	10	11	12	13
	양력		**8/10**	11	12	13	14	15	16	17	18	19	20	21	22
	연주 (생년)		계사	계사	계사	계사	계사	계사	계사	계사	계사	계사	계사	계사	계사
	월주 (생월)		경신	경신	경신	경신	경신	경신	경신	경신	경신	경신	경신	경신	경신
	일주 (생일)		계사	갑오	을미	병신	정유	무술	기해	경자	신축	임인	계묘	갑진	을사
	대운	남	1	1	1	2	2	2	3	3	3	4	4	4	5
		여	10	9	9	9	8	8	8	7	7	7	6	6	6
음 8 월	음력		1	2	3	4	5	6	7	8	9	10	11	12	13
	양력		**9/8**	9	10	11	12	13	14	15	16	17	18	19	20
	연주 (생년)		계사	계사	계사	계사	계사	계사	계사	계사	계사	계사	계사	계사	계사
	월주 (생월)		**신유**	신유	신유	신유	신유	신유	신유	신유	신유	신유	신유	신유	신유
	일주 (생일)		임술	계해	갑자	을축	병인	정묘	무진	기사	경오	신미	임신	계유	갑술
	대운	남	10	1	1	1	1	2	2	2	3	3	3	4	4
		여	10	10	9	9	9	8	8	8	7	7	7	6	6
음 9 월	음력		1	2	3	4	5	6	7	8	9	10	11	12	13
	양력		**10/8**	9	10	11	12	13	14	15	16	17	18	19	20
	연주 (생년)		계사	계사	계사	계사	계사	계사	계사	계사	계사	계사	계사	계사	계사
	월주 (생월)		**임술**	임술	임술	임술	임술	임술	임술	임술	임술	임술	임술	임술	임술
	일주 (생일)		임진	계사	갑오	을미	병신	정유	무술	기해	경자	신축	임인	계묘	갑진
	대운	남	10	1	1	1	1	2	2	2	3	3	3	4	4
		여	10	10	10	9	9	9	8	8	8	7	7	7	6
음 10 월	음력		1	2	3	4	5	6	7	8	9	10	11	12	13
	양력		**11/7**	8	9	10	11	12	13	14	15	16	17	18	19
	연주 (생년)		계사	계사	계사	계사	계사	계사	계사	계사	계사	계사	계사	계사	계사
	월주 (생월)		임술	**계해**	계해	계해	계해	계해	계해	계해	계해	계해	계해	계해	계해
	일주 (생일)		임술	계해	갑자	을축	병인	정묘	무진	기사	경오	신미	임신	계유	갑술
	대운	남	10	10	1	1	1	1	2	2	2	3	3	3	4
		여	1	10	9	9	9	8	8	8	7	7	7	6	6
음 11 월	음력		1	2	3	4	5	6	7	8	9	10	11	12	13
	양력		**12/6**	7	8	9	10	11	12	13	14	15	16	17	18
	연주 (생년)		계사	계사	계사	계사	계사	계사	계사	계사	계사	계사	계사	계사	계사
	월주 (생월)		계해	**갑자**	갑자	갑자	갑자	갑자	갑자	갑자	갑자	갑자	갑자	갑자	갑자
	일주 (생일)		신묘	임진	계사	갑오	을미	병신	정유	무술	기해	경자	신축	임인	계묘
	대운	남	9	10	1	1	1	1	2	2	2	3	3	3	4
		여	1	10	10	9	9	9	8	8	8	7	7	7	6
음 12 월	음력		1	2	3	4	5	6	7	8	9	10	11	12	13
	양력		**1/5**	6	7	8	9	10	11	12	13	14	15	16	17
	연주 (생년)		계사	계사	계사	계사	계사	계사	계사	계사	계사	계사	계사	계사	계사
	월주 (생월)		갑자	**을축**	을축	을축	을축	을축	을축	을축	을축	을축	을축	을축	을축
	일주 (생일)		신유	임술	계해	갑자	을축	병인	정묘	무진	기사	경오	신미	임신	계유
	대운	남	10	10	1	1	1	1	2	2	2	3	3	3	4
		여	1	10	9	9	9	8	8	8	7	7	7	6	6

	14	15	16	17	18	19	20	21	22	23	24	25	26	27	28	29	
	23	24	25	26	27	28	29	30	31	**9/1**	2	3	4	5	6	7	
음	계사	계사	계사	계사	계사	계사	계사	계사	계사	계사	계사	계사	계사	계사	계사	계사	
7	경신	경신	경신	경신	경신	경신	경신	경신	경신	경신	경신	경신	경신	경신	경신	경신	
월	병오	정미	무신	기유	경술	신해	임자	계축	갑인	을묘	병진	정사	무오	기미	경신	신유	
	5	5	6	6	6	7	7	7	8	8	8	9	9	9	10	10	
	5	5	5	4	4	4	3	3	3	2	2	2	1	1	1	1	
	14	15	16	17	18	19	20	21	22	23	24	25	26	27	28	29	30
	21	22	23	24	25	26	27	28	29	30	**10/1**	2	3	4	5	6	7
음	계사	계사	계사	계사	계사	계사	계사	계사	계사	계사	계사	계사	계사	계사	계사	계사	계사
8	신유	신유	신유	신유	신유	신유	신유	신유	신유	신유	신유	신유	신유	신유	신유	신유	신유
월	을해	병자	정축	무인	기묘	경진	신사	임오	계미	갑신	을유	병술	정해	무자	기축	경인	신묘
	4	5	5	5	6	6	6	7	7	7	8	8	8	9	9	9	10
	6	5	5	5	4	4	4	3	3	3	2	2	2	1	1	1	1
	14	15	16	17	18	19	20	21	22	23	24	25	26	27	28	29	30
	21	22	23	24	25	26	27	28	29	30	31	**11/1**	2	3	4	5	6
음	계사	계사	계사	계사	계사	계사	계사	계사	계사	계사	계사	계사	계사	계사	계사	계사	계사
9	임술	임술	임술	임술	임술	임술	임술	임술	임술	임술	임술	임술	임술	임술	임술	임술	임술
월	을사	병오	정미	무신	기유	경술	신해	임자	계축	갑인	을묘	병진	정사	무오	기미	경신	신유
	4	5	5	5	6	6	6	7	7	7	8	8	8	9	9	9	10
	6	6	5	5	5	4	4	4	3	3	3	2	2	2	1	1	1
	14	15	16	17	18	19	20	21	22	23	24	25	26	27	28	29	
	20	21	22	23	24	25	26	27	28	29	30	**12/1**	2	3	4	5	
음	계사	계사	계사	계사	계사	계사	계사	계사	계사	계사	계사	계사	계사	계사	계사	계사	
10	계해	계해	계해	계해	계해	계해	계해	계해	계해	계해	계해	계해	계해	계해	계해	계해	
월	을해	병자	정축	무인	기묘	경진	신사	임오	계미	갑신	을유	병술	정해	무자	기축	경인	
	4	4	5	5	5	6	6	6	7	7	7	8	8	8	9	9	
	6	5	5	5	4	4	4	3	3	3	2	2	2	1	1	1	
	14	15	16	17	18	19	20	21	22	23	24	25	26	27	28	29	30
	19	20	21	22	23	24	25	26	27	28	29	30	31	**1/1**	2	3	4
음	계사	계사	계사	계사	계사	계사	계사	계사	계사	계사	계사	계사	계사	계사	계사	계사	계사
11	갑자	갑자	갑자	갑자	갑자	갑자	갑자	갑자	갑자	갑자	갑자	갑자	갑자	갑자	갑자	갑자	갑자
월	갑진	을사	병오	정미	무신	기유	경술	신해	임자	계축	갑인	을묘	병진	정사	무오	기미	경신
	4	4	5	5	5	6	6	6	7	7	7	8	8	8	9	9	9
	6	6	5	5	5	4	4	4	3	3	3	2	2	2	1	1	1
	14	15	16	17	18	19	20	21	22	23	24	25	26	27	28	29	30
	18	19	20	21	22	23	24	25	26	27	28	29	30	31	**2/1**	2	3
음	계사	계사	계사	계사	계사	계사	계사	계사	계사	계사	계사	계사	계사	계사	계사	계사	계사
12	을축	을축	을축	을축	을축	을축	을축	을축	을축	을축	을축	을축	을축	을축	을축	을축	을축
월	갑술	을해	병자	정축	무인	기묘	경진	신사	임오	계미	갑신	을유	병술	정해	무자	기축	경인
	4	4	5	5	5	6	6	6	7	7	7	8	8	8	9	9	9
	6	5	5	5	4	4	4	3	3	3	2	2	2	1	1	1	1

1954(갑오)년 【단기 4287년】

월	구분		1	2	3	4	5	6	7	8	9	10	11	12	13
음 1 월	음력		1	2	3	4	5	6	7	8	9	10	11	12	13
	양력		**2/4**	5	6	7	8	9	10	11	12	13	14	15	16
	연주 (생년)		**갑오**	갑오	갑오	갑오	갑오	갑오	갑오	갑오	갑오	갑오	갑오	갑오	갑오
	월주 (생월)		**병인**	병인	병인	병인	병인	병인	병인	병인	병인	병인	병인	병인	병인
	일주 (생일)		신묘	임진	계사	갑오	을미	병신	정유	무술	기해	경자	신축	임인	계묘
	대운	남	10	10	9	9	9	8	8	8	7	7	7	6	6
		여	10	1	1	1	1	2	2	2	3	3	3	4	4
음 2 월	음력		1	2	3	4	5	6	7	8	9	10	11	12	13
	양력		**3/5**	6	7	8	9	10	11	12	13	14	15	16	17
	연주 (생년)		갑오	갑오	갑오	갑오	갑오	갑오	갑오	갑오	갑오	갑오	갑오	갑오	갑오
	월주 (생월)		병인	**정묘**	정묘	정묘	정묘	정묘	정묘	정묘	정묘	정묘	정묘	정묘	정묘
	일주 (생일)		경신	신유	임술	계해	갑자	을축	병인	정묘	무진	기사	경오	신미	임신
	대운	남	1	10	10	9	9	9	8	8	8	7	7	7	6
		여	10	10	1	1	1	1	2	2	2	3	3	3	4
음 3 월	음력		1	2	3	4	5	6	7	8	9	10	11	12	13
	양력		**4/3**	4	5	6	7	8	9	10	11	12	13	14	15
	연주 (생년)		갑오	갑오	갑오	갑오	갑오	갑오	갑오	갑오	갑오	갑오	갑오	갑오	갑오
	월주 (생월)		정묘	정묘	**무진**	무진	무진	무진	무진	무진	무진	무진	무진	무진	무진
	일주 (생일)		기축	경인	신묘	임진	계사	갑오	을미	병신	정유	무술	기해	경자	신축
	대운	남	1	1	10	10	10	9	9	9	8	8	8	7	7
		여	9	10	10	1	1	1	1	2	2	2	3	3	3
음 4 월	음력		1	2	3	4	5	6	7	8	9	10	11	12	13
	양력		**5/3**	4	5	6	7	8	9	10	11	12	13	14	15
	연주 (생년)		갑오	갑오	갑오	갑오	갑오	갑오	갑오	갑오	갑오	갑오	갑오	갑오	갑오
	월주 (생월)		무진	무진	무진	**기사**	기사	기사	기사	기사	기사	기사	기사	기사	기사
	일주 (생일)		기미	경신	신유	임술	계해	갑자	을축	병인	정묘	무진	기사	경오	신미
	대운	남	1	1	1	10	10	10	9	9	9	8	8	8	7
		여	9	10	10	10	1	1	1	1	2	2	2	3	3
음 5 월	음력		1	2	3	4	5	6	7	8	9	10	11	12	13
	양력		**6/1**	2	3	4	5	6	7	8	9	10	11	12	13
	연주 (생년)		갑오	갑오	갑오	갑오	갑오	갑오	갑오	갑오	갑오	갑오	갑오	갑오	갑오
	월주 (생월)		기사	기사	기사	기사	기사	**경오**	경오	경오	경오	경오	경오	경오	경오
	일주 (생일)		무자	기축	경인	신묘	임진	계사	갑오	을미	병신	정유	무술	기해	경자
	대운	남	2	1	1	1	1	10	10	10	10	9	9	9	8
		여	9	9	9	10	10	10	1	1	1	1	2	2	2
음 6 월	음력		1	2	3	4	5	6	7	8	9	10	11	12	13
	양력		**6/30**	**7/1**	2	3	4	5	6	7	8	9	10	11	12
	연주 (생년)		갑오	갑오	갑오	갑오	갑오	갑오	갑오	갑오	갑오	갑오	갑오	갑오	갑오
	월주 (생월)		경오	경오	경오	경오	경오	경오	경오	경오	**신미**	신미	신미	신미	신미
	일주 (생일)		정사	무오	기미	경신	신유	임술	계해	갑자	을축	병인	정묘	무진	기사
	대운	남	3	2	2	2	1	1	1	1	10	10	10	9	9
		여	8	8	9	9	9	10	10	10	10	1	1	1	1

음	14	15	16	17	18	19	20	21	22	23	24	25	26	27	28	29	
1	17	18	19	20	21	22	23	24	25	26	27	28	**3/1**	2	3	4	
월	갑오	갑오	갑오	갑오	갑오	갑오	갑오	갑오	갑오	갑오	갑오	갑오	갑오	갑오	갑오	갑오	
	병인	병인	병인	병인	병인	병인	병인	병인	병인	병인	병인	병인	병인	병인	병인	병인	
	갑진	을사	병오	정미	무신	기유	경술	신해	임자	계축	갑인	을묘	병진	정사	무오	기미	
	6	5	5	5	4	4	4	3	3	3	2	2	2	1	1	1	
	4	5	5	5	6	6	6	7	7	7	8	8	8	9	9	9	

음	14	15	16	17	18	19	20	21	22	23	24	25	26	27	28	29	
2	18	19	20	21	22	23	24	25	26	27	28	29	30	31	**4/1**	2	
월	갑오	갑오	갑오	갑오	갑오	갑오	갑오	갑오	갑오	갑오	갑오	갑오	갑오	갑오	갑오	갑오	
	정묘	정묘	정묘	정묘	정묘	정묘	정묘	정묘	정묘	정묘	정묘	정묘	정묘	정묘	정묘	정묘	
	계유	갑술	을해	병자	정축	무인	기묘	경진	신사	임오	계미	갑신	을유	병술	정해	무자	
	6	6	5	5	5	4	4	4	3	3	3	2	2	2	1	1	
	4	4	5	5	5	6	6	6	7	7	7	8	8	8	9	9	

음	14	15	16	17	18	19	20	21	22	23	24	25	26	27	28	29	30
3	16	17	18	19	20	21	22	23	24	25	26	27	28	29	30	**5/1**	2
월	갑오	갑오	갑오	갑오	갑오	갑오	갑오	갑오	갑오	갑오	갑오	갑오	갑오	갑오	갑오	갑오	갑오
	무진	무진	무진	무진	무진	무진	무진	무진	무진	무진	무진	무진	무진	무진	무진	무진	무진
	임인	계묘	갑진	을사	병오	정미	무신	기유	경술	신해	임자	계축	갑인	을묘	병진	정사	무오
	7	6	6	6	5	5	5	4	4	4	3	3	3	2	2	2	1
	4	4	4	5	5	5	6	6	6	7	7	7	8	8	8	9	9

음	14	15	16	17	18	19	20	21	22	23	24	25	26	27	28	29	
4	16	17	18	19	20	21	22	23	24	25	26	27	28	29	30	31	
월	갑오	갑오	갑오	갑오	갑오	갑오	갑오	갑오	갑오	갑오	갑오	갑오	갑오	갑오	갑오	갑오	
	기사	기사	기사	기사	기사	기사	기사	기사	기사	기사	기사	기사	기사	기사	기사	기사	
	임신	계유	갑술	을해	병자	정축	무인	기묘	경진	신사	임오	계미	갑신	을유	병술	정해	
	7	7	6	6	6	5	5	5	4	4	4	3	3	3	2	2	
	3	4	4	4	5	5	5	6	6	6	7	7	7	8	8	8	

음	14	15	16	17	18	19	20	21	22	23	24	25	26	27	28	29	
5	14	15	16	17	18	19	20	21	22	23	24	25	26	27	28	29	
월	갑오	갑오	갑오	갑오	갑오	갑오	갑오	갑오	갑오	갑오	갑오	갑오	갑오	갑오	갑오	갑오	
	경오	경오	경오	경오	경오	경오	경오	경오	경오	경오	경오	경오	경오	경오	경오	경오	
	신축	임인	계묘	갑진	을사	병오	정미	무신	기유	경술	신해	임자	계축	갑인	을묘	병진	
	8	8	7	7	7	6	6	6	5	5	5	4	4	4	3	3	
	3	3	3	4	4	4	5	5	5	6	6	6	7	7	7	8	

음	14	15	16	17	18	19	20	21	22	23	24	25	26	27	28	29	30
6	13	14	15	16	17	18	19	20	21	22	23	24	25	26	27	28	29
월	갑오	갑오	갑오	갑오	갑오	갑오	갑오	갑오	갑오	갑오	갑오	갑오	갑오	갑오	갑오	갑오	갑오
	신미	신미	신미	신미	신미	신미	신미	신미	신미	신미	신미	신미	신미	신미	신미	신미	신미
	경오	신미	임신	계유	갑술	을해	병자	정축	무인	기묘	경진	신사	임오	계미	갑신	을유	병술
	9	8	8	8	7	7	7	6	6	6	5	5	5	4	4	4	3
	2	2	2	3	3	3	4	4	4	5	5	5	6	6	6	7	7

1954(갑오)년 【단기 4287년】

음 7 월	음	력	1	2	3	4	5	6	7	8	9	10	11	12	13
	양	력	**7/30**	31	**8/1**	2	3	4	5	6	7	8	9	10	11
	연주 (생년)		갑오	갑오	갑오	갑오	갑오	갑오	갑오	갑오	갑오	갑오	갑오	갑오	갑오
	월주 (생월)		신미	신미	신미	신미	신미	신미	신미	신미	신미	**임신**	임신	임신	임신
	일주 (생일)		정해	무자	기축	경인	신묘	임진	계사	갑오	을미	병신	정유	무술	기해
	대운	남	3	3	2	2	2	1	1	1	1	10	10	10	9
		여	7	8	8	8	9	9	9	10	10	10	1	1	1
음 8 월	음	력	1	2	3	4	5	6	7	8	9	10	11	12	13
	양	력	**8/28**	29	30	31	**9/1**	2	3	4	5	6	7	8	9
	연주 (생년)		갑오	갑오	갑오	갑오	갑오	갑오	갑오	갑오	갑오	갑오	갑오	갑오	갑오
	월주 (생월)		임신	임신	임신	임신	임신	임신	임신	임신	임신	임신	임신	**계유**	계유
	일주 (생일)		병진	정사	무오	기미	경신	신유	임술	계해	갑자	을축	병인	정묘	무진
	대운	남	4	3	3	3	2	2	2	1	1	1	1	10	10
		여	7	7	7	8	8	8	9	9	9	10	10	10	1
음 9 월	음	력	1	2	3	4	5	6	7	8	9	10	11	12	13
	양	력	**9/27**	28	29	30	**10/1**	2	3	4	5	6	7	8	9
	연주 (생년)		갑오	갑오	갑오	갑오	갑오	갑오	갑오	갑오	갑오	갑오	갑오	갑오	갑오
	월주 (생월)		계유	계유	계유	계유	계유	계유	계유	계유	계유	계유	계유	계유	**갑술**
	일주 (생일)		병술	정해	무자	기축	경인	신묘	임진	계사	갑오	을미	병신	정유	무술
	대운	남	4	4	3	3	3	2	2	2	1	1	1	1	10
		여	6	7	7	7	8	8	8	9	9	9	10	10	10
음 10 월	음	력	1	2	3	4	5	6	7	8	9	10	11	12	13
	양	력	**10/27**	28	29	30	31	**11/1**	2	3	4	5	6	7	8
	연주 (생년)		갑오	갑오	갑오	갑오	갑오	갑오	갑오	갑오	갑오	갑오	갑오	갑오	갑오
	월주 (생월)		갑술	갑술	갑술	갑술	갑술	갑술	갑술	갑술	갑술	갑술	갑술	갑술	**을해**
	일주 (생일)		병진	정사	무오	기미	경신	신유	임술	계해	갑자	을축	병인	정묘	무진
	대운	남	4	4	3	3	3	2	2	2	1	1	1	1	10
		여	6	6	7	7	7	8	8	8	9	9	9	10	10
음 11 월	음	력	1	2	3	4	5	6	7	8	9	10	11	12	13
	양	력	**11/25**	26	27	28	29	30	**12/1**	2	3	4	5	6	7
	연주 (생년)		갑오	갑오	갑오	갑오	갑오	갑오	갑오	갑오	갑오	갑오	갑오	갑오	갑오
	월주 (생월)		을해	을해	을해	을해	을해	을해	을해	을해	을해	을해	을해	을해	을해
	일주 (생일)		을유	병술	정해	무자	기축	경인	신묘	임진	계사	갑오	을미	병신	정유
	대운	남	4	4	4	3	3	3	2	2	2	1	1	1	1
		여	6	6	6	7	7	7	8	8	8	9	9	9	10
음 12 월	음	력	1	2	3	4	5	6	7	8	9	10	11	12	13
	양	력	**12/25**	26	27	28	29	30	31	**1/1**	2	3	4	5	6
	연주 (생년)		갑오	갑오	갑오	갑오	갑오	갑오	갑오	갑오	갑오	갑오	갑오	갑오	갑오
	월주 (생월)		병자	병자	병자	병자	병자	병자	병자	병자	병자	병자	병자	병자	**정축**
	일주 (생일)		을묘	병진	정사	무오	기미	경신	신유	임술	계해	갑자	을축	병인	정묘
	대운	남	4	4	3	3	3	2	2	2	1	1	1	1	10
		여	6	6	6	7	7	7	8	8	8	9	9	9	10

음 7 월	14	15	16	17	18	19	20	21	22	23	24	25	26	27	28	29	
	12	13	14	15	16	17	18	19	20	21	22	23	24	25	26	27	
	갑오	갑오	갑오	갑오	갑오	갑오	갑오	갑오	갑오	갑오	갑오	갑오	갑오	갑오	갑오	갑오	
	임신	임신	임신	임신	임신	임신	임신	임신	임신	임신	임신	임신	임신	임신	임신	임신	
	경자	신축	임인	계묘	갑진	을사	병오	정미	무신	기유	경술	신해	임자	계축	갑인	을묘	
	9	9	8	8	8	7	7	7	6	6	6	5	5	5	4	4	
	1	2	2	2	3	3	3	4	4	4	5	5	5	6	6	6	
음 8 월	14	15	16	17	18	19	20	21	22	23	24	25	26	27	28	29	30
	10	11	12	13	14	15	16	17	18	19	20	21	22	23	24	25	26
	갑오	갑오	갑오	갑오	갑오	갑오	갑오	갑오	갑오	갑오	갑오	갑오	갑오	갑오	갑오	갑오	갑오
	계유	계유	계유	계유	계유	계유	계유	계유	계유	계유	계유	계유	계유	계유	계유	계유	계유
	기사	경오	신미	임신	계유	갑술	을해	병자	정축	무인	기묘	경진	신사	임오	계미	갑신	을유
	10	9	9	9	8	8	8	7	7	7	6	6	6	5	5	5	4
	1	1	1	2	2	2	3	3	3	4	4	4	5	5	5	6	6
음 9 월	14	15	16	17	18	19	20	21	22	23	24	25	26	27	28	29	30
	10	11	12	13	14	15	16	17	18	19	20	21	22	23	24	25	26
	갑오	갑오	갑오	갑오	갑오	갑오	갑오	갑오	갑오	갑오	갑오	갑오	갑오	갑오	갑오	갑오	갑오
	갑술	갑술	갑술	갑술	갑술	갑술	갑술	갑술	갑술	갑술	갑술	갑술	갑술	갑술	갑술	갑술	갑술
	기해	경자	신축	임인	계묘	갑진	을사	병오	정미	무신	기유	경술	신해	임자	계축	갑인	을묘
	10	9	9	9	8	8	8	7	7	7	6	6	6	5	5	5	4
	1	1	1	1	2	2	2	3	3	3	4	4	4	5	5	5	6
음 10 월	14	15	16	17	18	19	20	21	22	23	24	25	26	27	28	29	
	9	10	11	12	13	14	15	16	17	18	19	20	21	22	23	24	
	갑오	갑오	갑오	갑오	갑오	갑오	갑오	갑오	갑오	갑오	갑오	갑오	갑오	갑오	갑오	갑오	
	을해	을해	을해	을해	을해	을해	을해	을해	을해	을해	을해	을해	을해	을해	을해	을해	
	기사	경오	신미	임신	계유	갑술	을해	병자	정축	무인	기묘	경진	신사	임오	계미	갑신	
	10	9	9	9	8	8	8	7	7	7	6	6	6	5	5	5	
	1	1	1	1	2	2	2	3	3	3	4	4	4	5	5	5	
음 11 월	14	15	16	17	18	19	20	21	22	23	24	25	26	27	28	29	30
	8	9	10	11	12	13	14	15	16	17	18	19	20	21	22	23	24
	갑오	갑오	갑오	갑오	갑오	갑오	갑오	갑오	갑오	갑오	갑오	갑오	갑오	갑오	갑오	갑오	갑오
	병자	병자	병자	병자	병자	병자	병자	병자	병자	병자	병자	병자	병자	병자	병자	병자	병자
	무술	기해	경자	신축	임인	계묘	갑진	을사	병오	정미	무신	기유	경술	신해	임자	계축	갑인
	10	9	9	9	8	8	8	7	7	7	6	6	6	5	5	5	4
	10	1	1	1	1	2	2	2	3	3	3	4	4	4	5	5	5
음 12 월	14	15	16	17	18	19	20	21	22	23	24	25	26	27	28	29	30
	7	8	9	10	11	12	13	14	15	16	17	18	19	20	21	22	23
	갑오	갑오	갑오	갑오	갑오	갑오	갑오	갑오	갑오	갑오	갑오	갑오	갑오	갑오	갑오	갑오	갑오
	정축	정축	정축	정축	정축	정축	정축	정축	정축	정축	정축	정축	정축	정축	정축	정축	정축
	무진	기사	경오	신미	임신	계유	갑술	을해	병자	정축	무인	기묘	경진	신사	임오	계미	갑신
	9	9	9	8	8	8	7	7	7	6	6	6	5	5	5	4	4
	1	1	1	1	2	2	2	3	3	3	4	4	4	5	5	5	6

1955(을미)년 【단기 4288년】

월	구분		1	2	3	4	5	6	7	8	9	10	11	12	13
음 1 월	음력		1	2	3	4	5	6	7	8	9	10	11	12	13
	양력		**1/24**	25	26	27	28	29	30	31	**2/1**	2	3	4	5
	연주 (생년)		갑오	갑오	갑오	갑오	갑오	갑오	갑오	갑오	갑오	갑오	갑오	**을미**	을미
	월주 (생월)		정축	정축	정축	정축	정축	정축	정축	정축	정축	정축	정축	**무인**	무인
	일주 (생일)		을유	병술	정해	무자	기축	경인	신묘	임진	계사	갑오	을미	병신	정유
	대운	남	4	3	3	3	2	2	2	1	1	1	1	10	1
		여	6	6	7	7	7	8	8	8	9	9	9	10	10
음 2 월	음력		1	2	3	4	5	6	7	8	9	10	11	12	13
	양력		**2/23**	24	25	26	27	28	**3/1**	2	3	4	5	6	7
	연주 (생년)		을미	을미	을미	을미	을미	을미	을미	을미	을미	을미	을미	을미	을미
	월주 (생월)		무인	무인	무인	무인	무인	무인	무인	무인	무인	무인	무인	**기묘**	기묘
	일주 (생일)		을묘	병진	정사	무오	기미	경신	신유	임술	계해	갑자	을축	병인	정묘
	대운	남	6	7	7	7	8	8	8	9	9	9	10	10	1
		여	4	3	3	3	2	2	2	1	1	1	1	10	10
음 3 월	음력		1	2	3	4	5	6	7	8	9	10	11	12	13
	양력		**3/24**	25	26	27	28	29	30	31	**4/1**	2	3	4	5
	연주 (생년)		을미	을미	을미	을미	을미	을미	을미	을미	을미	을미	을미	을미	을미
	월주 (생월)		기묘	기묘	기묘	기묘	기묘	기묘	기묘	기묘	기묘	기묘	기묘	기묘	**경진**
	일주 (생일)		갑신	을유	병술	정해	무자	기축	경인	신묘	임진	계사	갑오	을미	병신
	대운	남	6	6	7	7	7	8	8	8	9	9	9	10	10
		여	4	4	3	3	3	2	2	2	1	1	1	1	10
윤 3 월	음력		1	2	3	4	5	6	7	8	9	10	11	12	13
	양력		**4/22**	23	24	25	26	27	28	29	30	**5/1**	2	3	4
	연주 (생년)		을미	을미	을미	을미	을미	을미	을미	을미	을미	을미	을미	을미	을미
	월주 (생월)		경진	경진	경진	경진	경진	경진	경진	경진	경진	경진	경진	경진	경진
	일주 (생일)		계축	갑인	을묘	병진	정사	무오	기미	경신	신유	임술	계해	갑자	을축
	대운	남	6	6	6	7	7	7	8	8	8	9	9	9	10
		여	5	4	4	4	3	3	3	2	2	2	1	1	1
음 4 월	음력		1	2	3	4	5	6	7	8	9	10	11	12	13
	양력		**5/22**	23	24	25	26	27	28	29	30	31	**6/1**	2	3
	연주 (생년)		을미	을미	을미	을미	을미	을미	을미	을미	을미	을미	을미	을미	을미
	월주 (생월)		신사	신사	신사	신사	신사	신사	신사	신사	신사	신사	신사	신사	신사
	일주 (생일)		계미	갑신	을유	병술	정해	무자	기축	경인	신묘	임진	계사	갑오	을미
	대운	남	5	6	6	6	7	7	7	8	8	8	9	9	9
		여	5	5	4	4	4	3	3	3	2	2	2	1	1
음 5 월	음력		1	2	3	4	5	6	7	8	9	10	11	12	13
	양력		**6/20**	21	22	23	24	25	26	27	28	29	30	**7/1**	2
	연주 (생년)		을미	을미	을미	을미	을미	을미	을미	을미	을미	을미	을미	을미	을미
	월주 (생월)		임오	임오	임오	임오	임오	임오	임오	임오	임오	임오	임오	임오	임오
	일주 (생일)		임자	계축	갑인	을묘	병진	정사	무오	기미	경신	신유	임술	계해	갑자
	대운	남	5	5	5	6	6	6	7	7	7	8	8	8	9
		여	6	5	5	5	4	4	4	3	3	3	2	2	2
음 6 월	음력		1	2	3	4	5	6	7	8	9	10	11	12	13
	양력		**7/19**	20	21	22	23	24	25	26	27	28	29	30	31
	연주 (생년)		을미	을미	을미	을미	을미	을미	을미	을미	을미	을미	을미	을미	을미
	월주 (생월)		계미	계미	계미	계미	계미	계미	계미	계미	계미	계미	계미	계미	계미
	일주 (생일)		신사	임오	계미	갑신	을유	병술	정해	무자	기축	경인	신묘	임진	계사
	대운	남	4	4	4	5	5	5	6	6	6	7	7	7	8
		여	7	6	6	6	5	5	5	4	4	4	3	3	3

음 1 월	14	15	16	17	18	19	20	21	22	23	24	25	26	27	28	29	30
	6	7	8	9	10	11	12	13	14	15	16	17	18	19	20	21	22
	을미	을미	을미	을미	을미	을미	을미	을미	을미	을미	을미	을미	을미	을미	을미	을미	을미
	무인	무인	무인	무인	무인	무인	무인	무인	무인	무인	무인	무인	무인	무인	무인	무인	무인
	무술	기해	경자	신축	임인	계묘	갑진	을사	병오	정미	무신	기유	경술	신해	임자	계축	갑인
	1	1	1	2	2	2	3	3	3	4	4	4	5	5	5	6	6
	9	9	9	8	8	8	7	7	7	6	6	6	5	5	5	4	4
음 2 월	14	15	16	17	18	19	20	21	22	23	24	25	26	27	28	29	
	8	9	10	11	12	13	14	15	16	17	18	19	20	21	22	23	
	을미	을미	을미	을미	을미	을미	을미	을미	을미	을미	을미	을미	을미	을미	을미	을미	
	기묘	기묘	기묘	기묘	기묘	기묘	기묘	기묘	기묘	기묘	기묘	기묘	기묘	기묘	기묘	기묘	
	무진	기사	경오	신미	임신	계유	갑술	을해	병자	정축	무인	기묘	경진	신사	임오	계미	
	1	1	1	2	2	2	3	3	3	4	4	4	5	5	5	6	
	9	9	9	8	8	8	7	7	7	6	6	6	5	5	5	4	
음 3 월	14	15	16	17	18	19	20	21	22	23	24	25	26	27	28	29	
	6	7	8	9	10	11	12	13	14	15	16	17	18	19	20	21	
	을미	을미	을미	을미	을미	을미	을미	을미	을미	을미	을미	을미	을미	을미	을미	을미	
	경진	경진	경진	경진	경진	경진	경진	경진	경진	경진	경진	경진	경진	경진	경진	경진	
	정유	무술	기해	경자	신축	임인	계묘	갑진	을사	병오	정미	무신	기유	경술	신해	임자	
	1	1	1	1	2	2	2	3	3	3	4	4	4	5	5	5	
	10	10	9	9	9	8	8	8	7	7	7	6	6	6	5	5	
윤 3 월	14	15	16	17	18	19	20	21	22	23	24	25	26	27	28	29	30
	5	6	7	8	9	10	11	12	13	14	15	16	17	18	19	20	21
	을미	을미	을미	을미	을미	을미	을미	을미	을미	을미	을미	을미	을미	을미	을미	을미	을미
	경진	**신사**	신사	신사	신사	신사	신사	신사	신사	신사	신사	신사	신사	신사	신사	신사	신사
	병인	정묘	무진	기사	경오	신미	임신	계유	갑술	을해	병자	정축	무인	기묘	경진	신사	임오
	10	10	1	1	1	1	2	2	2	3	3	3	4	4	4	5	5
	1	10	10	10	9	9	9	8	8	8	7	7	7	6	6	6	5
음 4 월	14	15	16	17	18	19	20	21	22	23	24	25	26	27	28	29	
	4	5	6	7	8	9	10	11	12	13	14	15	16	17	18	19	
	을미	을미	을미	을미	을미	을미	을미	을미	을미	을미	을미	을미	을미	을미	을미	을미	
	신사	신사	**임오**	임오	임오	임오	임오	임오	임오	임오	임오	임오	임오	임오	임오	임오	
	병신	정유	무술	기해	경자	신축	임인	계묘	갑진	을사	병오	정미	무신	기유	경술	신해	
	10	10	10	1	1	1	1	2	2	2	3	3	3	4	4	4	
	1	1	10	10	10	9	9	9	8	8	8	7	7	7	6	6	
음 5 월	14	15	16	17	18	19	20	21	22	23	24	25	26	27	28	29	
	3	4	5	6	7	8	9	10	11	12	13	14	15	16	17	18	
	을미	을미	을미	을미	을미	을미	을미	을미	을미	을미	을미	을미	을미	을미	을미	을미	
	임오	임오	임오	임오	임오	**계미**	계미	계미	계미	계미	계미	계미	계미	계미	계미	계미	
	을축	병인	정묘	무진	기사	경오	신미	임신	계유	갑술	을해	병자	정축	무인	기묘	경진	
	9	9	10	10	10	10	1	1	1	1	2	2	2	3	3	3	
	1	1	1	1	10	10	10	10	9	9	9	8	8	8	7	7	
음 6 월	14	15	16	17	18	19	20	21	22	23	24	25	26	27	28	29	30
	8/1	2	3	4	5	6	7	8	9	10	11	12	13	14	15	16	17
	을미	을미	을미	을미	을미	을미	을미	을미	을미	을미	을미	을미	을미	을미	을미	을미	을미
	계미	계미	계미	계미	계미	계미	계미	**갑신**	갑신	갑신	갑신	갑신	갑신	갑신	갑신	갑신	갑신
	갑오	을미	병신	정유	무술	기해	경자	신축	임인	계묘	갑진	을사	병오	정미	무신	기유	경술
	8	8	9	9	9	10	10	10	1	1	1	1	2	2	2	3	3
	2	2	2	1	1	1	1	10	10	10	9	9	9	8	8	8	7

1955(을미)년 【단기 4288년】

월	구분		1	2	3	4	5	6	7	8	9	10	11	12	13
음 7 월	음력		1	2	3	4	5	6	7	8	9	10	11	12	13
	양력		8/18	19	20	21	22	23	24	25	26	27	28	29	30
	연주 (생년)		을미	을미	을미	을미	을미	을미	을미	을미	을미	을미	을미	을미	을미
	월주 (생월)		갑신	갑신	갑신	갑신	갑신	갑신	갑신	갑신	갑신	갑신	갑신	갑신	갑신
	일주 (생일)		신해	임자	계축	갑인	을묘	병진	정사	무오	기미	경신	신유	임술	계해
	대운	남	3	4	4	4	5	5	5	6	6	6	7	7	7
		여	7	7	6	6	6	5	5	5	4	4	4	3	3
음 8 월	음력		1	2	3	4	5	6	7	8	9	10	11	12	13
	양력		9/16	17	18	19	20	21	22	23	24	25	26	27	28
	연주 (생년)		을미	을미	을미	을미	을미	을미	을미	을미	을미	을미	을미	을미	을미
	월주 (생월)		을유	을유	을유	을유	을유	을유	을유	을유	을유	을유	을유	을유	을유
	일주 (생일)		경진	신사	임오	계미	갑신	을유	병술	정해	무자	기축	경인	신묘	임진
	대운	남	3	3	3	4	4	4	5	5	5	6	6	6	7
		여	8	7	7	7	6	6	6	5	5	5	4	4	4
음 9 월	음력		1	2	3	4	5	6	7	8	9	10	11	12	13
	양력		10/16	17	18	19	20	21	22	23	24	25	26	27	28
	연주 (생년)		을미	을미	을미	을미	을미	을미	을미	을미	을미	을미	을미	을미	을미
	월주 (생월)		병술	병술	병술	병술	병술	병술	병술	병술	병술	병술	병술	병술	병술
	일주 (생일)		경술	신해	임자	계축	갑인	을묘	병진	정사	무오	기미	경신	신유	임술
	대운	남	2	3	3	3	4	4	4	5	5	5	6	6	6
		여	8	8	7	7	7	6	6	6	5	5	5	4	4
음 10 월	음력		1	2	3	4	5	6	7	8	9	10	11	12	13
	양력		11/14	15	16	17	18	19	20	21	22	23	24	25	26
	연주 (생년)		을미	을미	을미	을미	을미	을미	을미	을미	을미	을미	을미	을미	을미
	월주 (생월)		정해	정해	정해	정해	정해	정해	정해	정해	정해	정해	정해	정해	정해
	일주 (생일)		기묘	경진	신사	임오	계미	갑신	을유	병술	정해	무자	기축	경인	신묘
	대운	남	2	2	3	3	3	4	4	4	5	5	5	6	6
		여	8	8	7	7	7	6	6	6	5	5	5	4	4
음 11 월	음력		1	2	3	4	5	6	7	8	9	10	11	12	13
	양력		12/14	15	16	17	18	19	20	21	22	23	24	25	26
	연주 (생년)		을미	을미	을미	을미	을미	을미	을미	을미	을미	을미	을미	을미	을미
	월주 (생월)		무자	무자	무자	무자	무자	무자	무자	무자	무자	무자	무자	무자	무자
	일주 (생일)		기유	경술	신해	임자	계축	갑인	을묘	병진	정사	무오	기미	경신	신유
	대운	남	2	2	3	3	3	4	4	4	5	5	5	6	6
		여	8	7	7	7	6	6	6	6	5	5	4	4	4
음 12 월	음력		1	2	3	4	5	6	7	8	9	10	11	12	13
	양력		1/13	14	15	16	17	18	19	20	21	22	23	24	25
	연주 (생년)		을미	을미	을미	을미	을미	을미	을미	을미	을미	을미	을미	을미	을미
	월주 (생월)		기축	기축	기축	기축	기축	기축	기축	기축	기축	기축	기축	기축	기축
	일주 (생일)		기묘	경진	신사	임오	계미	갑신	을유	병술	정해	무자	기축	경인	신묘
	대운	남	2	3	3	3	4	4	4	5	5	5	6	6	6
		여	8	7	7	7	6	6	6	5	5	5	4	4	4

	14	15	16	17	18	19	20	21	22	23	24	25	26	27	28	29	
	31	**9/1**	2	3	4	5	6	7	8	9	10	11	12	13	14	15	
음	을미	을미	을미	을미	을미	을미	을미	을미	을미	을미	을미	을미	을미	을미	을미	을미	
7	갑신	갑신	갑신	갑신	갑신	갑신	갑신	갑신	**을유**	을유	을유	을유	을유	을유	을유	을유	
월	갑자	을축	병인	정묘	무진	기사	경오	신미	임신	계유	갑술	을해	병자	정축	무인	기묘	
	8	8	8	9	9	9	10	10	10	1	1	1	1	2	2	2	
	3	2	2	2	1	1	1	1	10	10	10	9	9	9	8	8	
	14	15	16	17	18	19	20	21	22	23	24	25	26	27	28	29	30
	29	30	**10/1**	2	3	4	5	6	7	8	9	10	11	12	13	14	15
음	을미	을미	을미	을미	을미	을미	을미	을미	을미	을미	을미	을미	을미	을미	을미	을미	을미
8	을유	을유	을유	을유	을유	을유	을유	을유	을유	을유	**병술**	병술	병술	병술	병술	병술	병술
월	계사	갑오	을미	병신	정유	무술	기해	경자	신축	임인	계묘	갑진	을사	병오	정미	무신	기유
	7	7	8	8	8	9	9	9	10	10	10	1	1	1	1	2	2
	3	3	3	2	2	2	1	1	1	1	10	10	9	9	9	8	8
	14	15	16	17	18	19	20	21	22	23	24	25	26	27	28	29	
	29	30	31	**11/1**	2	3	4	5	6	7	8	9	10	11	12	13	
음	을미	을미	을미	을미	을미	을미	을미	을미	을미	을미	을미	을미	을미	을미	을미	을미	
9	병술	병술	병술	병술	병술	병술	병술	병술	병술	병술	**정해**	정해	정해	정해	정해	정해	
월	계해	갑자	을축	병인	정묘	무진	기사	경오	신미	임신	계유	갑술	을해	병자	정축	무인	
	7	7	7	8	8	8	9	9	9	10	10	1	1	1	1	2	
	4	3	3	3	2	2	2	1	1	1	10	10	9	9	9	8	
	14	15	16	17	18	19	20	21	22	23	24	25	26	27	28	29	30
	27	28	29	30	**12/1**	2	3	4	5	6	7	8	9	10	11	12	13
음	을미	을미	을미	을미	을미	을미	을미	을미	을미	을미	을미	을미	을미	을미	을미	을미	을미
10	정해	정해	정해	정해	정해	정해	정해	정해	정해	정해	정해	**무자**	무자	무자	무자	무자	무자
월	임진	계사	갑오	을미	병신	정유	무술	기해	경자	신축	임인	계묘	갑진	을사	병오	정미	무신
	6	7	7	7	8	8	8	9	9	9	10	10	1	1	1	1	2
	4	3	3	3	2	2	2	1	1	1	1	10	9	9	9	8	8
	14	15	16	17	18	19	20	21	22	23	24	25	26	27	28	29	30
	27	28	29	30	31	**1/1**	2	3	4	5	6	7	8	9	10	11	12
음	을미	을미	을미	을미	을미	을미	을미	을미	을미	을미	을미	을미	을미	을미	을미	을미	을미
11	무자	무자	무자	무자	무자	무자	무자	무자	무자	무자	**기축**	기축	기축	기축	기축	기축	기축
월	임술	계해	갑자	을축	병인	정묘	무진	기사	경오	신미	임신	계유	갑술	을해	병자	정축	무인
	7	7	7	8	8	8	9	9	9	10	10	1	1	1	1	2	2
	3	3	3	2	2	2	1	1	1	1	10	10	9	9	9	8	8
	14	15	16	17	18	19	20	21	22	23	24	25	26	27	28	29	30
	26	27	28	29	30	31	**2/1**	2	3	4	5	6	7	8	9	10	11
음	을미	을미	을미	을미	을미	을미	을미	을미	을미	을미	**병신**	병신	병신	병신	병신	병신	병신
12	기축	기축	기축	기축	기축	기축	기축	기축	기축	기축	**경인**	경인	경인	경인	경인	경인	경인
월	임진	계사	갑오	을미	병신	정유	무술	기해	경자	신축	임인	계묘	갑진	을사	병오	정미	무신
	6	7	7	7	8	8	8	9	9	9	10	9	9	9	8	8	8
	3	3	3	2	2	2	1	1	1	1	10	1	1	1	1	2	2

1956(병신)년 【단기 4289년】

	음력		1	2	3	4	5	6	7	8	9	10	11	12	13
음 1 월	양력		2/12	13	14	15	16	17	18	19	20	21	22	23	24
	연주 (생년)		병신	병신	병신	병신	병신	병신	병신	병신	병신	병신	병신	병신	병신
	월주 (생월)		경인	경인	경인	경인	경인	경인	경인	경인	경인	경인	경인	경인	경인
	일주 (생일)		기유	경술	신해	임자	계축	갑인	을묘	병진	정사	무오	기미	경신	신유
	대운	남	7	7	7	6	6	6	5	5	5	4	4	4	3
		여	2	3	3	3	4	4	4	5	5	5	6	6	6
음 2 월	음력		1	2	3	4	5	6	7	8	9	10	11	12	13
	양력		3/12	13	14	15	16	17	18	19	20	21	22	23	24
	연주 (생년)		병신	병신	병신	병신	병신	병신	병신	병신	병신	병신	병신	병신	병신
	월주 (생월)		신묘	신묘	신묘	신묘	신묘	신묘	신묘	신묘	신묘	신묘	신묘	신묘	신묘
	일주 (생일)		무인	기묘	경진	신사	임오	계미	갑신	을유	병술	정해	무자	기축	경인
	대운	남	8	8	7	7	7	6	6	6	5	5	5	4	4
		여	2	3	3	3	4	4	4	5	5	5	6	6	6
음 3 월	음력		1	2	3	4	5	6	7	8	9	10	11	12	13
	양력		4/11	12	13	14	15	16	17	18	19	20	21	22	23
	연주 (생년)		병신	병신	병신	병신	병신	병신	병신	병신	병신	병신	병신	병신	병신
	월주 (생월)		임진	임진	임진	임진	임진	임진	임진	임진	임진	임진	임진	임진	임진
	일주 (생일)		무신	기유	경술	신해	임자	계축	갑인	을묘	병진	정사	무오	기미	경신
	대운	남	8	8	7	7	7	6	6	6	5	5	5	4	4
		여	2	2	3	3	3	4	4	4	5	5	5	6	6
음 4 월	음력		1	2	3	4	5	6	7	8	9	10	11	12	13
	양력		5/10	11	12	13	14	15	16	17	18	19	20	21	22
	연주 (생년)		병신	병신	병신	병신	병신	병신	병신	병신	병신	병신	병신	병신	병신
	월주 (생월)		계사	계사	계사	계사	계사	계사	계사	계사	계사	계사	계사	계사	계사
	일주 (생일)		정축	무인	기묘	경진	신사	임오	계미	갑신	을유	병술	정해	무자	기축
	대운	남	9	9	8	8	8	7	7	7	6	6	6	5	5
		여	2	2	2	3	3	3	4	4	4	5	5	5	6
음 5 월	음력		1	2	3	4	5	6	7	8	9	10	11	12	13
	양력		6/9	10	11	12	13	14	15	16	17	18	19	20	21
	연주 (생년)		병신	병신	병신	병신	병신	병신	병신	병신	병신	병신	병신	병신	병신
	월주 (생월)		갑오	갑오	갑오	갑오	갑오	갑오	갑오	갑오	갑오	갑오	갑오	갑오	갑오
	일주 (생일)		정미	무신	기유	경술	신해	임자	계축	갑인	을묘	병진	정사	무오	기미
	대운	남	9	9	9	8	8	8	7	7	7	6	6	6	5
		여	1	1	2	2	2	3	3	3	4	4	4	5	5
음 6 월	음력		1	2	3	4	5	6	7	8	9	10	11	12	13
	양력		7/8	9	10	11	12	13	14	15	16	17	18	19	20
	연주 (생년)		병신	병신	병신	병신	병신	병신	병신	병신	병신	병신	병신	병신	병신
	월주 (생월)		을미	을미	을미	을미	을미	을미	을미	을미	을미	을미	을미	을미	을미
	일주 (생일)		병자	정축	무인	기묘	경진	신사	임오	계미	갑신	을유	병술	정해	무자
	대운	남	10	10	9	9	9	8	8	8	7	7	7	6	6
		여	1	1	1	1	2	2	2	3	3	3	4	4	4

음 1 월	14	15	16	17	18	19	20	21	22	23	24	25	26	27	28	29	
	25	26	27	28	29	**3/1**	2	3	4	5	6	7	8	9	10	11	
	병신	병신	병신	병신	병신	병신	병신	병신	병신	병신	병신	병신	병신	병신	병신	병신	
	경인	경인	경인	경인	경인	경인	경인	경인	경인	**신묘**	신묘	신묘	신묘	신묘	신묘	신묘	
	임술	계해	갑자	을축	병인	정묘	무진	기사	경오	신미	임신	계유	갑술	을해	병자	정축	
	3	3	2	2	2	1	1	1	1	10	10	10	9	9	9	8	
	7	7	7	8	8	8	9	9	9	10	1	1	1	1	2	2	

음 2 월	14	15	16	17	18	19	20	21	22	23	24	25	26	27	28	29	30
	25	26	27	28	29	30	31	**4/1**	2	3	4	5	6	7	8	9	10
	병신	병신	병신	병신	병신	병신	병신	병신	병신	병신	병신	병신	병신	병신	병신	병신	병신
	신묘	신묘	신묘	신묘	신묘	신묘	신묘	신묘	신묘	신묘	신묘	**임진**	임진	임진	임진	임진	임진
	신묘	임진	계사	갑오	을미	병신	정유	무술	기해	경자	신축	임인	계묘	갑진	을사	병오	정미
	4	3	3	3	2	2	2	1	1	1	1	10	10	9	9	9	8
	7	7	7	8	8	8	9	9	9	10	10	10	1	1	1	1	2

음 3 월	14	15	16	17	18	19	20	21	22	23	24	25	26	27	28	29	
	24	25	26	27	28	29	30	**5/1**	2	3	4	5	6	7	8	9	
	병신	병신	병신	병신	병신	병신	병신	병신	병신	병신	병신	병신	병신	병신	병신	병신	
	임진	임진	임진	임진	임진	임진	임진	임진	임진	임진	임진	**계사**	계사	계사	계사	계사	
	신유	임술	계해	갑자	을축	병인	정묘	무진	기사	경오	신미	임신	계유	갑술	을해	병자	
	4	3	3	3	2	2	2	1	1	1	1	10	10	10	10	9	
	6	7	7	7	8	8	8	9	9	9	10	10	1	1	1	1	

음 4 월	14	15	16	17	18	19	20	21	22	23	24	25	26	27	28	29	30
	23	24	25	26	27	28	29	30	31	**6/1**	2	3	4	5	6	7	8
	병신	병신	병신	병신	병신	병신	병신	병신	병신	병신	병신	병신	병신	병신	병신	병신	병신
	계사	계사	계사	계사	계사	계사	계사	계사	계사	계사	계사	계사	계사	계사	**갑오**	갑오	갑오
	경인	신묘	임진	계사	갑오	을미	병신	정유	무술	기해	경자	신축	임인	계묘	갑진	을사	병오
	5	4	4	4	3	3	3	2	2	2	1	1	1	1	10	10	10
	6	6	7	7	7	8	8	8	9	9	9	10	10	10	10	1	1

음 5 월	14	15	16	17	18	19	20	21	22	23	24	25	26	27	28	29	
	22	23	24	25	26	27	28	29	30	**7/1**	2	3	4	5	6	7	
	병신	병신	병신	병신	병신	병신	병신	병신	병신	병신	병신	병신	병신	병신	병신	병신	
	갑오	갑오	갑오	갑오	갑오	갑오	갑오	갑오	갑오	갑오	갑오	갑오	갑오	갑오	갑오	**을미**	
	경신	신유	임술	계해	갑자	을축	병인	정묘	무진	기사	경오	신미	임신	계유	갑술	을해	
	5	5	4	4	4	3	3	3	2	2	2	1	1	1	1	10	
	5	6	6	6	7	7	7	8	8	8	9	9	9	10	10	10	

음 6 월	14	15	16	17	18	19	20	21	22	23	24	25	26	27	28	29	
	21	22	23	24	25	26	27	28	29	30	31	**8/1**	2	3	4	5	
	병신	병신	병신	병신	병신	병신	병신	병신	병신	병신	병신	병신	병신	병신	병신	병신	
	을미	을미	을미	을미	을미	을미	을미	을미	을미	을미	을미	을미	을미	을미	을미	을미	
	기축	경인	신묘	임진	계사	갑오	을미	병신	정유	무술	기해	경자	신축	임인	계묘	갑진	
	6	5	5	5	4	4	4	3	3	3	2	2	2	1	1	1	
	5	5	5	6	6	6	7	7	7	8	8	8	9	9	9	10	

1956(병신)년 【단기 4289년】

월	구분		1	2	3	4	5	6	7	8	9	10	11	12	13
음 7 월	음력		1	2	3	4	5	6	7	8	9	10	11	12	13
	양력		**8/6**	7	8	9	10	11	12	13	14	15	16	17	18
	연주 (생년)		병신	병신	병신	병신	병신	병신	병신	병신	병신	병신	병신	병신	병신
	월주 (생월)		을미	**병신**	병신	병신	병신	병신	병신	병신	병신	병신	병신	병신	병신
	일주 (생일)		을사	병오	정미	무신	기유	경술	신해	임자	계축	갑인	을묘	병진	정사
	대운	남	1	10	10	10	10	9	9	9	8	8	8	7	7
		여	10	10	1	1	1	1	2	2	2	3	3	3	4
음 8 월	음력		1	2	3	4	5	6	7	8	9	10	11	12	13
	양력		**9/5**	6	7	8	9	10	11	12	13	14	15	16	17
	연주 (생년)		병신	병신	병신	병신	병신	병신	병신	병신	병신	병신	병신	병신	병신
	월주 (생월)		병신	병신	병신	**정유**	정유	정유	정유	정유	정유	정유	정유	정유	정유
	일주 (생일)		을해	병자	정축	무인	기묘	경진	신사	임오	계미	갑신	을유	병술	정해
	대운	남	1	1	1	10	10	9	9	9	8	8	8	7	7
		여	10	10	10	10	1	1	1	1	2	2	2	3	3
음 9 월	음력		1	2	3	4	5	6	7	8	9	10	11	12	13
	양력		**10/4**	5	6	7	8	9	10	11	12	13	14	15	16
	연주 (생년)		병신	병신	병신	병신	병신	병신	병신	병신	병신	병신	병신	병신	병신
	월주 (생월)		정유	정유	정유	정유	**무술**	무술	무술	무술	무술	무술	무술	무술	무술
	일주 (생일)		갑진	을사	병오	정미	무신	기유	경술	신해	임자	계축	갑인	을묘	병진
	대운	남	1	1	1	1	10	10	9	9	9	8	8	8	7
		여	9	9	9	10	10	1	1	1	1	2	2	2	3
음 10 월	음력		1	2	3	4	5	6	7	8	9	10	11	12	13
	양력		**11/3**	4	5	6	7	8	9	10	11	12	13	14	15
	연주 (생년)		병신	병신	병신	병신	병신	병신	병신	병신	병신	병신	병신	병신	병신
	월주 (생월)		무술	무술	무술	무술	**기해**	기해	기해	기해	기해	기해	기해	기해	기해
	일주 (생일)		갑술	을해	병자	정축	무인	기묘	경진	신사	임오	계미	갑신	을유	병술
	대운	남	1	1	1	1	10	10	9	9	9	8	8	8	7
		여	9	9	9	10	10	1	1	1	1	2	2	2	3
음 11 월	음력		1	2	3	4	5	6	7	8	9	10	11	12	13
	양력		**12/2**	3	4	5	6	7	8	9	10	11	12	13	14
	연주 (생년)		병신	병신	병신	병신	병신	병신	병신	병신	병신	병신	병신	병신	병신
	월주 (생월)		기해	기해	기해	기해	기해	**경자**	경자	경자	경자	경자	경자	경자	경자
	일주 (생일)		계묘	갑진	을사	병오	정미	무신	기유	경술	신해	임자	계축	갑인	을묘
	대운	남	2	1	1	1	1	10	9	9	9	8	8	8	7
		여	8	9	9	9	10	10	1	1	1	1	2	2	2
음 12 월	음력		1	2	3	4	5	6	7	8	9	10	11	12	13
	양력		**1/1**	2	3	4	5	6	7	8	9	10	11	12	13
	연주 (생년)		병신	병신	병신	병신	병신	병신	병신	병신	병신	병신	병신	병신	병신
	월주 (생월)		경자	경자	경자	경자	**신축**	신축	신축	신축	신축	신축	신축	신축	신축
	일주 (생일)		계유	갑술	을해	병자	정축	무인	기묘	경진	신사	임오	계미	갑신	을유
	대운	남	1	1	1	1	10	10	9	9	9	8	8	8	7
		여	8	9	9	9	10	1	1	1	1	2	2	2	3

음 7 월	14	15	16	17	18	19	20	21	22	23	24	25	26	27	28	29	30
	19	20	21	22	23	24	25	26	27	28	29	30	31	**9/1**	2	3	4
	병신	병신	병신	병신	병신	병신	병신	병신	병신	병신	병신	병신	병신	병신	병신	병신	병신
	병신	병신	병신	병신	병신	병신	병신	병신	병신	병신	병신	병신	병신	병신	병신	병신	병신
	무오	기미	경신	신유	임술	계해	갑자	을축	병인	정묘	무진	기사	경오	신미	임신	계유	갑술
	7	6	6	6	5	5	5	4	4	4	3	3	3	2	2	2	1
	4	4	5	5	5	6	6	6	7	7	7	8	8	8	9	9	9
음 8 월	14	15	16	17	18	19	20	21	22	23	24	25	26	27	28	29	
	18	19	20	21	22	23	24	25	26	27	28	29	30	**10/1**	2	3	
	병신	병신	병신	병신	병신	병신	병신	병신	병신	병신	병신	병신	병신	병신	병신	병신	
	정유	정유	정유	정유	정유	정유	정유	정유	정유	정유	정유	정유	정유	정유	정유	정유	
	무자	기축	경인	신묘	임진	계사	갑오	을미	병신	정유	무술	기해	경자	신축	임인	계묘	
	7	6	6	6	5	5	5	4	4	4	3	3	3	2	2	2	
	3	4	4	4	5	5	5	6	6	6	7	7	7	8	8	8	
음 9 월	14	15	16	17	18	19	20	21	22	23	24	25	26	27	28	29	30
	17	18	19	20	21	22	23	24	25	26	27	28	29	30	31	**11/1**	2
	병신	병신	병신	병신	병신	병신	병신	병신	병신	병신	병신	병신	병신	병신	병신	병신	병신
	무술	무술	무술	무술	무술	무술	무술	무술	무술	무술	무술	무술	무술	무술	무술	무술	무술
	정사	무오	기미	경신	신유	임술	계해	갑자	을축	병인	정묘	무진	기사	경오	신미	임신	계유
	7	7	6	6	6	5	5	5	4	4	4	3	3	3	2	2	2
	3	3	4	4	4	5	5	5	6	6	6	7	7	7	8	8	8
음 10 월	14	15	16	17	18	19	20	21	22	23	24	25	26	27	28	29	
	16	17	18	19	20	21	22	23	24	25	26	27	28	29	30	**12/1**	
	병신	병신	병신	병신	병신	병신	병신	병신	병신	병신	병신	병신	병신	병신	병신	병신	
	기해	기해	기해	기해	기해	기해	기해	기해	기해	기해	기해	기해	기해	기해	기해	기해	
	정해	무자	기축	경인	신묘	임진	계사	갑오	을미	병신	정유	무술	기해	경자	신축	임인	
	7	7	6	6	6	5	5	5	4	4	4	3	3	3	2	2	
	3	3	4	4	4	5	5	5	6	6	6	7	7	7	8	8	
음 11 월	14	15	16	17	18	19	20	21	22	23	24	25	26	27	28	29	30
	15	16	17	18	19	20	21	22	23	24	25	26	27	28	29	30	31
	병신	병신	병신	병신	병신	병신	병신	병신	병신	병신	병신	병신	병신	병신	병신	병신	병신
	경자	경자	경자	경자	경자	경자	경자	경자	경자	경자	경자	경자	경자	경자	경자	경자	경자
	병진	정사	무오	기미	경신	신유	임술	계해	갑자	을축	병인	정묘	무진	기사	경오	신미	임신
	7	7	6	6	6	5	5	5	4	4	4	3	3	3	2	2	2
	3	3	3	4	4	4	5	5	5	6	6	6	7	7	7	8	8
음 12 월	14	15	16	17	18	19	20	21	22	23	24	25	26	27	28	29	30
	14	15	16	17	18	19	20	21	22	23	24	25	26	27	28	29	30
	병신	병신	병신	병신	병신	병신	병신	병신	병신	병신	병신	병신	병신	병신	병신	병신	병신
	신축	신축	신축	신축	신축	신축	신축	신축	신축	신축	신축	신축	신축	신축	신축	신축	신축
	병술	정해	무자	기축	경인	신묘	임진	계사	갑오	을미	병신	정유	무술	기해	경자	신축	임인
	7	7	6	6	6	5	5	5	4	4	4	3	3	3	2	2	2
	3	3	4	4	4	5	5	5	6	6	6	7	7	7	8	8	8

1957(정유)년 【단기 4290년】

월	구분		1	2	3	4	5	6	7	8	9	10	11	12	13
음 1 월	음력		1	2	3	4	5	6	7	8	9	10	11	12	13
	양력		**1/31**	**2/1**	2	3	4	5	6	7	8	9	10	11	12
	연주 (생년)		병신	병신	병신	병신	**정유**	정유	정유	정유	정유	정유	정유	정유	정유
	월주 (생월)		신축	신축	신축	신축	**임인**	임인	임인	임인	임인	임인	임인	임인	임인
	일주 (생일)		계묘	갑진	을사	병오	정미	무신	기유	경술	신해	임자	계축	갑인	을묘
	대운	남	1	1	1	1	10	1	1	1	1	2	2	2	3
		여	9	9	9	10	10	10	9	9	9	8	8	8	7
음 2 월	음력		1	2	3	4	5	6	7	8	9	10	11	12	13
	양력		**3/2**	3	4	5	6	7	8	9	10	11	12	13	14
	연주 (생년)		정유	정유	정유	정유	정유	정유	정유	정유	정유	정유	정유	정유	정유
	월주 (생월)		임인	임인	임인	임인	**계묘**	계묘	계묘	계묘	계묘	계묘	계묘	계묘	계묘
	일주 (생일)		계유	갑술	을해	병자	정축	무인	기묘	경진	신사	임오	계미	갑신	을유
	대운	남	9	9	9	10	10	1	1	1	1	2	2	2	3
		여	1	1	1	1	10	10	9	9	9	8	8	8	7
음 3 월	음력		1	2	3	4	5	6	7	8	9	10	11	12	13
	양력		**3/31**	**4/1**	2	3	4	5	6	7	8	9	10	11	12
	연주 (생년)		정유	정유	정유	정유	정유	정유	정유	정유	정유	정유	정유	정유	정유
	월주 (생월)		계묘	계묘	계묘	계묘	계묘	**갑진**	갑진	갑진	갑진	갑진	갑진	갑진	갑진
	일주 (생일)		임인	계묘	갑진	을사	병오	정미	무신	기유	경술	신해	임자	계축	갑인
	대운	남	8	9	9	9	10	10	1	1	1	1	2	2	2
		여	2	1	1	1	1	10	10	10	9	9	9	8	8
음 4 월	음력		1	2	3	4	5	6	7	8	9	10	11	12	13
	양력		**4/30**	**5/1**	2	3	4	5	6	7	8	9	10	11	12
	연주 (생년)		정유	정유	정유	정유	정유	정유	정유	정유	정유	정유	정유	정유	정유
	월주 (생월)		갑진	갑진	갑진	갑진	갑진	갑진	**을사**	을사	을사	을사	을사	을사	을사
	일주 (생일)		임신	계유	갑술	을해	병자	정축	무인	기묘	경진	신사	임오	계미	갑신
	대운	남	8	9	9	9	10	10	10	1	1	1	1	2	2
		여	2	2	1	1	1	1	10	10	10	9	9	9	8
음 5 월	음력		1	2	3	4	5	6	7	8	9	10	11	12	13
	양력		**5/29**	30	31	**6/1**	2	3	4	5	6	7	8	9	10
	연주 (생년)		정유	정유	정유	정유	정유	정유	정유	정유	정유	정유	정유	정유	정유
	월주 (생월)		을사	을사	을사	을사	을사	을사	을사	을사	**병오**	병오	병오	병오	병오
	일주 (생일)		신축	임인	계묘	갑진	을사	병오	정미	무신	기유	경술	신해	임자	계축
	대운	남	8	8	8	9	9	9	10	10	10	1	1	1	1
		여	3	2	2	2	1	1	1	1	10	10	10	9	9
음 6 월	음력		1	2	3	4	5	6	7	8	9	10	11	12	13
	양력		**6/28**	29	30	**7/1**	2	3	4	5	6	7	8	9	10
	연주 (생년)		정유	정유	정유	정유	정유	정유	정유	정유	정유	정유	정유	정유	정유
	월주 (생월)		병오	병오	병오	병오	병오	병오	병오	병오	병오	**정미**	정미	정미	정미
	일주 (생일)		신미	임신	계유	갑술	을해	병자	정축	무인	기묘	경진	신사	임오	계미
	대운	남	7	8	8	8	9	9	9	10	10	10	1	1	1
		여	3	3	2	2	2	1	1	1	1	10	10	10	10

·	14	15	16	17	18	19	20	21	22	23	24	25	26	27	28	29	30
음	13	14	15	16	17	18	19	20	21	22	23	24	25	26	27	28	**3/1**
	정유	정유	정유	정유	정유	정유	정유	정유	정유	정유	정유	정유	정유	정유	정유	정유	정유
1	임인	임인	임인	임인	임인	임인	임인	임인	임인	임인	임인	임인	임인	임인	임인	임인	임인
	병진	정사	무오	기미	경신	신유	임술	계해	갑자	을축	병인	정묘	무진	기사	경오	신미	임신
월	3	3	4	4	4	5	5	5	6	6	6	7	7	7	8	8	8
	7	7	6	6	6	5	5	5	4	4	4	3	3	3	2	2	2
	14	15	16	17	18	19	20	21	22	23	24	25	26	27	28	29	
음	15	16	17	18	19	20	21	22	23	24	25	26	27	28	29	30	
	정유	정유	정유	정유	정유	정유	정유	정유	정유	정유	정유	정유	정유	정유	정유	정유	
2	계묘	계묘	계묘	계묘	계묘	계묘	계묘	계묘	계묘	계묘	계묘	계묘	계묘	계묘	계묘	계묘	
	병술	정해	무자	기축	경인	신묘	임진	계사	갑오	을미	병신	정유	무술	기해	경자	신축	
월	3	3	4	4	4	5	5	5	6	6	6	7	7	7	8	8	
	7	7	6	6	6	5	5	5	4	4	4	3	3	3	2	2	
	14	15	16	17	18	19	20	21	22	23	24	25	26	27	28	29	30
음	13	14	15	16	17	18	19	20	21	22	23	24	25	26	27	28	29
	정유	정유	정유	정유	정유	정유	정유	정유	정유	정유	정유	정유	정유	정유	정유	정유	정유
3	갑진	갑진	갑진	갑진	갑진	갑진	갑진	갑진	갑진	갑진	갑진	갑진	갑진	갑진	갑진	갑진	갑진
	을묘	병진	정사	무오	기미	경신	신유	임술	계해	갑자	을축	병인	정묘	무진	기사	경오	신미
월	3	3	3	4	4	4	5	5	5	6	6	6	7	7	7	8	8
	8	7	7	7	6	6	+	6	6	6	5	5	5	3	3	3	2
	14	15	16	17	18	19	20	21	22	23	24	25	26	27	28	29	
음	13	14	15	16	17	18	19	20	21	22	23	24	25	26	27	28	
	정유	정유	정유	정유	정유	정유	정유	정유	정유	정유	정유	정유	정유	정유	정유	정유	
4	을사	을사	을사	을사	을사	을사	을사	을사	을사	을사	을사	을사	을사	을사	을사	을사	
	을유	병술	정해	무자	기축	경인	신묘	임진	계사	갑오	을미	병신	정유	무술	기해	경자	
월	2	3	3	3	4	4	4	5	5	5	6	6	6	7	7	7	
	8	8	7	7	7	6	6	6	5	5	5	4	4	4	3	3	
	14	15	16	17	18	19	20	21	22	23	24	25	26	27	28	29	30
음	11	12	13	14	15	16	17	18	19	20	21	22	23	24	25	26	27
	정유	정유	정유	정유	정유	정유	정유	정유	정유	정유	정유	정유	정유	정유	정유	정유	정유
5	병오	병오	병오	병오	병오	병오	병오	병오	병오	병오	병오	병오	병오	병오	병오	병오	병오
	갑인	을묘	병진	정사	무오	기미	경신	신유	임술	계해	갑자	을축	병인	정묘	무진	기사	경오
월	2	2	2	3	3	3	4	4	4	5	5	5	6	6	6	7	7
	9	8	8	8	7	7	7	6	6	6	5	5	5	4	4	4	3
	14	15	16	17	18	19	20	21	22	23	24	25	26	27	28	29	
음	11	12	13	14	15	16	17	18	19	20	21	22	23	24	25	26	
	정유	정유	정유	정유	정유	정유	정유	정유	정유	정유	정유	정유	정유	정유	정유	정유	
6	정미	정미	정미	정미	정미	정미	정미	정미	정미	정미	정미	정미	정미	정미	정미	정미	
	갑신	을유	병술	정해	무자	기축	경인	신묘	임진	계사	갑오	을미	병신	정유	무술	기해	
월	1	2	2	2	3	3	3	4	4	4	5	5	5	6	6	6	
	9	9	9	8	8	8	7	7	7	6	6	6	5	5	5	4	

1957(정유)년 【단기 4290년】

음 7 월	음	력	1	2	3	4	5	6	7	8	9	10	11	12	13
	양	력	**7/28**	28	29	30	31	**8/1**	2	3	4	5	6	7	8
	연주 (생년)		정유	정유	정유	정유	정유	정유	정유	정유	정유	정유	정유	정유	정유
	월주 (생월)		정미	정미	정미	정미	정미	정미	정미	정미	정미	정미	정미	정미	**무신**
	일주 (생일)		경자	신축	임인	계묘	갑진	을사	병오	정미	무신	기유	경술	신해	임자
	대운	남	7	7	7	8	8	8	9	9	9	10	10	10	10
		여	4	4	3	3	3	2	2	2	1	1	1	1	10
음 8 월	음	력	1	2	3	4	5	6	7	8	9	10	11	12	13
	양	력	**8/25**	26	27	28	29	30	31	**9/1**	2	3	4	5	6
	연주 (생년)		정유	정유	정유	정유	정유	정유	정유	정유	정유	정유	정유	정유	정유
	월주 (생월)		무신	무신	무신	무신	무신	무신	무신	무신	무신	무신	무신	무신	무신
	일주 (생일)		기사	경오	신미	임신	계유	갑술	을해	병자	정축	무인	기묘	경진	신사
	대운	남	6	6	6	7	7	7	8	8	8	9	9	9	10
		여	5	4	4	4	3	3	3	2	2	2	1	1	1
윤 8 월	음	력	1	2	3	4	5	6	7	8	9	10	11	12	13
	양	력	**9/24**	25	26	27	28	29	30	**10/1**	2	3	4	5	6
	연주 (생년)		정유	정유	정유	정유	정유	정유	정유	정유	정유	정유	정유	정유	정유
	월주 (생월)		기유	기유	기유	기유	기유	기유	기유	기유	기유	기유	기유	기유	기유
	일주 (생일)		기해	경자	신축	임인	계묘	갑진	을사	병오	정미	무신	기유	경술	신해
	대운	남	5	6	6	6	7	7	7	8	8	8	9	9	9
		여	5	4	4	4	3	3	3	2	2	2	1	1	1
음 9 월	음	력	1	2	3	4	5	6	7	8	9	10	11	12	13
	양	력	**10/23**	24	25	26	27	28	29	30	31	**11/1**	2	3	4
	연주 (생년)		정유	정유	정유	정유	정유	정유	정유	정유	정유	정유	정유	정유	정유
	월주 (생월)		경술	경술	경술	경술	경술	경술	경술	경술	경술	경술	경술	경술	경술
	일주 (생일)		무진	기사	경오	신미	임신	계유	갑술	을해	병자	정축	무인	기묘	경진
	대운	남	5	5	6	6	6	7	7	7	8	8	8	9	9
		여	5	5	5	4	4	4	3	3	3	2	2	2	1
음 10 월	음	력	1	2	3	4	5	6	7	8	9	10	11	12	13
	양	력	**11/22**	23	24	25	26	27	28	29	30	**12/1**	2	3	4
	연주 (생년)		정유	정유	정유	정유	정유	정유	정유	정유	정유	정유	정유	정유	정유
	월주 (생월)		신해	신해	신해	신해	신해	신해	신해	신해	신해	신해	신해	신해	신해
	일주 (생일)		무술	기해	경자	신축	임인	계묘	갑진	을사	병오	정미	무신	기유	경술
	대운	남	5	5	5	6	6	6	7	7	7	8	8	8	9
		여	5	5	5	4	4	4	3	3	3	2	2	2	1
음 11 월	음	력	1	2	3	4	5	6	7	8	9	10	11	12	13
	양	력	**12/21**	22	23	24	25	26	27	28	29	30	31	**1/1**	2
	연주 (생년)		정유	정유	정유	정유	정유	정유	정유	정유	정유	정유	정유	정유	정유
	월주 (생월)		임자	임자	임자	임자	임자	임자	임자	임자	임자	임자	임자	임자	임자
	일주 (생일)		정묘	무진	기사	경오	신미	임신	계유	갑술	을해	병자	정축	무인	기묘
	대운	남	5	5	5	6	6	6	7	7	7	8	8	8	9
		여	5	5	5	4	4	4	3	3	3	2	2	2	1
음 12 월	음	력	1	2	3	4	5	6	7	8	9	10	11	12	13
	양	력	**1/20**	21	22	23	24	25	26	27	28	29	30	31	**2/1**
	연주 (생년)		정유	정유	정유	정유	정유	정유	정유	정유	정유	정유	정유	정유	정유
	월주 (생월)		계축	계축	계축	계축	계축	계축	계축	계축	계축	계축	계축	계축	계축
	일주 (생일)		정유	무술	기해	경자	신축	임인	계묘	갑진	을사	병오	정미	무신	기유
	대운	남	5	5	5	6	6	6	7	7	7	8	8	8	9
		여	5	5	4	4	4	3	3	3	2	2	2	1	1

음 7 월	14	15	16	17	18	19	20	21	22	23	24	25	26	27	28	29	
	9	10	11	12	13	14	15	16	17	18	19	20	21	22	23	24	
	정유	정유	정유	정유	정유	정유	정유	정유	정유	정유	정유	정유	정유	정유	정유	정유	
	무신	무신	무신	무신	무신	무신	무신	무신	무신	무신	무신	무신	무신	무신	무신	무신	
	계축	갑인	을묘	병진	정사	무오	기미	경신	신유	임술	계해	갑자	을축	병인	정묘	무진	
	1	1	1	1	2	2	2	3	3	3	4	4	4	5	5	5	
	10	10	9	9	9	8	8	8	7	7	7	6	6	6	5	5	
음 8 월	14	15	16	17	18	19	20	21	22	23	24	25	26	27	28	29	30
	7	8	9	10	11	12	13	14	15	16	17	18	19	20	21	22	23
	정유	정유	정유	정유	정유	정유	정유	정유	정유	정유	정유	정유	정유	정유	정유	정유	정유
	무신	**기유**	기유	기유	기유	기유	기유	기유	기유	기유	기유	기유	기유	기유	기유	기유	기유
	임오	계미	갑신	을유	병술	정해	무자	기축	경인	신묘	임진	계사	갑오	을미	병신	정유	무술
	10	10	1	1	1	1	2	2	2	3	3	3	4	4	4	5	5
	1	10	10	9	9	9	8	8	8	7	7	7	6	6	6	5	5
윤 8 월	14	15	16	17	18	19	20	21	22	23	24	25	26	27	28	29	
	7	8	9	10	11	12	13	14	15	16	17	18	19	20	21	22	
	정유	정유	정유	정유	정유	정유	정유	정유	정유	정유	정유	정유	정유	정유	정유	정유	
	기유	**경술**	경술	경술	경술	경술	경술	경술	경술	경술	경술	경술	경술	경술	경술	경술	
	임자	계축	갑인	을묘	병진	정사	무오	기미	경신	신유	임술	계해	갑자	을축	병인	정묘	
	10	10	1	1	1	1	2	2	2	3	3	3	4	4	4	5	
	1	10	10	10	9	9	9	8	8	8	7	7	7	6	6	6	
음 9 월	14	15	16	17	18	19	20	21	22	23	24	25	26	27	28	29	30
	5	6	7	8	9	10	11	12	13	14	15	16	17	18	19	20	21
	정유	정유	정유	정유	정유	정유	정유	정유	정유	정유	정유	정유	정유	정유	정유	정유	정유
	경술	경술	경술	**신해**	신해	신해	신해	신해	신해	신해	신해	신해	신해	신해	신해	신해	신해
	신사	임오	계미	갑신	을유	병술	정해	무자	기축	경인	신묘	임진	계사	갑오	을미	병신	정유
	9	10	10	10	1	1	1	2	2	2	3	3	3	4	4	4	4
	1	1	1	10	9	9	9	8	8	8	7	7	7	6	6	6	5
음 10 월	14	15	16	17	18	19	20	21	22	23	24	25	26	27	28	29	
	5	6	7	8	9	10	11	12	13	14	15	16	17	18	19	20	
	정유	정유	정유	정유	정유	정유	정유	정유	정유	정유	정유	정유	정유	정유	정유	정유	
	신해	신해	**임자**	임자	임자	임자	임자	임자	임자	임자	임자	임자	임자	임자	임자	임자	
	신해	임자	계축	갑인	을묘	병진	정사	무오	기미	경신	신유	임술	계해	갑자	을축	병인	
	9	9	10	1	1	1	1	2	2	2	3	3	3	4	4	4	
	1	1	10	10	9	9	9	8	8	8	7	7	7	6	6	6	
음 11 월	14	15	16	17	18	19	20	21	22	23	24	25	26	27	28	29	30
	3	4	5	6	7	8	9	10	11	12	13	14	15	16	17	18	19
	정유	정유	정유	정유	정유	정유	정유	정유	정유	정유	정유	정유	정유	정유	정유	정유	정유
	임자	임자	임자	**계축**	계축	계축	계축	계축	계축	계축	계축	계축	계축	계축	계축	계축	계축
	경진	신사	임오	계미	갑신	을유	병술	정해	무자	기축	경인	신묘	임진	계사	갑오	을미	병신
	9	9	10	10	1	1	1	1	2	2	2	3	3	3	4	4	4
	1	1	1	10	9	9	9	8	8	8	7	7	7	6	6	6	5
음 12 월	14	15	16	17	18	19	20	21	22	23	24	25	26	27	28	29	30
	2	3	4	5	6	7	8	9	10	11	12	13	14	15	16	17	18
	정유	정유	**무술**	무술	무술	무술	무술	무술	무술	무술	무술	무술	무술	무술	무술	무술	무술
	계축	계축	**갑인**	갑인	갑인	갑인	갑인	갑인	갑인	갑인	갑인	갑인	갑인	갑인	갑인	갑인	갑인
	경술	신해	임자	계축	갑인	을묘	병진	정사	무오	기미	경신	신유	임술	계해	갑자	을축	병인
	9	9	10	10	9	9	9	8	8	8	7	7	7	6	6	6	5
	1	1	10	1	1	1	1	2	2	2	3	3	3	4	4	4	5

1958(무술)년【단기 4291년】

월	구분		1	2	3	4	5	6	7	8	9	10	11	12	13
음 1 월	음력		1	2	3	4	5	6	7	8	9	10	11	12	13
	양력		**2/19**	20	21	22	23	24	25	26	27	28	**3/1**	2	3
	연주 (생년)		무술	무술	무술	무술	무술	무술	무술	무술	무술	무술	무술	무술	무술
	월주 (생월)		갑인	갑인	갑인	갑인	갑인	갑인	갑인	갑인	갑인	갑인	갑인	갑인	갑인
	일주 (생일)		정묘	무진	기사	경오	신미	임신	계유	갑술	을해	병자	정축	무인	기묘
	대운	남	5	5	4	4	4	3	3	3	2	2	2	1	1
		여	5	5	6	6	6	7	7	7	8	8	8	9	9
음 2 월	음력		1	2	3	4	5	6	7	8	9	10	11	12	13
	양력		**3/20**	21	22	23	24	25	26	27	28	29	30	31	**4/1**
	연주 (생년)		무술	무술	무술	무술	무술	무술	무술	무술	무술	무술	무술	무술	무술
	월주 (생월)		을묘	을묘	을묘	을묘	을묘	을묘	을묘	을묘	을묘	을묘	을묘	을묘	을묘
	일주 (생일)		병신	정유	무술	기해	경자	신축	임인	계묘	갑진	을사	병오	정미	무신
	대운	남	5	5	5	4	4	4	3	3	3	2	2	2	1
		여	5	5	5	6	6	6	7	7	7	8	8	8	9
음 3 월	음력		1	2	3	4	5	6	7	8	9	10	11	12	13
	양력		**4/19**	20	21	22	23	24	25	26	27	28	29	30	**5/1**
	연주 (생년)		무술	무술	무술	무술	무술	무술	무술	무술	무술	무술	무술	무술	무술
	월주 (생월)		병진	병진	병진	병진	병진	병진	병진	병진	병진	병진	병진	병진	병진
	일주 (생일)		병인	정묘	무진	기사	경오	신미	임신	계유	갑술	을해	병자	정축	무인
	대운	남	6	5	5	5	4	4	4	3	3	3	2	2	2
		여	5	5	5	6	6	6	7	7	7	8	8	8	9
음 4 월	음력		1	2	3	4	5	6	7	8	9	10	11	12	13
	양력		**5/19**	20	21	22	23	24	25	26	27	28	29	30	31
	연주 (생년)		무술	무술	무술	무술	무술	무술	무술	무술	무술	무술	무술	무술	무술
	월주 (생월)		정사	정사	정사	정사	정사	정사	정사	정사	정사	정사	정사	정사	정사
	일주 (생일)		병신	정유	무술	기해	경자	신축	임인	계묘	갑진	을사	병오	정미	무신
	대운	남	6	6	5	5	5	4	4	4	3	3	3	2	2
		여	4	5	5	5	6	6	6	7	7	7	8	8	8
음 5 월	음력		1	2	3	4	5	6	7	8	9	10	11	12	13
	양력		**6/17**	18	19	20	21	22	23	24	25	26	27	28	29
	연주 (생년)		무술	무술	무술	무술	무술	무술	무술	무술	무술	무술	무술	무술	무술
	월주 (생월)		무오	무오	무오	무오	무오	무오	무오	무오	무오	무오	무오	무오	무오
	일주 (생일)		을축	병인	정묘	무진	기사	경오	신미	임신	계유	갑술	을해	병자	정축
	대운	남	7	7	6	6	6	5	5	5	4	4	4	3	3
		여	4	4	4	5	5	5	6	6	6	7	7	7	8
음 6 월	음력		1	2	3	4	5	6	7	8	9	10	11	12	13
	양력		**7/17**	18	19	20	21	22	23	24	25	26	27	28	29
	연주 (생년)		무술	무술	무술	무술	무술	무술	무술	무술	무술	무술	무술	무술	무술
	월주 (생월)		기미	기미	기미	기미	기미	기미	기미	기미	기미	기미	기미	기미	기미
	일주 (생일)		을미	병신	정유	무술	기해	경자	신축	임인	계묘	갑진	을사	병오	정미
	대운	남	7	7	7	6	6	6	5	5	5	4	4	4	3
		여	3	3	4	4	4	5	5	5	6	6	6	7	7

	14	15	16	17	18	19	20	21	22	23	24	25	26	27	28	29	
	4	5	6	7	8	9	10	11	12	13	14	15	16	17	18	19	
음	무술	무술	무술	무술	무술	무술	무술	무술	무술	무술	무술	무술	무술	무술	무술	무술	
1	갑인	갑인	**을묘**	을묘	을묘	을묘	을묘	을묘	을묘	을묘	을묘	을묘	을묘	을묘	을묘	을묘	
월	경진	신사	임오	계미	갑신	을유	병술	정해	무자	기축	경인	신묘	임진	계사	갑오	을미	
	1	1	10	10	9	9	9	8	8	8	7	7	7	6	6	6	
	9	10	10	1	1	1	1	2	2	2	3	3	3	4	4	4	
	14	15	16	17	18	19	20	21	22	23	24	25	26	27	28	29	30
	2	3	4	5	6	7	8	9	10	11	12	13	14	15	16	17	18
음	무술	무술	무술	무술	무술	무술	무술	무술	무술	무술	무술	무술	무술	무술	무술	무술	무술
2	을묘	을묘	을묘	**병진**	병진	병진	병진	병진	병진	병진	병진	병진	병진	병진	병진	병진	병진
월	기유	경술	신해	임자	계축	갑인	을묘	병진	정사	무오	기미	경신	신유	임술	계해	갑자	을축
	1	1	1	10	10	10	9	9	9	8	8	8	7	7	7	6	6
	9	9	10	10	1	1	1	1	2	2	2	3	3	3	4	4	4
	14	15	16	17	18	19	20	21	22	23	24	25	26	27	28	29	30
	2	3	4	5	6	7	8	9	10	11	12	13	14	15	16	17	18
음	무술	무술	무술	무술	무술	무술	무술	무술	무술	무술	무술	무술	무술	무술	무술	무술	무술
3	병진	병진	병진	병진	**정사**	정사	정사	정사	정사	정사	정사	정사	정사	정사	정사	정사	정사
월	기묘	경진	신사	임오	계미	갑신	을유	병술	정해	무자	기축	경인	신묘	임진	계사	갑오	을미
	1	1	1	1	10	10	10	9	9	9	8	8	8	7	7	7	6
	9	9	10	10	10	1	1	1	1	2	2	2	3	3	3	4	4
	14	15	16	17	18	19	20	21	22	23	24	25	26	27	28	29	
	6/1	2	3	4	5	6	7	8	9	10	11	12	13	14	15	16	
음	무술	무술	무술	무술	무술	무술	무술	무술	무술	무술	무술	무술	무술	무술	무술	무술	
4	정사	정사	정사	정사	정사	**무오**	무오	무오	무오	무오	무오	무오	무오	무오	무오	무오	
월	기유	경술	신해	임자	계축	갑인	을묘	병진	정사	무오	기미	경신	신유	임술	계해	갑자	
	2	1	1	1	1	10	10	10	10	9	9	9	8	8	8	7	
	9	9	9	10	10	10	1	1	1	1	2	2	2	3	3	3	
	14	15	16	17	18	19	20	21	22	23	24	25	26	27	28	29	30
	30	**7/1**	2	3	4	5	6	7	8	9	10	11	12	13	14	15	16
음	무술	무술	무술	무술	무술	무술	무술	무술	무술	무술	무술	무술	무술	무술	무술	무술	무술
5	무오	무오	무오	무오	무오	무오	무오	무오	**기미**	기미	기미	기미	기미	기미	기미	기미	기미
월	무인	기묘	경진	신사	임오	계미	갑신	을유	병술	정해	무자	기축	경인	신묘	임진	계사	갑오
	3	2	2	2	1	1	1	1	10	10	10	9	9	9	8	8	8
	8	8	9	9	9	10	10	10	10	1	1	1	1	2	2	2	3
	14	15	16	17	18	19	20	21	22	23	24	25	26	27	28	29	
	30	31	**8/1**	2	3	4	5	6	7	8	9	10	11	12	13	14	
음	무술	무술	무술	무술	무술	무술	무술	무술	무술	무술	무술	무술	무술	무술	무술	무술	
6	기미	기미	기미	기미	기미	기미	기미	기미	기미	**경신**	경신	경신	경신	경신	경신	경신	
월	무신	기유	경술	신해	임자	계축	갑인	을묘	병진	정사	무오	기미	경신	신유	임술	계해	
	3	3	2	2	2	1	1	1	1	10	10	10	9	9	9	8	
	7	8	8	8	9	9	9	10	10	10	1	1	1	1	2	2	

1958(무술)년 【단기 4291년】

음 7 월	음 력		1	2	3	4	5	6	7	8	9	10	11	12	13
	양 력		8/15	16	17	18	19	20	21	22	23	24	25	26	27
	연주 (생년)		무술	무술	무술	무술	무술	무술	무술	무술	무술	무술	무술	무술	무술
	월주 (생월)		경신	경신	경신	경신	경신	경신	경신	경신	경신	경신	경신	경신	경신
	일주 (생일)		갑자	을축	병인	정묘	무진	기사	경오	신미	임신	계유	갑술	을해	병자
	대운	남	8	8	7	7	7	6	6	6	5	5	5	4	4
		여	2	3	3	3	4	4	4	5	5	5	6	6	6

음 8 월	음 력		1	2	3	4	5	6	7	8	9	10	11	12	13
	양 력		9/13	14	15	16	17	18	19	20	21	22	23	24	25
	연주 (생년)		무술	무술	무술	무술	무술	무술	무술	무술	무술	무술	무술	무술	무술
	월주 (생월)		신유	신유	신유	신유	신유	신유	신유	신유	신유	신유	신유	신유	신유
	일주 (생일)		계사	갑오	을미	병신	정유	무술	기해	경자	신축	임인	계묘	갑진	을사
	대운	남	9	8	8	8	7	7	7	6	6	6	5	5	5
		여	2	2	2	3	3	3	4	4	4	5	5	5	6

음 9 월	음 력		1	2	3	4	5	6	7	8	9	10	11	12	13
	양 력		10/13	14	15	16	17	18	19	20	21	22	23	24	25
	연주 (생년)		무술	무술	무술	무술	무술	무술	무술	무술	무술	무술	무술	무술	무술
	월주 (생월)		임술	임술	임술	임술	임술	임술	임술	임술	임술	임술	임술	임술	임술
	일주 (생일)		계해	갑자	을축	병인	정묘	무진	기사	경오	신미	임신	계유	갑술	을해
	대운	남	9	8	8	8	7	7	7	6	6	6	5	5	5
		여	1	2	2	2	3	3	3	4	4	4	5	5	5

음 10 월	음 력		1	2	3	4	5	6	7	8	9	10	11	12	13
	양 력		11/11	12	13	14	15	16	17	18	19	20	21	22	23
	연주 (생년)		무술	무술	무술	무술	무술	무술	무술	무술	무술	무술	무술	무술	무술
	월주 (생월)		계해	계해	계해	계해	계해	계해	계해	계해	계해	계해	계해	계해	계해
	일주 (생일)		임진	계사	갑오	을미	병신	정유	무술	기해	경자	신축	임인	계묘	갑진
	대운	남	9	8	8	8	7	7	7	6	6	6	5	5	5
		여	1	1	2	2	2	3	3	3	4	4	4	5	5

음 11 월	음 력		1	2	3	4	5	6	7	8	9	10	11	12	13
	양 력		12/11	12	13	14	15	16	17	18	19	20	21	22	23
	연주 (생년)		무술	무술	무술	무술	무술	무술	무술	무술	무술	무술	무술	무술	무술
	월주 (생월)		갑자	갑자	갑자	갑자	갑자	갑자	갑자	갑자	갑자	갑자	갑자	갑자	갑자
	일주 (생일)		임술	계해	갑자	을축	병인	정묘	무진	기사	경오	신미	임신	계유	갑술
	대운	남	9	8	8	8	7	7	7	6	6	6	5	5	5
		여	1	2	2	2	3	3	3	4	4	4	5	5	5

음 12 월	음 력		1	2	3	4	5	6	7	8	9	10	11	12	13
	양 력		1/9	10	11	12	13	14	15	16	17	18	19	20	21
	연주 (생년)		무술	무술	무술	무술	무술	무술	무술	무술	무술	무술	무술	무술	무술
	월주 (생월)		을축	을축	을축	을축	을축	을축	을축	을축	을축	을축	을축	을축	을축
	일주 (생일)		신묘	임진	계사	갑오	을미	병신	정유	무술	기해	경자	신축	임인	계묘
	대운	남	9	8	8	8	7	7	7	6	6	6	5	5	5
		여	1	1	2	2	2	3	3	3	4	4	4	5	5

음 7월	14	15	16	17	18	19	20	21	22	23	24	25	26	27	28	29	
	28	29	30	31	**9/1**	2	3	4	5	6	7	8	9	10	11	12	
	무술	무술	무술	무술	무술	무술	무술	무술	무술	무술	무술	무술	무술	무술	무술	무술	
	경신	경신	경신	경신	경신	경신	경신	경신	경신	경신	경신	**신유**	신유	신유	신유	신유	
	정축	무인	기묘	경진	신사	임오	계미	갑신	을유	병술	정해	무자	기축	경인	신묘	임진	
	4	3	3	3	2	2	2	1	1	1	1	10	10	10	9	9	
	7	7	7	8	8	8	9	9	9	10	10	10	1	1	1	1	

음 8월	14	15	16	17	18	19	20	21	22	23	24	25	26	27	28	29	30
	26	27	28	29	30	**10/1**	2	3	4	5	6	7	8	9	10	11	12
	무술	무술	무술	무술	무술	무술	무술	무술	무술	무술	무술	무술	무술	무술	무술	무술	무술
	신유	신유	신유	신유	신유	신유	신유	신유	신유	신유	신유	신유	신유	**임술**	임술	임술	임술
	병오	정미	무신	기유	경술	신해	임자	계축	갑인	을묘	병진	정사	무오	기미	경신	신유	임술
	4	4	4	3	3	3	2	2	2	1	1	1	1	10	10	9	9
	6	6	7	7	7	8	8	8	9	9	9	10	10	10	1	1	1

음 9월	14	15	16	17	18	19	20	21	22	23	24	25	26	27	28	29	
	26	27	28	29	30	31	**11/1**	2	3	4	5	6	7	8	9	10	
	무술	무술	무술	무술	무술	무술	무술	무술	무술	무술	무술	무술	무술	무술	무술	무술	
	임술	임술	임술	임술	임술	임술	임술	임술	임술	임술	임술	임술	임술	**계해**	계해	계해	
	병자	정축	무인	기묘	경진	신사	임오	계미	갑신	을유	병술	정해	무자	기축	경인	신묘	
	4	4	4	3	3	3	2	2	2	1	1	1	1	10	9	9	
	6	6	6	7	7	7	8	8	8	9	9	9	10	10	1	1	

음 10월	14	15	16	17	18	19	20	21	22	23	24	25	26	27	28	29	30
	24	25	26	27	28	29	30	**12/1**	2	3	4	5	6	7	8	9	10
	무술	무술	무술	무술	무술	무술	무술	무술	무술	무술	무술	무술	무술	무술	무술	무술	무술
	계해	계해	계해	계해	계해	계해	계해	계해	계해	계해	계해	계해	계해	**갑자**	갑자	갑자	갑자
	을사	병오	정미	무신	기유	경술	신해	임자	계축	갑인	을묘	병진	정사	무오	기미	경신	신유
	4	4	4	3	3	3	2	2	2	1	1	1	1	10	10	9	9
	5	6	6	6	7	7	7	8	8	8	9	9	9	10	1	1	1

음 11월	14	15	16	17	18	19	20	21	22	23	24	25	26	27	28	29	
	24	25	26	27	28	29	30	31	**1/1**	2	3	4	5	6	7	8	
	무술	무술	무술	무술	무술	무술	무술	무술	무술	무술	무술	무술	무술	무술	무술	무술	
	갑자	갑자	갑자	갑자	갑자	갑자	갑자	갑자	갑자	갑자	갑자	갑자	갑자	**을축**	을축	을축	
	을해	병자	정축	무인	기묘	경진	신사	임오	계미	갑신	을유	병술	정해	무자	기축	경인	
	4	4	4	3	3	3	2	2	2	1	1	1	1	10	9	9	
	6	6	6	7	7	7	8	8	8	9	9	9	10	10	1	1	

음 12월	14	15	16	17	18	19	20	21	22	23	24	25	26	27	28	29	30
	22	23	24	25	26	27	28	29	30	31	**2/1**	2	3	4	5	6	7
	무술	무술	무술	무술	무술	무술	무술	무술	무술	무술	무술	무술	무술	**기해**	기해	기해	기해
	을축	을축	을축	을축	을축	을축	을축	을축	을축	을축	을축	을축	을축	**병인**	병인	병인	병인
	갑진	을사	병오	정미	무신	기유	경술	신해	임자	계축	갑인	을묘	병진	정사	무오	기미	경신
	4	4	4	3	3	3	2	2	2	1	1	1	1	10	1	1	1
	5	6	6	6	7	7	7	8	8	8	9	9	9	10	10	9	9

1959(기해)년 【단기 4292년】

월	구분	1	2	3	4	5	6	7	8	9	10	11	12	13
음 1 월	음력	1	2	3	4	5	6	7	8	9	10	11	12	13
	양력	**2/8**	9	10	11	12	13	14	15	16	17	18	19	20
	연주 (생년)	기해	기해	기해	기해	기해	기해	기해	기해	기해	기해	기해	기해	기해
	월주 (생월)	병인	병인	병인	병인	병인	병인	병인	병인	병인	병인	병인	병인	병인
	일주 (생일)	신유	임술	계해	갑자	을축	병인	정묘	무진	기사	경오	신미	임신	계유
	대운 남	1	2	2	2	3	3	3	4	4	4	5	5	5
	대운 여	9	8	8	8	7	7	7	6	6	6	5	5	5
음 2 월	음력	1	2	3	4	5	6	7	8	9	10	11	12	13
	양력	**3/9**	10	11	12	13	14	15	16	17	18	19	20	21
	연주 (생년)	기해	기해	기해	기해	기해	기해	기해	기해	기해	기해	기해	기해	기해
	월주 (생월)	정묘	정묘	정묘	정묘	정묘	정묘	정묘	정묘	정묘	정묘	정묘	정묘	정묘
	일주 (생일)	경인	신묘	임진	계사	갑오	을미	병신	정유	무술	기해	경자	신축	임인
	대운 남	1	1	2	2	2	3	3	3	4	4	4	5	5
	대운 여	9	9	8	8	8	7	7	7	6	6	6	5	5
음 3 월	음력	1	2	3	4	5	6	7	8	9	10	11	12	13
	양력	**4/8**	9	10	11	12	13	14	15	16	17	18	19	20
	연주 (생년)	기해	기해	기해	기해	기해	기해	기해	기해	기해	기해	기해	기해	기해
	월주 (생월)	무진	무진	무진	무진	무진	무진	무진	무진	무진	무진	무진	무진	무진
	일주 (생일)	경신	신유	임술	계해	갑자	을축	병인	정묘	무진	기사	경오	신미	임신
	대운 남	1	1	2	2	2	3	3	3	4	4	4	5	5
	대운 여	9	9	9	8	8	8	7	7	7	6	6	6	5
음 4 월	음력	1	2	3	4	5	6	7	8	9	10	11	12	13
	양력	**5/8**	9	10	11	12	13	14	15	16	17	18	19	20
	연주 (생년)	기해	기해	기해	기해	기해	기해	기해	기해	기해	기해	기해	기해	기해
	월주 (생월)	기사	기사	기사	기사	기사	기사	기사	기사	기사	기사	기사	기사	기사
	일주 (생일)	경인	신묘	임진	계사	갑오	을미	병신	정유	무술	기해	경자	신축	임인
	대운 남	1	1	1	2	2	2	3	3	3	4	4	4	5
	대운 여	10	9	9	9	8	8	8	7	7	7	6	6	6
음 5 월	음력	1	2	3	4	5	6	7	8	9	10	11	12	13
	양력	**6/6**	7	8	9	10	11	12	13	14	15	16	17	18
	연주 (생년)	기해	기해	기해	기해	기해	기해	기해	기해	기해	기해	기해	기해	기해
	월주 (생월)	**경오**	경오	경오	경오	경오	경오	경오	경오	경오	경오	경오	경오	경오
	일주 (생일)	기미	경신	신유	임술	계해	갑자	을축	병인	정묘	무진	기사	경오	신미
	대운 남	10	1	1	1	1	2	2	2	3	3	3	4	4
	대운 여	10	10	10	10	9	9	9	8	8	8	7	7	7
음 6 월	음력	1	2	3	4	5	6	7	8	9	10	11	12	13
	양력	**7/6**	7	8	9	10	11	12	13	14	15	16	17	18
	연주 (생년)	기해	기해	기해	기해	기해	기해	기해	기해	기해	기해	기해	기해	기해
	월주 (생월)	경오	경오	**신미**	신미	신미	신미	신미	신미	신미	신미	신미	신미	신미
	일주 (생일)	기축	경인	신묘	임진	계사	갑오	을미	병신	정유	무술	기해	경자	신축
	대운 남	10	10	10	1	1	1	1	2	2	2	3	3	3
	대운 여	1	1	10	10	10	9	9	9	8	8	8	7	7

음 1 월	14	15	16	17	18	19	20	21	22	23	24	25	26	27	28	29	
	21	22	23	24	25	26	27	28	**3/1**	2	3	4	5	6	7	8	
	기해	기해	기해	기해	기해	기해	기해	기해	기해	기해	기해	기해	기해	기해	기해	기해	
	병인	병인	병인	병인	병인	병인	병인	병인	병인	병인	병인	병인	병인	**정묘**	정묘	정묘	
	갑술	을해	병자	정축	무인	기묘	경진	신사	임오	계미	갑신	을유	병술	정해	무자	기축	
	6	6	6	7	7	7	8	8	8	9	9	9	10	10	1	1	
	4	4	4	3	3	3	2	2	2	1	1	1	1	10	10	9	
음 2 월	14	15	16	17	18	19	20	21	22	23	24	25	26	27	28	29	30
	22	23	24	25	26	27	28	29	30	31	**4/1**	2	3	4	5	6	7
	기해	기해	기해	기해	기해	기해	기해	기해	기해	기해	기해	기해	기해	기해	기해	기해	기해
	정묘	정묘	정묘	정묘	정묘	정묘	정묘	정묘	정묘	정묘	정묘	정묘	정묘	정묘	**무진**	무진	무진
	계묘	갑진	을사	병오	정미	무신	기유	경술	신해	임자	계축	갑인	을묘	병진	정사	무오	기미
	5	6	6	6	7	7	7	8	8	8	9	9	9	10	10	1	1
	5	4	4	4	3	3	3	2	2	2	1	1	1	1	10	10	10
음 3 월	14	15	16	17	18	19	20	21	22	23	24	25	26	27	28	29	30
	21	22	23	24	25	26	27	28	29	30	**5/1**	2	3	4	5	6	7
	기해	기해	기해	기해	기해	기해	기해	기해	기해	기해	기해	기해	기해	기해	기해	기해	기해
	무진	무진	무진	무진	무진	무진	무진	무진	무진	무진	무진	무진	무진	무진	무진	**기사**	기사
	계유	갑술	을해	병자	정축	무인	기묘	경진	신사	임오	계미	갑신	을유	병술	정해	무자	기축
	5	6	6	6	7	7	7	8	8	8	9	9	9	10	10	10	1
	5	5	4	4	4	3	3	3	2	2	2	1	1	1	1	10	10
음 4 월	14	15	16	17	18	19	20	21	22	23	24	25	26	27	28	29	
	21	22	23	24	25	26	27	28	29	30	31	**6/1**	2	3	4	5	
	기해	기해	기해	기해	기해	기해	기해	기해	기해	기해	기해	기해	기해	기해	기해	기해	
	기사	기사	기사	기사	기사	기사	기사	기사	기사	기사	기사	기사	기사	기사	기사	기사	
	계묘	갑진	을사	병오	정미	무신	기유	경술	신해	임자	계축	갑인	을묘	병진	정사	무오	
	5	5	6	6	6	7	7	7	8	8	8	9	9	9	10	10	
	5	5	5	4	4	4	3	3	3	2	2	2	1	1	1	1	
음 5 월	14	15	16	17	18	19	20	21	22	23	24	25	26	27	28	29	30
	19	20	21	22	23	24	25	26	27	28	29	30	**7/1**	2	3	4	5
	기해	기해	기해	기해	기해	기해	기해	기해	기해	기해	기해	기해	기해	기해	기해	기해	기해
	경오	경오	경오	경오	경오	경오	경오	경오	경오	경오	경오	경오	경오	경오	경오	경오	경오
	임신	계유	갑술	을해	병자	정축	무인	기묘	경진	신사	임오	계미	갑신	을유	병술	정해	무자
	4	5	5	5	6	6	6	7	7	7	8	8	8	9	9	9	10
	6	6	6	5	5	5	4	4	4	3	3	3	2	2	2	1	1
음 6 월	14	15	16	17	18	19	20	21	22	23	24	25	26	27	28	29	
	19	20	21	22	23	24	25	26	27	28	29	30	31	**8/1**	2	3	
	기해	기해	기해	기해	기해	기해	기해	기해	기해	기해	기해	기해	기해	기해	기해	기해	
	신미	신미	신미	신미	신미	신미	신미	신미	신미	신미	신미	신미	신미	신미	신미	신미	
	임인	계묘	갑진	을사	병오	정미	무신	기유	경술	신해	임자	계축	갑인	을묘	병진	정사	
	4	4	4	5	5	5	6	6	6	7	7	7	8	8	8	9	
	7	6	6	6	5	5	5	4	4	4	3	3	3	2	2	2	

1959(기해)년 【단기 4292년】

음 7월	음력	1	2	3	4	5	6	7	8	9	10	11	12	13
	양력	**8/4**	5	6	7	8	9	10	11	12	13	14	15	16
	연주 (생년)	기해	기해	기해	기해	기해	기해	기해	기해	기해	기해	기해	기해	기해
	월주 (생월)	신미	신미	신미	신미	**임신**	임신	임신	임신	임신	임신	임신	임신	임신
	일주 (생일)	무오	기미	경신	신유	임술	계해	갑자	을축	병인	정묘	무진	기사	경오
	대운 남	9	9	10	10	10	1	1	1	1	2	2	2	3
	대운 여	1	1	1	1	10	10	10	9	9	9	8	8	8

음 8월	음력	1	2	3	4	5	6	7	8	9	10	11	12	13
	양력	**9/3**	4	5	6	7	8	9	10	11	12	13	14	15
	연주 (생년)	기해	기해	기해	기해	기해	기해	기해	기해	기해	기해	기해	기해	기해
	월주 (생월)	임신	임신	임신	임신	임신	**계유**	계유	계유	계유	계유	계유	계유	계유
	일주 (생일)	무자	기축	경인	신묘	임진	계사	갑오	을미	병신	정유	무술	기해	경자
	대운 남	9	9	9	10	10	10	1	1	1	1	2	2	2
	대운 여	2	1	1	1	1	10	10	10	9	9	9	8	8

음 9월	음력	1	2	3	4	5	6	7	8	9	10	11	12	13
	양력	**10/2**	3	4	5	6	7	8	9	10	11	12	13	14
	연주 (생년)	기해	기해	기해	기해	기해	기해	기해	기해	기해	기해	기해	기해	기해
	월주 (생월)	계유	계유	계유	계유	계유	계유	계유	**갑술**	갑술	갑술	갑술	갑술	갑술
	일주 (생일)	정사	무오	기미	경신	신유	임술	계해	갑자	을축	병인	정묘	무진	기사
	대운 남	8	8	9	9	9	10	10	10	1	1	1	1	2
	대운 여	2	2	2	1	1	1	1	10	10	9	9	9	8

음 10월	음력	1	2	3	4	5	6	7	8	9	10	11	12	13
	양력	**11/1**	2	3	4	5	6	7	8	9	10	11	12	13
	연주 (생년)	기해	기해	기해	기해	기해	기해	기해	기해	기해	기해	기해	기해	기해
	월주 (생월)	갑술	갑술	갑술	갑술	갑술	갑술	갑술	**을해**	을해	을해	을해	을해	을해
	일주 (생일)	정해	무자	기축	경인	신묘	임진	계사	갑오	을미	병신	정유	무술	기해
	대운 남	8	8	8	9	9	9	10	10	1	1	1	1	2
	대운 여	2	2	2	1	1	1	1	10	10	9	9	9	8

음 11월	음력	1	2	3	4	5	6	7	8	9	10	11	12	13
	양력	**11/30**	**12/1**	2	3	4	5	6	7	8	9	10	11	12
	연주 (생년)	기해	기해	기해	기해	기해	기해	기해	기해	기해	기해	기해	기해	기해
	월주 (생월)	을해	을해	을해	을해	을해	을해	을해	을해	**병자**	병자	병자	병자	병자
	일주 (생일)	병진	정사	무오	기미	경신	신유	임술	계해	갑자	을축	병인	정묘	무진
	대운 남	7	8	8	8	9	9	9	10	10	1	1	1	1
	대운 여	3	2	2	2	1	1	1	1	10	9	9	9	8

음 12월	음력	1	2	3	4	5	6	7	8	9	10	11	12	13
	양력	**12/30**	31	**1/1**	2	3	4	5	6	7	8	9	10	11
	연주 (생년)	기해	기해	기해	기해	기해	기해	기해	기해	기해	기해	기해	기해	기해
	월주 (생월)	병자	병자	병자	병자	병자	병자	병자	**정축**	정축	정축	정축	정축	정축
	일주 (생일)	병술	정해	무자	기축	경인	신묘	임진	계사	갑오	을미	병신	정유	무술
	대운 남	7	8	8	8	9	9	9	10	1	1	1	1	2
	대운 여	2	2	2	1	1	1	1	10	10	9	9	9	8

음 7 월	14	15	16	17	18	19	20	21	22	23	24	25	26	27	28	29	30
	17	18	19	20	21	22	23	24	25	26	27	28	29	30	31	**9/1**	2
	기해	기해	기해	기해	기해	기해	기해	기해	기해	기해	기해	기해	기해	기해	기해	기해	기해
	임신	임신	임신	임신	임신	임신	임신	임신	임신	임신	임신	임신	임신	임신	임신	임신	임신
	신미	임신	계유	갑술	을해	병자	정축	무인	기묘	경진	신사	임오	계미	갑신	을유	병술	정해
	3	3	4	4	4	5	5	5	6	6	6	7	7	7	8	8	8
	7	7	7	6	6	6	5	5	5	4	4	4	3	3	3	2	2
음 8 월	14	15	16	17	18	19	20	21	22	23	24	25	26	27	28	29	
	16	17	18	19	20	21	22	23	24	25	26	27	28	29	30	**10/1**	
	기해	기해	기해	기해	기해	기해	기해	기해	기해	기해	기해	기해	기해	기해	기해	기해	
	계유	계유	계유	계유	계유	계유	계유	계유	계유	계유	계유	계유	계유	계유	계유	계유	
	신축	임인	계묘	갑진	을사	병오	정미	무신	기유	경술	신해	임자	계축	갑인	을묘	병진	
	3	3	3	4	4	4	5	5	5	6	6	6	7	7	7	8	
	8	7	7	7	6	6	6	5	5	5	4	4	4	3	3	3	
음 9 월	14	15	16	17	18	19	20	21	22	23	24	25	26	27	28	29	30
	15	16	17	18	19	20	21	22	23	24	25	26	27	28	29	30	31
	기해	기해	기해	기해	기해	기해	기해	기해	기해	기해	기해	기해	기해	기해	기해	기해	기해
	갑술	갑술	갑술	갑술	갑술	갑술	갑술	갑술	갑술	갑술	갑술	갑술	갑술	갑술	갑술	갑술	갑술
	경오	신미	임신	계유	갑술	을해	병자	정축	무인	기묘	경진	신사	임오	계미	갑신	을유	병술
	2	2	3	3	3	4	4	4	5	5	5	6	6	6	7	7	7
	8	8	7	7	7	6	6	6	5	5	5	4	4	4	3	3	3
음 10 월	14	15	16	17	18	19	20	21	22	23	24	25	26	27	28	29	
	14	15	16	17	18	19	20	21	22	23	24	25	26	27	28	29	
	기해	기해	기해	기해	기해	기해	기해	기해	기해	기해	기해	기해	기해	기해	기해	기해	
	을해	을해	을해	을해	을해	을해	을해	을해	을해	을해	을해	을해	을해	을해	을해	을해	
	경자	신축	임인	계묘	갑진	을사	병오	정미	무신	기유	경술	신해	임자	계축	갑인	을묘	
	2	2	3	3	3	4	4	4	5	5	5	6	6	6	7	7	
	8	8	7	7	7	6	6	6	5	5	5	4	4	4	3	3	
음 11 월	14	15	16	17	18	19	20	21	22	23	24	25	26	27	28	29	30
	13	14	15	16	17	18	19	20	21	22	23	24	25	26	27	28	29
	기해	기해	기해	기해	기해	기해	기해	기해	기해	기해	기해	기해	기해	기해	기해	기해	기해
	병자	병자	병자	병자	병자	병자	병자	병자	병자	병자	병자	병자	병자	병자	병자	병자	병자
	기사	경오	신미	임신	계유	갑술	을해	병자	정축	무인	기묘	경진	신사	임오	계미	갑신	을유
	2	2	2	3	3	3	4	4	4	5	5	5	6	6	6	7	7
	8	8	7	7	7	6	6	6	5	5	5	4	4	4	3	3	3
음 12 월	14	15	16	17	18	19	20	21	22	23	24	25	26	27	28	29	
	12	13	14	15	16	17	18	19	20	21	22	23	24	25	26	27	
	기해	기해	기해	기해	기해	기해	기해	기해	기해	기해	기해	기해	기해	기해	기해	기해	
	정축	정축	정축	정축	정축	정축	정축	정축	정축	정축	정축	정축	정축	정축	정축	정축	
	기해	경자	신축	임인	계묘	갑진	을사	병오	정미	무신	기유	경술	신해	임자	계축	갑인	
	2	2	3	3	3	4	4	4	5	5	5	6	6	6	7	7	
	8	8	7	7	7	6	6	6	5	5	5	4	4	4	3	3	

1960(경자)년 【단기 4293년】

음 1 월	구분	1	2	3	4	5	6	7	8	9	10	11	12	13
	음력	1	2	3	4	5	6	7	8	9	10	11	12	13
	양력	**1/28**	29	30	31	**2/1**	2	3	4	5	6	7	8	9
	연주 (생년)	기해	기해	기해	기해	기해	기해	기해	기해	**경자**	경자	경자	경자	경자
	월주 (생월)	정축	정축	정축	정축	정축	정축	정축	정축	**무인**	무인	무인	무인	무인
	일주 (생일)	을묘	병진	정사	무오	기미	경신	신유	임술	계해	갑자	을축	병인	정묘
	대운 남	7	8	8	8	9	9	9	10	10	9	9	9	8
	대운 여	3	2	2	2	1	1	1	1	10	1	1	1	1

음 2 월	구분	1	2	3	4	5	6	7	8	9	10	11	12	13
	음력	1	2	3	4	5	6	7	8	9	10	11	12	13
	양력	**2/27**	28	29	**3/1**	2	3	4	5	6	7	8	9	10
	연주 (생년)	경자	경자	경자	경자	경자	경자	경자	경자	경자	경자	경자	경자	경자
	월주 (생월)	무인	무인	무인	무인	무인	무인	무인	**기묘**	기묘	기묘	기묘	기묘	기묘
	일주 (생일)	을유	병술	정해	무자	기축	경인	신묘	임진	계사	갑오	을미	병신	정유
	대운 남	2	2	2	1	1	1	1	10	10	10	9	9	9
	대운 여	7	8	8	8	9	9	9	10	1	1	1	1	2

음 3 월	구분	1	2	3	4	5	6	7	8	9	10	11	12	13
	음력	1	2	3	4	5	6	7	8	9	10	11	12	13
	양력	**3/27**	28	29	30	31	**4/1**	2	3	4	5	6	7	8
	연주 (생년)	경자	경자	경자	경자	경자	경자	경자	경자	경자	경자	경자	경자	경자
	월주 (생월)	기묘	기묘	기묘	기묘	기묘	기묘	기묘	기묘	기묘	**경진**	경진	경진	경진
	일주 (생일)	갑인	을묘	병진	정사	무오	기미	경신	신유	임술	계해	갑자	을축	병인
	대운 남	3	3	2	2	2	1	1	1	1	10	10	9	9
	대운 여	7	8	8	8	9	9	9	10	10	10	1	1	1

음 4 월	구분	1	2	3	4	5	6	7	8	9	10	11	12	13
	음력	1	2	3	4	5	6	7	8	9	10	11	12	13
	양력	**4/26**	27	28	29	30	**5/1**	2	3	4	5	6	7	8
	연주 (생년)	경자	경자	경자	경자	경자	경자	경자	경자	경자	경자	경자	경자	경자
	월주 (생월)	경진	경진	경진	경진	경진	경진	경진	경진	경진	**신사**	신사	신사	신사
	일주 (생일)	갑신	을유	병술	정해	무자	기축	경인	신묘	임진	계사	갑오	을미	병신
	대운 남	3	3	2	2	2	1	1	1	1	10	10	10	10
	대운 여	7	8	8	8	9	9	9	10	10	10	1	1	1

음 5 월	구분	1	2	3	4	5	6	7	8	9	10	11	12	13
	음력	1	2	3	4	5	6	7	8	9	10	11	12	13
	양력	**5/25**	26	27	28	29	30	31	**6/1**	2	3	4	5	6
	연주 (생년)	경자	경자	경자	경자	경자	경자	경자	경자	경자	경자	경자	경자	경자
	월주 (생월)	신사	신사	신사	신사	신사	신사	신사	신사	신사	신사	신사	신사	**임오**
	일주 (생일)	계축	갑인	을묘	병진	정사	무오	기미	경신	신유	임술	계해	갑자	을축
	대운 남	4	4	3	3	3	2	2	2	1	1	1	1	10
	대운 여	7	7	7	8	8	8	9	9	9	10	10	10	10

음 6 월	구분	1	2	3	4	5	6	7	8	9	10	11	12	13
	음력	1	2	3	4	5	6	7	8	9	10	11	12	13
	양력	**6/24**	25	26	27	28	29	30	**7/1**	2	3	4	5	6
	연주 (생년)	경자	경자	경자	경자	경자	경자	경자	경자	경자	경자	경자	경자	경자
	월주 (생월)	임오	임오	임오	임오	임오	임오	임오	임오	임오	임오	임오	임오	임오
	일주 (생일)	계미	갑신	을유	병술	정해	무자	기축	경인	신묘	임진	계사	갑오	을미
	대운 남	4	4	4	3	3	3	2	2	2	1	1	1	1
	대운 여	6	6	7	7	7	8	8	8	9	9	9	10	10

윤 6 월	구분	1	2	3	4	5	6	7	8	9	10	11	12	13
	음력	1	2	3	4	5	6	7	8	9	10	11	12	13
	양력	**7/24**	25	26	27	28	29	30	31	**8/1**	2	3	4	5
	연주 (생년)	경자	경자	경자	경자	경자	경자	경자	경자	경자	경자	경자	경자	경자
	월주 (생월)	계미	계미	계미	계미	계미	계미	계미	계미	계미	계미	계미	계미	계미
	일주 (생일)	계축	갑인	을묘	병진	정사	무오	기미	경신	신유	임술	계해	갑자	을축
	대운 남	5	4	4	4	3	3	3	2	2	2	1	1	1
	대운 여	6	6	6	7	7	7	8	8	8	9	9	9	10

	14	15	16	17	18	19	20	21	22	23	24	25	26	27	28	29	30
음	10	11	12	13	14	15	16	17	18	19	20	21	22	23	24	25	26
	경자	경자	경자	경자	경자	경자	경자	경자	경자	경자	경자	경자	경자	경자	경자	경자	경자
1	무인	무인	무인	무인	무인	무인	무인	무인	무인	무인	무인	무인	무인	무인	무인	무인	무인
	무진	기사	경오	신미	임신	계유	갑술	을해	병자	정축	무인	기묘	경진	신사	임오	계미	갑신
월	8	8	7	7	7	6	6	6	5	5	5	4	4	4	3	3	3
	2	2	2	3	3	3	4	4	4	5	5	5	6	6	6	7	7
	14	15	16	17	18	19	20	21	22	23	24	25	26	27	28	29	
음	11	12	13	14	15	16	17	18	19	20	21	22	23	24	25	26	
	경자	경자	경자	경자	경자	경자	경자	경자	경자	경자	경자	경자	경자	경자	경자	경자	
2	기묘	기묘	기묘	기묘	기묘	기묘	기묘	기묘	기묘	기묘	기묘	기묘	기묘	기묘	기묘	기묘	
	무술	기해	경자	신축	임인	계묘	갑진	을사	병오	정미	무신	기유	경술	신해	임자	계축	
월	8	8	8	7	7	7	6	6	6	5	5	5	4	4	4	3	
	2	2	3	3	3	4	4	4	5	5	5	6	6	6	7	7	
	14	15	16	17	18	19	20	21	22	23	24	25	26	27	28	29	30
음	9	10	11	12	13	14	15	16	17	18	19	20	21	22	23	24	25
	경자	경자	경자	경자	경자	경자	경자	경자	경자	경자	경자	경자	경자	경자	경자	경자	경자
3	경진	경진	경진	경진	경진	경진	경진	경진	경진	경진	경진	경진	경진	경진	경진	경진	경진
	정묘	무진	기사	경오	신미	임신	계유	갑술	을해	병자	정축	무인	기묘	경진	신사	임오	계미
월	9	8	8	8	7	7	7	6	6	6	5	5	5	4	4	4	3
	2	2	2	3	3	3	4	4	4	5	5	5	6	6	6	7	7
	14	15	16	17	18	19	20	21	22	23	24	25	26	27	28	29	
음	9	10	11	12	13	14	15	16	17	18	19	20	21	22	23	24	
	경자	경자	경자	경자	경자	경자	경자	경자	경자	경자	경자	경자	경자	경자	경자	경자	
4	신사	신사	신사	신사	신사	신사	신사	신사	신사	신사	신사	신사	신사	신사	신사	신사	
	정유	무술	기해	경자	신축	임인	계묘	갑진	을사	병오	정미	무신	기유	경술	신해	임자	
월	9	9	9	8	8	8	7	7	7	6	6	6	5	5	5	4	
	1	2	2	2	3	3	3	4	4	4	5	5	5	6	6	6	
	14	15	16	17	18	19	20	21	22	23	24	25	26	27	28	29	30
음	7	8	9	10	11	12	13	14	15	16	17	18	19	20	21	22	23
	경자	경자	경자	경자	경자	경자	경자	경자	경자	경자	경자	경자	경자	경자	경자	경자	경자
5	임오	임오	임오	임오	임오	임오	임오	임오	임오	임오	임오	임오	임오	임오	임오	임오	임오
	병인	정묘	무진	기사	경오	신미	임신	계유	갑술	을해	병자	정축	무인	기묘	경진	신사	임오
월	10	10	9	9	9	8	8	8	7	7	7	6	6	6	5	5	5
	1	1	1	1	2	2	2	3	3	3	4	4	4	5	5	5	6
	14	15	16	17	18	19	20	21	22	23	24	25	26	27	28	29	30
음	7	8	9	10	11	12	13	14	15	16	17	18	19	20	21	22	23
	경자	경자	경자	경자	경자	경자	경자	경자	경자	경자	경자	경자	경자	경자	경자	경자	경자
6	**계미**	계미	계미	계미	계미	계미	계미	계미	계미	계미	계미	계미	계미	계미	계미	계미	계미
	병신	정유	무술	기해	경자	신축	임인	계묘	갑진	을사	병오	정미	무신	기유	경술	신해	임자
월	10	10	10	9	9	9	8	8	8	7	7	7	6	6	6	5	5
	10	1	1	1	1	2	2	2	3	3	3	4	4	4	5	5	5
	14	15	16	17	18	19	20	21	22	23	24	25	26	27	28	29	
윤	6	7	8	9	10	11	12	13	14	15	16	17	18	19	20	21	
	경자	경자	경자	경자	경자	경자	경자	경자	경자	경자	경자	경자	경자	경자	경자	경자	
6	계미	**갑신**	갑신	갑신	갑신	갑신	갑신	갑신	갑신	갑신	갑신	갑신	갑신	갑신	갑신	갑신	
	병인	정묘	무진	기사	경오	신미	임신	계유	갑술	을해	병자	정축	무인	기묘	경진	신사	
월	1	10	10	10	10	9	9	9	8	8	8	7	7	7	6	6	
	10	10	1	1	1	1	2	2	2	3	3	3	4	4	4	5	

1960(경자)년 【단기 4293년】

음 7 월

음	력	1	2	3	4	5	6	7	8	9	10	11	12	13
양	력	8/22	23	24	25	26	27	28	29	30	31	9/1	2	3
연주	(생년)	경자	경자	경자	경자	경자	경자	경자	경자	경자	경자	경자	경자	경자
월주	(생월)	갑신	갑신	갑신	갑신	갑신	갑신	갑신	갑신	갑신	갑신	갑신	갑신	갑신
일주	(생일)	임오	계미	갑신	을유	병술	정해	무자	기축	경인	신묘	임진	계사	갑오
대운	남	6	5	5	5	4	4	4	3	3	3	2	2	2
대운	여	5	5	6	6	6	7	7	7	8	8	8	9	9

음 8 월

음	력	1	2	3	4	5	6	7	8	9	10	11	12	13
양	력	9/21	22	23	24	25	26	27	28	29	30	10/1	2	3
연주	(생년)	경자	경자	경자	경자	경자	경자	경자	경자	경자	경자	경자	경자	경자
월주	(생월)	을유	을유	을유	을유	을유	을유	을유	을유	을유	을유	을유	을유	을유
일주	(생일)	임자	계축	갑인	을묘	병진	정사	무오	기미	경신	신유	임술	계해	갑자
대운	남	6	5	5	5	4	4	4	3	3	3	2	2	2
대운	여	4	5	5	5	6	6	6	7	7	7	8	8	8

음 9 월

음	력	1	2	3	4	5	6	7	8	9	10	11	12	13
양	력	10/20	21	22	23	24	25	26	27	28	29	30	31	11/1
연주	(생년)	경자	경자	경자	경자	경자	경자	경자	경자	경자	경자	경자	경자	경자
월주	(생월)	병술	병술	병술	병술	병술	병술	병술	병술	병술	병술	병술	병술	병술
일주	(생일)	신사	임오	계미	갑신	을유	병술	정해	무자	기축	경인	신묘	임진	계사
대운	남	6	6	5	5	5	4	4	4	3	3	3	2	2
대운	여	4	4	5	5	5	6	6	6	7	7	7	8	8

음 10 월

음	력	1	2	3	4	5	6	7	8	9	10	11	12	13
양	력	11/19	20	21	22	23	24	25	26	27	28	29	30	12/1
연주	(생년)	경자	경자	경자	경자	경자	경자	경자	경자	경자	경자	경자	경자	경자
월주	(생월)	정해	정해	정해	정해	정해	정해	정해	정해	정해	정해	정해	정해	정해
일주	(생일)	신해	임자	계축	갑인	을묘	병진	정사	무오	기미	경신	신유	임술	계해
대운	남	6	6	5	5	5	4	4	4	3	3	3	2	2
대운	여	4	4	5	5	5	6	6	6	7	7	7	8	8

음 11 월

음	력	1	2	3	4	5	6	7	8	9	10	11	12	13
양	력	12/18	19	20	21	22	23	24	25	26	27	28	29	30
연주	(생년)	경자	경자	경자	경자	경자	경자	경자	경자	경자	경자	경자	경자	경자
월주	(생월)	무자	무자	무자	무자	무자	무자	무자	무자	무자	무자	무자	무자	무자
일주	(생일)	경진	신사	임오	계미	갑신	을유	병술	정해	무자	기축	경인	신묘	임진
대운	남	6	6	5	5	5	4	4	4	3	3	3	2	2
대운	여	4	4	4	5	5	5	6	6	6	7	7	7	8

음 12 월

음	력	1	2	3	4	5	6	7	8	9	10	11	12	13
양	력	1/17	18	19	20	21	22	23	24	25	26	27	28	29
연주	(생년)	경자	경자	경자	경자	경자	경자	경자	경자	경자	경자	경자	경자	경자
월주	(생월)	기축	기축	기축	기축	기축	기축	기축	기축	기축	기축	기축	기축	기축
일주	(생일)	경술	신해	임자	계축	갑인	을묘	병진	정사	무오	기미	경신	신유	임술
대운	남	6	6	5	5	5	4	4	4	3	3	3	2	2
대운	여	4	4	5	5	5	6	6	6	7	7	7	8	8

월																	
음 7 월	14	15	16	17	18	19	20	21	22	23	24	25	26	27	28	29	30
	4	5	6	7	8	9	10	11	12	13	14	15	16	17	18	19	20
	경자	경자	경자	경자	경자	경자	경자	경자	경자	경자	경자	경자	경자	경자	경자	경자	경자
	갑신	갑신	갑신	갑신	**을유**	을유	을유	을유	을유	을유	을유	을유	을유	을유	을유	을유	을유
	을미	병신	정유	무술	기해	경자	신축	임인	계묘	갑진	을사	병오	정미	무신	기유	경술	신해
	1	1	1	1	10	10	9	9	9	8	8	8	7	7	7	6	6
	9	10	10	10	10	1	1	1	1	2	2	2	3	3	3	4	4
음 8 월	14	15	16	17	18	19	20	21	22	23	24	25	26	27	28	29	
	4	5	6	7	8	9	10	11	12	13	14	15	16	17	18	19	
	경자	경자	경자	경자	경자	경자	경자	경자	경자	경자	경자	경자	경자	경자	경자	경자	
	을유	을유	을유	을유	**병술**	병술	병술	병술	병술	병술	병술	병술	병술	병술	병술	병술	
	을축	병인	정묘	무진	기사	경오	신미	임신	계유	갑술	을해	병자	정축	무인	기묘	경진	
	1	1	1	1	10	10	9	9	9	8	8	8	7	7	7	6	
	9	9	9	10	10	1	1	1	1	2	2	2	3	3	3	4	
음 9 월	14	15	16	17	18	19	20	21	22	23	24	25	26	27	28	29	30
	2	3	4	5	6	7	8	9	10	11	12	13	14	15	16	17	18
	경자	경자	경자	경자	경자	경자	경자	경자	경자	경자	경자	경자	경자	경자	경자	경자	경자
	병술	병술	병술	병술	병술	**정해**	정해	정해	정해	정해	정해	정해	정해	정해	정해	정해	정해
	갑오	을미	병신	정유	무술	기해	경자	신축	임인	계묘	갑진	을사	병오	정미	무신	기유	경술
	2	1	1	1	1	10	10	9	9	9	8	8	8	7	7	7	6
	8	9	9	9	10	10	1	1	1	1	2	2	2	3	3	3	4
음 10 월	14	15	16	17	18	19	20	21	22	23	24	25	26	27	28	29	
	2	3	4	5	6	7	8	9	10	11	12	13	14	15	16	17	
	경자	경자	경자	경자	경자	경자	경자	경자	경자	경자	경자	경자	경자	경자	경자	경자	
	정해	정해	정해	정해	정해	**무자**	무자	무자	무자	무자	무자	무자	무자	무자	무자	무자	
	갑자	을축	병인	정묘	무진	기사	경오	신미	임신	계유	갑술	을해	병자	정축	무인	기묘	
	2	1	1	1	1	10	9	9	9	8	8	8	7	7	7	6	
	8	9	9	9	10	10	1	1	1	1	2	2	2	3	3	3	
음 11 월	14	15	16	17	18	19	20	21	22	23	24	25	26	27	28	29	30
	31	**1/1**	2	3	4	5	6	7	8	9	10	11	12	13	14	15	16
	경자	경자	경자	경자	경자	경자	경자	경자	경자	경자	경자	경자	경자	경자	경자	경자	경자
	무자	무자	무자	무자	무자	**기축**	기축	기축	기축	기축	기축	기축	기축	기축	기축	기축	기축
	계사	갑오	을미	병신	정유	무술	기해	경자	신축	임인	계묘	갑진	을사	병오	정미	무신	기유
	2	1	1	1	1	10	10	9	9	9	8	8	8	7	7	7	6
	8	8	9	9	9	10	1	1	1	1	2	2	2	3	3	3	4
음 12 월	14	15	16	17	18	19	20	21	22	23	24	25	26	27	28	29	
	30	31	**2/1**	2	3	4	5	6	7	8	9	10	11	12	13	14	
	경자	경자	경자	경자	경자	**신축**	신축	신축	신축	신축	신축	신축	신축	신축	신축	신축	
	기축	기축	기축	기축	기축	**경인**	경인	경인	경인	경인	경인	경인	경인	경인	경인	경인	
	계해	갑자	을축	병인	정묘	무진	기사	경오	신미	임신	계유	갑술	을해	병자	정축	무인	
	2	1	1	1	1	10	1	1	1	1	2	2	2	3	3	3	
	8	9	9	9	10	10	10	9	9	9	8	8	8	7	7	7	

1961(신축)년 【단기 4294년】

음 1 월		1	2	3	4	5	6	7	8	9	10	11	12	13
음력		1	2	3	4	5	6	7	8	9	10	11	12	13
양력		2/15	16	17	18	19	20	21	22	23	24	25	26	27
연주 (생년)		신축	신축	신축	신축	신축	신축	신축	신축	신축	신축	신축	신축	신축
월주 (생월)		경인	경인	경인	경인	경인	경인	경인	경인	경인	경인	경인	경인	경인
일주 (생일)		기묘	경진	신사	임오	계미	갑신	을유	병술	정해	무자	기축	경인	신묘
대운	남	4	4	4	5	5	5	6	6	6	7	7	7	8
	여	6	6	6	5	5	5	4	4	4	3	3	3	2

음 2 월		1	2	3	4	5	6	7	8	9	10	11	12	13
음력		1	2	3	4	5	6	7	8	9	10	11	12	13
양력		3/17	18	19	20	21	22	23	24	25	26	27	28	29
연주 (생년)		신축	신축	신축	신축	신축	신축	신축	신축	신축	신축	신축	신축	신축
월주 (생월)		신묘	신묘	신묘	신묘	신묘	신묘	신묘	신묘	신묘	신묘	신묘	신묘	신묘
일주 (생일)		기유	경술	신해	임자	계축	갑인	을묘	병진	정사	무오	기미	경신	신유
대운	남	4	4	4	5	5	5	6	6	6	7	7	7	8
	여	6	6	6	5	5	5	4	4	4	3	3	3	2

음 3 월		1	2	3	4	5	6	7	8	9	10	11	12	13
음력		1	2	3	4	5	6	7	8	9	10	11	12	13
양력		4/15	16	17	18	19	20	21	22	23	24	25	26	27
연주 (생년)		신축	신축	신축	신축	신축	신축	신축	신축	신축	신축	신축	신축	신축
월주 (생월)		임진	임진	임진	임진	임진	임진	임진	임진	임진	임진	임진	임진	임진
일주 (생일)		무인	기묘	경진	신사	임오	계미	갑신	을유	병술	정해	무자	기축	경인
대운	남	3	4	4	4	5	5	5	6	6	6	7	7	7
	여	7	7	6	6	6	5	5	5	4	4	4	3	3

음 4 월		1	2	3	4	5	6	7	8	9	10	11	12	13
음력		1	2	3	4	5	6	7	8	9	10	11	12	13
양력		5/15	16	17	18	19	20	21	22	23	24	25	26	27
연주 (생년)		신축	신축	신축	신축	신축	신축	신축	신축	신축	신축	신축	신축	신축
월주 (생월)		계사	계사	계사	계사	계사	계사	계사	계사	계사	계사	계사	계사	계사
일주 (생일)		무신	기유	경술	신해	임자	계축	갑인	을묘	병진	정사	무오	기미	경신
대운	남	3	3	4	4	4	5	5	5	6	6	6	7	7
	여	7	7	7	6	6	6	5	5	5	4	4	4	3

음 5 월		1	2	3	4	5	6	7	8	9	10	11	12	13
음력		1	2	3	4	5	6	7	8	9	10	11	12	13
양력		6/13	14	15	16	17	18	19	20	21	22	23	24	25
연주 (생년)		신축	신축	신축	신축	신축	신축	신축	신축	신축	신축	신축	신축	신축
월주 (생월)		갑오	갑오	갑오	갑오	갑오	갑오	갑오	갑오	갑오	갑오	갑오	갑오	갑오
일주 (생일)		정축	무인	기묘	경진	신사	임오	계미	갑신	을유	병술	정해	무자	기축
대운	남	2	3	3	3	4	4	4	5	5	5	6	6	6
	여	8	8	7	7	7	6	6	6	5	5	5	4	4

음 6 월		1	2	3	4	5	6	7	8	9	10	11	12	13
음력		1	2	3	4	5	6	7	8	9	10	11	12	13
양력		7/13	14	15	16	17	18	19	20	21	22	23	24	25
연주 (생년)		신축	신축	신축	신축	신축	신축	신축	신축	신축	신축	신축	신축	신축
월주 (생월)		을미	을미	을미	을미	을미	을미	을미	을미	을미	을미	을미	을미	을미
일주 (생일)		정미	무신	기유	경술	신해	임자	계축	갑인	을묘	병진	정사	무오	기미
대운	남	2	2	3	3	3	4	4	4	5	5	5	6	6
	여	9	8	8	8	7	7	7	6	6	6	5	5	5

	14	15	16	17	18	19	20	21	22	23	24	25	26	27	28	29	30
음	28	**3/1**	2	3	4	5	6	7	8	9	10	11	12	13	14	15	16
1	신축	신축	신축	신축	신축	신축	신축	신축	신축	신축	신축	신축	신축	신축	신축	신축	신축
월	경인	경인	경인	경인	경인	경인	**신묘**	신묘	신묘	신묘	신묘	신묘	신묘	신묘	신묘	신묘	신묘
	임진	계사	갑오	을미	병신	정유	무술	기해	경자	신축	임인	계묘	갑진	을사	병오	정미	무신
	8	8	9	9	9	10	10	1	1	1	1	2	2	2	3	3	3
	2	2	1	1	1	1	10	10	9	9	9	8	8	8	7	7	7
	14	15	16	17	18	19	20	21	22	23	24	25	26	27	28	29	
음	30	31	**4/1**	2	3	4	5	6	7	8	9	10	11	12	13	14	
2	신축	신축	신축	신축	신축	신축	신축	신축	신축	신축	신축	신축	신축	신축	신축	신축	
월	신묘	신묘	신묘	신묘	신묘	신묘	**임진**	임진	임진	임진	임진	임진	임진	임진	임진	임진	
	임술	계해	갑자	을축	병인	정묘	무진	기사	경오	신미	임신	계유	갑술	을해	병자	정축	
	8	8	9	9	9	10	10	1	1	1	1	2	2	2	3	3	
	2	2	1	1	1	1	10	10	10	9	9	9	8	8	8	7	
	14	15	16	17	18	19	20	21	22	23	24	25	26	27	28	29	30
음	28	29	30	**5/1**	2	3	4	5	6	7	8	9	10	11	12	13	14
3	신축	신축	신축	신축	신축	신축	신축	신축	신축	신축	신축	신축	신축	신축	신축	신축	신축
월	임진	임진	임진	임진	임진	임진	임진	임진	**계사**	계사	계사	계사	계사	계사	계사	계사	계사
	신묘	임진	계사	갑오	을미	병신	정유	무술	기해	경자	신축	임인	계묘	갑진	을사	병오	정미
	8	8	8	9	9	9	10	10	10	1	1	1	1	2	2	2	3
	3	2	2	2	1	1	1	1	10	10	10	9	9	9	8	8	8
	14	15	16	17	18	19	20	21	22	23	24	25	26	27	28	29	
음	28	29	30	31	**6/1**	2	3	4	5	6	7	8	9	10	11	12	
4	신축	신축	신축	신축	신축	신축	신축	신축	신축	신축	신축	신축	신축	신축	신축	신축	
월	계사	계사	계사	계사	계사	계사	계사	계사	계사	**갑오**	갑오	갑오	갑오	갑오	갑오	갑오	
	신유	임술	계해	갑자	을축	병인	정묘	무진	기사	경오	신미	임신	계유	갑술	을해	병자	
	7	8	8	8	9	9	9	10	10	10	1	1	1	1	2	2	
	3	3	2	2	2	1	1	1	1	10	10	10	9	9	9	8	
	14	15	16	17	18	19	20	21	22	23	24	25	26	27	28	29	30
음	26	27	28	29	30	**7/1**	2	3	4	5	6	7	8	9	10	11	12
5	신축	신축	신축	신축	신축	신축	신축	신축	신축	신축	신축	신축	신축	신축	신축	신축	신축
월	갑오	갑오	갑오	갑오	갑오	갑오	갑오	갑오	갑오	갑오	갑오	**을미**	을미	을미	을미	을미	을미
	경인	신묘	임진	계사	갑오	을미	병신	정유	무술	기해	경자	신축	임인	계묘	갑진	을사	병오
	7	7	7	8	8	8	9	9	9	10	10	10	1	1	1	1	2
	4	4	3	3	3	2	2	2	1	1	1	10	10	10	10	9	9
	14	15	16	17	18	19	20	21	22	23	24	25	26	27	28	29	
음	26	27	28	29	30	31	**8/1**	2	3	4	5	6	7	8	9	10	
6	신축	신축	신축	신축	신축	신축	신축	신축	신축	신축	신축	신축	신축	신축	신축	신축	
월	을미	을미	을미	을미	을미	을미	을미	을미	을미	을미	을미	을미	을미	**병신**	병신	병신	
	경신	신유	임술	계해	갑자	을축	병인	정묘	무진	기사	경오	신미	임신	계유	갑술	을해	
	6	7	7	7	8	8	8	9	9	9	10	10	10	10	1	1	
	4	4	4	3	3	3	2	2	2	1	1	1	1	10	10	10	

1961(신축)년 【단기 4294년】

월	구분		1	2	3	4	5	6	7	8	9	10	11	12	13
음 7 월	음력		1	2	3	4	5	6	7	8	9	10	11	12	13
	양력		8/11	12	13	14	15	16	17	18	19	20	21	22	23
	연주 (생년)		신축	신축	신축	신축	신축	신축	신축	신축	신축	신축	신축	신축	신축
	월주 (생월)		병신	병신	병신	병신	병신	병신	병신	병신	병신	병신	병신	병신	병신
	일주 (생일)		병자	정축	무인	기묘	경진	신사	임오	계미	갑신	을유	병술	정해	무자
	대운	남	1	1	2	2	2	3	3	3	4	4	4	5	5
		여	9	9	9	8	8	8	7	7	7	6	6	6	5
음 8 월	음력		1	2	3	4	5	6	7	8	9	10	11	12	13
	양력		9/10	11	12	13	14	15	16	17	18	19	20	21	22
	연주 (생년)		신축	신축	신축	신축	신축	신축	신축	신축	신축	신축	신축	신축	신축
	월주 (생월)		정유	정유	정유	정유	정유	정유	정유	정유	정유	정유	정유	정유	정유
	일주 (생일)		병오	정미	무신	기유	경술	신해	임자	계축	갑인	을묘	병진	정사	무오
	대운	남	1	1	1	2	2	2	3	3	3	4	4	4	5
		여	10	9	9	9	8	8	8	7	7	7	6	6	6
음 9 월	음력		1	2	3	4	5	6	7	8	9	10	11	12	13
	양력		10/10	11	12	13	14	15	16	17	18	19	20	21	22
	연주 (생년)		신축	신축	신축	신축	신축	신축	신축	신축	신축	신축	신축	신축	신축
	월주 (생월)		무술	무술	무술	무술	무술	무술	무술	무술	무술	무술	무술	무술	무술
	일주 (생일)		병자	정축	무인	기묘	경진	신사	임오	계미	갑신	을유	병술	정해	무자
	대운	남	1	1	1	2	2	2	3	3	3	4	4	4	5
		여	10	9	9	9	8	8	8	7	7	7	6	6	6
음 10 월	음력		1	2	3	4	5	6	7	8	9	10	11	12	13
	양력		11/8	9	10	11	12	13	14	15	16	17	18	19	20
	연주 (생년)		신축	신축	신축	신축	신축	신축	신축	신축	신축	신축	신축	신축	신축
	월주 (생월)		**기해**	기해	기해	기해	기해	기해	기해	기해	기해	기해	기해	기해	기해
	일주 (생일)		을사	병오	정미	무신	기유	경술	신해	임자	계축	갑인	을묘	병진	정사
	대운	남	10	1	1	1	1	2	2	2	3	3	3	4	4
		여	10	9	9	9	8	8	8	7	7	7	6	6	6
음 11 월	음력		1	2	3	4	5	6	7	8	9	10	11	12	13
	양력		12/8	9	10	11	12	13	14	15	16	17	18	19	20
	연주 (생년)		신축	신축	신축	신축	신축	신축	신축	신축	신축	신축	신축	신축	신축
	월주 (생월)		경자	경자	경자	경자	경자	경자	경자	경자	경자	경자	경자	경자	경자
	일주 (생일)		을해	병자	정축	무인	기묘	경진	신사	임오	계미	갑신	을유	병술	정해
	대운	남	1	1	1	1	2	2	2	3	3	3	4	4	4
		여	10	9	9	9	8	8	8	7	7	7	6	6	6
음 12 월	음력		1	2	3	4	5	6	7	8	9	10	11	12	13
	양력		1/6	7	8	9	10	11	12	13	14	15	16	17	18
	연주 (생년)		신축	신축	신축	신축	신축	신축	신축	신축	신축	신축	신축	신축	신축
	월주 (생월)		**신축**	신축	신축	신축	신축	신축	신축	신축	신축	신축	신축	신축	신축
	일주 (생일)		갑진	을사	병오	정미	무신	기유	경술	신해	임자	계축	갑인	을묘	병진
	대운	남	10	1	1	1	1	2	2	2	3	3	3	4	4
		여	10	9	9	9	8	8	8	7	7	7	6	6	6

음 7 월	14	15	16	17	18	19	20	21	22	23	24	25	26	27	28	29	30
	24	25	26	27	28	29	30	31	**9/1**	2	3	4	5	6	7	8	9
	신축	신축	신축	신축	신축	신축	신축	신축	신축	신축	신축	신축	신축	신축	신축	신축	신축
	병신	병신	병신	병신	병신	병신	병신	병신	병신	병신	병신	병신	병신	병신	병신	**정유**	정유
	기축	경인	신묘	임진	계사	갑오	을미	병신	정유	무술	기해	경자	신축	임인	계묘	갑진	을사
	5	6	6	6	7	7	7	8	8	8	9	9	9	10	10	10	1
	5	5	4	4	4	3	3	3	2	2	2	1	1	1	1	10	10

음 8 월	14	15	16	17	18	19	20	21	22	23	24	25	26	27	28	29	30
	23	24	25	26	27	28	29	30	**10/1**	2	3	4	5	6	7	8	9
	신축	신축	신축	신축	신축	신축	신축	신축	신축	신축	신축	신축	신축	신축	신축	신축	신축
	정유	정유	정유	정유	정유	정유	정유	정유	정유	정유	정유	정유	정유	정유	정유	**무술**	무술
	기미	경신	신유	임술	계해	갑자	을축	병인	정묘	무진	기사	경오	신미	임신	계유	갑술	을해
	5	5	6	6	6	7	7	7	8	8	8	9	9	9	10	10	1
	5	5	5	4	4	4	3	3	3	2	2	2	1	1	1	10	10

음 9 월	14	15	16	17	18	19	20	21	22	23	24	25	26	27	28	29	
	23	24	25	26	27	28	29	30	31	**11/1**	2	3	4	5	6	7	
	신축	신축	신축	신축	신축	신축	신축	신축	신축	신축	신축	신축	신축	신축	신축	신축	
	무술	무술	무술	무술	무술	무술	무술	무술	무술	무술	무술	무술	무술	무술	무술	무술	
	기축	경인	신묘	임진	계사	갑오	을미	병신	정유	무술	기해	경자	신축	임인	계묘	갑진	
	5	5	6	6	6	7	7	7	8	8	8	9	9	9	10	10	
	5	5	5	4	4	4	3	3	3	2	2	2	1	1	1	1	

음 10 월	14	15	16	17	18	19	20	21	22	23	24	25	26	27	28	29	30
	21	22	23	24	25	26	27	28	29	30	**12/1**	2	3	4	5	6	7
	신축	신축	신축	신축	신축	신축	신축	신축	신축	신축	신축	신축	신축	신축	신축	신축	신축
	기해	기해	기해	기해	기해	기해	기해	기해	기해	기해	기해	기해	기해	기해	기해	기해	**경자**
	무오	기미	경신	신유	임술	계해	갑자	을축	병인	정묘	무진	기사	경오	신미	임신	계유	갑술
	4	5	5	5	6	6	6	7	7	7	8	8	8	9	9	9	10
	5	5	5	4	4	4	3	3	3	2	2	2	1	1	1	1	10

음 11 월	14	15	16	17	18	19	20	21	22	23	24	25	26	27	28	29	
	21	22	23	24	25	26	27	28	29	30	31	**1/1**	2	3	4	5	
	신축	신축	신축	신축	신축	신축	신축	신축	신축	신축	신축	신축	신축	신축	신축	신축	
	경자	경자	경자	경자	경자	경자	경자	경자	경자	경자	경자	경자	경자	경자	경자	경자	
	무자	기축	경인	신묘	임진	계사	갑오	을미	병신	정유	무술	기해	경자	신축	임인	계묘	
	5	5	5	6	6	6	7	7	7	8	8	8	9	9	9	10	
	5	5	5	4	4	4	3	3	3	2	2	2	1	1	1	1	

음 12 월	14	15	16	17	18	19	20	21	22	23	24	25	26	27	28	29	30
	19	20	21	22	23	24	25	26	27	28	29	30	31	**2/1**	2	3	4
	신축	신축	신축	신축	신축	신축	신축	신축	신축	신축	신축	신축	신축	신축	신축	신축	**임인**
	신축	신축	신축	신축	신축	신축	신축	신축	신축	신축	신축	신축	신축	신축	신축	신축	**임인**
	정사	무오	기미	경신	신유	임술	계해	갑자	을축	병인	정묘	무진	기사	경오	신미	임신	계유
	4	5	5	5	6	6	6	7	7	7	8	8	8	9	9	9	10
	5	5	5	4	4	4	3	3	3	2	2	2	1	1	1	1	10

1962(임인)년 【단기 4295년】

월	구분		1	2	3	4	5	6	7	8	9	10	11	12	13
음 1 월	음력		1	2	3	4	5	6	7	8	9	10	11	12	13
	양력		**2/5**	6	7	8	9	10	11	12	13	14	15	16	17
	연주 (생년)		임인	임인	임인	임인	임인	임인	임인	임인	임인	임인	임인	임인	임인
	월주 (생월)		임인	임인	임인	임인	임인	임인	임인	임인	임인	임인	임인	임인	임인
	일주 (생일)		갑술	을해	병자	정축	무인	기묘	경진	신사	임오	계미	갑신	을유	병술
	대운	남	10	9	9	9	8	8	8	7	7	7	6	6	6
		여	1	1	1	1	2	2	2	3	3	3	4	4	4
음 2 월	음력		1	2	3	4	5	6	7	8	9	10	11	12	13
	양력		**3/6**	7	8	9	10	11	12	13	14	15	16	17	18
	연주 (생년)		임인	임인	임인	임인	임인	임인	임인	임인	임인	임인	임인	임인	임인
	월주 (생월)		**계묘**	계묘	계묘	계묘	계묘	계묘	계묘	계묘	계묘	계묘	계묘	계묘	계묘
	일주 (생일)		계묘	갑진	을사	병오	정미	무신	기유	경술	신해	임자	계축	갑인	을묘
	대운	남	10	10	9	9	9	8	8	8	7	7	7	6	6
		여	10	1	1	1	1	2	2	2	3	3	3	4	4
음 3 월	음력		1	2	3	4	5	6	7	8	9	10	11	12	13
	양력		**4/5**	6	7	8	9	10	11	12	13	14	15	16	17
	연주 (생년)		임인	임인	임인	임인	임인	임인	임인	임인	임인	임인	임인	임인	임인
	월주 (생월)		**갑진**	갑진	갑진	갑진	갑진	갑진	갑진	갑진	갑진	갑진	갑진	갑진	갑진
	일주 (생일)		계유	갑술	을해	병자	정축	무인	기묘	경진	신사	임오	계미	갑신	을유
	대운	남	10	10	10	9	9	9	8	8	8	7	7	7	6
		여	10	1	1	1	1	2	2	2	3	3	3	4	4
음 4 월	음력		1	2	3	4	5	6	7	8	9	10	11	12	13
	양력		**5/4**	5	6	7	8	9	10	11	12	13	14	15	16
	연주 (생년)		임인	임인	임인	임인	임인	임인	임인	임인	임인	임인	임인	임인	임인
	월주 (생월)		갑진	갑진	**을사**	을사	을사	을사	을사	을사	을사	을사	을사	을사	을사
	일주 (생일)		임인	계묘	갑진	을사	병오	정미	무신	기유	경술	신해	임자	계축	갑인
	대운	남	1	1	10	10	10	9	9	9	8	8	8	7	7
		여	10	10	10	1	1	1	1	2	2	2	3	3	3
음 5 월	음력		1	2	3	4	5	6	7	8	9	10	11	12	13
	양력		**6/2**	3	4	5	6	7	8	9	10	11	12	13	14
	연주 (생년)		임인	임인	임인	임인	임인	임인	임인	임인	임인	임인	임인	임인	임인
	월주 (생월)		을사	을사	을사	을사	**병오**	병오	병오	병오	병오	병오	병오	병오	병오
	일주 (생일)		신미	임신	계유	갑술	을해	병자	정축	무인	기묘	경진	신사	임오	계미
	대운	남	1	1	1	1	10	10	10	9	9	9	8	8	8
		여	9	10	10	10	10	1	1	1	1	2	2	2	3
음 6 월	음력		1	2	3	4	5	6	7	8	9	10	11	12	13
	양력		**7/2**	3	4	5	6	7	8	9	10	11	12	13	14
	연주 (생년)		임인	임인	임인	임인	임인	임인	임인	임인	임인	임인	임인	임인	임인
	월주 (생월)		병오	병오	병오	병오	병오	**정미**	정미	정미	정미	정미	정미	정미	정미
	일주 (생일)		신축	임인	계묘	갑진	을사	병오	정미	무신	기유	경술	신해	임자	계축
	대운	남	2	1	1	1	1	10	10	10	10	9	9	9	8
		여	9	9	9	10	10	10	1	1	1	1	2	2	2

	14	15	16	17	18	19	20	21	22	23	24	25	26	27	28	29	
	18	19	20	21	22	23	24	25	26	27	28	**3/1**	2	3	4	5	
음	임인	임인	임인	임인	임인	임인	임인	임인	임인	임인	임인	임인	임인	임인	임인	임인	
1	임인	임인	임인	임인	임인	임인	임인	임인	임인	임인	임인	임인	임인	임인	임인	임인	
월	정해	무자	기축	경인	신묘	임진	계사	갑오	을미	병신	정유	무술	기해	경자	신축	임인	
	5	5	5	4	4	4	3	3	3	2	2	2	1	1	1	1	
	5	5	5	6	6	6	7	7	7	8	8	8	9	9	9	10	
	14	15	16	17	18	19	20	21	22	23	24	25	26	27	28	29	30
	19	20	21	22	23	24	25	26	27	28	29	30	31	**4/1**	2	3	4
음	임인	임인	임인	임인	임인	임인	임인	임인	임인	임인	임인	임인	임인	임인	임인	임인	임인
2	계묘	계묘	계묘	계묘	계묘	계묘	계묘	계묘	계묘	계묘	계묘	계묘	계묘	계묘	계묘	계묘	계묘
월	병진	정사	무오	기미	경신	신유	임술	계해	갑자	을축	병인	정묘	무진	기사	경오	신미	임신
	6	5	5	5	4	4	4	3	3	3	2	2	2	1	1	1	1
	4	5	5	5	6	6	6	7	7	7	8	8	8	9	9	9	10
	14	15	16	17	18	19	20	21	22	23	24	25	26	27	28	29	
	18	19	20	21	22	23	24	25	26	27	28	29	30	**5/1**	2	3	
음	임인	임인	임인	임인	임인	임인	임인	임인	임인	임인	임인	임인	임인	임인	임인	임인	
3	갑진	갑진	갑진	갑진	갑진	갑진	갑진	갑진	갑진	갑진	갑진	갑진	갑진	갑진	갑진	갑진	
월	병술	정해	무자	기축	경인	신묘	임진	계사	갑오	을미	병신	정유	무술	기해	경자	신축	
	6	6	5	5	5	4	4	4	3	3	3	2	2	2	1	1	
	4	5	5	5	6	6	6	7	7	7	8	8	8	9	9	9	
	14	15	16	17	18	19	20	21	22	23	24	25	26	27	28	29	
	17	18	19	20	21	22	23	24	25	26	27	28	29	30	31	**6/1**	
음	임인	임인	임인	임인	임인	임인	임인	임인	임인	임인	임인	임인	임인	임인	임인	임인	
4	을사	을사	을사	을사	을사	을사	을사	을사	을사	을사	을사	을사	을사	을사	을사	을사	
월	을묘	병진	정사	무오	기미	경신	신유	임술	계해	갑자	을축	병인	정묘	무진	기사	경오	
	7	6	6	6	5	5	5	4	4	4	3	3	3	2	2	2	
	4	4	4	5	5	5	6	6	6	7	7	7	8	8	8	9	
	14	15	16	17	18	19	20	21	22	23	24	25	26	27	28	29	30
	15	16	17	18	19	20	21	22	23	24	25	26	27	28	29	30	**7/1**
음	임인	임인	임인	임인	임인	임인	임인	임인	임인	임인	임인	임인	임인	임인	임인	임인	임인
5	병오	병오	병오	병오	병오	병오	병오	병오	병오	병오	병오	병오	병오	병오	병오	병오	병오
월	갑신	을유	병술	정해	무자	기축	경인	신묘	임진	계사	갑오	을미	병신	정유	무술	기해	경자
	7	7	7	6	6	6	5	5	5	4	4	4	3	3	3	2	2
	3	3	4	4	4	5	5	5	6	6	6	7	7	7	8	8	8
	14	15	16	17	18	19	20	21	22	23	24	25	26	27	28	29	
	15	16	17	18	19	20	21	22	23	24	25	26	27	28	29	30	
음	임인	임인	임인	임인	임인	임인	임인	임인	임인	임인	임인	임인	임인	임인	임인	임인	
6	정미	정미	정미	정미	정미	정미	정미	정미	정미	정미	정미	정미	정미	정미	정미	정미	
월	갑인	을묘	병진	정사	무오	기미	경신	신유	임술	계해	갑자	을축	병인	정묘	무진	기사	
	8	8	7	7	7	6	6	6	5	5	5	4	4	4	3	3	
	3	3	3	4	4	4	5	5	5	6	6	6	7	7	7	8	

1962(임인)년 【단기 4295년】

월	구분		1	2	3	4	5	6	7	8	9	10	11	12	13
음 7 월	음력		1	2	3	4	5	6	7	8	9	10	11	12	13
	양력		**7/31**	**8/1**	2	3	4	5	6	7	8	9	10	11	12
	연주 (생년)		임인	임인	임인	임인	임인	임인	임인	임인	임인	임인	임인	임인	임인
	월주 (생월)		정미	정미	정미	정미	정미	정미	정미	정미	**무신**	무신	무신	무신	무신
	일주 (생일)		경오	신미	임신	계유	갑술	을해	병자	정축	무인	기묘	경진	신사	임오
	대운	남	3	2	2	2	1	1	1	1	10	10	10	9	9
		여	8	8	9	9	9	10	10	10	10	1	1	1	1
음 8 월	음력		1	2	3	4	5	6	7	8	9	10	11	12	13
	양력		**8/30**	31	**9/1**	2	3	4	5	6	7	8	9	10	11
	연주 (생년)		임인	임인	임인	임인	임인	임인	임인	임인	임인	임인	임인	임인	임인
	월주 (생월)		무신	무신	무신	무신	무신	무신	무신	무신	무신	**기유**	기유	기유	기유
	일주 (생일)		경자	신축	임인	계묘	갑진	을사	병오	정미	무신	기유	경술	신해	임자
	대운	남	3	3	2	2	2	1	1	1	1	10	10	10	9
		여	8	8	8	9	9	9	10	10	10	10	1	1	1
음 9 월	음력		1	2	3	4	5	6	7	8	9	10	11	12	13
	양력		**9/29**	30	**10/1**	2	3	4	5	6	7	8	9	10	11
	연주 (생년)		임인	임인	임인	임인	임인	임인	임인	임인	임인	임인	임인	임인	임인
	월주 (생월)		기유	기유	기유	기유	기유	기유	기유	기유	기유	기유	**경술**	경술	경술
	일주 (생일)		경오	신미	임신	계유	갑술	을해	병자	정축	무인	기묘	경진	신사	임오
	대운	남	3	3	3	2	2	2	1	1	1	1	10	10	9
		여	7	7	8	8	8	9	9	9	10	10	10	1	1
음 10 월	음력		1	2	3	4	5	6	7	8	9	10	11	12	13
	양력		**10/28**	29	30	31	**11/1**	2	3	4	5	6	7	8	9
	연주 (생년)		임인	임인	임인	임인	임인	임인	임인	임인	임인	임인	임인	임인	임인
	월주 (생월)		경술	경술	경술	경술	경술	경술	경술	경술	경술	경술	경술	**신해**	신해
	일주 (생일)		기해	경자	신축	임인	계묘	갑진	을사	병오	정미	무신	기유	경술	신해
	대운	남	4	3	3	3	2	2	2	1	1	1	1	10	9
		여	7	7	7	8	8	8	9	9	9	10	10	10	1
음 11 월	음력		1	2	3	4	5	6	7	8	9	10	11	12	13
	양력		**11/27**	28	29	30	**12/1**	2	3	4	5	6	7	8	9
	연주 (생년)		임인	임인	임인	임인	임인	임인	임인	임인	임인	임인	임인	임인	임인
	월주 (생월)		신해	신해	신해	신해	신해	신해	신해	신해	신해	신해	**임자**	임자	임자
	일주 (생일)		기사	경오	신미	임신	계유	갑술	을해	병자	정축	무인	기묘	경진	신사
	대운	남	3	3	3	2	2	2	1	1	1	1	10	10	9
		여	7	7	7	8	8	8	9	9	9	10	10	1	1
음 12 월	음력		1	2	3	4	5	6	7	8	9	10	11	12	13
	양력		**12/27**	28	29	30	31	**1/1**	2	3	4	5	6	7	8
	연주 (생년)		임인	임인	임인	임인	임인	임인	임인	임인	임인	임인	임인	임인	임인
	월주 (생월)		임자	임자	임자	임자	임자	임자	임자	임자	임자	임자	**계축**	계축	계축
	일주 (생일)		기해	경자	신축	임인	계묘	갑진	을사	병오	정미	무신	기유	경술	신해
	대운	남	3	3	3	2	2	2	1	1	1	1	10	9	9
		여	7	7	7	8	8	8	9	9	9	10	10	1	1

음 7월	14	15	16	17	18	19	20	21	22	23	24	25	26	27	28	29	30
	13	14	15	16	17	18	19	20	21	22	23	24	25	26	27	28	29
	임인	임인	임인	임인	임인	임인	임인	임인	임인	임인	임인	임인	임인	임인	임인	임인	임인
	무신	무신	무신	무신	무신	무신	무신	무신	무신	무신	무신	무신	무신	무신	무신	무신	무신
	계미	갑신	을유	병술	정해	무자	기축	경인	신묘	임진	계사	갑오	을미	병신	정유	무술	기해
	9	8	8	8	7	7	7	6	6	6	5	5	5	4	4	4	3
	2	2	3	3	3	4	4	4	5	5	5	6	6	6	7	7	7

음 8월	14	15	16	17	18	19	20	21	22	23	24	25	26	27	28	29	30
	12	13	14	15	16	17	18	19	20	21	22	23	24	25	26	27	28
	임인	임인	임인	임인	임인	임인	임인	임인	임인	임인	임인	임인	임인	임인	임인	임인	임인
	기유	기유	기유	기유	기유	기유	기유	기유	기유	기유	기유	기유	기유	기유	기유	기유	기유
	계축	갑인	을묘	병진	정사	무오	기미	경신	신유	임술	계해	갑자	을축	병인	정묘	무진	기사
	9	9	8	8	8	7	7	7	6	6	6	5	5	5	4	4	4
	1	2	2	2	3	3	3	4	4	4	5	5	5	6	6	6	7

음 9월	14	15	16	17	18	19	20	21	22	23	24	25	26	27	28	29	
	12	13	14	15	16	17	18	19	20	21	22	23	24	25	26	27	
	임인	임인	임인	임인	임인	임인	임인	임인	임인	임인	임인	임인	임인	임인	임인	임인	
	경술	경술	경술	경술	경술	경술	경술	경술	경술	경술	경술	경술	경술	경술	경술	경술	
	계미	갑신	을유	병술	정해	무자	기축	경인	신묘	임진	계사	갑오	을미	병신	정유	무술	
	9	9	8	8	8	7	7	7	6	6	6	5	5	5	4	4	
	1	1	2	2	2	3	3	3	4	4	4	5	5	5	6	6	

음 10월	14	15	16	17	18	19	20	21	22	23	24	25	26	27	28	29	30
	10	11	12	13	14	15	16	17	18	19	20	21	22	23	24	25	26
	임인	임인	임인	임인	임인	임인	임인	임인	임인	임인	임인	임인	임인	임인	임인	임인	임인
	신해	신해	신해	신해	신해	신해	신해	신해	신해	신해	신해	신해	신해	신해	신해	신해	신해
	임자	계축	갑인	을묘	병진	정사	무오	기미	경신	신유	임술	계해	갑자	을축	병인	정묘	무진
	9	9	8	8	8	7	7	7	6	6	6	5	5	5	4	4	4
	1	1	2	2	2	3	3	3	4	4	4	5	5	5	6	6	6

음 11월	14	15	16	17	18	19	20	21	22	23	24	25	26	27	28	29	30
	10	11	12	13	14	15	16	17	18	19	20	21	22	23	24	25	26
	임인	임인	임인	임인	임인	임인	임인	임인	임인	임인	임인	임인	임인	임인	임인	임인	임인
	임자	임자	임자	임자	임자	임자	임자	임자	임자	임자	임자	임자	임자	임자	임자	임자	임자
	임오	계미	갑신	을유	병술	정해	무자	기축	경인	신묘	임진	계사	갑오	을미	병신	정유	무술
	9	9	8	8	8	7	7	7	6	6	6	5	5	5	4	4	4
	1	1	2	2	2	3	3	3	4	4	4	5	5	5	6	6	6

음 12월	14	15	16	17	18	19	20	21	22	23	24	25	26	27	28	29	
	9	10	11	12	13	14	15	16	17	18	19	20	21	22	23	24	
	임인	임인	임인	임인	임인	임인	임인	임인	임인	임인	임인	임인	임인	임인	임인	임인	
	계축	계축	계축	계축	계축	계축	계축	계축	계축	계축	계축	계축	계축	계축	계축	계축	
	임자	계축	갑인	을묘	병진	정사	무오	기미	경신	신유	임술	계해	갑자	을축	병인	정묘	
	9	8	8	8	7	7	7	6	6	6	5	5	5	4	4	4	
	1	1	2	2	2	3	3	3	4	4	4	5	5	5	6	6	

1963(계묘)년 【단기 4296년】

월	구분		1	2	3	4	5	6	7	8	9	10	11	12	13
음 1 월	음력		1	2	3	4	5	6	7	8	9	10	11	12	13
	양력		**1/25**	26	27	28	29	30	31	**2/1**	2	3	4	5	6
	연주 (생년)		임인	임인	임인	임인	임인	임인	임인	임인	임인	임인	**계묘**	계묘	계묘
	월주 (생월)		계축	계축	계축	계축	계축	계축	계축	계축	계축	계축	**갑인**	갑인	갑인
	일주 (생일)		무진	기사	경오	신미	임신	계유	갑술	을해	병자	정축	무인	기묘	경진
	대운	남	3	3	3	2	2	2	1	1	1	1	10	1	1
		여	6	7	7	7	8	8	8	9	9	9	10	10	9
음 2 월	음력		1	2	3	4	5	6	7	8	9	10	11	12	13
	양력		**2/24**	25	26	27	28	**3/1**	2	3	4	5	6	7	8
	연주 (생년)		계묘	계묘	계묘	계묘	계묘	계묘	계묘	계묘	계묘	계묘	계묘	계묘	계묘
	월주 (생월)		갑인	갑인	갑인	갑인	갑인	갑인	갑인	갑인	갑인	갑인	**을묘**	을묘	을묘
	일주 (생일)		무술	기해	경자	신축	임인	계묘	갑진	을사	병오	정미	무신	기유	경술
	대운	남	7	7	7	8	8	8	9	9	9	10	10	1	1
		여	3	3	3	2	2	2	1	1	1	1	10	10	9
음 3 월	음력		1	2	3	4	5	6	7	8	9	10	11	12	13
	양력		**3/25**	26	27	28	29	30	31	**4/1**	2	3	4	5	6
	연주 (생년)		계묘	계묘	계묘	계묘	계묘	계묘	계묘	계묘	계묘	계묘	계묘	계묘	계묘
	월주 (생월)		을묘	을묘	을묘	을묘	을묘	을묘	을묘	을묘	을묘	을묘	을묘	**병진**	병진
	일주 (생일)		정묘	무진	기사	경오	신미	임신	계유	갑술	을해	병자	정축	무인	기묘
	대운	남	6	7	7	7	8	8	8	9	9	9	10	10	1
		여	4	3	3	3	2	2	2	1	1	1	1	10	10
음 4 월	음력		1	2	3	4	5	6	7	8	9	10	11	12	13
	양력		**4/24**	25	26	27	28	29	30	**5/1**	2	3	4	5	6
	연주 (생년)		계묘	계묘	계묘	계묘	계묘	계묘	계묘	계묘	계묘	계묘	계묘	계묘	계묘
	월주 (생월)		병진	병진	병진	병진	병진	병진	병진	병진	병진	병진	병진	병진	**정사**
	일주 (생일)		정유	무술	기해	경자	신축	임인	계묘	갑진	을사	병오	정미	무신	기유
	대운	남	6	7	7	7	8	8	8	9	9	9	10	10	10
		여	4	4	3	3	3	2	2	2	1	1	1	1	10
윤 4 월	음력		1	2	3	4	5	6	7	8	9	10	11	12	13
	양력		**5/23**	24	25	26	27	28	29	30	31	**6/1**	2	3	4
	연주 (생년)		계묘	계묘	계묘	계묘	계묘	계묘	계묘	계묘	계묘	계묘	계묘	계묘	계묘
	월주 (생월)		정사	정사	정사	정사	정사	정사	정사	정사	정사	정사	정사	정사	정사
	일주 (생일)		병인	정묘	무진	기사	경오	신미	임신	계유	갑술	을해	병자	정축	무인
	대운	남	6	6	6	7	7	7	8	8	8	9	9	9	10
		여	5	4	4	4	3	3	3	2	2	2	1	1	1
음 5 월	음력		1	2	3	4	5	6	7	8	9	10	11	12	13
	양력		**6/21**	22	23	24	25	26	27	28	29	30	**7/1**	2	3
	연주 (생년)		계묘	계묘	계묘	계묘	계묘	계묘	계묘	계묘	계묘	계묘	계묘	계묘	계묘
	월주 (생월)		무오	무오	무오	무오	무오	무오	무오	무오	무오	무오	무오	무오	무오
	일주 (생일)		을미	병신	정유	무술	기해	경자	신축	임인	계묘	갑진	을사	병오	정미
	대운	남	5	5	6	6	6	7	7	7	8	8	8	9	9
		여	6	5	5	5	4	4	4	3	3	3	2	2	2
음 6 월	음력		1	2	3	4	5	6	7	8	9	10	11	12	13
	양력		**7/21**	22	23	24	25	26	27	28	29	30	31	**8/1**	2
	연주 (생년)		계묘	계묘	계묘	계묘	계묘	계묘	계묘	계묘	계묘	계묘	계묘	계묘	계묘
	월주 (생월)		기미	기미	기미	기미	기미	기미	기미	기미	기미	기미	기미	기미	기미
	일주 (생일)		을축	병인	정묘	무진	기사	경오	신미	임신	계유	갑술	을해	병자	정축
	대운	남	4	5	5	5	6	6	6	7	7	7	8	8	8
		여	6	6	5	5	5	4	4	4	3	3	3	2	2

	14	15	16	17	18	19	20	21	22	23	24	25	26	27	28	29	30
	7	8	9	10	11	12	13	14	15	16	17	18	19	20	21	22	23
음	계묘	계묘	계묘	계묘	계묘	계묘	계묘	계묘	계묘	계묘	계묘	계묘	계묘	계묘	계묘	계묘	계묘
1	갑인	갑인	갑인	갑인	갑인	갑인	갑인	갑인	갑인	갑인	갑인	갑인	갑인	갑인	갑인	갑인	갑인
월	신사	임오	계미	갑신	을유	병술	정해	무자	기축	경인	신묘	임진	계사	갑오	을미	병신	정유
	1	1	2	2	2	3	3	3	4	4	4	5	5	5	6	6	6
	9	9	8	8	8	7	7	7	6	6	6	5	5	5	4	4	4
	14	15	16	17	18	19	20	21	22	23	24	25	26	27	28	29	
	9	10	11	12	13	14	15	16	17	18	19	20	21	22	23	24	
음	계묘	계묘	계묘	계묘	계묘	계묘	계묘	계묘	계묘	계묘	계묘	계묘	계묘	계묘	계묘	계묘	
2	을묘	을묘	을묘	을묘	을묘	을묘	을묘	을묘	을묘	을묘	을묘	을묘	을묘	을묘	을묘	을묘	
월	신해	임자	계축	갑인	을묘	병진	정사	무오	기미	경신	신유	임술	계해	갑자	을축	병인	
	1	1	2	2	2	3	3	3	4	4	4	5	5	5	6	6	
	9	9	8	8	8	7	7	7	6	6	6	5	5	5	4	4	
	14	15	16	17	18	19	20	21	22	23	24	25	26	27	28	29	30
	7	8	9	10	11	12	13	14	15	16	17	18	19	20	21	22	23
음	계묘	계묘	계묘	계묘	계묘	계묘	계묘	계묘	계묘	계묘	계묘	계묘	계묘	계묘	계묘	계묘	계묘
3	병진	병진	병진	병진	병진	병진	병진	병진	병진	병진	병진	병진	병진	병진	병진	병진	병진
월	경진	신사	임오	계미	갑신	을유	병술	정해	무자	기축	경인	신묘	임진	계사	갑오	을미	병신
	1	1	1	2	2	2	3	3	3	4	4	4	5	5	5	6	6
	10	9	9	9	8	8	8	7	7	7	6	6	6	5	5	5	4
	14	15	16	17	18	19	20	21	22	23	24	25	26	27	28	29	30
	7	8	9	10	11	12	13	14	15	16	17	18	19	20	21	22	
음	계묘	계묘	계묘	계묘	계묘	계묘	계묘	계묘	계묘	계묘	계묘	계묘	계묘	계묘	계묘	계묘	
4	정사	정사	정사	정사	정사	정사	정사	정사	정사	정사	정사	정사	정사	정사	정사	정사	
월	경술	신해	임자	계축	갑인	을묘	병진	정사	무오	기미	경신	신유	임술	계해	갑자	을축	
	1	1	1	1	2	2	2	3	3	3	4	4	4	5	5	5	
	10	10	9	9	9	8	8	8	7	7	7	6	6	6	5	5	
	14	15	16	17	18	19	20	21	22	23	24	25	26	27	28	29	
	5	6	7	8	9	10	11	12	13	14	15	16	17	18	19	20	
윤	계묘	계묘	계묘	계묘	계묘	계묘	계묘	계묘	계묘	계묘	계묘	계묘	계묘	계묘	계묘	계묘	
4	정사	**무오**	무오	무오	무오	무오	무오	무오	무오	무오	무오	무오	무오	무오	무오	무오	
월	기묘	경진	신사	임오	계미	갑신	을유	병술	정해	무자	기축	경인	신묘	임진	계사	갑오	
	10	10	1	1	1	1	2	2	2	3	3	3	4	4	4	5	
	1	10	10	10	10	9	9	9	8	8	8	7	7	7	6	6	
	14	15	16	17	18	19	20	21	22	23	24	25	26	27	28	29	30
	4	5	6	7	8	9	10	11	12	13	14	15	16	17	18	19	20
음	계묘	계묘	계묘	계묘	계묘	계묘	계묘	계묘	계묘	계묘	계묘	계묘	계묘	계묘	계묘	계묘	계묘
5	무오	무오	무오	무오	**기미**	기미	기미	기미	기미	기미	기미	기미	기미	기미	기미	기미	기미
월	무신	기유	경술	신해	임자	계축	갑인	을묘	병진	정사	무오	기미	경신	신유	임술	계해	갑자
	9	10	10	10	10	1	1	1	1	2	2	2	3	3	3	4	4
	1	1	1	1	10	10	10	9	9	9	8	8	8	7	7	7	6
	14	15	16	17	18	19	20	21	22	23	24	25	26	27	28	29	
	3	4	5	6	7	8	9	10	11	12	13	14	15	16	17	18	
음	계묘	계묘	계묘	계묘	계묘	계묘	계묘	계묘	계묘	계묘	계묘	계묘	계묘	계묘	계묘	계묘	
6	기미	기미	기미	기미	기미	**경신**	경신	경신	경신	경신	경신	경신	경신	경신	경신	경신	
월	무인	기묘	경진	신사	임오	계미	갑신	을유	병술	정해	무자	기축	경인	신묘	임진	계사	
	9	9	9	10	10	10	1	1	1	1	2	2	2	3	3	3	
	2	1	1	1	1	10	10	10	9	9	9	8	8	8	7	7	

1963(계묘)년 【단기 4296년】

음 7월		1	2	3	4	5	6	7	8	9	10	11	12	13
음력		1	2	3	4	5	6	7	8	9	10	11	12	13
양력		8/19	20	21	22	23	24	25	26	27	28	29	30	31
연주 (생년)		계묘	계묘	계묘	계묘	계묘	계묘	계묘	계묘	계묘	계묘	계묘	계묘	계묘
월주 (생월)		경신	경신	경신	경신	경신	경신	경신	경신	경신	경신	경신	경신	경신
일주 (생일)		갑오	을미	병신	정유	무술	기해	경자	신축	임인	계묘	갑진	을사	병오
대운	남	4	4	4	5	5	5	6	6	6	7	7	7	8
대운	여	7	6	6	6	5	5	5	4	4	4	3	3	3

음 8월		1	2	3	4	5	6	7	8	9	10	11	12	13
음력		1	2	3	4	5	6	7	8	9	10	11	12	13
양력		9/18	19	20	21	22	23	24	25	26	27	28	29	30
연주 (생년)		계묘	계묘	계묘	계묘	계묘	계묘	계묘	계묘	계묘	계묘	계묘	계묘	계묘
월주 (생월)		신유	신유	신유	신유	신유	신유	신유	신유	신유	신유	신유	신유	신유
일주 (생일)		갑자	을축	병인	정묘	무진	기사	경오	신미	임신	계유	갑술	을해	병자
대운	남	3	4	4	4	5	5	5	6	6	6	7	7	7
대운	여	7	7	6	6	6	5	5	5	4	4	4	3	3

음 9월		1	2	3	4	5	6	7	8	9	10	11	12	13
음력		1	2	3	4	5	6	7	8	9	10	11	12	13
양력		10/17	18	19	20	21	22	23	24	25	26	27	28	29
연주 (생년)		계묘	계묘	계묘	계묘	계묘	계묘	계묘	계묘	계묘	계묘	계묘	계묘	계묘
월주 (생월)		임술	임술	임술	임술	임술	임술	임술	임술	임술	임술	임술	임술	임술
일주 (생일)		계사	갑오	을미	병신	정유	무술	기해	경자	신축	임인	계묘	갑진	을사
대운	남	3	3	3	4	4	4	5	5	5	6	6	6	7
대운	여	7	7	7	6	6	6	5	5	5	4	4	4	3

음 10월		1	2	3	4	5	6	7	8	9	10	11	12	13
음력		1	2	3	4	5	6	7	8	9	10	11	12	13
양력		11/16	17	18	19	20	21	22	23	24	25	26	27	28
연주 (생년)		계묘	계묘	계묘	계묘	계묘	계묘	계묘	계묘	계묘	계묘	계묘	계묘	계묘
월주 (생월)		계해	계해	계해	계해	계해	계해	계해	계해	계해	계해	계해	계해	계해
일주 (생일)		계해	갑자	을축	병인	정묘	무진	기사	경오	신미	임신	계유	갑술	을해
대운	남	3	3	3	4	4	4	5	5	5	6	6	6	7
대운	여	7	7	7	6	6	6	5	5	5	4	4	4	3

음 11월		1	2	3	4	5	6	7	8	9	10	11	12	13
음력		1	2	3	4	5	6	7	8	9	10	11	12	13
양력		12/16	17	18	19	20	21	22	23	24	25	26	27	28
연주 (생년)		계묘	계묘	계묘	계묘	계묘	계묘	계묘	계묘	계묘	계묘	계묘	계묘	계묘
월주 (생월)		갑자	갑자	갑자	갑자	갑자	갑자	갑자	갑자	갑자	갑자	갑자	갑자	갑자
일주 (생일)		계사	갑오	을미	병신	정유	무술	기해	경자	신축	임인	계묘	갑진	을사
대운	남	3	3	3	4	4	4	5	5	5	6	6	6	7
대운	여	7	7	6	6	6	5	5	5	4	4	4	3	3

음 12월		1	2	3	4	5	6	7	8	9	10	11	12	13
음력		1	2	3	4	5	6	7	8	9	10	11	12	13
양력		1/15	16	17	18	19	20	21	22	23	24	25	26	27
연주 (생년)		계묘	계묘	계묘	계묘	계묘	계묘	계묘	계묘	계묘	계묘	계묘	계묘	계묘
월주 (생월)		을축	을축	을축	을축	을축	을축	을축	을축	을축	을축	을축	을축	을축
일주 (생일)		계해	갑자	을축	병인	정묘	무진	기사	경오	신미	임신	계유	갑술	을해
대운	남	3	3	4	4	4	5	5	5	6	6	6	7	7
대운	여	7	7	6	6	6	5	5	5	4	4	4	3	3

음 7월	14	15	16	17	18	19	20	21	22	23	24	25	26	27	28	29	30
	9/1	2	3	4	5	6	7	8	9	10	11	12	13	14	15	16	17
	계묘	계묘	계묘	계묘	계묘	계묘	계묘	계묘	계묘	계묘	계묘	계묘	계묘	계묘	계묘	계묘	계묘
	경신	경신	경신	경신	경신	경신	경신	**신유**	신유	신유	신유	신유	신유	신유	신유	신유	신유
	정미	무신	기유	경술	신해	임자	계축	갑인	을묘	병진	정사	무오	기미	경신	신유	임술	계해
	8	8	9	9	9	10	10	10	1	1	1	1	2	2	2	3	3
	2	2	2	1	1	1	1	10	10	10	9	9	9	8	8	8	7
음 8월	14	15	16	17	18	19	20	21	22	23	24	25	26	27	28	29	
	10/1	2	3	4	5	6	7	8	9	10	11	12	13	14	15	16	
	계묘	계묘	계묘	계묘	계묘	계묘	계묘	계묘	계묘	계묘	계묘	계묘	계묘	계묘	계묘	계묘	
	신유	신유	신유	신유	신유	신유	신유	신유	**임술**	임술	임술	임술	임술	임술	임술	임술	
	정축	무인	기묘	경진	신사	임오	계미	갑신	을유	병술	정해	무자	기축	경인	신묘	임진	
	8	8	8	9	9	9	10	10	10	1	1	1	1	2	2	2	
	3	2	2	2	1	1	1	1	10	10	9	9	9	8	8	8	
음 9월	14	15	16	17	18	19	20	21	22	23	24	25	26	27	28	29	30
	30	31	**11/1**	2	3	4	5	6	7	8	9	10	11	12	13	14	15
	계묘	계묘	계묘	계묘	계묘	계묘	계묘	계묘	계묘	계묘	계묘	계묘	계묘	계묘	계묘	계묘	계묘
	임술	임술	임술	임술	임술	임술	임술	임술	임술	**계해**	계해	계해	계해	계해	계해	계해	계해
	병오	정미	무신	기유	경술	신해	임자	계축	갑인	을묘	병진	정사	무오	기미	경신	신유	임술
	7	7	8	8	8	9	9	9	10	10	1	1	1	1	2	2	2
	3	3	2	2	2	1	1	1	1	10	10	9	9	9	8	8	8
음 10월	14	15	16	17	18	19	20	21	22	23	24	25	26	27	28	29	30
	29	30	**12/1**	2	3	4	5	6	7	8	9	10	11	12	13	14	15
	계묘	계묘	계묘	계묘	계묘	계묘	계묘	계묘	계묘	계묘	계묘	계묘	계묘	계묘	계묘	계묘	계묘
	계해	계해	계해	계해	계해	계해	계해	계해	계해	**갑자**	갑자	갑자	갑자	갑자	갑자	갑자	갑자
	병자	정축	무인	기묘	경진	신사	임오	계미	갑신	을유	병술	정해	무자	기축	경인	신묘	임진
	7	7	8	8	8	9	9	9	10	10	1	1	1	1	2	2	2
	3	3	2	2	2	1	1	1	1	10	9	9	9	8	8	8	7
음 11월	14	15	16	17	18	19	20	21	22	23	24	25	26	27	28	29	30
	29	30	31	**1/1**	2	3	4	5	6	7	8	9	10	11	12	13	14
	계묘	계묘	계묘	계묘	계묘	계묘	계묘	계묘	계묘	계묘	계묘	계묘	계묘	계묘	계묘	계묘	계묘
	갑자	갑자	갑자	갑자	갑자	갑자	갑자	갑자	**을축**	을축	을축	을축	을축	을축	을축	을축	을축
	병오	정미	무신	기유	경술	신해	임자	계축	갑인	을묘	병진	정사	무오	기미	경신	신유	임술
	7	7	8	8	8	9	9	9	10	1	1	1	1	2	2	2	3
	3	2	2	2	1	1	1	1	10	10	9	9	9	8	8	8	7
음 12월	14	15	16	17	18	19	20	21	22	23	24	25	26	27	28	29	
	28	29	30	31	**2/1**	2	3	4	5	6	7	8	9	10	11	12	
	계묘	계묘	계묘	계묘	계묘	계묘	계묘	계묘	**갑진**	갑진	갑진	갑진	갑진	갑진	갑진	갑진	
	을축	을축	을축	을축	을축	을축	을축	을축	**병인**	병인	병인	병인	병인	병인	병인	병인	
	병자	정축	무인	기묘	경진	신사	임오	계미	갑신	을유	병술	정해	무자	기축	경인	신묘	
	7	8	8	8	9	9	9	10	10	9	9	9	8	8	8	7	
	3	2	2	2	1	1	1	1	10	1	1	1	1	2	2	2	

1964(갑진)년 【단기 4297년】

월	구분		1	2	3	4	5	6	7	8	9	10	11	12	13
음 1 월	음	력	1	2	3	4	5	6	7	8	9	10	11	12	13
	양	력	2/13	14	15	16	17	18	19	20	21	22	23	24	25
	연주 (생년)		갑진	갑진	갑진	갑진	갑진	갑진	갑진	갑진	갑진	갑진	갑진	갑진	갑진
	월주 (생월)		병인	병인	병인	병인	병인	병인	병인	병인	병인	병인	병인	병인	병인
	일주 (생일)		임진	계사	갑오	을미	병신	정유	무술	기해	경자	신축	임인	계묘	갑진
	대운	남	7	7	6	6	6	5	5	5	4	4	4	3	3
		여	3	3	3	4	4	4	5	5	5	6	6	6	7
음 2 월	음	력	1	2	3	4	5	6	7	8	9	10	11	12	13
	양	력	3/14	15	16	17	18	19	20	21	22	23	24	25	26
	연주 (생년)		갑진	갑진	갑진	갑진	갑진	갑진	갑진	갑진	갑진	갑진	갑진	갑진	갑진
	월주 (생월)		정묘	정묘	정묘	정묘	정묘	정묘	정묘	정묘	정묘	정묘	정묘	정묘	정묘
	일주 (생일)		임술	계해	갑자	을축	병인	정묘	무진	기사	경오	신미	임신	계유	갑술
	대운	남	7	7	7	6	6	6	5	5	5	4	4	4	3
		여	3	3	4	4	4	5	5	5	6	6	6	7	7
음 3 월	음	력	1	2	3	4	5	6	7	8	9	10	11	12	13
	양	력	4/12	13	14	15	16	17	18	19	20	21	22	23	24
	연주 (생년)		갑진	갑진	갑진	갑진	갑진	갑진	갑진	갑진	갑진	갑진	갑진	갑진	갑진
	월주 (생월)		무진	무진	무진	무진	무진	무진	무진	무진	무진	무진	무진	무진	무진
	일주 (생일)		신묘	임진	계사	갑오	을미	병신	정유	무술	기해	경자	신축	임인	계묘
	대운	남	8	7	7	7	6	6	6	5	5	5	4	4	4
		여	3	3	3	4	4	4	5	5	5	6	6	6	7
음 4 월	음	력	1	2	3	4	5	6	7	8	9	10	11	12	13
	양	력	5/12	13	14	15	16	17	18	19	20	21	22	23	24
	연주 (생년)		갑진	갑진	갑진	갑진	갑진	갑진	갑진	갑진	갑진	갑진	갑진	갑진	갑진
	월주 (생월)		기사	기사	기사	기사	기사	기사	기사	기사	기사	기사	기사	기사	기사
	일주 (생일)		신유	임술	계해	갑자	을축	병인	정묘	무진	기사	경오	신미	임신	계유
	대운	남	8	8	8	7	7	7	6	6	6	5	5	5	4
		여	2	3	3	3	4	4	4	5	5	5	6	6	6
음 5 월	음	력	1	2	3	4	5	6	7	8	9	10	11	12	13
	양	력	6/10	11	12	13	14	15	16	17	18	19	20	21	22
	연주 (생년)		갑진	갑진	갑진	갑진	갑진	갑진	갑진	갑진	갑진	갑진	갑진	갑진	갑진
	월주 (생월)		경오	경오	경오	경오	경오	경오	경오	경오	경오	경오	경오	경오	경오
	일주 (생일)		경인	신묘	임진	계사	갑오	을미	병신	정유	무술	기해	경자	신축	임인
	대운	남	9	9	8	8	8	7	7	7	6	6	6	5	5
		여	1	2	2	2	3	3	3	4	4	4	5	5	5
음 6 월	음	력	1	2	3	4	5	6	7	8	9	10	11	12	13
	양	력	7/9	10	11	12	13	14	15	16	17	18	19	20	21
	연주 (생년)		갑진	갑진	갑진	갑진	갑진	갑진	갑진	갑진	갑진	갑진	갑진	갑진	갑진
	월주 (생월)		신미	신미	신미	신미	신미	신미	신미	신미	신미	신미	신미	신미	신미
	일주 (생일)		기미	경신	신유	임술	계해	갑자	을축	병인	정묘	무진	기사	경오	신미
	대운	남	10	9	9	9	8	8	8	7	7	7	6	6	6
		여	1	1	1	2	2	2	3	3	3	4	4	4	5

음 1 월	14	15	16	17	18	19	20	21	22	23	24	25	26	27	28	29	30
	26	27	28	29	**3/1**	2	3	4	5	6	7	8	9	10	11	12	13
	갑진	갑진	갑진	갑진	갑진	갑진	갑진	갑진	갑진	갑진	갑진	갑진	갑진	갑진	갑진	갑진	갑진
	병인	병인	병인	병인	병인	병인	병인	병인	**정묘**	정묘	정묘	정묘	정묘	정묘	정묘	정묘	정묘
	을사	병오	정미	무신	기유	경술	신해	임자	계축	갑인	을묘	병진	정사	무오	기미	경신	신유
	3	2	2	2	1	1	1	1	10	10	10	9	9	9	8	8	8
	7	7	8	8	8	9	9	9	10	1	1	1	1	2	2	2	3
음 2 월	14	15	16	17	18	19	20	21	22	23	24	25	26	27	28	29	
	27	28	29	30	31	**4/1**	2	3	4	5	6	7	8	9	10	11	
	갑진	갑진	갑진	갑진	갑진	갑진	갑진	갑진	갑진	갑진	갑진	갑진	갑진	갑진	갑진	갑진	
	정묘	정묘	정묘	정묘	정묘	정묘	정묘	정묘	정묘	**무진**	무진	무진	무진	무진	무진	무진	
	을해	병자	정축	무인	기묘	경진	신사	임오	계미	갑신	을유	병술	정해	무자	기축	경인	
	3	3	2	2	2	1	1	1	1	10	10	9	9	9	8	8	
	7	8	8	8	9	9	9	10	10	10	1	1	1	1	2	2	
음 3 월	14	15	16	17	18	19	20	21	22	23	24	25	26	27	28	29	30
	25	26	27	28	29	30	**5/1**	2	3	4	5	6	7	8	9	10	11
	갑진	갑진	갑진	갑진	갑진	갑진	갑진	갑진	갑진	갑진	갑진	갑진	갑진	갑진	갑진	갑진	갑진
	무진	무진	무진	무진	무진	무진	무진	무진	무진	무진	**기사**	기사	기사	기사	기사	기사	기사
	갑진	을사	병오	정미	무신	기유	경술	신해	임자	계축	갑인	을묘	병진	정사	무오	기미	경신
	3	3	3	2	2	2	1	1	1	1	10	10	10	10	9	9	9
	7	7	8	8	8	9	9	9	10	10	10	1	1	1	1	2	2
음 4 월	14	15	16	17	18	19	20	21	22	23	24	25	26	27	28	29	
	25	26	27	28	29	30	31	**6/1**	2	3	4	5	6	7	8	9	
	갑진	갑진	갑진	갑진	갑진	갑진	갑진	갑진	갑진	갑진	갑진	갑진	갑진	갑진	갑진	갑진	
	기사	기사	기사	기사	기사	기사	기사	기사	기사	기사	기사	기사	**경오**	경오	경오	경오	
	갑술	을해	병자	정축	무인	기묘	경진	신사	임오	계미	갑신	을유	병술	정해	무자	기축	
	4	4	3	3	3	2	2	2	1	1	1	1	10	10	10	9	
	7	7	7	8	8	8	9	9	9	10	10	10	10	1	1	1	
음 5 월	14	15	16	17	18	19	20	21	22	23	24	25	26	27	28	29	
	23	24	25	26	27	28	29	30	**7/1**	2	3	4	5	6	7	8	
	갑진	갑진	갑진	갑진	갑진	갑진	갑진	갑진	갑진	갑진	갑진	갑진	갑진	갑진	갑진	갑진	
	경오	경오	경오	경오	경오	경오	경오	경오	경오	경오	경오	경오	경오	경오	**신미**	신미	
	계묘	갑진	을사	병오	정미	무신	기유	경술	신해	임자	계축	갑인	을묘	병진	정사	무오	
	5	4	4	4	3	3	3	2	2	2	1	1	1	1	10	10	
	6	6	6	7	7	7	8	8	8	9	9	9	10	10	10	1	
음 6 월	14	15	16	17	18	19	20	21	22	23	24	25	26	27	28	29	30
	22	23	24	25	26	27	28	29	30	31	**8/1**	2	3	4	5	6	7
	갑진	갑진	갑진	갑진	갑진	갑진	갑진	갑진	갑진	갑진	갑진	갑진	갑진	갑진	갑진	갑진	갑진
	신미	신미	신미	신미	신미	신미	신미	신미	신미	신미	신미	신미	신미	신미	신미	신미	**임신**
	임신	계유	갑술	을해	병자	정축	무인	기묘	경진	신사	임오	계미	갑신	을유	병술	정해	무자
	5	5	5	4	4	4	3	3	3	2	2	2	1	1	1	1	10
	5	5	6	6	6	7	7	7	8	8	8	9	9	9	10	10	10

1964(갑진)년 【단기 4297년】

음 7월		1	2	3	4	5	6	7	8	9	10	11	12	13
음력		1	2	3	4	5	6	7	8	9	10	11	12	13
양력		**8/8**	9	10	11	12	13	14	15	16	17	18	19	20
연주 (생년)		갑진	갑진	갑진	갑진	갑진	갑진	갑진	갑진	갑진	갑진	갑진	갑진	갑진
월주 (생월)		임신	임신	임신	임신	임신	임신	임신	임신	임신	임신	임신	임신	임신
일주 (생일)		기축	경인	신묘	임진	계사	갑오	을미	병신	정유	무술	기해	경자	신축
대운	남	10	10	9	9	9	8	8	8	7	7	7	6	6
	여	1	1	1	1	2	2	2	3	3	3	4	4	4

음 8월		1	2	3	4	5	6	7	8	9	10	11	12	13
음력		1	2	3	4	5	6	7	8	9	10	11	12	13
양력		**9/6**	7	8	9	10	11	12	13	14	15	16	17	18
연주 (생년)		갑진	갑진	갑진	갑진	갑진	갑진	갑진	갑진	갑진	갑진	갑진	갑진	갑진
월주 (생월)		임신	**계유**	계유	계유	계유	계유	계유	계유	계유	계유	계유	계유	계유
일주 (생일)		무오	기미	경신	신유	임술	계해	갑자	을축	병인	정묘	무진	기사	경오
대운	남	1	10	10	10	9	9	9	8	8	8	7	7	7
	여	10	10	1	1	1	1	2	2	2	3	3	3	4

음 9월		1	2	3	4	5	6	7	8	9	10	11	12	13
음력		1	2	3	4	5	6	7	8	9	10	11	12	13
양력		**10/6**	7	8	9	10	11	12	13	14	15	16	17	18
연주 (생년)		갑진	갑진	갑진	갑진	갑진	갑진	갑진	갑진	갑진	갑진	갑진	갑진	갑진
월주 (생월)		계유	계유	**갑술**	갑술	갑술	갑술	갑술	갑술	갑술	갑술	갑술	갑술	갑술
일주 (생일)		무자	기축	경인	신묘	임진	계사	갑오	을미	병신	정유	무술	기해	경자
대운	남	1	1	10	10	9	9	9	8	8	8	7	7	7
	여	10	10	10	1	1	1	1	2	2	2	3	3	3

음 10월		1	2	3	4	5	6	7	8	9	10	11	12	13
음력		1	2	3	4	5	6	7	8	9	10	11	12	13
양력		**11/4**	5	6	7	8	9	10	11	12	13	14	15	16
연주 (생년)		갑진	갑진	갑진	갑진	갑진	갑진	갑진	갑진	갑진	갑진	갑진	갑진	갑진
월주 (생월)		갑술	갑술	갑술	**을해**	을해	을해	을해	을해	을해	을해	을해	을해	을해
일주 (생일)		정사	무오	기미	경신	신유	임술	계해	갑자	을축	병인	정묘	무진	기사
대운	남	1	1	1	10	10	9	9	9	8	8	8	7	7
	여	9	9	10	10	1	1	1	1	2	2	2	3	3

음 11월		1	2	3	4	5	6	7	8	9	10	11	12	13
음력		1	2	3	4	5	6	7	8	9	10	11	12	13
양력		**12/4**	5	6	7	8	9	10	11	12	13	14	15	16
연주 (생년)		갑진	갑진	갑진	갑진	갑진	갑진	갑진	갑진	갑진	갑진	갑진	갑진	갑진
월주 (생월)		을해	을해	을해	**병자**	병자	병자	병자	병자	병자	병자	병자	병자	병자
일주 (생일)		정해	무자	기축	경인	신묘	임진	계사	갑오	을미	병신	정유	무술	기해
대운	남	1	1	1	10	10	9	9	9	8	8	8	7	7
	여	9	9	10	10	1	1	1	1	2	2	2	3	3

음 12월		1	2	3	4	5	6	7	8	9	10	11	12	13
음력		1	2	3	4	5	6	7	8	9	10	11	12	13
양력		**1/3**	4	5	6	7	8	9	10	11	12	13	14	15
연주 (생년)		갑진	갑진	갑진	갑진	갑진	갑진	갑진	갑진	갑진	갑진	갑진	갑진	갑진
월주 (생월)		병자	병자	**정축**	정축	정축	정축	정축	정축	정축	정축	정축	정축	정축
일주 (생일)		정사	무오	기미	경신	신유	임술	계해	갑자	을축	병인	정묘	무진	기사
대운	남	1	1	10	10	9	9	9	8	8	8	7	7	7
	여	9	9	10	1	1	1	1	2	2	2	3	3	3

음 7 월	14	15	16	17	18	19	20	21	22	23	24	25	26	27	28	29	
	21	22	23	24	25	26	27	28	29	30	31	**9/1**	2	3	4	5	
	갑진	갑진	갑진	갑진	갑진	갑진	갑진	갑진	갑진	갑진	갑진	갑진	갑진	갑진	갑진	갑진	
	임신	임신	임신	임신	임신	임신	임신	임신	임신	임신	임신	임신	임신	임신	임신	임신	
	임인	계묘	갑진	을사	병오	정미	무신	기유	경술	신해	임자	계축	갑인	을묘	병진	정사	
	6	5	5	5	4	4	4	3	3	3	2	2	2	1	1	1	
	5	5	5	6	6	6	7	7	7	8	8	8	9	9	9	10	
음 8 월	14	15	16	17	18	19	20	21	22	23	24	25	26	27	28	29	30
	19	20	21	22	23	24	25	26	27	28	29	30	**10/1**	2	3	4	5
	갑진	갑진	갑진	갑진	갑진	갑진	갑진	갑진	갑진	갑진	갑진	갑진	갑진	갑진	갑진	갑진	갑진
	계유	계유	계유	계유	계유	계유	계유	계유	계유	계유	계유	계유	계유	계유	계유	계유	계유
	신미	임신	계유	갑술	을해	병자	정축	무인	기묘	경진	신사	임오	계미	갑신	을유	병술	정해
	6	6	6	5	5	5	4	4	4	3	3	3	2	2	2	1	1
	4	4	5	5	5	6	6	6	7	7	7	8	8	8	9	9	9
음 9 월	14	15	16	17	18	19	20	21	22	23	24	25	26	27	28	29	
	19	20	21	22	23	24	25	26	27	28	29	30	31	**11/1**	2	3	
	갑진	갑진	갑진	갑진	갑진	갑진	갑진	갑진	갑진	갑진	갑진	갑진	갑진	갑진	갑진	갑진	
	갑술	갑술	갑술	갑술	갑술	갑술	갑술	갑술	갑술	갑술	갑술	갑술	갑술	갑술	갑술	갑술	
	신축	임인	계묘	갑진	을사	병오	정미	무신	기유	경술	신해	임자	계축	갑인	을묘	병진	
	6	6	6	5	5	5	4	4	4	3	3	3	2	2	2	1	
	4	4	4	5	5	5	6	6	6	7	7	7	8	8	8	9	
음 10 월	14	15	16	17	18	19	20	21	22	23	24	25	26	27	28	29	30
	17	18	19	20	21	22	23	24	25	26	27	28	29	30	**12/1**	2	3
	갑진	갑진	갑진	갑진	갑진	갑진	갑진	갑진	갑진	갑진	갑진	갑진	갑진	갑진	갑진	갑진	갑진
	을해	을해	을해	을해	을해	을해	을해	을해	을해	을해	을해	을해	을해	을해	을해	을해	을해
	경오	신미	임신	계유	갑술	을해	병자	정축	무인	기묘	경진	신사	임오	계미	갑신	을유	병술
	7	6	6	6	5	5	5	4	4	4	3	3	3	2	2	2	1
	3	4	4	4	5	5	5	6	6	6	7	7	7	8	8	8	9
음 11 월	14	15	16	17	18	19	20	21	22	23	24	25	26	27	28	29	30
	17	18	19	20	21	22	23	24	25	26	27	28	29	30	31	**1/1**	2
	갑진	갑진	갑진	갑진	갑진	갑진	갑진	갑진	갑진	갑진	갑진	갑진	갑진	갑진	갑진	갑진	갑진
	병자	병자	병자	병자	병자	병자	병자	병자	병자	병자	병자	병자	병자	병자	병자	병자	병자
	경자	신축	임인	계묘	갑진	을사	병오	정미	무신	기유	경술	신해	임자	계축	갑인	을묘	병진
	7	6	6	6	5	5	5	4	4	4	3	3	3	2	2	2	1
	3	4	4	4	5	5	5	6	6	6	7	7	7	8	8	8	9
음 12 월	14	15	16	17	18	19	20	21	22	23	24	25	26	27	28	29	30
	16	17	18	19	20	21	22	23	24	25	26	27	28	29	30	31	**2/1**
	갑진	갑진	갑진	갑진	갑진	갑진	갑진	갑진	갑진	갑진	갑진	갑진	갑진	갑진	갑진	갑진	갑진
	정축	정축	정축	정축	정축	정축	정축	정축	정축	정축	정축	정축	정축	정축	정축	정축	정축
	경오	신미	임신	계유	갑술	을해	병자	정축	무인	기묘	경진	신사	임오	계미	갑신	을유	병술
	6	6	6	5	5	5	4	4	4	3	3	3	2	2	2	1	1
	4	4	4	5	5	5	6	6	6	7	7	7	8	8	8	9	9

1965(을사)년 【단기 4298년】

월	구분		1	2	3	4	5	6	7	8	9	10	11	12	13
음 1 월	음력		1	2	3	4	5	6	7	8	9	10	11	12	13
	양력		**2/2**	3	4	5	6	7	8	9	10	11	12	13	14
	연주 (생년)		갑진	갑진	**을사**	을사	을사	을사	을사	을사	을사	을사	을사	을사	을사
	월주 (생월)		정축	정축	**무인**	무인	무인	무인	무인	무인	무인	무인	무인	무인	무인
	일주 (생일)		정해	무자	기축	경인	신묘	임진	계사	갑오	을미	병신	정유	무술	기해
	대운	남	1	1	10	1	1	1	1	2	2	2	3	3	3
		여	9	10	10	10	9	9	9	8	8	8	7	7	7
음 2 월	음력		1	2	3	4	5	6	7	8	9	10	11	12	13
	양력		**3/3**	4	5	6	7	8	9	10	11	12	13	14	15
	연주 (생년)		을사	을사	을사	을사	을사	을사	을사	을사	을사	을사	을사	을사	을사
	월주 (생월)		무인	무인	무인	**기묘**	기묘	기묘	기묘	기묘	기묘	기묘	기묘	기묘	기묘
	일주 (생일)		병진	정사	무오	기미	경신	신유	임술	계해	갑자	을축	병인	정묘	무진
	대운	남	9	9	10	10	1	1	1	1	2	2	2	3	3
		여	1	1	1	10	10	9	9	9	8	8	8	7	7
음 3 월	음력		1	2	3	4	5	6	7	8	9	10	11	12	13
	양력		**4/2**	3	4	5	6	7	8	9	10	11	12	13	14
	연주 (생년)		을사	을사	을사	을사	을사	을사	을사	을사	을사	을사	을사	을사	을사
	월주 (생월)		기묘	기묘	기묘	**경진**	경진	경진	경진	경진	경진	경진	경진	경진	경진
	일주 (생일)		병술	정해	무자	기축	경인	신묘	임진	계사	갑오	을미	병신	정유	무술
	대운	남	9	9	10	10	1	1	1	1	2	2	2	3	3
		여	1	1	1	10	10	10	9	9	9	8	8	8	7
음 4 월	음력		1	2	3	4	5	6	7	8	9	10	11	12	13
	양력		**5/1**	2	3	4	5	6	7	8	9	10	11	12	13
	연주 (생년)		을사	을사	을사	을사	을사	을사	을사	을사	을사	을사	을사	을사	을사
	월주 (생월)		경진	경진	경진	경진	경진	**신사**	신사	신사	신사	신사	신사	신사	신사
	일주 (생일)		을묘	병진	정사	무오	기미	경신	신유	임술	계해	갑자	을축	병인	정묘
	대운	남	9	9	9	10	10	10	1	1	1	1	2	2	2
		여	2	1	1	1	1	10	10	10	9	9	9	8	8
음 5 월	음력		1	2	3	4	5	6	7	8	9	10	11	12	13
	양력		**5/31**	**6/1**	2	3	4	5	6	7	8	9	10	11	12
	연주 (생년)		을사	을사	을사	을사	을사	을사	을사	을사	을사	을사	을사	을사	을사
	월주 (생월)		신사	신사	신사	신사	신사	신사	**임오**	임오	임오	임오	임오	임오	임오
	일주 (생일)		을유	병술	정해	무자	기축	경인	신묘	임진	계사	갑오	을미	병신	정유
	대운	남	8	9	9	9	10	10	10	1	1	1	1	2	2
		여	2	2	1	1	1	1	10	10	10	9	9	9	8
음 6 월	음력		1	2	3	4	5	6	7	8	9	10	11	12	13
	양력		**6/29**	30	**7/1**	2	3	4	5	6	7	8	9	10	11
	연주 (생년)		을사	을사	을사	을사	을사	을사	을사	을사	을사	을사	을사	을사	을사
	월주 (생월)		임오	임오	임오	임오	임오	임오	임오	임오	**계미**	계미	계미	계미	계미
	일주 (생일)		갑인	을묘	병진	정사	무오	기미	경신	신유	임술	계해	갑자	을축	병인
	대운	남	8	8	8	9	9	9	10	10	10	1	1	1	1
		여	3	2	2	2	1	1	1	1	10	10	10	10	9

	14	15	16	17	18	19	20	21	22	23	24	25	26	27	28	29	
	15	16	17	18	19	20	21	22	23	24	25	26	27	28	**3/1**	2	
음	을사	을사	을사	을사	을사	을사	을사	을사	을사	을사	을사	을사	을사	을사	을사	을사	
1	무인	무인	무인	무인	무인	무인	무인	무인	무인	무인	무인	무인	무인	무인	무인	무인	
월	경자	신축	임인	계묘	갑진	을사	병오	정미	무신	기유	경술	신해	임자	계축	갑인	을묘	
	4	4	4	5	5	5	6	6	6	7	7	7	8	8	8	9	
	6	6	6	5	5	5	4	4	4	3	3	3	2	2	2	1	

	14	15	16	17	18	19	20	21	22	23	24	25	26	27	28	29	30
	16	17	18	19	20	21	22	23	24	25	26	27	28	29	30	31	**4/1**
음	을사	을사	을사	을사	을사	을사	을사	을사	을사	을사	을사	을사	을사	을사	을사	을사	을사
2	기묘	기묘	기묘	기묘	기묘	기묘	기묘	기묘	기묘	기묘	기묘	기묘	기묘	기묘	기묘	기묘	기묘
월	기사	경오	신미	임신	계유	갑술	을해	병자	정축	무인	기묘	경진	신사	임오	계미	갑신	을유
	3	4	4	4	5	5	5	6	6	6	7	7	7	8	8	8	9
	7	6	6	6	5	5	5	4	4	4	3	3	3	2	2	2	1

	14	15	16	17	18	19	20	21	22	23	24	25	26	27	28	29	
	15	16	17	18	19	20	21	22	23	24	25	26	27	28	29	30	
음	을사	을사	을사	을사	을사	을사	을사	을사	을사	을사	을사	을사	을사	을사	을사	을사	
3	경진	경진	경진	경진	경진	경진	경진	경진	경진	경진	경진	경진	경진	경진	경진	경진	
월	기해	경자	신축	임인	계묘	갑진	을사	병오	정미	무신	기유	경술	신해	임자	계축	갑인	
	3	4	4	4	5	5	5	6	6	6	7	7	7	8	8	8	
	7	7	6	6	6	5	5	5	4	4	4	3	3	3	2	2	

	14	15	16	17	18	19	20	21	22	23	24	25	26	27	28	29	30
	14	15	16	17	18	19	20	21	22	23	24	25	26	27	28	29	30
음	을사	을사	을사	을사	을사	을사	을사	을사	을사	을사	을사	을사	을사	을사	을사	을사	을사
4	신사	신사	신사	신사	신사	신사	신사	신사	신사	신사	신사	신사	신사	신사	신사	신사	신사
월	무진	기사	경오	신미	임신	계유	갑술	을해	병자	정축	무인	기묘	경진	신사	임오	계미	갑신
	3	3	3	4	4	4	5	5	5	6	6	6	7	7	7	8	8
	8	7	7	7	6	6	6	5	5	5	4	4	4	3	3	3	2

	14	15	16	17	18	19	20	21	22	23	24	25	26	27	28	29	
	13	14	15	16	17	18	19	20	21	22	23	24	25	26	27	28	
음	을사	을사	을사	을사	을사	을사	을사	을사	을사	을사	을사	을사	을사	을사	을사	을사	
5	임오	임오	임오	임오	임오	임오	임오	임오	임오	임오	임오	임오	임오	임오	임오	임오	
월	무술	기해	경자	신축	임인	계묘	갑진	을사	병오	정미	무신	기유	경술	신해	임자	계축	
	2	3	3	3	4	4	4	5	5	5	6	6	6	7	7	7	
	8	8	7	7	7	6	6	6	5	5	5	4	4	4	3	3	

	14	15	16	17	18	19	20	21	22	23	24	25	26	27	28	29	
	12	13	14	15	16	17	18	19	20	21	22	23	24	25	26	27	
음	을사	을사	을사	을사	을사	을사	을사	을사	을사	을사	을사	을사	을사	을사	을사	을사	
6	계미	계미	계미	계미	계미	계미	계미	계미	계미	계미	계미	계미	계미	계미	계미	계미	
월	정묘	무진	기사	경오	신미	임신	계유	갑술	을해	병자	정축	무인	기묘	경진	신사	임오	
	2	2	2	3	3	3	4	4	4	5	5	5	6	6	6	7	
	9	9	8	8	8	7	7	7	6	6	6	5	5	5	4	4	

1965(을사)년 【단기 4298년】

월	구분		1	2	3	4	5	6	7	8	9	10	11	12	13
음 7 월	음력		1	2	3	4	5	6	7	8	9	10	11	12	13
	양력		**7/28**	29	30	31	**8/1**	2	3	4	5	6	7	8	9
	연주 (생년)		을사	을사	을사	을사	을사	을사	을사	을사	을사	을사	을사	을사	을사
	월주 (생월)		계미	계미	계미	계미	계미	계미	계미	계미	계미	계미	계미	**갑신**	갑신
	일주 (생일)		계미	갑신	을유	병술	정해	무자	기축	경인	신묘	임진	계사	갑오	을미
	대운	남	7	7	8	8	8	9	9	9	10	10	10	10	1
		여	4	3	3	3	2	2	2	1	1	1	1	10	10
음 8 월	음력		1	2	3	4	5	6	7	8	9	10	11	12	13
	양력		**8/27**	28	29	30	31	**9/1**	2	3	4	5	6	7	8
	연주 (생년)		을사	을사	을사	을사	을사	을사	을사	을사	을사	을사	을사	을사	을사
	월주 (생월)		갑신	갑신	갑신	갑신	갑신	갑신	갑신	갑신	갑신	갑신	갑신	갑신	**을유**
	일주 (생일)		계축	갑인	을묘	병진	정사	무오	기미	경신	신유	임술	계해	갑자	을축
	대운	남	6	7	7	7	8	8	8	9	9	9	10	10	10
		여	4	4	3	3	3	2	2	2	1	1	1	1	10
음 9 월	음력		1	2	3	4	5	6	7	8	9	10	11	12	13
	양력		**9/25**	26	27	28	29	30	**10/1**	2	3	4	5	6	7
	연주 (생년)		을사	을사	을사	을사	을사	을사	을사	을사	을사	을사	을사	을사	을사
	월주 (생월)		을유	을유	을유	을유	을유	을유	을유	을유	을유	을유	을유	을유	을유
	일주 (생일)		임오	계미	갑신	을유	병술	정해	무자	기축	경인	신묘	임진	계사	갑오
	대운	남	6	6	6	7	7	7	8	8	8	9	9	9	10
		여	4	4	4	3	3	3	2	2	2	1	1	1	1
음 10 월	음력		1	2	3	4	5	6	7	8	9	10	11	12	13
	양력		**10/24**	25	26	27	28	29	30	31	**11/1**	2	3	4	5
	연주 (생년)		을사	을사	을사	을사	을사	을사	을사	을사	을사	을사	을사	을사	을사
	월주 (생월)		병술	병술	병술	병술	병술	병술	병술	병술	병술	병술	병술	병술	병술
	일주 (생일)		신해	임자	계축	갑인	을묘	병진	정사	무오	기미	경신	신유	임술	계해
	대운	남	5	6	6	6	7	7	7	8	8	8	9	9	9
		여	5	5	4	4	4	3	3	3	2	2	2	1	1
음 11 월	음력		1	2	3	4	5	6	7	8	9	10	11	12	13
	양력		**11/23**	24	25	26	27	28	29	30	**12/1**	2	3	4	5
	연주 (생년)		을사	을사	을사	을사	을사	을사	을사	을사	을사	을사	을사	을사	을사
	월주 (생월)		정해	정해	정해	정해	정해	정해	정해	정해	정해	정해	정해	정해	정해
	일주 (생일)		신사	임오	계미	갑신	을유	병술	정해	무자	기축	경인	신묘	임진	계사
	대운	남	5	5	6	6	6	7	7	7	8	8	8	9	9
		여	5	5	4	4	4	3	3	3	2	2	2	1	1
음 12 월	음력		1	2	3	4	5	6	7	8	9	10	11	12	13
	양력		**12/23**	24	25	26	27	28	29	30	31	**1/1**	2	3	4
	연주 (생년)		을사	을사	을사	을사	을사	을사	을사	을사	을사	을사	을사	을사	을사
	월주 (생월)		무자	무자	무자	무자	무자	무자	무자	무자	무자	무자	무자	무자	무자
	일주 (생일)		신해	임자	계축	갑인	을묘	병진	정사	무오	기미	경신	신유	임술	계해
	대운	남	5	6	6	6	7	7	7	8	8	8	9	9	9
		여	5	4	4	4	3	3	3	2	2	2	1	1	1

음 7 월																	
	14	15	16	17	18	19	20	21	22	23	24	25	26	27	28	29	30
	10	11	12	13	14	15	16	17	18	19	20	21	22	23	24	25	26
	을사	을사	을사	을사	을사	을사	을사	을사	을사	을사	을사	을사	을사	을사	을사	을사	을사
	갑신	갑신	갑신	갑신	갑신	갑신	갑신	갑신	갑신	갑신	갑신	갑신	갑신	갑신	갑신	갑신	갑신
	병신	정유	무술	기해	경자	신축	임인	계묘	갑진	을사	병오	정미	무신	기유	경술	신해	임자
	1	1	1	2	2	2	3	3	3	4	4	4	5	5	5	6	6
	10	9	9	9	8	8	8	7	7	7	6	6	6	5	5	5	4

음 8 월																	
	14	15	16	17	18	19	20	21	22	23	24	25	26	27	28	29	
	9	10	11	12	13	14	15	16	17	18	19	20	21	22	23	24	
	을사	을사	을사	을사	을사	을사	을사	을사	을사	을사	을사	을사	을사	을사	을사	을사	
	을유	을유	을유	을유	을유	을유	을유	을유	을유	을유	을유	을유	을유	을유	을유	을유	
	병인	정묘	무진	기사	경오	신미	임신	계유	갑술	을해	병자	정축	무인	기묘	경진	신사	
	1	1	1	1	2	2	2	3	3	3	4	4	4	5	5	5	
	10	9	9	9	8	8	8	7	7	7	6	6	6	5	5	5	

음 9 월																	
	14	15	16	17	18	19	20	21	22	23	24	25	26	27	28	29	
	8	9	10	11	12	13	14	15	16	17	18	19	20	21	22	23	
	을사	을사	을사	을사	을사	을사	을사	을사	을사	을사	을사	을사	을사	을사	을사	을사	
	병술	병술	병술	병술	병술	병술	병술	병술	병술	병술	병술	병술	병술	병술	병술	병술	
	을미	병신	정유	무술	기해	경자	신축	임인	계묘	갑진	을사	병오	정미	무신	기유	경술	
	10	1	1	1	1	2	2	2	3	3	3	4	4	4	5	5	
	10	10	10	9	9	9	8	8	8	7	7	7	6	6	6	5	

음 10 월																	
	14	15	16	17	18	19	20	21	22	23	24	25	26	27	28	29	30
	6	7	8	9	10	11	12	13	14	15	16	17	18	19	20	21	22
	을사	을사	을사	을사	을사	을사	을사	을사	을사	을사	을사	을사	을사	을사	을사	을사	을사
	병술	병술	**정해**	정해	정해	정해	정해	정해	정해	정해	정해	정해	정해	정해	정해	정해	정해
	갑자	을축	병인	정묘	무진	기사	경오	신미	임신	계유	갑술	을해	병자	정축	무인	기묘	경진
	10	10	10	1	1	1	1	2	2	2	3	3	3	4	4	4	5
	1	1	10	9	9	9	8	8	8	7	7	7	6	6	6	5	5

음 11 월																	
	14	15	16	17	18	19	20	21	22	23	24	25	26	27	28	29	30
	6	7	8	9	10	11	12	13	14	15	16	17	18	19	20	21	22
	을사	을사	을사	을사	을사	을사	을사	을사	을사	을사	을사	을사	을사	을사	을사	을사	을사
	정해	**무자**	무자	무자	무자	무자	무자	무자	무자	무자	무자	무자	무자	무자	무자	무자	무자
	갑오	을미	병신	정유	무술	기해	경자	신축	임인	계묘	갑진	을사	병오	정미	무신	기유	경술
	9	10	1	1	1	1	2	2	2	3	3	3	4	4	4	5	5
	1	10	10	9	9	9	8	8	8	7	7	7	6	6	6	5	5

음 12 월																	
	14	15	16	17	18	19	20	21	22	23	24	25	26	27	28	29	30
	5	6	7	8	9	10	11	12	13	14	15	16	17	18	19	20	21
	을사	을사	을사	을사	을사	을사	을사	을사	을사	을사	을사	을사	을사	을사	을사	을사	을사
	무자	**기축**	기축	기축	기축	기축	기축	기축	기축	기축	기축	기축	기축	기축	기축	기축	기축
	갑자	을축	병인	정묘	무진	기사	경오	신미	임신	계유	갑술	을해	병자	정축	무인	기묘	경진
	10	10	1	1	1	1	2	2	2	3	3	3	4	4	4	5	5
	1	10	9	9	9	8	8	8	7	7	7	6	6	6	5	5	5

1966(병오)년 【단기 4299년】

월	구분		1	2	3	4	5	6	7	8	9	10	11	12	13
음 1 월	음력		1	2	3	4	5	6	7	8	9	10	11	12	13
	양력		**1/22**	23	24	25	26	27	28	29	30	31	**2/1**	2	3
	연주 (생년)		을사	을사	을사	을사	을사	을사	을사	을사	을사	을사	을사	을사	을사
	월주 (생월)		기축	기축	기축	기축	기축	기축	기축	기축	기축	기축	기축	기축	기축
	일주 (생일)		신사	임오	계미	갑신	을유	병술	정해	무자	기축	경인	신묘	임진	계사
	대운	남	5	6	6	6	7	7	7	8	8	8	9	9	9
		여	4	4	4	3	3	3	2	2	2	1	1	1	1
음 2 월	음력		1	2	3	4	5	6	7	8	9	10	11	12	13
	양력		**2/20**	21	22	23	24	25	26	27	28	**3/1**	2	3	4
	연주 (생년)		병오	병오	병오	병오	병오	병오	병오	병오	병오	병오	병오	병오	병오
	월주 (생월)		경인	경인	경인	경인	경인	경인	경인	경인	경인	경인	경인	경인	경인
	일주 (생일)		경술	신해	임자	계축	갑인	을묘	병진	정사	무오	기미	경신	신유	임술
	대운	남	5	4	4	4	3	3	3	2	2	2	1	1	1
		여	5	6	6	6	7	7	7	8	8	8	9	9	9
음 3 월	음력		1	2	3	4	5	6	7	8	9	10	11	12	13
	양력		**3/22**	23	24	25	26	27	28	29	30	31	**4/1**	2	3
	연주 (생년)		병오	병오	병오	병오	병오	병오	병오	병오	병오	병오	병오	병오	병오
	월주 (생월)		신묘	신묘	신묘	신묘	신묘	신묘	신묘	신묘	신묘	신묘	신묘	신묘	신묘
	일주 (생일)		경진	신사	임오	계미	갑신	을유	병술	정해	무자	기축	경인	신묘	임진
	대운	남	5	4	4	4	3	3	3	2	2	2	1	1	1
		여	5	6	6	6	7	7	7	8	8	8	9	9	9
윤 3 월	음력		1	2	3	4	5	6	7	8	9	10	11	12	13
	양력		**4/21**	22	23	24	25	26	27	28	29	30	**5/1**	2	3
	연주 (생년)		병오	병오	병오	병오	병오	병오	병오	병오	병오	병오	병오	병오	병오
	월주 (생월)		임진	임진	임진	임진	임진	임진	임진	임진	임진	임진	임진	임진	임진
	일주 (생일)		경술	신해	임자	계축	갑인	을묘	병진	정사	무오	기미	경신	신유	임술
	대운	남	5	5	4	4	4	3	3	3	2	2	2	1	1
		여	5	6	6	6	7	7	7	8	8	8	9	9	9
음 4 월	음력		1	2	3	4	5	6	7	8	9	10	11	12	13
	양력		**5/20**	21	22	23	24	25	26	27	28	29	30	31	**6/1**
	연주 (생년)		병오	병오	병오	병오	병오	병오	병오	병오	병오	병오	병오	병오	병오
	월주 (생월)		계사	계사	계사	계사	계사	계사	계사	계사	계사	계사	계사	계사	계사
	일주 (생일)		기묘	경진	신사	임오	계미	갑신	을유	병술	정해	무자	기축	경인	신묘
	대운	남	6	5	5	5	4	4	4	3	3	3	2	2	2
		여	5	5	6	6	6	7	7	7	8	8	8	9	9
음 5 월	음력		1	2	3	4	5	6	7	8	9	10	11	12	13
	양력		**6/19**	20	21	22	23	24	25	26	27	28	29	30	**7/1**
	연주 (생년)		병오	병오	병오	병오	병오	병오	병오	병오	병오	병오	병오	병오	병오
	월주 (생월)		갑오	갑오	갑오	갑오	갑오	갑오	갑오	갑오	갑오	갑오	갑오	갑오	갑오
	일주 (생일)		기유	경술	신해	임자	계축	갑인	을묘	병진	정사	무오	기미	경신	신유
	대운	남	6	6	5	5	5	4	4	4	3	3	3	2	2
		여	4	5	5	5	6	6	6	7	7	7	8	8	8
음 6 월	음력		1	2	3	4	5	6	7	8	9	10	11	12	13
	양력		**7/18**	19	20	21	22	23	24	25	26	27	28	29	30
	연주 (생년)		병오	병오	병오	병오	병오	병오	병오	병오	병오	병오	병오	병오	병오
	월주 (생월)		을미	을미	을미	을미	을미	을미	을미	을미	을미	을미	을미	을미	을미
	일주 (생일)		무인	기묘	경진	신사	임오	계미	갑신	을유	병술	정해	무자	기축	경인
	대운	남	7	7	6	6	6	5	5	5	4	4	4	3	3
		여	4	4	4	5	5	5	6	6	6	7	7	7	8

음 1 월	14	15	16	17	18	19	20	21	22	23	24	25	26	27	28	29	
	4	5	6	7	8	9	10	11	12	13	14	15	16	17	18	19	
	병오	병오	병오	병오	병오	병오	병오	병오	병오	병오	병오	병오	병오	병오	병오	병오	
	경인	경인	경인	경인	경인	경인	경인	경인	경인	경인	경인	경인	경인	경인	경인	경인	
	갑오	을미	병신	정유	무술	기해	경자	신축	임인	계묘	갑진	을사	병오	정미	무신	기유	
	10	10	9	9	9	8	8	8	7	7	7	6	6	6	5	5	
	10	1	1	1	1	2	2	2	3	3	3	4	4	4	5	5	
음 2 월	14	15	16	17	18	19	20	21	22	23	24	25	26	27	28	29	30
	5	6	7	8	9	10	11	12	13	14	15	16	17	18	19	20	21
	병오	병오	병오	병오	병오	병오	병오	병오	병오	병오	병오	병오	병오	병오	병오	병오	병오
	경인	**신묘**	신묘	신묘	신묘	신묘	신묘	신묘	신묘	신묘	신묘	신묘	신묘	신묘	신묘	신묘	신묘
	계해	갑자	을축	병인	정묘	무진	기사	경오	신미	임신	계유	갑술	을해	병자	정축	무인	기묘
	1	10	10	9	9	9	8	8	8	7	7	7	6	6	6	5	5
	10	10	1	1	1	1	2	2	2	3	3	3	4	4	4	5	5
음 3 월	14	15	16	17	18	19	20	21	22	23	24	25	26	27	28	29	30
	4	5	6	7	8	9	10	11	12	13	14	15	16	17	18	19	20
	병오	병오	병오	병오	병오	병오	병오	병오	병오	병오	병오	병오	병오	병오	병오	병오	병오
	신묘	**임진**	임진	임진	임진	임진	임진	임진	임진	임진	임진	임진	임진	임진	임진	임진	임진
	계사	갑오	을미	병신	정유	무술	기해	경자	신축	임인	계묘	갑진	을사	병오	정미	무신	기유
	1	10	10	10	9	9	9	8	8	8	7	7	7	6	6	6	5
	10	10	1	1	1	1	2	2	2	3	3	3	4	4	4	5	5
윤 3 월	14	15	16	17	18	19	20	21	22	23	24	25	26	27	28	29	
	4	5	6	7	8	9	10	11	12	13	14	15	16	17	18	19	
	병오	병오	병오	병오	병오	병오	병오	병오	병오	병오	병오	병오	병오	병오	병오	병오	
	임진	임진	**계사**	계사	계사	계사	계사	계사	계사	계사	계사	계사	계사	계사	계사	계사	
	계해	갑자	을축	병인	정묘	무진	기사	경오	신미	임신	계유	갑술	을해	병자	정축	무인	
	1	1	10	10	10	9	9	9	8	8	8	7	7	7	6	6	
	10	10	10	1	1	1	1	2	2	2	3	3	3	4	4	4	
음 4 월	14	15	16	17	18	19	20	21	22	23	24	25	26	27	28	29	30
	2	3	4	5	6	7	8	9	10	11	12	13	14	15	16	17	18
	병오	병오	병오	병오	병오	병오	병오	병오	병오	병오	병오	병오	병오	병오	병오	병오	병오
	계사	계사	계사	계사	**갑오**	갑오	갑오	갑오	갑오	갑오	갑오	갑오	갑오	갑오	갑오	갑오	갑오
	임진	계사	갑오	을미	병신	정유	무술	기해	경자	신축	임인	계묘	갑진	을사	병오	정미	무신
	1	1	1	1	10	10	10	9	9	9	8	8	8	7	7	7	6
	9	10	10	10	10	1	1	1	1	2	2	2	3	3	3	4	4
음 5 월	14	15	16	17	18	19	20	21	22	23	24	25	26	27	28	29	
	2	3	4	5	6	7	8	9	10	11	12	13	14	15	16	17	
	병오	병오	병오	병오	병오	병오	병오	병오	병오	병오	병오	병오	병오	병오	병오	병오	
	갑오	갑오	갑오	갑오	갑오	**을미**	을미	을미	을미	을미	을미	을미	을미	을미	을미	을미	
	임술	계해	갑자	을축	병인	정묘	무진	기사	경오	신미	임신	계유	갑술	을해	병자	정축	
	2	1	1	1	1	10	10	10	10	9	9	9	8	8	8	7	
	9	9	9	10	10	10	1	1	1	1	2	2	2	3	3	3	
음 6 월	14	15	16	17	18	19	20	21	22	23	24	25	26	27	28	29	
	31	**8/1**	2	3	4	5	6	7	8	9	10	11	12	13	14	15	
	병오	병오	병오	병오	병오	병오	병오	병오	병오	병오	병오	병오	병오	병오	병오	병오	
	을미	을미	을미	을미	을미	을미	을미	을미	**병신**	병신	병신	병신	병신	병신	병신	병신	
	신묘	임진	계사	갑오	을미	병신	정유	무술	기해	경자	신축	임인	계묘	갑진	을사	병오	
	3	2	2	2	1	1	1	1	10	10	10	9	9	9	8	8	
	8	8	9	9	9	10	10	10	10	1	1	1	1	2	2	2	

1966(병오)년 【단기 4299년】

음 7월		1	2	3	4	5	6	7	8	9	10	11	12	13
음력		1	2	3	4	5	6	7	8	9	10	11	12	13
양력		8/16	17	18	19	20	21	22	23	24	25	26	27	28
연주 (생년)		병오	병오	병오	병오	병오	병오	병오	병오	병오	병오	병오	병오	병오
월주 (생월)		병신	병신	병신	병신	병신	병신	병신	병신	병신	병신	병신	병신	병신
일주 (생일)		정미	무신	기유	경술	신해	임자	계축	갑인	을묘	병진	정사	무오	기미
대운	남	8	7	7	7	6	6	6	5	5	5	4	4	4
	여	3	3	3	4	4	4	5	5	5	6	6	6	7

음 8월		1	2	3	4	5	6	7	8	9	10	11	12	13
음력		1	2	3	4	5	6	7	8	9	10	11	12	13
양력		9/15	16	17	18	19	20	21	22	23	24	25	26	27
연주 (생년)		병오	병오	병오	병오	병오	병오	병오	병오	병오	병오	병오	병오	병오
월주 (생월)		정유	정유	정유	정유	정유	정유	정유	정유	정유	정유	정유	정유	정유
일주 (생일)		정축	무인	기묘	경진	신사	임오	계미	갑신	을유	병술	정해	무자	기축
대운	남	8	8	7	7	7	6	6	6	5	5	5	4	4
	여	2	3	3	3	4	4	4	5	5	5	6	6	6

음 9월		1	2	3	4	5	6	7	8	9	10	11	12	13
음력		1	2	3	4	5	6	7	8	9	10	11	12	13
양력		10/14	15	16	17	18	19	20	21	22	23	24	25	26
연주 (생년)		병오	병오	병오	병오	병오	병오	병오	병오	병오	병오	병오	병오	병오
월주 (생월)		무술	무술	무술	무술	무술	무술	무술	무술	무술	무술	무술	무술	무술
일주 (생일)		병오	정미	무신	기유	경술	신해	임자	계축	갑인	을묘	병진	정사	무오
대운	남	8	8	8	7	7	7	6	6	6	5	5	5	4
	여	2	2	2	3	3	3	4	4	4	5	5	5	6

음 10월		1	2	3	4	5	6	7	8	9	10	11	12	13
음력		1	2	3	4	5	6	7	8	9	10	11	12	13
양력		11/12	13	14	15	16	17	18	19	20	21	22	23	24
연주 (생년)		병오	병오	병오	병오	병오	병오	병오	병오	병오	병오	병오	병오	병오
월주 (생월)		기해	기해	기해	기해	기해	기해	기해	기해	기해	기해	기해	기해	기해
일주 (생일)		을해	병자	정축	무인	기묘	경진	신사	임오	계미	갑신	을유	병술	정해
대운	남	8	8	8	7	7	7	6	6	6	5	5	5	4
	여	1	2	2	2	3	3	3	4	4	4	5	5	5

음 11월		1	2	3	4	5	6	7	8	9	10	11	12	13
음력		1	2	3	4	5	6	7	8	9	10	11	12	13
양력		12/12	13	14	15	16	17	18	19	20	21	22	23	24
연주 (생년)		병오	병오	병오	병오	병오	병오	병오	병오	병오	병오	병오	병오	병오
월주 (생월)		경자	경자	경자	경자	경자	경자	경자	경자	경자	경자	경자	경자	경자
일주 (생일)		을사	병오	정미	무신	기유	경술	신해	임자	계축	갑인	을묘	병진	정사
대운	남	8	8	8	7	7	7	6	6	6	5	5	5	4
	여	2	2	2	3	3	3	4	4	4	5	5	5	6

음 12월		1	2	3	4	5	6	7	8	9	10	11	12	13
음력		1	2	3	4	5	6	7	8	9	10	11	12	13
양력		1/11	12	13	14	15	16	17	18	19	20	21	22	23
연주 (생년)		병오	병오	병오	병오	병오	병오	병오	병오	병오	병오	병오	병오	병오
월주 (생월)		신축	신축	신축	신축	신축	신축	신축	신축	신축	신축	신축	신축	신축
일주 (생일)		을해	병자	정축	무인	기묘	경진	신사	임오	계미	갑신	을유	병술	정해
대운	남	8	8	7	7	7	6	6	6	5	5	5	4	4
	여	2	2	2	3	3	3	4	4	4	5	5	5	6

	14	15	16	17	18	19	20	21	22	23	24	25	26	27	28	29	30
	29	3	31	**9/1**	2	3	4	5	6	7	8	9	10	11	12	13	14
음	병오	병오	병오	병오	병오	병오	병오	병오	병오	병오	병오	병오	병오	병오	병오	병오	병오
7	병신	병신	병신	병신	병신	병신	병신	병신	병신	병신	**정유**	정유	정유	정유	정유	정유	정유
월	경신	신유	임술	계해	갑자	을축	병인	정묘	무진	기사	경오	신미	임신	계유	갑술	을해	병자
	3	3	3	2	2	2	1	1	1	1	10	10	10	9	9	9	8
	7	7	8	8	8	9	9	9	10	10	10	1	1	1	1	2	2
	14	15	16	17	18	19	20	21	22	23	24	25	26	27	28	29	
	28	29	30	**10/1**	2	3	4	5	6	7	8	9	10	11	12	13	
음	병오	병오	병오	병오	병오	병오	병오	병오	병오	병오	병오	병오	병오	병오	병오	병오	
8	정유	정유	정유	정유	정유	정유	정유	정유	정유	정유	정유	**무술**	무술	무술	무술	무술	
월	경인	신묘	임진	계사	갑오	을미	병신	정유	무술	기해	경자	신축	임인	계묘	갑진	을사	
	4	3	3	3	2	2	2	1	1	1	1	10	10	9	9	9	
	7	7	7	8	8	8	9	9	9	10	10	10	1	1	1	1	
	14	15	16	17	18	19	20	21	22	23	24	25	26	27	28	29	
	27	28	29	30	31	**11/1**	2	3	4	5	6	7	8	9	10	11	
음	병오	병오	병오	병오	병오	병오	병오	병오	병오	병오	병오	병오	병오	병오	병오	병오	
9	무술	무술	무술	무술	무술	무술	무술	무술	무술	무술	무술	무술	**기해**	기해	기해	기해	
월	기미	경신	신유	임술	계해	갑자	을축	병인	정묘	무진	기사	경오	신미	임신	계유	갑술	
	4	4	3	3	3	2	2	2	1	1	1	1	10	9	9	9	
	6	6	7	7	7	8	8	8	9	9	9	10	10	1	1	1	
	14	15	16	17	18	19	20	21	22	23	24	25	26	27	28	29	30
	25	26	27	28	29	30	**12/1**	2	3	4	5	6	7	8	9	10	11
음	병오	병오	병오	병오	병오	병오	병오	병오	병오	병오	병오	병오	병오	병오	병오	병오	병오
10	기해	기해	기해	기해	기해	기해	기해	기해	기해	기해	기해	기해	**경자**	경자	경자	경자	경자
월	무자	기축	경인	신묘	임진	계사	갑오	을미	병신	정유	무술	기해	경자	신축	임인	계묘	갑진
	4	4	3	3	3	2	2	2	1	1	1	1	10	10	9	9	9
	6	6	6	7	7	7	8	8	8	9	9	9	10	1	1	1	1
	14	15	16	17	18	19	20	21	22	23	24	25	26	27	28	29	30
	25	26	27	28	29	30	31	**1/1**	2	3	4	5	6	7	8	9	10
음	병오	병오	병오	병오	병오	병오	병오	병오	병오	병오	병오	병오	병오	병오	병오	병오	병오
11	경자	경자	경자	경자	경자	경자	경자	경자	경자	경자	경자	경자	**신축**	신축	신축	신축	신축
월	무오	기미	경신	신유	임술	계해	갑자	을축	병인	정묘	무진	기사	경오	신미	임신	계유	갑술
	4	4	3	3	3	2	2	2	1	1	1	1	10	9	9	9	8
	6	6	7	7	7	8	8	8	9	9	9	10	10	1	1	1	1
	14	15	16	17	18	19	20	21	22	23	24	25	26	27	28	29	
	24	25	26	27	28	29	30	31	**2/1**	2	3	4	5	6	7	8	
음	병오	병오	병오	병오	병오	병오	병오	병오	병오	병오	병오	**정미**	정미	정미	정미	정미	
12	신축	신축	신축	신축	신축	신축	신축	신축	신축	신축	신축	**임인**	임인	임인	임인	임인	
월	무자	기축	경인	신묘	임진	계사	갑오	을미	병신	정유	무술	기해	경자	신축	임인	계묘	
	4	3	3	3	2	2	2	1	1	1	1	10	1	1	1	1	
	6	6	7	7	7	8	8	8	9	9	9	10	10	9	9	9	

1967(정미)년 【단기 4300년】

월	구분		1	2	3	4	5	6	7	8	9	10	11	12	13
음 1 월	음력		1	2	3	4	5	6	7	8	9	10	11	12	13
	양력		**2/9**	10	11	12	13	14	15	16	17	18	19	20	21
	연주 (생년)		정미	정미	정미	정미	정미	정미	정미	정미	정미	정미	정미	정미	정미
	월주 (생월)		임인	임인	임인	임인	임인	임인	임인	임인	임인	임인	임인	임인	임인
	일주 (생일)		갑진	을사	병오	정미	무신	기유	경술	신해	임자	계축	갑인	을묘	병진
	대운	남	2	2	2	3	3	3	4	4	4	5	5	5	6
		여	8	8	8	7	7	7	6	6	6	5	5	5	4
음 2 월	음력		1	2	3	4	5	6	7	8	9	10	11	12	13
	양력		**3/11**	12	13	14	15	16	17	18	19	20	21	22	23
	연주 (생년)		정미	정미	정미	정미	정미	정미	정미	정미	정미	정미	정미	정미	정미
	월주 (생월)		계묘	계묘	계묘	계묘	계묘	계묘	계묘	계묘	계묘	계묘	계묘	계묘	계묘
	일주 (생일)		갑술	을해	병자	정축	무인	기묘	경진	신사	임오	계미	갑신	을유	병술
	대운	남	2	2	2	3	3	3	4	4	4	5	5	5	6
		여	8	8	8	7	7	7	6	6	6	5	5	5	4
음 3 월	음력		1	2	3	4	5	6	7	8	9	10	11	12	13
	양력		**4/10**	11	12	13	14	15	16	17	18	19	20	21	22
	연주 (생년)		정미	정미	정미	정미	정미	정미	정미	정미	정미	정미	정미	정미	정미
	월주 (생월)		갑진	갑진	갑진	갑진	갑진	갑진	갑진	갑진	갑진	갑진	갑진	갑진	갑진
	일주 (생일)		갑진	을사	병오	정미	무신	기유	경술	신해	임자	계축	갑인	을묘	병진
	대운	남	2	2	2	3	3	3	4	4	4	5	5	5	6
		여	9	8	8	8	7	7	7	6	6	6	5	5	5
음 4 월	음력		1	2	3	4	5	6	7	8	9	10	11	12	13
	양력		**5/9**	10	11	12	13	14	15	16	17	18	19	20	21
	연주 (생년)		정미	정미	정미	정미	정미	정미	정미	정미	정미	정미	정미	정미	정미
	월주 (생월)		을사	을사	을사	을사	을사	을사	을사	을사	을사	을사	을사	을사	을사
	일주 (생일)		계유	갑술	을해	병자	정축	무인	기묘	경진	신사	임오	계미	갑신	을유
	대운	남	1	1	2	2	2	3	3	3	4	4	4	5	5
		여	9	9	9	8	8	8	7	7	7	6	6	6	5
음 5 월	음력		1	2	3	4	5	6	7	8	9	10	11	12	13
	양력		**6/8**	9	10	11	12	13	14	15	16	17	18	19	20
	연주 (생년)		정미	정미	정미	정미	정미	정미	정미	정미	정미	정미	정미	정미	정미
	월주 (생월)		병오	병오	병오	병오	병오	병오	병오	병오	병오	병오	병오	병오	병오
	일주 (생일)		계묘	갑진	을사	병오	정미	무신	기유	경술	신해	임자	계축	갑인	을묘
	대운	남	1	1	1	2	2	2	3	3	3	4	4	4	5
		여	10	10	9	9	9	8	8	8	7	7	7	6	6
음 6 월	음력		1	2	3	4	5	6	7	8	9	10	11	12	13
	양력		**7/8**	9	10	11	12	13	14	15	16	17	18	19	20
	연주 (생년)		정미	정미	정미	정미	정미	정미	정미	정미	정미	정미	정미	정미	정미
	월주 (생월)		**정미**	정미	정미	정미	정미	정미	정미	정미	정미	정미	정미	정미	정미
	일주 (생일)		계유	갑술	을해	병자	정축	무인	기묘	경진	신사	임오	계미	갑신	을유
	대운	남	10	1	1	1	1	2	2	2	3	3	3	4	4
		여	10	10	10	9	9	9	8	8	8	7	7	7	6

음1월	14	15	16	17	18	19	20	21	22	23	24	25	26	27	28	29	30
	22	23	24	25	26	27	28	**3/1**	2	3	4	5	6	7	8	9	10
	정미	정미	정미	정미	정미	정미	정미	정미	정미	정미	정미	정미	정미	정미	정미	정미	정미
	임인	임인	임인	임인	임인	임인	임인	임인	임인	임인	임인	임인	**계묘**	계묘	계묘	계묘	계묘
	정사	무오	기미	경신	신유	임술	계해	갑자	을축	병인	정묘	무진	기사	경오	신미	임신	계유
	6	6	7	7	7	8	8	8	9	9	9	10	10	1	1	1	1
	4	4	3	3	3	2	2	2	1	1	1	1	10	10	9	9	9
음2월	14	15	16	17	18	19	20	21	22	23	24	25	26	27	28	29	30
	24	25	26	27	28	29	30	31	**4/1**	2	3	4	5	6	7	8	9
	정미	정미	정미	정미	정미	정미	정미	정미	정미	정미	정미	정미	정미	정미	정미	정미	정미
	계묘	계묘	계묘	계묘	계묘	계묘	계묘	계묘	계묘	계묘	계묘	계묘	**갑진**	갑진	갑진	갑진	갑진
	정해	무자	기축	경인	신묘	임진	계사	갑오	을미	병신	정유	무술	기해	경자	신축	임인	계묘
	6	6	7	7	7	8	8	8	9	9	9	10	10	1	1	1	1
	4	4	3	3	3	2	2	2	1	1	1	1	10	10	10	9	9
음3월	14	15	16	17	18	19	20	21	22	23	24	25	26	27	28	29	
	23	24	25	26	27	28	29	30	**5/1**	2	3	4	5	6	7	8	
	정미	정미	정미	정미	정미	정미	정미	정미	정미	정미	정미	정미	정미	정미	정미	정미	
	갑진	갑진	갑진	갑진	갑진	갑진	갑진	갑진	갑진	갑진	갑진	갑진	갑진	**을사**	을사	을사	
	정사	무오	기미	경신	신유	임술	계해	갑자	을축	병인	정묘	무진	기사	경오	신미	임신	
	6	6	7	7	7	8	8	8	9	9	9	10	10	10	1	1	
	5	4	4	4	3	3	3	2	2	2	1	1	1	10	10	10	
음4월	14	15	16	17	18	19	20	21	22	23	24	25	26	27	28	29	30
	22	23	24	25	26	27	28	29	30	31	**6/1**	2	3	4	5	6	7
	정미	정미	정미	정미	정미	정미	정미	정미	정미	정미	정미	정미	정미	정미	정미	정미	정미
	을사	을사	을사	을사	을사	을사	을사	을사	을사	을사	을사	을사	을사	을사	을사	**병오**	병오
	병술	정해	무자	기축	경인	신묘	임진	계사	갑오	을미	병신	정유	무술	기해	경자	신축	임인
	5	6	6	6	7	7	7	8	8	8	9	9	9	10	10	10	1
	5	5	4	4	4	3	3	3	2	2	2	1	1	1	1	10	10
음5월	14	15	16	17	18	19	20	21	22	23	24	25	26	27	28	29	30
	21	22	23	24	25	26	27	28	29	30	**7/1**	2	3	4	5	6	7
	정미	정미	정미	정미	정미	정미	정미	정미	정미	정미	정미	정미	정미	정미	정미	정미	정미
	병오	병오	병오	병오	병오	병오	병오	병오	병오	병오	병오	병오	병오	병오	병오	병오	병오
	병진	정사	무오	기미	경신	신유	임술	계해	갑자	을축	병인	정묘	무진	기사	경오	신미	임신
	5	5	6	6	6	7	7	7	8	8	8	9	9	9	10	10	10
	6	5	5	5	4	4	4	3	3	3	2	2	2	1	1	1	1
음6월	14	15	16	17	18	19	20	21	22	23	24	25	26	27	28	29	
	21	22	23	24	25	26	27	28	29	30	31	**8/1**	2	3	4	5	
	정미	정미	정미	정미	정미	정미	정미	정미	정미	정미	정미	정미	정미	정미	정미	정미	
	정미	정미	정미	정미	정미	정미	정미	정미	정미	정미	정미	정미	정미	정미	정미	정미	
	병술	정해	무자	기축	경인	신묘	임진	계사	갑오	을미	병신	정유	무술	기해	경자	신축	
	4	5	5	5	6	6	6	7	7	7	8	8	8	9	9	9	
	6	6	5	5	5	4	4	4	3	3	3	2	2	2	1	1	

1967(정미)년 【단기 4300년】

월	구분		1	2	3	4	5	6	7	8	9	10	11	12	13
음 7 월	음력		1	2	3	4	5	6	7	8	9	10	11	12	13
	양력		**8/6**	7	8	9	10	11	12	13	14	15	16	17	18
	연주 (생년)		정미	정미	정미	정미	정미	정미	정미	정미	정미	정미	정미	정미	정미
	월주 (생월)		정미	정미	**무신**	무신	무신	무신	무신	무신	무신	무신	무신	무신	무신
	일주 (생일)		임인	계묘	갑진	을사	병오	정미	무신	기유	경술	신해	임자	계축	갑인
	대운	남	10	10	10	1	1	1	1	2	2	2	3	3	3
		여	1	1	10	10	10	9	9	9	8	8	8	7	7
음 8 월	음력		1	2	3	4	5	6	7	8	9	10	11	12	13
	양력		**9/4**	5	6	7	8	9	10	11	12	13	14	15	16
	연주 (생년)		정미	정미	정미	정미	정미	정미	정미	정미	정미	정미	정미	정미	정미
	월주 (생월)		무신	무신	무신	무신	**기유**	기유	기유	기유	기유	기유	기유	기유	기유
	일주 (생일)		신미	임신	계유	갑술	을해	병자	정축	무인	기묘	경진	신사	임오	계미
	대운	남	9	9	10	10	10	1	1	1	1	2	2	2	3
		여	1	1	1	1	10	10	10	9	9	9	8	8	8
음 9 월	음력		1	2	3	4	5	6	7	8	9	10	11	12	13
	양력		**10/4**	5	6	7	8	9	10	11	12	13	14	15	16
	연주 (생년)		정미	정미	정미	정미	정미	정미	정미	정미	정미	정미	정미	정미	정미
	월주 (생월)		기유	기유	기유	기유	기유	**경술**	경술	경술	경술	경술	경술	경술	경술
	일주 (생일)		신축	임인	계묘	갑진	을사	병오	정미	무신	기유	경술	신해	임자	계축
	대운	남	9	9	9	10	10	10	1	1	1	1	2	2	2
		여	2	1	1	1	1	10	10	9	9	9	8	8	8
음 10 월	음력		1	2	3	4	5	6	7	8	9	10	11	12	13
	양력		**11/2**	3	4	5	6	7	8	9	10	11	12	13	14
	연주 (생년)		정미	정미	정미	정미	정미	정미	정미	정미	정미	정미	정미	정미	정미
	월주 (생월)		경술	경술	경술	경술	경술	경술	**신해**	신해	신해	신해	신해	신해	신해
	일주 (생일)		경오	신미	임신	계유	갑술	을해	병자	정축	무인	기묘	경진	신사	임오
	대운	남	8	8	9	9	9	10	10	1	1	1	1	2	2
		여	2	2	1	1	1	1	10	10	9	9	9	8	8
음 11 월	음력		1	2	3	4	5	6	7	8	9	10	11	12	13
	양력		**12/2**	3	4	5	6	7	8	9	10	11	12	13	14
	연주 (생년)		정미	정미	정미	정미	정미	정미	정미	정미	정미	정미	정미	정미	정미
	월주 (생월)		신해	신해	신해	신해	신해	신해	**임자**	임자	임자	임자	임자	임자	임자
	일주 (생일)		경자	신축	임인	계묘	갑진	을사	병오	정미	무신	기유	경술	신해	임자
	대운	남	8	8	9	9	9	10	10	1	1	1	1	2	2
		여	2	2	1	1	1	1	10	9	9	9	8	8	8
음 12 월	음력		1	2	3	4	5	6	7	8	9	10	11	12	13
	양력		**12/31**	**1/1**	2	3	4	5	6	7	8	9	10	11	12
	연주 (생년)		정미	정미	정미	정미	정미	정미	정미	정미	정미	정미	정미	정미	정미
	월주 (생월)		임자	임자	임자	임자	임자	임자	**계축**	계축	계축	계축	계축	계축	계축
	일주 (생일)		기사	경오	신미	임신	계유	갑술	을해	병자	정축	무인	기묘	경진	신사
	대운	남	8	8	8	9	9	9	10	1	1	1	1	2	2
		여	2	2	1	1	1	1	10	10	9	9	9	8	8

	14	15	16	17	18	19	20	21	22	23	24	25	26	27	28	29	
	19	20	21	22	23	24	25	26	27	28	29	30	31	**9/1**	2	3	
음	정미	정미	정미	정미	정미	정미	정미	정미	정미	정미	정미	정미	정미	정미	정미	정미	
7	무신	무신	무신	무신	무신	무신	무신	무신	무신	무신	무신	무신	무신	무신	무신	무신	
월	을묘	병진	정사	무오	기미	경신	신유	임술	계해	갑자	을축	병인	정묘	무진	기사	경오	
	4	4	4	5	5	5	6	6	6	7	7	7	8	8	8	9	
	7	6	6	6	5	5	5	4	4	4	3	3	3	2	2	2	
	14	15	16	17	18	19	20	21	22	23	24	25	26	27	28	29	30
	17	18	19	20	21	22	23	24	25	26	27	28	29	30	**10/1**	2	3
음	정미	정미	정미	정미	정미	정미	정미	정미	정미	정미	정미	정미	정미	정미	정미	정미	정미
8	기유	기유	기유	기유	기유	기유	기유	기유	기유	기유	기유	기유	기유	기유	기유	기유	기유
월	갑신	을유	병술	정해	무자	기축	경인	신묘	임진	계사	갑오	을미	병신	정유	무술	기해	경자
	3	3	4	4	4	5	5	5	6	6	6	7	7	7	8	8	8
	7	7	7	6	6	6	5	5	5	4	4	4	3	3	3	2	2
	14	15	16	17	18	19	20	21	22	23	24	25	26	27	28	29	
	17	18	19	20	21	22	23	24	25	26	27	28	29	30	31	**11/1**	
음	정미	정미	정미	정미	정미	정미	정미	정미	정미	정미	정미	정미	정미	정미	정미	정미	
9	경술	경술	경술	경술	경술	경술	경술	경술	경술	경술	경술	경술	경술	경술	경술	경술	
월	갑인	을묘	병진	정사	무오	기미	경신	신유	임술	계해	갑자	을축	병인	정묘	무진	기사	
	3	3	3	4	4	4	5	5	5	6	6	6	7	7	7	8	
	7	7	7	6	6	6	5	5	5	4	4	4	3	3	3	2	
	14	15	16	17	18	19	20	21	22	23	24	25	26	27	28	29	30
	15	16	17	18	19	20	21	22	23	24	25	26	27	28	29	30	**12/1**
음	정미	정미	정미	정미	정미	정미	정미	정미	정미	정미	정미	정미	정미	정미	정미	정미	정미
10	신해	신해	신해	신해	신해	신해	신해	신해	신해	신해	신해	신해	신해	신해	신해	신해	신해
월	계미	갑신	을유	병술	정해	무자	기축	경인	신묘	임진	계사	갑오	을미	병신	정유	무술	기해
	2	3	3	3	4	4	4	5	5	5	6	6	6	7	7	7	8
	8	7	7	7	6	6	6	5	5	5	4	4	4	3	3	3	2
	14	15	16	17	18	19	20	21	22	23	24	25	26	27	28	29	
	15	16	17	18	19	20	21	22	23	24	25	26	27	28	29	30	
음	정미	정미	정미	정미	정미	정미	정미	정미	정미	정미	정미	정미	정미	정미	정미	정미	
11	임자	임자	임자	임자	임자	임자	임자	임자	임자	임자	임자	임자	임자	임자	임자	임자	
월	계축	갑인	을묘	병진	정사	무오	기미	경신	신유	임술	계해	갑자	을축	병인	정묘	무진	
	2	3	3	3	4	4	4	5	5	5	6	6	6	7	7	7	
	7	7	7	6	6	6	5	5	5	4	4	4	3	3	3	2	
	14	15	16	17	18	19	20	21	22	23	24	25	26	27	28	29	30
	13	14	15	16	17	18	19	20	21	22	23	24	25	26	27	28	29
음	정미	정미	정미	정미	정미	정미	정미	정미	정미	정디	정미	정미	정미	정미	정미	정미	정미
12	계축	계축	계축	계축	계축	계축	계축	계축	계축	계측	계축	계축	계축	계축	계축	계축	계축
월	임오	계미	갑신	을유	병술	정해	무자	기축	경인	신묘	임진	계사	갑오	을미	병신	정유	무술
	2	3	3	3	4	4	4	5	5	5	6	6	6	7	7	7	8
	8	7	7	7	6	6	6	5	5	5	4	4	4	3	3	3	2

1968(무신)년 【단기 4301년】

월	구분		1	2	3	4	5	6	7	8	9	10	11	12	13
음 1 월	음력		1	2	3	4	5	6	7	8	9	10	11	12	13
	양력		**1/30**	31	**2/1**	2	3	4	5	6	7	8	9	10	11
	연주 (생년)		정미	정미	정미	정미	정미	정미	**무신**	무신	무신	무신	무신	무신	무신
	월주 (생월)		계축	계축	계축	계축	계축	계축	**갑인**	갑인	갑인	갑인	갑인	갑인	갑인
	일주 (생일)		기해	경자	신축	임인	계묘	갑진	을사	병오	정미	무신	기유	경술	신해
	대운	남	8	8	9	9	9	10	10	9	9	9	8	8	8
		여	2	2	1	1	1	1	10	1	1	1	2	2	2
음 2 월	음력		1	2	3	4	5	6	7	8	9	10	11	12	13
	양력		**2/28**	29	**3/1**	2	3	4	5	6	7	8	9	10	11
	연주 (생년)		무신	무신	무신	무신	무신	무신	무신	무신	무신	무신	무신	무신	무신
	월주 (생월)		갑인	갑인	갑인	갑인	갑인	갑인	**을묘**	을묘	을묘	을묘	을묘	을묘	을묘
	일주 (생일)		무진	기사	경오	신미	임신	계유	갑술	을해	병자	정축	무인	기묘	경진
	대운	남	2	2	1	1	1	1	10	10	10	9	9	9	8
		여	8	8	8	9	9	9	10	1	1	1	1	2	2
음 3 월	음력		1	2	3	4	5	6	7	8	9	10	11	12	13
	양력		**3/29**	30	31	**4/1**	2	3	4	5	6	7	8	9	10
	연주 (생년)		무신	무신	무신	무신	무신	무신	무신	무신	무신	무신	무신	무신	무신
	월주 (생월)		을묘	을묘	을묘	을묘	을묘	을묘	을묘	**병진**	병진	병진	병진	병진	병진
	일주 (생일)		무술	기해	경자	신축	임인	계묘	갑진	을사	병오	정미	무신	기유	경술
	대운	남	2	2	2	1	1	1	1	10	10	9	9	9	8
		여	8	8	9	9	9	10	10	10	1	1	1	1	2
음 4 월	음력		1	2	3	4	5	6	7	8	9	10	11	12	13
	양력		**4/28**	29	30	**5/1**	2	3	4	5	6	7	8	9	10
	연주 (생년)		무신	무신	무신	무신	무신	무신	무신	무신	무신	무신	무신	무신	무신
	월주 (생월)		병진	병진	병진	병진	병진	병진	병진	**정사**	정사	정사	정사	정사	정사
	일주 (생일)		무진	기사	경오	신미	임신	계유	갑술	을해	병자	정축	무인	기묘	경진
	대운	남	2	2	2	1	1	1	1	10	10	10	10	9	9
		여	8	8	8	9	9	9	10	10	1	1	1	1	2
음 5 월	음력		1	2	3	4	5	6	7	8	9	10	11	12	13
	양력		**5/27**	28	29	30	31	**6/1**	2	3	4	5	6	7	8
	연주 (생년)		무신	무신	무신	무신	무신	무신	무신	무신	무신	무신	무신	무신	무신
	월주 (생월)		정사	정사	정사	정사	정사	정사	정사	정사	정사	정사	**무오**	무오	무오
	일주 (생일)		정유	무술	기해	경자	신축	임인	계묘	갑진	을사	병오	정미	무신	기유
	대운	남	3	3	3	2	2	2	1	1	1	1	10	10	10
		여	7	8	8	8	9	9	9	10	10	10	10	1	1
음 6 월	음력		1	2	3	4	5	6	7	8	9	10	11	12	13
	양력		**6/26**	27	28	29	30	**7/1**	2	3	4	5	6	7	8
	연주 (생년)		무신	무신	무신	무신	무신	무신	무신	무신	무신	무신	무신	무신	무신
	월주 (생월)		무오	무오	무오	무오	무오	무오	무오	무오	무오	무오	무오	**기미**	기미
	일주 (생일)		정묘	무진	기사	경오	신미	임신	계유	갑술	을해	병자	정축	무인	기묘
	대운	남	4	3	3	3	2	2	2	1	1	1	1	10	10
		여	7	7	7	8	8	8	9	9	9	10	10	10	1

	14	15	16	17	18	19	20	21	22	23	24	25	26	27	28	29	
음 1 월	12	13	14	15	16	17	18	19	20	21	22	23	24	25	26	27	
	무신	무신	무신	무신	무신	무신	무신	무신	무신	무신	무신	무신	무신	무신	무신	무신	
	갑인	갑인	갑인	갑인	갑인	갑인	갑인	갑인	갑인	갑인	갑인	갑인	갑인	갑인	갑인	갑인	
	임자	계축	갑인	을묘	병진	정사	무오	기미	경신	신유	임술	계해	갑자	을축	병인	정묘	
	7	7	7	6	6	6	5	5	5	4	4	4	3	3	3	2	
	2	3	3	3	4	4	4	5	5	5	6	6	6	7	7	7	
	14	15	16	17	18	19	20	21	22	23	24	25	26	27	28	29	30
음 2 월	12	13	14	15	16	17	18	19	20	21	22	23	24	25	26	27	28
	무신	무신	무신	무신	무신	무신	무신	무신	무신	무신	무신	무신	무신	무신	무신	무신	무신
	을묘	을묘	을묘	을묘	을묘	을묘	을묘	을묘	을묘	을묘	을묘	을묘	을묘	을묘	을묘	을묘	을묘
	신사	임오	계미	갑신	을유	병술	정해	무자	기축	경인	신묘	임진	계사	갑오	을미	병신	정유
	8	8	7	7	7	6	6	6	5	5	5	4	4	4	3	3	3
	2	3	3	3	4	4	4	5	5	5	6	6	6	7	7	7	8
	14	15	16	17	18	19	20	21	22	23	24	25	26	27	28	29	30
음 3 월	11	12	13	14	15	16	17	18	19	20	21	22	23	24	25	26	27
	무신	무신	무신	무신	무신	무신	무신	무신	무신	무신	구신	무신	무신	무신	무신	무신	무신
	병진	병진	병진	병진	병진	병진	병진	병진	병진	병진	병진	병진	병진	병진	병진	병진	병진
	신해	임자	계축	갑인	을묘	병진	정사	무오	기미	경신	신유	임술	계해	갑자	을축	병인	정묘
	8	8	7	7	7	6	6	6	5	5	5	4	4	4	3	3	3
	2	2	3	3	3	4	4	4	5	5	5	6	6	6	7	7	7
	14	15	16	17	18	19	20	21	22	23	24	25	26	27	28	29	
음 4 월	11	12	13	14	15	16	17	18	19	20	21	22	23	24	25	26	
	무신	무신	무신	무신	무신	무신	무신	무신	무신	무신	구신	무신	무신	무신	무신	무신	
	정사	정사	정사	정사	정사	정사	정사	정사	정사	정사	정사	정사	정사	정사	정사	정사	
	신사	임오	계미	갑신	을유	병술	정해	무자	기축	경인	신묘	임진	계사	갑오	을미	병신	
	9	8	8	8	7	7	7	6	6	6	5	5	5	4	4	4	
	2	2	3	3	3	4	4	4	5	5	5	6	6	6	7	7	
	14	15	16	17	18	19	20	21	22	23	24	25	26	27	28	29	30
음 5 월	9	10	11	12	13	14	15	16	17	18	19	20	21	22	23	24	25
	무신	무신	무신	무신	무신	무신	무신	무신	무신	무신	구신	무신	무신	무신	무신	무신	무신
	무오	무오	무오	무오	무오	무오	무오	무오	무오	무오	구오	무오	무오	무오	무오	무오	무오
	경술	신해	임자	계축	갑인	을묘	병진	정사	무오	기미	경신	신유	임술	계해	갑자	을축	병인
	9	9	9	8	8	8	7	7	7	6	6	6	5	5	5	4	4
	1	1	2	2	2	3	3	3	4	4	4	5	5	5	6	6	6
	14	15	16	17	18	19	20	21	22	23	24	25	26	27	28	29	
음 6 월	9	10	11	12	13	14	15	16	17	18	19	20	21	22	23	24	
	무신	무신	무신	무신	무신	무신	무신	무신	무신	무신	구신	무신	무신	무신	무신	무신	
	기미	기미	기미	기미	기미	기미	기미	기미	기미	기미	기미	기미	기미	기미	기미	기미	
	경진	신사	임오	계미	갑신	을유	병술	정해	무자	기축	경인	신묘	임진	계사	갑오	을미	
	10	9	9	9	8	8	8	7	7	7	6	6	6	5	5	5	
	1	1	1	2	2	2	3	3	3	4	4	4	5	5	5	6	

1968(무신)년 【단기 4301년】

월	구분		1	2	3	4	5	6	7	8	9	10	11	12	13
음 7 월	음 력		1	2	3	4	5	6	7	8	9	10	11	12	13
	양 력		**7/25**	26	27	28	29	30	31	**8/1**	2	3	4	5	6
	연주 (생년)		무신	무신	무신	무신	무신	무신	무신	무신	무신	무신	무신	무신	무신
	월주 (생월)		기미	기미	기미	기미	기미	기미	기미	기미	기미	기미	기미	기미	기미
	일주 (생일)		병신	정유	무술	기해	경자	신축	임인	계묘	갑진	을사	병오	정미	무신
	대운	남	4	4	4	3	3	3	2	2	2	1	1	1	1
		여	6	6	7	7	7	8	8	8	9	9	9	10	10
윤 7 월	음 력		1	2	3	4	5	6	7	8	9	10	11	12	13
	양 력		**8/24**	25	26	27	28	29	30	31	**9/1**	2	3	4	5
	연주 (생년)		무신	무신	무신	무신	무신	무신	무신	무신	무신	무신	무신	무신	무신
	월주 (생월)		경신	경신	경신	경신	경신	경신	경신	경신	경신	경신	경신	경신	경신
	일주 (생일)		병인	정묘	무진	기사	경오	신미	임신	계유	갑술	을해	병자	정축	무인
	대운	남	5	4	4	4	3	3	3	2	2	2	1	1	1
		여	6	6	6	7	7	7	8	8	8	9	9	9	10
음 8 월	음 력		1	2	3	4	5	6	7	8	9	10	11	12	13
	양 력		**9/22**	23	24	25	26	27	28	29	30	**10/1**	2	3	4
	연주 (생년)		무신	무신	무신	무신	무신	무신	무신	무신	무신	무신	무신	무신	무신
	월주 (생월)		신유	신유	신유	신유	신유	신유	신유	신유	신유	신유	신유	신유	신유
	일주 (생일)		을미	병신	정유	무술	기해	경자	신축	임인	계묘	갑진	을사	병오	정미
	대운	남	5	5	5	4	4	4	3	3	3	2	2	2	1
		여	5	5	6	6	6	7	7	7	8	8	8	9	9
음 9 월	음 력		1	2	3	4	5	6	7	8	9	10	11	12	13
	양 력		**10/22**	23	24	25	26	27	28	29	30	31	**11/1**	2	3
	연주 (생년)		무신	무신	무신	무신	무신	무신	무신	무신	무신	무신	무신	무신	무신
	월주 (생월)		임술	임술	임술	임술	임술	임술	임술	임술	임술	임술	임술	임술	임술
	일주 (생일)		을축	병인	정묘	무진	기사	경오	신미	임신	계유	갑술	을해	병자	정축
	대운	남	5	5	5	4	4	4	3	3	3	2	2	2	1
		여	5	5	5	6	6	6	7	7	7	8	8	8	9
음 10 월	음 력		1	2	3	4	5	6	7	8	9	10	11	12	13
	양 력		**11/20**	21	22	23	24	25	26	27	28	29	30	**12/1**	2
	연주 (생년)		무신	무신	무신	무신	무신	무신	무신	무신	무신	무신	무신	무신	무신
	월주 (생월)		계해	계해	계해	계해	계해	계해	계해	계해	계해	계해	계해	계해	계해
	일주 (생일)		갑오	을미	병신	정유	무술	기해	경자	신축	임인	계묘	갑진	을사	병오
	대운	남	6	5	5	5	4	4	4	3	3	3	2	2	2
		여	4	5	5	5	6	6	6	7	7	7	8	8	8
음 11 월	음 력		1	2	3	4	5	6	7	8	9	10	11	12	13
	양 력		**12/20**	21	22	23	24	25	26	27	28	29	30	31	**1/1**
	연주 (생년)		무신	무신	무신	무신	무신	무신	무신	무신	무신	무신	무신	무신	무신
	월주 (생월)		갑자	갑자	갑자	갑자	갑자	갑자	갑자	갑자	갑자	갑자	갑자	갑자	갑자
	일주 (생일)		갑자	을축	병인	정묘	무진	기사	경오	신미	임신	계유	갑술	을해	병자
	대운	남	5	5	5	4	4	4	3	3	3	2	2	2	1
		여	4	5	5	5	6	6	6	7	7	7	8	8	8
음 12 월	음 력		1	2	3	4	5	6	7	8	9	10	11	12	13
	양 력		**1/18**	19	20	21	22	23	24	25	26	27	28	29	30
	연주 (생년)		무신	무신	무신	무신	무신	무신	무신	무신	무신	무신	무신	무신	무신
	월주 (생월)		을축	을축	을축	을축	을축	을축	을축	을축	을축	을축	을축	을축	을축
	일주 (생일)		계사	갑오	을미	병신	정유	무술	기해	경자	신축	임인	계묘	갑진	을사
	대운	남	6	5	5	5	4	4	4	3	3	3	2	2	2
		여	4	5	5	5	6	6	6	7	7	7	8	8	8

음 7월	14	15	16	17	18	19	20	21	22	23	24	25	26	27	28	29	30
	7	8	9	10	11	12	13	14	15	16	17	18	19	20	21	22	23
	무신	무신	무신	무신	무신	무신	무신	무신	무신	무신	무신	무신	무신	무신	무신	무신	무신
	경신	경신	경신	경신	경신	경신	경신	경신	경신	경신	경신	경신	경신	경신	경신	경신	경신
	기유	경술	신해	임자	계축	갑인	을묘	병진	정사	무오	기미	경신	신유	임술	계해	갑자	을축
	10	10	10	9	9	9	8	8	8	7	7	7	6	6	6	5	5
	10	1	1	1	1	2	2	2	3	3	3	4	4	4	5	5	5

윤 7월	14	15	16	17	18	19	20	21	22	23	24	25	26	27	28	29	
	6	7	8	9	10	11	12	13	14	15	16	17	18	19	20	21	
	무신	무신	무신	무신	무신	무신	무신	무신	무신	무신	무신	무신	무신	무신	무신	무신	
	경신	**신유**	신유	신유	신유	신유	신유	신유	신유	신유	신유	신유	신유	신유	신유	신유	
	기묘	경진	신사	임오	계미	갑신	을유	병술	정해	무자	기축	경인	신묘	임진	계사	갑오	
	1	10	10	10	9	9	9	8	8	8	7	7	7	6	6	6	
	10	10	1	1	1	1	2	2	2	3	3	3	4	4	4	5	

음 8월	14	15	16	17	18	19	20	21	22	23	24	25	26	27	28	29	30
	5	6	7	8	9	10	11	12	13	14	15	16	17	18	19	20	21
	무신	무신	무신	무신	무신	무신	무신	무신	무신	무신	무신	무신	무신	무신	무신	무신	무신
	신유	신유	신유	**임술**	임술	임술	임술	임술	임술	임술	임술	임술	임술	임술	임술	임술	임술
	무신	기유	경술	신해	임자	계축	갑인	을묘	병진	정사	무오	기미	경신	신유	임술	계해	무신
	1	1	1	10	10	9	9	9	8	8	8	7	7	7	6	6	6
	9	10	10	10	1	1	1	1	2	2	2	3	3	3	4	4	4

음 9월	14	15	16	17	18	19	20	21	22	23	24	25	26	27	28	29	
	4	5	6	7	8	9	10	11	12	13	14	15	16	17	18	19	
	무신	무신	무신	무신	무신	무신	무신	무신	무신	무신	무신	무신	무신	무신	무신	무신	
	임술	임술	임술	**계해**	계해	계해	계해	계해	계해	계해	계해	계해	계해	계해	계해	계해	
	무인	기묘	경진	신사	임오	계미	갑신	을유	병술	정해	무자	기축	경인	신묘	임진	계사	
	1	1	1	10	10	9	9	9	8	8	8	7	7	7	6	6	
	9	9	10	10	1	1	1	1	2	2	2	3	3	3	4	4	

음 10월	14	15	16	17	18	19	20	21	22	23	24	25	26	27	28	29	30
	3	4	5	6	7	8	9	10	11	12	13	14	15	16	17	18	19
	무신	무신	무신	무신	무신	무신	무신	무신	무신	무신	무신	무신	무신	무신	무신	무신	무신
	계해	계해	계해	계해	**갑자**	갑자	갑자	갑자	갑자	갑자	갑자	갑자	갑자	갑자	갑자	갑자	갑자
	정미	무신	기유	경술	신해	임자	계축	갑인	을묘	병진	정사	무오	기미	경신	신유	임술	계해
	1	1	1	1	10	9	9	9	8	8	8	7	7	7	6	6	6
	9	9	9	10	10	1	1	1	1	2	2	2	3	3	3	4	4

음 11월	14	15	16	17	18	19	20	21	22	23	24	25	26	27	28	29	
	2	3	4	5	6	7	8	9	10	11	12	13	14	15	16	17	
	무신	무신	무신	무신	무신	무신	무신	무신	무신	무신	무신	무신	무신	무신	무신	무신	
	갑자	갑자	갑자	**을축**	을축	을축	을축	을축	을축	을축	을축	을축	을축	을축	을축	을축	
	정축	무인	기묘	경진	신사	임오	계미	갑신	을유	병술	정해	무자	기축	경인	신묘	임진	
	1	1	1	10	10	9	9	9	8	8	8	7	7	7	6	6	
	9	9	9	10	1	1	1	1	2	2	2	3	3	3	4	4	

음 12월	14	15	16	17	18	19	20	21	22	23	24	25	26	27	28	29	30
	31	**2/1**	2	3	4	5	6	7	8	9	10	11	12	13	14	15	16
	무신	무신	무신	무신	**기유**	기유	기유	기유	기유	기유	기유	기유	기유	기유	기유	기유	기유
	을축	을축	을축	을축	**병인**	병인	병인	병인	병인	병인	병인	병인	병인	병인	병인	병인	병인
	병오	정미	무신	기유	경술	신해	임자	계축	갑인	을묘	병진	정사	무오	기미	경신	신유	임술
	1	1	1	1	10	1	1	1	1	2	2	2	3	3	3	4	4
	9	9	9	10	10	10	9	9	9	8	8	8	7	7	7	6	6

1969(기유)년 【단기 4302년】

월	구분		1	2	3	4	5	6	7	8	9	10	11	12	13
음 1 월	음력		1	2	3	4	5	6	7	8	9	10	11	12	13
	양력		**2/17**	18	19	20	21	22	23	24	25	26	27	28	**3/1**
	연주 (생년)		기유	기유	기유	기유	기유	기유	기유	기유	기유	기유	기유	기유	기유
	월주 (생월)		병인	병인	병인	병인	병인	병인	병인	병인	병인	병인	병인	병인	병인
	일주 (생일)		계해	갑자	을축	병인	정묘	무진	기사	경오	신미	임신	계유	갑술	을해
	대운	남	4	5	5	5	6	6	6	7	7	7	8	8	8
		여	6	5	5	5	4	4	4	3	3	3	2	2	2
음 2 월	음력		1	2	3	4	5	6	7	8	9	10	11	12	13
	양력		**3/18**	19	20	21	22	23	24	25	26	27	28	29	30
	연주 (생년)		기유	기유	기유	기유	기유	기유	기유	기유	기유	기유	기유	기유	기유
	월주 (생월)		정묘	정묘	정묘	정묘	정묘	정묘	정묘	정묘	정묘	정묘	정묘	정묘	정묘
	일주 (생일)		임진	계사	갑오	을미	병신	정유	무술	기해	경자	신축	임인	계묘	갑진
	대운	남	4	4	5	5	5	6	6	6	7	7	7	8	8
		여	6	6	5	5	5	4	4	4	3	3	3	2	2
음 3 월	음력		1	2	3	4	5	6	7	8	9	10	11	12	13
	양력		**4/17**	18	19	20	21	22	23	24	25	26	27	28	29
	연주 (생년)		기유	기유	기유	기유	기유	기유	기유	기유	기유	기유	기유	기유	기유
	월주 (생월)		무진	무진	무진	무진	무진	무진	무진	무진	무진	무진	무진	무진	무진
	일주 (생일)		임술	계해	갑자	을축	병인	정묘	무진	기사	경오	신미	임신	계유	갑술
	대운	남	4	4	5	5	5	6	6	6	7	7	7	8	8
		여	6	6	6	5	5	5	4	4	4	3	3	3	2
음 4 월	음력		1	2	3	4	5	6	7	8	9	10	11	12	13
	양력		**5/16**	17	18	19	20	21	22	23	24	25	26	27	28
	연주 (생년)		기유	기유	기유	기유	기유	기유	기유	기유	기유	기유	기유	기유	기유
	월주 (생월)		기사	기사	기사	기사	기사	기사	기사	기사	기사	기사	기사	기사	기사
	일주 (생일)		신묘	임진	계사	갑오	을미	병신	정유	무술	기해	경자	신축	임인	계묘
	대운	남	3	4	4	4	5	5	5	6	6	6	7	7	7
		여	7	7	6	6	6	5	5	5	4	4	4	3	3
음 5 월	음력		1	2	3	4	5	6	7	8	9	10	11	12	13
	양력		**6/15**	16	17	18	19	20	21	22	23	24	25	26	27
	연주 (생년)		기유	기유	기유	기유	기유	기유	기유	기유	기유	기유	기유	기유	기유
	월주 (생월)		경오	경오	경오	경오	경오	경오	경오	경오	경오	경오	경오	경오	경오
	일주 (생일)		신유	임술	계해	갑자	을축	병인	정묘	무진	기사	경오	신미	임신	계유
	대운	남	3	3	4	4	4	5	5	5	6	6	6	7	7
		여	7	7	7	6	6	6	5	5	5	4	4	4	3
음 6 월	음력		1	2	3	4	5	6	7	8	9	10	11	12	13
	양력		**7/14**	15	16	17	18	19	20	21	22	23	24	25	26
	연주 (생년)		기유	기유	기유	기유	기유	기유	기유	기유	기유	기유	기유	기유	기유
	월주 (생월)		신미	신미	신미	신미	신미	신미	신미	신미	신미	신미	신미	신미	신미
	일주 (생일)		경인	신묘	임진	계사	갑오	을미	병신	정유	무술	기해	경자	신축	임인
	대운	남	2	3	3	3	4	4	4	5	5	5	6	6	6
		여	8	8	8	7	7	7	6	6	6	5	5	5	4

	14	15	16	17	18	19	20	21	22	23	24	25	26	27	28	29	
	2	3	4	5	6	7	8	9	10	11	12	13	14	15	16	17	
음	기유	기유	기유	기유	기유	기유	기유	기유	기유	기유	기유	기유	기유	기유	기유	기유	
1	병인	병인	병인	병인	**정묘**	정묘	정묘	정묘	정묘	정묘	정묘	정묘	정묘	정묘	정묘	정묘	
월	병자	정축	무인	기묘	경진	신사	임오	계미	갑신	을유	병술	정해	무자	기축	경인	신묘	
	9	9	9	10	10	1	1	1	1	2	2	2	3	3	3	4	
	1	1	1	1	10	10	9	9	9	8	8	8	7	7	7	6	

	14	15	16	17	18	19	20	21	22	23	24	25	26	27	28	29	30
	31	**4/1**	2	3	4	5	6	7	8	9	10	11	12	13	14	15	16
음	기유	기유	기유	기유	기유	기유	기유	기유	기유	기유	기유	기유	기유	기유	기유	기유	기유
2	정묘	정묘	정묘	정묘	정묘	**무진**	무진	무진	무진	무진	무진	무진	무진	무진	무진	무진	무진
월	을사	병오	정미	무신	기유	경술	신해	임자	계축	갑인	을묘	병진	정사	무오	기미	경신	신유
	8	9	9	9	10	10	1	1	1	1	2	2	2	3	3	3	4
	2	1	1	1	1	10	10	10	9	9	9	8	8	8	7	7	7

	14	15	16	17	18	19	20	21	22	23	24	25	26	27	28	29	
	30	**5/1**	2	3	4	5	6	7	8	9	10	11	12	13	14	15	
음	기유	기유	기유	기유	기유	기유	기유	기유	기유	기유	기유	기유	기유	기유	기유	기유	
3	무진	무진	무진	무진	무진	무진	**기사**	기사	기사	기사	기사	기사	기사	기사	기사	기사	
월	을해	병자	정축	무인	기묘	경진	신사	임오	계미	갑신	을유	병술	정해	무자	기축	경인	
	8	9	9	9	10	10	10	1	1	1	1	2	2	2	3	3	
	2	2	1	1	1	1	10	10	10	9	9	9	8	8	8	7	

	14	15	16	17	18	19	20	21	22	23	24	25	26	27	28	29	30
	29	30	31	**6/1**	2	3	4	5	6	7	8	9	10	11	12	13	14
음	기유	기유	기유	기유	기유	기유	기유	기유	기유	기유	기유	기유	기유	기유	기유	기유	기유
4	기사	기사	기사	기사	기사	기사	기사	기사	**경오**	경오	경오	경오	경오	경오	경오	경오	경오
월	갑진	을사	병오	정미	무신	기유	경술	신해	임자	계축	갑인	을묘	병진	정사	무오	기미	경신
	8	8	8	9	9	9	10	10	10	1	1	1	1	2	2	2	3
	3	2	2	2	1	1	1	1	10	10	10	9	9	9	8	8	8

	14	15	16	17	18	19	20	21	22	23	24	25	26	27	28	29	
	28	29	30	**7/1**	2	3	4	5	6	7	8	9	10	11	12	13	
음	기유	기유	기유	기유	기유	기유	기유	기유	기유	기유	기유	기유	기유	기유	기유	기유	
5	경오	경오	경오	경오	경오	경오	경오	경오	경오	**신미**	신미	신미	신미	신미	신미	신미	
월	갑술	을해	병자	정축	무인	기묘	경진	신사	임오	계미	갑신	을유	병술	정해	무자	기축	
	8	8	8	9	9	9	10	10	10	10	1	1	1	1	2	2	
	3	3	2	2	2	1	1	1	1	10	10	10	10	9	9	9	

	14	15	16	17	18	19	20	21	22	23	24	25	26	27	28	29	30
	27	28	29	30	31	**8/1**	2	3	4	5	6	7	8	9	10	11	12
음	기유	기유	기유	기유	기유	기유	기유	기유	기유	기유	기유	기유	기유	기유	기유	기유	기유
6	신미	신미	신미	신미	신미	신미	신미	신미	신미	신미	신미	신미	**임신**	임신	임신	임신	임신
월	계묘	갑진	을사	병오	정미	무신	기유	경술	신해	임자	계축	갑인	을묘	병진	정사	무오	기미
	7	7	7	8	8	8	9	9	9	10	10	10	10	1	1	1	2
	4	4	3	3	3	2	2	2	1	1	1	1	10	10	10	9	9

1969(기유)년 【단기 4302년】

월	구분		1	2	3	4	5	6	7	8	9	10	11	12	13
음 7 월	음력		1	2	3	4	5	6	7	8	9	10	11	12	13
	양력		8/13	14	15	16	17	18	19	20	21	22	23	24	25
	연주 (생년)		기유	기유	기유	기유	기유	기유	기유	기유	기유	기유	기유	기유	기유
	월주 (생월)		임신	임신	임신	임신	임신	임신	임신	임신	임신	임신	임신	임신	임신
	일주 (생일)		경신	신유	임술	계해	갑자	을축	병인	정묘	무진	기사	경오	신미	임신
	대운	남	2	2	2	3	3	3	4	4	4	5	5	5	6
		여	9	8	8	8	7	7	7	6	6	6	5	5	5
음 8 월	음력		1	2	3	4	5	6	7	8	9	10	11	12	13
	양력		9/12	13	14	15	16	17	18	19	20	21	22	23	24
	연주 (생년)		기유	기유	기유	기유	기유	기유	기유	기유	기유	기유	기유	기유	기유
	월주 (생월)		계유	계유	계유	계유	계유	계유	계유	계유	계유	계유	계유	계유	계유
	일주 (생일)		경인	신묘	임진	계사	갑오	을미	병신	정유	무술	기해	경자	신축	임인
	대운	남	1	2	2	2	3	3	3	4	4	4	5	5	5
		여	9	8	8	8	7	7	7	6	6	6	5	5	5
음 9 월	음력		1	2	3	4	5	6	7	8	9	10	11	12	13
	양력		10/11	12	13	14	15	16	17	18	19	20	21	22	23
	연주 (생년)		기유	기유	기유	기유	기유	기유	기유	기유	기유	기유	기유	기유	기유
	월주 (생월)		갑술	갑술	갑술	갑술	갑술	갑술	갑술	갑술	갑술	갑술	갑술	갑술	갑술
	일주 (생일)		기미	경신	신유	임술	계해	갑자	을축	병인	정묘	무진	기사	경오	신미
	대운	남	1	1	2	2	2	3	3	3	4	4	4	5	5
		여	9	9	8	8	8	7	7	7	6	6	6	5	5
음 10 월	음력		1	2	3	4	5	6	7	8	9	10	11	12	13
	양력		11/10	11	12	13	14	15	16	17	18	19	20	21	22
	연주 (생년)		기유	기유	기유	기유	기유	기유	기유	기유	기유	기유	기유	기유	기유
	월주 (생월)		을해	을해	을해	을해	을해	을해	을해	을해	을해	을해	을해	을해	을해
	일주 (생일)		기축	경인	신묘	임진	계사	갑오	을미	병신	정유	무술	기해	경자	신축
	대운	남	1	1	2	2	2	3	3	3	4	4	4	5	5
		여	9	9	8	8	8	7	7	7	6	6	6	5	5
음 11 월	음력		1	2	3	4	5	6	7	8	9	10	11	12	13
	양력		12/9	10	11	12	13	14	15	16	17	18	19	20	21
	연주 (생년)		기유	기유	기유	기유	기유	기유	기유	기유	기유	기유	기유	기유	기유
	월주 (생월)		병자	병자	병자	병자	병자	병자	병자	병자	병자	병자	병자	병자	병자
	일주 (생일)		무오	기미	경신	신유	임술	계해	갑자	을축	병인	정묘	무진	기사	경오
	대운	남	1	1	1	2	2	2	3	3	3	4	4	4	5
		여	9	9	9	8	8	8	7	7	7	6	6	6	5
음 12 월	음력		1	2	3	4	5	6	7	8	9	10	11	12	13
	양력		1/8	9	10	11	12	13	14	15	16	17	18	19	20
	연주 (생년)		기유	기유	기유	기유	기유	기유	기유	기유	기유	기유	기유	기유	기유
	월주 (생월)		정축	정축	정축	정축	정축	정축	정축	정축	정축	정축	정축	정축	정축
	일주 (생일)		무자	기축	경인	신묘	임진	계사	갑오	을미	병신	정유	무술	기해	경자
	대운	남	1	1	1	2	2	2	3	3	3	4	4	4	5
		여	9	9	8	8	8	7	7	7	6	6	6	5	5

	14	15	16	17	18	19	20	21	22	23	24	25	26	27	28	29	30
	26	27	28	29	30	31	**9/1**	2	3	4	5	6	7	8	9	10	11
음	기유	기유	기유	기유	기유	기유	기유	기유	기유	기유	기유	기유	기유	기유	기유	기유	기유
7	임신	임신	임신	임신	임신	임신	임신	임신	임신	임신	임신	임신	임신	**계유**	계유	계유	계유
월	계유	갑술	을해	병자	정축	무인	기묘	경진	신사	임오	계미	갑신	을유	병술	정해	무자	기축
	6	6	7	7	7	8	8	8	9	9	9	10	10	10	1	1	1
	4	4	4	3	3	3	2	2	2	1	1	1	1	10	10	9	9
	14	15	16	17	18	19	20	21	22	23	24	25	26	27	28	29	
	25	26	27	28	29	30	**10/1**	2	3	4	5	6	7	8	9	10	
음	기유	기유	기유	기유	기유	기유	기유	기유	기유	기유	기유	기유	기유	기유	기유	기유	
8	계유	계유	계유	계유	계유	계유	계유	계유	계유	계유	계유	계유	계유	**갑술**	갑술	갑술	
월	계묘	갑진	을사	병오	정미	무신	기유	경술	신해	임자	계축	갑인	을묘	병진	정사	무오	
	6	6	6	7	7	7	8	8	8	9	9	9	10	10	1	1	
	4	4	4	3	3	3	2	2	2	1	1	1	1	10	10	9	
	14	15	16	17	18	19	20	21	22	23	24	25	26	27	28	29	30
	24	25	26	27	28	29	30	31	**11/1**	2	3	4	5	6	7	8	9
음	기유	기유	기유	기유	기유	기유	기유	기유	기유	기유	기유	기유	기유	기유	기유	기유	기유
9	갑술	갑술	갑술	갑술	갑술	갑술	갑술	갑술	갑술	갑술	갑술	갑술	갑술	갑술	**을해**	을해	을해
월	임신	계유	갑술	을해	병자	정축	무인	기묘	경진	신사	임오	계미	갑신	을유	병술	정해	무자
	5	6	6	6	7	7	7	8	8	8	9	9	9	10	10	1	1
	5	4	4	4	3	3	3	2	2	2	1	1	1	1	10	10	9
	14	15	16	17	18	19	20	21	22	23	24	25	26	27	28	29	
	23	24	25	26	27	28	29	30	**12/1**	2	3	4	5	6	7	8	
음	기유	기유	기유	기유	기유	기유	기유	기유	기유	기유	기유	기유	기유	기유	기유	기유	
10	을해	을해	을해	을해	을해	을해	을해	을해	을해	을해	을해	을해	을해	을해	**병자**	병자	
월	임인	계묘	갑진	을사	병오	정미	무신	기유	경술	신해	임자	계축	갑인	을묘	병진	정사	
	5	6	6	6	7	7	7	8	8	8	9	9	9	10	10	1	
	5	4	4	4	3	3	3	2	2	2	1	1	1	1	10	10	
	14	15	16	17	18	19	20	21	22	23	24	25	26	27	28	29	30
	22	23	24	25	26	27	28	29	30	31	**1/1**	2	3	4	5	6	7
음	기유	기유	기유	기유	기유	기유	기유	기유	기유	기유	기유	기유	기유	기유	기유	기유	기유
11	병자	병자	병자	병자	병자	병자	병자	병자	병자	병자	병자	병자	병자	병자	병자	**정축**	정축
월	신미	임신	계유	갑술	을해	병자	정축	무인	기묘	경진	신사	임오	계미	갑신	을유	병술	정해
	5	5	6	6	6	7	7	7	8	8	8	9	9	9	10	10	1
	5	5	4	4	4	3	3	3	2	2	2	1	1	1	1	10	9
	14	15	16	17	18	19	20	21	22	23	24	25	26	27	28	29	
	21	22	23	24	25	26	27	28	29	30	31	**2/1**	2	3	4	5	
음	기유	기유	기유	기유	기유	기유	기유	기유	기유	기유	기유	기유	기유	기유	**경술**	경술	
12	정축	정축	정축	정축	정축	정축	정축	정축	정축	정축	정축	정축	정축	정축	**무인**	무인	
월	신축	임인	계묘	갑진	을사	병오	정미	무신	기유	경술	신해	임자	계축	갑인	을묘	병진	
	5	5	6	6	6	7	7	7	8	8	8	9	9	9	10	10	
	5	4	4	4	3	3	3	2	2	2	1	1	1	1	10	1	

1970(경술)년 【단기 4303년】

월	구분		1	2	3	4	5	6	7	8	9	10	11	12	13
음 1 월	음력		1	2	3	4	5	6	7	8	9	10	11	12	13
	양력		2/6	7	8	9	10	11	12	13	14	15	16	17	18
	연주 (생년)		경술	경술	경술	경술	경술	경술	경술	경술	경술	경술	경술	경술	경술
	월주 (생월)		무인	무인	무인	무인	무인	무인	무인	무인	무인	무인	무인	무인	무인
	일주 (생일)		정사	무오	기미	경신	신유	임술	계해	갑자	을축	병인	정묘	무진	기사
	대운	남	9	9	9	8	8	8	7	7	7	6	6	6	5
		여	1	1	1	2	2	2	3	3	3	4	4	4	5
음 2 월	음력		1	2	3	4	5	6	7	8	9	10	11	12	13
	양력		3/8	9	10	11	12	13	14	15	16	17	18	19	20
	연주 (생년)		경술	경술	경술	경술	경술	경술	경술	경술	경술	경술	경술	경술	경술
	월주 (생월)		기묘	기묘	기묘	기묘	기묘	기묘	기묘	기묘	기묘	기묘	기묘	기묘	기묘
	일주 (생일)		정해	무자	기축	경인	신묘	임진	계사	갑오	을미	병신	정유	무술	기해
	대운	남	9	9	9	8	8	8	7	7	7	6	6	6	5
		여	1	1	1	2	2	2	3	3	3	4	4	4	5
음 3 월	음력		1	2	3	4	5	6	7	8	9	10	11	12	13
	양력		4/6	7	8	9	10	11	12	13	14	15	16	17	18
	연주 (생년)		경술	경술	경술	경술	경술	경술	경술	경술	경술	경술	경술	경술	경술
	월주 (생월)		경진	경진	경진	경진	경진	경진	경진	경진	경진	경진	경진	경진	경진
	일주 (생일)		병진	정사	무오	기미	경신	신유	임술	계해	갑자	을축	병인	정묘	무진
	대운	남	10	10	9	9	9	8	8	8	7	7	7	6	6
		여	1	1	1	1	2	2	2	3	3	3	4	4	4
음 4 월	음력		1	2	3	4	5	6	7	8	9	10	11	12	13
	양력		5/5	6	7	8	9	10	11	12	13	14	15	16	17
	연주 (생년)		경술	경술	경술	경술	경술	경술	경술	경술	경술	경술	경술	경술	경술
	월주 (생월)		경진	**신사**	신사	신사	신사	신사	신사	신사	신사	신사	신사	신사	신사
	일주 (생일)		을유	병술	정해	무자	기축	경인	신묘	임진	계사	갑오	을미	병신	정유
	대운	남	1	10	10	10	9	9	9	8	8	8	7	7	7
		여	10	10	1	1	1	1	2	2	2	3	3	3	4
음 5 월	음력		1	2	3	4	5	6	7	8	9	10	11	12	13
	양력		6/4	5	6	7	8	9	10	11	12	13	14	15	16
	연주 (생년)		경술	경술	경술	경술	경술	경술	경술	경술	경술	경술	경술	경술	경술
	월주 (생월)		신사	신사	**임오**	임오	임오	임오	임오	임오	임오	임오	임오	임오	임오
	일주 (생일)		을묘	병진	정사	무오	기미	경신	신유	임술	계해	갑자	을축	병인	정묘
	대운	남	1	1	10	10	10	9	9	9	8	8	8	7	7
		여	10	10	10	1	1	1	1	2	2	2	3	3	3
음 6 월	음력		1	2	3	4	5	6	7	8	9	10	11	12	13
	양력		7/4	5	6	7	8	9	10	11	12	13	14	15	16
	연주 (생년)		경술	경술	경술	경술	경술	경술	경술	경술	경술	경술	경술	경술	경술
	월주 (생월)		임오	임오	임오	**계미**	계미	계미	계미	계미	계미	계미	계미	계미	계미
	일주 (생일)		을유	병술	정해	무자	기축	경인	신묘	임진	계사	갑오	을미	병신	정유
	대운	남	1	1	1	10	10	10	10	9	9	9	8	8	8
		여	9	10	10	10	1	1	1	1	2	2	2	3	3

음 1 월	14	15	16	17	18	19	20	21	22	23	24	25	26	27	28	29	30
	19	20	21	22	23	24	25	26	27	28	**3/1**	2	3	4	5	6	7
	경술	경술	경술	경술	경술	경술	경술	경술	경술	경술	경술	경술	경술	경술	경술	경술	경술
	무인	무인	무인	무인	무인	무인	무인	무인	무인	무인	무인	무인	무인	무인	무인	**기묘**	기묘
	경오	신미	임신	계유	갑술	을해	병자	정축	무인	기묘	경진	신사	임오	계미	갑신	을유	병술
	5	5	4	4	4	3	3	3	2	2	2	1	1	1	1	10	10
	5	5	6	6	6	7	7	7	8	8	8	9	9	9	10	10	1

음 2 월	14	15	16	17	18	19	20	21	22	23	24	25	26	27	28	29	
	21	22	23	24	25	26	27	28	29	30	31	**4/1**	2	3	4	5	
	경술	경술	경술	경술	경술	경술	경술	경술	경술	경술	경술	경술	경술	경술	경술	경술	
	기묘	기묘	기묘	기묘	기묘	기묘	기묘	기묘	기묘	기묘	기묘	기묘	기묘	기묘	기묘	**경진**	
	경자	신축	임인	계묘	갑진	을사	병오	정미	무신	기유	경술	신해	임자	계축	갑인	을묘	
	5	5	4	4	4	3	3	3	2	2	2	1	1	1	1	10	
	5	5	6	6	6	7	7	7	8	8	8	9	9	9	10	10	

음 3 월	14	15	16	17	18	19	20	21	22	23	24	25	26	27	28	29	
	19	20	21	22	23	24	25	26	27	28	29	30	**5/1**	2	3	4	
	경술	경술	경술	경술	경술	경술	경술	경술	경술	경술	경술	경술	경술	경술	경술	경술	
	경진	경진	경진	경진	경진	경진	경진	경진	경진	경진	경진	경진	경진	경진	경진	경진	
	기사	경오	신미	임신	계유	갑술	을해	병자	정축	무인	기묘	경진	신사	임오	계미	갑신	
	6	5	5	5	4	4	4	3	3	3	2	2	2	1	1	1	
	5	5	5	6	6	6	7	7	7	8	8	8	9	9	9	10	

음 4 월	14	15	16	17	18	19	20	21	22	23	24	25	26	27	28	29	30
	18	19	20	21	22	23	24	25	26	27	28	29	30	31	**6/1**	2	3
	경술	경술	경술	경술	경술	경술	경술	경술	경술	경술	경술	경술	경술	경술	경술	경술	경술
	신사	신사	신사	신사	신사	신사	신사	신사	신사	신사	신사	신사	신사	신사	신사	신사	신사
	무술	기해	경자	신축	임인	계묘	갑진	을사	병오	정미	무신	기유	경술	신해	임자	계축	갑인
	6	6	6	5	5	5	4	4	4	3	3	3	2	2	2	1	1
	4	4	5	5	5	6	6	6	7	7	7	8	8	8	9	9	9

음 5 월	14	15	16	17	18	19	20	21	22	23	24	25	26	27	28	29	30
	17	18	19	20	21	22	23	24	25	26	27	28	29	30	**7/1**	2	3
	경술	경술	경술	경술	경술	경술	경술	경술	경술	경술	경술	경술	경술	경술	경술	경술	경술
	임오	임오	임오	임오	임오	임오	임오	임오	임오	임오	임오	임오	임오	임오	임오	임오	임오
	무진	기사	경오	신미	임신	계유	갑술	을해	병자	정축	무인	기묘	경진	신사	임오	계미	갑신
	7	6	6	6	5	5	5	4	4	4	3	3	3	2	2	2	1
	4	4	4	5	5	5	6	6	6	7	7	7	8	8	8	9	9

음 6 월	14	15	16	17	18	19	20	21	22	23	24	25	26	27	28	29	
	17	18	19	20	21	22	23	24	25	26	27	28	29	30	31	**8/1**	
	경술	경술	경술	경술	경술	경술	경술	경술	경술	경술	경술	경술	경술	경술	경술	경술	
	계미	계미	계미	계미	계미	계미	계미	계미	계미	계미	계미	계미	계미	계미	계미	계미	
	무술	기해	경자	신축	임인	계묘	갑진	을사	병오	정미	무신	기유	경술	신해	임자	계축	
	7	7	7	6	6	6	5	5	5	4	4	4	3	3	3	2	
	3	4	4	4	5	5	5	6	6	6	7	7	7	8	8	8	

1970(경술)년 【단기 4303년】

월	구분		1	2	3	4	5	6	7	8	9	10	11	12	13
음 7 월	음력		1	2	3	4	5	6	7	8	9	10	11	12	13
	양력		**8/2**	3	4	5	6	7	8	9	10	11	12	13	14
	연주 (생년)		경술	경술	경술	경술	경술	경술	경술	경술	경술	경술	경술	경술	경술
	월주 (생월)		계미	계미	계미	계미	계미	계미	**갑신**	갑신	갑신	갑신	갑신	갑신	갑신
	일주 (생일)		갑인	을묘	병진	정사	무오	기미	경신	신유	임술	계해	갑자	을축	병인
	대운	남	2	2	1	1	1	1	10	10	10	9	9	9	8
		여	9	9	9	10	10	10	10	1	1	1	1	2	2
음 8 월	음력		1	2	3	4	5	6	7	8	9	10	11	12	13
	양력		**9/1**	2	3	4	5	6	7	8	9	10	11	12	13
	연주 (생년)		경술	경술	경술	경술	경술	경술	경술	경술	경술	경술	경술	경술	경술
	월주 (생월)		갑신	갑신	갑신	갑신	갑신	갑신	갑신	**을유**	을유	을유	을유	을유	을유
	일주 (생일)		갑신	을유	병술	정해	무자	기축	경인	신묘	임진	계사	갑오	을미	병신
	대운	남	2	2	2	1	1	1	1	10	10	10	9	9	9
		여	8	8	9	9	9	10	10	10	1	1	1	1	2
음 9 월	음력		1	2	3	4	5	6	7	8	9	10	11	12	13
	양력		**9/30**	**10/1**	2	3	4	5	6	7	8	9	10	11	12
	연주 (생년)		경술	경술	경술	경술	경술	경술	경술	경술	경술	경술	경술	경술	경술
	월주 (생월)		을유	을유	을유	을유	을유	을유	을유	을유	을유	**병술**	병술	병술	병술
	일주 (생일)		계축	갑인	을묘	병진	정사	무오	기미	경신	신유	임술	계해	갑자	을축
	대운	남	3	3	2	2	2	1	1	1	1	10	10	9	9
		여	7	8	8	8	9	9	9	10	10	10	1	1	1
음 10 월	음력		1	2	3	4	5	6	7	8	9	10	11	12	13
	양력		**10/30**	31	**11/1**	2	3	4	5	6	7	8	9	10	11
	연주 (생년)		경술	경술	경술	경술	경술	경술	경술	경술	경술	경술	경술	경술	경술
	월주 (생월)		병술	병술	병술	병술	병술	병술	병술	병술	병술	**정해**	정해	정해	정해
	일주 (생일)		계미	갑신	을유	병술	정해	무자	기축	경인	신묘	임진	계사	갑오	을미
	대운	남	3	3	2	2	2	1	1	1	1	10	9	9	9
		여	7	8	8	8	9	9	9	10	10	1	1	1	1
음 11 월	음력		1	2	3	4	5	6	7	8	9	10	11	12	13
	양력		**11/29**	30	**12/1**	2	3	4	5	6	7	8	9	10	11
	연주 (생년)		경술	경술	경술	경술	경술	경술	경술	경술	경술	경술	경술	경술	경술
	월주 (생월)		정해	정해	정해	정해	정해	정해	정해	정해	**무자**	무자	무자	무자	무자
	일주 (생일)		계축	갑인	을묘	병진	정사	무오	기미	경신	신유	임술	계해	갑자	을축
	대운	남	3	2	2	2	1	1	1	1	10	10	9	9	9
		여	7	7	8	8	8	9	9	9	10	1	1	1	1
음 12 월	음력		1	2	3	4	5	6	7	8	9	10	11	12	13
	양력		**12/28**	29	30	31	**1/1**	2	3	4	5	6	7	8	9
	연주 (생년)		경술	경술	경술	경술	경술	경술	경술	경술	경술	경술	경술	경술	경술
	월주 (생월)		무자	무자	무자	무자	무자	무자	무자	무자	무자	**기축**	기축	기축	기축
	일주 (생일)		임오	계미	갑신	을유	병술	정해	무자	기축	경인	신묘	임진	계사	갑오
	대운	남	3	3	2	2	·2	1	1	1	1	10	9	9	9
		여	7	7	8	8	8	9	9	9	10	10	1	1	1

음 7 월	14	15	16	17	18	19	20	21	22	23	24	25	26	27	28	29	30
	15	16	17	18	19	20	21	22	23	24	25	26	27	28	29	30	31
	경술	경술	경술	경술	경술	경술	경술	경술	경술	경술	경술	경술	경술	경술	경술	경술	경술
	갑신	갑신	갑신	갑신	갑신	갑신	갑신	갑신	갑신	갑신	갑신	갑신	갑신	갑신	갑신	갑신	갑신
	정묘	무진	기사	경오	신미	임신	계유	갑술	을해	병자	정축	무인	기묘	경진	신사	임오	계미
	8	8	7	7	7	6	6	6	5	5	5	4	4	4	3	3	3
	2	3	3	3	4	4	4	5	5	5	6	6	6	7	7	7	8
음 8 월	14	15	16	17	18	19	20	21	22	23	24	25	26	27	28	29	
	14	15	16	17	18	19	20	21	22	23	24	25	26	27	28	29	
	경술	경술	경술	경술	경술	경술	경술	경술	경술	경술	경술	경술	경술	경술	경술	경술	
	을유	을유	을유	을유	을유	을유	을유	을유	을유	을유	을유	을유	을유	을유	을유	을유	
	정유	무술	기해	경자	신축	임인	계묘	갑진	을사	병오	정미	무신	기유	경술	신해	임자	
	8	8	8	7	7	7	6	6	6	5	5	5	4	4	4	3	
	2	2	3	3	3	4	4	4	5	5	5	6	6	6	7	7	
음 9 월	14	15	16	17	18	19	20	21	22	23	24	25	26	27	28	29	30
	13	14	15	16	17	18	19	20	21	22	23	24	25	26	27	28	29
	경술	경술	경술	경술	경술	경술	경술	경술	경술	경술	경술	경술	경술	경술	경술	경술	경술
	병술	병술	병술	병술	병술	병술	병술	병술	병술	병술	병술	병술	병술	병술	병술	병술	병술
	병인	정묘	무진	기사	경오	신미	임신	계유	갑술	을해	병자	정축	무인	기묘	경진	신사	임오
	9	8	8	8	7	7	7	6	6	6	5	5	5	4	4	4	3
	2	2	2	3	3	3	4	4	4	5	5	5	6	6	6	7	7
음 10 월	14	15	16	17	18	19	20	21	22	23	24	25	26	27	28	29	30
	12	13	14	15	16	17	18	19	20	21	22	23	24	25	26	27	28
	경술	경술	경술	경술	경술	경술	경술	경술	경술	경술	경술	경술	경술	경술	경술	경술	경술
	정해	정해	정해	정해	정해	정해	정해	정해	정해	정하	정해	정해	정해	정해	정해	정해	정해
	병신	정유	무술	기해	경자	신축	임인	계묘	갑진	을사	병오	정미	무신	기유	경술	신해	임자
	8	8	8	7	7	7	6	6	6	5	5	5	4	4	4	3	3
	2	2	2	3	3	3	4	4	4	5	5	5	6	6	6	7	7
음 11 월	14	15	16	17	18	19	20	21	22	23	24	25	26	27	28	29	
	12	13	14	15	16	17	18	19	20	21	22	23	24	25	26	27	
	경술	경술	경술	경술	경술	경술	경술	경술	경술	경술	경술	경술	경술	경술	경술	경술	
	무자	무자	무자	무자	무자	무자	무자	무자	무자	무자	무자	무자	무자	무자	무자	무자	
	병인	정묘	무진	기사	경오	신미	임신	계유	갑술	을해	병자	정축	무인	기묘	경진	신사	
	8	8	8	7	7	7	6	6	6	5	5	5	4	4	4	3	
	2	2	2	3	3	3	4	4	4	5	5	5	6	6	6	7	
음 12 월	14	15	16	17	18	19	20	21	22	23	24	25	26	27	28	29	30
	10	11	12	13	14	15	16	17	18	19	20	21	22	23	24	25	26
	경술	경술	경술	경술	경술	경술	경술	경술	경술	경술	경술	경술	경술	경술	경술	경술	경술
	기축	기축	기축	기축	기축	기축	기축	기축	기축	기축	기축	기축	기축	기축	기축	기축	기축
	을미	병신	정유	무술	기해	경자	신축	임인	계묘	갑진	을사	병오	정미	무신	기유	경술	신해
	8	8	8	7	7	7	6	6	6	5	5	5	4	4	4	3	3
	1	2	2	2	3	3	3	4	4	4	5	5	5	6	6	6	7

1971(신해)년 【단기 4304년】

월	구분	1	2	3	4	5	6	7	8	9	10	11	12	13
음 1 월	음력	1	2	3	4	5	6	7	8	9	10	11	12	13
	양력	**1/27**	28	29	30	31	**2/1**	2	3	4	5	6	7	8
	연주 (생년)	경술	경술	경술	경술	경술	경술	경술	경술	**신해**	신해	신해	신해	신해
	월주 (생월)	기축	기축	기축	기축	기축	기축	기축	기축	**경인**	경인	경인	경인	경인
	일주 (생일)	임자	계축	갑인	을묘	병진	정사	무오	기미	경신	신유	임술	계해	갑자
	대운 남	3	2	2	2	1	1	1	1	10	1	1	1	1
	대운 여	7	7	8	8	8	9	9	9	10	10	9	9	9
음 2 월	음력	1	2	3	4	5	6	7	8	9	10	11	12	13
	양력	**2/25**	26	27	28	**3/1**	2	3	4	5	6	7	8	9
	연주 (생년)	신해	신해	신해	신해	신해	신해	신해	신해	신해	신해	신해	신해	신해
	월주 (생월)	경인	경인	경인	경인	경인	경인	경인	경인	경인	**신묘**	신묘	신묘	신묘
	일주 (생일)	신사	임오	계미	갑신	을유	병술	정해	무자	기축	경인	신묘	임진	계사
	대운 남	7	7	8	8	8	9	9	9	10	10	1	1	1
	대운 여	3	3	2	2	2	1	1	1	1	10	10	9	9
음 3 월	음력	1	2	3	4	5	6	7	8	9	10	11	12	13
	양력	**3/27**	28	29	30	31	**4/1**	2	3	4	5	6	7	8
	연주 (생년)	신해	신해	신해	신해	신해	신해	신해	신해	신해	신해	신해	신해	신해
	월주 (생월)	신묘	신묘	신묘	신묘	신묘	신묘	신묘	신묘	신묘	**임진**	임진	임진	임진
	일주 (생일)	신해	임자	계축	갑인	을묘	병진	정사	무오	기미	경신	신유	임술	계해
	대운 남	7	7	8	8	8	9	9	9	10	10	1	1	1
	대운 여	3	3	2	2	2	1	1	1	1	10	10	10	9
음 4 월	음력	1	2	3	4	5	6	7	8	9	10	11	12	13
	양력	**4/25**	26	27	28	29	30	**5/1**	2	3	4	5	6	7
	연주 (생년)	신해	신해	신해	신해	신해	신해	신해	신해	신해	신해	신해	신해	신해
	월주 (생월)	임진	임진	임진	임진	임진	임진	임진	임진	임진	임진	임진	**계사**	계사
	일주 (생일)	경진	신사	임오	계미	갑신	을유	병술	정해	무자	기축	경인	신묘	임진
	대운 남	7	7	7	8	8	8	9	9	9	10	10	10	1
	대운 여	4	3	3	3	2	2	2	1	1	1	1	10	10
음 5 월	음력	1	2	3	4	5	6	7	8	9	10	11	12	13
	양력	**5/24**	25	26	27	28	29	30	31	**6/1**	2	3	4	5
	연주 (생년)	신해	신해	신해	신해	신해	신해	신해	신해	신해	신해	신해	신해	신해
	월주 (생월)	계사	계사	계사	계사	계사	계사	계사	계사	계사	계사	계사	계사	계사
	일주 (생일)	기유	경술	신해	임자	계축	갑인	을묘	병진	정사	무오	기미	경신	신유
	대운 남	6	6	7	7	7	8	8	8	9	9	9	10	10
	대운 여	4	4	4	3	3	3	2	2	2	1	1	1	1
윤 5 월	음력	1	2	3	4	5	6	7	8	9	10	11	12	13
	양력	**6/23**	24	25	26	27	28	29	30	**7/1**	2	3	4	5
	연주 (생년)	신해	신해	신해	신해	신해	신해	신해	신해	신해	신해	신해	신해	신해
	월주 (생월)	갑오	갑오	갑오	갑오	갑오	갑오	갑오	갑오	갑오	갑오	갑오	갑오	갑오
	일주 (생일)	기묘	경진	신사	임오	계미	갑신	을유	병술	정해	무자	기축	경인	신묘
	대운 남	6	6	6	7	7	7	8	8	8	9	9	9	10
	대운 여	5	5	4	4	4	3	3	3	2	2	2	1	1
음 6 월	음력	1	2	3	4	5	6	7	8	9	10	11	12	13
	양력	**7/22**	23	24	25	26	27	28	29	30	31	**8/1**	2	3
	연주 (생년)	신해	신해	신해	신해	신해	신해	신해	신해	신해	신해	신해	신해	신해
	월주 (생월)	을미	을미	을미	을미	을미	을미	을미	을미	을미	을미	을미	을미	을미
	일주 (생일)	무신	기유	경술	신해	임자	계축	갑인	을묘	병진	정사	무오	기미	경신
	대운 남	5	5	5	6	6	6	7	7	7	8	8	8	9
	대운 여	6	5	5	5	4	4	4	3	3	3	2	2	2

음 1 월	14	15	16	17	18	19	20	21	22	23	24	25	26	27	28	29	
	9	10	11	12	13	14	15	16	17	18	19	20	21	22	23	24	
	신해	신해	신해	신해	신해	신해	신해	신해	신해	신해	신해	신해	신해	신해	신해	신해	
	경인	경인	경인	경인	경인	경인	경인	경인	경인	경인	경인	경인	경인	경인	경인	경인	
	을축	병인	정묘	무진	기사	경오	신미	임신	계유	갑술	을해	병자	정축	무인	기묘	경진	
	2	2	2	3	3	3	4	4	4	5	5	5	6	6	6	7	
	8	8	8	7	7	7	6	6	6	5	5	5	4	4	4	3	
음 2 월	14	15	16	17	18	19	20	21	22	23	24	25	26	27	28	29	30
	10	11	12	13	14	15	16	17	18	19	20	21	22	23	24	25	26
	신해	신해	신해	신해	신해	신해	신해	신해	신해	신해	신해	신해	신해	신해	신해	신해	신해
	신묘	신묘	신묘	신묘	신묘	신묘	신묘	신묘	신묘	신묘	신묘	신묘	신묘	신묘	신묘	신묘	신묘
	갑오	을미	병신	정유	무술	기해	경자	신축	임인	계묘	갑진	을사	병오	정미	무신	기유	경술
	1	2	2	2	3	3	3	4	4	4	5	5	5	6	6	6	7
	9	8	8	8	7	7	7	6	6	6	5	5	5	4	4	4	3
음 3 월	14	15	16	17	18	19	20	21	22	23	24	25	26	27	28	29	
	9	10	11	12	13	14	15	16	17	18	19	20	21	22	23	24	
	신해	신해	신해	신해	신해	신해	신해	신해	신해	신해	신해	신해	신해	신해	신해	신해	
	임진	임진	임진	임진	임진	임진	임진	임진	임진	임진	임진	임진	임진	임진	임진	임진	
	갑자	을축	병인	정묘	무진	기사	경오	신미	임신	계유	갑술	을해	병자	정축	무인	기묘	
	1	2	2	2	3	3	3	4	4	4	5	5	5	6	6	6	
	9	9	8	8	8	7	7	7	6	6	6	5	5	5	4	4	
음 4 월	14	15	16	17	18	19	20	21	22	23	24	25	26	27	28	29	
	8	9	10	11	12	13	14	15	16	17	18	19	20	21	22	23	
	신해	신해	신해	신해	신해	신해	신해	신해	신해	신해	신해	신해	신해	신해	신해	신해	
	계사	계사	계사	계사	계사	계사	계사	계사	계사	계사	계사	계사	계사	계사	계사	계사	
	계사	갑오	을미	병신	정유	무술	기해	경자	신축	임인	계묘	갑진	을사	병오	정미	무신	
	1	1	1	2	2	2	3	3	3	4	4	4	5	5	5	6	
	10	9	9	9	8	8	8	7	7	7	6	6	6	5	5	5	
음 5 월	14	15	16	17	18	19	20	21	22	23	24	25	26	27	28	29	30
	6	7	8	9	10	11	12	13	14	15	16	17	18	19	20	21	22
	신해	신해	신해	신해	신해	신해	신해	신해	신해	신해	신해	신해	신해	신해	신해	신해	신해
	갑오	갑오	갑오	갑오	갑오	갑오	갑오	갑오	갑오	갑오	갑오	갑오	갑오	갑오	갑오	갑오	갑오
	임술	계해	갑자	을축	병인	정묘	무진	기사	경오	신미	임신	계유	갑술	을해	병자	정축	무인
	10	1	1	1	1	2	2	2	3	3	3	4	4	4	5	5	5
	10	10	10	10	9	9	9	8	8	8	7	7	7	6	6	6	5
윤 5 월	14	15	16	17	18	19	20	21	22	23	24	25	26	27	28	29	
	6	7	8	9	10	11	12	13	14	15	16	17	18	19	20	21	
	신해	신해	신해	신해	신해	신해	신해	신해	신해	신해	신해	신해	신해	신해	신해	신해	
	갑오	갑오	**을미**	을미	을미	을미	을미	을미	을미	을미	을미	을미	을미	을미	을미	을미	
	임진	계사	갑오	을미	병신	정유	무술	기해	경자	신축	임인	계묘	갑진	을사	병오	정미	
	10	10	10	1	1	1	1	2	2	2	3	3	3	4	4	4	
	1	1	10	10	10	9	9	9	8	8	8	7	7	7	6	6	
음 6 월	14	15	16	17	18	19	20	21	22	23	24	25	26	27	28	29	30
	4	5	6	7	8	9	10	11	12	13	14	15	16	17	18	19	20
	신해	신해	신해	신해	신해	신해	신해	신해	신해	신해	신해	신해	신해	신해	신해	신해	신해
	을미	을미	을미	을미	**병신**	병신	병신	병신	병신	병신	병신	병신	병신	병신	병신	병신	병신
	신유	임술	계해	갑자	을축	병인	정묘	무진	기사	경오	신미	임신	계유	갑술	을해	병자	정축
	9	9	10	10	10	1	1	1	1	2	2	2	3	3	3	4	4
	1	1	1	1	10	10	10	9	9	9	8	8	8	7	7	7	6

1971(신해)년 【단기 4304년】

	구분		1	2	3	4	5	6	7	8	9	10	11	12	13
음 7 월	음력		1	2	3	4	5	6	7	8	9	10	11	12	13
	양력		**8/21**	22	23	24	25	26	27	28	29	30	31	**9/1**	2
	연주 (생년)		신해	신해	신해	신해	신해	신해	신해	신해	신해	신해	신해	신해	신해
	월주 (생월)		병신	병신	병신	병신	병신	병신	병신	병신	병신	병신	병신	병신	병신
	일주 (생일)		무인	기묘	경진	신사	임오	계미	갑신	을유	병술	정해	무자	기축	경인
	대운	남	4	5	5	5	6	6	6	7	7	7	8	8	8
		여	6	6	6	5	5	5	4	4	4	3	3	3	2
음 8 월	음력		1	2	3	4	5	6	7	8	9	10	11	12	13
	양력		**9/19**	20	21	22	23	24	25	26	27	28	29	30	**10/1**
	연주 (생년)		신해	신해	신해	신해	신해	신해	신해	신해	신해	신해	신해	신해	신해
	월주 (생월)		정유	정유	정유	정유	정유	정유	정유	정유	정유	정유	정유	정유	정유
	일주 (생일)		정미	무신	기유	경술	신해	임자	계축	갑인	을묘	병진	정사	무오	기미
	대운	남	4	4	4	5	5	5	6	6	6	7	7	7	8
		여	7	6	6	6	5	5	5	4	4	4	3	3	3
음 9 월	음력		1	2	3	4	5	6	7	8	9	10	11	12	13
	양력		**10/19**	20	21	22	23	24	25	26	2	28	29	30	31
	연주 (생년)		신해	신해	신해	신해	신해	신해	신해	신해	신해	신해	신해	신해	신해
	월주 (생월)		무술	무술	무술	무술	무술	무술	무술	무술	무술	무술	무술	무술	무술
	일주 (생일)		정축	무인	기묘	경진	신사	임오	계미	갑신	을유	병술	정해	무자	기축
	대운	남	4	4	4	5	5	5	6	6	6	7	7	7	8
		여	7	6	6	6	5	5	5	4	4	4	3	3	3
음 10 월	음력		1	2	3	4	5	6	7	8	9	10	11	12	13
	양력		**11/18**	19	20	21	22	23	24	25	26	2	28	29	30
	연주 (생년)		신해	신해	신해	신해	신해	신해	신해	신해	신해	신해	신해	신해	신해
	월주 (생월)		기해	기해	기해	기해	기해	기해	기해	기해	기해	기해	기해	기해	기해
	일주 (생일)		정미	무신	기유	경술	신해	임자	계축	갑인	을묘	병진	정사	무오	기미
	대운	남	4	4	4	5	5	5	6	6	6	7	7	7	8
		여	7	6	6	6	5	5	5	4	4	4	3	3	3
음 11 월	음력		1	2	3	4	5	6	7	8	9	10	11	12	13
	양력		**12/18**	19	20	21	22	23	24	25	26	27	28	29	30
	연주 (생년)		신해	신해	신해	신해	신해	신해	신해	신해	신해	신해	신해	신해	신해
	월주 (생월)		경자	경자	경자	경자	경자	경자	경자	경자	경자	경자	경자	경자	경자
	일주 (생일)		정축	무인	기묘	경진	신사	임오	계미	갑신	을유	병술	정해	무자	기축
	대운	남	4	4	4	5	5	5	6	6	6	7	7	7	8
		여	7	6	6	6	5	5	5	4	4	4	3	3	3
음 12 월	음력		1	2	3	4	5	6	7	8	9	10	11	12	13
	양력		**1/16**	17	18	19	20	21	22	23	24	25	26	27	28
	연주 (생년)		신해	신해	신해	신해	신해	신해	신해	신해	신해	신해	신해	신해	신해
	월주 (생월)		신축	신축	신축	신축	신축	신축	신축	신축	신축	신축	신축	신축	신축
	일주 (생일)		병오	정미	무신	기유	경술	신해	임자	계축	갑인	을묘	병진	정사	무오
	대운	남	3	4	4	4	5	5	5	6	6	6	7	7	7
		여	7	6	6	6	5	5	5	4	4	4	3	3	3

	14	15	16	17	18	19	20	21	22	23	24	25	26	27	28	29	
	3	4	5	6	7	8	9	10	11	12	13	14	15	16	17	18	
음	신해	신해	신해	신해	신해	신해	신해	신해	신해	신해	신해	신해	신해	신해	신해	신해	
7	병신	병신	병신	병신	병신	**정유**	정유	정유	정유	정유	정유	정유	정유	정유	정유	정유	
월	신묘	임진	계사	갑오	을미	병신	정유	무술	기해	경자	신축	임인	계묘	갑진	을사	병오	
	9	9	9	10	10	10	1	1	1	1	2	2	2	3	3	3	
	2	2	1	1	1	10	10	10	9	9	9	8	8	8	7	7	
	14	15	16	17	18	19	20	21	22	23	24	25	26	27	28	29	30
	2	3	4	5	6	7	8	9	10	11	12	13	14	15	16	17	18
음	신해	신해	신해	신해	신해	신해	신해	신해	신해	신해	신해	신해	신해	신해	신해	신해	신해
8	정유	정유	정유	정유	정유	정유	정유	**무술**	무술	무술	무술	무술	무술	무술	무술	무술	무술
월	경신	신유	임술	계해	갑자	을축	병인	정묘	무진	기사	경오	신미	임신	계유	갑술	을해	병자
	8	8	9	9	9	10	10	10	1	1	1	2	2	2	3	3	3
	2	2	2	1	1	1	1	10	10	9	9	9	8	8	8	7	7
	14	15	16	17	18	19	20	21	22	23	24	25	26	27	28	29	30
	11/1	2	3	4	5	6	7	8	9	10	11	12	13	14	15	16	17
음	신해	신해	신해	신해	신해	신해	신해	신해	신해	신해	신해	신해	신해	신해	신해	신해	신해
9	무술	무술	무술	무술	무술	무술	무술	**기해**	기해	기해	기해	기해	기해	기해	기해	기해	기해
월	경인	신묘	임진	계사	갑오	을미	병신	정유	무술	기해	경자	신축	임인	계묘	갑진	을사	병오
	8	8	9	9	9	10	10	10	1	1	1	2	2	2	3	3	3
	2	2	2	1	1	1	1	10	10	9	9	9	8	8	8	7	7
	14	15	16	17	18	19	20	21	22	23	24	25	26	27	28	29	30
	12/1	2	3	4	5	6	7	8	9	10	11	12	13	14	15	16	17
음	신해	신해	신해	신해	신해	신해	신해	신해	신해	신해	신해	신해	신해	신해	신해	신해	신해
10	기해	기해	기해	기해	기해	기해	기해	**경자**	경자	경자	경자	경자	경자	경자	경자	경자	경자
월	경신	신유	임술	계해	갑자	을축	병인	정묘	무진	기사	경오	신미	임신	계유	갑술	을해	병자
	8	8	9	9	9	10	10	10	1	1	1	2	2	2	3	3	3
	2	2	2	1	1	1	1	10	10	9	9	9	8	8	8	7	7
	14	15	16	17	18	19	20	21	22	23	24	25	26	27	28	29	
	31	**1/1**	2	3	4	5	6	7	8	9	10	11	12	13	14	15	
음	신해	신해	신해	신해	신해	신해	신해	신해	신해	신해	신해	신해	신해	신해	신해	신해	
11	경자	경자	경자	경자	경자	경자	**신축**	신축	신축	신축	신축	신축	신축	신축	신축	신축	
월	경인	신묘	임진	계사	갑오	을미	병신	정유	무술	기해	경자	신축	임인	계묘	갑진	을사	
	8	8	9	9	9	10	10	1	1	1	1	2	2	2	3	3	
	2	2	2	1	1	1	10	10	9	9	9	8	8	8	7	7	
	14	15	16	17	18	19	20	21	22	23	24	25	26	27	28	29	30
	29	30	31	**2/1**	2	3	4	5	6	7	8	9	10	11	12	13	14
음	신해	신해	신해	신해	신해	신해	신해	**임자**	임자	임자	임자	임자	임자	임자	임자	임자	임자
12	신축	신축	신축	신축	신축	신축	신축	**임인**	임인	임인	임인	임인	임인	임인	임인	임인	임인
월	기미	경신	신유	임술	계해	갑자	을축	병인	정묘	무진	기사	경오	신미	임신	계유	갑술	을해
	8	8	8	9	9	9	10	10	9	9	9	8	8	8	7	7	7
	2	2	2	1	1	1	1	10	1	1	1	1	2	2	2	3	3

1972(임자)년 【단기 4305년】

월	구분		1	2	3	4	5	6	7	8	9	10	11	12	13
음 1 월	음력		1	2	3	4	5	6	7	8	9	10	11	12	13
	양력		2/15	16	17	18	19	20	21	22	23	24	25	26	27
	연주 (생년)		임자	임자	임자	임자	임자	임자	임자	임자	임자	임자	임자	임자	임자
	월주 (생월)		임인	임인	임인	임인	임인	임인	임인	임인	임인	임인	임인	임인	임인
	일주 (생일)		병자	정축	무인	기묘	경진	신사	임오	계미	갑신	을유	병술	정해	무자
	대운	남	6	6	6	5	5	5	4	4	4	3	3	3	2
		여	3	4	4	4	5	5	5	6	6	6	7	7	7
음 2 월	음력		1	2	3	4	5	6	7	8	9	10	11	12	13
	양력		3/15	16	17	18	19	20	21	22	23	24	25	26	27
	연주 (생년)		임자	임자	임자	임자	임자	임자	임자	임자	임자	임자	임자	임자	임자
	월주 (생월)		계묘	계묘	계묘	계묘	계묘	계묘	계묘	계묘	계묘	계묘	계묘	계묘	계묘
	일주 (생일)		을사	병오	정미	무신	기유	경술	신해	임자	계축	갑인	을묘	병진	정사
	대운	남	7	7	6	6	6	5	5	5	4	4	4	3	3
		여	3	4	4	4	5	5	5	6	6	6	7	7	7
음 3 월	음력		1	2	3	4	5	6	7	8	9	10	11	12	13
	양력		4/14	15	16	17	18	19	20	21	22	23	24	25	26
	연주 (생년)		임자	임자	임자	임자	임자	임자	임자	임자	임자	임자	임자	임자	임자
	월주 (생월)		갑진	갑진	갑진	갑진	갑진	갑진	갑진	갑진	갑진	갑진	갑진	갑진	갑진
	일주 (생일)		을해	병자	정축	무인	기묘	경진	신사	임오	계미	갑신	을유	병술	정해
	대운	남	7	7	6	6	6	5	5	5	4	4	4	3	3
		여	3	3	4	4	4	5	5	5	6	6	6	7	7
음 4 월	음력		1	2	3	4	5	6	7	8	9	10	11	12	13
	양력		5/13	14	15	16	17	18	19	20	21	22	23	24	25
	연주 (생년)		임자	임자	임자	임자	임자	임자	임자	임자	임자	임자	임자	임자	임자
	월주 (생월)		을사	을사	을사	을사	을사	을사	을사	을사	을사	을사	을사	을사	을사
	일주 (생일)		갑진	을사	병오	정미	무신	기유	경술	신해	임자	계축	갑인	을묘	병진
	대운	남	8	7	7	7	6	6	6	5	5	5	4	4	4
		여	3	3	3	4	4	4	5	5	5	6	6	6	7
음 5 월	음력		1	2	3	4	5	6	7	8	9	10	11	12	13
	양력		6/11	12	13	14	15	16	17	18	19	20	21	22	23
	연주 (생년)		임자	임자	임자	임자	임자	임자	임자	임자	임자	임자	임자	임자	임자
	월주 (생월)		병오	병오	병오	병오	병오	병오	병오	병오	병오	병오	병오	병오	병오
	일주 (생일)		계유	갑술	을해	병자	정축	무인	기묘	경진	신사	임오	계미	갑신	을유
	대운	남	9	8	8	8	7	7	7	6	6	6	5	5	5
		여	2	2	3	3	3	4	4	4	5	5	5	6	6
음 6 월	음력		1	2	3	4	5	6	7	8	9	10	11	12	13
	양력		7/11	12	13	14	15	16	17	18	19	20	21	22	23
	연주 (생년)		임자	임자	임자	임자	임자	임자	임자	임자	임자	임자	임자	임자	임자
	월주 (생월)		정미	정미	정미	정미	정미	정미	정미	정미	정미	정미	정미	정미	정미
	일주 (생일)		계묘	갑진	을사	병오	정미	무신	기유	경술	신해	임자	계축	갑인	을묘
	대운	남	9	9	8	8	8	7	7	7	6	6	6	5	5
		여	2	2	2	3	3	3	4	4	4	5	5	5	6

	14	15	16	17	18	19	20	21	22	23	24	25	26	27	28	29	
	28	29	**3/1**	2	3	4	5	6	7	8	9	10	11	13	14	15	
음	임자	임자	임자	임자	임자	임자	임자	임자	임자	임자	임자	임자	임자	임자	임자	임자	
1	임인	임인	임인	임인	임인	임인	**계묘**	계묘	계묘	계묘	계묘	계묘	계묘	계묘	계묘	계묘	
월	기축	경인	신묘	임진	계사	갑오	을미	병신	정유	무술	기해	경자	신축	임인	계묘	갑진	
	2	2	1	1	1	1	10	10	10	9	9	9	8	8	8	7	
	8	8	8	9	9	9	10	1	1	1	1	2	2	2	3	3	
	14	15	16	17	18	19	20	21	22	23	24	25	26	27	28	29	30
	28	29	30	31	**4/1**	2	3	4	5	6	7	8	9	10	11	12	13
음	임자	임자	임자	임자	임자	임자	임자	임자	임자	임자	임자	임자	임자	임자	임자	임자	임자
2	계묘	계묘	계묘	계묘	계묘	계묘	계묘	계묘	**갑진**	갑진	갑진	갑진	갑진	갑진	갑진	갑진	갑진
월	무오	기미	경신	신유	임술	계해	갑자	을축	병인	정묘	무진	기사	경오	신미	임신	계유	갑술
	3	2	2	2	1	1	1	1	10	10	9	9	9	8	8	8	7
	8	8	8	9	9	9	10	10	10	1	1	1	1	2	2	2	3
	14	15	16	17	18	19	20	21	22	23	24	25	26	27	28	29	
	27	28	29	30	**5/1**	2	3	4	5	6	7	8	9	10	11	12	
음	임자	임자	임자	임자	임자	임자	임자	임자	임자	임자	임자	임자	임자	임자	임자	임자	
3	갑진	갑진	갑진	갑진	갑진	갑진	갑진	갑진	**을사**	을사	을사	을사	을사	을사	을사	을사	
월	무자	기축	경인	신묘	임진	계사	갑오	을미	병신	정유	무술	기해	경자	신축	임인	계묘	
	3	2	2	2	1	1	1	1	10	10	10	9	9	9	8	8	
	7	8	8	8	9	9	9	10	10	1	1	1	1	2	2	2	
	14	15	16	17	18	19	20	21	22	23	24	25	26	27	28	29	
	26	27	28	29	30	31	**6/1**	2	3	4	5	6	7	8	9	10	
음	임자	임자	임자	임자	임자	임자	임자	임자	임자	임자	임자	임자	임자	임자	임자	임자	
4	을사	을사	을사	을사	을사	을사	을사	을사	을사	을사	**병오**	병오	병오	병오	병오	병오	
월	정사	무오	기미	경신	신유	임술	계해	갑자	을축	병인	정묘	무진	기사	경오	신미	임신	
	3	3	3	2	2	2	1	1	1	1	10	10	10	10	9	9	
	7	7	8	8	8	9	9	9	10	10	10	1	1	1	1	2	
	14	15	16	17	18	19	20	21	22	23	24	25	26	27	28	29	30
	24	25	26	27	28	29	30	**7/1**	2	3	4	5	6	7	8	9	10
음	임자	임자	임자	임자	임자	임자	임자	임자	임자	임자	임자	임자	임자	임자	임자	임자	임자
5	병오	병오	병오	병오	병오	병오	병오	병오	병오	병오	병오	병오	병오	**정미**	정미	정미	정미
월	병술	정해	무자	기축	경인	신묘	임진	계사	갑오	을미	병신	정유	무술	기해	경자	신축	임인
	4	4	4	3	3	3	2	2	2	1	1	1	1	10	10	10	9
	6	7	7	7	8	8	8	9	9	9	10	10	10	10	1	1	1
	14	15	16	17	18	19	20	21	22	23	24	25	26	27	28	29	
	24	25	26	27	28	29	30	31	**8/1**	2	3	4	5	6	7	8	
음	임자	임자	임자	임자	임자	임자	임자	임자	임자	임자	임자	임자	임자	임자	임자	임자	
6	정미	정미	정미	정미	정미	정미	정미	정미	정미	정미	정미	정미	정미	정미	**무신**	무신	
월	병진	정사	무오	기미	경신	신유	임술	계해	갑자	을축	병인	정묘	무진	기사	경오	신미	
	5	4	4	4	3	3	3	2	2	2	1	1	1	1	10	10	
	6	6	7	7	7	8	8	8	9	9	9	10	10	10	10	1	

1972(임자)년 【단기 4305년】

월	구분														
음 7 월	음력		1	2	3	4	5	6	7	8	9	10	11	12	13
	양력		**8/9**	10	11	12	13	14	15	16	17	18	19	20	21
	연주 (생년)		임자	임자	임자	임자	임자	임자	임자	임자	임자	임자	임자	임자	임자
	월주 (생월)		무신	무신	무신	무신	무신	무신	무신	무신	무신	무신	무신	무신	무신
	일주 (생일)		임신	계유	갑술	을해	병자	정축	무인	기묘	경진	신사	임오	계미	갑신
	대운	남	10	9	9	9	8	8	8	7	7	7	6	6	6
		여	1	1	1	2	2	2	3	3	3	4	4	4	5
음 8 월	음력		1	2	3	4	5	6	7	8	9	10	11	12	13
	양력		**9/8**	9	10	11	12	13	14	15	16	17	18	19	20
	연주 (생년)		임자	임자	임자	임자	임자	임자	임자	임자	임자	임자	임자	임자	임자
	월주 (생월)		기유	기유	기유	기유	기유	기유	기유	기유	기유	기유	기유	기유	기유
	일주 (생일)		임인	계묘	갑진	을사	병오	정미	무신	기유	경술	신해	임자	계축	갑인
	대운	남	10	10	9	9	9	8	8	8	7	7	7	6	6
		여	1	1	1	1	2	2	2	3	3	3	4	4	4
음 9 월	음력		1	2	3	4	5	6	7	8	9	10	11	12	13
	양력		**10/7**	8	9	10	11	12	13	14	15	16	17	18	19
	연주 (생년)		임자	임자	임자	임자	임자	임자	임자	임자	임자	임자	임자	임자	임자
	월주 (생월)		기유	**경술**	경술	경술	경술	경술	경술	경술	경술	경술	경술	경술	경술
	일주 (생일)		신미	임신	계유	갑술	을해	병자	정축	무인	기묘	경진	신사	임오	계미
	대운	남	1	10	10	9	9	9	8	8	8	7	7	7	6
		여	10	10	1	1	1	1	2	2	2	3	3	3	4
음 10 월	음력		1	2	3	4	5	6	7	8	9	10	11	12	13
	양력		**11/6**	7	8	9	10	11	12	13	14	15	16	17	18
	연주 (생년)		임자	임자	임자	임자	임자	임자	임자	임자	임자	임자	임자	임자	임자
	월주 (생월)		경술	**신해**	신해	신해	신해	신해	신해	신해	신해	신해	신해	신해	신해
	일주 (생일)		신축	임인	계묘	갑진	을사	병오	정미	무신	기유	경술	신해	임자	계축
	대운	남	1	10	10	9	9	9	8	8	8	7	7	7	6
		여	10	10	1	1	1	1	2	2	2	3	3	3	4
음 11 월	음력		1	2	3	4	5	6	7	8	9	10	11	12	13
	양력		**12/6**	7	8	9	10	11	12	13	14	15	16	17	18
	연주 (생년)		임자	임자	임자	임자	임자	임자	임자	임자	임자	임자	임자	임자	임자
	월주 (생월)		신해	**임자**	임자	임자	임자	임자	임자	임자	임자	임자	임자	임자	임자
	일주 (생일)		신미	임신	계유	갑술	을해	병자	정축	무인	기묘	경진	신사	임오	계미
	대운	남	1	10	9	9	9	8	8	8	7	7	7	6	6
		여	10	10	1	1	1	1	2	2	2	3	3	3	4
음 12 월	음력		1	2	3	4	5	6	7	8	9	10	11	12	13
	양력		**1/5**	6	7	8	9	10	11	12	13	14	15	16	17
	연주 (생년)		임자	임자	임자	임자	임자	임자	임자	임자	임자	임자	임자	임자	임자
	월주 (생월)		**계축**	계축	계축	계축	계축	계축	계축	계축	계축	계축	계축	계축	계축
	일주 (생일)		신축	임인	계묘	갑진	을사	병오	정미	무신	기유	경술	신해	임자	계축
	대운	남	10	10	9	9	9	8	8	8	7	7	7	6	6
		여	10	1	1	1	1	2	2	2	3	3	3	4	4

음 7월	14	15	16	17	18	19	20	21	22	23	24	25	26	27	28	29	30
	22	23	24	25	26	27	28	29	30	31	**9/1**	2	3	4	5	6	7
	임자	임자	임자	임자	임자	임자	임자	임자	임자	임자	임자	임자	임자	임자	임자	임자	임자
	무신	무신	무신	무신	무신	무신	무신	무신	무신	무신	무신	무신	무신	무신	무신	무신	**기유**
	을유	병술	정해	무자	기축	경인	신묘	임진	계사	갑오	을미	병신	정유	무술	기해	경자	신축
	5	5	5	4	4	4	3	3	3	2	2	2	1	1	1	1	10
	5	5	6	6	6	7	7	7	8	8	8	9	9	9	10	10	10
음 8월	14	15	16	17	18	19	20	21	22	23	24	25	26	27	28	29	
	21	22	23	24	25	26	27	28	29	30	**10/1**	2	3	4	5	6	
	임자	임자	임자	임자	임자	임자	임자	임자	임자	임자	임자	임자	임자	임자	임자	임자	
	기유	기유	기유	기유	기유	기유	기유	기유	기유	기유	기유	기유	기유	기유	기유	기유	
	을묘	병진	정사	무오	기미	경신	신유	임술	계해	갑자	을축	병인	정묘	무진	기사	경오	
	6	5	5	5	4	4	4	3	3	3	2	2	2	1	1	1	
	5	5	5	6	6	6	7	7	7	8	8	8	9	9	9	10	
음 9월	14	15	16	17	18	19	20	21	22	23	24	25	26	27	28	29	30
	20	21	22	23	24	25	26	27	28	29	30	31	**11/1**	2	3	4	5
	임자	임자	임자	임자	임자	임자	임자	임자	임자	임자	임자	임자	임자	임자	임자	임자	임자
	경술	경술	경술	경술	경술	경술	경술	경술	경술	경술	경술	경술	경술	경술	경술	경술	경술
	갑신	을유	병술	정해	무자	기축	경인	신묘	임진	계사	갑오	을미	병신	정유	무술	기해	경자
	6	6	5	5	5	4	4	4	3	3	3	2	2	2	1	1	1
	4	4	5	5	5	6	6	6	7	7	7	8	8	8	9	9	9
음 10월	14	15	16	17	18	19	20	21	22	23	24	25	26	27	28	29	30
	19	20	21	22	23	24	25	26	27	28	29	30	**12/1**	2	3	4	5
	임자	임자	임자	임자	임자	임자	임자	임자	임자	임자	임자	임자	임자	임자	임자	임자	임자
	신해	신해	신해	신해	신해	신해	신해	신해	신해	신해	신해	신해	신해	신해	신해	신해	신해
	갑인	을묘	병진	정사	무오	기미	경신	신유	임술	계해	갑자	을축	병인	정묘	무진	기사	경오
	6	6	5	5	5	4	4	4	3	3	3	2	2	2	1	1	1
	4	4	5	5	5	6	6	6	7	7	7	8	8	8	9	9	9
음 11월	14	15	16	17	18	19	20	21	22	23	24	25	26	27	28	29	30
	19	20	21	22	23	24	25	26	27	28	29	30	31	**1/1**	2	3	4
	임자	임자	임자	임자	임자	임자	임자	임자	임자	임자	임자	임자	임자	임자	임자	임자	임자
	임자	임자	임자	임자	임자	임자	임자	임자	임자	임자	임자	임자	임자	임자	임자	임자	임자
	갑신	을유	병술	정해	무자	기축	경인	신묘	임진	계사	갑오	을미	병신	정유	무술	기해	경자
	6	5	5	5	4	4	4	3	3	3	2	2	2	1	1	1	1
	4	4	5	5	5	6	6	6	7	7	7	8	8	8	9	9	9
음 12월	14	15	16	17	18	19	20	21	22	23	24	25	26	27	28	29	
	18	19	20	21	22	23	24	25	26	27	28	29	30	31	**2/1**	2	
	임자	임자	임자	임자	임자	임자	임자	임자	임자	임자	임자	임자	임자	임자	임자	임자	
	계축	계축	계축	계축	계축	계축	계축	계축	계축	계축	계축	계축	계축	계축	계축	계축	
	갑인	을묘	병진	정사	무오	기미	경신	신유	임술	계해	갑자	을축	병인	정묘	무진	기사	
	6	5	5	5	4	4	4	3	3	3	2	2	2	1	1	1	
	4	5	5	5	6	6	6	7	7	7	8	8	8	9	9	9	

1973(계축)년 【단기 4306년】

월	구분		1	2	3	4	5	6	7	8	9	10	11	12	13
음 1 월	음력		1	2	3	4	5	6	7	8	9	10	11	12	13
	양력		2/3	4	5	6	7	8	9	10	11	12	13	14	15
	연주 (생년)		임자	**계축**	계축	계축	계축	계축	계축	계축	계축	계축	계축	계축	계축
	월주 (생월)		계축	**갑인**	갑인	갑인	갑인	갑인	갑인	갑인	갑인	갑인	갑인	갑인	갑인
	일주 (생일)		경오	신미	임신	계유	갑술	을해	병자	정축	무인	기묘	경진	신사	임오
	대운	남	1	10	1	1	1	1	2	2	2	3	3	3	4
		여	10	10	10	9	9	9	8	8	8	7	7	7	6
음 2 월	음력		1	2	3	4	5	6	7	8	9	10	11	12	13
	양력		3/5	6	7	8	9	10	11	12	13	14	15	16	17
	연주 (생년)		계축	계축	계축	계축	계축	계축	계축	계축	계축	계축	계축	계축	계축
	월주 (생월)		갑인	**을묘**	을묘	을묘	을묘	을묘	을묘	을묘	을묘	을묘	을묘	을묘	을묘
	일주 (생일)		경자	신축	임인	계묘	갑진	을사	병오	정미	무신	기유	경술	신해	임자
	대운	남	10	10	1	1	1	1	2	2	2	3	3	3	4
		여	1	10	10	9	9	9	8	8	8	7	7	7	6
음 3 월	음력		1	2	3	4	5	6	7	8	9	10	11	12	13
	양력		4/3	4	5	6	7	8	9	10	11	12	13	14	15
	연주 (생년)		계축	계축	계축	계축	계축	계축	계축	계축	계축	계축	계축	계축	계축
	월주 (생월)		을묘	을묘	**병진**	병진	병진	병진	병진	병진	병진	병진	병진	병진	병진
	일주 (생일)		기사	경오	신미	임신	계유	갑술	을해	병자	정축	무인	기묘	경진	신사
	대운	남	9	10	10	1	1	1	1	2	2	2	3	3	3
		여	1	1	10	10	10	9	9	9	8	8	8	7	7
음 4 월	음력		1	2	3	4	5	6	7	8	9	10	11	12	13
	양력		5/3	4	5	6	7	8	9	10	11	12	13	14	15
	연주 (생년)		계축	계축	계축	계축	계축	계축	계축	계축	계축	계축	계축	계축	계축
	월주 (생월)		병진	병진	병진	**정사**	정사	정사	정사	정사	정사	정사	정사	정사	정사
	일주 (생일)		기해	경자	신축	임인	계묘	갑진	을사	병오	정미	무신	기유	경술	신해
	대운	남	9	10	10	10	1	1	1	1	2	2	2	3	3
		여	1	1	1	10	10	10	9	9	9	8	8	8	7
음 5 월	음력		1	2	3	4	5	6	7	8	9	10	11	12	13
	양력		6/1	2	3	4	5	6	7	8	9	10	11	12	13
	연주 (생년)		계축	계축	계축	계축	계축	계축	계축	계축	계축	계축	계축	계축	계축
	월주 (생월)		정사	정사	정사	정사	정사	**무오**	무오	무오	무오	무오	무오	무오	무오
	일주 (생일)		무진	기사	경오	신미	임신	계유	갑술	을해	병자	정축	무인	기묘	경진
	대운	남	9	9	9	10	10	10	1	1	1	1	2	2	2
		여	2	1	1	1	1	10	10	10	9	9	9	8	8
음 6 월	음력		1	2	3	4	5	6	7	8	9	10	11	12	13
	양력		6/30	7/1	2	3	4	5	6	7	8	9	10	11	12
	연주 (생년)		계축	계축	계축	계축	계축	계축	계축	계축	계축	계축	계축	계축	계축
	월주 (생월)		무오	무오	무오	무오	무오	무오	무오	**기미**	기미	기미	기미	기미	기미
	일주 (생일)		정유	무술	기해	경자	신축	임인	계묘	갑진	을사	병오	정미	무신	기유
	대운	남	8	8	9	9	9	10	10	10	1	1	1	1	2
		여	2	2	2	1	1	1	1	10	10	10	10	9	9

	14	15	16	17	18	19	20	21	22	23	24	25	26	27	28	29	30
	16	17	18	19	20	21	22	23	24	25	26	27	28	**3/1**	2	3	4
음	계축	계축	계축	계축	계축	계축	계축	계축	계축	계축	계축	계축	계축	계축	계축	계축	계축
1	갑인	갑인	갑인	갑인	갑인	갑인	갑인	갑인	갑인	갑인	갑인	갑인	갑인	갑인	갑인	갑인	갑인
월	계미	갑신	을유	병술	정해	무자	기축	경인	신묘	임진	계사	갑오	을미	병신	정유	무술	기해
	4	4	5	5	5	6	6	6	7	7	7	8	8	8	9	9	9
	6	6	5	5	5	4	4	4	3	3	3	2	2	2	1	1	1
	14	15	16	17	18	19	20	21	22	23	24	25	26	27	28	29	
	18	19	20	21	22	23	24	25	26	27	28	29	30	31	**4/1**	2	
음	계축	계축	계축	계축	계축	계축	계축	계축	계축	계축	계축	계축	계축	계축	계축	계축	
2	을묘	을묘	을묘	을묘	을묘	을묘	을묘	을묘	을묘	을묘	을묘	을묘	을묘	을묘	을묘	을묘	
월	계축	갑인	을묘	병진	정사	무오	기미	경신	신유	임술	계해	갑자	을축	병인	정묘	무진	
	4	4	5	5	5	6	6	6	7	7	7	8	8	8	9	9	
	6	6	5	5	5	4	4	4	3	3	3	2	2	2	1	1	
	14	15	16	17	18	19	20	21	22	23	24	25	26	27	28	29	30
	16	17	18	19	20	21	22	23	24	25	26	27	28	29	30	**5/1**	2
음	계축	계축	계축	계축	계축	계축	계축	계축	계축	계축	계축	계축	계축	계축	계축	계축	계축
3	병진	병진	병진	병진	병진	병진	병진	병진	병진	병진	병진	병진	병진	병진	병진	병진	병진
월	임오	계미	갑신	을유	병술	정해	무자	기축	경인	신묘	임진	계사	갑오	을미	병신	정유	무술
	4	4	4	5	5	5	6	6	6	7	7	7	8	8	8	9	9
	7	6	6	6	5	5	5	4	4	4	3	3	3	2	2	2	1
	14	15	16	17	18	19	20	21	22	23	24	25	26	27	28	29	
	16	17	18	19	20	21	22	23	24	25	26	27	28	29	30	31	
음	계축	계축	계축	계축	계축	계축	계축	계축	계축	계축	계축	계축	계축	계축	계축	계축	
4	정사	정사	정사	정사	정사	정사	정사	정사	정사	정사	정사	정사	정사	정사	정사	정사	
월	임자	계축	갑인	을묘	병진	정사	무오	기미	경신	신유	임술	계해	갑자	을축	병인	정묘	
	3	4	4	4	5	5	5	6	6	6	7	7	7	8	8	8	
	7	7	6	6	6	5	5	5	4	4	4	3	3	3	2	2	
	14	15	16	17	18	19	20	21	22	23	24	25	26	27	28	29	
	14	15	16	17	18	19	20	21	22	23	24	25	26	27	28	29	
음	계축	계축	계축	계축	계축	계축	계축	계축	계축	계축	계축	계축	계축	계축	계축	계축	
5	무오	무오	무오	무오	무오	무오	무오	무오	무오	무오	무오	무오	무오	무오	무오	무오	
월	신사	임오	계미	갑신	을유	병술	정해	무자	기축	경인	신묘	임진	계사	갑오	을미	병신	
	3	3	3	4	4	4	5	5	5	6	6	6	7	7	7	8	
	8	7	7	7	6	6	6	5	5	5	4	4	4	3	3	3	
	14	15	16	17	18	19	20	21	22	23	24	25	26	27	28	29	30
	13	14	15	16	17	18	19	20	21	22	23	24	25	26	27	28	29
음	계축	계축	계축	계축	계축	계축	계축	계축	계축	계축	계축	계축	계축	계축	계축	계축	계축
6	기미	기미	기미	기미	기미	기미	기미	기미	기미	기미	기미	기미	기미	기미	기미	기미	기미
월	경술	신해	임자	계축	갑인	을묘	병진	정사	무오	기미	경신	신유	임술	계해	갑자	을축	병인
	2	2	3	3	3	4	4	4	5	5	5	6	6	6	6	7	7
	9	8	8	8	7	7	7	6	6	6	5	5	5	4	4	4	3

1973(계축)년 【단기 4306년】

월	구분		1	2	3	4	5	6	7	8	9	10	11	12	13
음 7 월	음력		1	2	3	4	5	6	7	8	9	10	11	12	13
	양력		**7/30**	31	**8/1**	2	3	4	5	6	7	8	9	10	11
	연주 (생년)		계축	계축	계축	계축	계축	계축	계축	계축	계축	계축	계축	계축	계축
	월주 (생월)		기미	기미	기미	기미	기미	기미	기미	기미	기미	**경신**	경신	경신	경신
	일주 (생일)		정묘	무진	기사	경오	신미	임신	계유	갑술	을해	병자	정축	무인	기묘
	대운	남	8	8	8	9	9	9	10	10	10	10	1	1	1
		여	3	3	2	2	2	1	1	1	1	10	10	10	9
음 8 월	음력		1	2	3	4	5	6	7	8	9	10	11	12	13
	양력		**8/28**	29	30	31	**9/1**	2	3	4	5	6	7	8	9
	연주 (생년)		계축	계축	계축	계축	계축	계축	계축	계축	계축	계축	계축	계축	계축
	월주 (생월)		경신	경신	경신	경신	경신	경신	경신	경신	경신	경신	경신	**신유**	신유
	일주 (생일)		병신	정유	무술	기해	경자	신축	임인	계묘	갑진	을사	병오	정미	무신
	대운	남	7	7	7	8	8	8	9	9	9	10	10	10	1
		여	4	3	3	3	2	2	2	1	1	1	1	10	10
음 9 월	음력		1	2	3	4	5	6	7	8	9	10	11	12	13
	양력		**9/26**	27	28	29	30	**10/1**	2	3	4	5	6	7	8
	연주 (생년)		계축	계축	계축	계축	계축	계축	계축	계축	계축	계축	계축	계축	계축
	월주 (생월)		신유	신유	신유	신유	신유	신유	신유	신유	신유	신유	신유	신유	**임술**
	일주 (생일)		을축	병인	정묘	무진	기사	경오	신미	임신	계유	갑술	을해	병자	정축
	대운	남	6	6	7	7	7	8	8	8	9	9	9	10	10
		여	4	4	3	3	3	2	2	2	1	1	1	1	10
음 10 월	음력		1	2	3	4	5	6	7	8	9	10	11	12	13
	양력		**10/26**	27	28	29	30	31	**11/1**	2	3	4	5	6	7
	연주 (생년)		계축	계축	계축	계축	계축	계축	계축	계축	계축	계축	계축	계축	계축
	월주 (생월)		임술	임술	임술	임술	임술	임술	임술	임술	임술	임술	임술	임술	**계해**
	일주 (생일)		을미	병신	정유	무술	기해	경자	신축	임인	계묘	갑진	을사	병오	정미
	대운	남	6	6	7	7	7	8	8	8	9	9	9	10	10
		여	4	4	3	3	3	2	2	2	1	1	1	1	10
음 11 월	음력		1	2	3	4	5	6	7	8	9	10	11	12	13
	양력		**11/25**	26	27	28	29	30	**12/1**	2	3	4	5	6	7
	연주 (생년)		계축	계축	계축	계축	계축	계축	계축	계축	계축	계축	계축	계축	계축
	월주 (생월)		계해	계해	계해	계해	계해	계해	계해	계해	계해	계해	계해	계해	**갑자**
	일주 (생일)		을축	병인	정묘	무진	기사	경오	신미	임신	계유	갑술	을해	병자	정축
	대운	남	6	6	7	7	7	8	8	8	9	9	9	10	10
		여	4	4	3	3	3	2	2	2	1	1	1	1	10
음 12 월	음력		1	2	3	4	5	6	7	8	9	10	11	12	13
	양력		**12/25**	26	27	28	29	30	31	**1/1**	2	3	4	5	6
	연주 (생년)		계축	계축	계축	계축	계축	계축	계축	계축	계축	계축	계축	계축	계축
	월주 (생월)		갑자	갑자	갑자	갑자	갑자	갑자	갑자	갑자	갑자	갑자	갑자	갑자	**을축**
	일주 (생일)		을미	병신	정유	무술	기해	경자	신축	임인	계묘	갑진	을사	병오	정미
	대운	남	6	6	7	7	7	8	8	8	9	9	9	10	10
		여	4	4	3	3	3	2	2	2	1	1	1	1	10

음 7 월	14	15	16	17	18	19	20	21	22	23	24	25	26	27	28	29	
	12	13	14	15	16	17	18	19	20	21	22	23	24	25	26	27	
	계축	계축	계축	계축	계축	계축	계축	계축	계축	계축	계축	계축	계축	계축	계축	계축	
	경신	경신	경신	경신	경신	경신	경신	경신	경신	경신	경신	경신	경신	경신	경신	경신	
	경진	신사	임오	계미	갑신	을유	병술	정해	무자	기축	경인	신묘	임진	계사	갑오	을미	
	1	2	2	2	3	3	3	4	4	4	5	5	5	6	6	6	
	9	9	8	8	8	7	7	7	6	6	6	5	5	5	4	4	

음 8 월	14	15	16	17	18	19	20	21	22	23	24	25	26	27	28	29	
	10	11	12	13	14	15	16	17	18	19	20	21	22	23	24	25	
	계축	계축	계축	계축	계축	계축	계축	계축	계축	계축	계축	계축	계축	계축	계축	계축	
	신유	신유	신유	신유	신유	신유	신유	신유	신유	신유	신유	신유	신유	신유	신유	신유	
	기유	경술	신해	임자	계축	갑인	을묘	병진	정사	무오	기미	경신	신유	임술	계해	갑자	
	1	1	1	2	2	2	3	3	3	4	4	4	5	5	5	6	
	9	9	9	8	8	8	7	7	7	6	6	6	5	5	5	4	

음 9 월	14	15	16	17	18	19	20	21	22	23	24	25	26	27	28	29	30
	9	10	11	12	13	14	15	16	17	18	19	20	21	22	23	24	25
	계축	계축	계축	계축	계축	계축	계축	계축	계축	계축	계축	계축	계축	계축	계축	계축	계축
	임술	임술	임술	임술	임술	임술	임술	임술	임술	임술	임술	임술	임술	임술	임술	임술	임술
	무인	기묘	경진	신사	임오	계미	갑신	을유	병술	정해	무자	기축	경인	신묘	임진	계사	갑오
	1	1	1	1	2	2	2	3	3	3	4	4	4	5	5	5	6
	10	9	9	9	8	8	8	7	7	7	6	6	6	5	5	5	4

음 10 월	14	15	16	17	18	19	20	21	22	23	24	25	26	27	28	29	30
	8	9	10	11	12	13	14	15	16	17	18	19	20	21	22	23	24
	계축	계축	계축	계축	계축	계축	계축	계축	계축	계축	계축	계축	계축	계축	계축	계축	계축
	계해	계해	계해	계해	계해	계해	계해	계해	계해	계해	계해	계해	계해	계해	계해	계해	계해
	무신	기유	경술	신해	임자	계축	갑인	을묘	병진	정사	무오	기미	경신	신유	임술	계해	갑자
	1	1	1	1	2	2	2	3	3	3	4	4	4	5	5	5	6
	10	9	9	9	8	8	8	7	7	7	6	6	6	5	5	5	4

음 11 월	14	15	16	17	18	19	20	21	22	23	24	25	26	27	28	29	30
	8	9	10	11	12	13	14	15	16	17	18	19	20	21	22	23	24
	계축	계축	계축	계축	계축	계축	계축	계축	계축	계축	계축	계축	계축	계축	계축	계축	계축
	갑자	갑자	갑자	갑자	갑자	갑자	갑자	갑자	갑자	갑자	갑자	갑자	갑자	갑자	갑자	갑자	갑자
	무인	기묘	경진	신사	임오	계미	갑신	을유	병술	정해	무자	기축	경인	신묘	임진	계사	갑오
	1	1	1	1	2	2	2	3	3	3	4	4	4	5	5	5	6
	10	9	9	9	8	8	8	7	7	7	6	6	6	5	5	5	4

음 12 월	14	15	16	17	18	19	20	21	22	23	24	25	26	27	28	29	
	7	8	9	10	11	12	13	14	15	16	17	18	19	20	21	22	
	계축	계축	계축	계축	계축	계축	계축	계축	계축	계축	계축	계축	계축	계축	계축	계축	
	을축	을축	을축	을축	을축	을축	을축	을축	을축	을축	을축	을축	을축	을축	을축	을축	
	무신	기유	경술	신해	임자	계축	갑인	을묘	병진	정사	무오	기미	경신	신유	임술	계해	
	1	1	1	1	2	2	2	3	3	3	4	4	4	5	5	5	
	9	9	9	8	8	8	7	7	7	6	6	6	5	5	5	4	

1974(갑인)년 【단기 4307년】

월	구분		1	2	3	4	5	6	7	8	9	10	11	12	13
음 1 월	음력		1	2	3	4	5	6	7	8	9	10	11	12	13
	양력		**1/23**	24	25	26	27	28	29	30	31	**2/1**	2	3	4
	연주 (생년)		계축	계축	계축	계축	계축	계축	계축	계축	계축	계축	계축	계축	**갑인**
	월주 (생월)		을축	을축	을축	을축	을축	을축	을축	을축	을축	을축	을축	을축	**병인**
	일주 (생일)		갑자	을축	병인	정묘	무진	기사	경오	신미	임신	계유	갑술	을해	병자
	대운	남	6	6	6	7	7	7	8	8	8	9	9	9	10
		여	4	4	3	3	3	2	2	2	1	1	1	1	10
음 2 월	음력		1	2	3	4	5	6	7	8	9	10	11	12	13
	양력		**2/22**	23	24	25	26	27	28	**3/1**	2	3	4	5	6
	연주 (생년)		갑인	갑인	갑인	갑인	갑인	갑인	갑인	갑인	갑인	갑인	갑인	갑인	갑인
	월주 (생월)		병인	병인	병인	병인	병인	병인	병인	병인	병인	병인	병인	병인	**정묘**
	일주 (생일)		갑오	을미	병신	정유	무술	기해	경자	신축	임인	계묘	갑진	을사	병오
	대운	남	4	4	3	3	3	2	2	2	1	1	1	1	10
		여	6	6	7	7	7	8	8	8	9	9	9	10	10
음 3 월	음력		1	2	3	4	5	6	7	8	9	10	11	12	13
	양력		**3/24**	25	26	27	28	29	30	31	**4/1**	2	3	4	5
	연주 (생년)		갑인	갑인	갑인	갑인	갑인	갑인	갑인	갑인	갑인	갑인	갑인	갑인	갑인
	월주 (생월)		정묘	정묘	정묘	정묘	정묘	정묘	정묘	정묘	정묘	정묘	정묘	정묘	**무진**
	일주 (생일)		갑자	을축	병인	정묘	무진	기사	경오	신미	임신	계유	갑술	을해	병자
	대운	남	4	4	3	3	3	2	2	2	1	1	1	1	10
		여	6	6	7	7	7	8	8	8	9	9	9	10	10
음 4 월	음력		1	2	3	4	5	6	7	8	9	10	11	12	13
	양력		**4/22**	23	24	25	26	27	28	29	30	**5/1**	2	3	4
	연주 (생년)		갑인	갑인	갑인	갑인	갑인	갑인	갑인	갑인	갑인	갑인	갑인	갑인	갑인
	월주 (생월)		무진	무진	무진	무진	무진	무진	무진	무진	무진	무진	무진	무진	무진
	일주 (생일)		계사	갑오	을미	병신	정유	무술	기해	경자	신축	임인	계묘	갑진	을사
	대운	남	5	4	4	4	3	3	3	2	2	2	1	1	1
		여	6	6	6	7	7	7	8	8	8	9	9	9	10
윤 4 월	음력		1	2	3	4	5	6	7	8	9	10	11	12	13
	양력		**5/22**	23	24	25	26	27	28	29	30	31	**6/1**	2	3
	연주 (생년)		갑인	갑인	갑인	갑인	갑인	갑인	갑인	갑인	갑인	갑인	갑인	갑인	갑인
	월주 (생월)		기사	기사	기사	기사	기사	기사	기사	기사	기사	기사	기사	기사	기사
	일주 (생일)		계해	갑자	을축	병인	정묘	무진	기사	경오	신미	임신	계유	갑술	을해
	대운	남	5	5	4	4	4	3	3	3	2	2	2	1	1
		여	5	6	6	6	7	7	7	8	8	8	9	9	9
음 5 월	음력		1	2	3	4	5	6	7	8	9	10	11	12	13
	양력		**6/20**	21	22	23	24	25	26	27	28	29	30	**7/1**	2
	연주 (생년)		갑인	갑인	갑인	갑인	갑인	갑인	갑인	갑인	갑인	갑인	갑인	갑인	갑인
	월주 (생월)		경오	경오	경오	경오	경오	경오	경오	경오	경오	경오	경오	경오	경오
	일주 (생일)		임진	계사	갑오	을미	병신	정유	무술	기해	경자	신축	임인	계묘	갑진
	대운	남	6	5	5	5	4	4	4	3	3	3	2	2	2
		여	5	5	5	6	6	6	7	7	7	8	8	8	9
음 6 월	음력		1	2	3	4	5	6	7	8	9	10	11	12	13
	양력		**7/19**	20	21	22	23	24	25	26	27	28	29	30	31
	연주 (생년)		갑인	갑인	갑인	갑인	갑인	갑인	갑인	갑인	갑인	갑인	갑인	갑인	갑인
	월주 (생월)		신미	신미	신미	신미	신미	신미	신미	신미	신미	신미	신미	신미	신미
	일주 (생일)		신유	임술	계해	갑자	을축	병인	정묘	무진	기사	경오	신미	임신	계유
	대운	남	7	6	6	6	5	5	5	4	4	4	3	3	3
		여	4	4	5	5	5	6	6	6	7	7	7	8	8

음 1 월	14	15	16	17	18	19	20	21	22	23	24	25	26	27	28	29	30
	5	6	7	8	9	10	11	12	13	14	15	16	17	18	19	20	21
	갑인	갑인	갑인	갑인	갑인	갑인	갑인	갑인	갑인	갑인	갑인	갑인	갑인	갑인	갑인	갑인	갑인
	병인	병인	병인	병인	병인	병인	병인	병인	병인	병인	병인	병인	병인	병인	병인	병인	병인
	정축	무인	기묘	경진	신사	임오	계미	갑신	을유	병술	정해	무자	기축	경인	신묘	임진	계사
	10	9	9	9	8	8	8	7	7	7	6	6	6	5	5	5	4
	1	1	1	1	2	2	2	3	3	3	4	4	4	5	5	5	6
음 2 월	14	15	16	17	18	19	20	21	22	23	24	25	26	27	28	29	30
	7	8	9	10	11	12	13	14	15	16	17	18	19	20	21	22	23
	갑인	갑인	갑인	갑인	갑인	갑인	갑인	갑인	갑인	갑인	갑인	갑인	갑인	갑인	갑인	갑인	갑인
	정묘	정묘	정묘	정묘	정묘	정묘	정묘	정묘	정묘	정묘	정묘	정묘	정묘	정묘	정묘	정묘	정묘
	정미	무신	기유	경술	신해	임자	계축	갑인	을묘	병진	정사	무오	기미	경신	신유	임술	계해
	10	9	9	9	8	8	8	7	7	7	6	6	6	5	5	5	4
	1	1	1	1	2	2	2	3	3	3	4	4	4	5	5	5	6
음 3 월	14	15	16	17	18	19	20	21	22	23	24	25	26	27	28	29	
	6	7	8	9	10	11	12	13	14	15	16	17	18	19	20	21	
	갑인	갑인	갑인	갑인	갑인	갑인	갑인	갑인	갑인	갑인	갑인	갑인	갑인	갑인	갑인	갑인	
	무진	무진	무진	무진	무진	무진	무진	무진	무진	무진	무진	무진	무진	무진	무진	무진	
	정축	무인	기묘	경진	신사	임오	계미	갑신	을유	병술	정해	무자	기축	경인	신묘	임진	
	10	10	9	9	9	8	8	8	7	7	7	6	6	6	5	5	
	1	1	1	1	2	2	2	3	3	3	4	4	4	5	5	5	
음 4 월	14	15	16	17	18	19	20	21	22	23	24	25	26	27	28	29	30
	5	6	7	8	9	10	11	12	13	14	15	16	17	18	19	20	21
	갑인	갑인	갑인	갑인	갑인	갑인	갑인	갑인	갑인	갑인	갑인	갑인	갑인	갑인	갑인	갑인	갑인
	무진	**기사**	기사	기사	기사	기사	기사	기사	기사	기사	기사	기사	기사	기사	기사	기사	기사
	병오	정미	무신	기유	경술	신해	임자	계축	갑인	을묘	병진	정사	무오	기미	경신	신유	임술
	1	10	10	10	9	9	9	8	8	8	7	7	7	6	6	6	5
	10	10	1	1	1	1	2	2	2	3	3	3	4	4	4	5	5
윤 4 월	14	15	16	17	18	19	20	21	22	23	24	25	26	27	28	29	
	4	5	6	7	8	9	10	11	12	13	14	15	16	17	18	19	
	갑인	갑인	갑인	갑인	갑인	갑인	갑인	갑인	갑인	갑인	갑인	갑인	갑인	갑인	갑인	갑인	
	기사	기사	**경오**	경오	경오	경오	경오	경오	경오	경오	경오	경오	경오	경오	경오	경오	
	병자	정축	무인	기묘	경진	신사	임오	계미	갑신	을유	병술	정해	무자	기축	경인	신묘	
	1	1	10	10	10	9	9	9	8	8	8	7	7	7	6	6	
	10	10	10	1	1	1	1	2	2	2	3	3	3	4	4	4	
음 5 월	14	15	16	17	18	19	20	21	22	23	24	25	26	27	28	29	
	3	4	5	6	7	8	9	10	11	12	13	14	15	16	17	18	
	갑인	갑인	갑인	갑인	갑인	갑인	갑인	갑인	갑인	갑인	갑인	갑인	갑인	갑인	갑인	갑인	
	경오	경오	경오	경오	**신미**	신미	신미	신미	신미	신미	신미	신미	신미	신미	신미	신미	
	을사	병오	정미	무신	기유	경술	신해	임자	계축	갑인	을묘	병진	정사	무오	기미	경신	
	1	1	1	1	10	10	10	10	9	9	9	8	8	8	7	7	
	9	9	10	10	10	1	1	1	1	2	2	2	3	3	3	4	
음 6 월	14	15	16	17	18	19	20	21	22	23	24	25	26	27	28	29	30
	8/1	2	3	4	5	6	7	8	9	10	11	12	13	14	15	16	17
	갑인	갑인	갑인	갑인	갑인	갑인	갑인	갑인	갑인	갑인	갑인	갑인	갑인	갑인	갑인	갑인	갑인
	신미	신미	신미	신미	신미	신미	신미	**임신**	임신	임신	임신	임신	임신	임신	임신	임신	임신
	갑술	을해	병자	정축	무인	기묘	경진	신사	임오	계미	갑신	을유	병술	정해	무자	기축	경인
	2	2	2	1	1	1	1	10	10	10	9	9	9	8	8	8	7
	8	9	9	9	10	10	10	10	1	1	1	1	2	2	2	3	3

1974(갑인)년 【단기 4307년】

월	구분														
음 7 월	음력		1	2	3	4	5	6	7	8	9	10	11	12	13
	양력		8/18	19	20	21	22	23	24	25	26	27	28	29	30
	연주 (생년)		갑인	갑인	갑인	갑인	갑인	갑인	갑인	갑인	갑인	갑인	갑인	갑인	갑인
	월주 (생월)		임신	임신	임신	임신	임신	임신	임신	임신	임신	임신	임신	임신	임신
	일주 (생일)		신묘	임진	계사	갑오	을미	병신	정유	무술	기해	경자	신축	임인	계묘
	대운	남	7	7	6	6	6	5	5	5	4	4	4	3	3
		여	3	4	4	4	5	5	5	6	6	6	7	7	7
음 8 월	음력		1	2	3	4	5	6	7	8	9	10	11	12	13
	양력		9/16	17	18	19	20	21	22	23	24	25	26	27	28
	연주 (생년)		갑인	갑인	갑인	갑인	갑인	갑인	갑인	갑인	갑인	갑인	갑인	갑인	갑인
	월주 (생월)		계유	계유	계유	계유	계유	계유	계유	계유	계유	계유	계유	계유	계유
	일주 (생일)		경신	신유	임술	계해	갑자	을축	병인	정묘	무진	기사	경오	신미	임신
	대운	남	8	7	7	7	6	6	6	5	5	5	4	4	4
		여	3	3	3	4	4	4	5	5	5	6	6	6	7
음 9 월	음력		1	2	3	4	5	6	7	8	9	10	11	12	13
	양력		10/15	16	17	18	19	20	21	22	23	24	25	26	27
	연주 (생년)		갑인	갑인	갑인	갑인	갑인	갑인	갑인	갑인	갑인	갑인	갑인	갑인	갑인
	월주 (생월)		갑술	갑술	갑술	갑술	갑술	갑술	갑술	갑술	갑술	갑술	갑술	갑술	갑술
	일주 (생일)		기축	경인	신묘	임진	계사	갑오	을미	병신	정유	무술	기해	경자	신축
	대운	남	8	8	7	7	7	6	6	6	5	5	5	4	4
		여	2	2	3	3	3	4	4	4	5	5	5	6	6
음 10 월	음력		1	2	3	4	5	6	7	8	9	10	11	12	13
	양력		11/14	15	16	17	18	19	20	21	22	23	24	25	26
	연주 (생년)		갑인	갑인	갑인	갑인	갑인	갑인	갑인	갑인	갑인	갑인	갑인	갑인	갑인
	월주 (생월)		을해	을해	을해	을해	을해	을해	을해	을해	을해	을해	을해	을해	을해
	일주 (생일)		기미	경신	신유	임술	계해	갑자	을축	병인	정묘	무진	기사	경오	신미
	대운	남	8	7	7	7	6	6	6	5	5	5	4	4	4
		여	2	2	3	3	3	4	4	4	5	5	5	6	6
음 11 월	음력		1	2	3	4	5	6	7	8	9	10	11	12	13
	양력		12/14	15	16	17	18	19	20	21	22	23	24	25	26
	연주 (생년)		갑인	갑인	갑인	갑인	갑인	갑인	갑인	갑인	갑인	갑인	갑인	갑인	갑인
	월주 (생월)		병자	병자	병자	병자	병자	병자	병자	병자	병자	병자	병자	병자	병자
	일주 (생일)		기축	경인	신묘	임진	계사	갑오	을미	병신	정유	무술	기해	경자	신축
	대운	남	8	7	7	7	6	6	6	5	5	5	4	4	4
		여	2	3	3	3	4	4	4	5	5	5	6	6	6
음 12 월	음력		1	2	3	4	5	6	7	8	9	10	11	12	13
	양력		1/12	13	14	15	16	17	18	19	20	21	22	23	24
	연주 (생년)		갑인	갑인	갑인	갑인	갑인	갑인	갑인	갑인	갑인	갑인	갑인	갑인	갑인
	월주 (생월)		정축	정축	정축	정축	정축	정축	정축	정축	정축	정축	정축	정축	정축
	일주 (생일)		무오	기미	경신	신유	임술	계해	갑자	을축	병인	정묘	무진	기사	경오
	대운	남	8	7	7	7	6	6	6	5	5	5	4	4	4
		여	2	2	3	3	3	4	4	4	5	5	5	6	6

음 7 월	14	15	16	17	18	19	20	21	22	23	24	25	26	27	28	29	
	31	**9/1**	2	3	4	5	6	7	8	9	10	11	12	13	14	15	
	갑인	갑인	갑인	갑인	갑인	갑인	갑인	갑인	갑인	갑인	갑인	갑인	갑인	갑인	갑인	갑인	
	임신	임신	임신	임신	임신	임신	임신	임신	**계유**	계유	계유	계유	계유	계유	계유	계유	
	갑진	을사	병오	정미	무신	기유	경술	신해	임자	계축	갑인	을묘	병진	정사	무오	기미	
	3	2	2	2	1	1	1	1	10	10	10	9	9	9	8	8	
	8	8	8	9	9	9	10	10	10	1	1	1	1	2	2	2	
음 8 월	14	15	16	17	18	19	20	21	22	23	24	25	26	27	28	29	
	29	30	**10/1**	2	3	4	5	6	7	8	9	10	11	12	13	14	
	갑인	갑인	갑인	갑인	갑인	갑인	갑인	갑인	갑인	갑인	갑인	갑인	갑인	갑인	갑인	갑인	
	계유	계유	계유	계유	계유	계유	계유	계유	계유	계유	**갑술**	갑술	갑술	갑술	갑술	갑술	
	계유	갑술	을해	병자	정축	무인	기묘	경진	신사	임오	계미	갑신	을유	병술	정해	무자	
	3	3	3	2	2	2	1	1	1	1	10	10	9	9	9	8	
	7	7	8	8	8	9	9	9	10	10	10	1	1	1	1	2	
음 9 월	14	15	16	17	18	19	20	21	22	23	24	25	26	27	28	29	30
	28	29	30	31	**11/1**	2	3	4	5	6	7	8	9	10	11	12	13
	갑인	갑인	갑인	갑인	갑인	갑인	갑인	갑인	갑인	갑인	갑인	갑인	갑인	갑인	갑인	갑인	갑인
	갑술	갑술	갑술	갑술	갑술	갑술	갑술	갑술	갑술	갑술	갑술	**을해**	을해	을해	을해	을해	을해
	임인	계묘	갑진	을사	병오	정미	무신	기유	경술	신해	임자	계축	갑인	을묘	병진	정사	무오
	4	3	3	3	2	2	2	1	1	1	1	10	9	9	9	8	8
	6	7	7	7	8	8	8	9	9	9	10	10	1	1	1	2	2
음 10 월	14	15	16	17	18	19	20	21	22	23	24	25	26	27	28	29	30
	27	28	29	30	**12/1**	2	3	4	5	6	7	8	9	10	11	12	13
	갑인	갑인	갑인	갑인	갑인	갑인	갑인	갑인	갑인	갑인	갑인	갑인	갑인	갑인	갑인	갑인	갑인
	을해	을해	을해	을해	을해	을해	을해	을해	을해	을해	**병자**	병자	병자	병자	병자	병자	병자
	임신	계유	갑술	을해	병자	정축	무인	기묘	경진	신사	임오	계미	갑신	을유	병술	정해	무자
	3	3	3	2	2	2	1	1	1	1	10	10	9	9	9	8	8
	6	7	7	7	8	8	8	9	9	9	10	1	1	1	1	2	2
음 11 월	14	15	16	17	18	19	20	21	22	23	24	25	26	27	28	29	
	27	28	29	30	31	**1/1**	2	3	4	5	6	7	8	9	10	11	
	갑인	갑인	갑인	갑인	갑인	갑인	갑인	갑인	갑인	갑인	갑인	갑인	갑인	갑인	갑인	갑인	
	병자	병자	병자	병자	병자	병자	병자	병자	병자	병자	**정축**	정축	정축	정축	정축	정축	
	임인	계묘	갑진	을사	병오	정미	무신	기유	경술	신해	임자	계축	갑인	을묘	병진	정사	
	3	3	3	2	2	2	1	1	1	1	10	9	9	9	8	8	
	7	7	7	8	8	8	9	9	9	10	10	1	1	1	1	2	
음 12 월	14	15	16	17	18	19	20	21	22	23	24	25	26	27	28	29	30
	25	26	27	28	29	30	31	**2/1**	2	3	4	5	6	7	8	9	10
	갑인	갑인	갑인	갑인	갑인	갑인	갑인	갑인	갑인	갑인	**을묘**	을묘	을묘	을묘	을묘	을묘	을묘
	정축	정축	정축	정축	정축	정축	정축	정축	정축	정축	**무인**	무인	무인	무인	무인	무인	무인
	신미	임신	계유	갑술	을해	병자	정축	무인	기묘	경진	신사	임오	계미	갑신	을유	병술	정해
	3	3	3	2	2	2	1	1	1	1	10	1	1	1	1	2	2
	6	7	7	7	8	8	8	9	9	9	10	10	9	9	9	8	8

1975(을묘)년 【단기 4308년】

월	구분														
음 1 월	음력		1	2	3	4	5	6	7	8	9	10	11	12	13
	양력		2/11	12	13	14	15	16	17	18	19	20	21	22	23
	연주 (생년)		을묘	을묘	을묘	을묘	을묘	을묘	을묘	을묘	을묘	을묘	을묘	을묘	을묘
	월주 (생월)		무인	무인	무인	무인	무인	무인	무인	무인	무인	무인	무인	무인	무인
	일주 (생일)		무자	기축	경인	신묘	임진	계사	갑오	을미	병신	정유	무술	기해	경자
	대운	남	2	3	3	3	4	4	4	5	5	5	6	6	6
		여	8	7	7	7	6	6	6	5	5	5	4	4	4
음 2 월	음력		1	2	3	4	5	6	7	8	9	10	11	12	13
	양력		3/13	14	15	16	17	18	19	20	21	22	23	24	25
	연주 (생년)		을묘	을묘	을묘	을묘	을묘	을묘	을묘	을묘	을묘	을묘	을묘	을묘	을묘
	월주 (생월)		기묘	기묘	기묘	기묘	기묘	기묘	기묘	기묘	기묘	기묘	기묘	기묘	기묘
	일주 (생일)		무오	기미	경신	신유	임술	계해	갑자	을축	병인	정묘	무진	기사	경오
	대운	남	2	3	3	3	4	4	4	5	5	5	6	6	6
		여	8	8	7	7	7	6	6	6	5	5	5	4	4
음 3 월	음력		1	2	3	4	5	6	7	8	9	10	11	12	13
	양력		4/12	13	14	15	16	17	18	19	20	21	22	23	24
	연주 (생년)		을묘	을묘	을묘	을묘	을묘	을묘	을묘	을묘	을묘	을묘	을묘	을묘	을묘
	월주 (생월)		경진	경진	경진	경진	경진	경진	경진	경진	경진	경진	경진	경진	경진
	일주 (생일)		무자	기축	경인	신묘	임진	계사	갑오	을미	병신	정유	무술	기해	경자
	대운	남	2	3	3	3	4	4	4	5	5	5	6	6	6
		여	8	8	7	7	7	6	6	6	5	5	5	4	4
음 4 월	음력		1	2	3	4	5	6	7	8	9	10	11	12	13
	양력		5/11	12	13	14	15	16	17	18	19	20	21	22	23
	연주 (생년)		을묘	을묘	을묘	을묘	을묘	을묘	을묘	을묘	을묘	을묘	을묘	을묘	을묘
	월주 (생월)		신사	신사	신사	신사	신사	신사	신사	신사	신사	신사	신사	신사	신사
	일주 (생일)		정사	무오	기미	경신	신유	임술	계해	갑자	을축	병인	정묘	무진	기사
	대운	남	2	2	2	3	3	3	4	4	4	5	5	5	6
		여	9	8	8	8	7	7	7	6	6	6	5	5	5
음 5 월	음력		1	2	3	4	5	6	7	8	9	10	11	12	13
	양력		6/10	11	12	13	14	15	16	17	18	19	20	21	22
	연주 (생년)		을묘	을묘	을묘	을묘	을묘	을묘	을묘	을묘	을묘	을묘	을묘	을묘	을묘
	월주 (생월)		임오	임오	임오	임오	임오	임오	임오	임오	임오	임오	임오	임오	임오
	일주 (생일)		정해	무자	기축	경인	신묘	임진	계사	갑오	을미	병신	정유	무술	기해
	대운	남	1	2	2	2	3	3	3	4	4	4	5	5	5
		여	9	9	9	8	8	8	7	7	7	6	6	6	5
음 6 월	음력		1	2	3	4	5	6	7	8	9	10	11	12	13
	양력		7/9	10	11	12	13	14	15	16	17	18	19	20	21
	연주 (생년)		을묘	을묘	을묘	을묘	을묘	을묘	을묘	을묘	을묘	을묘	을묘	을묘	을묘
	월주 (생월)		계미	계미	계미	계미	계미	계미	계미	계미	계미	계미	계미	계미	계미
	일주 (생일)		병진	정사	무오	기미	경신	신유	임술	계해	갑자	을축	병인	정묘	무진
	대운	남	1	1	1	1	2	2	2	3	3	3	4	4	4
		여	10	10	9	9	9	8	8	8	7	7	7	6	6

	14	15	16	17	18	19	20	21	22	23	24	25	26	27	28	29	30
	24	25	26	27	28	**3/1**	2	3	4	5	6	7	8	9	10	11	12
음	을묘	을묘	을묘	을묘	을묘	을묘	을묘	을묘	을묘	을묘	을묘	을묘	을묘	을묘	을묘	을묘	을묘
1	무인	무인	무인	무인	무인	무인	무인	무인	무인	무인	**기묘**	기묘	기묘	기묘	기묘	기묘	기묘
월	신축	임인	계묘	갑진	을사	병오	정미	무신	기유	경술	신해	임자	계축	갑인	을묘	병진	정사
	7	7	7	8	8	8	9	9	9	10	10	1	1	1	1	2	2
	3	3	3	2	2	2	1	1	1	1	10	10	9	9	9	8	8
	14	15	16	17	18	19	20	21	22	23	24	25	26	27	28	29	30
	26	27	28	29	30	31	**4/1**	2	3	4	5	6	7	8	9	10	11
음	을묘	을묘	을묘	을묘	을묘	을묘	을묘	을묘	을묘	을묘	을묘	을묘	을묘	을묘	을묘	을묘	을묘
2	기묘	기묘	기묘	기묘	기묘	기묘	기묘	기묘	기묘	기묘	**경진**	경진	경진	경진	경진	경진	경진
월	신미	임신	계유	갑술	을해	병자	정축	무인	기묘	경진	신사	임오	계미	갑신	을유	병술	정해
	7	7	7	8	8	8	9	9	9	10	10	1	1	1	1	2	2
	4	3	3	3	2	2	2	1	1	1	10	10	10	10	9	9	9
	14	15	16	17	18	19	20	21	22	23	24	25	26	27	28	29	
	25	26	27	28	29	30	**5/1**	2	3	4	5	6	7	8	9	10	
음	을묘	을묘	을묘	을묘	을묘	을묘	을묘	을묘	을묘	을묘	을묘	을묘	을묘	을묘	을묘	을묘	
3	경진	경진	경진	경진	경진	경진	경진	경진	경진	경진	경진	**신사**	신사	신사	신사	신사	
월	신축	임인	계묘	갑진	을사	병오	정미	무신	기유	경술	신해	임자	계축	갑인	을묘	병진	
	7	7	7	8	8	8	9	9	9	10	10	10	1	1	1	1	
	4	3	3	3	2	2	2	1	1	1	1	10	10	10	9	9	
	14	15	16	17	18	19	20	21	22	23	24	25	26	27	28	29	30
	24	25	26	27	28	29	30	31	**6/1**	2	3	4	5	6	7	8	9
음	을묘	을묘	을묘	을묘	을묘	을묘	을묘	을묘	을묘	을묘	을묘	을묘	을묘	을묘	을묘	을묘	을묘
4	신사	신사	신사	신사	신사	신사	신사	신사	신사	신사	신사	신사	신사	**임오**	임오	임오	임오
월	경오	신미	임신	계유	갑술	을해	병자	정축	무인	기묘	경진	신사	임오	계미	갑신	을유	병술
	6	6	7	7	7	8	8	8	9	9	9	10	10	10	1	1	1
	4	4	4	3	3	3	2	2	2	1	1	1	1	10	10	10	10
	14	15	16	17	18	19	20	21	22	23	24	25	26	27	28	29	
	23	24	25	26	27	28	29	30	**7/1**	2	3	4	5	6	7	8	
음	을묘	을묘	을묘	을묘	을묘	을묘	을묘	을묘	을묘	을묘	을묘	을묘	을묘	을묘	을묘	을묘	
5	임오	임오	임오	임오	임오	임오	임오	임오	임오	임오	임오	임오	임오	임오	임오	**계미**	
월	경자	신축	임인	계묘	갑진	을사	병오	정미	무신	기유	경술	신해	임자	계축	갑인	을묘	
	6	6	6	7	7	7	8	8	8	9	9	9	10	10	10	10	
	5	5	4	4	4	3	3	3	2	2	2	1	1	1	1	10	
	14	15	16	17	18	19	20	21	22	23	24	25	26	27	28	29	
	22	23	24	25	26	27	28	29	30	31	**8/1**	2	3	4	5	6	
음	을묘	을묘	을묘	을묘	을묘	을묘	을묘	을묘	을묘	을묘	을묘	을묘	을묘	을묘	을묘	을묘	
6	계미	계미	계미	계미	계미	계미	계미	계미	계미	계미	계미	계미	계미	계미	계미	계미	
월	기사	경오	신미	임신	계유	갑술	을해	병자	정축	무인	기묘	경진	신사	임오	계미	갑신	
	5	5	5	6	6	6	7	7	7	8	8	8	9	9	9	10	
	6	5	5	5	4	4	4	3	3	3	2	2	2	1	1	1	

1975(을묘)년【단기 4308년】

월	구분		1	2	3	4	5	6	7	8	9	10	11	12	13
음 7 월	음력		1	2	3	4	5	6	7	8	9	10	11	12	13
	양력		**8/7**	8	9	10	11	12	13	14	15	16	17	18	19
	연주 (생년)		을묘	을묘	을묘	을묘	을묘	을묘	을묘	을묘	을묘	을묘	을묘	을묘	을묘
	월주 (생월)		계미	**갑신**	갑신	갑신	갑신	갑신	갑신	갑신	갑신	갑신	갑신	갑신	갑신
	일주 (생일)		을유	병술	정해	무자	기축	경인	신묘	임진	계사	갑오	을미	병신	정유
	대운	남	10	10	1	1	1	1	2	2	2	3	3	3	4
		여	1	10	10	10	9	9	9	8	8	8	7	7	7
음 8 월	음력		1	2	3	4	5	6	7	8	9	10	11	12	13
	양력		**9/6**	7	8	9	10	11	12	13	14	15	16	17	18
	연주 (생년)		을묘	을묘	을묘	을묘	을묘	을묘	을묘	을묘	을묘	을묘	을묘	을묘	을묘
	월주 (생월)		갑신	갑신	**을유**	을유	을유	을유	을유	을유	을유	을유	을유	을유	을유
	일주 (생일)		을묘	병진	정사	무오	기미	경신	신유	임술	계해	갑자	을축	병인	정묘
	대운	남	10	10	10	1	1	1	1	2	2	2	3	3	3
		여	1	1	10	10	10	9	9	9	8	8	8	7	7
음 9 월	음력		1	2	3	4	5	6	7	8	9	10	11	12	13
	양력		**10/5**	6	7	8	9	10	11	12	13	14	15	16	17
	연주 (생년)		을묘	을묘	을묘	을묘	을묘	을묘	을묘	을묘	을묘	을묘	을묘	을묘	을묘
	월주 (생월)		을유	을유	을유	을유	**병술**	병술	병술	병술	병술	병술	병술	병술	병술
	일주 (생일)		갑신	을유	병술	정해	무자	기축	경인	신묘	임진	계사	갑오	을미	병신
	대운	남	9	9	10	10	10	1	1	1	1	2	2	2	3
		여	1	1	1	1	10	10	9	9	9	8	8	8	7
음 10 월	음력		1	2	3	4	5	6	7	8	9	10	11	12	13
	양력		**11/3**	4	5	6	7	8	9	10	11	12	13	14	15
	연주 (생년)		을묘	을묘	을묘	을묘	을묘	을묘	을묘	을묘	을묘	을묘	을묘	을묘	을묘
	월주 (생월)		병술	병술	병술	병술	병술	**정해**	정해	정해	정해	정해	정해	정해	정해
	일주 (생일)		계축	갑인	을묘	병진	정사	무오	기미	경신	신유	임술	계해	갑자	을축
	대운	남	8	9	9	9	10	10	1	1	1	1	2	2	2
		여	2	1	1	1	1	10	10	9	9	9	8	8	8
음 11 월	음력		1	2	3	4	5	6	7	8	9	10	11	12	13
	양력		**12/3**	4	5	6	7	8	9	10	11	12	13	14	15
	연주 (생년)		을묘	을묘	을묘	을묘	을묘	을묘	을묘	을묘	을묘	을묘	을묘	을묘	을묘
	월주 (생월)		정해	정해	정해	정해	정해	**무자**	무자	무자	무자	무자	무자	무자	무자
	일주 (생일)		계미	갑신	을유	병술	정해	무자	기축	경인	신묘	임진	계사	갑오	을미
	대운	남	8	9	9	9	10	10	1	1	1	1	2	2	2
		여	2	1	1	1	1	10	9	9	9	8	8	8	7
음 12 월	음력		1	2	3	4	5	6	7	8	9	10	11	12	13
	양력		**1/1**	2	3	4	5	6	7	8	9	10	11	12	13
	연주 (생년)		을묘	을묘	을묘	을묘	을묘	을묘	을묘	을묘	을묘	을묘	을묘	을묘	을묘
	월주 (생월)		무자	무자	무자	무자	무자	**기축**	기축	기축	기축	기축	기축	기축	기축
	일주 (생일)		임자	계축	갑인	을묘	병진	정사	무오	기미	경신	신유	임술	계해	갑자
	대운	남	8	8	9	9	9	10	1	1	1	1	2	2	2
		여	2	1	1	1	1	10	10	9	9	9	8	8	8

	14	15	16	17	18	19	20	21	22	23	24	25	26	27	28	29	30
	20	21	22	23	24	25	26	27	28	29	30	31	**9/1**	2	3	4	5
음	을묘	을묘	을묘	을묘	을묘	을묘	을묘	을묘	을묘	을묘	을묘	을묘	을묘	을묘	을묘	을묘	을묘
7	갑신	갑신	갑신	갑신	갑신	갑신	갑신	갑신	갑신	갑신	갑신	갑신	갑신	갑신	갑신	갑신	갑신
월	무술	기해	경자	신축	임인	계묘	갑진	을사	병오	정미	무신	기유	경술	신해	임자	계축	갑인
	4	4	5	5	5	6	6	6	7	7	7	8	8	8	9	9	9
	6	6	6	5	5	5	4	4	4	3	3	3	2	2	2	1	1
	14	15	16	17	18	19	20	21	22	23	24	25	26	27	28	29	
	19	20	21	22	23	24	25	26	27	28	29	30	**10/1**	2	3	4	
음	을묘	을묘	을묘	을묘	을묘	을묘	을묘	을묘	을묘	을묘	을묘	을묘	을묘	을묘	을묘	을묘	
8	을유	을유	을유	을유	을유	을유	을유	을유	을유	을유	을유	을유	을유	을유	을유	을유	
월	무진	기사	경오	신미	임신	계유	갑술	을해	병자	정축	무인	기묘	경진	신사	임오	계미	
	4	4	4	5	5	5	6	6	6	7	7	7	8	8	8	9	
	7	6	6	6	5	5	5	4	4	4	3	3	3	2	2	2	
	14	15	16	17	18	19	20	21	22	23	24	25	26	27	28	29	
	18	19	20	21	22	23	24	25	26	27	28	29	30	31	**11/1**	2	
음	을묘	을묘	을묘	을묘	을묘	을묘	을묘	을묘	을묘	을묘	을묘	을묘	을묘	을묘	을묘	을묘	
9	병술	병술	병술	병술	병술	병술	병술	병술	병술	병술	병술	병술	병술	병술	병술	병술	
월	정유	무술	기해	경자	신축	임인	계묘	갑진	을사	병오	정미	무신	기유	경술	신해	임자	
	3	3	4	4	4	5	5	5	6	6	6	7	7	7	8	8	
	7	7	6	6	6	5	5	5	4	4	4	3	3	3	2	2	
	14	15	16	17	18	19	20	21	22	23	24	25	26	27	28	29	30
	16	17	18	19	20	21	22	23	24	25	26	27	28	29	30	**12/1**	2
음	을묘	을묘	을묘	을묘	을묘	을묘	을묘	을묘	을묘	을묘	을묘	을묘	을묘	을묘	을묘	을묘	을묘
10	정해	정해	정해	정해	정해	정해	정해	정해	정해	정해	정해	정해	정해	정해	정해	정해	정해
월	병인	정묘	무진	기사	경오	신미	임신	계유	갑술	을해	병자	정축	무인	기묘	경진	신사	임오
	3	3	3	4	4	4	5	5	5	6	6	6	7	7	7	8	8
	7	7	7	6	6	6	5	5	5	4	4	4	3	3	3	2	2
	14	15	16	17	18	19	20	21	22	23	24	25	26	27	28	29	
	16	17	18	19	20	21	22	23	24	25	26	27	28	29	30	31	
음	을묘	을묘	을묘	을묘	을묘	을묘	을묘	을묘	을묘	을묘	을묘	을묘	을묘	을묘	을묘	을묘	
11	무자	무자	무자	무자	무자	무자	무자	무자	무자	무자	무자	무자	무자	무자	무자	무자	
월	병신	정유	무술	기해	경자	신축	임인	계묘	갑진	을사	병오	정미	무신	기유	경술	신해	
	3	3	3	4	4	4	5	5	5	6	6	6	7	7	7	8	
	7	7	6	6	6	5	5	5	4	4	4	3	3	3	2	2	
	14	15	16	17	18	19	20	21	22	23	24	25	26	27	28	29	30
	14	15	16	17	18	19	20	21	22	23	24	25	26	27	28	29	30
음	을묘	을묘	을묘	을묘	을묘	을묘	을묘	을묘	을묘	을묘	을묘	을묘	을묘	을묘	을묘	을묘	을묘
12	기축	기축	기축	기축	기축	기축	기축	기축	기축	기축	기축	기축	기축	기축	기축	기축	기축
월	을축	병인	정묘	무진	기사	경오	신미	임신	계유	갑술	을해	병자	정축	무인	기묘	경진	신사
	3	3	3	4	4	4	5	5	5	6	6	6	7	7	7	8	8
	7	7	7	6	6	6	5	5	5	4	4	4	3	3	3	2	2

1976(병진)년 【단기 4309년】

월	구분													
음 1 월	음력	1	2	3	4	5	6	7	8	9	10	11	12	13
	양력	**1/31**	**2/1**	2	3	4	5	6	7	8	9	10	11	12
	연주 (생년)	을묘	을묘	을묘	을묘	을묘	**병진**	병진	병진	병진	병진	병진	병진	병진
	월주 (생월)	기축	기축	기축	기축	기축	**경인**	경인	경인	경인	경인	경인	경인	경인
	일주 (생일)	임오	계미	갑신	을유	병술	정해	무자	기축	경인	신묘	임진	계사	갑오
	대운 남	8	9	9	9	10	10	9	9	9	8	8	8	7
	대운 여	2	1	1	1	1	10	1	1	1	1	2	2	2
음 2 월	음력	1	2	3	4	5	6	7	8	9	10	11	12	13
	양력	**3/1**	2	3	4	5	6	7	8	9	10	11	12	13
	연주 (생년)	병진	병진	병진	병진	병진	병진	병진	병진	병진	병진	병진	병진	병진
	월주 (생월)	경인	경인	경인	경인	**신묘**	신묘	신묘	신묘	신묘	신묘	신묘	신묘	신묘
	일주 (생일)	임자	계축	갑인	을묘	병진	정사	무오	기미	경신	신유	임술	계해	갑자
	대운 남	1	1	1	1	10	10	10	9	9	9	8	8	8
	대운 여	8	9	9	9	10	1	1	1	1	2	2	2	3
음 3 월	음력	1	2	3	4	5	6	7	8	9	10	11	12	13
	양력	**3/31**	**4/1**	2	3	4	5	6	7	8	9	10	11	12
	연주 (생년)	병진	병진	병진	병진	병진	병진	병진	병진	병진	병진	병진	병진	병진
	월주 (생월)	신묘	신묘	신묘	신묘	신묘	**임진**	임진	임진	임진	임진	임진	임진	임진
	일주 (생일)	임오	계미	갑신	을유	병술	정해	무자	기축	경인	신묘	임진	계사	갑오
	대운 남	2	1	1	1	1	10	10	9	9	9	8	8	8
	대운 여	9	9	9	10	10	10	1	1	1	1	2	2	2
음 4 월	음력	1	2	3	4	5	6	7	8	9	10	11	12	13
	양력	**4/29**	30	**5/1**	2	3	4	5	6	7	8	9	10	11
	연주 (생년)	병진	병진	병진	병진	병진	병진	병진	병진	병진	병진	병진	병진	병진
	월주 (생월)	임진	임진	임진	임진	임진	임진	**계사**	계사	계사	계사	계사	계사	계사
	일주 (생일)	신해	임자	계축	갑인	을묘	병진	정사	무오	기미	경신	신유	임술	계해
	대운 남	2	2	1	1	1	1	10	10	10	9	9	9	8
	대운 여	8	8	9	9	9	10	10	1	1	1	1	2	2
음 5 월	음력	1	2	3	4	5	6	7	8	9	10	11	12	13
	양력	**5/29**	30	31	**6/1**	2	3	4	5	6	7	8	9	10
	연주 (생년)	병진	병진	병진	병진	병진	병진	병진	병진	병진	병진	병진	병진	병진
	월주 (생월)	계사	계사	계사	계사	계사	계사	계사	**갑오**	갑오	갑오	갑오	갑오	갑오
	일주 (생일)	신사	임오	계미	갑신	을유	병술	정해	무자	기축	경인	신묘	임진	계사
	대운 남	2	2	2	1	1	1	1	10	10	10	10	9	9
	대운 여	8	8	9	9	9	10	10	10	1	1	1	1	2
음 6 월	음력	1	2	3	4	5	6	7	8	9	10	11	12	13
	양력	**6/27**	28	29	30	**7/1**	2	3	4	5	6	7	8	9
	연주 (생년)	병진	병진	병진	병진	병진	병진	병진	병진	병진	병진	병진	병진	병진
	월주 (생월)	갑오	갑오	갑오	갑오	갑오	갑오	갑오	갑오	갑오	갑오	**을미**	을미	을미
	일주 (생일)	경술	신해	임자	계축	갑인	을묘	병진	정사	무오	기미	경신	신유	임술
	대운 남	3	3	3	2	2	2	1	1	1	1	10	10	10
	대운 여	7	8	8	8	9	9	9	10	10	10	10	1	1

음 1 월	14	15	16	17	18	19	20	21	22	23	24	25	26	27	28	29	30
	13	14	15	16	17	18	19	20	21	22	23	24	25	26	27	28	29
	병진	병진	병진	병진	병진	병진	병진	병진	병진	병진	병진	병진	병진	병진	병진	병진	병진
	경인	경인	경인	경인	경인	경인	경인	경인	경인	경인	경인	경인	경인	경인	경인	경인	경인
	을미	병신	정유	무술	기해	경자	신축	임인	계묘	갑진	을사	병오	정미	무신	기유	경술	신해
	7	7	6	6	6	5	5	5	4	4	4	3	3	3	2	2	2
	3	3	3	4	4	4	5	5	5	6	6	6	7	7	7	8	8

음 2 월	14	15	16	17	18	19	20	21	22	23	24	25	26	27	28	29	30
	14	15	16	17	18	19	20	21	22	23	24	25	26	27	28	29	30
	병진	병진	병진	병진	병진	병진	병진	병진	병진	병진	병진	병진	병진	병진	병진	병진	병진
	신묘	신묘	신묘	신묘	신묘	신묘	신묘	신묘	신묘	신묘	신묘	신묘	신묘	신묘	신묘	신묘	신묘
	을축	병인	정묘	무진	기사	경오	신미	임신	계유	갑술	을해	병자	정축	무인	기묘	경진	신사
	7	7	7	6	6	6	5	5	5	4	4	4	3	3	3	2	2
	3	3	4	4	4	5	5	5	6	6	6	7	7	7	8	8	8

음 3 월	14	15	16	17	18	19	20	21	22	23	24	25	26	27	28	29	
	13	14	15	16	17	18	19	20	21	22	23	24	25	26	27	28	
	병진	병진	병진	병진	병진	병진	병진	병진	병진	병진	병진	병진	병진	병진	병진	병진	
	임진	임진	임진	임진	임진	임진	임진	임진	임진	임진	임진	임진	임진	임진	임진	임진	
	을미	병신	정유	무술	기해	경자	신축	임인	계묘	갑진	을사	병오	정미	무신	기유	경술	
	7	7	7	6	6	6	5	5	5	4	4	4	3	3	3	2	
	3	3	3	4	4	4	5	5	5	6	6	6	7	7	7	8	

음 4 월	14	15	16	17	18	19	20	21	22	23	24	25	26	27	28	29	30
	12	13	14	15	16	17	18	19	20	21	22	23	24	25	26	27	28
	병진	병진	병진	병진	병진	병진	병진	병진	병진	병진	병진	병진	병진	병진	병진	병진	병진
	계사	계사	계사	계사	계사	계사	계사	계사	계사	계사	계사	계사	계사	계사	계사	계사	계사
	갑자	을축	병인	정묘	무진	기사	경오	신미	임신	계유	갑술	을해	병자	정축	무인	기묘	경진
	8	8	7	7	7	6	6	6	5	5	5	4	4	4	3	3	3
	2	3	3	3	4	4	4	5	5	5	6	6	6	7	7	7	8

음 5 월	14	15	16	17	18	19	20	21	22	23	24	25	26	27	28	29	
	11	12	13	14	15	16	17	18	19	20	21	22	23	24	25	26	
	병진	병진	병진	병진	병진	병진	병진	병진	병진	병진	병진	병진	병진	병진	병진	병진	
	갑오	갑오	갑오	갑오	갑오	갑오	갑오	갑오	갑오	갑오	갑오	갑오	갑오	갑오	갑오	갑오	
	갑오	을미	병신	정유	무술	기해	경자	신축	임인	계묘	갑진	을사	병오	정미	무신	기유	
	9	8	8	8	7	7	7	6	6	6	5	5	5	4	4	4	
	2	2	3	3	3	4	4	4	5	5	5	6	6	6	7	7	

음 6 월	14	15	16	17	18	19	20	21	22	23	24	25	26	27	28	29	30
	10	11	12	13	14	15	16	17	18	19	20	21	22	23	24	25	26
	병진	병진	병진	병진	병진	병진	병진	병진	병진	병진	병진	병진	병진	병진	병진	병진	병진
	을미	을미	을미	을미	을미	을미	을미	을미	을미	을미	을미	을미	을미	을미	을미	을미	을미
	계해	갑자	을축	병인	정묘	무진	기사	경오	신미	임신	계유	갑술	을해	병자	정축	무인	기묘
	9	9	9	8	8	8	7	7	7	6	6	6	5	5	5	4	4
	1	1	2	2	2	3	3	3	4	4	4	5	5	5	6	6	6

1976(병진)년 【단기 4309년】

월	구분		1	2	3	4	5	6	7	8	9	10	11	12	13
음 7 월	음	력	1	2	3	4	5	6	7	8	9	10	11	12	13
	양	력	**7/27**	28	29	30	31	**8/1**	2	3	4	5	6	7	8
	연주 (생년)		병진	병진	병진	병진	병진	병진	병진	병진	병진	병진	병진	병진	병진
	월주 (생월)		을미	을미	을미	을미	을미	을미	을미	을미	을미	을미	을미	**병신**	병신
	일주 (생일)		경진	신사	임오	계미	갑신	을유	병술	정해	무자	기축	경인	신묘	임진
	대운	남	4	3	3	3	2	2	2	1	1	1	1	10	10
		여	7	7	7	8	8	8	9	9	9	10	10	10	1
음 8 월	음	력	1	2	3	4	5	6	7	8	9	10	11	12	13
	양	력	**8/25**	26	27	28	29	30	31	**9/1**	2	3	4	5	6
	연주 (생년)		병진	병진	병진	병진	병진	병진	병진	병진	병진	병진	병진	병진	병진
	월주 (생월)		병신	병신	병신	병신	병신	병신	병신	병신	병신	병신	병신	병신	병신
	일주 (생일)		기유	경술	신해	임자	계축	갑인	을묘	병진	정사	무오	기미	경신	신유
	대운	남	4	4	4	3	3	3	2	2	2	1	1	1	1
		여	6	6	7	7	7	8	8	8	9	9	9	10	10
윤 8 월	음	력	1	2	3	4	5	6	7	8	9	10	11	12	13
	양	력	**9/24**	25	26	27	28	29	30	**10/1**	2	3	4	5	6
	연주 (생년)		병진	병진	병진	병진	병진	병진	병진	병진	병진	병진	병진	병진	병진
	월주 (생월)		정유	정유	정유	정유	정유	정유	정유	정유	정유	정유	정유	정유	정유
	일주 (생일)		기묘	경진	신사	임오	계미	갑신	을유	병술	정해	무자	기축	경인	신묘
	대운	남	5	4	4	4	3	3	3	2	2	2	1	1	1
		여	6	6	6	7	7	7	8	8	8	9	9	9	10
음 9 월	음	력	1	2	3	4	5	6	7	8	9	10	11	12	13
	양	력	**10/23**	24	25	26	27	28	29	30	31	**11/1**	2	3	4
	연주 (생년)		병진	병진	병진	병진	병진	병진	병진	병진	병진	병진	병진	병진	병진
	월주 (생월)		무술	무술	무술	무술	무술	무술	무술	무술	무술	무술	무술	무술	무술
	일주 (생일)		무신	기유	경술	신해	임자	계축	갑인	을묘	병진	정사	무오	기미	경신
	대운	남	5	5	4	4	4	3	3	3	2	2	2	1	1
		여	5	5	6	6	6	7	7	7	8	8	8	9	9
음 10 월	음	력	1	2	3	4	5	6	7	8	9	10	11	12	13
	양	력	**11/22**	23	24	25	26	27	28	29	30	**12/1**	2	3	4
	연주 (생년)		병진	병진	병진	병진	병진	병진	병진	병진	병진	병진	병진	병진	병진
	월주 (생월)		기해	기해	기해	기해	기해	기해	기해	기해	기해	기해	기해	기해	기해
	일주 (생일)		무인	기묘	경진	신사	임오	계미	갑신	을유	병술	정해	무자	기축	경인
	대운	남	5	5	4	4	4	3	3	3	2	2	2	1	1
		여	5	5	6	6	6	7	7	7	8	8	8	9	9
음 11 월	음	력	1	2	3	4	5	6	7	8	9	10	11	12	13
	양	력	**12/21**	22	23	24	25	26	27	28	29	30	31	**1/1**	2
	연주 (생년)		병진	병진	병진	병진	병진	병진	병진	병진	병진	병진	병진	병진	병진
	월주 (생월)		경자	경자	경자	경자	경자	경자	경자	경자	경자	경자	경자	경자	경자
	일주 (생일)		정미	무신	기유	경술	신해	임자	계축	갑인	을묘	병진	정사	무오	기미
	대운	남	5	5	4	4	4	3	3	3	2	2	2	1	1
		여	5	5	5	6	6	6	7	7	7	8	8	8	9
음 12 월	음	력	1	2	3	4	5	6	7	8	9	10	11	12	13
	양	력	**1/19**	20	21	22	23	24	25	26	27	28	29	30	31
	연주 (생년)		병진	병진	병진	병진	병진	병진	병진	병진	병진	병진	병진	병진	병진
	월주 (생월)		신축	신축	신축	신축	신축	신축	신축	신축	신축	신축	신축	신축	신축
	일주 (생일)		병자	정축	무인	기묘	경진	신사	임오	계미	갑신	을유	병술	정해	무자
	대운	남	5	5	5	4	4	4	3	3	3	2	2	2	1
		여	5	5	5	6	6	6	7	7	7	8	8	8	9

	14	15	16	17	18	19	20	21	22	23	24	25	26	27	28	29	
음	9	10	11	12	13	14	15	16	17	18	19	20	21	22	23	24	
	병진	병진	병진	병진	병진	병진	병진	병진	병진	병진	병진	병진	병진	병진	병진	병진	
7	병신	병신	병신	병신	병신	병신	병신	병신	병신	병신	병신	병신	병신	병신	병신	병신	
	계사	갑오	을미	병신	정유	무술	기해	경자	신축	임인	계묘	갑진	을사	병오	정미	무신	
월	10	9	9	9	8	8	8	7	7	7	6	6	6	5	5	5	
	1	1	1	2	2	2	3	3	3	4	4	4	5	5	5	6	
	14	15	16	17	18	19	20	21	22	23	24	25	26	27	28	29	30
음	7	8	9	10	11	12	13	14	15	16	17	18	19	20	21	22	23
	병진	병진	병진	병진	병진	병진	병진	병진	병진	병진	병진	병진	병진	병진	병진	병진	병진
8	**정유**	정유	정유	정유	정유	정유	정유	정유	정유	정유	정유	정유	정유	정유	정유	정유	정유
	임술	계해	갑자	을축	병인	정묘	무진	기사	경오	신미	임신	계유	갑술	을해	병자	정축	무인
월	10	10	10	9	9	9	8	8	8	7	7	7	6	6	6	5	5
	10	1	1	1	1	2	2	2	3	3	3	4	4	4	5	5	5
	14	15	16	17	18	19	20	21	22	23	24	25	26	27	28	29	
윤	7	8	9	10	11	12	13	14	15	16	17	18	19	20	21	22	
	병진	병진	병진	병진	병진	병진	병진	병진	병진	병진	병진	병진	병진	병진	병진	병진	
8	정유	**무술**	무술	무술	무술	무술	무술	무술	무술	무술	무술	무술	무술	무술	무술	무술	
	임진	계사	갑오	을미	병신	정유	무술	기해	경자	신축	임인	계묘	갑진	을사	병오	정미	
월	1	10	10	9	9	9	8	8	8	7	7	7	6	6	6	5	
	10	10	1	1	1	1	2	2	2	3	3	3	4	4	4	5	
	14	15	16	17	18	19	20	21	22	23	24	25	26	27	28	29	30
음	5	6	7	8	9	10	11	12	13	14	15	16	17	18	19	20	21
	병진	병진	병진	병진	병진	병진	병진	병진	병진	병진	병진	병진	병진	병진	병진	병진	병진
9	무술	무술	**기해**	기해	기해	기해	기해	기해	기해	기해	기해	기해	기해	기해	기해	기해	기해
	신유	임술	계해	갑자	을축	병인	정묘	무진	기사	경오	신미	임신	계유	갑술	을해	병자	정축
월	1	1	10	10	9	9	9	8	8	8	7	7	7	6	6	6	5
	9	10	10	1	1	1	1	2	2	2	3	3	3	4	4	4	5
	14	15	16	17	18	19	20	21	22	23	24	25	26	27	28	29	
음	5	6	7	8	9	10	11	12	13	14	15	16	17	18	19	20	
	병진	병진	병진	병진	병진	병진	병진	병진	병진	병진	병진	병진	병진	병진	병진	병진	
10	기해	기해	**경자**	경자	경자	경자	경자	경자	경자	경자	경자	경자	경자	경자	경자	경자	
	신묘	임진	계사	갑오	을미	병신	정유	무술	기해	경자	신축	임인	계묘	갑진	을사	병오	
월	1	1	10	9	9	9	8	8	8	7	7	7	6	6	6	5	
	9	10	10	1	1	1	1	2	2	2	3	3	3	4	4	4	
	14	15	16	17	18	19	20	21	22	23	24	25	26	27	28	29	
음	3	4	5	6	7	8	9	10	11	12	13	14	15	16	17	18	
	병진	병진	병진	병진	병진	병진	병진	병진	병진	병진	병진	병진	병진	병진	병진	병진	
11	경자	경자	**신축**	신축	신축	신축	신축	신축	신축	신축	신축	신축	신축	신축	신축	신축	
	경신	신유	임술	계해	갑자	을축	병인	정묘	무진	기사	경오	신미	임신	계유	갑술	을해	
월	1	1	10	10	9	9	9	8	8	8	7	7	7	6	6	6	
	9	9	10	1	1	1	1	2	2	2	3	3	3	4	4	4	
	14	15	16	17	18	19	20	21	22	23	24	25	26	27	28	29	30
음	**2/1**	2	3	4	5	6	7	8	9	10	11	12	13	14	15	16	17
	병진	병진	병진	**정사**	정사	정사	정사	정사	정사	정사	정사	정사	정사	정사	정사	정사	정사
12	신축	신축	신축	**임인**	임인	임인	임인	임인	임인	임인	임인	임인	임인	임인	임인	임인	임인
	기축	경인	신묘	임진	계사	갑오	을미	병신	정유	무술	기해	경자	신축	임인	계묘	갑진	을사
월	1	1	1	10	1	1	1	1	2	2	2	3	3	3	4	4	4
	9	9	10	10	10	9	9	9	8	8	8	7	7	7	6	6	6

1977(정사)년 【단기 4310년】

음 1 월	음력	1	2	3	4	5	6	7	8	9	10	11	12	13
	양력	**2/18**	19	20	21	22	23	24	25	26	27	28	**3/1**	2
	연주 (생년)	정사	정사	정사	정사	정사	정사	정사	정사	정사	정사	정사	정사	정사
	월주 (생월)	임인	임인	임인	임인	임인	임인	임인	임인	임인	임인	임인	임인	임인
	일주 (생일)	병오	정미	무신	기유	경술	신해	임자	계축	갑인	을묘	병진	정사	무오
	대운 남	5	5	5	6	6	6	7	7	7	8	8	8	9
	대운 여	5	5	5	4	4	4	3	3	3	2	2	2	1
음 2 월	음력	1	2	3	4	5	6	7	8	9	10	11	12	13
	양력	**3/20**	21	22	23	24	25	26	27	28	29	30	31	**4/1**
	연주 (생년)	정사	정사	정사	정사	정사	정사	정사	정사	정사	정사	정사	정사	정사
	월주 (생월)	계묘	계묘	계묘	계묘	계묘	계묘	계묘	계묘	계묘	계묘	계묘	계묘	계묘
	일주 (생일)	병자	정축	무인	기묘	경진	신사	임오	계미	갑신	을유	병술	정해	무자
	대운 남	5	5	5	6	6	6	7	7	7	8	8	8	9
	대운 여	5	5	5	4	4	4	3	3	3	2	2	2	1
음 3 월	음력	1	2	3	4	5	6	7	8	9	10	11	12	13
	양력	**4/18**	19	20	21	22	23	24	25	26	27	28	29	30
	연주 (생년)	정사	정사	정사	정사	정사	정사	정사	정사	정사	정사	정사	정사	정사
	월주 (생월)	갑진	갑진	갑진	갑진	갑진	갑진	갑진	갑진	갑진	갑진	갑진	갑진	갑진
	일주 (생일)	을사	병오	정미	무신	기유	경술	신해	임자	계축	갑인	을묘	병진	정사
	대운 남	4	5	5	5	6	6	6	7	7	7	8	8	8
	대운 여	6	6	5	5	5	4	4	4	3	3	3	2	2
음 4 월	음력	1	2	3	4	5	6	7	8	9	10	11	12	13
	양력	**5/18**	19	20	21	22	23	24	25	26	27	28	29	30
	연주 (생년)	정사	정사	정사	정사	정사	정사	정사	정사	정사	정사	정사	정사	정사
	월주 (생월)	을사	을사	을사	을사	을사	을사	을사	을사	을사	을사	을사	을사	을사
	일주 (생일)	을해	병자	정축	무인	기묘	경진	신사	임오	계미	갑신	을유	병술	정해
	대운 남	4	4	5	5	5	6	6	6	7	7	7	8	8
	대운 여	6	6	6	5	5	5	4	4	4	3	3	3	2
음 5 월	음력	1	2	3	4	5	6	7	8	9	10	11	12	13
	양력	**6/17**	18	19	20	21	22	23	24	25	26	27	28	29
	연주 (생년)	정사	정사	정사	정사	정사	정사	정사	정사	정사	정사	정사	정사	정사
	월주 (생월)	병오	병오	병오	병오	병오	병오	병오	병오	병오	병오	병오	병오	병오
	일주 (생일)	을사	병오	정미	무신	기유	경술	신해	임자	계축	갑인	을묘	병진	정사
	대운 남	4	4	4	5	5	5	6	6	6	7	7	7	8
	대운 여	7	6	6	6	5	5	5	4	4	4	3	3	3
음 6 월	4음력	1	2	3	4	5	6	7	8	9	10	11	12	13
	양력	**7/16**	17	18	19	20	21	22	23	24	25	26	27	28
	연주 (생년)	정사	정사	정사	정사	정사	정사	정사	정사	정사	정사	정사	정사	정사
	월주 (생월)	정미	정미	정미	정미	정미	정미	정미	정미	정미	정미	정미	정미	정미
	일주 (생일)	갑술	을해	병자	정축	무인	기묘	경진	신사	임오	계미	갑신	을유	병술
	대운 남	3	3	4	4	4	5	5	5	6	6	6	7	7
	대운 여	8	7	7	7	6	6	6	5	5	5	4	4	4

음 1 월	14	15	16	17	18	19	20	21	22	23	24	25	26	27	28	29	30
	3	4	5	6	7	8	9	10	11	12	13	14	15	16	17	18	19
	정사	정사	정사	정사	정사	정사	정사	정사	정사	정사	정사	정사	정사	정사	정사	정사	정사
	임인	임인	임인	**계묘**	계묘	계묘	계묘	계묘	계묘	계묘	계묘	계묘	계묘	계묘	계묘	계묘	계묘
	기미	경신	신유	임술	계해	갑자	을축	병인	정묘	무진	기사	경오	신미	임신	계유	갑술	을해
	9	9	10	10	1	1	1	1	2	2	2	3	3	3	4	4	4
	1	1	1	10	10	9	9	9	8	8	8	7	7	7	6	6	6

음 2 월	14	15	16	17	18	19	20	21	22	23	24	25	26	27	28	29	
	2	3	4	5	6	7	8	9	10	11	12	13	14	15	16	17	
	정사	정사	정사	정사	정사	정사	정사	정사	정사	정사	정사	정사	정사	정사	정사	정사	
	계묘	계묘	계묘	**갑진**	갑진	갑진	갑진	갑진	갑진	갑진	갑진	갑진	갑진	갑진	갑진	갑진	
	기축	경인	신묘	임진	계사	갑오	을미	병신	정유	무술	기해	경자	신축	임인	계묘	갑진	
	9	9	10	10	1	1	1	1	2	2	2	3	3	3	4	4	
	1	1	1	10	10	10	9	9	9	8	8	8	7	7	7	6	

음 3 월	14	15	16	17	18	19	20	21	22	23	24	25	26	27	28	29	30
	5/1	2	3	4	5	6	7	8	9	10	11	12	13	14	15	16	17
	정사	정사	정사	정사	정사	정사	정사	정사	정사	정사	정사	정사	정사	정사	정사	정사	정사
	갑진	갑진	갑진	갑진	갑진	**을사**	을사	을사	을사	을사	을사	을사	을사	을사	을사	을사	을사
	무오	기미	경신	신유	임술	계해	갑자	을축	병인	정묘	무진	기사	경오	신미	임신	계유	갑술
	9	9	9	10	10	10	1	1	1	1	2	2	2	3	3	3	4
	2	1	1	1	1	10	10	10	9	9	9	8	8	8	7	7	7

음 4 월	14	15	16	17	18	19	20	21	22	23	24	25	26	27	28	29	30
	31	**6/1**	2	3	4	5	6	7	8	9	10	11	12	13	14	15	16
	정사	정사	정사	정사	정사	정사	정사	정사	정사	정사	정사	정사	정사	정사	정사	정사	정사
	을사	을사	을사	을사	을사	을사	**병오**	병오	병오	병오	병오	병오	병오	병오	병오	병오	병오
	무자	기축	경인	신묘	임진	계사	갑오	을미	병신	정유	무술	기해	경자	신축	임인	계묘	갑진
	8	9	9	9	10	10	10	1	1	1	1	2	2	2	3	3	3
	2	2	1	1	1	1	10	10	10	9	9	9	8	8	8	7	7

음 5 월	14	15	16	17	18	19	20	21	22	23	24	25	26	27	28	29	
	30	**7/1**	2	3	4	5	6	7	8	9	10	11	12	13	14	15	
	정사	정사	정사	정사	정사	정사	정사	정사	정사	정사	정사	정사	정사	정사	정사	정사	
	병오	병오	병오	병오	병오	병오	병오	**정미**	정미	정미	정미	정미	정미	정미	정미	정미	
	무오	기미	경신	신유	임술	계해	갑자	을축	병인	정묘	무진	기사	경오	신미	임신	계유	
	8	8	9	9	9	10	10	10	1	1	1	1	2	2	2	3	
	2	2	2	1	1	1	1	10	10	10	10	9	9	9	8	8	

음 6 월	14	15	16	17	18	19	20	21	22	23	24	25	26	27	28	29	30
	29	30	31	**8/1**	2	3	4	5	6	7	8	9	10	11	12	13	14
	정사	정사	정사	정사	정사	정사	정사	정사	정사	정사	정사	정사	정사	정사	정사	정사	정사
	정미	정미	정미	정미	정미	정미	정미	정미	정미	정미	**무신**	무신	무신	무신	무신	무신	무신
	정해	무자	기축	경인	신묘	임진	계사	갑오	을미	병신	정유	무술	기해	경자	신축	임인	계묘
	7	8	8	8	9	9	9	10	10	10	10	1	1	1	1	2	2
	3	3	3	2	2	2	1	1	1	1	10	10	10	9	9	9	8

1977(정사)년 【단기 4310년】

월	구분														
음 7 월	음력		1	2	3	4	5	6	7	8	9	10	11	12	13
	양력		8/15	16	17	18	19	20	21	22	23	24	25	26	27
	연주 (생년)		정사	정사	정사	정사	정사	정사	정사	정사	정사	정사	정사	정사	정사
	월주 (생월)		무신	무신	무신	무신	무신	무신	무신	무신	무신	무신	무신	무신	무신
	일주 (생일)		갑진	을사	병오	정미	무신	기유	경술	신해	임자	계축	갑인	을묘	병진
	대운	남	2	3	3	3	4	4	4	5	5	5	6	6	6
		여	8	8	7	7	7	6	6	6	5	5	5	4	4
음 8 월	음력		1	2	3	4	5	6	7	8	9	10	11	12	13
	양력		9/13	14	15	16	17	18	19	20	21	22	23	24	25
	연주 (생년)		정사	정사	정사	정사	정사	정사	정사	정사	정사	정사	정사	정사	정사
	월주 (생월)		기유	기유	기유	기유	기유	기유	기유	기유	기유	기유	기유	기유	기유
	일주 (생일)		계유	갑술	을해	병자	정축	무인	기묘	경진	신사	임오	계미	갑신	을유
	대운	남	2	2	2	3	3	4	4	4	4	5	5	5	6
		여	8	8	8	7	7	7	6	6	6	5	5	5	4
음 9 월	음력		1	2	3	4	5	6	7	8	9	10	11	12	13
	양력		10/13	14	15	16	17	18	19	20	21	22	23	24	25
	연주 (생년)		정사	정사	정사	정사	정사	정사	정사	정사	정사	정사	정사	정사	정사
	월주 (생월)		경술	경술	경술	경술	경술	경술	경술	경술	경술	경술	경술	경술	경술
	일주 (생일)		계묘	갑진	을사	병오	정미	무신	기유	경술	신해	임자	계축	갑인	을묘
	대운	남	2	2	2	3	3	3	4	4	4	5	5	5	6
		여	8	8	8	7	7	7	6	6	6	5	5	5	4
음 10 월	음력		1	2	3	4	5	6	7	8	9	10	11	12	13
	양력		11/11	12	13	14	15	16	17	18	19	20	21	22	23
	연주 (생년)		정사	정사	정사	정사	정사	정사	정사	정사	정사	정사	정사	정사	정사
	월주 (생월)		신해	신해	신해	신해	신해	신해	신해	신해	신해	신해	신해	신해	신해
	일주 (생일)		임신	계유	갑술	을해	병자	정축	무인	기묘	경진	신사	임오	계미	갑신
	대운	남	1	2	2	2	3	3	3	4	4	4	5	5	5
		여	9	8	8	8	7	7	7	6	6	6	5	5	5
음 11 월	음력		1	2	3	4	5	6	7	8	9	10	11	12	13
	양력		12/11	12	13	14	15	16	17	18	19	20	21	22	23
	연주 (생년)		정사	정사	정사	정사	정사	정사	정사	정사	정사	정사	정사	정사	정사
	월주 (생월)		임자	임자	임자	임자	임자	임자	임자	임자	임자	임자	임자	임자	임자
	일주 (생일)		임인	계묘	갑진	을사	병오	정미	무신	기유	경술	신해	임자	계축	갑인
	대운	남	1	2	2	2	3	3	3	4	4	4	5	5	5
		여	9	8	8	8	7	7	7	6	6	6	5	5	5
음 12 월	음력		1	2	3	4	5	6	7	8	9	10	11	12	13
	양력		1/9	10	11	12	13	14	15	16	17	18	19	20	21
	연주 (생년)		정사	정사	정사	정사	정사	정사	정사	정사	정사	정사	정사	정사	정사
	월주 (생월)		계축	계축	계축	계축	계축	계축	계축	계축	계축	계축	계축	계축	계축
	일주 (생일)		신미	임신	계유	갑술	을해	병자	정축	무인	기묘	경진	신사	임오	계미
	대운	남	1	2	2	2	3	3	3	4	4	4	5	5	5
		여	9	8	8	8	7	7	7	6	6	6	5	5	5

음 7월	14	15	16	17	18	19	20	21	22	23	24	25	26	27	28	29	
	28	29	30	31	**9/1**	2	3	4	5	6	7	8	9	10	11	12	
	정사	정사	정사	정사	정사	정사	정사	정사	정사	정사	정사	정사	정사	정사	정사	정사	
	무신	무신	무신	무신	무신	무신	무신	무신	무신	무신	무신	**기유**	기유	기유	기유	기유	
	정사	무오	기미	경신	신유	임술	계해	갑자	을축	병인	정묘	무진	기사	경오	신미	임신	
	7	7	7	8	8	8	9	9	9	10	10	10	1	1	1	1	
	4	3	3	3	2	2	2	1	1	1	1	10	10	9	9	9	

음 8월	14	15	16	17	18	19	20	21	22	23	24	25	26	27	28	29	30
	26	27	28	29	30	**10/1**	2	3	4	5	6	7	8	9	10	11	12
	정사	정사	정사	정사	정사	정사	정사	정사	정사	정사	정사	정사	정사	정사	정사	정사	정사
	기유	기유	기유	기유	기유	기유	기유	기유	기유	기유	기유	기유	**경술**	경술	경술	경술	경술
	병술	정해	무자	기축	경인	신묘	임진	계사	갑오	을미	병신	정유	무술	기해	경자	신축	임인
	6	6	7	7	7	8	8	8	9	9	9	10	10	1	1	1	1
	4	4	3	3	3	2	2	2	1	1	1	1	10	10	9	9	9

음 9월	14	15	16	17	18	19	20	21	22	23	24	25	26	27	28	29	
	26	27	28	29	30	31	**11/1**	2	3	4	5	6	7	8	9	10	
	정사	정사	정사	정사	정사	정사	정사	정사	정사	정사	정사	정사	정사	정사	정사	정사	
	경술	경술	경술	경술	경술	경술	경술	경술	경술	경술	경술	경술	**신해**	신해	신해	신해	
	병진	정사	무오	기미	경신	신유	임술	계해	갑자	을축	병인	정묘	무진	기사	경오	신미	
	6	6	7	7	7	8	8	8	9	9	9	10	10	1	1	1	
	4	4	3	3	3	2	2	2	1	1	1	1	10	10	9	9	

음 10월	14	15	16	17	18	19	20	21	22	23	24	25	26	27	28	29	30
	24	25	26	27	28	29	30	**12/1**	2	3	4	5	6	7	8	9	10
	정사	정사	정사	정사	정사	정사	정사	정사	정사	정사	정사	정사	정사	정사	정사	정사	정사
	신해	신해	신해	신해	신해	신해	신해	신해	신해	신해	신해	신해	신해	**임자**	임자	임자	임자
	을유	병술	정해	무자	기축	경인	신묘	임진	계사	갑오	을미	병신	정유	무술	기해	경자	신축
	6	6	6	7	7	7	8	8	8	9	9	9	10	10	1	1	1
	4	4	4	3	3	3	2	2	2	1	1	1	1	10	10	9	9

음 11월	14	15	16	17	18	19	20	21	22	23	24	25	26	27	28	29	
	24	25	26	27	28	29	30	31	**1/1**	2	3	4	5	6	7	8	
	정사	정사	정사	정사	정사	정사	정사	정사	정사	정사	정사	정사	정사	정사	정사	정사	
	임자	임자	임자	임자	임자	임자	임자	임자	임자	임자	임자	임자	임자	**계축**	계축	계축	
	을묘	병진	정사	무오	기미	경신	신유	임술	계해	갑자	을축	병인	정묘	무진	기사	경오	
	6	6	6	7	7	7	8	8	8	9	9	9	10	10	1	1	
	4	4	4	3	3	3	2	2	2	1	1	1	1	10	9	9	

음 12월	14	15	16	17	18	19	20	21	22	23	24	25	26	27	28	29	
	22	23	24	25	26	27	28	29	30	31	**2/1**	2	3	4	5	6	
	정사	정사	정사	정사	정사	정사	정사	정사	정사	정사	정사	정사	정사	**무오**	무오	무오	
	계축	계축	계축	계축	계축	계축	계축	계축	계축	계축	계축	계축	계축	**갑인**	갑인	갑인	
	갑신	을유	병술	정해	무자	기축	경인	신묘	임진	계사	갑오	을미	병신	정유	무술	기해	
	6	6	6	7	7	7	8	8	8	9	9	9	10	10	10	9	
	4	4	4	3	3	3	2	2	2	1	1	1	1	10	1	1	

1978(무오)년 【단기 4311년】

음 1 월		1	2	3	4	5	6	7	8	9	10	11	12	13
음력		1	2	3	4	5	6	7	8	9	10	11	12	13
양력		**2/7**	8	9	10	11	12	13	14	15	16	17	18	19
연주 (생년)		무오	무오	무오	무오	무오	무오	무오	무오	무오	무오	무오	무오	무오
월주 (생월)		갑인	갑인	갑인	갑인	갑인	갑인	갑인	갑인	갑인	갑인	갑인	갑인	갑인
일주 (생일)		경자	신축	임인	계묘	갑진	을사	병오	정미	무신	기유	경술	신해	임자
대운	남	9	9	8	8	8	7	7	7	6	6	6	5	5
	여	1	1	2	2	2	3	3	3	4	4	4	5	5

음 2 월		1	2	3	4	5	6	7	8	9	10	11	12	13
음력		1	2	3	4	5	6	7	8	9	10	11	12	13
양력		**3/9**	10	11	12	13	14	15	16	17	18	19	20	21
연주 (생년)		무오	무오	무오	무오	무오	무오	무오	무오	무오	무오	무오	무오	무오
월주 (생월)		을묘	을묘	을묘	을묘	을묘	을묘	을묘	을묘	을묘	을묘	을묘	을묘	을묘
일주 (생일)		경오	신미	임신	계유	갑술	을해	병자	정축	무인	기묘	경진	신사	임오
대운	남	9	9	8	8	8	7	7	7	6	6	6	5	5
	여	1	1	2	2	2	3	3	3	4	4	4	5	5

음 3 월		1	2	3	4	5	6	7	8	9	10	11	12	13
음력		1	2	3	4	5	6	7	8	9	10	11	12	13
양력		**4/8**	9	10	11	12	13	14	15	16	17	18	19	20
연주 (생년)		무오	무오	무오	무오	무오	무오	무오	무오	무오	무오	무오	무오	무오
월주 (생월)		병진	병진	병진	병진	병진	병진	병진	병진	병진	병진	병진	병진	병진
일주 (생일)		경자	신축	임인	계묘	갑진	을사	병오	정미	무신	기유	경술	신해	임자
대운	남	9	9	9	8	8	8	7	7	7	6	6	6	5
	여	1	1	2	2	2	3	3	3	4	4	4	5	5

음 4 월		1	2	3	4	5	6	7	8	9	10	11	12	13
음력		1	2	3	4	5	6	7	8	9	10	11	12	13
양력		**5/7**	8	9	10	11	12	13	14	15	16	17	18	19
연주 (생년)		무오	무오	무오	무오	무오	무오	무오	무오	무오	무오	무오	무오	무오
월주 (생월)		정사	정사	정사	정사	정사	정사	정사	정사	정사	정사	정사	정사	정사
일주 (생일)		기사	경오	신미	임신	계유	갑술	을해	병자	정축	무인	기묘	경진	신사
대운	남	10	10	9	9	9	8	8	8	7	7	7	6	6
	여	1	1	1	1	2	2	2	3	3	3	4	4	4

음 5 월		1	2	3	4	5	6	7	8	9	10	11	12	13
음력		1	2	3	4	5	6	7	8	9	10	11	12	13
양력		**6/6**	7	8	9	10	11	12	13	14	15	16	17	18
연주 (생년)		무오	무오	무오	무오	무오	무오	무오	무오	무오	무오	무오	무오	무오
월주 (생월)		**무오**	무오	무오	무오	무오	무오	무오	무오	무오	무오	무오	무오	무오
일주 (생일)		기해	경자	신축	임인	계묘	갑진	을사	병오	정미	무신	기유	경술	신해
대운	남	10	10	10	9	9	9	8	8	8	7	7	7	6
	여	10	1	1	1	1	2	2	2	3	3	3	4	4

음 6 월		1	2	3	4	5	6	7	8	9	10	11	12	13
음력		1	2	3	4	5	6	7	8	9	10	11	12	13
양력		**7/5**	6	7	8	9	10	11	12	13	14	15	16	17
연주 (생년)		무오	무오	무오	무오	무오	무오	무오	무오	무오	무오	무오	무오	무오
월주 (생월)		무오	무오	**기미**	기미	기미	기미	기미	기미	기미	기미	기미	기미	기미
일주 (생일)		무진	기사	경오	신미	임신	계유	갑술	을해	병자	정축	무인	기묘	경진
대운	남	1	1	10	10	10	10	9	9	9	8	8	8	7
	여	10	10	10	1	1	1	1	2	2	2	3	3	3

월																	
음 1 월	14	15	16	17	18	19	20	21	22	23	24	25	26	27	28	29	30
	20	21	22	23	24	25	26	27	28	**3/1**	2	3	4	5	6	7	8
	무오	무오	무오	무오	무오	무오	무오	무오	무오	무오	무오	무오	무오	무오	무오	무오	무오
	갑인	갑인	갑인	갑인	갑인	갑인	갑인	갑인	갑인	갑인	갑인	갑인	갑인	갑인	**을묘**	을묘	을묘
	계축	갑인	을묘	병진	정사	무오	기미	경신	신유	임술	계해	갑자	을축	병인	정묘	무진	기사
	5	4	4	4	3	3	3	2	2	2	1	1	1	1	10	10	9
	5	6	6	.6	7	7	7	8	8	8	9	9	9	10	10	1	1
음 2 월	14	15	16	17	18	19	20	21	22	23	24	25	26	27	28	29	30
	22	23	24	25	26	27	28	29	30	31	**4/1**	2	3	4	5	6	7
	무오	무오	무오	무오	무오	무오	무오	무오	무오	무오	무오	무오	무오	무오	무오	무오	무오
	을묘	을묘	을묘	을묘	을묘	을묘	을묘	을묘	을묘	을묘	을묘	을묘	을묘	을묘	**병진**	병진	병진
	계미	갑신	을유	병술	정해	무자	기축	경인	신묘	임진	계사	갑오	을미	병신	정유	무술	기해
	5	4	4	4	3	3	3	2	2	2	1	1	1	1	10	10	10
	5	6	6	6	7	7	7	8	8	8	9	9	9	10	10	1	1
음 3 월	14	15	16	17	18	19	20	21	22	23	24	25	26	27	28	29	
	21	22	23	24	25	26	27	28	29	30	**5/1**	2	3	4	5	6	
	무오	무오	무오	무오	무오	무오	무오	무오	무오	무오	무오	무오	무오	무오	무오	무오	
	병진	병진	병진	병진	병진	병진	병진	병진	병진	병진	병진	병진	병진	병진	병진	**정사**	
	계축	갑인	을묘	병진	정사	무오	기미	경신	신유	임술	계해	갑자	을축	병인	정묘	무진	
	5	5	4	4	4	3	3	3	2	2	2	1	1	1	1	10	
	5	6	6	6	7	7	7	8	8	8	9	9	9	10	10	10	
음 4 월	14	15	16	17	18	19	20	21	22	23	24	25	26	27	28	29	30
	20	21	22	23	24	25	26	27	28	29	30	31	**6/1**	2	3	4	5
	무오	무오	무오	무오	무오	무오	무오	무오	무오	무오	무오	무오	무오	무오	무오	무오	무오
	정사	정사	정사	정사	정사	정사	정사	정사	정사	정사	정사	정사	정사	정사	정사	정사	정사
	임오	계미	갑신	을유	병술	정해	무자	기축	경인	신묘	임진	계사	갑오	을미	병신	정유	무술
	6	5	5	5	4	4	4	3	3	3	2	2	2	1	1	1	1
	5	5	5	6	6	6	7	7	7	8	8	8	9	9	9	10	10
음 5 월	14	15	16	17	18	19	20	21	22	23	24	25	26	27	28	29	
	19	20	21	22	23	24	25	26	27	28	29	30	**7/1**	2	3	4	
	무오	무오	무오	무오	무오	무오	무오	무오	무오	무오	무오	무오	무오	무오	무오	무오	
	무오	무오	무오	무오	무오	무오	무오	무오	무오	무오	무오	무오	무오	무오	무오	무오	
	임자	계축	갑인	을묘	병진	정사	무오	기미	경신	신유	임술	계해	갑자	을축	병인	정묘	
	6	6	5	5	5	4	4	4	3	3	3	2	2	2	1	1	
	4	5	5	5	6	6	6	7	7	7	8	8	8	9	9	9	
음 6 월	14	15	16	17	18	19	20	21	22	23	24	25	26	27	28	29	30
	18	19	20	21	22	23	24	25	26	27	28	29	30	31	**8/1**	2	3
	무오	무오	무오	무오	무오	무오	무오	무오	무오	무오	무오	무오	무오	무오	무오	무오	무오
	기미	기미	기미	기미	기미	기미	기미	기미	기미	기미	기미	기미	기미	기미	기미	기미	기미
	신사	임오	계미	갑신	을유	병술	정해	무자	기축	경인	신묘	임진	계사	갑오	을미	병신	정유
	7	7	6	6	6	5	5	5	4	4	4	3	3	3	2	2	2
	4	4	4	5	5	5	6	6	6	7	7	7	8	8	8	9	9

1978(무오)년 【단기 4311년】

월	구분		1	2	3	4	5	6	7	8	9	10	11	12	13
음 7 월	음력		1	2	3	4	5	6	7	8	9	10	11	12	13
	양력		**8/4**	5	6	7	8	9	10	11	12	13	14	15	16
	연주 (생년)		무오	무오	무오	무오	무오	무오	무오	무오	무오	무오	무오	무오	무오
	월주 (생월)		기미	기미	기미	기미	**경신**	경신	경신	경신	경신	경신	경신	경신	경신
	일주 (생일)		무술	기해	경자	신축	임인	계묘	갑진	을사	병오	정미	무신	기유	경술
	대운	남	1	1	1	1	10	10	10	9	9	9	8	8	8
		여	9	10	10	10	10	1	1	1	1	2	2	2	3
음 8 월	음력		1	2	3	4	5	6	7	8	9	10	11	12	13
	양력		**9/3**	4	5	6	7	8	9	10	11	12	13	14	15
	연주 (생년)		무오	무오	무오	무오	무오	무오	무오	무오	무오	무오	무오	무오	무오
	월주 (생월)		경신	경신	경신	경신	경신	**신유**	신유	신유	신유	신유	신유	신유	신유
	일주 (생일)		무진	기사	경오	신미	임신	계유	갑술	을해	병자	정축	무인	기묘	경진
	대운	남	2	1	1	1	1	10	10	10	9	9	9	8	8
		여	9	9	9	10	10	10	1	1	1	1	2	2	2
음 9 월	음력		1	2	3	4	5	6	7	8	9	10	11	12	13
	양력		**10/2**	3	4	5	6	7	8	9	10	11	12	13	14
	연주 (생년)		무오	무오	무오	무오	무오	무오	무오	무오	무오	무오	무오	무오	무오
	월주 (생월)		신유	신유	신유	신유	신유	신유	신유	**임술**	임술	임술	임술	임술	임술
	일주 (생일)		정유	무술	기해	경자	신축	임인	계묘	갑진	을사	병오	정미	무신	기유
	대운	남	2	2	2	1	1	1	1	10	10	9	9	9	8
		여	8	8	9	9	9	10	10	10	1	1	1	1	2
음 10 월	음력		1	2	3	4	5	6	7	8	9	10	11	12	13
	양력		**11/1**	2	3	4	5	6	7	8	9	10	11	12	13
	연주 (생년)		무오	무오	무오	무오	무오	무오	무오	무오	무오	무오	무오	무오	무오
	월주 (생월)		임술	임술	임술	임술	임술	임술	임술	**계해**	계해	계해	계해	계해	계해
	일주 (생일)		정묘	무진	기사	경오	신미	임신	계유	갑술	을해	병자	정축	무인	기묘
	대운	남	2	2	2	1	1	1	1	10	9	9	9	8	8
		여	8	8	8	9	9	9	10	10	1	1	1	1	2
음 11 월	음력		1	2	3	4	5	6	7	8	9	10	11	12	13
	양력		**11/30**	**12/1**	2	3	4	5	6	7	8	9	10	11	12
	연주 (생년)		무오	무오	무오	무오	무오	무오	무오	무오	무오	무오	무오	무오	무오
	월주 (생월)		계해	계해	계해	계해	계해	계해	계해	**갑자**	갑자	갑자	갑자	갑자	갑자
	일주 (생일)		병신	정유	무술	기해	경자	신축	임인	계묘	갑진	을사	병오	정미	무신
	대운	남	2	2	2	1	1	1	1	10	10	9	9	9	8
		여	7	8	8	8	9	9	9	10	1	1	1	1	2
음 12 월	음력		1	2	3	4	5	6	7	8	9	10	11	12	13
	양력		**12/30**	31	**1/1**	2	3	4	5	6	7	8	9	10	11
	연주 (생년)		무오	무오	무오	무오	무오	무오	무오	무오	무오	무오	무오	무오	무오
	월주 (생월)		갑자	갑자	갑자	갑자	갑자	갑자	갑자	**을축**	을축	을축	을축	을축	을축
	일주 (생일)		병인	정묘	무진	기사	경오	신미	임신	계유	갑술	을해	병자	정축	무인
	대운	남	2	2	2	1	1	1	1	10	9	9	9	8	8
		여	8	8	8	9	9	9	10	10	1	1	1	1	2

음 7월	14	15	16	17	18	19	20	21	22	23	24	25	26	27	28	29	30
	17	18	19	20	21	22	23	24	25	26	27	28	29	30	31	**9/1**	2
	무오	무오	무오	무오	무오	무오	무오	무오	무오	무오	무오	무오	무오	무오	무오	무오	무오
	경신	경신	경신	경신	경신	경신	경신	경신	경신	경신	경신	경신	경신	경신	경신	경신	경신
	신해	임자	계축	갑인	을묘	병진	정사	무오	기미	경신	신유	임술	계해	갑자	을축	병인	정묘
	7	7	7	6	6	6	5	5	5	4	4	4	3	3	3	2	2
	3	3	4	4	4	5	5	5	6	6	6	7	7	7	8	8	8

음 8월	14	15	16	17	18	19	20	21	22	23	24	25	26	27	28	29	
	16	17	18	19	20	21	22	23	24	25	26	27	28	29	30	**10/1**	
	무오	무오	무오	무오	무오	무오	무오	무오	무오	무오	무오	무오	무오	무오	무오	무오	
	신유	신유	신유	신유	신유	신유	신유	신유	신유	신유	신유	신유	신유	신유	신유	신유	
	신사	임오	계미	갑신	을유	병술	정해	무자	기축	경인	신묘	임진	계사	갑오	을미	병신	
	8	7	7	7	6	6	6	5	5	5	4	4	4	3	3	3	
	3	3	3	4	4	4	5	5	5	6	6	6	7	7	7	8	

음 9월	14	15	16	17	18	19	20	21	22	23	24	25	26	27	28	29	30
	15	16	17	18	19	20	21	22	23	24	25	26	27	28	29	30	31
	무오	무오	무오	무오	무오	무오	무오	무오	무오	무오	무오	무오	무오	무오	무오	무오	무오
	임술	임술	임술	임술	임술	임술	임술	임술	임술	임술	임술	임술	임술	임술	임술	임술	임술
	경술	신해	임자	계축	갑인	을묘	병진	정사	무오	기미	경신	신유	임술	계해	갑자	을축	병인
	8	8	7	7	7	6	6	6	5	5	5	4	4	4	3	3	3
	2	2	3	3	3	4	4	4	5	5	5	6	6	6	7	7	7

음 10월	14	15	16	17	18	19	20	21	22	23	24	25	26	27	28	29	
	14	15	16	17	18	19	20	21	22	23	24	25	26	27	28	29	
	무오	무오	무오	무오	무오	무오	무오	무오	무오	무오	무오	무오	무오	무오	무오	무오	
	계해	계해	계해	계해	계해	계해	계해	계해	계해	계해	계해	계해	계해	계해	계해	계해	
	경진	신사	임오	계미	갑신	을유	병술	정해	무자	기축	경인	신묘	임진	계사	갑오	을미	
	8	7	7	7	6	6	6	5	5	5	4	4	4	3	3	3	
	2	2	3	3	3	4	4	4	5	5	5	6	6	6	7	7	

음 11월	14	15	16	17	18	19	20	21	22	23	24	25	26	27	28	29	30
	13	14	15	16	17	18	19	20	21	22	23	24	25	26	27	28	29
	무오	무오	무오	무오	무오	무오	무오	무오	무오	무오	무오	무오	무오	무오	무오	무오	무오
	갑자	갑자	갑자	갑자	갑자	갑자	갑자	갑자	갑자	갑자	갑자	갑자	갑자	갑자	갑자	갑자	갑자
	기유	경술	신해	임자	계축	갑인	을묘	병진	정사	무오	기미	경신	신유	임술	계해	갑자	을축
	8	8	7	7	7	6	6	6	5	5	5	4	4	4	3	3	3
	2	2	3	3	3	4	4	4	5	5	5	6	6	6	7	7	7

음 12월	14	15	16	17	18	19	20	21	22	23	24	25	26	27	28	29	
	12	13	14	15	16	17	18	19	20	21	22	23	24	25	26	27	
	무오	무오	무오	무오	무오	무오	무오	무오	무오	무오	무오	무오	무오	무오	무오	무오	
	을축	을축	을축	을축	을축	을축	을축	을축	을축	을축	을축	을축	을축	을축	을축	을축	
	기묘	경진	신사	임오	계미	갑신	을유	병술	정해	무자	기축	경인	신묘	임진	계사	갑오	
	8	7	7	7	6	6	6	5	5	5	4	4	4	3	3	3	
	2	2	3	3	3	4	4	4	5	5	5	6	6	6	7	7	

1979(기미)년 【단기 4312년】

월	구분		1	2	3	4	5	6	7	8	9	10	11	12	13
음 1 월	음력		1	2	3	4	5	6	7	8	9	10	11	12	13
	양력		**1/28**	29	30	31	**2/1**	2	3	4	5	6	7	8	9
	연주 (생년)		무오	무오	무오	무오	무오	무오	무오	**기미**	기미	기미	기미	기미	기미
	월주 (생월)		을축	을축	을축	을축	을축	을축	을축	**병인**	병인	병인	병인	병인	병인
	일주 (생일)		을미	병신	정유	무술	기해	경자	신축	임인	계묘	갑진	을사	병오	정미
	대운	남	2	2	2	1	1	1	1	10	1	1	1	1	2
		여	7	8	8	8	9	9	9	10	10	9	9	9	8
음 2 월	음력		1	2	3	4	5	6	7	8	9	10	11	12	13
	양력		**2/27**	28	**3/1**	2	3	4	5	6	7	8	9	10	11
	연주 (생년)		기미	기미	기미	기미	기미	기미	기미	기미	기미	기미	기미	기미	기미
	월주 (생월)		병인	병인	병인	병인	병인	병인	병인	**정묘**	정묘	정묘	정묘	정묘	정묘
	일주 (생일)		을축	병인	정묘	무진	기사	경오	신미	임신	계유	갑술	을해	병자	정축
	대운	남	8	8	8	9	9	9	10	10	1	1	1	1	2
		여	2	2	2	1	1	1	1	10	10	9	9	9	8
음 3 월	음력		1	2	3	4	5	6	7	8	9	10	11	12	13
	양력		**3/28**	29	30	31	**4/1**	2	3	4	5	6	7	8	9
	연주 (생년)		기미	기미	기미	기미	기미	기미	기미	기미	기미	기미	기미	기미	기미
	월주 (생월)		정묘	정묘	정묘	정묘	정묘	정묘	정묘	정묘	**무진**	무진	무진	무진	무진
	일주 (생일)		갑오	을미	병신	정유	무술	기해	경자	신축	임인	계묘	갑진	을사	병오
	대운	남	7	8	8	8	9	9	9	10	10	1	1	1	1
		여	3	2	2	2	1	1	1	1	10	10	10	9	9
음 4 월	음력		1	2	3	4	5	6	7	8	9	10	11	12	13
	양력		**4/26**	27	28	29	30	**5/1**	2	3	4	5	6	7	8
	연주 (생년)		기미	기미	기미	기미	기미	기미	기미	기미	기미	기미	기미	기미	기미
	월주 (생월)		무진	무진	무진	무진	무진	무진	무진	무진	무진	무진	**기사**	기사	기사
	일주 (생일)		계해	갑자	을축	병인	정묘	무진	기사	경오	신미	임신	계유	갑술	을해
	대운	남	7	7	8	8	8	9	9	9	10	10	10	1	1
		여	3	3	3	2	2	2	1	1	1	1	10	10	10
음 5 월	음력		1	2	3	4	5	6	7	8	9	10	11	12	13
	양력		**5/26**	27	28	29	30	31	**6/1**	2	3	4	5	6	7
	연주 (생년)		기미	기미	기미	기미	기미	기미	기미	기미	기미	기미	기미	기미	기미
	월주 (생월)		기사	기사	기사	기사	기사	기사	기사	기사	기사	기사	기사	**경오**	경오
	일주 (생일)		계사	갑오	을미	병신	정유	무술	기해	경자	신축	임인	계묘	갑진	을사
	대운	남	7	7	7	8	8	8	9	9	9	10	10	10	1
		여	4	3	3	3	2	2	2	1	1	1	1	10	10
음 6 월	음력		1	2	3	4	5	6	7	8	9	10	11	12	13
	양력		**6/24**	25	26	27	28	29	30	**7/1**	2	3	4	5	6
	연주 (생년)		기미	기미	기미	기미	기미	기미	기미	기미	기미	기미	기미	기미	기미
	월주 (생월)		경오	경오	경오	경오	경오	경오	경오	경오	경오	경오	경오	경오	경오
	일주 (생일)		임술	계해	갑자	을축	병인	정묘	무진	기사	경오	신미	임신	계유	갑술
	대운	남	6	6	7	7	7	8	8	8	9	9	9	10	10
		여	5	4	4	4	3	3	3	2	2	2	1	1	1

	14	15	16	17	18	19	20	21	22	23	24	25	26	27	28	29	30
	10	11	12	13	14	15	16	17	18	19	20	21	22	23	24	25	26
음	기미	기미	기미	기미	기미	기미	기미	기미	기미	기미	기미	기미	기미	기미	기미	기미	기미
1	병인	병인	병인	병인	병인	병인	병인	병인	병인	병인	병인	병인	병인	병인	병인	병인	병인
월	무신	기유	경술	신해	임자	계축	갑인	을묘	병진	정사	무오	기미	경신	신유	임술	계해	갑자
	2	2	3	3	3	4	4	4	5	5	5	6	6	6	7	7	7
	8	8	7	7	7	6	6	6	5	5	5	4	4	4	3	3	3
	14	15	16	17	18	19	20	21	22	23	24	25	26	27	28	29	
	12	13	14	15	16	17	18	19	20	21	22	23	24	25	26	27	
음	기미	기미	기미	기미	기미	기미	기미	기미	기미	기미	기미	기미	기미	기미	기미	기미	
2	정묘	정묘	정묘	정묘	정묘	정묘	정묘	정묘	정묘	정묘	정묘	정묘	정묘	정묘	정묘	정묘	
월	무인	기묘	경진	신사	임오	계미	갑신	을유	병술	정해	무자	기축	경인	신묘	임진	계사	
	2	2	3	3	3	4	4	4	5	5	5	6	6	6	7	7	
	8	8	7	7	7	6	6	6	5	5	5	4	4	4	3	3	
	14	15	16	17	18	19	20	21	22	23	24	25	26	27	28	29	
	10	11	12	13	14	15	16	17	18	19	20	21	22	23	24	25	
음	기미	기미	기미	기미	기미	기미	기미	기미	기미	기미	기미	기미	기미	기미	기미	기미	
3	무진	무진	무진	무진	무진	무진	무진	무진	무진	무진	무진	무진	무진	무진	무진	무진	
월	정미	무신	기유	경술	신해	임자	계축	갑인	을묘	병진	정사	무오	기미	경신	신유	임술	
	2	2	2	3	3	3	4	4	4	5	5	5	6	6	6	7	
	9	8	8	8	7	7	7	6	6	6	5	5	5	4	4	4	
	14	15	16	17	18	19	20	21	22	23	24	25	26	27	28	29	30
	9	10	11	12	13	14	15	16	17	18	19	20	21	22	23	24	25
음	기미	기미	기미	기미	기미	기미	기미	기미	기미	기미	기미	기미	기미	기미	기미	기미	기미
4	기사	기사	기사	기사	기사	기사	기사	기사	기사	기사	기사	기사	기사	기사	기사	기사	기사
월	병자	정축	무인	기묘	경진	신사	임오	계미	갑신	을유	병술	정해	무자	기축	경인	신묘	임진
	1	1	2	2	2	3	3	3	4	4	4	5	5	5	6	6	6
	9	9	9	8	8	8	7	7	7	6	6	6	5	5	5	4	4
	14	15	16	17	18	19	20	21	22	23	24	25	26	27	28	29	
	8	9	10	11	12	13	14	15	16	17	18	19	20	21	22	23	
음	기미	기미	기미	기미	기미	기미	기미	기미	기미	기미	기미	기미	기미	기미	기미	기미	
5	경오	경오	경오	경오	경오	경오	경오	경오	경오	경오	경오	경오	경오	경오	경오	경오	
월	병오	정미	무신	기유	경술	신해	임자	계축	갑인	을묘	병진	정사	무오	기미	경신	신유	
	1	1	1	2	2	2	3	3	3	4	4	4	5	5	5	6	
	10	10	9	9	9	8	8	8	7	7	7	6	6	6	5	5	
	14	15	16	17	18	19	20	21	22	23	24	25	26	27	28	29	30
	7	8	9	10	11	12	13	14	15	16	17	18	19	20	21	22	23
음	기미	기미	기미	기미	기미	기미	기미	기미	기미	기미	기미	기미	기미	기미	기미	기미	기미
6	경오	**신미**	신미	신미	신미	신미	신미	신미	신미	신미	신미	신미	신미	신미	신미	신미	신미
월	을해	병자	정축	무인	기묘	경진	신사	임오	계미	갑신	을유	병술	정해	무자	기축	경인	신묘
	10	10	1	1	1	1	2	2	2	3	3	3	4	4	4	5	5
	1	10	10	10	9	9	9	8	8	8	7	7	7	6	6	6	5

월	음력	1	2	3	4	5	6	7	8	9	10	11	12	13
윤 6 월	양력	**7/24**	25	26	27	28	29	30	31	**8/1**	2	3	4	5
	연주 (생년)	기미	기미	기미	기미	기미	기미	기미	기미	기미	기미	기미	기미	기미
	월주 (생월)	신미	신미	신미	신미	신미	신미	신미	신미	신미	신미	신미	신미	신미
	일주 (생일)	임진	계사	갑오	을미	병신	정유	무술	기해	경자	신축	임인	계묘	갑진
	대운 남	5	6	6	6	7	7	7	8	8	8	9	9	9
	대운 여	5	5	4	4	4	3	3	3	2	2	2	1	1
음 7 월	음력	1	2	3	4	5	6	7	8	9	10	11	12	13
	양력	**8/23**	24	25	26	27	28	29	30	31	**9/1**	2	3	4
	연주 (생년)	기미	기미	기미	기미	기미	기미	기미	기미	기미	기미	기미	기미	기미
	월주 (생월)	임신	임신	임신	임신	임신	임신	임신	임신	임신	임신	임신	임신	임신
	일주 (생일)	임술	계해	갑자	을축	병인	정묘	무진	기사	경오	신미	임신	계유	갑술
	대운 남	5	5	6	6	6	7	7	7	8	8	8	9	9
	대운 여	5	5	5	4	4	4	3	3	3	2	2	2	1
음 8 월	음력	1	2	3	4	5	6	7	8	9	10	11	12	13
	양력	**9/21**	22	23	24	25	26	27	28	29	30	**10/1**	2	3
	연주 (생년)	기미	기미	기미	기미	기미	기미	기미	기미	기미	기미	기미	기미	기미
	월주 (생월)	계유	계유	계유	계유	계유	계유	계유	계유	계유	계유	계유	계유	계유
	일주 (생일)	신묘	임진	계사	갑오	을미	병신	정유	무술	기해	경자	신축	임인	계묘
	대운 남	4	5	5	5	6	6	6	7	7	7	8	8	8
	대운 여	6	6	5	5	5	4	4	4	3	3	3	2	2
음 9 월	음력	1	2	3	4	5	6	7	8	9	10	11	12	13
	양력	**10/21**	22	23	24	25	26	27	28	29	30	31	**11/1**	2
	연주 (생년)	기미	기미	기미	기미	기미	기미	기미	기미	기미	기미	기미	기미	기미
	월주 (생월)	갑술	갑술	갑술	갑술	갑술	갑술	갑술	갑술	갑술	갑술	갑술	갑술	갑술
	일주 (생일)	신유	임술	계해	갑자	을축	병인	정묘	무진	기사	경오	신미	임신	계유
	대운 남	4	4	5	5	5	6	6	6	7	7	7	8	8
	대운 여	6	6	5	5	5	4	4	4	3	3	3	2	2
음 10 월	음력	1	2	3	4	5	6	7	8	9	10	11	12	13
	양력	**11/20**	21	22	23	24	25	26	27	28	29	30	**12/1**	2
	연주 (생년)	기미	기미	기미	기미	기미	기미	기미	기미	기미	기미	기미	기미	기미
	월주 (생월)	을해	을해	을해	을해	을해	을해	을해	을해	을해	을해	을해	을해	을해
	일주 (생일)	신묘	임진	계사	갑오	을미	병신	정유	무술	기해	경자	신축	임인	계묘
	대운 남	4	4	5	5	5	6	6	6	7	7	7	8	8
	대운 여	6	6	5	5	5	4	4	4	3	3	3	2	2
음 11 월	음력	1	2	3	4	5	6	7	8	9	10	11	12	13
	양력	**12/19**	20	21	22	23	24	25	26	27	28	29	30	31
	연주 (생년)	기미	기미	기미	기미	기미	기미	기미	기미	기미	기미	기미	기미	기미
	월주 (생월)	병자	병자	병자	병자	병자	병자	병자	병자	병자	병자	병자	병자	병자
	일주 (생일)	경신	신유	임술	계해	갑자	을축	병인	정묘	무진	기사	경오	신미	임신
	대운 남	4	4	4	5	5	5	6	6	6	7	7	7	8
	대운 여	6	6	5	5	5	4	4	4	3	3	3	2	2
음 12 월	음력	1	2	3	4	5	6	7	8	9	10	11	12	13
	양력	**1/18**	19	20	21	22	23	24	25	26	27	28	29	30
	연주 (생년)	기미	기미	기미	기미	기미	기미	기미	기미	기미	기미	기미	기미	기미
	월주 (생월)	정축	정축	정축	정축	정축	정축	정축	정축	정축	정축	정축	정축	정축
	일주 (생일)	경인	신묘	임진	계사	갑오	을미	병신	정유	무술	기해	경자	신축	임인
	대운 남	4	4	5	5	5	6	6	6	7	7	7	8	8
	대운 여	6	6	5	5	5	4	4	4	3	3	3	2	2

월																	
윤 6 월	14	15	16	17	18	19	20	21	22	23	24	25	26	27	28	29	30
	6	7	8	9	10	11	12	13	14	15	16	17	18	19	20	21	22
	기미	기미	기미	기미	기미	기미	기미	기미	기미	기미	기미	기미	기미	기미	기미	기미	기미
	신미	신미	**임신**	임신	임신	임신	임신	임신	임신	임신	임신	임신	임신	임신	임신	임신	임신
	을사	병오	정미	무신	기유	경술	신해	임자	계축	갑인	을묘	병진	정사	무오	기미	경신	신유
	10	10	10	1	1	1	1	2	2	2	3	3	3	4	4	4	5
	1	1	10	10	10	9	9	9	8	8	8	7	7	7	6	6	6
음 7 월	14	15	16	17	18	19	20	21	22	23	24	25	26	27	28	29	
	5	6	7	8	9	10	11	12	13	14	15	16	17	18	19	20	
	기미	기미	기미	기미	기미	기미	기미	기미	기미	기미	기미	기미	기미	기미	기미	기미	
	임신	임신	임신	**계유**	계유	계유	계유	계유	계유	계유	계유	계유	계유	계유	계유	계유	
	을해	병자	정축	무인	기묘	경진	신사	임오	계미	갑신	을유	병술	정해	무자	기축	경인	
	9	10	10	10	1	1	1	1	2	2	2	3	3	3	4	4	
	1	1	1	10	10	10	9	9	9	8	8	8	7	7	7	6	
음 8 월	14	15	16	17	18	19	20	21	22	23	24	25	26	27	28	29	30
	4	5	6	7	8	9	10	11	12	13	14	15	16	17	18	19	20
	기미	기미	기미	기미	기미	기미	기미	기미	기미	기미	기미	기미	기미	기미	기미	기미	기미
	계유	계유	계유	계유	계유	**갑술**	갑술	갑술	갑술	갑술	갑술	갑술	갑술	갑술	갑술	갑술	갑술
	갑진	을사	병오	정미	무신	기유	경술	신해	임자	계축	갑인	을묘	병진	정사	무오	기미	경신
	9	9	9	10	10	10	1	1	1	1	2	2	2	3	3	3	4
	2	1	1	1	1	10	10	9	9	9	8	8	8	7	7	7	6
음 9 월	14	15	16	17	18	19	20	21	22	23	24	25	26	27	28	29	30
	3	4	5	6	7	8	9	10	11	12	13	14	15	16	17	18	19
	기미	기미	기미	기미	기미	기미	기미	기미	기미	기미	기미	기미	기미	기미	기미	기미	기미
	갑술	갑술	갑술	갑술	갑술	**을해**	을해	을해	을해	을해	을해	을해	을해	을해	을해	을해	을해
	갑술	을해	병자	정축	무인	기묘	경진	신사	임오	계미	갑신	을유	병술	정해	무자	기축	경인
	8	9	9	9	10	10	1	1	1	1	2	2	2	3	3	3	4
	2	1	1	1	1	10	10	9	9	9	8	8	8	7	7	7	6
음 10 월	14	15	16	17	18	19	20	21	22	23	24	25	26	27	28	29	
	3	4	5	6	7	8	9	10	11	12	13	14	15	16	17	18	
	기미	기미	기미	기미	기미	기미	기미	기미	기미	기미	기미	기미	기미	기미	기미	기미	
	을해	을해	을해	을해	을해	**병자**	병자	병자	병자	병자	병자	병자	병자	병자	병자	병자	
	갑진	을사	병오	정미	무신	기유	경술	신해	임자	계축	갑인	을묘	병진	정사	무오	기미	
	8	9	9	9	10	10	1	1	1	1	2	2	2	3	3	3	
	2	1	1	1	1	10	9	9	9	8	8	8	7	7	7	6	
음 11 월	14	15	16	17	18	19	20	21	22	23	24	25	26	27	28	29	30
	1/1	2	3	4	5	6	7	8	9	10	11	12	13	14	15	16	17
	기미	기미	기미	기미	기미	기미	기미	기미	기미	기미	기미	기미	기미	기미	기미	기미	기미
	병자	병자	병자	병자	병자	**정축**	정축	정축	정축	정축	정축	정축	정축	정축	정축	정축	정축
	계유	갑술	을해	병자	정축	무인	기묘	경진	신사	임오	계미	갑신	을유	병술	정해	무자	기축
	8	8	9	9	9	10	1	1	1	1	2	2	2	3	3	3	4
	2	1	1	1	1	10	10	9	9	9	8	8	8	7	7	7	6
음 12 월	14	15	16	17	18	19	20	21	22	23	24	25	26	27	28	29	
	31	**2/1**	2	3	4	5	6	7	8	9	10	11	12	13	14	15	
	기미	기미	기미	기미	기미	**경신**	경신	경신	경신	경신	경신	경신	경신	경신	경신	경신	
	정축	정축	정축	정축	정축	**무인**	무인	무인	무인	무인	무인	무인	무인	무인	무인	무인	
	계묘	갑진	을사	병오	정미	무신	기유	경술	신해	임자	계축	갑인	을묘	병진	정사	무오	
	8	9	9	9	10	10	9	9	9	8	8	8	7	7	7	6	
	2	1	1	1	1	10	1	1	1	1	2	2	2	3	3	3	

1980(경신)년 【단기 4313년】

	구분		1	2	3	4	5	6	7	8	9	10	11	12	13
음 1 월	음력		1	2	3	4	5	6	7	8	9	10	11	12	13
	양력		2/16	17	18	19	20	21	22	23	24	25	26	27	28
	연주 (생년)		경신	경신	경신	경신	경신	경신	경신	경신	경신	경신	경신	경신	경신
	월주 (생월)		무인	무인	무인	무인	무인	무인	무인	무인	무인	무인	무인	무인	무인
	일주 (생일)		기미	경신	신유	임술	계해	갑자	을축	병인	정묘	무진	기사	경오	신미
	대운	남	6	6	5	5	5	4	4	4	3	3	3	2	2
		여	4	4	4	5	5	5	6	6	6	7	7	7	8
음 2 월	음력		1	2	3	4	5	6	7	8	9	10	11	12	13
	양력		3/17	18	19	20	21	22	23	24	25	26	27	28	29
	연주 (생년)		경신	경신	경신	경신	경신	경신	경신	경신	경신	경신	경신	경신	경신
	월주 (생월)		기묘	기묘	기묘	기묘	기묘	기묘	기묘	기묘	기묘	기묘	기묘	기묘	기묘
	일주 (생일)		기축	경인	신묘	임진	계사	갑오	을미	병신	정유	무술	기해	경자	신축
	대운	남	6	6	6	5	5	5	4	4	4	3	3	3	2
		여	4	4	5	5	5	6	6	6	7	7	7	8	8
음 3 월	음력		1	2	3	4	5	6	7	8	9	10	11	12	13
	양력		4/15	16	17	18	19	20	21	22	23	24	25	26	27
	연주 (생년)		경신	경신	경신	경신	경신	경신	경신	경신	경신	경신	경신	경신	경신
	월주 (생월)		경진	경진	경진	경진	경진	경진	경진	경진	경진	경진	경진	경진	경진
	일주 (생일)		무오	기미	경신	신유	임술	계해	갑자	을축	병인	정묘	무진	기사	경오
	대운	남	7	6	6	6	5	5	5	4	4	4	3	3	3
		여	3	4	4	4	5	5	5	6	6	6	7	7	7
음 4 월	음력		1	2	3	4	5	6	7	8	9	10	11	12	13
	양력		5/14	15	16	17	18	19	20	21	22	23	24	25	26
	연주 (생년)		경신	경신	경신	경신	경신	경신	경신	경신	경신	경신	경신	경신	경신
	월주 (생월)		신사	신사	신사	신사	신사	신사	신사	신사	신사	신사	신사	신사	신사
	일주 (생일)		정해	무자	기축	경인	신묘	임진	계사	갑오	을미	병신	정유	무술	기해
	대운	남	7	7	7	6	6	6	5	5	5	4	4	4	3
		여	3	3	4	4	4	5	5	5	6	6	6	7	7
음 5 월	음력		1	2	3	4	5	6	7	8	9	10	11	12	13
	양력		6/13	14	15	16	17	18	19	20	21	22	23	24	25
	연주 (생년)		경신	경신	경신	경신	경신	경신	경신	경신	경신	경신	경신	경신	경신
	월주 (생월)		임오	임오	임오	임오	임오	임오	임오	임오	임오	임오	임오	임오	임오
	일주 (생일)		정사	무오	기미	경신	신유	임술	계해	갑자	을축	병인	정묘	무진	기사
	대운	남	8	8	7	7	7	6	6	6	5	5	5	4	4
		여	3	3	3	4	4	4	5	5	5	6	6	6	7
음 6 월	음력		1	2	3	4	5	6	7	8	9	10	11	12	13
	양력		7/12	13	14	15	16	17	18	19	20	21	22	23	24
	연주 (생년)		경신	경신	경신	경신	경신	경신	경신	경신	경신	경신	경신	경신	경신
	월주 (생월)		계미	계미	계미	계미	계미	계미	계미	계미	계미	계미	계미	계미	계미
	일주 (생일)		병술	정해	무자	기축	경인	신묘	임진	계사	갑오	을미	병신	정유	무술
	대운	남	9	8	8	8	7	7	7	6	6	6	5	5	5
		여	2	2	2	3	3	3	4	4	4	5	5	5	6

	14	15	16	17	18	19	20	21	22	23	24	25	26	27	28	29	30
	29	**3/1**	2	3	4	5	6	7	8	9	10	11	12	13	14	15	16
	경신	경신	경신	경신	경신	경신	경신	경신	경신	경신	경신	경신	경신	경신	경신	경신	경신
음 1 월	무인	무인	무인	무인	무인	**기묘**	기묘	기묘	기묘	기묘	기묘	기묘	기묘	기묘	기묘	기묘	기묘
	임신	계유	갑술	을해	병자	정축	무인	기묘	경진	신사	임오	계미	갑신	을유	병술	정해	무자
	2	1	1	1	1	10	10	10	9	9	9	8	8	8	7	7	7
	8	8	9	9	9	10	1	1	1	1	2	2	2	3	3	3	4
	14	15	16	17	18	19	20	21	22	23	24	25	26	27	28	29	
	30	31	**4/1**	2	3	4	5	6	7	8	9	10	11	12	13	14	
	경신	경신	경신	경신	경신	경신	경신	경신	경신	경신	경신	경신	경신	경신	경신	경신	
음 2 월	기묘	기묘	기묘	기묘	기묘	기묘	**경진**	경진	경진	경진	경진	경진	경진	경진	경진	경진	
	임인	계묘	갑진	을사	병오	정미	무신	기유	경술	신해	임자	계축	갑인	을묘	병진	정사	
	2	2	1	1	1	1	10	10	9	9	9	8	8	8	7	7	
	8	9	9	9	10	10	10	1	1	1	1	2	2	2	3	3	
	14	15	16	17	18	19	20	21	22	23	24	25	26	27	28	29	
	28	29	30	**5/1**	2	3	4	5	6	7	8	9	10	11	12	13	
	경신	경신	경신	경신	경신	경신	경신	경신	경신	경신	경신	경신	경신	경신	경신	경신	
음 3 월	경진	경진	경진	경진	경진	경진	경진	**신사**	신사	신사	신사	신사	신사	신사	신사	신사	
	신미	임신	계유	갑술	을해	병자	정축	무인	기묘	경진	신사	임오	계미	갑신	을유	병술	
	2	2	2	1	1	1	1	10	10	10	9	9	9	8	8	8	
	8	8	8	9	9	9	10	10	1	1	1	1	2	2	2	3	
	14	15	16	17	18	19	20	21	22	23	24	25	26	27	28	29	30
	27	28	29	30	31	**6/1**	2	3	4	5	6	7	8	9	10	11	12
	경신	경신	경신	경신	경신	경신	경신	경신	경신	경신	경신	경신	경신	경신	경신	경신	경신
음 4 월	신사	신사	신사	신사	신사	신사	신사	신사	신사	**임오**	임오	임오	임오	임오	임오	임오	임오
	경자	신축	임인	계묘	갑진	을사	병오	정미	무신	기유	경술	신해	임자	계축	갑인	을묘	병진
	3	3	2	2	2	1	1	1	1	10	10	10	10	9	9	9	8
	7	8	8	8	9	9	9	10	10	10	1	1	1	1	2	2	2
	14	15	16	17	18	19	20	21	22	23	24	25	26	27	28	29	
	26	27	28	29	30	**7/1**	2	3	4	5	6	7	8	9	10	11	
	경신	경신	경신	경신	경신	경신	경신	경신	경신	경신	경신	경신	경신	경신	경신	경신	
음 5 월	임오	임오	임오	임오	임오	임오	임오	임오	임오	임오	임오	**계미**	계미	계미	계미	계미	
	경오	신미	임신	계유	갑술	을해	병자	정축	무인	기묘	경진	신사	임오	계미	갑신	을유	
	4	3	3	3	2	2	2	1	1	1	1	10	10	10	9	9	
	7	7	8	8	8	9	9	9	10	10	10	10	1	1	1	1	
	14	15	16	17	18	19	20	21	22	23	24	25	26	27	28	29	30
	25	26	27	28	29	30	31	**8/1**	2	3	4	5	6	7	8	9	10
	경신	경신	경신	경신	경신	경신	경신	경신	경신	경신	경신	경신	경신	경신	경신	경신	경신
음 6 월	계미	계미	계미	계미	계미	계미	계미	계미	계미	계미	계미	계미	계미	**갑신**	갑신	갑신	갑신
	기해	경자	신축	임인	계묘	갑진	을사	병오	정미	무신	기유	경술	신해	임자	계축	갑인	을묘
	4	4	4	3	3	3	2	2	2	1	1	1	1	10	10	10	9
	6	6	7	7	7	8	8	8	9	9	9	10	10	10	1	1	1

1980(경신)년 【단기 4313년】

월	구분		1	2	3	4	5	6	7	8	9	10	11	12	13
음 7 월	음력		1	2	3	4	5	6	7	8	9	10	11	12	13
	양력		8/11	12	13	14	15	16	17	18	19	20	21	22	23
	연주 (생년)		경신	경신	경신	경신	경신	경신	경신	경신	경신	경신	경신	경신	경신
	월주 (생월)		갑신	갑신	갑신	갑신	갑신	갑신	갑신	갑신	갑신	갑신	갑신	갑신	갑신
	일주 (생일)		병진	정사	무오	기미	경신	신유	임술	계해	갑자	을축	병인	정묘	무진
	대운	남	9	9	8	8	8	7	7	7	6	6	6	5	5
		여	1	2	2	2	3	3	3	4	4	4	5	5	5
음 8 월	음력		1	2	3	4	5	6	7	8	9	10	11	12	13
	양력		9/9	10	11	12	13	14	15	16	17	18	19	20	21
	연주 (생년)		경신	경신	경신	경신	경신	경신	경신	경신	경신	경신	경신	경신	경신
	월주 (생월)		을유	을유	을유	을유	을유	을유	을유	을유	을유	을유	을유	을유	을유
	일주 (생일)		을유	병술	정해	무자	기축	경인	신묘	임진	계사	갑오	을미	병신	정유
	대운	남	10	9	9	9	8	8	8	7	7	7	6	6	6
		여	1	1	1	2	2	2	3	3	3	4	4	4	5
음 9 월	음력		1	2	3	4	5	6	7	8	9	10	11	12	13
	양력		10/9	10	11	12	13	14	15	16	17	18	19	20	21
	연주 (생년)		경신	경신	경신	경신	경신	경신	경신	경신	경신	경신	경신	경신	경신
	월주 (생월)		병술	병술	병술	병술	병술	병술	병술	병술	병술	병술	병술	병술	병술
	일주 (생일)		을묘	병진	정사	무오	기미	경신	신유	임술	계해	갑자	을축	병인	정묘
	대운	남	10	9	9	9	8	8	8	7	7	7	6	6	6
		여	1	1	1	1	2	2	2	3	3	3	4	4	4
음 10 월	음력		1	2	3	4	5	6	7	8	9	10	11	12	13
	양력		11/8	9	10	11	12	13	14	15	16	17	18	19	20
	연주 (생년)		경신	경신	경신	경신	경신	경신	경신	경신	경신	경신	경신	경신	경신
	월주 (생월)		정해	정해	정해	정해	정해	정해	정해	정해	정해	정해	정해	정해	정해
	일주 (생일)		을유	병술	정해	무자	기축	경인	신묘	임진	계사	갑오	을미	병신	정유
	대운	남	10	9	9	9	8	8	8	7	7	7	6	6	6
		여	1	1	1	1	2	2	2	3	3	3	4	4	4
음 11 월	음력		1	2	3	4	5	6	7	8	9	10	11	12	13
	양력		12/7	8	9	10	11	12	13	14	15	16	17	18	19
	연주 (생년)		경신	경신	경신	경신	경신	경신	경신	경신	경신	경신	경신	경신	경신
	월주 (생월)		**무자**	무자	무자	무자	무자	무자	무자	무자	무자	무자	무자	무자	무자
	일주 (생일)		갑인	을묘	병진	정사	무오	기미	경신	신유	임술	계해	갑자	을축	병인
	대운	남	10	9	9	9	8	8	8	7	7	7	6	6	6
		여	10	1	1	1	1	2	2	2	3	3	3	4	4
음 12 월	음력		1	2	3	4	5	6	7	8	9	10	11	12	13
	양력		1/6	7	8	9	10	11	12	13	14	15	16	17	18
	연주 (생년)		경신	경신	경신	경신	경신	경신	경신	경신	경신	경신	경신	경신	경신
	월주 (생월)		기축	기축	기축	기축	기축	기축	기축	기축	기축	기축	기축	기축	기축
	일주 (생일)		갑신	을유	병술	정해	무자	기축	경인	신묘	임진	계사	갑오	을미	병신
	대운	남	10	9	9	9	8	8	8	7	7	7	6	6	6
		여	1	1	1	1	2	2	2	3	3	3	4	4	4

음 7 월	14	15	16	17	18	19	20	21	22	23	24	25	26	27	28	29	
	24	25	26	27	28	29	30	31	**9/1**	2	3	4	5	6	7	8	
	경신	경신	경신	경신	경신	경신	경신	경신	경신	경신	경신	경신	경신	경신	경신	경신	
	갑신	갑신	갑신	갑신	갑신	갑신	갑신	갑신	갑신	갑신	갑신	갑신	갑신	갑신	**을유**	을유	
	기사	경오	신미	임신	계유	갑술	을해	병자	정축	무인	기묘	경진	신사	임오	계미	갑신	
	5	4	4	4	3	3	3	2	2	2	1	1	1	1	10	10	
	6	6	6	7	7	7	8	8	8	9	9	9	10	10	10	1	
음 8 월	14	15	16	17	18	19	20	21	22	23	24	25	26	27	28	29	30
	22	23	24	25	26	27	28	29	30	**10/1**	2	3	4	5	6	7	8
	경신	경신	경신	경신	경신	경신	경신	경신	경신	경신	경신	경신	경신	경신	경신	경신	경신
	을유	을유	을유	을유	을유	을유	을유	을유	을유	을유	을유	을유	을유	을유	을유	을유	**병술**
	무술	기해	경자	신축	임인	계묘	갑진	을사	병오	정미	무신	기유	경술	신해	임자	계축	갑인
	5	5	5	4	4	4	3	3	3	2	2	2	1	1	1	1	10
	5	5	6	6	6	7	7	7	8	8	8	9	9	9	10	10	10
음 9 월	14	15	16	17	18	19	20	21	22	23	24	25	26	27	28	29	30
	22	23	24	25	26	27	28	29	30	31	**11/1**	2	3	4	5	6	7
	경신	경신	경신	경신	경신	경신	경신	경신	경신	경신	경신	경신	경신	경신	경신	경신	경신
	병술	병술	병술	병술	병술	병술	병술	병술	병술	병술	병술	병술	병술	병술	병술	병술	**정해**
	무진	기사	경오	신미	임신	계유	갑술	을해	병자	정축	무인	기묘	경진	신사	임오	계미	갑신
	5	5	5	4	4	4	3	3	3	2	2	2	1	1	1	1	10
	5	5	5	6	6	6	7	7	7	8	8	8	9	9	9	10	10
음 10 월	14	15	16	17	18	19	20	21	22	23	24	25	26	27	28	29	
	21	22	23	24	25	26	27	28	29	30	**12/1**	2	3	4	5	6	
	경신	경신	경신	경신	경신	경신	경신	경신	경신	경신	경신	경신	경신	경신	경신	경신	
	정해	정해	정해	정해	정해	정해	정해	정해	정해	정해	정해	정해	정해	정해	정해	정해	
	무술	기해	경자	신축	임인	계묘	갑진	을사	병오	정미	무신	기유	경술	신해	임자	계축	
	5	5	5	4	4	4	3	3	3	2	2	2	1	1	1	1	
	5	5	5	6	6	6	7	7	7	8	8	8	9	9	9	10	
음 11 월	14	15	16	17	18	19	20	21	22	23	24	25	26	27	28	29	30
	20	21	22	23	24	25	26	27	28	29	30	31	**1/1**	2	3	4	5
	경신	경신	경신	경신	경신	경신	경신	경신	경신	경신	경신	경신	경신	경신	경신	경신	경신
	무자	무자	무자	무자	무자	무자	무자	무자	무자	무자	무자	무자	무자	무자	무자	무자	**기축**
	정묘	무진	기사	경오	신미	임신	계유	갑술	을해	병자	정축	무인	기묘	경진	신사	임오	계미
	5	5	5	4	4	4	3	3	3	2	2	2	1	1	1	1	10
	4	5	5	5	6	6	6	7	7	7	8	8	8	9	9	9	10
음 12 월	14	15	16	17	18	19	20	21	22	23	24	25	26	27	28	29	30
	19	20	21	22	23	24	25	26	27	28	29	30	31	**2/1**	2	3	4
	경신	경신	경신	경신	경신	경신	경신	경신	경신	경신	경신	경신	경신	경신	경신	경신	**신유**
	기축	기축	기축	기축	기축	기축	기축	기축	기축	기축	기축	기축	기축	기축	기축	기축	**경인**
	정유	무술	기해	경자	신축	임인	계묘	갑진	을사	병오	정미	무신	기유	경술	신해	임자	계축
	5	5	5	4	4	4	3	3	3	2	2	2	1	1	1	1	10
	5	5	5	6	6	6	7	7	7	8	8	8	9	9	9	10	10

1981(신유)년 【단기 4314년】

월	구분	1	2	3	4	5	6	7	8	9	10	11	12	13
음 1 월	음력	1	2	3	4	5	6	7	8	9	10	11	12	13
	양력	**2/5**	6	7	8	9	10	11	12	13	14	15	16	17
	연주 (생년)	신유	신유	신유	신유	신유	신유	신유	신유	신유	신유	신유	신유	신유
	월주 (생월)	경인	경인	경인	경인	경인	경인	경인	경인	경인	경인	경인	경인	경인
	일주 (생일)	갑인	을묘	병진	정사	무오	기미	경신	신유	임술	계해	갑자	을축	병인
	대운 남	1	1	1	1	2	2	2	3	3	3	4	4	4
	대운 여	10	9	9	9	8	8	8	7	7	7	6	6	6
음 2 월	음력	1	2	3	4	5	6	7	8	9	10	11	12	13
	양력	**3/6**	7	8	9	10	11	12	13	14	15	16	17	18
	연주 (생년)	신유	신유	신유	신유	신유	신유	신유	신유	신유	신유	신유	신유	신유
	월주 (생월)	**신묘**	신묘	신묘	신묘	신묘	신묘	신묘	신묘	신묘	신묘	신묘	신묘	신묘
	일주 (생일)	계미	갑신	을유	병술	정해	무자	기축	경인	신묘	임진	계사	갑오	을미
	대운 남	10	1	1	1	1	2	2	2	3	3	3	4	4
	대운 여	10	10	9	9	9	8	8	8	7	7	7	6	6
음 3 월	음력	1	2	3	4	5	6	7	8	9	10	11	12	13
	양력	**4/5**	6	7	8	9	10	11	12	13	14	15	16	17
	연주 (생년)	신유	신유	신유	신유	신유	신유	신유	신유	신유	신유	신유	신유	신유
	월주 (생월)	**임진**	임진	임진	임진	임진	임진	임진	임진	임진	임진	임진	임진	임진
	일주 (생일)	계축	갑인	을묘	병진	정사	무오	기미	경신	신유	임술	계해	갑자	을축
	대운 남	10	1	1	1	1	2	2	2	3	3	3	4	4
	대운 여	10	10	9	9	9	8	8	8	7	7	7	6	6
음 4 월	음력	1	2	3	4	5	6	7	8	9	10	11	12	13
	양력	**5/4**	5	6	7	8	9	10	11	12	13	14	15	16
	연주 (생년)	신유	신유	신유	신유	신유	신유	신유	신유	신유	신유	신유	신유	신유
	월주 (생월)	임진	**계사**	계사	계사	계사	계사	계사	계사	계사	계사	계사	계사	계사
	일주 (생일)	임오	계미	갑신	을유	병술	정해	무자	기축	경인	신묘	임진	계사	갑오
	대운 남	10	10	1	1	1	1	2	2	2	3	3	3	4
	대운 여	1	10	10	10	10	9	9	9	8	8	8	7	7
음 5 월	음력	1	2	3	4	5	6	7	8	9	10	11	12	13
	양력	**6/2**	3	4	5	6	7	8	9	10	11	12	13	14
	연주 (생년)	신유	신유	신유	신유	신유	신유	신유	신유	신유	신유	신유	신유	신유
	월주 (생월)	계사	계사	계사	계사	**갑오**	갑오	갑오	갑오	갑오	갑오	갑오	갑오	갑오
	일주 (생일)	신해	임자	계축	갑인	을묘	병진	정사	무오	기미	경신	신유	임술	계해
	대운 남	9	10	10	10	10	1	1	1	1	2	2	2	3
	대운 여	1	1	1	1	10	10	10	9	9	9	8	8	8
음 6 월	음력	1	2	3	4	5	6	7	8	9	10	11	12	13
	양력	**7/2**	3	4	5	6	7	8	9	10	11	12	13	14
	연주 (생년)	신유	신유	신유	신유	신유	신유	신유	신유	신유	신유	신유	신유	신유
	월주 (생월)	갑오	갑오	갑오	갑오	갑오	**을미**	을미	을미	을미	을미	을미	을미	을미
	일주 (생일)	신사	임오	계미	갑신	을유	병술	정해	무자	기축	경인	신묘	임진	계사
	대운 남	9	9	9	10	10	10	1	1	1	1	2	2	2
	대운 여	2	1	1	1	1	10	10	10	9	9	9	8	8

	14	15	16	17	18	19	20	21	22	23	24	25	26	27	28	29	
	18	19	20	21	22	23	24	25	26	27	28	**3/1**	2	3	4	5	
음	신유	신유	신유	신유	신유	신유	신유	신유	신유	신유	신유	신유	신유	신유	신유	신유	
1	경인	경인	경인	경인	경인	경인	경인	경인	경인	경인	경인	경인	경인	경인	경인	경인	
월	정묘	무진	기사	경오	신미	임신	계유	갑술	을해	병자	정축	무인	기묘	경진	신사	임오	
	5	5	5	6	6	6	7	7	7	8	8	8	9	9	9	10	
	5	5	5	4	4	4	3	3	3	2	2	2	1	1	1	1	

	14	15	16	17	18	19	20	21	22	23	24	25	26	27	28	29	30
	19	20	21	22	23	24	25	26	27	28	29	30	31	**4/1**	2	3	4
음	신유	신유	신유	신유	신유	신유	신유	신유	신유	신유	신유	신유	신유	신유	신유	신유	신유
2	신묘	신묘	신묘	신묘	신묘	신묘	신묘	신묘	신묘	신묘	신묘	신묘	신묘	신묘	신묘	신묘	신묘
월	병신	정유	무술	기해	경자	신축	임인	계묘	갑진	을사	병오	정미	무신	기유	경술	신해	임자
	4	5	5	5	6	6	6	7	7	7	8	8	8	9	9	9	10
	6	5	5	5	4	4	4	3	3	3	2	2	2	1	1	1	1

	14	15	16	17	18	19	20	21	22	23	24	25	26	27	28	29	
	18	19	20	21	22	23	24	25	26	27	28	29	30	**5/1**	2	3	
음	신유	신유	신유	신유	신유	신유	신유	신유	신유	신유	신유	신유	신유	신유	신유	신유	
3	임진	임진	임진	임진	임진	임진	임진	임진	임진	임진	임진	임진	임진	임진	임진	임진	
월	병인	정묘	무진	기사	경오	신미	임신	계유	갑술	을해	병자	정축	무인	기묘	경진	신사	
	4	5	5	5	6	6	6	7	7	7	8	8	8	9	9	9	
	6	5	5	5	4	4	4	3	3	3	2	2	2	1	1	1	

	14	15	16	17	18	19	20	21	22	23	24	25	26	27	28	29	
	17	18	19	20	21	22	23	24	25	26	27	28	29	30	31	**6/1**	
음	신유	신유	신유	신유	신유	신유	신유	신유	신유	신유	신유	신유	신유	신유	신유	신유	
4	계사	계사	계사	계사	계사	계사	계사	계사	계사	계사	계사	계사	계사	계사	계사	계사	
월	을미	병신	정유	무술	기해	경자	신축	임인	계묘	갑진	을사	병오	정미	무신	기유	경술	
	4	4	5	5	5	6	6	6	7	7	7	8	8	8	9	9	
	7	6	6	6	5	5	5	4	4	4	3	3	3	2	2	2	

	14	15	16	17	18	19	20	21	22	23	24	25	26	27	28	29	30
	15	16	17	18	19	20	21	22	23	24	25	26	27	28	29	30	**7/1**
음	신유	신유	신유	신유	신유	신유	신유	신유	신유	신유	신유	신유	신유	신유	신유	신유	신유
5	갑오	갑오	갑오	갑오	갑오	갑오	갑오	갑오	갑오	갑오	갑오	갑오	갑오	갑오	갑오	갑오	갑오
월	갑자	을축	병인	정묘	무진	기사	경오	신미	임신	계유	갑술	을해	병자	정축	무인	기묘	경진
	3	3	4	4	4	5	5	5	6	6	6	7	7	7	8	8	8
	7	7	7	6	6	6	5	5	5	4	4	4	3	3	3	2	2

	14	15	16	17	18	19	20	21	22	23	24	25	26	27	28	29	
	15	16	17	18	19	20	21	22	23	24	25	26	27	28	29	30	
음	신유	신유	신유	신유	신유	신유	신유	신유	신유	신유	신유	신유	신유	신유	신유	신유	
6	을미	을미	을미	을미	을미	을미	을미	을미	을미	을미	을미	을미	을미	을미	을미	을미	
월	갑오	을미	병신	정유	무술	기해	경자	신축	임인	계묘	갑진	을사	병오	정미	무신	기유	
	3	3	3	4	4	4	5	5	5	6	6	6	7	7	7	8	
	8	7	7	7	6	6	6	5	5	5	4	4	4	3	3	3	

1981(신유)년 【단기 4314년】

월	구분		1	2	3	4	5	6	7	8	9	10	11	12	13
음 7 월	음력		1	2	3	4	5	6	7	8	9	10	11	12	13
	양력		**7/31**	**8/1**	2	3	4	5	6	7	8	9	10	11	12
	연주 (생년)		신유	신유	신유	신유	신유	신유	신유	신유	신유	신유	신유	신유	신유
	월주 (생월)		을미	을미	을미	을미	을미	을미	을미	**병신**	병신	병신	병신	병신	병신
	일주 (생일)		경술	신해	임자	계축	갑인	을묘	병진	정사	무오	기미	경신	신유	임술
	대운	남	8	8	9	9	9	10	10	10	1	1	1	1	2
		여	2	2	2	1	1	1	1	10	10	10	10	9	9
음 8 월	음력		1	2	3	4	5	6	7	8	9	10	11	12	13
	양력		**8/29**	30	31	**9/1**	2	3	4	5	6	7	8	9	10
	연주 (생년)		신유	신유	신유	신유	신유	신유	신유	신유	신유	신유	신유	신유	신유
	월주 (생월)		병신	병신	병신	병신	병신	병신	병신	병신	병신	병신	**정유**	정유	정유
	일주 (생일)		기묘	경진	신사	임오	계미	갑신	을유	병술	정해	무자	기축	경인	신묘
	대운	남	7	8	8	8	9	9	9	10	10	10	10	1	1
		여	3	3	3	2	2	2	1	1	1	1	10	10	9
음 9 월	음력		1	2	3	4	5	6	7	8	9	10	11	12	13
	양력		**9/28**	29	30	**10/1**	2	3	4	5	6	7	8	9	10
	연주 (생년)		신유	신유	신유	신유	신유	신유	신유	신유	신유	신유	신유	신유	신유
	월주 (생월)		정유	정유	정유	정유	정유	정유	정유	정유	정유	정유	**무술**	무술	무술
	일주 (생일)		기유	경술	신해	임자	계축	갑인	을묘	병진	정사	무오	기미	경신	신유
	대운	남	7	7	8	8	8	9	9	9	10	10	10	1	1
		여	3	3	3	2	2	2	1	1	1	1	10	10	9
음 10 월	음력		1	2	3	4	5	6	7	8	9	10	11	12	13
	양력		**10/28**	29	30	31	**11/1**	2	3	4	5	6	7	8	9
	연주 (생년)		신유	신유	신유	신유	신유	신유	신유	신유	신유	신유	신유	신유	신유
	월주 (생월)		무술	무술	무술	무술	무술	무술	무술	무술	무술	무술	**기해**	기해	기해
	일주 (생일)		기묘	경진	신사	임오	계미	갑신	을유	병술	정해	무자	기축	경인	신묘
	대운	남	7	7	7	8	8	8	9	9	9	10	10	1	1
		여	3	3	3	2	2	2	1	1	1	1	10	10	9
음 11 월	음력		1	2	3	4	5	6	7	8	9	10	11	12	13
	양력		**11/26**	27	28	29	30	**12/1**	2	3	4	5	6	7	8
	연주 (생년)		신유	신유	신유	신유	신유	신유	신유	신유	신유	신유	신유	신유	신유
	월주 (생월)		기해	기해	기해	기해	기해	기해	기해	기해	기해	기해	기해	**경자**	경자
	일주 (생일)		무신	기유	경술	신해	임자	계축	갑인	을묘	병진	정사	무오	기미	경신
	대운	남	6	7	7	7	8	8	8	9	9	9	10	10	1
		여	4	3	3	3	2	2	2	1	1	1	1	10	10
음 12 월	음력		1	2	3	4	5	6	7	8	9	10	11	12	13
	양력		**12/26**	27	28	29	30	31	**1/1**	2	3	4	5	6	7
	연주 (생년)		신유	신유	신유	신유	신유	신유	신유	신유	신유	신유	신유	신유	신유
	월주 (생월)		경자	경자	경자	경자	경자	경자	경자	경자	경자	경자	경자	**신축**	신축
	일주 (생일)		무인	기묘	경진	신사	임오	계미	갑신	을유	병술	정해	무자	기축	경인
	대운	남	6	7	7	7	8	8	8	9	9	9	10	10	1
		여	4	3	3	3	2	2	2	1	1	1	1	10	9

음 7월	14	15	16	17	18	19	20	21	22	23	24	25	26	27	28	29	
	13	14	15	16	17	18	19	20	21	22	23	24	25	26	27	28	
	신유	신유	신유	신유	신유	신유	신유	신유	신유	신유	신유	신유	신유	신유	신유	신유	
	병신	병신	병신	병신	병신	병신	병신	병신	병신	병신	병신	병신	병신	병신	병신	병신	
	계해	갑자	을축	병인	정묘	무진	기사	경오	신미	임신	계유	갑술	을해	병자	정축	무인	
	2	2	3	3	3	4	4	4	5	5	5	6	6	6	7	7	
	9	8	8	8	7	7	7	6	6	6	5	5	5	4	4	4	
음 8월	14	15	16	17	18	19	20	21	22	23	24	25	26	27	28	29	30
	11	12	13	14	15	16	17	18	19	20	21	22	23	24	25	26	27
	신유	신유	신유	신유	신유	신유	신유	신유	신유	신유	신유	신유	신유	신유	신유	신유	신유
	정유	정유	정유	정유	정유	정유	정유	정유	정유	정유	정유	정유	정유	정유	정유	정유	정유
	임진	계사	갑오	을미	병신	정유	무술	기해	경자	신축	임인	계묘	갑진	을사	병오	정미	무신
	1	1	2	2	2	3	3	3	4	4	4	5	5	5	6	6	6
	9	9	8	8	8	7	7	7	6	6	6	5	5	5	4	4	4
음 9월	14	15	16	17	18	19	20	21	22	23	24	25	26	27	28	29	30
	11	12	13	14	15	16	17	18	19	20	21	22	23	24	25	26	27
	신유	신유	신유	신유	신유	신유	신유	신유	신유	신유	신유	신유	신유	신유	신유	신유	신유
	무술	무술	무술	무술	무술	무술	무술	무술	무술	무술	무술	무술	무술	무술	무술	무술	무술
	임술	계해	갑자	을축	병인	정묘	무진	기사	경오	신미	임신	계유	갑술	을해	병자	정축	무인
	1	1	2	2	2	3	3	3	4	4	4	5	5	5	6	6	6
	9	9	8	8	8	7	7	7	6	6	6	5	5	5	4	4	4
음 10월	14	15	16	17	18	19	20	21	22	23	24	25	26	27	28	29	
	10	11	12	13	14	15	16	17	18	19	20	21	22	23	24	25	
	신유	신유	신유	신유	신유	신유	신유	신유	신유	신유	신유	신유	신유	신유	신유	신유	
	기해	기해	기해	기해	기해	기해	기해	기해	기해	기해	기해	기해	기해	기해	기해	기해	
	임진	계사	갑오	을미	병신	정유	무술	기해	경자	신축	임인	계묘	갑진	을사	병오	정미	
	1	1	2	2	2	3	3	3	4	4	4	5	5	5	6	6	
	9	9	8	8	8	7	7	7	6	6	6	5	5	5	4	4	
음 11월	14	15	16	17	18	19	20	21	22	23	24	25	26	27	28	29	30
	9	10	11	12	13	14	15	16	17	18	19	20	21	22	23	24	25
	신유	신유	신유	신유	신유	신유	신유	신유	신유	신유	신유	신유	신유	신유	신유	신유	신유
	경자	경자	경자	경자	경자	경자	경자	경자	경자	경자	경자	경자	경자	경자	경자	경자	경자
	신유	임술	계해	갑자	을축	병인	정묘	무진	기사	경오	신미	임신	계유	갑술	을해	병자	정축
	1	1	1	2	2	2	3	3	3	4	4	4	5	5	5	6	6
	9	9	9	8	8	8	7	7	7	6	6	6	5	5	5	4	4
음 12월	14	15	16	17	18	19	20	21	22	23	24	25	26	27	28	29	30
	8	9	10	11	12	13	14	15	16	17	18	19	20	21	22	23	24
	신유	신유	신유	신유	신유	신유	신유	신유	신유	신유	신유	신유	신유	신유	신유	신유	신유
	신축	신축	신축	신축	신축	신축	신축	신축	신축	신축	신축	신축	신축	신축	신축	신축	신축
	신묘	임진	계사	갑오	을미	병신	정유	무술	기해	경자	신축	임인	계묘	갑진	을사	병오	정미
	1	1	1	2	2	2	3	3	3	4	4	4	5	5	5	6	6
	9	9	8	8	8	7	7	7	6	6	6	5	5	5	4	4	4

1982(임술)년 【단기 4315년】

월	구분		1	2	3	4	5	6	7	8	9	10	11	12	13
음 1 월	음력		1	2	3	4	5	6	7	8	9	10	11	12	13
	양력		**1/25**	26	27	28	29	30	31	**2/1**	2	3	4	5	6
	연주 (생년)		신유	신유	신유	신유	신유	신유	신유	신유	신유	신유	**임술**	임술	임술
	월주 (생월)		신축	신축	신축	신축	신축	신축	신축	신축	신축	신축	**임인**	임인	임인
	일주 (생일)		무신	기유	경술	신해	임자	계축	갑인	을묘	병진	정사	무오	기미	경신
	대운	남	6	7	7	7	8	8	8	9	9	9	10	10	9
		여	3	3	3	2	2	2	1	1	1	1	10	1	1
음 2 월	음력		1	2	3	4	5	6	7	8	9	10	11	12	13
	양력		**2/24**	25	26	27	28	**3/1**	2	3	4	5	6	7	8
	연주 (생년)		임술	임술	임술	임술	임술	임술	임술	임술	임술	임술	임술	임술	임술
	월주 (생월)		임인	임인	임인	임인	임인	임인	임인	임인	임인	임인	**계묘**	계묘	계묘
	일주 (생일)		무인	기묘	경진	신사	임오	계미	갑신	을유	병술	정해	무자	기축	경인
	대운	남	3	3	3	2	2	2	1	1	1	1	10	10	9
		여	7	7	7	8	8	8	9	9	9	10	10	1	1
음 3 월	음력		1	2	3	4	5	6	7	8	9	10	11	12	13
	양력		**3/25**	26	27	28	29	30	31	**4/1**	2	3	4	5	6
	연주 (생년)		임술	임술	임술	임술	임술	임술	임술	임술	임술	임술	임술	임술	임술
	월주 (생월)		계묘	계묘	계묘	계묘	계묘	계묘	계묘	계묘	계묘	계묘	계묘	**갑진**	갑진
	일주 (생일)		정미	무신	기유	경술	신해	임자	계축	갑인	을묘	병진	정사	무오	기미
	대운	남	4	3	3	3	2	2	2	1	1	1	1	10	10
		여	7	7	7	8	8	8	9	9	9	10	10	10	1
음 4 월	음력		1	2	3	4	5	6	7	8	9	10	11	12	13
	양력		**4/24**	25	26	27	28	29	30	**5/1**	2	3	4	5	6
	연주 (생년)		임술	임술	임술	임술	임술	임술	임술	임술	임술	임술	임술	임술	임술
	월주 (생월)		갑진	갑진	갑진	갑진	갑진	갑진	갑진	갑진	갑진	갑진	갑진	갑진	**을사**
	일주 (생일)		정축	무인	기묘	경진	신사	임오	계미	갑신	을유	병술	정해	무자	기축
	대운	남	4	4	3	3	3	2	2	2	1	1	1	1	10
		여	6	7	7	7	8	8	8	9	9	9	10	10	10
윤 4 월	음력		1	2	3	4	5	6	7	8	9	10	11	12	13
	양력		**5/23**	24	25	26	27	28	29	30	31	**6/1**	2	3	4
	연주 (생년)		임술	임술	임술	임술	임술	임술	임술	임술	임술	임술	임술	임술	임술
	월주 (생월)		을사	을사	을사	을사	을사	을사	을사	을사	을사	을사	을사	을사	을사
	일주 (생일)		병오	정미	무신	기유	경술	신해	임자	계축	갑인	을묘	병진	정사	무오
	대운	남	5	4	4	4	3	3	3	2	2	2	1	1	1
		여	6	6	6	7	7	7	8	8	8	9	9	9	10
음 5 월	음력		1	2	3	4	5	6	7	8	9	10	11	12	13
	양력		**6/21**	22	23	24	25	26	27	28	29	30	**7/1**	2	3
	연주 (생년)		임술	임술	임술	임술	임술	임술	임술	임술	임술	임술	임술	임술	임술
	월주 (생월)		병오	병오	병오	병오	병오	병오	병오	병오	병오	병오	병오	병오	병오
	일주 (생일)		을해	병자	정축	무인	기묘	경진	신사	임오	계미	갑신	을유	병술	정해
	대운	남	5	5	5	4	4	4	3	3	3	2	2	2	1
		여	5	5	6	6	6	7	7	7	8	8	8	9	9
음 6 월	음력		1	2	3	4	5	6	7	8	9	10	11	12	13
	양력		**7/21**	22	23	24	25	26	27	28	29	30	31	**8/1**	2
	연주 (생년)		임술	임술	임술	임술	임술	임술	임술	임술	임술	임술	임술	임술	임술
	월주 (생월)		정미	정미	정미	정미	정미	정미	정미	정미	정미	정미	정미	정미	정미
	일주 (생일)		을사	병오	정미	무신	기유	경술	신해	임자	계축	갑인	을묘	병진	정사
	대운	남	6	6	5	5	5	4	4	4	3	3	3	2	2
		여	5	5	5	6	6	6	7	7	7	8	8	8	9

	14	15	16	17	18	19	20	21	22	23	24	25	26	27	28	29	30
음	7	8	9	10	11	12	13	14	15	16	17	18	19	20	21	22	23
	임술	임술	임술	임술	임술	임술	임술	임술	임술	임술	임술	임술	임술	임술	임술	임술	임술
1	임인	임인	임인	임인	임인	임인	임인	임인	임인	임인	임인	임인	임인	임인	임인	임인	임인
	신유	임술	계해	갑자	을축	병인	정묘	무진	기사	경오	신미	임신	계유	갑술	을해	병자	정축
월	9	9	8	8	8	7	7	7	6	6	6	5	5	5	4	4	4
	1	1	2	2	2	3	3	3	4	4	4	5	5	5	6	6	6
	14	15	16	17	18	19	20	21	22	23	24	25	26	27	28	29	
음	9	10	11	12	13	14	15	16	17	18	19	20	21	22	23	24	
	임술	임술	임술	임술	임술	임술	임술	임술	임술	임술	임술	임술	임술	임술	임술	임술	
2	계묘	계묘	계묘	계묘	계묘	계묘	계묘	계묘	계묘	계묘	계묘	계묘	계묘	계묘	계묘	계묘	
	신묘	임진	계사	갑오	을미	병신	정유	무술	기해	경자	신축	임인	계묘	갑진	을사	병오	
월	9	9	8	8	8	7	7	7	6	6	6	5	5	5	4	4	
	1	1	2	2	2	3	3	3	4	4	4	5	5	5	6	6	
	14	15	16	17	18	19	20	21	22	23	24	25	26	27	28	29	30
음	7	8	9	10	11	12	13	14	15	16	17	18	19	20	21	22	23
	임술	임술	임술	임술	임술	임술	임술	임술	임술	임술	임술	임술	임술	임술	임술	임술	임술
3	갑진	갑진	갑진	갑진	갑진	갑진	갑진	갑진	갑진	갑진	갑진	갑진	갑진	갑진	갑진	갑진	갑진
	경신	신유	임술	계해	갑자	을축	병인	정묘	무진	기사	경오	신미	임신	계유	갑술	을해	병자
월	10	9	9	9	8	8	8	7	7	7	6	6	6	5	5	5	4
	1	1	2	2	2	3	3	3	4	4	4	5	5	5	6	6	6
	14	15	16	17	18	19	20	21	22	23	24	25	26	27	28	29	
음	7	8	9	10	11	12	13	14	15	16	17	18	19	20	21	22	
	임술	임술	임술	임술	임술	임술	임술	임술	임술	임술	임술	임술	임술	임술	임술	임술	
4	을사	을사	을사	을사	을사	을사	을사	을사	을사	을사	을사	을사	을사	을사	을사	을사	
	경인	신묘	임진	계사	갑오	을미	병신	정유	무술	기해	경자	신축	임인	계묘	갑진	을사	
월	10	9	9	9	8	8	8	7	7	7	6	6	6	5	5	5	
	1	1	1	1	2	2	2	3	3	3	4	4	4	5	5	5	
	14	15	16	17	18	19	20	21	22	23	24	25	26	27	28	29	
윤	5	6	7	8	9	10	11	12	13	14	15	16	17	18	19	20	
	임술	임술	임술	임술	임술	임술	임술	임술	임술	임술	임술	임술	임술	임술	임술	임술	
4	을사	**병오**	병오	병오	병오	병오	병오	병오	병오	병오	병오	병오	병오	병오	병오	병오	
	기미	경신	신유	임술	계해	갑자	을축	병인	정묘	무진	기사	경오	신미	임신	계유	갑술	
월	1	10	10	10	9	9	9	8	8	8	7	7	7	6	6	6	
	10	10	1	1	1	1	2	2	2	3	3	3	4	4	4	5	
	14	15	16	17	18	19	20	21	22	23	24	25	26	27	28	29	30
음	4	5	6	7	8	9	10	11	12	13	14	15	16	17	18	19	20
	임술	임술	임술	임술	임술	임술	임술	임술	임술	임술	임술	임술	임술	임술	임술	임술	임술
5	병오	병오	병오	**정미**	정미	정미	정미	정미	정미	정미	정미	정미	정미	정미	정미	정미	정미
	무자	기축	경인	신묘	임진	계사	갑오	을미	병신	정유	무술	기해	경자	신축	임인	계묘	갑진
월	1	1	1	10	10	10	10	9	9	9	8	8	8	7	7	7	6
	9	10	10	10	1	1	1	1	2	2	2	3	3	3	4	4	4
	14	15	16	17	18	19	20	21	22	23	24	25	26	27	28	29	
음	3	4	5	6	7	8	9	10	11	12	13	14	15	16	17	18	
	임술	임술	임술	임술	임술	임술	임술	임술	임술	임술	임술	임술	임술	임술	임술	임술	
6	정미	정미	정미	정미	정미	**무신**	무신	무신	무신	무신	무신	무신	무신	무신	무신	무신	
	무오	기미	경신	신유	임술	계해	갑자	을축	병인	정묘	무진	기사	경오	신미	임신	계유	
월	2	1	1	1	1	10	10	10	9	9	9	8	8	8	7	7	
	9	9	10	10	10	10	1	1	1	1	2	2	2	3	3	3	

1982(임술)년 【단기 4315년】

음 7월	음력	1	2	3	4	5	6	7	8	9	10	11	12	13
	양력	8/19	20	21	22	23	24	25	26	27	28	29	30	31
	연주 (생년)	임술	임술	임술	임술	임술	임술	임술	임술	임술	임술	임술	임술	임술
	월주 (생월)	무신	무신	무신	무신	무신	무신	무신	무신	무신	무신	무신	무신	무신
	일주 (생일)	갑술	을해	병자	정축	무인	기묘	경진	신사	임오	계미	갑신	을유	병술
	대운 남	7	6	6	6	5	5	5	4	4	4	3	3	3
	대운 여	4	4	5	5	5	6	6	6	7	7	7	8	8

음 8월	음력	1	2	3	4	5	6	7	8	9	10	11	12	13
	양력	9/17	18	19	20	21	22	23	24	25	26	27	28	29
	연주 (생년)	임술	임술	임술	임술	임술	임술	임술	임술	임술	임술	임술	임술	임술
	월주 (생월)	기유	기유	기유	기유	기유	기유	기유	기유	기유	기유	기유	기유	기유
	일주 (생일)	계묘	갑진	을사	병오	정미	무신	기유	경술	신해	임자	계축	갑인	을묘
	대운 남	7	7	7	6	6	6	5	5	5	4	4	4	3
	대운 여	3	4	4	4	5	5	5	6	6	6	7	7	7

음 9월	음력	1	2	3	4	5	6	7	8	9	10	11	12	13
	양력	10/17	18	19	20	21	22	23	24	25	26	27	28	29
	연주 (생년)	임술	임술	임술	임술	임술	임술	임술	임술	임술	임술	임술	임술	임술
	월주 (생월)	경술	경술	경술	경술	경술	경술	경술	경술	경술	경술	경술	경술	경술
	일주 (생일)	계유	갑술	을해	병자	정축	무인	기묘	경진	신사	임오	계미	갑신	을유
	대운 남	7	7	7	6	6	6	5	5	5	4	4	4	3
	대운 여	3	3	4	4	4	5	5	5	6	6	6	7	7

음 10월	음력	1	2	3	4	5	6	7	8	9	10	11	12	13
	양력	11/16	17	18	19	20	21	22	23	24	25	26	27	28
	연주 (생년)	임술	임술	임술	임술	임술	임술	임술	임술	임술	임술	임술	임술	임술
	월주 (생월)	신해	신해	신해	신해	신해	신해	신해	신해	신해	신해	신해	신해	신해
	일주 (생일)	계묘	갑진	을사	병오	정미	무신	기유	경술	신해	임자	계축	갑인	을묘
	대운 남	7	7	6	6	6	5	5	5	4	4	4	3	3
	대운 여	3	3	4	4	4	5	5	5	6	6	6	7	7

음 11월	음력	1	2	3	4	5	6	7	8	9	10	11	12	13
	양력	12/15	16	17	18	19	20	21	22	23	24	25	26	27
	연주 (생년)	임술	임술	임술	임술	임술	임술	임술	임술	임술	임술	임술	임술	임술
	월주 (생월)	임자	임자	임자	임자	임자	임자	임자	임자	임자	임자	임자	임자	임자
	일주 (생일)	임신	계유	갑술	을해	병자	정축	무인	기묘	경진	신사	임오	계미	갑신
	대운 남	7	7	7	6	6	6	5	5	5	4	4	4	3
	대운 여	3	3	3	4	4	4	5	5	5	6	6	6	7

음 12월	음력	1	2	3	4	5	6	7	8	9	10	11	12	13
	양력	1/14	15	16	17	18	19	20	21	22	23	24	25	26
	연주 (생년)	임술	임술	임술	임술	임술	임술	임술	임술	임술	임술	임술	임술	임술
	월주 (생월)	계축	계축	계축	계축	계축	계축	계축	계축	계축	계축	계축	계축	계축
	일주 (생일)	임인	계묘	갑진	을사	병오	정미	무신	기유	경술	신해	임자	계축	갑인
	대운 남	7	7	6	6	6	5	5	5	4	4	4	3	3
	대운 여	3	3	3	4	4	4	5	5	5	6	6	6	7

	14	15	16	17	18	19	20	21	22	23	24	25	26	27	28	29	
	9/1	2	3	4	5	6	7	8	9	10	11	12	13	14	15	16	
음	임술	임술	임술	임술	임술	임술	임술	임술	임술	임술	임술	임술	임술	임술	임술	임술	
7	무신	무신	무신	무신	무신	무신	무신	**기유**	기유	기유	기유	기유	기유	기유	기유	기유	
월	정해	무자	기축	경인	신묘	임진	계사	갑오	을미	병신	정유	무술	기해	경자	신축	임인	
	2	2	2	1	1	1	1	10	10	10	9	9	9	8	8	8	
	8	9	9	9	10	10	10	10	1	1	1	2	2	2	3	3	
	14	15	16	17	18	19	20	21	22	23	24	25	26	27	28	29	30
	30	**10/1**	2	3	4	5	6	7	8	9	10	11	12	13	14	15	16
음	임술	임술	임술	임술	임술	임술	임술	임술	임술	임술	임술	임술	임술	임술	임술	임술	임술
8	기유	기유	기유	기유	기유	기유	기유	기유	기유	**경술**	경술	경술	경술	경술	경술	경술	경술
월	병진	정사	무오	기미	경신	신유	임술	계해	갑자	을축	병인	정묘	무진	기사	경오	신미	임신
	3	3	2	2	2	1	1	1	1	10	10	9	9	9	8	8	8
	8	8	8	9	9	9	10	10	10	10	1	1	1	2	2	2	3
	14	15	16	17	18	19	20	21	22	23	24	25	26	27	28	29	30
	30	31	**11/1**	2	3	4	5	6	7	8	9	10	11	12	13	14	15
음	임술	임술	임술	임술	임술	임술	임술	임술	임술	임술	임술	임술	임술	임술	임술	임술	임술
9	경술	경술	경술	경술	경술	경술	경술	경술	경술	**신해**	신해	신해	신해	신해	신해	신해	신해
월	병술	정해	무자	기축	경인	신묘	임진	계사	갑오	을미	병신	정유	무술	기해	경자	신축	임인
	3	3	2	2	2	1	1	1	1	10	10	9	9	9	8	8	8
	7	8	8	8	9	9	9	10	10	10	1	1	1	2	2	2	3
	14	15	16	17	18	19	20	21	22	23	24	25	26	27	28	29	
	29	30	**12/1**	2	3	4	5	6	7	8	9	10	11	12	13	14	
음	임술	임술	임술	임술	임술	임술	임술	임술	임술	임술	임술	임술	임술	임술	임술	임술	
10	신해	신해	신해	신해	신해	신해	신해	신해	**임자**	임자	임자	임자	임자	임자	임자	임자	
월	병진	정사	무오	기미	경신	신유	임술	계해	갑자	을축	병인	정묘	무진	기사	경오	신미	
	3	2	2	2	1	1	1	1	10	10	9	9	9	8	8	8	
	7	8	8	8	9	9	9	10	10	1	1	1	1	2	2	2	
	14	15	16	17	18	19	20	21	22	23	24	25	26	27	28	29	30
	28	29	30	31	**1/1**	2	3	4	5	6	7	8	9	10	11	12	13
음	임술	임술	임술	임술	임술	임술	임술	임술	임술	임술	임술	임술	임술	임술	임술	임술	임술
11	임자	임자	임자	임자	임자	임자	임자	임자	임자	**계축**	계축	계축	계축	계축	계축	계축	계축
월	을유	병술	정해	무자	기축	경인	신묘	임진	계사	갑오	을미	병신	정유	무술	기해	경자	신축
	3	3	2	2	2	1	1	1	1	10	9	9	9	8	8	8	7
	7	7	8	8	8	9	9	9	10	10	1	1	1	2	2	2	3
	14	15	16	17	18	19	20	21	22	23	24	25	26	27	28	29	30
	27	28	29	30	31	**2/1**	2	3	4	5	6	7	8	9	10	11	12
음	임술	임술	임술	임술	임술	임술	임술	임술	**계해**	계해	계해	계해	계해	계해	계해	계해	계해
12	계축	계축	계축	계축	계축	계축	계축	계축	**갑인**	갑인	갑인	갑인	갑인	갑인	갑인	갑인	갑인
월	을묘	병진	정사	무오	기미	경신	신유	임술	계해	갑자	을축	병인	정묘	무진	기사	경오	신미
	3	2	2	2	1	1	1	1	10	1	1	1	1	2	2	2	3
	7	7	8	8	8	9	9	9	10	10	9	9	9	8	8	8	7

1983(계해)년 【단기 4316년】

월	구분		1	2	3	4	5	6	7	8	9	10	11	12	13
음 1 월	음력		1	2	3	4	5	6	7	8	9	10	11	12	13
	양력		2/13	14	15	16	17	18	19	20	21	22	23	24	25
	연주 (생년)		계해	계해	계해	계해	계해	계해	계해	계해	계해	계해	계해	계해	계해
	월주 (생월)		갑인	갑인	갑인	갑인	갑인	갑인	갑인	갑인	갑인	갑인	갑인	갑인	갑인
	일주 (생일)		임신	계유	갑술	을해	병자	정축	무인	기묘	경진	신사	임오	계미	갑신
	대운	남	3	3	4	4	4	5	5	5	6	6	6	7	7
		여	7	7	6	6	6	5	5	5	4	4	4	3	3
음 2 월	음력		1	2	3	4	5	6	7	8	9	10	11	12	13
	양력		3/15	16	17	18	19	20	21	22	23	24	25	26	27
	연주 (생년)		계해	계해	계해	계해	계해	계해	계해	계해	계해	계해	계해	계해	계해
	월주 (생월)		을묘	을묘	을묘	을묘	을묘	을묘	을묘	을묘	을묘	을묘	을묘	을묘	을묘
	일주 (생일)		임인	계묘	갑진	을사	병오	정미	무신	기유	경술	신해	임자	계축	갑인
	대운	남	3	3	4	4	4	5	5	5	6	6	6	7	7
		여	7	7	6	6	6	5	5	5	4	4	4	3	3
음 3 월	음력		1	2	3	4	5	6	7	8	9	10	11	12	13
	양력		4/13	14	15	16	17	18	19	20	21	22	23	24	25
	연주 (생년)		계해	계해	계해	계해	계해	계해	계해	계해	계해	계해	계해	계해	계해
	월주 (생월)		병진	병진	병진	병진	병진	병진	병진	병진	병진	병진	병진	병진	병진
	일주 (생일)		신미	임신	계유	갑술	을해	병자	정축	무인	기묘	경진	신사	임오	계미
	대운	남	3	3	3	4	4	4	5	5	5	6	6	6	7
		여	8	7	7	7	6	6	6	5	5	5	4	4	4
음 4 월	음력		1	2	3	4	5	6	7	8	9	10	11	12	13
	양력		5/13	14	15	16	17	18	19	20	21	22	23	24	25
	연주 (생년)		계해	계해	계해	계해	계해	계해	계해	계해	계해	계해	계해	계해	계해
	월주 (생월)		정사	정사	정사	정사	정사	정사	정사	정사	정사	정사	정사	정사	정사
	일주 (생일)		신축	임인	계묘	갑진	을사	병오	정미	무신	기유	경술	신해	임자	계축
	대운	남	2	3	3	3	4	4	4	5	5	5	6	6	6
		여	8	8	7	7	7	6	6	6	5	5	5	4	4
음 5 월	음력		1	2	3	4	5	6	7	8	9	10	11	12	13
	양력		6/11	12	13	14	15	16	17	18	19	20	21	22	23
	연주 (생년)		계해	계해	계해	계해	계해	계해	계해	계해	계해	계해	계해	계해	계해
	월주 (생월)		무오	무오	무오	무오	무오	무오	무오	무오	무오	무오	무오	무오	무오
	일주 (생일)		경오	신미	임신	계유	갑술	을해	병자	정축	무인	기묘	경진	신사	임오
	대운	남	2	2	2	3	3	3	4	4	4	5	5	5	6
		여	9	9	8	8	8	7	7	7	6	6	6	5	5
음 6 월	음력		1	2	3	4	5	6	7	8	9	10	11	12	13
	양력		7/10	11	12	13	14	15	16	17	18	19	20	21	22
	연주 (생년)		계해	계해	계해	계해	계해	계해	계해	계해	계해	계해	계해	계해	계해
	월주 (생월)		기미	기미	기미	기미	기미	기미	기미	기미	기미	기미	기미	기미	기미
	일주 (생일)		기해	경자	신축	임인	계묘	갑진	을사	병오	정미	무신	기유	경술	신해
	대운	남	1	1	1	2	2	2	3	3	3	4	4	4	5
		여	10	9	9	9	8	8	8	7	7	7	6	6	6

음 1 월	14	15	16	17	18	19	20	21	22	23	24	25	26	27	28	29	30
	26	27	28	**3/1**	2	3	4	5	6	7	8	9	10	11	12	13	14
	계해	계해	계해	계해	계해	계해	계해	계해	계해	계해	계해	계해	계해	계해	계해	계해	계해
	갑인	갑인	갑인	갑인	갑인	갑인	갑인	갑인	**을묘**	을묘	을묘	을묘	을묘	을묘	을묘	을묘	을묘
	을유	병술	정해	무자	기축	경인	신묘	임진	계사	갑오	을미	병신	정유	무술	기해	경자	신축
	7	8	8	8	9	9	9	10	10	1	1	1	1	2	2	2	3
	3	2	2	2	1	1	1	1	10	10	9	9	9	8	8	8	7
음 2 월	14	15	16	17	18	19	20	21	22	23	24	25	26	27	28	29	
	28	29	30	31	**4/1**	2	3	4	5	6	7	8	9	10	11	12	
	계해	계해	계해	계해	계해	계해	계해	계해	계해	계해	계해	계해	계해	계해	계해	계해	
	을묘	을묘	을묘	을묘	을묘	을묘	을묘	을묘	**병진**	병진	병진	병진	병진	병진	병진	병진	
	을묘	병진	정사	무오	기미	경신	신유	임술	계해	갑자	을축	병인	정묘	무진	기사	경오	
	7	8	8	8	9	9	9	10	10	1	1	1	1	2	2	2	
	3	2	2	2	1	1	1	1	10	10	10	9	9	9	8	8	
음 3 월	14	15	16	17	18	19	20	21	22	23	24	25	26	27	28	29	30
	26	27	28	29	30	**5/1**	2	3	4	5	6	7	8	9	10	11	12
	계해	계해	계해	계해	계해	계해	계해	계해	계해	계해	계해	계해	계해	계해	계해	계해	계해
	병진	병진	병진	병진	병진	병진	병진	병진	병진	병진	**정사**	정사	정사	정사	정사	정사	정사
	갑신	을유	병술	정해	무자	기축	경인	신묘	임진	계사	갑오	을미	병신	정유	무술	기해	경자
	7	7	8	8	8	9	9	9	10	10	10	1	1	1	1	2	2
	3	3	2	2	2	2	1	1	1	1	10	10	10	9	9	9	8
음 4 월	14	15	16	17	18	19	20	21	22	23	24	25	26	27	28	29	
	26	27	28	29	30	31	**6/1**	2	3	4	5	6	7	8	9	10	
	계해	계해	계해	계해	계해	계해	계해	계해	계해	계해	계해	계해	계해	계해	계해	계해	
	정사	정사	정사	정사	정사	정사	정사	정사	정사	정사	정사	**무오**	무오	무오	무오	무오	
	갑인	을묘	병진	정사	무오	기미	경신	신유	임술	계해	갑자	을축	병인	정묘	무진	기사	
	7	7	7	8	8	8	9	9	9	10	10	10	1	1	1	1	
	4	3	3	3	2	2	2	1	1	1	1	10	10	10	10	9	
음 5 월	14	15	16	17	18	19	20	21	22	23	24	25	26	27	28	29	
	24	25	26	27	28	29	30	**7/1**	2	3	4	5	6	7	8	9	
	계해	계해	계해	계해	계해	계해	계해	계해	계해	계해	계해	계해	계해	계해	계해	계해	
	무오	무오	무오	무오	무오	무오	무오	무오	무오	무오	무오	무오	무오	무오	**기미**	기미	
	계미	갑신	을유	병술	정해	무자	기축	경인	신묘	임진	계사	갑오	을미	병신	정유	무술	
	6	6	7	7	7	8	8	8	9	9	9	10	10	10	10	1	
	5	4	4	4	3	3	3	2	2	2	1	1	1	1	10	10	
음 6 월	14	15	16	17	18	19	20	21	22	23	24	25	26	27	28	29	30
	23	24	25	26	27	28	29	30	31	**8/1**	2	3	4	5	6	7	8
	계해	계해	계해	계해	계해	계해	계해	계해	계해	계해	계해	계해	계해	계해	계해	계해	계해
	기미	기미	기미	기미	기미	기미	기미	기미	기미	기미	기미	기미	기미	기미	기미	기미	**경신**
	임자	계축	갑인	을묘	병진	정사	무오	기미	경신	신유	임술	계해	갑자	을축	병인	정묘	무진
	5	5	6	6	6	7	7	7	8	8	8	9	9	9	10	10	10
	5	5	5	4	4	4	3	3	3	2	2	2	1	1	1	1	10

1983(계해)년 【단기 4316년】

월	구분		1	2	3	4	5	6	7	8	9	10	11	12	13
음 7 월	음 력		1	2	3	4	5	6	7	8	9	10	11	12	13
	양 력		**8/9**	10	11	12	13	14	15	16	17	18	19	20	21
	연주 (생년)		계해	계해	계해	계해	계해	계해	계해	계해	계해	계해	계해	계해	계해
	월주 (생월)		경신	경신	경신	경신	경신	경신	경신	경신	경신	경신	경신	경신	경신
	일주 (생일)		기사	경오	신미	임신	계유	갑술	을해	병자	정축	무인	기묘	경진	신사
	대운	남	1	1	1	1	2	2	2	3	3	3	4	4	4
		여	10	10	9	9	9	8	8	8	7	7	7	6	6
음 8 월	음 력		1	2	3	4	5	6	7	8	9	10	11	12	13
	양 력		**9/7**	8	9	10	11	12	13	14	15	16	17	18	19
	연주 (생년)		계해	계해	계해	계해	계해	계해	계해	계해	계해	계해	계해	계해	계해
	월주 (생월)		경신	**신유**	신유	신유	신유	신유	신유	신유	신유	신유	신유	신유	신유
	일주 (생일)		무술	기해	경자	신축	임인	계묘	갑진	을사	병오	정미	무신	기유	경술
	대운	남	10	10	1	1	1	1	2	2	2	3	3	3	4
		여	1	10	10	10	9	9	9	8	8	8	7	7	7
음 9 월	음 력		1	2	3	4	5	6	7	8	9	10	11	12	13
	양 력		**10/6**	7	8	9	10	11	12	13	14	15	16	17	18
	연주 (생년)		계해	계해	계해	계해	계해	계해	계해	계해	계해	계해	계해	계해	계해
	월주 (생월)		신유	신유	신유	**임술**	임술	임술	임술	임술	임술	임술	임술	임술	임술
	일주 (생일)		정묘	무진	기사	경오	신미	임신	계유	갑술	을해	병자	정축	무인	기묘
	대운	남	9	10	10	10	1	1	1	1	2	2	2	3	3
		여	1	1	1	10	10	9	9	9	8	8	8	7	7
음 10 월	음 력		1	2	3	4	5	6	7	8	9	10	11	12	13
	양 력		**11/5**	6	7	8	9	10	11	12	13	14	15	16	17
	연주 (생년)		계해	계해	계해	계해	계해	계해	계해	계해	계해	계해	계해	계해	계해
	월주 (생월)		임술	임술	임술	**계해**	계해	계해	계해	계해	계해	계해	계해	계해	계해
	일주 (생일)		정유	무술	기해	경자	신축	임인	계묘	갑진	을사	병오	정미	무신	기유
	대운	남	9	9	10	10	1	1	1	1	2	2	2	3	3
		여	1	1	1	10	10	9	9	9	8	8	8	7	7
음 11 월	음 력		1	2	3	4	5	6	7	8	9	10	11	12	13
	양 력		**12/4**	5	6	7	8	9	10	11	12	13	14	15	16
	연주 (생년)		계해	계해	계해	계해	계해	계해	계해	계해	계해	계해	계해	계해	계해
	월주 (생월)		계해	계해	계해	계해	**갑자**	갑자	갑자	갑자	갑자	갑자	갑자	갑자	갑자
	일주 (생일)		병인	정묘	무진	기사	경오	신미	임신	계유	갑술	을해	병자	정축	무인
	대운	남	9	9	9	10	10	1	1	1	1	2	2	2	3
		여	1	1	1	1	10	9	9	9	8	8	8	7	7
음 12 월	음 력		1	2	3	4	5	6	7	8	9	10	11	12	13
	양 력		**1/3**	4	5	6	7	8	9	10	11	12	13	14	15
	연주 (생년)		계해	계해	계해	계해	계해	계해	계해	계해	계해	계해	계해	계해	계해
	월주 (생월)		갑자	갑자	갑자	**을축**	을축	을축	을축	을축	을축	을축	을축	을축	을축
	일주 (생일)		병신	정유	무술	기해	경자	신축	임인	계묘	갑진	을사	병오	정미	무신
	대운	남	9	9	9	10	1	1	1	1	2	2	2	3	3
		여	1	1	1	10	10	9	9	9	8	8	8	7	7

음 7 월	14	15	16	17	18	19	20	21	22	23	24	25	26	27	28	29	
	22	23	24	25	26	27	28	29	30	31	**9/1**	2	3	4	5	6	
	계해	계해	계해	계해	계해	계해	계해	계해	계해	계해	계해	계해	계해	계해	계해	계해	
	경신	경신	경신	경신	경신	경신	경신	경신	경신	경신	경신	경신	경신	경신	경신	경신	
	임오	계미	갑신	을유	병술	정해	무자	기축	경인	신묘	임진	계사	갑오	을미	병신	정유	
	5	5	5	6	6	6	7	7	7	8	8	8	9	9	9	10	
	6	5	5	5	4	4	4	3	3	3	2	2	2	1	1	1	
음 8 월	14	15	16	17	18	19	20	21	22	23	24	25	26	27	28	29	
	20	21	22	23	24	25	26	27	28	29	30	**10/1**	2	3	4	5	
	계해	계해	계해	계해	계해	계해	계해	계해	계해	계해	계해	계해	계해	계해	계해	계해	
	신유	신유	신유	신유	신유	신유	신유	신유	신유	신유	신유	신유	신유	신유	신유	신유	
	신해	임자	계축	갑인	을묘	병진	정사	무오	기미	경신	신유	임술	계해	갑자	을축	병인	
	4	4	5	5	5	6	6	6	7	7	7	8	8	8	9	9	
	6	6	6	5	5	5	4	4	4	3	3	3	2	2	2	1	
음 9 월	14	15	16	17	18	19	20	21	22	23	24	25	26	27	28	29	30
	19	20	21	22	23	24	25	26	27	28	29	30	31	**11/1**	2	3	4
	계해	계해	계해	계해	계해	계해	계해	계해	계해	계해	계해	계해	계해	계해	계해	계해	계해
	임술	임술	임술	임술	임술	임술	임술	임술	임술	임술	임술	임술	임술	임술	임술	임술	임술
	경진	신사	임오	계미	갑신	을유	병술	정해	무자	기축	경인	신묘	임진	계사	갑오	을미	병신
	3	4	4	4	5	5	5	6	6	6	7	7	7	8	8	8	9
	7	6	6	6	5	5	5	4	4	4	3	3	3	2	2	2	1
음 10 월	14	15	16	17	18	19	20	21	22	23	24	25	26	27	28	29	
	18	19	20	21	22	23	24	25	26	27	28	29	30	**12/1**	2	3	
	계해	계해	계해	계해	계해	계해	계해	계해	계해	계해	계해	계해	계해	계해	계해	계해	
	계해	계해	계해	계해	계해	계해	계해	계해	계해	계해	계해	계해	계해	계해	계해	계해	
	경술	신해	임자	계축	갑인	을묘	병진	정사	무오	기미	경신	신유	임술	계해	갑자	을축	
	3	4	4	4	5	5	5	6	6	6	7	7	7	8	8	8	
	7	6	6	6	5	5	5	4	4	4	3	3	3	2	2	2	
음 11 월	14	15	16	17	18	19	20	21	22	23	24	25	26	27	28	29	30
	17	18	19	20	21	22	23	24	25	26	27	28	29	30	31	**1/1**	2
	계해	계해	계해	계해	계해	계해	계해	계해	계해	계해	계해	계해	계해	계해	계해	계해	계해
	갑자	갑자	갑자	갑자	갑자	갑자	갑자	갑자	갑자	갑자	갑자	갑자	갑자	갑자	갑자	갑자	갑자
	기묘	경진	신사	임오	계미	갑신	을유	병술	정해	무자	기축	경인	신묘	임진	계사	갑오	을미
	3	3	4	4	4	5	5	5	6	6	6	7	7	7	8	8	8
	7	6	6	6	5	5	5	4	4	4	3	3	3	2	2	2	1
음 12 월	14	15	16	17	18	19	20	21	22	23	24	25	26	27	28	29	30
	16	17	18	19	20	21	22	23	24	25	26	27	28	29	30	31	**2/1**
	계해	계해	계해	계해	계해	계해	계해	계해	계해	계해	계해	계해	계해	계해	계해	계해	계해
	을축	을축	을축	을축	을축	을축	을축	을축	을축	을축	을축	을축	을축	을축	을축	을축	을축
	기유	경술	신해	임자	계축	갑인	을묘	병진	정사	무오	기미	경신	신유	임술	계해	갑자	을축
	3	4	4	4	5	5	5	6	6	6	7	7	7	8	8	8	9
	7	6	6	6	5	5	5	4	4	4	3	3	3	2	2	2	1

1984(갑자)년 【단기 4317년】

월	구분		1	2	3	4	5	6	7	8	9	10	11	12	13
음 1 월	음력		1	2	3	4	5	6	7	8	9	10	11	12	13
	양력		**2/2**	3	4	5	6	7	8	9	10	11	12	13	14
	연주 (생년)		계해	계해	계해	**갑자**	갑자	갑자	갑자	갑자	갑자	갑자	갑자	갑자	갑자
	월주 (생월)		을축	을축	을축	**병인**	병인	병인	병인	병인	병인	병인	병인	병인	병인
	일주 (생일)		병인	정묘	무진	기사	경오	신미	임신	계유	갑술	을해	병자	정축	무인
	대운	남	9	9	10	10	9	9	9	8	8	8	7	7	7
		여	1	1	1	10	1	1	1	1	2	2	2	3	3
음 2 월	음력		1	2	3	4	5	6	7	8	9	10	11	12	13
	양력		**3/3**	4	5	6	7	8	9	10	11	12	13	14	15
	연주 (생년)		갑자	갑자	갑자	갑자	갑자	갑자	갑자	갑자	갑자	갑자	갑자	갑자	갑자
	월주 (생월)		병인	병인	정묘	**정묘**	정묘	정묘	정묘	정묘	정묘	정묘	정묘	정묘	정묘
	일주 (생일)		병신	정유	무술	기해	경자	신축	임인	계묘	갑진	을사	병오	정미	무신
	대운	남	1	1	10	10	9	9	9	8	8	8	7	7	7
		여	9	9	10	1	1	1	1	2	2	2	3	3	3
음 3 월	음력		1	2	3	4	5	6	7	8	9	10	11	12	13
	양력		**4/1**	2	3	4	5	6	7	8	9	10	11	12	13
	연주 (생년)		갑자	갑자	갑자	갑자	갑자	갑자	갑자	갑자	갑자	갑자	갑자	갑자	갑자
	월주 (생월)		정묘	정묘	정묘	**무진**	무진	무진	무진	무진	무진	무진	무진	무진	무진
	일주 (생일)		을축	병인	정묘	무진	기사	경오	신미	임신	계유	갑술	을해	병자	정축
	대운	남	1	1	1	10	10	10	9	9	9	8	8	8	7
		여	9	9	10	10	1	1	1	1	2	2	2	3	3
음 4 월	음력		1	2	3	4	5	6	7	8	9	10	11	12	13
	양력		**5/1**	2	3	4	5	6	7	8	9	10	11	12	13
	연주 (생년)		갑자	갑자	갑자	갑자	갑자	갑자	갑자	갑자	갑자	갑자	갑자	갑자	갑자
	월주 (생월)		무진	무진	무진	무진	**기사**	기사	기사	기사	기사	기사	기사	기사	기사
	일주 (생일)		을미	병신	정유	무술	기해	경자	신축	임인	계묘	갑진	을사	병오	정미
	대운	남	1	1	1	1	10	10	10	9	9	9	8	8	8
		여	9	9	10	10	10	1	1	1	1	2	2	2	3
음 5 월	음력		1	2	3	4	5	6	7	8	9	10	11	12	13
	양력		**5/31**	**6/1**	2	3	4	5	6	7	8	9	10	11	12
	연주 (생년)		갑자	갑자	갑자	갑자	갑자	갑자	갑자	갑자	갑자	갑자	갑자	갑자	갑자
	월주 (생월)		기사	기사	기사	기사	기사	**경오**	경오	경오	경오	경오	경오	경오	경오
	일주 (생일)		을축	병인	정묘	무진	기사	경오	신미	임신	계유	갑술	을해	병자	정축
	대운	남	2	1	1	1	1	10	10	10	10	9	9	9	8
		여	9	9	9	10	10	10	1	1	1	1	2	2	2
음 6 월	음력		1	2	3	4	5	6	7	8	9	10	11	12	13
	양력		**6/29**	30	**7/1**	2	3	4	5	6	7	8	9	10	11
	연주 (생년)		갑자	갑자	갑자	갑자	갑자	갑자	갑자	갑자	갑자	갑자	갑자	갑자	갑자
	월주 (생월)		경오	경오	경오	경오	경오	경오	경오	경오	**신미**	신미	신미	신미	신미
	일주 (생일)		갑오	을미	병신	정유	무술	기해	경자	신축	임인	계묘	갑진	을사	병오
	대운	남	3	2	2	2	1	1	1	1	10	10	10	9	9
		여	8	8	9	9	9	10	10	10	10	1	1	1	1

	14	15	16	17	18	19	20	21	22	23	24	25	26	27	28	29	30
음	15	16	17	18	19	20	21	22	23	24	25	26	27	28	29	3/1	2
	갑자	갑자	갑자	갑자	갑자	갑자	갑자	갑자	갑자	갑자	갑자	갑자	갑자	갑자	갑자	갑자	갑자
1	병인	병인	병인	병인	병인	병인	병인	병인	병인	병인	병인	병인	병인	병인	병인	병인	병인
월	기묘	경진	신사	임오	계미	갑신	을유	병술	정해	무자	기축	경인	신묘	임진	계사	갑오	을미
	6	6	6	5	5	5	4	4	4	3	3	3	2	2	2	1	1
	3	4	4	4	5	5	5	6	6	6	7	7	7	8	8	8	9
	14	15	16	17	18	19	20	21	22	23	24	25	26	27	28	29	
음	16	17	18	19	20	21	22	23	24	25	26	27	28	29	30	31	
	갑자	갑자	갑자	갑자	갑자	갑자	갑자	갑자	갑자	갑자	갑자	갑자	갑자	갑자	갑자	갑자	
2	정묘	정묘	정묘	정묘	정묘	정묘	정묘	정묘	정묘	정묘	정묘	정묘	정묘	정묘	정묘	정묘	
월	기유	경술	신해	임자	계축	갑인	을묘	병진	정사	무오	기미	경신	신유	임술	계해	갑자	
	6	6	6	5	5	5	4	4	4	3	3	3	2	2	2	1	
	4	4	4	5	5	5	6	6	6	7	7	7	8	8	8	9	
	14	15	16	17	18	19	20	21	22	23	24	25	26	27	28	29	30
음	14	15	16	17	18	19	20	21	22	23	24	25	26	27	28	29	30
	갑자	갑자	갑자	갑자	갑자	갑자	갑자	갑자	갑자	갑자	갑자	갑자	갑자	갑자	갑자	갑자	갑자
3	무진	무진	무진	무진	무진	무진	무진	무진	무진	무진	무진	무진	무진	무진	무진	무진	무진
월	무인	기묘	경진	신사	임오	계미	갑신	을유	병술	정해	무자	기축	경인	신묘	임진	계사	갑오
	7	7	6	6	6	5	5	5	4	4	4	3	3	3	2	2	2
	3	4	4	4	5	5	5	6	6	6	7	7	7	8	8	8	9
	14	15	16	17	18	19	20	21	22	23	24	25	26	27	28	29	30
음	14	15	16	17	18	19	20	21	22	23	24	25	26	27	28	29	30
	갑자	갑자	갑자	갑자	갑자	갑자	갑자	갑자	갑자	갑자	갑자	갑자	갑자	갑자	갑자	갑자	갑자
4	기사	기사	기사	기사	기사	기사	기사	기사	기사	기사	기사	기사	기사	기사	기사	기사	기사
월	무신	기유	경술	신해	임자	계축	갑인	을묘	병진	정사	무오	기미	경신	신유	임술	계해	갑자
	7	7	7	6	6	6	5	5	5	4	4	4	3	3	3	2	2
	3	3	4	4	4	5	5	5	6	6	6	7	7	7	8	8	8
	14	15	16	17	18	19	20	21	22	23	24	25	26	27	28	29	
음	13	14	15	16	17	18	19	20	21	22	23	24	25	26	27	28	
	갑자	갑자	갑자	갑자	갑자	갑자	갑자	갑자	갑자	갑자	갑자	갑자	갑자	갑자	갑자	갑자	
5	경오	경오	경오	경오	경오	경오	경오	경오	경오	경오	경오	경오	경오	경오	경오	경오	
월	무인	기묘	경진	신사	임오	계미	갑신	을유	병술	정해	무자	기축	경인	신묘	임진	계사	
	8	8	7	7	7	6	6	6	5	5	5	4	4	4	3	3	
	3	3	3	4	4	4	5	5	5	6	6	6	7	7	7	8	
	14	15	16	17	18	19	20	21	22	23	24	25	26	27	28	29	
음	12	13	14	15	16	17	18	19	20	21	22	23	24	25	26	27	
	갑자	갑자	갑자	갑자	갑자	갑자	갑자	갑자	갑자	갑자	갑자	갑자	갑자	갑자	갑자	갑자	
6	신미	신미	신미	신미	신미	신미	신미	신미	신미	신미	신미	신미	신미	신미	신미	신미	
월	정미	무신	기유	경술	신해	임자	계축	갑인	을묘	병진	정사	무오	기미	경신	신유	임술	
	9	8	8	8	7	7	7	6	6	6	5	5	5	4	4	4	
	2	2	2	3	3	3	4	4	4	5	5	5	6	6	6	7	

1984(갑자)년 【단기 4317년】

월	구분		1	2	3	4	5	6	7	8	9	10	11	12	13
음 7 월	음력		1	2	3	4	5	6	7	8	9	10	11	12	13
	양력		**7/28**	29	30	31	**8/1**	2	3	4	5	6	7	8	9
	연주 (생년)		갑자	갑자	갑자	갑자	갑자	갑자	갑자	갑자	갑자	갑자	갑자	갑자	갑자
	월주 (생월)		신미	신미	신미	신미	신미	신미	신미	신미	신미	신미	**임신**	임신	임신
	일주 (생일)		계해	갑자	을축	병인	정묘	무진	기사	경오	신미	임신	계유	갑술	을해
	대운	남	3	3	3	2	2	2	1	1	1	1	10	10	10
		여	7	7	8	8	8	9	9	9	10	10	10	1	1
음 8 월	음력		1	2	3	4	5	6	7	8	9	10	11	12	13
	양력		**8/27**	28	29	30	31	**9/1**	2	3	4	5	6	7	8
	연주 (생년)		갑자	갑자	갑자	갑자	갑자	갑자	갑자	갑자	갑자	갑자	갑자	갑자	갑자
	월주 (생월)		임신	임신	임신	임신	임신	임신	임신	임신	임신	임신	임신	**계유**	계유
	일주 (생일)		계사	갑오	을미	병신	정유	무술	기해	경자	신축	임인	계묘	갑진	을사
	대운	남	4	3	3	3	2	2	2	1	1	1	1	10	10
		여	7	7	7	8	8	8	9	9	9	10	10	10	1
음 9 월	음력		1	2	3	4	5	6	7	8	9	10	11	12	13
	양력		**9/25**	26	27	28	29	30	**10/1**	2	3	4	5	6	7
	연주 (생년)		갑자	갑자	갑자	갑자	갑자	갑자	갑자	갑자	갑자	갑자	갑자	갑자	갑자
	월주 (생월)		계유	계유	계유	계유	계유	계유	계유	계유	계유	계유	계유	계유	계유
	일주 (생일)		임술	계해	갑자	을축	병인	정묘	무진	기사	경오	신미	임신	계유	갑술
	대운	남	4	4	4	3	3	3	2	2	2	1	1	1	1
		여	6	6	7	7	7	8	8	8	9	9	9	10	10
음 10 월	음력		1	2	3	4	5	6	7	8	9	10	11	12	13
	양력		**10/24**	25	26	27	28	29	30	31	**11/1**	2	3	4	5
	연주 (생년)		갑자	갑자	갑자	갑자	갑자	갑자	갑자	갑자	갑자	갑자	갑자	갑자	갑자
	월주 (생월)		갑술	갑술	갑술	갑술	갑술	갑술	갑술	갑술	갑술	갑술	갑술	갑술	갑술
	일주 (생일)		신묘	임진	계사	갑오	을미	병신	정유	무술	기해	경자	신축	임인	계묘
	대운	남	5	5	4	4	4	3	3	3	2	2	2	1	1
		여	5	6	6	6	7	7	7	8	8	8	9	9	9
윤 10 월	음력		1	2	3	4	5	6	7	8	9	10	11	12	13
	양력		**11/23**	24	25	26	27	28	29	30	**12/1**	2	3	4	5
	연주 (생년)		갑자	갑자	갑자	갑자	갑자	갑자	갑자	갑자	갑자	갑자	갑자	갑자	갑자
	월주 (생월)		을해	을해	을해	을해	을해	을해	을해	을해	을해	을해	을해	을해	을해
	일주 (생일)		신유	임술	계해	갑자	을축	병인	정묘	무진	기사	경오	신미	임신	계유
	대운	남	5	4	4	4	3	3	3	2	2	2	1	1	1
		여	5	6	6	6	7	7	7	8	8	8	9	9	9
음 11 월	음력		1	2	3	4	5	6	7	8	9	10	11	12	13
	양력		**12/22**	23	24	25	26	27	28	29	30	31	**1/1**	2	3
	연주 (생년)		갑자	갑자	갑자	갑자	갑자	갑자	갑자	갑자	갑자	갑자	갑자	갑자	갑자
	월주 (생월)		병자	병자	병자	병자	병자	병자	병자	병자	병자	병자	병자	병자	병자
	일주 (생일)		경인	신묘	임진	계사	갑오	을미	병신	정유	무술	기해	경자	신축	임인
	대운	남	5	4	4	4	3	3	3	2	2	2	1	1	1
		여	5	5	6	6	6	7	7	7	8	8	8	9	9
음 12 월	음력		1	2	3	4	5	6	7	8	9	10	11	12	13
	양력		**1/21**	22	23	24	25	26	27	28	29	30	31	**2/1**	2
	연주 (생년)		갑자	갑자	갑자	갑자	갑자	갑자	갑자	갑자	갑자	갑자	갑자	갑자	갑자
	월주 (생월)		정축	정축	정축	정축	정축	정축	정축	정축	정축	정축	정축	정축	정축
	일주 (생일)		경신	신유	임술	계해	갑자	을축	병인	정묘	무진	기사	경오	신미	임신
	대운	남	5	4	4	4	3	3	3	2	2	2	1	1	1
		여	5	6	6	6	7	7	7	8	8	8	9	9	9

음 7 월	14	15	16	17	18	19	20	21	22	23	24	25	26	27	28	29	30
	10	11	12	13	14	15	16	17	18	19	20	21	22	23	24	25	26
	갑자	갑자	갑자	갑자	갑자	갑자	갑자	갑자	갑자	갑자	갑자	갑자	갑자	갑자	갑자	갑자	갑자
	임신	임신	임신	임신	임신	임신	임신	임신	임신	임신	임신	임신	임신	임신	임신	임신	임신
	병자	정축	무인	기묘	경진	신사	임오	계미	갑신	을유	병술	정해	무자	기축	경인	신묘	임진
	9	9	9	8	8	8	7	7	7	6	6	6	5	5	5	4	4
	1	1	2	2	2	3	3	3	4	4	4	5	5	5	6	6	6
음 8 월	14	15	16	17	18	19	20	21	22	23	24	25	26	27	28	29	
	9	10	11	12	13	14	15	16	17	18	19	20	21	22	23	24	
	갑자	갑자	갑자	갑자	갑자	갑자	갑자	갑자	갑자	갑자	갑자	갑자	갑자	갑자	갑자	갑자	
	계유	계유	계유	계유	계유	계유	계유	계유	계유	계유	계유	계유	계유	계유	계유	계유	
	병오	정미	무신	기유	경술	신해	임자	계축	갑인	을묘	병진	정사	무오	기미	경신	신유	
	10	9	9	9	8	8	8	7	7	7	6	6	6	5	5	5	
	1	1	1	2	2	2	3	3	3	4	4	4	5	5	5	6	
음 9 월	14	15	16	17	18	19	20	21	22	23	24	25	26	27	28	29	
	8	9	10	11	12	13	14	15	16	17	18	19	20	21	22	23	
	갑자	갑자	갑자	갑자	갑자	갑자	갑자	갑자	갑자	갑자	갑자	갑자	갑자	갑자	갑자	갑자	
	갑술	갑술	갑술	갑술	갑술	갑술	갑술	갑술	갑술	갑술	갑술	갑술	갑술	갑술	갑술	갑술	
	을해	병자	정축	무인	기묘	경진	신사	임오	계미	갑신	을유	병술	정해	무자	기축	경인	
	10	10	9	9	9	8	8	8	7	7	7	6	6	6	5	5	
	10	1	1	1	1	2	2	2	3	3	3	4	4	4	5	5	
음 10 월	14	15	16	17	18	19	20	21	22	23	24	25	26	27	28	29	30
	6	7	8	9	10	11	12	13	14	15	16	17	18	19	20	21	22
	갑자	갑자	갑자	갑자	갑자	갑자	갑자	갑자	갑자	갑자	갑자	갑자	갑자	갑자	갑자	갑자	갑자
	갑술	**을해**	을해	을해	을해	을해	을해	을해	을해	을해	을해	을해	을해	을해	을해	을해	을해
	갑진	을사	병오	정미	무신	기유	경술	신해	임자	계축	갑인	을묘	병진	정사	무오	기미	경신
	1	10	10	9	9	9	8	8	8	7	7	7	6	6	6	5	5
	10	10	1	1	1	1	2	2	2	3	3	3	4	4	4	5	5
윤 10 월	14	15	16	17	18	19	20	21	22	23	24	25	26	27	28	29	
	6	7	8	9	10	11	12	13	14	15	16	17	18	19	20	21	
	갑자	갑자	갑자	갑자	갑자	갑자	갑자	갑자	갑자	갑자	갑자	갑자	갑자	갑자	갑자	갑자	
	을해	**병자**	병자	병자	병자	병자	병자	병자	병자	병자	병자	병자	병자	병자	병자	병자	
	갑술	을해	병자	정축	무인	기묘	경진	신사	임오	계미	갑신	을유	병술	정해	무자	기축	
	1	10	9	9	9	8	8	8	7	7	7	6	6	6	5	5	
	10	10	1	1	1	1	2	2	2	3	3	3	4	4	4	5	
음 11 월	14	15	16	17	18	19	20	21	22	23	24	25	26	27	28	29	30
	4	5	6	7	8	9	10	11	12	13	14	15	16	17	18	19	20
	갑자	갑자	갑자	갑자	갑자	갑자	갑자	갑자	갑자	갑자	갑자	갑자	갑자	갑자	갑자	갑자	갑자
	병자	**정축**	정축	정축	정축	정축	정축	정축	정축	정축	정축	정축	정축	정축	정축	정축	정축
	계묘	갑진	을사	병오	정미	무신	기유	경술	신해	임자	계축	갑인	을묘	병진	정사	무오	기미
	1	10	10	9	9	9	8	8	8	7	7	7	6	6	6	5	5
	9	10	1	1	1	1	2	2	2	3	3	3	4	4	4	5	5
음 12 월	14	15	16	17	18	19	20	21	22	23	24	25	26	27	28	29	30
	3	4	5	6	7	8	9	10	11	12	13	14	15	16	17	18	19
	갑자	**을축**	을축	을축	을축	을축	을축	을축	을축	을축	을축	을축	을축	을축	을축	을축	을축
	정축	**무인**	무인	무인	무인	무인	무인	무인	무인	무인	무인	무인	무인	무인	무인	무인	무인
	계유	갑술	을해	병자	정축	무인	기묘	경진	신사	임오	계미	갑신	을유	병술	정해	무자	기축
	1	10	1	1	1	1	2	2	2	3	3	3	4	4	4	5	5
	10	10	10	9	9	9	8	8	8	7	7	7	6	6	6	5	5

1985(을축)년 【단기 4318년】

음 1 월

음력	1	2	3	4	5	6	7	8	9	10	11	12	13
양력	2/20	21	22	23	24	25	26	27	28	3/1	2	3	4
연주 (생년)	을축	을축	을축	을축	을축	을축	을축	을축	을축	을축	을축	을축	을축
월주 (생월)	무인	무인	무인	무인	무인	무인	무인	무인	무인	무인	무인	무인	무인
일주 (생일)	경인	신묘	임진	계사	갑오	을미	병신	정유	무술	기해	경자	신축	임인
대운 남	5	6	6	6	7	7	7	8	8	8	9	9	9
대운 여	5	4	4	4	3	3	3	2	2	2	1	1	1

음 2 월

음력	1	2	3	4	5	6	7	8	9	10	11	12	13
양력	3/21	22	23	24	25	26	27	28	29	30	31	4/1	2
연주 (생년)	을축	을축	을축	을축	을축	을축	을축	을축	을축	을축	을축	을축	을축
월주 (생월)	기묘	기묘	기묘	기묘	기묘	기묘	기묘	기묘	기묘	기묘	기묘	기묘	기묘
일주 (생일)	기미	경신	신유	임술	계해	갑자	을축	병인	정묘	무진	기사	경오	신미
대운 남	5	5	6	6	6	7	7	7	8	8	8	9	9
대운 여	5	5	4	4	4	3	3	3	2	2	2	1	1

음 3 월

음력	1	2	3	4	5	6	7	8	9	10	11	12	13
양력	4/20	21	22	23	24	25	26	27	28	29	30	5/1	2
연주 (생년)	을축	을축	을축	을축	을축	을축	을축	을축	을축	을축	을축	을축	을축
월주 (생월)	경진	경진	경진	경진	경진	경진	경진	경진	경진	경진	경진	경진	경진
일주 (생일)	기축	경인	신묘	임진	계사	갑오	을미	병신	정유	무술	기해	경자	신축
대운 남	5	5	6	6	6	7	7	7	8	8	8	9	9
대운 여	5	5	4	4	4	3	3	3	2	2	2	1	1

음 4 월

음력	1	2	3	4	5	6	7	8	9	10	11	12	13
양력	5/20	21	22	23	24	25	26	27	28	29	30	31	6/1
연주 (생년)	을축	을축	을축	을축	을축	을축	을축	을축	을축	을축	을축	을축	을축
월주 (생월)	신사	신사	신사	신사	신사	신사	신사	신사	신사	신사	신사	신사	신사
일주 (생일)	기미	경신	신유	임술	계해	갑자	을축	병인	정묘	무진	기사	경오	신미
대운 남	5	5	6	6	6	7	7	7	8	8	8	9	9
대운 여	6	5	5	5	4	4	4	3	3	3	2	2	2

음 5 월

음력	1	2	3	4	5	6	7	8	9	10	11	12	13
양력	6/18	19	20	21	22	23	24	25	26	27	28	29	30
연주 (생년)	을축	을축	을축	을축	을축	을축	을축	을축	을축	을축	을축	을축	을축
월주 (생월)	임오	임오	임오	임오	임오	임오	임오	임오	임오	임오	임오	임오	임오
일주 (생일)	무자	기축	경인	신묘	임진	계사	갑오	을미	병신	정유	무술	기해	경자
대운 남	4	4	5	5	5	6	6	6	7	7	7	8	8
대운 여	6	6	6	5	5	5	4	4	4	3	3	3	2

음 6 월

음력	1	2	3	4	5	6	7	8	9	10	11	12	13
양력	7/18	19	20	21	22	23	24	25	26	27	28	29	30
연주 (생년)	을축	을축	을축	을축	을축	을축	을축	을축	을축	을축	을축	을축	을축
월주 (생월)	계미	계미	계미	계미	계미	계미	계미	계미	계미	계미	계미	계미	계미
일주 (생일)	무오	기미	경신	신유	임술	계해	갑자	을축	병인	정묘	무진	기사	경오
대운 남	4	4	4	5	5	5	6	6	6	7	7	7	8
대운 여	7	6	6	6	5	5	5	4	4	4	3	3	3

음 1 월	14	15	16	17	18	19	20	21	22	23	24	25	26	27	28	29	
	5	6	7	8	9	10	11	12	13	14	15	16	17	18	19	20	
	을축	을축	을축	을축	을축	을축	을축	을축	을축	을축	을축	을축	을축	을축	을축	을축	
	무인	**기묘**	기묘	기묘	기묘	기묘	기묘	기묘	기묘	기묘	기묘	기묘	기묘	기묘	기묘	기묘	
	계묘	갑진	을사	병오	정미	무신	기유	경술	신해	임자	계축	갑인	을묘	병진	정사	무오	
	10	10	1	1	1	1	2	2	2	3	3	3	4	4	4	5	
	1	10	10	9	9	9	8	8	8	7	7	7	6	6	6	5	
음 2 월	14	15	16	17	18	19	20	21	22	23	24	25	26	27	28	29	30
	3	4	5	6	7	8	9	10	11	12	13	14	15	16	17	18	19
	을축	을축	을축	을축	을축	을축	을축	을축	을축	을축	을축	을축	을축	을축	을축	을축	을축
	기묘	기묘	**경진**	경진	경진	경진	경진	경진	경진	경진	경진	경진	경진	경진	경진	경진	경진
	임신	계유	갑술	을해	병자	정축	무인	기묘	경진	신사	임오	계미	갑신	을유	병술	정해	무자
	9	10	10	1	1	1	1	2	2	2	3	3	3	4	4	4	5
	1	1	10	10	9	9	9	8	8	8	7	7	7	6	6	6	5
음 3 월	14	15	16	17	18	19	20	21	22	23	24	25	26	27	28	29	30
	3	4	5	6	7	8	9	10	11	12	13	14	15	16	17	18	19
	을축	을축	을축	을축	을축	을축	을축	을축	을축	을축	을축	을축	을축	을축	을축	을축	을축
	경진	경진	**신사**	신사	신사	신사	신사	신사	신사	신사	신사	신사	신사	신사	신사	신사	신사
	임인	계묘	갑진	을사	병오	정미	무신	기유	경술	신해	임자	계축	갑인	을묘	병진	정사	무오
	9	10	10	1	1	1	1	2	2	2	3	3	3	4	4	4	5
	1	1	10	10	10	10	9	9	9	8	8	8	7	7	7	6	6
음 4 월	14	15	16	17	18	19	20	21	22	23	24	25	26	27	28	29	
	2	3	4	5	6	7	8	9	10	11	12	13	14	15	16	17	
	을축	을축	을축	을축	을축	을축	을축	을축	을축	을축	을축	을축	을축	을축	을축	을축	
	신사	신사	신사	신사	**임오**	임오	임오	임오	임오	임오	임오	임오	임오	임오	임오	임오	
	임신	계유	갑술	을해	병자	정축	무인	기묘	경진	신사	임오	계미	갑신	을유	병술	정해	
	9	10	10	10	10	1	1	1	1	2	2	2	3	3	3	4	
	1	1	1	1	10	10	10	9	9	9	8	8	8	7	7	7	
음 5 월	14	15	16	17	18	19	20	21	22	23	24	25	26	27	28	29	30
	7/1	2	3	4	5	6	7	8	9	10	11	12	13	14	15	16	17
	을축	을축	을축	을축	을축	을축	을축	을축	을축	을축	을축	을축	을축	을축	을축	을축	을축
	임오	임오	임오	임오	임오	임오	**계미**	계미	계미	계미	계미	계미	계미	계미	계미	계미	계미
	신축	임인	계묘	갑진	을사	병오	정미	무신	기유	경술	신해	임자	계축	갑인	을묘	병진	정사
	8	9	9	9	10	10	10	1	1	1	1	2	2	2	3	3	3
	2	2	1	1	1	1	10	10	10	9	9	9	8	8	8	7	7
음 6 월	14	15	16	17	18	19	20	21	22	23	24	25	26	27	28	29	
	31	**8/1**	2	3	4	5	6	7	8	9	10	11	12	13	14	15	
	을축	을축	을축	을축	을축	을축	을축	을축	을축	을축	을축	을축	을축	을축	을축	을축	
	계미	계미	계미	계미	계미	계미	계미	**갑신**	갑신	갑신	갑신	갑신	갑신	갑신	갑신	갑신	
	신미	임신	계유	갑술	을해	병자	정축	무인	기묘	경진	신사	임오	계미	갑신	을유	병술	
	8	8	9	9	9	10	10	10	1	1	1	1	2	2	2	3	
	2	2	2	1	1	1	1	10	10	10	10	9	9	9	8	8	

1985(을축)년 【단기 4318년】

음 7 월	음력		1	2	3	4	5	6	7	8	9	10	11	12	13
	양력		8/16	17	18	19	20	21	22	23	24	25	26	27	28
	연주 (생년)		을축	을축	을축	을축	을축	을축	을축	을축	을축	을축	을축	을축	을축
	월주 (생월)		갑신	갑신	갑신	갑신	갑신	갑신	갑신	갑신	갑신	갑신	갑신	갑신	갑신
	일주 (생일)		정해	무자	기축	경인	신묘	임진	계사	갑오	을미	병신	정유	무술	기해
	대운	남	3	3	4	4	4	5	5	5	6	6	6	7	7
		여	8	7	7	7	6	6	6	5	5	5	4	4	4

음 8 월	음력		1	2	3	4	5	6	7	8	9	10	11	12	13
	양력		9/15	16	17	18	19	20	21	22	23	24	25	26	27
	연주 (생년)		을축	을축	을축	을축	을축	을축	을축	을축	을축	을축	을축	을축	을축
	월주 (생월)		을유	을유	을유	을유	을유	을유	을유	을유	을유	을유	을유	을유	을유
	일주 (생일)		정사	무오	기미	경신	신유	임술	계해	갑자	을축	병인	정묘	무진	기사
	대운	남	2	3	3	3	4	4	4	5	5	5	6	6	6
		여	8	7	7	7	6	6	6	5	5	5	4	4	4

음 9 월	음력		1	2	3	4	5	6	7	8	9	10	11	12	13
	양력		10/14	15	16	17	18	19	20	21	22	23	24	25	26
	연주 (생년)		을축	을축	을축	을축	을축	을축	을축	을축	을축	을축	을축	을축	을축
	월주 (생월)		병술	병술	병술	병술	병술	병술	병술	병술	병술	병술	병술	병술	병술
	일주 (생일)		병술	정해	무자	기축	경인	신묘	임진	계사	갑오	을미	병신	정유	무술
	대운	남	2	2	3	3	3	4	4	4	5	5	5	6	6
		여	8	8	7	7	7	6	6	6	5	5	5	4	4

음 10 월	음력		1	2	3	4	5	6	7	8	9	10	11	12	13
	양력		11/12	13	14	15	16	17	18	19	20	21	22	23	24
	연주 (생년)		을축	을축	을축	을축	을축	을축	을축	을축	을축	을축	을축	을축	을축
	월주 (생월)		정해	정해	정해	정해	정해	정해	정해	정해	정해	정해	정해	정해	정해
	일주 (생일)		을묘	병진	정사	무오	기미	경신	신유	임술	계해	갑자	을축	병인	정묘
	대운	남	2	2	2	3	3	3	4	4	4	5	5	5	6
		여	8	8	8	7	7	7	6	6	6	5	5	5	4

음 11 월	음력		1	2	3	4	5	6	7	8	9	10	11	12	13
	양력		12/12	13	14	15	16	17	18	19	20	21	22	23	24
	연주 (생년)		을축	을축	을축	을축	을축	을축	을축	을축	을축	을축	을축	을축	을축
	월주 (생월)		무자	무자	무자	무자	무자	무자	무자	무자	무자	무자	무자	무자	무자
	일주 (생일)		을유	병술	정해	무자	기축	경인	신묘	임진	계사	갑오	을미	병신	정유
	대운	남	2	2	2	3	3	3	4	4	4	5	5	5	6
		여	8	8	8	7	7	7	6	6	6	5	5	5	4

음 12 월	음력		1	2	3	4	5	6	7	8	9	10	11	12	13
	양력		1/10	11	12	13	14	15	16	17	18	19	20	21	22
	연주 (생년)		을축	을축	을축	을축	을축	을축	을축	을축	을축	을축	을축	을축	을축
	월주 (생월)		기축	기축	기축	기축	기축	기축	기축	기축	기축	기축	기축	기축	기축
	일주 (생일)		갑인	을묘	병진	정사	무오	기미	경신	신유	임술	계해	갑자	을축	병인
	대운	남	1	2	2	2	3	3	3	4	4	4	5	5	5
		여	8	8	8	7	7	7	6	6	6	5	5	5	4

음 7 월	14	15	16	17	18	19	20	21	22	23	24	25	26	27	28	29	30
	29	30	31	**9/1**	2	3	4	5	6	7	8	9	10	11	12	13	14
	을축	을축	을축	을축	을축	을축	을축	을축	을축	을축	을축	을축	을축	을축	을축	을축	을축
	갑신	갑신	갑신	갑신	갑신	갑신	갑신	갑신	갑신	갑신	**을유**	을유	을유	을유	을유	을유	을유
	경자	신축	임인	계묘	갑진	을사	병오	정미	무신	기유	경술	신해	임자	계축	갑인	을묘	병진
	7	8	8	8	9	9	9	10	10	10	10	1	1	1	1	2	2
	3	3	3	2	2	2	1	1	1	1	10	10	9	9	9	8	8

음 8 월	14	15	16	17	18	19	20	21	22	23	24	25	26	27	28	29	
	28	29	30	**10/1**	2	3	4	5	6	7	8	9	10	11	12	13	
	을축	을축	을축	을축	을축	을축	을축	을축	을축	을축	을축	을축	을축	을축	을축	을축	
	을유	을유	을유	을유	을유	을유	을유	을유	을유	을유	**병술**	병술	병술	병술	병술	병술	
	경오	신미	임신	계유	갑술	을해	병자	정축	무인	기묘	경진	신사	임오	계미	갑신	을유	
	7	7	7	8	8	8	9	9	9	10	10	1	1	1	1	2	
	3	3	3	2	2	2	1	1	1	1	10	10	9	9	9	8	

음 9 월	14	15	16	17	18	19	20	21	22	23	24	25	26	27	28	29	
	27	28	29	30	31	**11/1**	2	3	4	5	6	7	8	9	10	11	
	을축	을축	을축	을축	을축	을축	을축	을축	을축	을축	을축	을축	을축	을축	을축	을축	
	병술	병술	병술	병술	병술	병술	병술	병술	병술	병술	병술	**정해**	정해	정해	정해	정해	
	기해	경자	신축	임인	계묘	갑진	을사	병오	정미	무신	기유	경술	신해	임자	계축	갑인	
	6	7	7	7	8	8	8	9	9	9	10	10	1	1	1	1	
	4	3	3	3	2	2	2	1	1	1	1	10	10	9	9	9	

음 10 월	14	15	16	17	18	19	20	21	22	23	24	25	26	27	28	29	30
	25	26	27	28	29	30	**12/1**	2	3	4	5	6	7	8	9	10	11
	을축	을축	을축	을축	을축	을축	을축	을축	을축	을축	을축	을축	을축	을축	을축	을축	을축
	정해	정해	정해	정해	정해	정해	정해	정해	정해	정해	정해	정해	**무자**	무자	무자	무자	무자
	무진	기사	경오	신미	임신	계유	갑술	을해	병자	정축	무인	기묘	경진	신사	임오	계미	갑신
	6	6	7	7	7	8	8	8	9	9	9	10	10	1	1	1	1
	4	4	3	3	3	2	2	2	1	1	1	1	10	10	9	9	9

음 11 월	14	15	16	17	18	19	20	21	22	23	24	25	26	27	28	29	
	25	26	27	28	29	30	31	**1/1**	2	3	4	5	6	7	8	9	
	을축	을축	을축	을축	을축	을축	을축	을축	을축	을축	을축	을축	을축	을축	을축	을축	
	무자	무자	무자	무자	무자	무자	무자	무자	무자	무자	무자	무자	**기축**	기축	기축	기축	
	무술	기해	경자	신축	임인	계묘	갑진	을사	병오	정미	무신	기유	경술	신해	임자	계축	
	6	6	7	7	7	8	8	8	9	9	9	10	10	1	1	1	
	4	4	3	3	3	2	2	2	1	1	1	1	10	9	9	9	

음 12 월	14	15	16	17	18	19	20	21	22	23	24	25	26	27	28	29	30
	23	24	25	26	27	28	29	30	31	**2/1**	2	3	4	5	6	7	8
	을축	을축	을축	을축	을축	을축	을축	을축	을축	을축	을축	을축	**병인**	병인	병인	병인	병인
	기축	기축	기축	기축	기축	기축	기축	기축	기축	기축	기축	기축	**경인**	경인	경인	경인	경인
	정묘	무진	기사	경오	신미	임신	계유	갑술	을해	병자	정축	무인	기묘	경진	신사	임오	계미
	6	6	6	7	7	7	8	8	8	9	9	9	10	10	9	9	9
	4	4	3	3	3	2	2	2	1	1	1	1	10	1	1	1	1

1986(병인)년 【단기 4319년】

월	구분														
음 1 월	음력		1	2	3	4	5	6	7	8	9	10	11	12	13
	양력		**2/9**	10	11	12	13	14	15	16	17	18	19	20	21
	연주 (생년)		병인	병인	병인	병인	병인	병인	병인	병인	병인	병인	병인	병인	병인
	월주 (생월)		경인	경인	경인	경인	경인	경인	경인	경인	경인	경인	경인	경인	경인
	일주 (생일)		갑신	을유	병술	정해	무자	기축	경인	신묘	임진	계사	갑오	을미	병신
	대운	남	8	8	8	7	7	7	6	6	6	5	5	5	4
		여	2	2	2	3	3	3	4	4	4	5	5	5	6
음 2 월	음력		1	2	3	4	5	6	7	8	9	10	11	12	13
	양력		**3/10**	11	12	13	14	15	16	17	18	19	20	21	22
	연주 (생년)		병인	병인	병인	병인	병인	병인	병인	병인	병인	병인	병인	병인	병인
	월주 (생월)		신묘	신묘	신묘	신묘	신묘	신묘	신묘	신묘	신묘	신묘	신묘	신묘	신묘
	일주 (생일)		계축	갑인	을묘	병진	정사	무오	기미	경신	신유	임술	계해	갑자	을축
	대운	남	9	8	8	8	7	7	7	6	6	6	5	5	5
		여	1	2	2	2	3	3	3	4	4	4	5	5	5
음 3 월	음력		1	2	3	4	5	6	7	8	9	10	11	12	13
	양력		**4/9**	10	11	12	13	14	15	16	17	18	19	20	21
	연주 (생년)		병인	병인	병인	병인	병인	병인	병인	병인	병인	병인	병인	병인	병인
	월주 (생월)		임진	임진	임진	임진	임진	임진	임진	임진	임진	임진	임진	임진	임진
	일주 (생일)		계미	갑신	을유	병술	정해	무자	기축	경인	신묘	임진	계사	갑오	을미
	대운	남	9	9	8	8	8	7	7	7	6	6	6	5	5
		여	1	2	2	2	3	3	3	4	4	4	5	5	5
음 4 월	음력		1	2	3	4	5	6	7	8	9	10	11	12	13
	양력		**5/9**	10	11	12	13	14	15	16	17	18	19	20	21
	연주 (생년)		병인	병인	병인	병인	병인	병인	병인	병인	병인	병인	병인	병인	병인
	월주 (생월)		계사	계사	계사	계사	계사	계사	계사	계사	계사	계사	계사	계사	계사
	일주 (생일)		계축	갑인	을묘	병진	정사	무오	기미	경신	신유	임술	계해	갑자	을축
	대운	남	9	9	9	8	8	8	7	7	7	6	6	6	5
		여	1	1	2	2	2	3	3	3	4	4	4	5	5
음 5 월	음력		1	2	3	4	5	6	7	8	9	10	11	12	13
	양력		**6/7**	8	9	10	11	12	13	14	15	16	17	18	19
	연주 (생년)		병인	병인	병인	병인	병인	병인	병인	병인	병인	병인	병인	병인	병인
	월주 (생월)		갑오	갑오	갑오	갑오	갑오	갑오	갑오	갑오	갑오	갑오	갑오	갑오	갑오
	일주 (생일)		임오	계미	갑신	을유	병술	정해	무자	기축	경인	신묘	임진	계사	갑오
	대운	남	10	10	9	9	9	8	8	8	7	7	7	6	6
		여	1	1	1	1	2	2	2	3	3	3	4	4	4
음 6 월	음력		1	2	3	4	5	6	7	8	9	10	11	12	13
	양력		**7/7**	8	9	10	11	12	13	14	15	16	17	18	19
	연주 (생년)		병인	병인	병인	병인	병인	병인	병인	병인	병인	병인	병인	병인	병인
	월주 (생월)		**을미**	을미	을미	을미	을미	을미	을미	을미	을미	을미	을미	을미	을미
	일주 (생일)		임자	계축	갑인	을묘	병진	정사	무오	기미	경신	신유	임술	계해	갑자
	대운	남	10	10	10	10	9	9	9	8	8	8	7	7	7
		여	10	1	1	1	1	2	2	2	3	3	3	4	4

음 1 월	14	15	16	17	18	19	20	21	22	23	24	25	26	27	28	29	
	22	23	24	25	26	27	28	**3/1**	2	3	4	5	6	7	8	9	
	병인	병인	병인	병인	병인	병인	병인	병인	병인	병인	병인	병인	병인	병인	병인	병인	
	경인	경인	경인	경인	경인	경인	경인	경인	경인	경인	경인	경인	**신묘**	신묘	신묘	신묘	
	정유	무술	기해	경자	신축	임인	계묘	갑진	을사	병오	정미	무신	기유	경술	신해	임자	
	4	4	3	3	3	2	2	2	1	1	1	1	10	10	9	9	
	6	6	7	7	7	8	8	8	9	9	9	10	10	1	1	1	
음 2 월	14	15	16	17	18	19	20	21	22	23	24	25	26	27	28	29	30
	23	24	25	26	27	28	29	30	31	**4/1**	2	3	4	5	6	7	8
	병인	병인	병인	병인	병인	병인	병인	병인	병인	병인	병인	병인	병인	병인	병인	병인	병인
	신묘	신묘	신묘	신묘	신묘	신묘	신묘	신묘	신묘	신묘	신묘	신묘	신묘	**임진**	임진	임진	임진
	병인	정묘	무진	기사	경오	신미	임신	계유	갑술	을해	병자	정축	무인	기묘	경진	신사	임오
	4	4	4	3	3	3	2	2	2	1	1	1	1	10	10	10	9
	6	6	6	7	7	7	8	8	8	9	9	9	10	10	1	1	1
음 3 월	14	15	16	17	18	19	20	21	22	23	24	25	26	27	28	29	30
	22	23	24	25	26	27	28	29	30	**5/1**	2	3	4	5	6	7	8
	병인	병인	병인	병인	병인	병인	병인	병인	병인	병인	병인	병인	병인	병인	병인	병인	병인
	임진	임진	임진	임진	임진	임진	임진	임진	임진	임진	임진	임진	임진	임진	**계사**	계사	계사
	병신	정유	무술	기해	경자	신축	임인	계묘	갑진	을사	병오	정미	무신	기유	경술	신해	임자
	5	4	4	4	3	3	3	2	2	2	1	1	1	1	10	10	10
	6	6	6	7	7	7	8	8	8	9	9	9	10	10	10	1	1
음 4 월	14	15	16	17	18	19	20	21	22	23	24	25	26	27	28	29	
	22	23	24	25	26	27	28	29	30	31	**6/1**	2	3	4	5	6	
	병인	병인	병인	병인	병인	병인	병인	병인	병인	병인	병인	병인	병인	병인	병인	병인	
	계사	계사	계사	계사	계사	계사	계사	계사	계사	계사	계사	계사	계사	계사	계사	**갑오**	
	병인	정묘	무진	기사	경오	신미	임신	계유	갑술	을해	병자	정축	무인	기묘	경진	신사	
	5	5	4	4	4	3	3	3	2	2	2	1	1	1	1	10	
	5	6	6	6	7	7	7	8	8	8	9	9	9	10	10	10	
음 5 월	14	15	16	17	18	19	20	21	22	23	24	25	26	27	28	29	30
	20	21	22	23	24	25	26	27	28	29	30	**7/1**	2	3	4	5	6
	병인	병인	병인	병인	병인	병인	병인	병인	병인	병인	병인	병인	병인	병인	병인	병인	병인
	갑오	갑오	갑오	갑오	갑오	갑오	갑오	갑오	갑오	갑오	갑오	갑오	갑오	갑오	갑오	갑오	갑오
	을미	병신	정유	무술	기해	경자	신축	임인	계묘	갑진	을사	병오	정미	무신	기유	경술	신해
	6	5	5	5	4	4	4	3	3	3	2	2	2	1	1	1	1
	5	5	5	6	6	6	7	7	7	8	8	8	9	9	9	10	10
음 6 월	14	15	16	17	18	19	20	21	22	23	24	25	26	27	28	29	30
	20	21	22	23	24	25	26	27	28	29	30	31	**8/1**	2	3	4	5
	병인	병인	병인	병인	병인	병인	병인	병인	병인	병인	병인	병인	병인	병인	병인	병인	병인
	을미	을미	을미	을미	을미	을미	을미	을미	을미	을미	을미	을미	을미	을미	을미	을미	을미
	을축	병인	정묘	무진	기사	경오	신미	임신	계유	갑술	을해	병자	정축	무인	기묘	경진	신사
	6	6	6	5	5	5	4	4	4	3	3	3	2	2	2	1	1
	4	5	5	5	6	6	6	7	7	7	8	8	8	9	9	9	10

1986(병인)년 【단기 4319년】

월	구분		1	2	3	4	5	6	7	8	9	10	11	12	13
음 7 월	음력		1	2	3	4	5	6	7	8	9	10	11	12	13
	양력		**8/6**	7	8	9	10	11	12	13	14	15	16	17	18
	연주 (생년)		병인	병인	병인	병인	병인	병인	병인	병인	병인	병인	병인	병인	병인
	월주 (생월)		을미	을미	**병신**	병신	병신	병신	병신	병신	병신	병신	병신	병신	병신
	일주 (생일)		임오	계미	갑신	을유	병술	정해	무자	기축	경인	신묘	임진	계사	갑오
	대운	남	1	1	10	10	10	9	9	9	8	8	8	7	7
		여	10	10	10	1	1	1	1	2	2	2	3	3	3
음 8 월	음력		1	2	3	4	5	6	7	8	9	10	11	12	13
	양력		**9/4**	5	6	7	8	9	10	11	12	13	14	15	16
	연주 (생년)		병인	병인	병인	병인	병인	병인	병인	병인	병인	병인	병인	병인	병인
	월주 (생월)		병신	병신	병신	병신	**정유**	정유	정유	정유	정유	정유	정유	정유	정유
	일주 (생일)		신해	임자	계축	갑인	을묘	병진	정사	무오	기미	경신	신유	임술	계해
	대운	남	1	1	1	1	10	10	9	9	9	8	8	8	7
		여	9	9	10	10	10	1	1	1	1	2	2	2	3
음 9 월	음력		1	2	3	4	5	6	7	8	9	10	11	12	13
	양력		**10/4**	5	6	7	8	9	10	11	12	13	14	15	16
	연주 (생년)		병인	병인	병인	병인	병인	병인	병인	병인	병인	병인	병인	병인	병인
	월주 (생월)		정유	정유	정유	정유	**무술**	무술	무술	무술	무술	무술	무술	무술	무술
	일주 (생일)		신사	임오	계미	갑신	을유	병술	정해	무자	기축	경인	신묘	임진	계사
	대운	남	1	1	1	1	10	10	10	9	9	9	8	8	8
		여	9	9	9	10	10	1	1	1	1	2	2	2	3
음 10 월	음력		1	2	3	4	5	6	7	8	9	10	11	12	13
	양력		**11/2**	3	4	5	6	7	8	9	10	11	12	13	14
	연주 (생년)		병인	병인	병인	병인	병인	병인	병인	병인	병인	병인	병인	병인	병인
	월주 (생월)		무술	무술	무술	무술	무술	무술	**기해**	기해	기해	기해	기해	기해	기해
	일주 (생일)		경술	신해	임자	계축	갑인	을묘	병진	정사	무오	기미	경신	신유	임술
	대운	남	2	2	1	1	1	1	10	9	9	9	8	8	8
		여	8	9	9	9	10	10	10	1	1	1	1	2	2
음 11 월	음력		1	2	3	4	5	6	7	8	9	10	11	12	13
	양력		**12/2**	3	4	5	6	7	8	9	10	11	12	13	14
	연주 (생년)		병인	병인	병인	병인	병인	병인	병인	병인	병인	병인	병인	병인	병인
	월주 (생월)		기해	기해	기해	기해	기해	**경자**	경자	경자	경자	경자	경자	경자	경자
	일주 (생일)		경진	신사	임오	계미	갑신	을유	병술	정해	무자	기축	경인	신묘	임진
	대운	남	2	1	1	1	1	10	10	9	9	9	8	8	8
		여	8	8	9	9	9	10	1	1	1	1	2	2	2
음 12 월	음력		1	2	3	4	5	6	7	8	9	10	11	12	13
	양력		**12/31**	**1/1**	2	3	4	5	6	7	8	9	10	11	12
	연주 (생년)		병인	병인	병인	병인	병인	병인	병인	병인	병인	병인	병인	병인	병인
	월주 (생월)		경자	경자	경자	경자	경자	경자	**신축**	신축	신축	신축	신축	신축	신축
	일주 (생일)		기유	경술	신해	임자	계축	갑인	을묘	병진	정사	무오	기미	경신	신유
	대운	남	2	2	1	1	1	1	10	9	9	9	8	8	8
		여	8	8	9	9	9	10	10	1	1	1	1	2	2

음 7월	14	15	16	17	18	19	20	21	22	23	24	25	26	27	28	29	
	19	20	21	22	23	24	25	26	27	28	29	30	31	**9/1**	2	3	
	병인	병인	병인	병인	병인	병인	병인	병인	병인	병인	병인	병인	병인	병인	병인	병인	
	병신	병신	병신	병신	병신	병신	병신	병신	병신	병신	병신	병신	병신	병신	병신	병신	
	을미	병신	정유	무술	기해	경자	신축	임인	계묘	갑진	을사	병오	정미	무신	기유	경술	
	7	6	6	6	5	5	5	4	4	4	3	3	3	2	2	2	
	4	4	4	5	5	5	6	6	6	7	7	7	8	8	8	9	
음 8월	14	15	16	17	18	19	20	21	22	23	24	25	26	27	28	29	30
	17	18	19	20	21	22	23	24	25	26	27	28	29	30	**10/1**	2	3
	병인	병인	병인	병인	병인	병인	병인	병인	병인	병인	병인	병인	병인	병인	병인	병인	병인
	정유	정유	정유	정유	정유	정유	정유	정유	정유	정유	정유	정유	정유	정유	정유	정유	정유
	갑자	을축	병인	정묘	무진	기사	경오	신미	임신	계유	갑술	을해	병자	정축	무인	기묘	경진
	7	7	6	6	6	5	5	5	4	4	4	3	3	3	2	2	2
	3	3	4	4	4	5	5	5	6	6	6	7	7	7	8	8	8
음 9월	14	15	16	17	18	19	20	21	22	23	24	25	26	27	28	29	
	17	18	19	20	21	22	23	24	25	26	27	28	29	30	31	**11/1**	
	병인	병인	병인	병인	병인	병인	병인	병인	병인	병인	병인	병인	병인	병인	병인	병인	
	무술	무술	무술	무술	무술	무술	무술	무술	무술	무술	무술	무술	무술	무술	무술	무술	
	갑오	을미	병신	정유	무술	기해	경자	신축	임인	계묘	갑진	을사	병오	정미	무신	기유	
	7	7	7	6	6	6	5	5	5	4	4	4	3	3	3	2	
	3	3	4	4	4	5	5	5	6	6	6	7	7	7	8	8	
음 10월	14	15	16	17	18	19	20	21	22	23	24	25	26	27	28	29	30
	15	16	17	18	19	20	21	22	23	24	25	26	27	28	29	30	**12/1**
	병인	병인	병인	병인	병인	병인	병인	병인	병인	병인	병인	병인	병인	병인	병인	병인	병인
	기해	기해	기해	기해	기해	기해	기해	기해	기해	기해	기해	기해	기해	기해	기해	기해	기해
	계해	갑자	을축	병인	정묘	무진	기사	경오	신미	임신	계유	갑술	을해	병자	정축	무인	기묘
	7	7	7	6	6	6	5	5	5	4	4	4	3	3	3	2	2
	2	3	3	3	4	4	4	5	5	5	6	6	6	7	7	7	8
음 11월	14	15	16	17	18	19	20	21	22	23	24	25	26	27	28	29	
	15	16	17	18	19	20	21	22	23	24	25	26	27	28	29	30	
	병인	병인	병인	병인	병인	병인	병인	병인	병인	병인	병인	병인	병인	병인	병인	병인	
	경자	경자	경자	경자	경자	경자	경자	경자	경자	경자	경자	경자	경자	경자	경자	경자	
	계사	갑오	을미	병신	정유	무술	기해	경자	신축	임인	계묘	갑진	을사	병오	정미	무신	
	7	7	7	6	6	6	5	5	5	4	4	4	3	3	3	2	
	3	3	3	4	4	4	5	5	5	6	6	6	7	7	7	8	
음 12월	14	15	16	17	18	19	20	21	22	23	24	25	26	27	28	29	
	13	14	15	16	17	18	19	20	21	22	23	24	25	26	27	28	
	병인	병인	병인	병인	병인	병인	병인	병인	병인	병인	병인	병인	병인	병인	병인	병인	
	신축	신축	신축	신축	신축	신축	신축	신축	신축	신축	신축	신축	신축	신축	신축	신축	
	임술	계해	갑자	을축	병인	정묘	무진	기사	경오	신미	임신	계유	갑술	을해	병자	정축	
	7	7	7	6	6	6	5	5	5	4	4	4	3	3	3	2	
	2	3	3	3	4	4	4	5	5	5	6	6	6	7	7	7	

1987(정묘)년 【단기 4320년】

월	구분		1	2	3	4	5	6	7	8	9	10	11	12	13
음 1 월	음력		1	2	3	4	5	6	7	8	9	10	11	12	13
	양력		**1/29**	30	31	**2/1**	2	3	4	5	6	7	8	9	10
	연주 (생년)		병인	병인	병인	병인	병인	**정묘**	정묘	정묘	정묘	정묘	정묘	정묘	정묘
	월주 (생월)		신축	신축	신축	신축	신축	**임인**	임인	임인	임인	임인	임인	임인	임인
	일주 (생일)		무인	기묘	경진	신사	임오	계미	갑신	을유	병술	정해	무자	기축	경인
	대운	남	2	2	1	1	1	1	10	1	1	1	1	2	2
		여	8	8	8	9	9	9	10	10	9	9	9	8	8
음 2 월	음력		1	2	3	4	5	6	7	8	9	10	11	12	13
	양력		**2/28**	**3/1**	2	3	4	5	6	7	8	9	10	11	12
	연주 (생년)		정묘	정묘	정묘	정묘	정묘	정묘	정묘	정묘	정묘	정묘	정묘	정묘	정묘
	월주 (생월)		임인	임인	임인	임인	임인	임인	**계묘**	계묘	계묘	계묘	계묘	계묘	계묘
	일주 (생일)		무신	기유	경술	신해	임자	계축	갑인	을묘	병진	정사	무오	기미	경신
	대운	남	8	8	9	9	9	10	10	1	1	1	1	2	2
		여	2	2	1	1	1	1	10	10	9	9	9	8	8
음 3 월	음력		1	2	3	4	5	6	7	8	9	10	11	12	13
	양력		**3/29**	30	31	**4/1**	2	3	4	5	6	7	8	9	10
	연주 (생년)		정묘	정묘	정묘	정묘	정묘	정묘	정묘	정묘	정묘	정묘	정묘	정묘	정묘
	월주 (생월)		계묘	계묘	계묘	계묘	계묘	계묘	계묘	**갑진**	갑진	갑진	갑진	갑진	갑진
	일주 (생일)		정축	무인	기묘	경진	신사	임오	계미	갑신	을유	병술	정해	무자	기축
	대운	남	8	8	8	9	9	9	10	10	1	1	1	1	2
		여	2	2	2	1	1	1	1	10	10	10	9	9	9
음 4 월	음력		1	2	3	4	5	6	7	8	9	10	11	12	13
	양력		**4/28**	29	30	**5/1**	2	3	4	5	6	7	8	9	10
	연주 (생년)		정묘	정묘	정묘	정묘	정묘	정묘	정묘	정묘	정묘	정묘	정묘	정묘	정묘
	월주 (생월)		갑진	갑진	갑진	갑진	갑진	갑진	갑진	갑진	**을사**	을사	을사	을사	을사
	일주 (생일)		정미	무신	기유	경술	신해	임자	계축	갑인	을묘	병진	정사	무오	기미
	대운	남	8	8	8	9	9	9	10	10	10	1	1	1	1
		여	3	2	2	2	1	1	1	1	10	10	10	9	9
음 5 월	음력		1	2	3	4	5	6	7	8	9	10	11	12	13
	양력		**5/28**	29	30	31	**6/1**	2	3	4	5	6	7	8	9
	연주 (생년)		정묘	정묘	정묘	정묘	정묘	정묘	정묘	정묘	정묘	정묘	정묘	정묘	정묘
	월주 (생월)		을사	을사	을사	을사	을사	을사	을사	을사	을사	**병오**	병오	병오	병오
	일주 (생일)		정축	무인	기묘	경진	신사	임오	계미	갑신	을유	병술	정해	무자	기축
	대운	남	7	8	8	8	9	9	9	10	10	10	1	1	1
		여	3	3	2	2	2	1	1	1	1	10	10	10	10
음 6 월	음력		1	2	3	4	5	6	7	8	9	10	11	12	13
	양력		**6/26**	27	28	29	30	**7/1**	2	3	4	5	6	7	8
	연주 (생년)		정묘	정묘	정묘	정묘	정묘	정묘	정묘	정묘	정묘	정묘	정묘	정묘	정묘
	월주 (생월)		병오	병오	병오	병오	병오	병오	병오	병오	병오	병오	병오	병오	**정미**
	일주 (생일)		병오	정미	무신	기유	경술	신해	임자	계축	갑인	을묘	병진	정사	무오
	대운	남	7	7	7	8	8	8	9	9	9	10	10	10	10
		여	4	4	3	3	3	2	2	2	1	1	1	1	10
윤 6 월	음력		1	2	3	4	5	6	7	8	9	10	11	12	13
	양력		**7/26**	27	28	29	30	31	**8/1**	2	3	4	5	6	7
	연주 (생년)		정묘	정묘	정묘	정묘	정묘	정묘	정묘	정묘	정묘	정묘	정묘	정묘	정묘
	월주 (생월)		정미	정미	정미	정미	정미	정미	정미	정미	정미	정미	정미	정미	정미
	일주 (생일)		병자	정축	무인	기묘	경진	신사	임오	계미	갑신	을유	병술	정해	무자
	대운	남	6	6	7	7	7	8	8	8	9	9	9	10	10
		여	4	4	4	3	3	3	2	2	2	1	1	1	1

음 1 월	14	15	16	17	18	19	20	21	22	23	24	25	26	27	28	29	30
	11	12	13	14	15	16	17	18	19	20	21	22	23	24	25	26	27
	정묘	정묘	정묘	정묘	정묘	정묘	정묘	정묘	정묘	정묘	정묘	정묘	정묘	정묘	정묘	정묘	정묘
	임인	임인	임인	임인	임인	임인	임인	임인	임인	임인	임인	임인	임인	임인	임인	임인	임인
	신묘	임진	계사	갑오	을미	병신	정유	무술	기해	경자	신축	임인	계묘	갑진	을사	병오	정미
	2	3	3	3	4	4	4	5	5	5	6	6	6	7	7	7	8
	8	7	7	7	6	6	6	5	5	5	4	4	4	3	3	3	2
음 2 월	14	15	16	17	18	19	20	21	22	23	24	25	26	27	28	29	
	13	14	15	16	17	18	19	20	21	22	23	24	25	26	27	28	
	정묘	정묘	정묘	정묘	정묘	정묘	정묘	정묘	정묘	정묘	정묘	정묘	정묘	정묘	정묘	정묘	
	계묘	계묘	계묘	계묘	계묘	계묘	계묘	계묘	계묘	계묘	계묘	계묘	계묘	계묘	계묘	계묘	
	신유	임술	계해	갑자	을축	병인	정묘	무진	기사	경오	신미	임신	계유	갑술	을해	병자	
	2	3	3	3	4	4	4	5	5	5	6	6	6	7	7	7	
	8	7	7	7	6	6	6	5	5	5	4	4	4	3	3	3	
음 3 월	14	15	16	17	18	19	20	21	22	23	24	25	26	27	28	29	30
	11	12	13	14	15	16	17	18	19	20	21	22	23	24	25	26	27
	정묘	정묘	정묘	정묘	정묘	정묘	정묘	정묘	정묘	정묘	정묘	정묘	정묘	정묘	정묘	정묘	정묘
	갑진	갑진	갑진	갑진	갑진	갑진	갑진	갑진	갑진	갑진	갑진	갑진	갑진	갑진	갑진	갑진	갑진
	경인	신묘	임진	계사	갑오	을미	병신	정유	무술	기해	경자	신축	임인	계묘	갑진	을사	병오
	2	2	3	3	3	4	4	4	5	5	5	6	6	6	7	7	7
	8	8	8	7	7	7	6	6	6	5	5	5	4	4	4	3	3
음 4 월	14	15	16	17	18	19	20	21	22	23	24	25	26	27	28	29	30
	11	12	13	14	15	16	17	18	19	20	21	22	23	24	25	26	27
	정묘	정묘	정묘	정묘	정묘	정묘	정묘	정묘	정묘	정묘	정묘	정묘	정묘	정묘	정묘	정묘	정묘
	을사	을사	을사	을사	을사	을사	을사	을사	을사	을사	을사	을사	을사	을사	을사	을사	을사
	경신	신유	임술	계해	갑자	을축	병인	정묘	무진	기사	경오	신미	임신	계유	갑술	을해	병자
	2	2	2	3	3	3	4	4	4	5	5	5	6	6	6	7	7
	9	8	8	8	7	7	7	6	6	6	5	5	5	4	4	4	3
음 5 월	14	15	16	17	18	19	20	21	22	23	24	25	26	27	28	29	
	10	11	12	13	14	15	16	17	18	19	20	21	22	23	24	25	
	정묘	정묘	정묘	정묘	정묘	정묘	정묘	정묘	정묘	정묘	정묘	정묘	정묘	정묘	정묘	정묘	
	병오	병오	병오	병오	병오	병오	병오	병오	병오	병오	병오	병오	병오	병오	병오	병오	
	경인	신묘	임진	계사	갑오	을미	병신	정유	무술	기해	경자	신축	임인	계묘	갑진	을사	
	1	2	2	2	3	3	3	4	4	4	5	5	5	6	6	6	
	9	9	9	8	8	8	7	7	7	6	6	6	5	5	5	4	
음 6 월	14	15	16	17	18	19	20	21	22	23	24	25	26	27	28	29	30
	9	10	11	12	13	14	15	16	17	18	19	20	21	22	23	24	25
	정묘	정묘	정묘	정묘	정묘	정묘	정묘	정묘	정묘	정묘	정묘	정묘	정묘	정묘	정묘	정묘	정묘
	정미	정미	정미	정미	정미	정미	정미	정미	정미	정미	정미	정미	정미	정미	정미	정미	정미
	기미	경신	신유	임술	계해	갑자	을축	병인	정묘	무진	기사	경오	신미	임신	계유	갑술	을해
	1	1	1	1	2	2	2	3	3	3	4	4	4	5	5	5	6
	10	10	9	9	9	8	8	8	7	7	7	6	6	6	5	5	5
윤 6 월	14	15	16	17	18	19	20	21	22	23	24	25	26	27	28	29	
	8	9	10	11	12	13	14	15	16	17	18	19	20	21	22	23	
	정묘	정묘	정묘	정묘	정묘	정묘	정묘	정묘	정묘	정묘	정묘	정묘	정묘	정묘	정묘	정묘	
	무신	무신	무신	무신	무신	무신	무신	무신	무신	무신	무신	무신	무신	무신	무신	무신	
	기축	경인	신묘	임진	계사	갑오	을미	병신	정유	무술	기해	경자	신축	임인	계묘	갑진	
	10	1	1	1	1	2	2	2	3	3	3	4	4	4	5	5	
	10	10	10	9	9	9	8	8	8	7	7	7	6	6	6	5	

1987(정묘)년 【단기 4320년】

월	구분		1	2	3	4	5	6	7	8	9	10	11	12	13
음 7 월	음력		1	2	3	4	5	6	7	8	9	10	11	12	13
	양력		**8/24**	25	26	27	28	29	30	31	**9/1**	2	3	4	5
	연주 (생년)		정묘	정묘	정묘	정묘	정묘	정묘	정묘	정묘	정묘	정묘	정묘	정묘	정묘
	월주 (생월)		무신	무신	무신	무신	무신	무신	무신	무신	무신	무신	무신	무신	무신
	일주 (생일)		을사	병오	정미	무신	기유	경술	신해	임자	계축	갑인	을묘	병진	정사
	대운	남	5	6	6	6	7	7	7	8	8	8	9	9	9
		여	5	5	4	4	4	3	3	3	2	2	2	1	1
음 8 월	음력		1	2	3	4	5	6	7	8	9	10	11	12	13
	양력		**9/23**	24	25	26	27	28	29	30	**10/1**	2	3	4	5
	연주 (생년)		정묘	정묘	정묘	정묘	정묘	정묘	정묘	정묘	정묘	정묘	정묘	정묘	정묘
	월주 (생월)		기유	기유	기유	기유	기유	기유	기유	기유	기유	기유	기유	기유	기유
	일주 (생일)		을해	병자	정축	무인	기묘	경진	신사	임오	계미	갑신	을유	병술	정해
	대운	남	5	5	6	6	6	7	7	7	8	8	8	9	9
		여	5	5	5	4	4	4	3	3	3	2	2	2	1
음 9 월	음력		1	2	3	4	5	6	7	8	9	10	11	12	13
	양력		**10/23**	24	25	26	27	28	29	30	31	**11/1**	2	3	4
	연주 (생년)		정묘	정묘	정묘	정묘	정묘	정묘	정묘	정묘	정묘	정묘	정묘	정묘	정묘
	월주 (생월)		경술	경술	경술	경술	경술	경술	경술	경술	경술	경술	경술	경술	경술
	일주 (생일)		을사	병오	정미	무신	기유	경술	신해	임자	계축	갑인	을묘	병진	정사
	대운	남	5	5	5	6	6	6	7	7	7	8	8	8	9
		여	5	5	5	4	4	4	3	3	3	2	2	2	1
음 10 월	음력		1	2	3	4	5	6	7	8	9	10	11	12	13
	양력		**11/21**	22	23	24	25	26	27	28	29	30	**12/1**	2	3
	연주 (생년)		정묘	정묘	정묘	정묘	정묘	정묘	정묘	정묘	정묘	정묘	정묘	정묘	정묘
	월주 (생월)		신해	신해	신해	신해	신해	신해	신해	신해	신해	신해	신해	신해	신해
	일주 (생일)		갑술	을해	병자	정축	무인	기묘	경진	신사	임오	계미	갑신	을유	병술
	대운	남	4	5	5	5	6	6	6	7	7	7	8	8	8
		여	6	5	5	5	4	4	4	3	3	3	2	2	2
음 11 월	음력		1	2	3	4	5	6	7	8	9	10	11	12	13
	양력		**12/21**	22	23	24	25	26	27	28	29	30	31	**1/1**	2
	연주 (생년)		정묘	정묘	정묘	정묘	정묘	정묘	정묘	정묘	정묘	정묘	정묘	정묘	정묘
	월주 (생월)		임자	임자	임자	임자	임자	임자	임자	임자	임자	임자	임자	임자	임자
	일주 (생일)		갑진	을사	병오	정미	무신	기유	경술	신해	임자	계축	갑인	을묘	병진
	대운	남	4	5	5	5	6	6	6	7	7	7	8	8	8
		여	5	5	5	4	4	4	3	3	3	2	2	2	1
음 12 월	음력		1	2	3	4	5	6	7	8	9	10	11	12	13
	양력		**1/19**	20	21	22	23	24	25	26	27	28	29	30	31
	연주 (생년)		정묘	정묘	정묘	정묘	정묘	정묘	정묘	정묘	정묘	정묘	정묘	정묘	정묘
	월주 (생월)		계축	계축	계축	계축	계축	계축	계축	계축	계축	계축	계축	계축	계축
	일주 (생일)		계유	갑술	을해	병자	정축	무인	기묘	경진	신사	임오	계미	갑신	을유
	대운	남	4	5	5	5	6	6	6	7	7	7	8	8	8
		여	5	5	5	4	4	4	3	3	3	2	2	2	1

음 7월	14	15	16	17	18	19	20	21	22	23	24	25	26	27	28	29	30
	6	7	8	9	10	11	12	13	14	15	16	17	18	19	20	21	22
	정묘	정묘	정묘	정묘	정묘	정묘	정묘	정묘	정묘	정묘	정묘	정묘	정묘	정묘	정묘	정묘	정묘
	무신	무신	**기유**	기유	기유	기유	기유	기유	기유	기유	기유	기유	기유	기유	기유	기유	기유
	무오	기미	경신	신유	임술	계해	갑자	을축	병인	정묘	무진	기사	경오	신미	임신	계유	갑술
	10	10	10	1	1	1	1	2	2	2	3	3	3	4	4	4	5
	1	1	10	10	10	9	9	9	8	8	8	7	7	7	6	6	6

음 8월	14	15	16	17	18	19	20	21	22	23	24	25	26	27	28	29	30
	6	7	8	9	10	11	12	13	14	15	16	17	18	19	20	21	22
	정묘	정묘	정묘	정묘	정묘	정묘	정묘	정묘	정묘	정묘	정묘	정묘	정묘	정묘	정묘	정묘	정묘
	기유	기유	기유	**경술**	경술	경술	경술	경술	경술	경술	경술	경술	경술	경술	경술	경술	경술
	무자	기축	경인	신묘	임진	계사	갑오	을미	병신	정유	무술	기해	경자	신축	임인	계묘	갑진
	9	10	10	10	1	1	1	1	2	2	2	3	3	3	4	4	4
	1	1	1	10	10	9	9	9	8	8	8	7	7	7	6	6	6

음 9월	14	15	16	17	18	19	20	21	22	23	24	25	26	27	28	29	
	5	6	7	8	9	10	11	12	13	14	15	16	17	18	19	20	
	정묘	정묘	정묘	정묘	정묘	정묘	정묘	정묘	정묘	정묘	정묘	정묘	정묘	정묘	정묘	정묘	
	경술	경술	경술	**신해**	신해	신해	신해	신해	신해	신해	신해	신해	신해	신해	신해	신해	
	무오	기미	경신	신유	임술	계해	갑자	을축	병인	정묘	무진	기사	경오	신미	임신	계유	
	9	9	10	10	1	1	1	1	2	2	2	3	3	3	4	4	
	1	1	1	10	10	9	9	9	8	8	8	7	7	7	6	6	

음 10월	14	15	16	17	18	19	20	21	22	23	24	25	26	27	28	29	30
	4	5	6	7	8	9	10	11	12	13	14	15	16	17	18	19	20
	정묘	정묘	정묘	정묘	정묘	정묘	정묘	정묘	정묘	정묘	정묘	정묘	정묘	정묘	정묘	정묘	정묘
	신해	신해	신해	신해	**임자**	임자	임자	임자	임자	임자	임자	임자	임자	임자	임자	임자	임자
	정해	무자	기축	경인	신묘	임진	계사	갑오	을미	병신	정유	무술	기해	경자	신축	임인	계묘
	9	9	9	10	10	1	1	1	1	2	2	2	3	3	3	4	4
	1	1	1	1	10	9	9	9	8	8	8	7	7	7	6	6	6

음 11월	14	15	16	17	18	19	20	21	22	23	24	25	26	27	28	29	
	3	4	5	6	7	8	9	10	11	12	13	14	15	16	17	18	
	정묘	정묘	정묘	정묘	정묘	정묘	정묘	정묘	정묘	정묘	정묘	정묘	정묘	정묘	정묘	정묘	
	임자	임자	임자	**계축**	계축	계축	계축	계축	계축	계축	계축	계축	계축	계축	계축	계축	
	정사	무오	기미	경신	신유	임술	계해	갑자	을축	병인	정묘	무진	기사	경오	신미	임신	
	9	9	9	10	1	1	1	1	2	2	2	3	3	3	4	4	
	1	1	1	10	9	9	9	8	8	8	7	7	7	6	6	6	

음 12월	14	15	16	17	18	19	20	21	22	23	24	25	26	27	28	29	30
	2/1	2	3	4	5	6	7	8	9	10	11	12	13	14	15	16	17
	정묘	정묘	정묘	**무진**	무진	무진	무진	무진	무진	무진	무진	무진	무진	무진	무진	무진	무진
	계축	계축	계축	**갑인**	갑인	갑인	갑인	갑인	갑인	갑인	갑인	갑인	갑인	갑인	갑인	갑인	갑인
	병술	정해	무자	기축	경인	신묘	임진	계사	갑오	을미	병신	정유	무술	기해	경자	신축	임인
	9	9	9	10	10	9	9	9	8	8	8	7	7	7	6	6	6
	1	1	1	10	1	1	1	1	2	2	2	3	3	3	4	4	4

1988(무진)년 【단기 4321년】

음 1 월	음력	1	2	3	4	5	6	7	8	9	10	11	12	13
	양력	2/18	19	20	21	22	23	24	25	26	27	28	29	3/1
	연주 (생년)	무진	무진	무진	무진	무진	무진	무진	무진	무진	무진	무진	무진	무진
	월주 (생월)	갑인	갑인	갑인	갑인	갑인	갑인	갑인	갑인	갑인	갑인	갑인	갑인	갑인
	일주 (생일)	계묘	갑진	을사	병오	정미	무신	기유	경술	신해	임자	계축	갑인	을묘
	대운 남	5	5	5	4	4	4	3	3	3	2	2	2	1
	대운 여	5	5	5	6	6	6	7	7	7	8	8	8	9

음 2 월	음력	1	2	3	4	5	6	7	8	9	10	11	12	13
	양력	3/18	19	20	21	22	23	24	25	26	27	28	29	30
	연주 (생년)	무진	무진	무진	무진	무진	무진	무진	무진	무진	무진	무진	무진	무진
	월주 (생월)	을묘	을묘	을묘	을묘	을묘	을묘	을묘	을묘	을묘	을묘	을묘	을묘	을묘
	일주 (생일)	임신	계유	갑술	을해	병자	정축	무인	기묘	경진	신사	임오	계미	갑신
	대운 남	6	5	5	5	4	4	4	3	3	3	2	2	2
	대운 여	4	5	5	5	6	6	6	7	7	7	8	8	8

음 3 월	음력	1	2	3	4	5	6	7	8	9	10	11	12	13
	양력	4/16	17	18	19	20	21	22	23	24	25	26	27	28
	연주 (생년)	무진	무진	무진	무진	무진	무진	무진	무진	무진	무진	무진	무진	무진
	월주 (생월)	병진	병진	병진	병진	병진	병진	병진	병진	병진	병진	병진	병진	병진
	일주 (생일)	신축	임인	계묘	갑진	을사	병오	정미	무신	기유	경술	신해	임자	계축
	대운 남	6	6	6	5	5	5	4	4	4	3	3	3	2
	대운 여	4	5	5	5	6	6	6	7	7	7	8	8	8

음 4 월	음력	1	2	3	4	5	6	7	8	9	10	11	12	13
	양력	5/16	17	18	19	20	21	22	23	24	25	26	27	28
	연주 (생년)	무진	무진	무진	무진	무진	무진	무진	무진	무진	무진	무진	무진	무진
	월주 (생월)	정사	정사	정사	정사	정사	정사	정사	정사	정사	정사	정사	정사	정사
	일주 (생일)	신미	임신	계유	갑술	을해	병자	정축	무인	기묘	경진	신사	임오	계미
	대운 남	7	6	6	6	5	5	5	4	4	4	3	3	3
	대운 여	4	4	4	5	5	5	6	6	6	7	7	7	8

음 5 월	음력	1	2	3	4	5	6	7	8	9	10	11	12	13
	양력	6/14	15	16	17	18	19	20	21	22	23	24	25	26
	연주 (생년)	무진	무진	무진	무진	무진	무진	무진	무진	무진	무진	무진	무진	무진
	월주 (생월)	무오	무오	무오	무오	무오	무오	무오	무오	무오	무오	무오	무오	무오
	일주 (생일)	경자	신축	임인	계묘	갑진	을사	병오	정미	무신	기유	경술	신해	임자
	대운 남	8	7	7	7	6	6	6	5	5	5	4	4	4
	대운 여	3	3	4	4	4	5	5	5	6	6	6	7	7

음 6 월	음력	1	2	3	4	5	6	7	8	9	10	11	12	13
	양력	7/14	15	16	17	18	19	20	21	22	23	24	25	26
	연주 (생년)	무진	무진	무진	무진	무진	무진	무진	무진	무진	무진	무진	무진	무진
	월주 (생월)	기미	기미	기미	기미	기미	기미	기미	기미	기미	기미	기미	기미	기미
	일주 (생일)	경오	신미	임신	계유	갑술	을해	병자	정축	무인	기묘	경진	신사	임오
	대운 남	8	8	7	7	7	6	6	6	5	5	5	4	4
	대운 여	2	3	3	3	4	4	4	5	5	5	6	6	6

	14	15	16	17	18	19	20	21	22	23	24	25	26	27	28	29	
	2	3	4	5	6	7	8	9	10	11	12	13	14	15	16	17	
음	무진	무진	무진	무진	무진	무진	무진	무진	무진	무진	무진	무진	무진	무진	무진	무진	
1	갑인	갑인	갑인	**을묘**	을묘	을묘	을묘	을묘	을묘	을묘	을묘	을묘	을묘	을묘	을묘	을묘	
월	병진	정사	무오	기미	경신	신유	임술	계해	갑자	을축	병인	정묘	무진	기사	경오	신미	
	1	1	1	10	10	9	9	9	8	8	8	7	7	7	6	6	
	9	9	10	10	1	1	1	1	2	2	2	3	3	3	4	4	
	14	15	16	17	18	19	20	21	22	23	24	25	26	27	28	29	
	31	**4/1**	2	3	4	5	6	7	8	9	10	11	12	13	14	15	
음	무진	무진	무진	무진	무진	무진	무진	무진	무진	무진	무진	무진	무진	무진	무진	무진	
2	을묘	을묘	을묘	을묘	**병진**	병진	병진	병진	병진	병진	병진	병진	병진	병진	병진	병진	
월	을유	병술	정해	무자	기축	경인	신묘	임진	계사	갑오	을미	병신	정유	무술	기해	경자	
	1	1	1	1	10	10	10	9	9	9	8	8	8	7	7	7	
	9	9	9	10	10	1	1	1	1	2	2	2	3	3	3	4	
	14	15	16	17	18	19	20	21	22	23	24	25	26	27	28	29	30
	29	30	**5/1**	2	3	4	5	6	7	8	9	10	11	12	13	14	15
음	무진	무진	무진	무진	무진	무진	무진	무진	무진	무진	무진	무진	무진	무진	무진	무진	무진
3	병진	병진	병진	병진	병진	병진	**정사**	정사	정사	정사	정사	정사	정사	정사	정사	정사	정사
월	갑인	을묘	병진	정사	무오	기미	경신	신유	임술	계해	갑자	을축	병인	정묘	무진	기사	경오
	2	2	1	1	1	1	10	10	10	9	9	9	8	8	8	7	7
	9	9	9	10	10	10	10	1	1	1	1	2	2	2	3	3	3
	14	15	16	17	18	19	20	21	22	23	24	25	26	27	28	29	
	29	30	31	**6/1**	2	3	4	5	6	7	8	9	10	11	12	13	
음	무진	무진	무진	무진	무진	무진	무진	무진	무진	무진	무진	무진	무진	무진	무진	무진	
4	정사	정사	정사	정사	정사	정사	정사	**무오**	무오	무오	무오	무오	무오	무오	무오	무오	
월	갑신	을유	병술	정해	무자	기축	경인	신묘	임진	계사	갑오	을미	병신	정유	무술	기해	
	2	2	2	1	1	1	1	10	10	10	10	9	9	9	8	8	
	8	8	9	9	9	10	10	10	1	1	1	1	2	2	2	3	
	14	15	16	17	18	19	20	21	22	23	24	25	26	27	28	29	30
	27	28	29	30	**7/1**	2	3	4	5	6	7	8	9	10	11	12	13
음	무진	무진	무진	무진	무진	무진	무진	무진	무진	무진	무진	무진	무진	무진	무진	무진	무진
5	무오	무오	무오	무오	무오	무오	무오	무오	무오	무오	**기미**	기미	기미	기미	기미	기미	기미
월	계축	갑인	을묘	병진	정사	무오	기미	경신	신유	임술	계해	갑자	을축	병인	정묘	무진	기사
	3	3	3	2	2	2	1	1	1	1	10	10	10	9	9	9	8
	7	8	8	8	9	9	9	10	10	10	10	1	1	1	1	2	2
	14	15	16	17	18	19	20	21	22	23	24	25	26	27	28	29	
	27	28	29	30	31	**8/1**	2	3	4	5	6	7	8	9	10	11	
음	무진	무진	무진	무진	무진	무진	무진	무진	무진	무진	무진	무진	무진	무진	무진	무진	
6	기미	기미	기미	기미	기미	기미	기미	기미	기미	기미	기미	**경신**	경신	경신	경신	경신	
월	계미	갑신	을유	병술	정해	무자	기축	경인	신묘	임진	계사	갑오	을미	병신	정유	무술	
	4	3	3	3	2	2	2	1	1	1	1	10	10	10	9	9	
	7	7	7	8	8	8	9	9	9	10	10	10	1	1	1	1	

1988(무진)년 【단기 4321년】

		1	2	3	4	5	6	7	8	9	10	11	12	13
음 7 월	음력	1	2	3	4	5	6	7	8	9	10	11	12	13
	양력	8/12	13	14	15	16	17	18	19	20	21	22	23	24
	연주 (생년)	무진	무진	무진	무진	무진	무진	무진	무진	무진	무진	무진	무진	무진
	월주 (생월)	경신	경신	경신	경신	경신	경신	경신	경신	경신	경신	경신	경신	경신
	일주 (생일)	기해	경자	신축	임인	계묘	갑진	을사	병오	정미	무신	기유	경술	신해
	대운 남	9	8	8	8	7	7	7	6	6	6	5	5	5
	대운 여	2	2	2	3	3	3	4	4	4	5	5	5	6
음 8 월	음력	1	2	3	4	5	6	7	8	9	10	11	12	13
	양력	9/11	12	13	14	15	16	17	18	19	20	21	22	23
	연주 (생년)	무진	무진	무진	무진	무진	무진	무진	무진	무진	무진	무진	무진	무진
	월주 (생월)	신유	신유	신유	신유	신유	신유	신유	신유	신유	신유	신유	신유	신유
	일주 (생일)	기사	경오	신미	임신	계유	갑술	을해	병자	정축	무인	기묘	경진	신사
	대운 남	9	9	8	8	8	7	7	7	6	6	6	5	5
	대운 여	1	2	2	2	3	3	3	4	4	4	5	5	5
음 9 월	음력	1	2	3	4	5	6	7	8	9	10	11	12	13
	양력	10/11	12	13	14	15	16	17	18	19	20	21	22	23
	연주 (생년)	무진	무진	무진	무진	무진	무진	무진	무진	무진	무진	무진	무진	무진
	월주 (생월)	임술	임술	임술	임술	임술	임술	임술	임술	임술	임술	임술	임술	임술
	일주 (생일)	기해	경자	신축	임인	계묘	갑진	을사	병오	정미	무신	기유	경술	신해
	대운 남	9	9	8	8	8	7	7	7	6	6	6	5	5
	대운 여	1	1	2	2	2	3	3	3	4	4	4	5	5
음 10 월	음력	1	2	3	4	5	6	7	8	9	10	11	12	13
	양력	11/9	10	11	12	13	14	15	16	17	18	19	20	21
	연주 (생년)	무진	무진	무진	무진	무진	무진	무진	무진	무진	무진	무진	무진	무진
	월주 (생월)	계해	계해	계해	계해	계해	계해	계해	계해	계해	계해	계해	계해	계해
	일주 (생일)	무진	기사	경오	신미	임신	계유	갑술	을해	병자	정축	무인	기묘	경진
	대운 남	9	9	9	8	8	8	7	7	7	6	6	6	5
	대운 여	1	1	1	2	2	2	3	3	3	4	4	4	5
음 11 월	음력	1	2	3	4	5	6	7	8	9	10	11	12	13
	양력	12/9	10	11	12	13	14	15	16	17	18	19	20	21
	연주 (생년)	무진	무진	무진	무진	무진	무진	무진	무진	무진	무진	무진	무진	무진
	월주 (생월)	갑자	갑자	갑자	갑자	갑자	갑자	갑자	갑자	갑자	갑자	갑자	갑자	갑자
	일주 (생일)	무술	기해	경자	신축	임인	계묘	갑진	을사	병오	정미	무신	기유	경술
	대운 남	9	9	8	8	8	7	7	7	6	6	6	5	5
	대운 여	1	1	1	2	2	2	3	3	3	4	4	4	5
음 12 월	음력	1	2	3	4	5	6	7	8	9	10	11	12	13
	양력	1/8	9	10	11	12	13	14	15	16	17	18	19	20
	연주 (생년)	무진	무진	무진	무진	무진	무진	무진	무진	무진	무진	무진	무진	무진
	월주 (생월)	을축	을축	을축	을축	을축	을축	을축	을축	을축	을축	을축	을축	을축
	일주 (생일)	무진	기사	경오	신미	임신	계유	갑술	을해	병자	정축	무인	기묘	경진
	대운 남	9	9	8	8	8	7	7	7	6	6	6	5	5
	대운 여	1	1	2	2	2	3	3	3	4	4	4	5	5

	14	15	16	17	18	19	20	21	22	23	24	25	26	27	28	29	30
	25	26	27	28	29	30	31	**9/1**	2	3	4	5	6	7	8	9	10
음	무진	무진	무진	무진	무진	무진	무진	무진	무진	무진	무진	무진	무진	무진	무진	무진	무진
7	경신	경신	경신	경신	경신	경신	경신	경신	경신	경신	경신	경신	경신	**신유**	신유	신유	신유
월	임자	계축	갑인	을묘	병진	정사	무오	기미	경신	신유	임술	계해	갑자	을축	병인	정묘	무진
	4	4	4	3	3	3	2	2	2	1	1	1	1	10	10	10	9
	6	6	7	7	7	8	8	8	9	9	9	10	10	10	1	1	1
	14	15	16	17	18	19	20	21	22	23	24	25	26	27	28	29	30
	24	25	26	27	28	29	30	**10/1**	2	3	4	5	6	7	8	9	10
음	무진	무진	무진	무진	무진	무진	무진	무진	무진	무진	무진	무진	무진	무진	무진	무진	무진
8	신유	신유	신유	신유	신유	신유	신유	신유	신유	신유	신유	신유	신유	신유	**임술**	임술	임술
월	임오	계미	갑신	을유	병술	정해	무자	기축	경인	신묘	임진	계사	갑오	을미	병신	정유	무술
	5	4	4	4	3	3	3	2	2	2	1	1	1	1	10	10	9
	6	6	6	7	7	7	8	8	8	9	9	9	10	10	10	1	1
	14	15	16	17	18	19	20	21	22	23	24	25	26	27	28	29	
	24	25	26	27	28	29	30	31	**11/1**	2	3	4	5	6	7	8	
음	무진	무진	무진	무진	무진	무진	무진	무진	무진	무진	무진	무진	무진	무진	무진	무진	
9	임술	임술	임술	임술	임술	임술	임술	임술	임술	임술	임술	임술	임술	임술	**계해**	계해	
월	임자	계축	갑인	을묘	병진	정사	무오	기미	경신	신유	임술	계해	갑자	을축	병인	정묘	
	5	4	4	4	3	3	3	2	2	2	1	1	1	1	10	10	
	5	6	6	6	7	7	7	8	8	8	9	9	9	10	10	1	
	14	15	16	17	18	19	20	21	22	23	24	25	26	27	28	29	30
	22	23	24	25	26	27	28	29	30	**12/1**	2	3	4	5	6	7	8
음	무진	무진	무진	무진	무진	무진	무진	무진	무진	무진	무진	무진	무진	무진	무진	무진	무진
10	계해	계해	계해	계해	계해	계해	계해	계해	계해	계해	계해	계해	계해	계해	계해	**갑자**	갑자
월	신사	임오	계미	갑신	을유	병술	정해	무자	기축	경인	신묘	임진	계사	갑오	을미	병신	정유
	5	5	4	4	4	3	3	3	2	2	2	1	1	1	1	10	9
	5	5	6	6	6	7	7	7	8	8	8	9	9	9	10	10	1
	14	15	16	17	18	19	20	21	22	23	24	25	26	27	28	29	30
	22	23	24	25	26	27	28	29	30	31	**1/1**	2	3	4	5	6	7
음	무진	무진	무진	무진	무진	무진	무진	무진	무진	무진	무진	무진	무진	무진	무진	무진	무진
11	갑자	갑자	갑자	갑자	갑자	갑자	갑자	갑자	갑자	갑자	갑자	갑자	갑자	갑자	**을축**	을축	을축
월	신해	임자	계축	갑인	을묘	병진	정사	무오	기미	경신	신유	임술	계해	갑자	을축	병인	정묘
	5	4	4	4	3	3	3	2	2	2	1	1	1	1	10	10	9
	5	5	6	6	6	7	7	7	8	8	8	9	9	9	10	1	1
	14	15	16	17	18	19	20	21	22	23	24	25	26	27	28	29	
	21	22	23	24	25	26	27	28	29	30	31	**2/1**	2	3	4	5	
음	무진	무진	무진	무진	무진	무진	무진	무진	무진	무진	무진	무진	무진	무진	**기사**	기사	
12	을축	을축	을축	을축	을축	을축	을축	을축	을축	을축	을축	을축	을축	을축	**병인**	병인	
월	신사	임오	계미	갑신	을유	병술	정해	무자	기축	경인	신묘	임진	계사	갑오	을미	병신	
	5	4	4	4	3	3	3	2	2	2	1	1	1	1	10	1	
	5	6	6	6	7	7	7	8	8	8	9	9	9	10	10	1	

1989(기사)년 【단기 4322년】

월	구분		1	2	3	4	5	6	7	8	9	10	11	12	13
음 1 월	음력		1	2	3	4	5	6	7	8	9	10	11	12	13
	양력		**2/6**	7	8	9	10	11	12	13	14	15	16	17	18
	연주 (생년)		기사	기사	기사	기사	기사	기사	기사	기사	기사	기사	기사	기사	기사
	월주 (생월)		병인	병인	병인	병인	병인	병인	병인	병인	병인	병인	병인	병인	병인
	일주 (생일)		정유	무술	기해	경자	신축	임인	계묘	갑진	을사	병오	정미	무신	기유
	대운	남	1	1	1	2	2	2	3	3	3	4	4	4	5
		여	9	9	8	8	8	7	7	7	6	6	6	5	5
음 2 월	음력		1	2	3	4	5	6	7	8	9	10	11	12	13
	양력		**3/8**	9	10	11	12	13	14	15	16	17	18	19	20
	연주 (생년)		기사	기사	기사	기사	기사	기사	기사	기사	기사	기사	기사	기사	기사
	월주 (생월)		정묘	정묘	정묘	정묘	정묘	정묘	정묘	정묘	정묘	정묘	정묘	정묘	정묘
	일주 (생일)		정묘	무진	기사	경오	신미	임신	계유	갑술	을해	병자	정축	무인	기묘
	대운	남	1	1	2	2	2	3	3	3	4	4	4	5	5
		여	9	9	9	8	8	8	7	7	7	6	6	6	5
음 3 월	음력		1	2	3	4	5	6	7	8	9	10	11	12	13
	양력		**4/6**	7	8	9	10	11	12	13	14	15	16	17	18
	연주 (생년)		기사	기사	기사	기사	기사	기사	기사	기사	기사	기사	기사	기사	기사
	월주 (생월)		무진	무진	무진	무진	무진	무진	무진	무진	무진	무진	무진	무진	무진
	일주 (생일)		병신	정유	무술	기해	경자	신축	임인	계묘	갑진	을사	병오	정미	무신
	대운	남	1	1	1	1	2	2	2	3	3	3	4	4	4
		여	10	9	9	9	8	8	8	7	7	7	6	6	6
음 4 월	음력		1	2	3	4	5	6	7	8	9	10	11	12	13
	양력		**5/5**	6	7	8	9	10	11	12	13	14	15	16	17
	연주 (생년)		기사	기사	기사	기사	기사	기사	기사	기사	기사	기사	기사	기사	기사
	월주 (생월)		**기사**	기사	기사	기사	기사	기사	기사	기사	기사	기사	기사	기사	기사
	일주 (생일)		을축	병인	정묘	무진	기사	경오	신미	임신	계유	갑술	을해	병자	정축
	대운	남	10	1	1	1	1	2	2	2	3	3	3	4	4
		여	10	10	10	10	9	9	9	8	8	8	7	7	7
음 5 월	음력		1	2	3	4	5	6	7	8	9	10	11	12	13
	양력		**6/4**	5	6	7	8	9	10	11	12	13	14	15	16
	연주 (생년)		기사	기사	기사	기사	기사	기사	기사	기사	기사	기사	기사	기사	기사
	월주 (생월)		기사	기사	**경오**	경오	경오	경오	경오	경오	경오	경오	경오	경오	경오
	일주 (생일)		을미	병신	정유	무술	기해	경자	신축	임인	계묘	갑진	을사	병오	정미
	대운	남	10	10	10	1	1	1	1	2	2	2	3	3	3
		여	1	1	10	10	10	9	9	9	8	8	8	7	7
음 6 월	음력		1	2	3	4	5	6	7	8	9	10	11	12	13
	양력		**7/3**	4	5	6	7	8	9	10	11	12	13	14	15
	연주 (생년)		기사	기사	기사	기사	기사	기사	기사	기사	기사	기사	기사	기사	기사
	월주 (생월)		경오	경오	경오	경오	**신미**	신미	신미	신미	신미	신미	신미	신미	신미
	일주 (생일)		갑자	을축	병인	정묘	무진	기사	경오	신미	임신	계유	갑술	을해	병자
	대운	남	9	9	10	10	10	1	1	1	1	2	2	2	3
		여	1	1	1	1	10	10	10	9	9	9	8	8	8

음1월	14	15	16	17	18	19	20	21	22	23	24	25	26	27	28	29	30
	19	20	21	22	23	24	25	26	27	28	**3/1**	2	3	4	5	6	7
	기사	기사	기사	기사	기사	기사	기사	기사	기사	기사	기사	기사	기사	기사	기사	기사	기사
	병인	병인	병인	병인	병인	병인	병인	병인	병인	병인	병인	병인	병인	병인	**정묘**	정묘	정묘
	경술	신해	임자	계축	갑인	을묘	병진	정사	무오	기미	경신	신유	임술	계해	갑자	을축	병인
	5	5	6	6	6	7	7	7	8	8	8	9	9	9	10	1	1
	5	4	4	4	3	3	3	2	2	2	1	1	1	1	10	10	10

음2월	14	15	16	17	18	19	20	21	22	23	24	25	26	27	28	29	
	21	22	23	24	25	26	27	28	29	30	31	**4/1**	2	3	4	5	
	기사	기사	기사	기사	기사	기사	기사	기사	기사	기사	기사	기사	기사	기사	기사	기사	
	정묘	정묘	정묘	정묘	정묘	정묘	정묘	정묘	정묘	정묘	정묘	정묘	정묘	정묘	정묘	**무진**	
	경진	신사	임오	계미	갑신	을유	병술	정해	무자	기축	경인	신묘	임진	계사	갑오	을미	
	5	6	6	6	7	7	7	8	8	8	9	9	9	10	10	10	
	5	5	4	4	4	3	3	3	2	2	2	1	1	1	1	10	

음3월	14	15	16	17	18	19	20	21	22	23	24	25	26	27	28	29	
	19	20	21	22	23	24	25	26	27	28	29	30	**5/1**	2	3	4	
	기사	기사	기사	기사	기사	기사	기사	기사	기사	기사	기사	기사	기사	기사	기사	기사	
	무진	무진	무진	무진	무진	무진	무진	무진	무진	무진	무진	무진	무진	무진	무진	무진	
	기유	경술	신해	임자	계축	갑인	을묘	병진	정사	무오	기미	경신	신유	임술	계해	갑자	
	5	5	5	6	6	6	7	7	7	8	8	8	9	9	9	10	
	5	5	5	4	4	4	3	3	3	2	2	2	1	1	1	1	

음4월	14	15	16	17	18	19	20	21	22	23	24	25	26	27	28	29	30
	18	19	20	21	22	23	24	25	26	27	28	29	30	31	**6/1**	2	3
	기사	기사	기사	기사	기사	기사	기사	기사	기사	기사	기사	기사	기사	기사	기사	기사	기사
	기사	기사	기사	기사	기사	기사	기사	기사	기사	기사	기사	기사	기사	기사	기사	기사	기사
	무인	기묘	경진	신사	임오	계미	갑신	을유	병술	정해	무자	기축	경인	신묘	임진	계사	갑오
	4	5	5	5	6	6	6	7	7	7	8	8	8	9	9	9	10
	6	6	6	5	5	5	4	4	4	3	3	3	2	2	2	1	1

음5월	14	15	16	17	18	19	20	21	22	23	24	25	26	27	28	29	
	17	18	19	20	21	22	23	24	25	26	27	28	29	30	**7/1**	2	
	기사	기사	기사	기사	기사	기사	기사	기사	기사	기사	기사	기사	기사	기사	기사	기사	
	경오	경오	경오	경오	경오	경오	경오	경오	경오	경오	경오	경오	경오	경오	경오	경오	
	무신	기유	경술	신해	임자	계축	갑인	을묘	병진	정사	무오	기미	경신	신유	임술	계해	
	4	4	4	5	5	5	6	6	6	7	7	7	8	8	8	9	
	7	6	6	6	5	5	5	4	4	4	3	3	3	2	2	2	

음6월	14	15	16	17	18	19	20	21	22	23	24	25	26	27	28	29	30
	16	17	18	19	20	21	22	23	24	25	26	27	28	29	30	31	**8/1**
	기사	기사	기사	기사	기사	기사	기사	기사	기사	기사	기사	기사	기사	기사	기사	기사	기사
	신미	신미	신미	신미	신미	신미	신미	신미	신미	신미	신미	신미	신미	신미	신미	신미	신미
	정축	무인	기묘	경진	신사	임오	계미	갑신	을유	병술	정해	무자	기축	경인	신묘	임진	계사
	3	3	4	4	4	5	5	5	6	6	6	7	7	7	8	8	8
	7	7	7	6	6	6	5	5	5	4	4	4	3	3	3	2	2

1989(기사)년 【단기 4322년】

음 7 월

음력		1	2	3	4	5	6	7	8	9	10	11	12	13
양력		**8/2**	3	4	5	6	7	8	9	10	11	12	13	14
연주 (생년)		기사	기사	기사	기사	기사	기사	기사	기사	기사	기사	기사	기사	기사
월주 (생월)		신미	신미	신미	신미	신미	**임신**	임신	임신	임신	임신	임신	임신	임신
일주 (생일)		갑오	을미	병신	정유	무술	기해	경자	신축	임인	계묘	갑진	을사	병오
대운	남	9	9	9	10	10	10	1	1	1	1	2	2	2
	여	2	1	1	1	1	10	10	10	10	9	9	9	8

음 8 월

음력		1	2	3	4	5	6	7	8	9	10	11	12	13
양력		**8/31**	**9/1**	2	3	4	5	6	7	8	9	10	11	12
연주 (생년)		기사	기사	기사	기사	기사	기사	기사	기사	기사	기사	기사	기사	기사
월주 (생월)		임신	임신	임신	임신	임신	임신	임신	임신	**계유**	계유	계유	계유	계유
일주 (생일)		계해	갑자	을축	병인	정묘	무진	기사	경오	신미	임신	계유	갑술	을해
대운	남	8	8	9	9	9	10	10	10	10	1	1	1	1
	여	3	2	2	2	1	1	1	1	10	10	9	9	9

음 9 월

음력		1	2	3	4	5	6	7	8	9	10	11	12	13
양력		**9/30**	**10/1**	2	3	4	5	6	7	8	9	10	11	12
연주 (생년)		기사	기사	기사	기사	기사	기사	기사	기사	기사	기사	기사	기사	기사
월주 (생월)		계유	계유	계유	계유	계유	계유	계유	계유	**갑술**	갑술	갑술	갑술	갑술
일주 (생일)		계사	갑오	을미	병신	정유	무술	기해	경자	신축	임인	계묘	갑진	을사
대운	남	7	8	8	8	9	9	9	10	10	1	1	1	1
	여	3	2	2	2	1	1	1	1	10	10	9	9	9

음 10 월

음력		1	2	3	4	5	6	7	8	9	10	11	12	13
양력		**10/30**	31	**11/1**	2	3	4	5	6	7	8	9	10	11
연주 (생년)		기사	기사	기사	기사	기사	기사	기사	기사	기사	기사	기사	기사	기사
월주 (생월)		갑술	갑술	갑술	갑술	갑술	갑술	갑술	갑술	**을해**	을해	을해	을해	을해
일주 (생일)		계해	갑자	을축	병인	정묘	무진	기사	경오	신미	임신	계유	갑술	을해
대운	남	7	8	8	8	9	9	9	10	10	1	1	1	1
	여	3	2	2	2	1	1	1	1	10	10	9	9	9

음 11 월

음력		1	2	3	4	5	6	7	8	9	10	11	12	13
양력		**11/28**	29	30	**12/1**	2	3	4	5	6	7	8	9	10
연주 (생년)		기사	기사	기사	기사	기사	기사	기사	기사	기사	기사	기사	기사	기사
월주 (생월)		을해	을해	을해	을해	을해	을해	을해	을해	을해	**병자**	병자	병자	병자
일주 (생일)		임진	계사	갑오	을미	병신	정유	무술	기해	경자	신축	임인	계묘	갑진
대운	남	7	7	8	8	8	9	9	9	10	10	1	1	1
	여	3	3	2	2	2	1	1	1	1	10	9	9	9

음 12 월

음력		1	2	3	4	5	6	7	8	9	10	11	12	13
양력		**12/28**	29	30	31	**1/1**	2	3	4	5	6	7	8	9
연주 (생년)		기사	기사	기사	기사	기사	기사	기사	기사	기사	기사	기사	기사	기사
월주 (생월)		병자	병자	병자	병자	병자	병자	병자	병자	**정축**	정축	정축	정축	정축
일주 (생일)		임술	계해	갑자	을축	병인	정묘	무진	기사	경오	신미	임신	계유	갑술
대운	남	7	7	8	8	8	9	9	9	10	1	1	1	1
	여	3	2	2	2	1	1	1	1	10	10	9	9	9

음	14	15	16	17	18	19	20	21	22	23	24	25	26	27	28	29	
7	15	16	17	18	19	20	21	22	23	24	25	26	27	28	29	30	
월	기사	기사	기사	기사	기사	기사	기사	기사	기사	기사	기사	기사	기사	기사	기사	기사	
	임신	임신	임신	임신	임신	임신	임신	임신	임신	임신	임신	임신	임신	임신	임신	임신	
	정미	무신	기유	경술	신해	임자	계축	갑인	을묘	병진	정사	무오	기미	경신	신유	임술	
	3	3	3	4	4	4	5	5	5	6	6	6	7	7	7	8	
	8	8	7	7	7	6	6	6	5	5	5	4	4	4	3	3	

음	14	15	16	17	18	19	20	21	22	23	24	25	26	27	28	29	30
8	13	14	15	16	17	18	19	20	21	22	23	24	25	26	27	28	29
월	기사	기사	기사	기사	기사	기사	기사	기사	기사	기사	기사	기사	기사	기사	기사	기사	기사
	계유	계유	계유	계유	계유	계유	계유	계유	계유	계유	계유	계유	계유	계유	계유	계유	계유
	병자	정축	무인	기묘	경진	신사	임오	계미	갑신	을유	병술	정해	무자	기축	경인	신묘	임진
	2	2	2	3	3	3	4	4	4	5	5	5	6	6	6	7	7
	8	8	8	7	7	7	6	6	6	5	5	5	4	4	4	3	3

음	14	15	16	17	18	19	20	21	22	23	24	25	26	27	28	29	30
9	13	14	15	16	17	18	19	20	21	22	23	24	25	26	27	28	29
월	기사	기사	기사	기사	기사	기사	기사	기사	기사	기사	기사	기사	기사	기사	기사	기사	기사
	갑술	갑술	갑술	갑술	갑술	갑술	갑술	갑술	갑술	갑술	갑술	갑술	갑술	갑술	갑술	갑술	갑술
	병오	정미	무신	기유	경술	신해	임자	계축	갑인	을묘	병진	정사	무오	기미	경신	신유	임술
	2	2	2	3	3	3	4	4	4	5	5	5	6	6	6	7	7
	8	8	8	7	7	7	6	6	6	5	5	5	4	4	4	3	3

음	14	15	16	17	18	19	20	21	22	23	24	25	26	27	28	29	
10	12	13	14	15	16	17	18	19	20	21	22	23	24	25	26	27	
월	기사	기사	기사	기사	기사	기사	기사	기사	기사	기사	기사	기사	기사	기사	기사	기사	
	을해	을해	을해	을해	을해	을해	을해	을해	을해	을해	을해	을해	을해	을해	을해	을해	
	병자	정축	무인	기묘	경진	신사	임오	계미	갑신	을유	병술	정해	무자	기축	경인	신묘	
	2	2	2	3	3	3	4	4	4	5	5	5	6	6	6	7	
	8	8	8	7	7	7	6	6	6	5	5	5	4	4	4	3	

음	14	15	16	17	18	19	20	21	22	23	24	25	26	27	28	29	30
11	11	12	13	14	15	16	17	18	19	20	21	22	23	24	25	26	27
월	기사	기사	기사	기사	기사	기사	기사	기사	기사	기사	기사	기사	기사	기사	기사	기사	기사
	병자	병자	병자	병자	병자	병자	병자	병자	병자	병자	병자	병자	병자	병자	병자	병자	병자
	을사	병오	정미	무신	기유	경술	신해	임자	계축	갑인	을묘	병진	정사	무오	기미	경신	신유
	1	2	2	2	3	3	3	4	4	4	5	5	5	6	6	6	7
	8	8	8	7	7	7	6	6	6	5	5	5	4	4	4	3	3

음	14	15	16	17	18	19	20	21	22	23	24	25	26	27	28	29	30
12	10	11	12	13	14	15	16	17	18	19	20	21	22	23	24	25	26
월	기사	기사	기사	기사	기사	기사	기사	기사	기사	기사	기사	기사	기사	기사	기사	기사	기사
	정축	정축	정축	정축	정축	정축	정축	정축	정축	정축	정축	정축	정축	정축	정축	정축	정축
	을해	병자	정축	무인	기묘	경진	신사	임오	계미	갑신	을유	병술	정해	무자	기축	경인	신묘
	2	2	2	3	3	3	4	4	4	5	5	5	6	6	6	7	7
	8	8	8	7	7	7	6	6	6	5	5	5	4	4	4	3	3

1990(경오)년 【단기 4323년】

월	구분		1	2	3	4	5	6	7	8	9	10	11	12	13
음 1 월	음력		1	2	3	4	5	6	7	8	9	10	11	12	13
	양력		**1/27**	28	29	30	31	**2/1**	2	3	4	5	6	7	8
	연주 (생년)		기사	기사	기사	기사	기사	기사	기사	기사	**경오**	경오	경오	경오	경오
	월주 (생월)		정축	정축	정축	정축	정축	정축	정축	정축	**무인**	무인	무인	무인	무인
	일주 (생일)		임진	계사	갑오	을미	병신	정유	무술	기해	경자	신축	임인	계묘	갑진
	대운	남	7	8	8	8	9	9	9	10	10	10	9	9	9
		여	3	2	2	2	1	1	1	1	10	1	1	1	1
음 2 월	음력		1	2	3	4	5	6	7	8	9	10	11	12	13
	양력		**2/25**	26	27	28	**3/1**	2	3	4	5	6	7	8	9
	연주 (생년)		경오	경오	경오	경오	경오	경오	경오	경오	경오	경오	경오	경오	경오
	월주 (생월)		무인	무인	무인	무인	무인	무인	무인	무인	무인	**기묘**	기묘	기묘	기묘
	일주 (생일)		신유	임술	계해	갑자	을축	병인	정묘	무진	기사	경오	신미	임신	계유
	대운	남	3	3	2	2	2	1	1	1	1	10	10	9	9
		여	7	7	8	8	8	9	9	9	10	10	1	1	1
음 3 월	음력		1	2	3	4	5	6	7	8	9	10	11	12	13
	양력		**3/27**	28	29	30	31	**4/1**	2	3	4	5	6	7	8
	연주 (생년)		경오	경오	경오	경오	경오	경오	경오	경오	경오	경오	경오	경오	경오
	월주 (생월)		기묘	기묘	기묘	기묘	기묘	기묘	기묘	기묘	기묘	**경진**	경진	경진	경진
	일주 (생일)		신묘	임진	계사	갑오	을미	병신	정유	무술	기해	경자	신축	임인	계묘
	대운	남	3	3	2	2	2	1	1	1	1	10	10	10	9
		여	7	7	8	8	8	9	9	9	10	10	1	1	1
음 4 월	음력		1	2	3	4	5	6	7	8	9	10	11	12	13
	양력		**4/25**	26	27	28	29	30	**5/1**	2	3	4	5	6	7
	연주 (생년)		경오	경오	경오	경오	경오	경오	경오	경오	경오	경오	경오	경오	경오
	월주 (생월)		경진	경진	경진	경진	경진	경진	경진	경진	경진	경진	경진	**신사**	신사
	일주 (생일)		경신	신유	임술	계해	갑자	을축	병인	정묘	무진	기사	경오	신미	임신
	대운	남	4	3	3	3	2	2	2	1	1	1	1	10	10
		여	7	7	7	8	8	8	9	9	9	10	10	10	1
음 5 월	음력		1	2	3	4	5	6	7	8	9	10	11	12	13
	양력		**5/24**	25	26	27	28	29	30	31	**6/1**	2	3	4	5
	연주 (생년)		경오	경오	경오	경오	경오	경오	경오	경오	경오	경오	경오	경오	경오
	월주 (생월)		신사	신사	신사	신사	신사	신사	신사	신사	신사	신사	신사	신사	신사
	일주 (생일)		기축	경인	신묘	임진	계사	갑오	을미	병신	정유	무술	기해	경자	신축
	대운	남	4	4	4	3	3	3	2	2	2	1	1	1	1
		여	6	6	7	7	7	8	8	8	9	9	9	10	10
윤 5 월	음력		1	2	3	4	5	6	7	8	9	10	11	12	13
	양력		**6/23**	24	25	26	27	28	29	30	**7/1**	2	3	4	5
	연주 (생년)		경오	경오	경오	경오	경오	경오	경오	경오	경오	경오	경오	경오	경오
	월주 (생월)		임오	임오	임오	임오	임오	임오	임오	임오	임오	임오	임오	임오	임오
	일주 (생일)		기미	경신	신유	임술	계해	갑자	을축	병인	정묘	무진	기사	경오	신미
	대운	남	5	4	4	4	3	3	3	2	2	2	1	1	1
		여	6	6	6	7	7	7	8	8	8	9	9	9	10
음 6 월	음력		1	2	3	4	5	6	7	8	9	10	11	12	13
	양력		**7/22**	23	24	25	26	27	28	29	30	31	**8/1**	2	3
	연주 (생년)		경오	경오	경오	경오	경오	경오	경오	경오	경오	경오	경오	경오	경오
	월주 (생월)		계미	계미	계미	계미	계미	계미	계미	계미	계미	계미	계미	계미	계미
	일주 (생일)		무자	기축	경인	신묘	임진	계사	갑오	을미	병신	정유	무술	기해	경자
	대운	남	6	5	5	5	4	4	4	3	3	3	2	2	2
		여	5	5	6	6	6	7	7	7	8	8	8	9	9

	14	15	16	17	18	19	20	21	22	23	24	25	26	27	28	29	
음	9	10	11	12	13	14	15	16	17	18	19	20	21	22	23	24	
	경오	경오	경오	경오	경오	경오	경오	경오	경오	경오	경오	경오	경오	경오	경오	경오	
1	무인	무인	무인	무인	무인	무인	무인	무인	무인	무인	무인	무인	무인	무인	무인	무인	
	을사	병오	정미	무신	기유	경술	신해	임자	계축	갑인	을묘	병진	정사	무오	기미	경신	
월	8	8	8	7	7	7	6	6	6	5	5	5	4	4	4	3	
	2	2	2	3	3	3	4	4	4	5	5	5	6	6	6	7	
	14	15	16	17	18	19	20	21	22	23	24	25	26	27	28	29	30
음	10	11	12	13	14	15	16	17	18	19	20	21	22	23	24	26	26
	경오	경오	경오	경오	경오	경오	경오	경오	경오	경오	경오	경오	경오	경오	경오	경오	경오
2	기묘	기묘	기묘	기묘	기묘	기묘	기묘	기묘	기묘	기묘	기묘	기묘	기묘	기묘	기묘	기묘	기묘
	갑술	을해	병자	정축	무인	기묘	경진	신사	임오	계미	갑신	을유	병술	정해	무자	기축	경인
월	9	8	8	8	7	7	7	6	6	6	5	5	5	4	4	4	3
	1	2	2	2	3	3	3	4	4	4	5	5	5	6	6	6	7
	14	15	16	17	18	19	20	21	22	23	24	25	26	27	28	29	
음	9	10	11	12	13	14	15	16	17	18	19	20	21	22	23	24	
	경오	경오	경오	경오	경오	경오	경오	경오	경오	경오	경오	경오	경오	경오	경오	경오	
3	경진	경진	경진	경진	경진	경진	경진	경진	경진	경진	경진	경진	경진	경진	경진	경진	
	갑진	을사	병오	정미	무신	기유	경술	신해	임자	계축	갑인	을묘	병진	정사	무오	기미	
월	9	9	8	8	8	7	7	7	6	6	6	5	5	5	4	4	
	1	2	2	2	3	3	3	4	4	4	5	5	5	6	6	6	
	14	15	16	17	18	19	20	21	22	23	24	25	26	27	28	29	
음	8	9	10	11	12	13	14	15	16	17	18	19	20	21	22	23	
	경오	경오	경오	경오	경오	경오	경오	경오	경오	경오	경오	경오	경오	경오	경오	경오	
4	신사	신사	신사	신사	신사	신사	신사	신사	신사	신사	신사	신사	신사	신사	신사	신사	
	계유	갑술	을해	병자	정축	무인	기묘	경진	신사	임오	계미	갑신	을유	병술	정해	무자	
월	10	9	9	9	8	8	8	7	7	7	6	6	6	5	5	5	
	1	1	1	2	2	2	3	3	3	4	4	4	5	5	5	6	
	14	15	16	17	18	19	20	21	22	23	24	25	26	27	28	29	30
음	6	7	8	9	10	11	12	13	14	15	16	17	18	19	20	21	22
	경오	경오	경오	경오	경오	경오	경오	경오	경오	경오	경오	경오	경오	경오	경오	경오	경오
5	**임오**	임오	임오	임오	임오	임오	임오	임오	임오	임오	임오	임오	임오	임오	임오	임오	임오
	임인	계묘	갑진	을사	병오	정미	무신	기유	경술	신해	임자	계축	갑인	을묘	병진	정사	무오
월	10	10	10	9	9	9	8	8	8	7	7	7	6	6	6	5	5
	10	1	1	1	1	2	2	2	3	3	3	4	4	4	5	5	5
	14	15	16	17	18	19	20	21	22	23	24	25	26	27	28	29	
윤	6	7	8	9	10	11	12	13	14	15	16	17	18	19	20	21	
	경오	경오	경오	경오	경오	경오	경오	경오	경오	경오	경오	경오	경오	경오	경오	경오	
5	임오	**계미**	계미	계미	계미	계미	계미	계미	계미	계미	계미	계미	계미	계미	계미	계미	
	임신	계유	갑술	을해	병자	정축	무인	기묘	경진	신사	임오	계미	갑신	을유	병술	정해	
월	1	10	10	10	10	9	9	9	8	8	8	7	7	7	6	6	
	10	10	1	1	1	1	2	2	2	3	3	3	4	4	4	5	
	14	15	16	17	18	19	20	21	22	23	24	25	26	27	28	29	
음	4	5	6	7	8	9	10	11	12	13	14	15	16	17	18	19	
	경오	경오	경오	경오	경오	경오	경오	경오	경오	경오	경오	경오	경오	경오	경오	경오	
6	계미	계미	계미	계미	**갑신**	갑신	갑신	갑신	갑신	갑신	갑신	갑신	갑신	갑신	갑신	갑신	
	신축	임인	계묘	갑진	을사	병오	정미	무신	기유	경술	신해	임자	계축	갑인	을묘	병진	
월	1	1	1	1	10	10	10	9	9	9	8	8	8	7	7	7	
	9	10	10	10	10	1	1	1	1	2	2	2	3	3	3	4	

1990(경오)년 【단기 4323년】

	음력		1	2	3	4	5	6	7	8	9	10	11	12	13
음 7 월	양력		**8/20**	21	22	23	24	25	26	27	28	29	30	31	**9/1**
	연주 (생년)		경오	경오	경오	경오	경오	경오	경오	경오	경오	경오	경오	경오	경오
	월주 (생월)		갑신	갑신	갑신	갑신	갑신	갑신	갑신	갑신	갑신	갑신	갑신	갑신	갑신
	일주 (생일)		정사	무오	기미	경신	신유	임술	계해	갑자	을축	병인	정묘	무진	기사
	대운	남	6	6	6	5	5	5	4	4	4	3	3	3	2
		여	4	4	5	5	5	6	6	6	7	7	7	8	8
음 8 월	음력		1	2	3	4	5	6	7	8	9	10	11	12	13
	양력		**9/19**	20	21	22	23	24	25	26	27	28	29	30	**10/1**
	연주 (생년)		경오	경오	경오	경오	경오	경오	경오	경오	경오	경오	경오	경오	경오
	월주 (생월)		을유	을유	을유	을유	을유	을유	을유	을유	을유	을유	을유	을유	을유
	일주 (생일)		정해	무자	기축	경인	신묘	임진	계사	갑오	을미	병신	정유	무술	기해
	대운	남	6	6	6	5	5	5	4	4	4	3	3	3	2
		여	4	4	4	5	5	5	6	6	6	7	7	7	8
음 9 월	음력		1	2	3	4	5	6	7	8	9	10	11	12	13
	양력		**10/19**	20	21	22	23	24	25	26	27	28	29	30	31
	연주 (생년)		경오	경오	경오	경오	경오	경오	경오	경오	경오	경오	경오	경오	경오
	월주 (생월)		병술	병술	병술	병술	병술	병술	병술	병술	병술	병술	병술	병술	병술
	일주 (생일)		정사	무오	기미	경신	신유	임술	계해	갑자	을축	병인	정묘	무진	기사
	대운	남	7	6	6	6	5	5	5	4	4	4	3	3	3
		여	4	4	4	5	5	5	6	6	6	7	7	7	8
음 10 월	음력		1	2	3	4	5	6	7	8	9	10	11	12	13
	양력		**11/17**	18	19	20	21	22	23	24	25	26	27	28	29
	연주 (생년)		경오	경오	경오	경오	경오	경오	경오	경오	경오	경오	경오	경오	경오
	월주 (생월)		정해	정해	정해	정해	정해	정해	정해	정해	정해	정해	정해	정해	정해
	일주 (생일)		병술	정해	무자	기축	경인	신묘	임진	계사	갑오	을미	병신	정유	무술
	대운	남	7	6	6	6	5	5	5	4	4	4	3	3	3
		여	3	3	4	4	4	5	5	5	6	6	6	7	7
음 11 월	음력		1	2	3	4	5	6	7	8	9	10	11	12	13
	양력		**12/17**	18	19	20	21	22	23	24	25	26	27	28	29
	연주 (생년)		경오	경오	경오	경오	경오	경오	경오	경오	경오	경오	경오	경오	경오
	월주 (생월)		무자	무자	무자	무자	무자	무자	무자	무자	무자	무자	무자	무자	무자
	일주 (생일)		병진	정사	무오	기미	경신	신유	임술	계해	갑자	을축	병인	정묘	무진
	대운	남	7	6	6	6	5	5	5	4	4	4	3	3	3
		여	3	4	4	4	5	5	5	6	6	6	7	7	7
음 12 월	음력		1	2	3	4	5	6	7	8	9	10	11	12	13
	양력		**1/16**	17	18	19	20	21	22	23	24	25	26	27	28
	연주 (생년)		경오	경오	경오	경오	경오	경오	경오	경오	경오	경오	경오	경오	경오
	월주 (생월)		기축	기축	기축	기축	기축	기축	기축	기축	기축	기축	기축	기축	기축
	일주 (생일)		병술	정해	무자	기축	경인	신묘	임진	계사	갑오	을미	병신	정유	무술
	대운	남	6	6	6	5	5	5	4	4	4	3	3	3	2
		여	3	4	4	4	5	5	5	6	6	6	7	7	7

음 7 월	14	15	16	17	18	19	20	21	22	23	24	25	26	27	28	29	30
	2	3	4	5	6	7	8	9	10	11	12	13	14	15	16	17	18
	경오	경오	경오	경오	경오	경오	경오	경오	경오	경오	경오	경오	경오	경오	경오	경오	경오
	갑신	갑신	갑신	갑신	갑신	갑신	**을유**	을유	을유	을유	을유	을유	을유	을유	을유	을유	을유
	경오	신미	임신	계유	갑술	을해	병자	정축	무인	기묘	경진	신사	임오	계미	갑신	을유	병술
	2	2	1	1	1	1	10	10	9	9	9	8	8	8	7	7	7
	8	9	9	9	10	10	10	1	1	1	1	2	2	2	3	3	3
음 8 월	14	15	16	17	18	19	20	21	22	23	24	25	26	27	28	29	30
	2	3	4	5	6	7	8	9	10	11	12	13	14	15	16	17	18
	경오	경오	경오	경오	경오	경오	경오	경오	경오	경오	경오	경오	경오	경오	경오	경오	경오
	을유	을유	을유	을유	을유	을유	**병술**	병술	병술	병술	병술	병술	병술	병술	병술	병술	병술
	경자	신축	임인	계묘	갑진	을사	병오	정미	무신	기유	경술	신해	임자	계축	갑인	을묘	병진
	2	2	1	1	1	1	10	10	10	9	9	9	8	8	8	7	7
	8	8	9	9	9	10	10	1	1	1	1	2	2	2	3	3	3
음 9 월	14	15	16	17	18	19	20	21	22	23	24	25	26	27	28	29	
	11/1	2	3	4	5	6	7	8	9	10	11	12	13	14	15	16	
	경오	경오	경오	경오	경오	경오	경오	경오	경오	경오	경오	경오	경오	경오	경오	경오	
	병술	병술	병술	병술	병술	병술	병술	**정해**	정해	정해	정해	정해	정해	정해	정해	정해	
	경오	신미	임신	계유	갑술	을해	병자	정축	무인	기묘	경진	신사	임오	계미	갑신	을유	
	2	2	2	1	1	1	1	10	9	9	9	8	8	8	7	7	
	8	8	9	9	9	10	10	10	1	1	1	1	2	2	2	3	
음 10 월	14	15	16	17	18	19	20	21	22	23	24	25	26	27	28	29	30
	30	**12/1**	2	3	4	5	6	7	8	9	10	11	12	13	14	15	16
	경오	경오	경오	경오	경오	경오	경오	경오	경오	경오	경오	경오	경오	경오	경오	경오	경오
	정해	정해	정해	정해	정해	정해	정해	**무자**	무자	무자	무자	무자	무자	무자	무자	무자	무자
	기해	경자	신축	임인	계묘	갑진	을사	병오	정미	무신	기유	경술	신해	임자	계축	갑인	을묘
	2	2	2	1	1	1	1	10	10	9	9	9	8	8	8	7	7
	7	8	8	8	9	9	9	10	1	1	1	1	2	2	2	3	3
음 11 월	14	15	16	17	18	19	20	21	22	23	24	25	26	27	28	29	30
	30	31	**1/1**	2	3	4	5	6	7	8	9	10	11	12	13	14	15
	경오	경오	경오	경오	경오	경오	경오	경오	경오	경오	경오	경오	경오	경오	경오	경오	경오
	무자	무자	무자	무자	무자	무자	무자	**기축**	기축	기축	기축	기축	기축	기축	기축	기축	기축
	기사	경오	신미	임신	계유	갑술	을해	병자	정축	무인	기묘	경진	신사	임오	계미	갑신	을유
	2	2	2	1	1	1	1	10	9	9	9	8	8	8	7	7	7
	8	8	8	9	9	9	10	10	1	1	1	1	2	2	2	3	3
음 12 월	14	15	16	17	18	19	20	21	22	23	24	25	26	27	28	29	30
	29	30	31	**2/1**	2	3	4	5	6	7	8	9	10	11	12	13	14
	경오	경오	경오	경오	경오	경오	**신미**	신미	신미	신미	신미	신미	신미	신미	신미	신미	신미
	기축	기축	기축	기축	기축	기축	**경인**	경인	경인	경인	경인	경인	경인	경인	경인	경인	경인
	기해	경자	신축	임인	계묘	갑진	을사	병오	정미	무신	기유	경술	신해	임자	계축	갑인	을묘
	2	2	1	1	1	1	10	1	1	1	1	2	2	2	3	3	3
	8	8	8	9	9	9	10	10	9	9	9	8	8	8	7	7	7

1991(신미)년 【단기 4268년】

월	구분													
음 1 월	음력	1	2	3	4	5	6	7	8	9	10	11	12	13
	양력	2/15	16	17	18	19	20	21	22	23	24	25	26	27
	연주 (생년)	신미	신미	신미	신미	신미	신미	신미	신미	신미	신미	신미	신미	신미
	월주 (생월)	경인	경인	경인	경인	경인	경인	경인	경인	경인	경인	경인	경인	경인
	일주 (생일)	병진	정사	무오	기미	경신	신유	임술	계해	갑자	을축	병인	정묘	무진
	대운 남	4	4	4	5	5	5	6	6	6	7	7	7	8
	대운 여	6	6	6	5	5	5	4	4	4	3	3	3	2
음 2 월	음력	1	2	3	4	5	6	7	8	9	10	11	12	13
	양력	3/16	17	18	19	20	21	22	23	24	25	26	27	28
	연주 (생년)	신미	신미	신미	신미	신미	신미	신미	신미	신미	신미	신미	신미	신미
	월주 (생월)	신묘	신묘	신묘	신묘	신묘	신묘	신묘	신묘	신묘	신묘	신묘	신묘	신묘
	일주 (생일)	을유	병술	정해	무자	기축	경인	신묘	임진	계사	갑오	을미	병신	정유
	대운 남	3	4	4	4	5	5	5	6	6	6	7	7	7
	대운 여	7	6	6	6	5	5	5	4	4	4	3	3	3
음 3 월	음력	1	2	3	4	5	6	7	8	9	10	11	12	13
	양력	4/15	16	17	18	19	20	21	22	23	24	25	26	27
	연주 (생년)	신미	신미	신미	신미	신미	신미	신미	신미	신미	신미	신미	신미	신미
	월주 (생월)	임진	임진	임진	임진	임진	임진	임진	임진	임진	임진	임진	임진	임진
	일주 (생일)	을묘	병진	정사	무오	기미	경신	신유	임술	계해	갑자	을축	병인	정묘
	대운 남	3	4	4	4	5	5	5	6	6	6	7	7	7
	대운 여	7	7	6	6	6	5	5	5	4	4	4	3	3
음 4 월	음력	1	2	3	4	5	6	7	8	9	10	11	12	13
	양력	5/14	15	16	17	18	19	20	21	22	23	24	25	26
	연주 (생년)	신미	신미	신미	신미	신미	신미	신미	신미	신미	신미	신미	신미	신미
	월주 (생월)	계사	계사	계사	계사	계사	계사	계사	계사	계사	계사	계사	계사	계사
	일주 (생일)	갑신	을유	병술	정해	무자	기축	경인	신묘	임진	계사	갑오	을미	병신
	대운 남	3	3	3	4	4	4	5	5	5	6	6	6	7
	대운 여	8	7	7	7	6	6	6	5	5	5	4	4	4
음 5 월	음력	1	2	3	4	5	6	7	8	9	10	11	12	13
	양력	6/12	13	14	15	16	17	18	19	20	21	22	23	24
	연주 (생년)	신미	신미	신미	신미	신미	신미	신미	신미	신미	신미	신미	신미	신미
	월주 (생월)	갑오	갑오	갑오	갑오	갑오	갑오	갑오	갑오	갑오	갑오	갑오	갑오	갑오
	일주 (생일)	계축	갑인	을묘	병진	정사	무오	기미	경신	신유	임술	계해	갑자	을축
	대운 남	2	2	3	3	3	4	4	4	5	5	5	6	6
	대운 여	8	8	8	7	7	7	6	6	6	5	5	5	4
음 6 월	음력	1	2	3	4	5	6	7	8	9	10	11	12	13
	양력	7/12	13	14	15	16	17	18	19	20	21	22	23	24
	연주 (생년)	신미	신미	신미	신미	신미	신미	신미	신미	신미	신미	신미	신미	신미
	월주 (생월)	을미	을미	을미	을미	을미	을미	을미	을미	을미	을미	을미	을미	을미
	일주 (생일)	계미	갑신	을유	병술	정해	무자	기축	경인	신묘	임진	계사	갑오	을미
	대운 남	2	2	2	3	3	3	4	4	4	5	5	5	6
	대운 여	9	9	8	8	8	7	7	7	6	6	6	5	5

	14	15	16	17	18	19	20	21	22	23	24	25	26	27	28	29	
	28	**3/1**	2	3	4	5	6	7	8	9	10	11	12	13	14	15	
음	신미	신미	신미	신미	신미	신미	신미	신미	신미	신미	신미	신미	신미	신미	신미	신미	
1	경인	경인	경인	경인	경인	경인	**신묘**	신묘	신묘	신묘	신묘	신묘	신묘	신묘	신묘	신묘	
월	기사	경오	신미	임신	계유	갑술	을해	병자	정축	무인	기묘	경진	신사	임오	계미	갑신	
	8	8	9	9	9	10	10	1	1	1	1	2	2	2	3	3	
	2	2	1	1	1	1	10	10	9	9	9	8	8	8	7	7	
	14	15	16	17	18	19	20	21	22	23	24	25	26	27	28	29	30
	29	30	31	**4/1**	2	3	4	5	6	7	8	9	10	11	12	13	14
음	신미	신미	신미	신미	신미	신미	신미	신미	신미	신미	신미	신미	신미	신미	신미	신미	신미
2	신묘	신묘	신묘	신묘	신묘	신묘	신묘	**임진**	임진	임진	임진	임진	임진	임진	임진	임진	임진
월	무술	기해	경자	신축	임인	계묘	갑진	을사	병오	정미	무신	기유	경술	신해	임자	계축	갑인
	8	8	8	9	9	9	10	10	1	1	1	1	2	2	2	3	3
	2	2	2	1	1	1	1	10	10	10	9	9	9	8	8	8	7
	14	15	16	17	18	19	20	21	22	23	24	25	26	27	28	29	
	28	29	30	**5/1**	2	3	4	5	6	7	8	9	10	11	12	13	
음	신미	신미	신미	신미	신미	신미	신미	신미	신미	신미	신미	신미	신미	신미	신미	신미	
3	임진	임진	임진	임진	임진	임진	임진	임진	**계사**	계사	계사	계사	계사	계사	계사	계사	
월	무진	기사	경오	신미	임신	계유	갑술	을해	병자	정축	무인	기묘	경진	신사	임오	계미	
	8	8	8	9	9	9	10	10	10	1	1	1	1	2	2	2	
	3	2	2	2	1	1	1	1	10	10	10	9	9	9	8	8	
	14	15	16	17	18	19	20	21	22	23	24	25	26	27	28	29	
	27	28	29	30	31	**6/1**	2	3	4	5	6	7	8	9	10	11	
음	신미	신미	신미	신미	신미	신미	신미	신미	신미	신미	신미	신미	신미	신미	신미	신미	
4	계사	계사	계사	계사	계사	계사	계사	계사	계사	계사	**갑오**	갑오	갑오	갑오	갑오	갑오	
월	정유	무술	기해	경자	신축	임인	계묘	갑진	을사	병오	정미	무신	기유	경술	신해	임자	
	7	7	8	8	8	9	9	9	10	10	10	1	1	1	1	2	
	3	3	3	2	2	2	1	1	1	1	10	10	10	9	9	9	
	14	15	16	17	18	19	20	21	22	23	24	25	26	27	28	29	30
	25	26	27	28	29	30	**7/1**	2	3	4	5	6	7	8	9	10	11
음	신미	신미	신미	신미	신미	신미	신미	신미	신미	신미	신미	신미	신미	신미	신미	신미	신미
5	갑오	갑오	갑오	갑오	갑오	갑오	갑오	갑오	갑오	갑오	갑오	갑오	**을미**	을미	을미	을미	을미
월	병인	정묘	무진	기사	경오	신미	임신	계유	갑술	을해	병자	정축	무인	기묘	경진	신사	임오
	6	7	7	7	8	8	8	9	9	9	10	10	10	1	1	1	1
	4	4	3	3	3	2	2	2	1	1	1	1	10	10	10	10	9
	14	15	16	17	18	19	20	21	22	23	24	25	26	27	28	29	
	25	26	27	28	29	30	31	**8/1**	2	3	4	5	6	7	8	9	
음	신미	신미	신미	신미	신미	신미	신미	신미	신미	신미	신미	신미	신미	신미	신미	신미	
6	을미	을미	을미	을미	을미	을미	을미	을미	을미	을미	을미	을미	을미	을미	**병신**	병신	
월	병신	정유	무술	기해	경자	신축	임인	계묘	갑진	을사	병오	정미	무신	기유	경술	신해	
	6	6	7	7	7	8	8	8	9	9	9	10	10	10	10	1	
	5	4	4	4	3	3	3	2	2	2	1	1	1	1	10	10	

1991(신미)년 【단기 4268년】

월	구분	1	2	3	4	5	6	7	8	9	10	11	12	13
음 7 월	음력	1	2	3	4	5	6	7	8	9	10	11	12	13
	양력	**8/10**	11	12	13	14	15	16	17	18	19	20	21	22
	연주 (생년)	신미	신미	신미	신미	신미	신미	신미	신미	신미	신미	신미	신미	신미
	월주 (생월)	병신	병신	병신	병신	병신	병신	병신	병신	병신	병신	병신	병신	병신
	일주 (생일)	임자	계축	갑인	을묘	병진	정사	무오	기미	경신	신유	임술	계해	갑자
	대운 남	1	1	1	2	2	2	3	3	3	4	4	4	5
	대운 여	10	9	9	9	8	8	8	7	7	7	6	6	6
음 8 월	음력	1	2	3	4	5	6	7	8	9	10	11	12	13
	양력	**9/8**	9	10	11	12	13	14	15	16	17	18	19	20
	연주 (생년)	신미	신미	신미	신미	신미	신미	신미	신미	신미	신미	신미	신미	신미
	월주 (생월)	**정유**	정유	정유	정유	정유	정유	정유	정유	정유	정유	정유	정유	정유
	일주 (생일)	신사	임오	계미	갑신	을유	병술	정해	무자	기축	경인	신묘	임진	계사
	대운 남	10	1	1	1	1	2	2	2	3	3	3	4	4
	대운 여	10	10	10	9	9	9	8	8	8	7	7	7	6
음 9 월	음력	1	2	3	4	5	6	7	8	9	10	11	12	13
	양력	**10/8**	9	10	11	12	13	14	15	16	17	18	19	20
	연주 (생년)	신미	신미	신미	신미	신미	신미	신미	신미	신미	신미	신미	신미	신미
	월주 (생월)	정유	**무술**	무술	무술	무술	무술	무술	무술	무술	무술	무술	무술	무술
	일주 (생일)	신해	임자	계축	갑인	을묘	병진	정사	무오	기미	경신	신유	임술	계해
	대운 남	10	10	1	1	1	1	2	2	2	3	3	3	4
	대운 여	1	10	10	9	9	9	8	8	8	7	7	7	6
음 10 월	음력	1	2	3	4	5	6	7	8	9	10	11	12	13
	양력	**11/6**	7	8	9	10	11	12	13	14	15	16	17	18
	연주 (생년)	신미	신미	신미	신미	신미	신미	신미	신미	신미	신미	신미	신미	신미
	월주 (생월)	무술	무술	**기해**	기해	기해	기해	기해	기해	기해	기해	기해	기해	기해
	일주 (생일)	경진	신사	임오	계미	갑신	을유	병술	정해	무자	기축	경인	신묘	임진
	대운 남	9	10	10	1	1	1	1	2	2	2	3	3	3
	대운 여	1	1	10	9	9	9	8	8	8	7	7	7	6
음 11 월	음력	1	2	3	4	5	6	7	8	9	10	11	12	13
	양력	**12/6**	7	8	9	10	11	12	13	14	15	16	17	18
	연주 (생년)	신미	신미	신미	신미	신미	신미	신미	신미	신미	신미	신미	신미	신미
	월주 (생월)	기해	**경자**	경자	경자	경자	경자	경자	경자	경자	경자	경자	경자	경자
	일주 (생일)	경술	신해	임자	계축	갑인	을묘	병진	정사	무오	기미	경신	신유	임술
	대운 남	9	10	1	1	1	1	2	2	2	3	3	3	4
	대운 여	1	10	10	9	9	9	8	8	8	7	7	7	6
음 12 월	음력	1	2	3	4	5	6	7	8	9	10	11	12	13
	양력	**1/5**	6	7	8	9	10	11	12	13	14	15	16	17
	연주 (생년)	신미	신미	신미	신미	신미	신미	신미	신미	신미	신미	신미	신미	신미
	월주 (생월)	경자	**신축**	신축	신축	신축	신축	신축	신축	신축	신축	신축	신축	신축
	일주 (생일)	경진	신사	임오	계미	갑신	을유	병술	정해	무자	기축	경인	신묘	임진
	대운 남	10	10	1	1	1	1	2	2	2	3	3	3	4
	대운 여	1	10	9	9	9	8	8	8	7	7	7	6	6

	14	15	16	17	18	19	20	21	22	23	24	25	26	27	28	29	
	23	24	25	26	27	28	29	30	31	**9/1**	2	3	4	5	6	7	
음	신미	신미	신미	신미	신미	신미	신미	신미	신미	신미	신미	신미	신미	신미	신미	신미	
7	병신	병신	병신	병신	병신	병신	병신	병신	병신	병신	병신	병신	병신	병신	병신	병신	
월	을축	병인	정묘	무진	기사	경오	신미	임신	계유	갑술	을해	병자	정축	무인	기묘	경진	
	5	5	6	6	6	7	7	7	8	8	8	9	9	9	10	10	
	5	5	5	4	4	4	3	3	3	2	2	2	1	1	1	1	
	14	15	16	17	18	19	20	21	22	23	24	25	26	27	28	29	30
	21	22	23	24	25	26	27	28	29	30	**10/1**	2	3	4	5	6	7
음	신미	신미	신미	신미	신미	신미	신미	신미	신미	신미	신미	신미	신미	신미	신미	신미	신미
8	정유	정유	정유	정유	정유	정유	정유	정유	정유	정유	정유	정유	정유	정유	정유	정유	정유
월	갑오	을미	병신	정유	무술	기해	경자	신축	임인	계묘	갑진	을사	병오	정미	무신	기유	경술
	4	5	5	5	6	6	6	7	7	7	8	8	8	9	9	9	10
	6	6	5	5	5	4	4	4	3	3	3	2	2	2	1	1	1
	14	15	16	17	18	19	20	21	22	23	24	25	26	27	28	29	
	21	22	23	24	25	26	27	28	29	30	31	**11/1**	2	3	4	5	
음	신미	신미	신미	신미	신미	신미	신미	신미	신미	신미	신미	신미	신미	신미	신미	신미	
9	무술	무술	무술	무술	무술	무술	무술	무술	무술	무술	무술	무술	무술	무술	무술	무술	
월	갑자	을축	병인	정묘	무진	기사	경오	신미	임신	계유	갑술	을해	병자	정축	무인	기묘	
	4	4	5	5	5	6	6	6	7	7	7	8	8	8	9	9	
	6	6	5	5	5	4	4	4	3	3	3	2	2	2	1	1	
	14	15	16	17	18	19	20	21	22	23	24	25	26	27	28	29	30
	19	20	21	22	23	24	25	26	27	28	29	30	**12/1**	2	3	4	5
음	신미	신미	신미	신미	신미	신미	신미	신미	신미	신미	신미	신미	신미	신미	신미	신미	신미
10	기해	기해	기해	기해	기해	기해	기해	기해	기해	기해	기해	기해	기해	기해	기해	기해	기해
월	계사	갑오	을미	병신	정유	무술	기해	경자	신축	임인	계묘	갑진	을사	병오	정미	무신	기유
	4	4	4	5	5	5	6	6	6	7	7	7	8	8	8	9	9
	6	6	5	5	5	4	4	4	3	3	3	2	2	2	1	1	1
	14	15	16	17	18	19	20	21	22	23	24	25	26	27	28	29	30
	19	20	21	22	23	24	25	26	27	28	29	30	31	**1/1**	2	3	4
음	신미	신미	신미	신미	신미	신미	신미	신미	신미	신미	신미	신미	신미	신미	신미	신미	신미
11	경자	경자	경자	경자	경자	경자	경자	경자	경자	경자	경자	경자	경자	경자	경자	경자	경자
월	계해	갑자	을축	병인	정묘	무진	기사	경오	신미	임신	계유	갑술	을해	병자	정축	무인	기묘
	4	4	5	5	5	6	6	6	7	7	7	8	8	8	9	9	9
	6	6	5	5	5	4	4	4	3	3	3	2	2	2	1	1	1
	14	15	16	17	18	19	20	21	22	23	24	25	26	27	28	29	30
	18	19	20	21	22	23	24	25	26	27	28	29	30	31	**2/1**	2	3
음	신미	신미	신미	신미	신미	신미	신미	신미	신미	신미	신미	신미	신미	신미	신미	신미	신미
12	신축	신축	신축	신축	신축	신축	신축	신축	신축	신축	신축	신축	신축	신축	신축	신축	신축
월	계사	갑오	을미	병신	정유	무술	기해	경자	신축	임인	계묘	갑진	을사	병오	정미	무신	기유
	4	4	5	5	5	6	6	6	7	7	7	8	8	8	9	9	9
	6	5	5	5	4	4	4	3	3	3	2	2	2	1	1	1	1

1992(임신)년 【단기 4325년】

월	구분		1	2	3	4	5	6	7	8	9	10	11	12	13
음 1 월	음력		1	2	3	4	5	6	7	8	9	10	11	12	13
	양력		**2/4**	5	6	7	8	9	10	11	12	13	14	15	16
	연주 (생년)		**임신**	임신	임신	임신	임신	임신	임신	임신	임신	임신	임신	임신	임신
	월주 (생월)		**임인**	임인	임인	임인	임인	임인	임인	임인	임인	임인	임인	임인	임인
	일주 (생일)		경술	신해	임자	계축	갑인	을묘	병진	정사	무오	기미	경신	신유	임술
	대운	남	10	10	9	9	9	8	8	8	7	7	7	6	6
		여	10	1	1	1	1	2	2	2	3	3	3	4	4
음 2 월	음력		1	2	3	4	5	6	7	8	9	10	11	12	13
	양력		**3/4**	5	6	7	8	9	10	11	12	13	14	15	16
	연주 (생년)		임신	임신	임신	임신	임신	임신	임신	임신	임신	임신	임신	임신	임신
	월주 (생월)		임인	**계묘**	계묘	계묘	계묘	계묘	계묘	계묘	계묘	계묘	계묘	계묘	계묘
	일주 (생일)		기묘	경진	신사	임오	계미	갑신	을유	병술	정해	무자	기축	경인	신묘
	대운	남	1	10	10	9	9	9	8	8	8	7	7	7	6
		여	10	10	1	1	1	1	2	2	2	3	3	3	4
음 3 월	음력		1	2	3	4	5	6	7	8	9	10	11	12	13
	양력		**4/3**	4	5	6	7	8	9	10	11	12	13	14	15
	연주 (생년)		임신	임신	임신	임신	임신	임신	임신	임신	임신	임신	임신	임신	임신
	월주 (생월)		계묘	**갑진**	갑진	갑진	갑진	갑진	갑진	갑진	갑진	갑진	갑진	갑진	갑진
	일주 (생일)		기유	경술	신해	임자	계축	갑인	을묘	병진	정사	무오	기미	경신	신유
	대운	남	1	10	10	10	9	9	9	8	8	8	7	7	7
		여	10	10	1	1	1	1	2	2	2	3	3	3	4
음 4 월	음력		1	2	3	4	5	6	7	8	9	10	11	12	13
	양력		**5/3**	4	5	6	7	8	9	10	11	12	13	14	15
	연주 (생년)		임신	임신	임신	임신	임신	임신	임신	임신	임신	임신	임신	임신	임신
	월주 (생월)		갑진	갑진	**을사**	을사	을사	을사	을사	을사	을사	을사	을사	을사	을사
	일주 (생일)		기묘	경진	신사	임오	계미	갑신	을유	병술	정해	무자	기축	경인	신묘
	대운	남	1	1	10	10	10	9	9	9	8	8	8	7	7
		여	10	10	10	1	1	1	1	2	2	2	3	3	3
음 5 월	음력		1	2	3	4	5	6	7	8	9	10	11	12	13
	양력		**6/1**	2	3	4	5	6	7	8	9	10	11	12	13
	연주 (생년)		임신	임신	임신	임신	임신	임신	임신	임신	임신	임신	임신	임신	임신
	월주 (생월)		을사	을사	을사	을사	**병오**	병오	병오	병오	병오	병오	병오	병오	병오
	일주 (생일)		무신	기유	경술	신해	임자	계축	갑인	을묘	병진	정사	무오	기미	경신
	대운	남	1	1	1	1	10	10	10	10	9	9	9	8	8
		여	9	9	10	10	10	1	1	1	1	2	2	2	3
음 6 월	음력		1	2	3	4	5	6	7	8	9	10	11	12	13
	양력		**6/30**	**7/1**	2	3	4	5	6	7	8	9	10	11	12
	연주 (생년)		임신	임신	임신	임신	임신	임신	임신	임신	임신	임신	임신	임신	임신
	월주 (생월)		병오	병오	병오	병오	병오	병오	병오	**정미**	정미	정미	정미	정미	정미
	일주 (생일)		정축	무인	기묘	경진	신사	임오	계미	갑신	을유	병술	정해	무자	기축
	대운	남	2	2	2	1	1	1	1	10	10	10	9	9	9
		여	8	9	9	9	10	10	10	10	1	1	1	1	2

	14	15	16	17	18	19	20	21	22	23	24	25	26	27	28	29	
	17	18	19	20	21	22	23	24	25	26	27	28	29	**3/1**	2	3	
음	임신	임신	임신	임신	임신	임신	임신	임신	임신	임신	임신	임신	임신	임신	임신	임신	
1	임인	임인	임인	임인	임인	임인	임인	임인	임인	임인	임인	임인	임인	임인	임인	임인	
월	계해	갑자	을축	병인	정묘	무진	기사	경오	신미	임신	계유	갑술	을해	병자	정축	무인	
	6	5	5	5	4	4	4	3	3	3	2	2	2	1	1	1	
	4	5	5	5	6	6	6	7	7	7	8	8	8	9	9	9	
	14	15	16	17	18	19	20	21	22	23	24	25	26	27	28	29	30
	17	18	19	20	21	22	23	24	25	26	27	28	29	30	31	**4/1**	2
음	임신	임신	임신	임신	임신	임신	임신	임신	임신	임신	임신	임신	임신	임신	임신	임신	임신
2	계묘	계묘	계묘	계묘	계묘	계묘	계묘	계묘	계묘	계묘	계묘	계묘	계묘	계묘	계묘	계묘	계묘
월	임진	계사	갑오	을미	병신	정유	무술	기해	경자	신축	임인	계묘	갑진	을사	병오	정미	무신
	6	6	5	5	5	4	4	4	3	3	3	2	2	2	1	1	1
	4	4	5	5	5	6	6	6	7	7	7	8	8	8	9	9	9
	14	15	16	17	18	19	20	21	22	23	24	25	26	27	28	29	30
	16	17	18	19	20	21	22	23	24	25	26	27	28	29	30	**5/1**	2
음	임신	임신	임신	임신	임신	임신	임신	임신	임신	임신	임신	임신	임신	임신	임신	임신	임신
3	갑진	갑진	갑진	갑진	갑진	갑진	갑진	갑진	갑진	갑진	갑진	갑진	갑진	갑진	갑진	갑진	갑진
월	임술	계해	갑자	을축	병인	정묘	무진	기사	경오	신미	임신	계유	갑술	을해	병자	정축	무인
	6	6	6	5	5	5	4	4	4	3	3	3	2	2	2	1	1
	4	4	5	5	5	6	6	6	7	7	7	8	8	8	9	9	9
	14	15	16	17	18	19	20	21	22	23	24	25	26	27	28	29	
	16	17	18	19	20	21	22	23	24	25	26	27	28	29	30	31	
음	임신	임신	임신	임신	임신	임신	임신	임신	임신	임신	임신	임신	임신	임신	임신	임신	
4	을사	을사	을사	을사	을사	을사	을사	을사	을사	을사	을사	을사	을사	을사	을사	을사	
월	임진	계사	갑오	을미	병신	정유	무술	기해	경자	신축	임인	계묘	갑진	을사	병오	정미	
	7	6	6	6	5	5	5	4	4	4	3	3	3	2	2	2	
	4	4	4	5	5	5	6	6	6	7	7	7	8	8	8	9	
	14	15	16	17	18	19	20	21	22	23	24	25	26	27	28	29	
	14	15	16	17	18	19	20	21	22	23	24	25	26	27	28	29	
음	임신	임신	임신	임신	임신	임신	임신	임신	임신	임신	임신	임신	임신	임신	임신	임신	
5	병오	병오	병오	병오	병오	병오	병오	병오	병오	병오	병오	병오	병오	병오	병오	병오	
월	신유	임술	계해	갑자	을축	병인	정묘	무진	기사	경오	신미	임신	계유	갑술	을해	병자	
	8	7	7	7	6	6	6	5	5	5	4	4	4	3	3	3	
	3	3	4	4	4	5	5	5	6	6	6	7	7	7	8	8	
	14	15	16	17	18	19	20	21	22	23	24	25	26	27	28	29	30
	13	14	15	16	17	18	19	20	21	22	23	24	25	26	27	28	29
음	임신	임신	임신	임신	임신	임신	임신	임신	임신	임신	임신	임신	임신	임신	임신	임신	임신
6	정미	정미	정미	정미	정미	정미	정미	정미	정미	정미	정미	정미	정미	정미	정미	정미	정미
월	경인	신묘	임진	계사	갑오	을미	병신	정유	무술	기해	경자	신축	임인	계묘	갑진	을사	병오
	8	8	8	7	7	7	6	6	6	5	5	5	4	4	4	3	3
	2	2	3	3	3	4	4	4	5	5	5	6	6	6	7	7	7

1992(임신)년 【단기 4325년】

월	구분														
음 7 월	음력		1	2	3	4	5	6	7	8	9	10	11	12	13
	양력		**7/30**	31	**8/1**	2	3	4	5	6	7	8	9	10	11
	연주 (생년)		임신	임신	임신	임신	임신	임신	임신	임신	임신	임신	임신	임신	임신
	월주 (생월)		정미	정미	정미	정미	정미	정미	정미	정미	**무신**	무신	무신	무신	무신
	일주 (생일)		정미	무신	기유	경술	신해	임자	계축	갑인	을묘	병진	정사	무오	기미
	대운	남	3	2	2	2	1	1	1	1	10	10	10	9	9
		여	8	8	8	9	9	9	10	10	10	1	1	1	1
음 8 월	음력		1	2	3	4	5	6	7	8	9	10	11	12	13
	양력		**8/28**	29	30	31	**9/1**	2	3	4	5	6	7	8	9
	연주 (생년)		임신	임신	임신	임신	임신	임신	임신	임신	임신	임신	임신	임신	임신
	월주 (생월)		무신	무신	무신	무신	무신	무신	무신	무신	무신	무신	**기유**	기유	기유
	일주 (생일)		병자	정축	무인	기묘	경진	신사	임오	계미	갑신	을유	병술	정해	무자
	대운	남	3	3	3	2	2	2	1	1	1	1	10	10	10
		여	7	7	8	8	8	9	9	9	10	10	10	1	1
음 9 월	음력		1	2	3	4	5	6	7	8	9	10	11	12	13
	양력		**9/26**	27	28	29	30	**10/1**	2	3	4	5	6	7	8
	연주 (생년)		임신	임신	임신	임신	임신	임신	임신	임신	임신	임신	임신	임신	임신
	월주 (생월)		기유	기유	기유	기유	기유	기유	기유	기유	기유	기유	기유	기유	**경술**
	일주 (생일)		을사	병오	정미	무신	기유	경술	신해	임자	계축	갑인	을묘	병진	정사
	대운	남	4	4	3	3	3	2	2	2	1	1	1	1	10
		여	6	7	7	7	8	8	8	9	9	9	10	10	10
음 10 월	음력		1	2	3	4	5	6	7	8	9	10	11	12	13
	양력		**10/26**	27	28	29	30	31	**11/1**	2	3	4	5	6	7
	연주 (생년)		임신	임신	임신	임신	임신	임신	임신	임신	임신	임신	임신	임신	임신
	월주 (생월)		경술	경술	경술	경술	경술	경술	경술	경술	경술	경술	경술	경술	**신해**
	일주 (생일)		을해	병자	정축	무인	기묘	경진	신사	임오	계미	갑신	을유	병술	정해
	대운	남	4	4	3	3	3	2	2	2	1	1	1	1	10
		여	6	6	7	7	7	8	8	8	9	9	9	10	10
음 11 월	음력		1	2	3	4	5	6	7	8	9	10	11	12	13
	양력		**11/24**	25	26	27	28	29	30	**12/1**	2	3	4	5	6
	연주 (생년)		임신	임신	임신	임신	임신	임신	임신	임신	임신	임신	임신	임신	임신
	월주 (생월)		신해	신해	신해	신해	신해	신해	신해	신해	신해	신해	신해	신해	신해
	일주 (생일)		갑진	을사	병오	정미	무신	기유	경술	신해	임자	계축	갑인	을묘	병진
	대운	남	4	4	4	3	3	3	2	2	2	1	1	1	1
		여	6	6	6	7	7	7	8	8	8	9	9	9	10
음 12 월	음력		1	2	3	4	5	6	7	8	9	10	11	12	13
	양력		**12/24**	25	26	27	28	29	30	31	**1/1**	2	3	4	5
	연주 (생년)		임신	임신	임신	임신	임신	임신	임신	임신	임신	임신	임신	임신	임신
	월주 (생월)		임자	임자	임자	임자	임자	임자	임자	임자	임자	임자	임자	임자	**계축**
	일주 (생일)		갑술	을해	병자	정축	무인	기묘	경진	신사	임오	계미	갑신	을유	병술
	대운	남	4	4	3	3	3	2	2	2	1	1	1	1	10
		여	6	6	6	7	7	7	8	8	8	9	9	9	10

음 7 월	14	15	16	17	18	19	20	21	22	23	24	25	26	27	28	29	
	12	13	14	15	16	17	18	19	20	21	22	23	24	25	26	27	
	임신	임신	임신	임신	임신	임신	임신	임신	임신	임신	임신	임신	임신	임신	임신	임신	
	무신	무신	무신	무신	무신	무신	무신	무신	무신	무신	무신	무신	무신	무신	무신	무신	
	경신	신유	임술	계해	갑자	을축	병인	정묘	무진	기사	경오	신미	임신	계유	갑술	을해	
	9	8	8	8	7	7	7	6	6	6	5	5	5	4	4	4	
	2	2	2	3	3	3	4	4	4	5	5	5	6	6	6	7	
음 8 월	14	15	16	17	18	19	20	21	22	23	24	25	26	27	28	29	
	10	11	12	13	14	15	16	17	18	19	20	21	22	23	24	25	
	임신	임신	임신	임신	임신	임신	임신	임신	임신	임신	임신	임신	임신	임신	임신	임신	
	기유	기유	기유	기유	기유	기유	기유	기유	기유	기유	기유	기유	기유	기유	기유	기유	
	기축	경인	신묘	임진	계사	갑오	을미	병신	정유	무술	기해	경자	신축	임인	계묘	갑진	
	9	9	9	8	8	8	7	7	7	6	6	6	5	5	5	4	
	1	1	2	2	2	3	3	3	4	4	4	5	5	5	6	6	
음 9 월	14	15	16	17	18	19	20	21	22	23	24	25	26	27	28	29	30
	9	10	11	12	13	14	15	16	17	18	19	20	21	22	23	24	25
	임신	임신	임신	임신	임신	임신	임신	임신	임신	임신	임신	임신	임신	임신	임신	임신	임신
	경술	경술	경술	경술	경술	경술	경술	경술	경술	경술	경술	경술	경술	경술	경술	경술	경술
	무오	기미	경신	신유	임술	계해	갑자	을축	병인	정묘	무진	기사	경오	신미	임신	계유	갑술
	10	9	9	9	8	8	8	7	7	7	6	6	6	5	5	5	4
	1	1	1	1	2	2	2	3	3	3	4	4	4	5	5	5	6
음 10 월	14	15	16	17	18	19	20	21	22	23	24	25	26	27	28	29	
	8	9	10	11	12	13	14	15	16	17	18	19	20	21	22	23	
	임신	임신	임신	임신	임신	임신	임신	임신	임신	임신	임신	임신	임신	임신	임신	임신	
	신해	신해	신해	신해	신해	신해	신해	신해	신해	신해	신해	신해	신해	신해	신해	신해	
	무자	기축	경인	신묘	임진	계사	갑오	을미	병신	정유	무술	기해	경자	신축	임인	계묘	
	10	9	9	9	8	8	8	7	7	7	6	6	6	5	5	5	
	1	1	1	1	2	2	2	3	3	3	4	4	4	5	5	5	
음 11 월	14	15	16	17	18	19	20	21	22	23	24	25	26	27	28	29	30
	7	8	9	10	11	12	13	14	15	16	17	18	19	20	21	22	23
	임신	임신	임신	임신	임신	임신	임신	임신	임신	임신	임신	임신	임신	임신	임신	임신	임신
	임자	임자	임자	임자	임자	임자	임자	임자	임자	임자	임자	임자	임자	임자	임자	임자	임자
	정사	무오	기미	경신	신유	임술	계해	갑자	을축	병인	정묘	무진	기사	경오	신미	임신	계유
	10	9	9	9	8	8	8	7	7	7	6	6	6	5	5	5	4
	10	1	1	1	1	2	2	2	3	3	3	4	4	4	5	5	5
음 12 월	14	15	16	17	18	19	20	21	22	23	24	25	26	27	28	29	30
	6	7	8	9	10	11	12	13	14	15	16	17	18	19	20	21	22
	임신	임신	임신	임신	임신	임신	임신	임신	임신	임신	임신	임신	임신	임신	임신	임신	임신
	계축	계축	계축	계축	계축	계축	계축	계축	계축	계축	계축	계축	계축	계축	계축	계축	계축
	정해	무자	기축	경인	신묘	임진	계사	갑오	을미	병신	정유	무술	기해	경자	신축	임인	계묘
	10	9	9	9	8	8	8	7	7	7	6	6	6	5	5	5	4
	1	1	1	1	2	2	2	3	3	3	4	4	4	5	5	5	6

1993(계유)년 【단기 4326년】

월	구분		1	2	3	4	5	6	7	8	9	10	11	12	13
음 1 월	음력		1	2	3	4	5	6	7	8	9	10	11	12	13
	양력		**1/23**	24	25	26	27	28	29	30	31	**2/1**	2	3	4
	연주 (생년)		임신	임신	임신	임신	임신	임신	임신	임신	임신	임신	임신	임신	**계유**
	월주 (생월)		계축	계축	계축	계축	계축	계축	계축	계축	계축	계축	계축	계축	**갑인**
	일주 (생일)		갑진	을사	병오	정미	무신	기유	경술	신해	임자	계축	갑인	을묘	병진
	대운	남	4	4	3	3	3	2	2	2	1	1	1	1	10
		여	6	6	7	7	7	8	8	8	9	9	9	10	10
음 2 월	음력		1	2	3	4	5	6	7	8	9	10	11	12	13
	양력		**2/21**	22	23	24	25	26	27	28	**3/1**	2	3	4	5
	연주 (생년)		계유	계유	계유	계유	계유	계유	계유	계유	계유	계유	계유	계유	계유
	월주 (생월)		갑인	갑인	갑인	갑인	갑인	갑인	갑인	갑인	갑인	갑인	갑인	갑인	**을묘**
	일주 (생일)		계유	갑술	을해	병자	정축	무인	기묘	경진	신사	임오	계미	갑신	을유
	대운	남	6	6	6	7	7	7	8	8	8	9	9	9	10
		여	4	4	3	3	3	2	2	2	1	1	1	1	10
음 3 월	음력		1	2	3	4	5	6	7	8	9	10	11	12	13
	양력		**3/23**	24	25	26	27	28	29	30	31	**4/1**	2	3	4
	연주 (생년)		계유	계유	계유	계유	계유	계유	계유	계유	계유	계유	계유	계유	계유
	월주 (생월)		을묘	을묘	을묘	을묘	을묘	을묘	을묘	을묘	을묘	을묘	을묘	을묘	을묘
	일주 (생일)		계묘	갑진	을사	병오	정미	무신	기유	경술	신해	임자	계축	갑인	을묘
	대운	남	6	6	7	7	7	8	8	8	9	9	9	10	10
		여	4	4	4	3	3	3	2	2	2	1	1	1	1
윤 3 월	음력		1	2	3	4	5	6	7	8	9	10	11	12	13
	양력		**4/22**	23	24	25	26	27	28	29	30	**5/1**	2	3	4
	연주 (생년)		계유	계유	계유	계유	계유	계유	계유	계유	계유	계유	계유	계유	계유
	월주 (생월)		병진	병진	병진	병진	병진	병진	병진	병진	병진	병진	병진	병진	병진
	일주 (생일)		계유	갑술	을해	병자	정축	무인	기묘	경진	신사	임오	계미	갑신	을유
	대운	남	6	6	6	7	7	7	8	8	8	9	9	9	10
		여	4	4	4	3	3	3	2	2	2	1	1	1	1
음 4 월	음력		1	2	3	4	5	6	7	8	9	10	11	12	13
	양력		**5/21**	22	23	24	25	26	27	28	29	30	31	**6/1**	2
	연주 (생년)		계유	계유	계유	계유	계유	계유	계유	계유	계유	계유	계유	계유	계유
	월주 (생월)		정사	정사	정사	정사	정사	정사	정사	정사	정사	정사	정사	정사	정사
	일주 (생일)		임인	계묘	갑진	을사	병오	정미	무신	기유	경술	신해	임자	계축	갑인
	대운	남	5	6	6	6	7	7	7	8	8	8	9	9	9
		여	5	5	5	4	4	4	3	3	3	2	2	2	1
음 5 월	음력		1	2	3	4	5	6	7	8	9	10	11	12	13
	양력		**6/20**	21	22	23	24	25	26	27	28	29	30	**7/1**	2
	연주 (생년)		계유	계유	계유	계유	계유	계유	계유	계유	계유	계유	계유	계유	계유
	월주 (생월)		무오	무오	무오	무오	무오	무오	무오	무오	무오	무오	무오	무오	무오
	일주 (생일)		임신	계유	갑술	을해	병자	정축	무인	기묘	경진	신사	임오	계미	갑신
	대운	남	5	5	5	6	6	6	7	7	7	8	8	8	9
		여	6	5	5	5	4	4	4	3	3	3	2	2	2
음 6 월	음력		1	2	3	4	5	6	7	8	9	10	11	12	13
	양력		**7/19**	20	21	22	23	24	25	26	27	28	29	30	31
	연주 (생년)		계유	계유	계유	계유	계유	계유	계유	계유	계유	계유	계유	계유	계유
	월주 (생월)		기미	기미	기미	기미	기미	기미	기미	기미	기미	기미	기미	기미	기미
	일주 (생일)		신축	임인	계묘	갑진	을사	병오	정미	무신	기유	경술	신해	임자	계축
	대운	남	4	4	5	5	5	6	6	6	7	7	7	8	8
		여	6	6	6	5	5	5	4	4	4	3	3	3	2

음 1 월	14	15	16	17	18	19	20	21	22	23	24	25	26	27	28	29	
	5	6	7	8	9	10	11	12	13	14	15	16	17	18	19	20	
	계유	계유	계유	계유	계유	계유	계유	계유	계유	계유	계유	계유	계유	계유	계유	계유	
	갑인	갑인	갑인	갑인	갑인	갑인	갑인	갑인	갑인	갑인	갑인	갑인	갑인	갑인	갑인	갑인	
	정사	무오	기미	경신	신유	임술	계해	갑자	을축	병인	정묘	무진	기사	경오	신미	임신	
	1	1	1	1	2	2	2	3	3	3	4	4	4	5	5	5	
	9	9	9	8	8	8	7	7	7	6	6	6	5	5	5	4	
음 2 월	14	15	16	17	18	19	20	21	22	23	24	25	26	27	28	29	30
	6	7	8	9	10	11	12	13	14	15	16	17	18	19	20	21	22
	계유	계유	계유	계유	계유	계유	계유	계유	계유	계유	계유	계유	계유	계유	계유	계유	계유
	을묘	을묘	을묘	을묘	을묘	을묘	을묘	을묘	을묘	을묘	을묘	을묘	을묘	을묘	을묘	을묘	을묘
	병술	정해	무자	기축	경인	신묘	임진	계사	갑오	을미	병신	정유	무술	기해	경자	신축	임인
	1	1	1	1	2	2	2	3	3	3	4	4	4	5	5	5	6
	10	10	9	9	9	8	8	8	7	7	7	6	6	6	5	5	5
음 3 월	14	15	16	17	18	19	20	21	22	23	24	25	26	27	28	29	30
	5	6	7	8	9	10	11	12	13	14	15	16	17	18	19	20	21
	계유	계유	계유	계유	계유	계유	계유	계유	계유	계유	계유	계유	계유	계유	계유	계유	계유
	병진	병진	병진	병진	병진	병진	병진	병진	병진	병진	병진	병진	병진	병진	병진	병진	병진
	병진	정사	무오	기미	경신	신유	임술	계해	갑자	을축	병인	정묘	무진	기사	경오	신미	임신
	10	1	1	1	1	2	2	2	3	3	3	4	4	4	5	5	5
	10	10	9	9	9	8	8	8	7	7	7	6	6	6	5	5	5
윤 3 월	14	15	16	17	18	19	20	21	22	23	24	25	26	27	28	29	
	5	6	7	8	9	10	11	12	13	14	15	16	17	18	19	20	
	계유	계유	계유	계유	계유	계유	계유	계유	계유	계유	계유	계유	계유	계유	계유	계유	
	정사	정사	정사	정사	정사	정사	정사	정사	정사	정사	정사	정사	정사	정사	정사	정사	
	병술	정해	무자	기축	경인	신묘	임진	계사	갑오	을미	병신	정유	무술	기해	경자	신축	
	10	1	1	1	1	2	2	2	3	3	3	4	4	4	5	5	
	10	10	10	10	9	9	9	8	8	8	7	7	7	6	6	6	
음 4 월	14	15	16	17	18	19	20	21	22	23	24	25	26	27	28	29	30
	3	4	5	6	7	8	9	10	11	12	13	14	15	16	17	18	19
	계유	계유	계유	계유	계유	계유	계유	계유	계유	계유	계유	계유	계유	계유	계유	계유	계유
	정사	정사	정사	**무오**	무오	무오	무오	무오	무오	무오	무오	무오	무오	무오	무오	무오	무오
	을묘	병진	정사	무오	기미	경신	신유	임술	계해	갑자	을축	병인	정묘	무진	기사	경오	신미
	10	10	10	10	1	1	1	1	2	2	2	3	3	3	4	4	4
	1	1	1	10	10	10	9	9	9	8	8	8	7	7	7	6	6
음 5 월	14	15	16	17	18	19	20	21	22	23	24	25	26	27	28	29	
	3	4	5	6	7	8	9	10	11	12	13	14	15	16	17	18	
	계유	계유	계유	계유	계유	계유	계유	계유	계유	계유	계유	계유	계유	계유	계유	계유	
	무오	무오	무오	무오	**기미**	기미	기미	기미	기미	기미	기미	기미	기미	기미	기미	기미	
	을유	병술	정해	무자	기축	경인	신묘	임진	계사	갑오	을미	병신	정유	무술	기해	경자	
	9	9	10	10	10	1	1	1	1	2	2	2	3	3	3	4	
	1	1	1	1	10	10	10	9	9	9	8	8	8	7	7	7	
음 6 월	14	15	16	17	18	19	20	21	22	23	24	25	26	27	28	29	30
	8/1	2	3	4	5	6	7	8	9	10	11	12	13	14	15	16	17
	계유	계유	계유	계유	계유	계유	계유	계유	계유	계유	계유	계유	계유	계유	계유	계유	계유
	기미	기미	기미	기미	기미	기미	**경신**	경신	경신	경신	경신	경신	경신	경신	경신	경신	경신
	갑인	을묘	병진	정사	무오	기미	경신	신유	임술	계해	갑자	을축	병인	정묘	무진	기사	경오
	8	9	9	9	10	10	10	1	1	1	1	2	2	2	3	3	3
	2	2	1	1	1	1	10	10	10	10	9	9	9	8	8	8	7

1993(계유)년 【단기 4326년】

월	구분	1	2	3	4	5	6	7	8	9	10	11	12	13
음 7 월	음력	1	2	3	4	5	6	7	8	9	10	11	12	13
	양력	8/18	19	20	21	22	23	24	25	26	27	28	29	30
	연주 (생년)	계유	계유	계유	계유	계유	계유	계유	계유	계유	계유	계유	계유	계유
	월주 (생월)	경신	경신	경신	경신	경신	경신	경신	경신	경신	경신	경신	경신	경신
	일주 (생일)	신미	임신	계유	갑술	을해	병자	정축	무인	기묘	경진	신사	임오	계미
	대운 남	4	4	4	5	5	5	6	6	6	7	7	7	8
	대운 여	7	7	6	6	6	5	5	5	4	4	4	3	3
음 8 월	음력	1	2	3	4	5	6	7	8	9	10	11	12	13
	양력	9/16	17	18	19	20	21	22	23	24	25	26	27	28
	연주 (생년)	계유	계유	계유	계유	계유	계유	계유	계유	계유	계유	계유	계유	계유
	월주 (생월)	신유	신유	신유	신유	신유	신유	신유	신유	신유	신유	신유	신유	신유
	일주 (생일)	경자	신축	임인	계묘	갑진	을사	병오	정미	무신	기유	경술	신해	임자
	대운 남	3	3	3	4	4	4	5	5	5	6	6	6	7
	대운 여	7	7	7	6	6	6	5	5	5	4	4	4	3
음 9 월	음력	1	2	3	4	5	6	7	8	9	10	11	12	13
	양력	10/15	16	17	18	19	20	21	22	23	24	25	26	27
	연주 (생년)	계유	계유	계유	계유	계유	계유	계유	계유	계유	계유	계유	계유	계유
	월주 (생월)	임술	임술	임술	임술	임술	임술	임술	임술	임술	임술	임술	임술	임술
	일주 (생일)	기사	경오	신미	임신	계유	갑술	을해	병자	정축	무인	기묘	경진	신사
	대운 남	2	3	3	3	4	4	4	5	5	5	6	6	6
	대운 여	8	7	7	7	6	6	6	5	5	5	4	4	4
음 10 월	음력	1	2	3	4	5	6	7	8	9	10	11	12	13
	양력	11/14	15	16	17	18	19	20	21	22	23	24	25	26
	연주 (생년)	계유	계유	계유	계유	계유	계유	계유	계유	계유	계유	계유	계유	계유
	월주 (생월)	계해	계해	계해	계해	계해	계해	계해	계해	계해	계해	계해	계해	계해
	일주 (생일)	기해	경자	신축	임인	계묘	갑진	을사	병오	정미	무신	기유	경술	신해
	대운 남	2	3	3	3	4	4	4	5	5	5	6	6	6
	대운 여	8	7	7	7	6	6	6	5	5	5	4	4	4
음 11 월	음력	1	2	3	4	5	6	7	8	9	10	11	12	13
	양력	12/13	14	15	16	17	18	19	20	21	22	23	24	25
	연주 (생년)	계유	계유	계유	계유	계유	계유	계유	계유	계유	계유	계유	계유	계유
	월주 (생월)	갑자	갑자	갑자	갑자	갑자	갑자	갑자	갑자	갑자	갑자	갑자	갑자	갑자
	일주 (생일)	무진	기사	경오	신미	임신	계유	갑술	을해	병자	정축	무인	기묘	경진
	대운 남	2	2	3	3	3	4	4	4	5	5	5	6	6
	대운 여	8	7	7	7	6	6	6	5	5	5	4	4	4
음 12 월	음력	1	2	3	4	5	6	7	8	9	10	11	12	13
	양력	1/12	13	14	15	16	17	18	19	20	21	22	23	24
	연주 (생년)	계유	계유	계유	계유	계유	계유	계유	계유	계유	계유	계유	계유	계유
	월주 (생월)	을축	을축	을축	을축	을축	을축	을축	을축	을축	을축	을축	을축	을축
	일주 (생일)	무술	기해	경자	신축	임인	계묘	갑진	을사	병오	정미	무신	기유	경술
	대운 남	2	3	3	3	4	4	4	5	5	5	6	6	6
	대운 여	8	7	7	7	6	6	6	5	5	5	4	4	4

	14	15	16	17	18	19	20	21	22	23	24	25	26	27	28	29	30
	31	**9/1**	2	3	4	5	6	7	8	9	10	11	12	13	14	15	
음	계유	계유	계유	계유	계유	계유	계유	계유	계유	계유	계유	계유	계유	계유	계유	계유	
7	경신	경신	경신	경신	경신	경신	경신	경신	**신유**	신유	신유	신유	신유	신유	신유	신유	
월	갑신	을유	병술	정해	무자	기축	경인	신묘	임진	계사	갑오	을미	병신	정유	무술	기해	
	8	8	9	9	9	10	10	10	10	1	1	1	1	2	2	2	
	3	2	2	2	1	1	1	1	10	10	9	9	9	8	8	8	
	14	15	16	17	18	19	20	21	22	23	24	25	26	27	28	29	
	29	30	**10/1**	2	3	4	5	6	7	8	9	10	11	12	13	14	
음	계유	계유	계유	계유	계유	계유	계유	계유	계유	계유	계유	계유	계유	계유	계유	계유	
8	신유	신유	신유	신유	신유	신유	신유	신유	신유	**임술**	임술	임술	임술	임술	임술	임술	
월	계축	갑인	을묘	병진	정사	무오	기미	경신	신유	임술	계해	갑자	을축	병인	정묘	무진	
	7	7	8	8	8	9	9	9	10	10	1	1	1	1	2	2	
	3	3	2	2	2	1	1	1	1	10	10	9	9	9	8	8	
	14	15	16	17	18	19	20	21	22	23	24	25	26	27	28	29	30
	28	29	30	31	**11/1**	2	3	4	5	6	7	8	9	10	11	12	13
음	계유	계유	계유	계유	계유	계유	계유	계유	계유	계유	계유	계유	계유	계유	계유	계유	계유
9	임술	임술	임술	임술	임술	임술	임술	임술	임술	임술	**계해**	계해	계해	계해	계해	계해	계해
월	임오	계미	갑신	을유	병술	정해	무자	기축	경인	신묘	임진	계사	갑오	을미	병신	정유	무술
	7	7	7	8	8	8	9	9	9	10	10	1	1	1	1	2	2
	3	3	3	2	2	2	1	1	1	1	10	10	9	9	9	8	8
	14	15	16	17	18	19	20	21	22	23	24	25	26	27	28	29	
	27	28	29	30	**12/1**	2	3	4	5	6	7	8	9	10	11	12	
음	계유	계유	계유	계유	계유	계유	계유	계유	계유	계유	계유	계유	계유	계유	계유	계유	
10	계해	계해	계해	계해	계해	계해	계해	계해	계해	계해	**갑자**	갑자	갑자	갑자	갑자	갑자	
월	임자	계축	갑인	을묘	병진	정사	무오	기미	경신	신유	임술	계해	갑자	을축	병인	정묘	
	7	7	7	8	8	8	9	9	9	10	10	1	1	1	1	2	
	3	3	3	2	2	2	1	1	1	1	10	9	9	9	8	8	
	14	15	16	17	18	19	20	21	22	23	24	25	26	27	28	29	30
	26	27	28	29	30	31	**1/1**	2	3	4	5	6	7	8	9	10	11
음	계유	계유	계유	계유	계유	계유	계유	계유	계유	계유	계유	계유	계유	계유	계유	계유	계유
11	갑자	갑자	갑자	갑자	갑자	갑자	갑자	갑자	갑자	갑자	**을축**	을축	을축	을축	을축	을축	을축
월	신사	임오	계미	갑신	을유	병술	정해	무자	기축	경인	신묘	임진	계사	갑오	을미	병신	정유
	6	7	7	7	8	8	8	9	9	9	10	1	1	1	1	2	2
	3	3	3	2	2	2	1	1	1	1	10	10	9	9	9	8	8
	14	15	16	17	18	19	20	21	22	23	24	25	26	27	28	29	
	25	26	27	28	29	30	31	**2/1**	2	3	4	5	6	7	8	9	
음	계유	계유	계유	계유	계유	계유	계유	계유	계유	계유	**갑술**	갑술	갑술	갑술	갑술	갑술	
12	을축	을축	을축	을축	을축	을축	을축	을축	을축	을축	**병인**	병인	병인	병인	병인	병인	
월	신해	임자	계축	갑인	을묘	병진	정사	무오	기미	경신	신유	임술	계해	갑자	을축	병인	
	7	7	7	8	8	8	9	9	9	10	10	10	9	9	9	8	
	3	3	3	2	2	2	1	1	1	1	10	1	1	1	1	2	

1994(갑술)년 【단기 4327년】

음 1 월	음력		1	2	3	4	5	6	7	8	9	10	11	12	13
	양력		2/10	11	12	13	14	15	16	17	18	19	20	21	22
	연주 (생년)		갑술	갑술	갑술	갑술	갑술	갑술	갑술	갑술	갑술	갑술	갑술	갑술	갑술
	월주 (생월)		병인	병인	병인	병인	병인	병인	병인	병인	병인	병인	병인	병인	병인
	일주 (생일)		정묘	무진	기사	경오	신미	임신	계유	갑술	을해	병자	정축	무인	기묘
	대운	남	8	8	7	7	7	6	6	6	5	5	5	4	4
		여	2	2	3	3	3	4	4	4	5	5	5	6	6
음 2 월	음력		1	2	3	4	5	6	7	8	9	10	11	12	13
	양력		3/12	13	14	15	16	17	18	19	20	21	22	23	24
	연주 (생년)		갑술	갑술	갑술	갑술	갑술	갑술	갑술	갑술	갑술	갑술	갑술	갑술	갑술
	월주 (생월)		정묘	정묘	정묘	정묘	정묘	정묘	정묘	정묘	정묘	정묘	정묘	정묘	정묘
	일주 (생일)		정유	무술	기해	경자	신축	임인	계묘	갑진	을사	병오	정미	무신	기유
	대운	남	8	8	7	7	7	6	6	6	5	5	5	4	4
		여	2	2	3	3	3	4	4	4	5	5	5	6	6
음 3 월	음력		1	2	3	4	5	6	7	8	9	10	11	12	13
	양력		4/11	12	13	14	15	16	17	18	19	20	21	22	23
	연주 (생년)		갑술	갑술	갑술	갑술	갑술	갑술	갑술	갑술	갑술	갑술	갑술	갑술	갑술
	월주 (생월)		무진	무진	무진	무진	무진	무진	무진	무진	무진	무진	무진	무진	무진
	일주 (생일)		정묘	무진	기사	경오	신미	임신	계유	갑술	을해	병자	정축	무인	기묘
	대운	남	8	8	8	7	7	7	6	6	6	5	5	5	4
		여	2	2	3	3	3	4	4	4	5	5	5	6	6
음 4 월	음력		1	2	3	4	5	6	7	8	9	10	11	12	13
	양력		5/11	12	13	14	15	16	17	18	19	20	21	22	23
	연주 (생년)		갑술	갑술	갑술	갑술	갑술	갑술	갑술	갑술	갑술	갑술	갑술	갑술	갑술
	월주 (생월)		기사	기사	기사	기사	기사	기사	기사	기사	기사	기사	기사	기사	기사
	일주 (생일)		정유	무술	기해	경자	신축	임인	계묘	갑진	을사	병오	정미	무신	기유
	대운	남	9	8	8	8	7	7	7	6	6	6	5	5	5
		여	2	2	2	3	3	3	4	4	4	5	5	5	6
음 5 월	음력		1	2	3	4	5	6	7	8	9	10	11	12	13
	양력		6/9	10	11	12	13	14	15	16	17	18	19	20	21
	연주 (생년)		갑술	갑술	갑술	갑술	갑술	갑술	갑술	갑술	갑술	갑술	갑술	갑술	갑술
	월주 (생월)		경오	경오	경오	경오	경오	경오	경오	경오	경오	경오	경오	경오	경오
	일주 (생일)		병인	정묘	무진	기사	경오	신미	임신	계유	갑술	을해	병자	정축	무인
	대운	남	9	9	9	8	8	8	7	7	7	6	6	6	5
		여	1	1	2	2	2	3	3	3	4	4	4	5	5
음 6 월	음력		1	2	3	4	5	6	7	8	9	10	11	12	13
	양력		7/9	10	11	12	13	14	15	16	17	18	19	20	21
	연주 (생년)		갑술	갑술	갑술	갑술	갑술	갑술	갑술	갑술	갑술	갑술	갑술	갑술	갑술
	월주 (생월)		신미	신미	신미	신미	신미	신미	신미	신미	신미	신미	신미	신미	신미
	일주 (생일)		병신	정유	무술	기해	경자	신축	임인	계묘	갑진	을사	병오	정미	무신
	대운	남	10	10	9	9	9	8	8	8	7	7	7	6	6
		여	1	1	1	2	2	2	3	3	3	4	4	4	5

음1월	14	15	16	17	18	19	20	21	22	23	24	25	26	27	28	29	30
	23	24	25	26	27	28	**3/1**	2	3	4	5	6	7	8	9	10	11
	갑술	갑술	갑술	갑술	갑술	갑술	갑술	갑술	갑술	갑술	갑술	갑술	갑술	갑술	갑술	갑술	갑술
	병인	병인	병인	병인	병인	병인	병인	병인	병인	병인	병인	**정묘**	정묘	정묘	정묘	정묘	정묘
	경진	신사	임오	계미	갑신	을유	병술	정해	무자	기축	경인	신묘	임진	계사	갑오	을미	병신
	4	3	3	3	2	2	2	1	1	1	1	10	10	9	9	9	8
	6	7	7	7	8	8	8	9	9	9	10	10	1	1	1	1	2

음2월	14	15	16	17	18	19	20	21	22	23	24	25	26	27	28	29	30
	25	26	27	28	29	30	31	**4/1**	2	3	4	5	6	7	8	9	10
	갑술	갑술	갑술	갑술	갑술	갑술	갑술	갑술	갑술	갑술	갑술	갑술	갑술	갑술	갑술	갑술	갑술
	정묘	정묘	정묘	정묘	정묘	정묘	정묘	정묘	정묘	정묘	정묘	**무진**	무진	무진	무진	무진	무진
	경술	신해	임자	계축	갑인	을묘	병진	정사	무오	기미	경신	신유	임술	계해	갑자	을축	병인
	4	3	3	3	2	2	2	1	1	1	1	10	10	10	9	9	9
	6	7	7	7	8	8	8	9	9	9	10	10	1	1	1	1	2

음3월	14	15	16	17	18	19	20	21	22	23	24	25	26	27	28	29	30
	24	25	26	27	28	29	30	**5/1**	2	3	4	5	6	7	8	9	10
	갑술	갑술	갑술	갑술	갑술	갑술	갑술	갑술	갑술	갑술	갑술	갑술	갑술	갑술	갑술	갑술	갑술
	무진	무진	무진	무진	무진	무진	무진	무진	무진	무진	무진	무진	**기사**	기사	기사	기사	기사
	경진	신사	임오	계미	갑신	을유	병술	정해	무자	기축	경인	신묘	임진	계사	갑오	을미	병신
	4	4	3	3	3	2	2	2	1	1	1	1	10	10	10	9	9
	6	7	7	7	8	8	8	9	9	9	10	10	10	1	1	1	1

음4월	14	15	16	17	18	19	20	21	22	23	24	25	26	27	28	29	
	24	25	26	27	28	29	30	31	**6/1**	2	3	4	5	6	7	8	
	갑술	갑술	갑술	갑술	갑술	갑술	갑술	갑술	갑술	갑술	갑술	갑술	갑술	갑술	갑술	갑술	
	기사	기사	기사	기사	기사	기사	기사	기사	기사	기사	기사	기사	기사	**경오**	경오	경오	
	경술	신해	임자	계축	갑인	을묘	병진	정사	무오	기미	경신	신유	임술	계해	갑자	을축	
	4	4	4	3	3	3	2	2	2	1	1	1	1	10	10	10	
	6	6	7	7	7	8	8	8	9	9	9	10	10	10	1	1	

음5월	14	15	16	17	18	19	20	21	22	23	24	25	26	27	28	29	30
	22	23	24	25	26	27	28	29	30	**7/1**	2	3	4	5	6	7	8
	갑술	갑술	갑술	갑술	갑술	갑술	갑술	갑술	갑술	갑술	갑술	갑술	갑술	갑술	갑술	갑술	갑술
	경오	경오	경오	경오	경오	경오	경오	경오	경오	경오	경오	경오	경오	경오	경오	**신미**	신미
	기묘	경진	신사	임오	계미	갑신	을유	병술	정해	무자	기축	경인	신묘	임진	계사	갑오	을미
	5	5	4	4	4	3	3	3	2	2	2	1	1	1	1	10	10
	5	6	6	6	7	7	7	8	8	8	9	9	9	10	10	10	1

음6월	14	15	16	17	18	19	20	21	22	23	24	25	26	27	28	29	
	22	23	24	25	26	27	28	29	30	31	**8/1**	2	3	4	5	6	
	갑술	갑술	갑술	갑술	갑술	갑술	갑술	갑술	갑술	갑술	갑술	갑술	갑술	갑술	갑술	갑술	
	신미	신미	신미	신미	신미	신미	신미	신미	신미	신미	신미	신미	신미	신미	신미	신미	
	기유	경술	신해	임자	계축	갑인	을묘	병진	정사	무오	기미	경신	신유	임술	계해	갑자	
	6	5	5	5	4	4	4	3	3	3	2	2	2	1	1	1	
	5	5	6	6	6	7	7	7	8	8	8	9	9	9	10	10	

1994(갑술)년 【단기 4327년】

음 7월	음력	1	2	3	4	5	6	7	8	9	10	11	12	13
	양력	8/7	8	9	10	11	12	13	14	15	16	17	18	19
	연주 (생년)	갑술	갑술	갑술	갑술	갑술	갑술	갑술	갑술	갑술	갑술	갑술	갑술	갑술
	월주 (생월)	신미	**임신**	임신	임신	임신	임신	임신	임신	임신	임신	임신	임신	임신
	일주 (생일)	을축	병인	정묘	무진	기사	경오	신미	임신	계유	갑술	을해	병자	정축
	대운 남	1	10	10	10	9	9	9	8	8	8	7	7	7
	대운 여	10	10	1	1	1	1	2	2	2	3	3	3	4

음 8월	음력	1	2	3	4	5	6	7	8	9	10	11	12	13
	양력	9/6	7	8	9	10	11	12	13	14	15	16	17	18
	연주 (생년)	갑술	갑술	갑술	갑술	갑술	갑술	갑술	갑술	갑술	갑술	갑술	갑술	갑술
	월주 (생월)	임신	임신	**계유**	계유	계유	계유	계유	계유	계유	계유	계유	계유	계유
	일주 (생일)	을미	병신	정유	무술	기해	경자	신축	임인	계묘	갑진	을사	병오	정미
	대운 남	1	1	10	10	9	9	9	8	8	8	7	7	7
	대운 여	10	10	10	1	1	1	1	2	2	2	3	3	3

음 9월	음력	1	2	3	4	5	6	7	8	9	10	11	12	13
	양력	10/5	6	7	8	9	10	11	12	13	14	15	16	17
	연주 (생년)	갑술	갑술	갑술	갑술	갑술	갑술	갑술	갑술	갑술	갑술	갑술	갑술	갑술
	월주 (생월)	계유	계유	계유	**갑술**	갑술	갑술	갑술	갑술	갑술	갑술	갑술	갑술	갑술
	일주 (생일)	갑자	을축	병인	정묘	무진	기사	경오	신미	임신	계유	갑술	을해	병자
	대운 남	1	1	1	10	10	10	9	9	9	8	8	8	7
	대운 여	9	9	10	10	1	1	1	1	2	2	2	3	3

음 10월	음력	1	2	3	4	5	6	7	8	9	10	11	12	13
	양력	11/3	4	5	6	7	8	9	10	11	12	13	14	15
	연주 (생년)	갑술	갑술	갑술	갑술	갑술	갑술	갑술	갑술	갑술	갑술	갑술	갑술	갑술
	월주 (생월)	갑술	갑술	갑술	갑술	갑술	**을해**	을해	을해	을해	을해	을해	을해	을해
	일주 (생일)	계사	갑오	을미	병신	정유	무술	기해	경자	신축	임인	계묘	갑진	을사
	대운 남	2	1	1	1	1	10	9	9	9	8	8	8	7
	대운 여	9	9	9	10	10	10	1	1	1	1	2	2	2

음 11월	음력	1	2	3	4	5	6	7	8	9	10	11	12	13
	양력	12/3	4	5	6	7	8	9	10	11	12	13	14	15
	연주 (생년)	갑술	갑술	갑술	갑술	갑술	갑술	갑술	갑술	갑술	갑술	갑술	갑술	갑술
	월주 (생월)	을해	을해	을해	을해	**병자**	병자	병자	병자	병자	병자	병자	병자	병자
	일주 (생일)	계해	갑자	을축	병인	정묘	무진	기사	경오	신미	임신	계유	갑술	을해
	대운 남	1	1	1	1	10	10	9	9	9	8	8	8	7
	대운 여	8	9	9	9	10	1	1	1	1	2	2	2	3

음 12월	음력	1	2	3	4	5	6	7	8	9	10	11	12	13
	양력	1/1	2	3	4	5	6	7	8	9	10	11	12	13
	연주 (생년)	갑술	갑술	갑술	갑술	갑술	갑술	갑술	갑술	갑술	갑술	갑술	갑술	갑술
	월주 (생월)	병자	병자	병자	병자	병자	**정축**	정축	정축	정축	정축	정축	정축	정축
	일주 (생일)	임진	계사	갑오	을미	병신	정유	무술	기해	경자	신축	임인	계묘	갑진
	대운 남	2	1	1	1	1	10	9	9	9	8	8	8	7
	대운 여	8	9	9	9	10	10	1	1	1	1	2	2	2

	14	15	16	17	18	19	20	21	22	23	24	25	26	27	28	29	30
	20	21	22	23	24	25	26	27	28	29	30	31	**9/1**	2	3	4	5
음	갑술	갑술	갑술	갑술	갑술	갑술	갑술	갑술	갑술	갑술	갑술	갑술	갑술	갑술	갑술	갑술	갑술
7	임신	임신	임신	임신	임신	임신	임신	임신	임신	임신	임신	임신	임신	임신	임신	임신	임신
월	무인	기묘	경진	신사	임오	계미	갑신	을유	병술	정해	무자	기축	경인	신묘	임진	계사	갑오
	6	6	6	5	5	5	4	4	4	3	3	3	2	2	2	1	1
	4	4	5	5	5	6	6	6	7	7	7	8	8	8	9	9	10
	14	15	16	17	18	19	20	21	22	23	24	25	26	27	28	29	
	19	20	21	22	23	24	25	26	27	28	29	30	**10/1**	2	3	4	
음	갑술	갑술	갑술	갑술	갑술	갑술	갑술	갑술	갑술	갑술	갑술	갑술	갑술	갑술	갑술	갑술	
8	계유	계유	계유	계유	계유	계유	계유	계유	계유	계유	계유	계유	계유	계유	계유	계유	
월	무신	기유	경술	신해	임자	계축	갑인	을묘	병진	정사	무오	기미	경신	신유	임술	계해	
	6	6	6	5	5	5	4	4	4	3	3	3	2	2	2	1	
	4	4	4	5	5	5	6	6	6	7	7	7	8	8	8	9	
	14	15	16	17	18	19	20	21	22	23	24	25	26	27	28	29	
	18	19	20	21	22	23	24	25	26	27	28	29	30	31	**11/1**	2	
음	갑술	갑술	갑술	갑술	갑술	갑술	갑술	갑술	갑술	갑술	갑술	갑술	갑술	갑술	갑술	갑술	
9	갑술	갑술	갑술	갑술	갑술	갑술	갑술	갑술	갑술	갑술	갑술	갑술	갑술	갑술	갑술	갑술	
월	정축	무인	기묘	경진	신사	임오	계미	갑신	을유	병술	정해	무자	기축	경인	신묘	임진	
	7	7	6	6	6	5	5	5	4	4	4	3	3	3	2	2	
	3	4	4	4	5	5	5	6	6	6	7	7	7	8	8	8	
	14	15	16	17	18	19	20	21	22	23	24	25	26	27	28	29	30
	16	17	18	19	20	21	22	23	24	25	26	27	28	29	30	**12/1**	2
음	갑술	갑술	갑술	갑술	갑술	갑술	갑술	갑술	갑술	갑술	갑술	갑술	갑술	갑술	갑술	갑술	갑술
10	을해	을해	을해	을해	을해	을해	을해	을해	을해	을해	을해	을해	을해	을해	을해	을해	을해
월	병오	정미	무신	기유	경술	신해	임자	계축	갑인	을묘	병진	정사	무오	기미	경신	신유	임술
	7	7	6	6	6	5	5	5	4	4	4	3	3	3	2	2	2
	3	3	3	4	4	4	5	5	5	6	6	6	7	7	7	8	8
	14	15	16	17	18	19	20	21	22	23	24	25	26	27	28	29	
	16	17	18	19	20	21	22	23	24	25	26	27	28	29	30	31	
음	갑술	갑술	갑술	갑술	갑술	갑술	갑술	갑술	갑술	갑술	갑술	갑술	갑술	갑술	갑술	갑술	
11	병자	병자	병자	병자	병자	병자	병자	병자	병자	병자	병자	병자	병자	병자	병자	병자	
월	병자	정축	무인	기묘	경진	신사	임오	계미	갑신	을유	병술	정해	무자	기축	경인	신묘	
	7	7	6	6	6	5	5	5	4	4	4	4	3	3	3	2	
	3	3	4	4	4	5	5	5	6	6	6	6	7	7	7	8	
	14	15	16	17	18	19	20	21	22	23	24	25	26	27	28	29	30
	14	15	16	17	18	19	20	21	22	23	24	25	26	27	28	29	30
음	갑술	갑술	갑술	갑술	갑술	갑술	갑술	갑술	갑술	갑술	갑술	갑술	갑술	갑술	갑술	갑술	갑술
12	정축	정축	정축	정축	정축	정축	정축	정축	정축	정축	정축	정축	정축	정축	정축	정축	정축
월	을사	병오	정미	무신	기유	경술	신해	임자	계축	갑인	을묘	병진	정사	무오	기미	경신	신유
	7	7	6	6	6	5	5	5	4	4	4	3	3	3	2	2	2
	3	3	3	4	4	4	5	5	5	6	6	6	7	7	7	8	8

1995(을해)년 【단기 4328년】

월	구분		1	2	3	4	5	6	7	8	9	10	11	12	13
음 1 월	음력		1	2	3	4	5	6	7	8	9	10	11	12	13
	양력		**1/31**	**2/1**	2	3	4	5	6	7	8	9	10	11	12
	연주 (생년)		갑술	갑술	갑술	갑술	**을해**	을해	을해	을해	을해	을해	을해	을해	을해
	월주 (생월)		정축	정축	정축	정축	**무인**	무인	무인	무인	무인	무인	무인	무인	무인
	일주 (생일)		임술	계해	갑자	을축	병인	정묘	무진	기사	경오	신미	임신	계유	갑술
	대운	남	1	1	1	1	10	1	1	1	1	2	2	2	3
		여	8	9	9	9	10	10	9	9	9	8	8	8	7
음 2 월	음력		1	2	3	4	5	6	7	8	9	10	11	12	13
	양력		**3/1**	2	3	4	5	6	7	8	9	10	11	12	13
	연주 (생년)		을해	을해	을해	을해	을해	을해	을해	을해	을해	을해	을해	을해	을해
	월주 (생월)		무인	무인	무인	무인	무인	**기묘**	기묘	기묘	기묘	기묘	기묘	기묘	기묘
	일주 (생일)		신묘	임진	계사	갑오	을미	병신	정유	무술	기해	경자	신축	임인	계묘
	대운	남	8	9	9	9	10	10	1	1	1	1	2	2	2
		여	2	1	1	1	1	10	10	9	9	9	8	8	8
음 3 월	음력		1	2	3	4	5	6	7	8	9	10	11	12	13
	양력		**3/31**	**4/1**	2	3	4	5	6	7	8	9	10	11	12
	연주 (생년)		을해	을해	을해	을해	을해	을해	을해	을해	을해	을해	을해	을해	을해
	월주 (생월)		기묘	기묘	기묘	기묘	기묘	**경진**	경진	경진	경진	경진	경진	경진	경진
	일주 (생일)		신유	임술	계해	갑자	을축	병인	정묘	무진	기사	경오	신미	임신	계유
	대운	남	8	9	9	9	10	10	1	1	1	1	2	2	2
		여	2	1	1	1	1	10	10	10	9	9	9	8	8
음 4 월	음력		1	2	3	4	5	6	7	8	9	10	11	12	13
	양력		**4/30**	**5/1**	2	3	4	5	6	7	8	9	10	11	12
	연주 (생년)		을해	을해	을해	을해	을해	을해	을해	을해	을해	을해	을해	을해	을해
	월주 (생월)		경진	경진	경진	경진	경진	경진	**신사**	신사	신사	신사	신사	신사	신사
	일주 (생일)		신묘	임진	계사	갑오	을미	병신	정유	무술	기해	경자	신축	임인	계묘
	대운	남	8	9	9	9	10	10	10	1	1	1	1	2	2
		여	2	2	1	1	1	1	10	10	10	9	9	9	8
음 5 월	음력		1	2	3	4	5	6	7	8	9	10	11	12	13
	양력		**5/29**	30	31	**6/1**	2	3	4	5	6	7	8	9	10
	연주 (생년)		을해	을해	을해	을해	을해	을해	을해	을해	을해	을해	을해	을해	을해
	월주 (생월)		신사	신사	신사	신사	신사	신사	신사	신사	**임오**	임오	임오	임오	임오
	일주 (생일)		경신	신유	임술	계해	갑자	을축	병인	정묘	무진	기사	경오	신미	임신
	대운	남	8	8	8	9	9	9	10	10	10	1	1	1	1
		여	3	2	2	2	1	1	1	1	10	10	10	9	9
음 6 월	음력		1	2	3	4	5	6	7	8	9	10	11	12	13
	양력		**6/28**	29	30	**7/1**	2	3	4	5	6	7	8	9	10
	연주 (생년)		을해	을해	을해	을해	을해	을해	을해	을해	을해	을해	을해	을해	을해
	월주 (생월)		임오	임오	임오	임오	임오	임오	임오	임오	임오	**계미**	계미	계미	계미
	일주 (생일)		경인	신묘	임진	계사	갑오	을미	병신	정유	무술	기해	경자	신축	임인
	대운	남	7	8	8	8	9	9	9	10	10	10	1	1	1
		여	3	3	2	2	2	1	1	1	1	10	10	10	10

음1월	14	15	16	17	18	19	20	21	22	23	24	25	26	27	28	29	
	13	14	15	16	17	18	19	20	21	22	23	24	25	26	27	28	
	을해	을해	을해	을해	을해	을해	을해	을해	을해	을해	을해	을해	을해	을해	을해	을해	
	무인	무인	무인	무인	무인	무인	무인	무인	무인	무인	무인	무인	무인	무인	무인	무인	
	을해	병자	정축	무인	기묘	경진	신사	임오	계미	갑신	을유	병술	정해	무자	기축	경인	
	3	3	4	4	4	5	5	5	6	6	6	7	7	7	8	8	
	7	7	6	6	6	5	5	5	4	4	4	3	3	3	2	2	

음2월	14	15	16	17	18	19	20	21	22	23	24	25	26	27	28	29	30
	14	15	16	17	18	19	20	21	22	23	24	25	26	27	28	29	30
	을해	을해	을해	을해	을해	을해	을해	을해	을해	을해	을해	을해	을해	을해	을해	을해	을해
	기묘	기묘	기묘	기묘	기묘	기묘	기묘	기묘	기묘	기묘	기묘	기묘	기묘	기묘	기묘	기묘	기묘
	갑진	을사	병오	정미	무신	기유	경술	신해	임자	계축	갑인	을묘	병진	정사	무오	기미	경신
	3	3	3	4	4	4	5	5	5	6	6	6	7	7	7	8	8
	7	7	7	6	6	6	5	5	5	4	4	4	3	3	3	2	2

음3월	14	15	16	17	18	19	20	21	22	23	24	25	26	27	28	29	30
	13	14	15	16	17	18	19	20	21	22	23	24	25	26	27	28	29
	을해	을해	을해	을해	을해	을해	을해	을해	을해	을해	을해	을해	을해	을해	을해	을해	을해
	경진	경진	경진	경진	경진	경진	경진	경진	경진	경진	경진	경진	경진	경진	경진	경진	경진
	갑술	을해	병자	정축	무인	기묘	경진	신사	임오	계미	갑신	을유	병술	정해	무자	기축	경인
	3	3	3	4	4	4	5	5	5	6	6	6	7	7	7	8	8
	8	7	7	7	6	6	6	5	5	5	4	4	4	3	3	3	2

음4월	14	15	16	17	18	19	20	21	22	23	24	25	26	27	28	29	
	13	14	15	16	17	18	19	20	21	22	23	24	25	26	27	28	
	을해	을해	을해	을해	을해	을해	을해	을해	을해	을해	을해	을해	을해	을해	을해	을해	
	신사	신사	신사	신사	신사	신사	신사	신사	신사	신사	신사	신사	신사	신사	신사	신사	
	갑진	을사	병오	정미	무신	기유	경술	신해	임자	계축	갑인	을묘	병진	정사	무오	기미	
	2	3	3	3	4	4	4	5	5	5	6	6	6	7	7	7	
	8	8	7	7	7	6	6	6	5	5	5	4	4	4	3	3	

음5월	14	15	16	17	18	19	20	21	22	23	24	25	26	27	28	29	30
	11	12	13	14	15	16	17	18	19	20	21	22	23	24	25	26	27
	을해	을해	을해	을해	을해	을해	을해	을해	을해	을해	을해	을해	을해	을해	을해	을해	을해
	임오	임오	임오	임오	임오	임오	임오	임오	임오	임오	임오	임오	임오	임오	임오	임오	임오
	계유	갑술	을해	병자	정축	무인	기묘	경진	신사	임오	계미	갑신	을유	병술	정해	무자	기축
	2	2	2	3	3	3	4	4	4	5	5	5	6	6	6	7	7
	9	8	8	8	7	7	7	6	6	6	5	5	5	4	4	4	3

음6월	14	15	16	17	18	19	20	21	22	23	24	25	26	27	28	29	30
	11	12	13	14	15	16	17	18	19	20	21	22	23	24	25	26	27
	을해	을해	을해	을해	을해	을해	을해	을해	을해	을해	을해	을해	을해	을해	을해	을해	을해
	계미	계미	계미	계미	계미	계미	계미	계미	계미	계미	계미	계미	계미	계미	계미	계미	계미
	계묘	갑진	을사	병오	정미	무신	기유	경술	신해	임자	계축	갑인	을묘	병진	정사	무오	기미
	1	2	2	2	3	3	3	4	4	4	5	5	5	6	6	6	7
	9	9	9	8	8	8	7	7	7	6	6	6	5	5	5	4	4

1995(을해)년 【단기 4328년】

월	구분		1	2	3	4	5	6	7	8	9	10	11	12	13
음 7 월	음력		1	2	3	4	5	6	7	8	9	10	11	12	13
	양력		**7/28**	29	30	31	**8/1**	2	3	4	5	6	7	8	9
	연주 (생년)		을해	을해	을해	을해	을해	을해	을해	을해	을해	을해	을해	을해	을해
	월주 (생월)		계미	계미	계미	계미	계미	계미	계미	계미	계미	계미	계미	**갑신**	갑신
	일주 (생일)		경신	신유	임술	계해	갑자	을축	병인	정묘	무진	기사	경오	신미	임신
	대운	남	7	7	8	8	8	9	9	9	10	10	10	10	1
		여	4	3	3	3	2	2	2	1	1	1	1	10	10
음 8 월	음력		1	2	3	4	5	6	7	8	9	10	11	12	13
	양력		**8/26**	27	28	29	30	31	**9/1**	2	3	4	5	6	7
	연주 (생년)		을해	을해	을해	을해	을해	을해	을해	을해	을해	을해	을해	을해	을해
	월주 (생월)		갑신	갑신	갑신	갑신	갑신	갑신	갑신	갑신	갑신	갑신	갑신	갑신	갑신
	일주 (생일)		기축	경인	신묘	임진	계사	갑오	을미	병신	정유	무술	기해	경자	신축
	대운	남	6	6	7	7	7	8	8	8	9	9	9	10	10
		여	4	4	4	3	3	3	2	2	2	1	1	1	1
윤 8 월	음력		1	2	3	4	5	6	7	8	9	10	11	12	13
	양력		**9/25**	26	27	28	29	30	**10/1**	2	3	4	5	6	7
	연주 (생년)		을해	을해	을해	을해	을해	을해	을해	을해	을해	을해	을해	을해	을해
	월주 (생월)		을유	을유	을유	을유	을유	을유	을유	을유	을유	을유	을유	을유	을유
	일주 (생일)		기미	경신	신유	임술	계해	갑자	을축	병인	정묘	무진	기사	경오	신미
	대운	남	6	6	6	7	7	7	8	8	8	9	9	9	10
		여	5	4	4	4	3	3	3	2	2	2	1	1	1
음 9 월	음력		1	2	3	4	5	6	7	8	9	10	11	12	13
	양력		**10/24**	25	26	27	28	29	30	31	**11/1**	2	3	4	5
	연주 (생년)		을해	을해	을해	을해	을해	을해	을해	을해	을해	을해	을해	을해	을해
	월주 (생월)		병술	병술	병술	병술	병술	병술	병술	병술	병술	병술	병술	병술	병술
	일주 (생일)		무자	기축	경인	신묘	임진	계사	갑오	을미	병신	정유	무술	기해	경자
	대운	남	5	5	6	6	6	7	7	7	8	8	8	9	9
		여	5	5	4	4	4	3	3	3	2	2	2	1	1
음 10 월	음력		1	2	3	4	5	6	7	8	9	10	11	12	13
	양력		**11/23**	24	25	26	27	28	29	30	**12/1**	2	3	4	5
	연주 (생년)		을해	을해	을해	을해	을해	을해	을해	을해	을해	을해	을해	을해	을해
	월주 (생월)		정해	정해	정해	정해	정해	정해	정해	정해	정해	정해	정해	정해	정해
	일주 (생일)		무오	기미	경신	신유	임술	계해	갑자	을축	병인	정묘	무진	기사	경오
	대운	남	5	5	6	6	6	7	7	7	8	8	8	9	9
		여	5	5	4	4	4	3	3	3	2	2	2	1	1
음 11 월	음력		1	2	3	4	5	6	7	8	9	10	11	12	13
	양력		**12/22**	23	24	25	26	27	28	29	30	31	**1/1**	2	3
	연주 (생년)		을해	을해	을해	을해	을해	을해	을해	을해	을해	을해	을해	을해	을해
	월주 (생월)		무자	무자	무자	무자	무자	무자	무자	무자	무자	무자	무자	무자	무자
	일주 (생일)		정해	무자	기축	경인	신묘	임진	계사	갑오	을미	병신	정유	무술	기해
	대운	남	5	5	6	6	6	7	7	7	8	8	8	9	9
		여	5	5	4	4	4	3	3	3	2	2	2	1	1
음 12 월	음력		1	2	3	4	5	6	7	8	9	10	11	12	13
	양력		**1/20**	21	22	23	24	25	26	27	28	29	30	31	**2/1**
	연주 (생년)		을해	을해	을해	을해	을해	을해	을해	을해	을해	을해	을해	을해	을해
	월주 (생월)		기축	기축	기축	기축	기축	기축	기축	기축	기축	기축	기축	기축	기축
	일주 (생일)		병진	정사	무오	기미	경신	신유	임술	계해	갑자	을축	병인	정묘	무진
	대운	남	5	5	5	6	6	6	7	7	7	8	8	8	9
		여	5	5	4	4	4	3	3	3	2	2	2	1	1

	14	15	16	17	18	19	20	21	22	23	24	25	26	27	28	29	
음	10	11	12	13	14	15	16	17	18	19	20	21	22	23	24	25	
	을해	을해	을해	을해	을해	을해	을해	을해	을해	을해	을해	을해	을해	을해	을해	을해	
7	갑신	갑신	갑신	갑신	갑신	갑신	갑신	갑신	갑신	갑신	갑신	갑신	갑신	갑신	갑신	갑신	
월	계유	갑술	을해	병자	정축	무인	기묘	경진	신사	임오	계미	갑신	을유	병술	정해	무자	
	1	1	1	2	2	2	3	3	3	4	4	4	5	5	5	6	
	10	9	9	9	8	8	8	7	7	7	6	6	6	5	5	5	
	14	15	16	17	18	19	20	21	22	23	24	25	26	27	28	29	30
음	8	9	10	11	12	13	14	15	16	17	18	19	20	21	22	23	24
	을해	을해	을해	을해	을해	을해	을해	을해	을해	을해	을해	을해	을해	을해	을해	을해	을해
8	**을유**	을유	을유	을유	을유	을유	을유	을유	을유	을유	을유	을유	을유	을유	을유	을유	을유
월	임인	계묘	갑진	을사	병오	정미	무신	기유	경술	신해	임자	계축	갑인	을묘	병진	정사	무오
	10	1	1	1	1	2	2	2	3	3	3	4	4	4	5	5	5
	10	10	10	9	9	9	8	8	8	7	7	7	6	6	6	5	5
	14	15	16	17	18	19	20	21	22	23	24	25	26	27	28	29	
윤	8	9	10	11	12	13	14	15	16	17	18	19	20	21	22	23	
	을해	을해	을해	을해	을해	을해	을해	을해	을해	을해	을해	을해	을해	을해	을해	을해	
8	을유	**병술**	병술	병술	병술	병술	병술	병술	병술	병술	병술	병술	병술	병술	병술	병술	
월	임신	계유	갑술	을해	병자	정축	무인	기묘	경진	신사	임오	계미	갑신	을유	병술	정해	
	10	10	1	1	1	1	2	2	2	3	3	3	4	4	4	5	
	1	10	10	9	9	9	8	8	8	7	7	7	6	6	6	5	
	14	15	16	17	18	19	20	21	22	23	24	25	26	27	28	29	30
음	6	7	8	9	10	11	12	13	14	15	16	17	18	19	20	21	22
	을해	을해	을해	을해	을해	을해	을해	을해	을해	을해	을해	을해	을해	을해	을해	을해	을해
9	병술	병술	**정해**	정해	정해	정해	정해	정해	정해	정해	정해	정해	정해	정해	정해	정해	정해
월	신축	임인	계묘	갑진	을사	병오	정미	무신	기유	경술	신해	임자	계축	갑인	을묘	병진	정사
	9	10	10	1	1	1	1	2	2	2	3	3	3	4	4	4	
	1	1	10	9	9	9	8	8	8	7	7	7	6	6	6	5	
	14	15	16	17	18	19	20	21	22	23	24	25	26	27	28	29	
음	6	7	8	9	10	11	12	13	14	15	16	17	18	19	20	21	
	을해	을해	을해	을해	을해	을해	을해	을해	을해	을해	을해	을해	을해	을해	을해	을해	
10	정해	**무자**	무자	무자	무자	무자	무자	무자	무자	무자	무자	무자	무자	무자	무자	무자	
월	신미	임신	계유	갑술	을해	병자	정축	무인	기묘	경진	신사	임오	계미	갑신	을유	병술	
	9	10	1	1	1	1	2	2	2	3	3	3	4	4	4	5	
	1	10	10	9	9	9	8	8	8	7	7	7	6	6	6	5	
	14	15	16	17	18	19	20	21	22	23	24	25	26	27	28	29	
음	4	5	6	7	8	9	10	11	12	13	14	15	16	17	18	19	
	을해	을해	을해	을해	을해	을해	을해	을해	을해	을해	을해	을해	을해	을해	을해	을해	
11	무자	무자	**기축**	기축	기축	기축	기축	기축	기축	기축	기축	기축	기축	기축	기축	기축	
월	경자	신축	임인	계묘	갑진	을사	병오	정미	무신	기유	경술	신해	임자	계축	갑인	을묘	
	9	10	10	1	1	1	2	2	2	2	3	3	3	4	4	4	
	1	1	10	9	9	9	8	8	8	7	7	7	6	6	6	5	
	14	15	16	17	18	19	20	21	22	23	24	25	26	27	28	29	30
음	2	3	4	5	6	7	8	9	10	11	12	13	14	15	16	17	18
	을해	을해	**병자**	병자	병자	병자	병자	병자	병자	병자	병자	병자	병자	병자	병자	병자	병자
12	기축	기축	**경인**	경인	경인	경인	경인	경인	경인	경인	경인	경인	경인	경인	경인	경인	경인
월	기사	경오	신미	임신	계유	갑술	을해	병자	정축	무인	기묘	경진	신사	임오	계미	갑신	을유
	9	9	10	10	9	9	9	8	8	8	7	7	7	6	6	6	5
	1	1	10	1	1	1	1	2	2	2	3	3	3	4	4	4	5

1996(병자)년 【단기 4329년】

월	구분		1	2	3	4	5	6	7	8	9	10	11	12	13
음 1 월	음력		1	2	3	4	5	6	7	8	9	10	11	12	13
	양력		**2/19**	20	21	22	23	24	25	26	27	28	29	**3/1**	2
	연주 (생년)		병자	병자	병자	병자	병자	병자	병자	병자	병자	병자	병자	병자	병자
	월주 (생월)		경인	경인	경인	경인	경인	경인	경인	경인	경인	경인	경인	경인	경인
	일주 (생일)		병술	정해	무자	기축	경인	신묘	임진	계사	갑오	을미	병신	정유	무술
	대운	남	5	5	4	4	4	3	3	3	2	2	2	1	1
		여	5	5	6	6	6	7	7	7	8	8	8	9	9
음 2 월	음력		1	2	3	4	5	6	7	8	9	10	11	12	13
	양력		**3/19**	20	21	22	23	24	25	26	27	28	29	30	31
	연주 (생년)		병자	병자	병자	병자	병자	병자	병자	병자	병자	병자	병자	병자	병자
	월주 (생월)		신묘	신묘	신묘	신묘	신묘	신묘	신묘	신묘	신묘	신묘	신묘	신묘	신묘
	일주 (생일)		을묘	병진	정사	무오	기미	경신	신유	임술	계해	갑자	을축	병인	정묘
	대운	남	5	5	5	4	4	4	3	3	3	2	2	2	1
		여	5	5	5	6	6	6	7	7	7	8	8	8	9
음 3 월	음력		1	2	3	4	5	6	7	8	9	10	11	12	13
	양력		**4/18**	19	20	21	22	23	24	25	26	27	28	29	30
	연주 (생년)		병자	병자	병자	병자	병자	병자	병자	병자	병자	병자	병자	병자	병자
	월주 (생월)		임진	임진	임진	임진	임진	임진	임진	임진	임진	임진	임진	임진	임진
	일주 (생일)		을유	병술	정해	무자	기축	경인	신묘	임진	계사	갑오	을미	병신	정유
	대운	남	6	5	5	5	4	4	4	3	3	3	2	2	2
		여	5	5	5	6	6	6	7	7	7	8	8	8	9
음 4 월	음력		1	2	3	4	5	6	7	8	9	10	11	12	13
	양력		**5/17**	18	19	20	21	22	23	24	25	26	27	28	29
	연주 (생년)		병자	병자	병자	병자	병자	병자	병자	병자	병자	병자	병자	병자	병자
	월주 (생월)		계사	계사	계사	계사	계사	계사	계사	계사	계사	계사	계사	계사	계사
	일주 (생일)		갑인	을묘	병진	정사	무오	기미	경신	신유	임술	계해	갑자	을축	병인
	대운	남	6	6	6	5	5	5	4	4	4	3	3	3	2
		여	4	4	5	5	5	6	6	6	7	7	7	8	8
음 5 월	음력		1	2	3	4	5	6	7	8	9	10	11	12	13
	양력		**6/16**	17	18	19	20	21	22	23	24	25	26	27	28
	연주 (생년)		병자	병자	병자	병자	병자	병자	병자	병자	병자	병자	병자	병자	병자
	월주 (생월)		갑오	갑오	갑오	갑오	갑오	갑오	갑오	갑오	갑오	갑오	갑오	갑오	갑오
	일주 (생일)		갑신	을유	병술	정해	무자	기축	경인	신묘	임진	계사	갑오	을미	병신
	대운	남	7	7	6	6	6	5	5	5	4	4	4	3	3
		여	4	4	4	5	5	5	6	6	6	7	7	7	8
음 6 월	음력		1	2	3	4	5	6	7	8	9	10	11	12	13
	양력		**7/16**	17	18	19	20	21	22	23	24	25	26	27	28
	연주 (생년)		병자	병자	병자	병자	병자	병자	병자	병자	병자	병자	병자	병자	병자
	월주 (생월)		을미	을미	을미	을미	을미	을미	을미	을미	을미	을미	을미	을미	을미
	일주 (생일)		갑인	을묘	병진	정사	무오	기미	경신	신유	임술	계해	갑자	을축	병인
	대운	남	7	7	7	6	6	6	5	5	5	4	4	4	3
		여	3	3	4	4	4	5	5	5	6	6	6	7	7

음 1 월	14	15	16	17	18	19	20	21	22	23	24	25	26	27	28	29	
	3	4	5	6	7	8	9	10	11	12	13	14	15	16	17	18	
	병자	병자	병자	병자	병자	병자	병자	병자	병자	병자	병자	병자	병자	병자	병자	병자	
	경인	경인	**신묘**	신묘	신묘	신묘	신묘	신묘	신묘	신묘	신묘	신묘	신묘	신묘	신묘	신묘	
	기해	경자	신축	임인	계묘	갑진	을사	병오	정미	무신	기유	경술	신해	임자	계축	갑인	
	1	1	10	10	9	9	9	8	8	8	7	7	7	6	6	6	
	9	10	10	1	1	1	1	2	2	2	3	3	3	4	4	4	
음 2 월	14	15	16	17	18	19	20	21	22	23	24	25	26	27	28	29	30
	4/1	2	3	4	5	6	7	8	9	10	11	12	13	14	15	16	17
	병자	병자	병자	병자	병자	병자	병자	병자	병자	병자	병자	병자	병자	병자	병자	병자	병자
	신묘	신묘	신묘	**임진**	임진	임진	임진	임진	임진	임진	임진	임진	임진	임진	임진	임진	임진
	무진	기사	경오	신미	임신	계유	갑술	을해	병자	정축	무인	기묘	경진	신사	임오	계미	갑신
	1	1	1	10	10	10	9	9	9	8	8	8	7	7	7	6	6
	9	9	10	10	1	1	1	1	2	2	2	3	3	3	4	4	4
음 3 월	14	15	16	17	18	19	20	21	22	23	24	25	26	27	28	29	
	5/1	2	3	4	5	6	7	8	9	10	11	12	13	14	15	16	
	병자	병자	병자	병자	병자	병자	병자	병자	병자	병자	병자	병자	병자	병자	병자	병자	
	임진	임진	임진	임진	**계사**	계사	계사	계사	계사	계사	계사	계사	계사	계사	계사	계사	
	무술	기해	경자	신축	임인	계묘	갑진	을사	병오	정미	무신	기유	경술	신해	임자	계축	
	1	1	1	1	10	10	10	9	9	9	8	8	8	7	7	7	
	9	9	10	10	10	1	1	1	1	2	2	2	3	3	3	4	
음 4 월	14	15	16	17	18	19	20	21	22	23	24	25	26	27	28	29	30
	30	31	**6/1**	2	3	4	5	6	7	8	9	10	11	12	13	14	15
	병자	병자	병자	병자	병자	병자	병자	병자	병자	병자	병자	병자	병자	병자	병자	병자	병자
	계사	계사	계사	계사	계사	계사	**갑오**	갑오	갑오	갑오	갑오	갑오	갑오	갑오	갑오	갑오	갑오
	정묘	무진	기사	경오	신미	임신	계유	갑술	을해	병자	정축	무인	기묘	경진	신사	임오	계미
	2	2	1	1	1	1	10	10	10	10	9	9	9	8	8	8	7
	8	9	9	9	10	10	10	1	1	1	1	2	2	2	3	3	3
음 5 월	14	15	16	17	18	19	20	21	22	23	24	25	26	27	28	29	30
	29	30	**7/1**	2	3	4	5	6	7	8	9	10	11	12	13	14	15
	병자	병자	병자	병자	병자	병자	병자	병자	병자	병자	병자	병자	병자	병자	병자	병자	병자
	갑오	갑오	갑오	갑오	갑오	갑오	갑오	갑오	**을미**	을미	을미	을미	을미	을미	을미	을미	을미
	정유	무술	기해	경자	신축	임인	계묘	갑진	을사	병오	정미	무신	기유	경술	신해	임자	계축
	3	2	2	2	1	1	1	1	10	10	10	9	9	9	8	8	8
	8	8	9	9	9	10	10	10	10	1	1	1	1	2	2	2	3
음 6 월	14	15	16	17	18	19	20	21	22	23	24	25	26	27	28	29	
	29	30	31	**8/1**	2	3	4	5	6	7	8	9	10	11	12	13	
	병자	병자	병자	병자	병자	병자	병자	병자	병자	병자	병자	병자	병자	병자	병자	병자	
	을미	을미	을미	을미	을미	을미	을미	을미	을미	**병신**	병신	병신	병신	병신	병신	병신	
	정묘	무진	기사	경오	신미	임신	계유	갑술	을해	병자	정축	무인	기묘	경진	신사	임오	
	3	3	2	2	2	1	1	1	1	10	10	10	9	9	9	8	
	7	8	8	8	9	9	9	10	10	10	1	1	1	1	2	2	

1996(병자)년 【단기 4329년】

	구분		1	2	3	4	5	6	7	8	9	10	11	12	13
음 7 월	음력		1	2	3	4	5	6	7	8	9	10	11	12	13
	양력		8/14	15	16	17	18	19	20	21	22	23	24	25	26
	연주 (생년)		병자	병자	병자	병자	병자	병자	병자	병자	병자	병자	병자	병자	병자
	월주 (생월)		병신	병신	병신	병신	병신	병신	병신	병신	병신	병신	병신	병신	병신
	일주 (생일)		계미	갑신	을유	병술	정해	무자	기축	경인	신묘	임진	계사	갑오	을미
	대운	남	8	8	7	7	7	6	6	6	5	5	5	4	4
		여	2	3	3	3	4	4	4	5	5	5	6	6	6
음 8 월	음력		1	2	3	4	5	6	7	8	9	10	11	12	13
	양력		9/13	14	15	16	17	18	19	20	21	22	23	24	25
	연주 (생년)		병자	병자	병자	병자	병자	병자	병자	병자	병자	병자	병자	병자	병자
	월주 (생월)		정유	정유	정유	정유	정유	정유	정유	정유	정유	정유	정유	정유	정유
	일주 (생일)		계축	갑인	을묘	병진	정사	무오	기미	경신	신유	임술	계해	갑자	을축
	대운	남	8	8	8	7	7	7	6	6	6	5	5	5	4
		여	2	2	3	3	3	4	4	4	5	5	5	6	6
음 9 월	음력		1	2	3	4	5	6	7	8	9	10	11	12	13
	양력		10/12	13	14	15	16	17	18	19	20	21	22	23	24
	연주 (생년)		병자	병자	병자	병자	병자	병자	병자	병자	병자	병자	병자	병자	병자
	월주 (생월)		무술	무술	무술	무술	무술	무술	무술	무술	무술	무술	무술	무술	무술
	일주 (생일)		임오	계미	갑신	을유	병술	정해	무자	기축	경인	신묘	임진	계사	갑오
	대운	남	9	8	8	8	7	7	7	6	6	6	5	5	5
		여	2	2	2	3	3	3	4	4	4	5	5	5	6
음 10 월	음력		1	2	3	4	5	6	7	8	9	10	11	12	13
	양력		11/11	12	13	14	15	16	17	18	19	20	21	22	23
	연주 (생년)		병자	병자	병자	병자	병자	병자	병자	병자	병자	병자	병자	병자	병자
	월주 (생월)		기해	기해	기해	기해	기해	기해	기해	기해	기해	기해	기해	기해	기해
	일주 (생일)		임자	계축	갑인	을묘	병진	정사	무오	기미	경신	신유	임술	계해	갑자
	대운	남	9	8	8	8	7	7	7	6	6	6	5	5	5
		여	1	2	2	2	3	3	3	4	4	4	5	5	5
음 11 월	음력		1	2	3	4	5	6	7	8	9	10	11	12	13
	양력		12/11	12	13	14	15	16	17	18	19	20	21	22	23
	연주 (생년)		병자	병자	병자	병자	병자	병자	병자	병자	병자	병자	병자	병자	병자
	월주 (생월)		경자	경자	경자	경자	경자	경자	경자	경자	경자	경자	경자	경자	경자
	일주 (생일)		임오	계미	갑신	을유	병술	정해	무자	기축	경인	신묘	임진	계사	갑오
	대운	남	8	8	8	7	7	7	6	6	6	5	5	5	4
		여	2	2	2	3	3	3	4	4	4	5	5	5	6
음 12 월	음력		1	2	3	4	5	6	7	8	9	10	11	12	13
	양력		1/9	10	11	12	13	14	15	16	17	18	19	20	21
	연주 (생년)		병자	병자	병자	병자	병자	병자	병자	병자	병자	병자	병자	병자	병자
	월주 (생월)		신축	신축	신축	신축	신축	신축	신축	신축	신축	신축	신축	신축	신축
	일주 (생일)		신해	임자	계축	갑인	을묘	병진	정사	무오	기미	경신	신유	임술	계해
	대운	남	9	8	8	8	7	7	7	6	6	6	5	5	5
		여	1	2	2	2	3	3	3	4	4	4	5	5	5

	14	15	16	17	18	19	20	21	22	23	24	25	26	27	28	29	30
음	27	28	29	30	31	**9/1**	2	3	4	5	6	7	8	9	10	11	12
	병자	병자	병자	병자	병자	병자	병자	병자	병자	병자	병자	병자	병자	병자	병자	병자	병자
7	병신	병신	병신	병신	병신	병신	병신	병신	병신	병신	병신	**정유**	정유	정유	정유	정유	정유
	병신	정유	무술	기해	경자	신축	임인	계묘	갑진	을사	병오	정미	무신	기유	경술	신해	임자
월	4	3	3	3	2	2	2	1	1	1	1	10	10	10	9	9	9
	7	7	7	8	8	8	9	9	9	10	10	10	1	1	1	1	2
	14	15	16	17	18	19	20	21	22	23	24	25	26	27	28	29	
음	26	27	28	29	30	**10/1**	2	3	4	5	6	7	8	9	10	11	
	병자	병자	병자	병자	병자	병자	병자	병자	병자	병자	병자	병자	병자	병자	병자	병자	
8	정유	정유	정유	정유	정유	정유	정유	정유	정유	정유	정유	정유	**무술**	무술	무술	무술	
	병인	정묘	무진	기사	경오	신미	임신	계유	갑술	을해	병자	정축	무인	기묘	경진	신사	
월	4	4	3	3	3	2	2	2	1	1	1	1	10	10	9	9	
	6	7	7	7	8	8	8	9	9	9	10	10	10	1	1	1	
	14	15	16	17	18	19	20	21	22	23	24	25	26	27	28	29	30
음	25	26	27	28	29	30	31	**11/1**	2	3	4	5	6	7	8	9	10
	병자	병자	병자	병자	병자	병자	병자	병자	병자	병자	병자	병자	병자	병자	병자	병자	병자
9	무술	무술	무술	무술	무술	무술	무술	무술	무술	무술	무술	무술	무술	**기해**	기해	기해	기해
	을미	병신	정유	무술	기해	경자	신축	임인	계묘	갑진	을사	병오	정미	무신	기유	경술	신해
월	4	4	4	3	3	3	2	2	2	1	1	1	1	10	10	9	9
	6	6	7	7	7	8	8	8	9	9	9	10	10	10	1	1	1
	14	15	16	17	18	19	20	21	22	23	24	25	26	27	28	29	30
음	24	25	26	27	28	29	30	**12/1**	2	3	4	5	6	7	8	9	10
	병자	병자	병자	병자	병자	병자	병자	병자	병자	병자	병자	병자	병자	병자	병자	병자	병자
10	기해	기해	기해	기해	기해	기해	기해	기해	기해	기해	기해	기해	기해	**경자**	경자	경자	경자
	을축	병인	정묘	무진	기사	경오	신미	임신	계유	갑술	을해	병자	정축	무인	기묘	경진	신사
월	4	4	4	3	3	3	2	2	2	1	1	1	1	10	9	9	9
	6	6	6	7	7	7	8	8	8	9	9	9	10	10	1	1	1
	14	15	16	17	18	19	20	21	22	23	24	25	26	27	28	29	
음	24	25	26	27	28	29	30	31	**1/1**	2	3	4	5	6	7	8	
	병자	병자	병자	병자	병자	병자	병자	병자	병자	병자	병자	병자	병자	병자	병자	병자	
11	경자	경자	경자	경자	경자	경자	경자	경자	경자	경자	경자	경자	**신축**	신축	신축	신축	
	을미	병신	정유	무술	기해	경자	신축	임인	계묘	갑진	을사	병오	정미	무신	기유	경술	
월	4	4	3	3	3	2	2	2	1	1	1	1	10	10	9	9	
	6	6	7	7	7	8	8	8	9	9	9	10	10	1	1	1	
	14	15	16	17	18	19	20	21	22	23	24	25	26	27	28	29	30
음	22	23	24	25	26	27	28	29	30	31	**2/1**	2	3	4	5	6	7
	병자	병자	병자	병자	병자	병자	병자	병자	병자	병자	병자	병자	병자	**정축**	정축	정축	정축
12	신축	신축	신축	신축	신축	신축	신축	신축	신축	신축	신축	신축	신축	**임인**	임인	임인	임인
	갑자	을축	병인	정묘	무진	기사	경오	신미	임신	계유	갑술	을해	병자	정축	무인	기묘	경진
월	4	4	4	3	3	3	2	2	2	1	1	1	1	10	1	1	1
	6	6	6	7	7	7	8	8	8	9	9	9	10	10	9	9	9

1997(정축)년 【단기 4330년】

음 1 월	음력		1	2	3	4	5	6	7	8	9	10	11	12	13
	양력		**2/8**	9	10	11	12	13	14	15	16	17	18	19	20
	연주 (생년)		정축	정축	정축	정축	정축	정축	정축	정축	정축	정축	정축	정축	정축
	월주 (생월)		임인	임인	임인	임인	임인	임인	임인	임인	임인	임인	임인	임인	임인
	일주 (생일)		신사	임오	계미	갑신	을유	병술	정해	무자	기축	경인	신묘	임진	계사
	대운	남	1	2	2	2	3	3	3	4	4	4	5	5	5
		여	8	8	8	7	7	7	6	6	6	5	5	5	4
음 2 월	음력		1	2	3	4	5	6	7	8	9	10	11	12	13
	양력		**3/9**	10	11	12	13	14	15	16	17	18	19	20	21
	연주 (생년)		정축	정축	정축	정축	정축	정축	정축	정축	정축	정축	정축	정축	정축
	월주 (생월)		계묘	계묘	계묘	계묘	계묘	계묘	계묘	계묘	계묘	계묘	계묘	계묘	계묘
	일주 (생일)		경술	신해	임자	계축	갑인	을묘	병진	정사	무오	기미	경신	신유	임술
	대운	남	1	2	2	2	3	3	3	4	4	4	5	5	5
		여	9	9	8	8	8	7	7	7	6	6	6	5	5
음 3 월	음력		1	2	3	4	5	6	7	8	9	10	11	12	13
	양력		**4/7**	8	9	10	11	12	13	14	15	16	17	18	19
	연주 (생년)		정축	정축	정축	정축	정축	정축	정축	정축	정축	정축	정축	정축	정축
	월주 (생월)		갑진	갑진	갑진	갑진	갑진	갑진	갑진	갑진	갑진	갑진	갑진	갑진	갑진
	일주 (생일)		기묘	경진	신사	임오	계미	갑신	을유	병술	정해	무자	기축	경인	신묘
	대운	남	1	1	1	2	2	2	3	3	3	4	4	4	5
		여	9	9	9	8	8	8	7	7	7	6	6	6	5
음 4 월	음력		1	2	3	4	5	6	7	8	9	10	11	12	13
	양력		**5/7**	8	9	10	11	12	13	14	15	16	17	18	19
	연주 (생년)		정축	정축	정축	정축	정축	정축	정축	정축	정축	정축	정축	정축	정축
	월주 (생월)		을사	을사	을사	을사	을사	을사	을사	을사	을사	을사	을사	을사	을사
	일주 (생일)		기유	경술	신해	임자	계축	갑인	을묘	병진	정사	무오	기미	경신	신유
	대운	남	1	1	1	2	2	2	3	3	3	4	4	4	5
		여	10	10	9	9	9	8	8	8	7	7	7	6	6
음 5 월	음력		1	2	3	4	5	6	7	8	9	10	11	12	13
	양력		**6/5**	6	7	8	9	10	11	12	13	14	15	16	17
	연주 (생년)		정축	정축	정축	정축	정축	정축	정축	정축	정축	정축	정축	정축	정축
	월주 (생월)		을사	**병오**	병오	병오	병오	병오	병오	병오	병오	병오	병오	병오	병오
	일주 (생일)		무인	기묘	경진	신사	임오	계미	갑신	을유	병술	정해	무자	기축	경인
	대운	남	10	10	1	1	1	1	2	2	2	3	3	3	4
		여	1	10	10	10	9	9	9	8	8	8	7	7	7
음 6 월	음력		1	2	3	4	5	6	7	8	9	10	11	12	13
	양력		**7/5**	6	7	8	9	10	11	12	13	14	15	16	17
	연주 (생년)		정축	정축	정축	정축	정축	정축	정축	정축	정축	정축	정축	정축	정축
	월주 (생월)		병오	병오	**정미**	정미	정미	정미	정미	정미	정미	정미	정미	정미	정미
	일주 (생일)		무신	기유	경술	신해	임자	계축	갑인	을묘	병진	정사	무오	기미	경신
	대운	남	10	10	10	1	1	1	1	2	2	2	3	3	3
		여	1	1	10	10	10	9	9	9	8	8	8	7	7

	14	15	16	17	18	19	20	21	22	23	24	25	26	27	28	29	
	21	22	23	24	25	26	27	28	**3/1**	2	3	4	5	6	7	8	
음	정축	정축	정축	정축	정축	정축	정축	정축	정축	정축	정축	정축	정축	정축	정축	정축	
1	임인	임인	임인	임인	임인	임인	임인	임인	임인	임인	임인	임인	**계묘**	계묘	계묘	계묘	
월	갑오	을미	병신	정유	무술	기해	경자	신축	임인	계묘	갑진	을사	병오	정미	무신	기유	
	6	6	6	7	7	7	8	8	8	9	9	9	10	1	1	1	
	4	4	3	3	3	2	2	2	1	1	1	1	10	10	10	9	
	14	15	16	17	18	19	20	21	22	23	24	25	26	27	28	29	
	22	23	24	25	26	27	28	29	30	31	**4/1**	2	3	4	5	6	
음	정축	정축	정축	정축	정축	정축	정축	정축	정축	정축	정축	정축	정축	정축	정축	정축	
2	계묘	계묘	계묘	계묘	계묘	계묘	계묘	계묘	계묘	계묘	계묘	계묘	계묘	계묘	**갑진**	갑진	
월	계해	갑자	을축	병인	정묘	무진	기사	경오	신미	임신	계유	갑술	을해	병자	정축	무인	
	6	6	6	7	7	7	8	8	8	9	9	9	10	10	10	1	
	5	4	4	4	3	3	3	2	2	2	1	1	1	1	10	10	
	14	15	16	17	18	19	20	21	22	23	24	25	26	27	28	29	30
	20	21	22	23	24	25	26	27	28	29	30	**5/1**	2	3	4	5	6
음	정축	정축	정축	정축	정축	정축	정축	정축	정축	정축	정축	정축	정축	정축	정축	정축	정축
3	갑진	갑진	갑진	갑진	갑진	갑진	갑진	갑진	갑진	갑진	갑진	갑진	갑진	갑진	갑진	**을사**	을사
월	임진	계사	갑오	을미	병신	정유	무술	기해	경자	신축	임인	계묘	갑진	을사	병오	정미	무신
	5	5	6	6	6	7	7	7	8	8	8	9	9	9	10	10	1
	5	5	4	4	4	3	3	3	2	2	2	1	1	1	1	10	10
	14	15	16	17	18	19	20	21	22	23	24	25	26	27	28	29	
	20	21	22	23	24	25	26	27	28	29	30	31	**6/1**	2	3	4	
음	정축	정축	정축	정축	정축	정축	정축	정축	정축	정축	정축	정축	정축	정축	정축	정축	
4	을사	을사	을사	을사	을사	을사	을사	을사	을사	을사	을사	을사	을사	을사	을사	을사	
월	임술	계해	갑자	을축	병인	정묘	무진	기사	경오	신미	임신	계유	갑술	을해	병자	정축	
	5	5	6	6	6	7	7	7	8	8	8	9	9	9	10	10	
	6	5	5	5	4	4	4	3	3	3	2	2	2	1	1	1	
	14	15	16	17	18	19	20	21	22	23	24	25	26	27	28	29	30
	18	19	20	21	22	23	24	25	26	27	28	29	30	**7/1**	2	3	4
음	정축	정축	정축	정축	정축	정축	정축	정축	정축	정축	정축	정축	정축	정축	정축	정축	정축
5	병오	병오	병오	병오	병오	병오	병오	병오	병오	병오	병오	병오	병오	병오	병오	병오	병오
월	신묘	임진	계사	갑오	을미	병신	정유	무술	기해	경자	신축	임인	계묘	갑진	을사	병오	정미
	4	4	5	5	5	6	6	6	7	7	7	8	8	8	9	9	9
	6	6	6	5	5	5	4	4	4	3	3	3	2	2	2	1	1
	14	15	16	17	18	19	20	21	22	23	24	25	26	27	28	29	
	18	19	20	21	22	23	24	25	26	27	28	29	30	31	**8/1**	2	
음	정축	정축	정축	정축	정축	정축	정축	정축	정축	정축	정축	정축	정축	정축	정축	정축	
6	정미	정미	정미	정미	정미	정미	정미	정미	정미	정미	정미	정미	정미	정미	정미	정미	
월	신유	임술	계해	갑자	을축	병인	정묘	무진	기사	경오	신미	임신	계유	갑술	을해	병자	
	4	4	4	5	5	5	6	6	6	7	7	7	8	8	8	9	
	7	6	6	6	5	5	5	4	4	4	3	3	3	2	2	2	

1997(정축)년 【단기 4330년】

월	구분		1	2	3	4	5	6	7	8	9	10	11	12	13
음 7 월	음력		1	2	3	4	5	6	7	8	9	10	11	12	13
	양력		**8/3**	4	5	6	7	8	9	10	11	12	13	14	15
	연주 (생년)		정축	정축	정축	정축	정축	정축	정축	정축	정축	정축	정축	정축	정축
	월주 (생월)		정미	정미	정미	정미	**무신**	무신	무신	무신	무신	무신	무신	무신	무신
	일주 (생일)		정축	무인	기묘	경진	신사	임오	계미	갑신	을유	병술	정해	무자	기축
	대운	남	9	9	10	10	10	1	1	1	1	2	2	2	3
		여	1	1	1	1	10	10	10	9	9	9	8	8	8
음 8 월	음력		1	2	3	4	5	6	7	8	9	10	11	12	13
	양력		**9/2**	3	4	5	6	7	8	9	10	11	12	13	14
	연주 (생년)		정축	정축	정축	정축	정축	정축	정축	정축	정축	정축	정축	정축	정축
	월주 (생월)		무신	무신	무신	무신	무신	**기유**	기유	기유	기유	기유	기유	기유	기유
	일주 (생일)		정미	무신	기유	경술	신해	임자	계축	갑인	을묘	병진	정사	무오	기미
	대운	남	9	9	9	10	10	10	1	1	1	1	2	2	2
		여	2	1	1	1	1	10	10	10	9	9	9	8	8
음 9 월	음력		1	2	3	4	5	6	7	8	9	10	11	12	13
	양력		**10/2**	3	4	5	6	7	8	9	10	11	12	13	14
	연주 (생년)		정축	정축	정축	정축	정축	정축	정축	정축	정축	정축	정축	정축	정축
	월주 (생월)		기유	기유	기유	기유	기유	기유	**경술**	경술	경술	경술	경술	경술	경술
	일주 (생일)		정축	무인	기묘	경진	신사	임오	계미	갑신	을유	병술	정해	무자	기축
	대운	남	8	9	9	8	10	10	10	1	1	1	1	2	2
		여	2	2	1	1	1	1	10	10	9	9	9	8	8
음 10 월	음력		1	2	3	4	5	6	7	8	9	10	11	12	13
	양력		**10/31**	**11/1**	2	3	4	5	6	7	8	9	10	11	12
	연주 (생년)		정축	정축	정축	정축	정축	정축	정축	정축	정축	정축	정축	정축	정축
	월주 (생월)		경술	경술	경술	경술	경술	경술	경술	**신해**	신해	신해	신해	신해	신해
	일주 (생일)		병오	정미	무신	기유	경술	신해	임자	계축	갑인	을묘	병진	정사	무오
	대운	남	8	8	8	9	9	9	10	10	1	1	1	1	2
		여	2	2	2	1	1	1	1	10	10	9	9	9	8
음 11 월	음력		1	2	3	4	5	6	7	8	9	10	11	12	13
	양력		**11/30**	**12/1**	2	3	4	5	6	7	8	9	10	11	12
	연주 (생년)		정축	정축	정축	정축	정축	정축	정축	정축	정축	정축	정축	정축	정축
	월주 (생월)		신해	신해	신해	신해	신해	신해	신해	**임자**	임자	임자	임자	임자	임자
	일주 (생일)		병자	정축	무인	기묘	경진	신사	임오	계미	갑신	을유	병술	정해	무자
	대운	남	8	8	8	9	9	9	10	10	1	1	1	1	2
		여	2	2	2	1	1	1	1	10	9	9	9	8	8
음 12 월	음력		1	2	3	4	5	6	7	8	9	10	11	12	13
	양력		**12/30**	31	**1/1**	2	3	4	5	6	7	8	9	10	11
	연주 (생년)		정축	정축	정축	정축	정축	정축	정축	정축	정축	정축	정축	정축	정축
	월주 (생월)		임자	임자	임자	임자	임자	임자	**계축**	계축	계축	계축	계축	계축	계축
	일주 (생일)		병오	정미	무신	기유	경술	신해	임자	계축	갑인	을묘	병진	정사	무오
	대운	남	8	8	8	9	9	9	10	1	1	1	1	2	2
		여	2	2	1	1	1	1	10	10	9	9	9	8	8

음 7 월	14	15	16	17	18	19	20	21	22	23	24	25	26	27	28	29	30
	16	17	18	19	20	21	22	23	24	25	26	27	28	29	30	31	**9/1**
	정축	정축	정축	정축	정축	정축	정축	정축	정축	정축	정축	정축	정축	정축	정축	정축	정축
	무신	무신	무신	무신	무신	무신	무신	무신	무신	무신	무신	무신	무신	무신	무신	무신	무신
	경인	신묘	임진	계사	갑오	을미	병신	정유	무술	기해	경자	신축	임인	계묘	갑진	을사	병오
	3	3	4	4	4	5	5	5	6	6	6	7	7	7	8	8	8
	7	7	7	6	6	6	5	5	5	4	4	4	3	3	3	2	2

음 8 월	14	15	16	17	18	19	20	21	22	23	24	25	26	27	28	29	30
	15	16	17	18	19	20	21	22	23	24	25	26	27	28	29	30	**10/1**
	정축	정축	정축	정축	정축	정축	정축	정축	정축	정축	정축	정축	정축	정축	정축	정축	정축
	기유	기유	기유	기유	기유	기유	기유	기유	기유	기유	기유	기유	기유	기유	기유	기유	기유
	경신	신유	임술	계해	갑자	을축	병인	정묘	무진	기사	경오	신미	임신	계유	갑술	을해	병자
	3	3	3	4	4	4	5	5	5	6	6	6	7	7	7	8	8
	8	7	7	7	6	6	6	5	5	5	4	4	4	3	3	3	2

음 9 월	14	15	16	17	18	19	20	21	22	23	24	25	26	27	28	29	
	15	16	17	18	19	20	21	22	23	24	25	26	27	28	29	30	
	정축	정축	정축	정축	정축	정축	정축	정축	정축	정축	정축	정축	정축	정축	정축	정축	
	경술	경술	경술	경술	경술	경술	경술	경술	경술	경술	경술	경술	경술	경술	경술	경술	
	경인	신묘	임진	계사	갑오	을미	병신	정유	무술	기해	경자	신축	임인	계묘	갑진	을사	
	2	3	3	3	4	4	4	5	5	5	6	6	6	7	7	7	
	8	7	7	7	6	6	6	5	5	5	4	4	4	3	3	3	

음 10 월	14	15	16	17	18	19	20	21	22	23	24	25	26	27	28	29	30
	13	14	15	16	17	18	19	20	21	22	23	24	25	26	27	28	29
	정축	정축	정축	정축	정축	정축	정축	정축	정축	정축	정축	정축	정축	정축	정축	정축	정축
	신해	신해	신해	신해	신해	신해	신해	신해	신해	신해	신해	신해	신해	신해	신해	신해	신해
	기미	경신	신유	임술	계해	갑자	을축	병인	정묘	무진	기사	경오	신미	임신	계유	갑술	을해
	2	2	3	3	3	4	4	4	5	5	5	6	6	6	7	7	7
	8	8	7	7	7	6	6	6	5	5	5	4	4	4	3	3	3

음 11 월	14	15	16	17	18	19	20	21	22	23	24	25	26	27	28	29	30
	13	14	15	16	17	18	19	20	21	22	23	24	25	26	27	28	29
	정축	정축	정축	정축	정축	정축	정축	정축	정축	정축	정축	정축	정축	정축	정축	정축	정축
	임자	임자	임자	임자	임자	임자	임자	임자	임자	임자	임자	임자	임자	임자	임자	임자	임자
	기축	경인	신묘	임진	계사	갑오	을미	병신	정유	무술	기해	경자	신축	임인	계묘	갑진	을사
	2	2	3	3	3	4	4	4	5	5	5	6	6	6	7	7	7
	8	7	7	7	6	6	6	5	5	5	4	4	4	3	3	3	2

음 12 월	14	15	16	17	18	19	20	21	22	23	24	25	26	27	28	29	
	12	13	14	15	16	17	18	19	20	21	22	23	24	25	26	27	
	정축	정축	정축	정축	정축	정축	정축	정축	정축	정축	정축	정축	정축	정축	정축	정축	
	계축	계축	계축	계축	계축	계축	계축	계축	계축	계축	계축	계축	계축	계축	계축	계축	
	기미	경신	신유	임술	계해	갑자	을축	병인	정묘	무진	기사	경오	신미	임신	계유	갑술	
	2	3	3	3	4	4	4	5	5	5	6	6	6	7	7	7	
	8	7	7	7	6	6	6	5	5	5	4	4	4	3	3	3	

1998(무인)년 【단기 4331년】

월	구분		1	2	3	4	5	6	7	8	9	10	11	12	13
음 1 월	음력		1	2	3	4	5	6	7	8	9	10	11	12	13
	양력		**1/28**	29	30	31	**2/1**	2	3	4	5	6	7	8	9
	연주 (생년)		정축	정축	정축	정축	정축	정축	정축	**무인**	무인	무인	무인	무인	무인
	월주 (생월)		계축	계축	계축	계축	계축	계축	계축	**갑인**	갑인	갑인	갑인	갑인	갑인
	일주 (생일)		을해	병자	정축	무인	기묘	경진	신사	임오	계미	갑신	을유	병술	정해
	대운	남	8	8	8	9	9	9	10	10	10	9	9	9	8
		여	2	2	2	1	1	1	1	10	1	1	1	1	2
음 2 월	음력		1	2	3	4	5	6	7	8	9	10	11	12	13
	양력		**2/27**	28	**3/1**	2	3	4	5	6	7	8	9	10	11
	연주 (생년)		무인	무인	무인	무인	무인	무인	무인	무인	무인	무인	무인	무인	무인
	월주 (생월)		갑인	갑인	갑인	갑인	갑인	갑인	갑인	**을묘**	을묘	을묘	을묘	을묘	을묘
	일주 (생일)		을사	병오	정미	무신	기유	경술	신해	임자	계축	갑인	을묘	병진	정사
	대운	남	2	2	2	1	1	1	1	10	10	9	9	9	8
		여	8	8	8	9	9	9	10	10	1	1	1	1	2
음 3 월	음력		1	2	3	4	5	6	7	8	9	10	11	12	13
	양력		**3/28**	29	30	31	**4/1**	2	3	4	5	6	7	8	9
	연주 (생년)		무인	무인	무인	무인	무인	무인	무인	무인	무인	무인	무인	무인	무인
	월주 (생월)		을묘	을묘	을묘	을묘	을묘	을묘	을묘	을묘	**병진**	병진	병진	병진	병진
	일주 (생일)		갑술	을해	병자	정축	무인	기묘	경진	신사	임오	계미	갑신	을유	병술
	대운	남	3	2	2	2	1	1	1	1	10	10	10	9	9
		여	7	8	8	8	9	9	9	10	10	1	1	1	1
음 4 월	음력		1	2	3	4	5	6	7	8	9	10	11	12	13
	양력		**4/26**	27	28	29	30	**5/1**	2	3	4	5	6	7	8
	연주 (생년)		무인	무인	무인	무인	무인	무인	무인	무인	무인	무인	무인	무인	무인
	월주 (생월)		병진	병진	병진	병진	병진	병진	병진	병진	병진	병진	**정사**	정사	정사
	일주 (생일)		계묘	갑진	을사	병오	정미	무신	기유	경술	신해	임자	계축	갑인	을묘
	대운	남	3	3	3	2	2	2	1	1	1	1	10	10	10
		여	7	7	8	8	8	9	9	9	10	10	10	1	1
음 5 월	음력		1	2	3	4	5	6	7	8	9	10	11	12	13
	양력		**5/26**	27	28	29	30	31	**6/1**	2	3	4	5	6	7
	연주 (생년)		무인	무인	무인	무인	무인	무인	무인	무인	무인	무인	무인	무인	무인
	월주 (생월)		정사	정사	정사	정사	정사	정사	정사	정사	정사	정사	정사	**무오**	무오
	일주 (생일)		계유	갑술	을해	병자	정축	무인	기묘	경진	신사	임오	계미	갑신	을유
	대운	남	4	3	3	3	2	2	2	1	1	1	1	10	10
		여	7	7	7	8	8	8	9	9	9	10	10	10	1
윤 5 월	음력		1	2	3	4	5	6	7	8	9	10	11	12	13
	양력		**6/24**	25	26	27	28	29	30	**7/1**	2	3	4	5	6
	연주 (생년)		무인	무인	무인	무인	무인	무인	무인	무인	무인	무인	무인	무인	무인
	월주 (생월)		무오	무오	무오	무오	무오	무오	무오	무오	무오	무오	무오	무오	무오
	일주 (생일)		임인	계묘	갑진	을사	병오	정미	무신	기유	경술	신해	임자	계축	갑인
	대운	남	4	4	4	3	3	3	2	2	2	1	1	1	1
		여	6	6	7	7	7	8	8	8	9	9	9	10	10
음 6 월	음력		1	2	3	4	5	6	7	8	9	10	11	12	13
	양력		**7/23**	24	25	26	27	28	29	30	31	**8/1**	2	3	4
	연주 (생년)		무인	무인	무인	무인	무인	무인	무인	무인	무인	무인	무인	무인	무인
	월주 (생월)		기미	기미	기미	기미	기미	기미	기미	기미	기미	기미	기미	기미	기미
	일주 (생일)		신미	임신	계유	갑술	을해	병자	정축	무인	기묘	경진	신사	임오	계미
	대운	남	5	5	5	4	4	4	3	3	3	2	2	2	1
		여	5	6	6	6	7	7	7	8	8	8	9	9	9

	14	15	16	17	18	19	20	21	22	23	24	25	26	27	28	29	30
음	10	11	12	13	14	15	16	17	18	19	20	21	22	23	24	25	26
	무인	무인	무인	무인	무인	무인	무인	무인	무인	무인	무인	무인	무인	무인	무인	무인	무인
1	갑인	갑인	갑인	갑인	갑인	갑인	갑인	갑인	갑인	갑인	갑인	갑인	갑인	갑인	갑인	갑인	갑인
	무자	기축	경인	신묘	임진	계사	갑오	을미	병신	정유	무술	기해	경자	신축	임인	계묘	갑진
월	8	8	7	7	7	6	6	6	5	5	5	4	4	4	3	3	3
	2	2	3	3	3	4	4	4	5	5	5	6	6	6	7	7	7
	14	15	16	17	18	19	20	21	22	23	24	25	26	27	28	29	
음	12	13	14	15	16	17	18	19	20	21	22	23	24	25	26	27	
	무인	무인	무인	무인	무인	무인	무인	무인	무인	무인	무인	무인	무인	무인	무인	무인	
2	을묘	을묘	을묘	을묘	을묘	을묘	을묘	을묘	을묘	을묘	을묘	을묘	을묘	을묘	을묘	을묘	
	무오	기미	경신	신유	임술	계해	갑자	을축	병인	정묘	무진	기사	경오	신미	임신	계유	
월	8	8	7	7	7	6	6	6	5	5	5	4	4	4	3	3	
	2	2	3	3	3	4	4	4	5	5	5	6	6	6	7	7	
	14	15	16	17	18	19	20	21	22	23	24	25	26	27	28	29	
음	10	11	12	13	14	15	16	17	18	19	20	21	22	23	24	25	
	무인	무인	무인	무인	무인	무인	무인	무인	무인	무인	무인	무인	무인	무인	무인	무인	
3	병진	병진	병진	병진	병진	병진	병진	병진	병진	병진	병진	병진	병진	병진	병진	병진	
	정해	무자	기축	경인	신묘	임진	계사	갑오	을미	병신	정유	무술	기해	경자	신축	임인	
월	9	8	8	8	7	7	7	6	6	6	5	5	5	4	4	4	
	2	2	2	3	3	3	4	4	4	5	5	5	6	6	6	7	
	14	15	16	17	18	19	20	21	22	23	24	25	26	27	28	29	30
음	9	10	11	12	13	14	15	16	17	18	19	20	21	22	23	24	25
	무인	무인	무인	무인	무인	무인	무인	무인	무인	무인	무인	무인	무인	무인	무인	무인	무인
4	정사	정사	정사	정사	정사	정사	정사	정사	정사	정사	정사	정사	정사	정사	정사	정사	정사
	병진	정사	무오	기미	경신	신유	임술	계해	갑자	을축	병인	정묘	무진	기사	경오	신미	임신
월	9	9	9	8	8	8	7	7	7	6	6	6	5	5	5	4	4
	1	1	2	2	2	3	3	3	4	4	4	5	5	5	6	6	6
	14	15	16	17	18	19	20	21	22	23	24	25	26	27	28	29	
음	8	9	10	11	12	13	14	15	16	17	18	19	20	21	22	23	
	무인	무인	무인	무인	무인	무인	무인	무인	무인	무인	무인	무인	무인	무인	무인	무인	
5	무오	무오	무오	무오	무오	무오	무오	무오	무오	무오	무오	무오	무오	무오	무오	무오	
	병술	정해	무자	기축	경인	신묘	임진	계사	갑오	을미	병신	정유	무술	기해	경자	신축	
월	10	9	9	9	8	8	8	7	7	7	6	6	6	5	5	5	
	1	1	1	2	2	2	3	3	3	4	4	4	5	5	5	6	
	14	15	16	17	18	19	20	21	22	23	24	25	26	27	28	29	
윤	7	8	9	10	11	12	13	14	15	16	17	18	19	20	21	22	
	무인	무인	무인	무인	무인	무인	무인	무인	무인	무인	무인	무인	무인	무인	무인	무인	
5	**기미**	기미	기미	기미	기미	기미	기미	기미	기미	기미	기미	기미	기미	기미	기미	기미	
	을묘	병진	정사	무오	기미	경신	신유	임술	계해	갑자	을축	병인	정묘	무진	기사	경오	
월	10	10	10	10	9	9	9	8	8	8	7	7	7	6	6	6	
	10	1	1	1	1	2	2	2	3	3	3	4	4	4	5	5	
	14	15	16	17	18	19	20	21	22	23	24	25	26	27	28	29	30
음	5	6	7	8	9	10	11	12	13	14	15	16	17	18	19	20	21
	무인	무인	무인	무인	무인	무인	무인	무인	무인	무인	무인	무인	무인	무인	무인	무인	무인
6	기미	기미	기미	**경신**	경신	경신	경신	경신	경신	경신	경신	경신	경신	경신	경신	경신	경신
	갑신	을유	병술	정해	무자	기축	경인	신묘	임진	계사	갑오	을미	병신	정유	무술	기해	경자
월	1	1	1	10	10	10	9	9	9	8	8	8	7	7	7	6	6
	10	10	10	10	1	1	1	1	2	2	2	3	3	3	4	4	4

1998(무인)년 【단기 4331년】

월	구분		1	2	3	4	5	6	7	8	9	10	11	12	13
음 7 월	음력		1	2	3	4	5	6	7	8	9	10	11	12	13
	양력		**8/22**	23	24	25	26	27	28	29	30	31	**9/1**	2	3
	연주 (생년)		무인	무인	무인	무인	무인	무인	무인	무인	무인	무인	무인	무인	무인
	월주 (생월)		경신	경신	경신	경신	경신	경신	경신	경신	경신	경신	경신	경신	경신
	일주 (생일)		신축	임인	계묘	갑진	을사	병오	정미	무신	기유	경술	신해	임자	계축
	대운	남	6	5	5	5	4	4	4	3	3	3	2	2	2
		여	5	5	5	6	6	6	7	7	7	8	8	8	9
음 8 월	음력		1	2	3	4	5	6	7	8	9	10	11	12	13
	양력		**9/21**	22	23	24	25	26	27	28	29	30	**10/1**	2	3
	연주 (생년)		무인	무인	무인	무인	무인	무인	무인	무인	무인	무인	무인	무인	무인
	월주 (생월)		신유	신유	신유	신유	신유	신유	신유	신유	신유	신유	신유	신유	신유
	일주 (생일)		신미	임신	계유	갑술	을해	병자	정축	무인	기묘	경진	신사	임오	계미
	대운	남	6	5	5	5	4	4	4	3	3	3	2	2	2
		여	4	5	5	5	6	6	6	7	7	7	8	8	8
음 9 월	음력		1	2	3	4	5	6	7	8	9	10	11	12	13
	양력		**10/20**	21	22	23	24	25	26	27	28	29	30	31	**11/1**
	연주 (생년)		무인	무인	무인	무인	무인	무인	무인	무인	무인	무인	무인	무인	무인
	월주 (생월)		임술	임술	임술	임술	임술	임술	임술	임술	임술	임술	임술	임술	임술
	일주 (생일)		경자	신축	임인	계묘	갑진	을사	병오	정미	무신	기유	경술	신해	임자
	대운	남	6	6	5	5	5	4	4	4	3	3	3	2	2
		여	4	4	5	5	5	6	6	6	7	7	7	8	8
음 10 월	음력		1	2	3	4	5	6	7	8	9	10	11	12	13
	양력		**11/19**	20	21	22	23	24	25	26	27	28	29	30	**12/1**
	연주 (생년)		무인	무인	무인	무인	무인	무인	무인	무인	무인	무인	무인	무인	무인
	월주 (생월)		계해	계해	계해	계해	계해	계해	계해	계해	계해	계해	계해	계해	계해
	일주 (생일)		경오	신미	임신	계유	갑술	을해	병자	정축	무인	기묘	경진	신사	임오
	대운	남	6	6	5	5	5	4	4	4	3	3	3	2	2
		여	4	4	5	5	5	6	6	6	7	7	7	8	8
음 11 월	음력		1	2	3	4	5	6	7	8	9	10	11	12	13
	양력		**12/19**	20	21	22	23	24	25	26	27	28	29	30	31
	연주 (생년)		무인	무인	무인	무인	무인	무인	무인	무인	무인	무인	무인	무인	무인
	월주 (생월)		갑자	갑자	갑자	갑자	갑자	갑자	갑자	갑자	갑자	갑자	갑자	갑자	갑자
	일주 (생일)		경자	신축	임인	계묘	갑진	을사	병오	정미	무신	기유	경술	신해	임자
	대운	남	6	6	5	5	5	4	4	4	3	3	3	2	2
		여	4	4	5	5	5	6	6	6	7	7	7	8	8
음 12 월	음력		1	2	3	4	5	6	7	8	9	10	11	12	13
	양력		**1/18**	19	20	21	22	23	24	25	26	27	28	29	30
	연주 (생년)		무인	무인	무인	무인	무인	무인	무인	무인	무인	무인	무인	무인	무인
	월주 (생월)		을축	을축	을축	을축	을축	을축	을축	을축	을축	을축	을축	을축	을축
	일주 (생일)		경오	신미	임신	계유	갑술	을해	병자	정축	무인	기묘	경진	신사	임오
	대운	남	6	5	5	5	4	4	4	3	3	3	2	2	2
		여	4	4	5	5	5	6	6	6	7	7	7	8	8

음 7 월	14	15	16	17	18	19	20	21	22	23	24	25	26	27	28	29	30
	4	5	6	7	8	9	10	11	12	13	14	15	16	17	18	19	20
	무인	무인	무인	무인	무인	무인	무인	무인	무인	무인	무인	무인	무인	무인	무인	무인	무인
	경신	경신	경신	경신	**신유**	신유	신유	신유	신유	신유	신유	신유	신유	신유	신유	신유	신유
	갑인	을묘	병진	정사	무오	기미	경신	신유	임술	계해	갑자	을축	병인	정묘	무진	기사	경오
	1	1	1	1	10	10	9	9	9	8	8	8	7	7	7	6	6
	9	9	10	10	10	1	1	1	1	2	2	2	3	3	3	4	4

음 8 월	14	15	16	17	18	19	20	21	22	23	24	25	26	27	28	29	
	4	5	6	7	8	9	10	11	12	13	14	15	16	17	18	19	
	무인	무인	무인	무인	무인	무인	무인	무인	무인	무인	무인	무인	무인	무인	무인	무인	
	신유	신유	신유	신유	**임술**	임술	임술	임술	임술	임술	임술	임술	임술	임술	임술	임술	
	갑신	을유	병술	정해	무자	기축	경인	신묘	임진	계사	갑오	을미	병신	정유	무술	기해	
	1	1	1	1	10	10	9	9	9	8	8	8	7	7	7	6	
	9	9	9	10	10	1	1	1	1	2	2	2	3	3	3	4	

음 9 월	14	15	16	17	18	19	20	21	22	23	24	25	26	27	28	29	30
	2	3	4	5	6	7	8	9	10	11	12	13	14	15	16	17	18
	무인	무인	무인	무인	무인	무인	무인	무인	무인	무인	무인	무인	무인	무인	무인	무인	무인
	임술	임술	임술	임술	임술	임술	**계해**	계해	계해	계해	계해	계해	계해	계해	계해	계해	계해
	계축	갑인	을묘	병진	정사	무오	기미	경신	신유	임술	계해	갑자	을축	병인	정묘	무진	기사
	2	1	1	1	1	10	10	9	9	9	8	8	8	7	7	7	6
	8	9	9	9	10	10	1	1	1	1	2	2	2	3	3	3	4

음 10 월	14	15	16	17	18	19	20	21	22	23	24	25	26	27	28	29	30
	2	3	4	5	6	7	8	9	10	11	12	13	14	15	16	17	18
	무인	무인	무인	무인	무인	무인	무인	무인	무인	무인	무인	무인	무인	무인	무인	무인	무인
	계해	계해	계해	계해	계해	**갑자**	갑자	갑자	갑자	갑자	갑자	갑자	갑자	갑자	갑자	갑자	갑자
	계미	갑신	을유	병술	정해	무자	기축	경인	신묘	임진	계사	갑오	을미	병신	정유	무술	기해
	2	1	1	1	1	10	10	9	9	9	8	8	8	7	7	7	6
	8	9	9	9	10	10	1	1	1	1	2	2	2	3	3	3	4

음 11 월	14	15	16	17	18	19	20	21	22	23	24	25	26	27	28	29	30
	1/1	2	3	4	5	6	7	8	9	10	11	12	13	14	15	16	17
	무인	무인	무인	무인	무인	무인	무인	무인	무인	무인	무인	무인	무인	무인	무인	무인	무인
	갑자	갑자	갑자	갑자	갑자	**을축**	을축	을축	을축	을축	을축	을축	을축	을축	을축	을축	을축
	계축	갑인	을묘	병진	정사	무오	기미	경신	신유	임술	계해	갑자	을축	병인	정묘	무진	기사
	2	1	1	1	1	10	9	9	9	8	8	8	7	7	7	6	6
	8	9	9	9	10	10	1	1	1	1	2	2	2	3	3	3	4

음 12 월	14	15	16	17	18	19	20	21	22	23	24	25	26	27	28	29	
	31	**2/1**	2	3	4	5	6	7	8	9	10	11	12	13	14	15	
	무인	무인	무인	무인	**기묘**	기묘	기묘	기묘	기묘	기묘	기묘	기묘	기묘	기묘	기묘	기묘	
	을축	을축	을축	을축	**병인**	병인	병인	병인	병인	병인	병인	병인	병인	병인	병인	병인	
	계미	갑신	을유	병술	정해	무자	기축	경인	신묘	임진	계사	갑오	을미	병신	정유	무술	
	1	1	1	1	10	1	1	1	1	2	2	2	3	3	3	4	
	8	9	9	9	10	10	9	9	9	8	8	8	7	7	7	6	

1999(기묘)년 【단기 4332년】

월	구분		1	2	3	4	5	6	7	8	9	10	11	12	13
음 1 월	음 력		1	2	3	4	5	6	7	8	9	10	11	12	13
	양 력		2/16	17	18	19	20	21	22	23	24	25	26	27	28
	연주 (생년)		기묘	기묘	기묘	기묘	기묘	기묘	기묘	기묘	기묘	기묘	기묘	기묘	기묘
	월주 (생월)		병인	병인	병인	병인	병인	병인	병인	병인	병인	병인	병인	병인	병인
	일주 (생일)		기해	경자	신축	임인	계묘	갑진	을사	병오	정미	무신	기유	경술	신해
	대운	남	4	4	5	5	5	6	6	6	7	7	7	8	8
		여	6	6	5	5	5	4	4	4	3	3	3	2	2
음 2 월	음 력		1	2	3	4	5	6	7	8	9	10	11	12	13
	양 력		3/18	19	20	21	22	23	24	25	26	27	28	29	30
	연주 (생년)		기묘	기묘	기묘	기묘	기묘	기묘	기묘	기묘	기묘	기묘	기묘	기묘	기묘
	월주 (생월)		정묘	정묘	정묘	정묘	정묘	정묘	정묘	정묘	정묘	정묘	정묘	정묘	정묘
	일주 (생일)		기사	경오	신미	임신	계유	갑술	을해	병자	정축	무인	기묘	경진	신사
	대운	남	4	4	5	5	5	6	6	6	7	7	7	8	8
		여	6	6	5	5	5	4	4	4	3	3	3	2	2
음 3 월	음 력		1	2	3	4	5	6	7	8	9	10	11	12	13
	양 력		4/16	17	18	19	20	21	22	23	24	25	26	27	28
	연주 (생년)		기묘	기묘	기묘	기묘	기묘	기묘	기묘	기묘	기묘	기묘	기묘	기묘	기묘
	월주 (생월)		무진	무진	무진	무진	무진	무진	무진	무진	무진	무진	무진	무진	무진
	일주 (생일)		무술	기해	경자	신축	임인	계묘	갑진	을사	병오	정미	무신	기유	경술
	대운	남	4	4	4	5	5	5	6	6	6	7	7	7	8
		여	7	6	6	6	5	5	5	4	4	4	3	3	3
음 4 월	음 력		1	2	3	4	5	6	7	8	9	10	11	12	13
	양 력		5/15	16	17	18	19	20	21	22	23	24	25	26	27
	연주 (생년)		기묘	기묘	기묘	기묘	기묘	기묘	기묘	기묘	기묘	기묘	기묘	기묘	기묘
	월주 (생월)		기사	기사	기사	기사	기사	기사	기사	기사	기사	기사	기사	기사	기사
	일주 (생일)		정묘	무진	기사	경오	신미	임신	계유	갑술	을해	병자	정축	무인	기묘
	대운	남	3	3	4	4	4	5	5	5	6	6	6	7	7
		여	7	7	7	6	6	6	5	5	5	4	4	4	3
음 5 월	음 력		1	2	3	4	5	6	7	8	9	10	11	12	13
	양 력		6/14	15	16	17	18	19	20	21	22	23	24	25	26
	연주 (생년)		기묘	기묘	기묘	기묘	기묘	기묘	기묘	기묘	기묘	기묘	기묘	기묘	기묘
	월주 (생월)		경오	경오	경오	경오	경오	경오	경오	경오	경오	경오	경오	경오	경오
	일주 (생일)		정유	무술	기해	경자	신축	임인	계묘	갑진	을사	병오	정미	무신	기유
	대운	남	3	3	3	4	4	4	5	5	5	6	6	6	7
		여	8	7	7	7	6	6	6	5	5	5	4	4	4
음 6 월	음 력		1	2	3	4	5	6	7	8	9	10	11	12	13
	양 력		7/13	14	15	16	17	18	19	20	21	22	23	24	25
	연주 (생년)		기묘	기묘	기묘	기묘	기묘	기묘	기묘	기묘	기묘	기묘	기묘	기묘	기묘
	월주 (생월)		신미	신미	신미	신미	신미	신미	신미	신미	신미	신미	신미	신미	신미
	일주 (생일)		병인	정묘	무진	기사	경오	신미	임신	계유	갑술	을해	병자	정축	무인
	대운	남	2	2	3	3	3	4	4	4	5	5	5	6	6
		여	9	8	8	8	7	7	7	6	6	6	5	5	5

음 1 월	14	15	16	17	18	19	20	21	22	23	24	25	26	27	28	29	30
	3/1	2	3	4	5	6	7	8	9	10	11	12	13	14	15	16	17
	기묘	기묘	기묘	기묘	기묘	기묘	기묘	기묘	기묘	기묘	기묘	기묘	기묘	기묘	기묘	기묘	기묘
	병인	병인	병인	병인	병인	**정묘**	정묘	정묘	정묘	정묘	정묘	정묘	정묘	정묘	정묘	정묘	정묘
	임자	계축	갑인	을묘	병진	정사	무오	기미	경신	신유	임술	계해	갑자	을축	병인	정묘	무진
	8	9	9	9	10	10	1	1	1	1	2	2	2	3	3	3	4
	2	1	1	1	1	10	10	9	9	9	8	8	8	7	7	7	6
음 2 월	14	15	16	17	18	19	20	21	22	23	24	25	26	27	28	29	
	31	**4/1**	2	3	4	5	6	7	8	9	10	11	12	13	14	15	
	기묘	기묘	기묘	기묘	기묘	기묘	기묘	기묘	기묘	기묘	기묘	기묘	기묘	기묘	기묘	기묘	
	정묘	정묘	정묘	정묘	정묘	**무진**	무진	무진	무진	무진	무진	무진	무진	무진	무진	무진	
	임오	계미	갑신	을유	병술	정해	무자	기축	경인	신묘	임진	계사	갑오	을미	병신	정유	
	8	9	9	9	10	10	1	1	1	1	2	2	2	3	3	3	
	2	1	1	1	1	10	10	10	9	9	9	8	8	8	7	7	
음 3 월	14	15	16	17	18	19	20	21	22	23	24	25	26	27	28	29	
	29	30	**5/1**	2	3	4	5	6	7	8	9	10	11	12	13	14	
	기묘	기묘	기묘	기묘	기묘	기묘	기묘	기묘	기묘	기묘	기묘	기묘	기묘	기묘	기묘	기묘	
	무진	무진	무진	무진	무진	무진	무진	**기사**	기사	기사	기사	기사	기사	기사	기사	기사	
	신해	임자	계축	갑인	을묘	병진	정사	무오	기미	경신	신유	임술	계해	갑자	을축	병인	
	8	8	9	9	9	10	10	10	1	1	1	1	2	2	2	3	
	2	2	2	1	1	1	1	10	10	10	9	9	9	8	8	8	
음 4 월	14	15	16	17	18	19	20	21	22	23	24	25	26	27	28	29	30
	28	29	30	31	**6/1**	2	3	4	5	6	7	8	9	10	11	12	13
	기묘	기묘	기묘	기묘	기묘	기묘	기묘	기묘	기묘	기묘	기묘	기묘	기묘	기묘	기묘	기묘	기묘
	기사	기사	기사	기사	기사	기사	기사	기사	기사	**경오**	경오	경오	경오	경오	경오	경오	경오
	경진	신사	임오	계미	갑신	을유	병술	정해	무자	기축	경인	신묘	임진	계사	갑오	을미	병신
	7	8	8	8	9	9	9	10	10	10	1	1	1	1	2	2	2
	3	3	2	2	2	1	1	1	1	10	10	10	9	9	9	8	8
음 5 월	14	15	16	17	18	19	20	21	22	23	24	25	26	27	28	29	
	27	28	29	30	**7/1**	2	3	4	5	6	7	8	9	10	11	12	
	기묘	기묘	기묘	기묘	기묘	기묘	기묘	기묘	기묘	기묘	기묘	기묘	기묘	기묘	기묘	기묘	
	경오	경오	경오	경오	경오	경오	경오	경오	경오	경오	**신미**	신미	신미	신미	신미	신미	
	경술	신해	임자	계축	갑인	을묘	병진	정사	무오	기미	경신	신유	임술	계해	갑자	을축	
	7	7	8	8	8	9	9	9	10	10	10	1	1	1	1	2	
	3	3	3	2	2	2	1	1	1	1	10	10	10	10	9	9	
음 6 월	14	15	16	17	18	19	20	21	22	23	24	25	26	27	28	29	
	26	27	28	29	30	31	**8/1**	2	3	4	5	6	7	8	9	10	
	기묘	기묘	기묘	기묘	기묘	기묘	기묘	기묘	기묘	기묘	기묘	기묘	기묘	기묘	기묘	기묘	
	신미	신미	신미	신미	신미	신미	신미	신미	신미	신미	신미	신미	신미	**임신**	임신	임신	
	기묘	경진	신사	임오	계미	갑신	을유	병술	정해	무자	기축	경인	신묘	임진	계사	갑오	
	6	7	7	7	8	8	8	9	9	9	10	10	10	10	1	1	
	4	4	4	3	3	3	2	2	2	1	1	1	1	10	10	10	

1999(기묘)년 【단기 4332년】

			1	2	3	4	5	6	7	8	9	10	11	12	13
음 7 월	음 력		1	2	3	4	5	6	7	8	9	10	11	12	13
	양 력		8/11	12	13	14	15	16	17	18	19	20	21	22	23
	연주 (생년)		기묘	기묘	기묘	기묘	기묘	기묘	기묘	기묘	기묘	기묘	기묘	기묘	기묘
	월주 (생월)		임신	임신	임신	임신	임신	임신	임신	임신	임신	임신	임신	임신	임신
	일주 (생일)		을미	병신	정유	무술	기해	경자	신축	임인	계묘	갑진	을사	병오	정미
	대운	남	1	1	2	2	2	3	3	3	4	4	4	5	5
		여	9	9	9	8	8	8	7	7	7	6	6	6	5

			1	2	3	4	5	6	7	8	9	10	11	12	13
음 8 월	음 력		1	2	3	4	5	6	7	8	9	10	11	12	13
	양 력		9/10	11	12	13	14	15	16	17	18	19	20	21	22
	연주 (생년)		기묘	기묘	기묘	기묘	기묘	기묘	기묘	기묘	기묘	기묘	기묘	기묘	기묘
	월주 (생월)		계유	계유	계유	계유	계유	계유	계유	계유	계유	계유	계유	계유	계유
	일주 (생일)		을축	병인	정묘	무진	기사	경오	신미	임신	계유	갑술	을해	병자	정축
	대운	남	1	1	1	2	2	2	3	3	3	4	4	4	5
		여	10	9	9	9	8	8	8	7	7	7	6	6	6

			1	2	3	4	5	6	7	8	9	10	11	12	13
음 9 월	음 력		1	2	3	4	5	6	7	8	9	10	11	12	13
	양 력		10/9	10	11	12	13	14	15	16	17	18	19	20	21
	연주 (생년)		기묘	기묘	기묘	기묘	기묘	기묘	기묘	기묘	기묘	기묘	기묘	기묘	기묘
	월주 (생월)		**갑술**	갑술	갑술	갑술	갑술	갑술	갑술	갑술	갑술	갑술	갑술	갑술	갑술
	일주 (생일)		갑오	을미	병신	정유	무술	기해	경자	신축	임인	계묘	갑진	을사	병오
	대운	남	10	1	1	1	1	2	2	2	3	3	3	4	4
		여	10	10	9	9	9	8	8	8	7	7	7	6	6

			1	2	3	4	5	6	7	8	9	10	11	12	13
음 10 월	음 력		1	2	3	4	5	6	7	8	9	10	11	12	13
	양 력		11/8	9	10	11	12	13	14	15	16	17	18	19	20
	연주 (생년)		기묘	기묘	기묘	기묘	기묘	기묘	기묘	기묘	기묘	기묘	기묘	기묘	기묘
	월주 (생월)		**을해**	을해	을해	을해	을해	을해	을해	을해	을해	을해	을해	을해	을해
	일주 (생일)		갑자	을축	병인	정묘	무진	기사	경오	신미	임신	계유	갑술	을해	병자
	대운	남	10	1	1	1	1	2	2	2	3	3	3	4	4
		여	10	9	9	9	8	8	8	7	7	7	6	6	6

			1	2	3	4	5	6	7	8	9	10	11	12	13
음 11 월	음 력		1	2	3	4	5	6	7	8	9	10	11	12	13
	양 력		12/8	9	10	11	12	13	14	15	16	17	18	19	20
	연주 (생년)		기묘	기묘	기묘	기묘	기묘	기묘	기묘	기묘	기묘	기묘	기묘	기묘	기묘
	월주 (생월)		병자	병자	병자	병자	병자	병자	병자	병자	병자	병자	병자	병자	병자
	일주 (생일)		갑오	을미	병신	정유	무술	기해	경자	신축	임인	계묘	갑진	을사	병오
	대운	남	1	1	1	1	2	2	2	3	3	3	4	4	4
		여	10	9	9	9	8	8	8	7	7	7	6	6	6

			1	2	3	4	5	6	7	8	9	10	11	12	13
음 12 월	음 력		1	2	3	4	5	6	7	8	9	10	11	12	13
	양 력		1/7	8	9	10	11	12	13	14	15	16	17	18	19
	연주 (생년)		기묘	기묘	기묘	기묘	기묘	기묘	기묘	기묘	기묘	기묘	기묘	기묘	기묘
	월주 (생월)		정축	정축	정축	정축	정축	정축	정축	정축	정축	정축	정축	정축	정축
	일주 (생일)		갑자	을축	병인	정묘	무진	기사	경오	신미	임신	계유	갑술	을해	병자
	대운	남	1	1	1	1	2	2	2	3	3	3	4	4	4
		여	9	9	9	8	8	8	7	7	7	6	6	6	5

음 7월	14	15	16	17	18	19	20	21	22	23	24	25	26	27	28	29	30
	24	25	26	27	28	29	30	31	**9/1**	2	3	4	5	6	7	8	9
	기묘	기묘	기묘	기묘	기묘	기묘	기묘	기묘	기묘	기묘	기묘	기묘	기묘	기묘	기묘	기묘	기묘
	임신	임신	임신	임신	임신	임신	임신	임신	임신	임신	임신	임신	임신	임신	임신	**계유**	계유
	무신	기유	경술	신해	임자	계축	갑인	을묘	병진	정사	무오	기미	경신	신유	임술	계해	갑자
	5	6	6	6	7	7	7	8	8	8	9	9	9	10	10	10	1
	5	5	4	4	4	3	3	3	2	2	2	1	1	1	1	10	10

음 8월	14	15	16	17	18	19	20	21	22	23	24	25	26	27	28	29	
	23	24	25	26	27	28	29	30	**10/1**	2	3	4	5	6	7	8	
	기묘	기묘	기묘	기묘	기묘	기묘	기묘	기묘	기묘	기묘	기묘	기묘	기묘	기묘	기묘	기묘	
	계유	계유	계유	계유	계유	계유	계유	계유	계유	계유	계유	계유	계유	계유	계유	계유	
	무인	기묘	경진	신사	임오	계미	갑신	을유	병술	정해	무자	기축	경인	신묘	임진	계사	
	5	5	6	6	6	7	7	7	8	8	8	9	9	9	10	10	
	5	5	5	4	4	4	3	3	3	2	2	2	1	1	1	1	

음 9월	14	15	16	17	18	19	20	21	22	23	24	25	26	27	28	29	30
	22	23	24	25	26	27	28	29	30	31	**11/1**	2	3	4	5	6	7
	기묘	기묘	기묘	기묘	기묘	기묘	기묘	기묘	기묘	기묘	기묘	기묘	기묘	기묘	기묘	기묘	기묘
	갑술	갑술	갑술	갑술	갑술	갑술	갑술	갑술	갑술	갑술	갑술	갑술	갑술	갑술	갑술	갑술	갑술
	정미	무신	기유	경술	신해	임자	계축	갑인	을묘	병진	정사	무오	기미	경신	신유	임술	계해
	4	5	5	5	6	6	6	7	7	7	8	8	8	9	9	9	10
	6	5	5	5	4	4	4	3	3	3	2	2	2	1	1	1	1

음 10월	14	15	16	17	18	19	20	21	22	23	24	25	26	27	28	29	30
	21	22	23	24	25	26	27	28	29	30	**12/1**	2	3	4	5	6	7
	기묘	기묘	기묘	기묘	기묘	기묘	기묘	기묘	기묘	기묘	기묘	기묘	기묘	기묘	기묘	기묘	기묘
	을해	을해	을해	을해	을해	을해	을해	을해	을해	을해	을해	을해	을해	을해	을해	을해	**병자**
	정축	무인	기묘	경진	신사	임오	계미	갑신	을유	병술	정해	무자	기축	경인	신묘	임진	계사
	4	5	5	5	6	6	6	7	7	7	8	8	8	9	9	9	10
	5	5	5	4	4	4	3	3	3	2	2	2	1	1	1	1	10

음 11월	14	15	16	17	18	19	20	21	22	23	24	25	26	27	28	29	30
	21	22	23	24	25	26	27	28	29	30	31	**1/1**	2	3	4	5	6
	기묘	기묘	기묘	기묘	기묘	기묘	기묘	기묘	기묘	기묘	기묘	기묘	기묘	기묘	기묘	기묘	기묘
	병자	병자	병자	병자	병자	병자	병자	병자	병자	병자	병자	병자	병자	병자	병자	병자	**정축**
	정미	무신	기유	경술	신해	임자	계축	갑인	을묘	병진	정사	무오	기미	경신	신유	임술	계해
	5	5	5	6	6	6	7	7	7	8	8	8	9	9	9	10	10
	5	5	5	4	4	4	3	3	3	2	2	2	1	1	1	1	10

음 12월	14	15	16	17	18	19	20	21	22	23	24	25	26	27	28	29	
	20	21	22	23	24	25	26	27	28	29	30	31	**2/1**	2	3	4	
	기묘	기묘	기묘	기묘	기묘	기묘	기묘	기묘	기묘	기묘	기묘	기묘	기묘	기묘	기묘	**경진**	
	정축	정축	정축	정축	정축	정축	정축	정축	정축	정축	정축	정축	정축	정축	정축	**무인**	
	정축	무인	기묘	경진	신사	임오	계미	갑신	을유	병술	정해	무자	기축	경인	신묘	임진	
	5	5	5	6	6	6	7	7	7	8	8	8	9	9	9	10	
	5	5	4	4	4	3	3	3	2	2	2	1	1	1	1	10	

2000(경진)년 【단기 4333년】

월	구분		1	2	3	4	5	6	7	8	9	10	11	12	13
음 1 월	음력		1	2	3	4	5	6	7	8	9	10	11	12	13
	양력		**2/5**	6	7	8	9	10	11	12	13	14	15	16	17
	연주 (생년)		경진	경진	경진	경진	경진	경진	경진	경진	경진	경진	경진	경진	경진
	월주 (생월)		무인	무인	무인	무인	무인	무인	무인	무인	무인	무인	무인	무인	무인
	일주 (생일)		계사	갑오	을미	병신	정유	무술	기해	경자	신축	임인	계묘	갑진	을사
	대운	남	10	9	9	9	8	8	8	7	7	7	6	6	6
		여	1	1	1	1	2	2	2	3	3	3	4	4	4
음 2 월	음력		1	2	3	4	5	6	7	8	9	10	11	12	13
	양력		**3/6**	7	8	9	10	11	12	13	14	15	16	17	18
	연주 (생년)		경진	경진	경진	경진	경진	경진	경진	경진	경진	경진	경진	경진	경진
	월주 (생월)		기묘	기묘	기묘	기묘	기묘	기묘	기묘	기묘	기묘	기묘	기묘	기묘	기묘
	일주 (생일)		계해	갑자	을축	병인	정묘	무진	기사	경오	신미	임신	계유	갑술	을해
	대운	남	10	9	9	9	8	8	8	7	7	7	6	6	6
		여	1	1	1	1	2	2	2	3	3	3	4	4	4
음 3 월	음력		1	2	3	4	5	6	7	8	9	10	11	12	13
	양력		**4/5**	6	7	8	9	10	11	12	13	14	15	16	17
	연주 (생년)		경진	경진	경진	경진	경진	경진	경진	경진	경진	경진	경진	경진	경진
	월주 (생월)		경진	경진	경진	경진	경진	경진	경진	경진	경진	경진	경진	경진	경진
	일주 (생일)		계사	갑오	을미	병신	정유	무술	기해	경자	신축	임인	계묘	갑진	을사
	대운	남	10	10	9	9	9	8	8	8	7	7	7	6	6
		여	1	1	1	1	2	2	2	3	3	3	4	4	4
음 4 월	음력		1	2	3	4	5	6	7	8	9	10	11	12	13
	양력		**5/4**	5	6	7	8	9	10	11	12	13	14	15	16
	연주 (생년)		경진	경진	경진	경진	경진	경진	경진	경진	경진	경진	경진	경진	경진
	월주 (생월)		경진	**신사**	신사	신사	신사	신사	신사	신사	신사	신사	신사	신사	신사
	일주 (생일)		임술	계해	갑자	을축	병인	정묘	무진	기사	경오	신미	임신	계유	갑술
	대운	남	1	10	10	10	9	9	9	8	8	8	7	7	7
		여	10	10	1	1	1	1	2	2	2	3	3	3	4
음 5 월	음력		1	2	3	4	5	6	7	8	9	10	11	12	13
	양력		**6/2**	3	4	5	6	7	8	9	10	11	12	13	14
	연주 (생년)		경진	경진	경진	경진	경진	경진	경진	경진	경진	경진	경진	경진	경진
	월주 (생월)		신사	신사	신사	**임오**	임오	임오	임오	임오	임오	임오	임오	임오	임오
	일주 (생일)		신묘	임진	계사	갑오	을미	병신	정유	무술	기해	경자	신축	임인	계묘
	대운	남	1	1	1	10	10	10	10	9	9	9	8	8	8
		여	9	10	10	10	1	1	1	1	2	2	2	3	3
음 6 월	음력		1	2	3	4	5	6	7	8	9	10	11	12	13
	양력		**7/2**	3	4	5	6	7	8	9	10	11	12	13	14
	연주 (생년)		경진	경진	경진	경진	경진	경진	경진	경진	경진	경진	경진	경진	경진
	월주 (생월)		임오	임오	임오	임오	임오	**계미**	계미	계미	계미	계미	계미	계미	계미
	일주 (생일)		신유	임술	계해	갑자	을축	병인	정묘	무진	기사	경오	신미	임신	계유
	대운	남	2	1	1	1	1	10	10	10	9	9	9	8	8
		여	9	9	10	10	10	10	1	1	1	1	2	2	2

	14	15	16	17	18	19	20	21	22	23	24	25	26	27	28	29	30
	18	19	20	21	22	23	24	25	26	27	28	29	**3/1**	2	3	4	5
음	경진	경진	경진	경진	경진	경진	경진	경진	경진	경진	경진	경진	경진	경진	경진	경진	경진
1	무인	무인	무인	무인	무인	무인	무인	무인	무인	무인	무인	무인	무인	무인	무인	무인	**기묘**
월	병오	정미	무신	기유	경술	신해	임자	계축	갑인	을묘	병진	정사	무오	기미	경신	신유	임술
	5	5	5	4	4	4	3	3	3	2	2	2	1	1	1	1	10
	5	5	5	6	6	6	7	7	7	8	8	8	9	9	9	10	10

	14	15	16	17	18	19	20	21	22	23	24	25	26	27	28	29	30
	19	20	21	22	23	24	25	26	27	28	29	30	31	**4/1**	2	3	4
음	경진	경진	경진	경진	경진	경진	경진	경진	경진	경진	경진	경진	경진	경진	경진	경진	경진
2	기묘	기묘	기묘	기묘	기묘	기묘	기묘	기묘	기묘	기묘	기묘	기묘	기묘	기묘	기묘	기묘	**경진**
월	병자	정축	무인	기묘	경진	신사	임오	계미	갑신	을유	병술	정해	무자	기축	경인	신묘	임진
	5	5	5	4	4	4	3	3	3	2	2	2	1	1	1	1	10
	5	5	5	6	6	6	7	7	7	8	8	8	9	9	9	10	10

	14	15	16	17	18	19	20	21	22	23	24	25	26	27	28	29	
	18	19	20	21	22	23	24	25	26	27	28	29	30	**5/1**	2	3	
음	경진	경진	경진	경진	경진	경진	경진	경진	경진	경진	경진	경진	경진	경진	경진	경진	
3	경진	경진	경진	경진	경진	경진	경진	경진	경진	경진	경진	경진	경진	경진	경진	경진	
월	병오	정미	무신	기유	경술	신해	임자	계축	갑인	을묘	병진	정사	무오	기미	경신	신유	
	6	5	5	5	4	4	4	3	3	3	2	2	2	1	1	1	
	5	5	5	6	6	6	7	7	7	8	8	8	9	9	9	10	

	14	15	16	17	18	19	20	21	22	23	24	25	26	27	28	29	
	17	18	19	20	21	22	23	24	25	26	27	28	29	30	31	**6/1**	
음	경진	경진	경진	경진	경진	경진	경진	경진	경진	경진	경진	경진	경진	경진	경진	경진	
4	신사	신사	신사	신사	신사	신사	신사	신사	신사	신사	신사	신사	신사	신사	신사	신사	
월	을해	병자	정축	무인	기묘	경진	신사	임오	계미	갑신	을유	병술	정해	무자	기축	경인	
	6	6	6	5	5	5	4	4	4	3	3	3	2	2	2	1	
	4	4	5	5	5	6	6	6	7	7	7	8	8	8	9	9	

	14	15	16	17	18	19	20	21	22	23	24	25	26	27	28	29	30
	15	16	17	18	19	20	21	22	23	24	25	26	27	28	29	30	**7/1**
음	경진	경진	경진	경진	경진	경진	경진	경진	경진	경진	경진	경진	경진	경진	경진	경진	경진
5	임오	임오	임오	임오	임오	임오	임오	임오	임오	임오	임오	임오	임오	임오	임오	임오	임오
월	갑진	을사	병오	정미	무신	기유	경술	신해	임자	계축	갑인	을묘	병진	정사	무오	기미	경신
	7	7	7	6	6	6	5	5	5	4	4	4	3	3	3	2	2
	3	4	4	4	5	5	5	6	6	6	7	7	7	8	8	8	9

	14	15	16	17	18	19	20	21	22	23	24	25	26	27	28	29	
	15	16	17	18	19	20	21	22	23	24	25	26	27	28	29	30	
음	경진	경진	경진	경진	경진	경진	경진	경진	경진	경진	경진	경진	경진	경진	경진	경진	
6	계미	계미	계미	계미	계미	계미	계미	계미	계미	계미	계미	계미	계미	계미	계미	계미	
월	갑술	을해	병자	정축	무인	기묘	경진	신사	임오	계미	갑신	을유	병술	정해	무자	기축	
	8	7	7	7	6	6	6	5	5	5	4	4	4	3	3	3	
	3	3	3	4	4	4	5	5	5	6	6	6	7	7	7	8	

2000(경진)년 【단기 4333년】

음 7 월	음력		1	2	3	4	5	6	7	8	9	10	11	12	13
	양력		**7/31**	**8/1**	2	3	4	5	6	7	8	9	10	11	12
	연주 (생년)		경진	경진	경진	경진	경진	경진	경진	경진	경진	경진	경진	경진	경진
	월주 (생월)		계미	계미	계미	계미	계미	계미	계미	**갑신**	갑신	갑신	갑신	갑신	갑신
	일주 (생일)		경인	신묘	임진	계사	갑오	을미	병신	정유	무술	기해	경자	신축	임인
	대운	남	2	2	2	1	1	1	1	10	10	10	9	9	9
		여	8	8	9	9	9	10	10	10	1	1	1	1	2

음 8 월	음력		1	2	3	4	5	6	7	8	9	10	11	12	13
	양력		**8/29**	30	31	**9/1**	2	3	4	5	6	7	8	9	10
	연주 (생년)		경진	경진	경진	경진	경진	경진	경진	경진	경진	경진	경진	경진	경진
	월주 (생월)		갑신	갑신	갑신	갑신	갑신	갑신	갑신	갑신	갑신	**을유**	을유	을유	을유
	일주 (생일)		기미	경신	신유	임술	계해	갑자	을축	병인	정묘	무진	기사	경오	신미
	대운	남	3	3	2	2	2	1	1	1	1	10	10	10	9
		여	7	8	8	8	9	9	9	10	10	10	1	1	1

음 9 월	음력		1	2	3	4	5	6	7	8	9	10	11	12	13
	양력		**9/28**	29	30	**10/1**	2	3	4	5	6	7	8	9	10
	연주 (생년)		경진	경진	경진	경진	경진	경진	경진	경진	경진	경진	경진	경진	경진
	월주 (생월)		을유	을유	을유	을유	을유	을유	을유	을유	을유	을유	**병술**	병술	병술
	일주 (생일)		기축	경인	신묘	임진	계사	갑오	을미	병신	정유	무술	기해	경자	신축
	대운	남	3	3	3	2	2	2	1	1	1	1	10	10	9
		여	7	7	8	8	8	9	9	9	10	10	10	1	1

음 10 월	음력		1	2	3	4	5	6	7	8	9	10	11	12	13
	양력		**10/27**	28	29	30	31	**11/1**	2	3	4	5	6	7	8
	연주 (생년)		경진	경진	경진	경진	경진	경진	경진	경진	경진	경진	경진	경진	경진
	월주 (생월)		병술	병술	병술	병술	병술	병술	병술	병술	병술	병술	병술	**정해**	정해
	일주 (생일)		무오	기미	경신	신유	임술	계해	갑자	을축	병인	정묘	무진	기사	경오
	대운	남	4	3	3	3	2	2	2	1	1	1	1	10	10
		여	6	7	7	7	8	8	8	9	9	9	10	10	1

음 11 월	음력		1	2	3	4	5	6	7	8	9	10	11	12	13
	양력		**11/26**	27	28	29	30	**12/1**	2	3	4	5	6	7	8
	연주 (생년)		경진	경진	경진	경진	경진	경진	경진	경진	경진	경진	경진	경진	경진
	월주 (생월)		정해	정해	정해	정해	정해	정해	정해	정해	정해	정해	정해	**무자**	무자
	일주 (생일)		무자	기축	경인	신묘	임진	계사	갑오	을미	병신	정유	무술	기해	경자
	대운	남	4	3	3	3	2	2	2	1	1	1	1	10	9
		여	6	7	7	7	8	8	8	9	9	9	10	10	1

음 12 월	음력		1	2	3	4	5	6	7	8	9	10	11	12	13
	양력		**12/26**	27	28	29	30	31	**1/1**	2	3	4	5	6	7
	연주 (생년)		경진	경진	경진	경진	경진	경진	경진	경진	경진	경진	경진	경진	경진
	월주 (생월)		무자	무자	무자	무자	무자	무자	무자	무자	무자	무자	**기축**	기축	기축
	일주 (생일)		무오	기미	경신	신유	임술	계해	갑자	을축	병인	정묘	무진	기사	경오
	대운	남	3	3	3	2	2	2	1	1	1	1	10	10	9
		여	6	7	7	7	8	8	8	9	9	9	10	1	1

	14	15	16	17	18	19	20	21	22	23	24	25	26	27	28	29	
	13	14	15	16	17	18	19	20	21	22	23	24	25	26	27	28	
음	경진	경진	경진	경진	경진	경진	경진	경진	경진	경진	경진	경진	경진	경진	경진	경진	
7	갑신	갑신	갑신	갑신	갑신	갑신	갑신	갑신	갑신	갑신	갑신	갑신	갑신	갑신	갑신	갑신	
월	계묘	갑진	을사	병오	정미	무신	기유	경술	신해	임자	계축	갑인	을묘	병진	정사	무오	
	8	8	8	7	7	7	6	6	6	5	5	5	4	4	4	3	
	2	2	3	3	3	4	4	4	5	5	5	6	6	6	7	7	
	14	15	16	17	18	19	20	21	22	23	24	25	26	27	28	29	30
	11	12	13	14	15	16	17	18	19	20	21	22	23	24	25	26	27
음	경진	경진	경진	경진	경진	경진	경진	경진	경진	경진	경진	경진	경진	경진	경진	경진	경진
8	을유	을유	을유	을유	을유	을유	을유	을유	을유	을유	을유	을유	을유	을유	을유	을유	을유
월	임신	계유	갑술	을해	병자	정축	무인	기묘	경진	신사	임오	계미	갑신	을유	병술	정해	무자
	9	9	8	8	8	7	7	7	6	6	6	5	5	5	4	4	4
	1	2	2	2	3	3	3	4	4	4	5	5	5	6	6	6	7
	14	15	16	17	18	19	20	21	22	23	24	25	26	27	28	29	
	11	12	13	14	15	16	17	18	19	20	21	22	23	24	25	26	
음	경진	경진	경진	경진	경진	경진	경진	경진	경진	경진	경진	경진	경진	경진	경진	경진	
9	병술	병술	병술	병술	병술	병술	병술	병술	병술	병술	병술	병술	병술	병술	병술	병술	
월	임인	계묘	갑진	을사	병오	정미	무신	기유	경술	신해	임자	계축	갑인	을묘	병진	정사	
	9	9	8	8	8	7	7	7	6	6	6	5	5	5	4	4	
	1	1	2	2	2	3	3	3	4	4	4	5	5	5	6	6	
	14	15	16	17	18	19	20	21	22	23	24	25	26	27	28	29	30
	9	10	11	12	13	14	15	16	17	18	19	20	21	22	23	24	25
음	경진	경진	경진	경진	경진	경진	경진	경진	경진	경진	경진	경진	경진	경진	경진	경진	경진
10	정해	정해	정해	정해	정해	정해	정해	정해	정해	정해	정해	정해	정해	정해	정해	정해	정해
월	신미	임신	계유	갑술	을해	병자	정축	무인	기묘	경진	신사	임오	계미	갑신	을유	병술	정해
	9	9	9	8	8	8	7	7	7	6	6	6	5	5	5	4	4
	1	1	1	2	2	2	3	3	3	4	4	4	5	5	5	6	6
	14	15	16	17	18	19	20	21	22	23	24	25	26	27	28	29	30
	9	10	11	12	13	14	15	16	17	18	19	20	21	22	23	24	25
음	경진	경진	경진	경진	경진	경진	경진	경진	경진	경진	경진	경진	경진	경진	경진	경진	경진
11	무자	무자	무자	무자	무자	무자	무자	무자	무자	무자	무자	무자	무자	무자	무자	무자	무자
월	신축	임인	계묘	갑진	을사	병오	정미	무신	기유	경술	신해	임자	계축	갑인	을묘	병진	정사
	9	9	8	8	8	7	7	7	6	6	6	5	5	5	4	4	4
	1	1	1	2	2	2	3	3	3	4	4	4	5	5	5	6	6
	14	15	16	17	18	19	20	21	22	23	24	25	26	27	28	29	
	8	9	10	11	12	13	14	15	16	17	18	19	20	21	22	23	
음	경진	경진	경진	경진	경진	경진	경진	경진	경진	경진	경진	경진	경진	경진	경진	경진	
12	기축	기축	기축	기축	기축	기축	기축	기축	기축	기축	기축	기축	기축	기축	기축	기축	
월	신미	임신	계유	갑술	을해	병자	정축	무인	기묘	경진	신사	임오	계미	갑신	을유	병술	
	9	9	8	8	8	7	7	7	6	6	6	5	5	5	4	4	
	1	1	2	2	2	3	3	3	4	4	4	5	5	5	6	6	

2001(신사)년 【단기 4334년】

월	구분		1	2	3	4	5	6	7	8	9	10	11	12	13
음 1 월	음력		1	2	3	4	5	6	7	8	9	10	11	12	13
	양력		**1/24**	25	26	27	28	29	30	31	**2/1**	2	3	4	5
	연주 (생년)		경진	경진	경진	경진	경진	경진	경진	경진	경진	경진	경진	**신사**	신사
	월주 (생월)		기축	기축	기축	기축	기축	기축	기축	기축	기축	기축	기축	**경인**	경인
	일주 (생일)		정해	무자	기축	경인	신묘	임진	계사	갑오	을미	병신	정유	무술	기해
	대운	남	4	3	3	3	2	2	2	1	1	1	1	10	1
		여	6	7	7	7	8	8	8	9	9	9	10	10	9
음 2 월	음력		1	2	3	4	5	6	7	8	9	10	11	12	13
	양력		**2/23**	24	25	26	27	28	**3/1**	2	3	4	5	6	7
	연주 (생년)		신사	신사	신사	신사	신사	신사	신사	신사	신사	신사	신사	신사	신사
	월주 (생월)		경인	경인	경인	경인	경인	경인	경인	경인	경인	경인	**신묘**	신묘	신묘
	일주 (생일)		정사	무오	기미	경신	신유	임술	계해	갑자	을축	병인	정묘	무진	기사
	대운	남	6	7	7	7	8	8	8	9	9	9	10	1	1
		여	3	3	3	2	2	2	1	1	1	1	10	10	10
음 3 월	음력		1	2	3	4	5	6	7	8	9	10	11	12	13
	양력		**3/25**	26	27	28	29	30	31	**4/1**	2	3	4	5	6
	연주 (생년)		신사	신사	신사	신사	신사	신사	신사	신사	신사	신사	신사	신사	신사
	월주 (생월)		신묘	신묘	신묘	신묘	신묘	신묘	신묘	신묘	신묘	신묘	신묘	**임진**	임진
	일주 (생일)		정해	무자	기축	경인	신묘	임진	계사	갑오	을미	병신	정유	무술	기해
	대운	남	7	7	7	8	8	8	9	9	9	10	10	10	1
		여	4	3	3	3	2	2	2	2	1	1	1	10	10
음 4 월	음력		1	2	3	4	5	6	7	8	9	10	11	12	13
	양력		**4/24**	25	26	27	28	29	30	**5/1**	2	3	4	5	6
	연주 (생년)		신사	신사	신사	신사	신사	신사	신사	신사	신사	신사	신사	신사	신사
	월주 (생월)		임진	임진	임진	임진	임진	임진	임진	임진	임진	임진	임진	**계사**	계사
	일주 (생일)		정사	무오	기미	경신	신유	임술	계해	갑자	을축	병인	정묘	무진	기사
	대운	남	6	7	7	7	8	8	8	9	9	9	10	10	1
		여	4	3	3	3	2	2	2	1	1	1	1	10	10
윤 4 월	음력		1	2	3	4	5	6	7	8	9	10	11	12	13
	양력		**5/23**	24	25	26	27	28	29	30	31	**6/1**	2	3	4
	연주 (생년)		신사	신사	신사	신사	신사	신사	신사	신사	신사	신사	신사	신사	신사
	월주 (생월)		계사	계사	계사	계사	계사	계사	계사	계사	계사	계사	계사	계사	계사
	일주 (생일)		병술	정해	무자	기축	경인	신묘	임진	계사	갑오	을미	병신	정유	무술
	대운	남	6	6	7	7	7	8	8	8	9	9	9	10	10
		여	4	4	4	3	3	3	2	2	2	1	1	1	1
음 5 월	음력		1	2	3	4	5	6	7	8	9	10	11	12	13
	양력		**6/21**	22	23	24	25	26	27	28	29	30	**7/1**	2	3
	연주 (생년)		신사	신사	신사	신사	신사	신사	신사	신사	신사	신사	신사	신사	신사
	월주 (생월)		갑오	갑오	갑오	갑오	갑오	갑오	갑오	갑오	갑오	갑오	갑오	갑오	갑오
	일주 (생일)		을묘	병진	정사	무오	기미	경신	신유	임술	계해	갑자	을축	병인	정묘
	대운	남	5	6	6	6	7	7	7	8	8	8	9	9	9
		여	5	5	5	4	4	4	3	3	3	2	2	2	1
음 6 월	음력		1	2	3	4	5	6	7	8	9	10	11	12	13
	양력		**7/21**	22	23	24	25	26	27	28	29	30	31	**8/1**	2
	연주 (생년)		신사	신사	신사	신사	신사	신사	신사	신사	신사	신사	신사	신사	신사
	월주 (생월)		을미	을미	을미	을미	을미	을미	을미	을미	을미	을미	을미	을미	을미
	일주 (생일)		을유	병술	정해	무자	기축	경인	신묘	임진	계사	갑오	을미	병신	정유
	대운	남	5	5	5	6	6	6	7	7	7	8	8	8	9
		여	6	5	5	5	4	4	4	3	3	3	2	2	2

월																	
음1월	14	15	16	17	18	19	20	21	22	23	24	25	26	27	28	29	30
	6	7	8	9	10	11	12	13	14	15	16	17	18	19	20	21	22
	신사	신사	신사	신사	신사	신사	신사	신사	신사	신사	신사	신사	신사	신사	신사	신사	신사
	경인	경인	경인	경인	경인	경인	경인	경인	경인	경인	경인	경인	경인	경인	경인	경인	경인
	경자	신축	임인	계묘	갑진	을사	병오	정미	무신	기유	경술	신해	임자	계축	갑인	을묘	병진
	1	1	1	2	2	2	3	3	3	4	4	4	5	5	5	6	6
	9	9	8	8	8	7	7	7	6	6	6	5	5	5	4	4	4
음2월	14	15	16	17	18	19	20	21	22	23	24	25	26	27	28	29	30
	8	9	10	11	12	13	14	15	16	17	18	19	20	21	22	23	24
	신사	신사	신사	신사	신사	신사	신사	신사	신사	신사	신사	신사	신사	신사	신사	신사	신사
	신묘	신묘	신묘	신묘	신묘	신묘	신묘	신묘	신묘	신묘	신묘	신묘	신묘	신묘	신묘	신묘	신묘
	경오	신미	임신	계유	갑술	을해	병자	정축	무인	기묘	경진	신사	임오	계미	갑신	을유	병술
	1	1	2	2	2	3	3	3	4	4	4	5	5	5	6	6	6
	9	9	9	8	8	8	7	7	7	6	6	6	5	5	5	4	4
음3월	14	15	16	17	18	19	20	21	22	23	24	25	26	27	28	29	30
	7	8	9	10	11	12	13	14	15	16	17	18	19	20	21	22	23
	신사	신사	신사	신사	신사	신사	신사	신사	신사	신사	신사	신사	신사	신사	신사	신사	신사
	임진	임진	임진	임진	임진	임진	임진	임진	임진	임진	임진	임진	임진	임진	임진	임진	임진
	경자	신축	임인	계묘	갑진	을사	병오	정미	무신	기유	경술	신해	임자	계축	갑인	을묘	병진
	1	1	1	2	2	2	3	3	3	4	4	4	5	5	5	6	6
	9	9	9	8	8	8	7	7	7	6	6	6	5	5	5	4	4
음4월	14	15	16	17	18	19	20	21	22	23	24	25	26	27	28	29	
	7	8	9	10	11	12	13	14	15	16	17	18	19	20	21	22	
	신사	신사	신사	신사	신사	신사	신사	신사	신사	신사	신사	신사	신사	신사	신사	신사	
	계사	계사	계사	계사	계사	계사	계사	계사	계사	계사	계사	계사	계사	계사	계사	계사	
	경오	신미	임신	계유	갑술	을해	병자	정축	무인	기묘	경진	신사	임오	계미	갑신	을유	
	1	1	1	2	2	2	3	3	3	4	4	4	5	5	5	6	
	10	9	9	9	8	8	8	7	7	7	6	6	6	5	5	5	
윤4월	14	15	16	17	18	19	20	21	22	23	24	25	26	27	28	29	
	5	6	7	8	9	10	11	12	13	14	15	16	17	18	19	20	
	신사	신사	신사	신사	신사	신사	신사	신사	신사	신사	신사	신사	신사	신사	신사	신사	
	갑오	갑오	갑오	갑오	갑오	갑오	갑오	갑오	갑오	갑오	갑오	갑오	갑오	갑오	갑오	갑오	
	기해	경자	신축	임인	계묘	갑진	을사	병오	정미	무신	기유	경술	신해	임자	계축	갑인	
	10	1	1	1	1	2	2	2	3	3	3	4	4	4	5	5	
	10	10	10	10	9	9	9	8	8	8	7	7	7	6	6	6	
음5월	14	15	16	17	18	19	20	21	22	23	24	25	26	27	28	29	30
	4	5	6	7	8	9	10	11	12	13	14	15	16	17	18	19	20
	신사	신사	신사	신사	신사	신사	신사	신사	신사	신사	신사	신사	신사	신사	신사	신사	신사
	갑오	갑오	갑오	**을미**	을미	을미	을미	을미	을미	을미	을미	을미	을미	을미	을미	을미	을미
	무진	기사	경오	신미	임신	계유	갑술	을해	병자	정축	무인	기묘	경진	신사	임오	계미	갑신
	10	10	10	10	1	1	1	1	2	2	2	3	3	3	4	4	4
	1	1	1	10	10	10	9	9	9	8	8	8	7	7	7	6	6
음6월	14	15	16	17	18	19	20	21	22	23	24	25	26	27	28	29	
	3	4	5	6	7	8	9	10	11	12	13	14	15	16	17	18	
	신사	신사	신사	신사	신사	신사	신사	신사	신사	신사	신사	신사	신사	신사	신사	신사	
	을미	을미	을미	을미	**병신**	병신	병신	병신	병신	병신	병신	병신	병신	병신	병신	병신	
	무술	기해	경자	신축	임인	계묘	갑진	을사	병오	정미	무신	기유	경술	신해	임자	계축	
	9	9	10	10	10	1	1	1	1	2	2	2	3	3	3	4	
	1	1	1	1	10	10	10	9	9	9	8	8	8	7	7	7	

2001(신사)년 【단기 4334년】

월	구분		1	2	3	4	5	6	7	8	9	10	11	12	13
음 7 월	음력		1	2	3	4	5	6	7	8	9	10	11	12	13
	양력		8/19	20	21	22	23	24	25	26	27	28	29	30	31
	연주 (생년)		신사	신사	신사	신사	신사	신사	신사	신사	신사	신사	신사	신사	신사
	월주 (생월)		병신	병신	병신	병신	병신	병신	병신	병신	병신	병신	병신	병신	병신
	일주 (생일)		갑인	을묘	병진	정사	무오	기미	경신	신유	임술	계해	갑자	을축	병인
	대운	남	4	4	5	5	5	6	6	6	7	7	7	8	8
		여	6	6	6	5	5	5	4	4	4	3	3	3	2
음 8 월	음력		1	2	3	4	5	6	7	8	9	10	11	12	13
	양력		9/17	18	19	20	21	22	23	24	25	26	27	28	29
	연주 (생년)		신사	신사	신사	신사	신사	신사	신사	신사	신사	신사	신사	신사	신사
	월주 (생월)		정유	정유	정유	정유	정유	정유	정유	정유	정유	정유	정유	정유	정유
	일주 (생일)		계미	갑신	을유	병술	정해	무자	기축	경인	신묘	임진	계사	갑오	을미
	대운	남	3	4	4	4	5	5	5	6	6	6	7	7	7
		여	7	7	6	6	6	5	5	5	4	4	4	3	3
음 9 월	음력		1	2	3	4	5	6	7	8	9	10	11	12	13
	양력		10/17	18	19	20	21	22	23	24	25	26	27	28	29
	연주 (생년)		신사	신사	신사	신사	신사	신사	신사	신사	신사	신사	신사	신사	신사
	월주 (생월)		무술	무술	무술	무술	무술	무술	무술	무술	무술	무술	무술	무술	무술
	일주 (생일)		계축	갑인	을묘	병진	정사	무오	기미	경신	신유	임술	계해	갑자	을축
	대운	남	3	3	4	4	4	5	5	5	6	6	6	7	7
		여	7	7	6	6	6	5	5	5	4	4	4	3	3
음 10 월	음력		1	2	3	4	5	6	7	8	9	10	11	12	13
	양력		11/15	16	17	18	19	20	21	22	23	24	25	26	27
	연주 (생년)		신사	신사	신사	신사	신사	신사	신사	신사	신사	신사	신사	신사	신사
	월주 (생월)		기해	기해	기해	기해	기해	기해	기해	기해	기해	기해	기해	기해	기해
	일주 (생일)		임오	계미	갑신	을유	병술	정해	무자	기축	경인	신묘	임진	계사	갑오
	대운	남	3	3	3	4	4	4	5	5	5	6	6	6	7
		여	7	7	7	6	6	6	5	5	5	4	4	4	3
음 11 월	음력		1	2	3	4	5	6	7	8	9	10	11	12	13
	양력		12/15	16	17	18	19	20	21	22	23	24	25	26	27
	연주 (생년)		신사	신사	신사	신사	신사	신사	신사	신사	신사	신사	신사	신사	신사
	월주 (생월)		경자	경자	경자	경자	경자	경자	경자	경자	경자	경자	경자	경자	경자
	일주 (생일)		임자	계축	갑인	을묘	병진	정사	무오	기미	경신	신유	임술	계해	갑자
	대운	남	3	3	3	4	4	4	5	5	5	6	6	6	7
		여	7	7	7	6	6	6	5	5	5	4	4	4	3
음 12 월	음력		1	2	3	4	5	6	7	8	9	10	11	12	13
	양력		1/13	14	15	16	17	18	19	20	21	22	23	24	25
	연주 (생년)		신사	신사	신사	신사	신사	신사	신사	신사	신사	신사	신사	신사	신사
	월주 (생월)		신축	신축	신축	신축	신축	신축	신축	신축	신축	신축	신축	신축	신축
	일주 (생일)		신사	임오	계미	갑신	을유	병술	정해	무자	기축	경인	신묘	임진	계사
	대운	남	3	3	3	4	4	4	5	5	5	6	6	6	7
		여	7	7	7	6	6	6	5	5	5	4	4	4	3

음 7 월	14	15	16	17	18	19	20	21	22	23	24	25	26	27	28	29	
	9/1	2	3	4	5	6	7	8	9	10	11	12	13	14	15	16	
	신사	신사	신사	신사	신사	신사	신사	신사	신사	신사	신사	신사	신사	신사	신사	신사	
	병신	병신	병신	병신	병신	병신	**정유**	정유	정유	정유	정유	정유	정유	정유	정유	정유	
	정묘	무진	기사	경오	신미	임신	계유	갑술	을해	병자	정축	무인	기묘	경진	신사	임오	
	8	9	9	9	10	10	10	1	1	1	1	2	2	2	3	3	
	2	2	1	1	1	1	10	10	10	9	9	9	8	8	8	7	
음 8 월	14	15	16	17	18	19	20	21	22	23	24	25	26	27	28	29	30
	30	**10/1**	2	3	4	5	6	7	8	9	10	11	12	13	14	15	16
	신사	신사	신사	신사	신사	신사	신사	신사	신사	신사	신사	신사	신사	신사	신사	신사	신사
	정유	정유	정유	정유	정유	정유	정유	정유	**무술**	무술	무술	무술	무술	무술	무술	무술	무술
	병신	정유	무술	기해	경자	신축	임인	계묘	갑진	을사	병오	정미	무신	기유	경술	신해	임자
	8	8	8	9	9	9	10	10	10	1	1	1	1	2	2	2	3
	3	2	2	2	1	1	1	1	10	10	9	9	9	8	8	8	7
음 9 월	14	15	16	17	18	19	20	21	22	23	24	25	26	27	28	29	
	30	31	**11/1**	2	3	4	5	6	7	8	9	10	11	12	13	14	
	신사	신사	신사	신사	신사	신사	신사	신사	신사	신사	신사	신사	신사	신사	신사	신사	
	무술	무술	무술	무술	무술	무술	무술	무술	**기해**	기해	기해	기해	기해	기해	기해	기해	
	병인	정묘	무진	기사	경오	신미	임신	계유	갑술	을해	병자	정축	무인	기묘	경진	신사	
	7	8	8	8	9	9	9	10	10	1	1	1	1	2	2	2	
	3	2	2	2	1	1	1	1	10	10	9	9	9	8	8	8	
음 10 월	14	15	16	17	18	19	20	21	22	23	24	25	26	27	28	29	30
	28	29	30	**12/1**	2	3	4	5	6	7	8	9	10	11	12	13	14
	신사	신사	신사	신사	신사	신사	신사	신사	신사	신사	신사	신사	신사	신사	신사	신사	신사
	기해	기해	기해	기해	기해	기해	기해	기해	기해	**경자**	경자	경자	경자	경자	경자	경자	경자
	을미	병신	정유	무술	기해	경자	신축	임인	계묘	갑진	을사	병오	정미	무신	기유	경술	신해
	7	7	8	8	8	9	9	9	10	10	1	1	1	1	2	2	2
	3	3	2	2	2	1	1	1	1	10	10	9	9	9	8	8	8
음 11 월	14	15	16	17	18	19	20	21	22	23	24	25	26	27	28	29	
	28	29	30	31	**1/1**	2	3	4	5	6	7	8	9	10	11	12	
	신사	신사	신사	신사	신사	신사	신사	신사	신사	신사	신사	신사	신사	신사	신사	신사	
	경자	경자	경자	경자	경자	경자	경자	경자	**신축**	신축	신축	신축	신축	신축	신축	신축	
	을축	병인	정묘	무진	기사	경오	신미	임신	계유	갑술	을해	병자	정축	무인	기묘	경진	
	7	7	8	8	8	9	9	9	10	1	1	1	1	2	2	2	
	3	3	2	2	2	1	1	1	10	10	9	9	9	8	8	8	
음 12 월	14	15	16	17	18	19	20	21	22	23	24	25	26	27	28	29	30
	26	27	28	29	30	31	**2/1**	2	3	4	5	6	7	8	9	10	11
	신사	신사	신사	신사	신사	신사	신사	신사	신사	**임오**	임오	임오	임오	임오	임오	임오	임오
	신축	신축	신축	신축	신축	신축	신축	신축	신축	**임인**	임인	임인	임인	임인	임인	임인	임인
	갑오	을미	병신	정유	무술	기해	경자	신축	임인	계묘	갑진	을사	병오	정미	무신	기유	경술
	7	7	8	8	8	9	9	9	10	10	10	9	9	9	8	8	8
	3	3	2	2	2	1	1	1	1	10	1	1	1	1	2	2	2

2002(임오)년 【단기 4335년】

월	구분		1	2	3	4	5	6	7	8	9	10	11	12	13
음 1 월	음력		1	2	3	4	5	6	7	8	9	10	11	12	13
	양력		2/12	13	14	15	16	17	18	19	20	21	22	23	24
	연주 (생년)		임오	임오	임오	임오	임오	임오	임오	임오	임오	임오	임오	임오	임오
	월주 (생월)		임인	임인	임인	임인	임인	임인	임인	임인	임인	임인	임인	임인	임인
	일주 (생일)		신해	임자	계축	갑인	을묘	병진	정사	무오	기미	경신	신유	임술	계해
	대운	남	7	7	7	6	6	6	5	5	5	4	4	4	3
		여	3	3	3	4	4	4	5	5	5	6	6	6	7
음 2 월	음력		1	2	3	4	5	6	7	8	9	10	11	12	13
	양력		3/14	15	16	17	18	19	20	21	22	23	24	25	26
	연주 (생년)		임오	임오	임오	임오	임오	임오	임오	임오	임오	임오	임오	임오	임오
	월주 (생월)		계묘	계묘	계묘	계묘	계묘	계묘	계묘	계묘	계묘	계묘	계묘	계묘	계묘
	일주 (생일)		신사	임오	계미	갑신	을유	병술	정해	무자	기축	경인	신묘	임진	계사
	대운	남	7	7	7	6	6	6	5	5	5	4	4	4	3
		여	3	3	3	4	4	4	5	5	5	6	6	6	7
음 3 월	음력		1	2	3	4	5	6	7	8	9	10	11	12	13
	양력		4/13	14	15	16	17	18	19	20	21	22	23	24	25
	연주 (생년)		임오	임오	임오	임오	임오	임오	임오	임오	임오	임오	임오	임오	임오
	월주 (생월)		갑진	갑진	갑진	갑진	갑진	갑진	갑진	갑진	갑진	갑진	갑진	갑진	갑진
	일주 (생일)		신해	임자	계축	갑인	을묘	병진	정사	무오	기미	경신	신유	임술	계해
	대운	남	8	7	7	7	6	6	6	5	5	5	4	4	4
		여	3	3	3	4	4	4	5	5	5	6	6	6	7
음 4 월	음력		1	2	3	4	5	6	7	8	9	10	11	12	13
	양력		5/12	13	14	15	16	17	18	19	20	21	22	23	24
	연주 (생년)		임오	임오	임오	임오	임오	임오	임오	임오	임오	임오	임오	임오	임오
	월주 (생월)		을사	을사	을사	을사	을사	을사	을사	을사	을사	을사	을사	을사	을사
	일주 (생일)		경진	신사	임오	계미	갑신	을유	병술	정해	무자	기축	경인	신묘	임진
	대운	남	8	8	8	7	7	7	6	6	6	5	5	5	4
		여	2	2	3	3	3	4	4	4	5	5	5	6	6
음 5 월	음력		1	2	3	4	5	6	7	8	9	10	11	12	13
	양력		6/11	12	13	14	15	16	17	18	19	20	21	22	23
	연주 (생년)		임오	임오	임오	임오	임오	임오	임오	임오	임오	임오	임오	임오	임오
	월주 (생월)		병오	병오	병오	병오	병오	병오	병오	병오	병오	병오	병오	병오	병오
	일주 (생일)		경술	신해	임자	계축	갑인	을묘	병진	정사	무오	기미	경신	신유	임술
	대운	남	9	8	8	8	7	7	7	6	6	6	5	5	5
		여	2	2	2	3	3	3	4	4	4	5	5	5	6
음 6 월	음력		1	2	3	4	5	6	7	8	9	10	11	12	13
	양력		7/10	11	12	13	14	15	16	17	18	19	20	21	22
	연주 (생년)		임오	임오	임오	임오	임오	임오	임오	임오	임오	임오	임오	임오	임오
	월주 (생월)		정미	정미	정미	정미	정미	정미	정미	정미	정미	정미	정미	정미	정미
	일주 (생일)		기묘	경진	신사	임오	계미	갑신	을유	병술	정해	무자	기축	경인	신묘
	대운	남	10	9	9	9	8	8	8	7	7	7	6	6	6
		여	1	1	2	2	2	3	3	3	4	4	4	5	5

	14	15	16	17	18	19	20	21	22	23	24	25	26	27	28	29	30
	25	26	27	28	**3/1**	2	3	4	5	6	7	8	9	10	11	12	13
음	임오	임오	임오	임오	임오	임오	임오	임오	임오	임오	임오	임오	임오	임오	임오	임오	임오
1	임인	임인	임인	임인	임인	임인	임인	임인	임인	**계묘**	계묘	계묘	계묘	계묘	계묘	계묘	계묘
월	갑자	을축	병인	정묘	무진	기사	경오	신미	임신	계유	갑술	을해	병자	정축	무인	기묘	경진
	3	3	2	2	2	1	1	1	1	10	10	9	9	9	8	8	8
	7	7	8	8	8	9	9	9	10	10	1	1	1	1	2	2	2
	14	15	16	17	18	19	20	21	22	23	24	25	26	27	28	29	30
	27	28	29	30	31	**4/1**	2	3	4	5	6	7	8	9	10	11	12
음	임오	임오	임오	임오	임오	임오	임오	임오	임오	임오	임오	임오	임오	임오	임오	임오	임오
2	계묘	계묘	계묘	계묘	계묘	계묘	계묘	계묘	계묘	**갑진**	갑진	갑진	갑진	갑진	갑진	갑진	갑진
월	갑오	을미	병신	정유	무술	기해	경자	신축	임인	계묘	갑진	을사	병오	정미	무신	기유	경술
	3	3	2	2	2	1	1	1	1	10	10	10	9	9	9	8	8
	7	7	8	8	8	9	9	9	10	10	1	1	1	1	2	2	2
	14	15	16	17	18	19	20	21	22	23	24	25	26	27	28	29	
	26	27	28	29	30	**5/1**	2	3	4	5	6	7	8	9	10	11	
음	임오	임오	임오	임오	임오	임오	임오	임오	임오	임오	임오	임오	임오	임오	임오	임오	
3	갑진	갑진	갑진	갑진	갑진	갑진	갑진	갑진	갑진	갑진	**을사**	을사	을사	을사	을사	을사	
월	갑자	을축	병인	정묘	무진	기사	경오	신미	임신	계유	갑술	을해	병자	정축	무인	기묘	
	3	3	3	2	2	2	1	1	1	1	10	10	10	9	9	9	
	7	7	8	8	8	9	9	9	10	10	10	1	1	1	1	2	
	14	15	16	17	18	19	20	21	22	23	24	25	26	27	28	29	30
	25	26	27	28	29	30	31	**6/1**	2	3	4	5	6	7	8	9	10
음	임오	임오	임오	임오	임오	임오	임오	임오	임오	임오	임오	임오	임오	임오	임오	임오	임오
4	을사	을사	을사	을사	을사	을사	을사	을사	을사	을사	을사	을사	**병오**	병오	병오	병오	병오
월	계사	갑오	을미	병신	정유	무술	기해	경자	신축	임인	계묘	갑진	을사	병오	정미	무신	기유
	4	4	3	3	3	2	2	2	1	1	1	1	10	10	10	9	9
	7	7	7	8	8	8	9	9	9	10	10	10	10	1	1	1	1
	14	15	16	17	18	19	20	21	22	23	24	25	26	27	28	29	
	24	25	26	27	28	29	30	**7/1**	2	3	4	5	6	7	8	9	
음	임오	임오	임오	임오	임오	임오	임오	임오	임오	임오	임오	임오	임오	임오	임오	임오	
5	병오	병오	병오	병오	병오	병오	병오	병오	병오	병오	병오	병오	병오	**정미**	정미	정미	
월	계해	갑자	을축	병인	정묘	무진	기사	경오	신미	임신	계유	갑술	을해	병자	정축	무인	
	4	4	4	3	3	3	2	2	2	1	1	1	1	10	10	10	
	6	6	7	7	7	8	8	8	9	9	9	10	10	10	1	1	
	14	15	16	17	18	19	20	21	22	23	24	25	26	27	28	29	30
	23	24	25	26	27	28	29	30	31	**8/1**	2	3	4	5	6	7	8
음	임오	임오	임오	임오	임오	임오	임오	임오	임오	임오	임오	임오	임오	임오	임오	임오	임오
6	정미	정미	정미	정미	정미	정미	정미	정미	정미	정미	정미	정미	정미	정미	정미	정미	**무신**
월	임진	계사	갑오	을미	병신	정유	무술	기해	경자	신축	임인	계묘	갑진	을사	병오	정미	무신
	5	5	5	4	4	4	3	3	3	2	2	2	1	1	1	1	10
	5	6	6	6	7	7	7	8	8	8	9	9	9	10	10	10	10

2002(임오)년 【단기 4335년】

월	구분		1	2	3	4	5	6	7	8	9	10	11	12	13
음 7 월	음 력		1	2	3	4	5	6	7	8	9	10	11	12	13
	양 력		**8/9**	10	11	12	13	14	15	16	17	18	19	20	21
	연주 (생년)		임오	임오	임오	임오	임오	임오	임오	임오	임오	임오	임오	임오	임오
	월주 (생월)		무신	무신	무신	무신	무신	무신	무신	무신	무신	무신	무신	무신	무신
	일주 (생일)		기유	경술	신해	임자	계축	갑인	을묘	병진	정사	무오	기미	경신	신유
	대운	남	10	10	9	9	9	8	8	8	7	7	7	6	6
		여	1	1	1	1	2	2	2	3	3	3	4	4	4
음 8 월	음 력		1	2	3	4	5	6	7	8	9	10	11	12	13
	양 력		**9/7**	8	9	10	11	12	13	14	15	16	17	18	19
	연주 (생년)		임오	임오	임오	임오	임오	임오	임오	임오	임오	임오	임오	임오	임오
	월주 (생월)		무신	**기유**	기유	기유	기유	기유	기유	기유	기유	기유	기유	기유	기유
	일주 (생일)		무인	기묘	경진	신사	임오	계미	갑신	을유	병술	정해	무자	기축	경인
	대운	남	1	10	10	9	9	9	8	8	8	7	7	7	6
		여	10	10	1	1	1	1	2	2	2	3	3	3	4
음 9 월	음 력		1	2	3	4	5	6	7	8	9	10	11	12	13
	양 력		**10/6**	7	8	9	10	11	12	13	14	15	16	17	18
	연주 (생년)		임오	임오	임오	임오	임오	임오	임오	임오	임오	임오	임오	임오	임오
	월주 (생월)		기유	기유	**경술**	경술	경술	경술	경술	경술	경술	경술	경술	경술	경술
	일주 (생일)		정미	무신	기유	경술	신해	임자	계축	갑인	을묘	병진	정사	무오	기미
	대운	남	1	1	10	10	9	9	9	8	8	8	7	7	7
		여	9	10	10	1	1	1	1	2	2	2	3	3	3
음 10 월	음 력		1	2	3	4	5	6	7	8	9	10	11	12	13
	양 력		**11/5**	6	7	8	9	10	11	12	13	14	15	16	17
	연주 (생년)		임오	임오	임오	임오	임오	임오	임오	임오	임오	임오	임오	임오	임오
	월주 (생월)		경술	경술	**신해**	신해	신해	신해	신해	신해	신해	신해	신해	신해	신해
	일주 (생일)		정축	무인	기묘	경진	신사	임오	계미	갑신	을유	병술	정해	무자	기축
	대운	남	1	1	10	10	9	9	9	8	8	8	7	7	7
		여	9	10	10	1	1	1	1	2	2	2	3	3	3
음 11 월	음 력		1	2	3	4	5	6	7	8	9	10	11	12	13
	양 력		**12/4**	5	6	7	8	9	10	11	12	13	14	15	16
	연주 (생년)		임오	임오	임오	임오	임오	임오	임오	임오	임오	임오	임오	임오	임오
	월주 (생월)		신해	신해	신해	**임자**	임자	임자	임자	임자	임자	임자	임자	임자	임자
	일주 (생일)		병오	정미	무신	기유	경술	신해	임자	계축	갑인	을묘	병진	정사	무오
	대운	남	1	1	1	10	10	9	9	9	8	8	8	7	7
		여	9	9	10	10	1	1	1	1	2	2	2	3	3
음 12 월	음 력		1	2	3	4	5	6	7	8	9	10	11	12	13
	양 력		**1/3**	4	5	6	7	8	9	10	11	12	13	14	15
	연주 (생년)		임오	임오	임오	임오	임오	임오	임오	임오	임오	임오	임오	임오	임오
	월주 (생월)		임자	임자	임자	**계축**	계축	계축	계축	계축	계축	계축	계축	계축	계축
	일주 (생일)		병자	정축	무인	기묘	경진	신사	임오	계미	갑신	을유	병술	정해	무자
	대운	남	1	1	1	10	9	9	9	8	8	8	7	7	7
		여	9	9	10	10	1	1	1	1	2	2	2	3	3

	14	15	16	17	18	19	20	21	22	23	24	25	26	27	28	29	
	22	23	24	25	26	27	28	29	30	31	**9/1**	2	3	4	5	6	
음	임오	임오	임오	임오	임오	임오	임오	임오	임오	임오	임오	임오	임오	임오	임오	임오	
7	무신	무신	무신	무신	무신	무신	무신	무신	무신	무신	무신	무신	무신	무신	무신	무신	
월	임술	계해	갑자	을축	병인	정묘	무진	기사	경오	신미	임신	계유	갑술	을해	병자	정축	
	6	5	5	5	4	4	4	3	3	3	2	2	2	1	1	1	
	5	5	5	6	6	6	7	7	7	8	8	8	9	9	9	10	

	14	15	16	17	18	19	20	21	22	23	24	25	26	27	28	29	
	20	21	22	23	24	25	26	27	28	29	30	**10/1**	2	3	4	5	
음	임오	임오	임오	임오	임오	임오	임오	임오	임오	임오	임오	임오	임오	임오	임오	임오	
8	기유	기유	기유	기유	기유	기유	기유	기유	기유	기유	기유	기유	기유	기유	기유	기유	
월	신묘	임진	계사	갑오	을미	병신	정유	무술	기해	경자	신축	임인	계묘	갑진	을사	병오	
	6	6	5	5	5	4	4	4	3	3	3	2	2	2	1	1	
	4	4	5	5	5	6	6	6	7	7	7	8	8	8	9	9	

	14	15	16	17	18	19	20	21	22	23	24	25	26	27	28	29	30
	19	20	21	22	23	24	25	26	27	28	29	30	31	**11/1**	2	3	4
음	임오	임오	임오	임오	임오	임오	임오	임오	임오	임오	임오	임오	임오	임오	임오	임오	임오
9	경술	경술	경술	경술	경술	경술	경술	경술	경술	경술	경술	경술	경술	경술	경술	경술	경술
월	경신	신유	임술	계해	갑자	을축	병인	정묘	무진	기사	경오	신미	임신	계유	갑술	을해	병자
	6	6	6	5	5	5	4	4	4	3	3	3	2	2	2	1	1
	4	4	4	5	5	5	6	6	6	7	7	7	8	8	8	9	9

	14	15	16	17	18	19	20	21	22	23	24	25	26	27	28	29	
	18	19	20	21	22	23	24	25	26	27	28	29	30	**12/1**	2	3	
음	임오	임오	임오	임오	임오	임오	임오	임오	임오	임오	임오	임오	임오	임오	임오	임오	
10	신해	신해	신해	신해	신해	신해	신해	신해	신해	신해	신해	신해	신해	신해	신해	신해	
월	경인	신묘	임진	계사	갑오	을미	병신	정유	무술	기해	경자	신축	임인	계묘	갑진	을사	
	6	6	6	5	5	5	4	4	4	3	3	3	2	2	2	1	
	4	4	4	5	5	5	6	6	6	7	7	7	8	8	8	9	

	14	15	16	17	18	19	20	21	22	23	24	25	26	27	28	29	30
	17	18	19	20	21	22	23	24	25	26	27	28	29	30	31	**1/1**	2
음	임오	임오	임오	임오	임오	임오	임오	임오	임오	임오	임오	임오	임오	임오	임오	임오	임오
11	임자	임자	임자	임자	임자	임자	임자	임자	임자	임자	임자	임자	임자	임자	임자	임자	임자
월	기미	경신	신유	임술	계해	갑자	을축	병인	정묘	무진	기사	경오	신미	임신	계유	갑술	을해
	7	6	6	6	5	5	5	4	4	4	3	3	3	2	2	2	1
	3	4	4	4	5	5	5	6	6	6	7	7	7	8	8	8	9

	14	15	16	17	18	19	20	21	22	23	24	25	26	27	28	29	
	16	17	18	19	20	21	22	23	24	25	26	27	28	29	30	31	
음	임오	임오	임오	임오	임오	임오	임오	임오	임오	임오	임오	임오	임오	임오	임오	임오	
12	계축	계축	계축	계축	계축	계축	계축	계축	계축	계축	계축	계축	계축	계축	계축	계축	
월	기축	경인	신묘	임진	계사	갑오	을미	병신	정유	무술	기해	경자	신축	임인	계묘	갑진	
	6	6	6	5	5	5	4	4	4	3	3	3	2	2	2	1	
	3	4	4	4	5	5	5	6	6	6	7	7	7	8	8	8	

2003(계미)년 【단기 4336년】

음 1 월	음 력		1	2	3	4	5	6	7	8	9	10	11	12	13
	양 력		**2/1**	2	3	4	5	6	7	8	9	10	11	12	13
	연주 (생년)		임오	임오	임오	**계미**	계미	계미	계미	계미	계미	계미	계미	계미	계미
	월주 (생월)		계축	계축	계축	**갑인**	갑인	갑인	갑인	갑인	갑인	갑인	갑인	갑인	갑인
	일주 (생일)		을사	병오	정미	무신	기유	경술	신해	임자	계축	갑인	을묘	병진	정사
	대운	남	1	1	1	10	1	1	1	1	2	2	2	3	3
		여	9	9	9	10	10	9	9	9	8	8	8	7	7
음 2 월	음 력		1	2	3	4	5	6	7	8	9	10	11	12	13
	양 력		**3/3**	4	5	6	7	8	9	10	11	12	13	14	15
	연주 (생년)		계미	계미	계미	계미	계미	계미	계미	계미	계미	계미	계미	계미	계미
	월주 (생월)		갑인	갑인	갑인	**을묘**	을묘	을묘	을묘	을묘	을묘	을묘	을묘	을묘	을묘
	일주 (생일)		을해	병자	정축	무인	기묘	경진	신사	임오	계미	갑신	을유	병술	정해
	대운	남	9	9	10	10	1	1	1	1	2	2	2	3	3
		여	1	1	1	10	10	9	9	9	8	8	8	7	7
음 3 월	음 력		1	2	3	4	5	6	7	8	9	10	11	12	13
	양 력		**4/2**	3	4	5	6	7	8	9	10	11	12	13	14
	연주 (생년)		계미	계미	계미	계미	계미	계미	계미	계미	계미	계미	계미	계미	계미
	월주 (생월)		을묘	을묘	을묘	**병진**	병진	병진	병진	병진	병진	병진	병진	병진	병진
	일주 (생일)		을사	병오	정미	무신	기유	경술	신해	임자	계축	갑인	을묘	병진	정사
	대운	남	9	9	10	10	1	1	1	1	2	2	2	3	3
		여	1	1	1	10	10	10	9	9	9	8	8	8	7
음 4 월	음 력		1	2	3	4	5	6	7	8	9	10	11	12	13
	양 력		**5/1**	2	3	4	5	6	7	8	9	10	11	12	13
	연주 (생년)		계미	계미	계미	계미	계미	계미	계미	계미	계미	계미	계미	계미	계미
	월주 (생월)		병진	병진	병진	병진	병진	**정사**	정사	정사	정사	정사	정사	정사	정사
	일주 (생일)		갑술	을해	병자	정축	무인	기묘	경진	신사	임오	계미	갑신	을유	병술
	대운	남	9	9	9	10	10	10	1	1	1	1	2	2	2
		여	2	1	1	1	1	10	10	10	9	9	9	8	8
음 5 월	음 력		1	2	3	4	5	6	7	8	9	10	11	12	13
	양 력		**5/31**	**6/1**	2	3	4	5	6	7	8	9	10	11	12
	연주 (생년)		계미	계미	계미	계미	계미	계미	계미	계미	계미	계미	계미	계미	계미
	월주 (생월)		정사	정사	정사	정사	정사	정사	**무오**	무오	무오	무오	무오	무오	무오
	일주 (생일)		갑진	을사	병오	정미	무신	기유	경술	신해	임자	계축	갑인	을묘	병진
	대운	남	8	9	9	9	10	10	10	1	1	1	1	2	2
		여	2	2	1	1	1	1	10	10	10	9	9	9	8
음 6 월	음 력		1	2	3	4	5	6	7	8	9	10	11	12	13
	양 력		**6/30**	**7/1**	2	3	4	5	6	7	8	9	10	11	12
	연주 (생년)		계미	계미	계미	계미	계미	계미	계미	계미	계미	계미	계미	계미	계미
	월주 (생월)		무오	무오	무오	무오	무오	무오	무오	**기미**	기미	기미	기미	기미	기미
	일주 (생일)		갑술	을해	병자	정축	무인	기묘	경진	신사	임오	계미	갑신	을유	병술
	대운	남	8	8	9	9	9	10	10	10	1	1	1	1	2
		여	2	2	2	1	1	1	1	10	10	10	10	9	9

	14	15	16	17	18	19	20	21	22	23	24	25	26	27	28	29	30
	14	15	16	17	18	19	20	21	22	23	24	25	26	27	28	**3/1**	2
음	계미	계미	계미	계미	계미	계미	계미	계미	계미	계미	계미	계미	계미	계미	계미	계미	계미
1	갑인	갑인	갑인	갑인	갑인	갑인	갑인	갑인	갑인	갑인	갑인	갑인	갑인	갑인	갑인	갑인	갑인
월	무오	기미	경신	신유	임술	계해	갑자	을축	병인	정묘	무진	기사	경오	신미	임신	계유	갑술
	3	4	4	4	5	5	5	6	6	6	7	7	7	8	8	8	9
	7	6	6	6	5	5	5	4	4	4	3	3	3	2	2	2	1
	14	15	16	17	18	19	20	21	22	23	24	25	26	27	28	29	30
	16	17	18	19	20	21	22	23	24	25	26	27	28	29	30	31	**4/1**
음	계미	계미	계미	계미	계미	계미	계미	계미	계미	계미	계미	계미	계미	계미	계미	계미	계미
2	을묘	을묘	을묘	을묘	을묘	을묘	을묘	을묘	을묘	을묘	을묘	을묘	을묘	을묘	을묘	을묘	을묘
월	무자	기축	경인	신묘	임진	계사	갑오	을미	병신	정유	무술	기해	경자	신축	임인	계묘	갑진
	3	4	4	4	5	5	5	6	6	6	7	7	7	8	8	8	9
	7	6	6	6	5	5	5	4	4	4	3	3	3	2	2	2	1
	14	15	16	17	18	19	20	21	22	23	24	25	26	27	28	29	
	15	16	17	18	19	20	21	22	23	24	25	26	27	28	29	30	
음	계미	계미	계미	계미	계미	계미	계미	계미	계미	계미	계미	계미	계미	계미	계미	계미	
3	병진	병진	병진	병진	병진	병진	병진	병진	병진	병진	병진	병진	병진	병진	병진	병진	
월	무오	기미	경신	신유	임술	계해	갑자	을축	병인	정묘	무진	기사	경오	신미	임신	계유	
	3	4	4	4	5	5	5	6	6	6	7	7	7	8	8	8	
	7	7	6	6	6	5	5	5	4	4	4	3	3	3	2	2	
	14	15	16	17	18	19	20	21	22	23	24	25	26	27	28	29	30
	14	15	16	17	18	19	20	21	22	23	24	25	26	27	28	29	30
음	계미	계미	계미	계미	계미	계미	계미	계미	계미	계미	계미	계미	계미	계미	계미	계미	계미
4	정사	정사	정사	정사	정사	정사	정사	정사	정사	정사	정사	정사	정사	정사	정사	정사	정사
월	정해	무자	기축	경인	신묘	임진	계사	갑오	을미	병신	정유	무술	기해	경자	신축	임인	계묘
	3	3	3	4	4	4	5	5	5	6	6	6	7	7	7	8	8
	8	7	7	7	6	6	6	5	5	5	4	4	4	3	3	3	2
	14	15	16	17	18	19	20	21	22	23	24	25	26	27	28	29	30
	13	14	15	16	17	18	19	20	21	22	23	24	25	26	27	28	29
음	계미	계미	계미	계미	계미	계미	계미	계미	계미	계미	계미	계미	계미	계미	계미	계미	계미
5	무오	무오	무오	무오	무오	무오	무오	무오	무오	무오	무오	무오	무오	무오	무오	무오	무오
월	정사	무오	기미	경신	신유	임술	계해	갑자	을축	병인	정묘	무진	기사	경오	신미	임신	계유
	2	3	3	3	4	4	4	5	5	5	6	6	6	7	7	7	8
	8	8	7	7	7	6	6	6	5	5	5	4	4	4	3	3	3
	14	15	16	17	18	19	20	21	22	23	24	25	26	27	28	29	
	13	14	15	16	17	18	19	20	21	22	23	24	25	26	27	28	
음	계미	계미	계미	계미	계미	계미	계미	계미	계미	계미	계미	계미	계미	계미	계미	계미	
6	기미	기미	기미	기미	기미	기미	기미	기미	기미	기미	기미	기미	기미	기미	기미	기미	
월	정해	무자	기축	경인	신묘	임진	계사	갑오	을미	병신	정유	무술	기해	경자	신축	임인	
	2	2	3	3	3	4	4	4	5	5	5	6	6	6	7	7	
	9	8	8	8	7	7	7	6	6	6	5	5	5	4	4	4	

2003(계미)년 【단기 4336년】

음 7 월		1	2	3	4	5	6	7	8	9	10	11	12	13
음력		1	2	3	4	5	6	7	8	9	10	11	12	13
양력		**7/29**	30	31	**8/1**	2	3	4	5	6	7	8	9	10
연주 (생년)		계미	계미	계미	계미	계미	계미	계미	계미	계미	계미	계미	계미	계미
월주 (생월)		기미	기미	기미	기미	기미	기미	기미	기미	기미	기미	**경신**	경신	경신
일주 (생일)		계묘	갑진	을사	병오	정미	무신	기유	경술	신해	임자	계축	갑인	을묘
대운	남	7	8	8	8	9	9	9	10	10	10	10	1	1
	여	3	3	3	2	2	2	1	1	1	1	10	10	10

음 8 월		1	2	3	4	5	6	7	8	9	10	11	12	13
음력		1	2	3	4	5	6	7	8	9	10	11	12	13
양력		**8/28**	29	30	31	**9/1**	2	3	4	5	6	7	8	9
연주 (생년)		계미	계미	계미	계미	계미	계미	계미	계미	계미	계미	계미	계미	계미
월주 (생월)		경신	경신	경신	경신	경신	경신	경신	경신	경신	경신	경신	**신유**	신유
일주 (생일)		계유	갑술	을해	병자	정축	무인	기묘	경진	신사	임오	계미	갑신	을유
대운	남	7	7	7	8	8	8	9	9	9	10	10	10	1
	여	4	3	3	3	2	2	2	1	1	1	1	10	10

음 9 월		1	2	3	4	5	6	7	8	9	10	11	12	13
음력		1	2	3	4	5	6	7	8	9	10	11	12	13
양력		**9/26**	27	28	29	30	**10/1**	2	3	4	5	6	7	8
연주 (생년)		계미	계미	계미	계미	계미	계미	계미	계미	계미	계미	계미	계미	계미
월주 (생월)		신유	신유	신유	신유	신유	신유	신유	신유	신유	신유	신유	신유	신유
일주 (생일)		임인	계묘	갑진	을사	병오	정미	무신	기유	경술	신해	임자	계축	갑인
대운	남	6	6	7	7	7	8	8	8	9	9	9	10	10
	여	4	4	4	3	3	3	2	2	2	1	1	1	1

음 10 월		1	2	3	4	5	6	7	8	9	10	11	12	13
음력		1	2	3	4	5	6	7	8	9	10	11	12	13
양력		**10/25**	26	27	28	29	30	31	**11/1**	2	3	4	5	6
연주 (생년)		계미	계미	계미	계미	계미	계미	계미	계미	계미	계미	계미	계미	계미
월주 (생월)		임술	임술	임술	임술	임술	임술	임술	임술	임술	임술	임술	임술	임술
일주 (생일)		신미	임신	계유	갑술	을해	병자	정축	무인	기묘	경진	신사	임오	계미
대운	남	5	6	6	6	7	7	7	8	8	8	9	9	9
	여	5	4	4	4	3	3	3	2	2	2	1	1	1

음 11 월		1	2	3	4	5	6	7	8	9	10	11	12	13
음력		1	2	3	4	5	6	7	8	9	10	11	12	13
양력		**11/24**	25	26	27	28	29	30	**12/1**	2	3	4	5	6
연주 (생년)		계미	계미	계미	계미	계미	계미	계미	계미	계미	계미	계미	계미	계미
월주 (생월)		계해	계해	계해	계해	계해	계해	계해	계해	계해	계해	계해	계해	계해
일주 (생일)		신축	임인	계묘	갑진	을사	병오	정미	무신	기유	경술	신해	임자	계축
대운	남	5	6	6	6	7	7	7	8	8	8	9	9	9
	여	4	4	4	3	3	3	2	2	2	1	1	1	1

음 12 월		1	2	3	4	5	6	7	8	9	10	11	12	13
음력		1	2	3	4	5	6	7	8	9	10	11	12	13
양력		**12/23**	24	25	26	27	28	29	30	31	**1/1**	2	3	4
연주 (생년)		계미	계미	계미	계미	계미	계미	계미	계미	계미	계미	계미	계미	계미
월주 (생월)		갑자	갑자	갑자	갑자	갑자	갑자	갑자	갑자	갑자	갑자	갑자	갑자	갑자
일주 (생일)		경오	신미	임신	계유	갑술	을해	병자	정축	무인	기묘	경진	신사	임오
대운	남	5	6	6	6	7	7	7	8	8	8	9	9	9
	여	5	4	4	4	3	3	3	2	2	2	1	1	1

음 7 월	14	15	16	17	18	19	20	21	22	23	24	25	26	27	28	29	30
	11	12	13	14	15	16	17	18	19	20	21	22	23	24	25	26	27
	계미	계미	계미	계미	계미	계미	계미	계미	계미	계미	계미	계미	계미	계미	계미	계미	계미
	경신	경신	경신	경신	경신	경신	경신	경신	경신	경신	경신	경신	경신	경신	경신	경신	경신
	병진	정사	무오	기미	경신	신유	임술	계해	갑자	을축	병인	정묘	무진	기사	경오	신미	임신
	1	1	2	2	2	3	3	3	4	4	4	5	5	5	6	6	6
	9	9	9	8	8	8	7	7	7	6	6	6	5	5	5	4	4

음 8 월	14	15	16	17	18	19	20	21	22	23	24	25	26	27	28	29	
	10	11	12	13	14	15	16	17	18	19	20	21	22	23	24	25	
	계미	계미	계미	계미	계미	계미	계미	계미	계미	계미	계미	계미	계미	계미	계미	계미	
	신유	신유	신유	신유	신유	신유	신유	신유	신유	신유	신유	신유	신유	신유	신유	신유	
	병술	정해	무자	기축	경인	신묘	임진	계사	갑오	을미	병신	정유	무술	기해	경자	신축	
	1	1	1	2	2	2	3	3	3	4	4	4	5	5	5	6	
	10	9	9	9	8	8	8	7	7	7	6	6	6	5	5	5	

음 9 월	14	15	16	17	18	19	20	21	22	23	24	25	26	27	28	29	
	9	10	11	12	13	14	15	16	17	18	19	20	21	22	23	24	
	계미	계미	계미	계미	계미	계미	계미	계미	계미	계미	계미	계미	계미	계미	계미	계미	
	임술	임술	임술	임술	임술	임술	임술	임술	임술	임술	임술	임술	임술	임술	임술	임술	
	을묘	병진	정사	무오	기미	경신	신유	임술	계해	갑자	을축	병인	정묘	무진	기사	경오	
	10	1	1	1	1	2	2	2	3	3	3	4	4	4	5	5	
	10	10	9	9	9	8	8	8	7	7	7	6	6	6	5	5	

음 10 월	14	15	16	17	18	19	20	21	22	23	24	25	26	27	28	29	30
	7	8	9	10	11	12	13	14	15	16	17	18	19	20	21	22	23
	계미	계미	계미	계미	계미	계미	계미	계미	계미	계미	계미	계미	계미	계미	계미	계미	계미
	임술	**계해**	계해	계해	계해	계해	계해	계해	계해	계해	계해	계해	계해	계해	계해	계해	계해
	갑신	을유	병술	정해	무자	기축	경인	신묘	임진	계사	갑오	을미	병신	정유	무술	기해	경자
	10	10	1	1	1	1	2	2	2	3	3	3	4	4	4	5	5
	1	10	9	9	9	8	8	8	7	7	7	6	6	6	5	5	5

음 11 월	14	15	16	17	18	19	20	21	22	23	24	25	26	27	28	29	
	7	8	9	10	11	12	13	14	15	16	17	18	19	20	21	22	
	계미	계미	계미	계미	계미	계미	계미	계미	계미	계미	계미	계미	계미	계미	계미	계미	
	갑자	갑자	갑자	갑자	갑자	갑자	갑자	갑자	갑자	갑자	갑자	갑자	갑자	갑자	갑자	갑자	
	갑인	을묘	병진	정사	무오	기미	경신	신유	임술	계해	갑자	을축	병인	정묘	무진	기사	
	10	1	1	1	1	2	2	2	3	3	3	4	4	4	5	5	
	10	10	9	9	9	8	8	8	7	7	7	6	6	6	5	5	

음 12 월	14	15	16	17	18	19	20	21	22	23	24	25	26	27	28	29	30
	5	6	7	8	9	10	11	12	13	14	15	16	17	18	19	20	21
	계미	계미	계미	계미	계미	계미	계미	계미	계미	계미	계미	계미	계미	계미	계미	계미	계미
	갑자	**을축**	을축	을축	을축	을축	을축	을축	을축	을축	을축	을축	을축	을축	을축	을축	을축
	계미	갑신	을유	병술	정해	무자	기축	경인	신묘	임진	계사	갑오	을미	병신	정유	무술	기해
	10	10	1	1	1	1	2	2	2	3	3	3	4	4	4	5	5
	1	10	9	9	9	8	8	8	7	7	7	6	6	6	5	5	5

2004(갑신)년 【단기 4337년】

월	구분		1	2	3	4	5	6	7	8	9	10	11	12	13
음 1 월	음력		1	2	3	4	5	6	7	8	9	10	11	12	13
	양력		**1/22**	23	24	25	26	27	28	29	30	31	**2/1**	2	3
	연주 (생년)		계미	계미	계미	계미	계미	계미	계미	계미	계미	계미	계미	계미	계미
	월주 (생월)		을축	을축	을축	을축	을축	을축	을축	을축	을축	을축	을축	을축	을축
	일주 (생일)		경자	신축	임인	계묘	갑진	을사	병오	정미	무신	기유	경술	신해	임자
	대운	남	5	6	6	6	7	7	7	8	8	8	9	9	9
		여	4	4	4	3	3	3	2	2	2	1	1	1	1
음 2 월	음력		1	2	3	4	5	6	7	8	9	10	11	12	13
	양력		**2/20**	21	22	23	24	25	26	27	28	29	**3/1**	2	3
	연주 (생년)		갑신	갑신	갑신	갑신	갑신	갑신	갑신	갑신	갑신	갑신	갑신	갑신	갑신
	월주 (생월)		병인	병인	병인	병인	병인	병인	병인	병인	병인	병인	병인	병인	병인
	일주 (생일)		기사	경오	신미	임신	계유	갑술	을해	병자	정축	무인	기묘	경진	신사
	대운	남	5	4	4	4	3	3	3	2	2	2	1	1	1
		여	5	6	6	6	7	7	7	8	8	8	9	9	9
윤 2 월	음력		1	2	3	4	5	6	7	8	9	10	11	12	13
	양력		**3/21**	22	23	24	25	26	27	28	29	30	31	**4/1**	2
	연주 (생년)		갑신	갑신	갑신	갑신	갑신	갑신	갑신	갑신	갑신	갑신	갑신	갑신	갑신
	월주 (생월)		정묘	정묘	정묘	정묘	정묘	정묘	정묘	정묘	정묘	정묘	정묘	정묘	정묘
	일주 (생일)		기해	경자	신축	임인	계묘	갑진	을사	병오	정미	무신	기유	경술	신해
	대운	남	5	4	4	4	3	3	3	2	2	2	1	1	1
		여	5	6	6	6	7	7	7	8	8	8	9	9	9
음 3 월	음력		1	2	3	4	5	6	7	8	9	10	11	12	13
	양력		**4/19**	20	21	22	23	24	25	26	27	28	29	30	**5/1**
	연주 (생년)		갑신	갑신	갑신	갑신	갑신	갑신	갑신	갑신	갑신	갑신	갑신	갑신	갑신
	월주 (생월)		무진	무진	무진	무진	무진	무진	무진	무진	무진	무진	무진	무진	무진
	일주 (생일)		무진	기사	경오	신미	임신	계유	갑술	을해	병자	정축	무인	기묘	경진
	대운	남	5	5	5	4	4	4	3	3	3	2	2	2	1
		여	5	5	6	6	6	7	7	7	8	8	8	9	9
음 4 월	음력		1	2	3	4	5	6	7	8	9	10	11	12	13
	양력		**5/19**	20	21	22	23	24	25	26	27	28	29	30	31
	연주 (생년)		갑신	갑신	갑신	갑신	갑신	갑신	갑신	갑신	갑신	갑신	갑신	갑신	갑신
	월주 (생월)		기사	기사	기사	기사	기사	기사	기사	기사	기사	기사	기사	기사	기사
	일주 (생일)		무술	기해	경자	신축	임인	계묘	갑진	을사	병오	정미	무신	기유	경술
	대운	남	6	5	5	5	4	4	4	3	3	3	2	2	2
		여	5	5	5	6	6	6	7	7	7	8	8	8	9
음 5 월	음력		1	2	3	4	5	6	7	8	9	10	11	12	13
	양력		**6/18**	19	20	21	22	23	24	25	26	27	28	29	30
	연주 (생년)		갑신	갑신	갑신	갑신	갑신	갑신	갑신	갑신	갑신	갑신	갑신	갑신	갑신
	월주 (생월)		경오	경오	경오	경오	경오	경오	경오	경오	경오	경오	경오	경오	경오
	일주 (생일)		무진	기사	경오	신미	임신	계유	갑술	을해	병자	정축	무인	기묘	경진
	대운	남	6	6	6	5	5	5	4	4	4	3	3	3	2
		여	4	5	5	5	6	6	6	7	7	7	8	8	8
음 6 월	음력		1	2	3	4	5	6	7	8	9	10	11	12	13
	양력		**7/17**	18	19	20	21	22	23	24	25	26	27	28	29
	연주 (생년)		갑신	갑신	갑신	갑신	갑신	갑신	갑신	갑신	갑신	갑신	갑신	갑신	갑신
	월주 (생월)		신미	신미	신미	신미	신미	신미	신미	신미	신미	신미	신미	신미	신미
	일주 (생일)		정유	무술	기해	경자	신축	임인	계묘	갑진	을사	병오	정미	무신	기유
	대운	남	7	7	6	6	6	5	5	5	4	4	4	3	3
		여	3	4	4	4	5	5	5	6	6	6	7	7	7

월																	
음1월	14	15	16	17	18	19	20	21	22	23	24	25	26	27	28	29	
	4	5	6	7	8	9	10	11	12	13	14	15	16	17	18	19	
	갑신	갑신	갑신	갑신	갑신	갑신	갑신	갑신	갑신	갑신	갑신	갑신	갑신	갑신	갑신	갑신	
	병인	병인	병인	병인	병인	병인	병인	병인	병인	병인	병인	병인	병인	병인	병인	병인	
	계축	갑인	을묘	병진	정사	무오	기미	경신	신유	임술	계해	갑자	을축	병인	정묘	무진	
	10	10	9	9	9	8	8	8	7	7	7	6	6	6	5	5	
	10	1	1	1	1	2	2	2	3	3	3	4	4	4	5	5	
음2월	14	15	16	17	18	19	20	21	22	23	24	25	26	27	28	29	30
	4	5	6	7	8	9	10	11	12	13	14	15	16	17	18	19	20
	갑신	갑신	갑신	갑신	갑신	갑신	갑신	갑신	갑신	갑신	갑신	갑신	갑신	갑신	갑신	갑신	갑신
	병인	**정묘**	정묘	정묘	정묘	정묘	정묘	정묘	정묘	정묘	정묘	정묘	정묘	정묘	정묘	정묘	정묘
	임오	계미	갑신	을유	병술	정해	무자	기축	경인	신묘	임진	계사	갑오	을미	병신	정유	무술
	1	10	10	9	9	9	8	8	8	7	7	7	6	6	6	5	5
	10	10	1	1	1	1	2	2	2	3	3	3	4	4	4	5	5
윤2월	14	15	16	17	18	19	20	21	22	23	24	25	26	27	28	29	
	3	4	5	6	7	8	9	10	11	12	13	14	15	16	17	18	
	갑신	갑신	갑신	갑신	갑신	갑신	갑신	갑신	갑신	갑신	갑신	갑신	갑신	갑신	갑신	갑신	
	정묘	**무진**	무진	무진	무진	무진	무진	무진	무진	무진	무진	무진	무진	무진	무진	무진	
	임자	계축	갑인	을묘	병진	정사	무오	기미	경신	신유	임술	계해	갑자	을축	병인	정묘	
	1	10	10	10	9	9	9	8	8	8	7	7	7	6	6	6	
	10	10	1	1	1	1	2	2	2	3	3	3	4	4	4	5	
음3월	14	15	16	17	18	19	20	21	22	23	24	25	26	27	28	29	30
	2	3	4	5	6	7	8	9	10	11	12	13	14	15	16	17	18
	갑신	갑신	갑신	갑신	갑신	갑신	갑신	갑신	갑신	갑신	갑신	갑신	갑신	갑신	갑신	갑신	갑신
	무진	무진	무진	**기사**	기사	기사	기사	기사	기사	기사	기사	기사	기사	기사	기사	기사	기사
	신사	임오	계미	갑신	을유	병술	정해	무자	기축	경인	신묘	임진	계사	갑오	을미	병신	정유
	1	1	1	10	10	10	9	9	9	8	8	8	7	7	7	6	6
	9	10	10	10	1	1	1	1	2	2	2	3	3	3	4	4	4
음4월	14	15	16	17	18	19	20	21	22	23	24	25	26	27	28	29	30
	6/1	2	3	4	5	6	7	8	9	10	11	12	13	14	15	16	17
	갑신	갑신	갑신	갑신	갑신	갑신	갑신	갑신	갑신	갑신	갑신	갑신	갑신	갑신	갑신	갑신	갑신
	기사	기사	기사	기사	**경오**	경오	경오	경오	경오	경오	경오	경오	경오	경오	경오	경오	경오
	신해	임자	계축	갑인	을묘	병진	정사	무오	기미	경신	신유	임술	계해	갑자	을축	병인	정묘
	1	1	1	1	10	10	10	10	9	9	9	8	8	8	7	7	7
	9	9	10	10	10	1	1	1	1	2	2	2	3	3	3	4	4
음5월	14	15	16	17	18	19	20	21	22	23	24	25	26	27	28	29	
	7/1	2	3	4	5	6	7	8	9	10	11	12	13	14	15	16	
	갑신	갑신	갑신	갑신	갑신	갑신	갑신	갑신	갑신	갑신	갑신	갑신	갑신	갑신	갑신	갑신	
	경오	경오	경오	경오	경오	경오	**신미**	신미	신미	신미	신미	신미	신미	신미	신미	신미	
	신사	임오	계미	갑신	을유	병술	정해	무자	기축	경인	신묘	임진	계사	갑오	을미	병신	
	2	2	1	1	1	1	10	10	10	9	9	9	8	8	8	7	
	9	9	9	10	10	10	10	1	1	1	1	2	2	2	3	3	
음6월	14	15	16	17	18	19	20	21	22	23	24	25	26	27	28	29	30
	30	31	**8/1**	2	3	4	5	6	7	8	9	10	11	12	13	14	15
	갑신	갑신	갑신	갑신	갑신	갑신	갑신	갑신	갑신	갑신	갑신	갑신	갑신	갑신	갑신	갑신	갑신
	신미	신미	신미	신미	신미	신미	신미	신미	**임신**	임신	임신	임신	임신	임신	임신	임신	임신
	경술	신해	임자	계축	갑인	을묘	병진	정사	무오	기미	경신	신유	임술	계해	갑자	을축	병인
	3	2	2	2	1	1	1	1	10	10	10	9	9	9	8	8	8
	8	8	8	9	9	9	10	10	10	1	1	1	1	2	2	2	3

2004(갑신)년 【단기 4337년】

월	구분		1	2	3	4	5	6	7	8	9	10	11	12	13
음 7 월	음력		1	2	3	4	5	6	7	8	9	10	11	12	13
	양력		8/16	17	18	19	20	21	22	23	24	25	26	27	28
	연주 (생년)		갑신	갑신	갑신	갑신	갑신	갑신	갑신	갑신	갑신	갑신	갑신	갑신	갑신
	월주 (생월)		임신	임신	임신	임신	임신	임신	임신	임신	임신	임신	임신	임신	임신
	일주 (생일)		정묘	무진	기사	경오	신미	임신	계유	갑술	을해	병자	정축	무인	기묘
	대운	남	7	7	7	6	6	6	5	5	5	4	4	4	3
		여	3	3	4	4	4	5	5	5	6	6	6	7	7
음 8 월	음력		1	2	3	4	5	6	7	8	9	10	11	12	13
	양력		9/14	15	16	17	18	19	20	21	22	23	24	25	26
	연주 (생년)		갑신	갑신	갑신	갑신	갑신	갑신	갑신	갑신	갑신	갑신	갑신	갑신	갑신
	월주 (생월)		계유	계유	계유	계유	계유	계유	계유	계유	계유	계유	계유	계유	계유
	일주 (생일)		병신	정유	무술	기해	경자	신축	임인	계묘	갑진	을사	병오	정미	무신
	대운	남	8	8	7	7	7	6	6	6	5	5	5	4	4
		여	2	3	3	3	4	4	4	5	5	5	6	6	6
음 9 월	음력		1	2	3	4	5	6	7	8	9	10	11	12	13
	양력		10/14	15	16	17	18	19	20	21	22	23	24	25	26
	연주 (생년)		갑신	갑신	갑신	갑신	갑신	갑신	갑신	갑신	갑신	갑신	갑신	갑신	갑신
	월주 (생월)		갑술	갑술	갑술	갑술	갑술	갑술	갑술	갑술	갑술	갑술	갑술	갑술	갑술
	일주 (생일)		병인	정묘	무진	기사	경오	신미	임신	계유	갑술	을해	병자	정축	무인
	대운	남	8	8	7	7	7	6	6	6	5	5	5	4	4
		여	2	2	3	3	3	4	4	4	5	5	5	6	6
음 10 월	음력		1	2	3	4	5	6	7	8	9	10	11	12	13
	양력		11/12	13	14	15	16	17	18	19	20	21	22	23	24
	연주 (생년)		갑신	갑신	갑신	갑신	갑신	갑신	갑신	갑신	갑신	갑신	갑신	갑신	갑신
	월주 (생월)		을해	을해	을해	을해	을해	을해	을해	을해	을해	을해	을해	을해	을해
	일주 (생일)		을미	병신	정유	무술	기해	경자	신축	임인	계묘	갑진	을사	병오	정미
	대운	남	8	8	8	7	7	7	6	6	6	5	5	5	4
		여	2	2	3	3	3	4	4	4	5	5	5	6	6
음 11 월	음력		1	2	3	4	5	6	7	8	9	10	11	12	13
	양력		12/12	13	14	15	16	17	18	19	20	21	22	23	24
	연주 (생년)		갑신	갑신	갑신	갑신	갑신	갑신	갑신	갑신	갑신	갑신	갑신	갑신	갑신
	월주 (생월)		병자	병자	병자	병자	병자	병자	병자	병자	병자	병자	병자	병자	병자
	일주 (생일)		을축	병인	정묘	무진	기사	경오	신미	임신	계유	갑술	을해	병자	정축
	대운	남	8	8	7	7	7	6	6	6	5	5	5	4	4
		여	2	2	2	3	3	3	4	4	4	5	5	5	6
음 12 월	음력		1	2	3	4	5	6	7	8	9	10	11	12	13
	양력		1/10	11	12	13	14	15	16	17	18	19	20	21	22
	연주 (생년)		갑신	갑신	갑신	갑신	갑신	갑신	갑신	갑신	갑신	갑신	갑신	갑신	갑신
	월주 (생월)		정축	정축	정축	정축	정축	정축	정축	정축	정축	정축	정축	정축	정축
	일주 (생일)		갑오	을미	병신	정유	무술	기해	경자	신축	임인	계묘	갑진	을사	병오
	대운	남	8	8	8	7	7	7	6	6	6	5	5	5	4
		여	2	2	2	3	3	3	4	4	4	5	5	5	6

	14	15	16	17	18	19	20	21	22	23	24	25	26	27	28	29	
음	29	30	31	**9/1**	2	3	4	5	6	7	8	9	10	11	12	13	
	갑신	갑신	갑신	갑신	갑신	갑신	갑신	갑신	갑신	갑신	갑신	갑신	갑신	갑신	갑신	갑신	
7	임신	임신	임신	임신	임신	임신	임신	임신	임신	**계유**	계유	계유	계유	계유	계유	계유	
월	경진	신사	임오	계미	갑신	을유	병술	정해	무자	기축	경인	신묘	임진	계사	갑오	을미	
	3	3	2	2	2	1	1	1	1	10	10	10	9	9	9	8	
	7	8	8	8	9	9	9	10	10	10	1	1	1	1	2	2	
	14	15	16	17	18	19	20	21	22	23	24	25	26	27	28	29	30
음	27	28	29	30	**10/1**	2	3	4	5	6	7	8	9	10	11	12	13
	갑신	갑신	갑신	갑신	갑신	갑신	갑신	갑신	갑신	갑신	갑신	갑신	갑신	갑신	갑신	갑신	갑신
8	계유	계유	계유	계유	계유	계유	계유	계유	계유	계유	계유	**갑술**	갑술	갑술	갑술	갑술	갑술
월	기유	경술	신해	임자	계축	갑인	을묘	병진	정사	무오	기미	경신	신유	임술	계해	갑자	을축
	4	3	3	3	2	2	2	1	1	1	1	10	10	9	9	9	8
	7	7	7	8	8	8	9	9	9	10	10	10	1	1	1	1	2
	14	15	16	17	18	19	20	21	22	23	24	25	26	27	28	29	
음	27	28	29	30	31	**11/1**	2	3	4	5	6	7	8	9	10	11	
	갑신	갑신	갑신	갑신	갑신	갑신	갑신	갑신	갑신	갑신	갑신	갑신	갑신	갑신	갑신	갑신	
9	갑술	갑술	갑술	갑술	갑술	갑술	갑술	갑술	갑술	갑술	갑술	**을해**	을해	을해	을해	을해	
월	기묘	경진	신사	임오	계미	갑신	을유	병술	정해	무자	기축	경인	신묘	임진	계사	갑오	
	4	3	3	3	2	2	2	1	1	1	1	10	10	9	9	9	
	6	7	7	7	8	8	8	9	9	9	10	10	1	1	1	1	
	14	15	16	17	18	19	20	21	22	23	24	25	26	27	28	29	30
음	25	26	27	28	29	30	**12/1**	2	3	4	5	6	7	8	9	10	11
	갑신	갑신	갑신	갑신	갑신	갑신	갑신	갑신	갑신	갑신	갑신	갑신	갑신	갑신	갑신	갑신	갑신
10	을해	을해	을해	을해	을해	을해	을해	을해	을해	을해	을해	을해	**병자**	병자	병자	병자	병자
월	무신	기유	경술	신해	임자	계축	갑인	을묘	병진	정사	무오	기미	경신	신유	임술	계해	갑자
	4	4	3	3	3	2	2	2	1	1	1	1	10	9	9	9	8
	6	7	7	7	8	8	8	9	9	9	10	10	10	1	1	1	2
	14	15	16	17	18	19	20	21	22	23	24	25	26	27	28	29	
음	25	26	27	28	29	30	31	**1/1**	2	3	4	5	6	7	8	9	
	갑신	갑신	갑신	갑신	갑신	갑신	갑신	갑신	갑신	갑신	갑신	갑신	갑신	갑신	갑신	갑신	
11	병자	병자	병자	병자	병자	병자	병자	병자	병자	병자	병자	**정축**	정축	정축	정축	정축	
월	무인	기묘	경진	신사	임오	계미	갑신	을유	병술	정해	무자	기축	경인	신묘	임진	계사	
	4	3	3	3	2	2	2	1	1	1	1	10	10	9	9	9	
	6	6	7	7	7	8	8	8	9	9	9	10	1	1	1	1	
	14	15	16	17	18	19	20	21	22	23	24	25	26	27	28	29	30
음	23	24	25	26	27	28	29	30	31	**2/1**	2	3	4	5	6	7	8
	갑신	갑신	갑신	갑신	갑신	갑신	갑신	갑신	갑신	갑신	갑신	갑신	**을유**	을유	을유	을유	을유
12	정축	정축	정축	정축	정축	정축	정축	정축	정축	정축	정축	정축	**무인**	무인	무인	무인	무인
월	정미	무신	기유	경술	신해	임자	계축	갑인	을묘	병진	정사	무오	기미	경신	신유	임술	계해
	4	4	3	3	3	2	2	2	1	1	1	1	10	1	1	1	1
	6	6	7	7	7	8	8	8	9	9	9	10	10	9	9	9	8

2005(을유)년 【단기 4338년】

음 1 월		1	2	3	4	5	6	7	8	9	10	11	12	13
	음력	1	2	3	4	5	6	7	8	9	10	11	12	13
	양력	2/9	10	11	12	13	14	15	16	17	18	19	20	21
	연주 (생년)	을유	을유	을유	을유	을유	을유	을유	을유	을유	을유	을유	을유	을유
	월주 (생월)	무인	무인	무인	무인	무인	무인	무인	무인	무인	무인	무인	무인	무인
	일주 (생일)	갑자	을축	병인	정묘	무진	기사	경오	신미	임신	계유	갑술	을해	병자
대운	남	2	2	2	3	3	3	4	4	4	5	5	5	6
	여	8	8	7	7	7	6	6	6	5	5	5	4	4

음 2 월		1	2	3	4	5	6	7	8	9	10	11	12	13
	음력	1	2	3	4	5	6	7	8	9	10	11	12	13
	양력	3/10	11	12	13	14	15	16	17	18	19	20	21	22
	연주 (생년)	을유	을유	을유	을유	을유	을유	을유	을유	을유	을유	을유	을유	을유
	월주 (생월)	기묘	기묘	기묘	기묘	기묘	기묘	기묘	기묘	기묘	기묘	기묘	기묘	기묘
	일주 (생일)	계사	갑오	을미	병신	정유	무술	기해	경자	신축	임인	계묘	갑진	을사
대운	남	2	2	2	3	3	3	4	4	4	5	5	5	6
	여	9	8	8	8	7	7	7	6	6	6	5	5	5

음 3 월		1	2	3	4	5	6	7	8	9	10	11	12	13
	음력	1	2	3	4	5	6	7	8	9	10	11	12	13
	양력	4/9	10	11	12	13	14	15	16	17	18	19	20	21
	연주 (생년)	을유	을유	을유	을유	을유	을유	을유	을유	을유	을유	을유	을유	을유
	월주 (생월)	경진	경진	경진	경진	경진	경진	경진	경진	경진	경진	경진	경진	경진
	일주 (생일)	계해	갑자	을축	병인	정묘	무진	기사	경오	신미	임신	계유	갑술	을해
대운	남	1	2	2	2	3	3	3	4	4	4	5	5	5
	여	9	8	8	8	7	7	7	6	6	6	5	5	5

음 4 월		1	2	3	4	5	6	7	8	9	10	11	12	13
	음력	1	2	3	4	5	6	7	8	9	10	11	12	13
	양력	5/8	9	10	11	12	13	14	15	16	17	18	19	20
	연주 (생년)	을유	을유	을유	을유	을유	을유	을유	을유	을유	을유	을유	을유	을유
	월주 (생월)	신사	신사	신사	신사	신사	신사	신사	신사	신사	신사	신사	신사	신사
	일주 (생일)	임진	계사	갑오	을미	병신	정유	무술	기해	경자	신축	임인	계묘	갑진
대운	남	1	1	2	2	2	3	3	3	4	4	4	5	5
	여	9	9	9	8	8	8	7	7	7	6	6	6	5

음 5 월		1	2	3	4	5	6	7	8	9	10	11	12	13
	음력	1	2	3	4	5	6	7	8	9	10	11	12	13
	양력	6/7	8	9	10	11	12	13	14	15	16	17	18	19
	연주 (생년)	을유	을유	을유	을유	을유	을유	을유	을유	을유	을유	을유	을유	을유
	월주 (생월)	임오	임오	임오	임오	임오	임오	임오	임오	임오	임오	임오	임오	임오
	일주 (생일)	임술	계해	갑자	을축	병인	정묘	무진	기사	경오	신미	임신	계유	갑술
대운	남	1	1	1	2	2	2	3	3	3	4	4	4	5
	여	10	10	9	9	9	8	8	8	7	7	7	6	6

음 6 월		1	2	3	4	5	6	7	8	9	10	11	12	13
	음력	1	2	3	4	5	6	7	8	9	10	11	12	13
	양력	7/6	7	8	9	10	11	12	13	14	15	16	17	18
	연주 (생년)	을유	을유	을유	을유	을유	을유	을유	을유	을유	을유	을유	을유	을유
	월주 (생월)	임오	**계미**	계미	계미	계미	계미	계미	계미	계미	계미	계미	계미	계미
	일주 (생일)	신묘	임진	계사	갑오	을미	병신	정유	무술	기해	경자	신축	임인	계묘
대운	남	10	10	1	1	1	1	2	2	2	3	3	3	4
	여	1	10	10	10	9	9	9	8	8	8	7	7	7

음 1 월	14	15	16	17	18	19	20	21	22	23	24	25	26	27	28	29	
	22	23	24	25	26	27	28	**3/1**	2	3	4	5	6	7	8	9	
	을유	을유	을유	을유	을유	을유	을유	을유	을유	을유	을유	을유	을유	을유	을유	을유	
	무인	무인	무인	무인	무인	무인	무인	무인	무인	무인	무인	**기묘**	기묘	기묘	기묘	기묘	
	정축	무인	기묘	경진	신사	임오	계미	갑신	을유	병술	정해	무자	기축	경인	신묘	임진	
	6	6	7	7	7	8	8	8	9	9	9	10	1	1	1	1	
	4	3	3	3	2	2	2	1	1	1	1	10	10	10	9	9	

음 2 월	14	15	16	17	18	19	20	21	22	23	24	25	26	27	28	29	30
	23	24	25	26	27	28	29	30	31	**4/1**	2	3	4	5	6	7	8
	을유	을유	을유	을유	을유	을유	을유	을유	을유	을유	을유	을유	을유	을유	을유	을유	을유
	기묘	기묘	기묘	기묘	기묘	기묘	기묘	기묘	기묘	기묘	기묘	기묘	기묘	**경진**	경진	경진	경진
	병오	정미	무신	기유	경술	신해	임자	계축	갑인	을묘	병진	정사	무오	기미	경신	신유	임술
	6	6	7	7	7	8	8	8	9	9	9	10	10	10	1	1	1
	4	4	4	3	3	3	2	2	2	1	1	1	1	10	10	9	9

음 3 월	14	15	16	17	18	19	20	21	22	23	24	25	26	27	28	29	
	22	23	24	25	26	27	28	29	30	**5/1**	2	3	4	5	6	7	
	을유	을유	을유	을유	을유	을유	을유	을유	을유	을유	을유	을유	을유	을유	을유	을유	
	경진	경진	경진	경진	경진	경진	경진	경진	경진	경진	경진	경진	경진	**신사**	신사	신사	
	병자	정축	무인	기묘	경진	신사	임오	계미	갑신	을유	병술	정해	무자	기축	경인	신묘	
	6	6	6	7	7	7	8	8	8	9	9	9	10	10	1	1	
	4	4	4	3	3	3	2	2	2	1	1	1	1	10	10	10	

음 4 월	14	15	16	17	18	19	20	21	22	23	24	25	26	27	28	29	30
	21	22	23	24	25	26	27	28	29	30	31	**6/1**	2	3	4	5	6
	을유	을유	을유	을유	을유	을유	을유	을유	을유	을유	을유	을유	을유	을유	을유	을유	을유
	신사	신사	신사	신사	신사	신사	신사	신사	신사	신사	신사	신사	신사	신사	신사	**임오**	임오
	을사	병오	정미	무신	기유	경술	신해	임자	계축	갑인	을묘	병진	정사	무오	기미	경신	신유
	5	6	6	6	7	7	7	8	8	8	9	9	9	10	10	10	1
	5	5	4	4	4	3	3	3	2	2	2	1	1	1	1	10	10

음 5 월	14	15	16	17	18	19	20	21	22	23	24	25	26	27	28	29	
	20	21	22	23	24	25	26	27	28	29	30	**7/1**	2	3	4	5	
	을유	을유	을유	을유	을유	을유	을유	을유	을유	을유	을유	을유	을유	을유	을유	을유	
	임오	임오	임오	임오	임오	임오	임오	임오	임오	임오	임오	임오	임오	임오	임오	임오	
	을해	병자	정축	무인	기묘	경진	신사	임오	계미	갑신	을유	병술	정해	무자	기축	경인	
	5	5	6	6	6	7	7	7	8	8	8	9	9	9	10	10	
	6	5	5	5	4	4	4	3	3	3	2	2	2	1	1	1	

음 6 월	14	15	16	17	18	19	20	21	22	23	24	25	26	27	28	29	30
	19	20	21	22	23	24	25	26	27	28	29	30	31	**8/1**	2	3	4
	을유	을유	을유	을유	을유	을유	을유	을유	을유	을유	을유	을유	을유	을유	을유	을유	을유
	계미	계미	계미	계미	계미	계미	계미	계미	계미	계미	계미	계미	계미	계미	계미	계미	계미
	갑진	을사	병오	정미	무신	기유	경술	신해	임자	계축	갑인	을묘	병진	정사	무오	기미	경신
	4	4	5	5	5	6	6	6	7	7	7	8	8	8	9	9	9
	6	6	6	5	5	5	4	4	4	3	3	3	2	2	2	1	1

2005(을유)년 【단기 4338년】

월	구분		1	2	3	4	5	6	7	8	9	10	11	12	13
음 7 월	음력		1	2	3	4	5	6	7	8	9	10	11	12	13
	양력		**8/5**	6	7	8	9	10	11	12	13	14	15	16	17
	연주 (생년)		을유	을유	을유	을유	을유	을유	을유	을유	을유	을유	을유	을유	을유
	월주 (생월)		계미	계미	**갑신**	갑신	갑신	갑신	갑신	갑신	갑신	갑신	갑신	갑신	갑신
	일주 (생일)		신유	임술	계해	갑자	을축	병인	정묘	무진	기사	경오	신미	임신	계유
	대운	남	10	10	10	1	1	1	1	2	2	2	3	3	3
		여	1	1	10	10	10	9	9	9	8	8	8	7	7
음 8 월	음력		1	2	3	4	5	6	7	8	9	10	11	12	13
	양력		**9/4**	5	6	7	8	9	10	11	12	13	14	15	16
	연주 (생년)		을유	을유	을유	을유	을유	을유	을유	을유	을유	을유	을유	을유	을유
	월주 (생월)		갑신	갑신	갑신	**을유**	을유	을유	을유	을유	을유	을유	을유	을유	을유
	일주 (생일)		신묘	임진	계사	갑오	을미	병신	정유	무술	기해	경자	신축	임인	계묘
	대운	남	9	10	10	10	1	1	1	1	2	2	2	3	3
		여	1	1	1	10	10	10	9	9	9	8	8	8	7
음 9 월	음력		1	2	3	4	5	6	7	8	9	10	11	12	13
	양력		**10/3**	4	5	6	7	8	9	10	11	12	13	14	15
	연주 (생년)		을유	을유	을유	을유	을유	을유	을유	을유	을유	을유	을유	을유	을유
	월주 (생월)		을유	을유	을유	을유	을유	**병술**	병술	병술	병술	병술	병술	병술	병술
	일주 (생일)		경신	신유	임술	계해	갑자	을축	병인	정묘	무진	기사	경오	신미	임신
	대운	남	9	9	9	10	10	10	1	1	1	1	2	2	2
		여	2	1	1	1	1	10	10	9	9	9	8	8	8
음 10 월	음력		1	2	3	4	5	6	7	8	9	10	11	12	13
	양력		**11/2**	3	4	5	6	7	8	9	10	11	12	13	14
	연주 (생년)		을유	을유	을유	을유	을유	을유	을유	을유	을유	을유	을유	을유	을유
	월주 (생월)		병술	병술	병술	병술	병술	**정해**	정해	정해	정해	정해	정해	정해	정해
	일주 (생일)		경인	신묘	임진	계사	갑오	을미	병신	정유	무술	기해	경자	신축	임인
	대운	남	8	9	9	9	10	10	1	1	1	1	2	2	2
		여	2	1	1	1	1	10	10	9	9	9	8	8	8
음 11 월	음력		1	2	3	4	5	6	7	8	9	10	11	12	13
	양력		**12/2**	3	4	5	6	7	8	9	10	11	12	13	14
	연주 (생년)		을유	을유	을유	을유	을유	을유	을유	을유	을유	을유	을유	을유	을유
	월주 (생월)		정해	정해	정해	정해	정해	**무자**	무자	무자	무자	무자	무자	무자	무자
	일주 (생일)		경신	신유	임술	계해	갑자	을축	병인	정묘	무진	기사	경오	신미	임신
	대운	남	8	9	9	9	10	10	1	1	1	1	2	2	2
		여	2	1	1	1	1	10	9	9	9	8	8	8	7
음 12 월	음력		1	2	3	4	5	6	7	8	9	10	11	12	13
	양력		**12/31**	**1/1**	2	3	4	5	6	7	8	9	10	11	12
	연주 (생년)		을유	을유	을유	을유	을유	을유	을유	을유	을유	을유	을유	을유	을유
	월주 (생월)		무자	무자	무자	무자	무자	**기축**	기축	기축	기축	기축	기축	기축	기축
	일주 (생일)		기축	경인	신묘	임진	계사	갑오	을미	병신	정유	무술	기해	경자	신축
	대운	남	8	8	9	9	9	10	1	1	1	1	2	2	2
		여	2	1	1	1	1	10	10	9	9	9	8	8	8

	14	15	16	17	18	19	20	21	22	23	24	25	26	27	28	29	30
	18	19	20	21	22	23	24	25	26	27	28	29	30	31	**9/1**	2	3
음	을유	을유	을유	을유	을유	을유	을유	을유	을유	을유	을유	을유	을유	을유	을유	을유	을유
7	갑신	갑신	갑신	갑신	갑신	갑신	갑신	갑신	갑신	갑신	갑신	갑신	갑신	갑신	갑신	갑신	갑신
월	갑술	을해	병자	정축	무인	기묘	경진	신사	임오	계미	갑신	을유	병술	정해	무자	기축	경인
	4	4	4	5	5	5	6	6	6	7	7	7	8	8	8	9	9
	7	6	6	6	5	5	5	4	4	4	3	3	3	2	2	2	1
	14	15	16	17	18	19	20	21	22	23	24	25	26	27	28	29	
	17	18	19	20	21	22	23	24	25	26	27	28	29	30	**10/1**	2	
음	을유	을유	을유	을유	을유	을유	을유	을유	을유	을유	을유	을유	을유	을유	을유	을유	
8	을유	을유	을유	을유	을유	을유	을유	을유	을유	을유	을유	을유	을유	을유	을유	을유	
월	갑진	을사	병오	정미	무신	기유	경술	신해	임자	계축	갑인	을묘	병진	정사	무오	기미	
	3	4	4	4	5	5	5	6	6	6	7	7	7	8	8	8	
	7	7	6	6	6	5	5	5	4	4	4	3	3	3	2	2	
	14	15	16	17	18	19	20	21	22	23	24	25	26	27	28	29	30
	16	17	18	19	20	21	22	23	24	25	26	27	28	29	30	31	**11/1**
음	을유	을유	을유	을유	을유	을유	을유	을유	을유	을유	을유	을유	을유	을유	을유	을유	을유
9	병술	병술	병술	병술	병술	병술	병술	병술	병술	병술	병술	병술	병술	병술	병술	병술	병술
월	계유	갑술	을해	병자	정축	무인	기묘	경진	신사	임오	계미	갑신	을유	병술	정해	무자	기축
	3	3	3	4	4	4	5	5	5	6	6	6	7	7	7	8	8
	7	7	7	6	6	6	5	5	5	4	4	4	3	3	3	2	2
	14	15	16	17	18	19	20	21	22	23	24	25	26	27	28	29	30
	15	16	17	18	19	20	21	22	23	24	25	26	27	28	29	30	**12/1**
음	을유	을유	을유	을유	을유	을유	을유	을유	을유	을유	을유	을유	을유	을유	을유	을유	을유
10	정해	정해	정해	정해	정해	정해	정해	정해	정해	정해	정해	정해	정해	정해	정해	정해	정해
월	계묘	갑진	을사	병오	정미	무신	기유	경술	신해	임자	계축	갑인	을묘	병진	정사	무오	기미
	3	3	3	4	4	4	5	5	5	6	6	6	7	7	7	8	8
	7	7	7	6	6	6	5	5	5	4	4	4	3	3	3	2	2
	14	15	16	17	18	19	20	21	22	23	24	25	26	27	28	29	
	15	16	17	18	19	20	21	22	23	24	25	26	27	28	29	30	
음	을유	을유	을유	을유	을유	을유	을유	을유	을유	을유	을유	을유	을유	을유	을유	을유	
11	무자	무자	무자	무자	무자	무자	무자	무자	무자	무자	무자	무자	무자	무자	무자	무자	
월	계유	갑술	을해	병자	정축	무인	기묘	경진	신사	임오	계미	갑신	을유	병술	정해	무자	
	3	3	3	4	4	4	5	5	5	6	6	6	7	7	7	8	
	7	7	6	6	6	5	5	5	4	4	4	3	3	3	2	2	
	14	15	16	17	18	19	20	21	22	23	24	25	26	27	28	29	30
	13	14	15	16	17	18	19	20	21	22	23	24	25	26	27	28	29
음	을유	을유	을유	을유	을유	을유	을유	을유	을유	을유	을유	을유	을유	을유	을유	을유	을유
12	기축	기축	기축	기축	기축	기축	기축	기축	기축	기축	기축	기축	기축	기축	기축	기축	기축
월	임인	계묘	갑진	을사	병오	정미	무신	기유	경술	신해	임자	계축	갑인	을묘	병진	정사	무오
	3	3	3	4	4	4	5	5	5	6	6	6	7	7	7	8	8
	7	7	7	6	6	6	5	5	5	4	4	4	3	3	3	2	2

2006(병술)년 【단기 4339년】

월	구분		1	2	3	4	5	6	7	8	9	10	11	12	13
음 1 월	음력		1	2	3	4	5	6	7	8	9	10	11	12	13
	양력		1/30	31	2/1	2	3	4	5	6	7	8	9	10	11
	연주 (생년)		을유	을유	을유	을유	을유	**병술**	병술	병술	병술	병술	병술	병술	병술
	월주 (생월)		기축	기축	기축	기축	기축	**경인**	경인	경인	경인	경인	경인	경인	경인
	일주 (생일)		기미	경신	신유	임술	계해	갑자	을축	병인	정묘	무진	기사	경오	신미
	대운	남	8	9	9	9	10	10	10	9	9	9	8	8	8
		여	2	1	1	1	1	10	1	1	1	1	2	2	2
음 2 월	음력		1	2	3	4	5	6	7	8	9	10	11	12	13
	양력		2/28	3/1	2	3	4	5	6	7	8	9	10	11	12
	연주 (생년)		병술	병술	병술	병술	병술	병술	병술	병술	병술	병술	병술	병술	병술
	월주 (생월)		경인	경인	경인	경인	경인	경인	**신묘**	신묘	신묘	신묘	신묘	신묘	신묘
	일주 (생일)		무자	기축	경인	신묘	임진	계사	갑오	을미	병신	정유	무술	기해	경자
	대운	남	2	2	1	1	1	1	10	10	9	9	9	8	8
		여	8	8	9	9	9	10	10	1	1	1	1	2	2
음 3 월	음력		1	2	3	4	5	6	7	8	9	10	11	12	13
	양력		3/29	30	31	4/1	2	3	4	5	6	7	8	9	10
	연주 (생년)		병술	병술	병술	병술	병술	병술	병술	병술	병술	병술	병술	병술	병술
	월주 (생월)		신묘	신묘	신묘	신묘	신묘	신묘	신묘	**임진**	임진	임진	임진	임진	임진
	일주 (생일)		정사	무오	기미	경신	신유	임술	계해	갑자	을축	병인	정묘	무진	기사
	대운	남	2	2	2	1	1	1	1	10	10	10	9	9	9
		여	8	8	9	9	9	10	10	10	1	1	1	2	2
음 4 월	음력		1	2	3	4	5	6	7	8	9	10	11	12	13
	양력		4/28	29	30	5/1	2	3	4	5	6	7	8	9	10
	연주 (생년)		병술	병술	병술	병술	병술	병술	병술	병술	병술	병술	병술	병술	병술
	월주 (생월)		임진	임진	임진	임진	임진	임진	임진	임진	**계사**	계사	계사	계사	계사
	일주 (생일)		정해	무자	기축	경인	신묘	임진	계사	갑오	을미	병신	정유	무술	기해
	대운	남	3	2	2	2	1	1	1	1	10	10	10	9	9
		여	8	8	8	9	9	9	10	10	10	1	1	1	1
음 5 월	음력		1	2	3	4	5	6	7	8	9	10	11	12	136
	양력		5/27	28	29	30	31	6/1	2	3	4	5	6	7	8
	연주 (생년)		병술	병술	병술	병술	병술	병술	병술	병술	병술	병술	병술	병술	병술
	월주 (생월)		계사	계사	계사	계사	계사	계사	계사	계사	계사	계사	**갑오**	갑오	갑오
	일주 (생일)		병진	정사	무오	기미	경신	신유	임술	계해	갑자	을축	병인	정묘	무진
	대운	남	3	3	3	2	2	2	1	1	1	1	10	10	10
		여	7	7	8	8	8	9	9	9	10	10	10	1	1
음 6 월	음력		1	2	3	4	5	6	7	8	9	10	11	12	13
	양력		6/26	27	28	29	30	7/1	2	3	4	5	6	7	8
	연주 (생년)		병술	병술	병술	병술	병술	병술	병술	병술	병술	병술	병술	병술	병술
	월주 (생월)		갑오	갑오	갑오	갑오	갑오	갑오	갑오	갑오	갑오	갑오	갑오	**을미**	을미
	일주 (생일)		병술	정해	무자	기축	경인	신묘	임진	계사	갑오	을미	병신	정유	무술
	대운	남	4	3	3	3	2	2	2	1	1	1	1	10	10
		여	7	7	7	8	8	8	9	9	9	10	10	10	1

	14	15	16	17	18	19	20	21	22	23	24	25	26	27	28	29	
	12	13	14	15	16	17	18	19	20	21	22	23	24	25	26	27	
음	병술	병술	병술	병술	병술	병술	병술	병술	병술	병술	병술	병술	병술	병술	병술	병술	
1	경인	경인	경인	경인	경인	경인	경인	경인	경인	경인	경인	경인	경인	경인	경인	경인	
월	임신	계유	갑술	을해	병자	정축	무인	기묘	경진	신사	임오	계미	갑신	을유	병술	정해	
	7	7	7	6	6	6	5	5	5	4	4	4	3	3	3	2	
	3	3	3	4	4	4	5	5	5	6	6	6	7	7	7	8	
	14	15	16	17	18	19	20	21	22	23	24	25	26	27	28	29	
	13	14	15	16	17	18	19	20	21	22	23	24	25	26	27	28	
음	병술	병술	병술	병술	병술	병술	병술	병술	병술	병술	병술	병술	병술	병술	병술	병술	
2	신묘	신묘	신묘	신묘	신묘	신묘	신묘	신묘	신묘	신묘	신묘	신묘	신묘	신묘	신묘	신묘	
월	신축	임인	계묘	갑진	을사	병오	정미	무신	기유	경술	신해	임자	계축	갑인	을묘	병진	
	8	7	7	7	6	6	6	5	5	5	4	4	4	3	3	3	
	2	3	3	3	4	4	4	5	5	5	6	6	6	7	7	7	
	14	15	16	17	18	19	20	21	22	23	24	25	26	27	28	29	30
	11	12	13	14	15	16	17	18	19	20	21	22	23	24	25	26	27
음	병술	병술	병술	병술	병술	병술	병술	병술	병술	병술	병술	병술	병술	병술	병술	병술	병술
3	임진	임진	임진	임진	임진	임진	임진	임진	임진	임진	임진	임진	임진	임진	임진	임진	임진
월	경오	신미	임신	계유	갑술	을해	병자	정축	무인	기묘	경진	신사	임오	계미	갑신	을유	병술
	8	8	8	7	7	7	6	6	6	5	5	5	4	4	4	3	3
	2	3	3	3	4	4	4	5	5	5	6	6	6	7	7	7	8
	14	15	16	17	18	19	20	21	22	23	24	25	26	27	28	29	
	11	12	13	14	15	16	17	18	19	20	21	22	23	24	25	26	
음	병술	병술	병술	병술	병술	병술	병술	병술	병술	병술	병술	병술	병술	병술	병술	병술	
4	계사	계사	계사	계사	계사	계사	계사	계사	계사	계사	계사	계사	계사	계사	계사	계사	
월	경자	신축	임인	계묘	갑진	을사	병오	정미	무신	기유	경술	신해	임자	계축	갑인	을묘	
	9	8	8	8	7	7	7	6	6	6	5	5	5	4	4	4	
	2	2	2	3	3	3	4	4	4	5	5	5	6	6	6	7	
	14	15	16	17	18	19	20	21	22	23	24	25	26	27	28	29	30
	9	10	11	12	13	14	15	16	17	18	19	20	21	22	23	24	25
음	병술	병술	병술	병술	병술	병술	병술	병술	병술	병술	병술	병술	병술	병술	병술	병술	병술
5	갑오	갑오	갑오	갑오	갑오	갑오	갑오	갑오	갑오	갑오	갑오	갑오	갑오	갑오	갑오	갑오	갑오
월	기사	경오	신미	임신	계유	갑술	을해	병자	정축	무인	기묘	경진	신사	임오	계미	갑신	을유
	9	9	9	8	8	8	7	7	7	6	6	6	5	5	5	4	4
	1	1	2	2	2	3	3	3	4	4	4	5	5	5	6	6	6
	14	15	16	17	18	19	20	21	22	23	24	25	26	27	28	29	
	9	10	11	12	13	14	15	16	17	18	19	20	21	22	23	24	
음	병술	병술	병술	병술	병술	병술	병술	병술	병술	병술	병술	병술	병술	병술	병술	병술	
6	을미	을미	을미	을미	을미	을미	을미	을미	을미	을미	을미	을미	을미	을미	을미	을미	
월	기해	경자	신축	임인	계묘	갑진	을사	병오	정미	무신	기유	경술	신해	임자	계축	갑인	
	10	10	9	9	9	8	8	8	7	7	7	6	6	6	5	5	
	1	1	1	2	2	2	3	3	3	4	4	4	5	5	5	6	

2006(병술)년 【단기 4339년】

월	구분		1	2	3	4	5	6	7	8	9	10	11	12	13
음 7 월	음력		1	2	3	4	5	6	7	8	9	10	11	12	13
	양력		**7/25**	26	27	28	29	30	31	**8/1**	2	3	4	5	6
	연주 (생년)		병술	병술	병술	병술	병술	병술	병술	병술	병술	병술	병술	병술	병술
	월주 (생월)		을미	을미	을미	을미	을미	을미	을미	을미	을미	을미	을미	을미	을미
	일주 (생일)		을묘	병진	정사	무오	기미	경신	신유	임술	계해	갑자	을축	병인	정묘
	대운	남	5	4	4	4	3	3	3	2	2	2	1	1	1
		여	6	6	7	7	7	8	8	8	9	9	9	10	10
윤 7 월	음력		1	2	3	4	5	6	7	8	9	10	11	12	13
	양력		**8/24**	25	26	27	28	29	30	31	**9/1**	2	3	4	5
	연주 (생년)		병술	병술	병술	병술	병술	병술	병술	병술	병술	병술	병술	병술	병술
	월주 (생월)		병신	병신	병신	병신	병신	병신	병신	병신	병신	병신	병신	병신	병신
	일주 (생일)		을유	병술	정해	무자	기축	경인	신묘	임진	계사	갑오	을미	병신	정유
	대운	남	5	5	4	4	4	3	3	3	2	2	2	1	1
		여	6	6	6	7	7	7	8	8	8	9	9	9	10
음 8 월	음력		1	2	3	4	5	6	7	8	9	10	11	12	13
	양력		**9/22**	23	24	25	26	27	28	29	30	**10/1**	2	3	4
	연주 (생년)		병술	병술	병술	병술	병술	병술	병술	병술	병술	병술	병술	병술	병술
	월주 (생월)		정유	정유	정유	정유	정유	정유	정유	정유	정유	정유	정유	정유	정유
	일주 (생일)		갑인	을묘	병진	정사	무오	기미	경신	신유	임술	계해	갑자	을축	병인
	대운	남	5	5	5	4	4	4	3	3	3	2	2	2	1
		여	5	5	5	6	6	6	7	7	7	8	8	8	9
음 9 월	음력		1	2	3	4	5	6	7	8	9	10	11	12	13
	양력		**10/22**	23	24	25	26	27	28	29	30	31	**11/1**	2	3
	연주 (생년)		병술	병술	병술	병술	병술	병술	병술	병술	병술	병술	병술	병술	병술
	월주 (생월)		무술	무술	무술	무술	무술	무술	무술	무술	무술	무술	무술	무술	무술
	일주 (생일)		갑신	을유	병술	정해	무자	기축	경인	신묘	임진	계사	갑오	을미	병신
	대운	남	6	5	5	5	4	4	4	3	3	3	2	2	2
		여	5	5	5	6	6	6	7	7	7	8	8	8	9
음 10 월	음력		1	2	3	4	5	6	7	8	9	10	11	12	13
	양력		**11/21**	22	23	24	25	26	27	28	29	30	**12/1**	2	3
	연주 (생년)		병술	병술	병술	병술	병술	병술	병술	병술	병술	병술	병술	병술	병술
	월주 (생월)		기해	기해	기해	기해	기해	기해	기해	기해	기해	기해	기해	기해	기해
	일주 (생일)		갑인	을묘	병진	정사	무오	기미	경신	신유	임술	계해	갑자	을축	병인
	대운	남	5	5	5	4	4	4	3	3	3	2	2	2	1
		여	5	5	5	6	6	6	7	7	7	8	8	8	9
음 11 월	음력		1	2	3	4	5	6	7	8	9	10	11	12	13
	양력		**12/20**	21	22	23	24	25	26	27	28	29	30	31	**1/1**
	연주 (생년)		병술	병술	병술	병술	병술	병술	병술	병술	병술	병술	병술	병술	병술
	월주 (생월)		경자	경자	경자	경자	경자	경자	경자	경자	경자	경자	경자	경자	경자
	일주 (생일)		계미	갑신	을유	병술	정해	무자	기축	경인	신묘	임진	계사	갑오	을미
	대운	남	6	5	5	5	4	4	4	3	3	3	2	2	2
		여	4	5	5	5	6	6	6	7	7	7	8	8	8
음 12 월	음력		1	2	3	4	5	6	7	8	9	10	11	12	13
	양력		**1/19**	20	21	22	23	24	25	26	27	28	29	30	31
	연주 (생년)		병술	병술	병술	병술	병술	병술	병술	병술	병술	병술	병술	병술	병술
	월주 (생월)		신축	신축	신축	신축	신축	신축	신축	신축	신축	신축	신축	신축	신축
	일주 (생일)		계축	갑인	을묘	병진	정사	무오	기미	경신	신유	임술	계해	갑자	을축
	대운	남	5	5	5	4	4	4	3	3	3	2	2	2	1
		여	4	5	5	5	6	6	6	7	7	7	8	8	8

음 7 월	14	15	16	17	18	19	20	21	22	23	24	25	26	27	28	29	30
	7	8	9	10	11	12	13	14	15	16	17	18	19	20	21	22	23
	병술	병술	병술	병술	병술	병술	병술	병술	병술	병술	병술	병술	병술	병술	병술	병술	병술
	을미	**병신**	병신	병신	병신	병신	병신	병신	병신	병신	병신	병신	병신	병신	병신	병신	병신
	무진	기사	경오	신미	임신	계유	갑술	을해	병자	정축	무인	기묘	경진	신사	임오	계미	갑신
	1	10	10	10	9	9	9	8	8	8	7	7	7	6	6	6	5
	10	10	1	1	1	1	2	2	2	3	3	3	4	4	4	5	5
윤 7 월	14	15	16	17	18	19	20	21	22	23	24	25	26	27	28	29	
	6	7	8	9	10	11	12	13	14	15	16	17	18	19	20	21	
	병술	병술	병술	병술	병술	병술	병술	병술	병술	병술	병술	병술	병술	병술	병술	병술	
	병신	병신	**정유**	정유	정유	정유	정유	정유	정유	정유	정유	정유	정유	정유	정유	정유	
	무술	기해	경자	신축	임인	계묘	갑진	을사	병오	정미	무신	기유	경술	신해	임자	계축	
	1	1	10	10	9	9	9	8	8	8	7	7	7	6	6	6	
	10	10	10	1	1	1	2	2	2	3	3	3	4	4	4	5	
음 8 월	14	15	16	17	18	19	20	21	22	23	24	25	26	27	28	29	30
	5	6	7	8	9	10	11	12	13	14	15	16	17	18	19	20	21
	병술	병술	병술	병술	병술	병술	병술	병술	병술	병술	병술	병술	병술	병술	병술	병술	병술
	정유	정유	정유	**무술**	무술	무술	무술	무술	무술	무술	무술	무술	무술	무술	무술	무술	무술
	정묘	무진	기사	경오	신미	임신	계유	갑술	을해	병자	정축	무인	기묘	경진	신사	임오	계미
	1	1	1	10	10	9	9	9	8	8	8	7	7	7	6	6	6
	9	9	10	10	1	1	1	1	2	2	2	3	3	3	4	4	4
음 9 월	14	15	16	17	18	19	20	21	22	23	24	25	26	27	28	29	30
	4	5	6	7	8	9	10	11	12	13	14	15	16	17	18	19	20
	병술	병술	병술	병술	병술	병술	병술	병술	병술	병술	병술	병술	병술	병술	병술	병술	병술
	무술	무술	무술	**기해**	기해	기해	기해	기해	기해	기해	기해	기해	기해	기해	기해	기해	기해
	정유	무술	기해	경자	신축	임인	계묘	갑진	을사	병오	정미	무신	기유	경술	신해	임자	계축
	1	1	1	10	10	10	9	9	9	8	8	8	7	7	7	6	6
	9	9	10	10	1	1	1	1	2	2	2	3	3	3	4	4	4
음 10 월	14	15	16	17	18	19	20	21	22	23	24	25	26	27	28	29	
	4	5	6	7	8	9	10	11	12	13	14	15	16	17	18	19	
	병술	병술	병술	병술	병술	병술	병술	병술	병술	병술	병술	병술	병술	병술	병술	병술	
	기해	기해	기해	**경자**	경자	경자	경자	경자	경자	경자	경자	경자	경자	경자	경자	경자	
	정묘	무진	기사	경오	신미	임신	계유	갑술	을해	병자	정축	무인	기묘	경진	신사	임오	
	1	1	1	10	10	9	9	9	8	8	8	7	7	7	6	6	
	9	9	10	10	1	1	1	1	2	2	2	3	3	3	4	4	
음 11 월	14	15	16	17	18	19	20	21	22	23	24	25	26	27	28	29	30
	2	3	4	5	6	7	8	9	10	11	12	13	14	15	16	17	18
	병술	병술	병술	병술	병술	병술	병술	병술	병술	병술	병술	병술	병술	병술	병술	병술	병술
	경자	경자	경자	경자	**신축**	신축	신축	신축	신축	신축	신축	신축	신축	신축	신축	신축	신축
	병신	정유	무술	기해	경자	신축	임인	계묘	갑진	을사	병오	정미	무신	기유	경술	신해	임자
	1	1	1	1	10	9	9	9	8	8	8	7	7	7	6	6	6
	9	9	9	10	10	1	1	1	1	2	2	2	3	3	3	4	4
음 12 월	14	15	16	17	18	19	20	21	22	23	24	25	26	27	28	29	30
	2/1	2	3	4	5	6	7	8	9	10	11	12	13	14	15	16	17
	병술	병술	병술	**정해**	정해	정해	정해	정해	정해	정해	정해	정해	정해	정해	정해	정해	정해
	신축	신축	신축	**임인**	임인	임인	임인	임인	임인	임인	임인	임인	임인	임인	임인	임인	임인
	병인	정묘	무진	기사	경오	신미	임신	계유	갑술	을해	병자	정축	무인	기묘	경진	신사	임오
	1	1	1	10	1	1	1	1	2	2	2	3	3	3	4	4	4
	9	9	9	10	10	9	9	9	8	8	8	7	7	7	6	6	6

2007(정해)년 【단기 4340년】

음 1 월	음력	1	2	3	4	5	6	7	8	9	10	11	12	13
	양력	**2/18**	19	20	21	22	23	24	25	26	27	28	**3/1**	2
	연주 (생년)	정해	정해	정해	정해	정해	정해	정해	정해	정해	정해	정해	정해	정해
	월주 (생월)	임인	임인	임인	임인	임인	임인	임인	임인	임인	임인	임인	임인	임인
	일주 (생일)	계미	갑신	을유	병술	정해	무자	기축	경인	신묘	임진	계사	갑오	을미
	대운 남	5	5	5	6	6	6	7	7	7	8	8	8	9
	대운 여	5	5	5	4	4	4	3	3	3	2	2	2	1

음 2 월	음력	1	2	3	4	5	6	7	8	9	10	11	12	13
	양력	**3/19**	20	21	22	23	24	25	26	27	28	29	30	31
	연주 (생년)	정해	정해	정해	정해	정해	정해	정해	정해	정해	정해	정해	정해	정해
	월주 (생월)	계묘	계묘	계묘	계묘	계묘	계묘	계묘	계묘	계묘	계묘	계묘	계묘	계묘
	일주 (생일)	임자	계축	갑인	을묘	병진	정사	무오	기미	경신	신유	임술	계해	갑자
	대운 남	4	5	5	5	6	6	6	7	7	7	8	8	8
	대운 여	6	5	5	5	4	4	4	3	3	3	2	2	2

음 3 월	음력	1	2	3	4	5	6	7	8	9	10	11	12	13
	양력	**4/17**	18	19	20	21	22	23	24	25	26	27	28	29
	연주 (생년)	정해	정해	정해	정해	정해	정해	정해	정해	정해	정해	정해	정해	정해
	월주 (생월)	갑진	갑진	갑진	갑진	갑진	갑진	갑진	갑진	갑진	갑진	갑진	갑진	갑진
	일주 (생일)	신사	임오	계미	갑신	을유	병술	정해	무자	기축	경인	신묘	임진	계사
	대운 남	4	4	5	5	5	6	6	6	7	7	7	8	8
	대운 여	6	6	6	5	5	5	4	4	4	3	3	3	2

음 4 월	음력	1	2	3	4	5	6	7	8	9	10	11	12	13
	양력	**5/17**	18	19	20	21	22	23	24	25	26	27	28	29
	연주 (생년)	정해	정해	정해	정해	정해	정해	정해	정해	정해	정해	정해	정해	정해
	월주 (생월)	을사	을사	을사	을사	을사	을사	을사	을사	을사	을사	을사	을사	을사
	일주 (생일)	신해	임자	계축	갑인	을묘	병진	정사	무오	기미	경신	신유	임술	계해
	대운 남	4	4	4	5	5	5	6	6	6	7	7	7	8
	대운 여	7	6	6	6	5	5	5	4	4	4	3	3	3

음 5 월	음력	1	2	3	4	5	6	7	8	9	10	11	12	13
	양력	**6/15**	16	17	18	19	20	21	22	23	24	25	26	27
	연주 (생년)	정해	정해	정해	정해	정해	정해	정해	정해	정해	정해	정해	정해	정해
	월주 (생월)	병오	병오	병오	병오	병오	병오	병오	병오	병오	병오	병오	병오	병오
	일주 (생일)	경진	신사	임오	계미	갑신	을유	병술	정해	무자	기축	경인	신묘	임진
	대운 남	3	3	4	4	4	5	5	5	6	6	6	7	7
	대운 여	7	7	7	6	6	6	5	5	5	4	4	4	3

음 6 월	음력	1	2	3	4	5	6	7	8	9	10	11	12	13
	양력	**7/14**	15	16	17	18	19	20	21	22	23	24	25	26
	연주 (생년)	정해	정해	정해	정해	정해	정해	정해	정해	정해	정해	정해	정해	정해
	월주 (생월)	정미	정미	정미	정미	정미	정미	정미	정미	정미	정미	정미	정미	정미
	일주 (생일)	기유	경술	신해	임자	계축	갑인	을묘	병진	정사	무오	기미	경신	신유
	대운 남	2	3	3	3	4	4	4	5	5	5	6	6	6
	대운 여	8	8	8	7	7	7	6	6	6	5	5	5	4

	14	15	16	17	18	19	20	21	22	23	24	25	26	27	28	29	
	3	4	5	6	7	8	9	10	11	12	13	14	15	16	17	18	
음	정해	정해	정해	정해	정해	정해	정해	정해	정해	정해	정해	정해	정해	정해	정해	정해	
1	임인	임인	임인	**계묘**	계묘	계묘	계묘	계묘	계묘	계묘	계묘	계묘	계묘	계묘	계묘	계묘	
월	병신	정유	무술	기해	경자	신축	임인	계묘	갑진	을사	병오	정미	무신	기유	경술	신해	
	9	9	10	10	1	1	1	1	2	2	2	3	3	3	4	4	
	1	1	1	10	10	9	9	9	8	8	8	7	7	7	6	6	
	14	15	16	17	18	19	20	21	22	23	24	25	26	27	28	29	
	4/1	2	3	4	5	6	7	8	9	10	11	12	13	14	15	16	
음	정해	정해	정해	정해	정해	정해	정해	정해	정해	정해	정해	정해	정해	정해	정해	정해	
2	계묘	계묘	계묘	계묘	**갑진**	갑진	갑진	갑진	갑진	갑진	갑진	갑진	갑진	갑진	갑진	갑진	
월	을축	병인	정묘	무진	기사	경오	신미	임신	계유	갑술	을해	병자	정축	무인	기묘	경진	
	9	9	9	10	10	1	1	1	1	2	2	2	3	3	3	4	
	1	1	1	1	10	10	10	9	9	9	8	8	8	7	7	7	
	14	15	16	17	18	19	20	21	22	23	24	25	26	27	28	29	30
	30	**5/1**	2	3	4	5	6	7	8	9	10	11	12	13	14	15	16
음	정해	정해	정해	정해	정해	정해	정해	정해	정해	정해	정해	정해	정해	정해	정해	정해	정해
3	갑진	갑진	갑진	갑진	갑진	갑진	**을사**	을사	을사	을사	을사	을사	을사	을사	을사	을사	을사
월	갑오	을미	병신	정유	무술	기해	경자	신축	임인	계묘	갑진	을사	병오	정미	무신	기유	경술
	8	9	9	9	10	10	10	1	1	1	1	2	2	2	3	3	3
	2	2	1	1	1	1	10	10	10	9	9	9	8	8	8	7	7
	14	15	16	17	18	19	20	21	22	23	24	25	26	27	28	29	
	30	31	**6/1**	2	3	4	5	6	7	8	9	10	11	12	13	14	
음	정해	정해	정해	정해	정해	정해	정해	정해	정해	정해	정해	정해	정해	정해	정해	정해	
4	을사	을사	을사	을사	을사	을사	을사	**병오**	병오	병오	병오	병오	병오	병오	병오	병오	
월	갑자	을축	병인	정묘	무진	기사	경오	신미	임신	계유	갑술	을해	병자	정축	무인	기묘	
	8	8	9	9	9	10	10	10	1	1	1	1	2	2	2	3	
	2	2	2	1	1	1	1	10	10	10	9	9	9	8	8	8	
	14	15	16	17	18	19	20	21	22	23	24	25	26	27	28	29	
	28	29	30	**7/1**	2	3	4	5	6	7	8	9	10	11	12	13	
음	정해	정해	정해	정해	정해	정해	정해	정해	정해	정해	정해	정해	정해	정해	정해	정해	
5	병오	병오	병오	병오	병오	병오	병오	병오	병오	**정미**	정미	정미	정미	정미	정미	정미	
월	계사	갑오	을미	병신	정유	무술	기해	경자	신축	임인	계묘	갑진	을사	병오	정미	무신	
	7	8	8	8	9	9	9	10	10	10	1	1	1	1	2	2	
	3	3	2	2	2	1	1	1	1	10	10	10	10	9	9	9	
	14	15	16	17	18	19	20	21	22	23	24	25	26	27	28	29	30
	27	28	29	30	31	**8/1**	2	3	4	5	6	7	8	9	10	11	12
음	정해	정해	정해	정해	정해	정해	정해	정해	정해	정해	정해	정해	정해	정해	정해	정해	정해
6	정미	정미	정미	정미	정미	정미	정미	정미	정미	정미	정미	정미	**무신**	무신	무신	무신	무신
월	임술	계해	갑자	을축	병인	정묘	무진	기사	경오	신미	임신	계유	갑술	을해	병자	정축	무인
	7	7	7	8	8	8	9	9	9	10	10	10	10	1	1	1	1
	4	4	3	3	3	2	2	2	1	1	1	1	10	10	10	9	9

2007(정해)년 【단기 4340년】

월	구분														
음 7 월	음력		1	2	3	4	5	6	7	8	9	10	11	12	13
	양력		8/13	14	15	16	17	18	19	20	21	22	23	24	25
	연주 (생년)		정해	정해	정해	정해	정해	정해	정해	정해	정해	정해	정해	정해	정해
	월주 (생월)		무신	무신	무신	무신	무신	무신	무신	무신	무신	무신	무신	무신	무신
	일주 (생일)		기묘	경진	신사	임오	계미	갑신	을유	병술	정해	무자	기축	경인	신묘
	대운	남	2	2	2	3	3	3	4	4	4	5	5	5	6
		여	9	8	8	8	7	7	7	6	6	6	5	5	5
음 8 월	음력		1	2	3	4	5	6	7	8	9	10	11	12	13
	양력		9/11	12	13	14	15	16	17	18	19	20	21	22	23
	연주 (생년)		정해	정해	정해	정해	정해	정해	정해	정해	정해	정해	정해	정해	정해
	월주 (생월)		기유	기유	기유	기유	기유	기유	기유	기유	기유	기유	기유	기유	기유
	일주 (생일)		무신	기유	경술	신해	임자	계축	갑인	을묘	병진	정사	무오	기미	경신
	대운	남	1	1	2	2	2	3	3	3	4	4	4	5	5
		여	9	9	9	8	8	8	7	7	7	6	6	6	5
음 9 월	음력		1	2	3	4	5	6	7	8	9	10	11	12	13
	양력		10/11	12	13	14	15	16	17	18	19	20	21	22	23
	연주 (생년)		정해	정해	정해	정해	정해	정해	정해	정해	정해	정해	정해	정해	정해
	월주 (생월)		경술	경술	경술	경술	경술	경술	경술	경술	경술	경술	경술	경술	경술
	일주 (생일)		무인	기묘	경진	신사	임오	계미	갑신	을유	병술	정해	무자	기축	경인
	대운	남	1	1	1	2	2	2	3	3	3	4	4	4	5
		여	9	9	9	8	8	8	7	7	7	6	6	6	4
음 10 월	음력		1	2	3	4	5	6	7	8	9	10	11	12	13
	양력		11/10	11	12	13	14	15	16	17	18	19	20	21	22
	연주 (생년)		정해	정해	정해	정해	정해	정해	정해	정해	정해	정해	정해	정해	정해
	월주 (생월)		신해	신해	신해	신해	신해	신해	신해	신해	신해	신해	신해	신해	신해
	일주 (생일)		무신	기유	경술	신해	임자	계축	갑인	을묘	병진	정사	무오	기미	경신
	대운	남	1	1	1	2	2	2	3	3	3	4	4	4	5
		여	9	9	8	8	8	7	7	7	6	6	6	5	5
음 11 월	음력		1	2	3	4	5	6	7	8	9	10	11	12	13
	양력		12/10	11	12	13	14	15	16	17	18	19	20	21	22
	연주 (생년)		정해	정해	정해	정해	정해	정해	정해	정해	정해	정해	정해	정해	정해
	월주 (생월)		임자	임자	임자	임자	임자	임자	임자	임자	임자	임자	임자	임자	임자
	일주 (생일)		무인	기묘	경진	신사	임오	계미	갑신	을유	병술	정해	무자	기축	경인
	대운	남	1	1	2	2	2	3	3	3	4	4	4	5	5
		여	9	9	8	8	8	7	7	7	6	6	6	5	5
음 12 월	음력		1	2	3	4	5	6	7	8	9	10	11	12	13
	양력		1/8	9	10	11	12	13	14	15	16	17	18	19	20
	연주 (생년)		정해	정해	정해	정해	정해	정해	정해	정해	정해	정해	정해	정해	정해
	월주 (생월)		계축	계축	계축	계축	계축	계축	계축	계축	계축	계축	계축	계축	계축
	일주 (생일)		정미	무신	기유	경술	신해	임자	계축	갑인	을묘	병진	정사	무오	기미
	대운	남	1	1	1	2	2	2	3	3	3	4	4	4	5
		여	9	9	9	8	8	8	7	7	7	6	6	6	5

음 7 월	14	15	16	17	18	19	20	21	22	23	24	25	26	27	28	29	
	26	27	28	29	30	31	**9/1**	2	3	4	5	6	7	8	9	10	
	정해	정해	정해	정해	정해	정해	정해	정해	정해	정해	정해	정해	정해	정해	정해	정해	
	무신	무신	무신	무신	무신	무신	무신	무신	무신	무신	무신	무신	무신	**기유**	기유	기유	
	임진	계사	갑오	을미	병신	정유	무술	기해	경자	신축	임인	계묘	갑진	을사	병오	정미	
	6	6	7	7	7	8	8	8	9	9	9	10	10	10	1	1	
	4	4	4	3	3	3	2	2	2	1	1	1	1	10	10	10	
음 8 월	14	15	16	17	18	19	20	21	22	23	24	25	26	27	28	29	30
	24	25	26	27	28	29	30	**10/1**	2	3	4	5	6	7	8	9	10
	정해	정해	정해	정해	정해	정해	정해	정해	정해	정해	정해	정해	정해	정해	정해	정해	정해
	기유	기유	기유	기유	기유	기유	기유	기유	기유	기유	기유	기유	기유	기유	기유	**경술**	경술
	신유	임술	계해	갑자	을축	병인	정묘	무진	기사	경오	신미	임신	계유	갑술	을해	병자	정축
	5	6	6	6	7	7	7	8	8	8	9	9	9	10	10	10	1
	5	5	4	4	4	3	3	3	2	2	2	1	1	1	1	10	10
음 9 월	14	15	16	17	18	19	20	21	22	23	24	25	26	27	28	29	30
	24	25	26	27	28	29	30	31	**11/1**	2	3	4	5	6	7	8	9
	정해	정해	정해	정해	정해	정해	정해	정해	정해	정해	정해	정해	정해	정해	정해	정해	정해
	경술	경술	경술	경술	경술	경술	경술	경술	경술	경술	경술	경술	경술	경술	경술	**신해**	신해
	신묘	임진	계사	갑오	을미	병신	정유	무술	기해	경자	신축	임인	계묘	갑진	을사	병오	정미
	5	5	6	6	6	7	7	7	8	8	8	9	9	9	10	10	1
	5	5	4	4	4	3	3	3	2	2	2	1	1	1	1	10	9
음 10 월	14	15	16	17	18	19	20	21	22	23	24	25	26	27	28	29	30
	23	24	25	26	27	28	29	30	**12/1**	2	3	4	5	6	7	8	9
	정해	정해	정해	정해	정해	정해	정해	정해	정해	정해	정해	정해	정해	정해	정해	정해	정해
	신해	신해	신해	신해	신해	신해	신해	신해	신해	신해	신해	신해	신해	신해	**임자**	임자	임자
	신유	임술	계해	갑자	을축	병인	정묘	무진	기사	경오	신미	임신	계유	갑술	을해	병자	정축
	5	5	6	6	6	7	7	7	8	8	8	9	9	9	10	1	1
	5	4	4	4	3	3	3	2	2	2	1	1	1	1	10	10	9
음 11 월	14	15	16	17	18	19	20	21	22	23	24	25	26	27	28	29	
	23	24	25	26	27	28	29	30	31	**1/1**	2	3	4	5	6	7	
	정해	정해	정해	정해	정해	정해	정해	정해	정해	정해	정해	정해	정해	정해	정해	정해	
	임자	임자	임자	임자	임자	임자	임자	임자	임자	임자	임자	임자	임자	임자	**계축**	계축	
	신묘	임진	계사	갑오	을미	병신	정유	무술	기해	경자	신축	임인	계묘	갑진	을사	병오	
	5	6	6	6	7	7	7	8	8	8	9	9	9	10	10	1	
	5	4	4	4	3	3	3	2	2	2	1	1	1	1	10	9	
음 12 월	14	15	16	17	18	19	20	21	22	23	24	25	26	27	28	29	30
	21	22	23	24	25	26	27	28	29	30	31	**2/1**	2	3	4	5	6
	정해	정해	정해	정해	정해	정해	정해	정해	정해	정해	정해	정해	정해	정해	**무자**	무자	무자
	계축	계축	계축	계축	계축	계축	계축	계축	계축	계축	계축	계축	계축	계축	**갑인**	갑인	갑인
	경신	신유	임술	계해	갑자	을축	병인	정묘	무진	기사	경오	신미	임신	계유	갑술	을해	병자
	5	5	6	6	6	7	7	7	8	8	8	9	9	9	10	10	9
	5	5	4	4	4	3	3	3	2	2	2	1	1	1	10	1	1

2008(무자)년 【단기 4341년】

월	구분		1	2	3	4	5	6	7	8	9	10	11	12	13
음 1 월	음력		1	2	3	4	5	6	7	8	9	10	11	12	13
	양력		**2/7**	8	9	10	11	12	13	14	15	16	17	18	19
	연주 (생년)		무자	무자	무자	무자	무자	무자	무자	무자	무자	무자	무자	무자	무자
	월주 (생월)		갑인	갑인	갑인	갑인	갑인	갑인	갑인	갑인	갑인	갑인	갑인	갑인	갑인
	일주 (생일)		정축	무인	기묘	경진	신사	임오	계미	갑신	을유	병술	정해	무자	기축
	대운	남	9	9	8	8	8	7	7	7	6	6	6	5	5
		여	1	1	2	2	2	3	3	3	4	4	4	5	5
음 2 월	음력		1	2	3	4	5	6	7	8	9	10	11	12	13
	양력		**3/8**	9	10	11	12	13	14	15	16	17	18	19	20
	연주 (생년)		무자	무자	무자	무자	무자	무자	무자	무자	무자	무자	무자	무자	무자
	월주 (생월)		을묘	을묘	을묘	을묘	을묘	을묘	을묘	을묘	을묘	을묘	을묘	을묘	을묘
	일주 (생일)		정미	무신	기유	경술	신해	임자	계축	갑인	을묘	병진	정사	무오	기미
	대운	남	9	9	8	8	8	7	7	7	6	6	6	5	5
		여	1	1	2	2	2	3	3	3	4	4	4	5	5
음 3 월	음력		1	2	3	4	5	6	7	8	9	10	11	12	13
	양력		**4/6**	7	8	9	10	11	12	13	14	15	16	17	18
	연주 (생년)		무자	무자	무자	무자	무자	무자	무자	무자	무자	무자	무자	무자	무자
	월주 (생월)		병진	병진	병진	병진	병진	병진	병진	병진	병진	병진	병진	병진	병진
	일주 (생일)		병자	정축	무인	기묘	경진	신사	임오	계미	갑신	을유	병술	정해	무자
	대운	남	10	9	9	9	8	8	8	7	7	7	6	6	6
		여	1	1	1	2	2	2	3	3	3	4	4	4	5
음 4 월	음력		1	2	3	4	5	6	7	8	9	10	11	12	13
	양력		**5/5**	6	7	8	9	10	11	12	13	14	15	16	17
	연주 (생년)		무자	무자	무자	무자	무자	무자	무자	무자	무자	무자	무자	무자	무자
	월주 (생월)		**정사**	정사	정사	정사	정사	정사	정사	정사	정사	정사	정사	정사	정사
	일주 (생일)		을사	병오	정미	무신	기유	경술	신해	임자	계축	갑인	을묘	병진	정사
	대운	남	10	10	10	9	9	9	8	8	8	7	7	7	6
		여	10	1	1	1	1	2	2	2	3	3	3	4	4
음 5 월	음력		1	2	3	4	5	6	7	8	9	10	11	12	13
	양력		**6/4**	5	6	7	8	9	10	11	12	13	14	15	16
	연주 (생년)		무자	무자	무자	무자	무자	무자	무자	무자	무자	무자	무자	무자	무자
	월주 (생월)		정사	**무오**	무오	무오	무오	무오	무오	무오	무오	무오	무오	무오	무오
	일주 (생일)		을해	병자	정축	무인	기묘	경진	신사	임오	계미	갑신	을유	병술	정해
	대운	남	1	10	10	10	10	9	9	9	8	8	8	7	7
		여	10	10	1	1	1	1	2	2	2	3	3	3	4
음 6 월	음력		1	2	3	4	5	6	7	8	9	10	11	12	13
	양력		**7/3**	4	5	6	7	8	9	10	11	12	13	14	15
	연주 (생년)		무자	무자	무자	무자	무자	무자	무자	무자	무자	무자	무자	무자	무자
	월주 (생월)		무오	무오	무오	무오	**기미**	기미	기미	기미	기미	기미	기미	기미	기미
	일주 (생일)		갑진	을사	병오	정미	무신	기유	경술	신해	임자	계축	갑인	을묘	병진
	대운	남	1	1	1	1	10	10	10	9	9	9	8	8	8
		여	9	10	10	10	10	1	1	1	1	2	2	2	3

	14	15	16	17	18	19	20	21	22	23	24	25	26	27	28	29	30
	20	21	22	23	24	25	26	27	28	29	**3/1**	2	3	4	5	6	7
음	무자	무자	무자	무자	무자	무자	무자	무자	무자	무자	무자	무자	무자	무자	무자	무자	무자
1	갑인	갑인	갑인	갑인	갑인	갑인	갑인	갑인	갑인	갑인	갑인	갑인	갑인	갑인	**을묘**	을묘	을묘
월	경인	신묘	임진	계사	갑오	을미	병신	정유	무술	기해	경자	신축	임인	계묘	갑진	을사	병오
	5	4	4	4	3	3	3	2	2	2	1	1	1	1	10	10	9
	5	6	6	6	7	7	7	8	8	8	9	9	9	10	10	1	1

	14	15	16	17	18	19	20	21	22	23	24	25	26	27	28	29	
	21	22	23	24	25	26	27	28	29	30	31	**4/1**	2	3	4	5	
음	무자	무자	무자	무자	무자	무자	무자	무자	무자	무자	무자	무자	무자	무자	무자	무자	
2	을묘	을묘	을묘	을묘	을묘	을묘	을묘	을묘	을묘	을묘	을묘	을묘	을묘	을묘	**병진**	병진	
월	경신	신유	임술	계해	갑자	을축	병인	정묘	무진	기사	경오	신미	임신	계유	갑술	을해	
	5	4	4	4	3	3	3	2	2	2	1	1	1	1	10	10	
	5	6	6	6	7	7	7	8	8	8	9	9	9	10	10	1	

	14	15	16	17	18	19	20	21	22	23	24	25	26	27	28	29	
	19	20	21	22	23	24	25	26	27	28	29	30	**5/1**	2	3	4	
음	무자	무자	무자	무자	무자	무자	무자	무자	무자	무자	무자	무자	무자	무자	무자	무자	
3	병진	병진	병진	병진	병진	병진	병진	병진	병진	병진	병진	병진	병진	병진	병진	병진	
월	기축	경인	신묘	임진	계사	갑오	을미	병신	정유	무술	기해	경자	신축	임인	계묘	갑진	
	5	5	5	4	4	4	3	3	3	2	2	2	1	1	1	1	
	5	5	6	6	6	7	7	7	8	8	8	9	9	9	10	10	

	14	15	16	17	18	19	20	21	22	23	24	25	26	27	28	29	30
	18	19	20	21	22	23	24	25	26	27	28	29	30	31	**6/1**	2	3
음	무자	무자	무자	무자	무자	무자	무자	무자	무자	무자	무자	무자	무자	무자	무자	무자	무자
4	정사	정사	정사	정사	정사	정사	정사	정사	정사	정사	정사	정사	정사	정사	정사	정사	정사
월	무오	기미	경신	신유	임술	계해	갑자	을축	병인	정묘	무진	기사	경오	신미	임신	계유	갑술
	6	6	5	5	5	4	4	4	3	3	3	2	2	2	1	1	1
	4	5	5	5	6	6	6	7	7	7	8	8	8	9	9	9	10

	14	15	16	17	18	19	20	21	22	23	24	25	26	27	28	29	
	17	18	19	20	21	22	23	24	25	26	27	28	29	30	**7/1**	2	
음	무자	무자	무자	무자	무자	무자	무자	무자	무자	무자	무자	무자	무자	무자	무자	무자	
5	무오	무오	무오	무오	무오	무오	무오	무오	무오	무오	무오	무오	무오	무오	무오	무오	
월	무자	기축	경인	신묘	임진	계사	갑오	을미	병신	정유	무술	기해	경자	신축	임인	계묘	
	7	6	6	6	5	5	5	4	4	4	3	3	3	2	2	2	
	4	4	5	5	5	6	6	6	7	7	7	8	8	8	9	9	

	14	15	16	17	18	19	20	21	22	23	24	25	26	27	28	29	
	16	17	18	19	20	21	22	23	24	25	26	27	28	29	30	31	
음	무자	무자	무자	무자	무자	무자	무자	무자	무자	무자	무자	무자	무자	무자	무자	무자	
6	기미	기미	기미	기미	기미	기미	기미	기미	기미	기미	기미	기미	기미	기미	기미	기미	
월	정사	무오	기미	경신	신유	임술	계해	갑자	을축	병인	정묘	무진	기사	경오	신미	임신	
	7	7	7	6	6	6	5	5	5	4	4	4	3	3	3	2	
	3	3	4	4	4	5	5	5	6	6	6	7	7	7	8	8	

2008(무자)년【단기 4341년】

음 7 월	음력		1	2	3	4	5	6	7	8	9	10	11	12	13
	양력		**8/1**	2	3	4	5	6	7	8	9	10	11	12	13
	연주 (생년)		무자	무자	무자	무자	무자	무자	무자	무자	무자	무자	무자	무자	무자
	월주 (생월)		기미	기미	기미	기미	기미	기미	**경신**	경신	경신	경신	경신	경신	경신
	일주 (생일)		계유	갑술	을해	병자	정축	무인	기묘	경진	신사	임오	계미	갑신	을유
	대운	남	2	2	1	1	1	1	10	10	10	9	9	9	8
		여	8	9	9	9	10	10	10	1	1	1	1	2	2
음 8 월	음력		1	2	3	4	5	6	7	8	9	10	11	12	13
	양력		**8/31**	**9/1**	2	3	4	5	6	7	8	9	10	11	12
	연주 (생년)		무자	무자	무자	무자	무자	무자	무자	무자	무자	무자	무자	무자	무자
	월주 (생월)		경신	경신	경신	경신	경신	경신	경신	**신유**	신유	신유	신유	신유	신유
	일주 (생일)		계묘	갑진	을사	병오	정미	무신	기유	경술	신해	임자	계축	갑인	을묘
	대운	남	2	2	2	1	1	1	1	10	10	10	9	9	9
		여	8	8	9	9	9	10	10	10	1	1	1	1	2
음 9 월	음력		1	2	3	4	5	6	7	8	9	10	11	12	13
	양력		**9/29**	30	**10/1**	2	3	4	5	6	7	8	9	10	11
	연주 (생년)		무자	무자	무자	무자	무자	무자	무자	무자	무자	무자	무자	무자	무자
	월주 (생월)		신유	신유	신유	신유	신유	신유	신유	신유	신유	**임술**	임술	임술	임술
	일주 (생일)		임신	계유	갑술	을해	병자	정축	무인	기묘	경진	신사	임오	계미	갑신
	대운	남	3	3	2	2	2	1	1	1	1	10	10	9	9
		여	7	8	8	8	9	9	9	10	10	10	1	1	1
음 10 월	음력		1	2	3	4	5	6	7	8	9	10	11	12	13
	양력		**10/29**	30	31	**11/1**	2	3	4	5	6	7	8	9	10
	연주 (생년)		무자	무자	무자	무자	무자	무자	무자	무자	무자	무자	무자	무자	무자
	월주 (생월)		임술	임술	임술	임술	임술	임술	임술	임술	임술	**계해**	계해	계해	계해
	일주 (생일)		임인	계묘	갑진	을사	병오	정미	무신	기유	경술	신해	임자	계축	갑인
	대운	남	3	3	2	2	2	1	1	1	1	10	10	9	9
		여	7	7	8	8	8	9	9	9	10	1	1	1	1
음 11 월	음력		1	2	3	4	5	6	7	8	9	10	11	12	13
	양력		**11/28**	29	30	**12/1**	2	3	4	5	6	7	8	9	10
	연주 (생년)		무자	무자	무자	무자	무자	무자	무자	무자	무자	무자	무자	무자	무자
	월주 (생월)		계해	계해	계해	계해	계해	계해	계해	계해	계해	**갑자**	갑자	갑자	갑자
	일주 (생일)		임신	계유	갑술	을해	병자	정축	무인	기묘	경진	신사	임오	계미	갑신
	대운	남	3	3	2	2	2	1	1	1	1	10	9	9	9
		여	7	7	8	8	8	9	9	9	10	10	1	1	1
음 12 월	음력		1	2	3	4	5	6	7	8	9	10	11	12	13
	양력		**12/27**	28	29	30	31	**1/1**	2	3	4	5	6	7	8
	연주 (생년)		무자	무자	무자	무자	무자	무자	무자	무자	무자	무자	무자	무자	무자
	월주 (생월)		갑자	갑자	갑자	갑자	갑자	갑자	갑자	갑자	갑자	**을축**	을축	을축	을축
	일주 (생일)		신축	임인	계묘	갑진	을사	병오	정미	무신	기유	경술	신해	임자	계축
	대운	남	3	3	2	2	2	1	1	1	1	10	10	9	9
		여	7	7	7	8	8	8	9	9	9	10	1	1	1

음 7월	14	15	16	17	18	19	20	21	22	23	24	25	26	27	28	29	30
	14	15	16	17	18	19	20	21	22	23	24	25	26	27	28	29	30
	무자	무자	무자	무자	무자	무자	무자	무자	무자	무자	무자	무자	무자	무자	무자	무자	무자
	경신	경신	경신	경신	경신	경신	경신	경신	경신	경신	경신	경신	경신	경신	경신	경신	경신
	병술	정해	무자	기축	경인	신묘	임진	계사	갑오	을미	병신	정유	무술	기해	경자	신축	임인
	8	8	7	7	7	6	6	6	5	5	5	4	4	4	3	3	3
	2	3	3	3	4	4	4	5	5	5	6	6	6	7	7	7	8

음 8월	14	15	16	17	18	19	20	21	22	23	24	25	26	27	28	29	
	13	14	15	16	17	18	19	20	21	22	23	24	25	26	27	28	
	무자	무자	무자	무자	무자	무자	무자	무자	무자	무자	무자	무자	무자	무자	무자	무자	
	신유	신유	신유	신유	신유	신유	신유	신유	신유	신유	신유	신유	신유	신유	신유	신유	
	병진	정사	무오	기미	경신	신유	임술	계해	갑자	을축	병인	정묘	무진	기사	경오	신미	
	8	8	8	7	7	7	6	6	6	5	5	5	4	4	4	3	
	2	2	3	3	3	4	4	4	5	5	5	6	6	6	7	7	

음 9월	14	15	16	17	18	19	20	21	22	23	24	25	26	27	28	29	30
	12	13	14	15	16	17	18	19	20	21	22	23	24	25	26	27	28
	무자	무자	무자	무자	무자	무자	무자	무자	무자	무자	무자	무자	무자	무자	무자	무자	무자
	임술	임술	임술	임술	임술	임술	임술	임술	임술	임술	임술	임술	임술	임술	임술	임술	임술
	을유	병술	정해	무자	기축	경인	신묘	임진	계사	갑오	을미	병신	정유	무술	기해	경자	신축
	9	8	8	8	7	7	7	6	6	6	5	5	5	4	4	4	3
	1	2	2	2	3	3	3	4	4	4	5	5	5	6	6	6	7

음 10월	14	15	16	17	18	19	20	21	22	23	24	25	26	27	28	29	30
	11	12	13	14	15	16	17	18	19	20	21	22	23	24	25	26	27
	무자	무자	무자	무자	무자	무자	무자	무자	무자	무자	무자	무자	무자	무자	무자	무자	무자
	계해	계해	계해	계해	계해	계해	계해	계해	계해	계해	계해	계해	계해	계해	계해	계해	계해
	을묘	병진	정사	무오	기미	경신	신유	임술	계해	갑자	을축	병인	정묘	무진	기사	경오	신미
	9	8	8	8	7	7	7	6	6	6	5	5	5	4	4	4	3
	2	2	2	3	3	3	4	4	4	5	5	5	6	6	6	7	7

음 11월	14	15	16	17	18	19	20	21	22	23	24	25	26	27	28	29	
	11	12	13	14	15	16	17	18	19	20	21	22	23	24	25	26	
	무자	무자	무자	무자	무자	무자	무자	무자	무자	무자	무자	무자	무자	무자	무자	무자	
	갑자	갑자	갑자	갑자	갑자	갑자	갑자	갑자	갑자	갑자	갑자	갑자	갑자	갑자	갑자	갑자	
	을유	병술	정해	무자	기축	경인	신묘	임진	계사	갑오	을미	병신	정유	무술	기해	경자	
	8	8	8	7	7	7	6	6	6	5	5	5	4	4	4	3	
	1	2	2	2	3	3	3	4	4	4	5	5	5	6	6	6	

음 12월	14	15	16	17	18	19	20	21	22	23	24	25	26	27	28	29	30
	9	10	11	12	13	14	15	16	17	18	19	20	21	22	23	24	25
	무자	무자	무자	무자	무자	무자	무자	무자	무자	무자	무자	무자	무자	무자	무자	무자	무자
	을축	을축	을축	을축	을축	을축	을축	을축	을축	을축	을축	을축	을축	을축	을축	을축	을축
	갑인	을묘	병진	정사	무오	기미	경신	신유	임술	계해	갑자	을축	병인	정묘	무진	기사	경오
	9	8	8	8	7	7	7	6	6	6	5	5	5	4	4	4	3
	1	2	2	2	3	3	3	4	4	4	5	5	5	6	6	6	7

2009(기축)년 【단기 4342년】

월	구분		1	2	3	4	5	6	7	8	9	10	11	12	13
음 1 월	음력		1	2	3	4	5	6	7	8	9	10	11	12	13
	양력		**1/26**	27	28	29	30	31	**2/1**	2	3	4	5	6	7
	연주 (생년)		무자	무자	무자	무자	무자	무자	무자	무자	무자	**기축**	기축	기축	기축
	월주 (생월)		을축	을축	을축	을축	을축	을축	을축	을축	을축	**병인**	병인	병인	병인
	일주 (생일)		신미	임신	계유	갑술	을해	병자	정축	무인	기묘	경진	신사	임오	계미
	대운	남	3	3	2	2	2	1	1	1	1	10	1	1	1
		여	7	7	8	8	8	9	9	9	10	10	9	9	9
음 2 월	음력		1	2	3	4	5	6	7	8	9	10	11	12	13
	양력		**2/25**	26	27	28	**3/1**	2	3	4	5	6	7	8	9
	연주 (생년)		기축	기축	기축	기축	기축	기축	기축	기축	기축	기축	기축	기축	기축
	월주 (생월)		병인	병인	병인	병인	병인	병인	병인	병인	**정묘**	정묘	정묘	정묘	정묘
	일주 (생일)		신축	임인	계묘	갑진	을사	병오	정미	무신	기유	경술	신해	임자	계축
	대운	남	7	7	8	8	8	9	9	9	10	1	1	1	1
		여	3	2	2	2	2	1	1	1	10	10	10	9	9
음 3 월	음력		1	2	3	4	5	6	7	8	9	10	11	12	13
	양력		**3/27**	28	29	30	31	**4/1**	2	3	4	5	6	7	8
	연주 (생년)		기축	기축	기축	기축	기축	기축	기축	기축	기축	기축	기축	기축	기축
	월주 (생월)		정묘	정묘	정묘	정묘	정묘	정묘	정묘	정묘	정묘	**무진**	무진	무진	무진
	일주 (생일)		신미	임신	계유	갑술	을해	병자	정축	무인	기묘	경진	신사	임오	계미
	대운	남	7	8	8	8	9	9	9	10	10	10	1	1	1
		여	3	3	2	2	2	1	1	1	1	10	10	9	9
음 4 월	음력		1	2	3	4	5	6	7	8	9	10	11	12	13
	양력		**4/25**	26	27	28	29	30	**5/1**	2	3	4	5	6	7
	연주 (생년)		기축	기축	기축	기축	기축	기축	기축	기축	기축	기축	기축	기축	기축
	월주 (생월)		무진	무진	무진	무진	무진	무진	무진	무진	무진	무진	**기사**	기사	기사
	일주 (생일)		경자	신축	임인	계묘	갑진	을사	병오	정미	무신	기유	경술	신해	임자
	대운	남	7	7	7	8	8	8	9	9	9	10	10	1	1
		여	3	3	3	2	2	2	1	1	1	1	10	10	10
음 5 월	음력		1	2	3	4	5	6	7	8	9	10	11	12	13
	양력		**5/24**	25	26	27	28	29	30	31	**6/1**	2	3	4	5
	연주 (생년)		기축	기축	기축	기축	기축	기축	기축	기축	기축	기축	기축	기축	기축
	월주 (생월)		기사	기사	기사	기사	기사	기사	기사	기사	기사	기사	기사	기사	**경오**
	일주 (생일)		기사	경오	신미	임신	계유	갑술	을해	병자	정축	무인	기묘	경진	신사
	대운	남	6	7	7	7	8	8	8	9	9	9	10	10	10
		여	4	4	3	3	3	2	2	2	1	1	1	1	10
윤 5 월	음력		1	2	3	4	5	6	7	8	9	10	11	12	13
	양력		**6/23**	24	25	26	27	28	29	30	**7/1**	2	3	4	5
	연주 (생년)		기축	기축	기축	기축	기축	기축	기축	기축	기축	기축	기축	기축	기축
	월주 (생월)		경오	경오	경오	경오	경오	경오	경오	경오	경오	경오	경오	경오	경오
	일주 (생일)		기해	경자	신축	임인	계묘	갑진	을사	병오	정미	무신	기유	경술	신해
	대운	남	6	6	7	7	7	8	8	8	9	9	9	10	10
		여	5	4	4	4	3	3	3	2	2	2	1	1	1
음 6 월	음력		1	2	3	4	5	6	7	8	9	10	11	12	13
	양력		**7/22**	23	24	25	26	27	28	29	30	31	**8/1**	2	3
	연주 (생년)		기축	기축	기축	기축	기축	기축	기축	기축	기축	기축	기축	기축	기축
	월주 (생월)		신미	신미	신미	신미	신미	신미	신미	신미	신미	신미	신미	신미	신미
	일주 (생일)		무진	기사	경오	신미	임신	계유	갑술	을해	병자	정축	무인	기묘	경진
	대운	남	5	5	6	6	6	7	7	7	8	8	8	9	9
		여	5	5	5	4	4	4	3	3	3	2	2	2	1

	14	15	16	17	18	19	20	21	22	23	24	25	26	27	28	29	30
음	8	9	10	11	12	13	14	15	16	17	18	19	20	21	22	23	24
	기축	기축	기축	기축	기축	기축	기축	기축	기축	기축	기축	기축	기축	기축	기축	기축	기축
1	병인	병인	병인	병인	병인	병인	병인	병인	병인	병인	병인	병인	병인	병인	병인	병인	병인
	갑신	을유	병술	정해	무자	기축	경인	신묘	임진	계사	갑오	을미	병신	정유	무술	기해	경자
월	1	2	2	2	3	3	3	4	4	4	5	5	5	6	6	6	7
	8	8	8	7	7	7	6	6	6	5	5	5	4	4	4	3	3
	14	15	16	17	18	19	20	21	22	23	24	25	26	27	28	29	30
음	10	11	12	13	14	15	16	17	18	19	20	21	22	23	24	25	26
	기축	기축	기축	기축	기축	기축	기축	기축	기축	기축	기축	기축	기축	기축	기축	기축	기축
2	정묘	정묘	정묘	정묘	정묘	정묘	정묘	정묘	정묘	정묘	정묘	정묘	정묘	정묘	정묘	정묘	정묘
	갑인	을묘	병진	정사	무오	기미	경신	신유	임술	계해	갑자	을축	병인	정묘	무진	기사	경오
월	2	2	2	3	3	3	4	4	4	5	5	5	6	6	6	7	7
	9	8	8	8	7	7	7	6	6	6	5	5	5	4	4	4	3
	14	15	16	17	18	19	20	21	22	23	24	25	26	27	28	29	
음	9	10	11	12	13	14	15	16	17	18	19	20	21	22	23	24	
	기축	기축	기축	기축	기축	기축	기축	기축	기축	기축	기축	기축	기축	기축	기축	기축	
3	무진	무진	무진	무진	무진	무진	무진	무진	무진	무진	무진	무진	무진	무진	무진	무진	
	갑신	을유	병술	정해	무자	기축	경인	신묘	임진	계사	갑오	을미	병신	정유	무술	기해	
월	1	2	2	2	3	3	3	4	4	4	5	5	5	6	6	6	
	9	8	8	8	7	7	7	6	6	6	5	5	5	4	4	4	
	14	15	16	17	18	19	20	21	22	23	24	25	26	27	28	29	
음	8	9	10	11	12	13	14	15	16	17	18	19	20	21	22	23	
	기축	기축	기축	기축	기축	기축	기축	기축	기축	기축	기축	기축	기축	기축	기축	기축	
4	기사	기사	기사	기사	기사	기사	기사	기사	기사	기사	기사	기사	기사	기사	기사	기사	
	계축	갑인	을묘	병진	정사	무오	기미	경신	신유	임술	계해	갑자	을축	병인	정묘	무진	
월	1	1	2	2	2	3	3	3	4	4	4	5	5	5	6	6	
	9	9	9	8	8	8	7	7	7	6	6	6	5	5	5	4	
	14	15	16	17	18	19	20	21	22	23	24	25	26	27	28	29	30
음	6	7	8	9	10	11	12	13	14	15	16	17	18	19	20	21	22
	기축	기축	기축	기축	기축	기축	기축	기축	기축	기축	기축	기축	기축	기축	기축	기축	기축
5	경오	경오	경오	경오	경오	경오	경오	경오	경오	경오	경오	경오	경오	경오	경오	경오	경오
	임오	계미	갑신	을유	병술	정해	무자	기축	경인	신묘	임진	계사	갑오	을미	병신	정유	무술
월	1	1	1	1	2	2	2	3	3	3	4	4	4	5	5	5	6
	10	10	10	9	9	9	8	8	8	7	7	7	6	6	6	5	5
	14	15	16	17	18	19	20	21	22	23	24	25	26	27	28	29	
윤	6	7	8	9	10	11	12	13	14	15	16	17	18	19	20	21	
	기축	기축	기축	기축	기축	기축	기축	기축	기축	기축	기축	기축	기축	기축	기축	기축	
5	경오	**신미**	신미	신미	신미	신미	신미	신미	신미	신미	신미	신미	신미	신미	신미	신미	
	임자	계축	갑인	을묘	병진	정사	무오	기미	경신	신유	임술	계해	갑자	을축	병인	정묘	
월	10	10	1	1	1	1	2	2	2	3	3	3	4	4	4	5	
	1	10	10	10	9	9	9	8	8	8	7	7	7	6	6	6	
	14	15	16	17	18	19	20	21	22	23	24	25	26	27	28	29	
음	4	5	6	7	8	9	10	11	12	13	14	15	16	17	18	19	
	기축	기축	기축	기축	기축	기축	기축	기축	기축	기축	기축	기축	기축	기축	기축	기축	
6	신미	신미	신미	**임신**	임신	임신	임신	임신	임신	임신	임신	임신	임신	임신	임신	임신	
	신사	임오	계미	갑신	을유	병술	정해	무자	기축	경인	신묘	임진	계사	갑오	을미	병신	
월	9	10	10	10	1	1	1	1	2	2	2	3	3	3	4	4	
	1	1	1	10	10	10	9	9	9	8	8	8	7	7	7	6	

2009(기축)년 【단기 4342년】

음 7 월	음 력		1	2	3	4	5	6	7	8	9	10	11	12	13
	양 력		8/20	21	22	23	24	25	26	27	28	29	30	31	9/1
	연주 (생년)		기축	기축	기축	기축	기축	기축	기축	기축	기축	기축	기축	기축	기축
	월주 (생월)		임신	임신	임신	임신	임신	임신	임신	임신	임신	임신	임신	임신	임신
	일주 (생일)		정유	무술	기해	경자	신축	임인	계묘	갑진	을사	병오	정미	무신	기유
	대운	남	4	5	5	5	6	6	6	7	7	7	8	8	8
		여	6	6	5	5	5	4	4	4	3	3	3	2	2
음 8 월	음 력		1	2	3	4	5	6	7	8	9	10	11	12	13
	양 력		9/19	20	21	22	23	24	25	26	27	28	29	30	10/1
	연주 (생년)		기축	기축	기축	기축	기축	기축	기축	기축	기축	기축	기축	기축	기축
	월주 (생월)		계유	계유	계유	계유	계유	계유	계유	계유	계유	계유	계유	계유	계유
	일주 (생일)		정묘	무진	기사	경오	신미	임신	계유	갑술	을해	병자	정축	무인	기묘
	대운	남	4	4	5	5	5	6	6	6	7	7	7	8	8
		여	6	6	6	5	5	5	4	4	4	3	3	3	2
음 9 월	음 력		1	2	3	4	5	6	7	8	9	10	11	12	13
	양 력		10/18	19	20	21	22	23	24	25	26	27	28	29	30
	연주 (생년)		기축	기축	기축	기축	기축	기축	기축	기축	기축	기축	기축	기축	기축
	월주 (생월)		갑술	갑술	갑술	갑술	갑술	갑술	갑술	갑술	갑술	갑술	갑술	갑술	갑술
	일주 (생일)		병신	정유	무술	기해	경자	신축	임인	계묘	갑진	을사	병오	정미	무신
	대운	남	3	4	4	4	5	5	5	6	6	6	7	7	7
		여	7	6	6	6	5	5	5	4	4	4	3	3	3
음 10 월	음 력		1	2	3	4	5	6	7	8	9	10	11	12	13
	양 력		11/17	18	19	20	21	22	23	24	25	26	27	28	29
	연주 (생년)		기축	기축	기축	기축	기축	기축	기축	기축	기축	기축	기축	기축	기축
	월주 (생월)		을해	을해	을해	을해	을해	을해	을해	을해	을해	을해	을해	을해	을해
	일주 (생일)		병인	정묘	무진	기사	경오	신미	임신	계유	갑술	을해	병자	정축	무인
	대운	남	3	4	4	4	5	5	5	6	6	6	7	7	7
		여	7	6	6	6	5	5	5	4	4	4	3	3	3
음 11 월	음 력		1	2	3	4	5	6	7	8	9	10	11	12	13
	양 력		12/16	17	18	19	20	21	22	23	24	25	26	27	28
	연주 (생년)		기축	기축	기축	기축	기축	기축	기축	기축	기축	기축	기축	기축	기축
	월주 (생월)		병자	병자	병자	병자	병자	병자	병자	병자	병자	병자	병자	병자	병자
	일주 (생일)		을미	병신	정유	무술	기해	경자	신축	임인	계묘	갑진	을사	병오	정미
	대운	남	3	3	4	4	4	5	5	5	6	6	6	7	7
		여	7	6	6	6	5	5	5	4	4	4	3	3	3
음 12 월	음 력		1	2	3	4	5	6	7	8	9	10	11	12	13
	양 력		1/15	16	17	18	19	20	21	22	23	24	25	26	27
	연주 (생년)		기축	기축	기축	기축	기축	기축	기축	기축	기축	기축	기축	기축	기축
	월주 (생월)		정축	정축	정축	정축	정축	정축	정축	정축	정축	정축	정축	정축	정축
	일주 (생일)		을축	병인	정묘	무진	기사	경오	신미	임신	계유	갑술	을해	병자	정축
	대운	남	3	4	4	4	5	5	5	6	6	6	7	7	7
		여	7	6	6	6	5	5	5	4	4	4	3	3	3

월																	
음 7 월	14	15	16	17	18	19	20	21	22	23	24	25	26	27	28	29	30
	2	3	4	5	6	7	8	9	10	11	12	13	14	15	16	17	18
	기축	기축	기축	기축	기축	기축	기축	기축	기축	기축	기축	기축	기축	기축	기축	기축	기축
	임신	임신	임신	임신	임신	**계유**	계유	계유	계유	계유	계유	계유	계유	계유	계유	계유	계유
	경술	신해	임자	계축	갑인	을묘	병진	정사	무오	기미	경신	신유	임술	계해	갑자	을축	병인
	9	9	9	10	10	10	1	1	1	1	2	2	2	3	3	3	4
	2	1	1	1	1	10	10	10	9	9	9	8	8	8	7	7	7
음 8 월	14	15	16	17	18	19	20	21	22	23	24	25	26	27	28	29	
	2	3	4	5	6	7	8	9	10	11	12	13	14	15	16	17	
	기축	기축	기축	기축	기축	기축	기축	기축	기축	기축	기축	기축	기축	기축	기축	기축	
	계유	계유	계유	계유	계유	계유	**갑술**	갑술	갑술	갑술	갑술	갑술	갑술	갑술	갑술	갑술	
	경진	신사	임오	계미	갑신	을유	병술	정해	무자	기축	경인	신묘	임진	계사	갑오	을미	
	8	9	9	9	10	10	10	1	1	1	1	2	2	2	3	3	
	2	2	1	1	1	1	10	10	9	9	9	8	8	8	7	7	
음 9 월	14	15	16	17	18	19	20	21	22	23	24	25	26	27	28	29	30
	31	**11/1**	2	3	4	5	6	7	8	9	10	11	12	13	14	15	16
	기축	기축	기축	기축	기축	기축	기축	기축	기축	기축	기축	기축	기축	기축	기축	기축	기축
	갑술	갑술	갑술	갑술	갑술	갑술	갑술	**을해**	을해	을해	을해	을해	을해	을해	을해	을해	을해
	기유	경술	신해	임자	계축	갑인	을묘	병진	정사	무오	기미	경신	신유	임술	계해	갑자	을축
	8	8	8	9	9	9	10	10	1	1	1	1	2	2	2	3	3
	2	2	2	1	1	1	1	10	10	9	9	9	8	8	8	7	7
음 10 월	14	15	16	17	18	19	20	21	22	23	24	25	26	27	28	29	
	30	**12/1**	2	3	4	5	6	7	8	9	10	11	12	13	14	15	
	기축	기축	기축	기축	기축	기축	기축	기축	기축	기축	기축	기축	기축	기축	기축	기축	
	을해	을해	을해	을해	을해	을해	을해	**병자**	병자	병자	병자	병자	병자	병자	병자	병자	
	기묘	경진	신사	임오	계미	갑신	을유	병술	정해	무자	기축	경인	신묘	임진	계사	갑오	
	8	8	8	9	9	9	10	10	1	1	1	1	2	2	2	3	
	2	2	2	1	1	1	1	10	9	9	9	8	8	8	7	7	
음 11 월	14	15	16	17	18	19	20	21	22	23	24	25	26	27	28	29	30
	29	30	31	**1/1**	2	3	4	5	6	7	8	9	10	11	12	13	14
	기축	기축	기축	기축	기축	기축	기축	기축	기축	기축	기축	기축	기축	기축	기축	기축	기축
	병자	병자	병자	병자	병자	병자	병자	**정축**	정축	정축	정축	정축	정축	정축	정축	정축	정축
	무신	기유	경술	신해	임자	계축	갑인	을묘	병진	정사	무오	기미	경신	신유	임술	계해	갑자
	7	8	8	8	9	9	9	10	1	1	1	1	2	2	2	3	3
	2	2	2	1	1	1	1	10	10	9	9	9	8	8	8	7	7
음 12 월	14	15	16	17	18	19	20	21	22	23	24	25	26	27	28	29	30
	28	29	30	31	**2/1**	2	3	4	5	6	7	8	9	10	11	12	13
	기축	기축	기축	기축	기축	기축	기축	**경인**	경인	경인	경인	경인	경인	경인	경인	경인	경인
	정축	정축	정축	정축	정축	정축	정축	**무인**	무인	무인	무인	무인	무인	무인	무인	무인	무인
	무인	기묘	경진	신사	임오	계미	갑신	을유	병술	정해	무자	기축	경인	신묘	임진	계사	갑오
	8	8	8	9	9	9	10	10	10	9	9	9	8	8	8	7	7
	2	2	2	1	1	1	1	10	1	1	1	1	2	2	2	3	3

2010(경인)년 【단기 4343년】

월	구분		1	2	3	4	5	6	7	8	9	10	11	12	13
음 1 월	음력		1	2	3	4	5	6	7	8	9	10	11	12	13
	양력		2/14	15	16	17	18	19	20	21	22	23	24	25	26
	연주 (생년)		경인	경인	경인	경인	경인	경인	경인	경인	경인	경인	경인	경인	경인
	월주 (생월)		무인	무인	무인	무인	무인	무인	무인	무인	무인	무인	무인	무인	무인
	일주 (생일)		을미	병신	정유	무술	기해	경자	신축	임인	계묘	갑진	을사	병오	정미
	대운	남	7	6	6	6	5	5	5	4	4	4	3	3	3
		여	3	4	4	4	5	5	5	6	6	6	7	7	7
음 2 월	음력		1	2	3	4	5	6	7	8	9	10	11	12	13
	양력		3/16	17	18	19	20	21	22	23	24	25	26	27	28
	연주 (생년)		경인	경인	경인	경인	경인	경인	경인	경인	경인	경인	경인	경인	경인
	월주 (생월)		기묘	기묘	기묘	기묘	기묘	기묘	기묘	기묘	기묘	기묘	기묘	기묘	기묘
	일주 (생일)		을축	병인	정묘	무진	기사	경오	신미	임신	계유	갑술	을해	병자	정축
	대운	남	7	6	6	6	5	5	5	4	4	4	3	3	3
		여	3	4	4	4	5	5	5	6	6	6	7	7	7
음 3 월	음력		1	2	3	4	5	6	7	8	9	10	11	12	13
	양력		4/14	15	16	17	18	19	20	21	22	23	24	25	26
	연주 (생년)		경인	경인	경인	경인	경인	경인	경인	경인	경인	경인	경인	경인	경인
	월주 (생월)		경진	경진	경진	경진	경진	경진	경진	경진	경진	경진	경진	경진	경진
	일주 (생일)		갑오	을미	병신	정유	무술	기해	경자	신축	임인	계묘	갑진	을사	병오
	대운	남	7	7	6	6	6	5	5	5	4	4	4	3	3
		여	3	3	4	4	4	5	5	5	6	6	6	7	7
음 4 월	음력		1	2	3	4	5	6	7	8	9	10	11	12	13
	양력		5/14	15	16	17	18	19	20	21	22	23	24	25	26
	연주 (생년)		경인	경인	경인	경인	경인	경인	경인	경인	경인	경인	경인	경인	경인
	월주 (생월)		신사	신사	신사	신사	신사	신사	신사	신사	신사	신사	신사	신사	신사
	일주 (생일)		갑자	을축	병인	정묘	무진	기사	경오	신미	임신	계유	갑술	을해	병자
	대운	남	8	7	7	7	6	6	6	5	5	5	4	4	4
		여	3	3	4	4	4	5	5	5	6	6	6	7	7
음 5 월	음력		1	2	3	4	5	6	7	8	9	10	11	12	13
	양력		6/12	13	14	15	16	17	18	19	20	21	22	23	24
	연주 (생년)		경인	경인	경인	경인	경인	경인	경인	경인	경인	경인	경인	경인	경인
	월주 (생월)		임오	임오	임오	임오	임오	임오	임오	임오	임오	임오	임오	임오	임오
	일주 (생일)		계사	갑오	을미	병신	정유	무술	기해	경자	신축	임인	계묘	갑진	을사
	대운	남	9	8	8	8	7	7	7	6	6	6	5	5	5
		여	2	2	3	3	3	4	4	4	5	5	5	6	6
음 6 월	음력		1	2	3	4	5	6	7	8	9	10	11	12	13
	양력		7/12	13	14	15	16	17	18	19	20	21	22	23	24
	연주 (생년)		경인	경인	경인	경인	경인	경인	경인	경인	경인	경인	경인	경인	경인
	월주 (생월)		계미	계미	계미	계미	계미	계미	계미	계미	계미	계미	계미	계미	계미
	일주 (생일)		계해	갑자	을축	병인	정묘	무진	기사	경오	신미	임신	계유	갑술	을해
	대운	남	9	8	8	8	7	7	7	6	6	6	5	5	5
		여	2	2	2	3	3	3	4	4	4	5	5	5	6

음 1 월	14	15	16	17	18	19	20	21	22	23	24	25	26	27	28	29	30
	27	28	**3/1**	2	3	4	5	6	7	8	9	10	11	12	13	14	15
	경인	경인	경인	경인	경인	경인	경인	경인	경인	경인	경인	경인	경인	경인	경인	경인	경인
	무인	무인	무인	무인	무인	무인	무인	**기묘**	기묘	기묘	기묘	기묘	기묘	기묘	기묘	기묘	기묘
	무신	기유	경술	신해	임자	계축	갑인	을묘	병진	정사	무오	기미	경신	신유	임술	계해	갑자
	2	2	2	1	1	1	1	10	10	9	9	9	8	8	8	7	7
	8	8	8	9	9	9	10	10	1	1	1	1	2	2	2	3	3
음 2 월	14	15	16	17	18	19	20	21	22	23	24	25	26	27	28	29	
	29	30	31	**4/1**	2	3	4	5	6	7	8	9	10	11	12	13	
	경인	경인	경인	경인	경인	경인	경인	경인	경인	경인	경인	경인	경인	경인	경인	경인	
	기묘	기묘	기묘	기묘	기묘	기묘	기묘	**경진**	경진	경진	경진	경진	경진	경진	경진	경진	
	무인	기묘	경진	신사	임오	계미	갑신	을유	병술	정해	무자	기축	경인	신묘	임진	계사	
	2	2	2	1	1	1	1	10	10	9	9	9	8	8	8	7	
	8	8	8	9	9	9	10	10	1	1	1	1	2	2	2	3	
음 3 월	14	15	16	17	18	19	20	21	22	23	24	25	26	27	28	29	30
	27	28	29	30	**5/1**	2	3	4	5	6	7	8	9	10	11	12	13
	경인	경인	경인	경인	경인	경인	경인	경인	경인	경인	경인	경인	경인	경인	경인	경인	경인
	경진	경진	경진	경진	경진	경진	경진	경진	**신사**	신사	신사	신사	신사	신사	신사	신사	신사
	정미	무신	기유	경술	신해	임자	계축	갑인	을묘	병진	정사	무오	기미	경신	신유	임술	계해
	3	2	2	2	1	1	1	1	10	10	10	10	9	9	9	8	8
	7	8	8	8	9	9	9	10	10	1	1	1	1	2	2	2	3
음 4 월	14	15	16	17	18	19	20	21	22	23	24	25	26	27	28	29	
	27	28	29	30	31	**6/1**	2	3	4	5	6	7	8	9	10	11	
	경인	경인	경인	경인	경인	경인	경인	경인	경인	경인	경인	경인	경인	경인	경인	경인	
	신사	신사	신사	신사	신사	신사	신사	신사	신사	신사	**임오**	임오	임오	임오	임오	임오	
	정축	무인	기묘	경진	신사	임오	계미	갑신	을유	병술	정해	무자	기축	경인	신묘	임진	
	3	3	3	2	2	2	1	1	1	1	10	10	10	9	9	9	
	7	8	8	8	9	9	9	10	10	10	10	1	1	1	1	2	
음 5 월	14	15	16	17	18	19	20	21	22	23	24	25	26	27	28	29	30
	25	26	27	28	29	30	**7/1**	2	3	4	5	6	7	8	9	10	11
	경인	경인	경인	경인	경인	경인	경인	경인	경인	경인	경인	경인	경인	경인	경인	경인	경인
	임오	임오	임오	임오	임오	임오	임오	임오	임오	임오	임오	임오	**계미**	계미	계미	계미	계미
	병오	정미	무신	기유	경술	신해	임자	계축	갑인	을묘	병진	정사	무오	기미	경신	신유	임술
	4	4	4	3	3	3	2	2	2	1	1	1	10	10	10	9	9
	6	7	7	7	8	8	8	9	9	9	10	10	10	1	1	1	1
음 6 월	14	15	16	17	18	19	20	21	22	23	24	25	26	27	28	29	
	25	26	27	28	29	30	31	**8/1**	2	3	4	5	6	7	8	9	
	경인	경인	경인	경인	경인	경인	경인	경인	경인	경인	경인	경인	경인	경인	경인	경인	
	계미	계미	계미	계미	계미	계미	계미	계미	계미	계미	계미	계미	계미	**갑신**	갑신	갑신	
	병자	정축	무인	기묘	경진	신사	임오	계미	갑신	을유	병술	정해	무자	기축	경인	신묘	
	4	4	4	3	3	3	2	2	2	1	1	1	1	10	10	10	
	6	6	7	7	7	8	8	8	9	9	9	10	10	10	1	1	

2010(경인)년 【단기 4343년】

월	구분		1	2	3	4	5	6	7	8	9	10	11	12	13
음 7 월	음력		1	2	3	4	5	6	7	8	9	10	11	12	13
	양력		**8/10**	11	12	13	14	15	16	17	18	19	20	21	22
	연주 (생년)		경인	경인	경인	경인	경인	경인	경인	경인	경인	경인	경인	경인	경인
	월주 (생월)		갑신	갑신	갑신	갑신	갑신	갑신	갑신	갑신	갑신	갑신	갑신	갑신	갑신
	일주 (생일)		임진	계사	갑오	을미	병신	정유	무술	기해	경자	신축	임인	계묘	갑진
	대운	남	10	9	9	9	8	8	8	7	7	7	6	6	6
		여	1	1	2	2	2	3	3	3	4	4	4	5	5
음 8 월	음력		1	2	3	4	5	6	7	8	9	10	11	12	13
	양력		**9/8**	9	10	11	12	13	14	15	16	17	18	19	20
	연주 (생년)		경인	경인	경인	경인	경인	경인	경인	경인	경인	경인	경인	경인	경인
	월주 (생월)		**을유**	을유	을유	을유	을유	을유	을유	을유	을유	을유	을유	을유	을유
	일주 (생일)		신유	임술	계해	갑자	을축	병인	정묘	무진	기사	경오	신미	임신	계유
	대운	남	10	10	9	9	9	8	8	8	7	7	7	6	6
		여	10	1	1	1	1	2	2	2	3	3	3	4	4
음 9 월	음력		1	2	3	4	5	6	7	8	9	10	11	12	13
	양력		**10/8**	9	10	11	12	13	14	15	16	17	18	19	20
	연주 (생년)		경인	경인	경인	경인	경인	경인	경인	경인	경인	경인	경인	경인	경인
	월주 (생월)		**병술**	병술	병술	병술	병술	병술	병술	병술	병술	병술	병술	병술	병술
	일주 (생일)		신묘	임진	계사	갑오	을미	병신	정유	무술	기해	경자	신축	임인	계묘
	대운	남	10	10	9	9	9	8	8	8	7	7	7	6	6
		여	10	1	1	1	1	2	2	2	3	3	3	4	4
음 10 월	음력		1	2	3	4	5	6	7	8	9	10	11	12	13
	양력		**11/6**	7	8	9	10	11	12	13	14	15	16	17	18
	연주 (생년)		경인	경인	경인	경인	경인	경인	경인	경인	경인	경인	경인	경인	경인
	월주 (생월)		병술	**정해**	정해	정해	정해	정해	정해	정해	정해	정해	정해	정해	정해
	일주 (생일)		경신	신유	임술	계해	갑자	을축	병인	정묘	무진	기사	경오	신미	임신
	대운	남	1	10	10	9	9	9	8	8	8	7	7	7	6
		여	10	10	1	1	1	1	2	2	2	3	3	3	4
음 11 월	음력		1	2	3	4	5	6	7	8	9	10	11	12	13
	양력		**12/6**	7	8	9	10	11	12	13	14	15	16	17	18
	연주 (생년)		경인	경인	경인	경인	경인	경인	경인	경인	경인	경인	경인	경인	경인
	월주 (생월)		정해	**무자**	무자	무자	무자	무자	무자	무자	무자	무자	무자	무자	무자
	일주 (생일)		경인	신묘	임진	계사	갑오	을미	병신	정유	무술	기해	경자	신축	임인
	대운	남	1	10	10	9	9	9	8	8	8	7	7	7	6
		여	10	10	1	1	1	1	2	2	2	3	3	3	4
음 12 월	음력		1	2	3	4	5	6	7	8	9	10	11	12	13
	양력		**1/4**	5	6	7	8	9	10	11	12	13	14	15	16
	연주 (생년)		경인	경인	경인	경인	경인	경인	경인	경인	경인	경인	경인	경인	경인
	월주 (생월)		무자	무자	**기축**	기축	기축	기축	기축	기축	기축	기축	기축	기축	기축
	일주 (생일)		기미	경신	신유	임술	계해	갑자	을축	병인	정묘	무진	기사	경오	신미
	대운	남	1	1	10	9	9	9	8	8	8	7	7	7	6
		여	9	10	10	1	1	1	1	2	2	2	3	3	3

음 7월	14	15	16	17	18	19	20	21	22	23	24	25	26	27	28	29	
	23	24	25	26	27	28	29	30	31	**9/1**	2	3	4	5	6	7	
	경인	경인	경인	경인	경인	경인	경인	경인	경인	경인	경인	경인	경인	경인	경인	경인	
	갑신	갑신	갑신	갑신	갑신	갑신	갑신	갑신	갑신	갑신	갑신	갑신	갑신	갑신	갑신	갑신	
	을사	병오	정미	무신	기유	경술	신해	임자	계축	갑인	을묘	병진	정사	무오	기미	경신	
	5	5	5	4	4	4	3	3	3	2	2	2	1	1	1	1	
	5	6	6	6	7	7	7	8	8	8	9	9	9	10	10	10	
음 8월	14	15	16	17	18	19	20	21	22	23	24	25	26	27	28	29	30
	21	22	23	24	25	26	27	28	29	30	**10/1**	2	3	4	5	6	7
	경인	경인	경인	경인	경인	경인	경인	경인	경인	경인	경인	경인	경인	경인	경인	경인	경인
	을유	을유	을유	을유	을유	을유	을유	을유	을유	을유	을유	을유	을유	을유	을유	을유	을유
	갑술	을해	병자	정축	무인	기묘	경진	신사	임오	계미	갑신	을유	병술	정해	무자	기축	경인
	6	5	5	5	4	4	4	3	3	3	2	2	2	1	1	1	1
	4	5	5	5	6	6	6	7	7	7	8	8	8	9	9	9	10
음 9월	14	15	16	17	18	19	20	21	22	23	24	25	26	27	28	29	
	21	22	23	24	25	26	27	28	29	30	31	**11/1**	2	3	4	5	
	경인	경인	경인	경인	경인	경인	경인	경인	경인	경인	경인	경인	경인	경인	경인	경인	
	병술	병술	병술	병술	병술	병술	병술	병술	병술	병술	병술	병술	병술	병술	병술	병술	
	갑진	을사	병오	정미	무신	기유	경술	신해	임자	계축	갑인	을묘	병진	정사	무오	기미	
	6	5	5	5	4	4	4	3	3	3	2	2	2	1	1	1	
	4	5	5	5	6	6	6	7	7	7	8	8	8	9	9	9	
음 10월	14	15	16	17	18	19	20	21	22	23	24	25	26	27	28	29	30
	19	20	21	22	23	24	25	26	27	28	29	30	**12/1**	2	3	4	5
	경인	경인	경인	경인	경인	경인	경인	경인	경인	경인	경인	경인	경인	경인	경인	경인	경인
	정해	정해	정해	정해	정해	정해	정해	정해	정해	정해	정해	정해	정해	정해	정해	정해	정해
	계유	갑술	을해	병자	정축	무인	기묘	경진	신사	임오	계미	갑신	을유	병술	정해	무자	기축
	6	6	5	5	5	4	4	4	3	3	3	2	2	2	2	1	1
	4	4	5	5	5	6	6	6	7	7	7	8	8	8	9	9	9
음 11월	14	15	16	17	18	19	20	21	22	23	24	25	26	27	28	29	
	19	20	21	22	23	24	25	26	27	28	29	30	31	**1/1**	2	3	
	경인	경인	경인	경인	경인	경인	경인	경인	경인	경인	경인	경인	경인	경인	경인	경인	
	무자	무자	무자	무자	무자	무자	무자	무자	무자	무자	무자	무자	무자	무자	무자	무자	
	계묘	갑진	을사	병오	정미	무신	기유	경술	신해	임자	계축	갑인	을묘	병진	정사	무오	
	6	6	5	5	5	4	4	4	3	3	3	2	2	2	1	1	
	4	4	5	5	5	6	6	6	7	7	7	8	8	8	9	9	
음 12월	14	15	16	17	18	19	20	21	22	23	24	25	26	27	28	29	30
	17	18	19	20	21	22	23	24	25	26	27	28	29	30	31	**2/1**	2
	경인	경인	경인	경인	경인	경인	경인	경인	경인	경인	경인	경인	경인	경인	경인	경인	경인
	기축	기축	기축	기축	기축	기축	기축	기축	기축	기축	기축	기축	기축	기축	기축	기축	기축
	임신	계유	갑술	을해	병자	정축	무인	기묘	경진	신사	임오	계미	갑신	을유	병술	정해	무자
	6	6	5	5	5	4	4	4	3	3	3	2	2	2	1	1	1
	4	4	4	5	5	5	6	6	6	7	7	7	8	8	8	9	9

2011(신묘)년 【단기 4344년】

음 1 월	음력		1	2	3	4	5	6	7	8	9	10	11	12	13
	양력		**2/3**	4	5	6	7	8	9	10	11	12	13	14	15
	연주 (생년)		경인	**신묘**	신묘	신묘	신묘	신묘	신묘	신묘	신묘	신묘	신묘	신묘	신묘
	월주 (생월)		기축	**경인**	경인	경인	경인	경인	경인	경인	경인	경인	경인	경인	경인
	일주 (생일)		기축	경인	신묘	임진	계사	갑오	을미	병신	정유	무술	기해	경자	신축
	대운	남	1	10	1	1	1	1	2	2	2	3	3	3	4
		여	9	10	10	9	9	9	8	8	8	7	7	7	6
음 2 월	음력		1	2	3	4	5	6	7	8	9	10	11	12	13
	양력		**3/5**	6	7	8	9	10	11	12	13	14	15	16	17
	연주 (생년)		신묘	신묘	신묘	신묘	신묘	신묘	신묘	신묘	신묘	신묘	신묘	신묘	신묘
	월주 (생월)		경인	**신묘**	신묘	신묘	신묘	신묘	신묘	신묘	신묘	신묘	신묘	신묘	신묘
	일주 (생일)		기미	경신	신유	임술	계해	갑자	을축	병인	정묘	무진	기사	경오	신미
	대운	남	10	10	1	1	1	1	2	2	2	3	3	3	4
		여	1	10	10	9	9	9	8	8	8	7	7	7	6
음 3 월	음력		1	2	3	4	5	6	7	8	9	10	11	12	13
	양력		**4/3**	4	5	6	7	8	9	10	11	12	13	14	15
	연주 (생년)		신묘	신묘	신묘	신묘	신묘	신묘	신묘	신묘	신묘	신묘	신묘	신묘	신묘
	월주 (생월)		신묘	신묘	**임진**	임진	임진	임진	임진	임진	임진	임진	임진	임진	임진
	일주 (생일)		무자	기축	경인	신묘	임진	계사	갑오	을미	병신	정유	무술	기해	경자
	대운	남	9	10	10	1	1	1	1	2	2	2	3	3	3
		여	1	1	10	10	10	9	9	9	8	8	8	7	7
음 4 월	음력		1	2	3	4	5	6	7	8	9	10	11	12	13
	양력		**5/3**	4	5	6	7	8	9	10	11	12	13	14	15
	연주 (생년)		신묘	신묘	신묘	신묘	신묘	신묘	신묘	신묘	신묘	신묘	신묘	신묘	신묘
	월주 (생월)		임진	임진	임진	**계사**	계사	계사	계사	계사	계사	계사	계사	계사	계사
	일주 (생일)		무오	기미	경신	신유	임술	계해	갑자	을축	병인	정묘	무진	기사	경오
	대운	남	9	10	10	10	1	1	1	1	2	2	2	3	3
		여	1	1	1	10	10	10	9	9	9	8	8	8	7
음 5 월	음력		1	2	3	4	5	6	7	8	9	10	11	12	13
	양력		**6/2**	3	4	5	6	7	8	9	10	11	12	13	14
	연주 (생년)		신묘	신묘	신묘	신묘	신묘	신묘	신묘	신묘	신묘	신묘	신묘	신묘	신묘
	월주 (생월)		계사	계사	계사	계사	**갑오**	갑오	갑오	갑오	갑오	갑오	갑오	갑오	갑오
	일주 (생일)		무자	기축	경인	신묘	임진	계사	갑오	을미	병신	정유	무술	기해	경자
	대운	남	9	9	10	10	10	1	1	1	1	2	2	2	3
		여	1	1	1	1	10	10	10	9	9	9	8	8	8
음 6 월	음력		1	2	3	4	5	6	7	8	9	10	11	12	13
	양력		**7/1**	2	3	4	5	6	7	8	9	10	11	12	13
	연주 (생년)		신묘	신묘	신묘	신묘	신묘	신묘	신묘	신묘	신묘	신묘	신묘	신묘	신묘
	월주 (생월)		갑오	갑오	갑오	갑오	갑오	갑오	**을미**	을미	을미	을미	을미	을미	을미
	일주 (생일)		정사	무오	기미	경신	신유	임술	계해	갑자	을축	병인	정묘	무진	기사
	대운	남	8	9	9	9	10	10	10	1	1	1	1	2	2
		여	2	2	1	1	1	1	10	10	10	10	9	9	9

음 1 월	14	15	16	17	18	19	20	21	22	23	24	25	26	27	28	29	30
	16	17	18	19	20	21	22	23	24	25	26	27	28	**3/1**	2	3	4
	신묘	신묘	신묘	신묘	신묘	신묘	신묘	신묘	신묘	신묘	신묘	신묘	신묘	신묘	신묘	신묘	신묘
	경인	경인	경인	경인	경인	경인	경인	경인	경인	경인	경인	경인	경인	경인	경인	경인	경인
	임인	계묘	갑진	을사	병오	정미	무신	기유	경술	신해	임자	계축	갑인	을묘	병진	정사	무오
	4	4	5	5	5	6	6	6	7	7	7	8	8	8	9	9	9
	6	6	5	5	5	4	4	4	3	3	3	2	2	2	1	1	1

음 2 월	14	15	16	17	18	19	20	21	22	23	24	25	26	27	28	29	
	18	19	20	21	22	23	24	25	26	27	28	29	30	31	**4/1**	2	
	신묘	신묘	신묘	신묘	신묘	신묘	신묘	신묘	신묘	신묘	신묘	신묘	신묘	신묘	신묘	신묘	
	신묘	신묘	신묘	신묘	신묘	신묘	신묘	신묘	신묘	신묘	신묘	신묘	신묘	신묘	신묘	신묘	
	임신	계유	갑술	을해	병자	정축	무인	기묘	경진	신사	임오	계미	갑신	을유	병술	정해	
	4	4	5	5	5	6	6	6	7	7	7	8	8	8	9	9	
	6	6	5	5	5	4	4	4	3	3	3	2	2	2	1	1	

음 3 월	14	15	16	17	18	19	20	21	22	23	24	25	26	27	28	29	30
	16	17	18	19	20	21	22	23	24	25	26	27	28	29	30	**5/1**	2
	신묘	신묘	신묘	신묘	신묘	신묘	신묘	신묘	신묘	신묘	신묘	신묘	신묘	신묘	신묘	신묘	신묘
	임진	임진	임진	임진	임진	임진	임진	임진	임진	임진	임진	임진	임진	임진	임진	임진	임진
	신축	임인	계묘	갑진	을사	병오	정미	무신	기유	경술	신해	임자	계축	갑인	을묘	병진	정사
	4	4	4	5	5	5	6	6	6	7	7	7	8	8	8	9	9
	7	6	6	6	5	5	5	4	4	4	3	3	3	2	2	2	1

음 4 월	14	15	16	17	18	19	20	21	22	23	24	25	26	27	28	29	30
	16	17	18	19	20	21	22	23	24	25	26	27	28	29	30	31	**6/1**
	신묘	신묘	신묘	신묘	신묘	신묘	신묘	신묘	신묘	신묘	신묘	신묘	신묘	신묘	신묘	신묘	신묘
	계사	계사	계사	계사	계사	계사	계사	계사	계사	계사	계사	계사	계사	계사	계사	계사	계사
	신미	임신	계유	갑술	을해	병자	정축	무인	기묘	경진	신사	임오	계미	갑신	을유	병술	정해
	3	4	4	4	5	5	5	6	6	6	7	7	7	8	8	8	9
	7	7	6	6	6	5	5	5	4	4	4	3	3	3	2	2	2

음 5 월	14	15	16	17	18	19	20	21	22	23	24	25	26	27	28	29	
	15	16	17	18	19	20	21	22	23	24	25	26	27	28	29	30	
	신묘	신묘	신묘	신묘	신묘	신묘	신묘	신묘	신묘	신묘	신묘	신묘	신묘	신묘	신묘	신묘	
	갑오	갑오	갑오	갑오	갑오	갑오	갑오	갑오	갑오	갑오	갑오	갑오	갑오	갑오	갑오	갑오	
	신축	임인	계묘	갑진	을사	병오	정미	무신	기유	경술	신해	임자	계축	갑인	을묘	병진	
	3	3	4	4	4	5	5	5	6	6	6	7	7	7	8	8	
	7	7	7	6	6	6	5	5	5	4	4	4	3	3	3	2	

음 6 월	14	15	16	17	18	19	20	21	22	23	24	25	26	27	28	29	30
	14	15	16	17	18	19	20	21	22	23	24	25	26	27	28	29	30
	신묘	신묘	신묘	신묘	신묘	신묘	신묘	신묘	신묘	신묘	신묘	신묘	신묘	신묘	신묘	신묘	신묘
	을미	을미	을미	을미	을미	을미	을미	을미	을미	을미	을미	을미	을미	을미	을미	을미	을미
	경오	신미	임신	계유	갑술	을해	병자	정축	무인	기묘	경진	신사	임오	계미	갑신	을유	병술
	2	3	3	3	4	4	4	5	5	5	6	6	6	7	7	7	8
	8	8	8	7	7	7	6	6	6	5	5	5	4	4	4	3	3

2011(신묘)년 【단기 4344년】

음 7월		1	2	3	4	5	6	7	8	9	10	11	12	13
	음력	1	2	3	4	5	6	7	8	9	10	11	12	13
	양력	**7/31**	**8/1**	2	3	4	5	6	7	8	9	10	11	12
	연주 (생년)	신묘	신묘	신묘	신묘	신묘	신묘	신묘	신묘	신묘	신묘	신묘	신묘	신묘
	월주 (생월)	을미	을미	을미	을미	을미	을미	을미	을미	**병신**	병신	병신	병신	병신
	일주 (생일)	정해	무자	기축	경인	신묘	임진	계사	갑오	을미	병신	정유	무술	기해
대운	남	8	8	9	9	9	10	10	10	10	1	1	1	1
대운	여	3	2	2	2	1	1	1	1	10	10	10	9	9

음 8월		1	2	3	4	5	6	7	8	9	10	11	12	13
	음력	1	2	3	4	5	6	7	8	9	10	11	12	13
	양력	**8/29**	30	31	**9/1**	2	3	4	5	6	7	8	9	10
	연주 (생년)	신묘	신묘	신묘	신묘	신묘	신묘	신묘	신묘	신묘	신묘	신묘	신묘	신묘
	월주 (생월)	병신	병신	병신	병신	병신	병신	병신	병신	병신	병신	**정유**	정유	정유
	일주 (생일)	병진	정사	무오	기미	경신	신유	임술	계해	갑자	을축	병인	정묘	무진
대운	남	7	7	8	8	8	9	9	9	10	10	10	1	1
대운	여	3	3	3	2	2	2	1	1	1	1	10	10	10

음 9월		1	2	3	4	5	6	7	8	9	10	11	12	13
	음력	1	2	3	4	5	6	7	8	9	10	11	12	13
	양력	**9/27**	28	29	30	**10/1**	2	3	4	5	6	7	8	9
	연주 (생년)	신묘	신묘	신묘	신묘	신묘	신묘	신묘	신묘	신묘	신묘	신묘	신묘	신묘
	월주 (생월)	정유	정유	정유	정유	정유	정유	정유	정유	정유	정유	정유	정유	**무술**
	일주 (생일)	을유	병술	정해	무자	기축	경인	신묘	임진	계사	갑오	을미	병신	정유
대운	남	6	7	7	7	8	8	8	9	9	9	10	10	10
대운	여	4	4	3	3	3	2	2	2	1	1	1	1	10

음 10월		1	2	3	4	5	6	7	8	9	10	11	12	13
	음력	1	2	3	4	5	6	7	8	9	10	11	12	13
	양력	10/27	28	29	30	31	**11/1**	2	3	4	5	6	7	8
	연주 (생년)	신묘	신묘	신묘	신묘	신묘	신묘	신묘	신묘	신묘	신묘	신묘	신묘	신묘
	월주 (생월)	무술	무술	무술	무술	무술	무술	무술	무술	무술	무술	무술	무술	**기해**
	일주 (생일)	을묘	병진	정사	무오	기미	경신	신유	임술	계해	갑자	을축	병인	정묘
대운	남	6	6	7	7	7	8	8	8	9	9	9	10	10
대운	여	4	4	3	3	3	2	2	2	1	1	1	1	10

음 11월		1	2	3	4	5	6	7	8	9	10	11	12	13
	음력	1	2	3	4	5	6	7	8	9	10	11	12	13
	양력	11/25	26	27	28	29	30	**12/1**	2	3	4	5	6	7
	연주 (생년)	신묘	신묘	신묘	신묘	신묘	신묘	신묘	신묘	신묘	신묘	신묘	신묘	신묘
	월주 (생월)	기해	기해	기해	기해	기해	기해	기해	기해	기해	기해	기해	기해	**경자**
	일주 (생일)	갑신	을유	병술	정해	무자	기축	경인	신묘	임진	계사	갑오	을미	병신
대운	남	6	6	6	7	7	7	8	8	8	9	9	9	10
대운	여	4	4	3	3	3	2	2	2	1	1	1	1	10

음 12월		1	2	3	4	5	6	7	8	9	10	11	12	13
	음력	1	2	3	4	5	6	7	8	9	10	11	12	13
	양력	12/25	26	27	28	29	30	31	**1/1**	2	3	4	5	6
	연주 (생년)	신묘	신묘	신묘	신묘	신묘	신묘	신묘	신묘	신묘	신묘	신묘	신묘	신묘
	월주 (생월)	경자	경자	경자	경자	경자	경자	경자	경자	경자	경자	경자	경자	**신축**
	일주 (생일)	갑인	을묘	병진	정사	무오	기미	경신	신유	임술	계해	갑자	을축	병인
대운	남	6	6	7	7	7	8	8	8	9	9	9	10	10
대운	여	4	4	3	3	3	2	2	2	1	1	1	1	10

음 7 월	14	15	16	17	18	19	20	21	22	23	24	25	26	27	28	29	
	13	14	15	16	17	18	19	20	21	22	23	24	25	26	27	28	
	신묘	신묘	신묘	신묘	신묘	신묘	신묘	신묘	신묘	신묘	신묘	신묘	신묘	신묘	신묘	신묘	
	병신	병신	병신	병신	병신	병신	병신	병신	병신	병신	병신	병신	병신	병신	병신	병신	
	경자	신축	임인	계묘	갑진	을사	병오	정미	무신	기유	경술	신해	임자	계축	갑인	을묘	
	2	2	2	3	3	3	4	4	4	5	5	5	6	6	6	7	
	9	8	8	8	7	7	7	6	6	6	5	5	5	4	4	4	

음 8 월	14	15	16	17	18	19	20	21	22	23	24	25	26	27	28	29	
	11	12	13	14	15	16	17	18	19	20	21	22	23	24	25	26	
	신묘	신묘	신묘	신묘	신묘	신묘	신묘	신묘	신묘	신묘	신묘	신묘	신묘	신묘	신묘	신묘	
	정유	정유	정유	정유	정유	정유	정유	정유	정유	정유	정유	정유	정유	정유	정유	정유	
	기사	경오	신미	임신	계유	갑술	을해	병자	정축	무인	기묘	경진	신사	임오	계미	갑신	
	1	1	2	2	2	3	3	3	4	4	4	5	5	5	6	6	
	9	9	9	8	8	8	7	7	7	6	6	6	5	5	5	4	

음 9 월	14	15	16	17	18	19	20	21	22	23	24	25	26	27	28	29	30
	10	11	12	13	14	15	16	17	18	19	20	21	22	23	24	25	26
	신묘	신묘	신묘	신묘	신묘	신묘	신묘	신묘	신묘	신묘	신묘	신묘	신묘	신묘	신묘	신묘	신묘
	무술	무술	무술	무술	무술	무술	무술	무술	무술	무술	무술	무술	무술	무술	무술	무술	무술
	무술	기해	경자	신축	임인	계묘	갑진	을사	병오	정미	무신	기유	경술	신해	임자	계축	갑인
	1	1	1	1	2	2	2	3	3	3	4	4	4	5	5	5	6
	10	9	9	9	8	8	8	7	7	7	6	6	6	5	5	5	4

음 10 월	14	15	16	17	18	19	20	21	22	23	24	25	26	27	28	29	
	9	10	11	12	13	14	15	16	17	18	19	20	21	22	23	24	
	신묘	신묘	신묘	신묘	신묘	신묘	신묘	신묘	신묘	신묘	신묘	신묘	신묘	신묘	신묘	신묘	
	기해	기해	기해	기해	기해	기해	기해	기해	기해	기해	기해	기해	기해	기해	기해	기해	
	무진	기사	경오	신미	임신	계유	갑술	을해	병자	정축	무인	기묘	경진	신사	임오	계미	
	1	1	1	1	2	2	2	3	3	3	4	4	4	5	5	5	
	9	9	9	8	8	8	7	7	7	6	6	6	5	5	5	4	

음 11 월	14	15	16	17	18	19	20	21	22	23	24	25	26	27	28	29	30
	8	9	10	11	12	13	14	15	16	17	18	19	20	21	22	23	24
	신묘	신묘	신묘	신묘	신묘	신묘	신묘	신묘	신묘	신묘	신묘	신묘	신묘	신묘	신묘	신묘	신묘
	경자	경자	경자	경자	경자	경자	경자	경자	경자	경자	경자	경자	경자	경자	경자	경자	경자
	정유	무술	기해	경자	신축	임인	계묘	갑진	을사	병오	정미	무신	기유	경술	신해	임자	계축
	1	1	1	1	2	2	2	3	3	3	4	4	4	5	5	5	6
	10	9	9	9	8	8	8	7	7	7	6	6	6	5	5	5	4

음 12 월	14	15	16	17	18	19	20	21	22	23	24	25	26	27	28	29	
	7	8	9	10	11	12	13	14	15	16	17	18	19	20	21	22	
	신묘	신묘	신묘	신묘	신묘	신묘	신묘	신묘	신묘	신묘	신묘	신묘	신묘	신묘	신묘	신묘	
	신축	신축	신축	신축	신축	신축	신축	신축	신축	신축	신축	신축	신축	신축	신축	신축	
	정묘	무진	기사	경오	신미	임신	계유	갑술	을해	병자	정축	무인	기묘	경진	신사	임오	
	1	1	1	1	2	2	2	3	3	3	4	4	4	5	5	5	
	9	9	9	8	8	8	7	7	7	6	6	6	5	5	5	4	

2012(임진)년 【단기 4345년】

월	구분													
음 1 월	음력	1	2	3	4	5	6	7	8	9	10	11	12	13
	양력	**1/23**	24	25	26	27	28	29	30	31	**2/1**	2	3	4
	연주 (생년)	신묘	신묘	신묘	신묘	신묘	신묘	신묘	신묘	신묘	신묘	신묘	신묘	**임진**
	월주 (생월)	신축	신축	신축	신축	신축	신축	신축	신축	신축	신축	신축	신축	**임인**
	일주 (생일)	계미	갑신	을유	병술	정해	무자	기축	경인	신묘	임진	계사	갑오	을미
	대운 남	6	6	6	7	7	7	8	8	8	9	9	9	10
	대운 여	4	4	3	3	3	2	2	2	1	1	1	1	10
음 2 월	음력	1	2	3	4	5	6	7	8	9	10	11	12	13
	양력	**2/22**	23	24	25	26	27	28	29	**3/1**	2	3	4	5
	연주 (생년)	임진	임진	임진	임진	임진	임진	임진	임진	임진	임진	임진	임진	임진
	월주 (생월)	임인	임인	임인	임인	임인	임인	임인	임인	임인	임인	임인	임인	**계묘**
	일주 (생일)	계축	갑인	을묘	병진	정사	무오	기미	경신	신유	임술	계해	갑자	을축
	대운 남	4	4	3	3	3	2	2	2	1	1	1	1	10
	대운 여	6	6	7	7	7	8	8	8	9	9	9	10	10
음 3 월	음력	1	2	3	4	5	6	7	8	9	10	11	12	13
	양력	**3/22**	23	24	25	26	27	28	29	30	31	**4/1**	2	3
	연주 (생년)	임진	임진	임진	임진	임진	임진	임진	임진	임진	임진	임진	임진	임진
	월주 (생월)	계묘	계묘	계묘	계묘	계묘	계묘	계묘	계묘	계묘	계묘	계묘	계묘	계묘
	일주 (생일)	임오	계미	갑신	을유	병술	정해	무자	기축	경인	신묘	임진	계사	갑오
	대운 남	4	4	4	3	3	3	2	2	2	1	1	1	1
	대운 여	6	6	6	7	7	7	8	8	8	9	9	9	10
윤 3 월	음력	1	2	3	4	5	6	7	8	9	10	11	12	13
	양력	**4/21**	22	23	24	25	26	27	28	29	30	**5/1**	2	3
	연주 (생년)	임진	임진	임진	임진	임진	임진	임진	임진	임진	임진	임진	임진	임진
	월주 (생월)	갑진	갑진	갑진	갑진	갑진	갑진	갑진	갑진	갑진	갑진	갑진	갑진	갑진
	일주 (생일)	임자	계축	갑인	을묘	병진	정사	무오	기미	경신	신유	임술	계해	갑자
	대운 남	5	4	4	4	3	3	3	2	2	2	1	1	1
	대운 여	6	6	6	7	7	7	8	8	8	9	9	9	10
음 4 월	음력	1	2	3	4	5	6	7	8	9	10	11	12	13
	양력	**5/21**	22	23	24	25	26	27	28	29	30	31	**6/1**	2
	연주 (생년)	임진	임진	임진	임진	임진	임진	임진	임진	임진	임진	임진	임진	임진
	월주 (생월)	을사	을사	을사	을사	을사	을사	을사	을사	을사	을사	을사	을사	을사
	일주 (생일)	임오	계미	갑신	을유	병술	정해	무자	기축	경인	신묘	임진	계사	갑오
	대운 남	5	5	4	4	4	3	3	3	2	2	2	1	1
	대운 여	5	6	6	6	7	7	7	6	6	6	9	9	9
음 5 월	음력	1	2	3	4	5	6	7	8	9	10	11	12	13
	양력	**6/20**	21	22	23	24	25	26	27	28	29	30	**7/1**	2
	연주 (생년)	임진	임진	임진	임진	임진	임진	임진	임진	임진	임진	임진	임진	임진
	월주 (생월)	병오	병오	병오	병오	병오	병오	병오	병오	병오	병오	병오	병오	병오
	일주 (생일)	임자	계축	갑인	을묘	병진	정사	무오	기미	경신	신유	임술	계해	갑자
	대운 남	6	5	5	5	4	4	4	3	3	3	2	2	2
	대운 여	5	5	6	6	6	7	7	7	8	8	8	9	9
음 6 월	음력	1	2	3	4	5	6	7	8	9	10	11	12	13
	양력	**7/19**	20	21	22	23	24	25	26	27	28	29	30	31
	연주 (생년)	임진	임진	임진	임진	임진	임진	임진	임진	임진	임진	임진	임진	임진
	월주 (생월)	정미	정미	정미	정미	정미	정미	정미	정미	정미	정미	정미	정미	정미
	일주 (생일)	신사	임오	계미	갑신	을유	병술	정해	무자	기축	경인	신묘	임진	계사
	대운 남	6	6	6	5	5	5	4	4	4	3	3	3	2
	대운 여	4	4	5	5	5	6	6	6	7	7	7	8	8

음1월	14	15	16	17	18	19	20	21	22	23	24	25	26	27	28	29	30
	5	6	7	8	9	10	11	12	13	14	15	16	17	18	19	20	21
	임진	임진	임진	임진	임진	임진	임진	임진	임진	임진	임진	임진	임진	임진	임진	임진	임진
	임인	임인	임인	임인	임인	임인	임인	임인	임인	임인	임인	임인	임인	임인	임인	임인	임인
	병신	정유	무술	기해	경자	신축	임인	계묘	갑진	을사	병오	정미	무신	기유	경술	신해	임자
	10	9	9	9	8	8	8	7	7	7	6	6	6	5	5	5	4
	1	1	1	1	2	2	2	3	3	3	4	4	4	5	5	5	6

음2월	14	15	16	17	18	19	20	21	22	23	24	25	26	27	28	29	
	6	7	8	9	10	11	12	13	14	15	16	17	18	19	20	21	
	임진	임진	임진	임진	임진	임진	임진	임진	임진	임진	임진	임진	임진	임진	임진	임진	
	계묘	계묘	계묘	계묘	계묘	계묘	계묘	계묘	계묘	계묘	계묘	계묘	계묘	계묘	계묘	계묘	
	병인	정묘	무진	기사	경오	신미	임신	계유	갑술	을해	병자	정축	무인	기묘	경진	신사	
	10	9	9	9	8	8	8	7	7	7	6	6	6	5	5	5	
	1	1	1	1	2	2	2	3	3	3	4	4	4	5	5	5	

음3월	14	15	16	17	18	19	20	21	22	23	24	25	26	27	28	29	30
	4	5	6	7	8	9	10	11	12	13	14	15	16	17	18	19	20
	임진	임진	임진	임진	임진	임진	임진	임진	임진	임진	임진	임진	임진	임진	임진	임진	임진
	갑진	갑진	갑진	갑진	갑진	갑진	갑진	갑진	갑진	갑진	갑진	갑진	갑진	갑진	갑진	갑진	갑진
	을미	병신	정유	무술	기해	경자	신축	임인	계묘	갑진	을사	병오	정미	무신	기유	경술	신해
	10	10	10	9	9	9	8	8	8	7	7	7	6	6	6	5	5
	10	1	1	1	1	2	2	2	3	3	3	4	4	4	5	5	5

윤3월	14	15	16	17	18	19	20	21	22	23	24	25	26	27	28	29	30
	4	5	6	7	8	9	10	11	12	13	14	15	16	17	18	19	20
	임진	임진	임진	임진	임진	임진	임진	임진	임진	임진	임진	임진	임진	임진	임진	임진	임진
	갑진	**을사**	을사	을사	을사	을사	을사	을사	을사	을사	을사	을사	을사	을사	을사	을사	을사
	을축	병인	정묘	무진	기사	경오	신미	임신	계유	갑술	을해	병자	정축	무인	기묘	경진	신사
	1	10	10	10	9	9	9	8	8	8	7	7	7	6	6	6	5
	10	10	1	1	1	1	2	2	2	3	3	3	4	4	4	5	5

음4월	14	15	16	17	18	19	20	21	22	23	24	25	26	27	28	29	30
	3	4	5	6	7	8	9	10	11	12	13	14	15	16	17	18	19
	임진	임진	임진	임진	임진	임진	임진	임진	임진	임진	임진	임진	임진	임진	임진	임진	임진
	을사	을사	**병오**	병오	병오	병오	병오	병오	병오	병오	병오	병오	병오	병오	병오	병오	병오
	을미	병신	정유	무술	기해	경자	신축	임인	계묘	갑진	을사	병오	정미	무신	기유	경술	신해
	1	1	10	10	10	10	9	9	9	8	8	8	7	7	7	6	6
	10	10	10	1	1	1	1	2	2	2	3	3	3	4	4	4	5

음5월	14	15	16	17	18	19	20	21	22	23	24	25	26	27	28	29	
	3	4	5	6	7	8	9	10	11	12	13	14	15	16	17	18	
	임진	임진	임진	임진	임진	임진	임진	임진	임진	임진	임진	임진	임진	임진	임진	임진	
	병오	병오	병오	병오	**정미**	정미	정미	정미	정미	정미	정미	정미	정미	정미	정미	정미	
	을축	병인	정묘	무진	기사	경오	신미	임신	계유	갑술	을해	병자	정축	무인	기묘	경진	
	1	1	1	1	10	10	10	9	9	9	8	8	8	7	7	7	
	9	10	10	10	10	1	1	1	1	2	2	2	3	3	3	4	

음6월	14	15	16	17	18	19	20	21	22	23	24	25	26	27	28	29	30
	8/1	2	3	4	5	6	7	8	9	10	11	12	13	14	15	16	17
	임진	임진	임진	임진	임진	임진	임진	임진	임진	임진	임진	임진	임진	임진	임진	임진	임진
	정미	정미	정미	정미	정미	정미	**무신**	무신	무신	무신	무신	무신	무신	무신	무신	무신	무신
	갑오	을미	병신	정유	무술	기해	경자	신축	임인	계묘	갑진	을사	병오	정미	무신	기유	경술
	2	2	1	1	1	1	10	10	10	9	9	9	8	8	8	7	7
	8	9	9	9	10	10	10	1	1	1	1	2	2	2	3	3	3

2012(임진)년 【단기 4345년】

음 7월		1	2	3	4	5	6	7	8	9	10	11	12	13
음력		1	2	3	4	5	6	7	8	9	10	11	12	13
양력		8/18	19	20	21	22	23	24	25	26	27	28	29	30
연주 (생년)		임진	임진	임진	임진	임진	임진	임진	임진	임진	임진	임진	임진	임진
월주 (생월)		무신	무신	무신	무신	무신	무신	무신	무신	무신	무신	무신	무신	무신
일주 (생일)		신해	임자	계축	갑인	을묘	병진	정사	무오	기미	경신	신유	임술	계해
대운	남	7	6	6	6	5	5	5	4	4	4	3	3	3
	여	4	4	4	5	5	5	6	6	6	7	7	7	8

음 8월		1	2	3	4	5	6	7	8	9	10	11	12	13
음력		1	2	3	4	5	6	7	8	9	10	11	12	13
양력		9/16	17	18	19	20	21	22	23	24	25	26	27	28
연주 (생년)		임진	임진	임진	임진	임진	임진	임진	임진	임진	임진	임진	임진	임진
월주 (생월)		기유	기유	기유	기유	기유	기유	기유	기유	기유	기유	기유	기유	기유
일주 (생일)		경진	신사	임오	계미	갑신	을유	병술	정해	무자	기축	경인	신묘	임진
대운	남	7	7	7	6	6	6	5	5	5	4	4	4	3
	여	3	3	4	4	4	5	5	5	6	6	6	7	7

음 9월		1	2	3	4	5	6	7	8	9	10	11	12	13
음력		1	2	3	4	5	6	7	8	9	10	11	12	13
양력		10/15	16	17	18	19	20	21	22	23	24	25	26	27
연주 (생년)		임진	임진	임진	임진	임진	임진	임진	임진	임진	임진	임진	임진	임진
월주 (생월)		경술	경술	경술	경술	경술	경술	경술	경술	경술	경술	경술	경술	경술
일주 (생일)		기유	경술	신해	임자	계축	갑인	을묘	병진	정사	무오	기미	경신	신유
대운	남	8	7	7	7	6	6	6	5	5	5	4	4	4
	여	2	3	3	3	4	4	4	5	5	5	6	6	6

음 10월		1	2	3	4	5	6	7	8	9	10	11	12	13
음력		1	2	3	4	5	6	7	8	9	10	11	12	13
양력		11/14	15	16	17	18	19	20	21	22	23	24	25	26
연주 (생년)		임진	임진	임진	임진	임진	임진	임진	임진	임진	임진	임진	임진	임진
월주 (생월)		신해	신해	신해	신해	신해	신해	신해	신해	신해	신해	신해	신해	신해
일주 (생일)		기묘	경진	신사	임오	계미	갑신	을유	병술	정해	무자	기축	경인	신묘
대운	남	8	7	7	7	6	6	6	5	5	5	4	4	4
	여	2	3	3	3	4	4	4	5	5	5	6	6	6

음 11월		1	2	3	4	5	6	7	8	9	10	11	12	13
음력		1	2	3	4	5	6	7	8	9	10	11	12	13
양력		12/13	14	15	16	17	18	19	20	21	22	23	24	25
연주 (생년)		임진	임진	임진	임진	임진	임진	임진	임진	임진	임진	임진	임진	임진
월주 (생월)		임자	임자	임자	임자	임자	임자	임자	임자	임자	임자	임자	임자	임자
일주 (생일)		무신	기유	경술	신해	임자	계축	갑인	을묘	병진	정사	무오	기미	경신
대운	남	8	7	7	7	6	6	6	5	5	5	4	4	4
	여	2	2	3	3	3	4	4	4	5	5	5	6	6

음 12월		1	2	3	4	5	6	7	8	9	10	11	12	13
음력		1	2	3	4	5	6	7	8	9	10	11	12	13
양력		1/12	13	14	15	16	17	18	19	20	21	22	23	24
연주 (생년)		임진	임진	임진	임진	임진	임진	임진	임진	임진	임진	임진	임진	임진
월주 (생월)		계축	계축	계축	계축	계축	계축	계축	계축	계축	계축	계축	계축	계축
일주 (생일)		무인	기묘	경진	신사	임오	계미	갑신	을유	병술	정해	무자	기축	경인
대운	남	8	7	7	7	6	6	6	5	5	5	4	4	4
	여	2	3	3	3	4	4	4	5	5	5	6	6	6

	14	15	16	17	18	19	20	21	22	23	24	25	26	27	28	29	
	31	**9/1**	2	3	4	5	6	7	8	9	10	11	12	13	14	15	
음	임진	임진	임진	임진	임진	임진	임진	임진	임진	임진	임진	임진	임진	임진	임진	임진	
7	무신	무신	무신	무신	무신	무신	무신	**기유**	기유	기유	기유	기유	기유	기유	기유	기유	
월	갑자	을축	병인	정묘	무진	기사	경오	신미	임신	계유	갑술	을해	병자	정축	무인	기묘	
	2	2	2	1	1	1	1	10	10	10	9	9	9	8	8	8	
	8	8	9	9	9	10	10	10	1	1	1	1	2	2	2	3	
	14	15	16	17	18	19	20	21	22	23	24	25	26	27	28	29	
	29	30	**10/1**	2	3	4	5	6	7	8	9	10	11	12	13	14	
음	임진	임진	임진	임진	임진	임진	임진	임진	임진	임진	임진	임진	임진	임진	임진	임진	
8	기유	기유	기유	기유	기유	기유	기유	기유	기유	**경술**	경술	경술	경술	경술	경술	경술	
월	계사	갑오	을미	병신	정유	무술	기해	경자	신축	임인	계묘	갑진	을사	병오	정미	무신	
	3	3	2	2	2	1	1	1	1	10	10	9	9	9	8	8	
	7	8	8	8	9	9	9	10	10	10	1	1	1	1	2	2	
	14	15	16	17	18	19	20	21	22	23	24	25	26	27	28	29	30
	28	29	30	31	**11/1**	2	3	4	5	6	7	8	9	10	11	12	13
음	임진	임진	임진	임진	임진	임진	임진	임진	임진	임진	임진	임진	임진	임진	임진	임진	임진
9	경술	경술	경술	경술	경술	경술	경술	경술	경술	경술	**신해**	신해	신해	신해	신해	신해	신해
월	임술	계해	갑자	을축	병인	정묘	무진	기사	경오	신미	임신	계유	갑술	을해	병자	정축	무인
	3	3	3	2	2	2	1	1	1	1	10	10	9	9	9	8	8
	7	7	7	8	8	8	9	9	9	10	10	1	1	1	1	2	2
	14	15	16	17	18	19	20	21	22	23	24	25	26	27	28	29	
	27	28	29	30	**12/1**	2	3	4	5	6	7	8	9	10	11	12	
음	임진	임진	임진	임진	임진	임진	임진	임진	임진	임진	임진	임진	임진	임진	임진	임진	
10	신해	신해	신해	신해	신해	신해	신해	신해	신해	신해	**임자**	임자	임자	임자	임자	임자	
월	임진	계사	갑오	을미	병신	정유	무술	기해	경자	신축	임인	계묘	갑진	을사	병오	정미	
	3	3	3	2	2	2	1	1	1	1	9	9	9	9	8	8	
	7	7	7	8	8	8	9	9	9	10	10	1	1	1	1	2	
	14	15	16	17	18	19	20	21	22	23	24	25	26	27	28	29	30
	26	27	28	29	30	31	**1/1**	2	3	4	5	6	7	8	9	10	11
음	임진	임진	임진	임진	임진	임진	임진	임진	임진	임진	임진	임진	임진	임진	임진	임진	임진
11	임자	임자	임자	임자	임자	임자	임자	임자	임자	임자	**계축**	계축	계축	계축	계축	계축	계축
월	신유	임술	계해	갑자	을축	병인	정묘	무진	기사	경오	신미	임신	계유	갑술	을해	병자	정축
	3	3	3	2	2	2	1	1	1	1	10	10	9	9	9	8	8
	6	7	7	7	8	8	8	9	9	9	10	1	1	1	1	2	2
	14	15	16	17	18	19	20	21	22	23	24	25	26	27	28	29	
	25	26	27	28	29	30	31	**2/1**	2	3	4	5	6	7	8	9	
음	임진	임진	임진	임진	임진	임진	임진	임진	임진	임진	**계사**	계사	계사	계사	계사	계사	
12	계축	계축	계축	계축	계축	계축	계축	계축	계축	계축	**갑인**	갑인	갑인	갑인	갑인	갑인	
월	신묘	임진	계사	갑오	을미	병신	정유	무술	기해	경자	신축	임인	계묘	갑진	을사	병오	
	3	3	3	2	2	2	1	1	1	1	10	1	1	1	1	2	
	7	7	7	8	8	8	9	9	9	10	10	19	9	9	8	8	

2013(계사)년 【단기 4346년】

음 1 월	음력		1	2	3	4	5	6	7	8	9	10	11	12	13
	양력		2/10	11	12	13	14	15	16	17	18	19	20	21	22
	연주 (생년)		계사	계사	계사	계사	계사	계사	계사	계사	계사	계사	계사	계사	계사
	월주 (생월)		갑인	갑인	갑인	갑인	갑인	갑인	갑인	갑인	갑인	갑인	갑인	갑인	갑인
	일주 (생일)		정미	무신	기유	경술	신해	임자	계축	갑인	을묘	병진	정사	무오	기미
	대운	남	2	3	3	3	4	4	4	5	5	5	6	6	6
		여	8	8	7	7	7	6	6	6	5	5	5	4	4
음 2 월	음력		1	2	3	4	5	6	7	8	9	10	11	12	13
	양력		3/12	13	14	15	16	17	18	19	20	21	22	23	24
	연주 (생년)		계사	계사	계사	계사	계사	계사	계사	계사	계사	계사	계사	계사	계사
	월주 (생월)		을묘	을묘	을묘	을묘	을묘	을묘	을묘	을묘	을묘	을묘	을묘	을묘	을묘
	일주 (생일)		정축	무인	기묘	경진	신사	임오	계미	갑신	을유	병술	정해	무자	기축
	대운	남	3	3	3	4	4	4	5	5	5	6	6	6	7
		여	8	8	8	7	7	7	6	6	6	5	5	5	4
음 3 월	음력		1	2	3	4	5	6	7	8	9	10	11	12	13
	양력		4/10	11	12	13	14	15	16	17	18	19	20	21	22
	연주 (생년)		계사	계사	계사	계사	계사	계사	계사	계사	계사	계사	계사	계사	계사
	월주 (생월)		병진	병진	병진	병진	병진	병진	병진	병진	병진	병진	병진	병진	병진
	일주 (생일)		병오	정미	무신	기유	경술	신해	임자	계축	갑인	을묘	병진	정사	무오
	대운	남	2	2	3	3	3	4	4	4	5	5	5	6	6
		여	9	8	8	8	7	7	7	6	6	6	5	5	5
음 4 월	음력		1	2	3	4	5	6	7	8	9	10	11	12	13
	양력		5/10	11	12	13	14	15	16	17	18	19	20	21	22
	연주 (생년)		계사	계사	계사	계사	계사	계사	계사	계사	계사	계사	계사	계사	계사
	월주 (생월)		정사	정사	정사	정사	정사	정사	정사	정사	정사	정사	정사	정사	정사
	일주 (생일)		병자	정축	무인	기묘	경진	신사	임오	계미	갑신	을유	병술	정해	무자
	대운	남	2	2	3	3	3	4	4	4	5	5	5	6	6
		여	9	9	8	8	8	7	7	7	6	6	6	5	5
음 5 월	음력		1	2	3	4	5	6	7	8	9	10	11	12	13
	양력		6/9	10	11	12	13	14	15	16	17	18	19	20	21
	연주 (생년)		계사	계사	계사	계사	계사	계사	계사	계사	계사	계사	계사	계사	계사
	월주 (생월)		무오	무오	무오	무오	무오	무오	무오	무오	무오	무오	무오	무오	무오
	일주 (생일)		병오	정미	무신	기유	경술	신해	임자	계축	갑인	을묘	병진	정사	무오
	대운	남	2	2	2	3	3	3	4	4	4	5	5	5	6
		여	10	9	9	9	8	8	8	7	7	7	6	6	6
음 6 월	음력		1	2	3	4	5	6	7	8	9	10	11	12	13
	양력		7/8	9	10	11	12	13	14	15	16	17	18	19	20
	연주 (생년)		계사	계사	계사	계사	계사	계사	계사	계사	계사	계사	계사	계사	계사
	월주 (생월)		기미	기미	기미	기미	기미	기미	기미	기미	기미	기미	기미	기미	기미
	일주 (생일)		을해	병자	정축	무인	기묘	경진	신사	임오	계미	갑신	을유	병술	정해
	대운	남	1	1	1	2	2	2	3	3	3	4	4	4	5
		여	10	10	10	9	9	9	8	8	8	7	7	7	6

	14	15	16	17	18	19	20	21	22	23	24	25	26	27	28	29	30
	23	24	25	26	27	28	**3/1**	2	3	4	5	6	7	8	9	10	11
음	계사	계사	계사	계사	계사	계사	계사	계사	계사	계사	계사	계사	계사	계사	계사	계사	계사
1	갑인	갑인	갑인	갑인	갑인	갑인	갑인	갑인	갑인	갑인	**을묘**	을묘	을묘	을묘	을묘	을묘	을묘
월	경신	신유	임술	계해	갑자	을축	병인	정묘	무진	기사	경오	신미	임신	계유	갑술	을해	병자
	7	7	7	8	8	8	9	9	9	10	10	1	1	1	2	2	2
	4	3	3	3	2	2	2	1	1	1	1	10	10	10	9	9	9
	14	15	16	17	18	19	20	21	22	23	24	25	26	27	28	29	
	25	26	27	28	29	30	31	**4/1**	2	3	4	5	6	7	8	9	
음	계사	계사	계사	계사	계사	계사	계사	계사	계사	계사	계사	계사	계사	계사	계사	계사	
2	을묘	을묘	을묘	을묘	을묘	을묘	을묘	을묘	을묘	을묘	을묘	**병진**	병진	병진	병진	병진	
월	경인	신묘	임진	계사	갑오	을미	병신	정유	무술	기해	경자	신축	임인	계묘	갑진	을사	
	7	7	8	8	8	9	9	9	10	10	10	1	1	1	1	2	
	4	4	3	3	3	2	2	2	1	1	1	10	10	10	9	9	
	14	15	16	17	18	19	20	21	22	23	24	25	26	27	28	29	30
	23	24	25	26	27	28	29	30	**5/1**	2	3	4	5	6	7	8	9
음	계사	계사	계사	계사	계사	계사	계사	계사	계사	계사	계사	계사	계사	계사	계사	계사	계사
3	병진	병진	병진	병진	병진	병진	병진	병진	병진	병진	병진	병진	**정사**	정사	정사	정사	정사
월	기미	경신	신유	임술	계해	갑자	을축	병인	정묘	무진	기사	경오	신미	임신	계유	갑술	을해
	6	7	7	7	8	8	8	9	9	9	10	10	10	1	1	1	2
	4	4	4	3	3	3	2	2	2	1	1	1	1	10	10	10	9
	14	15	16	17	18	19	20	21	22	23	24	25	26	27	28	29	30
	23	24	25	26	27	28	29	30	31	**6/1**	2	3	4	5	6	7	8
음	계사	계사	계사	계사	계사	계사	계사	계사	계사	계사	계사	계사	계사	계사	계사	계사	계사
4	정사	정사	정사	정사	정사	정사	정사	정사	정사	정사	정사	정사	정사	**무오**	무오	무오	무오
월	기축	경인	신묘	임진	계사	갑오	을미	병신	정유	무술	기해	경자	신축	임인	계묘	갑진	을사
	6	7	7	7	8	8	8	9	9	9	10	10	10	10	1	1	1
	5	4	4	4	3	3	3	2	2	2	1	1	1	1	10	10	10
	14	15	16	17	18	19	20	21	22	23	24	25	26	27	28	29	
	22	23	24	25	26	27	28	29	30	**7/1**	2	3	4	5	6	7	
음	계사	계사	계사	계사	계사	계사	계사	계사	계사	계사	계사	계사	계사	계사	계사	계사	
5	무오	무오	무오	무오	무오	무오	무오	무오	무오	무오	무오	무오	무오	무오	무오	**기미**	
월	기미	경신	신유	임술	계해	갑자	을축	병인	정묘	무진	기사	경오	신미	임신	계유	갑술	
	6	6	7	7	7	8	8	8	9	9	9	10	10	10	10	1	
	5	5	5	4	4	4	3	3	3	2	2	2	1	1	1	10	
	14	15	16	17	18	19	20	21	22	23	24	25	26	27	28	29	30
	21	22	23	24	25	26	27	28	29	30	31	**8/1**	2	3	4	5	6
음	계사	계사	계사	계사	계사	계사	계사	계사	계사	계사	계사	계사	계사	계사	계사	계사	계사
6	기미	기미	기미	기미	기미	기미	기미	기미	기미	기미	기미	기미	기미	기미	기미	기미	기미
월	무자	기축	경인	신묘	임진	계사	갑오	을미	병신	정유	무술	기해	경자	신축	임인	계묘	갑진
	5	5	6	6	6	7	7	7	8	8	8	9	9	9	10	10	10
	6	6	5	5	5	4	4	4	3	3	3	2	2	2	1	1	1

2013(계사)년 【단기 4346년】

월	구분		1	2	3	4	5	6	7	8	9	10	11	12	13
음 7 월	음력		1	2	3	4	5	6	7	8	9	10	11	12	13
	양력		**8/7**	8	9	10	11	12	13	14	15	16	17	18	19
	연주 (생년)		계사	계사	계사	계사	계사	계사	계사	계사	계사	계사	계사	계사	계사
	월주 (생월)		**경신**	경신	경신	경신	경신	경신	경신	경신	경신	경신	경신	경신	경신
	일주 (생일)		을사	병오	정미	무신	기유	경술	신해	임자	계축	갑인	을묘	병진	정사
	대운	남	10	1	1	1	2	2	2	3	3	3	4	4	4
		여	1	10	10	10	9	9	9	8	8	8	7	7	7
음 8 월	음력		1	2	3	4	5	6	7	8	9	10	11	12	13
	양력		**9/5**	6	7	8	9	10	11	12	13	14	15	16	17
	연주 (생년)		계사	계사	계사	계사	계사	계사	계사	계사	계사	계사	계사	계사	계사
	월주 (생월)		경신	경신	**신유**	신유	신유	신유	신유	신유	신유	신유	신유	신유	신유
	일주 (생일)		갑술	을해	병자	정축	무인	기묘	경진	신사	임오	계미	갑신	을유	병술
	대운	남	10	10	10	1	1	1	2	2	2	3	3	3	4
		여	1	1	1	10	10	10	9	9	9	8	8	8	7
음 9 월	음력		1	2	3	4	5	6	7	8	9	10	11	12	13
	양력		**10/5**	6	7	8	9	10	11	12	13	14	15	16	17
	연주 (생년)		계사	계사	계사	계사	계사	계사	계사	계사	계사	계사	계사	계사	계사
	월주 (생월)		신유	신유	신유	**임술**	임술	임술	임술	임술	임술	임술	임술	임술	임술
	일주 (생일)		갑진	을사	병오	정미	무신	기유	경술	신해	임자	계축	갑인	을묘	병진
	대운	남	10	10	10	1	1	1	1	2	2	2	3	3	3
		여	1	1	1	10	10	10	9	9	9	8	8	8	7
음 10 월	음력		1	2	3	4	5	6	7	8	9	10	11	12	13
	양력		**11/3**	4	5	6	7	8	9	10	11	12	13	14	15
	연주 (생년)		계사	계사	계사	계사	계사	계사	계사	계사	계사	계사	계사	계사	계사
	월주 (생월)		임술	임술	임술	임술	**계해**	계해	계해	계해	계해	계해	계해	계해	계해
	일주 (생일)		계유	갑술	을해	병자	정축	무인	기묘	경진	신사	임오	계미	갑신	을유
	대운	남	9	9	10	10	10	1	1	1	2	2	2	3	3
		여	2	1	1	1	1	10	10	9	9	9	8	8	8
음 11 월	음력		1	2	3	4	5	6	7	8	9	10	11	12	13
	양력		**12/3**	4	5	6	7	8	9	10	11	12	13	14	15
	연주 (생년)		계사	계사	계사	계사	계사	계사	계사	계사	계사	계사	계사	계사	계사
	월주 (생월)		계해	계해	계해	계해	**갑자**	갑자	갑자	갑자	갑자	갑자	갑자	갑자	갑자
	일주 (생일)		계묘	갑진	을사	병오	정미	무신	기유	경술	신해	임자	계축	갑인	을묘
	대운	남	9	9	10	10	1	1	1	1	2	2	2	3	3
		여	2	1	1	1	10	10	9	9	9	8	8	8	7
음 12 월	음력		1	2	3	4	5	6	7	8	9	10	11	12	13
	양력		**1/1**	2	3	4	5	6	7	8	9	10	11	12	13
	연주 (생년)		계사	계사	계사	계사	계사	계사	계사	계사	계사	계사	계사	계사	계사
	월주 (생월)		갑자	갑자	갑자	갑자	**을축**	을축	을축	을축	을축	을축	을축	을축	을축
	일주 (생일)		임신	계유	갑술	을해	병자	정축	무인	기묘	경진	신사	임오	계미	갑신
	대운	남	9	9	9	10	10	1	1	1	2	2	2	3	3
		여	2	1	1	1	1	10	10	9	9	9	8	8	8

음 7월	14	15	16	17	18	19	20	21	22	23	24	25	26	27	28	29	
	20	21	22	23	24	25	26	27	28	29	30	31	**9/1**	2	3	4	
	계사	계사	계사	계사	계사	계사	계사	계사	계사	계사	계사	계사	계사	계사	계사	계사	
	경신	경신	경신	경신	경신	경신	경신	경신	경신	경신	경신	경신	경신	경신	경신	경신	
	무오	기미	경신	신유	임술	계해	갑자	을축	병인	정묘	무진	기사	경오	신미	임신	계유	
	5	5	5	6	6	6	7	7	7	8	8	8	9	9	9	10	
	6	6	6	5	5	5	4	4	4	3	3	3	2	2	2	1	
음 8월	14	15	16	17	18	19	20	21	22	23	24	25	26	27	28	29	30
	18	19	20	21	22	23	24	25	26	27	28	29	30	**10/1**	2	3	4
	계사	계사	계사	계사	계사	계사	계사	계사	계사	계사	계사	계사	계사	계사	계사	계사	계사
	신유	신유	신유	신유	신유	신유	신유	신유	신유	신유	신유	신유	신유	신유	신유	신유	신유
	정해	무자	기축	경인	신묘	임진	계사	갑오	을미	병신	정유	무술	기해	경자	신축	임인	계묘
	4	4	5	5	5	6	6	6	7	7	7	8	8	8	9	9	9
	7	7	6	6	6	5	5	5	4	4	4	3	3	3	2	2	2
음 9월	14	15	16	17	18	19	20	21	22	23	24	25	26	27	28	29	
	18	19	20	21	22	23	24	25	26	27	28	29	30	31	**11/1**	2	
	계사	계사	계사	계사	계사	계사	계사	계사	계사	계사	계사	계사	계사	계사	계사	계사	
	임술	임술	임술	임술	임술	임술	임술	임술	임술	임술	임술	임술	임술	임술	임술	임술	
	정사	무오	기미	경신	신유	임술	계해	갑자	을축	병인	정묘	무진	기사	경오	신미	임신	
	4	4	4	5	5	5	6	6	6	7	7	7	8	8	8	9	
	7	7	6	6	6	5	5	5	4	4	4	3	3	3	2	2	
음 10월	14	15	16	17	18	19	20	21	22	23	24	25	26	27	28	29	30
	16	17	18	19	20	21	22	23	24	25	26	27	28	29	30	**12/1**	2
	계사	계사	계사	계사	계사	계사	계사	계사	계사	계사	계사	계사	계사	계사	계사	계사	계사
	계해	계해	계해	계해	계해	계해	계해	계해	계해	계해	계해	계해	계해	계해	계해	계해	계해
	병술	정해	무자	기축	경인	신묘	임진	계사	갑오	을미	병신	정유	무술	기해	경자	신축	임인
	3	4	4	4	5	5	5	6	6	6	7	7	7	8	8	8	9
	7	7	7	6	6	6	5	5	5	4	4	4	3	3	3	2	2
음 11월	14	15	16	17	18	19	20	21	22	23	24	25	26	27	28	29	
	16	17	18	19	20	21	22	23	24	25	26	27	28	29	30	31	
	계사	계사	계사	계사	계사	계사	계사	계사	계사	계사	계사	계사	계사	계사	계사	계사	
	갑자	갑자	갑자	갑자	갑자	갑자	갑자	갑자	갑자	갑자	갑자	갑자	갑자	갑자	갑자	갑자	
	병진	정사	무오	기미	경신	신유	임술	계해	갑자	을축	병인	정묘	무진	기사	경오	신미	
	3	4	4	4	5	5	5	6	6	6	7	7	7	8	8	8	
	7	7	6	6	6	5	5	5	4	4	4	3	3	3	2	2	
음 12월	14	15	16	17	18	19	20	21	22	23	24	25	26	27	28	29	30
	14	15	16	17	18	19	20	21	22	23	24	25	26	27	28	29	30
	계사	계사	계사	계사	계사	계사	계사	계사	계사	계사	계사	계사	계사	계사	계사	계사	계사
	을축	을축	을축	을축	을축	을축	을축	을축	을축	을축	을축	을축	을축	을축	을축	을축	을축
	을유	병술	정해	무자	기축	경인	신묘	임진	계사	갑오	을미	병신	정유	무술	기해	경자	신축
	3	4	4	4	5	5	5	6	6	6	7	7	7	8	8	8	9
	7	7	7	6	6	6	5	5	5	4	4	4	3	3	3	2	2

2014(갑오)년 【단기 4347년】

월	구분		1	2	3	4	5	6	7	8	9	10	11	12	13
음 1 월	음력		1	2	3	4	5	6	7	8	9	10	11	12	13
	양력		1/31	2/1	2	3	4	5	6	7	8	9	10	11	12
	연주 (생년)		계사	계사	계사	계사	**갑오**	갑오	갑오	갑오	갑오	갑오	갑오	갑오	갑오
	월주 (생월)		을축	을축	을축	을축	**병인**	병인	병인	병인	병인	병인	병인	병인	병인
	일주 (생일)		임인	계묘	갑진	을사	병오	정미	무신	기유	경술	신해	임자	계축	갑인
	대운	남	9	9	10	10	10	10	10	9	9	9	8	8	8
		여	2	1	1	1	1	1	1	1	2	2	2	3	3
음 2 월	음력		1	2	3	4	5	6	7	8	9	10	11	12	13
	양력		3/1	2	3	4	5	6	7	8	9	10	11	12	13
	연주 (생년)		갑오	갑오	갑오	갑오	갑오	갑오	갑오	갑오	갑오	갑오	갑오	갑오	갑오
	월주 (생월)		병인	병인	병인	병인	병인	**정묘**	정묘	정묘	정묘	정묘	정묘	정묘	정묘
	일주 (생일)		신미	임신	계유	갑술	을해	병자	정축	무인	기묘	경진	신사	임오	계미
	대운	남	2	2	1	1	1	10	10	10	9	9	9	8	8
		여	9	9	9	10	10	1	1	1	1	2	2	2	3
음 3 월	음력		1	2	3	4	5	6	7	8	9	10	11	12	13
	양력		3/31	4/1	2	3	4	5	6	7	8	9	10	11	12
	연주 (생년)		갑오	갑오	갑오	갑오	갑오	갑오	갑오	갑오	갑오	갑오	갑오	갑오	갑오
	월주 (생월)		정묘	정묘	정묘	정묘	정묘	**무진**	무진	무진	무진	무진	무진	무진	무진
	일주 (생일)		신축	임인	계묘	갑진	을사	병오	정미	무신	기유	경술	신해	임자	계축
	대운	남	2	2	1	1	1	10	10	10	9	9	9	8	8
		여	9	9	9	10	10	1	1	1	1	2	2	2	3
음 4 월	음력		1	2	3	4	5	6	7	8	9	10	11	12	13
	양력		4/29	30	5/1	2	3	4	5	6	7	8	9	10	11
	연주 (생년)		갑오	갑오	갑오	갑오	갑오	갑오	갑오	갑오	갑오	갑오	갑오	갑오	갑오
	월주 (생월)		무진	무진	무진	무진	무진	무진	**기사**	기사	기사	기사	기사	기사	기사
	일주 (생일)		경오	신미	임신	계유	갑술	을해	병자	정축	무인	기묘	경진	신사	임오
	대운	남	2	2	2	1	1	1	1	10	10	10	10	9	9
		여	8	9	9	9	10	10	10	1	1	1	2	2	2
음 5 월	음력		1	2	3	4	5	6	7	8	9	10	11	12	13
	양력		5/29	30	31	6/1	2	3	4	5	6	7	8	9	10
	연주 (생년)		갑오	갑오	갑오	갑오	갑오	갑오	갑오	갑오	갑오	갑오	갑오	갑오	갑오
	월주 (생월)		기사	기사	기사	기사	기사	기사	기사	기사	**경오**	경오	경오	경오	경오
	일주 (생일)		경자	신축	임인	계묘	갑진	을사	병오	정미	무신	기유	경술	신해	임자
	대운	남	3	3	2	2	2	1	1	1	10	10	10	10	9
		여	8	9	9	9	10	10	10	10	1	1	1	1	2
음 6 월	음력		1	2	3	4	5	6	7	8	9	10	11	12	13
	양력		6/27	28	29	30	7/1	2	3	4	5	6	7	8	9
	연주 (생년)		갑오	갑오	갑오	갑오	갑오	갑오	갑오	갑오	갑오	갑오	갑오	갑오	갑오
	월주 (생월)		경오	경오	경오	경오	경오	경오	경오	경오	경오	경오	**신미**	신미	신미
	일주 (생일)		기사	경오	신미	임신	계유	갑술	을해	병자	정축	무인	기묘	경진	신사
	대운	남	4	3	3	3	2	2	2	1	1	1	1	10	10
		여	7	8	8	8	9	9	9	10	10	10	10	1	1

	14	15	16	17	18	19	20	21	22	23	24	25	26	27	28	29	
음	13	14	15	16	17	18	19	20	21	22	23	24	25	26	27	28	
	갑오	갑오	갑오	갑오	갑오	갑오	갑오	갑오	갑오	갑오	갑오	갑오	갑오	갑오	갑오	갑오	
1	병인	병인	병인	병인	병인	병인	병인	병인	병인	병인	병인	병인	병인	병인	병인	병인	
	을묘	병진	정사	무오	기미	경신	신유	임술	계해	갑자	을축	병인	정묘	무진	기사	경오	
월	7	7	7	6	6	6	5	5	5	4	4	4	3	3	3	2	
	3	4	4	4	5	5	5	6	6	6	7	7	7	8	8	8	
	14	15	16	17	18	19	20	21	22	23	24	25	26	27	28	29	30
음	14	15	16	17	18	19	20	21	22	23	24	25	26	27	28	29	30
	갑오	갑오	갑오	갑오	갑오	갑오	갑오	갑오	갑오	갑오	갑오	갑오	갑오	갑오	갑오	갑오	갑오
2	정묘	정묘	정묘	정묘	정묘	정묘	정묘	정묘	정묘	정묘	정묘	정묘	정묘	정묘	정묘	정묘	정묘
	갑신	을유	병술	정해	무자	기축	경인	신묘	임진	계사	갑오	을미	병신	정유	무술	기해	경자
월	8	7	7	7	6	6	6	5	5	5	4	4	4	3	3	3	2
	3	3	4	4	4	5	5	5	6	6	6	7	7	7	8	8	8
	14	15	16	17	18	19	20	21	22	23	24	25	26	27	28	29	
음	13	14	15	16	17	18	19	20	21	22	23	24	25	26	27	28	
	갑오	갑오	갑오	갑오	갑오	갑오	갑오	갑오	갑오	갑오	갑오	갑오	갑오	갑오	갑오	갑오	
3	무진	무진	무진	무진	무진	무진	무진	무진	무진	무진	무진	무진	무진	무진	무진	무진	
	갑인	을묘	병진	정사	무오	기미	경신	신유	임술	계해	갑자	을축	병인	정묘	무진	기사	
월	8	7	7	7	6	6	6	5	5	5	4	4	4	3	3	3	
	3	3	4	4	4	5	5	5	6	6	6	7	7	7	8	8	
	14	15	16	17	18	19	20	21	22	23	24	25	26	27	28	29	30
음	12	13	14	15	16	17	18	19	20	21	22	23	24	25	26	27	28
	갑오	갑오	갑오	갑오	갑오	갑오	갑오	갑오	갑오	갑오	갑오	갑오	갑오	갑오	갑오	갑오	갑오
4	기사	기사	기사	기사	기사	기사	기사	기사	기사	기사	기사	기사	기사	기사	기사	기사	기사
	계미	갑신	을유	병술	정해	무자	기축	경인	신묘	임진	계사	갑오	을미	병신	정유	무술	기해
월	9	8	8	8	7	7	7	6	6	6	5	5	5	4	4	4	3
	3	3	3	4	4	4	5	5	5	6	6	6	7	7	7	8	8
	14	15	16	17	18	19	20	21	22	23	24	25	26	27	28	29	
음	11	12	13	14	15	16	17	18	19	20	21	22	23	24	25	26	
	갑오	갑오	갑오	갑오	갑오	갑오	갑오	갑오	갑오	갑오	갑오	갑오	갑오	갑오	갑오	갑오	
5	경오	경오	경오	경오	경오	경오	경오	경오	경오	경오	경오	경오	경오	경오	경오	경오	
	계축	갑인	을묘	병진	정사	무오	기미	경신	신유	임술	계해	갑자	을축	병인	정묘	무진	
월	9	9	8	8	8	7	7	7	6	6	6	5	5	5	4	4	
	2	2	3	3	3	4	4	4	5	5	5	6	6	6	7	7	
	14	15	16	17	18	19	20	21	22	23	24	25	26	27	28	29	30
음	10	11	12	13	14	15	16	17	18	19	20	21	22	23	24	25	26
	갑오	갑오	갑오	갑오	갑오	갑오	갑오	갑오	갑오	갑오	갑오	갑오	갑오	갑오	갑오	갑오	갑오
6	신미	신미	신미	신미	신미	신미	신미	신미	신미	신미	신미	신미	신미	신미	신미	신미	신미
	임오	계미	갑신	을유	병술	정해	무자	기축	경인	신묘	임진	계사	갑오	을미	병신	정유	무술
월	10	9	9	9	8	8	8	7	7	7	6	6	6	5	5	5	4
	1	2	2	2	3	3	3	4	4	4	5	5	5	6	6	6	7

2014(갑오)년 【단기 4347년】

월	구분		1	2	3	4	5	6	7	8	9	10	11	12	13
음 7 월	음력		1	2	3	4	5	6	7	8	9	10	11	12	13
	양력		**7/27**	28	29	30	31	**8/1**	2	3	4	5	6	7	8
	연주 (생년)		갑오	갑오	갑오	갑오	갑오	갑오	갑오	갑오	갑오	갑오	갑오	갑오	갑오
	월주 (생월)		신미	신미	신미	신미	신미	신미	신미	신미	신미	신미	신미	**임신**	임신
	일주 (생일)		기해	경자	신축	임인	계묘	갑진	을사	병오	정미	무신	기유	경술	신해
	대운	남	4	4	3	3	3	2	2	2	1	1	1	1	10
		여	7	7	8	8	8	9	9	9	10	10	10	10	1
음 8 월	음력		1	2	3	4	5	6	7	8	9	10	11	12	13
	양력		**8/25**	26	27	28	29	30	31	**9/1**	2	3	4	5	6
	연주 (생년)		갑오	갑오	갑오	갑오	갑오	갑오	갑오	갑오	갑오	갑오	갑오	갑오	갑오
	월주 (생월)		임신	임신	임신	임신	임신	임신	임신	임신	임신	임신	임신	임신	임신
	일주 (생일)		무진	기사	경오	신미	임신	계유	갑술	을해	병자	정축	무인	기묘	경진
	대운	남	5	5	4	4	4	3	3	3	2	2	2	1	1
		여	6	7	7	7	8	8	8	9	9	9	10	10	10
음 9 월	음력		1	2	3	4	5	6	7	8	9	10	11	12	13
	양력		**9/24**	25	26	27	28	29	30	**10/1**	2	3	4	5	6
	연주 (생년)		갑오	갑오	갑오	갑오	갑오	갑오	갑오	갑오	갑오	갑오	갑오	갑오	갑오
	월주 (생월)		계유	계유	계유	계유	계유	계유	계유	계유	계유	계유	계유	계유	계유
	일주 (생일)		무술	기해	경자	신축	임인	계묘	갑진	을사	병오	정미	무신	기유	경술
	대운	남	5	5	4	4	4	3	3	3	2	2	2	1	1
		여	6	6	6	7	7	7	8	8	8	9	9	9	10
윤 9 월	음력		1	2	3	4	5	6	7	8	9	10	11	12	13
	양력		10/24	25	26	27	28	29	30	31	**11/1**	2	3	4	5
	연주 (생년)		갑오	갑오	갑오	갑오	갑오	갑오	갑오	갑오	갑오	갑오	갑오	갑오	갑오
	월주 (생월)		갑술	갑술	갑술	갑술	갑술	갑술	갑술	갑술	갑술	갑술	갑술	갑술	갑술
	일주 (생일)		무진	기사	경오	신미	임신	계유	갑술	을해	병자	정축	무인	기묘	경진
	대운	남	5	5	4	4	4	3	3	3	2	2	2	1	1
		여	6	6	6	7	7	7	8	8	8	9	9	9	10
음 10 월	음력		1	2	3	4	5	6	7	8	9	10	11	12	13
	양력		11/22	23	24	25	26	27	28	29	30	**12/1**	2	3	4
	연주 (생년)		갑오	갑오	갑오	갑오	갑오	갑오	갑오	갑오	갑오	갑오	갑오	갑오	갑오
	월주 (생월)		을해	을해	을해	을해	을해	을해	을해	을해	을해	을해	을해	을해	을해
	일주 (생일)		정유	무술	기해	경자	신축	임인	계묘	갑진	을사	병오	정미	무신	기유
	대운	남	5	5	5	4	4	4	3	3	3	2	2	2	1
		여	5	6	6	6	7	7	7	8	8	8	9	9	9
음 11 월	음력		1	2	3	4	5	6	7	8	9	10	11	12	13
	양력		12/22	23	24	25	26	27	28	29	30	31	**1/1**	2	3
	연주 (생년)		갑오	갑오	갑오	갑오	갑오	갑오	갑오	갑오	갑오	갑오	갑오	갑오	갑오
	월주 (생월)		병자	병자	병자	병자	병자	병자	병자	병자	병자	병자	병자	병자	병자
	일주 (생일)		정묘	무진	기사	경오	신미	임신	계유	갑술	을해	병자	정축	무인	기묘
	대운	남	5	5	5	4	4	4	3	3	3	2	2	2	1
		여	5	6	6	6	7	7	7	8	8	8	9	9	9
음 12 월	음력		1	2	3	4	5	6	7	8	9	10	11	12	13
	양력		**1/20**	21	22	23	24	25	26	27	28	29	30	31	**2/1**
	연주 (생년)		갑오	갑오	갑오	갑오	갑오	갑오	갑오	갑오	갑오	갑오	갑오	갑오	갑오
	월주 (생월)		정축	정축	정축	정축	정축	정축	정축	정축	정축	정축	정축	정축	정축
	일주 (생일)		병신	정유	무술	기해	경자	신축	임인	계묘	갑진	을사	병오	정미	무신
	대운	남	5	5	5	4	4	4	3	3	3	2	2	2	1
		여	5	5	6	6	6	7	7	7	8	8	8	9	9

음 7 월	14	15	16	17	18	19	20	21	22	23	24	25	26	27	28	29	
	9	10	11	12	13	14	15	16	17	18	19	20	21	22	23	24	
	갑오	갑오	갑오	갑오	갑오	갑오	갑오	갑오	갑오	갑오	갑오	갑오	갑오	갑오	갑오	갑오	
	임신	임신	임신	임신	임신	임신	임신	임신	임신	임신	임신	임신	임신	임신	임신	임신	
	임자	계축	갑인	을묘	병진	정사	무오	기미	경신	신유	임술	계해	갑자	을축	병인	정묘	
	10	10	10	9	9	9	8	8	8	7	7	7	6	6	6	5	
	1	1	2	2	2	3	3	3	4	4	4	5	5	5	6	6	

음 8 월	14	15	16	17	18	19	20	21	22	23	24	25	26	27	28	29	30
	7	8	9	10	11	12	13	14	15	16	17	18	19	20	21	22	23
	갑오	갑오	갑오	갑오	갑오	갑오	갑오	갑오	갑오	갑오	갑오	갑오	갑오	갑오	갑오	갑오	갑오
	임신	**계유**	계유	계유	계유	계유	계유	계유	계유	계유	계유	계유	계유	계유	계유	계유	계유
	신사	임오	계미	갑신	을유	병술	정해	무자	기축	경인	신묘	임진	계사	갑오	을미	병신	정유
	1	10	10	10	9	9	9	8	8	8	7	7	7	6	6	6	5
	10	1	1	1	1	2	2	2	3	3	3	4	4	4	5	5	5

음 9 월	14	15	16	17	18	19	20	21	22	23	24	25	26	27	28	29	30
	7	8	9	10	11	12	13	14	15	16	17	18	19	20	21	22	23
	갑오	갑오	갑오	갑오	갑오	갑오	갑오	갑오	갑오	갑오	갑오	갑오	갑오	갑오	갑오	갑오	갑오
	계유	**갑술**	갑술	갑술	갑술	갑술	갑술	갑술	갑술	갑술	갑술	갑술	갑술	갑술	갑술	갑술	갑술
	신해	임자	계축	갑인	을묘	병진	정사	무오	기미	경신	신유	임술	계해	갑자	을축	병인	정묘
	1	1	10	10	9	9	9	8	8	8	7	7	7	6	6	6	5
	10	10	1	1	1	2	2	2	3	3	3	4	4	4	5	5	5

윤 9 월	14	15	16	17	18	19	20	21	22	23	24	25	26	27	28	29	
	6	7	8	9	10	11	12	13	14	15	16	17	18	19	20	21	
	갑오	갑오	갑오	갑오	갑오	갑오	갑오	갑오	갑오	갑오	갑오	갑오	갑오	갑오	갑오	갑오	
	갑술	**을해**	을해	을해	을해	을해	을해	을해	을해	을해	을해	을해	을해	을해	을해	을해	
	신사	임오	계미	갑신	을유	병술	정해	무자	기축	경인	신묘	임진	계사	갑오	을미	병신	
	1	1	10	10	9	9	9	8	8	8	7	7	7	6	6	6	
	10	10	1	1	1	2	2	2	3	3	3	4	4	4	5	5	

음 10 월	14	15	16	17	18	19	20	21	22	23	24	25	26	27	28	29	30
	5	6	7	8	9	10	11	12	13	14	15	16	17	18	19	20	21
	갑오	갑오	갑오	갑오	갑오	갑오	갑오	갑오	갑오	갑오	갑오	갑오	갑오	갑오	갑오	갑오	갑오
	을해	을해	**병자**	병자	병자	병자	병자	병자	병자	병자	병자	병자	병자	병자	병자	병자	병자
	경술	신해	임자	계축	갑인	을묘	병진	정사	무오	기미	경신	신유	임술	계해	갑자	을축	병인
	1	1	1	10	10	9	9	9	8	8	8	7	7	7	6	6	6
	10	10	10	1	1	1	2	2	2	3	3	3	4	4	4	5	5

음 11 월	14	15	16	17	18	19	20	21	22	23	24	25	26	27	28	29	
	4	5	6	7	8	9	10	11	12	13	14	15	16	17	18	19	
	갑오	갑오	갑오	갑오	갑오	갑오	갑오	갑오	갑오	갑오	갑오	갑오	갑오	갑오	갑오	갑오	
	병자	병자	**정축**	정축	정축	정축	정축	정축	정축	정축	정축	정축	정축	정축	정축	정축	
	경진	신사	임오	계미	갑신	을유	병술	정해	무자	기축	경인	신묘	임진	계사	갑오	을미	
	1	1	10	10	9	9	9	8	8	8	7	7	7	6	6	6	
	10	10	1	1	1	1	2	2	2	3	3	3	4	4	4	5	

음 12 월	14	15	16	17	18	19	20	21	22	23	24	25	26	27	28	29	30
	2	3	4	5	6	7	8	9	10	11	12	13	14	15	16	17	18
	갑오	갑오	**을미**	을미	을미	을미	을미	을미	을미	을미	을미	을미	을미	을미	을미	을미	을미
	정축	정축	**무인**	무인	무인	무인	무인	무인	무인	무인	무인	무인	무인	무인	무인	무인	무인
	기유	경술	신해	임자	계축	갑인	을묘	병진	정사	무오	기미	경신	신유	임술	계해	갑자	을축
	1	1	10	1	1	1	2	2	2	3	3	3	4	4	4	5	5
	9	10	1	10	10	9	9	9	8	8	8	7	7	7	6	6	6

2015(을미)년【단기 4348년】

월	구분		1	2	3	4	5	6	7	8	9	10	11	12	13
음 1 월	음력		1	2	3	4	5	6	7	8	9	10	11	12	13
	양력		**2/19**	20	21	22	23	24	25	26	27	28	**3/1**	2	3
	연주 (생년)		을미	을미	을미	을미	을미	을미	을미	을미	을미	을미	을미	을미	을미
	월주 (생월)		무인	무인	무인	무인	무인	무인	무인	무인	무인	무인	무인	무인	무인
	일주 (생일)		병인	정묘	무진	기사	경오	신미	임신	계유	갑술	을해	병자	정축	무인
	대운	남	5	5	6	6	6	7	7	7	8	8	8	9	9
		여	5	5	4	4	4	3	3	3	2	2	2	1	1
음 2 월	음력		1	2	3	4	5	6	7	8	9	10	11	12	13
	양력		**3/20**	21	22	23	24	25	26	27	28	29	30	31	**4/1**
	연주 (생년)		을미	을미	을미	을미	을미	을미	을미	을미	을미	을미	을미	을미	을미
	월주 (생월)		기묘	기묘	기묘	기묘	기묘	기묘	기묘	기묘	기묘	기묘	기묘	기묘	기묘
	일주 (생일)		을미	병신	정유	무술	기해	경자	신축	임인	계묘	갑진	을사	병오	정미
	대운	남	5	5	5	6	6	6	7	7	7	8	8	8	9
		여	5	5	5	4	4	4	3	3	3	2	2	2	1
음 3 월	음력		1	2	3	4	5	6	7	8	9	10	11	12	13
	양력		**4/19**	20	21	22	23	24	25	26	27	28	29	30	**5/1**
	연주 (생년)		을미	을미	을미	을미	을미	을미	을미	을미	을미	을미	을미	을미	을미
	월주 (생월)		경진	경진	경진	경진	경진	경진	경진	경진	경진	경진	경진	경진	경진
	일주 (생일)		을축	병인	정묘	무진	기사	경오	신미	임신	계유	갑술	을해	병자	정축
	대운	남	5	5	5	6	6	6	7	7	7	8	8	8	9
		여	6	5	5	5	4	4	4	3	3	3	2	2	2
음 4 월	음력		1	2	3	4	5	6	7	8	9	10	11	12	13
	양력		**5/18**	19	20	21	22	23	24	25	26	27	28	29	30
	연주 (생년)		을미	을미	을미	을미	을미	을미	을미	을미	을미	을미	을미	을미	을미
	월주 (생월)		신사	신사	신사	신사	신사	신사	신사	신사	신사	신사	신사	신사	신사
	일주 (생일)		갑오	을미	병신	정유	무술	기해	경자	신축	임인	계묘	갑진	을사	병오
	대운	남	4	4	5	5	5	6	6	6	7	7	7	8	8
		여	6	6	6	5	5	5	4	4	4	3	3	3	2
음 5 월	음력		1	2	3	4	5	6	7	8	9	10	11	12	13
	양력		**6/16**	17	18	19	20	21	22	23	24	25	26	27	28
	연주 (생년)		을미	을미	을미	을미	을미	을미	을미	을미	을미	을미	을미	을미	을미
	월주 (생월)		임오	임오	임오	임오	임오	임오	임오	임오	임오	임오	임오	임오	임오
	일주 (생일)		계해	갑자	을축	병인	정묘	무진	기사	경오	신미	임신	계유	갑술	을해
	대운	남	3	4	4	4	5	5	5	6	6	6	7	7	7
		여	7	7	6	6	6	5	5	5	4	4	4	3	3
음 6 월	음력		1	2	3	4	5	6	7	8	9	10	11	12	13
	양력		**7/16**	17	18	19	20	21	22	23	24	25	26	27	28
	연주 (생년)		을미	을미	을미	을미	을미	을미	을미	을미	을미	을미	을미	을미	을미
	월주 (생월)		계미	계미	계미	계미	계미	계미	계미	계미	계미	계미	계미	계미	계미
	일주 (생일)		계사	갑오	을미	병신	정유	무술	기해	경자	신축	임인	계묘	갑진	을사
	대운	남	3	3	4	4	4	5	5	5	6	6	6	7	7
		여	8	7	7	7	6	6	6	5	5	5	4	4	4

음1월	14	15	16	17	18	19	20	21	22	23	24	25	26	27	28	29	
	4	5	6	7	8	9	10	11	12	13	14	15	16	17	18	19	
	을미	을미	을미	을미	을미	을미	을미	을미	을미	을미	을미	을미	을미	을미	을미	을미	
	무인	무인	**기묘**	기묘	기묘	기묘	기묘	기묘	기묘	기묘	기묘	기묘	기묘	기묘	기묘	기묘	
	기묘	경진	신사	임오	계미	갑신	을유	병술	정해	무자	기축	경인	신묘	임진	계사	갑오	
	9	10	10	1	1	1	1	2	2	2	3	3	3	4	4	4	
	1	1	10	10	9	9	9	8	8	8	7	7	7	6	6	6	
음2월	14	15	16	17	18	19	20	21	22	23	24	25	26	27	28	29	30
	2	3	4	5	6	7	8	9	10	11	12	13	14	15	16	17	18
	을미	을미	을미	을미	을미	을미	을미	을미	을미	을미	을미	을미	을미	을미	을미	을미	을미
	기묘	기묘	기묘	**경진**	경진	경진	경진	경진	경진	경진	경진	경진	경진	경진	경진	경진	경진
	무신	기유	경술	신해	임자	계축	갑인	을묘	병진	정사	무오	기미	경신	신유	임술	계해	갑자
	9	9	10	10	1	1	1	1	2	2	2	3	3	3	4	4	4
	1	1	1	10	10	10	9	9	9	8	8	8	7	7	7	6	6
음3월	14	15	16	17	18	19	20	21	22	23	24	25	26	27	28	29	
	2	3	4	5	6	7	8	9	10	11	12	13	14	15	16	17	
	을미	을미	을미	을미	을미	을미	을미	을미	을미	을미	을미	을미	을미	을미	을미	을미	
	경진	경진	경진	경진	**신사**	신사	신사	신사	신사	신사	신사	신사	신사	신사	신사	신사	
	무인	기묘	경진	신사	임오	계미	갑신	을유	병술	정해	무자	기축	경인	신묘	임진	계사	
	9	9	10	10	10	1	1	1	1	2	2	2	3	3	3	4	
	1	1	1	1	10	10	10	9	9	9	8	8	8	7	7	7	
음4월	14	15	16	17	18	19	20	21	22	23	24	25	26	27	28	29	
	31	**6/1**	2	3	4	5	6	7	8	9	10	11	12	13	14	15	
	을미	을미	을미	을미	을미	을미	을미	을미	을미	을미	을미	을미	을미	을미	을미	을미	
	신사	신사	신사	신사	신사	신사	**임오**	임오	임오	임오	임오	임오	임오	임오	임오	임오	
	정미	무신	기유	경술	신해	임자	계축	갑인	을묘	병진	정사	무오	기미	경신	신유	임술	
	8	9	9	9	10	10	10	1	1	1	1	2	2	2	3	3	
	2	2	1	1	1	1	10	10	10	9	9	9	8	8	8	7	
음5월	14	15	16	17	18	19	20	21	22	23	24	25	26	27	28	29	30
	29	30	**7/1**	2	3	4	5	6	7	8	9	10	11	12	13	14	15
	을미	을미	을미	을미	을미	을미	을미	을미	을미	을미	을미	을미	을미	을미	을미	을미	을미
	임오	임오	임오	임오	임오	임오	임오	임오	**계미**	계미	계미	계미	계미	계미	계미	계미	계미
	병자	정축	무인	기묘	경진	신사	임오	계미	갑신	을유	병술	정해	무자	기축	경인	신묘	임진
	8	8	8	9	9	9	10	10	10	1	1	1	1	2	2	2	3
	3	2	2	2	1	1	1	1	10	10	10	10	9	9	9	8	8
음6월	14	15	16	17	18	19	20	21	22	23	24	25	26	27	28	29	
	29	30	31	**8/1**	2	3	4	5	6	7	8	9	10	11	12	13	
	을미	을미	을미	을미	을미	을미	을미	을미	을미	을미	을미	을미	을미	을미	을미	을미	
	계미	계미	계미	계미	계미	계미	계미	계미	계미	계미	**갑신**	갑신	갑신	갑신	갑신	갑신	
	병오	정미	무신	기유	경술	신해	임자	계축	갑인	을묘	병진	정사	무오	기미	경신	신유	
	7	8	8	8	9	9	9	10	10	10	10	1	1	1	1	2	
	3	3	3	2	2	2	1	1	1	1	10	10	10	9	9	9	

2015(을미)년 【단기 4348년】

월	구분		1	2	3	4	5	6	7	8	9	10	11	12	13
음 7 월	음력		1	2	3	4	5	6	7	8	9	10	11	12	13
	양력		8/14	15	16	17	18	19	20	21	22	23	24	25	26
	연주 (생년)		을미	을미	을미	을미	을미	을미	을미	을미	을미	을미	을미	을미	을미
	월주 (생월)		갑신	갑신	갑신	갑신	갑신	갑신	갑신	갑신	갑신	갑신	갑신	갑신	갑신
	일주 (생일)		임술	계해	갑자	을축	병인	정묘	무진	기사	경오	신미	임신	계유	갑술
	대운	남	2	2	3	3	3	4	4	4	5	5	5	6	6
		여	8	8	8	7	7	7	6	6	6	5	5	5	4
음 8 월	음력		1	2	3	4	5	6	7	8	9	10	11	12	13
	양력		9/13	14	15	16	17	18	19	20	21	22	23	24	25
	연주 (생년)		을미	을미	을미	을미	을미	을미	을미	을미	을미	을미	을미	을미	을미
	월주 (생월)		을유	을유	을유	을유	을유	을유	을유	을유	을유	을유	을유	을유	을유
	일주 (생일)		임진	계사	갑오	을미	병신	정유	무술	기해	경자	신축	임인	계묘	갑진
	대운	남	2	2	2	3	3	3	4	4	4	5	5	5	6
		여	8	8	8	7	7	7	6	6	6	5	5	5	4
음 9 월	음력		1	2	3	4	5	6	7	8	9	10	11	12	13
	양력		10/13	14	15	16	17	18	19	20	21	22	23	24	25
	연주 (생년)		을미	을미	을미	을미	을미	을미	을미	을미	을미	을미	을미	을미	을미
	월주 (생월)		병술	병술	병술	병술	병술	병술	병술	병술	병술	병술	병술	병술	병술
	일주 (생일)		임술	계해	갑자	을축	병인	정묘	무진	기사	경오	신미	임신	계유	갑술
	대운	남	2	2	2	3	3	3	4	4	4	5	5	5	6
		여	9	8	8	8	7	7	7	6	6	6	5	5	5
음 10 월	음력		1	2	3	4	5	6	7	8	9	10	11	12	13
	양력		11/12	13	14	15	16	17	18	19	20	21	22	23	24
	연주 (생년)		을미	을미	을미	을미	을미	을미	을미	을미	을미	을미	을미	을미	을미
	월주 (생월)		정해	정해	정해	정해	정해	정해	정해	정해	정해	정해	정해	정해	정해
	일주 (생일)		임진	계사	갑오	을미	병신	정유	무술	기해	경자	신축	임인	계묘	갑진
	대운	남	1	2	2	2	3	3	3	4	4	4	5	5	5
		여	8	8	8	7	7	7	6	6	6	5	5	5	4
음 11 월	음력		1	2	3	4	5	6	7	8	9	10	11	12	13
	양력		12/11	12	13	14	15	16	17	18	19	20	21	22	23
	연주 (생년)		을미	을미	을미	을미	을미	을미	을미	을미	을미	을미	을미	을미	을미
	월주 (생월)		무자	무자	무자	무자	무자	무자	무자	무자	무자	무자	무자	무자	무자
	일주 (생일)		신유	임술	계해	갑자	을축	병인	정묘	무진	기사	경오	신미	임신	계유
	대운	남	1	2	2	2	3	3	3	4	4	4	5	5	5
		여	9	8	8	8	7	7	7	6	6	6	5	5	5
음 12 월	음력		1	2	3	4	5	6	7	8	9	10	11	12	13
	양력		1/10	11	12	13	14	15	16	17	18	19	20	21	22
	연주 (생년)		을미	을미	을미	을미	을미	을미	을미	을미	을미	을미	을미	을미	을미
	월주 (생월)		기축	기축	기축	기축	기축	기축	기축	기축	기축	기축	기축	기축	기축
	일주 (생일)		신묘	임진	계사	갑오	을미	병신	정유	무술	기해	경자	신축	임인	계묘
	대운	남	1	2	2	2	3	3	3	4	4	4	5	5	5
		여	8	8	8	7	7	7	6	6	6	5	5	5	4

음 7 월	14	15	16	17	18	19	20	21	22	23	24	25	26	27	28	29	30
	27	28	29	30	31	**9/1**	2	3	4	5	6	7	8	9	10	11	12
	을미	을미	을미	을미	을미	을미	을미	을미	을미	을미	을미	을미	을미	을미	을미	을미	을미
	갑신	갑신	갑신	갑신	갑신	갑신	갑신	갑신	갑신	갑신	갑신	갑신	**을유**	을유	을유	을유	을유
	을해	병자	정축	무인	기묘	경진	신사	임오	계미	갑신	을유	병술	정해	무자	기축	경인	신묘
	6	7	7	7	8	8	8	9	9	9	10	10	10	1	1	1	1
	4	4	3	3	3	2	2	2	1	1	1	1	10	10	9	9	9
음 8 월	14	15	16	17	18	19	20	21	22	23	24	25	26	27	28	29	30
	26	27	28	29	30	**10/1**	2	3	4	5	6	7	8	9	10	11	12
	을미	을미	을미	을미	을미	을미	을미	을미	을미	을미	을미	을미	을미	을미	을미	을미	을미
	을유	을유	을유	을유	을유	을유	을유	을유	을유	을유	을유	을유	**병술**	병술	병술	병술	병술
	을사	병오	정미	무신	기유	경술	신해	임자	계축	갑인	을묘	병진	정사	무오	기미	경신	신유
	6	6	7	7	7	8	8	8	9	9	9	10	10	1	1	1	1
	4	4	3	3	3	2	2	2	1	1	1	1	10	10	10	9	9
음 9 월	14	15	16	17	18	19	20	21	22	23	24	25	26	27	28	29	30
	26	27	28	29	30	31	**11/1**	2	3	4	5	6	7	8	9	10	11
	을미	을미	을미	을미	을미	을미	을미	을미	을미	을미	을미	을미	을미	을미	을미	을미	을미
	병술	병술	병술	병술	병술	병술	병술	병술	병술	병술	병술	병술	병술	**정해**	정해	정해	정해
	을해	병자	정축	무인	기묘	경진	신사	임오	계미	갑신	을유	병술	정해	무자	기축	경인	신묘
	6	6	7	7	7	8	8	8	9	9	9	10	10	10	1	1	1
	4	4	4	3	3	3	2	2	2	1	1	1	1	10	9	9	9
음 10 월	14	15	16	17	18	19	20	21	22	23	24	25	26	27	28	29	
	25	26	27	28	29	30	**12/1**	2	3	4	5	6	7	8	9	10	
	을미	을미	을미	을미	을미	을미	을미	을미	을미	을미	을미	을미	을미	을미	을미	을미	
	정해	정해	정해	정해	정해	정해	정해	정해	정해	정해	정해	정해	**무자**	무자	무자	무자	
	을사	병오	정미	무신	기유	경술	신해	임자	계축	갑인	을묘	병진	정사	무오	기미	경신	
	6	6	6	7	7	7	8	8	8	9	9	9	10	1	1	1	
	4	4	3	3	3	2	2	2	1	1	1	1	10	10	9	9	
음 11 월	14	15	16	17	18	19	20	21	22	23	24	25	26	27	28	29	30
	24	25	26	27	28	29	30	31	**1/1**	2	3	4	5	6	7	8	9
	을미	을미	을미	을미	을미	을미	을미	을미	을미	을미	을미	을미	을미	을미	을미	을미	을미
	무자	무자	무자	무자	무자	무자	무자	무자	무자	무자	무자	무자	무자	**기축**	기축	기축	기축
	갑술	을해	병자	정축	무인	기묘	경진	신사	임오	계미	갑신	을유	병술	정해	무자	기축	경인
	6	6	6	7	7	7	8	8	8	9	9	9	10	10	1	1	1
	4	4	4	3	3	3	2	2	2	1	1	1	1	10	9	9	9
음 12 월	14	15	16	17	18	19	20	21	22	23	24	25	26	27	28	29	30
	23	24	25	26	27	28	29	30	31	**2/1**	2	3	4	5	6	7	8
	을미	을미	을미	을미	을미	을미	을미	을미	을미	을미	을미	을미	**병신**	병신	병신	병신	병신
	기축	기축	기축	기축	기축	기축	기축	기축	기축	기축	기축	기축	**경인**	경인	경인	경인	경인
	갑진	을사	병오	정미	무신	기유	경술	신해	임자	계축	갑인	을묘	병진	정사	무오	기미	경신
	6	6	6	7	7	7	8	8	8	9	9	9	10	10	9	9	9
	4	4	3	3	3	2	2	2	1	1	1	1	10	1	1	1	1

2016(병신)년 【단기 4349년】

월	구분		1	2	3	4	5	6	7	8	9	10	11	12	13
음 1 월	음력		1	2	3	4	5	6	7	8	9	10	11	12	13
	양력		**2/9**	10	11	12	13	14	15	16	17	18	19	20	21
	연주 (생년)		병신	병신	병신	병신	병신	병신	병신	병신	병신	병신	병신	병신	병신
	월주 (생월)		경인	경인	경인	경인	경인	경인	경인	경인	경인	경인	경인	경인	경인
	일주 (생일)		신유	임술	계해	갑자	을축	병인	정묘	무진	기사	경오	신미	임신	계유
	대운	남	8	8	8	7	7	7	6	6	6	5	5	5	4
		여	2	2	2	3	3	3	4	4	4	5	5	5	6
음 2 월	음력		1	2	3	4	5	6	7	8	9	10	11	12	13
	양력		**3/9**	10	11	12	13	14	15	16	17	18	19	20	21
	연주 (생년)		병신	병신	병신	병신	병신	병신	병신	병신	병신	병신	병신	병신	병신
	월주 (생월)		신묘	신묘	신묘	신묘	신묘	신묘	신묘	신묘	신묘	신묘	신묘	신묘	신묘
	일주 (생일)		경인	신묘	임진	계사	갑오	을미	병신	정유	무술	기해	경자	신축	임인
	대운	남	9	8	8	8	7	7	7	6	6	6	5	5	5
		여	1	2	2	2	3	3	3	4	4	4	5	5	5
음 3 월	음력		1	2	3	4	5	6	7	8	9	10	11	12	13
	양력		**4/7**	8	9	10	11	12	13	14	15	16	17	18	19
	연주 (생년)		병신	병신	병신	병신	병신	병신	병신	병신	병신	병신	병신	병신	병신
	월주 (생월)		임진	임진	임진	임진	임진	임진	임진	임진	임진	임진	임진	임진	임진
	일주 (생일)		기미	경신	신유	임술	계해	갑자	을축	병인	정묘	무진	기사	경오	신미
	대운	남	9	9	9	8	8	8	7	7	7	6	6	6	5
		여	1	1	2	2	2	3	3	3	4	4	4	5	5
음 4 월	음력		1	2	3	4	5	6	7	8	9	10	11	12	13
	양력		**5/7**	8	9	10	11	12	13	14	15	16	17	18	19
	연주 (생년)		병신	병신	병신	병신	병신	병신	병신	병신	병신	병신	병신	병신	병신
	월주 (생월)		계사	계사	계사	계사	계사	계사	계사	계사	계사	계사	계사	계사	계사
	일주 (생일)		기축	경인	신묘	임진	계사	갑오	을미	병신	정유	무술	기해	경자	신축
	대운	남	10	9	9	9	8	8	8	7	7	7	6	6	6
		여	1	1	1	2	2	2	3	3	3	4	4	4	5
음 5 월	음력		1	2	3	4	5	6	7	8	9	10	11	12	13
	양력		**6/5**	6	7	8	9	10	11	12	13	14	15	16	17
	연주 (생년)		병신	병신	병신	병신	병신	병신	병신	병신	병신	병신	병신	병신	병신
	월주 (생월)		**갑오**	갑오	갑오	갑오	갑오	갑오	갑오	갑오	갑오	갑오	갑오	갑오	갑오
	일주 (생일)		무오	기미	경신	신유	임술	계해	갑자	을축	병인	정묘	무진	기사	경오
	대운	남	10	10	10	10	9	9	9	8	8	8	7	7	7
		여	10	1	1	1	1	2	2	2	3	3	3	4	4
음 6 월	음력		1	2	3	4	5	6	7	8	9	10	11	12	13
	양력		**7/4**	5	6	7	8	9	10	11	12	13	14	15	16
	연주 (생년)		병신	병신	병신	병신	병신	병신	병신	병신	병신	병신	병신	병신	병신
	월주 (생월)		갑오	갑오	갑오	**을미**	을미	을미	을미	을미	을미	을미	을미	을미	을미
	일주 (생일)		정해	무자	기축	경인	신묘	임진	계사	갑오	을미	병신	정유	무술	기해
	대운	남	1	1	1	10	10	10	9	9	9	8	8	8	7
		여	10	10	10	10	1	1	1	1	2	2	2	3	3

	14	15	16	17	18	19	20	21	22	23	24	25	26	27	28	29	
	22	23	24	25	26	27	28	29	**3/1**	2	3	4	5	6	7	8	
음	병신	병신	병신	병신	병신	병신	병신	병신	병신	병신	병신	병신	병신	병신	병신	병신	
1	경인	경인	경인	경인	경인	경인	경인	경인	경인	경인	경인	경인	**신묘**	신묘	신묘	신묘	
월	갑술	을해	병자	정축	무인	기묘	경진	신사	임오	계미	갑신	을유	병술	정해	무자	기축	
	4	4	3	3	3	2	2	2	1	1	1	1	10	10	9	9	
	6	6	7	7	7	8	8	8	9	9	9	10	10	1	1	1	
	14	15	16	17	18	19	20	21	22	23	24	25	26	27	28	29	
	22	23	24	25	26	27	28	29	30	31	**4/1**	2	3	4	5	6	
음	병신	병신	병신	병신	병신	병신	병신	병신	병신	병신	병신	병신	병신	병신	병신	병신	
2	신묘	신묘	신묘	신묘	신묘	신묘	신묘	신묘	신묘	신묘	신묘	신묘	신묘	**임진**	임진	임진	
월	계묘	갑진	을사	병오	정미	무신	기유	경술	신해	임자	계축	갑인	을묘	병진	정사	무오	
	4	4	4	3	3	3	2	2	2	1	1	1	1	10	10	10	
	6	6	6	7	7	7	8	8	8	9	9	9	10	10	1	1	
	14	15	16	17	18	19	20	21	22	23	24	25	26	27	28	29	30
	20	21	22	23	24	25	26	27	28	29	30	**5/1**	2	3	4	5	6
음	병신	병신	병신	병신	병신	병신	병신	병신	병신	병신	병신	병신	병신	병신	병신	병신	병신
3	임진	임진	임진	임진	임진	임진	임진	임진	임진	임진	임진	임진	임진	임진	임진	**계사**	계사
월	임신	계유	갑술	을해	병자	정축	무인	기묘	경진	신사	임오	계미	갑신	을유	병술	정해	무자
	5	5	4	4	4	3	3	3	2	2	2	1	1	1	1	10	10
	5	6	6	6	7	7	7	8	8	8	9	9	9	10	10	10	1
	14	15	16	17	18	19	20	21	22	23	24	25	26	27	28	29	
	20	21	22	23	24	25	26	27	28	29	30	31	**6/1**	2	3	4	
음	병신	병신	병신	병신	병신	병신	병신	병신	병신	병신	병신	병신	병신	병신	병신	병신	
4	계사	계사	계사	계사	계사	계사	계사	계사	계사	계사	계사	계사	계사	계사	계사	계사	
월	임인	계묘	갑진	을사	병오	정미	무신	기유	경술	신해	임자	계축	갑인	을묘	병진	정사	
	5	5	5	4	4	4	3	3	3	2	2	2	1	1	1	1	
	5	5	6	6	6	7	7	7	8	8	8	9	9	9	10	10	
	14	15	16	17	18	19	20	21	22	23	24	25	26	27	28	29	
	18	19	20	21	22	23	24	25	26	27	28	29	30	**7/1**	2	3	
음	병신	병신	병신	병신	병신	병신	병신	병신	병신	병신	병신	병신	병신	병신	병신	병신	
5	갑오	갑오	갑오	갑오	갑오	갑오	갑오	갑오	갑오	갑오	갑오	갑오	갑오	갑오	갑오	갑오	
월	신미	임신	계유	갑술	을해	병자	정축	무인	기묘	경진	신사	임오	계미	갑신	을유	병술	
	6	6	6	5	5	5	4	4	4	3	3	3	2	2	2	1	
	4	5	5	5	6	6	6	7	7	7	8	8	8	9	9	9	
	14	15	16	17	18	19	20	21	22	23	24	25	26	27	28	29	30
	17	18	19	20	21	22	23	24	25	26	27	28	29	30	31	**8/1**	2
음	병신	병신	병신	병신	병신	병신	병신	병신	병신	병신	병신	병신	병신	병신	병신	병신	병신
6	을미	을미	을미	을미	을미	을미	을미	을미	을미	을미	을미	을미	을미	을미	을미	을미	을미
월	경자	신축	임인	계묘	갑진	을사	병오	정미	무신	기유	경술	신해	임자	계축	갑인	을묘	병진
	7	7	6	6	6	5	5	5	4	4	4	3	3	3	2	2	2
	3	4	4	4	5	5	5	6	6	6	7	7	7	8	8	8	9

2016(병신)년 【단기 4349년】

음 7 월	음력		1	2	3	4	5	6	7	8	9	10	11	12	13
	양력		**8/3**	4	5	6	7	8	9	10	11	12	13	14	15
	연주 (생년)		병신	병신	병신	병신	병신	병신	병신	병신	병신	병신	병신	병신	병신
	월주 (생월)		을미	을미	을미	을미	**병신**	병신	병신	병신	병신	병신	병신	병신	병신
	일주 (생일)		정사	무오	기미	경신	신유	임술	계해	갑자	을축	병인	정묘	무진	기사
	대운	남	1	1	1	1	10	10	10	9	9	9	8	8	8
		여	9	9	10	10	10	1	1	1	1	2	2	2	3
음 8 월	음력		1	2	3	4	5	6	7	8	9	10	11	12	13
	양력		**9/1**	2	3	4	5	6	7	8	9	10	11	12	13
	연주 (생년)		병신	병신	병신	병신	병신	병신	병신	병신	병신	병신	병신	병신	병신
	월주 (생월)		병신	병신	병신	병신	병신	병신	**정유**	정유	정유	정유	정유	정유	정유
	일주 (생일)		병술	정해	무자	기축	경인	신묘	임진	계사	갑오	을미	병신	정유	무술
	대운	남	2	2	1	1	1	1	10	10	10	9	9	9	8
		여	8	9	9	9	10	10	10	1	1	1	1	2	2
음 9 월	음력		1	2	3	4	5	6	7	8	9	10	11	12	13
	양력		**10/1**	2	3	4	5	6	7	8	9	10	11	12	13
	연주 (생년)		병신	병신	병신	병신	병신	병신	병신	병신	병신	병신	병신	병신	병신
	월주 (생월)		정유	정유	정유	정유	정유	정유	정유	**무술**	무술	무술	무술	무술	무술
	일주 (생일)		병진	정사	무오	기미	경신	신유	임술	계해	갑자	을축	병인	정묘	무진
	대운	남	2	2	2	1	1	1	1	10	9	9	9	8	8
		여	8	8	9	9	9	10	10	10	1	1	1	1	2
음 10 월	음력		1	2	3	4	5	6	7	8	9	10	11	12	13
	양력		**10/31**	**11/1**	2	3	4	5	6	7	8	9	10	11	12
	연주 (생년)		병신	병신	병신	병신	병신	병신	병신	병신	병신	병신	병신	병신	병신
	월주 (생월)		무술	무술	무술	무술	무술	무술	무술	**기해**	기해	기해	기해	기해	기해
	일주 (생일)		병술	정해	무자	기축	경인	신묘	임진	계사	갑오	을미	병신	정유	무술
	대운	남	2	2	1	1	1	1	10	10	10	9	9	9	8
		여	8	8	8	9	9	9	10	1	1	1	1	2	2
음 11 월	음력		1	2	3	4	5	6	7	8	9	10	11	12	13
	양력		**11/29**	30	**12/1**	2	3	4	5	6	7	8	9	10	11
	연주 (생년)		병신	병신	병신	병신	병신	병신	병신	병신	병신	병신	병신	병신	병신
	월주 (생월)		기해	기해	기해	기해	기해	기해	기해	기해	**경자**	경자	경자	경자	경자
	일주 (생일)		을묘	병진	정사	무오	기미	경신	신유	임술	계해	갑자	을축	병인	정묘
	대운	남	3	2	2	2	1	1	1	1	10	9	9	9	8
		여	8	8	8	9	9	9	10	10	10	1	1	1	1
음 12 월	음력		1	2	3	4	5	6	7	8	9	10	11	12	13
	양력		**12/29**	30	31	**1/1**	2	3	4	5	6	7	8	9	10
	연주 (생년)		병신	병신	병신	병신	병신	병신	병신	병신	병신	병신	병신	병신	병신
	월주 (생월)		경자	경자	경자	경자	경자	경자	경자	**신축**	신축	신축	신축	신축	신축
	일주 (생일)		을유	병술	정해	무자	기축	경인	신묘	임진	계사	갑오	을미	병신	정유
	대운	남	2	2	2	1	1	1	1	10	10	9	9	9	8
		여	7	8	8	8	9	9	9	10	1	1	1	1	2

음7월	14	15	16	17	18	19	20	21	22	23	24	25	26	27	28	29	
	16	17	18	19	20	21	22	23	24	25	26	27	28	29	30	31	
	병신	병신	병신	병신	병신	병신	병신	병신	병신	병신	병신	병신	병신	병신	병신	병신	
	병신	병신	병신	병신	병신	병신	병신	병신	병신	병신	병신	병신	병신	병신	병신	병신	
	경오	신미	임신	계유	갑술	을해	병자	정축	무인	기묘	경진	신사	임오	계미	갑신	을유	
	7	7	7	6	6	6	5	5	5	4	4	4	3	3	3	2	
	3	3	4	4	4	5	5	5	6	6	6	7	7	7	8	8	
음8월	14	15	16	17	18	19	20	21	22	23	24	25	26	27	28	29	30
	14	15	16	17	18	19	20	21	22	23	24	25	26	27	28	29	30
	병신	병신	병신	병신	병신	병신	병신	병신	병신	병신	병신	병신	병신	병신	병신	병신	병신
	정유	정유	정유	정유	정유	정유	정유	정유	정유	정유	정유	정유	정유	정유	정유	정유	정유
	기해	경자	신축	임인	계묘	갑진	을사	병오	정미	무신	기유	경술	신해	임자	계축	갑인	을묘
	8	8	7	7	7	6	6	6	5	5	5	4	4	4	3	3	3
	2	3	3	3	4	4	4	5	5	5	6	6	6	7	7	7	8
음9월	14	15	16	17	18	19	20	21	22	23	24	25	26	27	28	29	30
	14	15	16	17	18	19	20	21	22	23	24	25	26	27	28	29	30
	병신	병신	병신	병신	병신	병신	병신	병신	병신	병신	병신	병신	병신	병신	병신	병신	병신
	무술	무술	무술	무술	무술	무술	무술	무술	무술	무술	무술	무술	무술	무술	무술	무술	무술
	기사	경오	신미	임신	계유	갑술	을해	병자	정축	무인	기묘	경진	신사	임오	계미	갑신	을유
	8	7	7	7	6	6	6	5	5	5	4	4	4	3	3	3	2
	2	2	3	3	3	4	4	4	5	5	5	6	6	6	7	7	7
음10월	14	15	16	17	18	19	20	21	22	23	24	25	26	27	28	29	
	13	14	15	16	17	18	19	20	21	22	23	24	25	26	27	28	
	병신	병신	병신	병신	병신	병신	병신	병신	병신	병신	병신	병신	병신	병신	병신	병신	
	기해	기해	기해	기해	기해	기해	기해	기해	기해	기해	기해	기해	기해	기해	기해	기해	
	기해	경자	신축	임인	계묘	갑진	을사	병오	정미	무신	기유	경술	신해	임자	계축	갑인	
	8	8	7	7	7	6	6	6	5	5	5	4	4	4	3	3	
	2	3	3	3	4	4	4	5	5	5	6	6	6	7	7	7	
음11월	14	15	16	17	18	19	20	21	22	23	24	25	26	27	28	29	30
	12	13	14	15	16	17	18	19	20	21	22	23	24	25	26	27	28
	병신	병신	병신	병신	병신	병신	병신	병신	병신	병신	병신	병신	병신	병신	병신	병신	병신
	경자	경자	경자	경자	경자	경자	경자	경자	경자	경자	경자	경자	경자	경자	경자	경자	경자
	무진	기사	경오	신미	임신	계유	갑술	을해	병자	정축	무인	기묘	경진	신사	임오	계미	갑신
	8	8	7	7	7	6	6	6	5	5	5	4	4	4	3	3	3
	2	2	2	3	3	3	4	4	4	5	5	5	6	6	6	7	7
음12월	14	15	16	17	18	19	20	21	22	23	24	25	26	27	28	29	30
	11	12	13	14	15	16	17	18	19	20	21	22	23	24	25	26	27
	병신	병신	병신	병신	병신	병신	병신	병신	병신	병신	병신	병신	병신	병신	병신	병신	병신
	신축	신축	신축	신축	신축	신축	신축	신축	신축	신축	신축	신축	신축	신축	신축	신축	신축
	무술	기해	경자	신축	임인	계묘	갑진	을사	병오	정미	무신	기유	경술	신해	임자	계축	갑인
	8	8	7	7	7	6	6	6	5	5	5	4	4	4	3	3	3
	2	2	3	3	3	4	4	4	5	5	5	6	6	6	7	7	7

2017(정유)년 【단기 4350년】

월	구분		1	2	3	4	5	6	7	8	9	10	11	12	13
음 1 월	음력		1	2	3	4	5	6	7	8	9	10	11	12	13
	양력		**1/28**	29	30	31	**2/1**	2	3	4	5	6	7	8	9
	연주 (생년)		병신	병신	병신	병신	병신	병신	병신	**정유**	정유	정유	정유	정유	정유
	월주 (생월)		신축	신축	신축	신축	신축	신축	신축	**임인**	임인	임인	임인	임인	임인
	일주 (생일)		을묘	병진	정사	무오	기미	경신	신유	임술	계해	갑자	을축	병인	정묘
	대운	남	2	2	2	1	1	1	1	10	1	1	1	1	2
		여	8	8	8	9	9	9	10	10	9	9	9	8	8
음 2 월	음력		1	2	3	4	5	6	7	8	9	10	11	12	13
	양력		**2/27**	28	**3/1**	2	3	4	5	6	7	8	9	10	11
	연주 (생년)		정유	정유	정유	정유	정유	정유	정유	정유	정유	정유	정유	정유	정유
	월주 (생월)		임인	임인	임인	임인	임인	임인	**계묘**	계묘	계묘	계묘	계묘	계묘	계묘
	일주 (생일)		을유	병술	정해	무자	기축	경인	신묘	임진	계사	갑오	을미	병신	정유
	대운	남	8	8	8	9	9	9	10	1	1	1	1	2	2
		여	2	2	1	1	1	1	10	10	9	9	9	8	8
음 3 월	음력		1	2	3	4	5	6	7	8	9	10	11	12	13
	양력		**3/28**	29	30	31	**4/1**	2	3	4	5	6	7	8	9
	연주 (생년)		정유	정유	정유	정유	정유	정유	정유	정유	정유	정유	정유	정유	정유
	월주 (생월)		계묘	계묘	계묘	계묘	계묘	계묘	계묘	**갑진**	갑진	갑진	갑진	갑진	갑진
	일주 (생일)		갑인	을묘	병진	정사	무오	기미	경신	신유	임술	계해	갑자	을축	병인
	대운	남	8	8	8	9	9	9	10	10	1	1	1	1	2
		여	2	2	2	1	1	1	1	10	10	10	9	9	9
음 4 월	음력		1	2	3	4	5	6	7	8	9	10	11	12	13
	양력		**4/26**	27	28	29	30	**5/1**	2	3	4	5	6	7	8
	연주 (생년)		정유	정유	정유	정유	정유	정유	정유	정유	정유	정유	정유	정유	정유
	월주 (생월)		갑진	갑진	갑진	갑진	갑진	갑진	갑진	갑진	갑진	**을사**	을사	을사	을사
	일주 (생일)		계미	갑신	을유	병술	정해	무자	기축	경인	신묘	임진	계사	갑오	을미
	대운	남	7	8	8	8	9	9	9	10	10	10	1	1	1
		여	3	3	2	2	2	1	1	1	1	10	10	10	9
음 5 월	음력		1	2	3	4	5	6	7	8	9	10	11	12	13
	양력		**5/26**	27	28	29	30	31	**6/1**	2	3	4	5	6	7
	연주 (생년)		정유	정유	정유	정유	정유	정유	정유	정유	정유	정유	정유	정유	정유
	월주 (생월)		을사	을사	을사	을사	을사	을사	을사	을사	을사	을사	**병오**	병오	병오
	일주 (생일)		계축	갑인	을묘	병진	정사	무오	기미	경신	신유	임술	계해	갑자	을축
	대운	남	7	7	8	8	8	9	9	9	10	10	10	1	1
		여	3	3	3	2	2	2	1	1	1	1	10	10	10
윤 5 월	음력		1	2	3	4	5	6	7	8	9	10	11	12	13
	양력		**6/24**	25	26	27	28	29	30	**7/1**	2	3	4	5	6
	연주 (생년)		정유	정유	정유	정유	정유	정유	정유	정유	정유	정유	정유	정유	정유
	월주 (생월)		병오	병오	병오	병오	병오	병오	병오	병오	병오	병오	병오	병오	병오
	일주 (생일)		임오	계미	갑신	을유	병술	정해	무자	기축	경인	신묘	임진	계사	갑오
	대운	남	6	7	7	7	8	8	8	9	9	9	10	10	10
		여	4	4	4	3	3	3	2	2	2	1	1	1	1
음 6 월	음력		1	2	3	4	5	6	7	8	9	10	11	12	13
	양력		**7/23**	24	25	26	27	28	29	30	31	**8/1**	2	3	4
	연주 (생년)		정유	정유	정유	정유	정유	정유	정유	정유	정유	정유	정유	정유	정유
	월주 (생월)		정미	정미	정미	정미	정미	정미	정미	정미	정미	정미	정미	정미	정미
	일주 (생일)		신해	임자	계축	갑인	을묘	병진	정사	무오	기미	경신	신유	임술	계해
	대운	남	5	6	6	6	7	7	7	8	8	8	9	9	9
		여	5	5	4	4	4	3	3	3	2	2	2	1	1

음 1 월	14	15	16	17	18	19	20	21	22	23	24	25	26	27	28	29	30
	10	11	12	13	14	15	16	17	18	19	20	21	22	23	24	25	26
	병신	병신	병신	병신	병신	병신	병신	병신	병신	병신	병신	병신	병신	병신	병신	병신	정유
	임인	임인	임인	임인	임인	임인	임인	임인	임인	임인	임인	임인	임인	임인	임인	임인	임인
	무진	기사	경오	신미	임신	계유	갑술	을해	병자	정축	무인	기묘	경진	신사	임오	계미	갑신
	2	2	3	3	3	4	4	4	5	5	5	6	6	6	7	7	7
	8	7	7	7	6	6	6	5	5	5	4	4	4	3	3	3	2
음 2 월	14	15	16	17	18	19	20	21	22	23	24	25	26	27	28	29	
	12	13	14	15	16	17	18	19	20	21	22	23	24	25	26	27	
	정유	정유	정유	정유	정유	정유	정유	정유	정유	정유	정유	정유	정유	정유	정유	정유	
	임인	임인	임인	임인	임인	임인	임인	임인	임인	임인	임인	임인	임인	임인	임인	임인	
	무술	기해	경자	신축	임인	계묘	갑진	을사	병오	정미	무신	기유	경술	신해	임자	계축	
	2	3	3	3	4	4	4	5	5	5	6	6	6	7	7	7	
	8	7	7	7	6	6	6	5	5	5	4	4	4	3	3	3	
음 3 월	14	15	16	17	18	19	20	21	22	23	24	25	26	27	28	29	
	10	11	12	13	14	15	16	17	18	19	20	21	22	23	24	25	
	정유	정유	정유	정유	정유	정유	정유	정유	정유	정유	정유	정유	정유	정유	정유	정유	
	갑진	갑진	갑진	갑진	갑진	갑진	갑진	갑진	갑진	갑진	갑진	갑진	갑진	갑진	갑진	갑진	
	정묘	무진	기사	경오	신미	임신	계유	갑술	을해	병자	정축	무인	기묘	경진	신사	임오	
	2	2	3	3	3	4	4	4	5	5	5	6	6	6	7	7	
	8	8	8	7	7	7	6	6	6	5	5	5	4	4	4	3	
음 4 월	14	15	16	17	18	19	20	21	22	23	24	25	26	27	28	29	30
	9	10	11	12	13	14	15	16	17	18	19	20	21	22	23	24	25
	정유	정유	정유	정유	정유	정유	정유	정유	정유	정유	정유	정유	정유	정유	정유	정유	정유
	을사	을사	을사	을사	을사	을사	을사	을사	을사	을사	을사	을사	을사	을사	을사	을사	을사
	병신	정유	무술	기해	경자	신축	임인	계묘	갑진	을사	병오	정미	무신	기유	경술	신해	임자
	1	2	2	2	3	3	3	4	4	4	5	5	5	6	6	6	7
	9	9	8	8	8	7	7	7	6	6	6	5	5	5	4	4	4
음 5 월	14	15	16	17	18	19	20	21	22	23	24	25	26	27	28	29	
	8	9	10	11	12	13	14	15	16	17	18	19	20	21	22	23	
	정유	정유	정유	정유	정유	정유	정유	정유	정유	정유	정유	정유	정유	정유	정유	정유	
	병오	병오	병오	병오	병오	병오	병오	병오	병오	병오	병오	병오	병오	병오	병오	병오	
	병인	정묘	무진	기사	경오	신미	임신	계유	갑술	을해	병자	정축	무인	기묘	경진	신사	
	1	1	2	2	2	3	3	3	4	4	4	5	5	5	6	6	
	10	9	9	9	8	8	8	7	7	7	6	6	6	5	5	5	
윤 5 월	14	15	16	17	18	19	20	21	22	23	24	25	26	27	28	29	
	7	8	9	10	11	12	13	14	15	16	17	18	19	20	21	22	
	정유	정유	정유	정유	정유	정유	정유	정유	정유	정유	정유	정유	정유	정유	정유	정유	
	정미	정미	정미	정미	정미	정미	정미	정미	정미	정미	정미	정미	정미	정미	정미	정미	
	을미	병신	정유	무술	기해	경자	신축	임인	계묘	갑진	을사	병오	정미	무신	기유	경술	
	10	1	1	1	1	2	2	2	3	3	3	4	4	4	5	5	
	10	10	10	9	9	9	8	8	8	7	7	7	6	6	6	5	
음 6 월	14	15	16	17	18	19	20	21	22	23	24	25	26	27	28	29	30
	5	6	7	8	9	10	11	12	13	14	15	16	17	18	19	20	21
	정유	정유	정유	정유	정유	정유	정유	정유	정유	정유	정유	정유	정유	정유	정유	정유	정유
	정미	정미	**무신**	무신	무신	무신	무신	무신	무신	무신	무신	무신	무신	무신	무신	무신	무신
	갑자	을축	병인	정묘	무진	기사	경오	신미	임신	계유	갑술	을해	병자	정축	무인	기묘	경진
	10	10	10	1	1	1	1	2	2	2	3	3	3	4	4	4	5
	1	1	10	10	10	9	9	9	8	8	8	7	7	7	6	6	6

12017(정유)년 【단기 4350년】

음 7 월		1	2	3	4	5	6	7	8	9	10	11	12	13
음력		1	2	3	4	5	6	7	8	9	10	11	12	13
양력		**8/22**	23	24	25	26	27	28	29	30	31	**9/1**	2	3
연주 (생년)		정유	정유	정유	정유	정유	정유	정유	정유	정유	정유	정유	정유	정유
월주 (생월)		무신	무신	무신	무신	무신	무신	무신	무신	무신	무신	무신	무신	무신
일주 (생일)		신사	임오	계미	갑신	을유	병술	정해	무자	기축	경인	신묘	임진	계사
대운	남	5	5	6	6	6	7	7	7	8	8	8	9	9
	여	5	5	5	4	4	4	3	3	3	2	2	2	1

음 8 월		1	2	3	4	5	6	7	8	9	10	11	12	13
음력		1	2	3	4	5	6	7	8	9	10	11	12	13
양력		**9/20**	21	22	23	24	25	26	27	28	29	30	**10/1**	2
연주 (생년)		정유	정유	정유	정유	정유	정유	정유	정유	정유	정유	정유	정유	정유
월주 (생월)		기유	기유	기유	기유	기유	기유	기유	기유	기유	기유	기유	기유	기유
일주 (생일)		경술	신해	임자	계축	갑인	을묘	병진	정사	무오	기미	경신	신유	임술
대운	남	4	5	5	5	6	6	6	7	7	7	8	8	8
	여	6	6	5	5	5	4	4	4	3	3	3	2	2

음 9 월		1	2	3	4	5	6	7	8	9	10	11	12	13
음력		1	2	3	4	5	6	7	8	9	10	11	12	13
양력		**10/20**	21	22	23	24	25	26	27	28	29	30	31	**11/1**
연주 (생년)		정유	정유	정유	정유	정유	정유	정유	정유	정유	정유	정유	정유	정유
월주 (생월)		경술	경술	경술	경술	경술	경술	경술	경술	경술	경술	경술	경술	경술
일주 (생일)		경진	신사	임오	계미	갑신	을유	병술	정해	무자	기축	경인	신묘	임진
대운	남	4	4	5	5	5	6	6	6	7	7	7	8	8
	여	6	6	5	5	5	4	4	4	3	3	3	2	2

음 10 월		1	2	3	4	5	6	7	8	9	10	11	12	13
음력		1	2	3	4	5	6	7	8	9	10	11	12	13
양력		**11/18**	19	20	21	22	23	24	25	26	27	28	29	30
연주 (생년)		정유	정유	정유	정유	정유	정유	정유	정유	정유	정유	정유	정유	정유
월주 (생월)		신해	신해	신해	신해	신해	신해	신해	신해	신해	신해	신해	신해	신해
일주 (생일)		기유	경술	신해	임자	계축	갑인	을묘	병진	정사	무오	기미	경신	신유
대운	남	4	4	4	5	5	5	6	6	6	7	7	7	8
	여	6	6	6	5	5	5	4	4	4	3	3	3	2

음 11 월		1	2	3	4	5	6	7	8	9	10	11	12	13
음력		1	2	3	4	5	6	7	8	9	10	11	12	13
양력		**12/18**	19	20	21	22	23	24	25	26	27	28	29	30
연주 (생년)		정유	정유	정유	정유	정유	정유	정유	정유	정유	정유	정유	정유	정유
월주 (생월)		임자	임자	임자	임자	임자	임자	임자	임자	임자	임자	임자	임자	임자
일주 (생일)		기묘	경진	신사	임오	계미	갑신	을유	병술	정해	무자	기축	경인	신묘
대운	남	4	4	4	5	5	5	6	6	6	7	7	7	8
	여	6	6	5	5	5	4	4	4	3	3	3	2	2

음 12 월		1	2	3	4	5	6	7	8	9	10	11	12	13
음력		1	2	3	4	5	6	7	8	9	10	11	12	13
양력		**1/17**	18	19	20	21	22	23	24	25	26	27	28	29
연주 (생년)		정유	정유	정유	정유	정유	정유	정유	정유	정유	정유	정유	정유	정유
월주 (생월)		계축	계축	계축	계축	계축	계축	계축	계축	계축	계축	계축	계축	계축
일주 (생일)		기유	경술	신해	임자	계축	갑인	을묘	병진	정사	무오	기미	경신	신유
대운	남	4	4	5	5	5	6	6	6	7	7	7	8	8
	여	6	6	5	5	5	4	4	4	3	3	3	2	2

음 7 월	14	15	16	17	18	19	20	21	22	23	24	25	26	27	28	29	
	4	5	6	7	8	9	10	11	12	13	14	15	16	17	18	19	
	정유	정유	정유	정유	정유	정유	정유	정유	정유	정유	정유	정유	정유	정유	정유	정유	
	무신	무신	무신	**기유**	기유	기유	기유	기유	기유	기유	기유	기유	기유	기유	기유	기유	
	갑오	을미	병신	정유	무술	기해	경자	신축	임인	계묘	갑진	을사	병오	정미	무신	기유	
	9	10	10	10	1	1	1	1	2	2	2	3	3	3	4	4	
	1	1	1	10	10	10	9	9	9	8	8	8	7	7	7	6	

음 8 월	14	15	16	17	18	19	20	21	22	23	24	25	26	27	28	29	30
	3	4	5	6	7	8	9	10	11	12	13	14	15	16	17	18	19
	정유	정유	정유	정유	정유	정유	정유	정유	정유	정유	정유	정유	정유	정유	정유	정유	정유
	기유	기유	기유	기유	기유	**경술**	경술	경술	경술	경술	경술	경술	경술	경술	경술	경술	경술
	계해	갑자	을축	병인	정묘	무진	기사	경오	신미	임신	계유	갑술	을해	병자	정축	무인	기묘
	9	9	9	10	10	10	1	1	1	1	2	2	2	3	3	3	4
	2	1	1	1	1	10	10	9	9	9	8	8	8	7	7	7	6

음 9 월	14	15	16	17	18	19	20	21	22	23	24	25	26	27	28	29	
	2	3	4	5	6	7	8	9	10	11	12	13	14	15	16	17	
	정유	정유	정유	정유	정유	정유	정유	정유	정유	정유	정유	정유	정유	정유	정유	정유	
	경술	경술	경술	경술	경술	**신해**	신해	신해	신해	신하	신해	신해	신해	신해	신해	신해	
	계사	갑오	을미	병신	정유	무술	기해	경자	신축	임인	계묘	갑진	을사	병오	정미	무신	
	8	9	9	9	10	10	1	1	1	1	2	2	2	3	3	3	
	2	1	1	1	1	10	10	9	9	9	8	8	8	7	7	7	

음 10 월	14	15	16	17	18	19	20	21	22	23	24	25	26	27	28	29	30
	12/1	2	3	4	5	6	7	8	9	10	11	12	13	14	15	16	17
	정유	정유	정유	정유	정유	정유	정유	정유	정유	정유	정유	정유	정유	정유	정유	정유	정유
	신해	신해	신해	신해	신해	신해	**임자**	임자	임자	임자	임자	임자	임자	임자	임자	임자	임자
	임술	계해	갑자	을축	병인	정묘	무진	기사	경오	신미	임신	계유	갑술	을해	병자	정축	무인
	8	8	9	9	9	10	10	1	1	1	1	2	2	2	3	3	3
	2	2	1	1	1	1	10	9	9	9	8	8	8	7	7	7	6

음 11 월	14	15	16	17	18	19	20	21	22	23	24	25	26	27	28	29	30
	31	**1/1**	2	3	4	5	6	7	8	9	10	11	12	13	14	15	16
	정유	정유	정유	정유	정유	정유	정유	정유	정유	정유	정유	정유	정유	정유	정유	정유	정유
	임자	임자	임자	임자	임자	**계축**	계축	계축	계축	계축	계축	계축	계축	계축	계축	계축	계축
	임진	계사	갑오	을미	병신	정유	무술	기해	경자	신축	임인	계묘	갑진	을사	병오	정미	무신
	8	8	9	9	9	10	1	1	1	1	2	2	2	3	3	3	4
	2	1	1	1	1	10	10	9	9	9	8	8	8	7	7	7	6

음 12 월	14	15	16	17	18	19	20	21	22	23	24	25	26	27	28	29	30
	30	31	**2/1**	2	3	4	5	6	7	8	9	10	11	12	13	14	15
	정유	정유	정유	정유	정유	**무술**	무술	무술	무술	무술	무술	무술	무술	무술	무술	무술	무술
	계축	계축	계축	계축	계축	**갑인**	갑인	갑인	갑인	갑인	갑인	갑인	갑인	갑인	갑인	갑인	갑인
	임술	계해	갑자	을축	병인	정묘	무진	기사	경오	신미	임신	계유	갑술	을해	병자	정축	무인
	8	9	9	9	10	10	10	9	9	9	8	8	8	7	7	7	6
	2	1	1	1	1	10	1	1	1	1	2	2	2	3	3	3	4

2018(무술)년 【단기 4351년】

월	구분		1	2	3	4	5	6	7	8	9	10	11	12	13
음 1 월	음력		1	2	3	4	5	6	7	8	9	10	11	12	13
	양력		2/16	17	18	19	20	21	22	23	24	25	26	27	28
	연주 (생년)		무술	무술	무술	무술	무술	무술	무술	무술	무술	무술	무술	무술	무술
	월주 (생월)		갑인	갑인	갑인	갑인	갑인	갑인	갑인	갑인	갑인	갑인	갑인	갑인	갑인
	일주 (생일)		기묘	경진	신사	임오	계미	갑신	을유	병술	정해	무자	기축	경인	신묘
	대운	남	6	6	5	5	5	4	4	4	3	3	3	2	2
		여	4	4	5	5	5	6	6	6	7	7	7	8	8
음 2 월	음력		1	2	3	4	5	6	7	8	9	10	11	12	13
	양력		3/17	18	19	20	21	22	23	24	25	26	27	28	29
	연주 (생년)		무술	무술	무술	무술	무술	무술	무술	무술	무술	무술	무술	무술	무술
	월주 (생월)		을묘	을묘	을묘	을묘	을묘	을묘	을묘	을묘	을묘	을묘	을묘	을묘	을묘
	일주 (생일)		무신	기유	경술	신해	임자	계축	갑인	을묘	병진	정사	무오	기미	경신
	대운	남	6	6	6	5	5	5	4	4	4	3	3	3	2
		여	4	4	4	5	5	5	6	6	6	7	7	7	8
음 3 월	음력		1	2	3	4	5	6	7	8	9	10	11	12	13
	양력		4/16	17	18	19	20	21	22	23	24	25	26	27	28
	연주 (생년)		무술	무술	무술	무술	무술	무술	무술	무술	무술	무술	무술	무술	무술
	월주 (생월)		병진	병진	병진	병진	병진	병진	병진	병진	병진	병진	병진	병진	병진
	일주 (생일)		무인	기묘	경진	신사	임오	계미	갑신	을유	병술	정해	무자	기축	경인
	대운	남	6	6	6	5	5	5	4	4	4	3	3	3	2
		여	4	4	4	5	5	5	6	6	6	7	7	7	8
음 4 월	음력		1	2	3	4	5	6	7	8	9	10	11	12	13
	양력		5/15	16	17	18	19	20	21	22	23	24	25	26	27
	연주 (생년)		무술	무술	무술	무술	무술	무술	무술	무술	무술	무술	무술	무술	무술
	월주 (생월)		정사	정사	정사	정사	정사	정사	정사	정사	정사	정사	정사	정사	정사
	일주 (생일)		정미	무신	기유	경술	신해	임자	계축	갑인	을묘	병진	정사	무오	기미
	대운	남	7	7	7	6	6	6	5	5	5	4	4	4	3
		여	3	4	4	4	5	5	5	6	6	6	7	7	7
음 5 월	음력		1	2	3	4	5	6	7	8	9	10	11	12	13
	양력		6/14	15	16	17	18	19	20	21	22	23	24	25	26
	연주 (생년)		무술	무술	무술	무술	무술	무술	무술	무술	무술	무술	무술	무술	무술
	월주 (생월)		무오	무오	무오	무오	무오	무오	무오	무오	무오	무오	무오	무오	무오
	일주 (생일)		정축	무인	기묘	경진	신사	임오	계미	갑신	을유	병술	정해	무자	기축
	대운	남	8	7	7	7	6	6	6	5	5	5	4	4	4
		여	3	3	3	4	4	4	5	5	5	6	6	6	7
음 6 월	음력		1	2	3	4	5	6	7	8	9	10	11	12	13
	양력		7/13	14	15	16	17	18	19	20	21	22	23	24	25
	연주 (생년)		무술	무술	무술	무술	무술	무술	무술	무술	무술	무술	무술	무술	무술
	월주 (생월)		기미	기미	기미	기미	기미	기미	기미	기미	기미	기미	기미	기미	기미
	일주 (생일)		병오	정미	무신	기유	경술	신해	임자	계축	갑인	을묘	병진	정사	무오
	대운	남	8	8	8	7	7	7	6	6	6	5	5	5	4
		여	2	2	3	3	3	4	4	4	5	5	5	6	6

	14	15	16	17	18	19	20	21	22	23	24	25	26	27	28	29	
	3/1	2	3	4	5	6	7	8	9	10	11	12	13	14	15	16	
음	무술	무술	무술	무술	무술	무술	무술	무술	무술	무술	무술	무술	무술	무술	무술	무술	
1	갑인	갑인	갑인	갑인	갑인	**을묘**	을묘	을묘	을묘	을묘	을묘	을묘	을묘	을묘	을묘	을묘	
월	임진	계사	갑오	을미	병신	정유	무술	기해	경자	신축	임인	계묘	갑진	을사	병오	정미	
	2	1	1	1	1	10	10	9	9	9	8	8	8	7	7	7	
	8	9	9	9	10	10	1	1	1	1	2	2	2	3	3	3	
	14	15	16	17	18	19	20	21	22	23	24	25	26	27	28	29	30
	30	31	**4/1**	2	3	4	5	6	7	8	9	10	11	12	13	14	15
음	무술	무술	무술	무술	무술	무술	무술	무술	무술	무술	무술	무술	무술	무술	무술	무술	무술
2	을묘	을묘	을묘	을묘	을묘	을묘	**병진**	병진	병진	병진	병진	병진	병진	병진	병진	병진	병진
월	신유	임술	계해	갑자	을축	병인	정묘	무진	기사	경오	신미	임신	계유	갑술	을해	병자	정축
	2	2	1	1	1	1	10	10	9	9	9	8	8	8	7	7	7
	8	8	9	9	9	10	10	1	1	1	1	2	2	2	3	3	3
	14	15	16	17	18	19	20	21	22	23	24	25	26	27	28	29	
	29	30	**5/1**	2	3	4	5	6	7	8	9	10	11	12	13	14	
음	무술	무술	무술	무술	무술	무술	무술	무술	무술	무술	무술	무술	무술	무술	무술	무술	
3	병진	병진	병진	병진	병진	병진	**정사**	정사	정사	정사	정사	정사	정사	정사	정사	정사	
월	신묘	임진	계사	갑오	을미	병신	정유	무술	기해	경자	신축	임인	계묘	갑진	을사	병오	
	2	2	1	1	1	1	10	10	10	10	9	9	9	8	8	8	
	8	8	9	9	9	10	10	1	1	1	1	2	2	2	3	3	
	14	15	16	17	18	19	20	21	22	23	24	25	26	27	28	29	30
	28	29	30	31	**6/1**	2	3	4	5	6	7	8	9	10	11	12	13
음	무술	무술	무술	무술	무술	무술	무술	무술	무술	무술	무술	무술	무술	무술	무술	무술	무술
4	정사	정사	정사	정사	정사	정사	정사	정사	정사	**무오**	무오	무오	무오	무오	무오	무오	무오
월	경신	신유	임술	계해	갑자	을축	병인	정묘	무진	기사	경오	신미	임신	계유	갑술	을해	병자
	3	3	2	2	2	1	1	1	1	10	10	10	9	9	9	8	8
	8	8	8	9	9	9	10	10	10	10	1	1	1	1	2	2	2
	14	15	16	17	18	19	20	21	22	23	24	25	26	27	28	29	
	27	28	29	30	**7/1**	2	3	4	5	6	7	8	9	10	11	12	
음	무술	무술	무술	무술	무술	무술	무술	무술	무술	무술	무술	무술	무술	무술	무술	무술	
5	무오	무오	무오	무오	무오	무오	무오	무오	무오	무오	**기미**	기미	기미	기미	기미	기미	
월	경인	신묘	임진	계사	갑오	을미	병신	정유	무술	기해	경자	신축	임인	계묘	갑진	을사	
	3	3	3	2	2	2	1	1	1	1	10	10	10	9	9	9	
	7	7	8	8	8	9	9	9	10	10	10	1	1	1	1	2	
	14	15	16	17	18	19	20	21	22	23	24	25	26	27	28	29	
	26	27	28	29	30	31	**8/1**	2	3	4	5	6	7	8	9	10	
음	무술	무술	무술	무술	무술	무술	무술	무술	무술	무술	무술	무술	무술	무술	무술	무술	
6	기미	기미	기미	기미	기미	기미	기미	기미	기미	기미	기미	기미	**경신**	경신	경신	경신	
월	기미	경신	신유	임술	계해	갑자	을축	병인	정묘	무진	기사	경오	신미	임신	계유	갑술	
	4	4	3	3	3	2	2	2	1	1	1	1	10	10	10	10	
	6	7	7	7	8	8	8	9	9	9	10	10	10	1	1	1	

2018(무술)년 【단기 4351년】

음 7 월	음력	1	2	3	4	5	6	7	8	9	10	11	12	13
	양력	8/11	12	13	14	15	16	17	18	19	20	21	22	23
	연주 (생년)	무술	무술	무술	무술	무술	무술	무술	무술	무술	무술	무술	무술	무술
	월주 (생월)	경신	경신	경신	경신	경신	경신	경신	경신	경신	경신	경신	경신	경신
	일주 (생일)	을해	병자	정축	무인	기묘	경진	신사	임오	계미	갑신	을유	병술	정해
	대운 남	9	9	9	8	8	8	7	7	7	6	6	6	5
	대운 여	1	2	2	2	3	3	3	4	4	4	5	5	5

음 8 월	음력	1	2	3	4	5	6	7	8	9	10	11	12	13
	양력	9/10	11	12	13	14	15	16	17	18	19	20	21	22
	연주 (생년)	무술	무술	무술	무술	무술	무술	무술	무술	무술	무술	무술	무술	무술
	월주 (생월)	신유	신유	신유	신유	신유	신유	신유	신유	신유	신유	신유	신유	신유
	일주 (생일)	을사	병오	정미	무신	기유	경술	신해	임자	계축	갑인	을묘	병진	정사
	대운 남	9	9	9	8	8	8	7	7	7	6	6	6	5
	대운 여	1	1	1	2	2	2	3	3	3	4	4	4	5

음 9 월	음력	1	2	3	4	5	6	7	8	9	10	11	12	13
	양력	10/9	10	11	12	13	14	15	16	17	18	19	20	21
	연주 (생년)	무술	무술	무술	무술	무술	무술	무술	무술	무술	무술	무술	무술	무술
	월주 (생월)	임술	임술	임술	임술	임술	임술	임술	임술	임술	임술	임술	임술	임술
	일주 (생일)	갑술	을해	병자	정축	무인	기묘	경진	신사	임오	계미	갑신	을유	병술
	대운 남	10	9	9	9	8	8	8	7	7	7	6	6	6
	대운 여	1	1	1	1	2	2	2	3	3	3	4	4	4

음 10 월	음력	1	2	3	4	5	6	7	8	9	10	11	12	13
	양력	11/8	9	10	11	12	13	14	15	16	17	18	19	20
	연주 (생년)	무술	무술	무술	무술	무술	무술	무술	무술	무술	무술	무술	무술	무술
	월주 (생월)	계해	계해	계해	계해	계해	계해	계해	계해	계해	계해	계해	계해	계해
	일주 (생일)	갑진	을사	병오	정미	무신	기유	경술	신해	임자	계축	갑인	을묘	병진
	대운 남	10	9	9	9	8	8	8	7	7	7	6	6	6
	대운 여	1	1	1	1	2	2	2	3	3	3	4	4	4

음 11 월	음력	1	2	3	4	5	6	7	8	9	10	11	12	13
	양력	12/7	8	9	10	11	12	13	14	15	16	17	18	19
	연주 (생년)	무술	무술	무술	무술	무술	무술	무술	무술	무술	무술	무술	무술	무술
	월주 (생월)	**갑자**	갑자	갑자	갑자	갑자	갑자	갑자	갑자	갑자	갑자	갑자	갑자	갑자
	일주 (생일)	계유	갑술	을해	병자	정축	무인	기묘	경진	신사	임오	계미	갑신	을유
	대운 남	10	10	9	9	9	8	8	8	7	7	7	6	6
	대운 여	10	1	1	1	1	2	2	2	3	3	3	4	4

음 12 월	음력	1	2	3	4	5	6	7	8	9	10	11	12	13
	양력	1/6	7	8	9	10	11	12	13	14	15	16	17	18
	연주 (생년)	무술	무술	무술	무술	무술	무술	무술	무술	무술	무술	무술	무술	무술
	월주 (생월)	**을축**	을축	을축	을축	을축	을축	을축	을축	을축	을축	을축	을축	을축
	일주 (생일)	계묘	갑진	을사	병오	정미	무신	기유	경술	신해	임자	계축	갑인	을묘
	대운 남	10	9	9	9	8	8	8	7	7	7	6	6	6
	대운 여	10	1	1	1	1	2	2	2	3	3	3	4	4

음 7 월	14	15	16	17	18	19	20	21	22	23	24	25	26	27	28	29	30
	24	25	26	27	28	29	30	31	**9/1**	2	3	4	5	6	7	8	9
	무술	무술	무술	무술	무술	무술	무술	무술	무술	무술	무술	무술	무술	무술	무술	무술	무술
	경신	경신	경신	경신	경신	경신	경신	경신	경신	경신	경신	경신	경신	경신	경신	**신유**	신유
	무자	기축	경인	신묘	임진	계사	갑오	을미	병신	정유	무술	기해	경자	신축	임인	계묘	갑진
	5	5	4	4	4	3	3	3	2	2	2	1	1	1	1	10	10
	6	6	6	7	7	7	8	8	8	9	9	9	10	10	10	10	1
음 8 월	14	15	16	17	18	19	20	21	22	23	24	25	26	27	28	29	
	23	24	25	26	27	28	29	30	**10/1**	2	3	4	5	6	7	8	
	무술	무술	무술	무술	무술	무술	무술	무술	무술	무술	무술	무술	무술	무술	무술	무술	
	신유	신유	신유	신유	신유	신유	신유	신유	신유	신유	신유	신유	신유	신유	신유	**임술**	
	무오	기미	경신	신유	임술	계해	갑자	을축	병인	정묘	무진	기사	경오	신미	임신	계유	
	5	5	4	4	4	3	3	3	2	2	2	1	1	1	1	10	
	5	5	6	6	6	7	7	7	8	8	8	9	9	9	10	10	
음 9 월	14	15	16	17	18	19	20	21	22	23	24	25	26	27	28	29	30
	22	23	24	25	26	27	28	29	30	31	**11/1**	2	3	4	5	6	7
	무술	무술	무술	무술	무술	무술	무술	무술	무술	무술	무술	무술	무술	무술	무술	무술	무술
	임술	임술	임술	임술	임술	임술	임술	임술	임술	임술	임술	임술	임술	임술	임술	임술	**계해**
	정해	무자	기축	경인	신묘	임진	계사	갑오	을미	병신	정유	무술	기해	경자	신축	임인	계묘
	5	5	5	4	4	4	3	3	3	2	2	2	1	1	1	1	10
	5	5	5	6	6	6	7	7	7	8	8	8	9	9	9	10	10
음 10 월	14	15	16	17	18	19	20	21	22	23	24	25	26	27	28	29	
	21	22	23	24	25	26	27	28	29	30	**12/1**	2	3	4	5	6	
	무술	무술	무술	무술	무술	무술	무술	무술	무술	무술	무술	무술	무술	무술	무술	무술	
	계해	계해	계해	계해	계해	계해	계해	계해	계해	계해	계해	계해	계해	계해	계해	계해	
	정사	무오	기미	경신	신유	임술	계해	갑자	을축	병인	정묘	무진	기사	경오	신미	임신	
	5	5	5	4	4	4	3	3	3	2	2	2	1	1	1	1	
	5	5	5	6	6	6	7	7	7	8	8	8	9	9	9	10	
음 11 월	14	15	16	17	18	19	20	21	22	23	24	25	26	27	28	29	30
	20	21	22	23	24	25	26	27	28	29	30	31	**12/1**	2	3	4	5
	무술	무술	무술	무술	무술	무술	무술	무술	무술	무술	무술	무술	무술	무술	무술	무술	무술
	갑자	갑자	갑자	갑자	갑자	갑자	갑자	갑자	갑자	갑자	갑자	갑자	갑자	갑자	갑자	갑자	갑자
	병술	정해	무자	기축	경인	신묘	임진	계사	갑오	을미	병신	정유	무술	기해	경자	신축	임인
	6	5	5	5	4	4	4	3	3	3	2	2	2	1	1	1	1
	4	5	5	5	6	6	6	7	7	7	8	8	8	9	9	9	10
음 12 월	14	15	16	17	18	19	20	21	22	23	24	25	26	27	28	29	30
	19	20	21	22	23	24	25	26	27	28	29	30	31	**12/1**	2	3	4
	무술	무술	무술	무술	무술	무술	무술	무술	무술	무술	무술	무술	무술	무술	무술	무술	**기해**
	을축	을축	을축	을축	을축	을축	을축	을축	을축	을축	을축	을축	을축	을축	을축	을축	**병인**
	병진	정사	무오	기미	경신	신유	임술	계해	갑자	을축	병인	정묘	무진	기사	경오	신미	임신
	5	5	5	4	4	4	3	3	3	2	2	2	1	1	1	1	10
	4	5	5	5	6	6	6	7	7	7	8	8	8	9	9	9	10

2019(기해)년 【단기 4352년】

월	구분		1	2	3	4	5	6	7	8	9	10	11	12	13
음 1 월	음력		1	2	3	4	5	6	7	8	9	10	11	12	13
	양력		**2/5**	6	7	8	9	10	11	12	13	14	15	16	17
	연주 (생년)		기해	기해	기해	기해	기해	기해	기해	기해	기해	기해	기해	기해	기해
	월주 (생월)		병인	병인	병인	병인	병인	병인	병인	병인	병인	병인	병인	병인	병인
	일주 (생일)		계유	갑술	을해	병자	정축	무인	기묘	경진	신사	임오	계미	갑신	을유
	대운	남	1	1	1	1	2	2	2	3	3	3	4	4	4
		여	10	9	9	9	8	8	8	7	7	7	6	6	6
음 2 월	음력		1	2	3	4	5	6	7	8	9	10	11	12	13
	양력		**3/7**	8	9	10	11	12	13	14	15	16	17	18	19
	연주 (생년)		기해	기해	기해	기해	기해	기해	기해	기해	기해	기해	기해	기해	기해
	월주 (생월)		정묘	정묘	정묘	정묘	정묘	정묘	정묘	정묘	정묘	정묘	정묘	정묘	정묘
	일주 (생일)		계묘	갑진	을사	병오	정미	무신	기유	경술	신해	임자	계축	갑인	을묘
	대운	남	1	1	1	1	2	2	2	3	3	3	4	4	4
		여	10	9	9	9	8	8	8	7	7	7	6	6	6
음 3 월	음력		1	2	3	4	5	6	7	8	9	10	11	12	13
	양력		**4/5**	6	7	8	9	10	11	12	13	14	15	16	17
	연주 (생년)		기해	기해	기해	기해	기해	기해	기해	기해	기해	기해	기해	기해	기해
	월주 (생월)		**무진**	무진	무진	무진	무진	무진	무진	무진	무진	무진	무진	무진	무진
	일주 (생일)		임신	계유	갑술	을해	병자	정축	무인	기묘	경진	신사	임오	계미	갑신
	대운	남	10	1	1	1	1	2	2	2	3	3	3	4	4
		여	10	10	10	9	9	9	8	8	8	7	7	7	6
음 4 월	음력		1	2	3	4	5	6	7	8	9	10	11	12	13
	양력		**5/5**	6	7	8	9	10	11	12	13	14	15	16	17
	연주 (생년)		기해	기해	기해	기해	기해	기해	기해	기해	기해	기해	기해	기해	기해
	월주 (생월)		무진	**기사**	기사	기사	기사	기사	기사	기사	기사	기사	기사	기사	기사
	일주 (생일)		임인	계묘	갑진	을사	병오	정미	무신	기유	경술	신해	임자	계축	갑인
	대운	남	10	10	1	1	1	1	2	2	2	3	3	3	4
		여	1	10	10	10	9	9	9	8	8	8	7	7	7
음 5 월	음력		1	2	3	4	5	6	7	8	9	10	11	12	13
	양력		**6/3**	4	5	6	7	8	9	10	11	12	13	14	15
	연주 (생년)		기해	기해	기해	기해	기해	기해	기해	기해	기해	기해	기해	기해	기해
	월주 (생월)		기사	기사	기사	**경오**	경오	경오	경오	경오	경오	경오	경오	경오	경오
	일주 (생일)		신미	임신	계유	갑술	을해	병자	정축	무인	기묘	경진	신사	임오	계미
	대운	남	9	10	10	10	1	1	1	1	2	2	2	3	3
		여	1	1	1	10	10	10	9	9	9	8	8	8	7
음 6 월	음력		1	2	3	4	5	6	7	8	9	10	11	12	13
	양력		**7/3**	4	5	6	7	8	9	10	11	12	13	14	15
	연주 (생년)		기해	기해	기해	기해	기해	기해	기해	기해	기해	기해	기해	기해	기해
	월주 (생월)		경오	경오	경오	경오	**신미**	신미	신미	신미	신미	신미	신미	신미	신미
	일주 (생일)		신축	임인	계묘	갑진	을사	병오	정미	무신	기유	경술	신해	임자	계축
	대운	남	9	9	10	10	10	1	1	1	1	2	2	2	3
		여	1	1	1	1	10	10	10	10	9	9	9	8	8

음 1 월	14	15	16	17	18	19	20	21	22	23	24	25	26	27	28	29	30
	18	19	20	21	22	23	24	25	26	27	28	**3/1**	2	3	4	5	6
	기해	기해	기해	기해	기해	기해	기해	기해	기해	기해	기해	기해	기해	기해	기해	기해	기해
	병인	병인	병인	병인	병인	병인	병인	병인	병인	병인	병인	병인	병인	병인	병인	병인	**정묘**
	병술	정해	무자	기축	경인	신묘	임진	계사	갑오	을미	병신	정유	무술	기해	경자	신축	임인
	5	5	5	6	6	6	7	7	7	8	8	8	9	9	9	10	10
	5	5	5	4	4	4	3	3	3	2	2	2	1	1	1	1	10
음 2 월	14	15	16	17	18	19	20	21	22	23	24	25	26	27	28	29	
	20	21	22	23	24	25	26	27	28	29	30	31	**4/1**	2	3	4	
	기해	기해	기해	기해	기해	기해	기해	기해	기해	기해	기해	기해	기해	기해	기해	기해	
	정묘	정묘	정묘	정묘	정묘	정묘	정묘	정묘	정묘	정묘	정묘	정묘	정묘	정묘	정묘	정묘	
	병진	정사	무오	기미	경신	신유	임술	계해	갑자	을축	병인	정묘	무진	기사	경오	신미	
	5	5	5	6	6	6	7	7	7	8	8	8	9	9	9	10	
	5	5	5	4	4	4	3	3	3	2	2	2	1	1	1	1	
음 3 월	14	15	16	17	18	19	20	21	22	23	24	25	26	27	28	29	30
	18	19	20	21	22	23	24	25	26	27	28	29	30	**9/1**	2	3	4
	기해	기해	기해	기해	기해	기해	기해	기해	기해	기해	기해	기해	기해	기해	기해	기해	기해
	무진	무진	무진	무진	무진	무진	무진	무진	무진	무진	무진	무진	무진	무진	무진	무진	무진
	을유	병술	정해	무자	기축	경인	신묘	임진	계사	갑오	을미	병신	정유	무술	기해	경자	신축
	4	5	5	5	6	6	6	7	7	7	8	8	8	9	9	9	10
	6	6	5	5	5	4	4	4	3	3	3	2	2	2	1	1	1
음 4 월	14	15	16	17	18	19	20	21	22	23	24	25	26	27	28	29	
	18	19	20	21	22	23	24	25	26	27	28	29	30	31	**9/1**	2	
	기해	기해	기해	기해	기해	기해	기해	기해	기해	기해	기해	기해	기해	기해	기해	기해	
	기사	기사	기사	기사	기사	기사	기사	기사	기사	기사	기사	기사	기사	기사	기사	기사	
	을묘	병진	정사	무오	기미	경신	신유	임술	계해	갑자	을축	병인	정묘	무진	기사	경오	
	4	4	5	5	5	6	6	6	7	7	7	8	8	8	9	9	
	6	6	6	5	5	5	4	4	4	3	3	3	2	2	2	1	
음 5 월	14	15	16	17	18	19	20	21	22	23	24	25	26	27	28	29	30
	16	17	18	19	20	21	22	23	24	25	26	27	28	29	30	**7/1**	2
	기해	기해	기해	기해	기해	기해	기해	기해	기해	기해	기해	기해	기해	기해	기해	기해	기해
	경오	경오	경오	경오	경오	경오	경오	경오	경오	경오	경오	경오	경오	경오	경오	경오	경오
	갑신	을유	병술	정해	무자	기축	경인	신묘	임진	계사	갑오	을미	병신	정유	무술	기해	경자
	3	4	4	4	5	5	5	6	6	6	7	7	7	8	8	8	9
	7	7	6	6	6	5	5	5	4	4	4	3	3	3	2	2	2
음 6 월	14	15	16	17	18	19	20	21	22	23	24	25	26	27	28	29	
	16	17	18	19	20	21	22	23	24	25	26	27	28	29	30	31	
	기해	기해	기해	기해	기해	기해	기해	기해	기해	기해	기해	기해	기해	기해	기해	기해	
	신미	신미	신미	신미	신미	신미	신미	신미	신미	신미	신미	신미	신미	신미	신미	신미	
	갑인	을묘	병진	정사	무오	기미	경신	신유	임술	계해	갑자	을축	병인	정묘	무진	기사	
	3	3	4	4	4	5	5	5	6	6	6	7	7	7	8	8	
	8	7	7	7	6	6	6	5	5	5	4	4	4	3	3	3	

2019(기해)년 【단기 4352년】

음 7 월	구분	1	2	3	4	5	6	7	8	9	10	11	12	13
	음력	1	2	3	4	5	6	7	8	9	10	11	12	13
	양력	**8/1**	2	3	4	5	6	7	8	9	10	11	12	13
	연주 (생년)	기해	기해	기해	기해	기해	기해	기해	기해	기해	기해	기해	기해	기해
	월주 (생월)	신미	신미	신미	신미	신미	신미	신미	**임신**	임신	임신	임신	임신	임신
	일주 (생일)	경오	신미	임신	계유	갑술	을해	병자	정축	무인	기묘	경진	신사	임오
	대운 남	8	9	9	9	10	10	10	10	1	1	1	1	2
	대운 여	2	2	2	1	1	1	1	10	10	10	9	9	9

음 8 월	구분	1	2	3	4	5	6	7	8	9	10	11	12	13
	음력	1	2	3	4	5	6	7	8	9	10	11	12	13
	양력	**8/30**	31	**9/1**	2	3	4	5	6	7	8	9	10	11
	연주 (생년)	기해	기해	기해	기해	기해	기해	기해	기해	기해	기해	기해	기해	기해
	월주 (생월)	임신	임신	임신	임신	임신	임신	임신	임신	임신	**계유**	계유	계유	계유
	일주 (생일)	기해	경자	신축	임인	계묘	갑진	을사	병오	정미	무신	기유	경술	신해
	대운 남	7	8	8	8	9	9	9	10	10	10	1	1	1
	대운 여	3	3	2	2	2	1	1	1	1	10	10	9	9

음 9 월	구분	1	2	3	4	5	6	7	8	9	10	11	12	13
	음력	1	2	3	4	5	6	7	8	9	10	11	12	13
	양력	**9/29**	30	**10/1**	2	3	4	5	6	7	8	9	10	11
	연주 (생년)	기해	기해	기해	기해	기해	기해	기해	기해	기해	기해	기해	기해	기해
	월주 (생월)	계유	계유	계유	계유	계유	계유	계유	계유	계유	**갑술**	갑술	갑술	갑술
	일주 (생일)	기사	경오	신미	임신	계유	갑술	을해	병자	정축	무인	기묘	경진	신사
	대운 남	7	7	8	8	8	9	9	9	10	10	1	1	1
	대운 여	3	3	2	2	2	1	1	1	1	10	10	10	9

음 10 월	구분	1	2	3	4	5	6	7	8	9	10	11	12	13
	음력	1	2	3	4	5	6	7	8	9	10	11	12	13
	양력	**10/28**	29	30	31	**11/1**	2	3	4	5	6	7	8	9
	연주 (생년)	기해	기해	기해	기해	기해	기해	기해	기해	기해	기해	기해	기해	기해
	월주 (생월)	갑술	갑술	갑술	갑술	갑술	갑술	갑술	갑술	갑술	갑술	갑술	**을해**	을해
	일주 (생일)	무술	기해	경자	신축	임인	계묘	갑진	을사	병오	정미	무신	기유	경술
	대운 남	7	7	7	8	8	8	9	9	9	10	10	10	1
	대운 여	4	3	3	3	2	2	2	1	1	1	1	10	9

음 11 월	구분	1	2	3	4	5	6	7	8	9	10	11	12	13
	음력	1	2	3	4	5	6	7	8	9	10	11	12	13
	양력	**11/27**	28	29	30	**12/1**	2	3	4	5	6	7	8	9
	연주 (생년)	기해	기해	기해	기해	기해	기해	기해	기해	기해	기해	기해	기해	기해
	월주 (생월)	을해	을해	을해	을해	을해	을해	을해	을해	을해	을해	**병자**	병자	병자
	일주 (생일)	무진	기사	경오	신미	임신	계유	갑술	을해	병자	정축	무인	기묘	경진
	대운 남	6	7	7	7	8	8	8	9	9	9	10	1	1
	대운 여	3	3	3	2	2	2	1	1	1	1	10	10	9

음 12 월	구분	1	2	3	4	5	6	7	8	9	10	11	12	13
	음력	1	2	3	4	5	6	7	8	9	10	11	12	13
	양력	**12/26**	27	28	29	30	31	**1/1**	2	3	4	5	6	7
	연주 (생년)	기해	기해	기해	기해	기해	기해	기해	기해	기해	기해	기해	기해	기해
	월주 (생월)	병자	병자	병자	병자	병자	병자	병자	병자	병자	병자	병자	**정축**	정축
	일주 (생일)	정유	무술	기해	경자	신축	임인	계묘	갑진	을사	병오	정미	무신	기유
	대운 남	6	7	7	7	8	8	8	9	9	9	10	10	1
	대운 여	4	3	3	3	2	2	2	1	1	1	1	10	9

음 7 월	14	15	16	17	18	19	20	21	22	23	24	25	26	27	28	29	
	14	15	16	17	18	19	20	21	22	23	24	25	26	27	28	29	
	기해	기해	기해	기해	기해	기해	기해	기해	기해	기해	기해	기해	기해	기해	기해	기해	
	임신	임신	임신	임신	임신	임신	임신	임신	임신	임신	임신	임신	임신	임신	임신	임신	
	계미	갑신	을유	병술	정해	무자	기축	경인	신묘	임진	계사	갑오	을미	병신	정유	무술	
	2	2	3	3	3	4	4	4	5	5	5	6	6	6	7	7	
	8	8	8	7	7	7	6	6	6	5	5	5	4	4	4	3	
음 8 월	14	15	16	17	18	19	20	21	22	23	24	25	26	27	28	29	30
	12	13	14	15	16	17	18	19	20	21	22	23	24	25	26	27	28
	기해	기해	기해	기해	기해	기해	기해	기해	기해	기해	기해	기해	기해	기해	기해	기해	기해
	계유	계유	계유	계유	계유	계유	계유	계유	계유	계유	계유	계유	계유	계유	계유	계유	계유
	임자	계축	갑인	을묘	병진	정사	무오	기미	경신	신유	임술	계해	갑자	을축	병인	정묘	무진
	1	2	2	2	3	3	3	4	4	4	5	5	5	6	6	6	7
	9	8	8	8	7	7	7	6	6	6	5	5	5	4	4	4	3
음 9 월	14	15	16	17	18	19	20	21	22	23	24	25	26	27	28	29	
	12	13	14	15	16	17	18	19	20	21	22	23	24	25	26	27	
	기해	기해	기해	기해	기해	기해	기해	기해	기해	기해	기해	기해	기해	기해	기해	기해	
	갑술	갑술	갑술	갑술	갑술	갑술	갑술	갑술	갑술	갑술	갑술	갑술	갑술	갑술	갑술	갑술	
	임오	계미	갑신	을유	병술	정해	무자	기축	경인	신묘	임진	계사	갑오	을미	병신	정유	
	1	2	2	2	3	3	3	4	4	4	5	5	5	6	6	6	
	9	9	8	8	8	7	7	7	6	6	6	5	5	5	4	4	
음 10 월	14	15	16	17	18	19	20	21	22	23	24	25	26	27	28	29	30
	10	11	12	13	14	15	16	17	18	19	20	21	22	23	24	25	26
	기해	기해	기해	기해	기해	기해	기해	기해	기해	기해	기해	기해	기해	기해	기해	기해	기해
	을해	을해	을해	을해	을해	을해	을해	을해	을해	을해	을해	을해	을해	을해	을해	을해	을해
	신해	임자	계축	갑인	을묘	병진	정사	무오	기미	경신	신유	임술	계해	갑자	을축	병인	정묘
	1	1	1	2	2	2	3	3	3	4	4	4	5	5	5	6	6
	9	9	8	8	8	7	7	7	6	6	6	5	5	5	4	4	4
음 11 월	14	15	16	17	18	19	20	21	22	23	24	25	26	27	28	29	
	10	11	12	13	14	15	16	17	18	19	20	21	22	23	24	25	
	기해	기해	기해	기해	기해	기해	기해	기해	기해	기해	기해	기해	기해	기해	기해	기해	
	병자	병자	병자	병자	병자	병자	병자	병자	병자	병자	병자	병자	병자	병자	병자	병자	
	신사	임오	계미	갑신	을유	병술	정해	무자	기축	경인	신묘	임진	계사	갑오	을미	병신	
	1	1	2	2	2	3	3	3	4	4	4	5	5	5	6	6	
	9	9	8	8	8	7	7	7	6	6	6	5	5	5	4	4	
음 12 월	14	15	16	17	18	19	20	21	22	23	24	25	26	27	28	29	30
	8	9	10	11	12	13	14	15	16	17	18	19	20	21	22	23	24
	기해	기해	기해	기해	기해	기해	기해	기해	기해	기해	기해	기해	기해	기해	기해	기해	기해
	정축	정축	정축	정축	정축	정축	정축	정축	정축	정축	정축	정축	정축	정축	정축	정축	정축
	경술	신해	임자	계축	갑인	을묘	병진	정사	무오	기미	경신	신유	임술	계해	갑자	을축	병인
	1	1	1	2	2	2	3	3	3	4	4	4	5	5	5	6	6
	9	9	8	8	8	7	7	7	6	6	6	5	5	5	4	4	4

2020(경자)년 【단기 4353년】

월	구분	1	2	3	4	5	6	7	8	9	10	11	12	13
음 1 월	음력	1	2	3	4	5	6	7	8	9	10	11	12	13
	양력	**1/25**	26	27	28	29	30	31	**2/1**	2	3	4	5	6
	연주 (생년)	기해	기해	기해	기해	기해	기해	기해	기해	기해	기해	**경자**	경자	경자
	월주 (생월)	정축	정축	정축	정축	정축	정축	정축	정축	정축	정축	**무인**	무인	무인
	일주 (생일)	정묘	무진	기사	경오	신미	임신	계유	갑술	을해	병자	정축	무인	기묘
	대운 남	6	7	7	7	8	8	8	9	9	9	10	10	10
	대운 여	3	3	3	2	2	2	1	1	1	1	10	1	1
음 2 월	음력	1	2	3	4	5	6	7	8	9	10	11	12	13
	양력	**1/24**	25	26	27	28	29	**3/1**	2	3	4	5	6	7
	연주 (생년)	경자	경자	경자	경자	경자	경자	경자	경자	경자	경자	경자	경자	경자
	월주 (생월)	무인	무인	무인	무인	무인	무인	무인	무인	무인	무인	**기묘**	기묘	기묘
	일주 (생일)	정유	무술	기해	경자	신축	임인	계묘	갑진	을사	병오	정미	무신	기유
	대운 남	3	3	3	2	2	2	1	1	1	1	10	10	9
	대운 여	7	7	7	8	8	8	9	9	9	10	10	1	1
음 3 월	음력	1	2	3	4	5	6	7	8	9	10	11	12	13
	양력	**3/24**	25	26	27	28	29	30	31	**4/1**	2	3	4	5
	연주 (생년)	경자	경자	경자	경자	경자	경자	경자	경자	경자	경자	경자	경자	경자
	월주 (생월)	기묘	기묘	기묘	기묘	기묘	기묘	기묘	기묘	기묘	기묘	기묘	**경진**	경진
	일주 (생일)	병인	정묘	무진	기사	경오	신미	임신	계유	갑술	을해	병자	정축	무인
	대운 남	4	3	3	3	2	2	2	1	1	1	1	10	10
	대운 여	6	7	7	7	8	8	8	9	9	9	10	10	1
음 4 월	음력	1	2	3	4	5	6	7	8	9	10	11	12	13
	양력	**4/23**	24	25	26	27	28	29	30	**5/1**	2	3	4	5
	연주 (생년)	경자	경자	경자	경자	경자	경자	경자	경자	경자	경자	경자	경자	경자
	월주 (생월)	경진	경진	경진	경진	경진	경진	경진	경진	경진	경진	경진	경진	**신사**
	일주 (생일)	병신	정유	무술	기해	경자	신축	임인	계묘	갑진	을사	병오	정미	무신
	대운 남	4	4	3	3	3	2	2	2	1	1	1	1	10
	대운 여	6	7	7	7	8	8	8	9	9	9	10	10	10
윤 4 월	음력	1	2	3	4	5	6	7	8	9	10	11	12	13
	양력	**5/23**	24	25	26	27	28	29	30	31	**5/1**	2	3	4
	연주 (생년)	경자	경자	경자	경자	경자	경자	경자	경자	경자	경자	경자	경자	경자
	월주 (생월)	신사	신사	신사	신사	신사	신사	신사	신사	신사	신사	신사	신사	신사
	일주 (생일)	병인	정묘	무진	기사	경오	신미	임신	계유	갑술	을해	병자	정축	무인
	대운 남	4	4	4	3	3	3	2	2	2	1	1	1	1
	대운 여	6	6	7	7	7	8	8	8	9	9	9	10	10
음 5 월	음력	1	2	3	4	5	6	7	8	9	10	11	12	13
	양력	**6/21**	22	23	24	25	26	27	28	29	30	**7/1**	2	3
	연주 (생년)	경자	경자	경자	경자	경자	경자	경자	경자	경자	경자	경자	경자	경자
	월주 (생월)	임오	임오	임오	임오	임오	임오	임오	임오	임오	임오	임오	임오	임오
	일주 (생일)	을미	병신	정유	무술	기해	경자	신축	임인	계묘	갑진	을사	병오	정미
	대운 남	5	5	4	4	4	3	3	3	2	2	2	1	1
	대운 여	5	6	6	6	7	7	7	8	8	8	9	9	9
음 6 월	음력	1	2	3	4	5	6	7	8	9	10	11	12	13
	양력	**7/21**	22	23	24	25	26	27	28	29	30	31	**8/1**	2
	연주 (생년)	경자	경자	경자	경자	경자	경자	경자	경자	경자	경자	경자	경자	경자
	월주 (생월)	계미	계미	계미	계미	계미	계미	계미	계미	계미	계미	계미	계미	계미
	일주 (생일)	을축	병인	정묘	무진	기사	경오	신미	임신	계유	갑술	을해	병자	정축
	대운 남	6	5	5	5	4	4	4	3	3	3	2	2	2
	대운 여	5	5	6	6	6	7	7	7	8	8	8	9	9

월																	
음 1 월	14	15	16	17	18	19	20	21	22	23	24	25	26	27	28	29	30
	7	8	9	10	11	12	13	14	15	16	17	18	19	20	21	22	23
	경자	경자	경자	경자	경자	경자	경자	경자	경자	경자	경자	경자	경자	경자	경자	경자	경자
	무인	무인	무인	무인	무인	무인	무인	무인	무인	무인	무인	무인	무인	무인	무인	무인	무인
	경진	신사	임오	계미	갑신	을유	병술	정해	무자	기축	경인	신묘	임진	계사	갑오	을미	병신
	9	9	8	8	8	7	7	7	6	6	6	5	5	5	4	4	4
	1	1	2	2	2	3	3	3	4	4	4	5	5	5	6	6	6
음 2 월	14	15	16	17	18	19	20	21	22	23	24	25	26	27	28	29	
	8	9	10	11	12	13	14	15	16	17	18	19	20	21	22	23	
	경자	경자	경자	경자	경자	경자	경자	경자	경자	경자	경자	경자	경자	경자	경자	경자	
	기묘	기묘	기묘	기묘	기묘	기묘	기묘	기묘	기묘	기묘	기묘	기묘	기묘	기묘	기묘	기묘	
	경술	신해	임자	계축	갑인	을묘	병진	정사	무오	기미	경신	신유	임술	계해	갑자	을축	
	9	9	8	8	8	7	7	7	6	6	6	5	5	5	4	4	
	1	1	2	2	2	3	3	3	4	4	4	5	5	5	6	6	
음 3 월	14	15	16	17	18	19	20	21	22	23	24	25	26	27	28	29	30
	6	7	8	9	10	11	12	13	14	15	16	17	18	19	20	21	22
	경자	경자	경자	경자	경자	경자	경자	경자	경자	경자	경자	경자	경자	경자	경자	경자	경자
	경진	경진	경진	경진	경진	경진	경진	경진	경진	경진	경진	경진	경진	경진	경진	경진	경진
	기묘	경진	신사	임오	계미	갑신	을유	병술	정해	무자	기축	경인	신묘	임진	계사	갑오	을미
	10	9	9	9	8	8	8	7	7	7	6	6	6	5	5	5	4
	1	1	1	2	2	2	3	3	3	4	4	4	5	5	5	6	6
음 4 월	14	15	16	17	18	19	20	21	22	23	24	25	26	27	28	29	30
	6	7	8	9	10	11	12	13	14	15	16	17	18	19	20	21	22
	경자	경자	경자	경자	경자	경자	경자	경자	경자	경자	경자	경자	경자	경자	경자	경자	경자
	신사	신사	신사	신사	신사	신사	신사	신사	신사	신사	신사	신사	신사	신사	신사	신사	신사
	기유	경술	신해	임자	계축	갑인	을묘	병진	정사	무오	기미	경신	신유	임술	계해	갑자	을축
	10	10	9	9	9	8	8	8	7	7	7	6	6	6	5	5	5
	1	1	1	1	2	2	2	3	3	3	4	4	4	5	5	5	6
윤 4 월	14	15	16	17	18	19	20	21	22	23	24	25	26	27	28	29	
	5	6	7	8	9	10	11	12	13	14	15	16	17	18	19	20	
	경자	경자	경자	경자	경자	경자	경자	경자	경자	경자	경자	경자	경자	경자	경자	경자	
	임오	임오	임오	임오	임오	임오	임오	임오	임오	임오	임오	임오	임오	임오	임오	임오	
	기묘	경진	신사	임오	계미	갑신	을유	병술	정해	무자	기축	경인	신묘	임진	계사	갑오	
	10	10	10	9	9	9	8	8	8	7	7	7	6	6	6	5	
	10	1	1	1	1	2	2	2	3	3	3	4	4	4	5	5	
음 5 월	14	15	16	17	18	19	20	21	22	23	24	25	26	27	28	29	30
	4	5	6	7	8	9	10	11	12	13	14	15	16	17	18	19	20
	경자	경자	경자	경자	경자	경자	경자	경자	경자	경자	경자	경자	경자	경자	경자	경자	경자
	임오	임오	**계미**	계미	계미	계미	계미	계미	계미	계미	계미	계미	계미	계미	계미	계미	계미
	무신	기유	경술	신해	임자	계축	갑인	을묘	병진	정사	무오	기미	경신	신유	임술	계해	갑자
	1	1	10	10	10	10	9	9	9	8	8	8	7	7	7	6	6
	10	10	10	1	1	1	1	2	2	2	3	3	3	4	4	4	5
음 6 월	14	15	16	17	18	19	20	21	22	23	24	25	26	27	28	29	
	3	4	5	6	7	8	9	10	11	12	13	14	15	16	17	18	
	경자	경자	경자	경자	경자	경자	경자	경자	경자	경자	경자	경자	경자	경자	경자	경자	
	계미	계미	계미	계미	**갑신**	갑신	갑신	갑신	갑신	갑신	갑신	갑신	갑신	갑신	갑신	갑신	
	무인	기묘	경진	신사	임오	계미	갑신	을유	병술	정해	무자	기축	경인	신묘	임진	계사	
	1	1	1	1	10	10	10	9	9	9	8	8	8	7	7	7	
	9	10	10	10	10	1	1	1	1	2	2	2	3	3	3	4	

2020(경자)년 【단기 4353년】

월	구분	1	2	3	4	5	6	7	8	9	10	11	12	13
음 7 월	음력	1	2	3	4	5	6	7	8	9	10	11	12	13
	양력	8/19	20	21	22	23	24	25	26	27	28	29	30	31
	연주 (생년)	경자	경자	경자	경자	경자	경자	경자	경자	경자	경자	경자	경자	경자
	월주 (생월)	갑신	갑신	갑신	갑신	갑신	갑신	갑신	갑신	갑신	갑신	갑신	갑신	갑신
	일주 (생일)	갑오	을미	병신	정유	무술	기해	경자	신축	임인	계묘	갑진	을사	병오
	대운 남	6	6	6	5	5	5	4	4	4	3	3	3	2
	대운 여	4	4	5	5	5	6	6	6	7	7	7	8	8
음 8 월	음력	1	2	3	4	5	6	7	8	9	10	11	12	13
	양력	9/17	18	19	20	21	22	23	24	25	26	27	28	29
	연주 (생년)	경자	경자	경자	경자	경자	경자	경자	경자	경자	경자	경자	경자	경자
	월주 (생월)	을유	을유	을유	을유	을유	을유	을유	을유	을유	을유	을유	을유	을유
	일주 (생일)	계해	갑자	을축	병인	정묘	무진	기사	경오	신미	임신	계유	갑술	을해
	대운 남	7	7	6	6	6	5	5	5	4	4	4	3	3
	대운 여	3	4	4	4	5	5	5	6	6	6	7	7	7
음 9 월	음력	1	2	3	4	5	6	7	8	9	10	11	12	13
	양력	10/17	18	19	20	21	22	23	24	25	26	27	28	29
	연주 (생년)	경자	경자	경자	경자	경자	경자	경자	경자	경자	경자	경자	경자	경자
	월주 (생월)	병술	병술	병술	병술	병술	병술	병술	병술	병술	병술	병술	병술	병술
	일주 (생일)	계사	갑오	을미	병신	정유	무술	기해	경자	신축	임인	계묘	갑진	을사
	대운 남	7	7	6	6	6	5	5	5	4	4	4	3	3
	대운 여	3	3	4	4	4	5	5	5	6	6	6	7	7
음 10 월	음력	1	2	3	4	5	6	7	8	9	10	11	12	13
	양력	11/15	16	17	18	19	20	21	22	23	24	25	26	27
	연주 (생년)	경자	경자	경자	경자	경자	경자	경자	경자	경자	경자	경자	경자	경자
	월주 (생월)	정해	정해	정해	정해	정해	정해	정해	정해	정해	정해	정해	정해	정해
	일주 (생일)	임술	계해	갑자	을축	병인	정묘	무진	기사	경오	신미	임신	계유	갑술
	대운 남	7	7	7	6	6	6	5	5	5	4	4	4	3
	대운 여	3	3	3	4	4	4	5	5	5	6	6	6	7
음 11 월	음력	1	2	3	4	5	6	7	8	9	10	11	12	13
	양력	12/15	16	17	18	19	20	21	22	23	24	25	26	27
	연주 (생년)	경자	경자	경자	경자	경자	경자	경자	경자	경자	경자	경자	경자	경자
	월주 (생월)	무자	무자	무자	무자	무자	무자	무자	무자	무자	무자	무자	무자	무자
	일주 (생일)	임진	계사	갑오	을미	병신	정유	무술	기해	경자	신축	임인	계묘	갑진
	대운 남	7	7	6	6	6	5	5	5	4	4	4	3	3
	대운 여	3	3	3	4	4	4	5	5	5	6	6	6	7
음 12 월	음력	1	2	3	4	5	6	7	8	9	10	11	12	13
	양력	1/13	14	15	16	17	18	19	20	21	22	23	24	25
	연주 (생년)	경자	경자	경자	경자	경자	경자	경자	경자	경자	경자	경자	경자	경자
	월주 (생월)	기축	기축	기축	기축	기축	기축	기축	기축	기축	기축	기축	기축	기축
	일주 (생일)	신유	임술	계해	갑자	을축	병인	정묘	무진	기사	경오	신미	임신	계유
	대운 남	7	7	6	6	6	5	5	5	4	4	4	3	3
	대운 여	3	3	3	4	4	4	5	5	5	6	6	6	7

음 7 월	14	15	16	17	18	19	20	21	22	23	24	25	26	27	28	29	
	9/1	2	3	4	5	6	7	8	9	10	11	12	13	14	15	16	
	경자	경자	경자	경자	경자	경자	경자	경자	경자	경자	경자	경자	경자	경자	경자	경자	
	갑신	갑신	갑신	갑신	갑신	갑신	**을유**	을유	을유	을유	을유	을유	을유	을유	을유	을유	
	정미	무신	기유	경술	신해	임자	계축	갑인	을묘	병진	정사	무오	기미	경신	신유	임술	
	2	2	1	1	1	1	10	10	10	9	9	9	8	8	8	7	
	8	9	9	9	10	10	10	1	1	1	1	2	2	2	3	3	
음 8 월	14	15	16	17	18	19	20	21	22	23	24	25	26	27	28	29	30
	30	**10/1**	2	3	4	5	6	7	8	9	10	11	12	13	14	15	16
	경자	경자	경자	경자	경자	경자	경자	경자	경자	경자	경자	경자	경자	경자	경자	경자	경자
	을유	을유	을유	을유	을유	을유	을유	을유	**병술**	병술	병술	병술	병술	병술	병술	병술	병술
	병자	정축	무인	기묘	경진	신사	임오	계미	갑신	을유	병술	정해	무자	기축	경인	신묘	임진
	3	2	2	2	1	1	1	1	10	10	9	9	9	8	8	8	7
	8	8	8	9	9	9	10	10	10	1	1	1	1	2	2	2	3
음 9 월	14	15	16	17	18	19	20	21	22	23	24	25	26	27	28	29	
	30	31	**11/1**	2	3	4	5	6	7	8	9	10	11	12	13	14	
	경자	경자	경자	경자	경자	경자	경자	경자	경자	경자	경자	경자	경자	경자	경자	경자	
	병술	병술	병술	병술	병술	병술	병술	병술	**정해**	정해	정해	정해	정해	정해	정해	정해	
	병오	정미	무신	기유	경술	신해	임자	계축	갑인	을묘	병진	정사	무오	기미	경신	신유	
	3	2	2	2	1	1	1	1	10	10	9	9	9	8	8	8	
	7	8	8	8	9	9	9	10	10	1	1	1	1	2	2	2	
음 10 월	14	15	16	17	18	19	20	21	22	23	24	25	26	27	28	29	30
	28	29	30	**12/1**	2	3	4	5	6	7	8	9	10	11	12	13	14
	경자	경자	경자	경자	경자	경자	경자	경자	경자	경자	경자	경자	경자	경자	경자	경자	경자
	정해	정해	정해	정해	정해	정해	정해	정해	정해	**무자**	무자	무자	무자	무자	무자	무자	무자
	을해	병자	정축	무인	기묘	경진	신사	임오	계미	갑신	을유	병술	정해	무자	기축	경인	신묘
	3	3	2	2	2	1	1	1	1	10	9	9	9	8	8	8	7
	7	7	8	8	8	9	9	9	10	10	1	1	1	1	2	2	2
음 11 월	14	15	16	17	18	19	20	21	22	23	24	25	26	27	28	29	
	28	29	30	31	**1/1**	2	3	4	5	6	7	8	9	10	11	12	
	경자	경자	경자	경자	경자	경자	경자	경자	경자	경자	경자	경자	경자	경자	경자	경자	
	무자	무자	무자	무자	무자	무자	무자	무자	**기축**	기축	기축	기축	기축	기축	기축	기축	
	을사	병오	정미	무신	기유	경술	신해	임자	계축	갑인	을묘	병진	정사	무오	기미	경신	
	3	2	2	2	1	1	1	1	10	9	9	9	8	8	8	7	
	7	7	8	8	8	9	9	9	10	1	1	1	1	2	2	2	
음 12 월	14	15	16	17	18	19	20	21	22	23	24	25	26	27	28	29	30
	26	27	28	29	30	31	**2/1**	2	3	4	5	6	7	8	9	10	11
	경자	경자	경자	경자	경자	경자	경자	경자	**신축**	신축	신축	신축	신축	신축	신축	신축	신축
	기축	기축	기축	기축	기축	기축	기축	기축	**경인**	경인	경인	경인	경인	경인	경인	경인	경인
	갑술	을해	병자	정축	무인	기묘	경진	신사	임오	계미	갑신	을유	병술	정해	무자	기축	경인
	3	2	2	2	1	1	1	1	10	1	1	1	1	2	2	2	3
	7	7	8	8	8	9	9	9	10	10	9	9	9	8	8	8	7

2021(신축)년 【단기 4354년】

월	구분		1	2	3	4	5	6	7	8	9	10	11	12	13
음 1 월	음력		1	2	3	4	5	6	7	8	9	10	11	12	13
	양력		2/12	13	14	15	16	17	18	19	20	21	22	23	24
	연주 (생년)		신축	신축	신축	신축	신축	신축	신축	신축	신축	신축	신축	신축	신축
	월주 (생월)		경인	경인	경인	경인	경인	경인	경인	경인	경인	경인	경인	경인	경인
	일주 (생일)		신묘	임진	계사	갑오	을미	병신	정유	무술	기해	경자	신축	임인	계묘
	대운	남	3	3	4	4	4	5	5	5	6	6	6	7	7
		여	7	7	6	6	6	5	5	5	4	4	4	3	3
음 2 월	음력		1	2	3	4	5	6	7	8	9	10	11	12	13
	양력		3/13	14	15	16	17	18	19	20	21	22	23	24	25
	연주 (생년)		신축	신축	신축	신축	신축	신축	신축	신축	신축	신축	신축	신축	신축
	월주 (생월)		신묘	신묘	신묘	신묘	신묘	신묘	신묘	신묘	신묘	신묘	신묘	신묘	신묘
	일주 (생일)		경신	신유	임술	계해	갑자	을축	병인	정묘	무진	기사	경오	신미	임신
	대운	남	3	3	3	4	4	4	5	5	5	6	6	6	7
		여	7	7	7	6	6	6	5	5	5	4	4	4	3
음 3 월	음력		1	2	3	4	5	6	7	8	9	10	11	12	13
	양력		4/12	13	14	15	16	17	18	19	20	21	22	23	24
	연주 (생년)		신축	신축	신축	신축	신축	신축	신축	신축	신축	신축	신축	신축	신축
	월주 (생월)		임진	임진	임진	임진	임진	임진	임진	임진	임진	임진	임진	임진	임진
	일주 (생일)		경인	신묘	임진	계사	갑오	을미	병신	정유	무술	기해	경자	신축	임인
	대운	남	3	3	3	4	4	4	5	5	5	6	6	6	7
		여	8	7	7	7	6	6	6	5	5	5	4	4	4
음 4 월	음력		1	2	3	4	5	6	7	8	9	10	11	12	13
	양력		5/12	13	14	15	16	17	18	19	20	21	22	23	24
	연주 (생년)		신축	신축	신축	신축	신축	신축	신축	신축	신축	신축	신축	신축	신축
	월주 (생월)		계사	계사	계사	계사	계사	계사	계사	계사	계사	계사	계사	계사	계사
	일주 (생일)		경신	신유	임술	계해	갑자	을축	병인	정묘	무진	기사	경오	신미	임신
	대운	남	2	3	3	3	4	4	4	5	5	5	6	6	6
		여	8	8	7	7	7	6	6	6	5	5	5	4	4
음 5 월	음력		1	2	3	4	5	6	7	8	9	10	11	12	13
	양력		6/10	11	12	13	14	15	16	17	18	19	20	21	22
	연주 (생년)		신축	신축	신축	신축	신축	신축	신축	신축	신축	신축	신축	신축	신축
	월주 (생월)		갑오	갑오	갑오	갑오	갑오	갑오	갑오	갑오	갑오	갑오	갑오	갑오	갑오
	일주 (생일)		기축	경인	신묘	임진	계사	갑오	을미	병신	정유	무술	기해	경자	신축
	대운	남	2	2	2	3	3	3	4	4	4	5	5	5	6
		여	9	9	8	8	8	7	7	7	6	6	6	5	5
음 6 월	음력		1	2	3	4	5	6	7	8	9	10	11	12	13
	양력		7/10	11	12	13	14	15	16	17	18	19	20	21	22
	연주 (생년)		신축	신축	신축	신축	신축	신축	신축	신축	신축	신축	신축	신축	신축
	월주 (생월)		을미	을미	을미	을미	을미	을미	을미	을미	을미	을미	을미	을미	을미
	일주 (생일)		기축	경인	신묘	임진	계사	갑오	을미	병신	정유	무술	기해	경자	신축
	대운	남	1	1	2	2	2	3	3	3	4	4	4	5	5
		여	9	9	9	8	8	8	7	7	7	6	6	6	5

음 1 월	14	15	16	17	18	19	20	21	22	23	24	25	26	27	28	29	
	25	26	27	28	**3/1**	2	3	4	5	6	7	8	9	10	11	12	
	신축	신축	신축	신축	신축	신축	신축	신축	신축	신축	신축	신축	신축	신축	신축	신축	
	경인	경인	경인	경인	경인	경인	경인	경인	**신묘**	신묘	신묘	신묘	신묘	신묘	신묘	신묘	
	갑진	을사	병오	정미	무신	기유	경술	신해	임자	계축	갑인	을묘	병진	정사	무오	기미	
	7	8	8	8	9	9	9	10	10	1	1	1	1	2	2	2	
	3	2	2	2	1	1	1	1	10	10	9	9	9	8	8	8	

음 2 월	14	15	16	17	18	19	20	21	22	23	24	25	26	27	28	29	30
	26	27	28	29	30	31	**4/1**	2	3	4	5	6	7	8	9	10	11
	신축	신축	신축	신축	신축	신축	신축	신축	신축	신축	신축	신축	신축	신축	신축	신축	신축
	신묘	신묘	신묘	신묘	신묘	신묘	신묘	신묘	신묘	**임진**	임진	임진	임진	임진	임진	임진	임진
	계유	갑술	을해	병자	정축	무인	기묘	경진	신사	임오	계미	갑신	을유	병술	정해	무자	기축
	7	7	8	8	8	9	9	9	10	10	1	1	1	1	2	2	2
	3	3	2	2	2	1	1	1	1	10	10	10	9	9	9	8	8

음 3 월	14	15	16	17	18	19	20	21	22	23	24	25	26	27	28	29	30
	25	26	27	28	29	30	**5/1**	2	3	4	5	6	7	8	9	10	11
	신축	신축	신축	신축	신축	신축	신축	신축	신축	신축	신축	신축	신축	신축	신축	신축	신축
	임진	임진	임진	임진	임진	임진	임진	임진	임진	임진	**계사**	계사	계사	계사	계사	계사	계사
	계묘	갑진	을사	병오	정미	무신	기유	경술	신해	임자	계축	갑인	을묘	병진	정사	무오	기미
	7	7	8	8	8	9	9	9	10	10	10	1	1	1	1	2	2
	3	3	3	2	2	2	1	1	1	1	10	10	10	9	9	9	8

음 4 월	14	15	16	17	18	19	20	21	22	23	24	25	26	27	28	29	
	25	26	27	28	29	30	31	**5/1**	2	3	4	5	6	7	8	9	
	신축	신축	신축	신축	신축	신축	신축	신축	신축	신축	신축	신축	신축	신축	신축	신축	
	계사	계사	계사	계사	계사	계사	계사	계사	계사	계사	계사	**갑오**	갑오	갑오	갑오	갑오	
	계유	갑술	을해	병자	정축	무인	기묘	경진	신사	임오	계미	갑신	을유	병술	정해	무자	
	7	7	7	8	8	8	9	9	9	10	10	10	1	1	1	1	
	4	3	3	3	2	2	2	1	1	1	1	10	10	10	10	9	

음 5 월	14	15	16	17	18	19	20	21	22	23	24	25	26	27	28	29	30
	23	24	25	26	27	28	29	30	**5/1**	2	3	4	5	6	7	8	9
	신축	신축	신축	신축	신축	신축	신축	신축	신축	신축	신축	신축	신축	신축	신축	신축	신축
	갑오	갑오	갑오	갑오	갑오	갑오	갑오	갑오	갑오	갑오	갑오	갑오	갑오	갑오	**을미**	을미	을미
	임인	계묘	갑진	을사	병오	정미	무신	기유	경술	신해	임자	계축	갑인	을묘	병진	정사	무오
	6	6	7	7	7	8	8	8	9	9	9	10	10	10	10	1	1
	5	4	4	4	3	3	3	2	2	2	1	1	1	1	10	10	10

음 6 월	14	15	16	17	18	19	20	21	22	23	24	25	26	27	28	29	
	23	24	25	26	27	28	29	30	31	**8/1**	2	3	4	5	6	7	
	신축	신축	신축	신축	신축	신축	신축	신축	신축	신축	신축	신축	신축	신축	신축	신축	
	을미	을미	을미	을미	을미	을미	을미	을미	을미	을미	을미	을미	을미	을미	을미	**병신**	
	임신	계유	갑술	을해	병자	정축	무인	기묘	경진	신사	임오	계미	갑신	을유	병술	정해	
	5	6	6	6	7	7	7	8	8	8	9	9	9	10	10	10	
	5	5	4	4	4	3	3	3	2	2	2	1	1	1	1	10	

2021(신축)년 【단기 4354년】

월	구분													
음 7 월	음력	1	2	3	4	5	6	7	8	9	10	11	12	13
	양력	**8/8**	9	10	11	12	13	14	15	16	17	18	19	20
	연주 (생년)	신축	신축	신축	신축	신축	신축	신축	신축	신축	신축	신축	신축	신축
	월주 (생월)	병신	병신	병신	병신	병신	병신	병신	병신	병신	병신	병신	병신	병신
	일주 (생일)	무자	기축	경인	신묘	임진	계사	갑오	을미	병신	정유	무술	기해	경자
	대운 남	1	1	1	1	2	2	2	3	3	3	4	4	4
	대운 여	10	10	9	9	9	8	8	8	7	7	7	6	6
음 8 월	음력	1	2	3	4	5	6	7	8	9	10	11	12	13
	양력	**9/7**	8	9	10	11	12	13	14	15	16	17	18	19
	연주 (생년)	신축	신축	신축	신축	신축	신축	신축	신축	신축	신축	신축	신축	신축
	월주 (생월)	**정유**	정유	정유	정유	정유	정유	정유	정유	정유	정유	정유	정유	정유
	일주 (생일)	무오	기미	경신	신유	임술	계해	갑자	을축	병인	정묘	무진	기사	경오
	대운 남	10	1	1	1	1	2	2	2	3	3	3	4	4
	대운 여	10	10	10	9	9	9	8	8	8	7	7	7	6
음 9 월	음력	1	2	3	4	5	6	7	8	9	10	11	12	13
	양력	**10/6**	7	8	9	10	11	12	13	14	15	16	17	18
	연주 (생년)	신축	신축	신축	신축	신축	신축	신축	신축	신축	신축	신축	신축	신축
	월주 (생월)	정유	정유	**무술**	무술	무술	무술	무술	무술	무술	무술	무술	무술	무술
	일주 (생일)	정해	무자	기축	경인	신묘	임진	계사	갑오	을미	병신	정유	무술	기해
	대운 남	10	10	10	1	1	1	1	2	2	2	3	3	3
	대운 여	1	1	10	10	9	9	9	8	8	8	7	7	7
음 10 월	음력	1	2	3	4	5	6	7	8	9	10	11	12	13
	양력	**11/5**	6	7	8	9	10	11	12	13	14	15	16	17
	연주 (생년)	신축	신축	신축	신축	신축	신축	신축	신축	신축	신축	신축	신축	신축
	월주 (생월)	무술	무술	**기해**	기해	기해	기해	기해	기해	기해	기해	기해	기해	기해
	일주 (생일)	정사	무오	기미	경신	신유	임술	계해	갑자	을축	병인	정묘	무진	기사
	대운 남	9	10	10	1	1	1	1	2	2	2	3	3	3
	대운 여	1	1	10	10	9	9	9	8	8	8	7	7	7
음 11 월	음력	1	2	3	4	5	6	7	8	9	10	11	12	13
	양력	**12/4**	5	6	7	8	9	10	11	12	13	14	15	16
	연주 (생년)	신축	신축	신축	신축	신축	신축	신축	신축	신축	신축	신축	신축	신축
	월주 (생월)	기해	기해	기해	**경자**	경자	경자	경자	경자	경자	경자	경자	경자	경자
	일주 (생일)	병술	정해	무자	기축	경인	신묘	임진	계사	갑오	을미	병신	정유	무술
	대운 남	9	9	10	10	1	1	1	1	2	2	2	3	3
	대운 여	1	1	1	10	9	9	9	8	8	8	7	7	7
음 12 월	음력	1	2	3	4	5	6	7	8	9	10	11	12	13
	양력	**1/3**	4	5	6	7	8	9	10	11	12	13	14	15
	연주 (생년)	신축	신축	신축	신축	신축	신축	신축	신축	신축	신축	신축	신축	신축
	월주 (생월)	경자	경자	**신축**	신축	신축	신축	신축	신축	신축	신축	신축	신축	신축
	일주 (생일)	병진	정사	무오	기미	경신	신유	임술	계해	갑자	을축	병인	정묘	무진
	대운 남	9	9	10	1	1	1	1	2	2	2	3	3	3
	대운 여	1	1	10	10	9	9	9	8	8	8	7	7	7

	14	15	16	17	18	19	20	21	22	23	24	25	26	27	28	29	30
음	21	22	23	24	25	26	27	28	29	30	31	**9/1**	2	3	4	5	6
	신축	신축	신축	신축	신축	신축	신축	신축	신축	신축	신축	신축	신축	신축	신축	신축	신축
7.	병신	병신	병신	병신	병신	병신	병신	병신	병신	병신	병신	병신	병신	병신	병신	병신	병신
월	신축	임인	계묘	갑진	을사	병오	정미	무신	기유	경술	신해	임자	계축	갑인	을묘	병진	정사
	5	5	5	6	6	6	7	7	7	8	8	8	9	9	9	10	10
	6	5	5	5	4	4	4	3	3	3	2	2	2	1	1	1	1
	14	15	16	17	18	19	20	21	22	23	24	25	26	27	28	29	
음	20	21	22	23	24	25	26	27	28	29	30	**10/1**	2	3	4	5	
	신축	신축	신축	신축	신축	신축	신축	신축	신축	신축	신축	신축	신축	신축	신축	신축	
8	정유	정유	정유	정유	정유	정유	정유	정유	정유	정유	정유	정유	정유	정유	정유	정유	
월	신미	임신	계유	갑술	을해	병자	정축	무인	기묘	경진	신사	임오	계미	갑신	을유	병술	
	4	5	5	5	6	6	6	7	7	7	8	8	8	9	9	9	
	6	6	5	5	5	4	4	4	3	3	3	2	2	2	1	1	
	14	15	16	17	18	19	20	21	22	23	24	25	26	27	28	29	30
음	19	20	21	22	23	24	25	26	27	28	29	30	31	**11/1**	2	3	4
	신축	신축	신축	신축	신축	신축	신축	신축	신축	신축	신축	신축	신축	신축	신축	신축	신축
9	무술	무술	무술	무술	무술	무술	무술	무술	무술	무술	무술	무술	무술	무술	무술	무술	무술
월	경자	신축	임인	계묘	갑진	을사	병오	정미	무신	기유	경술	신해	임자	계축	갑인	을묘	병진
	4	4	4	5	5	5	6	6	6	7	7	7	8	8	8	9	9
	6	6	6	5	5	5	4	4	4	3	3	3	2	2	2	1	1
	14	15	16	17	18	19	20	21	22	23	24	25	26	27	28	29	
음	18	19	20	21	22	23	24	25	26	27	28	29	30	**12/1**	2	3	
	신축	신축	신축	신축	신축	신축	신축	신축	신축	신축	신축	신축	신축	신축	신축	신축	
10	기해	기해	기해	기해	기해	기해	기해	기해	기해	기해	기해	기해	기해	기해	기해	기해	
월	경오	신미	임신	계유	갑술	을해	병자	정축	무인	기묘	경진	신사	임오	계미	갑신	을유	
	4	4	4	5	5	5	6	6	6	7	7	7	8	8	8	9	
	6	6	6	5	5	5	4	4	4	3	3	3	2	2	2	1	
	14	15	16	17	18	19	20	21	22	23	24	25	26	27	28	29	30
음	17	18	19	20	21	22	23	24	25	26	27	28	29	30	31	**1/1**	2
	신축	신축	신축	신축	신축	신축	신축	신축	신축	신축	신축	신축	신축	신축	신축	신축	신축
11	경자	경자	경자	경자	경자	경자	경자	경자	경자	경자	경자	경자	경자	경자	경자	경자	경자
월	기해	경자	신축	임인	계묘	갑진	을사	병오	정미	무신	기유	경술	신해	임자	계축	갑인	을묘
	3	4	4	4	5	5	5	6	6	6	7	7	7	8	8	8	9
	6	6	6	5	5	5	4	4	4	3	3	3	2	2	2	1	1
	14	15	16	17	18	19	20	21	22	23	24	25	26	27	28	29	
음	16	17	18	19	20	21	22	23	24	25	26	27	28	29	30	31	
	신축	신축	신축	신축	신축	신축	신축	신축	신축	신축	신축	신축	신축	신축	신축	신축	
12	신축	신축	신축	신축	신축	신축	신축	신축	신축	신축	신축	신축	신축	신축	신축	신축	
월	기사	경오	신미	임신	계유	갑술	을해	병자	정축	무인	기묘	경진	신사	임오	계미	갑신	
	4	4	4	5	5	5	6	6	6	7	7	7	8	8	8	9	
	6	6	6	5	5	5	4	4	4	3	3	3	2	2	2	1	

2022(임인)년 【단기 4355년】

음 1 월		1	2	3	4	5	6	7	8	9	10	11	12	13
음력		1	2	3	4	5	6	7	8	9	10	11	12	13
양력		**2/1**	2	3	4	5	6	7	8	9	10	11	12	13
연주 (생년)		신축	신축	신축	**임인**	임인	임인	임인	임인	임인	임인	임인	임인	임인
월주 (생월)		신축	신축	신축	**임인**	임인	임인	임인	임인	임인	임인	임인	임인	임인
일주 (생일)		을유	병술	정해	무자	기축	경인	신묘	임진	계사	갑오	을미	병신	정유
대운	남	9	9	10	10	9	9	9	8	8	8	7	7	7
	여	1	1	1	10	1	1	1	1	2	2	2	3	3

음 2 월		1	2	3	4	5	6	7	8	9	10	11	12	13
음력		1	2	3	4	5	6	7	8	9	10	11	12	13
양력		**3/3**	4	5	6	7	8	9	10	11	12	13	14	15
연주 (생년)		임인	임인	임인	임인	임인	임인	임인	임인	임인	임인	임인	임인	임인
월주 (생월)		임인	임인	**계묘**	계묘	계묘	계묘	계묘	계묘	계묘	계묘	계묘	계묘	계묘
일주 (생일)		을묘	병진	정사	무오	기미	경신	신유	임술	계해	갑자	을축	병인	정묘
대운	남	1	1	1	1	10	10	9	9	9	8	8	8	7
	여	9	9	10	10	10	1	1	1	1	2	2	2	3

음 3 월		1	2	3	4	5	6	7	8	9	10	11	12	13
음력		1	2	3	4	5	6	7	8	9	10	11	12	13
양력		**4/1**	2	3	4	5	6	7	8	9	10	11	12	13
연주 (생년)		임인	임인	임인	임인	임인	임인	임인	임인	임인	임인	임인	임인	임인
월주 (생월)		계묘	계묘	계묘	계묘	**갑진**	갑진	갑진	갑진	갑진	갑진	갑진	갑진	갑진
일주 (생일)		갑신	을유	병술	정해	무자	기축	경인	신묘	임진	계사	갑오	을미	병신
대운	남	1	1	1	1	10	10	9	9	9	8	8	8	7
	여	9	9	10	10	10	1	1	1	1	2	2	2	3

음 4 월		1	2	3	4	5	6	7	8	9	10	11	12	13
음력		1	2	3	4	5	6	7	8	9	10	11	12	13
양력		**5/1**	2	3	4	5	6	7	8	9	10	11	12	13
연주 (생년)		임인	임인	임인	임인	임인	임인	임인	임인	임인	임인	임인	임인	임인
월주 (생월)		갑진	갑진	갑진	갑진	**을사**	을사	을사	을사	을사	을사	을사	을사	을사
일주 (생일)		갑인	을묘	병진	정사	무오	기미	경신	신유	임술	계해	갑자	을축	병인
대운	남	1	1	1	1	10	10	10	10	9	9	9	8	8
	여	9	9	9	10	10	1	1	1	1	2	2	2	3

음 5 월		1	2	3	4	5	6	7	8	9	10	11	12	13
음력		1	2	3	4	5	6	7	8	9	10	11	12	13
양력		**5/30**	31	**6/1**	2	3	4	5	6	7	8	9	10	11
연주 (생년)		임인	임인	임인	임인	임인	임인	임인	임인	임인	임인	임인	임인	임인
월주 (생월)		을사	을사	을사	을사	을사	을사	을사	**병오**	병오	병오	병오	병오	병오
일주 (생일)		계미	갑신	을유	병술	정해	무자	기축	경인	신묘	임진	계사	갑오	을미
대운	남	2	2	2	1	1	1	1	10	10	10	9	9	9
	여	8	9	9	9	10	10	10	10	1	1	1	1	2

음 6 월		1	2	3	4	5	6	7	8	9	10	11	12	13
음력		1	2	3	4	5	6	7	8	9	10	11	12	13
양력		**6/29**	30	**7/1**	2	3	4	5	6	7	8	9	10	11
연주 (생년)		임인	임인	임인	임인	임인	임인	임인	임인	임인	임인	임인	임인	임인
월주 (생월)		병오	병오	병오	병오	병오	병오	병오	병오	**정미**	정미	정미	정미	정미
일주 (생일)		계축	갑인	을묘	병진	정사	무오	기미	경신	신유	임술	계해	갑자	을축
대운	남	3	2	2	2	1	1	1	1	10	10	10	9	9
	여	8	8	8	9	9	9	10	10	10	1	1	1	1

음 1 월	14	15	16	17	18	19	20	21	22	23	24	25	26	27	28	29	30
	14	15	16	17	18	19	20	21	22	23	24	25	26	27	28	3/1	2
	임인	임인	임인	임인	임인	임인	임인	임인	임인	임인	임인	임인	임인	임인	임인	임인	임인
	임인	임인	임인	임인	임인	임인	임인	임인	임인	임인	임인	임인	임인	임인	임인	임인	임인
	무술	기해	경자	신축	임인	계묘	갑진	을사	병오	정미	무신	기유	경술	신해	임자	계축	갑인
	6	6	6	5	5	5	4	4	4	3	3	3	2	2	2	1	1
	3	4	4	4	5	5	5	6	6	6	7	7	7	8	8	8	9

음 2 월	14	15	16	17	18	19	20	21	22	23	24	25	26	27	28	29	
	16	17	18	19	20	21	22	23	24	25	26	27	28	29	30	31	
	임인	임인	임인	임인	임인	임인	임인	임인	임인	임인	임인	임인	임인	임인	임인	임인	
	계묘	계묘	계묘	계묘	계묘	계묘	계묘	계묘	계묘	계묘	계묘	계묘	계묘	계묘	계묘	계묘	
	무진	기사	경오	신미	임신	계유	갑술	을해	병자	정축	무인	기묘	경진	신사	임오	계미	
	7	6	6	6	5	5	5	4	4	4	3	3	3	2	2	2	
	4	4	4	5	5	5	6	6	6	7	7	7	8	8	8	9	

음 3 월	14	15	16	17	18	19	20	21	22	23	24	25	26	27	28	29	30
	14	15	16	17	18	19	20	21	22	23	24	25	26	27	28	29	30
	임인	임인	임인	임인	임인	임인	임인	임인	임인	임인	임인	임인	임인	임인	임인	임인	임인
	갑진	갑진	갑진	갑진	갑진	갑진	갑진	갑진	갑진	갑진	갑진	갑진	갑진	갑진	갑진	갑진	갑진
	정유	무술	기해	경자	신축	임인	계묘	갑진	을사	병오	정미	무신	기유	경술	신해	임자	계축
	7	7	6	6	6	5	5	5	4	4	4	3	3	3	2	2	2
	3	3	4	4	4	5	5	5	6	6	6	7	7	7	8	8	8

음 4 월	14	15	16	17	18	19	20	21	22	23	24	25	26	27	28	29	
	14	15	16	17	18	19	20	21	22	23	24	25	26	27	28	29	
	임인	임인	임인	임인	임인	임인	임인	임인	임인	임인	임인	임인	임인	임인	임인	임인	
	을사	을사	을사	을사	을사	을사	을사	을사	을사	을사	을사	을사	을사	을사	을사	을사	
	정묘	무진	기사	경오	신미	임신	계유	갑술	을해	병자	정축	무인	기묘	경진	신사	임오	
	8	7	7	7	6	6	6	5	5	5	4	4	4	3	3	3	
	3	3	4	4	4	5	5	5	6	6	6	7	7	7	8	8	

음 5 월	14	15	16	17	18	19	20	21	22	23	24	25	26	27	28	29	30
	12	13	14	15	16	17	18	19	20	21	22	23	24	25	26	27	28
	임인	임인	임인	임인	임인	임인	임인	임인	임인	임인	임인	임인	임인	임인	임인	임인	임인
	병오	병오	병오	병오	병오	병오	병오	병오	병오	병오	병오	병오	병오	병오	병오	병오	병오
	병신	정유	무술	기해	경자	신축	임인	계묘	갑진	을사	병오	정미	무신	기유	경술	신해	임자
	8	8	8	7	7	7	6	6	6	5	5	5	4	4	4	3	3
	2	2	3	3	3	4	4	4	5	5	5	6	6	6	7	7	7

음 6 월	14	15	16	17	18	19	20	21	22	23	24	25	26	27	28	29	30
	12	13	14	15	16	17	18	19	20	21	22	23	24	25	26	27	28
	임인	임인	임인	임인	임인	임인	임인	임인	임인	임인	임인	임인	임인	임인	임인	임인	임인
	정미	정미	정미	정미	정미	정미	정미	정미	정미	정미	정미	정미	정미	정미	정미	정미	정미
	병인	정묘	무진	기사	경오	신미	임신	계유	갑술	을해	병자	정축	무인	기묘	경진	신사	임오
	9	8	8	8	7	7	7	6	6	6	5	5	5	4	4	4	3
	2	2	2	3	3	3	4	4	4	5	5	5	6	6	6	7	7

2022(임인)년 【단기 4355년】

월	구분	1	2	3	4	5	6	7	8	9	10	11	12	13
음 7월	음력	1	2	3	4	5	6	7	8	9	10	11	12	13
	양력	**7/29**	30	31	**8/1**	2	3	4	5	6	7	8	9	10
	연주 (생년)	임인	임인	임인	임인	임인	임인	임인	임인	임인	임인	임인	임인	임인
	월주 (생월)	정미	정미	정미	정미	정미	정미	정미	정미	정미	**무신**	무신	무신	무신
	일주 (생일)	계미	갑신	을유	병술	정해	무자	기축	경인	신묘	임진	계사	갑오	을미
	대운 남	3	3	2	2	2	1	1	1	1	10	10	10	10
	대운 여	7	8	8	8	9	9	9	10	10	10	1	1	1
음 8월	음력	1	2	3	4	5	6	7	8	9	10	11	12	13
	양력	**8/27**	28	29	30	31	**8/1**	2	3	4	5	6	7	8
	연주 (생년)	임인	임인	임인	임인	임인	임인	임인	임인	임인	임인	임인	임인	임인
	월주 (생월)	무신	무신	무신	무신	무신	무신	무신	무신	무신	무신	무신	무신	**기유**
	일주 (생일)	임자	계축	갑인	을묘	병진	정사	무오	기미	경신	신유	임술	계해	갑자
	대운 남	4	4	3	3	3	2	2	2	1	1	1	1	10
	대운 여	7	7	7	8	8	8	9	9	9	10	10	10	10
음 9월	음력	1	2	3	4	5	6	7	8	9	10	11	12	13
	양력	**9/26**	27	28	29	30	**10/1**	2	3	4	5	6	7	8
	연주 (생년)	임인	임인	임인	임인	임인	임인	임인	임인	임인	임인	임인	임인	임인
	월주 (생월)	기유	기유	기유	기유	기유	기유	기유	기유	기유	기유	기유	기유	**경술**
	일주 (생일)	임오	계미	갑신	을유	병술	정해	무자	기축	경인	신묘	임진	계사	갑오
	대운 남	4	4	3	3	3	2	2	2	1	1	1	1	10
	대운 여	6	6	7	7	7	8	8	8	9	9	9	10	10
음 10월	음력	1	2	3	4	5	6	7	8	9	10	11	12	13
	양력	**10/25**	26	27	28	29	30	31	**11/1**	2	3	4	5	6
	연주 (생년)	임인	임인	임인	임인	임인	임인	임인	임인	임인	임인	임인	임인	임인
	월주 (생월)	경술	경술	경술	경술	경술	경술	경술	경술	경술	경술	경술	경술	경술
	일주 (생일)	신해	임자	계축	갑인	을묘	병진	정사	무오	기미	경신	신유	임술	계해
	대운 남	4	4	4	3	3	3	2	2	2	1	1	1	1
	대운 여	6	6	6	7	7	7	8	8	8	9	9	9	10
음 11월	음력	1	2	3	4	5	6	7	8	9	10	11	12	13
	양력	**11/24**	25	26	27	28	29	30	**12/1**	2	3	4	5	6
	연주 (생년)	임인	임인	임인	임인	임인	임인	임인	임인	임인	임인	임인	임인	임인
	월주 (생월)	신해	신해	신해	신해	신해	신해	신해	신해	신해	신해	신해	신해	신해
	일주 (생일)	신사	임오	계미	갑신	을유	병술	정해	무자	기축	경인	신묘	임진	계사
	대운 남	4	4	4	3	3	3	2	2	2	1	1	1	1
	대운 여	6	6	6	7	7	7	8	8	8	9	9	9	10
음 12월	음력	1	2	3	4	5	6	7	8	9	10	11	12	13
	양력	**12/23**	24	25	26	27	28	29	30	31	**1/1**	2	3	4
	연주 (생년)	임인	임인	임인	임인	임인	임인	임인	임인	임인	임인	임인	임인	임인
	월주 (생월)	임자	임자	임자	임자	임자	임자	임자	임자	임자	임자	임자	임자	임자
	일주 (생일)	경술	신해	임자	계축	갑인	을묘	병진	정사	무오	기미	경신	신유	임술
	대운 남	4	4	4	3	3	3	2	2	2	1	1	1	1
	대운 여	5	6	6	6	7	7	7	8	8	8	9	9	9

	14	15	16	17	18	19	20	21	22	23	24	25	26	27	28	29	
	11	12	13	14	15	16	17	18	19	20	21	22	23	24	25	26	
음	임인	임인	임인	임인	임인	임인	임인	임인	임인	임인	임인	임인	임인	임인	임인	임인	
7	무신	무신	무신	무신	무신	무신	무신	무신	무신	무신	무신	무신	무신	무신	무신	무신	
월	병신	정유	무술	기해	경자	신축	임인	계묘	갑진	을사	병오	정미	무신	기유	경술	신해	
	9	9	9	8	8	8	7	7	7	6	6	6	5	5	5	4	
	1	2	2	2	3	3	3	4	4	4	5	5	5	6	6	6	
	14	15	16	17	18	19	20	21	22	23	24	25	26	27	28	29	30
	9	10	11	12	13	14	15	16	17	18	19	20	21	22	23	24	25
음	임인	임인	임인	임인	임인	임인	임인	임인	임인	임인	임인	임인	임인	임인	임인	임인	임인
8	기유	기유	기유	기유	기유	기유	기유	기유	기유	기유	기유	기유	기유	기유	기유	기유	기유
월	을축	병인	정묘	무진	기사	경오	신미	임신	계유	갑술	을해	병자	정축	무인	기묘	경진	신사
	10	9	9	9	8	8	8	7	7	7	6	6	6	5	5	5	4
	1	1	1	1	2	2	2	3	3	3	4	4	4	5	5	5	6
	14	15	16	17	18	19	20	21	22	23	24	25	26	27	28	29	
	9	10	11	12	13	14	15	16	17	18	19	20	21	22	23	24	
음	임인	임인	임인	임인	임인	임인	임인	임인	임인	임인	임인	임인	임인	임인	임인	임인	
9	경술	경술	경술	경술	경술	경술	경술	경술	경술	경술	경술	경술	경술	경술	경술	경술	
월	을미	병신	정유	무술	기해	경자	신축	임인	계묘	갑진	을사	병오	정미	무신	기유	경술	
	10	9	9	9	8	8	8	7	7	7	6	6	6	5	5	5	
	1	1	1	1	2	2	2	3	3	3	4	4	4	5	5	5	
	14	15	16	17	18	19	20	21	22	23	24	25	26	27	28	29	30
	7	8	9	10	11	12	13	14	15	16	17	18	19	20	21	22	23
음	임인	임인	임인	임인	임인	임인	임인	임인	임인	임인	임인	임인	임인	임인	임인	임인	임인
10	**신해**	신해	신해	신해	신해	신해	신해	신해	신해	신해	신해	신해	신해	신해	신해	신해	신해
월	갑자	을축	병인	정묘	무진	기사	경오	신미	임신	계유	갑술	을해	병자	정축	무인	기묘	경진
	10	10	9	9	9	8	8	8	7	7	7	6	6	6	5	5	5
	10	1	1	1	1	2	2	2	3	3	3	4	4	4	5	5	5
	14	15	16	17	18	19	20	21	22	23	24	25	26	27	28	29	
	7	8	9	10	11	12	13	14	15	16	17	18	19	20	21	22	
음	임인	임인	임인	임인	임인	임인	임인	임인	임인	임인	임인	임인	임인	임인	임인	임인	
11	**임자**	임자	임자	임자	임자	임자	임자	임자	임자	임자	임자	임자	임자	임자	임자	임자	
월	갑오	을미	병신	정유	무술	기해	경자	신축	임인	계묘	갑진	을사	병오	정미	무신	기유	
	10	9	9	9	8	8	8	7	7	7	6	6	6	5	5	5	
	10	1	1	1	1	2	2	2	3	3	3	4	4	4	5	5	
	14	15	16	17	18	19	20	21	22	23	24	25	26	27	28	29	30
	5	6	7	8	9	10	11	12	13	14	15	16	17	18	19	20	21
음	임인	임인	임인	임인	임인	임인	임인	임인	임인	임인	임인	임인	임인	임인	임인	임인	임인
12	임자	**계축**	계축	계축	계축	계축	계축	계축	계축	계축	계축	계축	계축	계축	계축	계축	계축
월	계해	갑자	을축	병인	정묘	무진	기사	경오	신미	임신	계유	갑술	을해	병자	정축	무인	기묘
	10	10	9	9	9	8	8	8	7	7	7	6	6	6	5	5	5
	10	10	1	1	1	1	2	2	2	3	3	3	4	4	4	5	5

2023(계묘)년 【단기 4356년】

월	구분														
음 1 월	음력		1	2	3	4	5	6	7	8	9	10	11	12	13
	양력		**1/22**	23	24	25	26	27	28	29	30	31	**2/1**	2	3
	연주 (생년)		임인	임인	임인	임인	임인	임인	임인	임인	임인	임인	임인	임인	임인
	월주 (생월)		계축	계축	계축	계축	계축	계축	계축	계축	계축	계축	계축	계축	계축
	일주 (생일)		경진	신사	임오	계미	갑신	을유	병술	정해	무자	기축	경인	신묘	임진
	대운	남	4	4	4	3	3	3	2	2	2	1	1	1	1
		여	5	6	6	6	7	7	7	8	8	8	9	9	9
음 2 월	음력		1	2	3	4	5	6	7	8	9	10	11	12	13
	양력		**2/20**	21	22	23	24	25	26	27	28	**3/1**	2	3	4
	연주 (생년)		계묘	계묘	계묘	계묘	계묘	계묘	계묘	계묘	계묘	계묘	계묘	계묘	계묘
	월주 (생월)		갑인	갑인	갑인	갑인	갑인	갑인	갑인	갑인	갑인	갑인	갑인	갑인	갑인
	일주 (생일)		기유	경술	신해	임자	계축	갑인	을묘	병진	정사	무오	기미	경신	신유
	대운	남	5	6	6	6	7	7	7	8	8	8	9	9	9
		여	5	4	4	4	3	3	3	2	2	2	1	1	1
윤 2 월	음력		1	2	3	4	5	6	7	8	9	10	11	12	13
	양력		**3/22**	23	24	25	26	27	28	29	30	31	**4/1**	2	3
	연주 (생년)		계묘	계묘	계묘	계묘	계묘	계묘	계묘	계묘	계묘	계묘	계묘	계묘	계묘
	월주 (생월)		을묘	을묘	을묘	을묘	을묘	을묘	을묘	을묘	을묘	을묘	을묘	을묘	을묘
	일주 (생일)		기묘	기묘	기묘	기묘	기묘	기묘	기묘	기묘	기묘	기묘	기묘	기묘	기묘
	대운	남	5	6	6	6	7	7	7	8	8	8	9	9	9
		여	5	4	4	4	3	3	3	2	2	2	1	1	1
음 3 월	음력		1	2	3	4	5	6	7	8	9	10	11	12	13
	양력		**4/20**	21	22	23	24	25	26	27	28	29	30	**5/1**	2
	연주 (생년)		계묘	계묘	계묘	계묘	계묘	계묘	계묘	계묘	계묘	계묘	계묘	계묘	계묘
	월주 (생월)		병진	병진	병진	병진	병진	병진	병진	병진	병진	병진	병진	병진	병진
	일주 (생일)		무신	기유	경술	신해	임자	계축	갑인	을묘	병진	정사	무오	기미	경신
	대운	남	5	5	6	6	6	7	7	7	8	8	8	9	9
		여	5	5	5	4	4	4	3	3	3	2	2	2	1
음 4 월	음력		1	2	3	4	5	6	7	8	9	10	11	12	13
	양력		**5/20**	21	22	23	24	25	26	27	28	29	30	31	**6/1**
	연주 (생년)		계묘	계묘	계묘	계묘	계묘	계묘	계묘	계묘	계묘	계묘	계묘	계묘	계묘
	월주 (생월)		정사	정사	정사	정사	정사	정사	정사	정사	정사	정사	정사	정사	정사
	일주 (생일)		무인	기묘	경진	신사	임오	계미	갑신	을유	병술	정해	무자	기축	경인
	대운	남	5	5	5	6	6	6	7	7	7	8	8	8	9
		여	6	5	5	5	4	4	4	3	3	3	2	2	2
음 5 월	음력		1	2	3	4	5	6	7	8	9	10	11	12	13
	양력		**6/18**	19	20	21	22	23	24	25	26	27	28	29	30
	연주 (생년)		계묘	계묘	계묘	계묘	계묘	계묘	계묘	계묘	계묘	계묘	계묘	계묘	계묘
	월주 (생월)		무오	무오	무오	무오	무오	무오	무오	무오	무오	무오	무오	무오	무오
	일주 (생일)		정미	무신	기유	경술	신해	임자	계축	갑인	을묘	병진	정사	무오	기미
	대운	남	4	4	5	5	5	6	6	6	7	7	7	8	8
		여	6	6	6	5	5	5	4	4	4	3	3	3	2
음 6 월	음력		1	2	3	4	5	6	7	8	9	10	11	12	13
	양력		**7/18**	19	20	21	22	23	24	25	26	27	28	29	30
	연주 (생년)		계묘	계묘	계묘	계묘	계묘	계묘	계묘	계묘	계묘	계묘	계묘	계묘	계묘
	월주 (생월)		기미	기미	기미	기미	기미	기미	기미	기미	기미	기미	기미	기미	기미
	일주 (생일)		정축	무인	기묘	경진	신사	임오	계미	갑신	을유	병술	정해	무자	기축
	대운	남	4	4	4	5	5	5	6	6	6	7	7	7	8
		여	7	7	6	6	6	5	5	5	4	4	4	3	3

음 1 월	14	15	16	17	18	19	20	21	22	23	24	25	26	27	28	29	
	4	5	6	7	8	9	10	11	12	13	14	15	16	17	18	19	
	계묘	계묘	계묘	계묘	계묘	계묘	계묘	계묘	계묘	계묘	계묘	계묘	계묘	계묘	계묘	계묘	
	갑인	갑인	갑인	갑인	갑인	갑인	갑인	갑인	갑인	갑인	갑인	갑인	갑인	갑인	갑인	갑인	
	계사	갑오	을미	병신	정유	무술	기해	경자	신축	임인	계묘	갑진	을사	병오	정미	무신	
	10	1	1	1	1	2	2	2	3	3	3	4	4	4	5	5	
	10	10	9	9	9	8	8	8	7	7	7	6	6	6	5	5	
음 2 월	14	15	16	17	18	19	20	21	22	23	24	25	26	27	28	29	30
	5	6	7	8	9	10	11	12	13	14	15	16	17	18	19	20	21
	계묘	계묘	계묘	계묘	계묘	계묘	계묘	계묘	계묘	계묘	계묘	계묘	계묘	계묘	계묘	계묘	계묘
	갑인	**을묘**	을묘	을묘	을묘	을묘	을묘	을묘	을묘	을묘	을묘	을묘	을묘	을묘	을묘	을묘	을묘
	임술	계해	갑자	을축	병인	정묘	무진	기사	경오	신미	임신	계유	갑술	을해	병자	정축	무인
	10	10	1	1	1	1	2	2	2	3	3	3	4	4	4	5	5
	1	10	10	9	9	9	8	8	8	7	7	7	6	6	6	5	5
윤 2 월	14	15	16	17	18	19	20	21	22	23	24	25	26	27	28	29	
	4	5	6	7	8	9	10	11	12	13	14	15	16	17	18	19	
	계묘	계묘	계묘	계묘	계묘	계묘	계묘	계묘	계묘	계묘	계묘	계묘	계묘	계묘	계묘	계묘	
	을묘	**병진**	병진	병진	병진	병진	병진	병진	병진	병진	병진	병진	병진	병진	병진	병진	
	임진	계사	갑오	을미	병신	정유	무술	기해	경자	신축	임인	계묘	갑진	을사	병오	정미	
	10	10	1	1	1	1	2	2	2	3	3	3	4	4	4	5	
	1	10	10	10	9	9	9	8	8	8	7	7	7	6	6	6	
음 3 월	14	15	16	17	18	19	20	21	22	23	24	25	26	27	28	29	30
	3	4	5	6	7	8	9	10	11	12	13	14	15	16	17	18	19
	계묘	계묘	계묘	계묘	계묘	계묘	계묘	계묘	계묘	계묘	계묘	계묘	계묘	계묘	계묘	계묘	계묘
	병진	병진	병진	**정사**	정사	정사	정사	정사	정사	정사	정사	정사	정사	정사	정사	정사	정사
	신유	임술	계해	갑자	을축	병인	정묘	무진	기사	경오	신미	임신	계유	갑술	을해	병자	정축
	9	10	10	10	1	1	1	1	2	2	2	3	3	3	4	4	4
	1	1	1	10	10	10	9	9	9	8	8	8	7	7	7	6	6
음 4 월	14	15	16	17	18	19	20	21	22	23	24	25	26	27	28	29	
	2	3	4	5	6	7	8	9	10	11	12	13	14	15	16	17	
	계묘	계묘	계묘	계묘	계묘	계묘	계묘	계묘	계묘	계묘	계묘	계묘	계묘	계묘	계묘	계묘	
	정사	정사	정사	정사	**무오**	무오	무오	무오	무오	무오	무오	무오	무오	무오	무오	무오	
	신묘	임진	계사	갑오	을미	병신	정유	무술	기해	경자	신축	임인	계묘	갑진	을사	병오	
	9	9	10	10	10	1	1	1	1	2	2	2	3	3	3	4	
	1	1	1	1	10	10	10	9	9	9	8	8	8	7	7	7	
음 5 월	14	15	16	17	18	19	20	21	22	23	24	25	26	27	28	29	30
	7/1	2	3	4	5	6	7	8	9	10	11	12	13	14	15	16	17
	계묘	계묘	계묘	계묘	계묘	계묘	계묘	계묘	계묘	계묘	계묘	계묘	계묘	계묘	계묘	계묘	계묘
	무오	무오	무오	무오	무오	무오	**기미**	기미	기미	기미	기미	기미	기미	기미	기미	기미	기미
	경신	신유	임술	계해	갑자	을축	병인	정묘	무진	기사	경오	신미	임신	계유	갑술	을해	병자
	8	9	9	9	10	10	10	1	1	1	1	2	2	2	3	3	3
	2	2	1	1	1	1	10	10	10	10	9	9	9	8	8	8	7
음 6 월	14	15	16	17	18	19	20	21	22	23	24	25	26	27	28	29	
	31	**8/1**	2	3	4	5	6	7	8	9	10	11	12	13	14	15	
	계묘	계묘	계묘	계묘	계묘	계묘	계묘	계묘	계묘	계묘	계묘	계묘	계묘	계묘	계묘	계묘	
	기미	기미	기미	기미	기미	기미	기미	기미	**경신**	경신	경신	경신	경신	경신	경신	경신	
	경인	신묘	임진	계사	갑오	을미	병신	정유	무술	기해	경자	신축	임인	계묘	갑진	을사	
	8	8	9	9	9	10	10	10	10	1	1	1	1	2	2	2	
	3	2	2	2	1	1	1	1	10	10	10	9	9	9	8	8	

2023(계묘)년 【단기 4356년】

월	구분		1	2	3	4	5	6	7	8	9	10	11	12	13
음 7 월	음력		1	2	3	4	5	6	7	8	9	10	11	12	13
	양력		8/16	17	18	19	20	21	22	23	24	25	26	27	28
	연주 (생년)		계묘	계묘	계묘	계묘	계묘	계묘	계묘	계묘	계묘	계묘	계묘	계묘	계묘
	월주 (생월)		경신	경신	경신	경신	경신	경신	경신	경신	경신	경신	경신	경신	경신
	일주 (생일)		병오	정미	무신	기유	경술	신해	임자	계축	갑인	을묘	병진	정사	무오
	대운	남	3	3	3	4	4	4	5	5	5	6	6	6	7
		여	8	7	7	7	6	6	6	5	5	5	4	4	4
음 8 월	음력		1	2	3	4	5	6	7	8	9	10	11	12	13
	양력		9/15	16	17	18	19	20	21	22	23	24	25	26	27
	연주 (생년)		계묘	계묘	계묘	계묘	계묘	계묘	계묘	계묘	계묘	계묘	계묘	계묘	계묘
	월주 (생월)		신유	신유	신유	신유	신유	신유	신유	신유	신유	신유	신유	신유	신유
	일주 (생일)		병자	정축	무인	기묘	경진	신사	임오	계미	갑신	을유	병술	정해	무자
	대운	남	2	3	3	3	4	4	4	5	5	5	6	6	6
		여	8	7	7	7	6	6	6	5	5	5	4	4	4
음 9 월	음력		1	2	3	4	5	6	7	8	9	10	11	12	13
	양력		10/15	16	17	18	19	20	21	22	23	24	25	26	27
	연주 (생년)		계묘	계묘	계묘	계묘	계묘	계묘	계묘	계묘	계묘	계묘	계묘	계묘	계묘
	월주 (생월)		임술	임술	임술	임술	임술	임술	임술	임술	임술	임술	임술	임술	임술
	일주 (생일)		병오	정미	무신	기유	경술	신해	임자	계축	갑인	을묘	병진	정사	무오
	대운	남	2	3	3	3	4	4	4	5	5	5	6	6	6
		여	8	8	7	7	7	6	6	6	5	5	5	4	4
음 10 월	음력		1	2	3	4	5	6	7	8	9	10	11	12	13
	양력		11/13	14	15	16	17	18	19	20	21	22	23	24	25
	연주 (생년)		계묘	계묘	계묘	계묘	계묘	계묘	계묘	계묘	계묘	계묘	계묘	계묘	계묘
	월주 (생월)		계해	계해	계해	계해	계해	계해	계해	계해	계해	계해	계해	계해	계해
	일주 (생일)		을해	병자	정축	무인	기묘	경진	신사	임오	계미	갑신	을유	병술	정해
	대운	남	2	2	2	3	3	3	4	4	4	5	5	5	6
		여	8	8	7	7	7	6	6	6	5	5	5	4	4
음 11 월	음력		1	2	3	4	5	6	7	8	9	10	11	12	13
	양력		12/13	14	15	16	17	18	19	20	21	22	23	24	25
	연주 (생년)		계묘	계묘	계묘	계묘	계묘	계묘	계묘	계묘	계묘	계묘	계묘	계묘	계묘
	월주 (생월)		갑자	갑자	갑자	갑자	갑자	갑자	갑자	갑자	갑자	갑자	갑자	갑자	갑자
	일주 (생일)		을사	병오	정미	무신	기유	경술	신해	임자	계축	갑인	을묘	병진	정사
	대운	남	2	2	3	3	3	4	4	4	5	5	5	6	6
		여	8	8	7	7	7	6	6	6	5	5	5	4	4
음 12 월	음력		1	2	3	4	5	6	7	8	9	10	11	12	13
	양력		1/11	12	13	14	15	16	17	18	19	20	21	22	23
	연주 (생년)		계묘	계묘	계묘	계묘	계묘	계묘	계묘	계묘	계묘	계묘	계묘	계묘	계묘
	월주 (생월)		을축	을축	을축	을축	을축	을축	을축	을축	을축	을축	을축	을축	을축
	일주 (생일)		갑술	을해	병자	정축	무인	기묘	경진	신사	임오	계미	갑신	을유	병술
	대운	남	2	2	2	3	3	3	4	4	4	5	5	5	6
		여	8	8	7	7	7	6	6	6	5	5	5	4	4

음 7 월	14	15	16	17	18	19	20	21	22	23	24	25	26	27	28	29	30
	29	30	31	**9/1**	2	3	4	5	6	7	8	9	10	11	12	13	14
	계묘	계묘	계묘	계묘	계묘	계묘	계묘	계묘	계묘	계묘	계묘	계묘	계묘	계묘	계묘	계묘	계묘
	경신	경신	경신	경신	경신	경신	경신	경신	경신	경신	**신유**	신유	신유	신유	신유	신유	신유
	기미	경신	신유	임술	계해	갑자	을축	병인	정묘	무진	기사	경오	신미	임신	계유	갑술	을해
	7	7	8	8	8	9	9	9	10	10	10	1	1	1	1	2	2
	3	3	3	2	2	2	1	1	1	1	10	10	9	9	9	8	8
음 8 월	14	15	16	17	18	19	20	21	22	23	24	25	26	27	28	29	30
	28	29	30	**10/1**	2	3	4	5	6	7	8	9	10	11	12	13	14
	계묘	계묘	계묘	계묘	계묘	계묘	계묘	계묘	계묘	계묘	계묘	계묘	계묘	계묘	계묘	계묘	계묘
	신유	신유	신유	신유	신유	신유	신유	신유	신유	신유	**임술**	임술	임술	임술	임술	임술	임술
	기축	경인	신묘	임진	계사	갑오	을미	병신	정유	무술	기해	경자	신축	임인	계묘	갑진	을사
	7	7	7	8	8	8	9	9	9	10	10	1	1	1	1	2	2
	3	3	3	2	2	2	1	1	1	1	10	10	10	9	9	9	8
음 9 월	14	15	16	17	18	19	20	21	22	23	24	25	26	27	28	29	
	28	29	30	31	**11/1**	2	3	4	5	6	7	8	9	10	11	12	
	계묘	계묘	계묘	계묘	계묘	계묘	계묘	계묘	계묘	계묘	계묘	계묘	계묘	계묘	계묘	계묘	
	임술	임술	임술	임술	임술	임술	임술	임술	임술	임술	임술	**계해**	계해	계해	계해	계해	
	기미	경신	신유	임술	계해	갑자	을축	병인	정묘	무진	기사	경오	신미	임신	계유	갑술	
	7	7	7	8	8	8	9	9	9	10	10	10	1	1	1	1	
	4	3	3	3	2	2	2	1	1	1	1	10	9	9	9	8	
음 10 월	14	15	16	17	18	19	20	21	22	23	24	25	26	27	28	29	30
	26	27	28	29	30	**12/1**	2	3	4	5	6	7	8	9	10	11	12
	계묘	계묘	계묘	계묘	계묘	계묘	계묘	계묘	계묘	계묘	계묘	계묘	계묘	계묘	계묘	계묘	계묘
	계해	계해	계해	계해	계해	계해	계해	계해	계해	계해	계해	**갑자**	갑자	갑자	갑자	갑자	갑자
	무자	기축	경인	신묘	임진	계사	갑오	을미	병신	정유	무술	기해	경자	신축	임인	계묘	갑진
	6	6	7	7	7	8	8	8	9	9	9	10	1	1	1	1	2
	4	3	3	3	2	2	2	1	1	1	1	10	10	9	9	9	8
음 11 월	14	15	16	17	18	19	20	21	22	23	24	25	26	27	28	29	
	26	27	28	29	30	31	**1/1**	2	3	4	5	6	7	8	9	10	
	계묘	계묘	계묘	계묘	계묘	계묘	계묘	계묘	계묘	계묘	계묘	계묘	계묘	계묘	계묘	계묘	
	갑자	갑자	갑자	갑자	갑자	갑자	갑자	갑자	갑자	갑자	갑자	**을축**	을축	을축	을축	을축	
	무오	기미	경신	신유	임술	계해	갑자	을축	병인	정묘	무진	기사	경오	신미	임신	계유	
	6	7	7	7	8	8	8	9	9	9	10	10	1	1	1	1	
	4	3	3	3	2	2	2	1	1	1	1	10	9	9	9	8	
음 12 월	14	15	16	17	18	19	20	21	22	23	24	25	26	27	28	29	30
	24	25	26	27	28	29	30	31	**2/1**	2	3	4	5	6	7	8	9
	계묘	계묘	계묘	계묘	계묘	계묘	계묘	계묘	계묘	계묘	계묘	**갑진**	갑진	갑진	갑진	갑진	갑진
	을축	을축	을축	을축	을축	을축	을축	을축	을축	을축	을축	**병인**	병인	병인	병인	병인	병인
	정해	무자	기축	경인	신묘	임진	계사	갑오	을미	병신	정유	무술	기해	경자	신축	임인	계묘
	6	6	7	7	7	8	8	8	9	9	9	10	10	9	9	9	8
	4	3	3	3	2	2	2	1	1	1	1	10	1	1	1	1	2

2024(갑진)년 【단기 4357년】

월	구분		1	2	3	4	5	6	7	8	9	10	11	12	13
음 1 월	음력		1	2	3	4	5	6	7	8	9	10	11	12	13
	양력		**2/10**	11	12	13	14	15	16	17	18	19	20	21	22
	연주 (생년)		갑진	갑진	갑진	갑진	갑진	갑진	갑진	갑진	갑진	갑진	갑진	갑진	갑진
	월주 (생월)		병인	병인	병인	병인	병인	병인	병인	병인	병인	병인	병인	병인	병인
	일주 (생일)		갑진	을사	병오	정미	무신	기유	경술	신해	임자	계축	갑인	을묘	병진
	대운	남	8	8	7	7	7	6	6	6	5	5	5	4	4
		여	2	2	3	3	3	4	4	4	5	5	5	6	6
음 2 월	음력		1	2	3	4	5	6	7	8	9	10	11	12	13
	양력		**3/10**	11	12	13	14	15	16	17	18	19	20	21	22
	연주 (생년)		갑진	갑진	갑진	갑진	갑진	갑진	갑진	갑진	갑진	갑진	갑진	갑진	갑진
	월주 (생월)		정묘	정묘	정묘	정묘	정묘	정묘	정묘	정묘	정묘	정묘	정묘	정묘	정묘
	일주 (생일)		계유	갑술	을해	병자	정축	무인	기묘	경진	신사	임오	계미	갑신	을유
	대운	남	8	8	8	7	7	7	6	6	6	5	5	5	4
		여	2	2	2	3	3	3	4	4	4	5	5	5	6
음 3 월	음력		1	2	3	4	5	6	7	8	9	10	11	12	13
	양력		**4/9**	10	11	12	13	14	15	16	17	18	19	20	21
	연주 (생년)		갑진	갑진	갑진	갑진	갑진	갑진	갑진	갑진	갑진	갑진	갑진	갑진	갑진
	월주 (생월)		무진	무진	무진	무진	무진	무진	무진	무진	무진	무진	무진	무진	무진
	일주 (생일)		계묘	갑진	을사	병오	정미	무신	기유	경술	신해	임자	계축	갑인	을묘
	대운	남	9	8	8	8	7	7	7	6	6	6	5	5	5
		여	2	2	2	3	3	3	4	4	4	5	5	5	6
음 4 월	음력		1	2	3	4	5	6	7	8	9	10	11	12	13
	양력		**5/8**	9	10	11	12	13	14	15	16	17	18	19	20
	연주 (생년)		갑진	갑진	갑진	갑진	갑진	갑진	갑진	갑진	갑진	갑진	갑진	갑진	갑진
	월주 (생월)		기사	기사	기사	기사	기사	기사	기사	기사	기사	기사	기사	기사	기사
	일주 (생일)		임신	계유	갑술	을해	병자	정축	무인	기묘	경진	신사	임오	계미	갑신
	대운	남	9	9	9	8	8	8	7	7	7	6	6	6	5
		여	1	1	2	2	2	3	3	3	4	4	4	5	5
음 5 월	음력		1	2	3	4	5	6	7	8	9	10	11	12	13
	양력		**6/6**	7	8	9	10	11	12	13	14	15	16	17	18
	연주 (생년)		갑진	갑진	갑진	갑진	갑진	갑진	갑진	갑진	갑진	갑진	갑진	갑진	갑진
	월주 (생월)		경오	경오	경오	경오	경오	경오	경오	경오	경오	경오	경오	경오	경오
	일주 (생일)		신축	임인	계묘	갑진	을사	병오	정미	무신	기유	경술	신해	임자	계축
	대운	남	10	10	9	9	9	8	8	8	7	7	7	6	6
		여	1	1	1	1	2	2	2	3	3	3	4	4	4
음 6 월	음력		1	2	3	4	5	6	7	8	9	10	11	12	13
	양력		**7/6**	7	8	9	10	11	12	13	14	15	16	17	18
	연주 (생년)		갑진	갑진	갑진	갑진	갑진	갑진	갑진	갑진	갑진	갑진	갑진	갑진	갑진
	월주 (생월)		**신미**	신미	신미	신미	신미	신미	신미	신미	신미	신미	신미	신미	신미
	일주 (생일)		신미	임신	계유	갑술	을해	병자	정축	무인	기묘	경진	신사	임오	계미
	대운	남	10	10	10	10	9	9	9	8	8	8	7	7	7
		여	10	1	1	1	1	2	2	2	3	3	3	4	4

음 1 월	14	15	16	17	18	19	20	21	22	23	24	25	26	27	28	29	
	23	24	25	26	27	28	29	**3/1**	2	3	4	5	6	7	8	9	
	갑진	갑진	갑진	갑진	갑진	갑진	갑진	갑진	갑진	갑진	갑진	갑진	갑진	갑진	갑진	갑진	
	병인	병인	병인	병인	병인	병인	병인	병인	병인	병인	병인	**정묘**	정묘	정묘	정묘	정묘	
	정사	무오	기미	경신	신유	임술	계해	갑자	을축	병인	정묘	무진	기사	경오	신미	임신	
	4	3	3	3	2	2	2	1	1	1	1	10	10	9	9	9	
	6	7	7	7	8	8	8	9	9	9	10	10	1	1	1	1	
음 2 월	14	15	16	17	18	19	20	21	22	23	24	25	26	27	28	29	30
	23	24	25	26	27	28	29	30	31	**4/1**	2	3	4	5	6	7	8
	갑진	갑진	갑진	갑진	갑진	갑진	갑진	갑진	갑진	갑진	갑진	갑진	갑진	갑진	갑진	갑진	갑진
	정묘	정묘	정묘	정묘	정묘	정묘	정묘	정묘	정묘	정묘	정묘	정묘	**무진**	무진	무진	무진	무진
	병술	정해	무자	기축	경인	신묘	임진	계사	갑오	을미	병신	정유	무술	기해	경자	신축	임인
	4	4	3	3	3	2	2	2	1	1	1	1	10	10	10	9	9
	6	6	7	7	7	8	8	8	9	9	9	10	10	1	1	1	1
음 3 월	14	15	16	17	18	19	20	21	22	23	24	25	26	27	28	29	
	22	23	24	25	26	27	28	29	30	**5/1**	2	3	4	5	6	7	
	갑진	갑진	갑진	갑진	갑진	갑진	갑진	갑진	갑진	갑진	갑진	갑진	갑진	갑진	갑진	갑진	
	무진	무진	무진	무진	무진	무진	무진	무진	무진	무진	무진	무진	무진	**기사**	기사	기사	
	병진	정사	무오	기미	경신	신유	임술	계해	갑자	을축	병인	정묘	무진	기사	경오	신미	
	4	4	4	3	3	3	2	2	2	1	1	1	1	10	10	10	
	6	6	7	7	7	8	8	8	9	9	9	10	10	10	1	1	
음 4 월	14	15	16	17	18	19	20	21	22	23	24	25	26	27	28	29	
	21	22	23	24	25	26	27	28	29	30	31	**6/1**	2	3	4	5	
	갑진	갑진	갑진	갑진	갑진	갑진	갑진	갑진	갑진	갑진	갑진	갑진	갑진	갑진	갑진	갑진	
	기사	기사	기사	기사	기사	기사	기사	기사	기사	기사	기사	기사	기사	기사	기사	**경오**	
	을유	병술	정해	무자	기축	경인	신묘	임진	계사	갑오	을미	병신	정유	무술	기해	경자	
	5	5	4	4	4	3	3	3	2	2	2	1	1	1	1	10	
	5	6	6	6	7	7	7	8	8	8	9	9	9	10	10	10	
음 5 월	14	15	16	17	18	19	20	21	22	23	24	25	26	27	28	29	30
	19	20	21	22	23	24	25	26	27	28	29	30	**7/1**	2	3	4	5
	갑진	갑진	갑진	갑진	갑진	갑진	갑진	갑진	갑진	갑진	갑진	갑진	갑진	갑진	갑진	갑진	갑진
	경오	경오	경오	경오	경오	경오	경오	경오	경오	경오	경오	경오	경오	경오	경오	경오	경오
	갑인	을묘	병진	정사	무오	기미	경신	신유	임술	계해	갑자	을축	병인	정묘	무진	기사	경오
	6	5	5	5	4	4	4	3	3	3	2	2	2	1	1	1	1
	5	5	5	6	6	6	7	7	7	8	8	8	9	9	9	10	10
음 6 월	14	15	16	17	18	19	20	21	22	23	24	25	26	27	28	29	
	19	20	21	22	23	24	25	26	27	28	29	30	31	**8/1**	2	3	
	갑진	갑진	갑진	갑진	갑진	갑진	갑진	갑진	갑진	갑진	갑진	갑진	갑진	갑진	갑진	갑진	
	신미	신미	신미	신미	신미	신미	신미	신미	신미	신미	신미	신미	신미	신미	신미	신미	
	갑신	을유	병술	정해	무자	기축	경인	신묘	임진	계사	갑오	을미	병신	정유	무술	기해	
	6	6	6	5	5	5	4	4	4	3	3	3	2	2	2	1	
	4	5	5	5	6	6	6	7	7	7	8	8	8	9	9	9	

2024(갑진)년 【단기 4357년】

월	구분														
음 7 월	음력		1	2	3	4	5	6	7	8	9	10	11	12	13
	양력		**8/4**	5	6	7	8	9	10	11	12	13	14	15	16
	연주 (생년)		갑진	갑진	갑진	갑진	갑진	갑진	갑진	갑진	갑진	갑진	갑진	갑진	갑진
	월주 (생월)		신미	신미	신미	**임신**	임신	임신	임신	임신	임신	임신	임신	임신	임신
	일주 (생일)		경자	신축	임인	계묘	갑진	을사	병오	정미	무신	기유	경술	신해	임자
	대운	남	1	1	1	10	10	10	9	9	9	8	8	8	7
		여	10	10	10	10	1	1	1	1	2	2	2	3	3
음 8 월	음력		1	2	3	4	5	6	7	8	9	10	11	12	13
	양력		**9/3**	4	5	6	7	8	9	10	11	12	13	14	15
	연주 (생년)		갑진	갑진	갑진	갑진	갑진	갑진	갑진	갑진	갑진	갑진	갑진	갑진	갑진
	월주 (생월)		임신	임신	임신	임신	**계유**	계유	계유	계유	계유	계유	계유	계유	계유
	일주 (생일)		경오	신미	임신	계유	갑술	을해	병자	정축	무인	기묘	경진	신사	임오
	대운	남	1	1	1	1	10	10	10	9	9	9	8	8	8
		여	9	9	10	10	10	1	1	1	1	2	2	2	3
음 9 월	음력		1	2	3	4	5	6	7	8	9	10	11	12	13
	양력		**10/3**	4	5	6	7	8	9	10	11	12	13	14	15
	연주 (생년)		갑진	갑진	갑진	갑진	갑진	갑진	갑진	갑진	갑진	갑진	갑진	갑진	갑진
	월주 (생월)		계유	계유	계유	계유	계유	**갑술**	갑술	갑술	갑술	갑술	갑술	갑술	갑술
	일주 (생일)		경자	신축	임인	계묘	갑진	을사	병오	정미	무신	기유	경술	신해	임자
	대운	남	2	1	1	1	1	10	10	9	9	9	8	8	8
		여	9	9	9	10	10	10	1	1	1	1	2	2	2
음 10 월	음력		1	2	3	4	5	6	7	8	9	10	11	12	13
	양력		**11/1**	2	3	4	5	6	7	8	9	10	11	12	13
	연주 (생년)		갑진	갑진	갑진	갑진	갑진	갑진	갑진	갑진	갑진	갑진	갑진	갑진	갑진
	월주 (생월)		갑술	갑술	갑술	갑술	갑술	갑술	**을해**	을해	을해	을해	을해	을해	을해
	일주 (생일)		기사	경오	신미	임신	계유	갑술	을해	병자	정축	무인	기묘	경진	신사
	대운	남	2	2	1	1	1	1	10	10	9	9	9	8	8
		여	8	8	9	9	9	10	10	1	1	1	1	2	2
음 11 월	음력		1	2	3	4	5	6	7	8	9	10	11	12	13
	양력		**12/1**	2	3	4	5	6	7	8	9	10	11	12	13
	연주 (생년)		갑진	갑진	갑진	갑진	갑진	갑진	갑진	갑진	갑진	갑진	갑진	갑진	갑진
	월주 (생월)		을해	을해	을해	을해	을해	을해	**병자**	병자	병자	병자	병자	병자	병자
	일주 (생일)		기해	경자	신축	임인	계묘	갑진	을사	병오	정미	무신	기유	경술	신해
	대운	남	2	2	1	1	1	10	10	9	9	9	8	8	8
		여	8	8	9	9	9	10	10	1	1	1	1	2	2
음 12 월	음력		1	2	3	4	5	6	7	8	9	10	11	12	13
	양력		**12/31**	**1/1**	2	3	4	5	6	7	8	9	10	11	12
	연주 (생년)		갑진	갑진	갑진	갑진	갑진	갑진	갑진	갑진	갑진	갑진	갑진	갑진	갑진
	월주 (생월)		병자	병자	병자	병자	병자	**정축**	정축	정축	정축	정축	정축	정축	정축
	일주 (생일)		기사	경오	신미	임신	계유	갑술	을해	병자	정축	무인	기묘	경진	신사
	대운	남	2	1	1	1	1	10	9	9	9	8	8	8	7
		여	8	8	9	9	9	10	1	1	1	1	2	2	2

음 7월	14	15	16	17	18	19	20	21	22	23	24	25	26	27	28	29	30
	17	18	19	20	21	22	23	24	25	26	27	28	29	30	31	**9/1**	2
	갑진	갑진	갑진	갑진	갑진	갑진	갑진	갑진	갑진	갑진	갑진	갑진	갑진	갑진	갑진	갑진	갑진
	임신	임신	임신	임신	임신	임신	임신	임신	임신	임신	임신	임신	임신	임신	임신	임신	임신
	계축	갑인	을묘	병진	정사	무오	기미	경신	신유	임술	계해	갑자	을축	병인	정묘	무진	기사
	7	7	6	6	6	5	5	5	4	4	4	3	3	3	2	2	2
	3	4	4	4	5	5	5	6	6	6	7	7	7	8	8	8	9
음 8월	14	15	16	17	18	19	20	21	22	23	24	25	26	27	28	29	30
	16	17	18	19	20	21	22	23	24	25	26	27	28	29	30	**10/1**	2
	갑진	갑진	갑진	갑진	갑진	갑진	갑진	갑진	갑진	갑진	갑진	갑진	갑진	갑진	갑진	갑진	갑진
	계유	계유	계유	계유	계유	계유	계유	계유	계유	계유	계유	계유	계유	계유	계유	계유	계유
	계미	갑신	을유	병술	정해	무자	기축	경인	신묘	임진	계사	갑오	을미	병신	정유	무술	기해
	7	7	7	6	6	6	5	5	5	4	4	4	3	3	3	2	2
	3	3	4	4	4	5	5	5	6	6	6	7	7	7	8	8	8
음 9월	14	15	16	17	18	19	20	21	22	23	24	25	26	27	28	29	
	16	17	18	19	20	21	22	23	24	25	26	27	28	29	30	31	
	갑진	갑진	갑진	갑진	갑진	갑진	갑진	갑진	갑진	갑진	갑진	갑진	갑진	갑진	갑진	갑진	
	갑술	갑술	갑술	갑술	갑술	갑술	갑술	갑술	갑술	갑술	갑술	갑술	갑술	갑술	갑술	갑술	
	계축	갑인	을묘	병진	정사	무오	기미	경신	신유	임술	계해	갑자	을축	병인	정묘	무진	
	7	7	7	6	6	6	5	5	5	4	4	4	3	3	3	2	
	3	3	3	4	4	4	5	5	5	6	6	6	7	7	7	8	
음 10월	14	15	16	17	18	19	20	21	22	23	24	25	26	27	28	29	30
	14	15	16	17	18	19	20	21	22	23	24	25	26	27	28	29	30
	갑진	갑진	갑진	갑진	갑진	갑진	갑진	갑진	갑진	갑진	갑진	갑진	갑진	갑진	갑진	갑진	갑진
	을해	을해	을해	을해	을해	을해	을해	을해	을해	을해	을해	을해	을해	을해	을해	을해	을해
	임오	계미	갑신	을유	병술	정해	무자	기축	경인	신묘	임진	계사	갑오	을미	병신	정유	무술
	8	7	7	7	6	6	6	5	5	5	4	4	4	3	3	3	2
	2	3	3	3	4	4	4	5	5	5	6	6	6	7	7	7	8
음 11월	14	15	16	17	18	19	20	21	22	23	24	25	26	27	28	29	30
	14	15	16	17	18	19	20	21	22	23	24	25	26	27	28	29	30
	갑진	갑진	갑진	갑진	갑진	갑진	갑진	갑진	갑진	갑진	갑진	갑진	갑진	갑진	갑진	갑진	갑진
	병자	병자	병자	병자	병자	병자	병자	병자	병자	병자	병자	병자	병자	병자	병자	병자	병자
	임자	계축	갑인	을묘	병진	정사	무오	기미	경신	신유	임술	계해	갑자	을축	병인	정묘	무진
	7	7	7	6	6	6	5	5	5	4	4	4	3	3	3	2	2
	2	3	3	3	4	4	4	5	5	5	6	6	6	7	7	7	8
음 12월	14	15	16	17	18	19	20	21	22	23	24	25	26	27	28	29	
	13	14	15	16	17	18	19	20	21	22	23	24	25	26	27	28	
	갑진	갑진	갑진	갑진	갑진	갑진	갑진	갑진	갑진	갑진	갑진	갑진	갑진	갑진	갑진	갑진	
	정축	정축	정축	정축	정축	정축	정축	정축	정축	정축	정축	정축	정축	정축	정축	정축	
	임오	계미	갑신	을유	병술	정해	무자	기축	경인	신묘	임진	계사	갑오	을미	병신	정유	
	7	7	6	6	6	5	5	5	4	4	4	3	3	3	2	2	
	3	3	3	4	4	4	5	5	5	6	6	6	7	7	7	8	

2025(을사)년 【단기 4358년】

월	구분													
음 1 월	음력	1	2	3	4	5	6	7	8	9	10	11	12	13
	양력	**1/29**	30	31	**2/1**	2	3	4	5	6	7	8	9	10
	연주 (생년)	갑진	갑진	갑진	갑진	갑진	**을사**	을사	을사	을사	을사	을사	을사	을사
	월주 (생월)	정축	정축	정축	정축	정축	**무인**	무인	무인	무인	무인	무인	무인	무인
	일주 (생일)	무술	기해	경자	신축	임인	계묘	갑진	을사	병오	정미	무신	기유	경술
	대운 남	2	1	1	1	1	10	1	1	1	1	2	2	2
	대운 여	8	8	9	9	9	10	10	9	9	9	8	8	8
음 2 월	음력	1	2	3	4	5	6	7	8	9	10	11	12	13
	양력	**2/28**	**3/1**	2	3	4	5	6	7	8	9	10	11	12
	연주 (생년)	을사	을사	을사	을사	을사	을사	을사	을사	을사	을사	을사	을사	을사
	월주 (생월)	무인	무인	무인	무인	무인	**기묘**	기묘	기묘	기묘	기묘	기묘	기묘	기묘
	일주 (생일)	무진	기사	경오	신미	임신	계유	갑술	을해	병자	정축	무인	기묘	경진
	대운 남	8	9	9	9	10	10	1	1	1	1	2	2	2
	대운 여	1	1	1	1	10	10	10	9	9	9	8	8	8
음 3 월	음력	1	2	3	4	5	6	7	8	9	10	11	12	13
	양력	**3/29**	30	31	**4/1**	2	3	4	5	6	7	8	9	10
	연주 (생년)	을사	을사	을사	을사	을사	을사	을사	을사	을사	을사	을사	을사	을사
	월주 (생월)	기묘	기묘	기묘	기묘	기묘	기묘	**경진**	경진	경진	경진	경진	경진	경진
	일주 (생일)	정유	무술	기해	경자	신축	임인	계묘	갑진	을사	병오	정미	무신	기유
	대운 남	8	8	9	9	9	10	10	1	1	1	1	2	2
	대운 여	2	2	1	1	1	1	10	10	10	9	9	9	8
음 4 월	음력	1	2	3	4	5	6	7	8	9	10	11	12	13
	양력	**4/28**	29	30	**3/1**	2	3	4	5	6	7	8	9	10
	연주 (생년)	을사	을사	을사	을사	을사	을사	을사	을사	을사	을사	을사	을사	을사
	월주 (생월)	경진	경진	경진	경진	경진	경진	경진	**신사**	신사	신사	신사	신사	신사
	일주 (생일)	정묘	무진	기사	경오	신미	임신	계유	갑술	을해	병자	정축	무인	기묘
	대운 남	8	8	9	9	9	10	10	10	1	1	1	1	2
	대운 여	2	2	2	1	1	1	1	10	10	10	9	9	9
음 5 월	음력	1	2	3	4	5	6	7	8	9	10	11	12	13
	양력	**5/27**	28	29	30	31	**6/1**	2	3	4	5	6	7	8
	연주 (생년)	을사	을사	을사	을사	을사	을사	을사	을사	을사	을사	을사	을사	을사
	월주 (생월)	신사	신사	신사	신사	신사	신사	신사	신사	신사	**임오**	임오	임오	임오
	일주 (생일)	병신	정유	무술	기해	경자	신축	임인	계묘	갑진	을사	병오	정미	무신
	대운 남	7	8	8	8	9	9	9	10	10	10	1	1	1
	대운 여	3	3	2	2	2	1	1	1	1	10	10	10	10
음 6 월	음력	1	2	3	4	5	6	7	8	9	10	11	12	13
	양력	**6/25**	26	27	28	29	30	**7/1**	2	3	4	5	6	7
	연주 (생년)	을사	을사	을사	을사	을사	을사	을사	을사	을사	을사	을사	을사	을사
	월주 (생월)	임오	임오	임오	임오	임오	임오	임오	임오	임오	임오	임오	임오	**계미**
	일주 (생일)	을축	병인	정묘	무진	기사	경오	신미	임신	계유	갑술	을해	병자	정축
	대운 남	7	7	7	8	8	8	9	9	9	10	10	10	10
	대운 여	4	4	3	3	3	2	2	2	1	1	1	1	10
윤 6 월	음력	1	2	3	4	5	6	7	8	9	10	11	12	13
	양력	**7/25**	26	27	28	29	30	31	**8/1**	2	3	4	5	6
	연주 (생년)	을사	을사	을사	을사	을사	을사	을사	을사	을사	을사	을사	을사	을사
	월주 (생월)	계미	계미	계미	계미	계미	계미	계미	계미	계미	계미	계미	계미	계미
	일주 (생일)	을미	병신	정유	무술	기해	경자	신축	임인	계묘	갑진	을사	병오	정미
	대운 남	6	6	7	7	7	8	8	8	9	9	9	10	10
	대운 여	4	4	4	3	3	3	2	2	2	1	1	1	1

음 1 월	14	15	16	17	18	19	20	21	22	23	24	25	26	27	28	29	30
	11	12	13	14	15	16	17	18	19	20	21	22	23	24	25	26	27
	을사	을사	을사	을사	을사	을사	을사	을사	을사	을사	을사	을사	을사	을사	을사	을사	을사
	무인	무인	무인	무인	무인	무인	무인	무인	무인	무인	무인	무인	무인	무인	무인	무인	무인
	신해	임자	계축	갑인	을묘	병진	정사	무오	기미	경신	신유	임술	계해	갑자	을축	병인	정묘
	3	3	3	4	4	4	5	5	5	6	6	6	7	7	7	8	8
	7	7	7	6	6	6	5	5	5	4	4	4	3	3	3	2	2

음 2 월	14	15	16	17	18	19	20	21	22	23	24	25	26	27	28	29	
	13	14	15	16	17	18	19	20	21	22	23	24	25	26	27	28	
	을사	을사	을사	을사	을사	을사	을사	을사	을사	을사	을사	을사	을사	을사	을사	을사	
	기묘	기묘	기묘	기묘	기묘	기묘	기묘	기묘	기묘	기묘	기묘	기묘	기묘	기묘	기묘	기묘	
	신사	임오	계미	갑신	을유	병술	정해	무자	기축	경인	신묘	임진	계사	갑오	을미	병신	
	3	3	3	4	4	4	5	5	5	6	6	6	7	7	7	8	
	7	7	7	6	6	6	5	5	5	4	4	4	3	3	3	2	

음 3 월	14	15	16	17	18	19	20	21	22	23	24	25	26	27	28	29	30
	11	12	13	14	15	16	17	18	19	20	21	22	23	24	25	26	27
	을사	을사	을사	을사	을사	을사	을사	을사	을사	을사	을사	을사	을사	을사	을사	을사	을사
	경진	경진	경진	경진	경진	경진	경진	경진	경진	경진	경진	경진	경진	경진	경진	경진	경진
	경술	신해	임자	계축	갑인	을묘	병진	정사	무오	기미	경신	신유	임술	계해	갑자	을축	병인
	2	3	3	3	4	4	4	5	5	5	6	6	6	7	7	7	8
	8	8	7	7	7	6	6	6	5	5	5	4	4	4	3	3	3

음 4 월	14	15	16	17	18	19	20	21	22	23	24	25	26	27	28	29	
	11	12	13	14	15	16	17	18	19	20	21	22	23	24	25	26	
	을사	을사	을사	을사	을사	을사	을사	을사	을사	을사	을사	을사	을사	을사	을사	을사	
	신사	신사	신사	신사	신사	신사	신사	신사	신사	신사	신사	신사	신사	신사	신사	신사	
	경진	신사	임오	계미	갑신	을유	병술	정해	무자	기축	경인	신묘	임진	계사	갑오	을미	
	2	2	3	3	3	4	4	4	5	5	5	6	6	6	7	7	
	8	8	8	7	7	7	6	6	6	5	5	5	4	4	4	3	

음 5 월	14	15	16	17	18	19	20	21	22	23	24	25	26	27	28	29	
	9	10	11	12	13	14	15	16	17	18	19	20	21	22	23	24	
	을사	을사	을사	을사	을사	을사	을사	을사	을사	을사	을사	을사	을사	을사	을사	을사	
	임오	임오	임오	임오	임오	임오	임오	임오	임오	임오	임오	임오	임오	임오	임오	임오	
	기유	경술	신해	임자	계축	갑인	을묘	병진	정사	무오	기미	경신	신유	임술	계해	갑자	
	1	2	2	2	3	3	3	4	4	4	5	5	5	6	6	6	
	9	9	9	8	8	8	7	7	7	6	6	6	5	5	5	4	

음 6 월	14	15	16	17	18	19	20	21	22	23	24	25	26	27	28	29	30
	8	9	10	11	12	13	14	15	16	17	18	19	20	21	22	23	24
	을사	을사	을사	을사	을사	을사	을사	을사	을사	을사	을사	을사	을사	을사	을사	을사	을사
	계미	계미	계미	계미	계미	계미	계미	계미	계미	계미	계미	계미	계미	계미	계미	계미	계미
	무인	기묘	경진	신사	임오	계미	갑신	을유	병술	정해	무자	기축	경인	신묘	임진	계사	갑오
	1	1	1	1	2	2	2	3	3	3	4	4	4	5	5	5	6
	10	10	9	9	9	8	8	8	7	7	7	6	6	6	5	5	5

윤 6 월	14	15	16	17	18	19	20	21	22	23	24	25	26	27	28	29	
	7	8	9	10	11	12	13	14	15	16	17	18	19	20	21	22	
	을사	을사	을사	을사	을사	을사	을사	을사	을사	을사	을사	을사	을사	을사	을사	을사	
	갑신	갑신	갑신	갑신	갑신	갑신	갑신	갑신	갑신	갑신	갑신	갑신	갑신	갑신	갑신	갑신	
	무신	기유	경술	신해	임자	계축	갑인	을묘	병진	정사	무오	기미	경신	신유	임술	계해	
	10	1	1	1	1	2	2	2	3	3	3	4	4	4	5	5	
	10	10	10	9	9	9	8	8	8	7	7	7	6	6	6	5	

2025(을사)년 【단기 4358년】

월	구분		1	2	3	4	5	6	7	8	9	10	11	12	13
음 7 월	음력		1	2	3	4	5	6	7	8	9	10	11	12	13
	양력		8/23	24	25	26	27	28	29	30	31	9/1	2	3	4
	연주 (생년)		을사	을사	을사	을사	을사	을사	을사	을사	을사	을사	을사	을사	을사
	월주 (생월)		갑신	갑신	갑신	갑신	갑신	갑신	갑신	갑신	갑신	갑신	갑신	갑신	갑신
	일주 (생일)		갑자	을축	병인	정묘	무진	기사	경오	신미	임신	계유	갑술	을해	병자
	대운	남	5	6	6	6	7	7	7	8	8	8	9	9	9
		여	5	5	4	4	4	3	3	3	2	2	2	1	1
음 8 월	음력		1	2	3	4	5	6	7	8	9	10	11	12	13
	양력		9/22	23	24	25	26	27	28	29	30	10/1	2	3	4
	연주 (생년)		을사	을사	을사	을사	을사	을사	을사	을사	을사	을사	을사	을사	을사
	월주 (생월)		을유	을유	을유	을유	을유	을유	을유	을유	을유	을유	을유	을유	을유
	일주 (생일)		갑오	을미	병신	정유	무술	기해	경자	신축	임인	계묘	갑진	을사	병오
	대운	남	5	5	6	6	6	7	7	7	8	8	8	9	9
		여	5	5	5	4	4	4	3	3	3	2	2	2	1
음 9 월	음력		1	2	3	4	5	6	7	8	9	10	11	12	13
	양력		10/21	22	23	24	25	26	27	28	29	30	31	11/1	2
	연주 (생년)		을사	을사	을사	을사	을사	을사	을사	을사	을사	을사	을사	을사	을사
	월주 (생월)		병술	병술	병술	병술	병술	병술	병술	병술	병술	병술	병술	병술	병술
	일주 (생일)		계해	갑자	을축	병인	정묘	무진	기사	경오	신미	임신	계유	갑술	을해
	대운	남	4	5	5	5	6	6	6	7	7	7	8	8	8
		여	6	5	5	5	4	4	4	3	3	3	2	2	2
음 10 월	음력		1	2	3	4	5	6	7	8	9	10	11	12	13
	양력		11/20	21	22	23	24	25	26	27	28	29	30	12/1	2
	연주 (생년)		을사	을사	을사	을사	을사	을사	을사	을사	을사	을사	을사	을사	을사
	월주 (생월)		정해	정해	정해	정해	정해	정해	정해	정해	정해	정해	정해	정해	정해
	일주 (생일)		계사	갑오	을미	병신	정유	무술	기해	경자	신축	임인	계묘	갑진	을사
	대운	남	4	5	5	5	6	6	6	7	7	7	8	8	8
		여	6	5	5	5	4	4	4	3	3	3	2	2	2
음 11 월	음력		1	2	3	4	5	6	7	8	9	10	11	12	13
	양력		12/20	21	22	23	24	25	26	27	28	29	30	31	1/1
	연주 (생년)		을사	을사	을사	을사	을사	을사	을사	을사	을사	을사	을사	을사	을사
	월주 (생월)		무자	무자	무자	무자	무자	무자	무자	무자	무자	무자	무자	무자	무자
	일주 (생일)		계해	갑자	을축	병인	정묘	무진	기사	경오	신미	임신	계유	갑술	을해
	대운	남	4	5	5	5	6	6	6	7	7	7	8	8	8
		여	5	5	5	4	4	4	3	3	3	2	2	2	1
음 12 월	음력		1	2	3	4	5	6	7	8	9	10	11	12	13
	양력		1/19	20	21	22	23	24	25	26	27	28	29	30	31
	연주 (생년)		을사	을사	을사	을사	을사	을사	을사	을사	을사	을사	을사	을사	을사
	월주 (생월)		기축	기축	기축	기축	기축	기축	기축	기축	기축	기축	기축	기축	기축
	일주 (생일)		계사	갑오	을미	병신	정유	무술	기해	경자	신축	임인	계묘	갑진	을사
	대운	남	5	5	5	6	6	6	7	7	7	8	8	8	9
		여	5	5	5	4	4	4	3	3	3	2	2	2	1

음 7 월	14	15	16	17	18	19	20	21	22	23	24	25	26	27	28	29	30
	5	6	7	8	9	10	11	12	13	14	15	16	17	18	19	20	21
	을사	을사	을사	을사	을사	을사	을사	을사	을사	을사	을사	을사	을사	을사	을사	을사	을사
	갑신	갑신	**을유**	을유	을유	을유	을유	을유	을유	을유	을유	을유	을유	을유	을유	을유	을유
	정축	무인	기묘	경진	신사	임오	계미	갑신	을유	병술	정해	무자	기축	경인	신묘	임진	계사
	10	10	10	1	1	1	1	2	2	2	3	3	3	4	4	4	5
	1	1	10	10	10	9	9	9	8	8	8	7	7	7	6	6	6
음 8 월	14	15	16	17	18	19	20	21	22	23	24	25	26	27	28	29	
	5	6	7	8	9	10	11	12	13	14	15	16	17	18	19	20	
	을사	을사	을사	을사	을사	을사	을사	을사	을사	을사	을사	을사	을사	을사	을사	을사	
	을유	을유	을유	**병술**	병술	병술	병술	병술	병술	병술	병술	병술	병술	병술	병술	병술	
	정미	무신	기유	경술	신해	임자	계축	갑인	을묘	병진	정사	무오	기미	경신	신유	임술	
	9	10	10	10	1	1	1	1	2	2	2	3	3	3	4	4	
	1	1	1	10	10	9	9	9	8	8	8	7	7	7	6	6	
음 9 월	14	15	16	17	18	19	20	21	22	23	24	25	26	27	28	29	30
	3	4	5	6	7	8	9	10	11	12	13	14	15	16	17	18	19
	을사	을사	을사	을사	을사	을사	을사	을사	을사	을사	을사	을사	을사	을사	을사	을사	을사
	병술	병술	병술	병술	**정해**	정해	정해	정해	정해	정해	정해	정해	정해	정해	정해	정해	정해
	병자	정축	무인	기묘	경진	신사	임오	계미	갑신	을유	병술	정해	무자	기축	경인	신묘	임진
	9	9	9	10	10	1	1	1	1	2	2	2	3	3	3	4	4
	1	1	1	1	10	10	9	9	9	8	8	8	7	7	7	6	6
음 10 월	14	15	16	17	18	19	20	21	22	23	24	25	26	27	28	29	30
	3	4	5	6	7	8	9	10	11	12	13	14	15	16	17	18	19
	을사	을사	을사	을사	을사	을사	을사	을사	을사	을사	을사	을사	을사	을사	을사	을사	을사
	정해	정해	정해	정해	**무자**	무자	무자	무자	무자	무자	무자	무자	무자	무자	무자	무자	무자
	병오	정미	무신	기유	경술	신해	임자	계축	갑인	을묘	병진	정사	무오	기미	경신	신유	임술
	9	9	9	10	10	1	1	1	1	2	2	2	3	3	3	4	4
	1	1	1	1	10	9	9	9	8	8	8	7	7	7	6	6	6
음 11 월	14	15	16	17	18	19	20	21	22	23	24	25	26	27	28	29	30
	2	3	4	5	6	7	8	9	10	11	12	13	14	15	16	17	18
	을사	을사	을사	을사	을사	을사	을사	을사	을사	을사	을사	을사	을사	을사	을사	을사	을사
	무자	무자	무자	**기축**	기축	기축	기축	기축	기축	기축	기축	기축	기축	기축	기축	기축	기축
	병자	정축	무인	기묘	경진	신사	임오	계미	갑신	을유	병술	정해	무자	기축	경인	신묘	임진
	9	9	9	10	1	1	1	1	2	2	2	3	3	3	4	4	4
	1	1	1	10	10	9	9	9	8	8	8	7	7	7	6	6	6
음 12 월	14	15	16	17	18	19	20	21	22	23	24	25	26	27	28	29	
	2/1	2	3	4	5	6	7	8	9	10	11	12	13	14	15	16	
	을사	을사	을사	**병오**	병오	병오	병오	병오	병오	병오	병오	병오	병오	병오	병오	병오	
	기축	기축	기축	**경인**	경인	경인	경인	경인	경인	경인	경인	경인	경인	경인	경인	경인	
	병오	정미	무신	기유	경술	신해	임자	계축	갑인	을묘	병진	정사	무오	기미	경신	신유	
	9	9	10	10	9	9	9	8	8	8	7	7	7	6	6	6	
	1	1	1	10	1	1	1	1	2	2	2	3	3	3	4	4	

2026(병오)년【단기 4359년】

월	구분														
음 1 월	음력		1	2	3	4	5	6	7	8	9	10	11	12	13
	양력		2/17	18	19	20	21	22	23	24	25	26	27	28	3/1
	연주 (생년)		병오	병오	병오	병오	병오	병오	병오	병오	병오	병오	병오	병오	병오
	월주 (생월)		경인	경인	경인	경인	경인	경인	경인	경인	경인	경인	경인	경인	경인
	일주 (생일)		임술	계해	갑자	을축	병인	정묘	무진	기사	경오	신미	임신	계유	갑술
	대운	남	5	5	5	4	4	4	3	3	3	2	2	2	1
		여	4	5	5	5	6	6	6	7	7	7	8	8	8
음 2 월	음력		1	2	3	4	5	6	7	8	9	10	11	12	13
	양력		3/19	20	21	22	23	24	25	26	27	28	29	30	31
	연주 (생년)		병오	병오	병오	병오	병오	병오	병오	병오	병오	병오	병오	병오	병오
	월주 (생월)		신묘	신묘	신묘	신묘	신묘	신묘	신묘	신묘	신묘	신묘	신묘	신묘	신묘
	일주 (생일)		임진	계사	갑오	을미	병신	정유	무술	기해	경자	신축	임인	계묘	갑진
	대운	남	6	5	5	5	4	4	4	3	3	3	2	2	2
		여	5	5	5	6	6	6	7	7	7	8	8	8	9
음 3 월	음력		1	2	3	4	5	6	7	8	9	10	11	12	13
	양력		4/17	18	19	20	21	22	23	24	25	26	27	28	29
	연주 (생년)		병오	병오	병오	병오	병오	병오	병오	병오	병오	병오	병오	병오	병오
	월주 (생월)		임진	임진	임진	임진	임진	임진	임진	임진	임진	임진	임진	임진	임진
	일주 (생일)		신유	임술	계해	갑자	을축	병인	정묘	무진	기사	경오	신미	임신	계유
	대운	남	6	6	5	5	5	4	4	4	3	3	3	2	2
		여	4	4	5	5	5	6	6	6	7	7	7	8	8
음 4 월	음력		1	2	3	4	5	6	7	8	9	10	11	12	13
	양력		5/17	18	19	20	21	22	23	24	25	26	27	28	29
	연주 (생년)		병오	병오	병오	병오	병오	병오	병오	병오	병오	병오	병오	병오	병오
	월주 (생월)		계사	계사	계사	계사	계사	계사	계사	계사	계사	계사	계사	계사	계사
	일주 (생일)		신묘	임진	계사	갑오	을미	병신	정유	무술	기해	경자	신축	임인	계묘
	대운	남	7	6	6	6	5	5	5	4	4	4	3	3	3
		여	4	4	5	5	5	6	6	6	7	7	7	8	8
음 5 월	음력		1	2	3	4	5	6	7	8	9	10	11	12	13
	양력		6/15	16	17	18	19	20	21	22	23	24	25	26	27
	연주 (생년)		병오	병오	병오	병오	병오	병오	병오	병오	병오	병오	병오	병오	병오
	월주 (생월)		갑오	갑오	갑오	갑오	갑오	갑오	갑오	갑오	갑오	갑오	갑오	갑오	갑오
	일주 (생일)		경신	신유	임술	계해	갑자	을축	병인	정묘	무진	기사	경오	신미	임신
	대운	남	7	7	7	6	6	6	5	5	5	4	4	4	3
		여	3	3	4	4	4	5	5	5	6	6	6	7	7
음 6 월	음력		1	2	3	4	5	6	7	8	9	10	11	12	13
	양력		7/14	15	16	17	18	19	20	21	22	23	24	25	26
	연주 (생년)		병오	병오	병오	병오	병오	병오	병오	병오	병오	병오	병오	병오	병오
	월주 (생월)		을미	을미	을미	을미	을미	을미	을미	을미	을미	을미	을미	을미	을미
	일주 (생일)		기축	경인	신묘	임진	계사	갑오	을미	병신	정유	무술	기해	경자	신축
	대운	남	8	8	7	7	7	6	6	6	5	5	5	4	4
		여	2	3	3	3	4	4	4	5	5	5	6	6	6

	14	15	16	17	18	19	20	21	22	23	24	25	26	27	28	29	30
	2	3	4	5	6	7	8	9	10	11	12	13	14	15	16	17	18
음	병오	병오	병오	병오	병오	병오	병오	병오	병오	병오	병오	병오	병오	병오	병오	병오	병오
1	경인	경인	경인	**신묘**	신묘	신묘	신묘	신묘	신묘	신묘	신묘	신묘	신묘	신묘	신묘	신묘	신묘
월	을해	병자	정축	무인	기묘	경진	신사	임오	계미	갑신	을유	병술	정해	무자	기축	경인	신묘
	1	1	1	10	10	10	9	9	9	8	8	8	7	7	7	6	6
	9	9	9	10	1	1	1	1	2	2	2	3	3	3	4	4	4
	14	15	16	17	18	19	20	21	22	23	24	25	26	27	28	29	
	4/1	2	3	4	5	6	7	8	9	10	11	12	13	14	15	16	
음	병오	병오	병오	병오	병오	병오	병오	병오	병오	병오	병오	병오	병오	병오	병오	병오	
2	신묘	신묘	신묘	신묘	**임진**	임진	임진	임진	임진	임진	임진	임진	임진	임진	임진	임진	
월	을사	병오	정미	무신	기유	경술	신해	임자	계축	갑인	을묘	병진	정사	무오	기미	경신	
	1	1	1	1	10	10	9	9	9	8	8	8	7	7	7	6	
	9	9	10	10	10	1	1	1	1	2	2	2	3	3	3	4	
	14	15	16	17	18	19	20	21	22	23	24	25	26	27	28	29	30
	30	**5/1**	2	3	4	5	6	7	8	9	10	11	12	13	14	15	16
음	병오	병오	병오	병오	병오	병오	병오	병오	병오	병오	병오	병오	병오	병오	병오	병오	병오
3	임진	임진	임진	임진	임진	**계사**	계사	계사	계사	계사	계사	계사	계사	계사	계사	계사	계사
월	갑술	을해	병자	정축	무인	기묘	경진	신사	임오	계미	갑신	을유	병술	정해	무자	기축	경인
	2	1	1	1	1	10	10	10	10	9	9	9	8	8	8	7	7
	8	9	9	9	10	10	1	1	1	1	2	2	2	3	3	3	4
	14	15	16	17	18	19	20	21	22	23	24	25	26	27	28	29	
	30	31	**6/1**	2	3	4	5	6	7	8	9	10	11	12	13	14	
음	병오	병오	병오	병오	병오	병오	병오	병오	병오	병오	병오	병오	병오	병오	병오	병오	
4	계사	계사	계사	계사	계사	계사	계사	**갑오**	갑오	갑오	갑오	갑오	갑오	갑오	갑오	갑오	
월	갑진	을사	병오	정미	무신	기유	경술	신해	임자	계축	갑인	을묘	병진	정사	무오	기미	
	2	2	2	1	1	1	1	10	10	10	9	9	9	8	8	8	
	8	9	9	9	10	10	10	10	1	1	1	1	2	2	2	3	
	14	15	16	17	18	19	20	21	22	23	24	25	26	27	28	29	
	28	29	30	**7/1**	2	3	4	5	6	7	8	9	10	11	12	13	
음	병오	병오	병오	병오	병오	병오	병오	병오	병오	병오	병오	병오	병오	병오	병오	병오	
5	갑오	갑오	갑오	갑오	갑오	갑오	갑오	갑오	갑오	**을미**	을미	을미	을미	을미	을미	을미	
월	계유	갑술	을해	병자	정축	무인	기묘	경진	신사	임오	계미	갑신	을유	병술	정해	무자	
	3	3	2	2	2	1	1	1	1	10	10	10	9	9	9	8	
	7	8	8	8	9	9	9	10	10	10	1	1	1	1	2	2	
	14	15	16	17	18	19	20	21	22	23	24	25	26	27	28	29	30
	27	28	29	30	31	**8/1**	2	3	4	5	6	7	8	9	10	11	12
음	병오	병오	병오	병오	병오	병오	병오	병오	병오	병오	병오	병오	병오	병오	병오	병오	병오
6	을미	을미	을미	을미	을미	을미	을미	을미	을미	을미	을미	**병신**	병신	병신	병신	병신	병신
월	임인	계묘	갑진	을사	병오	정미	무신	기유	경술	신해	임자	계축	갑인	을묘	병진	정사	무오
	4	3	3	3	2	2	2	1	1	1	1	10	10	10	9	9	9
	7	7	7	8	8	8	9	9	9	10	10	10	1	1	1	1	2

2026(병오)년 【단기 4359년】

음 7 월	음력	1	2	3	4	5	6	7	8	9	10	11	12	13
	양력	8/13	14	15	16	17	18	19	20	21	22	23	24	25
	연주 (생년)	병오	병오	병오	병오	병오	병오	병오	병오	병오	병오	병오	병오	병오
	월주 (생월)	병신	병신	병신	병신	병신	병신	병신	병신	병신	병신	병신	병신	병신
	일주 (생일)	기미	경신	신유	임술	계해	갑자	을축	병인	정묘	무진	기사	경오	신미
	대운 남	8	8	8	7	7	7	6	6	6	5	5	5	4
	대운 여	2	2	3	3	3	4	4	4	5	5	5	6	6

음 8 월	음력	1	2	3	4	5	6	7	8	9	10	11	12	13
	양력	9/11	12	13	14	15	16	17	18	19	20	21	22	23
	연주 (생년)	병오	병오	병오	병오	병오	병오	병오	병오	병오	병오	병오	병오	병오
	월주 (생월)	정유	정유	정유	정유	정유	정유	정유	정유	정유	정유	정유	정유	정유
	일주 (생일)	무자	기축	경인	신묘	임진	계사	갑오	을미	병신	정유	무술	기해	경자
	대운 남	9	9	8	8	8	7	7	7	6	6	6	5	5
	대운 여	1	2	2	2	3	3	3	4	4	4	5	5	5

음 9 월	음력	1	2	3	4	5	6	7	8	9	10	11	12	13
	양력	10/11	12	13	14	15	16	17	18	19	20	21	22	23
	연주 (생년)	병오	병오	병오	병오	병오	병오	병오	병오	병오	병오	병오	병오	병오
	월주 (생월)	무술	무술	무술	무술	무술	무술	무술	무술	무술	무술	무술	무술	무술
	일주 (생일)	무오	기미	경신	신유	임술	계해	갑자	을축	병인	정묘	무진	기사	경오
	대운 남	9	9	8	8	8	7	7	7	6	6	6	5	5
	대운 여	1	1	2	2	2	3	3	3	4	4	4	5	5

음 10 월	음력	1	2	3	4	5	6	7	8	9	10	11	12	13
	양력	11/9	10	11	12	13	14	15	16	17	18	19	20	21
	연주 (생년)	병오	병오	병오	병오	병오	병오	병오	병오	병오	병오	병오	병오	병오
	월주 (생월)	기해	기해	기해	기해	기해	기해	기해	기해	기해	기해	기해	기해	기해
	일주 (생일)	정해	무자	기축	경인	신묘	임진	계사	갑오	을미	병신	정유	무술	기해
	대운 남	9	9	9	8	8	8	7	7	7	6	6	6	5
	대운 여	1	1	1	2	2	2	3	3	3	4	4	4	5

음 11 월	음력	1	2	3	4	5	6	7	8	9	10	11	12	13
	양력	12/9	10	11	12	13	14	15	16	17	18	19	20	21
	연주 (생년)	병오	병오	병오	병오	병오	병오	병오	병오	병오	병오	병오	병오	병오
	월주 (생월)	경자	경자	경자	경자	경자	경자	경자	경자	경자	경자	경자	경자	경자
	일주 (생일)	정사	무오	기미	경신	신유	임술	계해	갑자	을축	병인	정묘	무진	기사
	대운 남	9	9	8	8	8	7	7	7	6	6	6	5	5
	대운 여	1	1	1	2	2	2	3	3	3	4	4	4	5

음 12 월	음력	1	2	3	4	5	6	7	8	9	10	11	12	13
	양력	1/8	9	10	11	12	13	14	15	16	17	18	19	20
	연주 (생년)	병오	병오	병오	병오	병오	병오	병오	병오	병오	병오	병오	병오	병오
	월주 (생월)	신축	신축	신축	신축	신축	신축	신축	신축	신축	신축	신축	신축	신축
	일주 (생일)	정해	무자	기축	경인	신묘	임진	계사	갑오	을미	병신	정유	무술	기해
	대운 남	9	9	8	8	8	7	7	7	6	6	6	5	5
	대운 여	1	1	2	2	2	3	3	3	4	4	4	5	5

음 7월	14	15	16	17	18	19	20	21	22	23	24	25	26	27	28	29	
	26	27	28	29	30	31	**9/1**	2	3	4	5	6	7	8	9	10	
	병오	병오	병오	병오	병오	병오	병오	병오	병오	병오	병오	병오	병오	병오	병오	병오	
	병신	병신	병신	병신	병신	병신	병신	병신	병신	병신	병신	병신	**정유**	정유	정유	정유	
	임신	계유	갑술	을해	병자	정축	무인	기묘	경진	신사	임오	계미	갑신	을유	병술	정해	
	4	4	3	3	3	2	2	2	1	1	1	1	10	10	10	9	
	6	7	7	7	8	8	8	9	9	9	10	10	10	10	10	9	

음 8월	14	15	16	17	18	19	20	21	22	23	24	25	26	27	28	29	30
	24	25	26	27	28	29	30	**10/1**	2	3	4	5	6	7	8	9	10
	병오	병오	병오	병오	병오	병오	병오	병오	병오	병오	병오	병오	병오	병오	병오	병오	병오
	정유	정유	정유	정유	정유	정유	정유	정유	정유	정유	정유	정유	정유	정유	**무술**	무술	무술
	신축	임인	계묘	갑진	을사	병오	정미	무신	기유	경술	신해	임자	계축	갑인	을묘	병진	정사
	5	4	4	4	3	3	3	2	2	2	1	1	1	1	10	10	9
	6	6	6	7	7	7	8	8	8	9	9	9	10	10	10	1	1

음 9월	14	15	16	17	18	19	20	21	22	23	24	25	26	27	28	29	
	24	25	26	27	28	29	30	31	**11/1**	2	3	4	5	6	7	8	
	병오	병오	병오	병오	병오	병오	병오	병오	병오	병오	병오	병오	병오	병오	병오	병오	
	무술	무술	무술	무술	무술	무술	무술	무술	무술	무술	무술	무술	무술	무술	**기해**	기해	
	신미	임신	계유	갑술	을해	병자	정축	무인	기묘	경진	신사	임오	계미	갑신	을유	병술	
	5	4	4	4	3	3	3	2	2	2	1	1	1	1	10	10	
	5	6	6	6	7	7	7	8	8	8	9	9	9	10	10	1	

음 10월	14	15	16	17	18	19	20	21	22	23	24	25	26	27	28	29	30
	22	23	24	25	26	27	28	29	30	**12/1**	2	3	4	5	6	7	8
	병오	병오	병오	병오	병오	병오	병오	병오	병오	병오	병오	병오	병오	병오	병오	병오	병오
	기해	기해	기해	기해	기해	기해	기해	기해	기해	기해	기해	기해	기해	기해	기해	**경자**	경자
	경자	신축	임인	계묘	갑진	을사	병오	정미	무신	기유	경술	신해	임자	계축	갑인	을묘	병진
	5	5	4	4	4	3	3	3	2	2	2	1	1	1	1	10	9
	5	5	6	6	6	7	7	7	8	8	8	9	9	9	10	10	1

음 11월	14	15	16	17	18	19	20	21	22	23	24	25	26	27	28	29	30
	22	23	24	25	26	27	28	29	30	31	**1/1**	2	3	4	5	6	7
	병오	병오	병오	병오	병오	병오	병오	병오	병오	병오	병오	병오	병오	병오	병오	병오	병오
	경자	경자	경자	경자	경자	경자	경자	경자	경자	경자	경자	경자	경자	경자	**신축**	신축	신축
	경오	신미	임신	계유	갑술	을해	병자	정축	무인	기묘	경진	신사	임오	계미	갑신	을유	병술
	5	4	4	4	3	3	3	2	2	2	1	1	1	1	10	10	9
	5	5	6	6	6	7	7	7	8	8	8	9	9	9	10	10	1

음 12월	14	15	16	17	18	19	20	21	22	23	24	25	26	27	28	29	30
	21	22	23	24	25	26	27	28	29	30	31	**2/1**	2	3	4	5	6
	병오	병오	병오	병오	병오	병오	병오	병오	병오	병오	병오	병오	병오	병오	**정미**	정미	정미
	신축	신축	신축	신축	신축	신축	신축	신축	신축	신축	신축	신축	신축	신축	**임인**	임인	임인
	경자	신축	임인	계묘	갑진	을사	병오	정미	무신	기유	경술	신해	임자	계축	갑인	을묘	병진
	5	4	4	4	3	3	3	2	2	2	1	1	1	1	10	1	1
	5	6	6	6	7	7	7	8	8	8	9	9	9	10	10	10	9

2027(정미)년 【단기 4360년】

월	구분		1	2	3	4	5	6	7	8	9	10	11	12	13
음 1 월	음력		1	2	3	4	5	6	7	8	9	10	11	12	13
	양력		**2/7**	8	9	10	11	12	13	14	15	16	17	18	19
	연주 (생년)		정미	정미	정미	정미	정미	정미	정미	정미	정미	정미	정미	정미	정미
	월주 (생월)		임인	임인	임인	임인	임인	임인	임인	임인	임인	임인	임인	임인	임인
	일주 (생일)		정사	무오	기미	경신	신유	임술	계해	갑자	을축	병인	정묘	무진	기사
	대운	남	1	1	2	2	2	3	3	3	4	4	4	5	5
		여	9	9	8	8	8	7	7	7	6	6	6	5	5
음 2 월	음력		1	2	3	4	5	6	7	8	9	10	11	12	13
	양력		**3/8**	9	10	11	12	13	14	15	16	17	18	19	20
	연주 (생년)		정미	정미	정미	정미	정미	정미	정미	정미	정미	정미	정미	정미	정미
	월주 (생월)		계묘	계묘	계묘	계묘	계묘	계묘	계묘	계묘	계묘	계묘	계묘	계묘	계묘
	일주 (생일)		병술	정해	무자	기축	경인	신묘	임진	계사	갑오	을미	병신	정유	무술
	대운	남	1	1	1	2	2	2	3	3	3	4	4	4	5
		여	9	9	9	8	8	8	7	7	7	6	6	6	5
음 3 월	음력		1	2	3	4	5	6	7	8	9	10	11	12	13
	양력		**4/7**	8	9	10	11	12	13	14	15	16	17	18	19
	연주 (생년)		정미	정미	정미	정미	정미	정미	정미	정미	정미	정미	정미	정미	정미
	월주 (생월)		갑진	갑진	갑진	갑진	갑진	갑진	갑진	갑진	갑진	갑진	갑진	갑진	갑진
	일주 (생일)		병진	정사	무오	기미	경신	신유	임술	계해	갑자	을축	병인	정묘	무진
	대운	남	1	1	1	2	2	2	3	3	3	4	4	4	5
		여	10	9	9	9	8	8	8	7	7	7	6	6	6
음 4 월	음력		1	2	3	4	5	6	7	8	9	10	11	12	13
	양력		**5/6**	7	8	9	10	11	12	13	14	15	16	17	18
	연주 (생년)		정미	정미	정미	정미	정미	정미	정미	정미	정미	정미	정미	정미	정미
	월주 (생월)		**을사**	을사	을사	을사	을사	을사	을사	을사	을사	을사	을사	을사	을사
	일주 (생일)		을유	병술	정해	무자	기축	경인	신묘	임진	계사	갑오	을미	병신	정유
	대운	남	10	1	1	1	1	2	2	2	3	3	3	4	4
		여	10	10	10	9	9	9	8	8	8	7	7	7	6
음 5 월	음력		1	2	3	4	5	6	7	8	9	10	11	12	13
	양력		**6/5**	6	7	8	9	10	11	12	13	14	15	16	17
	연주 (생년)		정미	정미	정미	정미	정미	정미	정미	정미	정미	정미	정미	정미	정미
	월주 (생월)		을사	**병오**	병오	병오	병오	병오	병오	병오	병오	병오	병오	병오	병오
	일주 (생일)		을묘	병진	정사	무오	기미	경신	신유	임술	계해	갑자	을축	병인	정묘
	대운	남	10	10	1	1	1	1	2	2	2	3	3	3	4
		여	1	10	10	10	9	9	9	8	8	8	7	7	7
음 6 월	음력		1	2	3	4	5	6	7	8	9	10	11	12	13
	양력		**7/4**	5	6	7	8	9	10	11	12	13	14	15	16
	연주 (생년)		정미	정미	정미	정미	정미	정미	정미	정미	정미	정미	정미	정미	정미
	월주 (생월)		병오	병오	병오	**정미**	정미	정미	정미	정미	정미	정미	정미	정미	정미
	일주 (생일)		갑신	을유	병술	정해	무자	기축	경인	신묘	임진	계사	갑오	을미	병신
	1대운	남	9	10	10	10	1	1	1	1	2	2	2	3	31
		10여	1	1	1	10	10	10	10	9	9	9	8	8	8

음1월	14	15	16	17	18	19	20	21	22	23	24	25	26	27	28	29	
	20	21	22	23	24	25	26	27	28	**3/1**	2	3	4	5	6	7	
	정미	정미	정미	정미	정미	정미	정미	정미	정미	정미	정미	정미	정미	정미	정미	정미	
	임인	임인	임인	임인	임인	임인	임인	임인	임인	임인	임인	임인	임인	임인	**계묘**	계묘	
	경오	신미	임신	계유	갑술	을해	병자	정축	무인	기묘	경진	신사	임오	계미	갑신	을유	
	5	6	6	6	7	7	7	8	8	8	9	9	9	10	10	1	
	5	4	4	4	3	3	3	2	2	2	1	1	1	1	10	10	

음2월	14	15	16	17	18	19	20	21	22	23	24	25	26	27	28	29	30
	21	22	23	24	25	26	27	28	29	30	31	**4/1**	2	3	4	5	6
	정미	정미	정미	정미	정미	정미	정미	정미	정미	정미	정미	정미	정미	정미	정미	정미	정미
	계묘	계묘	계묘	계묘	계묘	계묘	계묘	계묘	계묘	계묘	계묘	계묘	계묘	계묘	계묘	**갑진**	갑진
	기해	경자	신축	임인	계묘	갑진	을사	병오	정미	무신	기유	경술	신해	임자	계축	갑인	을묘
	5	5	6	6	6	7	7	7	8	8	8	9	9	9	10	10	1
	5	5	4	4	4	3	3	3	2	2	2	1	1	1	1	10	10

음3월	14	15	16	17	18	19	20	21	22	23	24	25	26	27	28	29	
	20	21	22	23	24	25	26	27	28	29	30	**5/1**	2	3	4	5	
	정미	정미	정미	정미	정미	정미	정미	정미	정미	정미	정미	정미	정미	정미	정미	정미	
	갑진	갑진	갑진	갑진	갑진	갑진	갑진	갑진	갑진	갑진	갑진	갑진	갑진	갑진	갑진	갑진	
	기사	경오	신미	임신	계유	갑술	을해	병자	정축	무인	기묘	경진	신사	임오	계미	갑신	
	5	5	6	6	6	7	7	7	8	8	8	9	9	9	10	10	
	5	5	5	4	4	4	3	3	3	2	2	2	1	1	1	1	

음4월	14	15	16	17	18	19	20	21	22	23	24	25	26	27	28	29	30
	19	20	21	22	23	24	25	26	27	28	29	30	31	**6/1**	2	3	4
	정미	정미	정미	정미	정미	정미	정미	정미	정미	정미	정미	정미	정미	정미	정미	정미	정미
	을사	을사	을사	을사	을사	을사	을사	을사	을사	을사	을사	을사	을사	을사	을사	을사	을사
	무술	기해	경자	신축	임인	계묘	갑진	을사	병오	정미	무신	기유	경술	신해	임자	계축	갑인
	4	5	5	5	6	6	6	7	7	7	8	8	8	9	9	9	10
	6	6	5	5	5	4	4	4	3	3	3	2	2	2	1	1	1

음5월	14	15	16	17	18	19	20	21	22	23	24	25	26	27	28	29	
	18	19	20	21	22	23	24	25	26	27	28	29	30	**7/1**	2	3	
	정미	정미	정미	정미	정미	정미	정미	정미	정미	정미	정미	정미	정미	정미	정미	정미	
	병오	병오	병오	병오	병오	병오	병오	병오	병오	병오	병오	병오	병오	병오	병오	병오	
	무진	기사	경오	신미	임신	계유	갑술	을해	병자	정축	무인	기묘	경진	신사	임오	계미	
	4	4	5	5	5	6	6	6	7	7	7	8	8	8	9	9	
	6	6	6	5	5	5	4	4	4	3	3	3	2	2	2	1	

음6월	14	15	16	17	18	19	20	21	22	23	24	25	26	27	28	29	
	17	18	19	20	21	22	23	24	25	26	27	28	29	30	31	**8/1**	
	정미	정미	정미	정미	정미	정미	정미	정미	정미	정미	정미	정미	정미	정미	정미	정미	
	정미	정미	정미	정미	정미	정미	정미	정미	정미	정미	정미	정미	정미	정미	정미	정미	
	정유	무술	기해	경자	신축	임인	계묘	갑진	을사	병오	정미	무신	기유	경술	신해	임자	
	3	4	4	4	5	5	5	6	6	6	7	7	7	8	8	8	
	7	7	7	6	6	6	5	5	5	4	4	4	3	3	3	2	

2027(정미)년 【단기 4360년】

월	구분		1	2	3	4	5	6	7	8	9	10	11	12	13
음 7 월	음력		1	2	3	4	5	6	7	8	9	10	11	12	13
	양력		**8/2**	3	4	5	6	7	8	9	10	11	12	13	14
	연주 (생년)		정미	정미	정미	정미	정미	정미	정미	정미	정미	정미	정미	정미	정미
	월주 (생월)		정미	정미	정미	정미	정미	정미	**무신**	무신	무신	무신	무신	무신	무신
	일주 (생일)		계축	갑인	을묘	병진	정사	무오	기미	경신	신유	임술	계해	갑자	을축
	대운	남	9	9	9	10	10	10	10	1	1	1	1	2	2
		여	2	2	1	1	1	1	10	10	10	9	9	9	8
음 8 월	음력		1	2	3	4	5	6	7	8	9	10	11	12	13
	양력		**9/1**	2	3	4	5	6	7	8	9	10	11	12	13
	연주 (생년)		정미	정미	정미	정미	정미	정미	정미	정미	정미	정미	정미	정미	정미
	월주 (생월)		무신	무신	무신	무신	무신	무신	무신	**기유**	기유	기유	기유	기유	기유
	일주 (생일)		계미	갑신	을유	병술	정해	무자	기축	경인	신묘	임진	계사	갑오	을미
	대운	남	8	8	9	9	9	10	10	10	1	1	1	1	2
		여	2	2	2	1	1	1	1	10	10	9	9	9	8
음 9 월	음력		1	2	3	4	5	6	7	8	9	10	11	12	13
	양력		**9/30**	**10/1**	2	3	4	5	6	7	8	9	10	11	12
	연주 (생년)		정미	정미	정미	정미	정미	정미	정미	정미	정미	정미	정미	정미	정미
	월주 (생월)		기유	기유	기유	기유	기유	기유	기유	기유	**경술**	경술	경술	경술	경술
	일주 (생일)		임자	계축	갑인	을묘	병진	정사	무오	기미	경신	신유	임술	계해	갑자
	대운	남	7	8	8	8	9	9	9	10	10	1	1	1	1
		여	3	2	2	2	1	1	1	1	10	10	10	9	9
음 10 월	음력		1	2	3	4	5	6	7	8	9	10	11	12	13
	양력		**10/29**	30	31	**11/1**	2	3	4	5	6	7	8	9	10
	연주 (생년)		정미	정미	정미	정미	정미	정미	정미	정미	정미	정미	정미	정미	정미
	월주 (생월)		경술	경술	경술	경술	경술	경술	경술	경술	경술	경술	**신해**	신해	신해
	일주 (생일)		신사	임오	계미	갑신	을유	병술	정해	무자	기축	경인	신묘	임진	계사
	대운	남	7	7	8	8	8	9	9	9	10	10	10	1	1
		여	3	3	3	2	2	2	1	1	1	1	10	9	9
음 11 월	음력		1	2	3	4	5	6	7	8	9	10	11	12	13
	양력		**11/28**	29	30	**12/1**	2	3	4	5	6	7	8	9	10
	연주 (생년)		정미	정미	정미	정미	정미	정미	정미	정미	정미	정미	정미	정미	정미
	월주 (생월)		신해	신해	신해	신해	신해	신해	신해	신해	신해	**임자**	임자	임자	임자
	일주 (생일)		신해	임자	계축	갑인	을묘	병진	정사	무오	기미	경신	신유	임술	계해
	대운	남	7	7	7	8	8	8	9	9	9	10	1	1	1
		여	3	3	2	2	2	1	1	1	1	10	10	9	9
음 12 월	음력		1	2	3	4	5	6	7	8	9	10	11	12	13
	양력		**12/28**	29	30	31	**1/1**	2	3	4	5	6	7	8	9
	연주 (생년)		정미	정미	정미	정미	정미	정미	정미	정미	정미	정미	정미	정미	정미
	월주 (생월)		임자	임자	임자	임자	임자	임자	임자	임자	임자	**계축**	계축	계축	계축
	일주 (생일)		신사	임오	계미	갑신	을유	병술	정해	무자	기축	경인	신묘	임진	계사
	대운	남	7	7	8	8	8	9	9	9	10	10	1	1	1
		여	3	3	2	2	2	1	1	1	1	10	9	9	9

	14	15	16	17	18	19	20	21	22	23	24	25	26	27	28	29	30
	15	16	17	18	19	20	21	22	23	24	25	26	27	28	29	30	31
음	정미	정미	정미	정미	정미	정미	정미	정미	정미	정미	정미	정미	정미	정미	정미	정미	정미
7	무신	무신	무신	무신	무신	무신	무신	무신	무신	무신	무신	무신	무신	무신	무신	무신	무신
월	병인	정묘	무진	기사	경오	신미	임신	계유	갑술	을해	병자	정축	무인	기묘	경진	신사	임오
	2	3	3	3	4	4	4	5	5	5	6	6	6	7	7	7	8
	8	8	7	7	7	6	6	6	5	5	5	4	4	4	3	3	3
	14	15	16	17	18	19	20	21	22	23	24	25	26	27	28	29	
	14	15	16	17	18	19	20	21	22	23	24	25	26	27	28	29	
음	정미	정미	정미	정미	정미	정미	정미	정미	정미	정미	정미	정미	정미	정미	정미	정미	
8	기유	기유	기유	기유	기유	기유	기유	기유	기유	기유	기유	기유	기유	기유	기유	기유	
월	병신	정유	무술	기해	경자	신축	임인	계묘	갑진	을사	병오	정미	무신	기유	경술	신해	
	2	2	3	3	3	4	4	4	5	5	5	6	6	6	7	7	
	8	8	7	7	7	6	6	6	5	5	5	4	4	4	3	3	
	14	15	16	17	18	19	20	21	22	23	24	25	26	27	28	29	
	13	14	15	16	17	18	19	20	21	22	23	24	25	26	27	28	
음	정미	정미	정미	정미	정미	정미	정미	정미	정미	정미	정미	정미	정미	정미	정미	정미	
9	경술	경술	경술	경술	경술	경술	경술	경술	경술	경술	경술	경술	경술	경술	경술	경술	
월	을축	병인	정묘	무진	기사	경오	신미	임신	계유	갑술	을해	병자	정축	무인	기묘	경진	
	2	2	2	3	3	3	4	4	4	5	5	5	6	6	6	7	
	9	8	8	8	7	7	7	6	6	6	5	5	5	4	4	4	
	14	15	16	17	18	19	20	21	22	23	24	25	26	27	28	29	30
	11	12	13	14	15	16	17	18	19	20	21	22	23	24	25	26	27
음	정미	정미	정미	정미	정미	정미	정미	정미	정미	정미	정미	정미	정미	정미	정미	정미	정미
10	신해	신해	신해	신해	신해	신해	신해	신해	신해	신해	신해	신해	신해	신해	신해	신해	신해
월	갑오	을미	병신	정유	무술	기해	경자	신축	임인	계묘	갑진	을사	병오	정미	무신	기유	경술
	1	1	2	2	2	3	3	3	4	4	4	5	5	5	6	6	6
	9	8	8	8	7	7	7	6	6	6	5	5	5	4	4	4	3
	14	15	16	17	18	19	20	21	22	23	24	25	26	27	28	29	30
	11	12	13	14	15	16	17	18	19	20	21	22	23	24	25	26	27
음	정미	정미	정미	정미	정미	정미	정미	정미	정미	정미	정미	정미	정미	정미	정미	정미	정미
11	임자	임자	임자	임자	임자	임자	임자	임자	임자	임자	임자	임자	임자	임자	임자	임자	임자
월	갑자	을축	병인	정묘	무진	기사	경오	신미	임신	계유	갑술	을해	병자	정축	무인	기묘	경진
	1	2	2	2	3	3	3	4	4	4	5	5	5	6	6	6	7
	9	8	8	8	7	7	7	6	6	6	5	5	5	4	4	4	3
	14	15	16	17	18	19	20	21	22	23	24	25	26	27	28	29	30
	10	11	12	13	14	15	16	17	18	19	20	21	22	23	24	25	26
음	정미	정미	정미	정미	정미	정미	정미	정미	정미	정미	정미	정미	정미	정미	정미	정미	정미
12	계축	계축	계축	계축	계축	계축	계축	계축	계축	계축	계축	계축	계축	계축	계축	계축	계축
월	갑오	을미	병신	정유	무술	기해	경자	신축	임인	계묘	갑진	을사	병오	정미	무신	기유	경술
	1	2	2	2	3	3	3	4	4	4	5	5	5	6	6	6	7
	8	8	8	7	7	7	6	6	6	5	5	5	4	4	4	3	3

2028(무신)년 【단기 4361년】

월	구분		1	2	3	4	5	6	7	8	9	10	11	12	13
음 1 월	음력		1	2	3	4	5	6	7	8	9	10	11	12	13
	양력		**1/27**	28	29	30	31	**2/1**	2	3	4	5	6	7	8
	연주 (생년)		정미	정미	정미	정미	정미	정미	정미	정미	**무신**	무신	무신	무신	무신
	월주 (생월)		계축	계축	계축	계축	계축	계축	계축	계축	**갑인**	갑인	갑인	갑인	갑인
	일주 (생일)		신해	임자	계축	갑인	을묘	병진	정사	무오	기미	경신	신유	임술	계해
	대운	남	7	7	8	8	8	9	9	9	10	10	9	9	9
		여	3	2	2	2	1	1	1	1	10	1	1	1	1
음 2 월	음력		1	2	3	4	5	6	7	8	9	10	11	12	13
	양력		**2/25**	26	27	28	29	**3/1**	2	3	4	5	6	7	8
	연주 (생년)		무신	무신	무신	무신	무신	무신	무신	무신	무신	무신	무신	무신	무신
	월주 (생월)		갑인	갑인	갑인	갑인	갑인	갑인	갑인	갑인	갑인	**을묘**	을묘	을묘	을묘
	일주 (생일)		경진	신사	임오	계미	갑신	을유	병술	정해	무자	기축	경인	신묘	임진
	대운	남	3	3	2	2	2	1	1	1	1	10	10	9	9
		여	7	7	8	8	8	9	9	9	10	10	1	1	1
음 3 월	음력		1	2	3	4	5	6	7	8	9	10	11	12	13
	양력		**3/26**	27	28	29	30	31	**4/1**	2	3	4	5	6	7
	연주 (생년)		무신	무신	무신	무신	무신	무신	무신	무신	무신	무신	무신	무신	무신
	월주 (생월)		을묘	을묘	을묘	을묘	을묘	을묘	을묘	을묘	을묘	**병진**	병진	병진	병진
	일주 (생일)		경술	신해	임자	계축	갑인	을묘	병진	정사	무오	기미	경신	신유	임술
	대운	남	3	3	2	2	2	1	1	1	1	10	10	10	9
		여	7	7	8	8	8	9	9	9	10	10	1	1	1
음 4 월	음력		1	2	3	4	5	6	7	8	9	10	11	12	13
	양력		**4/25**	26	27	28	29	30	**5/1**	2	3	4	5	6	7
	연주 (생년)		무신	무신	무신	무신	무신	무신	무신	무신	무신	무신	무신	무신	무신
	월주 (생월)		병진	병진	병진	병진	병진	병진	병진	병진	병진	병진	**정사**	정사	정사
	일주 (생일)		경진	신사	임오	계미	갑신	을유	병술	정해	무자	기축	경인	신묘	임진
	대운	남	3	3	3	2	2	2	1	1	1	1	10	10	10
		여	7	7	8	8	8	9	9	9	10	10	10	1	1
음 5 월	음력		1	2	3	4	5	6	7	8	9	10	11	12	13
	양력		**5/24**	25	26	27	28	29	30	31	**6/1**	2	3	4	5
	연주 (생년)		무신	무신	무신	무신	무신	무신	무신	무신	무신	무신	무신	무신	무신
	월주 (생월)		정사	정사	정사	정사	정사	정사	정사	정사	정사	정사	정사	정사	**무오**
	일주 (생일)		기유	경술	신해	임자	계축	갑인	을묘	병진	정사	무오	기미	경신	신유
	대운	남	4	4	3	3	3	2	2	2	1	1	1	1	10
		여	6	7	7	7	8	8	8	9	9	9	10	10	10
윤 5 월	음력		1	2	3	4	5	6	7	8	9	10	11	12	13
	양력		**6/23**	24	25	26	27	28	29	30	**7/1**	2	3	4	5
	연주 (생년)		무신	무신	무신	무신	무신	무신	무신	무신	무신	무신	무신	무신	무신
	월주 (생월)		무오	무오	무오	무오	무오	무오	무오	무오	무오	무오	무오	무오	무오
	일주 (생일)		기묘	경진	신사	임오	계미	갑신	을유	병술	정해	무자	기축	경인	신묘
	대운	남	4	4	4	3	3	3	2	2	2	1	1	1	1
		여	6	6	7	7	7	8	8	8	9	9	9	10	10
음 6 월	음력		1	2	3	4	5	6	7	8	9	10	11	12	13
	양력		**7/22**	23	24	25	26	27	28	29	30	31	**8/1**	2	3
	연주 (생년)		무신	무신	무신	무신	무신	무신	무신	무신	무신	무신	무신	무신	무신
	월주 (생월)		기미	기미	기미	기미	기미	기미	기미	기미	기미	기미	기미	기미	기미
	일주 (생일)		무신	기유	경술	신해	임자	계축	갑인	을묘	병진	정사	무오	기미	경신
	대운	남	5	5	5	4	4	4	3	3	3	2	2	2	1
		여	5	6	6	6	7	7	7	8	8	8	9	9	9

음1월	14	15	16	17	18	19	20	21	22	23	24	25	26	27	28	29	
	9	10	11	12	13	14	15	16	17	18	19	20	21	22	23	24	
	무신	무신	무신	무신	무신	무신	무신	무신	무신	무신	무신	무신	무신	무신	무신	무신	
	갑인	갑인	갑인	갑인	갑인	갑인	갑인	갑인	갑인	갑인	갑인	갑인	갑인	갑인	갑인	갑인	
	갑자	을축	병인	정묘	무진	기사	경오	신미	임신	계유	갑술	을해	병자	정축	무인	기묘	
	8	8	8	7	7	7	6	6	6	5	5	5	4	4	4	3	
	2	2	2	3	3	3	4	4	4	5	5	5	6	6	6	7	
음2월	14	15	16	17	18	19	20	21	22	23	24	25	26	27	28	29	30
	9	10	11	12	13	14	15	16	17	18	19	20	21	22	23	24	25
	무신	무신	무신	무신	무신	무신	무신	무신	무신	무신	무신	무신	무신	무신	무신	무신	무신
	을묘	을묘	을묘	을묘	을묘	을묘	을묘	을묘	을묘	을묘	을묘	을묘	을묘	을묘	을묘	을묘	을묘
	계사	갑오	을미	병신	정유	무술	기해	경자	신축	임인	계묘	갑진	을사	병오	정미	무신	기유
	9	8	8	8	7	7	7	6	6	6	5	5	5	4	4	4	3
	1	2	2	2	3	3	3	4	4	4	5	5	5	6	6	6	7
음3월	14	15	16	17	18	19	20	21	22	23	24	25	26	27	28	29	30
	8	9	10	11	12	13	14	15	16	17	18	19	20	21	22	23	24
	무신	무신	무신	무신	무신	무신	무신	무신	무신	무신	무신	무신	무신	무신	무신	무신	무신
	병진	병진	병진	병진	병진	병진	병진	병진	병진	병진	병진	병진	병진	병진	병진	병진	병진
	계해	갑자	을축	병인	정묘	무진	기사	경오	신미	임신	계유	갑술	을해	병자	정축	무인	기묘
	9	9	8	8	8	7	7	7	6	6	6	5	5	5	4	4	4
	1	2	2	2	3	3	3	4	4	4	5	5	5	6	6	6	7
음4월	14	15	16	17	18	19	20	21	22	23	24	25	26	27	28	29	
	8	9	10	11	12	13	14	15	16	17	18	19	20	21	22	23	
	무신	무신	무신	무신	무신	무신	무신	무신	무신	무신	무신	무신	무신	무신	무신	무신	
	정사	정사	정사	정사	정사	정사	정사	정사	정사	정사	정사	정사	정사	정사	정사	정사	
	계사	갑오	을미	병신	정유	무술	기해	경자	신축	임인	계묘	갑진	을사	병오	정미	무신	
	9	9	9	8	8	8	7	7	7	6	6	6	5	5	5	4	
	1	1	2	2	2	3	3	3	4	4	4	5	5	5	6	6	
음5월	14	15	16	17	18	19	20	21	22	23	24	25	26	27	28	29	30
	6	7	8	9	10	11	12	13	14	15	16	17	18	19	20	21	22
	무신	무신	무신	무신	무신	무신	무신	무신	무신	무신	무신	무신	무신	무신	무신	무신	무신
	무오	무오	무오	무오	무오	무오	무오	무오	무오	무오	무오	무오	무오	무오	무오	무오	무오
	임술	계해	갑자	을축	병인	정묘	무진	기사	경오	신미	임신	계유	갑술	을해	병자	정축	무인
	10	10	9	9	9	8	8	8	7	7	7	6	6	6	5	5	5
	1	1	1	1	2	2	2	3	3	3	4	4	4	5	5	5	6
윤5월	14	15	16	17	18	19	20	21	22	23	24	25	26	27	28	29	
	6	7	8	9	10	11	12	13	14	15	16	17	18	19	20	21	
	무신	무신	무신	무신	무신	무신	무신	무신	무신	무신	무신	무신	무신	무신	무신	무신	
	기미	기미	기미	기미	기미	기미	기미	기미	기미	기미	기미	기미	기미	기미	기미	기미	
	임진	계사	갑오	을미	병신	정유	무술	기해	경자	신축	임인	계묘	갑진	을사	병오	정미	
	10	10	10	10	9	9	9	8	8	8	7	7	7	6	6	6	
	10	1	1	1	1	2	2	2	3	3	3	4	4	4	5	5	
음6월	14	15	16	17	18	19	20	21	22	23	24	25	26	27	28	29	
	4	5	6	7	8	9	10	11	12	13	14	15	16	17	18	19	
	무신	무신	무신	무신	무신	무신	무신	무신	무신	무신	무신	무신	무신	무신	무신	무신	
	기미	기미	기미	**경신**	경신	경신	경신	경신	경신	경신	경신	경신	경신	경신	경신	경신	
	신유	임술	계해	갑자	을축	병인	정묘	무진	기사	경오	신미	임신	계유	갑술	을해	병자	
	1	1	1	10	10	10	9	9	9	8	8	8	7	7	7	6	
	10	10	10	10	1	1	1	1	2	2	2	3	3	3	4	4	

2028(무신)년 【단기 4361년】

월	구분														
음 7 월	음 력		1	2	3	4	5	6	7	8	9	10	11	12	13
	양 력		**8/20**	21	22	23	24	25	26	27	28	29	30	31	**9/1**
	연주 (생년)		무신	무신	무신	무신	무신	무신	무신	무신	무신	무신	무신	무신	무신
	월주 (생월)		경신	경신	경신	경신	경신	경신	경신	경신	경신	경신	경신	경신	경신
	일주 (생일)		정축	무인	기묘	경진	신사	임오	계미	갑신	을유	병술	정해	무자	기축
	대운	남	6	6	5	5	5	4	4	4	3	3	3	2	2
		여	4	5	5	5	6	6	6	7	7	7	8	8	8
음 8 월	음 력		1	2	3	4	5	6	7	8	9	10	11	12	13
	양 력		**9/19**	20	21	22	23	24	25	26	27	28	29	30	**10/1**
	연주 (생년)		무신	무신	무신	무신	무신	무신	무신	무신	무신	무신	무신	무신	무신
	월주 (생월)		신유	신유	신유	신유	신유	신유	신유	신유	신유	신유	신유	신유	신유
	일주 (생일)		정미	무신	기유	경술	신해	임자	계축	갑인	을묘	병진	정사	무오	기미
	대운	남	6	6	6	5	5	5	4	4	4	3	3	3	2
		여	4	4	5	5	5	6	6	6	7	7	7	8	8
음 9 월	음 력		1	2	3	4	5	6	7	8	9	10	11	12	13
	양 력		**10/18**	19	20	21	22	23	24	25	26	27	28	29	30
	연주 (생년)		무신	무신	무신	무신	무신	무신	무신	무신	무신	무신	무신	무신	무신
	월주 (생월)		임술	임술	임술	임술	임술	임술	임술	임술	임술	임술	임술	임술	임술
	일주 (생일)		병자	정축	무인	기묘	경진	신사	임오	계미	갑신	을유	병술	정해	무자
	대운	남	7	6	6	6	5	5	5	4	4	4	3	3	3
		여	3	4	4	4	5	5	5	6	6	6	7	7	7
음 10 월	음 력		1	2	3	4	5	6	7	8	9	10	11	12	13
	양 력		**11/16**	17	18	19	20	21	22	23	24	25	26	27	28
	연주 (생년)		무신	무신	무신	무신	무신	무신	무신	무신	무신	무신	무신	무신	무신
	월주 (생월)		계해	계해	계해	계해	계해	계해	계해	계해	계해	계해	계해	계해	계해
	일주 (생일)		을사	병오	정미	무신	기유	경술	신해	임자	계축	갑인	을묘	병진	정사
	대운	남	7	6	6	6	5	5	5	4	4	4	3	3	3
		여	3	3	4	4	4	5	5	5	6	6	6	7	7
음 11 월	음 력		1	2	3	4	5	6	7	8	9	10	11	12	13
	양 력		**12/16**	17	18	19	20	21	22	23	24	25	26	27	28
	연주 (생년)		무신	무신	무신	무신	무신	무신	무신	무신	무신	무신	무신	무신	무신
	월주 (생월)		갑자	갑자	갑자	갑자	갑자	갑자	갑자	갑자	갑자	갑자	갑자	갑자	갑자
	일주 (생일)		을해	병자	정축	무인	기묘	경진	신사	임오	계미	갑신	을유	병술	정해
	대운	남	7	6	6	6	5	5	5	4	4	4	3	3	3
		여	3	4	4	4	5	5	5	6	6	6	7	7	7
음 12 월	음 력		1	2	3	4	5	6	7	8	9	10	11	12	13
	양 력		**1/15**	16	17	18	19	20	21	22	23	24	25	26	27
	연주 (생년)		무신	무신	무신	무신	무신	무신	무신	무신	무신	무신	무신	무신	무신
	월주 (생월)		을축	을축	을축	을축	을축	을축	을축	을축	을축	을축	을축	을축	을축
	일주 (생일)		을사	병오	정미	무신	기유	경술	신해	임자	계축	갑인	을묘	병진	정사
	대운	남	6	6	6	5	5	5	4	4	4	3	3	3	2
		여	3	4	4	4	5	5	5	6	6	6	7	7	7

	14	15	16	17	18	19	20	21	22	23	24	25	26	27	28	29	30
	2	3	4	5	6	7	8	9	10	11	12	13	14	15	16	17	18
음	무신	무신	무신	무신	무신	무신	무신	무신	무신	무신	무신	무신	무신	무신	무신	무신	무신
7	경신	경신	경신	경신	경신	**신유**	신유	신유	신유	신유	신유	신유	신유	신유	신유	신유	신유
월	경인	신묘	임진	계사	갑오	을미	병신	정유	무술	기해	경자	신축	임인	계묘	갑진	을사	병오
	2	1	1	1	1	10	10	10	9	9	9	8	8	8	7	7	7
	9	9	9	10	10	10	1	1	1	1	2	2	2	3	3	3	4
	14	15	16	17	18	19	20	21	22	23	24	25	26	27	28	29	
	2	3	4	5	6	7	8	9	10	11	12	13	14	15	16	17	
음	무신	무신	무신	무신	무신	무신	무신	무신	무신	무신	무신	무신	무신	무신	무신	무신	
8	신유	신유	신유	신유	신유	신유	**임술**	임술	임술	임술	임술	임술	임술	임술	임술	임술	
월	경신	신유	임술	계해	갑자	을축	병인	정묘	무진	기사	경오	신미	임신	계유	갑술	을해	
	2	2	1	1	1	1	10	10	9	9	9	8	8	8	7	7	
	8	9	9	9	10	10	10	1	1	1	1	2	2	2	3	3	
	14	15	16	17	18	19	20	21	22	23	24	25	26	27	28	29	
	31	**11/1**	2	3	4	5	6	7	8	9	10	11	12	13	14	15	
음	무신	무신	무신	무신	무신	무신	무신	무신	무신	무신	무신	무신	무신	무신	무신	무신	
9	임술	임술	임술	임술	임술	임술	임술	**계해**	계해	계해	계해	계해	계해	계해	계해	계해	
월	기축	경인	신묘	임진	계사	갑오	을미	병신	정유	무술	기해	경자	신축	임인	계묘	갑진	
	2	2	2	1	1	1	1	10	9	9	9	8	8	8	7	7	
	8	8	8	9	9	9	10	10	1	1	1	1	2	2	2	3	
	14	15	16	17	18	19	20	21	22	23	24	25	26	27	28	29	30
	29	30	**12/1**	2	3	4	5	6	7	8	9	10	11	12	13	14	15
음	무신	무신	무신	무신	무신	무신	무신	무신	무신	무신	무신	무신	무신	무신	무신	무신	무신
10	계해	계해	계해	계해	계해	계해	계해	**갑자**	갑자	갑자	갑자	갑자	갑자	갑자	갑자	갑자	갑자
월	무오	기미	경신	신유	임술	계해	갑자	을축	병인	정묘	무진	기사	경오	신미	임신	계유	갑술
	2	2	2	1	1	1	1	10	10	9	9	9	8	8	8	7	7
	7	8	8	8	9	9	9	10	1	1	1	1	2	2	2	3	3
	14	15	16	17	18	19	20	21	22	23	24	25	26	27	28	29	30
	29	30	31	**1/1**	2	3	4	5	6	7	8	9	10	11	12	13	14
음	무신	무신	무신	무신	무신	무신	무신	무신	무신	무신	무신	무신	무신	무신	무신	무신	무신
11	갑자	갑자	갑자	갑자	갑자	갑자	갑자	**을축**	을축	을축	을축	을축	을축	을축	을축	을축	을축
월	무자	기축	경인	신묘	임진	계사	갑오	을미	병신	정유	무술	기해	경자	신축	임인	계묘	갑진
	2	2	2	1	1	1	1	10	9	9	9	8	8	8	7	7	7
	8	8	8	9	9	9	10	10	1	1	1	1	2	2	2	3	3
	14	15	16	17	18	19	20	21	22	23	24	25	26	27	28	29	
	28	29	30	31	**2/1**	2	3	4	5	6	7	8	9	10	11	12	
음	무신	무신	무신	무신	무신	무신	**기유**	기유	기유	기유	기유	기유	기유	기유	기유	기유	
12	무신	무신	무신	무신	무신	무신	**병인**	병인	병인	병인	병인	병인	병인	병인	병인	병인	
월	무오	기미	경신	신유	임술	계해	갑자	을축	병인	정묘	무진	기사	경오	신미	임신	계유	
	2	2	1	1	1	1	10	1	1	1	1	2	2	2	3	3	
	8	8	8	9	9	9	10	10	5	5	5	6	6	6	7	7	

2029(기유)년 【단기 4362년】

월	구분		1	2	3	4	5	6	7	8	9	10	11	12	13
음 1 월	음력		1	2	3	4	5	6	7	8	9	10	11	12	13
	양력		2/13	14	15	16	17	18	19	20	21	22	23	24	25
	연주 (생년)		기유	기유	기유	기유	기유	기유	기유	기유	기유	기유	기유	기유	기유
	월주 (생월)		병인	병인	병인	병인	병인	병인	병인	병인	병인	병인	병인	병인	병인
	일주 (생일)		갑술	을해	병자	정축	무인	기묘	경진	신사	임오	계미	갑신	을유	병술
	대운	남	3	4	4	4	5	5	5	6	6	6	7	7	7
		여	7	6	6	6	5	5	5	4	4	4	3	3	3
음 2 월	음력		1	2	3	4	5	6	7	8	9	10	11	12	13
	양력		3/15	16	17	18	19	20	21	22	23	24	25	26	27
	연주 (생년)		기유	기유	기유	기유	기유	기유	기유	기유	기유	기유	기유	기유	기유
	월주 (생월)		정묘	정묘	정묘	정묘	정묘	정묘	정묘	정묘	정묘	정묘	정묘	정묘	정묘
	일주 (생일)		갑진	을사	병오	정미	무신	기유	경술	신해	임자	계축	갑인	을묘	병진
	대운	남	3	4	4	4	5	5	5	6	6	6	7	7	7
		여	7	6	6	6	5	5	5	4	4	4	3	3	3
음 3 월	음력		1	2	3	4	5	6	7	8	9	10	11	12	13
	양력		4/14	15	16	17	18	19	20	21	22	23	24	25	26
	연주 (생년)		기유	기유	기유	기유	기유	기유	기유	기유	기유	기유	기유	기유	기유
	월주 (생월)		무진	무진	무진	무진	무진	무진	무진	무진	무진	무진	무진	무진	무진
	일주 (생일)		갑술	을해	병자	정축	무인	기묘	경진	신사	임오	계미	갑신	을유	병술
	대운	남	3	4	4	4	5	5	5	6	6	6	7	7	7
		여	7	7	6	6	6	5	5	5	4	4	4	3	3
음 4 월	음력		1	2	3	4	5	6	7	8	9	10	11	12	13
	양력		5/13	14	15	16	17	18	19	20	21	22	23	24	25
	연주 (생년)		기유	기유	기유	기유	기유	기유	기유	기유	기유	기유	기유	기유	기유
	월주 (생월)		기사	기사	기사	기사	기사	기사	기사	기사	기사	기사	기사	기사	기사
	일주 (생일)		계묘	갑진	을사	병오	정미	무신	기유	경술	신해	임자	계축	갑인	을묘
	대운	남	3	3	3	4	4	4	5	5	5	6	6	6	7
		여	8	7	7	7	6	6	6	5	5	5	4	4	4
음 5 월	음력		1	2	3	4	5	6	7	8	9	10	11	12	13
	양력		6/12	13	14	15	16	17	18	19	20	21	22	23	24
	연주 (생년)		기유	기유	기유	기유	기유	기유	기유	기유	기유	기유	기유	기유	기유
	월주 (생월)		경오	경오	경오	경오	경오	경오	경오	경오	경오	경오	경오	경오	경오
	일주 (생일)		계유	갑술	을해	병자	정축	무인	기묘	경진	신사	임오	계미	갑신	을유
	대운	남	2	3	3	3	4	4	4	5	5	5	6	6	6
		여	8	8	8	7	7	7	6	6	6	5	5	5	4
음 6 월	음력		1	2	3	4	5	6	7	8	9	10	11	12	13
	양력		7/12	13	14	15	16	17	18	19	20	21	22	23	24
	연주 (생년)		기유	기유	기유	기유	기유	기유	기유	기유	기유	기유	기유	기유	기유
	월주 (생월)		신미	신미	신미	신미	신미	신미	신미	신미	신미	신미	신미	신미	신미
	일주 (생일)		계묘	갑진	을사	병오	정미	무신	기유	경술	신해	임자	계축	갑인	을묘
	대운	남	2	2	2	3	3	3	4	4	4	5	5	5	6
		여	9	8	8	8	7	7	7	6	6	6	5	5	5

음 1 월	14	15	16	17	18	19	20	21	22	23	24	25	26	27	28	29	30
	26	27	28	**3/1**	2	3	4	5	6	7	8	9	10	11	12	13	14
	기유	기유	기유	기유	기유	기유	기유	기유	기유	기유	기유	기유	기유	기유	기유	기유	기유
	병인	병인	병인	병인	병인	병인	병인	**정묘**	정묘	정묘	정묘	정묘	정묘	정묘	정묘	정묘	정묘
	정해	무자	기축	경인	신묘	임진	계사	갑오	을미	병신	정유	무술	기해	경자	신축	임인	계묘
	8	8	8	9	9	9	10	10	1	1	1	1	2	2	2	3	3
	2	2	2	1	1	1	1	10	10	9	9	9	8	8	8	7	7
음 2 월	14	15	16	17	18	19	20	21	22	23	24	25	26	27	28	29	30
	28	29	30	31	**4/1**	2	3	4	5	6	7	8	9	10	11	12	13
	기유	기유	기유	기유	기유	기유	기유	기유	기유	기유	기유	기유	기유	기유	기유	기유	기유
	정묘	정묘	정묘	정묘	정묘	정묘	정묘	**무진**	무진	무진	무진	무진	무진	무진	무진	무진	무진
	정사	무오	기미	경신	신유	임술	계해	갑자	을축	병인	정묘	무진	기사	경오	신미	임신	계유
	8	8	8	9	9	9	10	10	1	1	1	1	2	2	2	3	3
	2	2	2	1	1	1	1	10	10	10	9	9	9	8	8	8	7
음 3 월	14	15	16	17	18	19	20	21	22	23	24	25	26	27	28	29	
	27	28	29	30	**5/1**	2	3	4	5	6	7	8	9	10	11	12	
	기유	기유	기유	기유	기유	기유	기유	기유	기유	기유	기유	기유	기유	기유	기유	기유	
	무진	무진	무진	무진	무진	무진	무진	무진	**기사**	기사	기사	기사	기사	기사	기사	기사	
	정해	무자	기축	경인	신묘	임진	계사	갑오	을미	병신	정유	무술	기해	경자	신축	임인	
	8	8	8	9	9	9	10	10	10	1	1	1	1	2	2	2	
	3	2	2	2	1	1	1	1	10	10	10	9	9	9	8	8	
음 4 월	14	15	16	17	18	19	20	21	22	23	24	25	26	27	28	29	30
	26	27	28	29	30	31	**6/1**	2	3	4	5	6	7	8	9	10	11
	기유	기유	기유	기유	기유	기유	기유	기유	기유	기유	기유	기유	기유	기유	기유	기유	기유
	기사	기사	기사	기사	기사	기사	기사	기사	기사	기사	**경오**	경오	경오	경오	경오	경오	경오
	병진	정사	무오	기미	경신	신유	임술	계해	갑자	을축	병인	정묘	무진	기사	경오	신미	임신
	7	7	8	8	8	9	9	9	10	10	10	1	1	1	1	2	2
	3	3	3	2	2	2	1	1	1	1	10	10	10	10	9	9	9
음 5 월	14	15	16	17	18	19	20	21	22	23	24	25	26	27	28	29	30
	25	26	27	28	29	30	**7/1**	2	3	4	5	6	7	8	9	10	11
	기유	기유	기유	기유	기유	기유	기유	기유	기유	기유	기유	기유	기유	기유	기유	기유	기유
	경오	경오	경오	경오	경오	경오	경오	경오	경오	경오	경오	경오	**신미**	신미	신미	신미	신미
	병술	정해	무자	기축	경인	신묘	임진	계사	갑오	을미	병신	정유	무술	기해	경자	신축	임인
	7	7	7	8	8	8	9	9	9	10	10	10	10	1	1	1	1
	4	4	3	3	3	2	2	2	1	1	1	1	10	10	10	9	9
음 6 월	14	15	16	17	18	19	20	21	22	23	24	25	26	27	28	29	
	25	26	27	28	29	30	31	**8/1**	2	3	4	5	6	7	8	9	
	기유	기유	기유	기유	기유	기유	기유	기유	기유	기유	기유	기유	기유	기유	기유	기유	
	신미	신미	신미	신미	신미	신미	신미	신미	신미	신미	신미	신미	신미	**임신**	임신	임신	
	병진	정사	무오	기미	경신	신유	임술	계해	갑자	을축	병인	정묘	무진	기사	경오	신미	
	6	6	7	7	7	8	8	8	9	9	9	10	10	10	1	1	
	4	4	4	3	3	3	2	2	2	1	1	1	1	10	10	10	

2029(기유)년 【단기 4362년】

음 7월	음력	1	2	3	4	5	6	7	8	9	10	11	12	13
	양력	**8/10**	11	12	13	14	15	16	17	18	19	20	21	22
	연주 (생년)	기유	기유	기유	기유	기유	기유	기유	기유	기유	기유	기유	기유	기유
	월주 (생월)	임신	임신	임신	임신	임신	임신	임신	임신	임신	임신	임신	임신	임신
	일주 (생일)	임신	계유	갑술	을해	병자	정축	무인	기묘	경진	신사	임오	계미	갑신
	대운 남	1	1	2	2	2	3	3	3	4	4	4	5	5
	대운 여	9	9	9	8	8	8	7	7	7	6	6	6	5

음 8월	음력	1	2	3	4	5	6	7	8	9	10	11	12	13
	양력	**9/8**	9	10	11	12	13	14	15	16	17	18	19	20
	연주 (생년)	기유	기유	기유	기유	기유	기유	기유	기유	기유	기유	기유	기유	기유
	월주 (생월)	계유	계유	계유	계유	계유	계유	계유	계유	계유	계유	계유	계유	계유
	일주 (생일)	신축	임인	계묘	갑진	을사	병오	정미	무신	기유	경술	신해	임자	계축
	대운 남	1	1	1	1	2	2	2	3	3	3	4	4	4
	대운 여	10	10	9	9	9	8	8	8	7	7	7	6	6

음 9월	음력	1	2	3	4	5	6	7	8	9	10	11	12	13
	양력	**10/8**	9	10	11	12	13	14	15	16	17	18	19	20
	연주 (생년)	기유	기유	기유	기유	기유	기유	기유	기유	기유	기유	기유	기유	기유
	월주 (생월)	**갑술**	갑술	갑술	갑술	갑술	갑술	갑술	갑술	갑술	갑술	갑술	갑술	갑술
	일주 (생일)	신미	임신	계유	갑술	을해	병자	정축	무인	기묘	경진	신사	임오	계미
	대운 남	10	1	1	1	1	2	2	2	3	3	3	4	4
	대운 여	10	10	9	9	9	8	8	8	7	7	7	6	6

음 10월	음력	1	2	3	4	5	6	7	8	9	10	11	12	13
	양력	**10/6**	7	8	9	10	11	12	13	14	15	16	17	18
	연주 (생년)	기유	기유	기유	기유	기유	기유	기유	기유	기유	기유	기유	기유	기유
	월주 (생월)	갑술	**을해**	을해	을해	을해	을해	을해	을해	을해	을해	을해	을해	을해
	일주 (생일)	경자	신축	임인	계묘	갑진	을사	병오	정미	무신	기유	경술	신해	임자
	대운 남	10	10	1	1	1	1	2	2	2	3	3	3	4
	대운 여	1	10	10	9	9	9	8	8	8	7	7	7	6

음 11월	음력	1	2	3	4	5	6	7	8	9	10	11	12	13
	양력	**12/5**	6	7	8	9	10	11	12	13	14	15	16	17
	연주 (생년)	기유	기유	기유	기유	기유	기유	기유	기유	기유	기유	기유	기유	기유
	월주 (생월)	을해	을해	**병자**	병자	병자	병자	병자	병자	병자	병자	병자	병자	병자
	일주 (생일)	기사	경오	신미	임신	계유	갑술	을해	병자	정축	무인	기묘	경진	신사
	대운 남	9	10	10	1	1	1	1	2	2	2	3	3	3
	대운 여	1	10	10	9	9	9	8	8	8	7	7	7	6

음 12월	음력	1	2	3	4	5	6	7	8	9	10	11	12	13
	양력	**1/4**	5	6	7	8	9	10	11	12	13	14	15	16
	연주 (생년)	기유	기유	기유	기유	기유	기유	기유	기유	기유	기유	기유	기유	기유
	월주 (생월)	병자	**정축**	정축	정축	정축	정축	정축	정축	정축	정축	정축	정축	정축
	일주 (생일)	기해	경자	신축	임인	계묘	갑진	을사	병오	정미	무신	기유	경술	신해
	대운 남	9	10	1	1	1	1	2	2	2	3	3	3	4
	대운 여	1	10	10	9	9	9	8	8	8	7	7	7	6

음 7 월	14	15	16	17	18	19	20	21	22	23	24	25	26	27	28	29	
	23	24	25	26	27	28	29	30	31	**9/1**	2	3	4	5	6	7	
	기유	기유	기유	기유	기유	기유	기유	기유	기유	기유	기유	기유	기유	기유	기유	기유	
	임신	임신	임신	임신	임신	임신	임신	임신	임신	임신	임신	임신	임신	임신	임신	**계유**	
	을유	병술	정해	무자	기축	경인	신묘	임진	계사	갑오	을미	병신	정유	무술	기해	경자	
	5	6	6	6	7	7	7	8	8	8	9	9	9	10	10	10	
	5	5	4	4	4	3	3	3	2	2	2	1	1	1	1	10	

음 8 월	14	15	16	17	18	19	20	21	22	23	24	25	26	27	28	29	30
	21	22	23	24	25	26	27	28	29	30	**10/1**	2	3	4	5	6	7
	기유	기유	기유	기유	기유	기유	기유	기유	기유	기유	기유	기유	기유	기유	기유	기유	기유
	계유	계유	계유	계유	계유	계유	계유	계유	계유	계유	계유	계유	계유	계유	계유	계유	계유
	갑인	을묘	병진	정사	무오	기미	경신	신유	임술	계해	갑자	을축	병인	정묘	무진	기사	경오
	5	5	5	6	6	6	7	7	7	8	8	8	9	9	9	10	10
	6	5	5	5	4	4	4	3	3	3	2	2	2	1	1	1	1

음 9 월	14	15	16	17	18	19	20	21	22	23	24	25	26	27	28	29	
	21	22	23	24	25	26	27	28	29	30	31	**11/1**	2	3	4	5	
	기유	기유	기유	기유	기유	기유	기유	기유	기유	기유	기유	기유	기유	기유	기유	기유	
	갑술	갑술	갑술	갑술	갑술	갑술	갑술	갑술	갑술	갑술	갑술	갑술	갑술	갑술	갑술	갑술	
	갑신	을유	병술	정해	무자	기축	경인	신묘	임진	계사	갑오	을미	병신	정유	무술	기해	
	4	5	5	5	6	6	6	7	7	7	8	8	8	9	9	9	
	6	5	5	5	4	4	4	3	3	3	2	2	2	1	1	1	

음 10 월	14	15	16	17	18	19	20	21	22	23	24	25	26	27	28	29	
	19	20	21	22	23	24	25	26	27	28	29	30	**12/1**	2	3	4	
	기유	기유	기유	기유	기유	기유	기유	기유	기유	기유	기유	기유	기유	기유	기유	기유	
	을해	을해	을해	을해	을해	을해	을해	을해	을해	을해	을해	을해	을해	을해	을해	을해	
	계축	갑인	을묘	병진	정사	무오	기미	경신	신유	임술	계해	갑자	을축	병인	정묘	무진	
	4	4	5	5	5	6	6	6	7	7	7	8	8	8	9	9	
	6	6	5	5	5	4	4	4	3	3	3	2	2	2	1	1	

음 11 월	14	15	16	17	18	19	20	21	22	23	24	25	26	27	28	29	30
	18	19	20	21	22	23	24	25	26	27	28	29	30	31	**1/1**	2	3
	기유	기유	기유	기유	기유	기유	기유	기유	기유	기유	기유	기유	기유	기유	기유	기유	기유
	병자	병자	병자	병자	병자	병자	병자	병자	병자	병자	병자	병자	병자	병자	병자	병자	병자
	임오	계미	갑신	을유	병술	정해	무자	기축	경인	신묘	임진	계사	갑오	을미	병신	정유	무술
	4	4	4	5	5	5	6	6	6	7	7	7	8	8	8	9	9
	6	6	5	5	5	4	4	4	3	3	3	2	2	2	1	1	1

음 12 월	14	15	16	17	18	19	20	21	22	23	24	25	26	27	28	29	30
	17	18	19	20	21	22	23	24	25	26	27	28	29	30	31	**2/1**	2
	기유	기유	기유	기유	기유	기유	기유	기유	기유	기유	기유	기유	기유	기유	기유	기유	기유
	정축	정축	정축	정축	정축	정축	정축	정축	정축	정축	정축	정축	정축	정축	정축	정축	정축
	임자	계축	갑인	을묘	병진	정사	무오	기미	경신	신유	임술	계해	갑자	을축	병인	정묘	무진
	4	4	5	5	5	6	6	6	7	7	7	8	8	8	9	9	9
	6	6	5	5	5	4	4	4	3	3	3	2	2	2	1	1	1

2030(경술)년 【단기 4363년】

월	구분		1	2	3	4	5	6	7	8	9	10	11	12	13
음 1 월	음력		1	2	3	4	5	6	7	8	9	10	11	12	13
	양력		**2/3**	4	5	6	7	8	9	10	11	12	13	14	15
	연주 (생년)		기유	**경술**	경술	경술	경술	경술	경술	경술	경술	경술	경술	경술	경술
	월주 (생월)		정축	**무인**	무인	무인	무인	무인	무인	무인	무인	무인	무인	무인	무인
	일주 (생일)		기사	경오	신미	임신	계유	갑술	을해	병자	정축	무인	기묘	경진	신사
	대운	남	10	10	9	9	9	8	8	8	7	7	7	6	6
		여	1	10	1	1	1	1	2	2	2	3	3	3	4
음 2 월	음력		1	2	3	4	5	6	7	8	9	10	11	12	13
	양력		**3/4**	5	6	7	8	9	10	11	12	13	14	15	16
	연주 (생년)		경술	경술	경술	경술	경술	경술	경술	경술	경술	경술	경술	경술	경술
	월주 (생월)		무인	**기묘**	기묘	기묘	기묘	기묘	기묘	기묘	기묘	기묘	기묘	기묘	기묘
	일주 (생일)		무술	기해	경자	신축	임인	계묘	갑진	을사	병오	정미	무신	기유	경술
	대운	남	1	10	10	10	9	9	9	8	8	8	7	7	7
		여	9	10	1	1	1	1	2	2	2	3	3	3	4
음 3 월	음력		1	2	3	4	5	6	7	8	9	10	11	12	13
	양력		**4/3**	4	5	6	7	8	9	10	11	12	13	14	15
	연주 (생년)		경술	경술	경술	경술	경술	경술	경술	경술	경술	경술	경술	경술	경술
	월주 (생월)		기묘	기묘	**경진**	경진	경진	경진	경진	경진	경진	경진	경진	경진	경진
	일주 (생일)		무진	기사	경오	신미	임신	계유	갑술	을해	병자	정축	무인	기묘	경진
	대운	남	1	1	10	10	9	9	9	8	8	8	7	7	7
		여	10	10	10	1	1	1	1	2	2	2	3	3	3
음 4 월	음력		1	2	3	4	5	6	7	8	9	10	11	12	13
	양력		**5/2**	3	4	5	6	7	8	9	10	11	12	13	14
	연주 (생년)		경술	경술	경술	경술	경술	경술	경술	경술	경술	경술	경술	경술	경술
	월주 (생월)		경진	경진	경진	**신사**	신사	신사	신사	신사	신사	신사	신사	신사	신사
	일주 (생일)		정유	무술	기해	경자	신축	임인	계묘	갑진	을사	병오	정미	무신	기유
	대운	남	1	1	1	10	10	10	9	9	9	8	8	8	7
		여	9	9	10	10	1	1	1	1	2	2	2	3	3
음 5 월	음력		1	2	3	4	5	6	7	8	9	10	11	12	13
	양력		**6/1**	2	3	4	5	6	7	8	9	10	11	12	13
	연주 (생년)		경술	경술	경술	경술	경술	경술	경술	경술	경술	경술	경술	경술	경술
	월주 (생월)		신사	신사	신사	신사	**임오**	임오	임오	임오	임오	임오	임오	임오	임오
	일주 (생일)		정묘	무진	기사	경오	신미	임신	계유	갑술	을해	병자	정축	무인	기묘
	대운	남	1	1	1	1	10	10	10	10	9	9	9	8	8
		여	9	9	9	10	10	1	1	1	1	2	2	2	3
음 6 월	음력		1	2	3	4	5	6	7	8	9	10	11	12	13
	양력		**7/1**	2	3	4	5	6	7	8	9	10	11	12	13
	연주 (생년)		경술	경술	경술	경술	경술	경술	경술	경술	경술	경술	경술	경술	경술
	월주 (생월)		임오	임오	임오	임오	임오	임오	**계미**	계미	계미	계미	계미	계미	계미
	일주 (생일)		정유	무술	기해	경자	신축	임인	계묘	갑진	을사	병오	정미	무신	기유
	대운	남	2	2	1	1	1	1	10	10	10	9	9	9	8
		여	9	9	9	10	10	10	10	1	1	1	1	2	2

	14	15	16	17	18	19	20	21	22	23	24	25	26	27	28	29	
	16	17	18	19	20	21	22	23	24	25	26	27	28	**3/1**	2	3	
음	경술	경술	경술	경술	경술	경술	경술	경술	경술	경술	경술	경술	경술	경술	경술	경술	
1	무인	무인	무인	무인	무인	무인	무인	무인	무인	무인	무인	무인	무인	무인	무인	무인	
월	임오	계미	갑신	을유	병술	정해	무자	기축	경인	신묘	임진	계사	갑오	을미	병신	정유	
	6	5	5	5	4	4	4	3	3	3	2	2	2	1	1	1	
	4	4	5	5	5	6	6	6	7	7	7	8	8	8	9	9	

	14	15	16	17	18	19	20	21	22	23	24	25	26	27	28	29	30
	17	18	19	20	21	22	23	24	25	26	27	28	29	30	31	**4/1**	2
음	경술	경술	경술	경술	경술	경술	경술	경술	경술	경술	경술	경술	경술	경술	경술	경술	경술
2	기묘	기묘	기묘	기묘	기묘	기묘	기묘	기묘	기묘	기묘	기묘	기묘	기묘	기묘	기묘	기묘	기묘
월	신해	임자	계축	갑인	을묘	병진	정사	무오	기미	경신	신유	임술	계해	갑자	을축	병인	정묘
	6	6	6	5	5	5	4	4	4	3	3	3	2	2	2	1	1
	4	4	5	5	5	6	6	6	7	7	7	8	8	8	9	9	9

	14	15	16	17	18	19	20	21	22	23	24	25	26	27	28	29	
	16	17	18	19	20	21	22	23	24	25	26	27	28	29	30	**5/1**	
음	경술	경술	경술	경술	경술	경술	경술	경술	경술	경술	경술	경술	경술	경술	경술	경술	
3	경진	경진	경진	경진	경진	경진	경진	경진	경진	경진	경진	경진	경진	경진	경진	경진	
월	신사	임오	계미	갑신	을유	병술	정해	무자	기축	경인	신묘	임진	계사	갑오	을미	병신	
	6	6	6	5	5	5	4	4	4	3	3	3	2	2	2	1	
	4	4	4	5	5	5	6	6	6	7	7	7	8	8	8	9	

	14	15	16	17	18	19	20	21	22	23	24	25	26	27	28	29	30
	15	16	17	18	19	20	21	22	23	24	25	26	27	28	29	30	31
음	경술	경술	경술	경술	경술	경술	경술	경술	경술	경술	경술	경술	경술	경술	경술	경술	경술
4	신사	신사	신사	신사	신사	신사	신사	신사	신사	신사	신사	신사	신사	신사	신사	신사	신사
월	경술	신해	임자	계축	갑인	을묘	병진	정사	무오	기미	경신	신유	임술	계해	갑자	을축	병인
	7	7	6	6	6	5	5	5	4	4	4	3	3	3	2	2	2
	3	4	4	4	5	5	5	6	6	6	7	7	7	8	8	8	9

	14	15	16	17	18	19	20	21	22	23	24	25	26	27	28	29	30
	14	15	16	17	18	19	20	21	22	23	24	25	26	27	28	29	30
음	경술	경술	경술	경술	경술	경술	경술	경술	경술	경술	경술	경술	경술	경술	경술	경술	경술
5	임오	임오	임오	임오	임오	임오	임오	임오	임오	임오	임오	임오	임오	임오	임오	임오	임오
월	경진	신사	임오	계미	갑신	을유	병술	정해	무자	기축	경인	신묘	임진	계사	갑오	을미	병신
	8	7	7	7	6	6	6	5	5	5	4	4	4	3	3	3	2
	3	3	4	4	4	5	5	5	6	6	6	7	7	7	8	8	8

	14	15	16	17	18	19	20	21	22	23	24	25	26	27	28	29	
	14	15	16	17	18	19	20	21	22	23	24	25	26	27	28	29	
음	경술	경술	경술	경술	경술	경술	경술	경술	경술	경술	경술	경술	경술	경술	경술	경술	
6	계미	계미	계미	계미	계미	계미	계미	계미	계미	계미	계미	계미	계미	계미	계미	계미	
월	경술	신해	임자	계축	갑인	을묘	병진	정사	무오	기미	경신	신유	임술	계해	갑자	을축	
	8	8	7	7	7	6	6	6	5	5	5	4	4	4	3	3	
	2	3	3	3	4	4	4	5	5	5	6	6	6	7	7	7	

2030(경술)년 【단기 4363년】

음 7 월	음력	1	2	3	4	5	6	7	8	9	10	11	12	13
	양력	**7/30**	31	**8/1**	2	3	4	5	6	7	8	9	10	11
	연주 (생년)	경술	경술	경술	경술	경술	경술	경술	경술	경술	경술	경술	경술	경술
	월주 (생월)	계미	계미	계미	계미	계미	계미	계미	계미	**갑신**	갑신	갑신	갑신	갑신
	일주 (생일)	병인	정묘	무진	기사	경오	신미	임신	계유	갑술	을해	병자	정축	무인
	대운 남	3	2	2	2	1	1	1	1	10	10	10	9	9
	대운 여	8	8	8	9	9	9	10	10	10	1	1	1	1

음 8 월	음력	1	2	3	4	5	6	7	8	9	10	11	12	13
	양력	**8/29**	30	31	**9/1**	2	3	4	5	6	7	8	9	10
	연주 (생년)	경술	경술	경술	경술	경술	경술	경술	경술	경술	경술	경술	경술	경술
	월주 (생월)	갑신	갑신	갑신	갑신	갑신	갑신	갑신	갑신	갑신	**을유**	을유	을유	을유
	일주 (생일)	병신	정유	무술	기해	경자	신축	임인	계묘	갑진	을사	병오	정미	무신
	대운 남	3	3	2	2	2	1	1	1	1	10	10	10	9
	대운 여	7	8	8	8	9	9	9	10	10	10	1	1	1

음 9 월	음력	1	2	3	4	5	6	7	8	9	10	11	12	13
	양력	**9/27**	28	29	30	**10/1**	2	3	4	5	6	7	8	9
	연주 (생년)	경술	경술	경술	경술	경술	경술	경술	경술	경술	경술	경술	경술	경술
	월주 (생월)	을유	을유	을유	을유	을유	을유	을유	을유	을유	을유	을유	**병술**	병술
	일주 (생일)	을축	병인	정묘	무진	기사	경오	신미	임신	계유	갑술	을해	병자	정축
	대운 남	4	3	3	3	2	2	2	1	1	1	1	10	10
	대운 여	7	7	7	8	8	8	9	9	9	10	10	10	1

음 10 월	음력	1	2	3	4	5	6	7	8	9	10	11	12	13
	양력	**10/27**	28	29	30	31	**11/1**	2	3	4	5	6	7	8
	연주 (생년)	경술	경술	경술	경술	경술	경술	경술	경술	경술	경술	경술	경술	경술
	월주 (생월)	병술	병술	병술	병술	병술	병술	병술	병술	병술	병술	병술	**정해**	정해
	일주 (생일)	을미	병신	정유	무술	기해	경자	신축	임인	계묘	갑진	을사	병오	정미
	대운 남	4	3	3	3	2	2	2	1	1	1	1	10	10
	대운 여	6	7	7	7	8	8	8	9	9	9	10	10	1

음 11 월	음력	1	2	3	4	5	6	7	8	9	10	11	12	13
	양력	**11/25**	26	27	28	29	30	**12/1**	2	3	4	5	6	7
	연주 (생년)	경술	경술	경술	경술	경술	경술	경술	경술	경술	경술	경술	경술	경술
	월주 (생월)	정해	정해	정해	정해	정해	정해	정해	정해	정해	정해	정해	정해	**무자**
	일주 (생일)	갑자	을축	병인	정묘	무진	기사	경오	신미	임신	계유	갑술	을해	병자
	대운 남	4	4	3	3	3	2	2	2	1	1	1	1	10
	대운 여	6	6	7	7	7	8	8	8	9	9	9	10	10

음 12 월	음력	1	2	3	4	5	6	7	8	9	10	11	12	13
	양력	**12/25**	26	27	28	29	30	31	**1/1**	2	3	4	5	6
	연주 (생년)	경술	경술	경술	경술	경술	경술	경술	경술	경술	경술	경술	경술	경술
	월주 (생월)	무자	무자	무자	무자	무자	무자	무자	무자	무자	무자	무자	**기축**	기축
	일주 (생일)	갑오	을미	병신	정유	무술	기해	경자	신축	임인	계묘	갑진	을사	병오
	대운 남	4	3	3	3	2	2	2	1	1	1	1	10	10
	대운 여	6	6	7	7	7	8	8	8	9	9	9	10	1

음 7월	14	15	16	17	18	19	20	21	22	23	24	25	26	27	28	29	30
	12	13	14	15	16	17	18	19	20	21	22	23	24	25	26	27	28
	경술	경술	경술	경술	경술	경술	경술	경술	경술	경술	경술	경술	경술	경술	경술	경술	경술
	갑신	갑신	갑신	갑신	갑신	갑신	갑신	갑신	갑신	갑신	갑신	갑신	갑신	갑신	갑신	갑신	갑신
	기묘	경진	신사	임오	계미	갑신	을유	병술	정해	무자	기축	경인	신묘	임진	계사	갑오	을미
	9	8	8	8	7	7	7	6	6	6	5	5	5	4	4	4	3
	2	2	2	3	3	3	4	4	4	5	5	5	6	6	6	7	7
음 8월	14	15	16	17	18	19	20	21	22	23	24	25	26	27	28	29	
	11	12	13	14	15	16	17	18	19	20	21	22	23	24	25	26	
	경술	경술	경술	경술	경술	경술	경술	경술	경술	경술	경술	경술	경술	경술	경술	경술	
	을유	을유	을유	을유	을유	을유	을유	을유	을유	을유	을유	을유	을유	을유	을유	을유	
	기유	경술	신해	임자	계축	갑인	을묘	병진	정사	무오	기미	경신	신유	임술	계해	갑자	
	9	9	8	8	8	7	7	7	6	6	6	5	5	5	4	4	
	1	2	2	2	3	3	3	4	4	4	5	5	5	6	6	6	
음 9월	14	15	16	17	18	19	20	21	22	23	24	25	26	27	28	29	30
	10	11	12	13	14	15	16	17	18	19	20	21	22	23	24	25	26
	경술	경술	경술	경술	경술	경술	경술	경술	경술	경술	경술	경술	경술	경술	경술	경술	경술
	병술	병술	병술	병술	병술	병술	병술	병술	병술	병술	병술	병술	병술	병술	병술	병술	병술
	무인	기묘	경진	신사	임오	계미	갑신	을유	병술	정해	무자	기축	경인	신묘	임진	계사	갑오
	9	9	9	8	8	8	7	7	7	6	6	6	5	5	5	4	4
	1	1	1	2	2	2	3	3	3	4	4	4	5	5	5	6	6
음 10월	14	15	16	17	18	19	20	21	22	23	24	25	26	27	28	29	
	9	10	11	12	13	14	15	16	17	18	19	20	21	22	23	24	
	경술	경술	경술	경술	경술	경술	경술	경술	경술	경술	경술	경술	경술	경술	경술	경술	
	정해	정해	정해	정해	정해	정해	정해	정해	정해	정해	정해	정해	정해	정해	정해	정해	
	무신	기유	경술	신해	임자	계축	갑인	을묘	병진	정사	무오	기미	경신	신유	임술	계해	
	9	9	9	8	8	8	7	7	7	6	6	6	5	5	5	4	
	1	1	1	2	2	2	3	3	3	4	4	4	5	5	5	6	
음 11월	14	15	16	17	18	19	20	21	22	23	24	25	26	27	28	29	30
	8	9	10	11	12	13	14	15	16	17	18	19	20	21	22	23	24
	경술	경술	경술	경술	경술	경술	경술	경술	경술	경술	경술	경술	경술	경술	경술	경술	경술
	무자	무자	무자	무자	무자	무자	무자	무자	무자	무자	무자	무자	무자	무자	무자	무자	무자
	정축	무인	기묘	경진	신사	임오	계미	갑신	을유	병술	정해	무자	기축	경인	신묘	임진	계사
	9	9	9	8	8	8	7	7	7	6	6	6	5	5	5	4	4
	1	1	1	1	2	2	2	3	3	3	4	4	4	5	5	5	6
음 12월	14	15	16	17	18	19	20	21	22	23	24	25	26	27	28	29	
	7	8	9	10	11	12	13	14	15	16	17	18	19	20	21	22	
	경술	경술	경술	경술	경술	경술	경술	경술	경술	경술	경술	경술	경술	경술	경술	경술	
	기축	기축	기축	기축	기축	기축	기축	기축	기축	기축	기축	기축	기축	기축	기축	기축	
	정미	무신	기유	경술	신해	임자	계축	갑인	을묘	병진	정사	무오	기미	경신	신유	임술	
	9	9	9	8	8	8	7	7	7	6	6	6	5	5	5	4	
	1	1	1	2	2	2	3	3	3	4	4	4	5	5	5	6	

2031(신해)년 【단기 4364년】

월	구분		1	2	3	4	5	6	7	8	9	10	11	12	13
음 1 월	음력		1	2	3	4	5	6	7	8	9	10	11	12	13
	양력		**1/23**	24	25	26	27	28	29	30	31	**2/1**	2	3	4
	연주 (생년)		경술	경술	경술	경술	경술	경술	경술	경술	경술	경술	경술	경술	**신해**
	월주 (생월)		기축	기축	기축	기축	기축	기축	기축	기축	기축	기축	기축	기축	**경인**
	일주 (생일)		계해	갑자	을축	병인	정묘	무진	기사	경오	신미	임신	계유	갑술	을해
	대운	남	4	4	3	3	3	2	2	2	1	1	1	1	10
		여	6	6	7	7	7	8	8	8	9	9	9	10	10
음 2 월	음력		1	2	3	4	5	6	7	8	9	10	11	12	13
	양력		**2/22**	23	24	25	26	27	28	**3/1**	2	3	4	5	6
	연주 (생년)		신해	신해	신해	신해	신해	신해	신해	신해	신해	신해	신해	신해	신해
	월주 (생월)		경인	경인	경인	경인	경인	경인	경인	경인	경인	경인	경인	경인	**신묘**
	일주 (생일)		계사	갑오	을미	병신	정유	무술	기해	경자	신축	임인	계묘	갑진	을사
	대운	남	6	6	7	7	7	8	8	8	9	9	9	10	10
		여	4	4	3	3	3	2	2	2	1	1	1	1	10
음 3 월	음력		1	2	3	4	5	6	7	8	9	10	11	12	13
	양력		**3/23**	24	25	26	27	28	29	30	31	**4/1**	2	3	4
	연주 (생년)		신해	신해	신해	신해	신해	신해	신해	신해	신해	신해	신해	신해	신해
	월주 (생월)		신묘	신묘	신묘	신묘	신묘	신묘	신묘	신묘	신묘	신묘	신묘	신묘	신묘
	일주 (생일)		임술	계해	갑자	을축	병인	정묘	무진	기사	경오	신미	임신	계유	갑술
	대운	남	6	6	6	7	7	7	8	8	8	9	9	9	10
		여	4	4	4	3	3	3	2	2	2	1	1	1	1
윤 3 월	음력		1	2	3	4	5	6	7	8	9	10	11	12	13
	양력		**4/22**	23	24	25	26	27	28	29	30	**5/1**	2	3	4
	연주 (생년)		신해	신해	신해	신해	신해	신해	신해	신해	신해	신해	신해	신해	신해
	월주 (생월)		임진	임진	임진	임진	임진	임진	임진	임진	임진	임진	임진	임진	임진
	일주 (생일)		임진	계사	갑오	을미	병신	정유	무술	기해	경자	신축	임인	계묘	갑진
	대운	남	6	6	6	7	7	7	8	8	8	9	9	9	10
		여	5	4	4	4	3	3	3	2	2	2	1	1	1
음 4 월	음력		1	2	3	4	5	6	7	8	9	10	11	12	13
	양력		**5/21**	22	23	24	25	26	27	28	29	30	31	**6/1**	2
	연주 (생년)		신해	신해	신해	신해	신해	신해	신해	신해	신해	신해	신해	신해	신해
	월주 (생월)		계사	계사	계사	계사	계사	계사	계사	계사	계사	계사	계사	계사	계사
	일주 (생일)		신유	임술	계해	갑자	을축	병인	정묘	무진	기사	경오	신미	임신	계유
	대운	남	5	5	6	6	6	7	7	7	8	8	8	9	9
		여	5	5	5	4	4	4	3	3	3	2	2	2	1
음 5 월	음력		1	2	3	4	5	6	7	8	9	10	11	12	13
	양력		**6/20**	21	22	23	24	25	26	27	28	29	30	**7/1**	2
	연주 (생년)		신해	신해	신해	신해	신해	신해	신해	신해	신해	신해	신해	신해	신해
	월주 (생월)		갑오	갑오	갑오	갑오	갑오	갑오	갑오	갑오	갑오	갑오	갑오	갑오	갑오
	일주 (생일)		신묘	임진	계사	갑오	을미	병신	정유	무술	기해	경자	신축	임인	계묘
	대운	남	5	5	5	6	6	6	7	7	7	8	8	8	9
		여	6	5	5	5	4	4	4	3	3	3	2	2	2
음 6 월	음력		1	2	3	4	5	6	7	8	9	10	11	12	13
	양력		**7/19**	20	21	22	23	24	25	26	27	28	29	30	31
	연주 (생년)		신해	신해	신해	신해	신해	신해	신해	신해	신해	신해	신해	신해	신해
	월주 (생월)		을미	을미	을미	을미	을미	을미	을미	을미	을미	을미	을미	을미	을미
	일주 (생일)		경신	신유	임술	계해	갑자	을축	병인	정묘	무진	기사	경오	신미	임신
	대운	남	4	4	5	5	5	6	6	6	7	7	7	8	8
		여	7	6	6	6	5	5	5	4	4	4	3	3	3

월																	
음 1 월	14	15	16	17	18	19	20	21	22	23	24	25	26	27	28	29	30
	5	6	7	8	9	10	11	12	13	14	15	16	17	18	19	20	21
	신해	신해	신해	신해	신해	신해	신해	신해	신해	신해	신해	신해	신해	신해	신해	신해	신해
	경인	경인	경인	경인	경인	경인	경인	경인	경인	경인	경인	경인	경인	경인	경인	경인	경인
	병자	정축	무인	기묘	경진	신사	임오	계미	갑신	을유	병술	정해	무자	기축	경인	신묘	임진
	1	1	1	1	2	2	2	3	3	3	4	4	4	5	5	5	6
	10	9	9	9	8	8	8	7	7	7	6	6	6	5	5	5	4
음 2 월	14	15	16	17	18	19	20	21	22	23	24	25	26	27	28	29	
	7	8	9	10	11	12	13	14	15	16	17	18	19	20	21	22	
	신해	신해	신해	신해	신해	신해	신해	신해	신해	신해	신해	신해	신해	신해	신해	신해	
	신묘	신묘	신묘	신묘	신묘	신묘	신묘	신묘	신묘	신묘	신묘	신묘	신묘	신묘	신묘	신묘	
	병오	정미	무신	기유	경술	신해	임자	계축	갑인	을묘	병진	정사	무오	기미	경신	신유	
	1	1	1	1	2	2	2	3	3	3	4	4	4	5	5	5	
	10	9	9	9	8	8	8	7	7	7	6	6	6	5	5	5	
음 3 월	14	15	16	17	18	19	20	21	22	23	24	25	26	27	28	29	30
	5	6	7	8	9	10	11	12	13	14	15	16	17	18	19	20	21
	신해	신해	신해	신해	신해	신해	신해	신해	신해	신해	신해	신해	신해	신해	신해	신해	신해
	임진	임진	임진	임진	임진	임진	임진	임진	임진	임진	임진	임진	임진	임진	임진	임진	임진
	을해	병자	정축	무인	기묘	경진	신사	임오	계미	갑신	을유	병술	정해	무자	기축	경인	신묘
	10	1	1	1	1	2	2	2	3	3	3	4	4	4	5	5	5
	10	10	10	9	9	9	8	8	8	7	7	7	6	6	6	5	5
윤 3 월	14	15	16	17	18	19	20	21	22	23	24	25	26	27	28	29	
	5	6	7	8	9	10	11	12	13	14	15	16	17	18	19	20	
	신해	신해	신해	신해	신해	신해	신해	신해	신해	신해	신해	신해	신해	신해	신해	신해	
	임진	**계사**	계사	계사	계사	계사	계사	계사	계사	계사	계사	계사	계사	계사	계사	계사	
	을사	병오	정미	무신	기유	경술	신해	임자	계축	갑인	을묘	병진	정사	무오	기미	경신	
	10	10	1	1	1	1	2	2	2	3	3	3	4	4	4	5	
	1	10	10	10	9	9	9	8	8	8	7	7	7	6	6	6	
음 4 월	14	15	16	17	18	19	20	21	22	23	24	25	26	27	28	29	30
	3	4	5	6	7	8	9	10	11	12	13	14	15	16	17	18	19
	신해	신해	신해	신해	신해	신해	신해	신해	신해	신해	신해	신해	신해	신해	신해	신해	신해
	계사	계사	계사	**갑오**	갑오	갑오	갑오	갑오	갑오	갑오	갑오	갑오	갑오	갑오	갑오	갑오	갑오
	갑술	을해	병자	정축	무인	기묘	경진	신사	임오	계미	갑신	을유	병술	정해	무자	기축	경인
	9	10	10	10	1	1	1	1	2	2	2	3	3	3	4	4	4
	1	1	1	10	10	10	9	9	9	8	8	8	7	7	7	6	6
음 5 월	14	15	16	17	18	19	20	21	22	23	24	25	26	27	28	29	
	3	4	5	6	7	8	9	10	11	12	13	14	15	16	17	18	
	신해	신해	신해	신해	신해	신해	신해	신해	신해	신해	신해	신해	신해	신해	신해	신해	
	갑오	갑오	갑오	갑오	**을미**	을미	을미	을미	을미	을미	을미	을미	을미	을미	을미	을미	
	갑진	을사	병오	정미	무신	기유	경술	신해	임자	계축	갑인	을묘	병진	정사	무오	기미	
	9	9	10	10	10	1	1	1	1	2	2	2	3	3	3	4	
	1	1	1	1	10	10	10	10	9	9	9	8	8	8	7	7	
음 6 월	14	15	16	17	18	19	20	21	22	23	24	25	26	27	28	29	30
	8/1	2	3	4	5	6	7	8	9	10	11	12	13	14	15	16	17
	신해	신해	신해	신해	신해	신해	신해	신해	신해	신해	신해	신해	신해	신해	신해	신해	신해
	을미	을미	을미	을미	을미	을미	을미	**병신**	병신	병신	병신	병신	병신	병신	병신	병신	병신
	계유	갑술	을해	병자	정축	무인	기묘	경진	신사	임오	계미	갑신	을유	병술	정해	무자	기축
	8	9	9	9	10	10	10	10	1	1	1	1	2	2	2	3	3
	2	2	2	1	1	1	1	10	10	10	9	9	9	8	8	8	7

2031(신해)년 【단기 4364년】

월	구분		1	2	3	4	5	6	7	8	9	10	11	12	13
음 7 월	음력		1	2	3	4	5	6	7	8	9	10	11	12	13
	양력		8/18	19	20	21	22	23	24	25	26	27	28	29	30
	연주 (생년)		신해	신해	신해	신해	신해	신해	신해	신해	신해	신해	신해	신해	신해
	월주 (생월)		병신	병신	병신	병신	병신	병신	병신	병신	병신	병신	병신	병신	병신
	일주 (생일)		경인	신묘	임진	계사	갑오	을미	병신	정유	무술	기해	경자	신축	임인
	대운	남	3	4	4	4	5	5	5	6	6	6	7	7	7
		여	7	7	6	6	6	5	5	5	4	4	4	3	3
음 8 월	음력		1	2	3	4	5	6	7	8	9	10	11	12	13
	양력		9/17	18	19	20	21	22	23	24	25	26	27	28	29
	연주 (생년)		신해	신해	신해	신해	신해	신해	신해	신해	신해	신해	신해	신해	신해
	월주 (생월)		정유	정유	정유	정유	정유	정유	정유	정유	정유	정유	정유	정유	정유
	일주 (생일)		경신	신유	임술	계해	갑자	을축	병인	정묘	무진	기사	경오	신미	임신
	대운	남	3	3	4	4	4	5	5	5	6	6	6	7	7
		여	7	7	6	6	6	5	5	5	4	4	4	3	3
음 9 월	음력		1	2	3	4	5	6	7	8	9	10	11	12	13
	양력		10/16	17	18	19	20	21	22	23	24	25	26	27	28
	연주 (생년)		신해	신해	신해	신해	신해	신해	신해	신해	신해	신해	신해	신해	신해
	월주 (생월)		무술	무술	무술	무술	무술	무술	무술	무술	무술	무술	무술	무술	무술
	일주 (생일)		기축	경인	신묘	임진	계사	갑오	을미	병신	정유	무술	기해	경자	신축
	대운	남	3	3	3	4	4	4	5	5	5	6	6	6	7
		여	8	7	7	7	6	6	6	5	5	5	4	4	4
음 10 월	음력		1	2	3	4	5	6	7	8	9	10	11	12	13
	양력		11/15	16	17	18	19	20	21	22	23	24	25	26	27
	연주 (생년)		신해	신해	신해	신해	신해	신해	신해	신해	신해	신해	신해	신해	신해
	월주 (생월)		기해	기해	기해	기해	기해	기해	기해	기해	기해	기해	기해	기해	기해
	일주 (생일)		기미	경신	신유	임술	계해	갑자	을축	병인	정묘	무진	기사	경오	신미
	대운	남	2	3	3	3	4	4	4	5	5	5	6	6	6
		여	7	7	7	6	6	6	5	5	5	4	4	4	3
음 11 월	음력		1	2	3	4	5	6	7	8	9	10	11	12	13
	양력		12/14	15	16	17	18	19	20	21	22	23	24	25	26
	연주 (생년)		신해	신해	신해	신해	신해	신해	신해	신해	신해	신해	신해	신해	신해
	월주 (생월)		경자	경자	경자	경자	경자	경자	경자	경자	경자	경자	경자	경자	경자
	일주 (생일)		무자	기축	경인	신묘	임진	계사	갑오	을미	병신	정유	무술	기해	경자
	대운	남	2	3	3	3	4	4	4	5	5	5	6	6	6
		여	8	7	7	7	6	6	6	5	5	5	4	4	4
음 12 월	음력		1	2	3	4	5	6	7	8	9	10	11	12	13
	양력		1/13	14	15	16	17	18	19	20	21	22	23	24	25
	연주 (생년)		신해	신해	신해	신해	신해	신해	신해	신해	신해	신해	신해	신해	신해
	월주 (생월)		신축	신축	신축	신축	신축	신축	신축	신축	신축	신축	신축	신축	신축
	일주 (생일)		무오	기미	경신	신유	임술	계해	갑자	을축	병인	정묘	무진	기사	경오
	대운	남	2	3	3	3	4	4	4	5	5	5	6	6	6
		여	7	7	7	6	6	6	5	5	5	4	4	4	3

	14	15	16	17	18	19	20	21	22	23	24	25	26	27	28	29	30
	31	**9/1**	2	3	4	5	6	7	8	9	10	11	12	13	14	15	16
음	신해	신해	신해	신해	신해	신해	신해	신해	신해	신해	신해	신해	신해	신해	신해	신해	신해
7	병신	병신	병신	병신	병신	병신	병신	병신	**정유**	정유	정유	정유	정유	정유	정유	정유	정유
월	계묘	갑진	을사	병오	정미	무신	기유	경술	신해	임자	계축	갑인	을묘	병진	정사	무오	기미
	8	8	8	9	9	9	10	10	10	1	1	1	1	2	2	2	3
	3	2	2	2	1	1	1	1	10	10	9	9	9	8	8	8	7
	14	15	16	17	18	19	20	21	22	23	24	25	26	27	28	29	
	30	**10/1**	2	3	4	5	6	7	8	9	10	11	12	13	14	15	
음	신해	신해	신해	신해	신해	신해	신해	신해	신해	신해	신해	신해	신해	신해	신해	신해	
8	정유	정유	정유	정유	정유	정유	정유	정유	**무술**	무술	무술	무술	무술	무술	무술	무술	
월	계유	갑술	을해	병자	정축	무인	기묘	경진	신사	임오	계미	갑신	을유	병술	정해	무자	
	7	8	8	8	9	9	9	10	10	1	1	1	1	2	2	2	
	3	2	2	2	1	1	1	1	10	10	10	9	9	9	8	8	
	14	15	16	17	18	19	20	21	22	23	24	25	26	27	28	29	30
	29	30	31	**11/1**	2	3	4	5	6	7	8	9	10	11	12	13	14
음	신해	신해	신해	신해	신해	신해	신해	신해	신해	신해	신해	신해	신해	신해	신해	신해	신해
9	무술	무술	무술	무술	무술	무술	무술	무술	무술	무술	**기해**	기해	기해	기해	기해	기해	기해
월	임인	계묘	갑진	을사	병오	정미	무신	기유	경술	신해	임자	계축	갑인	을묘	병진	정사	무오
	7	7	8	8	8	9	9	9	10	10	10	1	1	1	1	2	2
	3	3	3	2	2	2	1	1	1	1	10	9	9	9	8	8	8
	14	15	16	17	18	19	20	21	22	23	24	25	26	27	28	29	
	28	29	30	**/1**	2	3	4	5	6	7	8	9	10	11	12	13	
음	신해	신해	신해	신해	신해	신해	신해	신해	신해	신해	신해	신해	신해	신해	신해	신해	
10	기해	기해	기해	기해	기해	기해	기해	기해	기해	**경자**	경자	경자	경자	경자	경자	경자	
월	임신	계유	갑술	을해	병자	정축	무인	기묘	경진	신사	임오	계미	갑신	을유	병술	정해	
	7	7	7	8	8	8	9	9	9	10	1	1	1	1	2	2	
	3	3	2	2	2	1	1	1	1	10	10	9	9	9	8	8	
	14	15	16	17	18	19	20	21	22	23	24	25	26	27	28	29	30
	27	28	29	30	31	**1/1**	2	3	4	5	6	7	8	9	10	11	12
음	신해	신해	신해	신해	신해	신해	신해	신해	신해	신해	신해	신해	신해	신해	신해	신해	신해
11	경자	경자	경자	경자	경자	경자	경자	경자	경자	경자	**신축**	신축	신축	신축	신축	신축	신축
월	신축	임인	계묘	갑진	을사	병오	정미	무신	기유	경술	신해	임자	계축	갑인	을묘	병진	정사
	7	7	7	8	8	8	9	9	9	10	10	1	1	1	1	2	2
	3	3	3	2	2	2	1	1	1	1	10	9	9	9	8	8	8
	14	15	16	17	18	19	20	21	22	23	24	25	26	27	28	29	
	26	27	28	29	30	31	**2/1**	2	3	4	5	6	7	8	9	10	
음	신해	신해	신해	신해	신해	신해	신해	신해	신해	**임자**	임자	임자	임자	임자	임자	임자	
12	신축	신축	신축	신축	신축	신축	신축	신축	신축	**임인**	임인	임인	임인	임인	임인	임인	
월	신미	임신	계유	갑술	을해	병자	정축	무인	기묘	경진	신사	임오	계미	갑신	을유	병술	
	7	7	7	8	8	8	9	9	9	10	10	9	9	9	8	8	
	3	3	2	2	2	1	1	1	1	10	1	1	1	1	2	2	

2032(임자)년 【단기 4365년】

음 1 월		1	2	3	4	5	6	7	8	9	10	11	12	13
음력		1	2	3	4	5	6	7	8	9	10	11	12	13
양력		2/11	12	13	14	15	16	17	18	19	20	21	22	23
연주 (생년)		임자	임자	임자	임자	임자	임자	임자	임자	임자	임자	임자	임자	임자
월주 (생월)		임인	임인	임인	임인	임인	임인	임인	임인	임인	임인	임인	임인	임인
일주 (생일)		정해	무자	기축	경인	신묘	임진	계사	갑오	을미	병신	정유	무술	기해
대운	남	8	7	7	7	6	6	6	5	5	5	4	4	4
	여	2	3	3	3	4	4	4	5	5	5	6	6	6

음 2 월		1	2	3	4	5	6	7	8	9	10	11	12	13
음력		1	2	3	4	5	6	7	8	9	10	11	12	13
양력		3/12	13	14	15	16	17	18	19	20	21	22	23	24
연주 (생년)		임자	임자	임자	임자	임자	임자	임자	임자	임자	임자	임자	임자	임자
월주 (생월)		계묘	계묘	계묘	계묘	계묘	계묘	계묘	계묘	계묘	계묘	계묘	계묘	계묘
일주 (생일)		정사	무오	기미	경신	신유	임술	계해	갑자	을축	병인	정묘	무진	기사
대운	남	8	7	7	7	6	6	6	5	5	5	4	4	4
	여	2	3	3	3	4	4	4	5	5	5	6	6	6

음 3 월		1	2	3	4	5	6	7	8	9	10	11	12	13
음력		1	2	3	4	5	6	7	8	9	10	11	12	13
양력		5/10	11	12	13	14	15	16	17	18	19	20	21	22
연주 (생년)		임자	임자	임자	임자	임자	임자	임자	임자	임자	임자	임자	임자	임자
월주 (생월)		갑진	갑진	갑진	갑진	갑진	갑진	갑진	갑진	갑진	갑진	갑진	갑진	갑진
일주 (생일)		병술	정해	무자	기축	경인	신묘	임진	계사	갑오	을미	병신	정유	무술
대운	남	8	8	8	7	7	7	6	6	6	5	5	5	4
	여	2	2	3	3	3	4	4	4	5	5	5	6	6

음 4 월		1	2	3	4	5	6	7	8	9	10	11	12	13
음력		1	2	3	4	5	6	7	8	9	10	11	12	13
양력		5/9	10	11	12	13	14	15	16	17	18	19	20	21
연주 (생년)		임자	임자	임자	임자	임자	임자	임자	임자	임자	임자	임자	임자	임자
월주 (생월)		을사	을사	을사	을사	을사	을사	을사	을사	을사	을사	을사	을사	을사
일주 (생일)		을묘	병진	정사	무오	기미	경신	신유	임술	계해	갑자	을축	병인	정묘
대운	남	9	9	8	8	8	7	7	7	6	6	6	5	5
	여	1	2	2	2	3	3	3	4	4	4	5	5	5

음 5 월		1	2	3	4	5	6	7	8	9	10	11	12	13
음력		1	2	3	4	5	6	7	8	9	10	11	12	13
양력		6/8	9	10	11	12	13	14	15	16	17	18	19	20
연주 (생년)		임자	임자	임자	임자	임자	임자	임자	임자	임자	임자	임자	임자	임자
월주 (생월)		병오	병오	병오	병오	병오	병오	병오	병오	병오	병오	병오	병오	병오
일주 (생일)		을유	병술	정해	무자	기축	경인	신묘	임진	계사	갑오	을미	병신	정유
대운	남	9	9	9	8	8	8	7	7	7	6	6	6	5
	여	1	1	2	2	2	3	3	3	4	4	4	5	5

음 6 월		1	2	3	4	5	6	7	8	9	10	11	12	13
음력		1	2	3	4	5	6	7	8	9	10	11	12	13
양력		7/7	8	9	10	11	12	13	14	15	16	17	18	19
연주 (생년)		임자	임자	임자	임자	임자	임자	임자	임자	임자	임자	임자	임자	임자
월주 (생월)		정미	정미	정미	정미	정미	정미	정미	정미	정미	정미	정미	정미	정미
일주 (생일)		갑인	을묘	병진	정사	무오	기미	경신	신유	임술	계해	갑자	을축	병인
대운	남	10	10	10	9	9	9	8	8	8	7	7	7	6
	여	1	1	1	1	2	2	2	3	3	3	4	4	4

	14	15	16	17	18	19	20	21	22	23	24	25	26	27	28	29	30
	24	25	26	27	28	29	**3/1**	2	3	4	5	6	7	8	9	10	11
음	임자	임자	임자	임자	임자	임자	임자	임자	임자	임자	임자	임자	임자	임자	임자	임자	임자
1	임인	임인	임인	임인	임인	임인	임인	임인	임인	임인	**계묘**	계묘	계묘	계묘	계묘	계묘	계묘
월	경자	신축	임인	계묘	갑진	을사	병오	정미	무신	기유	경술	신해	임자	계축	갑인	을묘	병진
	3	3	3	2	2	2	1	1	1	1	10	10	9	9	9	8	8
	7	7	7	8	8	8	9	9	9	10	10	1	1	1	1	2	2
	14	15	16	17	18	19	20	21	22	23	24	25	26	27	28	29	
	25	26	27	28	29	30	31	**4/1**	2	3	4	5	6	7	8	9	
음	임자	임자	임자	임자	임자	임자	임자	임자	임자	임자	임자	임자	임자	임자	임자	임자	
2	계묘	계묘	계묘	계묘	계묘	계묘	계묘	계묘	계묘	계묘	**갑진**	계묘	계묘	계묘	계묘	계묘	
월	경오	신미	임신	계유	갑술	을해	병자	정축	무인	기묘	경진	신사	임오	계미	갑신	을유	
	3	3	3	2	2	2	1	1	1	1	10	10	10	9	9	9	
	7	7	7	8	8	8	9	9	9	10	10	1	1	1	1	2	
	14	15	16	17	18	19	20	21	22	23	24	25	26	27	28	29	
	23	24	25	26	27	28	29	30	**5/1**	2	3	4	5	6	7	8	
음	임자	임자	임자	임자	임자	임자	임자	임자	임자	임자	임자	임자	임자	임자	임자	임자	
3	갑진	갑진	갑진	갑진	갑진	갑진	갑진	갑진	갑진	갑진	갑진	갑진	**을사**	을사	을사	을사	
월	기해	경자	신축	임인	계묘	갑진	을사	병오	정미	무신	기유	경술	신해	임자	계축	갑인	
	4	4	3	3	3	2	2	2	1	1	1	1	10	10	10	9	
	6	7	7	7	8	8	8	9	9	9	10	10	10	1	1	1	
	14	15	16	17	18	19	20	21	22	23	24	25	26	27	28	29	30
	22	23	24	25	26	27	28	29	30	31	**6/1**	2	3	4	5	6	7
음	임자	임자	임자	임자	임자	임자	임자	임자	임자	임자	임자	임자	임자	임자	임자	임자	임자
4	을사	을사	을사	을사	을사	을사	을사	을사	을사	을사	을사	을사	을사	을사	**병오**	병오	병오
월	무진	기사	경오	신미	임신	계유	갑술	을해	병자	정축	무인	기묘	경진	신사	임오	계미	갑신
	5	4	4	4	3	3	3	2	2	2	1	1	1	1	10	10	10
	6	6	6	7	7	7	8	8	8	9	9	9	10	10	10	1	1
	14	15	16	17	18	19	20	21	22	23	24	25	26	27	28	29	
	21	22	23	24	25	26	27	28	29	30	**7/1**	2	3	4	5	6	
음	임자	임자	임자	임자	임자	임자	임자	임자	임자	임자	임자	임자	임자	임자	임자	임자	
5	병오	병오	병오	병오	병오	병오	병오	병오	병오	병오	병오	병오	병오	병오	병오	**정미**	
월	무술	기해	경자	신축	임인	계묘	갑진	을사	병오	정미	무신	기유	경술	신해	임자	계축	
	5	5	4	4	4	3	3	3	2	2	2	1	1	1	1	10	
	5	6	6	6	7	7	7	8	8	8	9	9	9	10	10	10	
	14	15	16	17	18	19	20	21	22	23	24	25	26	27	28	29	30
	20	21	22	23	24	25	26	27	28	29	30	31	**8/1**	2	3	4	5
음	임자	임자	임자	임자	임자	임자	임자	임자	임자	임자	임자	임자	임자	임자	임자	임자	임자
6	정미	정미	정미	정미	정미	정미	정미	정미	정미	정미	정미	정미	정미	정미	정미	정미	정미
월	정묘	무진	기사	경오	신미	임신	계유	갑술	을해	병자	정축	무인	기묘	경진	신사	임오	계미
	6	6	5	5	5	4	4	4	3	3	3	2	2	2	1	1	1
	5	5	5	6	6	6	7	7	7	8	8	8	9	9	9	10	10

2032(임자)년 【단기 4365년】

월	구분		1	2	3	4	5	6	7	8	9	10	11	12	13
음 7 월	음력		1	2	3	4	5	6	7	8	9	10	11	12	13
	양력		**8/6**	7	8	9	10	11	12	13	14	15	16	17	18
	연주 (생년)		임자	임자	임자	임자	임자	임자	임자	임자	임자	임자	임자	임자	임자
	월주 (생월)		정미	**무신**	무신	무신	무신	무신	무신	무신	무신	무신	무신	무신	무신
	일주 (생일)		갑신	을유	병술	정해	무자	기축	경인	신묘	임진	계사	갑오	을미	병신
	대운	남	1	10	10	10	9	9	9	8	8	8	7	7	7
		여	10	10	1	1	1	1	2	2	2	3	3	3	4
음 8 월	음력		1	2	3	4	5	6	7	8	9	10	11	12	13
	양력		**9/5**	6	7	8	9	10	11	12	13	14	15	16	17
	연주 (생년)		임자	임자	임자	임자	임자	임자	임자	임자	임자	임자	임자	임자	임자
	월주 (생월)		무신	무신	**기유**	기유	기유	기유	기유	기유	기유	기유	기유	기유	기유
	일주 (생일)		갑인	을묘	병진	정사	무오	기미	경신	신유	임술	계해	갑자	을축	병인
	대운	남	1	1	10	10	10	9	9	9	8	8	8	7	7
		여	10	10	10	1	1	1	1	2	2	2	3	3	3
음 9 월	음력		1	2	3	4	5	6	7	8	9	10	11	12	13
	양력		**10/4**	5	6	7	8	9	10	11	12	13	14	15	16
	연주 (생년)		임자	임자	임자	임자	임자	임자	임자	임자	임자	임자	임자	임자	임자
	월주 (생월)		기유	기유	기유	기유	**경술**	경술	경술	경술	경술	경술	경술	경술	경술
	일주 (생일)		계미	갑신	을유	병술	정해	무자	기축	경인	신묘	임진	계사	갑오	을미
	대운	남	1	1	1	1	10	10	9	9	9	8	8	8	7
		여	9	9	10	10	10	1	1	1	1	2	2	2	3
음 10 월	음력		1	2	3	4	5	6	7	8	9	10	11	12	13
	양력		**11/3**	4	5	6	7	8	9	10	11	12	13	14	15
	연주 (생년)		임자	임자	임자	임자	임자	임자	임자	임자	임자	임자	임자	임자	임자
	월주 (생월)		경술	경술	경술	경술	**신해**	신해	신해	신해	신해	신해	신해	신해	신해
	일주 (생일)		계축	갑인	을묘	병진	정사	무오	기미	경신	신유	임술	계해	갑자	을축
	대운	남	1	1	1	1	10	9	9	9	8	8	8	7	7
		여	9	9	9	10	10	1	1	1	1	2	2	2	3
음 11 월	음력		1	2	3	4	5	6	7	8	9	10	11	12	13
	양력		**12/3**	4	5	6	7	8	9	10	11	12	13	14	15
	연주 (생년)		임자	임자	임자	임자	임자	임자	임자	임자	임자	임자	임자	임자	임자
	월주 (생월)		신해	신해	신해	**임자**	임자	임자	임자	임자	임자	임자	임자	임자	임자
	일주 (생일)		계미	갑신	을유	병술	정해	무자	기축	경인	신묘	임진	계사	갑오	을미
	대운	남	1	1	1	10	10	9	9	9	8	8	8	7	7
		여	9	9	9	10	1	1	1	1	2	2	2	3	3
음 12 월	음력		1	2	3	4	5	6	7	8	9	10	11	12	13
	양력		**1/1**	2	3	4	5	6	7	8	9	10	11	12	13
	연주 (생년)		임자	임자	임자	임자	임자	임자	임자	임자	임자	임자	임자	임자	임자
	월주 (생월)		임자	임자	임자	임자	**계축**	계축	계축	계축	계축	계축	계축	계축	계축
	일주 (생일)		임자	계축	갑인	을묘	병진	정사	무오	기미	경신	신유	임술	계해	갑자
	대운	남	1	1	1	1	10	9	9	9	8	8	8	7	7
		여	9	9	9	10	10	1	1	1	1	2	2	2	3

	14	15	16	17	18	19	20	21	22	23	24	25	26	27	28	29	30
	19	20	21	22	23	24	25	26	27	28	29	30	31	**9/1**	2	3	4
음	임자	임자	임자	임자	임자	임자	임자	임자	임자	임자	임자	임자	임자	임자	임자	임자	임자
7	무신	무신	무신	무신	무신	무신	무신	무신	무신	무신	무신	무신	무신	무신	무신	무신	무신
월	정유	무술	기해	경자	신축	임인	계묘	갑진	을사	병오	정미	무신	기유	경술	신해	임자	계축
	6	6	6	5	5	5	4	4	4	3	3	3	2	2	2	1	1
	4	4	5	5	5	6	6	6	7	7	7	8	8	8	9	9	9
	14	15	16	17	18	19	20	21	22	23	24	25	26	27	28	29	
	18	19	20	21	22	23	24	25	26	27	28	29	30	**10/1**	2	3	
음	임자	임자	임자	임자	임자	임자	임자	임자	임자	임자	임자	임자	임자	임자	임자	임자	
8	기유	기유	기유	기유	기유	기유	기유	기유	기유	기유	기유	기유	기유	기유	기유	기유	
월	정묘	무진	기사	경오	신미	임신	계유	갑술	을해	병자	정축	무인	기묘	경진	신사	임오	
	7	6	6	6	5	5	5	4	4	4	3	3	3	2	2	2	
	4	4	4	5	5	5	6	6	6	7	7	7	8	8	8	9	
	14	15	16	17	18	19	20	21	22	23	24	25	26	27	28	29	30
	17	18	19	20	21	22	23	24	25	26	27	28	29	30	31	**11/1**	2
음	임자	임자	임자	임자	임자	임자	임자	임자	임자	임자	임자	임자	임자	임자	임자	임자	임자
9	경술	경술	경술	경술	경술	경술	경술	경술	경술	경술	경술	경술	경술	경술	경술	경술	경술
월	병신	정유	무술	기해	경자	신축	임인	계묘	갑진	을사	병오	정미	무신	기유	경술	신해	임자
	7	7	6	6	6	5	5	5	4	4	4	3	3	3	2	2	2
	3	3	4	4	4	5	5	5	6	6	6	7	7	7	8	8	8
	14	15	16	17	18	19	20	21	22	23	24	25	26	27	28	29	30
	16	17	18	19	20	21	22	23	24	25	26	27	28	29	30	**12/1**	2
음	임자	임자	임자	임자	임자	임자	임자	임자	임자	임자	임자	임자	임자	임자	임자	임자	임자
10	신해	신해	신해	신해	신해	신해	신해	신해	신해	신해	신해	신해	신해	신해	신해	신해	신해
월	병인	정묘	무진	기사	경오	신미	임신	계유	갑술	을해	병자	정축	무인	기묘	경진	신사	임오
	7	6	6	6	5	5	5	4	4	4	3	3	3	2	2	2	1
	3	3	4	4	4	5	5	5	6	6	6	7	7	7	8	8	8
	14	15	16	17	18	19	20	21	22	23	24	25	26	27	28	29	
	16	17	18	19	20	21	22	23	24	25	26	27	28	29	30	31	
음	임자	임자	임자	임자	임자	임자	임자	임자	임자	임자	임자	임자	임자	임자	임자	임자	
11	임자	임자	임자	임자	임자	임자	임자	임자	임자	임자	임자	임자	임자	임자	임자	임자	
월	병신	정유	무술	기해	경자	신축	임인	계묘	갑진	을사	병오	정미	무신	기유	경술	신해	
	7	6	6	6	5	5	5	4	4	4	3	3	3	2	2	2	
	3	4	4	4	5	5	5	6	6	6	7	7	7	8	8	8	
	14	15	16	17	18	19	20	21	22	23	24	25	26	27	28	29	30
	14	15	16	17	18	19	20	21	22	23	24	25	26	27	28	29	30
음	임자	임자	임자	임자	임자	임자	임자	임자	임자	임자	임자	임자	임자	임자	임자	임자	임자
12	계축	계축	계축	계축	계축	계축	계축	계축	계축	계축	계축	계축	계축	계축	계축	계축	계축
월	을축	병인	정묘	무진	기사	경오	신미	임신	계유	갑술	을해	병자	정축	무인	기묘	경진	신사
	7	6	6	6	5	5	5	4	4	4	3	3	3	2	2	2	1
	3	3	4	4	4	5	5	5	6	6	6	7	7	7	8	8	8

2033(계축)년 【단기 4366년】

월	구분		1	2	3	4	5	6	7	8	9	10	11	12	13
음 1 월	음력		1	2	3	4	5	6	7	8	9	10	11	12	13
	양력		**1/31**	**2/1**	2	3	4	5	6	7	8	9	10	11	12
	연주 (생년)		임자	임자	임자	**계축**	계축	계축	계축	계축	계축	계축	계축	계축	계축
	월주 (생월)		계축	계축	계축	**갑인**	갑인	갑인	갑인	갑인	갑인	갑인	갑인	갑인	갑인
	일주 (생일)		임오	계미	갑신	을유	병술	정해	무자	기축	경인	신묘	임진	계사	갑오
	대운	남	1	1	1	10	1	1	1	1	2	2	2	3	3
		여	9	9	9	10	10	9	9	9	8	8	8	7	7
음 2 월	음력		1	2	3	4	5	6	7	8	9	10	11	12	13
	양력		**3/1**	2	3	4	5	6	7	8	9	10	11	12	13
	연주 (생년)		계축	계축	계축	계축	계축	계축	계축	계축	계축	계축	계축	계축	계축
	월주 (생월)		갑인	갑인	갑인	갑인	**을묘**	을묘	을묘	을묘	을묘	을묘	을묘	을묘	을묘
	일주 (생일)		신해	임자	계축	갑인	을묘	병진	정사	무오	기미	경신	신유	임술	계해
	대운	남	9	9	9	10	10	1	1	1	1	2	2	2	3
		여	1	1	1	1	10	10	9	9	9	8	8	8	7
음 3 월	음력		1	2	3	4	5	6	7	8	9	10	11	12	13
	양력		**3/31**	**4/1**	2	3	4	5	6	7	8	9	10	11	12
	연주 (생년)		계축	계축	계축	계축	계축	계축	계축	계축	계축	계축	계축	계축	계축
	월주 (생월)		을묘	을묘	을묘	을묘	**병진**	병진	병진	병진	병진	병진	병진	병진	병진
	일주 (생일)		신사	임오	계미	갑신	을유	병술	정해	무자	기축	경인	신묘	임진	계사
	대운	남	9	9	9	10	10	1	1	1	1	2	2	2	3
		여	1	1	1	1	10	10	10	9	9	9	8	8	8
음 4 월	음력		1	2	3	4	5	6	7	8	9	10	11	12	13
	양력		**4/29**	30	**5/1**	2	3	4	5	6	7	8	9	10	11
	연주 (생년)		계축	계축	계축	계축	계축	계축	계축	계축	계축	계축	계축	계축	계축
	월주 (생월)		병진	병진	병진	병진	병진	병진	**정사**	정사	정사	정사	정사	정사	정사
	일주 (생일)		경술	신해	임자	계축	갑인	을묘	병진	정사	무오	기미	경신	신유	임술
	대운	남	8	9	9	9	10	10	10	1	1	1	1	2	2
		여	2	2	1	1	1	1	10	10	10	9	9	9	8
음 5 월	음력		1	2	3	4	5	6	7	8	9	10	11	12	13
	양력		**5/28**	29	30	31	**6/1**	2	3	4	5	6	7	8	9
	연주 (생년)		계축	계축	계축	계축	계축	계축	계축	계축	계축	계축	계축	계축	계축
	월주 (생월)		정사	정사	정사	정사	정사	정사	정사	정사	**무오**	무오	무오	무오	무오
	일주 (생일)		기묘	경진	신사	임오	계미	갑신	을유	병술	정해	무자	기축	경인	신묘
	대운	남	8	8	8	9	9	9	10	10	10	1	1	1	1
		여	3	2	2	2	1	1	1	1	10	10	10	10	9
음 6 월	음력		1	2	3	4	5	6	7	8	9	10	11	12	13
	양력		**6/27**	28	29	30	**7/1**	2	3	4	5	6	7	8	9
	연주 (생년)		계축	계축	계축	계축	계축	계축	계축	계축	계축	계축	계축	계축	계축
	월주 (생월)		무오	무오	무오	무오	무오	무오	무오	무오	무오	무오	**기미**	기미	기미
	일주 (생일)		기유	경술	신해	임자	계축	갑인	을묘	병진	정사	무오	기미	경신	신유
	대운	남	7	8	8	8	9	9	9	10	10	10	10	1	1
		여	3	3	3	2	2	2	1	1	1	1	10	10	10

음 1 월	14	15	16	17	18	19	20	21	22	23	24	25	26	27	28	29	
	13	14	15	16	17	18	19	20	21	22	23	24	25	26	27	28	
	계축	계축	계축	계축	계축	계축	계축	계축	계축	계축	계축	계축	계축	계축	계축	계축	
	갑인	갑인	갑인	갑인	갑인	갑인	갑인	갑인	갑인	갑인	갑인	갑인	갑인	갑인	갑인	갑인	
	을미	병신	정유	무술	기해	경자	신축	임인	계묘	갑진	을사	병오	정미	무신	기유	경술	
	3	4	4	4	5	5	5	6	6	6	7	7	7	8	8	8	
	7	6	6	6	5	5	5	4	4	4	3	3	3	2	2	2	
음 2 월	14	15	16	17	18	19	20	21	22	23	24	25	26	27	28	29	30
	14	15	16	17	18	19	20	21	22	23	24	25	26	27	28	29	30
	계축	계축	계축	계축	계축	계축	계축	계축	계축	계축	계축	계축	계축	계축	계축	계축	계축
	을묘	을묘	을묘	을묘	을묘	을묘	을묘	을묘	을묘	을묘	을묘	을묘	을묘	을묘	을묘	을묘	을묘
	갑자	을축	병인	정묘	무진	기사	경오	신미	임신	계유	갑술	을해	병자	정축	무인	기묘	경진
	3	3	4	4	4	5	5	5	6	6	6	7	7	7	8	8	8
	7	7	6	6	6	5	5	5	4	4	4	3	3	3	2	2	2
음 3 월	14	15	16	17	18	19	20	21	22	23	24	25	26	27	28	29	
	13	14	15	16	17	18	19	20	21	22	23	24	25	26	27	28	
	계축	계축	계축	계축	계축	계축	계축	계축	계축	계축	계축	계축	계축	계축	계축	계축	
	병진	병진	병진	병진	병진	병진	병진	병진	병진	병진	병진	병진	병진	병진	병진	병진	
	갑오	을미	병신	정유	무술	기해	경자	신축	임인	계묘	갑진	을사	병오	정미	무신	기유	
	3	3	4	4	4	5	5	5	6	6	6	7	7	7	8	8	
	7	7	7	6	6	6	5	5	5	4	4	4	3	3	3	2	
음 4 월	14	15	16	17	18	19	20	21	22	23	24	25	26	27	28	29	
	12	13	14	15	16	17	18	19	20	21	22	23	24	25	26	27	
	계축	계축	계축	계축	계축	계축	계축	계축	계축	계축	계축	계축	계축	계축	계축	계축	
	정사	정사	정사	정사	정사	정사	정사	정사	정사	정사	정사	정사	정사	정사	정사	정사	
	계해	갑자	을축	병인	정묘	무진	기사	경오	신미	임신	계유	갑술	을해	병자	정축	무인	
	2	3	3	3	4	4	4	5	5	5	6	6	6	7	7	7	
	8	8	7	7	7	6	6	6	5	5	5	4	4	4	3	3	
음 5 월	14	15	16	17	18	19	20	21	22	23	24	25	26	27	28	29	30
	10	11	12	13	14	15	16	17	18	19	20	21	22	23	24	25	26
	계축	계축	계축	계축	계축	계축	계축	계축	계축	계축	계축	계축	계축	계축	계축	계축	계축
	무오	무오	무오	무오	무오	무오	무오	무오	무오	무오	무오	무오	무오	무오	무오	무오	무오
	임진	계사	갑오	을미	병신	정유	무술	기해	경자	신축	임인	계묘	갑진	을사	병오	정미	무신
	2	2	2	3	3	3	4	4	4	5	5	5	6	6	6	7	7
	9	9	8	8	8	7	7	7	6	6	6	5	5	5	4	4	4
음 6 월	14	15	16	17	18	19	20	21	22	23	24	25	26	27	28	29	
	10	11	12	13	14	15	16	17	18	19	20	21	22	23	24	25	
	계축	계축	계축	계축	계축	계축	계축	계축	계축	계축	계축	계축	계축	계축	계축	계축	
	기미	기미	기미	기미	기미	기미	기미	기미	기미	기미	기미	기미	기미	기미	기미	기미	
	임술	계해	갑자	을축	병인	정묘	무진	기사	경오	신미	임신	계유	갑술	을해	병자	정축	
	1	1	2	2	2	3	3	3	4	4	4	5	5	5	6	6	
	9	9	9	8	8	8	7	7	7	6	6	6	5	5	5	4	

2033(계축)년 【단기 4366년】

월	구분	1	2	3	4	5	6	7	8	9	10	11	12	13
음 7 월	음력	1	2	3	4	5	6	7	8	9	10	11	12	13
	양력	**7/26**	27	28	29	30	31	**8/1**	2	3	4	5	6	7
	연주 (생년)	계축	계축	계축	계축	계축	계축	계축	계축	계축	계축	계축	계축	계축
	월주 (생월)	기미	기미	기미	기미	기미	기미	기미	기미	기미	기미	기미	기미	**경신**
	일주 (생일)	무인	기묘	경진	신사	임오	계미	갑신	을유	병술	정해	무자	기축	경인
	대운 남	6	7	7	7	8	8	8	9	9	9	10	10	10
	대운 여	4	4	3	3	3	2	2	2	1	1	1	1	10
윤 7 월	음력	1	2	3	4	5	6	7	8	9	10	11	12	13
	양력	**8/25**	26	27	28	29	30	31	**9/1**	2	3	4	5	6
	연주 (생년)	계축	계축	계축	계축	계축	계축	계축	계축	계축	계축	계축	계축	계축
	월주 (생월)	경신	경신	경신	경신	경신	경신	경신	경신	경신	경신	경신	경신	경신
	일주 (생일)	무신	기유	경술	신해	임자	계축	갑인	을묘	병진	정사	무오	기미	경신
	대운 남	6	6	7	7	7	8	8	8	9	9	9	10	10
	대운 여	4	4	4	3	3	3	2	2	2	1	1	1	1
음 8 월	음력	1	2	3	4	5	6	7	8	9	10	11	12	13
	양력	**9/23**	24	25	26	27	28	29	30	**10/1**	2	3	4	5
	연주 (생년)	계축	계축	계축	계축	계축	계축	계축	계축	계축	계축	계축	계축	계축
	월주 (생월)	신유	신유	신유	신유	신유	신유	신유	신유	신유	신유	신유	신유	신유
	일주 (생일)	정축	무인	기묘	경진	신사	임오	계미	갑신	을유	병술	정해	무자	기축
	대운 남	5	6	6	6	7	7	7	8	8	8	9	9	9
	대운 여	5	5	4	4	4	3	3	3	2	2	2	1	1
음 9 월	음력	1	2	3	4	5	6	7	8	9	10	11	12	13
	양력	**10/23**	24	25	26	27	28	29	30	31	**11/1**	2	3	4
	연주 (생년)	계축	계축	계축	계축	계축	계축	계축	계축	계축	계축	계축	계축	계축
	월주 (생월)	임술	임술	임술	임술	임술	임술	임술	임술	임술	임술	임술	임술	임술
	일주 (생일)	정미	무신	기유	경술	신해	임자	계축	갑인	을묘	병진	정사	무오	기미
	대운 남	5	5	6	6	6	7	7	7	8	8	8	9	9
	대운 여	5	5	4	4	4	3	3	3	2	2	2	1	1
음 10 월	음력	1	2	3	4	5	6	7	8	9	10	11	12	13
	양력	**11/22**	23	24	25	26	27	28	29	30	**12/1**	2	3	4
	연주 (생년)	계축	계축	계축	계축	계축	계축	계축	계축	계축	계축	계축	계축	계축
	월주 (생월)	계해	계해	계해	계해	계해	계해	계해	계해	계해	계해	계해	계해	계해
	일주 (생일)	정축	무인	기묘	경진	신사	임오	계미	갑신	을유	병술	정해	무자	기축
	대운 남	5	5	6	6	6	7	7	7	8	8	8	9	9
	대운 여	5	5	4	4	4	3	3	3	2	2	2	1	1
음 11 월	음력	1	2	3	4	5	6	7	8	9	10	11	12	13
	양력	**12/22**	23	24	25	26	27	28	29	30	**31**	**1/1**	2	3
	연주 (생년)	계축	계축	계축	계축	계축	계축	계축	계축	계축	계축	계축	계축	계축
	월주 (생월)	갑자	갑자	갑자	갑자	갑자	갑자	갑자	갑자	갑자	갑자	갑자	갑자	갑자
	일주 (생일)	정미	무신	기유	경술	신해	임자	계축	갑인	을묘	병진	정사	무오	기미
	대운 남	5	5	6	6	6	7	7	7	8	8	8	9	9
	대운 여	5	4	4	4	3	3	3	2	2	2	1	1	1
음 12 월	음력	1	2	3	4	5	6	7	8	9	10	11	12	13
	양력	**1/20**	21	22	23	24	25	26	27	28	29	30	31	**2/1**
	연주 (생년)	계축	계축	계축	계축	계축	계축	계축	계축	계축	계축	계축	계축	계축
	월주 (생월)	을축	을축	을축	을축	을축	을축	을축	을축	을축	을축	을축	을축	을축
	일주 (생일)	병자	정축	무인	기묘	경진	신사	임오	계미	갑신	을유	병술	정해	무자
	대운 남	5	5	6	6	6	7	7	7	8	8	8	9	9
	대운 여	5	5	4	4	4	3	3	3	2	2	2	1	1

	14	15	16	17	18	19	20	21	22	23	24	25	26	27	28	29	30
음	8	9	10	11	12	13	14	15	16	17	18	19	20	21	22	23	24
	계축	계축	계축	계축	계축	계축	계축	계축	계축	계축	계축	계축	계축	계축	계축	계축	계축
7	경신	경신	경신	경신	경신	경신	경신	경신	경신	경신	경신	경신	경신	경신	경신	경신	경신
	신묘	임진	계사	갑오	을미	병신	정유	무술	기해	경자	신축	임인	계묘	갑진	을사	병오	정미
월	1	1	1	1	2	2	2	3	3	3	4	4	4	5	5	5	6
	10	10	9	9	9	8	8	8	7	7	7	6	6	6	5	5	5
	14	15	16	17	18	19	20	21	22	23	24	25	26	27	28	29	
윤	7	8	9	10	11	12	13	14	15	16	17	18	19	20	21	22	
	계축	계축	계축	계축	계축	계축	계축	계축	계축	계축	계축	계축	계축	계축	계축	계축	
7	**신유**	신유	신유	신유	신유	신유	신유	신유	신유	신유	신유	신유	신유	신유	신유	신유	
	신유	임술	계해	갑자	을축	병인	정묘	무진	기사	경오	신미	임신	계유	갑술	을해	병자	
월	10	1	1	1	1	2	2	2	3	3	3	4	4	4	5	5	
	10	10	10	9	9	9	8	8	8	7	7	7	6	6	6	5	
	14	15	16	17	18	19	20	21	22	23	24	25	26	27	28	29	30
음	6	7	8	9	10	11	12	13	14	15	16	17	18	19	20	21	22
	계축	계축	계축	계축	계축	계축	계축	계축	계축	계축	계축	계축	계축	계축	계축	계축	계축
8	신유	신유	**임술**	임술	임술	임술	임술	임술	임술	임술	임술	임술	임술	임술	임술	임술	임술
	경인	신묘	임진	계사	갑오	을미	병신	정유	무술	기해	경자	신축	임인	계묘	갑진	을사	병오
월	10	10	10	1	1	1	1	2	2	2	3	3	3	4	4	4	5
	1	1	10	10	9	9	9	8	8	8	7	7	7	6	6	6	5
	14	15	16	17	18	19	20	21	22	23	24	25	26	27	28	29	30
음	5	6	7	8	9	10	11	12	13	14	15	16	17	18	19	20	21
	계축	계축	계축	계축	계축	계축	계축	계축	계축	계축	계축	계축	계축	계축	계축	계축	계축
9	임술	임술	**계해**	계해	계해	계해	계해	계해	계해	계해	계해	계해	계해	계해	계해	계해	계해
	경신	신유	임술	계해	갑자	을축	병인	정묘	무진	기사	경오	신미	임신	계유	갑술	을해	병자
월	9	10	10	1	1	1	1	2	2	2	3	3	3	4	4	4	5
	1	1	10	10	9	9	9	8	8	8	7	7	7	6	6	6	5
	14	15	16	17	18	19	20	21	22	23	24	25	26	27	28	29	30
음	5	6	7	8	9	10	11	12	13	14	15	16	17	18	19	20	21
	계축	계축	계축	계축	계축	계축	계축	계축	계축	계축	계축	계축	계축	계축	계축	계축	계축
10	계해	계해	**갑자**	갑자	갑자	갑자	갑자	갑자	갑자	갑자	갑자	갑자	갑자	갑자	갑자	갑자	갑자
	경인	신묘	임진	계사	갑오	을미	병신	정유	무술	기해	경자	신축	임인	계묘	갑진	을사	병오
월	9	10	10	1	1	1	1	2	2	2	3	3	3	4	4	4	5
	1	1	10	9	9	9	8	8	8	7	7	7	6	6	6	5	5
	14	15	16	17	18	19	20	21	22	23	24	25	26	27	28	29	
음	4	5	6	7	8	9	10	11	12	13	14	15	16	17	18	19	
	계축	계축	계축	계축	계축	계축	계축	계축	계축	계축	계축	계축	계축	계축	계축	계축	
11	갑자	**을축**	을축	을축	을축	을축	을축	을축	을축	을축	을축	을축	을축	을축	을축	을축	
	경신	신유	임술	계해	갑자	을축	병인	정묘	무진	기사	경오	신미	임신	계유	갑술	을해	
월	9	10	1	1	1	1	2	2	2	3	3	3	4	4	4	5	
	1	10	10	9	9	9	8	8	8	7	7	7	6	6	6	5	
	14	15	16	17	18	19	20	21	22	23	24	25	26	27	28	29	30
음	2	3	4	5	6	7	8	9	10	11	12	13	14	15	16	17	18
	계축	계축	**갑인**	갑인	갑인	갑인	갑인	갑인	갑인	갑인	갑인	갑인	갑인	갑인	갑인	갑인	갑인
12	을축	을축	**병인**	병인	병인	병인	병인	병인	병인	병인	병인	병인	병인	병인	병인	병인	병인
	기축	경인	신묘	임진	계사	갑오	을미	병신	정유	무술	기해	경자	신축	임인	계묘	갑진	을사
월	9	10	10	9	9	9	8	8	8	7	7	7	6	6	6	5	5
	1	1	10	1	1	1	1	2	2	2	3	3	3	4	4	4	5

2034(갑인)년 【단기 4367년】

월	구분		1	2	3	4	5	6	7	8	9	10	11	12	13
음 1 월	음력		1	2	3	4	5	6	7	8	9	10	11	12	13
	양력		**2/19**	20	21	22	23	24	25	26	27	28	**3/1**	2	3
	연주 (생년)		갑인	갑인	갑인	갑인	갑인	갑인	갑인	갑인	갑인	갑인	갑인	갑인	갑인
	월주 (생월)		병인	병인	병인	병인	병인	병인	병인	병인	병인	병인	병인	병인	병인
	일주 (생일)		병오	정미	무신	기유	경술	신해	임자	계축	갑인	을묘	병진	정사	무오
	대운	남	5	4	4	4	3	3	3	2	2	2	1	1	1
		여	5	5	6	6	6	7	7	7	8	8	8	9	9
음 2 월	음력		1	2	3	4	5	6	7	8	9	10	11	12	13
	양력		**3/20**	21	22	23	24	25	26	27	28	29	30	31	**4/1**
	연주 (생년)		갑인	갑인	갑인	갑인	갑인	갑인	갑인	갑인	갑인	갑인	갑인	갑인	갑인
	월주 (생월)		정묘	정묘	정묘	정묘	정묘	정묘	정묘	정묘	정묘	정묘	정묘	정묘	정묘
	일주 (생일)		을해	병자	정축	무인	기묘	경진	신사	임오	계미	갑신	을유	병술	정해
	대운	남	5	5	5	4	4	4	3	3	3	2	2	2	1
		여	5	5	6	6	6	7	7	7	8	8	8	9	9
음 3 월	음력		1	2	3	4	5	6	7	8	9	10	11	12	13
	양력		**4/19**	20	21	22	23	24	25	26	27	28	29	30	**5/1**
	연주 (생년)		갑인	갑인	갑인	갑인	갑인	갑인	갑인	갑인	갑인	갑인	갑인	갑인	갑인
	월주 (생월)		무진	무진	무진	무진	무진	무진	무진	무진	무진	무진	무진	무진	무진
	일주 (생일)		을사	병오	정미	무신	기유	경술	신해	임자	계축	갑인	을묘	병진	정사
	대운	남	5	5	5	4	4	4	3	3	3	2	2	2	1
		여	5	5	5	6	6	6	7	7	7	8	8	8	9
음 4 월	음력		1	2	3	4	5	6	7	8	9	10	11	12	13
	양력		**5/18**	19	20	21	22	23	24	25	26	27	28	29	30
	연주 (생년)		갑인	갑인	갑인	갑인	갑인	갑인	갑인	갑인	갑인	갑인	갑인	갑인	갑인
	월주 (생월)		기사	기사	기사	기사	기사	기사	기사	기사	기사	기사	기사	기사	기사
	일주 (생일)		갑술	을해	병자	정축	무인	기묘	경진	신사	임오	계미	갑신	을유	병술
	대운	남	6	6	5	5	5	4	4	4	3	3	3	2	2
		여	4	5	5	5	6	6	6	7	7	7	8	8	8
음 5 월	음력		1	2	3	4	5	6	7	8	9	10	11	12	13
	양력		**6/16**	17	18	19	20	21	22	23	24	25	26	27	28
	연주 (생년)		갑인	갑인	갑인	갑인	갑인	갑인	갑인	갑인	갑인	갑인	갑인	갑인	갑인
	월주 (생월)		경오	경오	경오	경오	경오	경오	경오	경오	경오	경오	경오	경오	경오
	일주 (생일)		계묘	갑진	을사	병오	정미	무신	기유	경술	신해	임자	계축	갑인	을묘
	대운	남	7	7	6	6	6	5	5	5	4	4	4	3	3
		여	4	4	4	5	5	5	6	6	6	7	7	7	8
음 6 월	음력		1	2	3	4	5	6	7	8	9	10	11	12	13
	양력		**7/16**	17	18	19	20	21	22	23	24	25	26	27	28
	연주 (생년)		갑인	갑인	갑인	갑인	갑인	갑인	갑인	갑인	갑인	갑인	갑인	갑인	갑인
	월주 (생월)		신미	신미	신미	신미	신미	신미	신미	신미	신미	신미	신미	신미	신미
	일주 (생일)		계유	갑술	을해	병자	정축	무인	기묘	경진	신사	임오	계미	갑신	을유
	대운	남	7	7	7	6	6	6	5	5	5	4	4	4	3
		여	3	3	4	4	4	5	5	5	6	6	6	7	7

	14	15	16	17	18	19	20	21	22	23	24	25	26	27	28	29	
	4	5	6	7	8	9	10	11	12	13	14	15	16	17	18	19	
음	갑인	갑인	갑인	갑인	갑인	갑인	갑인	갑인	갑인	갑인	갑인	갑인	갑인	갑인	갑인	갑인	
1	병인	**정묘**	정묘	정묘	정묘	정묘	정묘	정묘	정묘	정묘	정묘	정묘	정묘	정묘	정묘	정묘	
월	기미	경신	신유	임술	계해	갑자	을축	병인	정묘	무진	기사	경오	신미	임신	계유	갑술	
	1	10	10	10	9	9	9	8	8	8	7	7	7	6	6	6	
	9	10	1	1	1	1	2	2	2	3	3	3	4	4	4	5	
	14	15	16	17	18	19	20	21	22	23	24	25	26	27	28	29	30
	2	3	4	5	6	7	8	9	10	11	12	13	14	15	16	17	18
음	갑인	갑인	갑인	갑인	갑인	갑인	갑인	갑인	갑인	갑인	갑인	갑인	갑인	갑인	갑인	갑인	갑인
2	정묘	정묘	정묘	**무진**	무진	무진	무진	무진	무진	무진	무진	무진	무진	무진	무진	무진	무진
월	무자	기축	경인	신묘	임진	계사	갑오	을미	병신	정유	무술	기해	경자	신축	임인	계묘	갑진
	1	1	1	10	10	9	9	9	8	8	8	7	7	7	6	6	6
	9	10	10	10	1	1	1	1	2	2	2	3	3	3	4	4	4
	14	15	16	17	18	19	20	21	22	23	24	25	26	27	28	29	
	2	3	4	5	6	7	8	9	10	11	12	13	14	15	16	17	
음	갑인	갑인	갑인	갑인	갑인	갑인	갑인	갑인	갑인	갑인	갑인	갑인	갑인	갑인	갑인	갑인	
3	무진	무진	무진	**기사**	기사	기사	기사	기사	기사	기사	기사	기사	기사	기사	기사	기사	
월	무오	기미	경신	신유	임술	계해	갑자	을축	병인	정묘	무진	기사	경오	신미	임신	계유	
	1	1	1	10	10	10	9	9	9	8	8	8	7	7	7	6	
	9	9	10	10	1	1	1	1	2	2	2	3	3	3	4	4	
	14	15	16	17	18	19	20	21	22	23	24	25	26	27	28	29	
	31	**6/1**	2	3	4	5	6	7	8	9	10	11	12	13	14	15	
음	갑인	갑인	갑인	갑인	갑인	갑인	갑인	갑인	갑인	갑인	갑인	갑인	갑인	갑인	갑인	갑인	
4	기사	기사	기사	기사	기사	**경오**	경오	경오	경오	경오	경오	경오	경오	경오	경오	경오	
월	정해	무자	기축	경인	신묘	임진	계사	갑오	을미	병신	정유	무술	기해	경자	신축	임인	
	2	1	1	1	1	10	10	10	10	9	9	9	8	8	8	7	
	9	9	9	10	10	10	1	1	1	1	2	2	2	3	3	3	
	14	15	16	17	18	19	20	21	22	23	24	25	26	27	28	29	30
	29	30	**7/1**	2	3	4	5	6	7	8	9	10	11	12	13	14	15
음	갑인	갑인	갑인	갑인	갑인	갑인	갑인	갑인	갑인	갑인	갑인	갑인	갑인	갑인	갑인	갑인	갑인
5	경오	경오	경오	경오	경오	경오	경오	경오	**신미**	신미	신미	신미	신미	신미	신미	신미	신미
월	병진	정사	무오	기미	경신	신유	임술	계해	갑자	을축	병인	정묘	무진	기사	경오	신미	임신
	3	2	2	2	1	1	1	1	10	10	10	9	9	9	8	8	8
	8	8	9	9	9	10	10	10	10	1	1	1	1	2	2	2	3
	14	15	16	17	18	19	20	21	22	23	24	25	26	27	28	29	
	29	30	31	**8/1**	2	3	4	5	6	7	8	9	10	11	12	13	
음	갑인	갑인	갑인	갑인	갑인	갑인	갑인	갑인	갑인	갑인	갑인	갑인	갑인	갑인	갑인	갑인	
6	신미	신미	신미	신미	신미	신미	신미	신미	신미	**임신**	임신	임신	임신	임신	임신	임신	
월	병술	정해	무자	기축	경인	신묘	임진	계사	갑오	을미	병신	정유	무술	기해	경자	신축	
	3	3	2	2	2	1	1	1	1	10	10	10	9	9	9	8	
	7	8	8	8	9	9	9	10	10	10	1	1	1	1	2	2	

2034(갑인)년 【단기 4367년】

월	구분														
음 7 월	음력		1	2	3	4	5	6	7	8	9	10	11	12	13
	양력		8/14	15	16	17	18	19	20	21	22	23	24	25	26
	연주 (생년)		갑인	갑인	갑인	갑인	갑인	갑인	갑인	갑인	갑인	갑인	갑인	갑인	갑인
	월주 (생월)		임신	임신	임신	임신	임신	임신	임신	임신	임신	임신	임신	임신	임신
	일주 (생일)		임인	계묘	갑진	을사	병오	정미	무신	기유	경술	신해	임자	계축	갑인
	대운	남	8	8	8	7	7	7	6	6	6	5	5	5	4
		여	2	2	3	3	3	4	4	4	5	5	5	6	6
음 8 월	음력		1	2	3	4	5	6	7	8	9	10	11	12	13
	양력		9/13	14	15	16	17	18	19	20	21	22	23	24	25
	연주 (생년)		갑인	갑인	갑인	갑인	갑인	갑인	갑인	갑인	갑인	갑인	갑인	갑인	갑인
	월주 (생월)		계유	계유	계유	계유	계유	계유	계유	계유	계유	계유	계유	계유	계유
	일주 (생일)		임신	계유	갑술	을해	병자	정축	무인	기묘	경진	신사	임오	계미	갑신
	대운	남	8	8	8	7	7	7	6	6	6	5	5	5	4
		여	2	2	3	3	3	4	4	4	5	5	5	6	6
음 9 월	음력		1	2	3	4	5	6	7	8	9	10	11	12	13
	양력		10/12	13	14	15	16	17	18	19	20	21	22	23	24
	연주 (생년)		갑인	갑인	갑인	갑인	갑인	갑인	갑인	갑인	갑인	갑인	갑인	갑인	갑인
	월주 (생월)		갑술	갑술	갑술	갑술	갑술	갑술	갑술	갑술	갑술	갑술	갑술	갑술	갑술
	일주 (생일)		신축	임인	계묘	갑진	을사	병오	정미	무신	기유	경술	신해	임자	계축
	대운	남	9	8	8	8	7	7	7	6	6	6	5	5	5
		여	1	2	2	2	3	3	3	4	4	4	5	5	5
음 10 월	음력		1	2	3	4	5	6	7	8	9	10	11	12	13
	양력		11/11	12	13	14	15	16	17	18	19	20	21	22	23
	연주 (생년)		갑인	갑인	갑인	갑인	갑인	갑인	갑인	갑인	갑인	갑인	갑인	갑인	갑인
	월주 (생월)		을해	을해	을해	을해	을해	을해	을해	을해	을해	을해	을해	을해	을해
	일주 (생일)		신미	임신	계유	갑술	을해	병자	정축	무인	기묘	경진	신사	임오	계미
	대운	남	9	8	8	8	7	7	7	6	6	6	5	5	5
		여	1	2	2	2	3	3	3	4	4	4	5	5	5
음 11 월	음력		1	2	3	4	5	6	7	8	9	10	11	12	13
	양력		12/11	12	13	14	15	16	17	18	19	20	21	22	23
	연주 (생년)		갑인	갑인	갑인	갑인	갑인	갑인	갑인	갑인	갑인	갑인	갑인	갑인	갑인
	월주 (생월)		병자	병자	병자	병자	병자	병자	병자	병자	병자	병자	병자	병자	병자
	일주 (생일)		신축	임인	계묘	갑진	을사	병오	정미	무신	기유	경술	신해	임자	계축
	대운	남	8	8	8	7	7	7	6	6	6	5	5	5	4
		여	1	2	2	2	3	3	3	4	4	4	5	5	51
음 12 월	음력		1	2	3	4	5	6	7	8	9	10	11	12	13
	양력		1/10	11	12	13	14	15	16	17	18	19	20	21	22
	연주 (생년)		갑인	갑인	갑인	갑인	갑인	갑인	갑인	갑인	갑인	갑인	갑인	갑인	갑인
	월주 (생월)		정축	정축	정축	정축	정축	정축	정축	정축	정축	정축	정축	정축	정축
	일주 (생일)		신미	임신	계유	갑술	을해	병자	정축	무인	기묘	경진	신사	임오	계미
	대운	남	8	8	8	7	7	7	6	6	6	5	5	5	4
		여	2	2	2	3	3	3	4	4	4	5	5	5	6

음 7월	14	15	16	17	18	19	20	21	22	23	24	25	26	27	28	29	30
	27	28	29	30	31	**9/1**	2	3	4	5	6	7	8	9	10	11	12
	갑인	갑인	갑인	갑인	갑인	갑인	갑인	갑인	갑인	갑인	갑인	갑인	갑인	갑인	갑인	갑인	갑인
	임신	임신	임신	임신	임신	임신	임신	임신	임신	임신	임신	**계유**	계유	계유	계유	계유	계유
	을묘	병진	정사	무오	기미	경신	신유	임술	계해	갑자	을축	병인	정묘	무진	기사	경오	신미
	4	3	3	3	2	2	2	1	1	1	1	10	10	10	9	9	9
	7	7	7	8	8	8	9	9	9	10	10	10	1	1	1	1	2
음 8월	14	15	16	17	18	19	20	21	22	23	24	25	26	27	28	29	
	26	27	28	29	30	**10/1**	2	3	4	5	6	7	8	9	10	11	
	갑인	갑인	갑인	갑인	갑인	갑인	갑인	갑인	갑인	갑인	갑인	갑인	갑인	갑인	갑인	갑인	
	계유	계유	계유	계유	계유	계유	계유	계유	계유	계유	계유	계유	**갑술**	갑술	갑술	갑술	
	을유	병술	정해	무자	기축	경인	신묘	임진	계사	갑오	을미	병신	정유	무술	기해	경자	
	4	4	3	3	3	2	2	2	1	1	1	1	10	10	9	9	
	6	7	7	7	8	8	8	9	9	9	10	10	10	1	1	1	
음 9월	14	15	16	17	18	19	20	21	22	23	24	25	26	27	28	29	30
	25	26	27	28	29	30	31	**11/1**	2	3	4	5	6	7	8	9	10
	갑인	갑인	갑인	갑인	갑인	갑인	갑인	갑인	갑인	갑인	갑인	갑인	갑인	갑인	갑인	갑인	갑인
	갑술	갑술	갑술	갑술	갑술	갑술	갑술	갑술	갑술	갑술	갑술	갑술	갑술	**을해**	을해	을해	을해
	갑인	을묘	병진	정사	무오	기미	경신	신유	임술	계해	갑자	을축	병인	정묘	무진	기사	경오
	4	4	4	3	3	3	2	2	2	1	1	1	1	10	10	9	9
	6	6	6	7	7	7	8	8	8	9	9	9	10	10	1	1	1
음 10월	14	15	16	17	18	19	20	21	22	23	24	25	26	27	28	29	30
	24	25	26	27	28	29	30	**12/1**	2	3	4	5	6	7	8	9	10
	갑인	갑인	갑인	갑인	갑인	갑인	갑인	갑인	갑인	갑인	갑인	갑인	갑인	갑인	갑인	갑인	갑인
	을해	을해	을해	을해	을해	을해	을해	을해	을해	을해	을해	을해	을해	**병자**	병자	병자	병자
	갑신	을유	병술	정해	무자	기축	경인	신묘	임진	계사	갑오	을미	병신	정유	무술	기해	경자
	4	4	4	3	3	3	2	2	2	1	1	1	1	10	9	9	9
	6	6	6	7	7	7	8	8	8	9	9	9	10	10	1	1	1
음 11월	14	15	16	17	18	19	20	21	22	23	24	25	26	27	28	29	30
	24	25	26	27	28	29	30	31	**1/1**	2	3	4	5	6	7	8	9
	갑인	갑인	갑인	갑인	갑인	갑인	갑인	갑인	갑인	갑인	갑인	갑인	갑인	갑인	갑인	갑인	갑인
	병자	병자	병자	병자	병자	병자	병자	병자	병자	병자	병자	병자	**정축**	정축	정축	정축	정축
	갑인	을묘	병진	정사	무오	기미	경신	신유	임술	계해	갑자	을축	병인	정묘	무진	기사	경오
	4	4	3	3	3	2	2	2	1	1	1	1	10	10	9	9	9
	6	6	6	7	7	7	8	8	8	9	9	9	10	1	1	1	1
음 12월	14	15	16	17	18	19	20	21	22	23	24	25	26	27	28	29	
	23	24	25	26	27	28	29	30	31	**2/1**	2	3	4	5	6	7	
	갑인	갑인	갑인	갑인	갑인	갑인	갑인	갑인	갑인	갑인	갑인	갑인	**을묘**	을묘	을묘	을묘	
	정축	정축	정축	정축	정축	정축	정축	정축	정축	정축	정축	정축	**무인**	무인	무인	무인	
	갑신	을유	병술	정해	무자	기축	경인	신묘	임진	계사	갑오	을미	병신	정유	무술	기해	
	4	4	3	3	3	2	2	2	1	1	1	1	10	1	1	1	
	6	6	7	7	7	8	8	8	9	9	9	10	10	10	9	9	

2035(을묘)년 【단기 4368년】

월	구분		1	2	3	4	5	6	7	8	9	10	11	12	13
음 1 월	음력		1	2	3	4	5	6	7	8	9	10	11	12	13
	양력		**2/8**	9	10	11	12	13	14	15	16	17	18	19	20
	연주 (생년)		을묘	을묘	을묘	을묘	을묘	을묘	을묘	을묘	을묘	을묘	을묘	을묘	을묘
	월주 (생월)		무인	무인	무인	무인	무인	무인	무인	무인	무인	무인	무인	무인	무인
	일주 (생일)		경자	신축	임인	계묘	갑진	을사	병오	정미	무신	기유	경술	신해	임자
	대운	남	1	2	2	2	3	3	3	4	4	4	5	5	5
		여	9	8	8	8	7	7	7	6	6	6	5	5	5
음 2 월	음력		1	2	3	4	5	6	7	8	9	10	11	12	13
	양력		**3/10**	11	12	13	14	15	16	17	18	19	20	21	22
	연주 (생년)		을묘	을묘	을묘	을묘	을묘	을묘	을묘	을묘	을묘	을묘	을묘	을묘	을묘
	월주 (생월)		기묘	기묘	기묘	기묘	기묘	기묘	기묘	기묘	기묘	기묘	기묘	기묘	기묘
	일주 (생일)		경오	신미	임신	계유	갑술	을해	병자	정축	무인	기묘	경진	신사	임오
	대운	남	1	2	2	2	3	3	3	4	4	4	5	5	5
		여	9	8	8	8	7	7	7	6	6	6	5	5	5
음 3 월	음력		1	2	3	4	5	6	7	8	9	10	11	12	13
	양력		**4/8**	9	10	11	12	13	14	15	16	17	18	19	20
	연주 (생년)		을묘	을묘	을묘	을묘	을묘	을묘	을묘	을묘	을묘	을묘	을묘	을묘	을묘
	월주 (생월)		경진	경진	경진	경진	경진	경진	경진	경진	경진	경진	경진	경진	경진
	일주 (생일)		기해	경자	신축	임인	계묘	갑진	을사	병오	정미	무신	기유	경술	신해
	대운	남	1	1	2	2	2	3	3	3	4	4	4	5	5
		여	9	9	9	8	8	8	7	7	7	6	6	6	5
음 4 월	음력		1	2	3	4	5	6	7	8	9	10	11	12	13
	양력		**5/8**	9	10	11	12	13	14	15	16	17	18	19	20
	연주 (생년)		을묘	을묘	을묘	을묘	을묘	을묘	을묘	을묘	을묘	을묘	을묘	을묘	을묘
	월주 (생월)		신사	신사	신사	신사	신사	신사	신사	신사	신사	신사	신사	신사	신사
	일주 (생일)		기사	경오	신미	임신	계유	갑술	을해	병자	정축	무인	기묘	경진	신사
	대운	남	1	1	1	2	2	2	3	3	3	4	4	4	5
		여	10	9	9	9	8	8	8	7	7	7	6	6	6
음 5 월	음력		1	2	3	4	5	6	7	8	9	10	11	12	13
	양력		**6/6**	7	8	9	10	11	12	13	14	15	16	17	18
	연주 (생년)		을묘	을묘	을묘	을묘	을묘	을묘	을묘	을묘	을묘	을묘	을묘	을묘	을묘
	월주 (생월)		**임오**	임오	임오	임오	임오	임오	임오	임오	임오	임오	임오	임오	임오
	일주 (생일)		무술	기해	경자	신축	임인	계묘	갑진	을사	병오	정미	무신	기유	경술
	대운	남	10	1	1	1	1	2	2	2	3	3	3	4	4
		여	10	10	10	9	9	9	8	8	8	7	7	7	6
음 6 월	음력		1	2	3	4	5	6	7	8	9	10	11	12	13
	양력		**7/5**	6	7	8	9	10	11	12	13	14	15	16	17
	연주 (생년)		을묘	을묘	을묘	을묘	을묘	을묘	을묘	을묘	을묘	을묘	을묘	을묘	을묘
	월주 (생월)		임오	임오	**계미**	계미	계미	계미	계미	계미	계미	계미	계미	계미	계미
	일주 (생일)		정묘	무진	기사	경오	신미	임신	계유	갑술	을해	병자	정축	무인	기묘
	대운	남	10	10	10	1	1	1	1	2	2	2	3	3	3
		여	1	1	10	10	10	10	9	9	9	8	8	8	7

음 1 월	14	15	16	17	18	19	20	21	22	23	24	25	26	27	28	29	30
	21	22	23	24	25	26	27	28	**3/1**	2	3	4	5	6	7	8	9
	을묘	을묘	을묘	을묘	을묘	을묘	을묘	을묘	을묘	을묘	을묘	을묘	을묘	을묘	을묘	을묘	을묘
	무인	무인	무인	무인	무인	무인	무인	무인	무인	무인	무인	무인	무인	**기묘**	기묘	기묘	기묘
	계축	갑인	을묘	병진	정사	무오	기미	경신	신유	임술	계해	갑자	을축	병인	정묘	무진	기사
	6	6	6	7	7	7	8	8	8	9	9	9	10	10	1	1	1
	4	4	4	3	3	3	2	2	2	1	1	1	1	10	10	9	9

음 2 월	14	15	16	17	18	19	20	21	22	23	24	25	26	27	28	29	
	23	24	25	26	27	28	29	30	31	**4/1**	2	3	4	5	6	7	
	을묘	을묘	을묘	을묘	을묘	을묘	을묘	을묘	을묘	을묘	을묘	을묘	을묘	을묘	을묘	을묘	
	기묘	기묘	기묘	기묘	기묘	기묘	기묘	기묘	기묘	기묘	기묘	기묘	기묘	**경진**	경진	경진	
	계미	갑신	을유	병술	정해	무자	기축	경인	신묘	임진	계사	갑오	을미	병신	정유	무술	
	6	6	6	7	7	7	8	8	8	9	9	9	10	10	1	1	
	4	4	4	3	3	3	2	2	2	1	1	1	1	10	10	10	

음 3 월	14	15	16	17	18	19	20	21	22	23	24	25	26	27	28	29	30
	21	22	23	24	25	26	27	28	29	30	**5/1**	2	3	4	5	6	7
	을묘	을묘	을묘	을묘	을묘	을묘	을묘	을묘	을묘	을묘	을묘	을묘	을묘	을묘	을묘	을묘	을묘
	경진	경진	경진	경진	경진	경진	경진	경진	경진	경진	경진	경진	경진	경진	경진	**신사**	신사
	임자	계축	갑인	을묘	병진	정사	무오	기미	경신	신유	임술	계해	갑자	을축	병인	정묘	무진
	5	6	6	6	7	7	7	8	8	8	9	9	9	10	10	10	1
	5	5	4	4	4	3	3	3	2	2	2	1	1	1	1	10	10

음 4 월	14	15	16	17	18	19	20	21	22	23	24	25	26	27	28	29	
	21	22	23	24	25	26	27	28	29	30	31	**6/1**	2	3	4	5	
	을묘	을묘	을묘	을묘	을묘	을묘	을묘	을묘	을묘	을묘	을묘	을묘	을묘	을묘	을묘	을묘	
	신사	신사	신사	신사	신사	신사	신사	신사	신사	신사	신사	신사	신사	신사	신사	신사	
	임오	계미	갑신	을유	병술	정해	무자	기축	경인	신묘	임진	계사	갑오	을미	병신	정유	
	5	5	6	6	6	7	7	7	8	8	8	9	9	9	10	10	
	5	5	5	4	4	4	3	3	3	2	2	2	1	1	1	1	

음 5 월	14	15	16	17	18	19	20	21	22	23	24	25	26	27	28	29	
	19	20	21	22	23	24	25	26	27	28	29	30	**7/1**	2	3	4	
	을묘	을묘	을묘	을묘	을묘	을묘	을묘	을묘	을묘	을묘	을묘	을묘	을묘	을묘	을묘	을묘	
	임오	임오	임오	임오	임오	임오	임오	임오	임오	임오	임오	임오	임오	임오	임오	임오	
	신해	임자	계축	갑인	을묘	병진	정사	무오	기미	경신	신유	임술	계해	갑자	을축	병인	
	4	5	5	5	6	6	6	7	7	7	8	8	8	9	9	9	
	6	6	5	5	5	4	4	4	3	3	3	2	2	2	1	1	

음 6 월	14	15	16	17	18	19	20	21	22	23	24	25	26	27	28	29	30
	18	19	20	21	22	23	24	25	26	27	28	29	30	31	**8/1**	2	3
	을묘	을묘	을묘	을묘	을묘	을묘	을묘	을묘	을묘	을묘	을묘	을묘	을묘	을묘	을묘	을묘	을묘
	계미	계미	계미	계미	계미	계미	계미	계미	계미	계미	계미	계미	계미	계미	계미	계미	계미
	경진	신사	임오	계미	갑신	을유	병술	정해	무자	기축	경인	신묘	임진	계사	갑오	을미	병신
	4	4	4	5	5	5	6	6	6	7	7	7	8	8	8	9	9
	7	7	6	6	6	5	5	5	4	4	4	3	3	3	2	2	2

2035(을묘)년 【단기 4368년】

월	구분		1	2	3	4	5	6	7	8	9	10	11	12	13
음 7 월	음력		1	2	3	4	5	6	7	8	9	10	11	12	13
	양력		**8/4**	5	6	7	8	9	10	11	12	13	14	15	16
	연주 (생년)		을묘	을묘	을묘	을묘	을묘	을묘	을묘	을묘	을묘	을묘	을묘	을묘	을묘
	월주 (생월)		계미	계미	계미	계미	**갑신**	갑신	갑신	갑신	갑신	갑신	갑신	갑신	갑신
	일주 (생일)		정유	무술	기해	경자	신축	임인	계묘	갑진	을사	병오	정미	무신	기유
	대운	남	9	10	10	10	10	1	1	1	1	2	2	2	3
		여	1	1	1	1	10	10	10	9	9	9	8	8	8
음 8 월	음력		1	2	3	4	5	6	7	8	9	10	11	12	13
	양력		**9/2**	3	4	5	6	7	8	9	10	11	12	13	14
	연주 (생년)		을묘	을묘	을묘	을묘	을묘	을묘	을묘	을묘	을묘	을묘	을묘	을묘	을묘
	월주 (생월)		갑신	갑신	갑신	갑신	갑신	갑신	**을유**	을유	을유	을유	을유	을유	을유
	일주 (생일)		병인	정묘	무진	기사	경오	신미	임신	계유	갑술	을해	병자	정축	무인
	대운	남	8	9	9	9	10	10	10	1	1	1	1	2	2
		여	2	2	1	1	1	1	10	10	9	9	9	8	8
음 9 월	음력		1	2	3	4	5	6	7	8	9	10	11	12	13
	양력		**10/1**	2	3	4	5	6	7	8	9	10	11	12	13
	연주 (생년)		을묘	을묘	을묘	을묘	을묘	을묘	을묘	을묘	을묘	을묘	을묘	을묘	을묘
	월주 (생월)		을유	을유	을유	을유	을유	을유	을유	**병술**	병술	병술	병술	병술	병술
	일주 (생일)		을미	병신	정유	무술	기해	경자	신축	임인	계묘	갑진	을사	병오	정미
	대운	남	8	8	8	9	9	9	10	10	1	1	1	1	2
		여	2	2	2	1	1	1	1	10	10	9	9	9	8
음 10 월	음력		1	2	3	4	5	6	7	8	9	10	11	12	13
	양력		**10/31**	**11/1**	2	3	4	5	6	7	8	9	10	11	12
	연주 (생년)		을묘	을묘	을묘	을묘	을묘	을묘	을묘	을묘	을묘	을묘	을묘	을묘	을묘
	월주 (생월)		병술	병술	병술	병술	병술	병술	병술	**정해**	정해	정해	정해	정해	정해
	일주 (생일)		을축	병인	정묘	무진	기사	경오	신미	임신	계유	갑술	을해	병자	정축
	대운	남	8	8	8	9	9	9	10	10	1	1	1	1	2
		여	2	2	2	1	1	1	1	10	10	9	9	9	8
음 11 월	음력		1	2	3	4	5	6	7	8	9	10	11	12	13
	양력		**11/30**	**12/1**	2	3	4	5	6	7	8	9	10	11	12
	연주 (생년)		을묘	을묘	을묘	을묘	을묘	을묘	을묘	을묘	을묘	을묘	을묘	을묘	을묘
	월주 (생월)		정해	정해	정해	정해	정해	정해	정해	**무자**	무자	무자	무자	무자	무자
	일주 (생일)		을미	병신	정유	무술	기해	경자	신축	임인	계묘	갑진	을사	병오	정미
	대운	남	8	8	8	9	9	9	10	10	1	1	1	1	2
		여	2	2	2	1	1	1	1	10	10	9	9	9	8
음 12 월	음력		1	2	3	4	5	6	7	8	9	10	11	12	13
	양력		**12/29**	30	31	**1/1**	2	3	4	5	6	7	8	9	10
	연주 (생년)		을묘	을묘	을묘	을묘	을묘	을묘	을묘	을묘	을묘	을묘	을묘	을묘	을묘
	월주 (생월)		무자	무자	무자	무자	무자	무자	무자	무자	**기축**	기축	기축	기축	기축
	일주 (생일)		갑자	을축	병인	정묘	무진	기사	경오	신미	임신	계유	갑술	을해	병자
	대운	남	7	8	8	8	9	9	9	10	10	1	1	1	1
		여	3	2	2	2	1	1	1	1	10	9	9	9	8

음 7 월	14	15	16	17	18	19	20	21	22	23	24	25	26	27	28	29	30
	17	18	19	20	21	22	23	24	25	26	27	28	29	30	31	**9/1**	
	을묘	을묘	을묘	을묘	을묘	을묘	을묘	을묘	을묘	을묘	을묘	을묘	을묘	을묘	을묘	을묘	
	갑신	갑신	갑신	갑신	갑신	갑신	갑신	갑신	갑신	갑신	갑신	갑신	갑신	갑신	갑신	갑신	
	경술	신해	임자	계축	갑인	을묘	병진	정사	무오	기미	경신	신유	임술	계해	갑자	을축	
	3	3	4	4	4	5	5	5	6	6	6	7	7	7	8	8	
	7	7	7	6	6	6	5	5	5	4	4	4	3	3	3	2	

음 8 월	14	15	16	17	18	19	20	21	22	23	24	25	26	27	28	29	
	15	16	17	18	19	20	21	22	23	24	25	26	27	28	29	30	
	을묘	을묘	을묘	을묘	을묘	을묘	을묘	을묘	을묘	을묘	을묘	을묘	을묘	을묘	을묘	을묘	
	을유	을유	을유	을유	을유	을유	을유	을유	을유	을유	을유	을유	을유	을유	을유	을유	
	기묘	경진	신사	임오	계미	갑신	을유	병술	정해	무자	기축	경인	신묘	임진	계사	갑오	
	2	3	3	3	4	4	4	5	5	5	6	6	6	7	7	7	
	8	7	7	7	6	6	6	5	5	5	4	4	4	3	3	3	

음 9 월	14	15	16	17	18	19	20	21	22	23	24	25	26	27	28	29	30
	14	15	16	17	18	19	20	21	22	23	24	25	26	27	28	29	30
	을묘	을묘	을묘	을묘	을묘	을묘	을묘	을묘	을묘	을묘	을묘	을묘	을묘	을묘	을묘	을묘	을묘
	병술	병술	병술	병술	병술	병술	병술	병술	병술	병술	병술	병술	병술	병술	병술	병술	병술
	무신	기유	경술	신해	임자	계축	갑인	을묘	병진	정사	무오	기미	경신	신유	임술	계해	갑자
	2	2	3	3	3	4	4	4	5	5	5	6	6	6	7	7	7
	8	8	7	7	7	6	6	6	5	5	5	4	4	4	3	3	3

음 10 월	14	15	16	17	18	19	20	21	22	23	24	25	26	27	28	29	30
	13	14	15	16	17	18	19	20	21	22	23	24	25	26	27	28	29
	을묘	을묘	을묘	을묘	을묘	을묘	을묘	을묘	을묘	을묘	을묘	을묘	을묘	을묘	을묘	을묘	을묘
	정해	정해	정해	정해	정해	정해	정해	정해	정해	정해	정해	정해	정해	정해	정해	정해	정해
	무인	기묘	경진	신사	임오	계미	갑신	을유	병술	정해	무자	기축	경인	신묘	임진	계사	갑오
	2	2	3	3	3	4	4	4	5	5	5	6	6	6	7	7	7
	8	8	7	7	7	6	6	6	5	5	5	4	4	4	3	3	3

음 11 월	14	15	16	17	18	19	20	21	22	23	24	25	26	27	28	29	
	13	14	15	16	17	18	19	20	21	22	23	24	25	26	27	28	
	을묘	을묘	을묘	을묘	을묘	을묘	을묘	을묘	을묘	을묘	을묘	을묘	을묘	을묘	을묘	을묘	
	무자	무자	무자	무자	무자	무자	무자	무자	무자	무자	무자	무자	무자	무자	무자	무자	
	무신	기유	경술	신해	임자	계축	갑인	을묘	병진	정사	무오	기미	경신	신유	임술	계해	
	2	2	3	3	3	4	4	4	5	5	5	6	6	6	7	7	
	8	8	7	7	7	6	6	6	5	5	5	4	4	4	3	3	

음 12 월	14	15	16	17	18	19	20	21	22	23	24	25	26	27	28	29	30
	11	12	13	14	15	16	17	18	19	20	21	22	23	24	25	26	27
	을묘	을묘	을묘	을묘	을묘	을묘	을묘	을묘	을묘	을묘	을묘	을묘	을묘	을묘	을묘	을묘	을묘
	기축	기축	기축	기축	기축	기축	기축	기축	기축	기축	기축	기축	기축	기축	기축	기축	기축
	정축	무인	기묘	경진	신사	임오	계미	갑신	을유	병술	정해	무자	기축	경인	신묘	임진	계사
	2	2	2	3	3	3	4	4	4	5	5	5	6	6	6	7	7
	8	8	7	7	7	6	6	6	5	5	5	4	4	4	3	3	3

2036(병진)년 【단기 4369년】

월	구분		1	2	3	4	5	6	7	8	9	10	11	12	13
음 1 월	음력		1	2	3	4	5	6	7	8	9	10	11	12	13
	양력		**1/28**	29	30	31	**2/1**	2	3	4	5	6	7	8	9
	연주 (생년)		을묘	을묘	을묘	을묘	을묘	을묘	을묘	**병진**	병진	병진	병진	병진	병진
	월주 (생월)		기축	기축	기축	기축	기축	기축	기축	**경인**	경인	경인	경인	경인	경인
	일주 (생일)		갑오	을미	병신	정유	무술	기해	경자	신축	임인	계묘	갑진	을사	병오
	대운	남	7	8	8	8	9	9	9	10	10	9	9	9	8
		여	2	2	2	1	1	1	1	10	1	1	1	1	2
음 2 월	음력		1	2	3	4	5	6	7	8	9	10	11	12	13
	양력		**2/27**	28	29	**3/1**	2	3	4	5	6	7	8	9	10
	연주 (생년)		병진	병진	병진	병진	병진	병진	병진	병진	병진	병진	병진	병진	병진
	월주 (생월)		경인	경인	경인	경인	경인	경인	경인	**신묘**	신묘	신묘	신묘	신묘	신묘
	일주 (생일)		갑자	을축	병인	정묘	무진	기사	경오	신미	임신	계유	갑술	을해	병자
	대운	남	2	2	2	1	1	1	1	10	10	9	9	9	8
		여	8	8	8	9	9	9	10	10	1	1	1	1	2
음 3 월	음력		1	2	3	4	5	6	7	8	9	10	11	12	13
	양력		**3/28**	29	30	31	**4/1**	2	3	4	5	6	7	8	9
	연주 (생년)		병진	병진	병진	병진	병진	병진	병진	병진	병진	병진	병진	병진	병진
	월주 (생월)		신묘	신묘	신묘	신묘	신묘	신묘	신묘	**임진**	임진	임진	임진	임진	임진
	일주 (생일)		갑오	을미	병신	정유	무술	기해	경자	신축	임인	계묘	갑진	을사	병오
	대운	남	2	2	2	1	1	1	1	10	10	10	9	9	9
		여	8	8	8	9	9	9	10	10	1	1	1	1	2
음 4 월	음력		1	2	3	4	5	6	7	8	9	10	11	12	13
	양력		**4/26**	27	28	29	30	**5/1**	2	3	4	5	6	7	8
	연주 (생년)		병진	병진	병진	병진	병진	병진	병진	병진	병진	병진	병진	병진	병진
	월주 (생월)		임진	임진	임진	임진	임진	임진	임진	임진	임진	**계사**	계사	계사	계사
	일주 (생일)		계해	갑자	을축	병인	정묘	무진	기사	경오	신미	임신	계유	갑술	을해
	대운	남	3	3	2	2	2	1	1	1	1	10	10	10	9
		여	7	8	8	8	9	9	9	10	10	10	1	1	1
음 5 월	음력		1	2	3	4	5	6	7	8	9	10	11	12	13
	양력		**5/26**	27	28	29	30	31	**6/1**	2	3	4	5	6	7
	연주 (생년)		병진	병진	병진	병진	병진	병진	병진	병진	병진	병진	병진	병진	병진
	월주 (생월)		계사	계사	계사	계사	계사	계사	계사	계사	계사	계사	**갑오**	갑오	갑오
	일주 (생일)		계사	갑오	을미	병신	정유	무술	기해	경자	신축	임인	계묘	갑진	을사
	대운	남	3	3	3	2	2	2	1	1	1	1	10	10	10
		여	7	7	8	8	8	9	9	9	10	10	10	10	1
음 6 월	음력		1	2	3	4	5	6	7	8	9	10	11	12	13
	양력		**6/24**	25	26	27	28	29	30	**7/1**	2	3	4	5	6
	연주 (생년)		병진	병진	병진	병진	병진	병진	병진	병진	병진	병진	병진	병진	병진
	월주 (생월)		갑오	갑오	갑오	갑오	갑오	갑오	갑오	갑오	갑오	갑오	갑오	갑오	**을미**
	일주 (생일)		임술	계해	갑자	을축	병인	정묘	무진	기사	경오	신미	임신	계유	갑술
	대운	남	4	4	3	3	3	2	2	2	1	1	1	1	10
		여	6	6	7	7	7	8	8	8	9	9	9	10	10
윤 6 월	음력		1	2	3	4	5	6	7	8	9	10	11	12	13
	양력		**7/23**	24	25	26	27	28	29	30	31	**8/1**	2	3	4
	연주 (생년)		병진	병진	병진	병진	병진	병진	병진	병진	병진	병진	병진	병진	병진
	월주 (생월)		을미	을미	을미	을미	을미	을미	을미	을미	을미	을미	을미	을미	을미
	일주 (생일)		신묘	임진	계사	갑오	을미	병신	정유	무술	기해	경자	신축	임인	계묘
	대운	남	5	5	4	4	4	3	3	3	2	2	2	1	1
		여	6	6	6	7	7	7	8	8	8	9	9	9	10

음 1 월	14	15	16	17	18	19	20	21	22	23	24	25	26	27	28	29	30
	10	11	12	13	14	15	16	17	18	19	20	21	22	23	24	25	26
	병진	병진	병진	병진	병진	병진	병진	병진	병진	병진	병진	병진	병진	병진	병진	병진	병진
	경인	경인	경인	경인	경인	경인	경인	경인	경인	경인	경인	경인	경인	경인	경인	경인	경인
	정미	무신	기유	경술	신해	임자	계축	갑인	을묘	병진	정사	무오	기미	경신	신유	임술	계해
	8	8	7	7	7	6	6	6	5	5	5	4	4	4	3	3	3
	2	2	3	3	3	4	4	4	5	5	5	6	6	6	7	7	7
음 2 월	14	15	16	17	18	19	20	21	22	23	24	25	26	27	28	29	30
	11	12	13	14	15	16	17	18	19	20	21	22	23	24	25	26	27
	병진	병진	병진	병진	병진	병진	병진	병진	병진	병진	병진	병진	병진	병진	병진	병진	병진
	신묘	신묘	신묘	신묘	신묘	신묘	신묘	신묘	신묘	신묘	신묘	신묘	신묘	신묘	신묘	신묘	신묘
	정축	무인	기묘	경진	신사	임오	계미	갑신	을유	병술	정해	무자	기축	경인	신묘	임진	계사
	8	8	7	7	7	6	6	6	5	5	5	4	4	4	3	3	3
	2	2	3	3	3	4	4	4	5	5	5	6	6	6	7	7	7
음 3 월	14	15	16	17	18	19	20	21	22	23	24	25	26	27	28	29	
	10	11	12	13	14	15	16	17	18	19	20	21	22	23	24	25	
	병진	병진	병진	병진	병진	병진	병진	병진	병진	병진	병진	병진	병진	병진	병진	병진	
	임진	임진	임진	임진	임진	임진	임진	임진	임진	임진	임진	임진	임진	임진	임진	임진	
	정미	무신	기유	경술	신해	임자	계축	갑인	을묘	병진	정사	무오	기미	경신	신유	임술	
	8	8	8	7	7	7	6	6	6	5	5	5	4	4	4	3	
	2	2	3	3	3	4	4	4	5	5	5	6	6	6	7	7	
음 4 월	14	15	16	17	18	19	20	21	22	23	24	25	26	27	28	29	30
	9	10	11	12	13	14	15	16	17	18	19	20	21	22	23	24	25
	병진	병진	병진	병진	병진	병진	병진	병진	병진	병진	병진	병진	병진	병진	병진	병진	병진
	계사	계사	계사	계사	계사	계사	계사	계사	계사	계사	계사	계사	계사	계사	계사	계사	계사
	병자	정축	무인	기묘	경진	신사	임오	계미	갑신	을유	병술	정해	무자	기축	경인	신묘	임진
	9	9	8	8	8	7	7	7	6	6	6	5	5	5	4	4	4
	1	2	2	2	3	3	3	4	4	4	5	5	5	6	6	6	7
음 5 월	14	15	16	17	18	19	20	21	22	23	24	25	26	27	28	29	
	8	9	10	11	12	13	14	15	16	17	18	19	20	21	22	23	
	병진	병진	병진	병진	병진	병진	병진	병진	병진	병진	병진	병진	병진	병진	병진	병진	
	갑오	갑오	갑오	갑오	갑오	갑오	갑오	갑오	갑오	갑오	갑오	갑오	갑오	갑오	갑오	갑오	
	병오	정미	무신	기유	경술	신해	임자	계축	갑인	을묘	병진	정사	무오	기미	경신	신유	
	9	9	9	8	8	8	7	7	7	6	6	6	5	5	5	4	
	1	1	1	2	2	2	3	3	3	4	4	4	5	5	5	6	
음 6 월	14	15	16	17	18	19	20	21	22	23	24	25	26	27	28	29	
	7	8	9	10	11	12	13	14	15	16	17	18	19	20	21	22	
	병진	병진	병진	병진	병진	병진	병진	병진	병진	병진	병진	병진	병진	병진	병진	병진	
	을미	을미	을미	을미	을미	을미	을미	을미	을미	을미	을미	을미	을미	을미	을미	을미	
	을해	병자	정축	무인	기묘	경진	신사	임오	계미	갑신	을유	병술	정해	무자	기축	경인	
	10	10	10	9	9	9	8	8	8	7	7	7	6	6	6	5	
	1	1	1	1	2	2	2	3	3	3	4	4	4	5	5	5	
윤 6 월	14	15	16	17	18	19	20	21	22	23	24	25	26	27	28	29	30
	5	6	7	8	9	10	11	12	13	14	15	16	17	18	19	20	21
	병진	병진	병진	병진	병진	병진	병진	병진	병진	병진	병진	병진	병진	병진	병진	병진	병진
	을미	을미	**병신**	병신	병신	병신	병신	병신	병신	병신	병신	병신	병신	병신	병신	병신	병신
	갑진	을사	병오	정미	무신	기유	경술	신해	임자	계축	갑인	을묘	병진	정사	무오	기미	경신
	1	1	10	10	10	9	9	9	8	8	8	7	7	7	6	6	6
	10	10	10	1	1	1	1	2	2	2	3	3	3	4	4	4	5

2036(병진)년 【단기 4369년】

월	구분													
음 7 월	음력	1	2	3	4	5	6	7	8	9	10	11	12	13
	양력	**8/22**	23	24	25	26	27	28	29	30	31	**9/1**	2	3
	연주 (생년)	병진	병진	병진	병진	병진	병진	병진	병진	병진	병진	병진	병진	병진
	월주 (생월)	병신	병신	병신	병신	병신	병신	병신	병신	병신	병신	병신	병신	병신
	일주 (생일)	신유	임술	계해	갑자	을축	병인	정묘	무진	기사	경오	신미	임신	계유
	대운 남	5	5	5	4	4	4	3	3	3	2	2	2	1
	대운 여	5	5	6	6	6	7	7	7	8	8	8	9	9
음 8 월	음력	1	2	3	4	5	6	7	8	9	10	11	12	13
	양력	**8/20**	21	22	23	24	25	26	27	28	29	30	**10/1**	2
	연주 (생년)	병진	병진	병진	병진	병진	병진	병진	병진	병진	병진	병진	병진	병진
	월주 (생월)	정유	정유	정유	정유	정유	정유	정유	정유	정유	정유	정유	정유	정유
	일주 (생일)	경인	신묘	임진	계사	갑오	을미	병신	정유	무술	기해	경자	신축	임인
	대운 남	6	6	5	5	5	4	4	4	3	3	3	2	2
	대운 여	4	5	5	5	6	6	6	7	7	7	8	8	8
음 9 월	음력	1	2	3	4	5	6	7	8	9	10	11	12	13
	양력	**10/19**	20	21	22	23	24	25	26	27	28	29	30	31
	연주 (생년)	병진	병진	병진	병진	병진	병진	병진	병진	병진	병진	병진	병진	병진
	월주 (생월)	무술	무술	무술	무술	무술	무술	무술	무술	무술	무술	무술	무술	무술
	일주 (생일)	기미	경신	신유	임술	계해	갑자	을축	병인	정묘	무진	기사	경오	신미
	대운 남	6	6	6	5	5	5	4	4	4	3	3	3	2
	대운 여	4	4	4	5	5	5	6	6	6	7	7	7	8
음 10 월	음력	1	2	3	4	5	6	7	8	9	10	11	12	13
	양력	**11/18**	19	20	21	22	23	24	25	26	27	28	29	30
	연주 (생년)	병진	병진	병진	병진	병진	병진	병진	병진	병진	병진	병진	병진	병진
	월주 (생월)	기해	기해	기해	기해	기해	기해	기해	기해	기해	기해	기해	기해	기해
	일주 (생일)	기축	경인	신묘	임진	계사	갑오	을미	병신	정유	무술	기해	경자	신축
	대운 남	6	6	5	5	5	4	4	4	3	3	3	2	2
	대운 여	4	4	4	5	5	5	6	6	6	7	7	7	8
음 11 월	음력	1	2	3	4	5	6	7	8	9	10	11	12	13
	양력	**12/17**	18	19	20	21	22	23	24	25	26	27	28	29
	연주 (생년)	병진	병진	병진	병진	병진	병진	병진	병진	병진	병진	병진	병진	병진
	월주 (생월)	경자	경자	경자	경자	경자	경자	경자	경자	경자	경자	경자	경자	경자
	일주 (생일)	무오	기미	경신	신유	임술	계해	갑자	을축	병인	정묘	무진	기사	경오
	대운 남	6	6	6	5	5	5	4	4	4	3	3	3	2
	대운 여	4	4	4	5	5	5	6	6	6	7	7	7	8
음 12 월	음력	1	2	3	4	5	6	7	8	9	10	11	12	13
	양력	**1/16**	17	18	19	20	21	22	23	24	25	26	27	28
	연주 (생년)	병진	병진	병진	병진	병진	병진	병진	병진	병진	병진	병진	병진	병진
	월주 (생월)	신축	신축	신축	신축	신축	신축	신축	신축	신축	신축	신축	신축	신축
	일주 (생일)	무자	기축	경인	신묘	임진	계사	갑오	을미	병신	정유	무술	기해	경자
	대운 남	6	6	5	5	5	4	4	4	3	3	3	2	2
	대운 여	4	4	4	5	5	5	6	6	6	7	7	7	8

	14	15	16	17	18	19	20	21	22	23	24	25	26	27	28	29	
	4	5	6	7	8	9	10	11	12	13	14	15	16	17	18	19	
음	병진	병진	병진	병진	병진	병진	병진	병진	병진	병진	병진	병진	병진	병진	병진	병진	
7	병신	병신	병신	**정유**	정유	정유	정유	정유	정유	정유	정유	정유	정유	정유	정유	정유	
월	갑술	을해	병자	정축	무인	기묘	경진	신사	임오	계미	갑신	을유	병술	정해	무자	기축	
	1	1	1	10	10	10	9	9	9	87	8	8	7	7	7	6	
	9	10	10	10	1	1	1	1	2	2	2	3	3	3	4	4	
	14	15	16	17	18	19	20	21	22	23	24	25	26	27	28	29	
	3	4	5	6	7	8	9	10	11	12	13	14	15	16	17	18	
음	병진	병진	병진	병진	병진	병진	병진	병진	병진	병진	병진	병진	병진	병진	병진	병진	
8	정유	정유	정유	정유	정유	**무술**	무술	무술	무술	무술	무술	무술	무술	무술	무술	무술	
월	계묘	갑진	을사	병오	정미	무신	기유	경술	신해	임자	계축	갑인	을묘	병진	정사	무오	
	2	1	1	1	1	10	10	9	9	9	8	8	8	7	7	7	
	9	9	9	10	10	10	1	1	1	1	2	2	2	3	3	3	
	14	15	16	17	18	19	20	21	22	23	24	25	26	27	28	29	30
	11/1	2	3	4	5	6	7	8	9	10	11	12	13	14	15	16	17
음	병진	병진	병진	병진	병진	병진	병진	병진	병진	병진	병진	병진	병진	병진	병진	병진	병진
9	무술	무술	무술	무술	무술	무술	**기해**	기해	기해	기해	기해	기해	기해	기해	기해	기해	기해
월	임신	계유	갑술	을해	병자	정축	무인	기묘	경진	신사	임오	계미	갑신	을유	병술	정해	무자
	2	2	1	1	1	1	10	9	9	9	8	8	8	7	7	7	6
	8	8	9	9	9	10	10	1	1	1	1	2	2	2	3	3	3
	14	15	16	17	18	19	20	21	22	23	24	25	26	27	28	29	
	12/1	2	3	4	5	6	7	8	9	10	11	12	13	14	15	16	
음	병진	병진	병진	병진	병진	병진	병진	병진	병진	병진	병진	병진	병진	병진	병진	병진	
10	기해	기해	기해	기해	기해	**경자**	경자	경자	경자	경자	경자	경자	경자	경자	경자	경자	
월	임인	계묘	갑진	을사	병오	정미	무신	기유	경술	신해	임자	계축	갑인	을묘	병진	정사	
	2	1	1	1	1	10	10	9	9	9	8	8	8	7	7	7	
	8	8	9	9	9	10	1	1	1	1	2	2	2	3	3	3	
	14	15	16	17	18	19	20	21	22	23	24	25	26	27	28	29	30
	30	31	**1/1**	2	3	4	5	6	7	8	9	10	11	12	13	14	15
음	병진	병진	병진	병진	병진	병진	병진	병진	병진	병진	병진	병진	병진	병진	병진	병진	병진
11	경자	경자	경자	경자	경자	경자	**신축**	신축	신축	신축	신축	신축	신축	신축	신축	신축	신축
월	신미	임신	계유	갑술	을해	병자	정축	무인	기묘	경진	신사	임오	계미	갑신	을유	병술	정해
	2	2	1	1	1	1	10	9	9	9	8	8	8	7	7	7	6
	8	8	9	9	9	10	10	1	1	1	1	2	2	2	3	3	3
	14	15	16	17	18	19	20	21	22	23	24	25	26	27	28	29	30
	29	30	31	**2/1**	2	3	4	5	6	7	8	9	10	11	12	13	14
음	병진	병진	병진	병진	병진	**정사**	정사	정사	정사	정사	정사	정사	정사	정사	정사	정사	정사
12	신축	신축	신축	신축	신축	**임인**	임인	임인	임인	임인	임인	임인	임인	임인	임인	임인	임인
월	신축	임인	계묘	갑진	을사	병오	정미	무신	기유	경술	신해	임자	계축	갑인	을묘	병진	정사
	2	1	1	1	1	10	1	1	1	1	2	2	2	3	3	3	4
	8	8	9	9	9	10	10	9	9	9	8	8	8	7	7	7	6

2037(정사)년 【단기 4370년】

월	구분														
음 1 월	음 력		1	2	3	4	5	6	7	8	9	10	11	12	13
	양 력		2/15	16	17	18	19	20	21	22	23	24	25	26	27
	연주 (생년)		정사	정사	정사	정사	정사	정사	정사	정사	정사	정사	정사	정사	정사
	월주 (생월)		임인	임인	임인	임인	임인	임인	임인	임인	임인	임인	임인	임인	임인
	일주 (생일)		무오	기미	경신	신유	임술	계해	갑자	을축	병인	정묘	무진	기사	경오
	대운	남	4	4	5	5	5	6	6	6	7	7	7	8	8
		여	6	6	5	5	5	4	4	4	3	3	3	2	2
음 2 월	음 력		1	2	3	4	5	6	7	8	9	10	11	12	13
	양 력		3/17	18	19	20	21	22	23	24	25	26	27	28	29
	연주 (생년)		정사	정사	정사	정사	정사	정사	정사	정사	정사	정사	정사	정사	정사
	월주 (생월)		계묘	계묘	계묘	계묘	계묘	계묘	계묘	계묘	계묘	계묘	계묘	계묘	계묘
	일주 (생일)		무자	기축	경인	신묘	임진	계사	갑오	을미	병신	정유	무술	기해	경자
	대운	남	4	4	5	5	5	6	6	6	7	7	7	8	8
		여	6	6	5	5	5	4	4	4	3	3	3	2	2
음 3 월	음 력		1	2	3	4	5	6	7	8	9	10	11	12	13
	양 력		4/16	17	18	19	20	21	22	23	24	25	26	27	28
	연주 (생년)		정사	정사	정사	정사	정사	정사	정사	정사	정사	정사	정사	정사	정사
	월주 (생월)		갑진	갑진	갑진	갑진	갑진	갑진	갑진	갑진	갑진	갑진	갑진	갑진	갑진
	일주 (생일)		무오	기미	경신	신유	임술	계해	갑자	을축	병인	정묘	무진	기사	경오
	대운	남	4	4	5	5	5	6	6	6	7	7	7	8	8
		여	6	6	6	5	5	5	4	4	4	3	3	3	2
음 4 월	음 력		1	2	3	4	5	6	7	8	9	10	11	12	13
	양 력		5/15	16	17	18	19	20	21	22	23	24	25	26	27
	연주 (생년)		정사	정사	정사	정사	정사	정사	정사	정사	정사	정사	정사	정사	정사
	월주 (생월)		을사	을사	을사	을사	을사	을사	을사	을사	을사	을사	을사	을사	을사
	일주 (생일)		정해	무자	기축	경인	신묘	임진	계사	갑오	을미	병신	정유	무술	기해
	대운	남	3	4	4	4	5	5	5	6	6	6	7	7	7
		여	7	7	6	6	6	5	5	5	4	4	4	3	3
음 5 월	음 력		1	2	3	4	5	6	7	8	9	10	11	12	13
	양 력		6/14	15	16	17	18	19	20	21	22	23	24	25	26
	연주 (생년)		정사	정사	정사	정사	정사	정사	정사	정사	정사	정사	정사	정사	정사
	월주 (생월)		병오	병오	병오	병오	병오	병오	병오	병오	병오	병오	병오	병오	병오
	일주 (생일)		정사	무오	기미	경신	신유	임술	계해	갑자	을축	병인	정묘	무진	기사
	대운	남	3	3	4	4	4	5	5	5	6	6	6	7	7
		여	8	7	7	7	6	6	6	5	5	5	4	4	4
음 6 월	음 력		1	2	3	4	5	6	7	8	9	10	11	12	13
	양 력		7/13	14	15	16	17	18	19	20	21	22	23	24	25
	연주 (생년)		정사	정사	정사	정사	정사	정사	정사	정사	정사	정사	정사	정사	정사
	월주 (생월)		정미	정미	정미	정미	정미	정미	정미	정미	정미	정미	정미	정미	정미
	일주 (생일)		병술	정해	무자	기축	경인	신묘	임진	계사	갑오	을미	병신	정유	무술
	대운	남	2	2	3	3	3	4	4	4	5	5	5	6	6
		여	8	8	8	7	7	7	6	6	6	5	5	5	4

음 1 월	14	15	16	17	18	19	20	21	22	23	24	25	26	27	28	29	30
	28	**3/1**	2	3	4	5	6	7	8	9	10	11	12	13	14	15	16
	정사	정사	정사	정사	정사	정사	정사	정사	정사	정사	정사	정사	정사	정사	정사	정사	정사
	임인	임인	임인	임인	임인	**계묘**	계묘	계묘	계묘	계묘	계묘	계묘	계묘	계묘	계묘	계묘	계묘
	신미	임신	계유	갑술	을해	병자	정축	무인	기묘	경진	신사	임오	계미	갑신	을유	병술	정해
	8	9	9	9	10	10	1	1	1	1	2	2	2	3	3	3	4
	2	1	1	1	1	10	10	9	9	9	8	8	8	7	7	7	6
음 2 월	14	15	16	17	18	19	20	21	22	23	24	25	26	27	28	29	30
	30	31	**4/1**	2	3	4	5	6	7	8	9	10	11	12	13	14	15
	정사	정사	정사	정사	정사	정사	정사	정사	정사	정사	정사	정사	정사	정사	정사	정사	정사
	계묘	계묘	계묘	계묘	계묘	**갑진**	갑진	갑진	갑진	갑진	갑진	갑진	갑진	갑진	갑진	갑진	갑진
	신축	임인	계묘	갑진	을사	병오	정미	무신	기유	경술	신해	임자	계축	갑인	을묘	병진	정사
	8	9	9	9	10	10	1	1	1	1	2	2	2	3	3	3	4
	2	1	1	1	1	10	10	10	9	9	9	8	8	8	7	7	7
음 3 월	14	15	16	17	18	19	20	21	22	23	24	25	26	27	28	29	
	29	30	**5/1**	2	3	4	5	6	7	8	9	10	11	12	13	14	
	정사	정사	정사	정사	정사	정사	정사	정사	정사	정사	정사	정사	정사	정사	정사	정사	
	갑진	갑진	갑진	갑진	갑진	갑진	**을사**	을사	을사	을사	을사	을사	을사	을사	을사	을사	
	신미	임신	계유	갑술	을해	병자	정축	무인	기묘	경진	신사	임오	계미	갑신	을유	병술	
	8	9	9	9	10	10	10	1	1	1	1	2	2	2	3	3	
	2	2	1	1	1	1	10	10	10	9	9	9	8	8	8	7	
음 4 월	14	15	16	17	18	19	20	21	22	23	24	25	26	27	28	29	30
	28	29	30	31	**6/1**	2	3	4	5	6	7	8	9	10	11	12	13
	정사	정사	정사	정사	정사	정사	정사	정사	정사	정사	정사	정사	정사	정사	정사	정사	정사
	을사	을사	을사	을사	을사	을사	을사	을사	**병오**	병오	병오	병오	병오	병오	병오	병오	병오
	경자	신축	임인	계묘	갑진	을사	병오	정미	무신	기유	경술	신해	임자	계축	갑인	을묘	병진
	8	8	8	9	9	9	10	10	10	1	1	1	1	2	2	2	3
	3	2	2	2	1	1	1	1	10	10	10	10	9	9	9	8	8
음 5 월	14	15	16	17	18	19	20	21	22	23	24	25	26	27	28	29	
	27	28	29	30	**7/1**	2	3	4	5	6	7	8	9	10	11	12	
	정사	정사	정사	정사	정사	정사	정사	정사	정사	정사	정사	정사	정사	정사	정사	정사	
	병오	병오	병오	병오	병오	병오	병오	병오	병오	병오	**정미**	정미	정미	정미	정미	정미	
	경오	신미	임신	계유	갑술	을해	병자	정축	무인	기묘	경진	신사	임오	계미	갑신	을유	
	7	8	8	8	9	9	9	10	10	10	10	1	1	1	1	2	
	3	3	3	2	2	2	1	1	1	1	10	10	10	9	9	9	
음 6 월	14	15	16	17	18	19	20	21	22	23	24	25	26	27	28	29	
	26	27	28	29	30	31	**8/1**	2	3	4	5	6	7	8	9	10	
	정사	정사	정사	정사	정사	정사	정사	정사	정사	정사	정사	정사	정사	정사	정사	정사	
	정미	정미	정미	정미	정미	정미	정미	정미	정미	정미	정미	정미	**무신**	무신	무신	무신	
	기해	경자	신축	임인	계묘	갑진	을사	병오	정미	무신	기유	경술	신해	임자	계축	갑인	
	6	7	7	7	8	8	8	9	9	9	10	10	10	1	1	1	
	4	4	3	3	3	2	2	2	1	1	1	1	10	10	10	9	

2037(정사)년 【단기 4370년】

월	구분		1	2	3	4	5	6	7	8	9	10	11	12	13
음 7 월	음력		1	2	3	4	5	6	7	8	9	10	11	12	13
	양력		**8/11**	12	13	14	15	16	17	18	19	20	21	22	23
	연주 (생년)		정사	정사	정사	정사	정사	정사	정사	정사	정사	정사	정사	정사	정사
	월주 (생월)		무신	무신	무신	무신	무신	무신	무신	무신	무신	무신	무신	무신	무신
	일주 (생일)		을묘	병진	정사	무오	기미	경신	신유	임술	계해	갑자	을축	병인	정묘
	대운	남	1	2	2	2	3	3	3	4	4	4	5	5	5
		여	9	9	8	8	8	7	7	7	6	6	6	5	5
음 8 월	음력		1	2	3	4	5	6	7	8	9	10	11	12	13
	양력		**9/10**	11	12	13	14	15	16	17	18	19	20	21	22
	연주 (생년)		정사	정사	정사	정사	정사	정사	정사	정사	정사	정사	정사	정사	정사
	월주 (생월)		기유	기유	기유	기유	기유	기유	기유	기유	기유	기유	기유	기유	기유
	일주 (생일)		을유	병술	정해	무자	기축	경인	신묘	임진	계사	갑오	을미	병신	정유
	대운	남	1	1	2	2	2	3	3	3	4	4	4	5	5
		여	9	9	9	8	8	8	7	7	7	6	6	6	5
음 9 월	음력		1	2	3	4	5	6	7	8	9	10	11	12	13
	양력		**10/9**	10	11	12	13	14	15	16	17	18	19	20	21
	연주 (생년)		정사	정사	정사	정사	정사	정사	정사	정사	정사	정사	정사	정사	정사
	월주 (생월)		경술	경술	경술	경술	경술	경술	경술	경술	경술	경술	경술	경술	경술
	일주 (생일)		갑인	을묘	병진	정사	무오	기미	경신	신유	임술	계해	갑자	을축	병인
	대운	남	1	1	1	1	2	2	2	3	3	3	4	4	4
		여	10	9	9	9	8	8	8	7	7	7	6	6	6
음 10 월	음력		1	2	3	4	5	6	7	8	9	10	11	12	13
	양력		**11/7**	8	9	10	11	12	13	14	15	16	17	18	19
	연주 (생년)		정사	정사	정사	정사	정사	정사	정사	정사	정사	정사	정사	정사	정사
	월주 (생월)		**신해**	신해	신해	신해	신해	신해	신해	신해	신해	신해	신해	신해	신해
	일주 (생일)		계미	갑신	을유	병술	정해	무자	기축	경인	신묘	임진	계사	갑오	을미
	대운	남	10	1	1	1	1	2	2	2	3	3	3	4	4
		여	10	10	9	9	9	8	8	8	7	7	7	6	6
음 11 월	음력		1	2	3	4	5	6	7	8	9	10	11	12	13
	양력		**12/7**	8	9	10	11	12	13	14	15	16	17	18	19
	연주 (생년)		정사	정사	정사	정사	정사	정사	정사	정사	정사	정사	정사	정사	정사
	월주 (생월)		**임자**	임자	임자	임자	임자	임자	임자	임자	임자	임자	임자	임자	임자
	일주 (생일)		계축	갑인	을묘	병진	정사	무오	기미	경신	신유	임술	계해	갑자	을축
	대운	남	10	1	1	1	1	2	2	2	3	3	3	4	4
		여	10	9	9	9	8	8	8	7	7	7	6	6	6
음 12 월	음력		1	2	3	4	5	6	7	8	9	10	11	12	13
	양력		**1/5**	6	7	8	9	10	11	12	13	14	15	16	17
	연주 (생년)		정사	정사	정사	정사	정사	정사	정사	정사	정사	정사	정사	정사	정사
	월주 (생월)		**계축**	계축	계축	계축	계축	계축	계축	계축	계축	계축	계축	계축	계축
	일주 (생일)		임오	계미	갑신	을유	병술	정해	무자	기축	경인	신묘	임진	계사	갑오
	대운	남	10	1	1	1	1	2	2	2	3	3	3	4	4
		여	10	10	9	9	9	8	8	8	7	7	7	6	6

음 7 월	14	15	16	17	18	19	20	21	22	23	24	25	26	27	28	29	30
	24	25	26	27	28	29	30	31	**9/1**	2	3	4	5	6	7	8	9
	정사	정사	정사	정사	정사	정사	정사	정사	정사	정사	정사	정사	정사	정사	정사	정사	정사
	무신	무신	무신	무신	무신	무신	무신	무신	무신	무신	무신	무신	무신	무신	**기유**	기유	기유
	무진	기사	경오	신미	임신	계유	갑술	을해	병자	정축	무인	기묘	경진	신사	임오	계미	갑신
	6	6	6	7	7	7	8	8	8	9	9	9	10	10	10	1	1
	5	4	4	4	3	3	3	2	2	2	1	1	1	1	10	10	10
음 8 월	14	15	16	17	18	19	20	21	22	23	24	25	26	27	28	29	
	23	24	25	26	27	28	29	30	**10/1**	2	3	4	5	6	7	8	
	정사	정사	정사	정사	정사	정사	정사	정사	정사	정사	정사	정사	정사	정사	정사	정사	
	기유	기유	기유	기유	기유	기유	기유	기유	기유	기유	기유	기유	기유	기유	기유	**경술**	
	무술	기해	경자	신축	임인	계묘	갑진	을사	병오	정미	무신	기유	경술	신해	임자	계축	
	5	6	6	6	7	7	7	8	8	8	9	9	9	10	10	10	
	5	5	4	4	4	3	3	3	2	2	2	1	1	1	1	10	
음 9 월	14	15	16	17	18	19	20	21	22	23	24	25	26	27	28	29	
	22	23	24	25	26	27	28	29	30	31	**11/1**	2	3	4	5	6	
	정사	정사	정사	정사	정사	정사	정사	정사	정사	정사	정사	정사	정사	정사	정사	정사	
	경술	경술	경술	경술	경술	경술	경술	경술	경술	경술	경술	경술	경술	경술	경술	경술	
	정묘	무진	기사	경오	신미	임신	계유	갑술	을해	병자	정축	무인	기묘	경진	신사	임오	
	5	5	5	6	6	6	7	7	7	8	8	8	9	9	9	10	
	5	5	5	4	4	4	3	3	3	2	2	2	1	1	1	1	
음 10 월	14	15	16	17	18	19	20	21	22	23	24	25	26	27	28	29	30
	20	21	22	23	24	25	26	27	28	29	30	**12/1**	2	3	4	5	6
	정사	정사	정사	정사	정사	정사	정사	정사	정사	정사	정사	정사	정사	정사	정사	정사	정사
	신해	신해	신해	신해	신해	신해	신해	신해	신해	신해	신해	신해	신해	신해	신해	신해	신해
	병신	정유	무술	기해	경자	신축	임인	계묘	갑진	을사	병오	정미	무신	기유	경술	신해	임자
	4	5	5	5	6	6	6	7	7	7	8	8	8	9	9	9	10
	6	5	5	5	4	4	4	3	3	3	2	2	2	1	1	1	1
음 11 월	14	15	16	17	18	19	20	21	22	23	24	25	26	27	28	29	
	20	21	22	23	24	25	26	27	28	29	30	31	**1/1**	2	3	4	
	정사	정사	정사	정사	정사	정사	정사	정사	정사	정사	정사	정사	정사	정사	정사	정사	
	임자	임자	임자	임자	임자	임자	임자	임자	임자	임자	임자	임자	임자	임자	임자	임자	
	병인	정묘	무진	기사	경오	신미	임신	계유	갑술	을해	병자	정축	무인	기묘	경진	신사	
	4	5	5	5	6	6	6	7	7	7	8	8	8	9	9	9	
	5	5	5	4	4	4	3	3	3	2	2	2	1	1	1	1	
음 12 월	14	15	16	17	18	19	20	21	22	23	24	25	26	27	28	29	30
	18	19	20	21	22	23	24	25	26	27	28	29	30	31	**2/1**	2	3
	정사	정사	정사	정사	정사	정사	정사	정사	정사	정사	정사	정사	정사	정사	정사	정사	정사
	계축	계축	계축	계축	계축	계축	계축	계축	계축	계축	계축	계축	계축	계축	계축	계축	계축
	을미	병신	정유	무술	기해	경자	신축	임인	계묘	갑진	을사	병오	정미	무신	기유	경술	신해
	4	5	5	5	6	6	6	7	7	7	8	8	8	9	9	9	10
	6	5	5	5	4	4	4	3	3	3	2	2	2	1	1	1	1

2038(무오)년 【단기 4371년】

월	구분		1	2	3	4	5	6	7	8	9	10	11	12	13
음 1 월	음력		1	2	3	4	5	6	7	8	9	10	11	12	13
	양력		**2/4**	5	6	7	8	9	10	11	12	13	14	15	16
	연주 (생년)		**무오**	무오	무오	무오	무오	무오	무오	무오	무오	무오	무오	무오	무오
	월주 (생월)		**갑인**	갑인	갑인	갑인	갑인	갑인	갑인	갑인	갑인	갑인	갑인	갑인	갑인
	일주 (생일)		임자	계축	갑인	을묘	병진	정사	무오	기미	경신	신유	임술	계해	갑진
	대운	남	10	9	9	9	8	8	8	7	7	7	6	6	6
		여	10	1	1	1	1	2	2	2	3	3	3	4	4
음 2 월	음력		1	2	3	4	5	6	7	8	9	10	11	12	13
	양력		**3/6**	7	8	9	10	11	12	13	14	15	16	17	18
	연주 (생년)		무오	무오	무오	무오	무오	무오	무오	무오	무오	무오	무오	무오	무오
	월주 (생월)		을묘	을묘	을묘	을묘	을묘	을묘	을묘	을묘	을묘	을묘	을묘	을묘	을묘
	일주 (생일)		임오	계미	갑신	을유	병술	정해	무자	기축	경인	신묘	임진	계사	갑오
	대운	남	10	10	9	9	9	8	8	8	7	7	7	6	6
		여	1	1	1	1	2	2	2	3	3	3	4	4	4
음 3 월	음력		1	2	3	4	5	6	7	8	9	10	11	12	13
	양력		**4/5**	6	7	8	9	10	11	12	13	14	15	16	17
	연주 (생년)		무오	무오	무오	무오	무오	무오	무오	무오	무오	무오	무오	무오	무오
	월주 (생월)		**병진**	병진	병진	병진	병진	병진	병진	병진	병진	병진	병진	병진	병진
	일주 (생일)		임자	계축	갑인	을묘	병진	정사	무오	기미	경신	신유	임술	계해	갑자
	대운	남	10	10	9	9	9	8	8	8	7	7	7	6	6
		여	10	1	1	1	1	2	2	2	3	3	3	4	4
음 4 월	음력		1	2	3	4	5	6	7	8	9	10	11	12	13
	양력		**5/4**	5	6	7	8	9	10	11	12	13	14	15	16
	연주 (생년)		무오	무오	무오	무오	무오	무오	무오	무오	무오	무오	무오	무오	무오
	월주 (생월)		병진	**정사**	정사	정사	정사	정사	정사	정사	정사	정사	정사	정사	정사
	일주 (생일)		신사	임오	계미	갑신	을유	병술	정해	무자	기축	경인	신묘	임진	계사
	대운	남	1	10	10	10	9	9	9	8	8	8	7	7	7
		여	10	10	1	1	1	1	2	2	2	3	3	3	4
음 5 월	음력		1	2	3	4	5	6	7	8	9	10	11	12	13
	양력		**6/3**	4	5	6	7	8	9	10	11	12	13	14	15
	연주 (생년)		무오	무오	무오	무오	무오	무오	무오	무오	무오	무오	무오	무오	무오
	월주 (생월)		정사	정사	**무오**	무오	무오	무오	무오	무오	무오	무오	무오	무오	무오
	일주 (생일)		신해	임자	계축	갑인	을묘	병진	정사	무오	기미	경신	신유	임술	계해
	대운	남	1	1	10	10	10	10	9	9	9	8	8	8	7
		여	10	10	10	1	1	1	1	2	2	2	3	3	3
음 6 월	음력		1	2	3	4	5	6	7	8	9	10	11	12	13
	양력		**7/2**	3	4	5	6	7	8	9	10	11	12	13	14
	연주 (생년)		무오	무오	무오	무오	무오	무오	무오	무오	무오	무오	무오	무오	무오
	월주 (생월)		무오	무오	무오	무오	무오	**기미**	기미	기미	기미	기미	기미	기미	기미
	일주 (생일)		경진	신사	임오	계미	갑신	을유	병술	정해	무자	기축	경인	신묘	임진
	대운	남	2	1	1	1	1	10	10	10	9	9	9	8	8
		여	9	9	10	10	10	10	1	1	1	1	2	2	2

	14	15	16	17	18	19	20	21	22	23	24	25	26	27	28	29	30
음 1 월	17	18	19	20	21	22	23	24	25	26	27	28	**3/1**	2	3	4	5
	무오	무오	무오	무오	무오	무오	무오	무오	무오	무오	무오	무오	무오	무오	무오	무오	무오
	갑인	갑인	갑인	갑인	갑인	갑인	갑인	갑인	갑인	갑인	갑인	갑인	갑인	갑인	갑인	갑인	**을묘**
	을축	병인	정묘	무진	기사	경오	신미	임신	계유	갑술	을해	병자	정축	무인	기묘	경진	신사
	5	5	5	4	4	4	3	3	3	2	2	2	1	1	1	1	10
	4	5	5	5	6	6	6	7	7	7	8	8	8	9	9	9	10
음 2 월	14	15	16	17	18	19	20	21	22	23	24	25	26	27	28	29	30
	19	20	21	22	23	24	25	26	27	28	29	30	31	**4/1**	2	3	4
	무오	무오	무오	무오	무오	무오	무오	무오	무오	무오	무오	무오	무오	무오	무오	무오	무오
	을묘	을묘	을묘	을묘	을묘	을묘	을묘	을묘	을묘	을묘	을묘	을묘	을묘	을묘	을묘	을묘	을묘
	을미	병신	정유	무술	기해	경자	신축	임인	계묘	갑진	을사	병오	정미	무신	기유	경술	신해
	6	5	5	5	4	4	4	3	3	3	2	2	2	1	1	1	1
	5	5	5	6	6	6	7	7	7	8	8	8	9	9	9	10	10
음 3 월	14	15	16	17	18	19	20	21	22	23	24	25	26	27	28	29	
	18	19	20	21	22	23	24	25	26	27	28	29	30	**5/1**	2	3	
	무오	무오	무오	무오	무오	무오	무오	무오	무오	무오	무오	무오	무오	무오	무오	무오	
	병진	병진	병진	병진	병진	병진	병진	병진	병진	병진	병진	병진	병진	병진	병진	병진	
	을축	병인	정묘	무진	기사	경오	신미	임신	계유	갑술	을해	병자	정축	무인	기묘	경진	
	6	5	5	5	4	4	4	3	3	3	2	2	2	1	1	1	
	4	5	5	5	6	6	6	7	7	7	8	8	8	9	9	9	
음 4 월	14	15	16	17	18	19	20	21	22	23	24	25	26	27	28	29	30
	17	18	19	20	21	22	23	24	25	26	27	28	29	30	31	**6/1**	2
	무오	무오	무오	무오	무오	무오	무오	무오	무오	무오	무오	무오	무오	무오	무오	무오	무오
	정사	정사	정사	정사	정사	정사	정사	정사	정사	정사	정사	정사	정사	정사	정사	정사	정사
	갑오	을미	병신	정유	무술	기해	경자	신축	임인	계묘	갑진	을사	병오	정미	무신	기유	경술
	6	6	6	5	5	5	4	4	4	3	3	3	2	2	2	1	1
	4	4	5	5	5	6	6	6	7	7	7	8	8	8	9	9	9
음 5 월	14	15	16	17	18	19	20	21	22	23	24	25	26	27	28	29	
	16	17	18	19	20	21	22	23	24	25	26	27	28	29	30	**7/1**	
	무오	무오	무오	무오	무오	무오	무오	무오	무오	무오	무오	무오	무오	무오	무오	무오	
	무오	무오	무오	무오	무오	무오	무오	무오	무오	무오	무오	무오	무오	무오	무오	무오	
	갑자	을축	병인	정묘	무진	기사	경오	신미	임신	계유	갑술	을해	병자	정축	무인	기묘	
	7	7	6	6	6	5	5	5	4	4	4	3	3	3	2	2	
	4	4	4	5	5	5	6	6	6	7	7	7	8	8	8	9	
음 6 월 •	14	15	16	17	18	19	20	21	22	23	24	25	26	27	28	29	30
	15	16	17	18	19	20	21	22	23	24	25	26	27	28	29	30	31
	무오	무오	무오	무오	무오	무오	무오	무오	무오	무오	무오	무오	무오	무오	무오	무오	무오
	기미	기미	기미	기미	기미	기미	기미	기미	기미	기미	기미	기미	기미	기미	기미	기미	기미
	계사	갑오	을미	병신	정유	무술	기해	경자	신축	임인	계묘	갑진	을사	병오	정미	무신	•기유
	8	7	7	7	6	6	6	6	5	5	5	4	4	3	3	3	2
	3	3	3	4	4	4	5	5	5	6	6	6	7	7	7	8	8

2038(무오)년 【단기 4371년】

월	구분		1	2	3	4	5	6	7	8	9	10	11	12	13
음 7 월	음력		1	2	3	4	5	6	7	8	9	10	11	12	13
	양력		**8/1**	2	3	4	5	6	7	8	9	10	11	12	13
	연주 (생년)		무오	무오	무오	무오	무오	무오	무오	무오	무오	무오	무오	무오	무오
	월주 (생월)		기미	기미	기미	기미	기미	기미	**경신**	경신	경신	경신	경신	경신	경신
	일주 (생일)		경술	신해	임자	계축	갑인	을묘	병진	정사	무오	기미	경신	신유	임술
	대운	남	2	2	1	1	1	1	10	10	10	9	9	9	8
		여	8	9	9	9	10	10	10	1	1	1	1	2	2
음 8 월	음력		1	2	3	4	5	6	7	8	9	10	11	12	13
	양력		**8/30**	31	**9/1**	2	3	4	5	6	7	8	9	10	11
	연주 (생년)		무오	무오	무오	무오	무오	무오	무오	무오	무오	무오	무오	무오	무오
	월주 (생월)		경신	경신	경신	경신	경신	경신	경신	경신	**신유**	신유	신유	신유	신유
	일주 (생일)		기묘	경진	신사	임오	계미	갑신	을유	병술	정해	무자	기축	경인	신묘
	대운	남	3	2	2	2	1	1	1	1	10	10	10	9	9
		여	8	8	8	9	9	9	10	10	10	1	1	1	1
음 9 월	음력		1	2	3	4	5	6	7	8	9	10	11	12	13
	양력		**9/29**	30	**10/1**	2	3	4	5	6	7	8	9	10	11
	연주 (생년)		무오	무오	무오	무오	무오	무오	무오	무오	무오	무오	무오	무오	무오
	월주 (생월)		신유	신유	신유	신유	신유	신유	신유	신유	신유	**임술**	임술	임술	임술
	일주 (생일)		기유	경술	신해	임자	계축	갑인	을묘	병진	정사	무오	기미	경신	신유
	대운	남	3	3	2	2	2	1	1	1	1	10	10	9	9
		여	7	8	8	8	9	9	9	10	10	10	1	1	1
음 10 월	음력		1	2	3	4	5	6	7	8	9	10	11	12	13
	양력		**10/28**	29	30	31	**11/1**	2	3	4	5	6	7	8	9
	연주 (생년)		무오	무오	무오	무오	무오	무오	무오	무오	무오	무오	무오	무오	무오
	월주 (생월)		임술	임술	임술	임술	임술	임술	임술	임술	임술	임술	**계해**	계해	계해
	일주 (생일)		무인	기묘	경진	신사	임오	계미	갑신	을유	병술	정해	무자	기축	경인
	대운	남	3	3	3	2	2	2	1	1	1	1	10	10	9
		여	7	7	7	8	8	8	9	9	9	10	10	1	1
음 11 월	음력		1	2	3	4	5	6	7	8	9	10	11	12	13
	양력		**11/26**	27	28	29	30	**12/1**	2	3	4	5	6	7	8
	연주 (생년)		무오	무오	무오	무오	무오	무오	무오	무오	무오	무오	무오	무오	무오
	월주 (생월)		계해	계해	계해	계해	계해	계해	계해	계해	계해	계해	계해	**갑자**	갑자
	일주 (생일)		정미	무신	기유	경술	신해	임자	계축	갑인	을묘	병진	정사	무오	기미
	대운	남	4	3	3	3	2	2	2	1	1	1	1	10	9
		여	6	7	7	7	8	8	8	9	9	9	10	10	1
음 12 월	음력		1	2	3	4	5	6	7	8	9	10	11	12	13
	양력		**12/26**	27	28	29	30	31	**1/1**	2	3	4	5	6	7
	연주 (생년)		무오	무오	무오	무오	무오	무오	무오	무오	무오	무오	무오	무오	무오
	월주 (생월)		갑자	갑자	갑자	갑자	갑자	갑자	갑자	갑자	갑자	갑자	**을축**	을축	을축
	일주 (생일)		정축	무인	기묘	경진	신사	임오	계미	갑신	을유	병술	정해	무자	기축
	대운	남	3	3	3	2	2	2	1	1	1	1	10	10	9
		여	6	7	7	7	8	8	8	9	9	9	10	1	1

음 7월	14	15	16	17	18	19	20	21	22	23	24	25	26	27	28	29	
	14	15	16	17	18	19	20	21	22	23	24	25	26	27	28	29	
	무오	무오	무오	무오	무오	무오	무오	무오	무오	무오	무오	무오	무오	무오	무오	무오	
	경신	경신	경신	경신	경신	경신	경신	경신	경신	경신	경신	경신	경신	경신	경신	경신	
	계해	갑자	을축	병인	정묘	무진	기사	경오	신미	임신	계유	갑술	을해	병자	정축	무인	
	8	8	7	7	7	6	6	6	5	5	5	4	4	4	3	3	
	2	3	3	3	4	4	4	5	5	5	6	6	6	7	7	7	
음 8월	14	15	16	17	18	19	20	21	22	23	24	25	26	27	28	29	30
	12	13	14	15	16	17	18	19	20	21	22	23	24	25	26	27	28
	무오	무오	무오	무오	무오	무오	무오	무오	무오	무오	무오	무오	무오	무오	무오	무오	무오
	신유	신유	신유	신유	신유	신유	신유	신유	신유	신유	신유	신유	신유	신유	신유	신유	신유
	임진	계사	갑오	을미	병신	정유	무술	기해	경자	신축	임인	계묘	갑진	을사	병오	정미	무신
	9	8	8	8	7	7	7	6	6	6	5	5	5	4	4	4	3
	2	2	2	3	3	3	4	4	4	5	5	5	6	6	6	7	7
음 9월	14	15	16	17	18	19	20	21	22	23	24	25	26	27	28	29	
	12	13	14	15	16	17	18	19	20	21	22	23	24	25	26	27	
	무오	무오	무오	무오	무오	무오	무오	무오	무오	무오	무오	무오	무오	무오	무오	무오	
	임술	임술	임술	임술	임술	임술	임술	임술	임술	임술	임술	임술	임술	임술	임술	임술	
	임술	계해	갑자	을축	병인	정묘	무진	기사	경오	신미	임신	계유	갑술	을해	병자	정축	
	9	8	8	8	7	7	7	6	6	6	5	5	5	4	4	4	
	1	2	2	2	3	3	3	4	4	4	5	5	5	6	6	6	
음 10월	14	15	16	17	18	19	20	21	22	23	24	25	26	27	28	29	
	10	11	12	13	14	15	16	17	18	19	20	21	22	23	24	25	
	무오	무오	무오	무오	무오	무오	무오	무오	무오	무오	무오	무오	무오	무오	무오	무오	
	계해	계해	계해	계해	계해	계해	계해	계해	계해	계해	계해	계해	계해	계해	계해	계해	
	신묘	임진	계사	갑오	을미	병신	정유	무술	기해	경자	신축	임인	계묘	갑진	을사	병오	
	9	9	8	8	8	7	7	7	6	6	6	5	5	5	4	4	
	1	1	2	2	2	3	3	3	4	4	4	5	5	5	6	6	
음 11월	14	15	16	17	18	19	20	21	22	23	24	25	26	27	28	29	30
	9	10	11	12	13	14	15	16	17	18	19	20	21	22	23	24	25
	무오	무오	무오	무오	무오	무오	무오	무오	무오	무오	무오	무오	무오	무오	무오	무오	무오
	갑자	갑자	갑자	갑자	갑자	갑자	갑자	갑자	갑자	갑자	갑자	갑자	갑자	갑자	갑자	갑자	갑자
	경신	신유	임술	계해	갑자	을축	병인	정묘	무진	기사	경오	신미	임신	계유	갑술	을해	병자
	9	9	8	8	8	7	7	7	6	6	6	5	5	5	4	4	4
	1	1	1	2	2	2	3	3	3	4	4	4	5	5	5	6	6
음 12월	14	15	16	17	18	19	20	21	22	23	24	25	26	27	28	29	
	8	9	10	11	12	13	14	15	16	17	18	19	20	21	22	23	
	무오	무오	무오	무오	무오	무오	무오	무오	무오	무오	무오	무오	무오	무오	무오	무오	
	을축	을축	을축	을축	을축	을축	을축	을축	을축	을축	을축	을축	을축	을축	을축	을축	
	경인	신묘	임진	계사	갑오	을미	병신	정유	무술	기해	경자	신축	임인	계묘	갑진	을사	
	9	9	8	8	8	7	7	7	6	6	6	5	5	5	4	4	
	1	1	2	2	2	3	3	3	4	4	4	5	5	5	6	6	

2039(기미)년 【단기 4372년】

월	구분		1	2	3	4	5	6	7	8	9	10	11	12	13
음 1 월	음력		1	2	3	4	5	6	7	8	9	10	11	12	13
	양력		**1/24**	25	26	27	28	29	30	31	**2/1**	2	3	4	5
	연주 (생년)		무오	무오	무오	무오	무오	무오	무오	무오	무오	무오	무오	**기미**	기미
	월주 (생월)		을축	을축	을축	을축	을축	을축	을축	을축	을축	을축	을축	**병인**	병인
	일주 (생일)		병오	정미	무신	기유	경술	신해	임자	계축	갑인	을묘	병진	정사	무오
	대운	남	4	3	3	3	2	2	2	1	1	1	1	10	1
		여	6	7	7	7	8	8	8	9	9	9	10	10	10
음 2 월	음력		1	2	3	4	5	6	7	8	9	10	11	12	13
	양력		**2/23**	24	25	26	27	28	**3/1**	2	3	4	5	6	7
	연주 (생년)		기미	기미	기미	기미	기미	기미	기미	기미	기미	기미	기미	기미	기미
	월주 (생월)		병인	병인	병인	병인	병인	병인	병인	병인	병인	병인	병인	**정묘**	정묘
	일주 (생일)		병자	정축	무인	기묘	경진	신사	임오	계미	갑신	을유	병술	정해	무자
	대운	남	6	7	7	7	8	8	8	9	9	9	10	10	1
		여	4	3	3	3	2	2	2	1	1	1	1	10	10
음 3 월	음력		1	2	3	4	5	6	7	8	9	10	11	12	13
	양력		**3/25**	26	27	28	29	30	31	**4/1**	2	3	4	5	6
	연주 (생년)		기미	기미	기미	기미	기미	기미	기미	기미	기미	기미	기미	기미	기미
	월주 (생월)		정묘	정묘	정묘	정묘	정묘	정묘	정묘	정묘	정묘	정묘	정묘	**무진**	무진
	일주 (생일)		병오	정미	무신	기유	경술	신해	임자	계축	갑인	을묘	병진	정사	무오
	대운	남	6	7	7	7	8	8	8	9	9	9	10	10	1
		여	4	3	3	3	2	2	2	1	1	1	1	10	10
음 4 월	음력		1	2	3	4	5	6	7	8	9	10	11	12	13
	양력		**4/23**	24	25	26	27	28	29	30	**5/1**	2	3	4	5
	연주 (생년)		기미	기미	기미	기미	기미	기미	기미	기미	기미	기미	기미	기미	기미
	월주 (생월)		무진	무진	무진	무진	무진	무진	무진	무진	무진	무진	무진	무진	**기사**
	일주 (생일)		을해	병자	정축	무인	기묘	경진	신사	임오	계미	갑신	을유	병술	정해
	대운	남	6	6	7	7	7	8	8	8	9	9	9	10	10
		여	4	4	3	3	3	2	2	2	1	1	1	1	10
음 5 월	음력		1	2	3	4	5	6	7	8	9	10	11	12	13
	양력		**5/23**	24	25	26	27	28	29	30	31	**6/1**	2	3	4
	연주 (생년)		기미	기미	기미	기미	기미	기미	기미	기미	기미	기미	기미	기미	기미
	월주 (생월)		기사	기사	기사	기사	기사	기사	기사	기사	기사	기사	기사	기사	기사
	일주 (생일)		을사	병오	정미	무신	기유	경술	신해	임자	계축	갑인	을묘	병진	정사
	대운	남	6	6	7	7	7	8	8	8	9	9	9	10	10
		여	5	4	4	4	3	3	3	2	2	2	1	1	1
윤 5 월	음력		1	2	3	4	5	6	7	8	9	10	11	12	13
	양력		**6/22**	23	24	25	26	27	28	29	30	**7/1**	2	3	4
	연주 (생년)		기미	기미	기미	기미	기미	기미	기미	기미	기미	기미	기미	기미	기미
	월주 (생월)		경오	경오	경오	경오	경오	경오	경오	경오	경오	경오	경오	경오	경오
	일주 (생일)		을해	병자	정축	무인	기묘	경진	신사	임오	계미	갑신	을유	병술	정해
	대운	남	5	6	6	6	7	7	7	8	8	8	9	9	9
		여	5	5	4	4	4	3	3	3	2	2	2	1	1
음 6 월	음력		1	2	3	4	5	6	7	8	9	10	11	12	13
	양력		**7/21**	22	23	24	25	26	27	28	29	30	31	**8/1**	2
	연주 (생년)		기미	기미	기미	기미	기미	기미	기미	기미	기미	기미	기미	기미	기미
	월주 (생월)		신미	신미	신미	신미	신미	신미	신미	신미	신미	신미	신미	신미	신미
	일주 (생일)		갑진	을사	병오	정미	무신	기유	경술	신해	임자	계축	갑인	을묘	병진
	대운	남	5	5	5	6	6	6	7	7	7	8	8	8	9
		여	6	6	5	5	5	4	4	4	3	3	3	2	2

음 1 월	14	15	16	17	18	19	20	21	22	23	24	25	26	27	28	29	30
	6	7	8	9	10	11	12	13	14	15	16	17	18	19	20	21	22
	기미	기미	기미	기미	기미	기미	기미	기미	기미	기미	기미	기미	기미	기미	기미	기미	기미
	병인	병인	병인	병인	병인	병인	병인	병인	병인	병인	병인	병인	병인	병인	병인	병인	병인
	기미	경신	신유	임술	계해	갑자	을축	병인	정묘	무진	기사	경오	신미	임신	계유	갑술	을해
	1	1	1	2	2	2	3	3	3	4	4	4	5	5	5	6	6
	9	9	9	8	8	8	7	7	7	6	6	6	5	5	5	4	4

음 2 월	14	15	16	17	18	19	20	21	22	23	24	25	26	27	28	29	30
	8	9	10	11	12	13	14	15	16	17	18	19	20	21	22	23	24
	기미	기미	기미	기미	기미	기미	기미	기미	기미	기미	기미	기미	기미	기미	기미	기미	기미
	정묘	정묘	정묘	정묘	정묘	정묘	정묘	정묘	정묘	정묘	정묘	정묘	정묘	정묘	정묘	정묘	정묘
	기축	경인	신묘	임진	계사	갑오	을미	병신	정유	무술	기해	경자	신축	임인	계묘	갑진	을사
	1	1	1	2	2	2	3	3	3	4	4	4	5	5	5	6	6
	9	9	9	8	8	8	7	7	7	6	6	6	5	5	5	4	4

음 3 월	14	15	16	17	18	19	20	21	22	23	24	25	26	27	28	29	
	7	8	9	10	11	12	13	14	15	16	17	18	19	20	21	22	
	기미	기미	기미	기미	기미	기미	기미	기미	기미	기미	기미	기미	기미	기미	기미	기미	
	무진	무진	무진	무진	무진	무진	무진	무진	무진	무진	무진	무진	무진	무진	무진	무진	
	기미	경신	신유	임술	계해	갑자	을축	병인	정묘	무진	기사	경오	신미	임신	계유	갑술	
	1	1	1	2	2	2	3	3	3	4	4	4	5	5	5	6	
	9	9	9	8	8	8	7	7	7	6	6	6	5	5	5	4	

음 4 월	14	15	16	17	18	19	20	21	22	23	24	25	26	27	28	29	30
	6	7	8	9	10	11	12	13	14	15	16	17	18	19	20	21	22
	기미	기미	기미	기미	기미	기미	기미	기미	기미	기미	기미	기미	기미	기미	기미	기미	기미
	기사	기사	기사	기사	기사	기사	기사	기사	기사	기사	기사	기사	기사	기사	기사	기사	기사
	무자	기축	경인	신묘	임진	계사	갑오	을미	병신	정유	무술	기해	경자	신축	임인	계묘	갑진
	1	1	1	1	2	2	2	3	3	3	4	4	4	5	5	5	6
	10	10	10	9	9	9	8	8	8	7	7	7	6	6	6	5	5

음 5 월	14	15	16	17	18	19	20	21	22	23	24	25	26	27	28	29	30
	5	6	7	8	9	10	11	12	13	14	15	16	17	18	19	20	21
	기미	기미	기미	기미	기미	기미	기미	기미	기미	기미	기미	기미	기미	기미	기미	기미	기미
	기사	**경오**	경오	경오	경오	경오	경오	경오	경오	경오	경오	경오	경오	경오	경오	경오	경오
	무오	기미	경신	신유	임술	계해	갑자	을축	병인	정묘	무진	기사	경오	신미	임신	계유	갑술
	10	10	1	1	1	1	2	2	2	3	3	3	4	4	4	5	5
	1	10	10	10	9	9	9	8	8	8	7	7	7	6	6	6	5

윤 5 월	14	15	16	17	18	19	20	21	22	23	24	25	26	27	28	29	
	5	6	7	8	9	10	11	12	13	14	15	16	17	18	19	20	
	기미	기미	기미	기미	기미	기미	기미	기미	기미	기미	기미	기미	기미	기미	기미	기미	
	경오	경오	**신미**	신미	신미	신미	신미	신미	신미	신미	신미	신미	신미	신미	신미	신미	
	무자	기축	경인	신묘	임진	계사	갑오	을미	병신	정유	무술	기해	경자	신축	임인	계묘	
	10	10	10	1	1	1	1	2	2	2	3	3	3	4	4	4	
	1	1	10	10	10	10	9	9	9	8	8	8	7	7	7	6	

음 6 월	14	15	16	17	18	19	20	21	22	23	24	25	26	27	28	29	30
	3	4	5	6	7	8	9	10	11	12	13	14	15	16	17	18	19
	기미	기미	기미	기미	기미	기미	기미	기미	기미	기미	기미	기미	기미	기미	기미	기미	기미
	신미	신미	신미	신미	신미	**임신**	임신	임신	임신	임신	임신	임신	임신	임신	임신	임신	임신
	정사	무오	기미	경신	신유	임술	계해	갑자	을축	병인	정묘	무진	기사	경오	신미	임신	계유
	9	9	10	10	10	10	1	1	1	1	2	2	2	3	3	3	4
	2	1	1	1	1	10	10	10	9	9	9	8	8	8	7	7	7

2039(기미)년 【단기 4372년】

음 7 월	음력	1	2	3	4	5	6	7	8	9	10	11	12	13
	양력	8/20	21	22	23	24	25	26	27	28	29	30	31	9/1
	연주 (생년)	기미	기미	기미	기미	기미	기미	기미	기미	기미	기미	기미	기미	기미
	월주 (생월)	임신	임신	임신	임신	임신	임신	임신	임신	임신	임신	임신	임신	임신
	일주 (생일)	갑술	을해	병자	정축	무인	기묘	경진	신사	임오	계미	갑신	을유	병술
대운	남	4	4	5	5	5	6	6	6	7	7	7	8	8
	여	6	6	6	5	5	5	4	4	4	3	3	3	2

음 8 월	음력	1	2	3	4	5	6	7	8	9	10	11	12	13
	양력	9/18	19	20	21	22	23	24	25	26	27	28	29	30
	연주 (생년)	기미	기미	기미	기미	기미	기미	기미	기미	기미	기미	기미	기미	기미
	월주 (생월)	계유	계유	계유	계유	계유	계유	계유	계유	계유	계유	계유	계유	계유
	일주 (생일)	계묘	갑진	을사	병오	정미	무신	기유	경술	신해	임자	계축	갑인	을묘
대운	남	3	4	4	4	5	5	5	6	6	6	7	7	7
	여	7	6	6	6	5	5	5	4	4	4	3	3	3

음 9 월	음력	1	2	3	4	5	6	7	8	9	10	11	12	13
	양력	9/18	19	20	21	22	23	24	25	26	27	28	29	30
	연주 (생년)	기미	기미	기미	기미	기미	기미	기미	기미	기미	기미	기미	기미	기미
	월주 (생월)	갑술	갑술	갑술	갑술	갑술	갑술	갑술	갑술	갑술	갑술	갑술	갑술	갑술
	일주 (생일)	계유	갑술	을해	병자	정축	무인	기묘	경진	신사	임오	계미	갑신	을유
대운	남	3	4	4	4	5	5	5	6	6	6	7	7	7
	여	7	6	6	6	5	5	5	4	4	4	3	3	3

음 10 월	음력	1	2	3	4	5	6	7	8	9	10	11	12	13
	양력	11/16	17	18	19	20	21	22	23	24	25	26	27	28
	연주 (생년)	기미	기미	기미	기미	기미	기미	기미	기미	기미	기미	기미	기미	기미
	월주 (생월)	을해	을해	을해	을해	을해	을해	을해	을해	을해	을해	을해	을해	을해
	일주 (생일)	임인	계묘	갑진	을사	병오	정미	무신	기유	경술	신해	임자	계축	갑인
대운	남	3	3	4	4	4	5	5	5	6	6	6	7	7
	여	7	7	6	6	6	5	5	5	4	4	4	3	3

음 11 월	음력	1	2	3	4	5	6	7	8	9	10	11	12	13
	양력	12/16	17	18	19	20	21	22	23	24	25	26	27	28
	연주 (생년)	기미	기미	기미	기미	기미	기미	기미	기미	기미	기미	기미	기미	기미
	월주 (생월)	병자	병자	병자	병자	병자	병자	병자	병자	병자	병자	병자	병자	병자
	일주 (생일)	임신	계유	갑술	을해	병자	정축	무인	기묘	경진	신사	임오	계미	갑신
대운	남	3	3	4	4	4	5	5	5	6	6	6	7	7
	여	7	7	6	6	6	5	5	5	4	4	4	3	3

음 12 월	음력	1	2	3	4	5	6	7	8	9	10	11	12	13
	양력	1/14	15	16	17	18	19	20	21	22	23	24	25	26
	연주 (생년)	기미	기미	기미	기미	기미	기미	기미	기미	기미	기미	기미	기미	기미
	월주 (생월)	정축	정축	정축	정축	정축	정축	정축	정축	정축	정축	정축	정축	정축
	일주 (생일)	신축	임인	계묘	갑진	을사	병오	정미	무신	기유	경술	신해	임자	계축
대운	남	3	3	3	4	4	4	5	5	5	6	6	6	7
	여	7	7	6	6	6	5	5	5	4	4	4	3	3

음 7 월	14	15	16	17	18	19	20	21	22	23	24	25	26	27	28	29	
	2	3	4	5	6	7	8	9	10	11	12	13	14	15	16	17	
	기미	기미	기미	기미	기미	기미	기미	기미	기미	기미	기미	기미	기미	기미	기미	기미	
	임신	임신	임신	임신	임신	임신	**계유**	계유	계유	계유	계유	계유	계유	계유	계유	계유	
	정해	무자	기축	경인	신묘	임진	계사	갑오	을미	병신	정유	무술	기해	경자	신축	임인	
	8	9	9	9	10	10	10	1	1	1	1	2	2	2	3	3	
	2	2	1	1	1	1	10	10	9	9	9	8	8	8	7	7	
음 8 월	14	15	16	17	18	19	20	21	22	23	24	25	26	27	28	29	30
	10/1	2	3	4	5	6	7	8	9	10	11	12	13	14	15	16	17
	기미	기미	기미	기미	기미	기미	기미	기미	기미	기미	기미	기미	기미	기미	기미	기미	기미
	계유	계유	계유	계유	계유	계유	계유	**갑술**	갑술	갑술	갑술	갑술	갑술	갑술	갑술	갑술	갑술
	병진	정사	무오	기미	경신	신유	임술	계해	갑자	을축	병인	정묘	무진	기사	경오	신미	임신
	8	8	8	9	9	9	10	10	1	1	1	1	2	2	2	3	3
	2	2	2	1	1	1	1	10	10	9	9	9	8	8	8	7	7
음 9 월	14	15	16	17	18	19	20	21	22	23	24	25	26	27	28	29	
	31	**11/1**	2	3	4	5	6	7	8	9	10	11	12	13	14	15	
	기미	기미	기미	기미	기미	기미	기미	기미	기미	기미	기미	기미	기미	기미	기미	기미	
	갑술	갑술	갑술	갑술	갑술	갑술	갑술	**을해**	을해	을해	을해	을해	을해	을해	을해	을해	
	병술	정해	무자	기축	경인	신묘	임진	계사	갑오	을미	병신	정유	무술	기해	경자	신축	
	8	8	8	9	9	9	10	10	1	1	1	1	2	2	2	3	
	2	2	2	1	1	1	1	10	10	9	9	9	8	8	8	7	
음 10 월	14	15	16	17	18	19	20	21	22	23	24	25	26	27	28	29	30
	29	30	**12/1**	2	3	4	5	6	7	8	9	10	11	12	13	14	15
	기미	기미	기미	기미	기미	기미	기미	기미	기미	기미	기미	기미	기미	기미	기미	기미	기미
	을해	을해	을해	을해	을해	을해	을해	을해	**병자**	병자	병자	병자	병자	병자	병자	병자	병자
	을묘	병진	정사	무오	기미	경신	신유	임술	계해	갑자	을축	병인	정묘	무진	기사	경오	신미
	7	8	8	8	9	9	9	10	10	1	1	1	1	2	2	2	3
	3	2	2	2	1	1	1	1	10	10	9	9	9	8	8	8	7
음 11 월	14	15	16	17	18	19	20	21	22	23	24	25	26	27	28	29	
	29	30	31	**1/1**	2	3	4	5	6	7	8	9	10	11	12	13	
	기미	기미	기미	기미	기미	기미	기미	기미	기미	기미	기미	기미	기미	기미	기미	기미	
	병자	병자	병자	병자	병자	병자	병자	병자	**정축**	정축	정축	정축	정축	정축	정축	정축	
	을유	병술	정해	무자	기축	경인	신묘	임진	계사	갑오	을미	병신	정유	무술	기해	경자	
	7	8	8	8	9	9	9	10	10	1	1	1	1	2	2	2	
	3	2	2	2	1	1	1	1	10	9	9	9	8	8	8	7	
음 12 월	14	15	16	17	18	19	20	21	22	23	24	25	26	27	28	29	
	27	28	29	30	31	**2/1**	2	3	4	5	6	7	8	9	10	11	
	기미	기미	기미	기미	기미	기미	기미	기미	**경신**	경신	경신	경신	경신	경신	경신	경신	
	정축	정축	정축	정축	정축	정축	정축	정축	**무인**	무인	무인	무인	무인	무인	무인	무인	
	갑인	을묘	병진	정사	무오	기미	경신	신유	임술	계해	갑자	을축	병인	정묘	무진	기사	
	7	7	8	8	8	9	9	9	10	10	9	9	9	8	8	8	
	3	2	2	2	1	1	1	1	10	1	1	1	1	2	2	2	

2040(경신)년 【단기 4373년】

월	구분														
음 1 월	음력		1	2	3	4	5	6	7	8	9	10	11	12	13
	양력		2/12	13	14	15	16	17	18	19	20	21	22	23	24
	연주 (생년)		경신	경신	경신	경신	경신	경신	경신	경신	경신	경신	경신	경신	경신
	월주 (생월)		무인	무인	무인	무인	무인	무인	무인	무인	무인	무인	무인	무인	무인
	일주 (생일)		경오	신미	임신	계유	갑술	을해	병자	정축	무인	기묘	경진	신사	임오
	대운	남	7	7	7	6	6	6	5	5	5	4	4	4	3
		여	3	3	3	4	4	4	5	5	5	6	6	6	7
음 2 월	음력		1	2	3	4	5	6	7	8	9	10	11	12	13
	양력		3/13	14	15	16	17	18	19	20	21	22	23	24	25
	연주 (생년)		경신	경신	경신	경신	경신	경신	경신	경신	경신	경신	경신	경신	경신
	월주 (생월)		기묘	기묘	기묘	기묘	기묘	기묘	기묘	기묘	기묘	기묘	기묘	기묘	기묘
	일주 (생일)		경자	신축	임인	계묘	갑진	을사	병오	정미	무신	기유	경술	신해	임자
	대운	남	7	7	7	6	6	6	5	5	5	4	4	4	3
		여	3	3	3	4	4	4	5	5	5	6	6	6	7
음 3 월	음력		1	2	3	4	5	6	7	8	9	10	11	12	13
	양력		4/11	12	13	14	15	16	17	18	19	20	21	22	23
	연주 (생년)		경신	경신	경신	경신	경신	경신	경신	경신	경신	경신	경신	경신	경신
	월주 (생월)		경진	경진	경진	경진	경진	경진	경진	경진	경진	경진	경진	경진	경진
	일주 (생일)		기사	경오	신미	임신	계유	갑술	을해	병자	정축	무인	기묘	경진	신사
	대운	남	8	8	7	7	7	6	6	6	5	5	5	4	4
		여	2	3	3	3	4	4	4	5	5	5	6	6	6
음 4 월	음력		1	2	3	4	5	6	7	8	9	10	11	12	13
	양력		5/11	12	13	14	15	16	17	18	19	20	21	22	23
	연주 (생년)		경신	경신	경신	경신	경신	경신	경신	경신	경신	경신	경신	경신	경신
	월주 (생월)		신사	신사	신사	신사	신사	신사	신사	신사	신사	신사	신사	신사	신사
	일주 (생일)		기해	경자	신축	임인	계묘	갑진	을사	병오	정미	무신	기유	경술	신해
	대운	남	8	8	8	7	7	7	6	6	6	5	5	5	4
		여	2	2	3	3	3	4	4	4	5	5	5	6	6
음 5 월	음력		1	2	3	4	5	6	7	8	9	10	11	12	13
	양력		6/10	11	12	13	14	15	16	17	18	19	20	21	22
	연주 (생년)		경신	경신	경신	경신	경신	경신	경신	경신	경신	경신	경신	경신	경신
	월주 (생월)		임오	임오	임오	임오	임오	임오	임오	임오	임오	임오	임오	임오	임오
	일주 (생일)		기사	경오	신미	임신	계유	갑술	을해	병자	정축	무인	기묘	경진	신사
	대운	남	9	8	8	8	7	7	7	6	6	6	5	5	5
		여	2	2	2	3	3	3	4	4	4	5	5	5	6
음 6 월	음력		1	2	3	4	5	6	7	8	9	10	11	12	13
	양력		7/9	10	11	12	13	14	15	16	17	18	19	20	21
	연주 (생년)		경신	경신	경신	경신	경신	경신	경신	경신	경신	경신	경신	경신	경신
	월주 (생월)		계미	계미	계미	계미	계미	계미	계미	계미	계미	계미	계미	계미	계미
	일주 (생일)		무술	기해	경자	신축	임인	계묘	갑진	을사	병오	정미	무신	기유	경술
	대운	남	10	9	9	9	8	8	8	7	7	7	6	6	6
		여	1	1	2	2	2	3	3	3	4	4	4	5	5

	14	15	16	17	18	19	20	21	22	23	24	25	26	27	28	29	30
	25	26	27	28	29	**3/1**	2	3	4	5	6	7	8	9	10	11	12
음	경신	경신	경신	경신	경신	경신	경신	경신	경신	경신	경신	경신	경신	경신	경신	경신	경신
1	무인	무인	무인	무인	무인	무인	무인	무인	무인	**기묘**	기묘	기묘	기묘	기묘	기묘	기묘	기묘
월	계미	갑신	을유	병술	정해	무자	기축	경인	신묘	임진	계사	갑오	을미	병신	정유	무술	기해
	3	3	2	2	2	1	1	1	1	10	10	9	9	9	8	8	8
	7	7	8	8	8	9	9	9	10	10	1	1	1	1	2	2	2
	14	15	16	17	18	19	20	21	22	23	24	25	26	27	28	29	
	26	27	28	29	30	31	**4/1**	2	3	4	5	6	7	8	9	10	
음	경신	경신	경신	경신	경신	경신	경신	경신	경신	경신	경신	경신	경신	경신	경신	경신	
2	기묘	기묘	기묘	기묘	기묘	기묘	기묘	기묘	기묘	**경진**	경진	경진	경진	경진	경진	경진	
월	계축	갑인	을묘	병진	정사	무오	기미	경신	신유	임술	계해	갑자	을축	병인	정묘	무진	
	3	3	2	2	2	1	1	1	1	10	10	10	9	9	9	8	
	7	7	8	8	8	9	9	9	10	10	1	1	1	1	2	2	
	14	15	16	17	18	19	20	21	22	23	24	25	26	27	28	29	30
	24	25	26	27	28	29	30	**5/1**	2	3	4	5	6	7	8	9	10
음	경신	경신	경신	경신	경신	경신	경신	경신	경신	경신	경신	경신	경신	경신	경신	경신	경신
3	경진	경진	경진	경진	경진	경진	경진	경진	경진	경진	경진	**신사**	신사	신사	신사	신사	신사
월	임오	계미	갑신	을유	병술	정해	무자	기축	경인	신묘	임진	계사	갑오	을미	병신	정유	무술
	4	3	3	3	2	2	2	1	1	1	1	10	10	10	9	9	9
	7	7	7	8	8	8	9	9	9	10	10	10	1	1	1	1	2
	14	15	16	17	18	19	20	21	22	23	24	25	26	27	28	29	30
	24	25	26	27	28	29	30	31	**6/1**	2	3	4	5	6	7	8	9
음	경신	경신	경신	경신	경신	경신	경신	경신	경신	경신	경신	경신	경신	경신	경신	경신	경신
4	신사	신사	신사	신사	신사	신사	신사	신사	신사	신사	신사	신사	**임오**	임오	임오	임오	임오
월	임자	계축	갑인	을묘	병진	정사	무오	기미	경신	신유	임술	계해	갑자	을축	병인	정묘	무진
	4	4	3	3	3	2	2	2	1	1	1	1	10	10	10	9	9
	6	7	7	7	8	8	8	9	9	9	10	10	10	1	1	1	1
	14	15	16	17	18	19	20	21	22	23	24	25	26	27	28	29	
	23	24	25	26	27	28	29	30	**7/1**	2	3	4	5	6	7	8	
음	경신	경신	경신	경신	경신	경신	경신	경신	경신	경신	경신	경신	경신	경신	경신	경신	
5	임오	임오	임오	임오	임오	임오	임오	임오	임오	임오	임오	임오	임오	**계미**	계미	계미	
월	임오	계미	갑신	을유	병술	정해	무자	기축	경인	신묘	임진	계사	갑오	을미	병신	정유	
	4	4	4	3	3	3	2	2	2	1	1	1	1	10	10	10	
	6	6	7	7	7	8	8	8	9	9	9	10	10	10	1	1	
	14	15	16	17	18	19	20	21	22	23	24	25	26	27	28	29	30
	22	23	24	25	26	27	28	29	30	31	**8/1**	2	3	4	5	6	7
음	경신	경신	경신	경신	경신	경신	경신	경신	경신	경신	경신	경신	경신	경신	경신	경신	경신
6	계미	계미	계미	계미	계미	계미	계미	계미	계미	계미	계미	계미	계미	계미	계미	계미	**갑신**
월	신해	임자	계축	갑인	을묘	병진	정사	무오	기미	경신	신유	임술	계해	갑자	을축	병인	정묘
	5	5	5	4	4	4	3	3	3	2	2	2	1	1	1	1	10
	5	6	6	6	7	7	7	8	8	8	9	9	9	10	10	10	10

2040(경신)년 【단기 4373년】

월	구분		1	2	3	4	5	6	7	8	9	10	11	12	13
음 7 월	음력		1	2	3	4	5	6	7	8	9	10	11	12	13
	양력		**8/8**	9	10	11	12	13	14	15	16	17	18	19	20
	연주 (생년)		경신	경신	경신	경신	경신	경신	경신	경신	경신	경신	경신	경신	경신
	월주 (생월)		갑신	갑신	갑신	갑신	갑신	갑신	갑신	갑신	갑신	갑신	갑신	갑신	갑신
	일주 (생일)		무진	기사	경오	신미	임신	계유	갑술	을해	병자	정축	무인	기묘	경진
	대운	남	10	10	9	9	9	8	8	8	7	7	7	6	6
		여	1	1	1	1	2	2	2	3	3	3	4	4	4
음 8 월	음력		1	2	3	4	5	6	7	8	9	10	11	12	13
	양력		**9/7**	8	9	10	11	12	13	14	15	16	17	18	19
	연주 (생년)		경신	경신	경신	경신	경신	경신	경신	경신	경신	경신	경신	경신	경신
	월주 (생월)		**을유**	을유	을유	을유	을유	을유	을유	을유	을유	을유	을유	을유	을유
	일주 (생일)		무술	기해	경자	신축	임인	계묘	갑진	을사	병오	정미	무신	기유	경술
	대운	남	10	10	10	9	9	9	8	8	8	7	7	7	6
		여	10	1	1	1	1	2	2	2	3	3	3	4	4
음 9 월	음력		1	2	3	4	5	6	7	8	9	10	11	12	13
	양력		**10/6**	7	8	9	10	11	12	13	14	15	16	17	18
	연주 (생년)		경신	경신	경신	경신	경신	경신	경신	경신	경신	경신	경신	경신	경신
	월주 (생월)		을유	을유	**병술**	병술	병술	병술	병술	병술	병술	병술	병술	병술	병술
	일주 (생일)		정묘	무진	기사	경오	신미	임신	계유	갑술	을해	병자	정축	무인	기묘
	대운	남	1	1	10	10	9	9	9	8	8	8	7	7	7
		여	10	10	10	1	1	1	1	2	2	2	3	3	3
음 10 월	음력		1	2	3	4	5	6	7	8	9	10	11	12	13
	양력		**11/5**	6	7	8	9	10	11	12	13	14	15	16	17
	연주 (생년)		경신	경신	경신	경신	경신	경신	경신	경신	경신	경신	경신	경신	경신
	월주 (생월)		병술	병술	**정해**	정해	정해	정해	정해	정해	정해	정해	정해	정해	정해
	일주 (생일)		정유	무술	기해	경자	신축	임인	계묘	갑진	을사	병오	정미	무신	기유
	대운	남	1	1	10	9	9	9	8	8	8	7	7	7	6
		여	9	10	10	1	1	1	1	2	2	2	3	3	3
음 11 월	음력		1	2	3	4	5	6	7	8	9	10	11	12	13
	양력		**12/4**	5	6	7	8	9	10	11	12	13	14	15	16
	연주 (생년)		경신	경신	경신	경신	경신	경신	경신	경신	경신	경신	경신	경신	경신
	월주 (생월)		정해	정해	**무자**	무자	무자	무자	무자	무자	무자	무자	무자	무자	무자
	일주 (생일)		병인	정묘	무진	기사	경오	신미	임신	계유	갑술	을해	병자	정축	무인
	대운	남	1	1	10	10	9	9	9	8	8	8	7	7	7
		여	9	9	10	1	1	1	1	2	2	2	3	3	3
음 12 월	음력		1	2	3	4	5	6	7	8	9	10	11	12	13
	양력		**1/3**	4	5	6	7	8	9	10	11	12	13	14	15
	연주 (생년)		경신	경신	경신	경신	경신	경신	경신	경신	경신	경신	경신	경신	경신
	월주 (생월)		무자	무자	**기축**	기축	기축	기축	기축	기축	기축	기축	기축	기축	기축
	일주 (생일)		병신	정유	무술	기해	경자	신축	임인	계묘	갑진	을사	병오	정미	무신
	대운	남	1	1	10	9	9	9	8	8	8	7	7	7	6
		여	9	10	10	1	1	1	1	2	2	2	3	3	3

	14	15	16	17	18	19	20	21	22	23	24	25	26	27	28	29	30
	21	22	23	24	25	26	27	28	29	30	31	**9/1**	2	3	4	5	6
음	경신	경신	경신	경신	경신	경신	경신	경신	경신	경신	경신	경신	경신	경신	경신	경신	경신
7	갑신	갑신	갑신	갑신	갑신	갑신	갑신	갑신	갑신	갑신	갑신	갑신	갑신	갑신	갑신	갑신	갑신
월	신사	임오	계미	갑신	을유	병술	정해	무자	기축	경인	신묘	임진	계사	갑오	을미	병신	정유
	6	5	5	5	4	4	4	3	3	3	2	2	2	1	1	1	1
	5	5	5	6	6	6	7	7	7	8	8	8	9	9	9	10	10
	14	15	16	17	18	19	20	21	22	23	24	25	26	27	28	29	
	20	21	22	23	24	25	26	27	28	29	30	**10/1**	2	3	4	5	
음	경신	경신	경신	경신	경신	경신	경신	경신	경신	경신	경신	경신	경신	경신	경신	경신	
8	을유	을유	을유	을유	을유	을유	을유	을유	을유	을유	을유	을유	을유	을유	을유	을유	
월	신해	임자	계축	갑인	을묘	병진	정사	무오	기미	경신	신유	임술	계해	갑자	을축	병인	
	6	6	5	5	5	4	4	4	3	3	3	2	2	2	1	1	
	4	5	5	5	6	6	6	7	7	7	8	8	8	9	9	9	
	14	15	16	17	18	19	20	21	22	23	24	25	26	27	28	29	30
	19	20	21	22	23	24	25	26	27	28	29	30	31	**11/1**	2	3	4
음	경신	경신	경신	경신	경신	경신	경신	경신	경신	경신	경신	경신	경신	경신	경신	경신	경신
9	병술	병술	병술	병술	병술	병술	병술	병술	병술	병술	병술	병술	병술	병술	병술	병술	병술
월	경진	신사	임오	계미	갑신	을유	병술	정해	무자	기축	경인	신묘	임진	계사	갑오	을미	병신
	6	6	6	5	5	5	4	4	4	3	3	3	2	2	2	1	1
	4	4	4	5	5	5	6	6	6	7	7	7	8	8	8	9	9
	14	15	16	17	18	19	20	21	22	23	24	25	26	27	28	29	
	18	19	20	21	22	23	24	25	26	27	28	29	30	**12/1**	2	3	
음	경신	경신	경신	경신	경신	경신	경신	경신	경신	경신	경신	경신	경신	경신	경신	경신	
10	정해	정해	정해	정해	정해	정해	정해	정해	정해	정해	정해	정해	정해	정해	정해	정해	
월	경술	신해	임자	계축	갑인	을묘	병진	정사	무오	기미	경신	신유	임술	계해	갑자	을축	
	6	6	5	5	5	4	4	4	3	3	3	2	2	2	1	1	
	4	4	4	5	5	5	6	6	6	7	7	7	8	8	8	9	
	14	15	16	17	18	19	20	21	22	23	24	25	26	27	28	29	30
	17	18	19	20	21	22	23	24	25	26	27	28	29	30	31	**1/1**	2
음	경신	경신	경신	경신	경신	경신	경신	경신	경신	경신	경신	경신	경신	경신	경신	경신	경신
11	무자	무자	무자	무자	무자	무자	무자	무자	무자	무자	무자	무자	무자	무자	무자	무자	무자
월	기묘	경진	신사	임오	계미	갑신	을유	병술	정해	무자	기축	경인	신묘	임진	계사	갑오	을미
	6	6	6	5	5	5	4	4	4	3	3	3	2	2	2	1	1
	4	4	4	5	5	5	6	6	6	7	7	7	8	8	8	9	9
	14	15	16	17	18	19	20	21	22	23	24	25	26	27	28	29	
	16	17	18	19	20	21	22	23	24	25	26	27	28	29	30	31	
음	경신	경신	경신	경신	경신	경신	경신	경신	경신	경신	경신	경신	경신	경신	경신	경신	
12	기축	기축	기축	기축	기축	기축	기축	기축	기축	기축	기축	기축	기축	기축	기축	기축	
월	기유	경술	신해	임자	계축	갑인	을묘	병진	정사	무오	기미	경신	신유	임술	계해	갑자	
	6	6	5	5	5	4	4	4	3	3	3	2	2	2	1	1	
	4	4	4	5	5	5	6	6	6	7	7	7	8	8	8	9	

2041(신유)년 【단기 4374년】

월	구분		1	2	3	4	5	6	7	8	9	10	11	12	13
음 1 월	음력		1	2	3	4	5	6	7	8	9	10	11	12	13
	양력		**2/1**	2	3	4	5	6	7	8	9	10	11	12	13
	연주 (생년)		경신	경신	**신유**	신유	신유	신유	신유	신유	신유	신유	신유	신유	신유
	월주 (생월)		기축	기축	**경인**	경인	경인	경인	경인	경인	경인	경인	경인	경인	경인
	일주 (생일)		을축	병인	정묘	무진	기사	경오	신미	임신	계유	갑술	을해	병자	정축
	대운	남	1	1	10	1	1	1	1	2	2	2	3	3	3
		여	9	9	10	10	9	9	9	8	8	8	7	7	7
음 2 월	음력		1	2	3	4	5	6	7	8	9	10	11	12	13
	양력		**3/3**	4	5	6	7	8	9	10	11	12	13	14	15
	연주 (생년)		신유	신유	신유	신유	신유	신유	신유	신유	신유	신유	신유	신유	신유
	월주 (생월)		경인	경인	**신묘**	신묘	신묘	신묘	신묘	신묘	신묘	신묘	신묘	신묘	신묘
	일주 (생일)		을미	병신	정유	무술	기해	경자	신축	임인	계묘	갑진	을사	병오	정미
	대운	남	9	10	10	1	1	1	1	2	2	2	3	3	3
		여	1	1	10	10	9	9	9	8	8	8	7	7	7
음 3 월	음력		1	2	3	4	5	6	7	8	9	10	11	12	13
	양력		**4/1**	2	3	4	5	6	7	8	9	10	11	12	13
	연주 (생년)		신유	신유	신유	신유	신유	신유	신유	신유	신유	신유	신유	신유	신유
	월주 (생월)		신묘	신묘	신묘	**임진**	임진	임진	임진	임진	임진	임진	임진	임진	임진
	일주 (생일)		갑자	을축	병인	정묘	무진	기사	경오	신미	임신	계유	갑술	을해	병자
	대운	남	9	9	10	10	1	1	1	1	2	2	2	3	3
		여	1	1	1	10	10	10	9	9	9	8	8	8	7
음 4 월	음력		1	2	3	4	5	6	7	8	9	10	11	12	13
	양력		**4/30**	**5/1**	2	3	4	5	6	7	8	9	10	11	12
	연주 (생년)		신유	신유	신유	신유	신유	신유	신유	신유	신유	신유	신유	신유	신유
	월주 (생월)		임진	임진	임진	임진	임진	**계사**	계사	계사	계사	계사	계사	계사	계사
	일주 (생일)		계사	갑오	을미	병신	정유	무술	기해	경자	신축	임인	계묘	갑진	을사
	대운	남	9	9	9	10	10	10	1	1	1	1	2	2	2
		여	2	1	1	1	1	10	10	10	9	9	9	8	8
음 5 월	음력		1	2	3	4	5	6	7	8	9	10	11	12	13
	양력		**5/30**	31	**6/1**	2	3	4	5	6	7	8	9	10	11
	연주 (생년)		신유	신유	신유	신유	신유	신유	신유	신유	신유	신유	신유	신유	신유
	월주 (생월)		계사	계사	계사	계사	계사	계사	**갑오**	갑오	갑오	갑오	갑오	갑오	갑오
	일주 (생일)		계해	갑자	을축	병인	정묘	무진	기사	경오	신미	임신	계유	갑술	을해
	대운	남	8	9	9	9	10	10	10	1	1	1	1	2	2
		여	2	2	1	1	1	1	10	10	10	10	9	9	9
음 6 월	음력		1	2	3	4	5	6	7	8	9	10	11	12	13
	양력		**6/28**	29	30	**7/1**	2	3	4	5	6	7	8	9	10
	연주 (생년)		신유	신유	신유	신유	신유	신유	신유	신유	신유	신유	신유	신유	신유
	월주 (생월)		갑오	갑오	갑오	갑오	갑오	갑오	갑오	갑오	갑오	**을미**	을미	을미	을미
	일주 (생일)		임진	계사	갑오	을미	병신	정유	무술	기해	경자	신축	임인	계묘	갑진
	대운	남	8	8	8	9	9	9	10	10	10	10	1	1	1
		여	3	3	2	2	2	1	1	1	1	10	10	10	9

음 1 월	14	15	16	17	18	19	20	21	22	23	24	25	26	27	28	29	30
	14	15	16	17	18	19	20	21	22	23	24	25	26	27	28	**3/1**	2
	신유	신유	신유	신유	신유	신유	신유	신유	신유	신유	신유	신유	신유	신유	신유	신유	신유
	경인	경인	경인	경인	경인	경인	경인	경인	경인	경인	경인	경인	경인	경인	경인	경인	경인
	무인	기묘	경진	신사	임오	계미	갑신	을유	병술	정해	무자	기축	경인	신묘	임진	계사	갑오
	4	4	4	5	5	5	6	6	6	7	7	7	8	8	8	9	9
	6	6	6	5	5	5	4	4	4	3	3	3	2	2	2	1	1
음 2 월	14	15	16	17	18	19	20	21	22	23	24	25	26	27	28	29	
	16	17	18	19	20	21	22	23	24	25	26	27	28	29	30	31	
	신유	신유	신유	신유	신유	신유	신유	신유	신유	신유	신유	신유	신유	신유	신유	신유	
	신묘	신묘	신묘	신묘	신묘	신묘	신묘	신묘	신묘	신묘	신묘	신묘	신묘	신묘	신묘	신묘	
	무신	기유	경술	신해	임자	계축	갑인	을묘	병진	정사	무오	기미	경신	신유	임술	계해	
	4	4	4	5	5	5	6	6	6	7	7	7	8	8	8	9	
	6	6	6	5	5	5	4	4	4	3	3	3	2	2	2	1	
음 3 월	14	15	16	17	18	19	20	21	22	23	24	25	26	27	28	29	
	14	15	16	17	18	19	20	21	22	23	24	25	26	27	28	29	
	신유	신유	신유	신유	신유	신유	신유	신유	신유	신유	신유	신유	신유	신유	신유	신유	
	임진	임진	임진	임진	임진	임진	임진	임진	임진	임진	임진	임진	임진	임진	임진	임진	
	정축	무인	기묘	경진	신사	임오	계미	갑신	을유	병술	정해	무자	기축	경인	신묘	임진	
	3	4	4	4	5	5	5	6	6	6	7	7	7	8	8	8	
	7	7	6	6	6	5	5	5	4	4	4	3	3	3	2	2	
음 4 월	14	15	16	17	18	19	20	21	22	23	24	25	26	27	28	29	30
	13	14	15	16	17	18	19	20	21	22	23	24	25	26	27	28	29
	신유	신유	신유	신유	신유	신유	신유	신유	신유	신유	신유	신유	신유	신유	신유	신유	신유
	계사	계사	계사	계사	계사	계사	계사	계사	계사	계사	계사	계사	계사	계사	계사	계사	계사
	병오	정미	무신	기유	경술	신해	임자	계축	갑인	을묘	병진	정사	무오	기미	경신	신유	임술
	3	3	3	4	4	4	5	5	5	6	6	6	7	7	7	8	8
	8	7	7	7	6	6	6	5	5	5	4	4	4	3	3	3	2
음 5 월	14	15	16	17	18	19	20	21	22	23	24	25	26	27	28	29	
	12	13	14	15	16	17	18	19	20	21	22	23	24	25	26	27	
	신유	신유	신유	신유	신유	신유	신유	신유	신유	신유	신유	신유	신유	신유	신유	신유	
	갑오	갑오	갑오	갑오	갑오	갑오	갑오	갑오	갑오	갑오	갑오	갑오	갑오	갑오	갑오	갑오	
	병자	정축	무인	기묘	경진	신사	임오	계미	갑신	을유	병술	정해	무자	기축	경인	신묘	
	2	3	3	3	4	4	4	5	5	5	6	6	6	7	7	7	
	8	8	8	7	7	7	6	6	6	5	5	5	4	4	4	3	
음 6 월	14	15	16	17	18	19	20	21	22	23	24	25	26	27	28	29	30
	11	12	13	14	15	16	17	18	19	20	21	22	23	24	25	26	27
	신유	신유	신유	신유	신유	신유	신유	신유	신유	신유	신유	신유	신유	신유	신유	신유	신유
	을미	을미	을미	을미	을미	을미	을미	을미	을미	을미	을미	을미	을미	을미	을미	을미	을미
	을사	병오	정미	무신	기유	경술	신해	임자	계축	갑인	을묘	병진	정사	무오	기미	경신	신유
	1	2	2	2	3	3	3	4	4	4	5	5	5	6	6	6	7
	9	9	8	8	8	7	7	7	6	6	6	5	5	5	4	4	4

2041(신유)년 【단기 4374년】

			1	2	3	4	5	6	7	8	9	10	11	12	13
음 7 월	음력		1	2	3	4	5	6	7	8	9	10	11	12	13
	양력		**7/28**	29	30	31	**8/1**	2	3	4	5	6	7	8	9
	연주 (생년)		신유	신유	신유	신유	신유	신유	신유	신유	신유	신유	신유	신유	신유
	월주 (생월)		을미	을미	을미	을미	을미	을미	을미	을미	을미	을미	**병신**	병신	병신
	일주 (생일)		임술	계해	갑자	을축	병인	정묘	무진	기사	경오	신미	임신	계유	갑술
	대운	남	7	7	8	8	8	9	9	9	10	10	10	1	1
		여	3	3	3	2	2	2	1	1	1	1	10	10	10
음 8 월	음력		1	2	3	4	5	6	7	8	9	10	11	12	13
	양력		**8/27**	28	29	30	31	**9/1**	2	3	4	5	6	7	8
	연주 (생년)		신유	신유	신유	신유	신유	신유	신유	신유	신유	신유	신유	신유	신유
	월주 (생월)		병신	병신	병신	병신	병신	병신	병신	병신	병신	병신	병신	**정유**	정유
	일주 (생일)		임진	계사	갑오	을미	병신	정유	무술	기해	경자	신축	임인	계묘	갑진
	대운	남	7	7	7	8	8	8	9	9	9	10	10	10	1
		여	4	3	3	3	2	2	2	1	1	1	1	10	10
음 9 월	음력		1	2	3	4	5	6	7	8	9	10	11	12	13
	양력		**9/25**	26	27	28	29	30	**10/1**	2	3	4	5	6	7
	연주 (생년)		신유	신유	신유	신유	신유	신유	신유	신유	신유	신유	신유	신유	신유
	월주 (생월)		정유	정유	정유	정유	정유	정유	정유	정유	정유	정유	정유	정유	정유
	일주 (생일)		신유	임술	계해	갑자	을축	병인	정묘	무진	기사	경오	신미	임신	계유
	대운	남	6	6	7	7	7	8	8	8	9	9	9	10	10
		여	4	4	4	3	3	3	2	2	2	1	1	1	1
음 10 월	음력		1	2	3	4	5	6	7	8	9	10	11	12	13
	양력		**10/25**	26	27	28	29	30	31	**11/1**	2	3	4	5	6
	연주 (생년)		신유	신유	신유	신유	신유	신유	신유	신유	신유	신유	신유	신유	신유
	월주 (생월)		무술	무술	무술	무술	무술	무술	무술	무술	무술	무술	무술	무술	무술
	일주 (생일)		신묘	임진	계사	갑오	을미	병신	정유	무술	기해	경자	신축	임인	계묘
	대운	남	6	6	6	7	7	7	8	8	8	9	9	9	10
		여	4	4	4	3	3	3	2	2	2	1	1	1	1
음 11 월	음력		1	2	3	4	5	6	7	8	9	10	11	12	13
	양력		**11/24**	25	26	27	28	29	30	**12/1**	2	3	4	5	6
	연주 (생년)		신유	신유	신유	신유	신유	신유	신유	신유	신유	신유	신유	신유	신유
	월주 (생월)		기해	기해	기해	기해	기해	기해	기해	기해	기해	기해	기해	기해	기해
	일주 (생일)		신유	임술	계해	갑자	을축	병인	정묘	무진	기사	경오	신미	임신	계유
	대운	남	6	6	6	7	7	7	8	8	8	9	9	9	10
		여	4	4	4	3	3	3	2	2	2	1	1	1	1
음 12 월	음력		1	2	3	4	5	6	7	8	9	10	11	12	13
	양력		**12/23**	24	25	26	27	28	29	30	31	**1/1**	2	3	4
	연주 (생년)		신유	신유	신유	신유	신유	신유	신유	신유	신유	신유	신유	신유	신유
	월주 (생월)		경자	경자	경자	경자	경자	경자	경자	경자	경자	경자	경자	경자	경자
	일주 (생일)		경인	신묘	임진	계사	갑오	을미	병신	정유	무술	기해	경자	신축	임인
	대운	남	5	6	6	6	7	7	7	8	8	8	9	9	9
		여	4	4	4	3	3	3	2	2	2	1	1	1	1

	14	15	16	17	18	19	20	21	22	23	24	25	26	27	28	29	30
	10	11	12	13	14	15	16	17	18	19	20	21	22	23	24	25	26
음	신유	신유	신유	신유	신유	신유	신유	신유	신유	신유	신유	신유	신유	신유	신유	신유	신유
7	병신	병신	병신	병신	병신	병신	병신	병신	병신	병신	병신	병신	병신	병신	병신	병신	병신
월	을해	병자	정축	무인	기묘	경진	신사	임오	계미	갑신	을유	병술	정해	무자	기축	경인	신묘
	1	1	2	2	2	3	3	3	4	4	4	5	5	5	6	6	6
	9	9	9	8	8	8	7	7	7	6	6	6	5	5	5	4	4
	14	15	16	17	18	19	20	21	22	23	24	25	26	27	28	29	
	9	10	11	12	13	14	15	16	17	18	19	20	21	22	23	24	
음	신유	신유	신유	신유	신유	신유	신유	신유	신유	신유	신유	신유	신유	신유	신유	신유	
8	정유	정유	정유	정유	정유	정유	정유	정유	정유	정유	정유	정유	정유	정유	정유	정유	
월	을사	병오	정미	무신	기유	경술	신해	임자	계축	갑인	을묘	병진	정사	무오	기미	경신	
	1	1	1	2	2	2	3	3	3	4	4	4	5	5	5	6	
	10	9	9	9	8	8	8	7	7	7	6	6	6	5	5	5	
	14	15	16	17	18	19	20	21	22	23	24	25	26	27	28	29	30
	8	9	10	11	12	13	14	15	16	17	18	19	20	21	22	23	24
음	신유	신유	신유	신유	신유	신유	신유	신유	신유	신유	신유	신유	신유	신유	신유	신유	신유
9	**무술**	무술	무술	무술	무술	무술	무술	무술	무술	무술	무술	무술	무술	무술	무술	무술	무술
월	갑술	을해	병자	정축	무인	기묘	경진	신사	임오	계미	갑신	을유	병술	정해	무자	기축	경인
	10	1	1	1	1	2	2	2	3	3	3	4	4	4	5	5	5
	10	10	9	9	9	8	8	8	7	7	7	6	6	6	5	5	5
	14	15	16	17	18	19	20	21	22	23	24	25	26	27	28	29	30
	7	8	9	10	11	12	13	14	15	16	17	18	19	20	21	22	23
음	신유	신유	신유	신유	신유	신유	신유	신유	신유	신유	신유	신유	신유	신유	신유	신유	신유
10	**기해**	기해	기해	기해	기해	기해	기해	기해	기해	기해	기해	기해	기해	기해	기해	기해	기해
월	갑진	을사	병오	정미	무신	기유	경술	신해	임자	계축	갑인	을묘	병진	정사	무오	기미	경신
	10	1	1	1	1	2	2	2	3	3	3	4	4	4	5	5	5
	10	10	9	9	9	8	8	8	7	7	7	6	6	6	5	5	5
	14	15	16	17	18	19	20	21	22	23	24	25	26	27	28	29	
	7	8	9	10	11	12	13	14	15	16	17	18	19	20	21	22	
음	신유	신유	신유	신유	신유	신유	신유	신유	신유	신유	신유	신유	신유	신유	신유	신유	
11	**경자**	경자	경자	경자	경자	경자	경자	경자	경자	경자	경자	경자	경자	경자	경자	경자	
월	갑술	을해	병자	정축	무인	기묘	경진	신사	임오	계미	갑신	을유	병술	정해	무자	기축	
	10	1	1	1	1	2	2	2	3	3	3	4	4	4	5	5	
	10	9	9	9	8	8	8	7	7	7	6	6	6	5	5	5	
	14	15	16	17	18	19	20	21	22	23	24	25	26	27	28	29	30
	5	6	7	8	9	10	11	12	13	14	15	16	17	18	19	20	21
음	신유	신유	신유	신유	신유	신유	신유	신유	신유	신유	신유	신유	신유	신유	신유	신유	신유
12	**신축**	신축	신축	신축	신축	신축	신축	신축	신축	신축	신축	신축	신축	신축	신축	신축	신축
월	계묘	갑진	을사	병오	정미	무신	기유	경술	신해	임자	계축	갑인	을묘	병진	정사	무오	기미
	10	1	1	1	1	2	2	2	3	3	3	4	4	4	5	5	5
	10	10	9	9	9	8	8	8	7	7	7	6	6	6	5	5	5

2042(임술)년 【단기 4375년】

월	구분		1	2	3	4	5	6	7	8	9	10	11	12	13
음 1 월	음력		1	2	3	4	5	6	7	8	9	10	11	12	13
	양력		**1/22**	23	24	25	26	27	28	29	30	31	**2/1**	2	3
	연주 (생년)		신유	신유	신유	신유	신유	신유	신유	신유	신유	신유	신유	신유	신유
	월주 (생월)		신축	신축	신축	신축	신축	신축	신축	신축	신축	신축	신축	신축	신축
	일주 (생일)		경신	신유	임술	계해	갑자	을축	병인	정묘	무진	기사	경오	신미	임신
	대운	남	6	6	6	7	7	7	8	8	8	9	9	9	10
		여	4	4	4	3	3	3	2	2	2	1	1	1	1

월	구분		1	2	3	4	5	6	7	8	9	10	11	12	13
음 2 월	음력		1	2	3	4	5	6	7	8	9	10	11	12	13
	양력		**2/20**	21	22	23	24	25	26	27	28	**3/1**	2	3	4
	연주 (생년)		임술	임술	임술	임술	임술	임술	임술	임술	임술	임술	임술	임술	임술
	월주 (생월)		임인	임인	임인	임인	임인	임인	임인	임인	임인	임인	임인	임인	임인
	일주 (생일)		기축	경인	신묘	임진	계사	갑오	을미	병신	정유	무술	기해	경자	신축
	대운	남	4	4	4	3	3	3	2	2	2	1	1	1	1
		여	5	6	6	6	7	7	7	8	8	8	9	9	9

월	구분		1	2	3	4	5	6	7	8	9	10	11	12	13
윤 2 월	음력		1	2	3	4	5	6	7	8	9	10	11	12	13
	양력		**3/22**	23	24	25	26	27	28	29	30	31	**4/1**	2	3
	연주 (생년)		임술	임술	임술	임술	임술	임술	임술	임술	임술	임술	임술	임술	임술
	월주 (생월)		계묘	계묘	계묘	계묘	계묘	계묘	계묘	계묘	계묘	계묘	계묘	계묘	계묘
	일주 (생일)		기미	경신	신유	임술	계해	갑자	을축	병인	정묘	무진	기사	경오	신미
	대운	남	5	4	4	4	3	3	3	2	2	2	1	1	1
		여	6	6	6	7	7	7	8	8	8	9	9	9	10

월	구분		1	2	3	4	5	6	7	8	9	10	11	12	13
음 3 월	음력		1	2	3	4	5	6	7	8	9	10	11	12	13
	양력		**4/20**	21	22	23	24	25	26	27	28	29	30	**5/1**	2
	연주 (생년)		임술	임술	임술	임술	임술	임술	임술	임술	임술	임술	임술	임술	임술
	월주 (생월)		갑진	갑진	갑진	갑진	갑진	갑진	갑진	갑진	갑진	갑진	갑진	갑진	갑진
	일주 (생일)		무자	기축	경인	신묘	임진	계사	갑오	을미	병신	정유	무술	기해	경자
	대운	남	5	5	4	4	4	3	3	3	2	2	2	1	1
		여	5	5	6	6	6	7	7	7	8	8	8	9	9

월	구분		1	2	3	4	5	6	7	8	9	10	11	12	13
음 4 월	음력		1	2	3	4	5	6	7	8	9	10	11	12	13
	양력		**5/19**	20	21	22	23	24	25	26	27	28	29	30	31
	연주 (생년)		임술	임술	임술	임술	임술	임술	임술	임술	임술	임술	임술	임술	임술
	월주 (생월)		을사	을사	을사	을사	을사	을사	을사	을사	을사	을사	을사	을사	을사
	일주 (생일)		정사	무오	기미	경신	신유	임술	계해	갑자	을축	병인	정묘	무진	기사
	대운	남	6	5	5	5	4	4	4	3	3	3	2	2	2
		여	5	5	5	6	6	6	7	7	7	8	8	8	9

월	구분		1	2	3	4	5	6	7	8	9	10	11	12	13
음 5 월	음력		1	2	3	4	5	6	7	8	9	10	11	12	13
	양력		**6/18**	19	20	21	22	23	24	25	26	27	28	29	30
	연주 (생년)		임술	임술	임술	임술	임술	임술	임술	임술	임술	임술	임술	임술	임술
	월주 (생월)		병오	병오	병오	병오	병오	병오	병오	병오	병오	병오	병오	병오	병오
	일주 (생일)		정해	무자	기축	경인	신묘	임진	계사	갑오	을미	병신	정유	무술	기해
	대운	남	6	6	6	5	5	5	4	4	4	3	3	3	2
		여	4	5	5	5	6	6	6	7	7	7	8	8	8

월	구분		1	2	3	4	5	6	7	8	9	10	11	12	13
음 6 월	음력		1	2	3	4	5	6	7	8	9	10	11	12	13
	양력		**7/17**	18	19	20	21	22	23	24	25	26	27	28	29
	연주 (생년)		임술	임술	임술	임술	임술	임술	임술	임술	임술	임술	임술	임술	임술
	월주 (생월)		정미	정미	정미	정미	정미	정미	정미	정미	정미	정미	정미	정미	정미
	일주 (생일)		병진	정사	무오	기미	경신	신유	임술	계해	갑자	을축	병인	정묘	무진
	대운	남	7	7	6	6	6	5	5	5	4	4	4	3	3
		여	3	4	4	4	5	5	5	6	6	6	7	7	7

월																	
음1월	14	15	16	17	18	19	20	21	22	23	24	25	26	27	28	29	
	4	5	6	7	8	9	10	11	12	13	14	15	16	17	18	19	
	임술	임술	임술	임술	임술	임술	임술	임술	임술	임술	임술	임술	임술	임술	임술	임술	
	임인	임인	임인	임인	임인	임인	임인	임인	임인	임인	임인	임인	임인	임인	임인	임인	
	계유	갑술	을해	병자	정축	무인	기묘	경진	신사	임오	계미	갑신	을유	병술	정해	무자	
	10	9	9	9	8	8	8	7	7	7	6	6	6	5	5	5	
	10	1	1	1	1	2	2	2	3	3	3	4	4	4	5	5	
음2월	14	15	16	17	18	19	20	21	22	23	24	25	26	27	28	29	30
	5	6	7	8	9	10	11	12	13	14	15	16	17	18	19	20	21
	임술	임술	임술	임술	임술	임술	임술	임술	임술	임술	임술	임술	임술	임술	임술	임술	임술
	계묘	계묘	계묘	계묘	계묘	계묘	계묘	계묘	계묘	계묘	계묘	계묘	계묘	계묘	계묘	계묘	계묘
	임인	계묘	갑진	을사	병오	정미	무신	기유	경술	신해	임자	계축	갑인	을묘	병진	정사	무오
	10	10	10	9	9	9	8	8	8	7	7	7	6	6	6	5	5
	10	1	1	1	1	2	2	2	3	3	3	4	4	4	5	5	5
윤2월	14	15	16	17	18	19	20	21	22	23	24	25	26	27	28	29	
	4	5	6	7	8	9	10	11	12	13	14	15	16	17	18	19	
	임술	임술	임술	임술	임술	임술	임술	임술	임술	임술	임술	임술	임술	임술	임술	임술	
	계묘	**갑진**	갑진	갑진	갑진	갑진	갑진	갑진	갑진	갑진	갑진	갑진	갑진	갑진	갑진	갑진	
	임신	계유	갑술	을해	병자	정축	무인	기묘	경진	신사	임오	계미	갑신	을유	병술	정해	
	1	10	10	9	9	9	8	8	8	7	7	7	6	6	6	5	
	10	10	1	1	1	1	2	2	2	3	3	3	4	4	4	5	
음3월	14	15	16	17	18	19	20	21	22	23	24	25	26	27	28	29	
	3	4	5	6	7	8	9	10	11	12	13	14	15	16	17	18	
	임술	임술	임술	임술	임술	임술	임술	임술	임술	임술	임술	임술	임술	임술	임술	임술	
	갑진	갑진	**을사**	을사	을사	을사	을사	을사	을사	을사	을사	을사	을사	을사	을사	을사	
	신축	임인	계묘	갑진	을사	병오	정미	무신	기유	경술	신해	임자	계축	갑인	을묘	병진	
	1	1	10	10	10	9	9	9	8	8	8	7	7	7	6	6	
	9	10	10	1	1	1	1	2	2	2	3	3	3	4	4	4	
음4월	14	15	16	17	18	19	20	21	22	23	24	25	26	27	28	29	30
	6/1	2	3	4	5	6	7	8	9	10	11	12	13	14	15	16	17
	임술	임술	임술	임술	임술	임술	임술	임술	임술	임슬	임술	임술	임술	임술	임술	임술	임술
	을사	을사	을사	을사	**병오**	병오	병오	병오	병오	병오	병오	병오	병오	병오	병오	병오	병오
	경오	신미	임신	계유	갑술	을해	병자	정축	무인	기묘	경진	신사	임오	계미	갑신	을유	병술
	1	1	1	1	10	10	10	10	9	9	9	8	8	8	7	7	7
	9	9	10	10	10	1	1	1	1	2	2	2	3	3	3	4	4
음5월	14	15	16	17	18	19	20	21	22	23	24	25	26	27	28	29	
	7/1	2	3	4	5	6	7	8	9	10	11	12	13	14	15	16	
	임술	임술	임술	임술	임술	임술	임술	임술	임술	임술	임술	임술	임술	임술	임술	임술	
	병오	병오	병오	병오	병오	병오	**정미**	정미	정미	정미	정미	정미	정미	정미	정미	정미	
	경자	신축	임인	계묘	갑진	을사	병오	정미	무신	기유	경술	신해	임자	계축	갑인	을묘	
	2	2	1	1	1	1	10	10	10	9	9	9	8	8	8	7	
	9	9	9	10	10	10	10	1	1	1	1	2	2	2	3	3	
음6월	14	15	16	17	18	19	20	21	22	23	24	25	26	27	28	29	30
	30	31	**8/1**	2	3	4	5	6	7	8	9	10	11	12	13	14	15
	임술	임술	임술	임술	임술	임술	임술	임술	임술	임술	임술	임술	임술	임술	임술	임술	임술
	정미	정미	정미	정미	정미	정미	정미	정미	**무신**	무신	무신	무신	무신	무신	무신	무신	무신
	기사	경오	신미	임신	계유	갑술	을해	병자	정축	무인	기묘	경진	신사	임오	계미	갑신	을유
	3	2	2	2	1	1	1	1	10	10	10	9	9	9	8	8	8
	8	8	8	9	9	9	10	10	10	1	1	1	1	2	2	2	3

2042(임술)년 【단기 4375년】

음7월 음력	1	2	3	4	5	6	7	8	9	10	11	12	13
양력	8/16	17	18	19	20	21	22	23	24	25	26	27	28
연주 (생년)	임술	임술	임술	임술	임술	임술	임술	임술	임술	임술	임술	임술	임술
월주 (생월)	무신	무신	무신	무신	무신	무신	무신	무신	무신	무신	무신	무신	무신
일주 (생일)	병술	정해	무자	기축	경인	신묘	임진	계사	갑오	을미	병신	정유	무술
대운 남	7	7	7	6	6	6	5	5	5	4	4	4	3
대운 여	3	3	4	4	4	5	5	5	6	6	6	7	7

음8월 음력	1	2	3	4	5	6	7	8	9	10	11	12	13
양력	9/14	15	16	17	18	19	20	21	22	23	24	25	26
연주 (생년)	임술	임술	임술	임술	임술	임술	임술	임술	임술	임술	임술	임술	임술
월주 (생월)	기유	기유	기유	기유	기유	기유	기유	기유	기유	기유	기유	기유	기유
일주 (생일)	을묘	병진	정사	무오	기미	경신	신유	임술	계해	갑자	을축	병인	정묘
대운 남	8	8	7	7	7	6	6	6	5	5	5	4	4
대운 여	2	3	3	3	4	4	4	5	5	5	6	6	6

음9월 음력	1	2	3	4	5	6	7	8	9	10	11	12	13
양력	10/14	15	16	17	18	19	20	21	22	23	24	25	26
연주 (생년)	임술	임술	임술	임술	임술	임술	임술	임술	임술	임술	임술	임술	임술
월주 (생월)	경술	경술	경술	경술	경술	경술	경술	경술	경술	경술	경술	경술	경술
일주 (생일)	을유	병술	정해	무자	기축	경인	신묘	임진	계사	갑오	을미	병신	정유
대운 남	8	8	7	7	7	6	6	6	5	5	5	4	4
대운 여	2	2	3	3	3	4	4	4	5	5	5	6	6

음10월 음력	1	2	3	4	5	6	7	8	9	10	11	12	13
양력	11/13	14	15	16	17	18	19	20	21	22	23	24	25
연주 (생년)	임술	임술	임술	임술	임술	임술	임술	임술	임술	임술	임술	임술	임술
월주 (생월)	신해	신해	신해	신해	신해	신해	신해	신해	신해	신해	신해	신해	신해
일주 (생일)	을묘	병진	정사	무오	기미	경신	신유	임술	계해	갑자	을축	병인	정묘
대운 남	8	8	7	7	7	6	6	6	5	5	5	4	4
대운 여	2	2	3	3	3	4	4	4	5	5	5	6	6

음11월 음력	1	2	3	4	5	6	7	8	9	10	11	12	13
양력	12/13	14	15	16	17	18	19	20	21	22	23	24	25
연주 (생년)	임술	임술	임술	임술	임술	임술	임술	임술	임술	임술	임술	임술	임술
월주 (생월)	임자	임자	임자	임자	임자	임자	임자	임자	임자	임자	임자	임자	임자
일주 (생일)	을유	병술	정해	무자	기축	경인	신묘	임진	계사	갑오	을미	병신	정유
대운 남	8	7	7	7	6	6	6	5	5	5	4	4	4
대운 여	2	2	3	3	3	4	4	4	5	5	5	6	6

음12월 음력	1	2	3	4	5	6	7	8	9	10	11	12	13
양력	1/11	12	13	14	15	16	17	18	19	20	21	22	23
연주 (생년)	임술	임술	임술	임술	임술	임술	임술	임술	임술	임술	임술	임술	임술
월주 (생월)	계축	계축	계축	계축	계축	계축	계축	계축	계축	계축	계축	계축	계축
일주 (생일)	갑인	을묘	병진	정사	무오	기미	경신	신유	임술	계해	갑자	을축	병인
대운 남	8	8	7	7	7	6	6	6	5	5	5	4	4
대운 여	2	2	3	3	3	4	4	4	5	5	5	6	6

	14	15	16	17	18	19	20	21	22	23	24	25	26	27	28	29	
	29	30	31	**9/1**	2	3	4	5	6	7	8	9	10	11	12	13	
음	임술	임술	임술	임술	임술	임술	임술	임술	임술	임술	임술	임술	임술	임술	임술	임술	
7	무신	무신	무신	무신	무신	무신	무신	무신	무신	**기유**	기유	기유	기유	기유	기유	기유	
월	기해	경자	신축	임인	계묘	갑진	을사	병오	정미	무신	기유	경술	신해	임자	계축	갑인	
	3	3	2	2	2	1	1	1	1	10	10	10	9	9	9	8	
	7	8	8	8	9	9	9	10	10	10	1	1	1	1	2	2	
	14	15	16	17	18	19	20	21	22	23	24	25	26	27	28	29	30
	27	28	29	30	**10/1**	2	3	4	5	6	7	8	9	10	11	12	13
음	임술	임술	임술	임술	임술	임술	임술	임술	임술	임술	임술	임술	임술	임술	임술	임술	임술
8	기유	기유	기유	기유	기유	기유	기유	기유	기유	기유	기유	**경술**	경술	경술	경술	경술	경술
월	무진	기사	경오	신미	임신	계유	갑술	을해	병자	정축	무인	기묘	경진	신사	임오	계미	갑신
	4	3	3	3	2	2	2	1	1	1	1	10	10	9	9	9	8
	7	7	7	8	8	8	9	9	9	10	10	10	1	1	1	1	2
	14	15	16	17	18	19	20	21	22	23	24	25	26	27	28	29	30
	27	28	29	30	31	**11/1**	2	3	4	5	6	7	8	9	10	11	12
음	임술	임술	임술	임술	임술	임술	임술	임술	임술	임술	임술	임술	임술	임술	임술	임술	임술
9	경술	경술	경술	경술	경술	경술	경술	경술	경술	경술	경술	**신해**	신해	신해	신해	신해	신해
월	무술	기해	경자	신축	임인	계묘	갑진	을사	병오	정미	무신	기유	경술	신해	임자	계축	갑인
	4	3	3	3	2	2	2	1	1	1	1	10	10	9	9	9	8
	6	7	7	7	8	8	8	9	9	9	10	10	1	1	1	1	2
	14	15	16	17	18	19	20	21	22	23	24	25	26	27	28	29	30
	26	27	28	29	30	**12/1**	2	3	4	5	6	7	8	9	10	11	12
음	임술	임술	임술	임술	임술	임술	임술	임술	임술	임술	임술	임술	임술	임술	임술	임술	임술
10	신해	신해	신해	신해	신해	신해	신해	신해	신해	신해	신해	**임자**	임자	임자	임자	임자	임자
월	무진	기사	경오	신미	임신	계유	갑술	을해	병자	정측	무인	기묘	경진	신사	임오	계미	갑신
	4	3	3	3	2	2	2	1	1	1	1	10	9	9	9	8	8
	6	7	7	7	8	8	8	9	9	9	10	10	1	1	1	1	2
	14	15	16	17	18	19	20	21	22	23	24	25	26	27	28	29	
	26	27	28	29	30	31	**1/1**	2	3	4	5	6	7	8	9	10	
음	임술	임술	임술	임술	임술	임술	임술	임술	임술	임술	임술	임술	임술	임술	임술	임술	
11	임자	임자	임자	임자	임자	임자	임자	임자	임자	임자	**계축**	계축	계축	계축	계축	계축	
월	무술	기해	경자	신축	임인	계묘	갑진	을사	병오	정미	무신	기유	경술	신해	임자	계축	
	3	3	3	2	2	2	1	1	1	1	10	10	9	9	9	8	
	6	7	7	7	8	8	8	9	9	9	10	1	1	1	1	2	
	14	15	16	17	18	19	20	21	22	23	24	25	26	27	28	29	30
	24	25	26	27	28	29	30	31	**2/1**	2	3	4	5	6	7	8	9
음	임술	임술	임술	임술	임술	임술	임술	임술	임술	임술	임술	**계해**	계해	계해	계해	계해	계해
12	계해	계해	계해	계해	계해	계해	계해	계해	계해	계해	계해	**갑인**	갑인	갑인	갑인	갑인	갑인
월	정묘	무진	기사	경오	신미	임신	계유	갑술	을해	병자	정축	무인	기묘	경진	신사	임오	계미
	4	3	3	3	2	2	2	1	1	1	1	10	1	1	1	1	2
	6	7	7	7	8	8	8	9	9	9	10	10	10	9	9	9	8

2043(계해)년 【단기 4376년】

월	구분		1	2	3	4	5	6	7	8	9	10	11	12	13
음 1 월	음력		1	2	3	4	5	6	7	8	9	10	11	12	13
	양력		**2/10**	11	12	13	14	15	16	17	18	19	20	21	22
	연주 (생년)		계해	계해	계해	계해	계해	계해	계해	계해	계해	계해	계해	계해	계해
	월주 (생월)		갑인	갑인	갑인	갑인	갑인	갑인	갑인	갑인	갑인	갑인	갑인	갑인	갑인
	일주 (생일)		갑신	을유	병술	정해	무자	기축	경인	신묘	임진	계사	갑오	을미	병신
	대운	남	2	2	3	3	3	4	4	4	5	5	5	6	6
		여	8	8	7	7	7	6	6	6	5	5	5	4	4
음 2 월	음력		1	2	3	4	5	6	7	8	9	10	11	12	13
	양력		**3/11**	12	13	14	15	16	17	18	19	20	21	22	23
	연주 (생년)		계해	계해	계해	계해	계해	계해	계해	계해	계해	계해	계해	계해	계해
	월주 (생월)		을묘	을묘	을묘	을묘	을묘	을묘	을묘	을묘	을묘	을묘	을묘	을묘	을묘
	일주 (생일)		계축	갑인	을묘	병진	정사	무오	기미	경신	신유	임술	계해	갑자	을축
	대운	남	2	2	2	3	3	3	4	4	4	5	5	5	6
		여	8	8	8	7	7	7	6	6	6	5	5	5	4
음 3 월	음력		1	2	3	4	5	6	7	8	9	10	11	12	13
	양력		**4/10**	11	12	13	14	15	16	17	18	19	20	21	22
	연주 (생년)		계해	계해	계해	계해	계해	계해	계해	계해	계해	계해	계해	계해	계해
	월주 (생월)		병진	병진	병진	병진	병진	병진	병진	병진	병진	병진	병진	병진	병진
	일주 (생일)		계미	갑신	을유	병술	정해	무자	기축	경인	신묘	임진	계사	갑오	을미
	대운	남	2	2	2	3	3	3	4	4	4	5	5	5	6
		여	8	8	8	7	7	7	6	6	6	5	5	5	4
음 4 월	음력		1	2	3	4	5	6	7	8	9	10	11	12	13
	양력		**5/9**	10	11	12	13	14	15	16	17	18	19	20	21
	연주 (생년)		계해	계해	계해	계해	계해	계해	계해	계해	계해	계해	계해	계해	계해
	월주 (생월)		정사	정사	정사	정사	정사	정사	정사	정사	정사	정사	정사	정사	정사
	일주 (생일)		임자	계축	갑인	을묘	병진	정사	무오	기미	경신	신유	임술	계해	갑자
	대운	남	1	2	2	2	3	3	3	4	4	4	5	5	5
		여	9	9	9	8	8	8	7	7	7	6	6	6	5
음 5 월	음력		1	2	3	4	5	6	7	8	9	10	11	12	13
	양력		**6/7**	8	9	10	11	12	13	14	15	16	17	18	19
	연주 (생년)		계해	계해	계해	계해	계해	계해	계해	계해	계해	계해	계해	계해	계해
	월주 (생월)		무오	무오	무오	무오	무오	무오	무오	무오	무오	무오	무오	무오	무오
	일주 (생일)		신사	임오	계미	갑신	을유	병술	정해	무자	기축	경인	신묘	임진	계사
	대운	남	1	1	1	1	2	2	2	3	3	3	4	4	4
		여	10	10	9	9	9	8	8	8	7	7	7	6	6
음 6 월	음력		1	2	3	4	5	6	7	8	9	10	11	12	13
	양력		**7/7**	8	9	10	11	12	13	14	15	16	17	18	19
	연주 (생년)		계해	계해	계해	계해	계해	계해	계해	계해	계해	계해	계해	계해	계해
	월주 (생월)		**기미**	기미	기미	기미	기미	기미	기미	기미	기미	기미	기미	기미	기미
	일주 (생일)		신해	임자	계축	갑인	을묘	병진	정사	무오	기미	경신	신유	임술	계해
	대운	남	10	1	1	1	1	2	2	2	3	3	3	4	4
		여	10	10	10	9	9	9	8	8	8	7	7	7	6

음 1 월	14	15	16	17	18	19	20	21	22	23	24	25	26	27	28	29	
	23	24	25	26	27	28	**3/1**	2	3	4	5	6	7	8	9	10	
	계해	계해	계해	계해	계해	계해	계해	계해	계해	계해	계해	계해	계해	계해	계해	계해	
	갑인	갑인	갑인	갑인	갑인	갑인	갑인	갑인	갑인	갑인	갑인	**을묘**	을묘	을묘	을묘	을묘	
	정유	무술	기해	경자	신축	임인	계묘	갑진	을사	병오	정미	무신	기유	경술	신해	임자	
	6	7	7	7	8	8	8	9	9	9	10	10	1	1	1	1	
	4	3	3	3	2	2	2	1	1	1	1	10	10	9	9	9	
음 2 월	14	15	16	17	18	19	20	21	22	23	24	25	26	27	28	29	30
	24	25	26	27	28	29	30	31	**4/1**	2	3	4	5	6	7	8	9
	계해	계해	계해	계해	계해	계해	계해	계해	계해	계해	계해	계해	계해	계해	계해	계해	계해
	을묘	을묘	을묘	을묘	을묘	을묘	을묘	을묘	을묘	을묘	을묘	을묘	**병진**	병진	병진	병진	병진
	병인	정묘	무진	기사	경오	신미	임신	계유	갑술	을해	병자	정축	무인	기묘	경진	신사	임오
	6	6	7	7	7	8	8	8	9	9	9	10	10	1	1	1	1
	4	4	3	3	3	2	2	2	1	1	1	1	10	10	9	9	9
음 3 월	14	15	16	17	18	19	20	21	22	23	24	25	26	27	28	29	
	23	24	25	26	27	28	29	30	**5/1**	2	3	4	5	6	7	8	
	계해	계해	계해	계해	계해	계해	계해	계해	계해	계해	계해	계해	계해	계해	계해	계해	
	병진	병진	병진	병진	병진	병진	병진	병진	병진	병진	병진	병진	**정사**	정사	정사	정사	
	병신	정유	무술	기해	경자	신축	임인	계묘	갑진	을사	병오	정미	무신	기유	경술	신해	
	6	6	7	7	7	8	8	8	9	9	9	10	10	1	1	1	
	4	4	3	3	3	2	2	2	1	1	1	1	10	10	10	10	
음 4 월	14	15	16	17	18	19	20	21	22	23	24	25	26	27	28	29	
	22	23	24	25	26	27	28	29	30	31	**6/1**	2	3	4	5	6	
	계해	계해	계해	계해	계해	계해	계해	계해	계해	계해	계해	계해	계해	계해	계해	계해	
	정사	정사	정사	정사	정사	정사	정사	정사	정사	정사	정사	정사	정사	정사	정사	**무오**	
	을축	병인	정묘	무진	기사	경오	신미	임신	계유	갑술	을해	병자	정축	무인	기묘	경진	
	6	6	6	7	7	7	8	8	8	9	9	9	10	10	10	10	
	5	5	4	4	4	3	3	3	2	2	2	1	1	1	1	10	
음 5 월	14	15	16	17	18	19	20	21	22	23	24	25	26	27	28	29	30
	20	21	22	23	24	25	26	27	28	29	30	**7/1**	2	3	4	5	6
	계해	계해	계해	계해	계해	계해	계해	계해	계해	계해	계해	계해	계해	계해	계해	계해	계해
	무오	무오	무오	무오	무오	무오	무오	무오	무오	무오	무오	무오	무오	무오	무오	무오	무오
	갑오	을미	병신	정유	무술	기해	경자	신축	임인	계묘	갑진	을사	병오	정미	무신	기유	경술
	5	5	5	6	6	6	7	7	7	8	8	8	9	9	9	10	10
	6	5	5	5	4	4	4	3	3	3	2	2	2	1	1	1	1
음 6 월	14	15	16	17	18	19	20	21	22	23	24	25	26	27	28	29	
	20	21	22	23	24	25	26	27	28	29	30	31	**8/1**	2	3	4	
	계해	계해	계해	계해	계해	계해	계해	계해	계해	계해	계해	계해	계해	계해	계해	계해	
	기미	기미	기미	기미	기미	기미	기미	기미	기미	기미	기미	기미	기미	기미	기미	기미	
	갑자	을축	병인	정묘	무진	기사	경오	신미	임신	계유	갑술	을해	병자	정축	무인	기묘	
	4	5	5	5	6	6	6	7	7	7	8	8	8	9	9	9	
	6	6	5	5	5	4	4	4	3	3	3	2	2	2	1	1	

2043(계해)년 【단기 4376년】

월	구분													
음 7 월	음력	1	2	3	4	5	6	7	8	9	10	11	12	13
	양력	**8/5**	6	7	8	9	10	11	12	13	14	15	16	17
	연주 (생년)	계해	계해	계해	계해	계해	계해	계해	계해	계해	계해	계해	계해	계해
	월주 (생월)	기미	기미	**경신**	경신	경신	경신	경신	경신	경신	경신	경신	경신	경신
	일주 (생일)	경진	신사	임오	계미	갑신	을유	병술	정해	무자	기축	경인	신묘	임진
	대운 남	10	10	10	1	1	1	1	2	2	2	3	3	3
	대운 여	1	1	10	10	10	9	9	9	8	8	8	7	7
음 8 월	음력	1	2	3	4	5	6	7	8	9	10	11	12	13
	양력	**9/3**	4	5	6	7	8	9	10	11	12	13	14	15
	연주 (생년)	계해	계해	계해	계해	계해	계해	계해	계해	계해	계해	계해	계해	계해
	월주 (생월)	경신	경신	경신	경신	**신유**	신유	신유	신유	신유	신유	신유	신유	신유
	일주 (생일)	기유	경술	신해	임자	계축	갑인	을묘	병진	정사	무오	기미	경신	신유
	대운 남	9	9	10	10	10	1	1	1	1	2	2	2	3
	대운 여	1	1	1	1	10	10	10	9	9	9	8	8	8
음 9 월	음력	1	2	3	4	5	6	7	8	9	10	11	12	13
	양력	**10/3**	4	5	6	7	8	9	10	11	12	13	14	15
	연주 (생년)	계해	계해	계해	계해	계해	계해	계해	계해	계해	계해	계해	계해	계해
	월주 (생월)	신유	신유	신유	신유	신유	**임술**	임술	임술	임술	임술	임술	임술	임술
	일주 (생일)	기묘	경진	신사	임오	계미	갑신	을유	병술	정해	무자	기축	경인	신묘
	대운 남	9	9	9	10	10	10	1	1	1	1	2	2	2
	대운 여	2	1	1	1	1	10	10	9	9	9	8	8	8
음 10 월	음력	1	2	3	4	5	6	7	8	9	10	11	12	13
	양력	**11/2**	3	4	5	6	7	8	9	10	11	12	13	14
	연주 (생년)	계해	계해	계해	계해	계해	계해	계해	계해	계해	계해	계해	계해	계해
	월주 (생월)	임술	임술	임술	임술	임술	**계해**	계해	계해	계해	계해	계해	계해	계해
	일주 (생일)	기유	경술	신해	임자	계축	갑인	을묘	병진	정사	무오	기미	경신	신유
	대운 남	8	9	9	9	10	10	1	1	1	1	2	2	2
	대운 여	2	1	1	1	1	10	10	9	9	9	8	8	8
음 11 월	음력	1	2	3	4	5	6	7	8	9	10	11	12	13
	양력	**12/1**	2	3	4	5	6	7	8	9	10	11	12	13
	연주 (생년)	계해	계해	계해	계해	계해	계해	계해	계해	계해	계해	계해	계해	계해
	월주 (생월)	계해	계해	계해	계해	계해	계해	**갑자**	갑자	갑자	갑자	갑자	갑자	갑자
	일주 (생일)	무인	기묘	경진	신사	임오	계미	갑신	을유	병술	정해	무자	기축	경인
	대운 남	8	8	9	9	9	10	10	1	1	1	1	2	2
	대운 여	2	2	1	1	1	1	10	10	9	9	9	8	8
음 12 월	음력	1	2	3	4	5	6	7	8	9	10	11	12	13
	양력	**12/31**	**1/1**	2	3	4	5	6	7	8	9	10	11	12
	연주 (생년)	계해	계해	계해	계해	계해	계해	계해	계해	계해	계해	계해	계해	계해
	월주 (생월)	갑자	갑자	갑자	갑자	갑자	갑자	**을축**	을축	을축	을축	을축	을축	을축
	일주 (생일)	무신	기유	경술	신해	임자	계축	갑인	을묘	병진	정사	무오	기미	경신
	대운 남	8	8	9	9	9	10	10	1	1	1	1	2	2
	대운 여	2	2	1	1	1	1	10	9	9	9	8	8	8

음 7월	14	15	16	17	18	19	20	21	22	23	24	25	26	27	28	29	
	18	19	20	21	22	23	24	25	26	27	28	29	30	31	**9/1**	2	
	계해	계해	계해	계해	계해	계해	계해	계해	계해	계해	계해	계해	계해	계해	계해	계해	
	경신	경신	경신	경신	경신	경신	경신	경신	경신	경신	경신	경신	경신	경신	경신	경신	
	계사	갑오	을미	병신	정유	무술	기해	경자	신축	임인	계묘	갑진	을사	병오	정미	무신	
	4	4	4	5	5	5	6	6	6	7	7	7	8	8	8	9	
	7	6	6	6	5	5	5	4	4	4	3	3	3	2	2	2	

음 8월	14	15	16	17	18	19	20	21	22	23	24	25	26	27	28	29	30
	16	17	18	19	20	21	22	23	24	25	26	27	28	29	30	**10/1**	2
	계해	계해	계해	계해	계해	계해	계해	계해	계해	계해	계해	계해	계해	계해	계해	계해	계해
	신유	신유	신유	신유	신유	신유	신유	신유	신유	신유	신유	신유	신유	신유	신유	신유	신유
	임술	계해	갑자	을축	병인	정묘	무진	기사	경오	신미	임신	계유	갑술	을해	병자	정축	무인
	3	3	4	4	4	5	5	5	6	6	6	7	7	7	8	8	8
	7	7	7	6	6	6	5	5	5	4	4	4	3	3	3	2	2

음 9월	14	15	16	17	18	19	20	21	22	23	24	25	26	27	28	29	30
	16	17	18	19	20	21	22	23	24	25	26	27	28	29	30	31	**11/1**
	계해	계해	계해	계해	계해	계해	계해	계해	계해	계해	계해	계해	계해	계해	계해	계해	계해
	임술	임술	임술	임술	임술	임술	임술	임술	임술	임술	임술	임술	임술	임술	임술	임술	임술
	임진	계사	갑오	을미	병신	정유	무술	기해	경자	신축	임인	계묘	갑진	을사	병오	정미	무신
	3	3	3	4	4	4	5	5	5	6	6	6	7	7	7	8	8
	7	7	7	6	6	6	5	5	5	4	4	4	3	3	3	2	2

음 10월	14	15	16	17	18	19	20	21	22	23	24	25	26	27	28	29	
	15	16	17	18	19	20	21	22	23	24	25	26	27	28	29	30	
	계해	계해	계해	계해	계해	계해	계해	계해	계해	계해	계해	계해	계해	계해	계해	계해	
	계해	계해	계해	계해	계해	계해	계해	계해	계해	계해	계해	계해	계해	계해	계해	계해	
	임술	계해	갑자	을축	병인	정묘	무진	기사	경오	신미	임신	계유	갑술	을해	병자	정축	
	3	3	3	4	4	4	5	5	5	6	6	6	7	7	7	8	
	7	7	7	6	6	6	5	5	5	4	4	4	3	3	3	2	

음 11월	14	15	16	17	18	19	20	21	22	23	24	25	26	27	28	29	30
	14	15	16	17	18	19	20	21	22	23	24	25	26	27	28	29	30
	계해	계해	계해	계해	계해	계해	계해	계해	계해	계해	계해	계해	계해	계해	계해	계해	계해
	갑자	갑자	갑자	갑자	갑자	갑자	갑자	갑자	갑자	갑자	갑자	갑자	갑자	갑자	갑자	갑자	갑자
	신묘	임진	계사	갑오	을미	병신	정유	무술	기해	경자	신축	임인	계묘	갑진	을사	병오	정미
	2	3	3	3	4	4	4	5	5	5	6	6	6	7	7	7	8
	8	7	7	7	6	6	6	5	5	5	4	4	4	3	3	3	2

음 12월	14	15	16	17	18	19	20	21	22	23	24	25	26	27	28	29	30
	13	14	15	16	17	18	19	20	21	22	23	24	25	26	27	28	29
	계해	계해	계해	계해	계해	계해	계해	계해	계해	계해	계해	계해	계해	계해	계해	계해	계해
	을축	을축	을축	을축	을축	을축	을축	을축	을축	을축	을축	을축	을축	을축	을축	을축	을축
	신유	임술	계해	갑자	을축	병인	정묘	무진	기사	경오	신미	임신	계유	갑술	을해	병자	정축
	2	3	3	3	4	4	4	5	5	5	6	6	6	7	7	7	8
	7	7	7	6	6	6	5	5	5	4	4	4	3	3	3	2	2

2044(갑자)년 【단기 4377년】

월	구분		1	2	3	4	5	6	7	8	9	10	11	12	13
음 1 월	음력		1	2	3	4	5	6	7	8	9	10	11	12	13
	양력		**1/30**	31	**2/1**	2	3	4	5	6	7	8	9	10	11
	연주 (생년)		계해	계해	계해	계해	계해	**갑자**	갑자	갑자	갑자	갑자	갑자	갑자	갑자
	월주 (생월)		을축	을축	을축	을축	을축	**병인**	병인	병인	병인	병인	병인	병인	병인
	일주 (생일)		무인	기묘	경진	신사	임오	계미	갑신	을유	병술	정해	무자	기축	경인
	대운	남	8	8	9	9	9	10	10	9	9	9	8	8	8
		여	2	1	1	1	1	10	1	1	1	1	2	2	2
음 2 월	음력		1	2	3	4	5	6	7	8	9	10	11	12	13
	양력		**2/29**	**3/1**	2	3	4	5	6	7	8	9	10	11	12
	연주 (생년)		갑자	갑자	갑자	갑자	갑자	갑자	갑자	갑자	갑자	갑자	갑자	갑자	갑자
	월주 (생월)		병인	병인	병인	병인	병인	**정묘**	정묘	정묘	정묘	정묘	정묘	정묘	정묘
	일주 (생일)		무신	기유	경술	신해	임자	계축	갑인	을묘	병진	정사	무오	기미	경신
	대운	남	2	1	1	1	1	10	10	9	9	9	8	8	8
		여	8	9	9	9	10	10	1	1	1	1	2	2	2
음 3 월	음력		1	2	3	4	5	6	7	8	9	10	11	12	13
	양력		**3/29**	30	31	**4/1**	2	3	4	5	6	7	8	9	10
	연주 (생년)		갑자	갑자	갑자	갑자	갑자	갑자	갑자	갑자	갑자	갑자	갑자	갑자	갑자
	월주 (생월)		정묘	정묘	정묘	정묘	정묘	정묘	**무진**	무진	무진	무진	무진	무진	무진
	일주 (생일)		정축	무인	기묘	경진	신사	임오	계미	갑신	을유	병술	정해	무자	기축
	대운	남	2	2	1	1	1	1	10	10	10	9	9	9	8
		여	8	8	9	9	9	10	10	1	1	1	1	2	2
음 4 월	음력		1	2	3	4	5	6	7	8	9	10	11	12	13
	양력		**4/28**	29	30	**5/1**	2	3	4	5	6	7	8	9	10
	연주 (생년)		갑자	갑자	갑자	갑자	갑자	갑자	갑자	갑자	갑자	갑자	갑자	갑자	갑자
	월주 (생월)		무진	무진	무진	무진	무진	무진	무진	**기사**	기사	기사	기사	기사	기사
	일주 (생일)		정미	무신	기유	경술	신해	임자	계축	갑인	을묘	병진	정사	무오	기미
	대운	남	2	2	2	1	1	1	1	10	10	10	9	9	9
		여	8	8	9	9	9	10	10	10	1	1	1	1	2
음 5 월	음력		1	2	3	4	5	6	7	8	9	10	11	12	13
	양력		**5/27**	28	29	30	31	**6/1**	2	3	4	5	6	7	8
	연주 (생년)		갑자	갑자	갑자	갑자	갑자	갑자	갑자	갑자	갑자	갑자	갑자	갑자	갑자
	월주 (생월)		기사	기사	기사	기사	기사	기사	기사	기사	기사	**경오**	경오	경오	경오
	일주 (생일)		병자	정축	무인	기묘	경진	신사	임오	계미	갑신	을유	병술	정해	무자
	대운	남	3	3	2	2	2	1	1	1	1	10	10	10	9
		여	7	8	8	8	9	9	9	10	10	10	1	1	1
음 6 월	음력		1	2	3	4	5	6	7	8	9	10	11	12	13
	양력		**6/25**	26	27	28	29	30	**7/1**	2	3	4	5	6	7
	연주 (생년)		갑자	갑자	갑자	갑자	갑자	갑자	갑자	갑자	갑자	갑자	갑자	갑자	갑자
	월주 (생월)		경오	경오	경오	경오	경오	경오	경오	경오	경오	경오	경오	**신미**	신미
	일주 (생일)		을사	병오	정미	무신	기유	경술	신해	임자	계축	갑인	을묘	병진	정사
	대운	남	4	3	3	3	2	2	2	1	1	1	1	10	10
		여	7	7	7	8	8	8	9	9	9	10	10	10	1

음1월	14	15	16	17	18	19	20	21	22	23	24	25	26	27	28	29	30
	12	13	14	15	16	17	18	19	20	21	22	23	24	25	26	27	28
	갑자	갑자	갑자	갑자	갑자	갑자	갑자	갑자	갑자	갑자	갑자	갑자	갑자	갑자	갑자	갑자	갑자
	병인	병인	병인	병인	병인	병인	병인	병인	병인	병인	병인	병인	병인	병인	병인	병인	병인
	신묘	임진	계사	갑오	을미	병신	정유	무술	기해	경자	신축	임인	계묘	갑진	을사	병오	정미
	7	7	7	6	6	6	5	5	5	4	4	4	3	3	3	2	2
	3	3	3	4	4	4	5	5	5	6	6	6	7	7	7	8	8
음2월	14	15	16	17	18	19	20	21	22	23	24	25	26	27	28	29	
	13	14	15	16	17	18	19	20	21	22	23	24	25	26	27	28	
	갑자	갑자	갑자	갑자	갑자	갑자	갑자	갑자	갑자	갑자	갑자	갑자	갑자	갑자	갑자	갑자	
	정묘	정묘	정묘	정묘	정묘	정묘	정묘	정묘	정묘	정묘	정묘	정묘	정묘	정묘	정묘	정묘	
	신유	임술	계해	갑자	을축	병인	정묘	무진	기사	경오	신미	임신	계유	갑술	을해	병자	
	7	7	7	6	6	6	5	5	5	4	4	4	3	3	3	2	
	3	3	3	4	4	4	5	5	5	6	6	6	7	7	7	8	
음3월	14	15	16	17	18	19	20	21	22	23	24	25	26	27	28	29	30
	11	12	13	14	15	16	17	18	19	20	21	22	23	24	25	26	27
	갑자	갑자	갑자	갑자	갑자	갑자	갑자	갑자	갑자	갑자	갑자	갑자	갑자	갑자	갑자	갑자	갑자
	무진	무진	무진	무진	무진	무진	무진	무진	무진	무진	무진	무진	무진	무진	무진	무진	무진
	경인	신묘	임진	계사	갑오	을미	병신	정유	무술	기해	경자	신축	임인	계묘	갑진	을사	병오
	8	8	7	7	7	6	6	6	5	5	5	4	4	4	3	3	3
	2	3	3	3	4	4	4	5	5	5	6	6	6	7	7	7	8
음4월	14	15	16	17	18	19	20	21	22	23	24	25	26	27	28	29	
	11	12	13	14	15	16	17	18	19	20	21	22	23	24	25	26	
	갑자	갑자	갑자	갑자	갑자	갑자	갑자	갑자	갑자	갑자	갑자	갑자	갑자	갑자	갑자	갑자	
	기사	기사	기사	기사	기사	기사	기사	기사	기사	기사	기사	기사	기사	기사	기사	기사	
	경신	신유	임술	계해	갑자	을축	병인	정묘	무진	기사	경오	신미	임신	계유	갑술	을해	
	8	8	8	7	7	7	6	6	6	5	5	5	4	4	4	3	
	2	2	3	3	3	4	4	4	5	5	5	6	6	6	7	7	
음5월	14	15	16	17	18	19	20	21	22	23	24	25	26	27	28	29	
	9	10	11	12	13	14	15	16	17	18	19	20	21	22	23	24	
	갑자	갑자	갑자	갑자	갑자	갑자	갑자	갑자	갑자	갑자	갑자	갑자	갑자	갑자	갑자	갑자	
	경오	경오	경오	경오	경오	경오	경오	경오	경오	경오	경오	경오	경오	경오	경오	경오	
	기축	경인	신묘	임진	계사	갑오	을미	병신	정유	무술	기해	경자	신축	임인	계묘	갑진	
	9	9	8	8	8	7	7	7	6	6	6	5	5	5	4	4	
	1	2	2	2	3	3	3	4	4	4	5	5	5	6	6	6	
음6월	14	15	16	17	18	19	20	21	22	23	24	25	26	27	28	29	30
	8	9	10	11	12	13	14	15	16	17	18	19	20	21	22	23	24
	갑자	갑자	갑자	갑자	갑자	갑자	갑자	갑자	갑자	갑자	갑자	갑자	갑자	갑자	갑자	갑자	갑자
	신미	신미	신미	신미	신미	신미	신미	신미	신미	신미	신미	신미	신미	신미	신미	신미	신미
	무오	기미	경신	신유	임술	계해	갑자	을축	병인	정묘	무진	기사	경오	신미	임신	계유	갑술
	10	10	9	9	9	8	8	8	7	7	7	6	6	6	5	5	5
	1	1	1	2	2	2	3	3	3	4	4	4	5	5	5	6	6

2044(갑자)년【단기 4377년】

월	구분		1	2	3	4	5	6	7	8	9	10	11	12	13
음 7 월	음력		1	2	3	4	5	6	7	8	9	10	11	12	13
	양력		**7/25**	26	27	28	29	30	31	**8/1**	2	3	4	5	6
	연주 (생년)		갑자	갑자	갑자	갑자	갑자	갑자	갑자	갑자	갑자	갑자	갑자	갑자	갑자
	월주 (생월)		신미	신미	신미	신미	신미	신미	신미	신미	신미	신미	신미	신미	신미
	일주 (생일)		을해	병자	정축	무인	기묘	경진	신사	임오	계미	갑신	을유	병술	정해
	대운	남	4	4	4	3	3	3	2	2	2	1	1	1	1
		여	6	7	7	7	8	8	8	9	9	9	10	10	10
윤 7 월	음력		1	2	3	4	5	6	7	8	9	10	11	12	13
	양력		**8/23**	24	25	26	27	28	29	30	31	**9/1**	2	3	4
	연주 (생년)		갑자	갑자	갑자	갑자	갑자	갑자	갑자	갑자	갑자	갑자	갑자	갑자	갑자
	월주 (생월)		임신	임신	임신	임신	임신	임신	임신	임신	임신	임신	임신	임신	임신
	일주 (생일)		갑진	을사	병오	정미	무신	기유	경술	신해	임자	계축	갑인	을묘	병진
	대운	남	5	5	4	4	4	3	3	3	2	2	2	1	1
		여	5	6	6	6	7	7	7	8	8	8	9	9	9
음 8 월	음력		1	2	3	4	5	6	7	8	9	10	11	12	13
	양력		**9/21**	22	23	24	25	26	27	28	29	30	**10/1**	2	3
	연주 (생년)		갑자	갑자	갑자	갑자	갑자	갑자	갑자	갑자	갑자	갑자	갑자	갑자	갑자
	월주 (생월)		계유	계유	계유	계유	계유	계유	계유	계유	계유	계유	계유	계유	계유
	일주 (생일)		계유	갑술	을해	병자	정축	무인	기묘	경진	신사	임오	계미	갑신	을유
	대운	남	6	5	5	5	4	4	4	3	3	3	2	2	2
		여	5	5	5	6	6	6	7	7	7	8	8	8	9
음 9 월	음력		1	2	3	4	5	6	7	8	9	10	11	12	13
	양력		**10/21**	22	23	24	25	26	27	28	29	30	31	**11/1**	2
	연주 (생년)		갑자	갑자	갑자	갑자	갑자	갑자	갑자	갑자	갑자	갑자	갑자	갑자	갑자
	월주 (생월)		갑술	갑술	갑술	갑술	갑술	갑술	갑술	갑술	갑술	갑술	갑술	갑술	갑술
	일주 (생일)		계묘	갑진	을사	병오	정미	무신	기유	경술	신해	임자	계축	갑인	을묘
	대운	남	6	5	5	5	4	4	4	3	3	3	2	2	2
		여	4	5	5	5	6	6	6	7	7	7	8	8	8
음 10 월	음력		1	2	3	4	5	6	7	8	9	10	11	12	13
	양력		**11/19**	20	21	22	23	24	25	26	27	28	29	30	**12/1**
	연주 (생년)		갑자	갑자	갑자	갑자	갑자	갑자	갑자	갑자	갑자	갑자	갑자	갑자	갑자
	월주 (생월)		을해	을해	을해	을해	을해	을해	을해	을해	을해	을해	을해	을해	을해
	일주 (생일)		임신	계유	갑술	을해	병자	정축	무인	기묘	경진	신사	임오	계미	갑신
	대운	남	6	5	5	5	4	4	4	3	3	3	2	2	2
		여	4	4	5	5	5	6	6	6	7	7	7	8	8
음 11 월	음력		1	2	3	4	5	6	7	8	9	10	11	12	13
	양력		**12/19**	20	21	22	23	24	25	26	27	28	29	30	31
	연주 (생년)		갑자	갑자	갑자	갑자	갑자	갑자	갑자	갑자	갑자	갑자	갑자	갑자	갑자
	월주 (생월)		병자	병자	병자	병자	병자	병자	병자	병자	병자	병자	병자	병자	병자
	일주 (생일)		임인	계묘	갑진	을사	병오	정미	무신	기유	경술	신해	임자	계축	갑인
	대운	남	6	5	5	5	4	4	4	3	3	3	2	2	2
		여	4	5	5	5	6	6	6	7	7	7	8	8	8
음 12 월	음력		1	2	3	4	5	6	7	8	9	10	11	12	13
	양력		**1/18**	19	20	21	22	23	24	25	26	27	28	29	30
	연주 (생년)		갑자	갑자	갑자	갑자	갑자	갑자	갑자	갑자	갑자	갑자	갑자	갑자	갑자
	월주 (생월)		정축	정축	정축	정축	정축	정축	정축	정축	정축	정축	정축	정축	정축
	일주 (생일)		임신	계유	갑술	을해	병자	정축	무인	기묘	경진	신사	임오	계미	갑신
	대운	남	5	5	5	4	4	4	3	3	3	2	2	2	1
		여	4	5	5	5	6	6	6	7	7	7	8	8	8

	14	15	16	17	18	19	20	21	22	23	24	25	26	27	28	29	
음	7	8	9	10	11	12	13	14	15	16	17	18	19	20	21	22	
	갑자	갑자	갑자	갑자	갑자	갑자	갑자	갑자	갑자	갑자	갑자	갑자	갑자	갑자	갑자	갑자	
7	**임신**	임신	임신	임신	임신	임신	임신	임신	임신	임신	임신	임신	임신	임신	임신	임신	
	무자	기축	경인	신묘	임진	계사	갑오	을미	병신	정유	무술	기해	경자	신축	임인	계묘	
월	10	10	10	9	9	9	8	8	8	7	7	7	6	6	6	5	
	10	1	1	1	1	2	2	2	3	3	3	4	4	4	5	5	
	14	15	16	17	18	19	20	21	22	23	24	25	26	27	28	29	
윤	5	6	7	8	9	10	11	12	13	14	15	16	17	18	19	20	
	갑자	갑자	갑자	갑자	갑자	갑자	갑자	갑자	갑자	갑자	갑자	갑자	갑자	갑자	갑자	갑자	
7	임신	임신	**계유**	계유	계유	계유	계유	계유	계유	계유	계유	계유	계유	계유	계유	계유	
	정사	무오	기미	경신	신유	임술	계해	갑자	을축	병인	정묘	무진	기사	경오	신미	임신	
월	1	1	10	10	10	9	9	9	8	8	8	7	7	7	6	6	
	10	10	10	1	1	1	1	2	2	2	3	3	3	4	4	4	
	14	15	16	17	18	19	20	21	22	23	24	25	26	27	28	29	30
음	4	5	6	7	8	9	10	11	12	13	14	15	16	17	18	19	20
	갑자	갑자	갑자	갑자	갑자	갑자	갑자	갑자	갑자	갑자	갑자	갑자	갑자	갑자	갑자	갑자	갑자
8	계유	계유	계유	계유	**갑술**	갑술	갑술	갑술	갑술	갑술	갑술	갑술	갑술	갑술	갑술	갑술	갑술
	병술	정해	무자	기축	경인	신묘	임진	계사	갑오	을미	병신	정유	무술	기해	경자	신축	임인
월	1	1	1	1	10	10	9	9	9	8	8	8	7	7	7	6	6
	9	9	10	10	10	1	1	1	1	2	2	2	3	3	3	4	4
	14	15	16	17	18	19	20	21	22	23	24	25	26	27	28	29	
음	3	4	5	6	7	8	9	10	11	12	13	14	15	16	17	18	
	갑자	갑자	갑자	갑자	갑자	갑자	갑자	갑자	갑자	갑자	갑자	갑자	갑자	갑자	갑자	갑자	
9	갑술	갑술	갑술	갑술	**을해**	을해	을해	을해	을해	을해	을해	을해	을해	을해	을해	을해	
	병진	정사	무오	기미	경신	신유	임술	계해	갑자	을축	병인	정묘	무진	기사	경오	신미	
월	1	1	1	10	10	9	9	9	8	8	8	7	7	7	6	6	
	9	9	9	10	10	1	1	1	1	2	2	2	3	3	3	4	
	14	15	16	17	18	19	20	21	22	23	24	25	26	27	28	29	30
음	2	3	4	5	6	7	8	9	10	11	12	13	14	15	16	17	18
	갑자	갑자	갑자	갑자	갑자	갑자	갑자	갑자	갑자	갑자	갑자	갑자	갑자	갑자	갑자	갑자	갑자
10	을해	을해	을해	을해	**병자**	병자	병자	병자	병자	병자	병자	병자	병자	병자	병자	병자	병자
	을유	병술	정해	무자	기축	경인	신묘	임진	계사	갑오	을미	병신	정유	무술	기해	경자	신축
월	1	1	1	1	10	10	9	9	9	8	8	8	7	7	7	6	6
	8	9	9	9	10	1	1	1	1	2	2	2	3	3	3	4	4
	14	15	16	17	18	19	20	21	22	23	24	25	26	27	28	29	30
음	**1/1**	2	3	4	5	6	7	8	9	10	11	12	13	14	15	16	17
	갑자	갑자	갑자	갑자	갑자	갑자	갑자	갑자	갑자	갑자	갑자	갑자	갑자	갑자	갑자	갑자	갑자
11	병자	병자	병자	병자	**정축**	정축	정축	정축	정축	정축	정축	정축	정축	정축	정축	정축	정축
	을묘	병진	정사	무오	기미	경신	신유	임술	계해	갑자	을축	병인	정묘	무진	기사	경오	신미
월	1	1	1	1	10	9	9	9	8	8	8	7	7	7	6	6	6
	9	9	9	10	10	1	1	1	1	2	2	2	3	3	3	4	4
	14	15	16	17	18	19	20	21	22	23	24	25	26	27	28	29	30
음	31	**2/1**	2	3	4	5	6	7	8	9	10	11	12	13	14	15	16
	갑자	갑자	갑자	**을축**	을축	을축	을축	을축	을축	을축	을축	을축	을축	을축	을축	을축	을축
12	정축	정축	정축	**무인**	무인	무인	무인	무인	무인	무인	무인	무인	무인	무인	무인	무인	무인
	을유	병술	정해	무자	기축	경인	신묘	임진	계사	갑오	을미	병신	정유	무술	기해	경자	신축
월	1	1	1	10	1	1	1	1	2	2	2	3	3	3	4	4	4
	9	9	9	10	10	9	9	9	8	8	8	7	7	7	6	6	6

2045(을축)년 【단기 4378년】

음 1 월	음력		1	2	3	4	5	6	7	8	9	10	11	12	13
	양력		2/17	18	19	20	21	22	23	24	25	26	27	28	3/1
	연주 (생년)		을축	을축	을축	을축	을축	을축	을축	을축	을축	을축	을축	을축	을축
	월주 (생월)		무인	무인	무인	무인	무인	무인	무인	무인	무인	무인	무인	무인	무인
	일주 (생일)		임인	계묘	갑진	을사	병오	정미	무신	기유	경술	신해	임자	계축	갑인
	대운	남	5	5	5	6	6	6	7	7	7	8	8	8	9
		여	5	5	5	4	4	4	3	3	3	2	2	2	1
음 2 월	음력		1	2	3	4	5	6	7	8	9	10	11	12	13
	양력		3/19	20	21	22	23	24	25	26	27	28	29	30	31
	연주 (생년)		을축	을축	을축	을축	을축	을축	을축	을축	을축	을축	을축	을축	을축
	월주 (생월)		기묘	기묘	기묘	기묘	기묘	기묘	기묘	기묘	기묘	기묘	기묘	기묘	기묘
	일주 (생일)		임신	계유	갑술	을해	병자	정축	무인	기묘	경진	신사	임오	계미	갑신
	대운	남	5	5	5	6	6	6	7	7	7	8	8	8	9
		여	5	5	5	4	4	4	3	3	3	2	2	2	1
음 3 월	음력		1	2	3	4	5	6	7	8	9	10	11	12	13
	양력		4/17	18	19	20	21	22	23	24	25	26	27	28	29
	연주 (생년)		을축	을축	을축	을축	을축	을축	을축	을축	을축	을축	을축	을축	을축
	월주 (생월)		경진	경진	경진	경진	경진	경진	경진	경진	경진	경진	경진	경진	경진
	일주 (생일)		신축	임인	계묘	갑진	을사	병오	정미	무신	기유	경술	신해	임자	계축
	대운	남	4	5	5	5	6	6	6	7	7	7	8	8	8
		여	6	6	5	5	5	4	4	4	3	3	3	2	2
음 4 월	음력		1	2	3	4	5	6	7	8	9	10	11	12	13
	양력		5/17	18	19	20	21	22	23	24	25	26	27	28	29
	연주 (생년)		을축	을축	을축	을축	을축	을축	을축	을축	을축	을축	을축	을축	을축
	월주 (생월)		신사	신사	신사	신사	신사	신사	신사	신사	신사	신사	신사	신사	신사
	일주 (생일)		신미	임신	계유	갑술	을해	병자	정축	무인	기묘	경진	신사	임오	계미
	대운	남	4	4	5	5	5	6	6	6	7	7	7	8	8
		여	6	6	6	5	5	5	4	4	4	3	3	3	2
음 5 월	음력		1	2	3	4	5	6	7	8	9	10	11	12	13
	양력		6/15	16	17	18	19	20	21	22	23	24	25	26	27
	연주 (생년)		을축	을축	을축	을축	을축	을축	을축	을축	을축	을축	을축	을축	을축
	월주 (생월)		임오	임오	임오	임오	임오	임오	임오	임오	임오	임오	임오	임오	임오
	일주 (생일)		경자	신축	임인	계묘	갑진	을사	병오	정미	무신	기유	경술	신해	임자
	대운	남	3	4	4	4	5	5	5	6	6	6	7	7	7
		여	7	7	7	6	6	6	5	5	5	4	4	4	3
음 6 월	음력		1	2	3	4	5	6	7	8	9	10	11	12	13
	양력		7/14	15	16	17	18	19	20	21	22	23	24	25	26
	연주 (생년)		을축	을축	을축	을축	을축	을축	을축	을축	을축	을축	을축	을축	을축
	월주 (생월)		계미	계미	계미	계미	계미	계미	계미	계미	계미	계미	계미	계미	계미
	일주 (생일)		기사	경오	신미	임신	계유	갑술	을해	병자	정축	무인	기묘	경진	신사
	대운	남	2	3	3	3	4	4	4	5	5	5	6	6	6
		여	8	8	7	7	7	6	6	6	5	5	5	4	4

음 1 월	14	15	16	17	18	19	20	21	22	23	24	25	26	27	28	29	30
	2	3	4	5	6	7	8	9	10	11	12	13	14	15	16	17	18
	을축	을축	을축	을축	을축	을축	을축	을축	을축	을축	을축	을축	을축	을축	을축	을축	을축
	무인	무인	무인	**기묘**	기묘	기묘	기묘	기묘	기묘	기묘	기묘	기묘	기묘	기묘	기묘	기묘	기묘
	을묘	병진	정사	무오	기미	경신	신유	임술	계해	갑자	을축	병인	정묘	무진	기사	경오	신미
	9	9	10	10	1	1	1	1	2	2	2	3	3	3	4	4	4
	1	1	1	10	10	9	9	9	8	8	8	7	7	7	6	6	6

음 2 월	14	15	16	17	18	19	20	21	22	23	24	25	26	27	28	29	
	4/1	2	3	4	5	6	7	8	9	10	11	12	13	14	15	16	
	을축	을축	을축	을축	을축	을축	을축	을축	을축	을축	을축	을축	을축	을축	을축	을축	
	기묘	기묘	기묘	**경진**	경진	경진	경진	경진	경진	경진	경진	경진	경진	경진	경진	경진	
	을유	병술	정해	무자	기축	경인	신묘	임진	계사	갑오	을미	병신	정유	무술	기해	경자	
	9	9	10	10	1	1	1	1	2	2	2	3	3	3	4	4	
	1	1	1	10	10	10	9	9	9	8	8	8	7	7	7	6	

음 3 월	14	15	16	17	18	19	20	21	22	23	24	25	26	27	28	29	30
	30	**5/1**	2	3	4	5	6	7	8	9	10	11	12	13	14	15	16
	을축	을축	을축	을축	을축	을축	을축	을축	을축	을축	을축	을축	을축	을축	을축	을축	을축
	경진	경진	경진	경진	경진	**신사**	신사	신사	신사	신사	신사	신사	신사	신사	신사	신사	신사
	갑인	을묘	병진	정사	무오	기미	경신	신유	임술	계해	갑자	을축	병인	정묘	무진	기사	경오
	9	9	9	10	10	10	1	1	1	1	2	2	2	3	3	3	4
	2	1	1	1	1	10	10	10	9	9	9	8	8	8	7	7	7

음 4 월	14	15	16	17	18	19	20	21	22	23	24	25	26	27	28	29	
	30	31	**6/1**	2	3	4	5	6	7	8	9	10	11	12	13	14	
	을축	을축	을축	을축	을축	을축	을축	을축	을축	을축	을축	을축	을축	을축	을축	을축	
	신사	신사	신사	신사	신사	신사	**임오**	임오	임오	임오	임오	임오	임오	임오	임오	임오	
	갑신	을유	병술	정해	무자	기축	경인	신묘	임진	계사	갑오	을미	병신	정유	무술	기해	
	8	9	9	9	10	10	10	1	1	1	1	2	2	2	3	3	
	2	2	1	1	1	1	10	10	10	10	9	9	9	8	8	8	

음 5 월	14	15	16	17	18	19	20	21	22	23	24	25	26	27	28	29	
	28	29	30	**7/1**	2	3	4	5	6	7	8	9	10	11	12	13	
	을축	을축	을축	을축	을축	을축	을축	을축	을축	을축	을축	을축	을축	을축	을축	을축	
	임오	임오	임오	임오	임오	임오	임오	임오	임오	**계미**	계미	계미	계미	계미	계미	계미	
	계축	갑인	을묘	병진	정사	무오	기미	경신	신유	임술	계해	갑자	을축	병인	정묘	무진	
	8	8	8	9	9	9	10	10	10	10	1	1	1	1	2	2	
	3	3	2	2	2	1	1	1	1	10	10	10	9	9	9	8	

음 6 월	14	15	16	17	18	19	20	21	22	23	24	25	26	27	28	29	30
	27	28	29	30	31	**8/1**	2	3	4	5	6	7	8	9	10	11	12
	을축	을축	을축	을축	을축	을축	을축	을축	을축	을축	을축	을축	을축	을축	을축	을축	을축
	계미	계미	계미	계미	계미	계미	계미	계미	계미	계미	계미	**갑신**	갑신	갑신	갑신	갑신	갑신
	임오	계미	갑신	을유	병술	정해	무자	기축	경인	신묘	임진	계사	갑오	을미	병신	정유	무술
	7	7	7	8	8	8	9	9	9	10	10	10	1	1	1	1	2
	4	3	3	3	2	2	2	1	1	1	1	10	10	10	9	9	9

2045(을축)년 【단기 4378년】

음 7 월	음력		1	2	3	4	5	6	7	8	9	10	11	12	13
	양력		8/13	14	15	16	17	18	19	20	21	22	23	24	25
	연주 (생년)		을축	을축	을축	을축	을축	을축	을축	을축	을축	을축	을축	을축	을축
	월주 (생월)		갑신	갑신	갑신	갑신	갑신	갑신	갑신	갑신	갑신	갑신	갑신	갑신	갑신
	일주 (생일)		기해	경자	신축	임인	계묘	갑진	을사	병오	정미	무신	기유	경술	신해
	대운	남	2	2	3	3	3	4	4	4	5	5	5	6	6
		여	8	8	8	7	7	7	6	6	6	5	5	5	4
음 8 월	음력		1	2	3	4	5	6	7	8	9	10	11	12	13
	양력		9/11	12	13	14	15	16	17	18	19	20	21	22	23
	연주 (생년)		을축	을축	을축	을축	을축	을축	을축	을축	을축	을축	을축	을축	을축
	월주 (생월)		을유	을유	을유	을유	을유	을유	을유	을유	을유	을유	을유	을유	을유
	일주 (생일)		무진	기사	경오	신미	임신	계유	갑술	을해	병자	정축	무인	기묘	경진
	대운	남	1	2	2	2	3	3	3	4	4	4	5	5	5
		여	9	9	8	8	8	7	7	7	6	6	6	5	5
음 9 월	음력		1	2	3	4	5	6	7	8	9	10	11	12	13
	양력		10/10	11	12	13	14	15	16	17	18	19	20	21	22
	연주 (생년)		을축	을축	을축	을축	을축	을축	을축	을축	을축	을축	을축	을축	을축
	월주 (생월)		병술	병술	병술	병술	병술	병술	병술	병술	병술	병술	병술	병술	병술
	일주 (생일)		정유	무술	기해	경자	신축	임인	계묘	갑진	을사	병오	정미	무신	기유
	대운	남	1	1	1	2	2	2	3	3	3	4	4	4	5
		여	9	9	9	8	8	8	7	7	7	6	6	6	5
음 10 월	음력		1	2	3	4	5	6	7	8	9	10	11	12	13
	양력		11/9	10	11	12	13	14	15	16	17	18	19	20	21
	연주 (생년)		을축	을축	을축	을축	을축	을축	을축	을축	을축	을축	을축	을축	을축
	월주 (생월)		정해	정해	정해	정해	정해	정해	정해	정해	정해	정해	정해	정해	정해
	일주 (생일)		정묘	무진	기사	경오	신미	임신	계유	갑술	을해	병자	정축	무인	기묘
	대운	남	1	1	1	2	2	2	3	3	3	4	4	4	5
		여	9	9	9	8	8	8	7	7	7	6	6	6	5
음 11 월	음력		1	2	3	4	5	6	7	8	9	10	11	12	13
	양력		12/8	9	10	11	12	13	14	15	16	17	18	19	20
	연주 (생년)		을축	을축	을축	을축	을축	을축	을축	을축	을축	을축	을축	을축	을축
	월주 (생월)		무자	무자	무자	무자	무자	무자	무자	무자	무자	무자	무자	무자	무자
	일주 (생일)		병신	정유	무술	기해	경자	신축	임인	계묘	갑진	을사	병오	정미	무신
	대운	남	1	1	1	1	2	2	2	3	3	3	4	4	4
		여	9	9	9	8	8	8	7	7	7	6	6	6	5
음 12 월	음력		1	2	3	4	5	6	7	8	9	10	11	12	13
	양력		1/7	8	9	10	11	12	13	14	15	16	17	18	19
	연주 (생년)		을축	을축	을축	을축	을축	을축	을축	을축	을축	을축	을축	을축	을축
	월주 (생월)		기축	기축	기축	기축	기축	기축	기축	기축	기축	기축	기축	기축	기축
	일주 (생일)		병인	정묘	무진	기사	경오	신미	임신	계유	갑술	을해	병자	정축	무인
	대운	남	1	1	1	2	2	2	3	3	3	4	4	4	5
		여	9	9	9	8	8	8	7	7	7	6	6	6	5

음 7 월	14	15	16	17	18	19	20	21	22	23	24	25	26	27	28	29	
	26	27	28	29	30	31	**9/1**	2	3	4	5	6	7	8	9	10	
	을축	을축	을축	을축	을축	을축	을축	을축	을축	을축	을축	을축	을축	을축	을축	을축	
	갑신	갑신	갑신	갑신	갑신	갑신	갑신	갑신	갑신	갑신	갑신	갑신	**을유**	을유	을유	을유	
	임자	계축	갑인	을묘	병진	정사	무오	기미	경신	신유	임술	계해	갑자	을축	병인	정묘	
	6	7	7	7	8	8	8	9	9	9	10	10	10	1	1	1	
	4	4	3	3	3	2	2	2	1	1	1	1	10	10	10	9	
음 8 월	14	15	16	17	18	19	20	21	22	23	24	25	26	27	28	29	
	24	25	26	27	28	29	30	**10/1**	2	3	4	5	6	7	8	9	
	을축	을축	을축	을축	을축	을축	을축	을축	을축	을축	을축	을축	을축	을축	을축	을축	
	을유	을유	을유	을유	을유	을유	을유	을유	을유	을유	을유	을유	을유	을유	**병술**	병술	
	신사	임오	계미	갑신	을유	병술	정해	무자	기축	경인	신묘	임진	계사	갑오	을미	병신	
	6	6	6	7	7	7	8	8	8	9	9	9	10	10	10	1	
	5	4	4	4	3	3	3	2	2	2	1	1	1	1	10	10	
음 9 월	14	15	16	17	18	19	20	21	22	23	24	25	26	27	28	29	30
	23	24	25	26	27	28	29	30	31	**11/1**	2	3	4	5	6	7	8
	을축	을축	을축	을축	을축	을축	을축	을축	을축	을축	을축	을축	을축	을축	을축	을축	을축
	병술	병술	병술	병술	병술	병술	병술	병술	병술	병술	병술	병술	병술	병술	병술	**정해**	정해
	경술	신해	임자	계축	갑인	을묘	병진	정사	무오	기미	경신	신유	임술	계해	갑자	을축	병인
	5	5	6	6	6	7	7	7	8	8	8	9	9	9	10	10	1
	5	5	4	4	4	3	3	3	2	2	2	1	1	1	1	10	10
음 10 월	14	15	16	17	18	19	20	21	22	23	24	25	26	27	28	29	
	22	23	24	25	26	27	28	29	30	**12/1**	2	3	4	5	6	7	
	을축	을축	을축	을축	을축	을축	을축	을축	을축	을축	을축	을축	을축	을축	을축	을축	
	정해	정해	정해	정해	정해	정해	정해	정해	정해	정해	정해	정해	정해	정해	정해	**무자**	
	경진	신사	임오	계미	갑신	을유	병술	정해	무자	기축	경인	신묘	임진	계사	갑오	을미	
	5	5	6	6	6	7	7	7	8	8	8	9	9	9	10	10	
	5	5	4	4	4	3	3	3	2	2	2	1	1	1	1	10	
음 11 월	14	15	16	17	18	19	20	21	22	23	24	25	26	27	28	29	30
	21	22	23	24	25	26	27	28	29	30	31	**1/1**	2	3	4	5	6
	을축	을축	을축	을축	을축	을축	을축	을축	을축	을축	을축	을축	을축	을축	을축	을축	을축
	무자	무자	무자	무자	무자	무자	무자	무자	무자	무자	무자	무자	무자	무자	무자	**기축**	기축
	기유	경술	신해	임자	계축	갑인	을묘	병진	정사	무오	기미	경신	신유	임술	계해	갑자	을축
	5	5	5	6	6	6	7	7	7	8	8	8	9	9	9	10	1
	5	5	4	4	4	3	3	3	2	2	2	1	1	1	1	10	10
음 12 월	14	15	16	17	18	19	20	21	22	23	24	25	26	27	28	29	30
	20	21	22	23	24	25	26	27	28	29	30	31	**2/1**	2	3	4	5
	을축	을축	을축	을축	을축	을축	을축	을축	을축	을축	을축	을축	을축	을축	을축	**병인**	병인
	기축	기축	기축	기축	기축	기축	기축	기축	기축	기축	기축	기축	기축	기축	기축	**경인**	경인
	기묘	경진	신사	임오	계미	갑신	을유	병술	정해	무자	기축	경인	신묘	임진	계사	갑오	을미
	5	5	6	6	6	7	7	7	8	8	8	9	9	9	10	10	9
	5	5	4	4	4	3	3	3	2	2	2	1	1	1	1	10	1

2046(병인)년 【단기 4379년】

월	구분		1	2	3	4	5	6	7	8	9	10	11	12	13
음 1 월	음력		1	2	3	4	5	6	7	8	9	10	11	12	13
	양력		**2/6**	7	8	9	10	11	12	13	14	15	16	17	18
	연주 (생년)		병인	병인	병인	병인	병인	병인	병인	병인	병인	병인	병인	병인	병인
	월주 (생월)		경인	경인	경인	경인	경인	경인	경인	경인	경인	경인	경인	경인	경인
	일주 (생일)		병신	정유	무술	기해	경자	신축	임인	계묘	갑진	을사	병오	정미	무신
	대운	남	9	9	8	8	8	7	7	7	6	6	6	5	5
		여	1	1	1	2	2	2	3	3	3	4	4	4	5
음 2 월	음력		1	2	3	4	5	6	7	8	9	10	11	12	13
	양력		**3/8**	9	10	11	12	13	14	15	16	17	18	19	20
	연주 (생년)		병인	병인	병인	병인	병인	병인	병인	병인	병인	병인	병인	병인	병인
	월주 (생월)		신묘	신묘	신묘	신묘	신묘	신묘	신묘	신묘	신묘	신묘	신묘	신묘	신묘
	일주 (생일)		병인	정묘	무진	기사	경오	신미	임신	계유	갑술	을해	병자	정축	무인
	대운	남	9	9	8	8	8	7	7	7	6	6	6	5	5
		여	1	1	2	2	2	3	3	3	4	4	4	5	5
음 3 월	음력		1	2	3	4	5	6	7	8	9	10	11	12	13
	양력		**4/6**	7	8	9	10	11	12	13	14	15	16	17	18
	연주 (생년)		병인	병인	병인	병인	병인	병인	병인	병인	병인	병인	병인	병인	병인
	월주 (생월)		임진	임진	임진	임진	임진	임진	임진	임진	임진	임진	임진	임진	임진
	일주 (생일)		을미	병신	정유	무술	기해	경자	신축	임인	계묘	갑진	을사	병오	정미
	대운	남	10	9	9	9	8	8	8	7	7	7	6	6	6
		여	1	1	1	2	2	2	3	3	3	4	4	4	5
음 4 월	음력		1	2	3	4	5	6	7	8	9	10	11	12	13
	양력		**5/6**	7	8	9	10	11	12	13	14	15	16	17	18
	연주 (생년)		병인	병인	병인	병인	병인	병인	병인	병인	병인	병인	병인	병인	병인
	월주 (생월)		계사	계사	계사	계사	계사	계사	계사	계사	계사	계사	계사	계사	계사
	일주 (생일)		을축	병인	정묘	무진	기사	경오	신미	임신	계유	갑술	을해	병자	정축
	대운	남	10	10	9	9	9	8	8	8	7	7	7	6	6
		여	1	1	1	1	2	2	2	3	3	3	4	4	4
음 5 월	음력		1	2	3	4	5	6	7	8	9	10	11	12	13
	양력		**6/5**	6	7	8	9	10	11	12	13	14	15	16	17
	연주 (생년)		병인	병인	병인	병인	병인	병인	병인	병인	병인	병인	병인	병인	병인
	월주 (생월)		**갑오**	갑오	갑오	갑오	갑오	갑오	갑오	갑오	갑오	갑오	갑오	갑오	갑오
	일주 (생일)		을미	병신	정유	무술	기해	경자	신축	임인	계묘	갑진	을사	병오	정미
	대운	남	10	10	10	10	9	9	9	8	8	8	7	7	7
		여	10	1	1	1	1	2	2	2	3	3	3	4	4
음 6 월	음력		1	2	3	4	5	6	7	8	9	10	11	12	13
	양력		**7/4**	5	6	7	8	9	10	11	12	13	14	15	16
	연주 (생년)		병인	병인	병인	병인	병인	병인	병인	병인	병인	병인	병인	병인	병인
	월주 (생월)		갑오	갑오	갑오	**을미**	을미	을미	을미	을미	을미	을미	을미	을미	을미
	일주 (생일)		갑자	을축	병인	정묘	무진	기사	경오	신미	임신	계유	갑술	을해	병자
	대운	남	1	1	1	10	10	10	9	9	9	8	8	8	7
		여	10	10	10	10	1	1	1	1	2	2	2	3	3

	14	15	16	17	18	19	20	21	22	23	24	25	26	27	28	29	30
	19	20	21	22	23	24	25	26	27	28	**3/1**	2	3	4	5	6	7
음	병인	병인	병인	병인	병인	병인	병인	병인	병인	병인	병인	병인	병인	병인	병인	병인	병인
1	경인	경인	경인	경인	경인	경인	경인	경인	경인	경인	경인	경인	경인	경인	**신묘**	신묘	신묘
월	기유	경술	신해	임자	계축	갑인	을묘	병진	정사	무오	기미	경신	신유	임술	계해	갑자	을축
	5	4	4	4	3	3	3	2	2	2	1	1	1	1	10	10	9
	5	5	6	6	6	7	7	7	8	8	8	9	9	9	10	1	1
	14	15	16	17	18	19	20	21	22	23	24	25	26	27	28	29	
	21	22	23	24	25	26	27	28	29	30	31	**4/1**	2	3	4	5	
음	병인	병인	병인	병인	병인	병인	병인	병인	병인	병인	병인	병인	병인	병인	병인	병인	
2	신묘	신묘	신묘	신묘	신묘	신묘	신묘	신묘	신묘	신묘	신묘	신묘	신묘	신묘	**임진**	임진	
월	기묘	경진	신사	임오	계미	갑신	을유	병술	정해	무자	기축	경인	신묘	임진	계사	갑오	
	5	4	4	4	3	3	3	2	2	2	1	1	1	1	10	10	
	5	6	6	6	7	7	7	8	8	8	9	9	9	10	10	10	
	14	15	16	17	18	19	20	21	22	23	24	25	26	27	28	29	30
	19	20	21	22	23	24	25	26	27	28	29	30	**5/1**	2	3	4	5
음	병인	병인	병인	병인	병인	병인	병인	병인	병인	병인	병인	병인	병인	병인	병인	병인	병인
3	임진	임진	임진	임진	임진	임진	임진	임진	임진	임진	임진	임진	임진	임진	임진	임진	**계사**
월	무신	기유	경술	신해	임자	계축	갑인	을묘	병진	정사	무오	기미	경신	신유	임술	계해	갑자
	5	5	5	4	4	4	3	3	3	2	2	2	1	1	1	1	10
	5	5	6	6	6	7	7	7	8	8	8	9	9	9	10	10	10
	14	15	16	17	18	19	20	21	22	23	24	25	26	27	28	29	30
	19	20	21	22	23	24	25	26	27	28	29	30	31	**6/1**	2	3	4
음	병인	병인	병인	병인	병인	병인	병인	병인	병인	병인	병인	병인	병인	병인	병인	병인	병인
4	계사	계사	계사	계사	계사	계사	계사	계사	계사	계사	계사	계사	계사	계사	계사	계사	계사
월	무인	기묘	경진	신사	임오	계미	갑신	을유	병술	정해	무자	기축	경인	신묘	임진	계사	갑오
	6	5	5	5	4	4	4	3	3	3	2	2	2	1	1	1	1
	5	5	5	6	6	6	7	7	7	8	8	8	9	9	9	10	10
	14	15	16	17	18	19	20	21	22	23	24	25	26	27	28	29	
	18	19	20	21	22	23	24	25	26	27	28	29	30	**7/1**	2	3	
음	병인	병인	병인	병인	병인	병인	병인	병인	병인	병인	병인	병인	병인	병인	병인	병인	
5	갑오	갑오	갑오	갑오	갑오	갑오	갑오	갑오	갑오	갑오	갑오	갑오	갑오	갑오	갑오	갑오	
월	무신	기유	경술	신해	임자	계축	갑인	을묘	병진	정사	무오	기미	경신	신유	임술	계해	
	6	6	6	5	5	5	4	4	4	3	3	3	2	2	2	1	
	4	5	5	5	6	6	6	7	7	7	8	8	8	9	9	9	
	14	15	16	17	18	19	20	21	22	23	24	25	26	27	28	29	
	17	18	19	20	21	22	23	24	25	26	27	28	29	30	31	**8/1**	
음	병인	병인	병인	병인	병인	병인	병인	병인	병인	병인	병인	병인	병인	병인	병인	병인	
6	을미	을미	을미	을미	을미	을미	을미	을미	을미	을미	을미	을미	을미	을미	을미	을미	
월	정축	무인	기묘	경진	신사	임오	계미	갑신	을유	병술	정해	무자	기축	경인	신묘	임진	
	7	7	6	6	6	5	5	5	4	4	4	3	3	3	2	2	
	3	4	4	4	5	5	5	6	6	6	7	7	7	8	8	8	

2046(병인)년 【단기 4379년】

월	구분		1	2	3	4	5	6	7	8	9	10	11	12	13
음 7 월	음력		1	2	3	4	5	6	7	8	9	10	11	12	13
	양력		**8/2**	3	4	5	6	7	8	9	10	11	12	13	14
	연주 (생년)		병인	병인	병인	병인	병인	병인	병인	병인	병인	병인	병인	병인	병인
	월주 (생월)		을미	을미	을미	을미	을미	**병신**	병신	병신	병신	병신	병신	병신	병신
	일주 (생일)		계사	갑오	을미	병신	정유	무술	기해	경자	신축	임인	계묘	갑진	을사
	대운	남	2	1	1	1	1	10	10	10	9	9	9	8	8
		여	9	9	9	10	10	10	1	1	1	1	2	2	2
음 8 월	음력		1	2	3	4	5	6	7	8	9	10	11	12	13
	양력		**9/1**	2	3	4	5	6	7	8	9	10	11	12	13
	연주 (생년)		병인	병인	병인	병인	병인	병인	병인	병인	병인	병인	병인	병인	병인
	월주 (생월)		병신	병신	병신	병신	병신	병신	**정유**	정유	정유	정유	정유	정유	정유
	일주 (생일)		계해	갑자	을축	병인	정묘	무진	기사	경오	신미	임신	계유	갑술	을해
	대운	남	2	2	1	1	1	1	10	10	10	9	9	9	8
		여	8	9	9	9	10	10	10	1	1	1	1	2	2
음 9 월	음력		1	2	3	4	5	6	7	8	9	10	11	12	13
	양력		**9/30**	**10/1**	2	3	4	5	6	7	8	9	10	11	12
	연주 (생년)		병인	병인	병인	병인	병인	병인	병인	병인	병인	병인	병인	병인	병인
	월주 (생월)		정유	정유	정유	정유	정유	정유	정유	정유	**무술**	무술	무술	무술	무술
	일주 (생일)		임진	계사	갑오	을미	병신	정유	무술	기해	경자	신축	임인	계묘	갑진
	대운	남	3	2	2	2	1	1	1	1	10	10	9	9	9
		여	8	8	8	9	9	9	10	10	10	1	1	1	1
음 10 월	음력		1	2	3	4	5	6	7	8	9	10	11	12	13
	양력		**10/29**	30	31	**11/1**	2	3	4	5	6	7	8	9	10
	연주 (생년)		병인	병인	병인	병인	병인	병인	병인	병인	병인	병인	병인	병인	병인
	월주 (생월)		무술	무술	무술	무술	무술	무술	무술	무술	무술	**기해**	기해	기해	기해
	일주 (생일)		신유	임술	계해	갑자	을축	병인	정묘	무진	기사	경오	신미	임신	계유
	대운	남	3	3	2	2	2	1	1	1	1	10	9	9	9
		여	7	7	8	8	8	9	9	9	10	10	1	1	1
음 11 월	음력		1	2	3	4	5	6	7	8	9	10	11	12	13
	양력		**11/28**	29	30	**12/1**	2	3	4	5	6	7	8	9	10
	연주 (생년)		병인	병인	병인	병인	병인	병인	병인	병인	병인	병인	병인	병인	병인
	월주 (생월)		기해	기해	기해	기해	기해	기해	기해	기해	기해	**경자**	경자	경자	경자
	일주 (생일)		신묘	임진	계사	갑오	을미	병신	정유	무술	기해	경자	신축	임인	계묘
	대운	남	3	3	2	2	2	1	1	1	1	10	9	9	9
		여	7	7	8	8	8	9	9	9	10	10	1	1	1
음 12 월	음력		1	2	3	4	5	6	7	8	9	10	11	12	13
	양력		**12/27**	28	29	30	31	**1/1**	2	3	4	5	6	7	8
	연주 (생년)		병인	병인	병인	병인	병인	병인	병인	병인	병인	병인	병인	병인	병인
	월주 (생월)		경자	경자	경자	경자	경자	경자	경자	경자	경자	**신축**	신축	신축	신축
	일주 (생일)		경신	신유	임술	계해	갑자	을축	병인	정묘	무진	기사	경오	신미	임신
	대운	남	3	3	2	2	2	1	1	1	1	10	10	9	9
		여	7	7	7	8	8	8	9	9	9	10	1	1	1

음 7 월	14	15	16	17	18	19	20	21	22	23	24	25	26	27	28	29	30
	15	16	17	18	19	20	21	22	23	24	25	26	27	28	29	30	31
	병인	병인	병인	병인	병인	병인	병인	병인	병인	병인	병인	병인	병인	병인	병인	병인	병인
	병신	병신	병신	병신	병신	병신	병신	병신	병신	병신	병신	병신	병신	병신	병신	병신	병신
	병오	정미	무신	기유	경술	신해	임자	계축	갑인	을묘	병진	정사	무오	기미	경신	신유	임술
	8	7	7	7	6	6	6	5	5	5	4	4	4	3	3	3	2
	3	3	3	4	4	4	5	5	5	6	6	6	7	7	7	8	8

음 8 월	14	15	16	17	18	19	20	21	22	23	24	25	26	27	28	29	
	14	15	16	17	18	19	20	21	22	23	24	25	26	27	28	29	
	병인	병인	병인	병인	병인	병인	병인	병인	병인	병인	병인	병인	병인	병인	병인	병인	
	정유	정유	정유	정유	정유	정유	정유	정유	정유	정유	정유	정유	정유	정유	정유	정유	
	병자	정축	무인	기묘	경진	신사	임오	계미	갑신	을유	병술	정해	무자	기축	경인	신묘	
	8	8	7	7	7	6	6	6	5	5	5	4	4	4	3	3	
	2	3	3	3	4	4	4	5	5	5	6	6	6	7	7	7	

음 9 월	14	15	16	17	18	19	20	21	22	23	24	25	26	27	28	29	
	13	14	15	16	17	18	19	20	21	22	23	24	25	26	27	28	
	병인	병인	병인	병인	병인	병인	병인	병인	병인	병인	병인	병인	병인	병인	병인	병인	
	무술	무술	무술	무술	무술	무술	무술	무술	무술	무술	무술	무술	무술	무술	무술	무술	
	을사	병오	정미	무신	기유	경술	신해	임자	계축	갑인	을묘	병진	정사	무오	기미	경신	
	8	8	8	7	7	7	6	6	6	5	5	5	4	4	4	3	
	2	2	2	3	3	3	4	4	4	5	5	5	6	6	6	7	

음 10 월	14	15	16	17	18	19	20	21	22	23	24	25	26	27	28	29	30
	11	12	13	14	15	16	17	18	19	20	21	22	23	24	25	26	27
	병인	병인	병인	병인	병인	병인	병인	병인	병인	병인	병인	병인	병인	병인	병인	병인	병인
	기해	기해	기해	기해	기해	기해	기해	기해	기해	기해	기해	기해	기해	기해	기해	기해	기해
	갑술	을해	병자	정축	무인	기묘	경진	신사	임오	계미	갑신	을유	병술	정해	무자	기축	경인
	9	8	8	8	7	7	7	6	6	6	5	5	5	4	4	4	3
	1	2	2	2	3	3	3	4	4	4	5	5	5	6	6	6	7

음 11 월	14	15	16	17	18	19	20	21	22	23	24	25	26	27	28	29	
	11	12	13	14	15	16	17	18	19	20	21	22	23	24	25	26	
	병인	병인	병인	병인	병인	병인	병인	병인	병인	병인	병인	병인	병인	병인	병인	병인	
	경자	경자	경자	경자	경자	경자	경자	경자	경자	경자	경자	경자	경자	경자	경자	경자	
	갑진	을사	병오	정미	무신	기유	경술	신해	임자	계축	갑인	을묘	병진	정사	무오	기미	
	8	8	8	7	7	7	6	6	6	5	5	5	4	4	4	3	
	1	2	2	2	3	3	3	4	4	4	5	5	5	6	6	6	

음 12 월	14	15	16	17	18	19	20	21	22	23	24	25	26	27	28	29	30
	9	10	11	12	13	14	15	16	17	18	19	20	21	22	23	24	25
	병인	병인	병인	병인	병인	병인	병인	병인	병인	병인	병인	병인	병인	병인	병인	병인	병인
	신축	신축	신축	신축	신축	신축	신축	신축	신축	신축	신축	신축	신축	신축	신축	신축	신축
	계유	갑술	을해	병자	정축	무인	기묘	경진	신사	임오	계미	갑신	을유	병술	정해	무자	기축
	9	8	8	8	7	7	7	6	6	6	5	5	5	4	4	4	3
	1	2	2	2	3	3	3	4	4	4	5	5	5	6	6	6	7

2047(정묘)년 【단기 4380년】

월	구분	1	2	3	4	5	6	7	8	9	10	11	12	13
음 1 월	음력	1	2	3	4	5	6	7	8	9	10	11	12	13
	양력	**1/26**	27	28	29	30	31	**2/1**	2	3	4	5	6	7
	연주 (생년)	병인	병인	병인	병인	병인	병인	병인	병인	병인	**정묘**	정묘	정묘	정묘
	월주 (생월)	신축	신축	신축	신축	신축	신축	신축	신축	신축	**임인**	임인	임인	임인
	일주 (생일)	경인	신묘	임진	계사	갑오	을미	병신	정유	무술	기해	경자	신축	임인
	대운 남	3	3	2	2	2	1	1	1	1	10	1	1	1
	대운 여	7	7	8	8	8	9	9	9	10	10	10	9	9
음 2 월	음력	1	2	3	4	5	6	7	8	9	10	11	12	13
	양력	**2/25**	26	27	28	**3/1**	2	3	4	5	6	7	8	9
	연주 (생년)	정묘	정묘	정묘	정묘	정묘	정묘	정묘	정묘	정묘	정묘	정묘	정묘	정묘
	월주 (생월)	임인	임인	임인	임인	임인	임인	임인	임인	임인	**계묘**	계묘	계묘	계묘
	일주 (생일)	경신	신유	임술	계해	갑자	을축	병인	정묘	무진	기사	경오	신미	임신
	대운 남	7	7	8	8	8	9	9	9	10	10	1	1	1
	대운 여	3	3	2	2	2	1	1	1	1	10	10	9	9
음 3 월	음력	1	2	3	4	5	6	7	8	9	10	11	12	13
	양력	**3/26**	27	28	29	30	31	**4/1**	2	3	4	5	6	7
	연주 (생년)	정묘	정묘	정묘	정묘	정묘	정묘	정묘	정묘	정묘	정묘	정묘	정묘	정묘
	월주 (생월)	계묘	계묘	계묘	계묘	계묘	계묘	계묘	계묘	계묘	계묘	**갑진**	갑진	갑진
	일주 (생일)	기축	경인	신묘	임진	계사	갑오	을미	병신	정유	무술	기해	경자	신축
	대운 남	7	7	7	8	8	8	9	9	9	10	10	1	1
	대운 여	3	3	3	2	2	2	1	1	1	1	10	10	9
음 4 월	음력	1	2	3	4	5	6	7	8	9	10	11	12	13
	양력	**4/25**	26	27	28	29	30	**5/1**	2	3	4	5	6	7
	연주 (생년)	정묘	정묘	정묘	정묘	정묘	정묘	정묘	정묘	정묘	정묘	정묘	정묘	정묘
	월주 (생월)	갑진	갑진	갑진	갑진	갑진	갑진	갑진	갑진	갑진	갑진	**을사**	을사	을사
	일주 (생일)	기미	경신	신유	임술	계해	갑자	을축	병인	정묘	무진	기사	경오	신미
	대운 남	7	7	7	8	8	8	9	9	9	10	10	1	1
	대운 여	3	3	3	2	2	2	1	1	1	1	10	10	10
음 5 월	음력	1	2	3	4	5	6	7	8	9	10	11	12	13
	양력	**5/25**	26	27	28	29	30	31	**6/1**	2	3	4	5	6
	연주 (생년)	정묘	정묘	정묘	정묘	정묘	정묘	정묘	정묘	정묘	정묘	정묘	정묘	정묘
	월주 (생월)	을사	을사	을사	을사	을사	을사	을사	을사	을사	을사	을사	을사	**병오**
	일주 (생일)	기축	경인	신묘	임진	계사	갑오	을미	병신	정유	무술	기해	경자	신축
	대운 남	7	7	7	8	8	8	9	9	9	10	10	10	10
	대운 여	4	4	3	3	3	2	2	2	1	1	1	1	10
윤 5 월	음력	1	2	3	4	5	6	7	8	9	10	11	12	13
	양력	**6/23**	24	25	26	27	28	29	30	**7/1**	2	3	4	5
	연주 (생년)	정묘	정묘	정묘	정묘	정묘	정묘	정묘	정묘	정묘	정묘	정묘	정묘	정묘
	월주 (생월)	병오	병오	병오	병오	병오	병오	병오	병오	병오	병오	병오	병오	병오
	일주 (생일)	무오	기미	경신	신유	임술	계해	갑자	을축	병인	정묘	무진	기사	경오
	대운 남	6	6	6	7	7	7	8	8	8	9	9	9	10
	대운 여	5	4	4	4	3	3	3	2	2	2	1	1	1
음 6 월	음력	1	2	3	4	5	6	7	8	9	10	11	12	13
	양력	**7/23**	24	25	26	27	28	29	30	31	**8/1**	2	3	4
	연주 (생년)	정묘	정묘	정묘	정묘	정묘	정묘	정묘	정묘	정묘	정묘	정묘	정묘	정묘
	월주 (생월)	정미	정미	정미	정미	정미	정미	정미	정미	정미	정미	정미	정미	정미
	일주 (생일)	무자	기축	경인	신묘	임진	계사	갑오	을미	병신	정유	무술	기해	경자
	대운 남	5	6	6	6	7	7	7	8	8	8	9	9	9
	대운 여	5	5	4	4	4	3	3	3	2	2	2	1	1

음 1 월	14	15	16	17	18	19	20	21	22	23	24	25	26	27	28	29	30
	8	9	10	11	12	13	14	15	16	17	18	19	20	21	22	23	24
	정묘	정묘	정묘	정묘	정묘	정묘	정묘	정묘	정묘	정묘	정묘	정묘	정묘	정묘	정묘	정묘	정묘
	임인	임인	임인	임인	임인	임인	임인	임인	임인	임인	임인	임인	임인	임인	임인	임인	임인
	계묘	갑진	을사	병오	정미	무신	기유	경술	신해	임자	계축	갑인	을묘	병진	정사	무오	기미
	1	2	2	2	3	3	3	4	4	4	5	5	5	6	6	6	7
	9	8	8	8	7	7	7	6	6	6	5	5	5	4	4	4	3
음 2 월	14	15	16	17	18	19	20	21	22	23	24	25	26	27	28	29	
	10	11	12	13	14	15	16	17	18	19	20	21	22	23	24	25	
	정묘	정묘	정묘	정묘	정묘	정묘	정묘	정묘	정묘	정묘	정묘	정묘	정묘	정묘	정묘	정묘	
	계묘	계묘	계묘	계묘	계묘	계묘	계묘	계묘	계묘	계묘	계묘	계묘	계묘	계묘	계묘	계묘	
	계유	갑술	을해	병자	정축	무인	기묘	경진	신사	임오	계미	갑신	을유	병술	정해	무자	
	1	2	2	2	3	3	3	4	4	4	5	5	5	6	6	6	
	9	8	8	8	7	7	7	6	6	6	5	5	5	4	4	4	
음 3 월	14	15	16	17	18	19	20	21	22	23	24	25	26	27	28	29	30
	8	9	10	11	12	13	14	15	16	17	18	19	20	21	22	23	24
	정묘	정묘	정묘	정묘	정묘	정묘	정묘	정묘	정묘	정묘	정묘	정묘	정묘	정묘	정묘	정묘	정묘
	갑진	갑진	갑진	갑진	갑진	갑진	갑진	갑진	갑진	갑진	갑진	갑진	갑진	갑진	갑진	갑진	갑진
	임인	계묘	갑진	을사	병오	정미	무신	기유	경술	신해	임자	계축	갑인	을묘	병진	정사	무오
	1	1	2	2	2	3	3	3	4	4	4	5	5	5	6	6	6
	9	9	8	8	8	7	7	7	6	6	6	5	5	5	4	4	4
음 4 월	14	15	16	17	18	19	20	21	22	23	24	25	26	27	28	29	30
	8	9	10	11	12	13	14	15	16	17	18	19	20	21	22	23	24
	정묘	정묘	정묘	정묘	정묘	정묘	정묘	정묘	정묘	정묘	정묘	정묘	정묘	정묘	정묘	정묘	정묘
	을사	을사	을사	을사	을사	을사	을사	을사	을사	을사	을사	을사	을사	을사	을사	을사	을사
	임신	계유	갑술	을해	병자	정축	무인	기묘	경진	신사	임오	계미	갑신	을유	병술	정해	무자
	1	1	2	2	2	3	3	3	4	4	4	5	5	5	6	6	6
	10	9	9	9	8	8	8	7	7	7	6	6	6	5	5	5	4
음 5 월	14	15	16	17	18	19	20	21	22	23	24	25	26	27	28	29	
	7	8	9	10	11	12	13	14	15	16	17	18	19	20	21	22	
	정묘	정묘	정묘	정묘	정묘	정묘	정묘	정묘	정묘	정묘	정묘	정묘	정묘	정묘	정묘	정묘	
	병오	병오	병오	병오	병오	병오	병오	병오	병오	병오	병오	병오	병오	병오	병오	병오	
	임인	계묘	갑진	을사	병오	정미	무신	기유	경술	신하	임자	계축	갑인	을묘	병진	정사	
	1	1	1	1	2	2	2	3	3	3	4	4	4	5	5	5	
	10	10	9	9	9	8	8	8	7	7	7	6	6	6	5	5	
윤 5 월	14	15	16	17	18	19	20	21	22	23	24	25	26	27	28	29	30
	6	7	8	9	10	11	12	13	14	15	16	17	18	19	20	21	22
	정묘	정묘	정묘	정묘	정묘	정묘	정묘	정묘	정묘	정묘	정묘	정묘	정묘	정묘	정묘	정묘	정묘
	병오	**정미**	정미	정미	정미	정미	정미	정미	정미	정미	정미	정미	정미	정미	정미	정미	정미
	신미	임신	계유	갑술	을해	병자	정축	무인	기묘	경진	신사	임오	계미	갑신	을유	병술	정해
	10	10	1	1	1	1	2	2	2	3	3	3	4	4	4	5	5
	1	10	10	10	9	9	9	8	8	8	7	7	7	6	6	6	5
음 6 월	14	15	16	17	18	19	20	21	22	23	24	25	26	27	28	29	
	5	6	7	8	9	10	11	12	13	14	15	16	17	18	19	20	
	정묘	정묘	정묘	정묘	정묘	정묘	정묘	정묘	정묘	정묘	정묘	정묘	정묘	정묘	정묘	정묘	
	정미	정미	**무신**	무신	무신	무신	무신	무신	무신	무신	무신	무신	무신	무신	무신	무신	
	신축	임인	계묘	갑진	을사	병오	정미	무신	기유	경술	신해	임자	계축	갑인	을묘	병진	
	10	10	10	1	1	1	1	2	2	2	3	3	3	4	4	4	
	1	1	10	10	10	10	9	9	9	8	8	8	7	7	7	6	

2047(정묘)년 【단기 4380년】

월	구분		1	2	3	4	5	6	7	8	9	10	11	12	13
음 7 월	음력		1	2	3	4	5	6	7	8	9	10	11	12	13
	양력		**8/21**	22	23	24	25	26	27	28	29	30	31	**9/1**	2
	연주 (생년)		정묘	정묘	정묘	정묘	정묘	정묘	정묘	정묘	정묘	정묘	정묘	정묘	정묘
	월주 (생월)		무신	무신	무신	무신	무신	무신	무신	무신	무신	무신	무신	무신	무신
	일주 (생일)		정사	무오	기미	경신	신유	임술	계해	갑자	을축	병인	정묘	무진	기사
	대운	남	5	5	5	6	6	6	7	7	7	8	8	8	9
		여	6	6	5	5	5	4	4	4	3	3	3	2	2
음 8 월	음력		1	2	3	4	5	6	7	8	9	10	11	12	13
	양력		**9/20**	21	22	23	24	25	26	27	28	29	30	**10/1**	2
	연주 (생년)		정묘	정묘	정묘	정묘	정묘	정묘	정묘	정묘	정묘	정묘	정묘	정묘	정묘
	월주 (생월)		기유	기유	기유	기유	기유	기유	기유	기유	기유	기유	기유	기유	기유
	일주 (생일)		정해	무자	기축	경인	신묘	임진	계사	갑오	을미	병신	정유	무술	기해
	대운	남	4	4	5	5	5	6	6	6	7	7	7	8	8
		여	6	6	5	5	5	4	4	4	3	3	3	2	2
음 9 월	음력		1	2	3	4	5	6	7	8	9	10	11	12	13
	양력		**10/19**	20	21	22	23	24	25	26	27	28	29	30	31
	연주 (생년)		정묘	정묘	정묘	정묘	정묘	정묘	정묘	정묘	정묘	정묘	정묘	정묘	정묘
	월주 (생월)		경술	경술	경술	경술	경술	경술	경술	경술	경술	경술	경술	경술	경술
	일주 (생일)		병진	정사	무오	기미	경신	신유	임술	계해	갑자	을축	병인	정묘	무진
	대운	남	4	4	4	5	5	5	6	6	6	7	7	7	8
		여	6	6	6	5	5	5	4	4	4	3	3	3	2
음 10 월	음력		1	2	3	4	5	6	7	8	9	10	11	12	13
	양력		**11/17**	18	19	20	21	22	23	24	25	26	27	28	29
	연주 (생년)		정묘	정묘	정묘	정묘	정묘	정묘	정묘	정묘	정묘	정묘	정묘	정묘	정묘
	월주 (생월)		신해	신해	신해	신해	신해	신해	신해	신해	신해	신해	신해	신해	신해
	일주 (생일)		을유	병술	정해	무자	기축	경인	신묘	임진	계사	갑오	을미	병신	정유
	대운	남	3	4	4	4	5	5	5	6	6	6	7	7	7
		여	7	6	6	6	5	5	5	4	4	4	3	3	3
음 11 월	음력		1	2	3	4	5	6	7	8	9	10	11	12	13
	양력		**12/17**	18	19	20	21	22	23	24	25	26	27	28	29
	연주 (생년)		정묘	정묘	정묘	정묘	정묘	정묘	정묘	정묘	정묘	정묘	정묘	정묘	정묘
	월주 (생월)		임자	임자	임자	임자	임자	임자	임자	임자	임자	임자	임자	임자	임자
	일주 (생일)		을묘	병진	정사	무오	기미	경신	신유	임술	계해	갑자	을축	병인	정묘
	대운	남	3	4	4	4	5	5	5	6	6	6	7	7	7
		여	7	6	6	6	5	5	5	4	4	4	3	3	3
음 12 월	음력		1	2	3	4	5	6	7	8	9	10	11	12	13
	양력		**1/15**	16	17	18	19	20	21	22	23	24	25	26	27
	연주 (생년)		정묘	정묘	정묘	정묘	정묘	정묘	정묘	정묘	정묘	정묘	정묘	정묘	정묘
	월주 (생월)		계축	계축	계축	계축	계축	계축	계축	계축	계축	계축	계축	계축	계축
	일주 (생일)		갑신	을유	병술	정해	무자	기축	경인	신묘	임진	계사	갑오	을미	병신
	대운	남	3	3	4	4	4	5	5	5	6	6	6	7	7
		여	7	6	6	6	5	5	5	4	4	4	3	3	3

음 7 월	14	15	16	17	18	19	20	21	22	23	24	25	26	27	28	29	30
	3	4	5	6	7	8	9	10	11	12	13	14	15	16	17	18	19
	정묘	정묘	정묘	정묘	정묘	정묘	정묘	정묘	정묘	정묘	정묘	정묘	정묘	정묘	정묘	정묘	정묘
	무신	무신	무신	무신	무신	**기유**	기유	기유	기유	기유	기유	기유	기유	기유	기유	기유	기유
	경오	신미	임신	계유	갑술	을해	병자	정축	무인	기묘	경진	신사	임오	계미	갑신	을유	병술
	9	9	10	10	10	10	1	1	1	1	2	2	2	3	3	3	4
	2	1	1	1	1	10	10	9	9	9	8	8	8	7	7	7	6
음 8 월	14	15	16	17	18	19	20	21	22	23	24	25	26	27	28	29	
	3	4	5	6	7	8	9	10	11	12	13	14	15	16	17	18	
	정묘	정묘	정묘	정묘	정묘	정묘	정묘	정묘	정묘	정묘	정묘	정묘	정묘	정묘	정묘	정묘	
	기유	기유	기유	기유	기유	**경술**	경술	경술	경술	경술	경술	경술	경술	경술	경술	경술	
	경자	신축	임인	계묘	갑진	을사	병오	정미	무신	기유	경술	신해	임자	계축	갑인	을묘	
	8	9	9	9	10	10	1	1	1	1	2	2	2	3	3	3	
	2	1	1	1	1	10	10	9	9	9	8	8	8	7	7	7	
음 9 월	14	15	16	17	18	19	20	21	22	23	24	25	26	27	28	29	
	11/1	2	3	4	5	6	7	8	9	10	11	12	13	14	15	16	
	정묘	정묘	정묘	정묘	정묘	정묘	정묘	정묘	정묘	정묘	정묘	정묘	정묘	정묘	정묘	정묘	
	경술	경술	경술	경술	경술	경술	**신해**	신해	신해	신해	신해	신해	신해	신해	신해	신해	
	기사	경오	신미	임신	계유	갑술	을해	병자	정축	무인	기묘	경진	신사	임오	계미	갑신	
	8	8	9	9	9	10	10	1	1	1	1	2	2	2	3	3	
	2	2	1	1	1	1	10	10	9	9	9	8	8	8	7	7	
음 10 월	14	15	16	17	18	19	20	21	22	23	24	25	26	27	28	29	30
	30	**12/1**	2	3	4	5	6	7	8	9	10	11	12	13	14	15	16
	정묘	정묘	정묘	정묘	정묘	정묘	정묘	정묘	정묘	정묘	정묘	정묘	정묘	정묘	정묘	정묘	정묘
	신해	신해	신해	신해	신해	신해	신해	**임자**	임자	임자	임자	임자	임자	임자	임자	임자	임자
	무술	기해	경자	신축	임인	계묘	갑진	을사	병오	정미	무신	기유	경술	신해	임자	계축	갑인
	8	8	8	9	9	9	10	10	1	1	1	1	2	2	2	3	3
	2	2	2	1	1	1	1	10	10	9	9	9	8	8	8	7	7
음 11 월	14	15	16	17	18	19	20	21	22	23	24	25	26	27	28	29	
	30	31	**1/1**	2	3	4	5	6	7	8	9	10	11	12	13	14	
	정묘	정묘	정묘	정묘	정묘	정묘	정묘	정묘	정묘	정묘	정묘	정묘	정묘	정묘	정묘	정묘	
	임자	임자	임자	임자	임자	임자	임자	**계축**	계축	계축	계축	계축	계축	계축	계축	계축	
	무진	기사	경오	신미	임신	계유	갑술	을해	병자	정축	무인	기묘	경진	신사	임오	계미	
	8	8	8	9	9	9	10	10	1	1	1	1	2	2	2	3	
	2	2	2	1	1	1	1	10	9	9	9	8	8	8	7	7	
음 12 월	14	15	16	17	18	19	20	21	22	23	24	25	26	27	28	29	30
	28	29	30	31	**2/1**	2	3	4	5	6	7	8	9	10	11	12	13
	정묘	정묘	정묘	정묘	정묘	정묘	정묘	**무진**	무진	무진	무진	무진	무진	무진	무진	무진	무진
	계축	계축	계축	계축	계축	계축	계축	**갑인**	갑인	갑인	갑인	갑인	갑인	갑인	갑인	갑인	갑인
	정유	무술	기해	경자	신축	임인	계묘	갑진	을사	병오	정미	무신	기유	경술	신해	임자	계축
	7	8	8	8	9	9	9	10	10	9	9	9	8	8	8	7	7
	2	2	2	1	1	1	1	10	1	1	1	1	2	2	2	3	3

2048(무진)년 【단기 4381년】

월	구분		1	2	3	4	5	6	7	8	9	10	11	12	13
음 1 월	음력		1	2	3	4	5	6	7	8	9	10	11	12	13
	양력		2/14	15	16	17	18	19	20	21	22	23	24	25	26
	연주 (생년)		무진	무진	무진	무진	무진	무진	무진	무진	무진	무진	무진	무진	무진
	월주 (생월)		갑인	갑인	갑인	갑인	갑인	갑인	갑인	갑인	갑인	갑인	갑인	갑인	갑인
	일주 (생일)		갑인	을묘	병진	정사	무오	기미	경신	신유	임술	계해	갑자	을축	병인
	대운	남	7	6	6	6	5	5	5	4	4	4	3	3	3
		여	3	4	4	4	5	5	5	6	6	6	7	7	7
음 2 월	음력		1	2	3	4	5	6	7	8	9	10	11	12	13
	양력		3/14	15	16	17	18	19	20	21	22	23	24	25	26
	연주 (생년)		무진	무진	무진	무진	무진	무진	무진	무진	무진	무진	무진	무진	무진
	월주 (생월)		을묘	을묘	을묘	을묘	을묘	을묘	을묘	을묘	을묘	을묘	을묘	을묘	을묘
	일주 (생일)		계미	갑신	을유	병술	정해	무자	기축	경인	신묘	임진	계사	갑오	을미
	대운	남	7	7	6	6	6	5	5	5	4	4	4	3	3
		여	3	3	4	4	4	5	5	5	6	6	6	7	7
음 3 월	음력		1	2	3	4	5	6	7	8	9	10	11	12	13
	양력		4/13	14	15	16	17	18	19	20	21	22	23	24	25
	연주 (생년)		무진	무진	무진	무진	무진	무진	무진	무진	무진	무진	무진	무진	무진
	월주 (생월)		병진	병진	병진	병진	병진	병진	병진	병진	병진	병진	병진	병진	병진
	일주 (생일)		계축	갑인	을묘	병진	정사	무오	기미	경신	신유	임술	계해	갑자	을축
	대운	남	7	7	7	6	6	6	5	5	5	4	4	4	3
		여	3	3	4	4	4	5	5	5	6	6	6	7	7
음 4 월	음력		1	2	3	4	5	6	7	8	9	10	11	12	13
	양력		5/13	14	15	16	17	18	19	20	21	22	23	24	25
	연주 (생년)		무진	무진	무진	무진	무진	무진	무진	무진	무진	무진	무진	무진	무진
	월주 (생월)		정사	정사	정사	정사	정사	정사	정사	정사	정사	정사	정사	정사	정사
	일주 (생일)		계미	갑신	을유	병술	정해	무자	기축	경인	신묘	임진	계사	갑오	을미
	대운	남	8	7	7	7	6	6	6	5	5	5	4	4	4
		여	3	3	3	4	4	4	5	5	5	6	6	6	7
음 5 월	음력		1	2	3	4	5	6	7	8	9	10	11	12	13
	양력		6/11	12	13	14	15	16	17	18	19	20	21	22	23
	연주 (생년)		무진	무진	무진	무진	무진	무진	무진	무진	무진	무진	무진	무진	무진
	월주 (생월)		무오	무오	무오	무오	무오	무오	무오	무오	무오	무오	무오	무오	무오
	일주 (생일)		임자	계축	갑인	을묘	병진	정사	무오	기미	경신	신유	임술	계해	갑
	대운	남	8	8	8	7	7	7	6	6	6	5	5	5	4
		여	2	2	3	3	3	4	4	4	5	5	5	6	6
음 6 월	음력		1	2	3	4	5	6	7	8	9	10	11	12	13
	양력		7/11	12	13	14	15	16	17	18	19	20	21	22	23
	연주 (생년)		무진	무진	무진	무진	무진	무진	무진	무진	무진	무진	무진	무진	무진
	월주 (생월)		기미	기미	기미	기미	기미	기미	기미	기미	기미	기미	기미	기미	기미
	일주 (생일)		임오	계미	갑신	을유	병술	정해	무자	기축	경인	신묘	임진	계사	갑오
	대운	남	9	9	8	8	8	7	7	7	6	6	6	5	5
		여	2	2	2	3	3	3	4	4	4	5	5	5	6

	14	15	16	17	18	19	20	21	22	23	24	25	26	27	28	29	
	27	28	29	**3/1**	2	3	4	5	6	7	8	9	10	11	11	13	
음	무진	무진	무진	무진	무진	무진	무진	무진	무진	무진	무진	무진	무진	무진	무진	무진	
1	갑인	갑인	갑인	갑인	갑인	갑인	갑인	**을묘**	을묘	을묘	을묘	을묘	을묘	을묘	을묘	을묘	
월	정묘	무진	기사	경오	신미	임신	계유	갑술	을해	병자	정축	무인	기묘	경진	신사	임오	
	2	2	2	1	1	1	1	10	10	9	9	9	8	8	8	7	
	8	8	8	9	9	9	10	10	1	1	1	1	2	2	2	3	
	14	15	16	17	18	19	20	21	22	23	24	25	26	27	28	29	30
	27	28	29	30	31	**4/1**	2	3	4	5	6	7	8	9	10	11	12
음	무진	무진	무진	무진	무진	무진	무진	무진	무진	무진	무진	무진	무진	무진	무진	무진	무진
2	을묘	을묘	을묘	을묘	을묘	을묘	을묘	을묘	**병진**	병진	병진	병진	병진	병진	병진	병진	병진
월	병신	정유	무술	기해	경자	신축	임인	계묘	갑진	을사	병오	정미	무신	기유	경술	신해	임자
	3	2	2	2	1	1	1	1	10	10	10	9	9	9	8	8	8
	7	8	8	8	9	9	9	10	10	1	1	1	1	2	2	2	3
	14	15	16	17	18	19	20	21	22	23	24	25	26	27	28	29	30
	26	27	28	29	30	**5/1**	2	3	4	5	6	7	8	9	10	11	12
음	무진	무진	무진	무진	무진	무진	무진	무진	무진	무진	무진	무진	무진	무진	무진	무진	무진
3	병진	병진	병진	병진	병진	병진	병진	병진	병진	**정사**	정사	정사	정사	정사	정사	정사	정사
월	병인	정묘	무진	기사	경오	신미	임신	계유	갑술	을해	병자	정축	무인	기묘	경진	신사	임오
	3	3	2	2	2	1	1	1	1	10	10	10	9	9	9	8	8
	7	8	8	8	9	9	9	10	10	10	1	1	1	1	2	2	2
	14	15	16	17	18	19	20	21	22	23	24	25	26	27	28	29	
	26	27	28	29	30	31	**6/1**	2	3	4	5	6	7	8	9	10	
음	무진	무진	무진	무진	무진	무진	무진	무진	무진	무진	무진	무진	무진	무진	무진	무진	
4	정사	정사	정사	정사	정사	정사	정사	정사	정사	정사	**무오**	무오	무오	무오	무오	무오	
월	병신	정유	무술	기해	경자	신축	임인	계묘	갑진	을사	병오	정미	무신	기유	경술	신해	
	3	3	3	2	2	2	1	1	1	1	10	10	10	9	9	9	
	7	7	8	8	8	9	9	9	10	10	10	1	1	1	1	2	
	14	15	16	17	18	19	20	21	22	23	24	25	26	27	28	29	30
	24	25	26	27	28	29	30	**7/1**	2	3	4	5	6	7	8	9	10
음	무진	무진	무진	무진	무진	무진	무진	무진	무진	무진	무진	무진	무진	무진	무진	무진	무진
5	무오	무오	무오	무오	무오	무오	무오	무오	무오	무오	무오	무오	**기미**	기미	기미	기미	기미
월	을축	병인	정묘	무진	기사	경오	신미	임신	계유	갑술	을해	병자	정축	무인	기묘	경진	신사
	4	4	3	3	3	2	2	2	1	1	1	1	10	10	10	10	9
	6	7	7	7	8	8	8	9	9	9	10	10	10	1	1	1	1
	14	15	16	17	18	19	20	21	22	23	24	25	26	27	28	29	30
	24	25	26	27	28	29	30	31	**8/1**	2	3	4	5	6	7	8	9
음	무진	무진	무진	무진	무진	무진	무진	무진	무진	무진	무진	무진	무진	무진	무진	무진	무진
6	기미	기미	기미	기미	기미	기미	기미	기미	기미	기미	기미	기미	기미	기미	**경신**	경신	경신
월	을미	병신	정유	무술	기해	경자	신축	임인	계묘	갑진	을사	병오	정미	무신	기유	경술	신해
	5	4	4	4	3	3	3	2	2	2	1	1	1	1	10	10	10
	6	6	7	7	7	8	8	8	9	9	9	10	10	10	10	1	1

2048(무진)년 【단기 4381년】

월	구분		1	2	3	4	5	6	7	8	9	10	11	12	13
음 7 월	음력		1	2	3	4	5	6	7	8	9	10	11	12	13
	양력		**8/10**	11	12	13	14	15	16	17	18	19	20	21	22
	연주 (생년)		무진	무진	무진	무진	무진	무진	무진	무진	무진	무진	무진	무진	무진
	월주 (생월)		경신	경신	경신	경신	경신	경신	경신	경신	경신	경신	경신	경신	경신
	일주 (생일)		임자	계축	갑인	을묘	병진	정사	무오	기미	경신	신유	임술	계해	갑자
	대운	남	9	9	9	8	8	8	7	7	7	6	6	6	5
		여	1	1	2	2	2	3	3	3	4	4	4	5	5
음 8 월	음력		1	2	3	4	5	6	7	8	9	10	11	12	13
	양력		**9/8**	9	10	11	12	13	14	15	16	17	18	19	20
	연주 (생년)		무진	무진	무진	무진	무진	무진	무진	무진	무진	무진	무진	무진	무진
	월주 (생월)		신유	신유	신유	신유	신유	신유	신유	신유	신유	신유	신유	신유	신유
	일주 (생일)		신사	임오	계미	갑신	을유	병술	정해	무자	기축	경인	신묘	임진	계사
	대운	남	10	9	9	9	8	8	8	7	7	7	6	6	6
		여	1	1	1	1	2	2	2	3	3	3	4	4	4
음 9 월	음력		1	2	3	4	5	6	7	8	9	10	11	12	13
	양력		**10/8**	9	10	11	12	13	14	15	16	17	18	19	20
	연주 (생년)		무진	무진	무진	무진	무진	무진	무진	무진	무진	무진	무진	무진	무진
	월주 (생월)		임술	임술	임술	임술	임술	임술	임술	임술	임술	임술	임술	임술	임술
	일주 (생일)		신해	임자	계축	갑인	을묘	병진	정사	무오	기미	경신	신유	임술	계해
	대운	남	10	10	9	9	9	8	8	8	7	7	7	6	6
		여	1	1	1	1	2	2	2	3	3	3	4	4	4
음 10 월	음력		1	2	3	4	5	6	7	8	9	10	11	12	13
	양력		**11/6**	7	8	9	10	11	12	13	14	15	16	17	18
	연주 (생년)		무진	무진	무진	무진	무진	무진	무진	무진	무진	무진	무진	무진	무진
	월주 (생월)		임술	**계해**	계해	계해	계해	계해	계해	계해	계해	계해	계해	계해	계해
	일주 (생일)		경진	신사	임오	계미	갑신	을유	병술	정해	무자	기축	경인	신묘	임진
	대운	남	1	10	9	9	9	8	8	8	7	7	7	6	6
		여	10	10	1	1	1	1	2	2	2	3	3	3	4
음 11 월	음력		1	2	3	4	5	6	7	8	9	10	11	12	13
	양력		**12/6**	7	8	9	10	11	12	13	14	15	16	17	18
	연주 (생년)		무진	무진	무진	무진	무진	무진	무진	무진	무진	무진	무진	무진	무진
	월주 (생월)		**갑자**	갑자	갑자	갑자	갑자	갑자	갑자	갑자	갑자	갑자	갑자	갑자	갑자
	일주 (생일)		계사	갑오	을미	병신	정유	무술	기해	경자	신축	임인	계묘	갑진	을사
	대운	남	10	10	9	9	9	8	8	8	7	7	7	6	6
		여	10	1	1	1	1	2	2	2	3	3	3	4	4
음 12 월	음력		1	2	3	4	5	6	7	8	9	10	11	12	13
	양력		**1/4**	5	6	7	8	9	10	11	12	13	14	15	16
	연주 (생년)		무진	무진	무진	무진	무진	무진	무진	무진	무진	무진	무진	무진	무진
	월주 (생월)		갑자	**을축**	을축	을축	을축	을축	을축	을축	을축	을축	을축	을축	을축
	일주 (생일)		기묘	경진	신사	임오	계미	갑신	을유	병술	정해	무자	기축	경인	신묘
	대운	남	1	10	9	9	9	8	8	8	7	7	7	6	6
		여	10	10	1	1	1	1	2	2	2	3	3	3	4

음 7 월	14	15	16	17	18	19	20	21	22	23	24	25	26	27	28	29	
	23	24	25	26	27	28	29	30	31	**9/1**	2	3	4	5	6	7	
	무진	무진	무진	무진	무진	무진	무진	무진	무진	무진	무진	무진	무진	무진	무진	무진	
	경신	경신	경신	경신	경신	경신	경신	경신	경신	경신	경신	경신	경신	경신	경신	**신유**	
	을축	병인	정묘	무진	기사	경오	신미	임신	계유	갑술	을해	병자	정축	무인	기묘	경진	
	5	5	4	4	4	3	3	3	2	2	2	1	1	1	1	10	
	5	6	6	6	7	7	7	8	8	8	9	9	9	10	10	10	
음 8 월	14	15	16	17	18	19	20	21	22	23	24	25	26	27	28	29	30
	21	22	23	24	25	26	27	28	29	30	**10/1**	2	3	4	5	6	7
	무진	무진	무진	무진	무진	무진	무진	무진	무진	무진	무진	무진	무진	무진	무진	무진	무진
	신유	신유	신유	신유	신유	신유	신유	신유	신유	신유	신유	신유	신유	신유	신유	신유	**임술**
	갑오	을미	병신	정유	무술	기해	경자	신축	임인	계묘	갑진	을사	병오	정미	무신	기유	경술
	5	5	5	4	4	4	3	3	3	2	2	2	1	1	1	1	10
	5	5	5	6	6	6	7	7	7	8	8	8	9	9	9	10	10
음 9 월	14	15	16	17	18	19	20	21	22	23	24	25	26	27	28	29	
	21	22	23	24	25	26	27	28	29	30	31	**11/1**	2	3	4	5	
	무진	무진	무진	무진	무진	무진	무진	무진	무진	무진	무진	무진	무진	무진	무진	무진	
	임술	임술	임술	임술	임술	임술	임술	임술	임술	임술	임술	임술	임술	임술	임술	임술	
	갑자	을축	병인	정묘	무진	기사	경오	신미	임신	계유	갑술	을해	병자	정축	무인	기묘	
	6	5	5	5	4	4	4	3	3	3	2	2	2	1	1	1	
	5	5	5	6	6	6	7	7	7	8	8	8	9	9	9	10	
음 10 월	14	15	16	17	18	19	20	21	22	23	24	25	26	27	28	29	30
	19	20	21	22	23	24	25	26	27	28	29	30	**12/1**	2	3	4	5
	무진	무진	무진	무진	무진	무진	무진	무진	무진	무진	무진	무진	무진	무진	무진	무진	무진
	계해	계해	계해	계해	계해	계해	계해	계해	계해	계해	계해	계해	계해	계해	계해	계해	계해
	계사	갑오	을미	병신	정유	무술	기해	경자	신축	임인	계묘	갑진	을사	병오	정미	무신	기유
	6	5	5	5	4	4	4	3	3	3	2	2	2	1	1	1	1
	4	4	5	5	5	6	6	6	7	7	7	8	8	8	9	9	9
음 11 월	14	15	16	17	18	19	20	21	22	23	24	25	26	27	28	29	
	19	20	21	22	23	24	25	26	27	28	29	30	31	**1/1**	2	3	
	무진	무진	무진	무진	무진	무진	무진	무진	무진	무진	무진	무진	무진	무진	무진	무진	
	갑자	갑자	갑자	갑자	갑자	갑자	갑자	갑자	갑자	갑자	갑자	갑자	갑자	갑자	갑자	갑자	
	계해	갑자	을축	병인	정묘	무진	기사	경오	신미	임신	계유	갑술	을해	병자	정축	무인	
	6	5	5	5	4	4	4	3	3	3	2	2	2	1	1	1	
	4	5	5	5	6	6	6	7	7	7	8	8	8	9	9	9	
음 12 월	14	15	16	17	18	19	20	21	22	23	24	25	26	27	28	29	
	17	18	19	20	21	22	23	24	25	26	27	28	29	30	31	**2/1**	
	무진	무진	무진	무진	무진	무진	무진	무진	무진	무진	무진	무진	무진	무진	무진	무진	
	을축	을축	을축	을축	을축	을축	을축	을축	을축	을축	을축	을축	을축	을축	을축	을축	
	임진	계사	갑오	을미	병신	정유	무술	기해	경자	신축	임인	계묘	갑진	을사	병오	정미	
	6	5	5	5	4	4	4	3	3	3	2	2	2	1	1	1	
	4	4	5	5	5	6	6	6	7	7	7	8	8	8	9	9	

2049(기사)년 【단기 4382년】

		1	2	3	4	5	6	7	8	9	10	11	12	13
음 1 월	음력	1	2	3	4	5	6	7	8	9	10	11	12	13
	양력	**2/2**	3	4	5	6	7	8	9	10	11	12	13	14
	연주 (생년)	무진	**기사**	기사	기사	기사	기사	기사	기사	기사	기사	기사	기사	기사
	월주 (생월)	을축	**병인**	병인	병인	병인	병인	병인	병인	병인	병인	병인	병인	병인
	일주 (생일)	무신	기유	경술	신해	임자	계축	갑인	을묘	병진	정사	무오	기미	경신
	대운 남	1	10	1	1	1	1	2	2	2	3	3	3	4
	대운 여	9	10	10	9	9	9	8	8	8	7	7	7	6
음 2 월	음력	1	2	3	4	5	6	7	8	9	10	11	12	13
	양력	**3/4**	5	6	7	8	9	10	11	12	13	14	15	16
	연주 (생년)	기사	기사	기사	기사	기사	기사	기사	기사	기사	기사	기사	기사	기사
	월주 (생월)	병인	**정묘**	정묘	정묘	정묘	정묘	정묘	정묘	정묘	정묘	정묘	정묘	정묘
	일주 (생일)	무인	기묘	경진	신사	임오	계미	갑신	을유	병술	정해	무자	기축	경인
	대운 남	10	10	1	1	1	1	2	2	2	3	3	3	4
	대운 여	1	10	10	9	9	9	8	8	8	7	7	7	6
음 3 월	음력	1	2	3	4	5	6	7	8	9	10	11	12	13
	양력	**4/2**	3	4	5	6	7	8	9	10	11	12	13	14
	연주 (생년)	기사	기사	기사	기사	기사	기사	기사	기사	기사	기사	기사	기사	기사
	월주 (생월)	정묘	정묘	**무진**	무진	무진	무진	무진	무진	무진	무진	무진	무진	무진
	일주 (생일)	정미	무신	기유	경술	신해	임자	계축	갑인	을묘	병진	정사	무오	기미
	대운 남	9	10	10	1	1	1	1	2	2	2	3	3	3
	대운 여	1	1	10	10	10	9	9	9	8	8	8	7	7
음 4 월	음력	1	2	3	4	5	6	7	8	9	10	11	12	13
	양력	**5/2**	3	4	5	6	7	8	9	10	11	12	13	14
	연주 (생년)	기사	기사	기사	기사	기사	기사	기사	기사	기사	기사	기사	기사	기사
	월주 (생월)	무진	무진	무진	**기사**	기사	기사	기사	기사	기사	기사	기사	기사	기사
	일주 (생일)	정축	무인	기묘	경진	신사	임오	계미	갑신	을유	병술	정해	무자	기축
	대운 남	9	10	10	10	1	1	1	1	2	2	2	3	3
	대운 여	1	1	1	10	10	10	9	9	9	8	8	8	7
음 5 월	음력	1	2	3	4	5	6	7	8	9	10	11	12	13
	양력	**5/31**	**6/1**	2	3	4	5	6	7	8	9	10	11	12
	연주 (생년)	기사	기사	기사	기사	기사	기사	기사	기사	기사	기사	기사	기사	기사
	월주 (생월)	기사	기사	기사	기사	기사	**경오**	경오	경오	경오	경오	경오	경오	경오
	일주 (생일)	병오	정미	무신	기유	경술	신해	임자	계축	갑인	을묘	병진	정사	무오
	대운 남	9	9	9	10	10	10	1	1	1	1	2	2	2
	대운 여	2	1	1	1	1	10	10	10	10	9	9	9	8
음 6 월	음력	1	2	3	4	5	6	7	8	9	10	11	12	13
	양력	**6/30**	**7/1**	2	3	4	5	6	7	8	9	10	11	12
	연주 (생년)	기사	기사	기사	기사	기사	기사	기사	기사	기사	기사	기사	기사	기사
	월주 (생월)	경오	경오	경오	경오	경오	경오	경오	**신미**	신미	신미	신미	신미	신미
	일주 (생일)	병자	정축	무인	기묘	경진	신사	임오	계미	갑신	을유	병술	정해	무자
	대운 남	8	9	9	9	10	10	10	10	1	1	1	1	2
	대운 여	2	2	2	1	1	1	1	10	10	10	9	9	9

음1월	14	15	16	17	18	19	20	21	22	23	24	25	26	27	28	29	30
	15	16	17	18	19	20	21	22	23	24	25	26	27	28	**3/1**	2	3
	기사	기사	기사	기사	기사	기사	기사	기사	기사	기사	기사	기사	기사	기사	기사	기사	기사
	병인	병인	병인	병인	병인	병인	병인	병인	병인	병인	병인	병인	병인	병인	병인	병인	병인
	신유	임술	계해	갑자	을축	병인	정묘	무진	기사	경오	신미	임신	계유	갑술	을해	병자	정축
	4	4	5	5	5	6	6	6	7	7	7	8	8	8	9	9	9
	6	6	5	5	5	4	4	4	3	3	3	2	2	2	1	1	1
음2월	14	15	16	17	18	19	20	21	22	23	24	25	26	27	28	29	
	17	18	19	20	21	22	23	24	25	26	27	28	29	30	31	**4/1**	
	기사	기사	기사	기사	기사	기사	기사	기사	기사	기사	기사	기사	기사	기사	기사	기사	
	정묘	정묘	정묘	정묘	정묘	정묘	정묘	정묘	정묘	정묘	정묘	정묘	정묘	정묘	정묘	정묘	
	신묘	임진	계사	갑오	을미	병신	정유	무술	기해	경자	신축	임인	계묘	갑진	을사	병오	
	4	4	5	5	5	6	6	6	7	7	7	8	8	8	9	9	
	6	6	5	5	5	4	4	4	3	3	3	2	2	2	1	1	
음3월	14	15	16	17	18	19	20	21	22	23	24	25	26	27	28	29	30
	15	16	17	18	19	20	21	22	23	24	25	26	27	28	29	30	**5/1**
	기사	기사	기사	기사	기사	기사	기사	기사	기사	기사	기사	기사	기사	기사	기사	기사	기사
	무진	무진	무진	무진	무진	무진	무진	무진	무진	무진	무진	무진	무진	무진	무진	무진	무진
	경신	신유	임술	계해	갑자	을축	병인	정묘	무진	기사	경오	신미	임신	계유	갑술	을해	병자
	4	4	4	5	5	5	6	6	6	7	7	7	8	8	8	9	9
	7	6	6	6	5	5	5	4	4	4	3	3	3	2	2	2	1
음4월	14	15	16	17	18	19	20	21	22	23	24	25	26	27	28	29	
	15	16	17	18	19	20	21	22	23	24	25	26	27	28	29	30	
	기사	기사	기사	기사	기사	기사	기사	기사	기사	기사	기사	기사	기사	기사	기사	기사	
	기사	기사	기사	기사	기사	기사	기사	기사	기사	기사	기사	기사	기사	기사	기사	기사	
	경인	신묘	임진	계사	갑오	을미	병신	정유	무술	기해	경자	신축	임인	계묘	갑진	을사	
	3	4	4	4	5	5	5	6	6	6	7	7	7	8	8	8	
	7	7	6	6	6	5	5	5	4	4	4	3	3	3	2	2	
음5월	14	15	16	17	18	19	20	21	22	23	24	25	26	27	28	29	30
	13	14	15	16	17	18	19	20	21	22	23	24	25	26	27	28	29
	기사	기사	기사	기사	기사	기사	기사	기사	기사	기사	기사	기사	기사	기사	기사	기사	기사
	경오	경오	경오	경오	경오	경오	경오	경오	경오	경오	경오	경오	경오	경오	경오	경오	경오
	기미	경신	신유	임술	계해	갑자	을축	병인	정묘	무진	기사	경오	신미	임신	계유	갑술	을해
	3	3	3	4	4	4	5	5	5	6	6	6	7	7	7	8	8
	8	8	7	7	7	6	6	6	5	5	5	4	4	4	3	3	3
음6월	14	15	16	17	18	19	20	21	22	23	24	25	26	27	28	29	30
	13	14	15	16	17	18	19	20	21	22	23	24	25	26	27	28	29
	기사	기사	기사	기사	기사	기사	기사	기사	기사	기사	기사	기사	기사	기사	기사	기사	기사
	신미	신미	신미	신미	신미	신미	신미	신미	신미	신미	신미	신미	신미	신미	신미	신미	신미
	기축	경인	신묘	임진	계사	갑오	을미	병신	정유	무술	기해	경자	신축	임인	계묘	갑진	을사
	2	2	3	3	3	4	4	4	5	5	5	6	6	6	7	7	7
	8	8	8	7	7	7	6	6	6	5	5	5	4	4	4	3	3

2049(기사)년 【단기 4382년】

월	구분	1	2	3	4	5	6	7	8	9	10	11	12	13
음 7 월	음력	1	2	3	4	5	6	7	8	9	10	11	12	13
	양력	**7/30**	31	**8/1**	2	3	4	5	6	7	8	9	10	11
	연주 (생년)	기사	기사	기사	기사	기사	기사	기사	기사	기사	기사	기사	기사	기사
	월주 (생월)	신미	신미	신미	신미	신미	신미	신미	신미	**임신**	임신	임신	임신	임신
	일주 (생일)	병오	정미	무신	기유	경술	신해	임자	계축	갑인	을묘	병진	정사	무오
	대운 남	8	8	8	9	9	9	10	10	10	1	1	1	1
	대운 여	3	2	2	2	1	1	1	1	10	10	10	9	9
음 8 월	음력	1	2	3	4	5	6	7	8	9	10	11	12	13
	양력	**8/28**	29	30	31	**9/1**	2	3	4	5	6	7	8	9
	연주 (생년)	기사	기사	기사	기사	기사	기사	기사	기사	기사	기사	기사	기사	기사
	월주 (생월)	임신	임신	임신	임신	임신	임신	임신	임신	임신	임신	**계유**	계유	계유
	일주 (생일)	을해	병자	정축	무인	기묘	경진	신사	임오	계미	갑신	을유	병술	정해
	대운 남	7	7	8	8	8	9	9	9	10	10	10	1	1
	대운 여	3	3	3	2	2	2	1	1	1	1	10	10	10
음 9 월	음력	1	2	3	4	5	6	7	8	9	10	11	12	13
	양력	**9/27**	28	29	30	**10/1**	2	3	4	5	6	7	8	9
	연주 (생년)	기사	기사	기사	기사	기사	기사	기사	기사	기사	기사	기사	기사	기사
	월주 (생월)	계유	계유	계유	계유	계유	계유	계유	계유	계유	계유	계유	**갑술**	갑술
	일주 (생일)	을사	병오	정미	무신	기유	경술	신해	임자	계축	갑인	을묘	병진	정사
	대운 남	7	7	7	8	8	8	9	9	9	10	10	10	1
	대운 여	4	3	3	3	2	2	2	1	1	1	1	10	10
음 10 월	음력	1	2	3	4	5	6	7	8	9	10	11	12	13
	양력	**10/27**	28	29	30	31	**11/1**	2	3	4	5	6	7	8
	연주 (생년)	기사	기사	기사	기사	기사	기사	기사	기사	기사	기사	기사	기사	기사
	월주 (생월)	갑술	갑술	갑술	갑술	갑술	갑술	갑술	갑술	갑술	갑술	갑술	**을해**	을해
	일주 (생일)	을해	병자	정축	무인	기묘	경진	신사	임오	계미	갑신	을유	병술	정해
	대운 남	6	7	7	7	8	8	8	9	9	9	10	10	1
	대운 여	4	3	3	3	2	2	2	1	1	1	1	10	10
음 11 월	음력	1	2	3	4	5	6	7	8	9	10	11	12	13
	양력	**11/25**	26	27	28	29	30	**12/1**	2	3	4	5	6	7
	연주 (생년)	기사	기사	기사	기사	기사	기사	기사	기사	기사	기사	기사	기사	기사
	월주 (생월)	을해	을해	을해	을해	을해	을해	을해	을해	을해	을해	을해	을해	**병자**
	일주 (생일)	갑진	을사	병오	정미	무신	기유	경술	신해	임자	계축	갑인	을묘	병진
	대운 남	6	6	7	7	7	8	8	8	9	9	9	10	10
	대운 여	4	4	3	3	3	2	2	2	1	1	1	1	10
음 12 월	음력	1	2	3	4	5	6	7	8	9	10	11	12	13
	양력	**11/25**	26	27	28	29	30	31	**1/1**	2	3	4	5	6
	연주 (생년)	기사	기사	기사	기사	기사	기사	기사	기사	기사	기사	기사	기사	기사
	월주 (생월)	병자	병자	병자	병자	병자	병자	병자	병자	병자	병자	병자	**정축**	정축
	일주 (생일)	갑술	을해	병자	정축	무인	기묘	경진	신사	임오	계미	갑신	을유	병술
	대운 남	6	6	7	7	7	8	8	8	9	9	9	10	1
	대운 여	4	3	3	3	2	2	2	1	1	1	1	10	10

음 7월	14	15	16	17	18	19	20	21	22	23	24	25	26	27	28	29	
	12	13	14	15	16	17	18	19	20	21	22	23	24	25	26	27	
	기사	기사	기사	기사	기사	기사	기사	기사	기사	기사	기사	기사	기사	기사	기사	기사	
	임신	임신	임신	임신	임신	임신	임신	임신	임신	임신	임신	임신	임신	임신	임신	임신	
	기미	경신	신유	임술	계해	갑자	을축	병인	정묘	무진	기사	경오	신미	임신	계유	갑술	
	2	2	2	3	3	3	4	4	4	5	5	5	6	6	6	7	
	9	8	8	8	7	7	7	6	6	6	5	5	5	4	4	4	
음 8월	14	15	16	17	18	19	20	21	22	23	24	25	26	27	28	29	30
	10	11	12	13	14	15	16	17	18	19	20	21	22	23	24	25	26
	기사	기사	기사	기사	기사	기사	기사	기사	기사	기사	기사	기사	기사	기사	기사	기사	기사
	계유	계유	계유	계유	계유	계유	계유	계유	계유	계유	계유	계유	계유	계유	계유	계유	계유
	무자	기축	경인	신묘	임진	계사	갑오	을미	병신	정유	무술	기해	경자	신축	임인	계묘	갑진
	1	1	2	2	2	3	3	3	4	4	4	5	5	5	6	6	6
	9	9	9	8	8	8	7	7	7	6	6	6	5	5	5	4	4
음 9월	14	15	16	17	18	19	20	21	22	23	24	25	26	27	28	29	30
	10	11	12	13	14	15	16	17	18	19	20	21	22	23	24	25	26
	기사	기사	기사	기사	기사	기사	기사	기사	기사	기사	기사	기사	기사	기사	기사	기사	기사
	갑술	갑술	갑술	갑술	갑술	갑술	갑술	갑술	갑술	갑술	갑술	갑술	갑술	갑술	갑술	갑술	갑술
	무오	기미	경신	신유	임술	계해	갑자	을축	병인	정묘	무진	기사	경오	신미	임신	계유	갑술
	1	1	1	2	2	2	3	3	3	4	4	4	5	5	5	6	6
	9	9	9	8	8	8	7	7	7	6	6	6	5	5	5	4	4
음 10월	14	15	16	17	18	19	20	21	22	23	24	25	26	27	28	29	
	9	10	11	12	13	14	15	16	17	18	19	20	21	22	23	24	
	기사	기사	기사	기사	기사	기사	기사	기사	기사	기사	기사	기사	기사	기사	기사	기사	
	을해	을해	을해	을해	을해	을해	을해	을해	을해	을해	을해	을해	을해	을해	을해	을해	
	무자	기축	경인	신묘	임진	계사	갑오	을미	병신	정유	무술	기해	경자	신축	임인	계묘	
	1	1	1	2	2	2	3	3	3	4	4	4	5	5	5	6	
	9	9	9	8	8	8	7	7	7	6	6	6	5	5	5	4	
음 11월	14	15	16	17	18	19	20	21	22	23	24	25	26	27	28	29	30
	8	9	10	11	12	13	14	15	16	17	18	19	20	21	22	23	24
	기사	기사	기사	기사	기사	기사	기사	기사	기사	기사	기사	기사	기사	기사	기사	기사	기사
	병자	병자	병자	병자	병자	병자	병자	병자	병자	병자	병자	병자	병자	병자	병자	병자	병자
	정사	무오	기미	경신	신유	임술	계해	갑자	을축	병인	정묘	무진	기사	경오	신미	임신	계유
	1	1	1	1	2	2	2	3	3	3	4	4	4	5	5	5	6
	9	9	9	8	8	8	7	7	7	6	6	6	5	5	5	4	4
음 12월	14	15	16	17	18	19	20	21	22	23	24	25	26	27	28	29	
	7	8	9	10	11	12	13	14	15	16	17	18	19	20	21	22	
	기사	기사	기사	기사	기사	기사	기사	기사	기사	기사	기사	기사	기사	기사	기사	기사	
	정축	정축	정축	정축	정축	정축	정축	정축	정축	정축	정축	정축	정축	정축	정축	정축	
	정해	무자	기축	경인	신묘	임진	계사	갑오	을미	병신	정유	무술	기해	경자	신축	임인	
	1	1	1	2	2	2	3	3	3	4	4	4	5	5	5	6	
	9	9	9	8	8	8	7	7	7	6	6	6	5	5	5	4	

2050(경오)년 【단기 4383년】

월	구분		1	2	3	4	5	6	7	8	9	10	11	12	13
음 1 월	음력		1	2	3	4	5	6	7	8	9	10	11	12	13
	양력		**1/23**	24	25	26	27	28	29	30	31	**2/1**	2	3	4
	연주 (생년)		기사	기사	기사	기사	기사	기사	기사	기사	기사	기사	기사	기사	**경오**
	월주 (생월)		정축	정축	정축	정축	정축	정축	정축	정축	정축	정축	정축	정축	**무인**
	일주 (생일)		계묘	갑진	을사	병오	정미	무신	기유	경술	신해	임자	계축	갑인	을묘
	대운	남	6	6	7	7	7	8	8	8	9	9	9	10	10
		여	4	4	3	3	3	2	2	2	1	1	1	1	10

월	구분		1	2	3	4	5	6	7	8	9	10	11	12	13
음 2 월	음력		1	2	3	4	5	6	7	8	9	10	11	12	13
	양력		**2/22**	23	24	25	26	27	28	**3/1**	2	3	4	5	6
	연주 (생년)		경오	경오	경오	경오	경오	경오	경오	경오	경오	경오	경오	경오	경오
	월주 (생월)		무인	무인	무인	무인	무인	무인	무인	무인	무인	무인	무인	**기묘**	기묘
	일주 (생일)		계유	갑술	을해	병자	정축	무인	기묘	경진	신사	임오	계미	갑신	을유
	대운	남	4	3	3	3	2	2	2	1	1	1	1	10	10
		여	6	6	7	7	7	8	8	8	9	9	9	10	1

월	구분		1	2	3	4	5	6	7	8	9	10	11	12	13
음 3 월	음력		1	2	3	4	5	6	7	8	9	10	11	12	13
	양력		**3/23**	24	25	26	27	28	29	30	31	**4/1**	2	3	4
	연주 (생년)		경오	경오	경오	경오	경오	경오	경오	경오	경오	경오	경오	경오	경오
	월주 (생월)		기묘	기묘	기묘	기묘	기묘	기묘	기묘	기묘	기묘	기묘	기묘	기묘	**경진**
	일주 (생일)		임인	계묘	갑진	을사	병오	정미	무신	기유	경술	신해	임자	계축	갑인
	대운	남	4	4	3	3	3	2	2	2	1	1	1	1	10
		여	6	6	7	7	7	8	8	8	9	9	9	10	10

월	구분		1	2	3	4	5	6	7	8	9	10	11	12	13
윤 3 월	음력		1	2	3	4	5	6	7	8	9	10	11	12	13
	양력		**4/21**	22	23	24	25	26	27	28	29	30	**5/1**	2	3
	연주 (생년)		경오	경오	경오	경오	경오	경오	경오	경오	경오	경오	경오	경오	경오
	월주 (생월)		경진	경진	경진	경진	경진	경진	경진	경진	경진	경진	경진	경진	경진
	일주 (생일)		신미	임신	계유	갑술	을해	병자	정축	무인	기묘	경진	신사	임오	계미
	대운	남	5	4	4	4	3	3	3	2	2	2	1	1	1
		여	6	6	6	7	7	7	8	8	8	9	9	9	10

월	구분		1	2	3	4	5	6	7	8	9	10	11	12	13
음 4 월	음력		1	2	3	4	5	6	7	8	9	10	11	12	13
	양력		**5/21**	22	23	24	25	26	27	28	29	30	31	**6/1**	2
	연주 (생년)		경오	경오	경오	경오	경오	경오	경오	경오	경오	경오	경오	경오	경오
	월주 (생월)		신사	신사	신사	신사	신사	신사	신사	신사	신사	신사	신사	신사	신사
	일주 (생일)		신축	임인	계묘	갑진	을사	병오	정미	무신	기유	경술	신해	임자	계축
	대운	남	5	5	4	4	4	3	3	3	2	2	2	1	1
		여	5	6	6	6	7	7	7	8	8	8	9	9	9

월	구분		1	2	3	4	5	6	7	8	9	10	11	12	13
음 5 월	음력		1	2	3	4	5	6	7	8	9	10	11	12	13
	양력		**6/19**	20	21	22	23	24	25	26	27	28	29	30	**7/1**
	연주 (생년)		경오	경오	경오	경오	경오	경오	경오	경오	경오	경오	경오	경오	경오
	월주 (생월)		임오	임오	임오	임오	임오	임오	임오	임오	임오	임오	임오	임오	임오
	일주 (생일)		경오	신미	임신	계유	갑술	을해	병자	정축	무인	기묘	경진	신사	임오
	대운	남	6	6	5	5	5	4	4	4	3	3	3	2	2
		여	5	5	5	6	6	6	7	7	7	8	8	8	9

월	구분		1	2	3	4	5	6	7	8	9	10	11	12	13
음 6 월	음력		1	2	3	4	5	6	7	8	9	10	11	12	13
	양력		**7/19**	20	21	22	23	24	25	26	27	28	29	30	31
	연주 (생년)		경오	경오	경오	경오	경오	경오	경오	경오	경오	경오	경오	경오	경오
	월주 (생월)		계미	계미	계미	계미	계미	계미	계미	계미	계미	계미	계미	계미	계미
	일주 (생일)		경자	신축	임인	계묘	갑진	을사	병오	정미	무신	기유	경술	신해	임자
	대운	남	6	6	6	5	5	5	4	4	4	3	3	3	2
		여	4	4	5	5	5	6	6	6	7	7	7	8	8

음	14	15	16	17	18	19	20	21	22	23	24	25	26	27	28	29	30
1	5	6	7	8	9	10	11	12	13	14	15	16	17	18	19	20	21
월	경오	경오	경오	경오	경오	경오	경오	경오	경오	경오	경오	경오	경오	경오	경오	경오	경오
	무인	무인	무인	무인	무인	무인	무인	무인	무인	무인	무인	무인	무인	무인	무인	무인	무인
	병진	정사	무오	기미	경신	신유	임술	계해	갑자	을축	병인	정묘	무진	기사	경오	신미	임신
	9	9	9	8	8	8	7	7	7	6	6	6	5	5	5	4	4
	1	1	1	1	2	2	2	3	3	3	4	4	4	5	5	5	6
음	14	15	16	17	18	19	20	21	22	23	24	25	26	27	28	29	
2	7	8	9	10	11	12	13	14	15	16	17	18	19	20	21	22	
월	경오	경오	경오	경오	경오	경오	경오	경오	경오	경오	경오	경오	경오	경오	경오	경오	
	기묘	기묘	기묘	기묘	기묘	기묘	기묘	기묘	기묘	기묘	기묘	기묘	기묘	기묘	기묘	기묘	
	병술	정해	무자	기축	경인	신묘	임진	계사	갑오	을미	병신	정유	무술	기해	경자	신축	
	9	9	9	8	8	8	7	7	7	6	6	6	5	5	5	4	
	1	1	1	2	2	2	3	3	3	4	4	4	5	5	5	6	
음	14	15	16	17	18	19	20	21	22	23	24	25	26	27	28	29	
3	5	6	7	8	9	10	11	12	13	14	15	16	17	18	19	20	
월	경오	경오	경오	경오	경오	경오	경오	경오	경오	경오	경오	경오	경오	경오	경오	경오	
	경진	경진	경진	경진	경진	경진	경진	경진	경진	경진	경진	경진	경진	경진	경진	경진	
	을묘	병진	정사	무오	기미	경신	신유	임술	계해	갑자	을축	병인	정묘	무진	기사	경오	
	10	10	9	9	9	8	8	8	7	7	7	6	6	6	5	5	
	1	1	1	1	2	2	2	3	3	3	4	4	4	5	5	5	
윤	14	15	16	17	18	19	20	21	22	23	24	25	26	27	28	29	30
3	4	5	6	7	8	9	10	11	12	13	14	15	16	17	18	19	20
월	경오	경오	경오	경오	경오	경오	경오	경오	경오	경오	경오	경오	경오	경오	경오	경오	경오
	경진	**신사**	신사	신사	신사	신사	신사	신사	신사	신사	신사	신사	신사	신사	신사	신사	신사
	갑신	을유	병술	정해	무자	기축	경인	신묘	임진	계사	갑오	을미	병신	정유	무술	기해	경자
	1	10	10	10	9	9	9	8	8	8	7	7	7	6	6	6	5
	10	10	1	1	1	1	2	2	2	3	3	3	4	4	4	5	5
음	14	15	16	17	18	19	20	21	22	23	24	25	26	27	28	29	
4	3	4	5	6	7	8	9	10	11	12	13	14	15	16	17	18	
월	경오	경오	경오	경오	경오	경오	경오	경오	경오	경오	경오	경오	경오	경오	경오	경오	
	신사	신사	**임오**	임오	임오	임오	임오	임오	임오	임오	임오	임오	임오	임오	임오	임오	
	갑인	을묘	병진	정사	무오	기미	경신	신유	임술	계해	갑자	을축	병인	정묘	무진	기사	
	1	1	10	10	10	10	9	9	9	8	8	8	7	7	7	6	
	10	10	10	1	1	1	1	2	2	2	3	3	3	4	4	4	
음	14	15	16	17	18	19	20	21	22	23	24	25	26	27	28	29	30
5	2	3	4	5	6	7	8	9	10	11	12	13	14	15	16	17	18
월	경오	경오	경오	경오	경오	경오	경오	경오	경오	경오	경오	경오	경오	경오	경오	경오	경오
	임오	임오	임오	임오	임오	**계미**	계미	계미	계미	계미	계미	계미	계미	계미	계미	계미	계미
	계미	갑신	을유	병술	정해	무자	기축	경인	신묘	임진	계사	갑오	을미	병신	정유	무술	기해
	2	1	1	1	1	10	10	10	9	9	9	8	8	8	7	7	7
	9	9	10	10	10	10	1	1	1	1	2	2	2	3	3	3	4
음	14	15	16	17	18	19	20	21	22	23	24	25	26	27	28	29	
6	**8/1**	2	3	4	5	6	7	8	9	10	11	12	13	14	15	16	
월	경오	경오	경오	경오	경오	경오	경오	경오	경오	경오	경오	경오	경오	경오	경오	경오	
	계미	계미	계미	계미	계미	계미	**갑신**	갑신	갑신	갑신	갑신	갑신	갑신	갑신	갑신	갑신	
	계축	갑인	을묘	병진	정사	무오	기미	경신	신유	임술	계해	갑자	을축	병인	정묘	무진	
	2	2	1	1	1	1	10	10	10	9	9	9	8	8	8	7	
	8	9	9	9	10	10	10	1	1	1	1	2	2	2	3	3	

2050(경오)년 【단기 4383년】

	구분	1	2	3	4	5	6	7	8	9	10	11	12	13
음 7 월	음력	1	2	3	4	5	6	7	8	9	10	11	12	13
	양력	8/17	18	19	20	21	22	23	24	25	26	27	28	29
	연주 (생년)	경오	경오	경오	경오	경오	경오	경오	경오	경오	경오	경오	경오	경오
	월주 (생월)	갑신	갑신	갑신	갑신	갑신	갑신	갑신	갑신	갑신	갑신	갑신	갑신	갑신
	일주 (생일)	기사	경오	신미	임신	계유	갑술	을해	병자	정축	무인	기묘	경진	신사
	대운 남	7	7	6	6	6	5	5	5	4	4	4	3	3
	대운 여	3	4	4	4	5	5	5	6	6	6	7	7	7
음 8 월	음력	1	2	3	4	5	6	7	8	9	10	11	12	13
	양력	9/16	17	18	19	20	21	22	23	24	25	26	27	28
	연주 (생년)	경오	경오	경오	경오	경오	경오	경오	경오	경오	경오	경오	경오	경오
	월주 (생월)	을유	을유	을유	을유	을유	을유	을유	을유	을유	을유	을유	을유	을유
	일주 (생일)	기해	경자	신축	임인	계묘	갑진	을사	병오	정미	무신	기유	경술	신해
	대운 남	7	7	7	6	6	6	5	5	5	4	4	4	3
	대운 여	3	3	4	4	4	5	5	5	6	6	6	7	7
음 9 월	음력	1	2	3	4	5	6	7	8	9	10	11	12	13
	양력	10/16	17	18	19	20	21	22	23	24	25	26	27	28
	연주 (생년)	경오	경오	경오	경오	경오	경오	경오	경오	경오	경오	경오	경오	경오
	월주 (생월)	병술	병술	병술	병술	병술	병술	병술	병술	병술	병술	병술	병술	병술
	일주 (생일)	기사	경오	신미	임신	계유	갑술	을해	병자	정축	무인	기묘	경진	신사
	대운 남	7	7	7	6	6	6	5	5	5	4	4	4	3
	대운 여	3	3	3	4	4	4	5	5	5	6	6	6	7
음 10 월	음력	1	2	3	4	5	6	7	8	9	10	11	12	13
	양력	11/14	15	16	17	18	19	20	21	22	23	24	25	26
	연주 (생년)	경오	경오	경오	경오	경오	경오	경오	경오	경오	경오	경오	경오	경오
	월주 (생월)	정해	정해	정해	정해	정해	정해	정해	정해	정해	정해	정해	정해	정해
	일주 (생일)	무술	기해	경자	신축	임인	계묘	갑진	을사	병오	정미	무신	기유	경술
	대운 남	8	7	7	7	6	6	6	5	5	5	4	4	4
	대운 여	2	3	3	3	4	4	4	5	5	5	6	6	6
음 11 월	음력	1	2	3	4	5	6	7	8	9	10	11	12	13
	양력	12/14	15	16	17	18	19	20	21	22	23	24	25	26
	연주 (생년)	경오	경오	경오	경오	경오	경오	경오	경오	경오	경오	경오	경오	경오
	월주 (생월)	무자	무자	무자	무자	무자	무자	무자	무자	무자	무자	무자	무자	무자
	일주 (생일)	무진	기사	경오	신미	임신	계유	갑술	을해	병자	정축	무인	기묘	경진
	대운 남	7	7	7	6	6	6	5	5	5	4	4	4	3
	대운 여	2	3	3	3	4	4	4	5	5	5	6	6	6
음 12 월	음력	1	2	3	4	5	6	7	8	9	10	11	12	13
	양력	1/13	14	15	16	17	18	19	20	21	22	23	24	25
	연주 (생년)	경오	경오	경오	경오	경오	경오	경오	경오	경오	경오	경오	경오	경오
	월주 (생월)	기축	기축	기축	기축	기축	기축	기축	기축	기축	기축	기축	기축	기축
	일주 (생일)	무술	기해	경자	신축	임인	계묘	갑진	을사	병오	정미	무신	기유	경술
	대운 남	7	7	7	6	6	6	5	5	5	4	4	4	3
	대운 여	3	3	3	4	4	4	5	5	5	6	6	6	7

월																	
음 7 월	14	15	16	17	18	19	20	21	22	23	24	25	26	27	28	29	30
	30	31	**9/1**	2	3	4	5	6	7	8	9	10	11	12	13	14	15
	경오	경오	경오	경오	경오	경오	경오	경오	경오	경오	경오	경오	경오	경오	경오	경오	경오
	갑신	갑신	갑신	갑신	갑신	갑신	갑신	갑신	**을유**	을유	을유	을유	을유	을유	을유	을유	을유
	임오	계미	갑신	을유	병술	정해	무자	기축	경인	신묘	임진	계사	갑오	을미	병신	정유	무술
	3	2	2	2	1	1	1	1	10	10	10	9	9	9	8	8	8
	8	8	8	9	9	9	10	10	10	1	1	1	1	2	2	2	3
음 8 월	14	15	16	17	18	19	20	21	22	23	24	25	26	27	28	29	30
	29	30	**10/1**	2	3	4	5	6	7	8	9	10	11	12	13	14	15
	경오	경오	경오	경오	경오	경오	경오	경오	경오	경오	경오	경오	경오	경오	경오	경오	경오
	을유	을유	을유	을유	을유	을유	을유	을유	을유	**병술**	병술	병술	병술	병술	병술	병술	병술
	임자	계축	갑인	을묘	병진	정사	무오	기미	경신	신유	임술	계해	갑자	을축	병인	정묘	무진
	3	3	2	2	2	1	1	1	1	10	10	9	9	9	8	8	8
	7	8	8	8	9	9	9	10	10	10	1	1	1	1	2	2	2
음 9 월	14	15	16	17	18	19	20	21	22	23	24	25	26	27	28	29	
	29	30	31	**11/1**	2	3	4	5	6	7	8	9	10	11	12	13	
	경오	경오	경오	경오	경오	경오	경오	경오	경오	경오	경오	경오	경오	경오	경오	경오	
	병술	병술	병술	병술	병술	병술	병술	병술	병술	**정해**	정해	정해	정해	정해	정해	정해	
	임오	계미	갑신	을유	병술	정해	무자	기축	경인	신묘	임진	계사	갑오	을미	병신	정유	
	3	3	2	2	2	1	1	1	1	10	10	9	9	9	8	8	
	7	7	8	8	8	9	9	9	10	10	1	1	1	1	2	2	
음 10 월	14	15	16	17	18	19	20	21	22	23	24	25	26	27	28	29	30
	27	28	29	30	**12/1**	2	3	4	5	6	7	8	9	10	11	12	13
	경오	경오	경오	경오	경오	경오	경오	경오	경오	경오	경오	경오	경오	경오	경오	경오	경오
	정해	정해	정해	정해	정해	정해	정해	정해	정해	정해	**무자**	무자	무자	무자	무자	무자	무자
	신해	임자	계축	갑인	을묘	병진	정사	무오	기미	경신	신유	임술	계해	갑자	을축	병인	정묘
	3	3	3	2	2	2	1	1	1	1	10	9	9	9	8	8	8
	7	7	7	8	8	8	9	9	9	10	10	1	1	1	1	2	2
음 11 월	14	15	16	17	18	19	20	21	22	23	24	25	26	27	28	29	30
	27	28	29	30	31	**1/1**	2	3	4	5	6	7	8	9	10	11	12
	경오	경오	경오	경오	경오	경오	경오	경오	경오	경오	경오	경오	경오	경오	경오	경오	경오
	무자	무자	무자	무자	무자	무자	무자	무자	무자	**기축**	기축	기축	기축	기축	기축	기축	기축
	신사	임오	계미	갑신	을유	병술	정해	무자	기축	경인	신묘	임진	계사	갑오	을미	병신	정유
	3	3	2	2	2	1	1	1	1	10	10	9	9	9	8	8	8
	7	7	7	8	8	8	9	9	9	10	1	1	1	1	2	2	2
음 12 월	14	15	16	17	18	19	20	21	22	23	24	25	26	27	28	29	
	26	27	28	29	30	31	**2/1**	2	3	4	5	6	7	8	9	10	
	경오	경오	경오	경오	경오	경오	경오	경오	경오	**신미**	신미	신미	신미	신미	신미	신미	
	기축	신미	신미	신미	신미	신미	신미	신미	신미	**경인**	경인	경인	경인	경인	경인	경인	
	신해	임자	계축	갑인	을묘	병진	정사	무오	기미	경신	신유	임술	계해	갑자	을축	병인	
	3	3	2	2	2	1	1	1	1	10	10	9	9	9	8	8	
	7	7	8	8	8	9	9	9	10	10	10	1	1	1	2	2	

2051(신미)년 【단기 4384년】

월	구분		1	2	3	4	5	6	7	8	9	10	11	12	13
음 1 월	음력		1	2	3	4	5	6	7	8	9	10	11	12	13
	양력		2/11	12	13	14	15	16	17	18	19	20	21	22	23
	연주 (생년)		신미	신미	신미	신미	신미	신미	신미	신미	신미	신미	신미	신미	신미
	월주 (생월)		경인	경인	경인	경인	경인	경인	경인	경인	경인	경인	경인	경인	경인
	일주 (생일)		정묘	무진	기사	경오	신미	임신	계유	갑술	을해	병자	정축	무인	기묘
	대운	남	2	3	3	3	4	4	4	5	5	5	6	6	6
		여	8	7	7	7	6	6	6	5	5	5	4	4	4
음 2 월	음력		1	2	3	4	5	6	7	8	9	10	11	12	13
	양력		3/13	14	15	16	17	18	19	20	21	22	23	24	25
	연주 (생년)		신미	신미	신미	신미	신미	신미	신미	신미	신미	신미	신미	신미	신미
	월주 (생월)		신묘	신묘	신묘	신묘	신묘	신묘	신묘	신묘	신묘	신묘	신묘	신묘	신묘
	일주 (생일)		정유	무술	기해	경자	신축	임인	계묘	갑진	을사	병오	정미	무신	기유
	대운	남	2	2	3	3	3	4	4	4	5	5	5	6	6
		여	8	7	7	7	6	6	6	5	5	5	4	4	4
음 3 월	음력		1	2	3	4	5	6	7	8	9	10	11	12	13
	양력		4/11	12	13	14	15	16	17	18	19	20	21	22	23
	연주 (생년)		신미	신미	신미	신미	신미	신미	신미	신미	신미	신미	신미	신미	신미
	월주 (생월)		임진	임진	임진	임진	임진	임진	임진	임진	임진	임진	임진	임진	임진
	일주 (생일)		병인	정묘	무진	기사	경오	신미	임신	계유	갑술	을해	병자	정축	무인
	대운	남	2	2	3	3	3	4	4	4	5	5	5	6	6
		여	8	8	7	7	7	6	6	6	5	5	5	4	4
음 4 월	음력		1	2	3	4	5	6	7	8	9	10	11	12	13
	양력		5/10	11	12	13	14	15	16	17	18	19	20	21	22
	연주 (생년)		신미	신미	신미	신미	신미	신미	신미	신미	신미	신미	신미	신미	신미
	월주 (생월)		계사	계사	계사	계사	계사	계사	계사	계사	계사	계사	계사	계사	계사
	일주 (생일)		을미	병신	정유	무술	기해	경자	신축	임인	계묘	갑진	을사	병오	정미
	대운	남	2	2	2	3	3	3	4	4	4	5	5	5	6
		여	9	9	8	8	8	7	7	7	6	6	6	5	5
음 5 월	음력		1	2	3	4	5	6	7	8	9	10	11	12	13
	양력		6/9	10	11	12	13	14	15	16	17	18	19	20	21
	연주 (생년)		신미	신미	신미	신미	신미	신미	신미	신미	신미	신미	신미	신미	신미
	월주 (생월)		갑오	갑오	갑오	갑오	갑오	갑오	갑오	갑오	갑오	갑오	갑오	갑오	갑오
	일주 (생일)		을축	병인	정묘	무진	기사	경오	신미	임신	계유	갑술	을해	병자	정축
	대운	남	1	1	2	2	2	3	3	3	4	4	4	5	5
		여	9	9	9	8	8	8	7	7	7	6	6	6	5
음 6 월	음력		1	2	3	4	5	6	7	8	9	10	11	12	13
	양력		7/8	9	10	11	12	13	14	15	16	17	18	19	20
	연주 (생년)		신미	신미	신미	신미	신미	신미	신미	신미	신미	신미	신미	신미	신미
	월주 (생월)		을미	을미	을미	을미	을미	을미	을미	을미	을미	을미	을미	을미	을미
	일주 (생일)		갑오	을미	병신	정유	무술	기해	경자	신축	임인	계묘	갑진	을사	병오
	대운	남	1	1	1	1	2	2	2	3	3	3	4	4	4
		여	10	10	9	9	9	8	8	8	7	7	7	6	6

음 1 월	14	15	16	17	18	19	20	21	22	23	24	25	26	27	28	29	30
	24	25	26	27	28	**3/1**	2	3	4	5	6	7	8	9	10	11	12
	신미	신미	신미	신미	신미	신미	신미	신미	신미	신미	신미	신미	신미	신미	신미	신미	신미
	경인	경인	경인	경인	경인	경인	경인	경인	경인	경인	**신묘**	신묘	신묘	신묘	신묘	신묘	신묘
	경진	신사	임오	계미	갑신	을유	병술	정해	무자	기축	경인	신묘	임진	계사	갑오	을미	병신
	7	7	7	8	8	8	9	9	9	10	10	1	1	1	1	2	2
	3	3	3	2	2	2	1	1	1	1	10	10	9	9	9	8	8
음 2 월	14	15	16	17	18	19	20	21	22	23	24	25	26	27	28	29	
	26	27	28	29	30	31	**4/1**	2	3	4	5	6	7	8	9	10	
	신미	신미	신미	신미	신미	신미	신미	신미	신미	신미	신미	신미	신미	신미	신미	신미	
	신묘	신묘	신묘	신묘	신묘	신묘	신묘	신묘	신묘	신묘	**임진**	임진	임진	임진	임진	임진	
	경술	신해	임자	계축	갑인	을묘	병진	정사	무오	기미	경신	신유	임술	계해	갑자	을축	
	7	7	7	8	8	8	9	9	9	10	10	1	1	1	1	2	
	3	3	3	2	2	2	1	1	1	1	10	10	9	9	9	8	
음 3 월	14	15	16	17	18	19	20	21	22	23	24	25	26	27	28	29	
	24	25	26	27	28	29	30	**5/1**	2	3	4	5	6	7	8	9	
	신미	신미	신미	신미	신미	신미	신미	신미	신미	신미	신미	신미	신미	신미	신미	신미	
	임진	임진	임진	임진	임진	임진	임진	임진	임진	임진	임진	**계사**	계사	계사	계사	계사	
	기묘	경진	신사	임오	계미	갑신	을유	병술	정해	무자	기축	경인	신묘	임진	계사	갑오	
	6	7	7	7	8	8	8	9	9	9	10	10	1	1	1	1	
	4	3	3	3	2	2	2	1	1	1	1	10	10	10	10	9	
음 4 월	14	15	16	17	18	19	20	21	22	23	24	25	26	27	28	29	30
	23	24	25	26	27	28	29	30	31	**6/1**	2	3	4	5	6	7	8
	신미	신미	신미	신미	신미	신미	신미	신미	신미	신미	신미	신미	신미	신미	신미	신미	신미
	계사	계사	계사	계사	계사	계사	계사	계사	계사	계사	계사	계사	계사	계사	**갑오**	갑오	갑오
	무신	기유	경술	신해	임자	계축	갑인	을묘	병진	정사	무오	기미	경신	신유	임술	계해	갑자
	6	6	7	7	7	8	8	8	9	9	9	10	10	10	10	1	1
	5	4	4	4	3	3	3	2	2	2	1	1	1	1	10	10	10
음 5 월	14	15	16	17	18	19	20	21	22	23	24	25	26	27	28	29	
	22	23	24	25	26	27	28	29	30	**7/1**	2	3	4	5	6	7	
	신미	신미	신미	신미	신미	신미	신미	신미	신미	신미	신미	신미	신미	신미	신미	신미	
	갑오	갑오	갑오	갑오	갑오	갑오	갑오	갑오	갑오	갑오	갑오	갑오	갑오	갑오	갑오	**을미**	
	무인	기묘	경진	신사	임오	계미	갑신	을유	병술	정해	무자	기축	경인	신묘	임진	계사	
	5	6	6	6	7	7	7	8	8	8	9	9	9	10	10	10	
	5	5	4	4	4	3	3	3	2	2	2	1	1	1	1	10	
음 6 월	14	15	16	17	18	19	20	21	22	23	24	25	26	27	28	29	30
	21	22	23	24	25	26	27	28	29	30	31	**8/1**	2	3	4	5	6
	신미	신미	신미	신미	신미	신미	신미	신미	신미	신미	신미	신미	신미	신미	신미	신미	신미
	을미	을미	을미	을미	을미	을미	을미	을미	을미	을미	을미	을미	을미	을미	을미	을미	을미
	정미	무신	기유	경술	신해	임자	계축	갑인	을묘	병진	정사	무오	기미	경신	신유	임술	계해
	5	5	5	6	6	6	7	7	7	8	8	8	9	9	9	10	10
	6	5	5	5	4	4	4	3	3	3	2	2	2	1	1	1	1

2051(신미)년 【단기 4384년】

음 7 월	음 력		1	2	3	4	5	6	7	8	9	10	11	12	13
	양 력		**8/7**	8	9	10	11	12	13	14	15	16	17	18	19
	연주 (생년)		신미	신미	신미	신미	신미	신미	신미	신미	신미	신미	신미	신미	신미
	월주 (생월)		**병신**	병신	병신	병신	병신	병신	병신	병신	병신	병신	병신	병신	병신
	일주 (생일)		갑자	을축	병인	정묘	무진	기사	경오	신미	임신	계유	갑술	을해	병자
	대운	남	10	1	1	1	1	2	2	2	3	3	3	4	4
		여	10	10	10	10	9	9	9	8	8	8	7	7	7
음 8 월	음 력		1	2	3	4	5	6	7	8	9	10	11	12	13
	양 력		**9/5**	6	7	8	9	10	11	12	13	14	15	16	17
	연주 (생년)		신미	신미	신미	신미	신미	신미	신미	신미	신미	신미	신미	신미	신미
	월주 (생월)		병신	병신	병신	**정유**	정유	정유	정유	정유	정유	정유	정유	정유	정유
	일주 (생일)		계사	갑오	을미	병신	정유	무술	기해	경자	신축	임인	계묘	갑진	을사
	대운	남	10	10	10	10	1	1	1	1	2	2	2	3	3
		여	1	1	1	10	10	9	9	9	8	8	8	7	7
음 9 월	음 력		1	2	3	4	5	6	7	8	9	10	11	12	13
	양 력		**10/5**	6	7	8	9	10	11	12	13	14	15	16	17
	연주 (생년)		신미	신미	신미	신미	신미	신미	신미	신미	신미	신미	신미	신미	신미
	월주 (생월)		정유	정유	정유	**무술**	무술	무술	무술	무술	무술	무술	무술	무술	무술
	일주 (생일)		계해	갑자	을축	병인	정묘	무진	기사	경오	신미	임신	계유	갑술	을해
	대운	남	9	9	10	10	1	1	1	1	2	2	2	3	3
		여	1	1	1	10	10	9	9	9	8	8	8	7	7
음 10 월	음 력		1	2	3	4	5	6	7	8	9	10	11	12	13
	양 력		**11/3**	4	5	6	7	8	9	10	11	12	13	14	15
	연주 (생년)		신미	신미	신미	신미	신미	신미	신미	신미	신미	신미	신미	신미	신미
	월주 (생월)		무술	무술	무술	무술	**기해**	기해	기해	기해	기해	기해	기해	기해	기해
	일주 (생일)		임진	계사	갑오	을미	병신	정유	무술	기해	경자	신축	임인	계묘	갑진
	대운	남	9	9	9	10	10	1	1	1	1	2	2	2	3
		여	1	1	1	1	10	10	9	9	9	8	8	8	7
음 11 월	음 력		1	2	3	4	5	6	7	8	9	10	11	12	13
	양 력		**12/3**	4	5	6	7	8	9	10	11	12	13	14	15
	연주 (생년)		신미	신미	신미	신미	신미	신미	신미	신미	신미	신미	신미	신미	신미
	월주 (생월)		기해	기해	기해	기해	**경자**	경자	경자	경자	경자	경자	경자	경자	경자
	일주 (생일)		임술	계해	갑자	을축	병인	정묘	무진	기사	경오	신미	임신	계유	갑술
	대운	남	9	9	9	10	10	1	1	1	1	2	2	2	3
		여	1	1	1	1	10	10	9	9	9	8	8	8	7
음 12 월	음 력		1	2	3	4	5	6	7	8	9	10	11	12	13
	양 력		**1/2**	3	4	5	6	7	8	9	10	11	12	13	14
	연주 (생년)		신미	신미	신미	신미	신미	신미	신미	신미	신미	신미	신미	신미	신미
	월주 (생월)		경자	경자	경자	경자	**신축**	신축	신축	신축	신축	신축	신축	신축	신축
	일주 (생일)		임진	계사	갑오	을미	병신	정유	무술	기해	경자	신축	임인	계묘	갑진
	대운	남	9	9	9	10	10	1	1	1	1	2	2	2	3
		여	1	1	1	1	10	9	9	9	8	8	8	7	7

음 7 월	14	15	16	17	18	19	20	21	22	23	24	25	26	27	28	29	
	20	21	22	23	24	25	26	27	28	29	30	31	**9/1**	2	3	4	
	신미	신미	신미	신미	신미	신미	신미	신미	신미	신미	신미	신미	신미	신미	신미	신미	
	병신	병신	병신	병신	병신	병신	병신	병신	병신	병신	병신	병신	병신	병신	병신	병신	
	정축	무인	기묘	경진	신사	임오	계미	갑신	을유	병술	정해	무자	기축	경인	신묘	임진	
	4	5	5	5	6	6	6	7	7	7	8	8	8	9	9	9	
	6	6	6	5	5	5	4	4	4	3	3	3	2	2	2	1	

음 8 월	14	15	16	17	18	19	20	21	22	23	24	25	26	27	28	29	30
	18	19	20	21	22	23	24	25	26	27	28	29	30	**10/1**	2	3	4
	신미	신미	신미	신미	신미	신미	신미	신미	신미	신미	신미	신미	신미	신미	신미	신미	신미
	정유	정유	정유	정유	정유	정유	정유	정유	정유	정유	정유	정유	정유	정유	정유	정유	정유
	병오	정미	무신	기유	경술	신해	임자	계축	갑인	을묘	병진	정사	무오	기미	경신	신유	임술
	3	4	4	4	5	5	5	6	6	6	7	7	7	8	8	8	9
	7	6	6	6	5	5	5	4	4	4	3	3	3	2	2	2	1

음 9 월	14	15	16	17	18	19	20	21	22	23	24	25	26	27	28	29	
	18	19	20	21	22	23	24	25	26	27	28	29	30	31	**11/1**	2	
	신미	신미	신미	신미	신미	신미	신미	신미	신미	신미	신미	신미	신미	신미	신미	신미	
	무술	무술	무술	무술	무술	무술	무술	무술	무술	무술	무술	무술	무술	무술	무술	무술	
	병자	정축	무인	기묘	경진	신사	임오	계미	갑신	을유	병술	정해	무자	기축	경인	신묘	
	3	4	4	4	5	5	5	6	6	6	7	7	7	8	8	8	
	7	6	6	6	5	5	5	4	4	4	3	3	3	2	2	2	

음 10 월	14	15	16	17	18	19	20	21	22	23	24	25	26	27	28	29	30
	16	17	18	19	20	21	22	23	24	25	26	27	28	29	30	**12/1**	2
	신미	신미	신미	신미	신미	신미	신미	신미	신미	신미	신미	신미	신미	신미	신미	신미	신미
	기해	기해	기해	기해	기해	기해	기해	기해	기해	기해	기해	기해	기해	기해	기해	기해	기해
	을사	병오	정미	무신	기유	경술	신해	임자	계축	갑인	을묘	병진	정사	무오	기미	경신	신유
	3	3	4	4	4	5	5	5	6	6	6	7	7	7	8	8	8
	7	7	6	6	6	5	5	5	4	4	4	3	3	3	2	2	2

음 11 월	14	15	16	17	18	19	20	21	22	23	24	25	26	27	28	29	30
	16	17	18	19	20	21	22	23	24	25	26	27	28	29	30	31	**1/1**
	신미	신미	신미	신미	신미	신미	신미	신미	신미	신미	신미	신미	신미	신미	신미	신미	신미
	경자	경자	경자	경자	경자	경자	경자	경자	경자	경자	경자	경자	경자	경자	경자	경자	경자
	을해	병자	정축	무인	기묘	경진	신사	임오	계미	갑신	을유	병술	정해	무자	기축	경인	신묘
	3	3	4	4	4	5	5	5	6	6	6	7	7	7	8	8	8
	7	7	6	6	6	5	5	5	4	4	4	3	3	3	2	2	2

음 12 월	14	15	16	17	18	19	20	21	22	23	24	25	26	27	28	29	30
	15	16	17	18	19	20	21	22	23	24	25	26	27	28	29	30	31
	신미	신미	신미	신미	신미	신미	신미	신미	신미	신미	신미	신미	신미	신미	신미	신미	신미
	신축	신축	신축	신축	신축	신축	신축	신축	신축	신축	신축	신축	신축	신축	신축	신축	신축
	을사	병오	정미	무신	기유	경술	신해	임자	계축	갑인	을묘	병진	정사	무오	기미	경신	신유
	3	3	4	4	4	5	5	5	6	6	6	7	7	7	8	8	8
	7	6	6	6	5	5	5	4	4	4	3	3	3	2	2	2	1

2052(임신)년 【단기 4385년】

음 1 월	음력	1	2	3	4	5	6	7	8	9	10	11	12	13
	양력	**2/1**	2	3	4	5	6	7	8	9	10	11	12	13
	연주 (생년)	신미	신미	**임신**	임신	임신	임신	임신	임신	임신	임신	임신	임신	임신
	월주 (생월)	신축	신축	**임인**	임인	임인	임인	임인	임인	임인	임인	임인	임인	임인
	일주 (생일)	임술	계해	갑자	을축	병인	정묘	무진	기사	경오	신미	임신	계유	갑술
	대운 남	9	9	9	10	10	9	9	9	8	8	8	7	7
	대운 여	1	1	1	10	1	1	1	1	2	2	2	3	3

음 2 월	음력	1	2	3	4	5	6	7	8	9	10	11	12	13
	양력	**3/1**	2	3	4	5	6	7	8	9	10	11	12	13
	연주 (생년)	임신	임신	임신	임신	임신	임신	임신	임신	임신	임신	임신	임신	임신
	월주 (생월)	임인	임인	임인	임인	**계묘**	계묘	계묘	계묘	계묘	계묘	계묘	계묘	계묘
	일주 (생일)	신묘	임진	계사	갑오	을미	병신	정유	무술	기해	경자	신축	임인	계묘
	대운 남	1	1	1	1	10	10	9	9	9	8	8	8	7
	대운 여	9	9	9	10	10	1	1	1	1	2	2	2	3

음 3 월	음력	1	2	3	4	5	6	7	8	9	10	11	12	13
	양력	**3/31**	**4/1**	2	3	4	5	6	7	8	9	10	11	12
	연주 (생년)	임신	임신	임신	임신	임신	임신	임신	임신	임신	임신	임신	임신	임신
	월주 (생월)	계묘	계묘	계묘	계묘	**갑진**	갑진	갑진	갑진	갑진	갑진	갑진	갑진	갑진
	일주 (생일)	신유	임술	계해	갑자	을축	병인	정묘	무진	기사	경오	신미	임신	계유
	대운 남	1	1	1	1	10	10	10	9	9	9	8	8	8
	대운 여	9	9	9	10	10	1	1	1	1	2	2	2	3

음 4 월	음력	1	2	3	4	5	6	7	8	9	10	11	12	13
	양력	**4/29**	30	**5/1**	2	3	4	5	6	7	8	9	10	11
	연주 (생년)	임신	임신	임신	임신	임신	임신	임신	임신	임신	임신	임신	임신	임신
	월주 (생월)	갑진	갑진	갑진	갑진	갑진	갑진	**을사**	을사	을사	을사	을사	을사	을사
	일주 (생일)	경인	신묘	임진	계사	갑오	을미	병신	정유	무술	기해	경자	신축	임인
	대운 남	2	2	1	1	1	1	10	10	10	9	9	9	8
	대운 여	8	9	9	9	10	10	10	1	1	1	1	2	2

음 5 월	음력	1	2	3	4	5	6	7	8	9	10	11	12	13
	양력	**5/28**	29	30	31	**6/1**	2	3	4	5	6	7	8	9
	연주 (생년)	임신	임신	임신	임신	임신	임신	임신	임신	임신	임신	임신	임신	임신
	월주 (생월)	을사	을사	을사	을사	을사	을사	을사	을사	**병오**	병오	병오	병오	병오
	일주 (생일)	기미	경신	신유	임술	계해	갑자	을축	병인	정묘	무진	기사	경오	신미
	대운 남	3	2	2	2	1	1	1	1	10	10	10	9	9
	대운 여	8	8	8	9	9	9	10	10	10	1	1	1	1

음 6 월	음력	1	2	3	4	5	6	7	8	9	10	11	12	13
	양력	**6/27**	28	29	30	**7/1**	2	3	4	5	6	7	8	9
	연주 (생년)	임신	임신	임신	임신	임신	임신	임신	임신	임신	임신	임신	임신	임신
	월주 (생월)	병오	병오	병오	병오	병오	병오	병오	병오	병오	**정미**	정미	정미	정미
	일주 (생일)	기축	경인	신묘	임진	계사	갑오	을미	병신	정유	무술	기해	경자	신축
	대운 남	3	3	2	2	2	1	1	1	1	10	10	10	10
	대운 여	7	8	8	8	9	9	9	10	10	10	1	1	1

	14	15	16	17	18	19	20	21	22	23	24	25	26	27	28	29	
	14	15	16	17	18	19	20	21	22	23	24	25	26	27	28	29	
음	임신	임신	임신	임신	임신	임신	임신	임신	임신	임신	임신	임신	임신	임신	임신	임신	
1	임인	임인	임인	임인	임인	임인	임인	임인	임인	임인	임인	임인	임인	임인	임인	임인	
월	을해	병자	정축	무인	기묘	경진	신사	임오	계미	갑신	을유	병술	정해	무자	기축	경인	
	7	6	6	6	5	5	5	4	4	4	3	3	3	2	2	2	
	3	4	4	4	5	5	5	6	6	6	7	7	7	8	8	8	
	14	15	16	17	18	19	20	21	22	23	24	25	26	27	28	29	30
	14	15	16	17	18	19	20	21	22	23	24	25	26	27	28	29	30
음	임신	임신	임신	임신	임신	임신	임신	임신	임신	임신	임신	임신	임신	임신	임신	임신	임신
2	계묘	계묘	계묘	계묘	계묘	계묘	계묘	계묘	계묘	계묘	계묘	계묘	계묘	계묘	계묘	계묘	계묘
월	갑진	을사	병오	정미	무신	기유	경술	신해	임자	계축	갑인	을묘	병진	정사	무오	기미	경신
	7	7	6	6	6	5	5	5	4	4	4	3	3	3	2	2	2
	3	3	4	4	4	5	5	5	6	6	6	7	7	7	8	8	8
	14	15	16	17	18	19	20	21	22	23	24	25	26	27	28	29	
	13	14	15	16	17	18	19	20	21	22	23	24	25	26	27	28	
음	임신	임신	임신	임신	임신	임신	임신	임신	임신	임신	임신	임신	임신	임신	임신	임신	
3	갑진	갑진	갑진	갑진	갑진	갑진	갑진	갑진	갑진	갑진	갑진	갑진	갑진	갑진	갑진	갑진	
월	갑술	을해	병자	정축	무인	기묘	경진	신사	임오	계미	갑신	을유	병술	정해	무자	기축	
	7	7	7	6	6	6	5	5	5	4	4	4	3	3	3	2	
	3	3	4	4	4	5	5	5	6	6	6	7	7	7	8	8	
	14	15	16	17	18	19	20	21	22	23	24	25	26	27	28	29	
	12	13	14	15	16	17	18	19	20	21	22	23	24	25	26	27	
음	임신	임신	임신	임신	임신	임신	임신	임신	임신	임신	임신	임신	임신	임신	임신	임신	
4	을사	을사	을사	을사	을사	을사	을사	을사	을사	을사	을사	을사	을사	을사	을사	을사	
월	계묘	갑진	을사	병오	정미	무신	기유	경술	신해	임자	계축	갑인	을묘	병진	정사	무오	
	8	8	7	7	7	6	6	6	5	5	5	4	4	4	3	3	
	2	3	3	3	4	4	4	5	5	5	6	6	6	7	7	7	
	14	15	16	17	18	19	20	21	22	23	24	25	26	27	28	29	30
	10	11	12	13	14	15	16	17	18	19	20	21	22	23	24	25	26
음	임신	임신	임신	임신	임신	임신	임신	임신	임신	임신	임신	임신	임신	임신	임신	임신	임신
5	병오	병오	병오	병오	병오	병오	병오	병오	병오	병오	병오	병오	병오	병오	병오	병오	병오
월	임신	계유	갑술	을해	병자	정축	무인	기묘	경진	신사	임오	계미	갑신	을유	병술	정해	무자
	9	8	8	8	7	7	7	6	6	6	5	5	5	4	4	4	3
	2	2	2	3	3	3	4	4	4	5	5	5	6	6	6	7	7
	14	15	16	17	18	19	20	21	22	23	24	25	26	27	28	29	
	10	11	12	13	14	15	16	17	18	19	20	21	22	23	24	25	
음	임신	임신	임신	임신	임신	임신	임신	임신	임신	임신	임신	임신	임신	임신	임신	임신	
6	정미	정미	정미	정미	정미	정미	정미	정미	정미	정미	정미	정미	정미	정미	정미	정미	
월	임인	계묘	갑진	을사	병오	정미	무신	기유	경술	신해	임자	계축	갑인	을묘	병진	정사	
	9	9	9	8	8	8	7	7	7	6	6	6	5	5	5	4	
	1	2	2	2	3	3	3	4	4	4	5	5	5	6	6	6	

2052(임신)년 【단기 4385년】

월	구분		1	2	3	4	5	6	7	8	9	10	11	12	13
음 7 월	음력		1	2	3	4	5	6	7	8	9	10	11	12	13
	양력		**7/26**	27	28	29	30	31	**8/1**	2	3	4	5	6	7
	연주 (생년)		임신	임신	임신	임신	임신	임신	임신	임신	임신	임신	임신	임신	임신
	월주 (생월)		정미	정미	정미	정미	정미	정미	정미	정미	정미	정미	정미	정미	**무신**
	일주 (생일)		무오	기미	경신	신유	임술	계해	갑자	을축	병인	정묘	무진	기사	경오
	대운	남	4	4	3	3	3	2	2	2	1	1	1	1	10
		여	7	7	7	8	8	8	9	9	9	10	10	10	10
음 8 월	음력		1	2	3	4	5	6	7	8	9	10	11	12	13
	양력		**8/24**	25	26	27	28	29	30	31	9/1	2	3	4	5
	연주 (생년)		임신	임신	임신	임신	임신	임신	임신	임신	임신	임신	임신	임신	임신
	월주 (생월)		무신	무신	무신	무신	무신	무신	무신	무신	무신	무신	무신	무신	무신
	일주 (생일)		정해	무자	기축	경인	신묘	임진	계사	갑오	을미	병신	정유	무술	기해
	대운	남	5	4	4	4	3	3	3	2	2	2	1	1	1
		여	6	6	6	7	7	7	8	8	8	9	9	9	10
윤 8 월	음력		1	2	3	4	5	6	7	8	9	10	11	12	13
	양력		**9/23**	24	25	26	27	28	29	30	**10/1**	2	3	4	5
	연주 (생년)		임신	임신	임신	임신	임신	임신	임신	임신	임신	임신	임신	임신	임신
	월주 (생월)		기유	기유	기유	기유	기유	기유	기유	기유	기유	기유	기유	기유	기유
	일주 (생일)		정사	무오	기미	경신	신유	임술	계해	갑자	을축	병인	정묘	무진	기사
	대운	남	5	4	4	4	3	3	3	2	2	2	1	1	1
		여	5	6	6	6	7	7	7	8	8	8	9	9	9
음 9 월	음력		1	2	3	4	5	6	7	8	9	10	11	12	13
	양력		**10/23**	24	25	26	27	28	29	30	31	**11/1**	2	3	4
	연주 (생년)		임신	임신	임신	임신	임신	임신	임신	임신	임신	임신	임신	임신	임신
	월주 (생월)		경술	경술	경술	경술	경술	경술	경술	경술	경술	경술	경술	경술	경술
	일주 (생일)		정해	무자	기축	경인	신묘	임진	계사	갑오	을미	병신	정유	무술	기해
	대운	남	5	5	4	4	4	3	3	3	2	2	2	1	1
		여	5	6	6	6	7	7	7	8	8	8	9	9	9
음 10 월	음력		1	2	3	4	5	6	7	8	9	10	11	12	13
	양력		**11/21**	22	23	24	25	26	27	28	29	30	12/1	2	3
	연주 (생년)		임신	임신	임신	임신	임신	임신	임신	임신	임신	임신	임신	임신	임신
	월주 (생월)		신해	신해	신해	신해	신해	신해	신해	신해	신해	신해	신해	신해	신해
	일주 (생일)		병진	정사	무오	기미	경신	신유	임술	계해	갑자	을축	병인	정묘	무진
	대운	남	5	5	4	4	4	3	3	3	2	2	2	1	1
		여	5	5	5	6	6	6	7	7	7	8	8	8	9
음 11 월	음력		1	2	3	4	5	6	7	8	9	10	11	12	13
	양력		**12/21**	22	23	24	25	26	27	28	29	30	31	**1/1**	2
	연주 (생년)		임신	임신	임신	임신	임신	임신	임신	임신	임신	임신	임신	임신	임신
	월주 (생월)		임자	임자	임자	임자	임자	임자	임자	임자	임자	임자	임자	임자	임자
	일주 (생일)		병술	정해	무자	기축	경인	신묘	임진	계사	갑오	을미	병신	정유	무술
	대운	남	5	5	4	4	4	3	3	3	2	2	2	1	1
		여	5	5	6	6	6	7	7	7	8	8	8	9	9
음 12 월	음력		1	2	3	4	5	6	7	8	9	10	11	12	13
	양력		**1/20**	21	22	23	24	25	26	27	28	29	30	31	**2/1**
	연주 (생년)		임신	임신	임신	임신	임신	임신	임신	임신	임신	임신	임신	임신	임신
	월주 (생월)		계축	계축	계축	계축	계축	계축	계축	계축	계축	계축	계축	계축	계축
	일주 (생일)		병진	정사	무오	기미	경신	신유	임술	계해	갑자	을축	병인	정묘	무진
	대운	남	5	4	4	4	3	3	3	2	2	2	1	1	1
		여	5	5	6	6	6	7	7	7	8	8	8	9	9

음7월	14	15	16	17	18	19	20	21	22	23	24	25	26	27	28	29	
	8	9	10	11	12	13	14	15	16	17	18	19	20	21	22	23	
	임신	임신	임신	임신	임신	임신	임신	임신	임신	임신	임신	임신	임신	임신	임신	임신	
	무신	무신	무신	무신	무신	무신	무신	무신	무신	무신	무신	무신	무신	무신	무신	무신	
	신미	임신	계유	갑술	을해	병자	정축	무인	기묘	경진	신사	임오	계미	갑신	을유	병술	
	10	10	9	9	9	8	8	8	7	7	7	6	6	6	5	5	
	1	1	1	1	2	2	2	3	3	3	4	4	4	5	5	5	

음8월	14	15	16	17	18	19	20	21	22	23	24	25	26	27	28	29	30
	6	7	8	9	10	11	12	13	14	15	16	17	18	19	20	21	22
	임신	임신	임신	임신	임신	임신	임신	임신	임신	임신	임신	임신	임신	임신	임신	임신	임신
	무신	**기유**	기유	기유	기유	기유	기유	기유	기유	기유	기유	기유	기유	기유	기유	기유	기유
	경자	신축	임인	계묘	갑진	을사	병오	정미	무신	기유	경술	신해	임자	계축	갑인	을묘	병진
	1	10	10	9	9	9	8	8	8	7	7	7	6	6	6	5	5
	10	10	1	1	1	1	2	2	2	3	3	3	4	4	4	5	5

윤8월	14	15	16	17	18	19	20	21	22	23	24	25	26	27	28	29	30
	6	7	8	9	10	11	12	13	14	15	16	17	18	19	20	21	22
	임신	임신	임신	임신	임신	임신	임신	임신	임신	임신	임신	임신	임신	임신	임신	임신	임신
	기유	**경술**	경술	경술	경술	경술	경술	경술	경술	경술	경술	경술	경술	경술	경술	경술	경술
	경오	신미	임신	계유	갑술	을해	병자	정축	무인	기묘	경진	신사	임오	계미	갑신	을유	병술
	1	10	10	10	9	9	9	8	8	8	7	7	7	6	6	6	5
	10	10	1	1	1	1	2	2	2	3	3	3	4	4	4	5	5

음9월	14	15	16	17	18	19	20	21	22	23	24	25	26	27	28	29	
	5	6	7	8	9	10	11	12	13	14	15	16	17	18	19	20	
	임신	임신	임신	임신	임신	임신	임신	임신	임신	임신	임신	임신	임신	임신	임신	임신	
	경술	경술	**신해**	신해	신해	신해	신해	신해	신해	신해	신해	신해	신해	신해	신해	신해	
	경자	신축	임인	계묘	갑진	을사	병오	정미	무신	기유	경술	신해	임자	계축	갑인	을묘	
	1	1	10	9	9	9	8	8	8	7	7	7	6	6	6	5	
	10	10	10	1	1	1	1	2	2	2	3	3	3	4	4	4	

음10월	14	15	16	17	18	19	20	21	22	23	24	25	26	27	28	29	30
	4	5	6	7	8	9	10	11	12	13	14	15	16	17	18	19	20
	임신	임신	임신	임신	임신	임신	임신	임신	임신	임신	임신	임신	임신	임신	임신	임신	임신
	신해	신해	**임자**	임자	임자	임자	임자	임자	임자	임자	임자	임자	임자	임자	임자	임자	임자
	기사	경오	신미	임신	계유	갑술	을해	병자	정축	무인	기묘	경진	신사	임오	계미	갑신	을유
	1	1	10	10	9	9	9	8	8	8	7	7	7	6	6	6	5
	9	9	10	1	1	1	1	2	2	2	3	3	3	4	4	4	5

음11월	14	15	16	17	18	19	20	21	22	23	24	25	26	27	28	29	30
	3	4	5	6	7	8	9	10	11	12	13	14	15	16	17	18	19
	임신	임신	임신	임신	임신	임신	임신	임신	임신	임신	임신	임신	임신	임신	임신	임신	임신
	임자	임자	**계축**	계축	계축	계축	계축	계축	계축	계축	계축	계축	계축	계축	계축	계축	계축
	기해	경자	신축	임인	계묘	갑진	을사	병오	정미	무신	기유	경술	신해	임자	계축	갑인	을묘
	1	1	10	9	9	9	8	8	8	7	7	7	6	6	6	5	5
	9	10	10	1	1	1	1	2	2	2	3	3	3	4	4	4	5

음12월	14	15	16	17	18	19	20	21	22	23	24	25	26	27	28	29	30
	2	3	4	5	6	7	8	9	10	11	12	13	14	15	16	17	18
	임신	**계유**	계유	계유	계유	계유	계유	계유	계유	계유	계유	계유	계유	계유	계유	계유	계유
	계축	**갑인**	갑인	갑인	갑인	갑인	갑인	갑인	갑인	갑인	갑인	갑인	갑인	갑인	갑인	갑인	갑인
	기사	경오	신미	임신	계유	갑술	을해	병자	정축	무인	기묘	경진	신사	임오	계미	갑신	을유
	1	10	1	1	1	1	2	2	2	3	3	3	4	4	4	5	5
	9	10	10	9	9	9	8	8	8	7	7	7	6	6	6	5	5

2053(계유)년 【단기 4386년】

월	구분		1	2	3	4	5	6	7	8	9	10	11	12	13
음 1 월	음력		1	2	3	4	5	6	7	8	9	10	11	12	13
	양력		**2/19**	20	21	22	23	24	25	26	27	28	**3/1**	2	3
	연주 (생년)		계유	계유	계유	계유	계유	계유	계유	계유	계유	계유	계유	계유	계유
	월주 (생월)		갑인	갑인	갑인	갑인	갑인	갑인	갑인	갑인	갑인	갑인	갑인	갑인	갑인
	일주 (생일)		병술	정해	무자	기축	경인	신묘	임진	계사	갑오	을미	병신	정유	무술
	대운	남	5	6	6	6	7	7	7	8	8	8	9	9	9
		여	10	10	1	1	1	1	2	2	2	1	1	1	1
음 2 월	음력		1	2	3	4	5	6	7	8	9	10	11	12	13
	양력		**3/20**	21	22	23	24	25	26	27	28	29	30	31	**4/1**
	연주 (생년)		계유	계유	계유	계유	계유	계유	계유	계유	계유	계유	계유	계유	계유
	월주 (생월)		을묘	을묘	을묘	을묘	을묘	을묘	을묘	을묘	을묘	을묘	을묘	을묘	을묘
	일주 (생일)		을묘	병진	정사	무오	기미	경신	신유	임술	계해	갑자	을축	병인	정묘
	대운	남	5	5	6	6	6	7	7	7	8	8	8	9	9
		여	5	5	4	4	4	3	3	3	2	2	2	1	1
음 3 월	음력		1	2	3	4	5	6	7	8	9	10	11	12	13
	양력		**4/19**	20	21	22	23	24	25	26	27	28	29	30	**5/1**
	연주 (생년)		계유	계유	계유	계유	계유	계유	계유	계유	계유	계유	계유	계유	계유
	월주 (생월)		병진	병진	병진	병진	병진	병진	병진	병진	병진	병진	병진	병진	병진
	일주 (생일)		을유	병술	정해	무자	기축	경인	신묘	임진	계사	갑오	을미	병신	정유
	대운	남	5	5	6	6	6	7	7	7	8	8	8	9	9
		여	5	5	5	4	4	4	3	3	3	2	2	2	1
음 4 월	음력		1	2	3	4	5	6	7	8	9	10	11	12	13
	양력		**5/18**	19	20	21	22	23	24	25	26	27	28	29	30
	연주 (생년)		계유	계유	계유	계유	계유	계유	계유	계유	계유	계유	계유	계유	계유
	월주 (생월)		정사	정사	정사	정사	정사	정사	정사	정사	정사	정사	정사	정사	정사
	일주 (생일)		갑인	을묘	병진	정사	무오	기미	경신	신유	임술	계해	갑자	을축	병인
	대운	남	4	5	5	5	6	6	6	7	7	7	8	8	8
		여	6	6	5	5	5	4	4	4	3	3	3	2	2
음 5 월	음력		1	2	3	4	5	6	7	8	9	10	11	12	13
	양력		**6/16**	17	18	19	20	21	22	23	24	25	26	27	28
	연주 (생년)		계유	계유	계유	계유	계유	계유	계유	계유	계유	계유	계유	계유	계유
	월주 (생월)		무오	무오	무오	무오	무오	무오	무오	무오	무오	무오	무오	무오	무오
	일주 (생일)		계미	갑신	을유	병술	정해	무자	기축	경인	신묘	임진	계사	갑오	을미
	대운	남	4	4	4	5	5	5	6	6	6	7	7	7	8
		여	7	6	6	6	5	5	5	4	4	4	3	3	3
음 6 월	음력		1	2	3	4	5	6	7	8	9	10	11	12	13
	양력		**7/16**	17	18	19	20	21	22	23	24	25	26	27	28
	연주 (생년)		계유	계유	계유	계유	계유	계유	계유	계유	계유	계유	계유	계유	계유
	월주 (생월)		기미	기미	기미	기미	기미	기미	기미	기미	기미	기미	기미	기미	기미
	일주 (생일)		계축	갑인	을묘	병진	정사	무오	기미	경신	신유	임술	계해	갑자	을축
	대운	남	3	4	4	4	5	5	5	6	6	6	7	7	7
		여	7	7	7	6	6	6	5	5	5	4	4	4	3

음 1 월	14	15	16	17	18	19	20	21	22	23	24	25	26	27	28	29	
	4	5	6	7	8	9	10	11	12	13	14	15	16	17	18	19	
	계유	계유	계유	계유	계유	계유	계유	계유	계유	계유	계유	계유	계유	계유	계유	계유	
	갑인	**을묘**	을묘	을묘	을묘	을묘	을묘	을묘	을묘	을묘	을묘	을묘	을묘	을묘	을묘	을묘	
	기해	경자	신축	임인	계묘	갑진	을사	병오	정미	무신	기유	경술	신해	임자	계축	갑인	
	10	10	1	1	1	1	2	2	2	3	3	3	4	4	4	5	
	1	10	10	9	9	9	8	8	8	7	7	7	6	6	6	5	
음 2 월	14	15	16	17	18	19	20	21	22	23	24	25	26	27	28	29	30
	2	3	4	5	6	7	8	9	10	11	12	13	14	15	16	17	18
	계유	계유	계유	계유	계유	계유	계유	계유	계유	계유	계유	계유	계유	계유	계유	계유	계유
	을묘	을묘	**병진**	병진	병진	병진	병진	병진	병진	병진	병진	병진	병진	병진	병진	병진	병진
	무진	기사	경오	신미	임신	계유	갑술	을해	병자	정축	무인	기묘	경진	신사	임오	계미	갑신
	9	10	10	1	1	1	1	2	2	2	3	3	3	4	4	4	5
	1	1	10	10	10	9	9	9	8	8	8	7	7	7	6	6	6
음 3 월	14	15	16	17	18	19	20	21	22	23	24	25	26	27	28	29	
	2	3	4	5	6	7	8	9	10	11	12	13	14	15	16	17	
	계유	계유	계유	계유	계유	계유	계유	계유	계유	계유	계유	계유	계유	계유	계유	계유	
	병진	병진	병진	**정사**	정사	정사	정사	정사	정사	정사	정사	정사	정사	정사	정사	정사	
	무술	기해	경자	신축	임인	계묘	갑진	을사	병오	정미	무신	기유	경술	신해	임자	계축	
	9	10	10	10	1	1	1	1	2	2	2	3	3	3	4	4	
	1	1	1	10	10	10	9	9	9	8	8	8	7	7	7	6	
음 4 월	14	15	16	17	18	19	20	21	22	23	24	25	26	27	28	29	
	31	**6/1**	2	3	4	5	6	7	8	9	10	11	12	13	14	15	
	계유	계유	계유	계유	계유	계유	계유	계유	계유	계유	계유	계유	계유	계유	계유	계유	
	정사	정사	정사	정사	정사	**무오**	무오	무오	무오	무오	무오	무오	무오	무오	무오	무오	
	정묘	무진	기사	경오	신미	임신	계유	갑술	을해	병자	정축	무인	기묘	경진	신사	임오	
	9	9	9	10	10	10	1	1	1	1	2	2	2	3	3	3	
	2	1	1	1	1	10	10	10	9	9	9	8	8	8	7	7	
음 5 월	14	15	16	17	18	19	20	21	22	23	24	25	26	27	28	29	30
	29	30	**7/1**	2	3	4	5	6	7	8	9	10	11	12	13	14	15
	계유	계유	계유	계유	계유	계유	계유	계유	계유	계유	계유	계유	계유	계유	계유	계유	계유
	무오	무오	무오	무오	무오	무오	무오	**기미**	기미	기미	기미	기미	기미	기미	기미	기미	기미
	병신	정유	무술	기해	경자	신축	임인	계묘	갑진	을사	병오	정미	무신	기유	경술	신해	임자
	8	8	9	9	9	10	10	10	1	1	1	1	2	2	2	3	3
	2	2	2	1	1	1	1	10	10	10	10	9	9	9	8	8	8
음 6 월	14	15	16	17	18	19	20	21	22	23	24	25	26	27	28	29	
	29	30	31	**8/1**	2	3	4	5	6	7	8	9	10	11	12	13	
	계유	계유	계유	계유	계유	계유	계유	계유	계유	계유	계유	계유	계유	계유	계유	계유	
	기미	기미	기미	기미	기미	기미	기미	기미	기미	**경신**	경신	경신	경신	경신	경신	경신	
	병인	정묘	무진	기사	경오	신미	임신	계유	갑술	을해	병자	정축	무인	기묘	경진	신사	
	8	8	8	9	9	9	10	10	10	10	1	1	1	2	2	2	
	3	3	2	2	2	1	1	1	1	10	10	10	9	9	9	8	

2053(계유)년 【단기 4386년】

음 7 월	음력		1	2	3	4	5	6	7	8	9	10	11	12	13
	양력		8/14	15	16	17	18	19	20	21	22	23	24	25	26
	연주 (생년)		계유	계유	계유	계유	계유	계유	계유	계유	계유	계유	계유	계유	계유
	월주 (생월)		경신	경신	경신	경신	경신	경신	경신	경신	경신	경신	경신	경신	경신
	일주 (생일)		임오	계미	갑신	을유	병술	정해	무자	기축	경인	신묘	임진	계사	갑오
	대운	남	2	3	3	3	4	4	4	5	5	5	6	6	6
		여	8	8	7	7	7	6	6	6	5	5	5	4	4
음 8 월	음력		1	2	3	4	5	6	7	8	9	10	11	12	13
	양력		9/12	13	14	15	16	17	18	19	20	21	22	23	24
	연주 (생년)		계유	계유	계유	계유	계유	계유	계유	계유	계유	계유	계유	계유	계유
	월주 (생월)		신유	신유	신유	신유	신유	신유	신유	신유	신유	신유	신유	신유	신유
	일주 (생일)		신해	임자	계축	갑인	을묘	병진	정사	무오	기미	경신	신유	임술	계해
	대운	남	2	2	2	3	3	3	4	4	4	5	5	5	6
		여	8	8	8	7	7	7	6	6	6	5	5	5	4
음 9 월	음력		1	2	3	4	5	6	7	8	9	10	11	12	13
	양력		10/12	13	14	15	16	17	18	19	20	21	22	23	24
	연주 (생년)		계유	계유	계유	계유	계유	계유	계유	계유	계유	계유	계유	계유	계유
	월주 (생월)		임술	임술	임술	임술	임술	임술	임술	임술	임술	임술	임술	임술	임술
	일주 (생일)		신사	임오	계미	갑신	을유	병술	정해	무자	기축	경인	신묘	임진	계사
	대운	남	2	2	2	3	3	3	4	4	4	5	5	5	6
		여	9	9	8	8	8	7	7	7	6	6	6	5	5
음 10 월	음력		1	2	3	4	5	6	7	8	9	10	11	12	13
	양력		11/10	11	12	13	14	15	16	17	18	19	20	21	22
	연주 (생년)		계유	계유	계유	계유	계유	계유	계유	계유	계유	계유	계유	계유	계유
	월주 (생월)		계해	계해	계해	계해	계해	계해	계해	계해	계해	계해	계해	계해	계해
	일주 (생일)		경술	신해	임자	계축	갑인	을묘	병진	정사	무오	기미	경신	신유	임술
	대운	남	1	1	1	2	2	2	3	3	3	4	4	4	5
		여	9	9	8	8	8	7	7	7	6	6	6	5	5
음 11 월	음력		1	2	3	4	5	6	7	8	9	10	11	12	13
	양력		12/10	11	12	13	14	15	16	17	18	19	20	21	22
	연주 (생년)		계유	계유	계유	계유	계유	계유	계유	계유	계유	계유	계유	계유	계유
	월주 (생월)		갑자	갑자	갑자	갑자	갑자	갑자	갑자	갑자	갑자	갑자	갑자	갑자	갑자
	일주 (생일)		경진	신사	임오	계미	갑신	을유	병술	정해	무자	기축	경인	신묘	임진
	대운	남	1	1	2	2	2	3	3	3	4	4	4	5	5
		여	9	8	8	8	7	7	7	6	6	6	5	5	5
음 12 월	음력		1	2	3	4	5	6	7	8	9	10	11	12	13
	양력		1/9	10	11	12	13	14	15	16	17	18	19	20	21
	연주 (생년)		계유	계유	계유	계유	계유	계유	계유	계유	계유	계유	계유	계유	계유
	월주 (생월)		을축	을축	을축	을축	을축	을축	을축	을축	을축	을축	을축	을축	을축
	일주 (생일)		경술	신해	임자	계축	갑인	을묘	병진	정사	무오	기미	경신	신유	임술
	대운	남	1	2	2	2	3	3	3	4	4	4	5	5	5
		여	9	8	8	8	7	7	7	6	6	6	5	5	5

음 7 월	14	15	16	17	18	19	20	21	22	23	24	25	26	27	28	29	
	27	28	29	30	31	**9/1**	2	3	4	5	6	7	8	9	10	11	
	계유	계유	계유	계유	계유	계유	계유	계유	계유	계유	계유	계유	계유	계유	계유	계유	
	경신	경신	경신	경신	경신	경신	경신	경신	경신	경신	경신	**신유**	신유	신유	신유	신유	
	을미	병신	정유	무술	기해	경자	신축	임인	계묘	갑진	을사	병오	정미	무신	기유	경술	
	7	7	7	8	8	8	9	9	9	10	10	10	1	1	1	1	
	4	3	3	3	2	2	2	1	1	1	1	10	10	9	9	9	
음 8 월	14	15	16	17	18	19	20	21	22	23	24	25	26	27	28	29	30
	25	26	27	28	29	30	**10/1**	2	3	4	5	6	7	8	9	10	11
	계유	계유	계유	계유	계유	계유	계유	계유	계유	계유	계유	계유	계유	계유	계유	계유	계유
	신유	신유	신유	신유	신유	신유	신유	신유	신유	신유	신유	신유	**임술**	임술	임술	임술	임술
	갑자	을축	병인	정묘	무진	기사	경오	신미	임신	계유	갑술	을해	병자	정축	무인	기묘	경진
	6	6	7	7	7	8	8	8	9	9	9	10	10	1	1	1	1
	4	4	3	3	3	2	2	2	1	1	1	1	10	10	10	10	9
음 9 월	14	15	16	17	18	19	20	21	22	23	24	25	26	27	28	29	
	25	26	27	28	29	30	31	**11/1**	2	3	4	5	6	7	8	9	
	계유	계유	계유	계유	계유	계유	계유	계유	계유	계유	계유	계유	계유	계유	계유	계유	
	임술	임술	임술	임술	임술	임술	임술	임술	임술	임술	임술	임술	임술	임술	**계해**	계해	
	갑오	을미	병신	정유	무술	기해	경자	신축	임인	계묘	갑진	을사	병오	정미	무신	기유	
	6	6	7	7	7	8	8	8	9	9	9	10	10	10	1	1	
	5	4	4	4	3	3	3	2	2	2	1	1	1	10	10	10	
음 10 월	14	15	16	17	18	19	20	21	22	23	24	25	26	27	28	29	30
	23	24	25	26	27	28	29	30	**12/1**	2	3	4	5	6	7	8	9
	계유	계유	계유	계유	계유	계유	계유	계유	계유	계유	계유	계유	계유	계유	계유	계유	계유
	계해	계해	계해	계해	계해	계해	계해	계해	계해	계해	계해	계해	계해	계해	**갑자**	갑자	갑자
	계해	갑자	을축	병인	정묘	무진	기사	경오	신미	임신	계유	갑술	을해	병자	정축	무인	기묘
	5	5	6	6	6	7	7	7	8	8	8	9	9	9	10	1	1
	5	4	4	4	3	3	3	2	2	2	1	1	1	1	10	9	9
음 11 월	14	15	16	17	18	19	20	21	22	23	24	25	26	27	28	29	30
	23	24	25	26	27	28	29	30	31	**1/1**	2	3	4	5	6	7	8
	계유	계유	계유	계유	계유	계유	계유	계유	계유	계유	계유	계유	계유	계유	계유	계유	계유
	갑자	갑자	갑자	갑자	갑자	갑자	갑자	갑자	갑자	갑자	갑자	갑자	갑자	**을축**	을축	을축	을축
	계사	갑오	을미	병신	정유	무술	기해	경자	신축	임인	계묘	갑진	을사	병오	정미	무신	기유
	5	6	6	6	7	7	7	8	8	8	9	9	9	10	1	1	1
	4	4	4	3	3	3	2	2	2	1	1	1	1	10	10	9	9
음 12 월	14	15	16	17	18	19	20	21	22	23	24	25	26	27	28	29	30
	22	23	24	25	26	27	28	29	30	31	**2/1**	2	3	4	5	6	7
	계유	계유	계유	계유	계유	계유	계유	계유	계유	계유	계유	계유	계유	**갑술**	갑술	갑술	갑술
	을축	을축	을축	을축	을축	을축	을축	을축	을축	을축	을축	을축	을축	**병인**	병인	병인	병인
	계해	갑자	을축	병인	정묘	무진	기사	경오	신미	임신	계유	갑술	을해	병자	정축	무인	기묘
	6	6	6	7	7	7	8	8	8	9	9	9	10	10	9	9	9
	4	4	4	3	3	3	2	2	2	1	1	1	1	10	1	1	1

2054(갑술)년 【단기 4387년】

월	구분														
음 1 월	음력		1	2	3	4	5	6	7	8	9	10	11	12	13
	양력		**2/8**	9	10	11	12	13	14	15	16	17	18	19	20
	연주 (생년)		갑술	갑술	갑술	갑술	갑술	갑술	갑술	갑술	갑술	갑술	갑술	갑술	갑술
	월주 (생월)		병인	병인	병인	병인	병인	병인	병인	병인	병인	병인	병인	병인	병인
	일주 (생일)		경진	신사	임오	계미	갑신	을유	병술	정해	무자	기축	경인	신묘	임진
	대운	남	8	8	8	7	7	7	6	6	6	5	5	5	4
		여	1	2	2	2	3	3	3	4	4	4	5	5	5
음 2 월	음력		1	2	3	4	5	6	7	8	9	10	11	12	13
	양력		**3/9**	10	11	12	13	14	15	16	17	18	19	20	21
	연주 (생년)		갑술	갑술	갑술	갑술	갑술	갑술	갑술	갑술	갑술	갑술	갑술	갑술	갑술
	월주 (생월)		정묘	정묘	정묘	정묘	정묘	정묘	정묘	정묘	정묘	정묘	정묘	정묘	정묘
	일주 (생일)		기유	경술	신해	임자	계축	갑인	을묘	병진	정사	무오	기미	경신	신유
	대운	남	9	8	8	8	7	7	7	6	6	6	5	5	5
		여	1	2	2	2	3	3	3	4	4	4	5	5	5
음 3 월	음력		1	2	3	4	5	6	7	8	9	10	11	12	13
	양력		**4/8**	9	10	11	12	13	14	15	16	17	18	19	20
	연주 (생년)		갑술	갑술	갑술	갑술	갑술	갑술	갑술	갑술	갑술	갑술	갑술	갑술	갑술
	월주 (생월)		무진	무진	무진	무진	무진	무진	무진	무진	무진	무진	무진	무진	무진
	일주 (생일)		기묘	경진	신사	임오	계미	갑신	을유	병술	정해	무자	기축	경인	신묘
	대운	남	9	9	8	8	8	7	7	7	6	6	6	5	5
		여	1	2	2	2	3	3	3	4	4	4	5	5	5
음 4 월	음력		1	2	3	4	5	6	7	8	9	10	11	12	13
	양력		**5/8**	9	10	11	12	13	14	15	16	17	18	19	20
	연주 (생년)		갑술	갑술	갑술	갑술	갑술	갑술	갑술	갑술	갑술	갑술	갑술	갑술	갑술
	월주 (생월)		기사	기사	기사	기사	기사	기사	기사	기사	기사	기사	기사	기사	기사
	일주 (생일)		기유	경술	신해	임자	계축	갑인	을묘	병진	정사	무오	기미	경신	신유
	대운	남	9	9	9	8	8	8	7	7	7	6	6	6	5
		여	1	1	2	2	2	3	3	3	4	4	4	5	5
음 5 월	음력		1	2	3	4	5	6	7	8	9	10	11	12	13
	양력		**6/6**	7	8	9	10	11	12	13	14	15	16	17	18
	연주 (생년)		갑술	갑술	갑술	갑술	갑술	갑술	갑술	갑술	갑술	갑술	갑술	갑술	갑술
	월주 (생월)		경오	경오	경오	경오	경오	경오	경오	경오	경오	경오	경오	경오	경오
	일주 (생일)		무인	기묘	경진	신사	임오	계미	갑신	을유	병술	정해	무자	기축	경인
	대운	남	10	10	10	9	9	9	8	8	8	7	7	7	6
		여	1	1	1	1	2	2	2	3	3	3	4	4	4
음 6 월	음력		1	2	3	4	5	6	7	8	9	10	11	12	13
	양력		**7/5**	6	7	8	9	10	11	12	13	14	15	16	17
	연주 (생년)		갑술	갑술	갑술	갑술	갑술	갑술	갑술	갑술	갑술	갑술	갑술	갑술	갑술
	월주 (생월)		경오	경오	**신미**	신미	신미	신미	신미	신미	신미	신미	신미	신미	신미
	일주 (생일)		정미	무신	기유	경술	신해	임자	계축	갑인	을묘	병진	정사	무오	기미
	대운	남	1	1	10	10	10	9	9	9	8	8	8	7	7
		여	10	10	10	1	1	1	1	2	2	2	3	3	3

음 1 월	14	15	16	17	18	19	20	21	22	23	24	25	26	27	28	29	
	21	22	23	24	25	26	27	28	**3/1**	2	3	4	5	6	7	8	
	갑술	갑술	갑술	갑술	갑술	갑술	갑술	갑술	갑술	갑술	갑술	갑술	갑술	갑술	갑술	갑술	
	병인	병인	병인	병인	병인	병인	병인	병인	병인	병인	병인	병인	**정묘**	정묘	정묘	정묘	
	계사	갑오	을미	병신	정유	무술	기해	경자	신축	임인	계묘	갑진	을사	병오	정미	무신	
	4	4	3	3	3	2	2	2	1	1	1	1	10	10	9	9	
	6	6	6	7	7	7	8	8	8	9	9	9	10	1	1	1	
음 2 월	14	15	16	17	18	19	20	21	22	23	24	25	26	27	28	29	30
	22	23	24	25	26	27	28	29	30	31	**4/1**	2	3	4	5	6	7
	갑술	갑술	갑술	갑술	갑술	갑술	갑술	갑술	갑술	갑술	갑술	갑술	갑술	갑술	갑술	갑술	갑술
	정묘	정묘	정묘	정묘	정묘	정묘	정묘	정묘	정묘	정묘	정묘	정묘	**무진**	무진	무진	무진	무진
	임술	계해	갑자	을축	병인	정묘	무진	기사	경오	신미	임신	계유	갑술	을해	병자	정축	무인
	4	4	4	3	3	3	2	2	2	1	1	1	1	10	10	10	9
	6	6	6	7	7	7	8	8	8	9	9	9	10	10	1	1	1
음 3 월	14	15	16	17	18	19	20	21	22	23	24	25	26	27	28	29	30
	21	22	23	24	25	26	27	28	29	30	**5/1**	2	3	4	5	6	7
	갑술	갑술	갑술	갑술	갑술	갑술	갑술	갑술	갑술	갑술	갑술	갑술	갑술	갑술	갑술	갑술	갑술
	무진	무진	무진	무진	무진	무진	무진	무진	무진	무진	무진	무진	무진	무진	**기사**	기사	기사
	임진	계사	갑오	을미	병신	정유	무술	기해	경자	신축	임인	계묘	갑진	을사	병오	정미	무신
	5	4	4	4	3	3	3	2	2	2	1	1	1	1	10	10	10
	6	6	6	7	7	7	8	8	8	9	9	9	10	10	10	1	1
음 4 월	14	15	16	17	18	19	20	21	22	23	24	25	26	27	28	29	
	21	22	23	24	25	26	27	28	29	30	31	**6/1**	2	3	4	5	
	갑술	갑술	갑술	갑술	갑술	갑술	갑술	갑술	갑술	갑술	갑술	갑술	갑술	갑술	갑술	갑술	
	기사	기사	기사	기사	기사	기사	기사	기사	기사	기사	기사	기사	기사	기사	기사	**경오**	
	임술	계해	갑자	을축	병인	정묘	무진	기사	경오	신미	임신	계유	갑술	을해	병자	정축	
	5	5	4	4	4	3	3	3	2	2	2	1	1	1	1	10	
	5	6	6	6	7	7	7	8	8	8	9	9	9	10	10	10	
음 5 월	14	15	16	17	18	19	20	21	22	23	24	25	26	27	28	29	
	19	20	21	22	23	24	25	26	27	28	29	30	**7/1**	2	3	4	
	갑술	갑술	갑술	갑술	갑술	갑술	갑술	갑술	갑술	갑술	갑술	갑술	갑술	갑술	갑술	갑술	
	경오	경오	경오	경오	경오	경오	경오	경오	경오	경오	경오	경오	경오	경오	경오	경오	
	신묘	임진	계사	갑오	을미	병신	정유	무술	기해	경자	신축	임인	계묘	갑진	을사	병오	
	6	6	5	5	5	4	4	4	3	3	3	2	2	2	1	1	
	5	5	5	6	6	6	7	7	7	8	8	8	9	9	9	10	
음 6 월	14	15	16	17	18	19	20	21	22	23	24	25	26	27	28	29	30
	18	19	20	21	22	23	24	25	26	27	28	29	30	31	**8/1**	2	3
	갑술	갑술	갑술	갑술	갑술	갑술	갑술	갑술	갑술	갑술	갑술	갑술	갑술	갑술	갑술	갑술	갑술
	신미	신미	신미	신미	신미	신미	신미	신미	신미	신미	신미	신미	신미	신미	신미	신미	신미
	경신	신유	임술	계해	갑자	을축	병인	정묘	무진	기사	경오	신미	임신	계유	갑술	을해	병자
	7	6	6	6	5	5	5	4	4	4	3	3	3	2	2	2	1
	4	4	4	5	5	5	6	6	6	7	7	7	8	8	8	9	9

2054(갑술)년 【단기 4387년】

월	구분													
음 7 월	음력	1	2	3	4	5	6	7	8	9	10	11	12	13
	양력	**8/4**	5	6	7	8	9	10	11	12	13	14	15	16
	연주 (생년)	갑술	갑술	갑술	갑술	갑술	갑술	갑술	갑술	갑술	갑술	갑술	갑술	갑술
	월주 (생월)	신미	신미	신미	**임신**	임신	임신	임신	임신	임신	임신	임신	임신	임신
	일주 (생일)	정축	무인	기묘	경진	신사	임오	계미	갑신	을유	병술	정해	무자	기축
	대운 남	1	1	1	10	10	10	9	9	9	8	8	8	7
	대운 여	9	10	10	10	1	1	1	1	2	2	2	3	3
음 8 월	음력	1	2	3	4	5	6	7	8	9	10	11	12	13
	양력	**9/2**	3	4	5	6	7	8	9	10	11	12	13	14
	연주 (생년)	갑술	갑술	갑술	갑술	갑술	갑술	갑술	갑술	갑술	갑술	갑술	갑술	갑술
	월주 (생월)	임신	임신	임신	임신	임신	**계유**	계유	계유	계유	계유	계유	계유	계유
	일주 (생일)	병오	정미	무신	기유	경술	신해	임자	계축	갑인	을묘	병진	정사	무오
	대운 남	2	1	1	1	1	10	10	10	9	9	9	8	8
	대운 여	9	9	9	10	10	10	1	1	1	1	2	2	2
음 9 월	음력	1	2	3	4	5	6	7	8	9	10	11	12	13
	양력	**10/1**	2	3	4	5	6	7	8	9	10	11	12	13
	연주 (생년)	갑술	갑술	갑술	갑술	갑술	갑술	갑술	갑술	갑술	갑술	갑술	갑술	갑술
	월주 (생월)	계유	계유	계유	계유	계유	계유	계유	**갑술**	갑술	갑술	갑술	갑술	갑술
	일주 (생일)	을해	병자	정축	무인	기묘	경진	신사	임오	계미	갑신	을유	병술	정해
	대운 남	2	2	2	1	1	1	1	10	10	9	9	9	8
	대운 여	8	8	9	9	9	10	10	10	1	1	1	1	2
음 10 월	음력	1	2	3	4	5	6	7	8	9	10	11	12	13
	양력	**10/31**	**11/1**	2	3	4	5	6	7	8	9	10	11	12
	연주 (생년)	갑술	갑술	갑술	갑술	갑술	갑술	갑술	갑술	갑술	갑술	갑술	갑술	갑술
	월주 (생월)	갑술	갑술	갑술	갑술	갑술	갑술	갑술	**을해**	을해	을해	을해	을해	을해
	일주 (생일)	을사	병오	정미	무신	기유	경술	신해	임자	계축	갑인	을묘	병진	정사
	대운 남	2	2	2	1	1	1	1	10	10	9	9	9	8
	대운 여	8	8	8	9	9	9	10	10	1	1	1	1	2
음 11 월	음력	1	2	3	4	5	6	7	8	9	10	11	12	13
	양력	**11/29**	30	**12/1**	2	3	4	5	6	7	8	9	10	11
	연주 (생년)	갑술	갑술	갑술	갑술	갑술	갑술	갑술	갑술	갑술	갑술	갑술	갑술	갑술
	월주 (생월)	을해	을해	을해	을해	을해	을해	을해	을해	**병자**	병자	병자	병자	병자
	일주 (생일)	갑술	을해	병자	정축	무인	기묘	경진	신사	임오	계미	갑신	을유	병술
	대운 남	3	2	2	2	1	1	1	1	10	9	9	9	8
	대운 여	7	8	8	8	9	9	9	10	10	1	1	1	1
음 12 월	음력	1	2	3	4	5	6	7	8	9	10	11	12	13
	양력	**12/29**	30	31	**1/1**	2	3	4	5	6	7	8	9	10
	연주 (생년)	갑술	갑술	갑술	갑술	갑술	갑술	갑술	갑술	갑술	갑술	갑술	갑술	갑술
	월주 (생월)	병자	병자	병자	병자	병자	병자	병자	**정축**	정축	정축	정축	정축	정축
	일주 (생일)	갑진	을사	병오	정미	무신	기유	경술	신해	임자	계축	갑인	을묘	병진
	대운 남	2	2	2	1	1	1	1	10	10	9	9	9	8
	대운 여	7	8	8	8	9	9	9	10	1	1	1	1	2

	14	15	16	17	18	19	20	21	22	23	24	25	26	27	28	29	
	17	18	19	20	21	22	23	24	25	26	27	28	29	30	31	9/1	
음	갑술	갑술	갑술	갑술	갑술	갑술	갑술	갑술	갑술	갑술	갑술	갑술	갑술	갑술	갑술	갑술	
7	임신	임신	임신	임신	임신	임신	임신	임신	임신	임신	임신	임신	임신	임신	임신	임신	
월	경인	신묘	임진	계사	갑오	을미	병신	정유	무술	기해	경자	신축	임인	계묘	갑진	을사	
	7	7	6	6	6	5	5	5	4	4	4	3	3	3	2	2	
	3	4	4	4	5	5	5	6	6	6	7	7	7	8	8	8	
	14	15	16	17	18	19	20	21	22	23	24	25	26	27	28	29	
	15	16	17	18	19	20	21	22	23	24	25	26	27	28	29	30	
음	갑술	갑술	갑술	갑술	갑술	갑술	갑술	갑술	갑술	갑술	갑술	갑술	갑술	갑술	갑술	갑술	
8	계유	계유	계유	계유	계유	계유	계유	계유	계유	계유	계유	계유	계유	계유	계유	계유	
월	기미	경신	신유	임술	계해	갑자	을축	병인	정묘	무진	기사	경오	신미	임신	계유	갑술	
	8	7	7	7	6	6	6	5	5	5	4	4	4	3	3	3	
	3	3	3	4	4	4	5	5	5	6	6	6	7	7	7	8	
	14	15	16	17	18	19	20	21	22	23	24	25	26	27	28	29	30
	14	15	16	17	18	19	20	21	22	23	24	25	26	27	28	29	30
음	갑술	갑술	갑술	갑술	갑술	갑술	갑술	갑술	갑술	갑술	갑술	갑술	갑술	갑술	갑술	갑술	갑술
9	갑술	갑술	갑술	갑술	갑술	갑술	갑술	갑술	갑술	갑술	갑술	갑술	갑술	갑술	갑술	갑술	갑술
월	무자	기축	경인	신묘	임진	계사	갑오	을미	병신	정유	무술	기해	경자	신축	임인	계묘	갑진
	8	8	7	7	7	6	6	6	5	5	5	4	4	4	3	3	3
	2	2	3	3	3	4	4	4	5	5	5	6	6	6	7	7	7
	14	15	16	17	18	19	20	21	22	23	24	25	26	27	28	29	
	13	14	15	16	17	18	19	20	21	22	23	24	25	26	27	28	
음	갑술	갑술	갑술	갑술	갑술	갑술	갑술	갑술	갑술	갑술	갑술	갑술	갑술	갑술	갑술	갑술	
10	을해	을해	을해	을해	을해	을해	을해	을해	을해	을해	을해	을해	을해	을해	을해	을해	
월	무오	기미	경신	신유	임술	계해	갑자	을축	병인	정묘	무진	기사	경오	신미	임신	계유	
	8	8	7	7	7	6	6	6	5	5	5	4	4	4	3	3	
	2	2	3	3	3	4	4	4	5	5	5	6	6	6	7	7	
	14	15	16	17	18	19	20	21	22	23	24	25	26	27	28	29	30
	12	13	14	15	19	17	18	19	20	21	22	23	24	25	29	27	28
음	갑술	갑술	갑술	갑술	갑술	갑술	갑술	갑술	갑술	갑술	갑술	갑술	갑술	갑술	갑술	갑술	갑술
11	병자	병자	병자	병자	병자	병자	병자	병자	병자	병자	병자	병자	병자	병자	병자	병자	병자
월	정해	무자	기축	경인	신묘	임진	계사	갑오	을미	병신	정유	무술	기해	경자	신축	임인	계묘
	8	8	7	7	7	6	6	6	5	5	5	4	4	4	3	3	3
	2	2	2	3	3	3	4	4	4	5	5	5	6	6	6	7	7
	14	15	16	17	18	19	20	21	22	23	24	25	26	27	28	29	30
	11	12	13	14	15	16	17	18	19	20	21	22	23	24	25	26	27
음	갑술	갑술	갑술	갑술	갑술	갑술	갑술	갑술	갑술	갑술	갑술	갑술	갑술	갑술	갑술	갑술	갑술
12	정축	정축	정축	정축	정축	정축	정축	정축	정축	정축	정축	정축	정축	정축	정축	정축	정축
월	정사	무오	기미	경신	신유	임술	계해	갑자	을축	병인	정묘	무진	기사	경오	신미	임신	계유
	8	8	7	7	7	6	6	6	5	5	5	4	4	4	3	3	3
	2	2	3	3	3	4	4	4	5	5	5	6	6	6	7	7	7

2055(을해)년 【단기 4388년】

월	구분		1	2	3	4	5	6	7	8	9	10	11	12	13
음 1 월	음력		1	2	3	4	5	6	7	8	9	10	11	12	13
	양력		**1/28**	29	30	31	**2/1**	2	3	4	5	6	7	8	9
	연주 (생년)		갑술	갑술	갑술	갑술	갑술	갑술	갑술	**을해**	을해	을해	을해	을해	을해
	월주 (생월)		정축	정축	정축	정축	정축	정축	정축	**무인**	무인	무인	무인	무인	무인
	일주 (생일)		갑술	을해	병자	정축	무인	기묘	경진	신사	임오	계미	갑신	을유	병술
	대운	남	2	2	2	1	1	1	1	10	1	1	1	1	2
		여	8	8	8	9	9	9	10	10	9	9	9	8	8
음 2 월	음력		1	2	3	4	5	6	7	8	9	10	11	12	13
	양력		**2/26**	27	28	**3/1**	2	3	4	5	6	7	8	9	10
	연주 (생년)		을해	을해	을해	을해	을해	을해	을해	을해	을해	을해	을해	을해	을해
	월주 (생월)		무인	무인	무인	무인	무인	무인	무인	**기묘**	기묘	기묘	기묘	기묘	기묘
	일주 (생일)		계묘	갑진	을사	병오	정미	무신	기유	경술	신해	임자	계축	갑인	을묘
	대운	남	7	8	8	8	9	9	9	10	1	1	1	1	2
		여	2	2	2	1	1	1	1	10	10	10	9	9	9
음 3 월	음력		1	2	3	4	5	6	7	8	9	10	11	12	13
	양력		**3/28**	29	30	31	**4/1**	2	3	4	5	6	7	8	9
	연주 (생년)		을해	을해	을해	을해	을해	을해	을해	을해	을해	을해	을해	을해	을해
	월주 (생월)		기묘	기묘	기묘	기묘	기묘	기묘	기묘	기묘	**경진**	경진	경진	경진	경진
	일주 (생일)		계유	갑술	을해	병자	정축	무인	기묘	경진	신사	임오	계미	갑신	을유
	대운	남	8	8	8	9	9	9	10	10	10	1	1	1	1
		여	3	2	2	2	1	1	1	1	10	10	9	9	9
음 4 월	음력		1	2	3	4	5	6	7	8	9	10	11	12	13
	양력		**4/27**	28	29	30	**5/1**	2	3	4	5	6	7	8	9
	연주 (생년)		을해	을해	을해	을해	을해	을해	을해	을해	을해	을해	을해	을해	을해
	월주 (생월)		경진	경진	경진	경진	경진	경진	경진	경진	**신사**	신사	신사	신사	신사
	일주 (생일)		계묘	갑진	을사	병오	정미	무신	기유	경술	신해	임자	계축	갑인	을묘
	대운	남	7	8	8	8	9	9	9	10	10	1	1	1	1
		여	3	2	2	2	1	1	1	1	10	10	10	10	9
음 5 월	음력		1	2	3	4	5	6	7	8	9	10	11	12	13
	양력		**5/26**	27	28	29	30	31	**6/1**	2	3	4	5	6	7
	연주 (생년)		을해	을해	을해	을해	을해	을해	을해	을해	을해	을해	을해	을해	을해
	월주 (생월)		신사	신사	신사	신사	신사	신사	신사	신사	신사	신사	신사	**임오**	임오
	일주 (생일)		임신	계유	갑술	을해	병자	정축	무인	기묘	경진	신사	임오	계미	갑신
	대운	남	7	7	8	8	8	9	9	9	10	10	10	10	1
		여	4	3	3	3	2	2	2	1	1	1	1	10	10
음 6 월	음력		1	2	3	4	5	6	7	8	9	10	11	12	13
	양력		**6/25**	26	27	28	29	30	**7/1**	2	3	4	5	6	7
	연주 (생년)		을해	을해	을해	을해	을해	을해	을해	을해	을해	을해	을해	을해	을해
	월주 (생월)		임오	임오	임오	임오	임오	임오	임오	임오	임오	임오	임오	임오	**계미**
	일주 (생일)		임인	계묘	갑진	을사	병오	정미	무신	기유	경술	신해	임자	계축	갑인
	대운	남	6	7	7	7	8	8	8	9	9	9	10	10	10
		여	4	4	3	3	3	2	2	2	1	1	1	1	10

음 1 월	14	15	16	17	18	19	20	21	22	23	24	25	26	27	28	29	
	10	11	12	13	14	15	16	17	18	19	20	21	22	23	24	25	
	을해	을해	을해	을해	을해	을해	을해	을해	을해	을해	을해	을해	을해	을해	을해	을해	
	무인	무인	무인	무인	무인	무인	무인	무인	무인	무인	무인	무인	무인	무인	무인	무인	
	정해	무자	기축	경인	신묘	임진	계사	갑오	을미	병신	정유	무술	기해	경자	신축	임인	
	2	2	3	3	3	4	4	4	5	5	5	6	6	6	7	7	
	8	7	7	7	6	6	6	5	5	5	4	4	4	3	3	3	

음 2 월	14	15	16	17	18	19	20	21	22	23	24	25	26	27	28	29	30
	11	12	13	14	15	16	17	18	19	20	21	22	23	24	25	26	27
	을해	을해	을해	을해	을해	을해	을해	을해	을해	을해	을해	을해	을해	을해	을해	을해	을해
	기묘	기묘	기묘	기묘	기묘	기묘	기묘	기묘	기묘	기묘	기묘	기묘	기묘	기묘	기묘	기묘	기묘
	병진	정사	무오	기미	경신	신유	임술	계해	갑자	을축	병인	정묘	무진	기사	경오	신미	임신
	2	2	3	3	3	4	4	4	5	5	5	6	6	6	7	7	7
	8	8	8	7	7	7	6	6	6	5	5	5	4	4	4	3	3

음 3 월	14	15	16	17	18	19	20	21	22	23	24	25	26	27	28	29	30
	10	11	12	13	14	15	16	17	18	19	20	21	22	23	24	25	26
	을해	을해	을해	을해	을해	을해	을해	을해	을해	을해	을해	을해	을해	을해	을해	을해	을해
	경진	경진	경진	경진	경진	경진	경진	경진	경진	경진	경진	경진	경진	경진	경진	경진	경진
	병술	정해	무자	기축	경인	신묘	임진	계사	갑오	을미	병신	정유	무술	기해	경자	신축	임인
	2	2	2	3	3	3	4	4	4	5	5	5	6	6	6	7	7
	8	8	8	7	7	7	6	6	6	5	5	5	4	4	4	3	3

음 4 월	14	15	16	17	18	19	20	21	22	23	24	25	26	27	28	29	
	10	11	12	13	14	15	16	17	18	19	20	21	22	23	24	25	
	을해	을해	을해	을해	을해	을해	을해	을해	을해	을해	을해	을해	을해	을해	을해	을해	
	신사	신사	신사	신사	신사	신사	신사	신사	신사	신사	신사	신사	신사	신사	신사	신사	
	병진	정사	무오	기미	경신	신유	임술	계해	갑자	을축	병인	정묘	무진	기사	경오	신미	
	2	2	2	3	3	3	4	4	4	5	5	5	6	6	6	7	
	9	9	8	8	8	7	7	7	6	6	6	5	5	5	4	4	

음 5 월	14	15	16	17	18	19	20	21	22	23	24	25	26	27	28	29	30
	8	9	10	11	12	13	14	15	16	17	18	19	20	21	22	23	24
	을해	을해	을해	을해	을해	을해	을해	을해	을해	을해	을해	을해	을해	을해	을해	을해	을해
	임오	임오	임오	임오	임오	임오	임오	임오	임오	임오	임오	임오	임오	임오	임오	임오	임오
	을유	병술	정해	무자	기축	경인	신묘	임진	계사	갑오	을미	병신	정유	무술	기해	경자	신축
	1	1	1	2	2	2	3	3	3	4	4	4	5	5	5	6	6
	10	9	9	9	8	8	8	7	7	7	6	6	6	5	5	5	4

음 6 월	14	15	16	17	18	19	20	21	22	23	24	25	26	27	28	29	
	8	9	10	11	12	13	14	15	16	17	18	19	20	21	22	23	
	을해	을해	을해	을해	을해	을해	을해	을해	을해	을해	을해	을해	을해	을해	을해	을해	
	계미	계미	계미	계미	계미	계미	계미	계미	계미	계미	계미	계미	계미	계미	계미	계미	
	을묘	병진	정사	무오	기미	경신	신유	임술	계해	갑자	을축	병인	정묘	무진	기사	경오	
	1	1	1	1	2	2	2	3	3	3	4	4	4	5	5	5	
	10	10	9	9	9	8	8	8	7	7	7	6	6	6	5	5	

2055(을해)년 【단기 4388년】

월	구분		1	2	3	4	5	6	7	8	9	10	11	12	13
윤 6 월	음력		1	2	3	4	5	6	7	8	9	10	11	12	13
	양력		**7/24**	25	26	27	28	29	30	31	**8/1**	2	3	4	5
	연주 (생년)		을해	을해	을해	을해	을해	을해	을해	을해	을해	을해	을해	을해	을해
	월주 (생월)		계미	계미	계미	계미	계미	계미	계미	계미	계미	계미	계미	계미	계미
	일주 (생일)		신미	임신	계유	갑술	을해	병자	정축	무인	기묘	경진	신사	임오	계미
	대운	남	6	6	6	7	7	7	8	8	8	9	9	9	10
		여	5	4	4	4	3	3	3	2	2	2	1	1	1
음 7 월	음력		1	2	3	4	5	6	7	8	9	10	11	12	13
	양력		**8/23**	24	25	26	27	28	29	30	31	**9/1**	2	3	4
	연주 (생년)		을해	을해	을해	을해	을해	을해	을해	을해	을해	을해	을해	을해	을해
	월주 (생월)		갑신	갑신	갑신	갑신	갑신	갑신	갑신	갑신	갑신	갑신	갑신	갑신	갑신
	일주 (생일)		신축	임인	계묘	갑진	을사	병오	정미	무신	기유	경술	신해	임자	계축
	대운	남	5	6	6	6	7	7	7	8	8	8	9	9	9
		여	5	5	5	4	4	4	3	3	3	2	2	2	1
음 8 월	음력		1	2	3	4	5	6	7	8	9	10	11	12	13
	양력		**9/21**	22	23	24	25	26	27	28	29	30	**10/1**	2	3
	연주 (생년)		을해	을해	을해	을해	을해	을해	을해	을해	을해	을해	을해	을해	을해
	월주 (생월)		을유	을유	을유	을유	을유	을유	을유	을유	을유	을유	을유	을유	을유
	일주 (생일)		경오	신미	임신	계유	갑술	을해	병자	정축	무인	기묘	경진	신사	임오
	대운	남	4	5	5	5	6	6	6	7	7	7	8	8	8
		여	6	5	5	5	4	4	4	3	3	3	2	2	2
음 9 월	음력		1	2	3	4	5	6	7	8	9	10	11	12	13
	양력		**10/20**	21	22	23	24	25	26	27	28	29	30	31	**11/1**
	연주 (생년)		을해	을해	을해	을해	을해	을해	을해	을해	을해	을해	을해	을해	을해
	월주 (생월)		병술	병술	병술	병술	병술	병술	병술	병술	병술	병술	병술	병술	병술
	일주 (생일)		기해	경자	신축	임인	계묘	갑진	을사	병오	정미	무신	기유	경술	신해
	대운	남	4	4	5	5	5	6	6	6	7	7	7	8	8
		여	6	6	5	5	5	4	4	4	3	3	3	2	2
음 10 월	음력		1	2	3	4	5	6	7	8	9	10	11	12	13
	양력		**11/19**	20	21	22	23	24	25	26	27	28	29	30	**12/1**
	연주 (생년)		을해	을해	을해	을해	을해	을해	을해	을해	을해	을해	을해	을해	을해
	월주 (생월)		정해	정해	정해	정해	정해	정해	정해	정해	정해	정해	정해	정해	정해
	일주 (생일)		기사	경오	신미	임신	계유	갑술	을해	병자	정축	무인	기묘	경진	신사
	대운	남	4	4	5	5	5	6	6	6	7	7	7	8	8
		여	6	6	5	5	5	4	4	4	3	3	3	2	2
음 11 월	음력		1	2	3	4	5	6	7	8	9	10	11	12	13
	양력		**12/18**	19	20	21	22	23	24	25	26	27	28	29	30
	연주 (생년)		을해	을해	을해	을해	을해	을해	을해	을해	을해	을해	을해	을해	을해
	월주 (생월)		무자	무자	무자	무자	무자	무자	무자	무자	무자	무자	무자	무자	무자
	일주 (생일)		무술	기해	경자	신축	임인	계묘	갑진	을사	병오	정미	무신	기유	경술
	대운	남	4	4	4	5	5	5	6	6	6	7	7	7	8
		여	6	6	6	5	5	5	4	4	4	3	3	3	2
음 12 월	음력		1	2	3	4	5	6	7	8	9	10	11	12	13
	양력		**1/17**	18	19	20	21	22	23	24	25	26	27	28	29
	연주 (생년)		을해	을해	을해	을해	을해	을해	을해	을해	을해	을해	을해	을해	을해
	월주 (생월)		기축	기축	기축	기축	기축	기축	기축	기축	기축	기축	기축	기축	기축
	일주 (생일)		무진	기사	경오	신미	임신	계유	갑술	을해	병자	정축	무인	기묘	경진
	대운	남	4	4	4	5	5	5	6	6	6	7	7	7	8
		여	6	6	5	5	5	4	4	4	3	3	3	2	2

윤6월	14	15	16	17	18	19	20	21	22	23	24	25	26	27	28	29	30
	6	7	8	9	10	11	12	13	14	15	16	17	18	19	20	21	22
	을해	을해	을해	을해	을해	을해	을해	을해	을해	을해	을해	을해	을해	을해	을해	을해	을해
	계미	**갑신**	갑신	갑신	갑신	갑신	갑신	갑신	갑신	갑신	갑신	갑신	갑신	갑신	갑신	갑신	갑신
	갑신	을유	병술	정해	무자	기축	경인	신묘	임진	계사	갑오	을미	병신	정유	무술	기해	경자
	10	10	1	1	1	1	2	2	2	3	3	3	4	4	4	5	5
	1	10	10	10	10	9	9	9	8	8	8	7	7	7	6	6	6
음7월	14	15	16	17	18	19	20	21	22	23	24	25	26	27	28	29	
	5	6	7	8	9	10	11	12	13	14	15	16	17	18	19	20	
	을해	을해	을해	을해	을해	을해	을해	을해	을해	을해	을해	을해	을해	을해	을해	을해	
	갑신	갑신	갑신	**을유**	을유	을유	을유	을유	을유	을유	을유	을유	을유	을유	을유	을유	
	갑인	을묘	병진	정사	무오	기미	경신	신유	임술	계해	갑자	을축	병인	정묘	무진	기사	
	10	10	10	10	1	1	1	1	2	2	2	3	3	3	4	4	
	1	1	1	10	10	9	9	9	8	8	8	7	7	7	6	6	
음8월	14	15	16	17	18	19	20	21	22	23	24	25	26	27	28	29	
	4	5	6	7	8	9	10	11	12	13	14	15	16	17	18	19	
	을해	을해	을해	을해	을해	을해	을해	을해	을해	을해	을해	을해	을해	을해	을해	을해	
	을유	을유	을유	을유	**병술**	병술	병술	병술	병술	병술	병술	병술	병술	병술	병술	병술	
	계미	갑신	을유	병술	정해	무자	기축	경인	신묘	임진	계사	갑오	을미	병신	정유	무술	
	9	9	9	10	10	1	1	1	1	2	2	2	3	3	3	4	
	1	1	1	1	10	10	9	9	9	8	8	8	7	7	7	6	
음9월	14	15	16	17	18	19	20	21	22	23	24	25	26	27	28	29	30
	2	3	4	5	6	7	8	9	10	11	12	13	14	15	16	17	18
	을해	을해	을해	을해	을해	을해	을해	을해	을해	을해	을해	을해	을해	을해	을해	을해	을해
	병술	병술	병술	병술	병술	**정해**	정해	정해	정해	정해	정해	정해	정해	정해	정해	정해	정해
	임자	계축	갑인	을묘	병진	정사	무오	기미	경신	신유	임술	계해	갑자	을축	병인	정묘	무진
	8	9	9	9	10	10	1	1	1	1	2	2	2	3	3	3	4
	2	1	1	1	1	10	10	9	9	9	8	8	8	7	7	7	6
음10월	14	15	16	17	18	19	20	21	22	23	24	25	26	27	28	29	
	2	3	4	5	6	7	8	9	10	11	12	13	14	15	16	17	
	을해	을해	을해	을해	을해	을해	을해	을해	을해	을해	을해	을해	을해	을해	을해	을해	
	정해	정해	정해	정해	정해	**무자**	무자	무자	무자	무자	무자	무자	무자	무자	무자	무자	
	임오	계미	갑신	을유	병술	정해	무자	기축	경인	신묘	임진	계사	갑오	을미	병신	정유	
	8	9	9	9	10	10	1	1	1	1	2	2	2	3	3	3	
	2	1	1	1	1	10	10	9	9	9	8	8	8	7	7	7	
음11월	14	15	16	17	18	19	20	21	22	23	24	25	26	27	28	29	30
	31	**1/1**	2	3	4	5	6	7	8	9	10	11	12	13	14	15	16
	을해	을해	을해	을해	을해	을해	을해	을해	을해	을해	을해	을해	을해	을해	을해	을해	을해
	무자	무자	무자	무자	무자	무자	**기축**	기축	기축	기축	기축	기축	기축	기축	기축	기축	기축
	신해	임자	계축	갑인	을묘	병진	정사	무오	기미	경신	신유	임술	계해	갑자	을축	병인	정묘
	8	8	9	9	9	10	10	1	1	1	1	2	2	2	3	3	3
	2	2	1	1	1	1	10	9	9	9	8	8	8	7	7	7	6
음12월	14	15	16	17	18	19	20	21	22	23	24	25	26	27	28	29	
	30	31	**2/1**	2	3	4	5	6	7	8	9	10	11	12	13	14	
	을해	을해	을해	을해	을해	**병자**	병자	병자	병자	병자	병자	병자	병자	병자	병자	병자	
	기축	기축	기축	기축	기축	**경인**	경인	경인	경인	경인	경인	경인	경인	경인	경인	경인	
	신사	임오	계미	갑신	을유	병술	정해	무자	기축	경인	신묘	임진	계사	갑오	을미	병신	
	8	8	9	9	9	10	10	9	9	9	8	8	8	7	7	7	
	2	1	1	1	1	10	1	1	1	1	2	2	2	3	3	3	

2056(병자)년 【단기 4389년】

월	구분		1	2	3	4	5	6	7	8	9	10	11	12	13
음 1 월	음력		1	2	3	4	5	6	7	8	9	10	11	12	13
	양력		2/15	16	17	18	19	20	21	22	23	24	25	26	27
	연주 (생년)		병자	병자	병자	병자	병자	병자	병자	병자	병자	병자	병자	병자	병자
	월주 (생월)		경인	경인	경인	경인	경인	경인	경인	경인	경인	경인	경인	경인	경인
	일주 (생일)		정유	무술	기해	경자	신축	임인	계묘	갑진	을사	병오	정미	무신	기유
	대운	남	6	6	6	5	5	5	4	4	4	3	3	3	2
		여	4	4	4	5	5	5	6	6	6	7	7	7	8
음 2 월	음력		1	2	3	4	5	6	7	8	9	10	11	12	13
	양력		3/16	17	18	19	20	21	22	23	24	25	26	27	28
	연주 (생년)		병자	병자	병자	병자	병자	병자	병자	병자	병자	병자	병자	병자	병자
	월주 (생월)		신묘	신묘	신묘	신묘	신묘	신묘	신묘	신묘	신묘	신묘	신묘	신묘	신묘
	일주 (생일)		정묘	무진	기사	경오	신미	임신	계유	갑술	을해	병자	정축	무인	기묘
	대운	남	6	6	6	5	5	5	4	4	4	3	3	3	2
		여	4	4	4	5	5	5	6	6	6	7	7	7	8
음 3 월	음력		1	2	3	4	5	6	7	8	9	10	11	12	13
	양력		4/15	16	17	18	19	20	21	22	23	24	25	26	27
	연주 (생년)		병자	병자	병자	병자	병자	병자	병자	병자	병자	병자	병자	병자	병자
	월주 (생월)		임진	임진	임진	임진	임진	임진	임진	임진	임진	임진	임진	임진	임진
	일주 (생일)		정유	무술	기해	경자	신축	임인	계묘	갑진	을사	병오	정미	무신	기유
	대운	남	6	6	6	5	5	5	4	4	4	3	3	3	2
		여	4	4	4	5	5	5	6	6	6	7	7	7	8
음 4 월	음력		1	2	3	4	5	6	7	8	9	10	11	12	13
	양력		5/15	16	17	18	19	20	21	22	23	24	25	26	27
	연주 (생년)		병자	병자	병자	병자	병자	병자	병자	병자	병자	병자	병자	병자	병자
	월주 (생월)		계사	계사	계사	계사	계사	계사	계사	계사	계사	계사	계사	계사	계사
	일주 (생일)		정묘	무진	기사	경오	신미	임신	계유	갑술	을해	병자	정축	무인	기묘
	대운	남	7	7	6	6	6	5	5	5	4	4	4	3	3
		여	3	4	4	4	5	5	5	6	6	6	7	7	7
음 5 월	음력		1	2	3	4	5	6	7	8	9	10	11	12	13
	양력		6/13	14	15	16	17	18	19	20	21	22	23	24	25
	연주 (생년)		병자	병자	병자	병자	병자	병자	병자	병자	병자	병자	병자	병자	병자
	월주 (생월)		갑오	갑오	갑오	갑오	갑오	갑오	갑오	갑오	갑오	갑오	갑오	갑오	갑오
	일주 (생일)		병신	정유	무술	기해	경자	신축	임인	계묘	갑진	을사	병오	정미	무신
	대운	남	8	7	7	7	6	6	6	5	5	5	4	4	4
		여	3	3	3	4	4	4	5	5	5	6	6	6	7
음 6 월	음력		1	2	3	4	5	6	7	8	9	10	11	12	13
	양력		7/13	14	15	16	17	18	19	20	21	22	23	24	25
	연주 (생년)		병자	병자	병자	병자	병자	병자	병자	병자	병자	병자	병자	병자	병자
	월주 (생월)		을미	을미	을미	을미	을미	을미	을미	을미	을미	을미	을미	을미	을미
	일주 (생일)		병인	정묘	무진	기사	경오	신미	임신	계유	갑술	을해	병자	정축	무인
	대운	남	8	8	8	7	7	7	6	6	6	5	5	5	4
		여	2	3	3	3	4	4	4	5	5	5	6	6	6

음 1 월	14	15	16	17	18	19	20	21	22	23	24	25	26	27	28	29	30
	28	29	**3/1**	2	3	4	5	6	7	8	9	10	11	12	13	14	15
	병자	병자	병자	병자	병자	병자	병자	병자	병자	병자	병자	병자	병자	병자	병자	병자	병자
	경인	경인	경인	경인	경인	경인	**신묘**	신묘	신묘	신묘	신묘	신묘	신묘	신묘	신묘	신묘	신묘
	경술	신해	임자	계축	갑인	을묘	병진	정사	무오	기미	경신	신유	임술	계해	갑자	을축	병인
	2	2	1	1	1	1	10	10	9	9	9	8	8	8	7	7	7
	8	8	9	9	9	10	10	1	1	1	1	2	2	2	3	3	3

음 2 월	14	15	16	17	18	19	20	21	22	23	24	25	26	27	28	29	30
	29	30	31	**4/1**	2	3	4	5	6	7	8	9	10	11	12	13	14
	병자	병자	병자	병자	병자	병자	병자	병자	병자	병자	병자	병자	병자	병자	병자	병자	병자
	신묘	신묘	신묘	신묘	신묘	신묘	**임진**	임진	임진	임진	임진	임진	임진	임진	임진	임진	임진
	경진	신사	임오	계미	갑신	을유	병술	정해	무자	기축	경인	신묘	임진	계사	갑오	을미	병신
	2	2	1	1	1	1	10	10	10	9	9	9	8	8	8	7	7
	8	8	9	9	9	10	10	1	1	1	1	2	2	2	3	3	3

음 3 월	14	15	16	17	18	19	20	21	22	23	24	25	26	27	28	29	30
	28	29	30	**6/1**	2	3	4	5	6	7	8	9	10	11	12	13	14
	병자	병자	병자	병자	병자	병자	병자	병자	병자	병자	병자	병자	병자	병자	병자	병자	병자
	임진	임진	임진	임진	임진	임진	임진	**계사**	계사	계사	계사	계사	계사	계사	계사	계사	계사
	경술	신해	임자	계축	갑인	을묘	병진	정사	무오	기미	경신	신유	임술	계해	갑자	을축	병인
	2	2	2	1	1	1	1	10	10	10	9	9	9	8	8	8	7
	8	8	9	9	9	10	10	10	1	1	1	1	2	2	2	3	3

음 4 월	14	15	16	17	18	19	20	21	22	23	24	25	26	27	28	29	
	28	29	30	31	**6/1**	2	3	4	5	6	7	8	9	10	11	12	
	병자	병자	병자	병자	병자	병자	병자	병자	병자	병자	병자	병자	병자	병자	병자	병자	
	계사	계사	계사	계사	계사	계사	계사	계사	**갑오**	갑오	갑오	갑오	갑오	갑오	갑오	갑오	
	경진	신사	임오	계미	갑신	을유	병술	정해	무자	기축	경인	신묘	임진	계사	갑오	을미	
	3	2	2	2	1	1	1	1	10	10	10	9	9	9	8	8	
	8	8	8	9	9	9	10	10	10	1	1	1	1	2	2	2	

음 5 월	14	15	16	17	18	19	20	21	22	23	24	25	26	27	28	29	30
	26	27	28	29	30	**7/1**	2	3	4	5	6	7	8	9	10	11	12
	병자	병자	병자	병자	병자	병자	병자	병자	병자	병자	병자	병자	병자	병자	병자	병자	병자
	갑오	갑오	갑오	갑오	갑오	갑오	갑오	갑오	갑오	갑오	**을미**	을미	을미	을미	을미	을미	을미
	기유	경술	신해	임자	계축	갑인	을묘	병진	정사	무오	기미	경신	신유	임술	계해	갑자	을축
	3	3	3	2	2	2	1	1	1	1	10	10	10	10	9	9	9
	7	7	8	8	8	9	9	9	10	10	10	1	1	1	1	2	2

음 6 월	14	15	16	17	18	19	20	21	22	23	24	25	26	27	28	29	
	26	27	28	29	30	31	**8/1**	2	3	4	5	6	7	8	9	10	
	병자	병자	병자	병자	병자	병자	병자	병자	병자	병자	병자	병자	병자	병자	병자	병자	
	을미	을미	을미	을미	을미	을미	을미	을미	을미	을미	을미	을미	**병신**	병신	병신	병신	
	기묘	경진	신사	임오	계미	갑신	을유	병술	정해	무자	기축	경인	신묘	임진	계사	갑오	
	4	4	3	3	3	2	2	2	1	1	1	1	10	10	10	9	
	7	7	7	8	8	8	9	9	9	10	10	10	10	1	1	1	

2056(병자)년 【단기 4389년】

월	구분		1	2	3	4	5	6	7	8	9	10	11	12	13
음 7 월	음력		1	2	3	4	5	6	7	8	9	10	11	12	13
	양력		8/11	12	13	14	15	16	17	18	19	20	21	22	23
	연주 (생년)		병자	병자	병자	병자	병자	병자	병자	병자	병자	병자	병자	병자	병자
	월주 (생월)		병신	병신	병신	병신	병신	병신	병신	병신	병신	병신	병신	병신	병신
	일주 (생일)		을미	병신	정유	무술	기해	경자	신축	임인	계묘	갑진	을사	병오	정미
	대운	남	9	9	8	8	8	7	7	7	6	6	6	5	5
		여	1	2	2	2	3	3	3	4	4	4	5	5	5
음 8 월	음력		1	2	3	4	5	6	7	8	9	10	11	12	13
	양력		9/10	11	12	13	14	15	16	17	18	19	20	21	22
	연주 (생년)		병자	병자	병자	병자	병자	병자	병자	병자	병자	병자	병자	병자	병자
	월주 (생월)		정유	정유	정유	정유	정유	정유	정유	정유	정유	정유	정유	정유	정유
	일주 (생일)		을축	병인	정묘	무진	기사	경오	신미	임신	계유	갑술	을해	병자	정축
	대운	남	9	9	8	8	8	7	7	7	6	6	6	5	5
		여	1	1	2	2	2	3	3	3	4	4	4	5	5
음 9 월	음력		1	2	3	4	5	6	7	8	9	10	11	12	13
	양력		10/9	10	11	12	13	14	15	16	17	18	19	20	21
	연주 (생년)		병자	병자	병자	병자	병자	병자	병자	병자	병자	병자	병자	병자	병자
	월주 (생월)		무술	무술	무술	무술	무술	무술	무술	무술	무술	무술	무술	무술	무술
	일주 (생일)		갑오	을미	병신	정유	무술	기해	경자	신축	임인	계묘	갑진	을사	병오
	대운	남	10	9	9	9	8	8	8	7	7	7	6	6	6
		여	1	1	1	2	2	2	3	3	3	4	4	4	5
음 10 월	음력		1	2	3	4	5	6	7	8	9	10	11	12	13
	양력		11/7	8	9	10	11	12	13	14	15	16	17	18	19
	연주 (생년)		병자	병자	병자	병자	병자	병자	병자	병자	병자	병자	병자	병자	병자
	월주 (생월)		**기해**	기해	기해	기해	기해	기해	기해	기해	기해	기해	기해	기해	기해
	일주 (생일)		계해	갑자	을축	병인	정묘	무진	기사	경오	신미	임신	계유	갑술	을해
	대운	남	10	9	9	9	8	8	8	7	7	7	6	6	6
		여	10	1	1	1	1	2	2	2	3	3	3	4	4
음 11 월	음력		1	2	3	4	5	6	7	8	9	10	11	12	13
	양력		12/7	8	9	10	11	12	13	14	15	16	17	18	19
	연주 (생년)		병자	병자	병자	병자	병자	병자	병자	병자	병자	병자	병자	병자	병자
	월주 (생월)		경자	경자	경자	경자	경자	경자	경자	경자	경자	경자	경자	경자	경자
	일주 (생일)		계사	갑오	을미	병신	정유	무술	기해	경자	신축	임인	계묘	갑진	을사
	대운	남	10	9	9	9	8	8	8	7	7	7	6	6	6
		여	1	1	1	1	2	2	2	3	3	3	4	4	4
음 12 월	음력		1	2	3	4	5	6	7	8	9	10	11	12	13
	양력		1/5	6	7	8	9	10	11	12	13	14	15	16	17
	연주 (생년)		병자	병자	병자	병자	병자	병자	병자	병자	병자	병자	병자	병자	병자
	월주 (생월)		**신축**	신축	신축	신축	신축	신축	신축	신축	신축	신축	신축	신축	신축
	일주 (생일)		임술	계해	갑자	을축	병인	정묘	무진	기사	경오	신미	임신	계유	갑술
	대운	남	10	9	9	9	8	8	8	7	7	7	6	6	6
		여	10	1	1	1	1	2	2	2	3	3	3	4	4

음 7월	14	15	16	17	18	19	20	21	22	23	24	25	26	27	28	29	30
	24	25	26	27	28	29	30	31	**9/1**	2	3	4	5	6	7	8	9
	병자	병자	병자	병자	병자	병자	병자	병자	병자	병자	병자	병자	병자	병자	병자	병자	병자
	병신	병신	병신	병신	병신	병신	병신	병신	병신	병신	병신	병신	병신	병신	**정유**	정유	정유
	무신	기유	경술	신해	임자	계축	갑인	을묘	병진	정사	무오	기미	경신	신유	임술	계해	갑자
	5	4	4	4	3	3	3	2	2	2	1	1	1	1	10	10	9
	6	6	6	7	7	7	8	8	8	9	9	9	10	10	10	1	1
음 8월	14	15	16	17	18	19	20	21	22	23	24	25	26	27	28	29	
	23	24	25	26	27	28	29	30	**10/1**	2	3	4	5	6	7	8	
	병자	병자	병자	병자	병자	병자	병자	병자	병자	병자	병자	병자	병자	병자	병자	병자	
	정유	정유	정유	정유	정유	정유	정유	정유	정유	정유	정유	정유	정유	정유	**무술**	무술	
	무인	기묘	경진	신사	임오	계미	갑신	을유	병술	정해	무자	기축	경인	신묘	임진	계사	
	5	4	4	4	3	3	3	2	2	2	1	1	1	1	10	10	
	5	6	6	6	7	7	7	8	8	8	9	9	9	10	10	1	
음 9월	14	15	16	17	18	19	20	21	22	23	24	25	26	27	28	29	
	22	23	24	25	26	27	28	29	30	31	**11/1**	2	3	4	5	6	
	병자	병자	병자	병자	병자	병자	병자	병자	병자	병자	병자	병자	병자	병자	병자	병자	
	무술	무술	무술	무술	무술	무술	무술	무술	무술	무술	무술	무술	무술	무술	무술	무술	
	정미	무신	기유	경술	신해	임자	계축	갑인	을묘	병진	정사	무오	기미	경신	신유	임술	
	5	5	5	4	4	4	3	3	3	2	2	2	1	1	1	1	
	5	5	6	6	6	7	7	7	8	8	8	9	9	9	10	10	
음 10월	14	15	16	17	18	19	20	21	22	23	24	25	26	27	28	29	30
	20	21	22	23	24	25	26	27	28	29	30	**12/1**	2	3	4	5	6
	병자	병자	병자	병자	병자	병자	병자	병자	병자	병자	병자	병자	병자	병자	병자	병자	병자
	기해	기해	기해	기해	기해	기해	기해	기해	기해	기해	기해	기해	기해	기해	기해	기해	**경자**
	병자	정축	무인	기묘	경진	신사	임오	계미	갑신	을유	병술	정해	무자	기축	경인	신묘	임진
	5	5	5	4	4	4	3	3	3	2	2	2	1	1	1	1	10
	5	5	5	6	6	6	7	7	7	8	8	8	9	9	9	9	10
음 11월	14	15	16	17	18	19	20	21	22	23	24	25	26	27	28	29	
	20	21	22	23	24	25	26	27	28	29	30	31	**1/1**	2	3	4	
	병자	병자	병자	병자	병자	병자	병자	병자	병자	병자	병자	병자	병자	병자	병자	병자	
	경자	경자	경자	경자	경자	경자	경자	경자	경자	경자	경자	경자	경자	경자	경자	경자	
	병오	정미	무신	기유	경술	신해	임자	계축	갑인	을묘	병진	정사	무오	기미	경신	신유	
	5	5	5	4	4	4	3	3	3	2	2	2	1	1	1	1	
	5	5	5	6	6	6	7	7	7	8	8	8	9	9	9	10	
음 12월	14	15	16	17	18	19	20	21	22	23	24	25	26	27	28	29	30
	18	19	20	21	22	23	24	25	26	27	28	29	30	31	**2/1**	2	3
	병자	병자	병자	병자	병자	병자	병자	병자	병자	병자	병자	병자	병자	병자	병자	병자	**정축**
	신축	신축	신축	신축	신축	신축	신축	신축	신축	신축	신축	신축	신축	신축	신축	신축	**임인**
	을해	병자	정축	무인	기묘	경진	신사	임오	계미	갑신	을유	병술	정해	무자	기축	경인	신묘
	5	5	5	4	4	4	3	3	3	2	2	2	1	1	1	1	10
	4	5	5	5	6	6	6	7	7	7	8	8	8	9	9	9	10

2057(정축)년 【단기 4390년】

월	구분													
음 1 월	음력	1	2	3	4	5	6	7	8	9	10	11	12	13
	양력	**2/4**	5	6	7	8	9	10	11	12	13	14	15	16
	연주 (생년)	정축	정축	정축	정축	정축	정축	정축	정축	정축	정축	정축	정축	정축
	월주 (생월)	임인	임인	임인	임인	임인	임인	임인	임인	임인	임인	임인	임인	임인
	일주 (생일)	임진	계사	갑오	을미	병신	정유	무술	기해	경자	신축	임인	계묘	갑진
	대운 남	1	1	1	1	2	2	2	3	3	3	4	4	4
	대운 여	10	9	9	9	8	8	8	7	7	7	6	6	6
음 2 월	음력	1	2	3	4	5	6	7	8	9	10	11	12	13
	양력	**3/5**	6	7	8	9	10	11	12	13	14	15	16	17
	연주 (생년)	정축	정축	정축	정축	정축	정축	정축	정축	정축	정축	정축	정축	정축
	월주 (생월)	**계묘**	계묘	계묘	계묘	계묘	계묘	계묘	계묘	계묘	계묘	계묘	계묘	계묘
	일주 (생일)	신유	임술	계해	갑자	을축	병인	정묘	무진	기사	경오	신미	임신	계유
	대운 남	10	1	1	1	1	2	2	2	3	3	3	4	4
	대운 여	10	10	9	9	9	8	8	8	7	7	7	6	6
음 3 월	음력	1	2	3	4	5	6	7	8	9	10	11	12	13
	양력	**4/4**	5	6	7	8	9	10	11	12	13	14	15	16
	연주 (생년)	정축	정축	정축	정축	정축	정축	정축	정축	정축	정축	정축	정축	정축
	월주 (생월)	**갑진**	갑진	갑진	갑진	갑진	갑진	갑진	갑진	갑진	갑진	갑진	갑진	갑진
	일주 (생일)	신묘	임진	계사	갑오	을미	병신	정유	무술	기해	경자	신축	임인	계묘
	대운 남	10	1	1	1	1	2	2	2	3	3	3	4	4
	대운 여	10	10	10	9	9	9	8	8	8	7	7	7	6
음 4 월	음력	1	2	3	4	5	6	7	8	9	10	11	12	13
	양력	**5/4**	5	6	7	8	9	10	11	12	13	14	15	16
	연주 (생년)	정축	정축	정축	정축	정축	정축	정축	정축	정축	정축	정축	정축	정축
	월주 (생월)	갑진	**을사**	을사	을사	을사	을사	을사	을사	을사	을사	을사	을사	을사
	일주 (생일)	신유	임술	계해	갑자	을축	병인	정묘	무진	기사	경오	신미	임신	계유
	대운 남	10	10	1	1	1	1	2	2	2	3	3	3	4
	대운 여	1	10	10	10	9	9	9	8	8	8	7	7	7
음 5 월	음력	1	2	3	4	5	6	7	8	9	10	11	12	13
	양력	**6/2**	3	4	5	6	7	8	9	10	11	12	13	14
	연주 (생년)	정축	정축	정축	정축	정축	정축	정축	정축	정축	정축	정축	정축	정축
	월주 (생월)	을사	을사	을사	**병오**	병오	병오	병오	병오	병오	병오	병오	병오	병오
	일주 (생일)	경인	신묘	임진	계사	갑오	을미	병신	정유	무술	기해	경자	신축	임인
	대운 남	9	10	10	10	1	1	1	1	2	2	2	3	3
	대운 여	1	1	1	10	10	10	9	9	9	8	8	8	7
음 6 월	음력	1	2	3	4	5	6	7	8	9	10	11	12	13
	양력	**7/2**	3	4	5	6	7	8	9	10	11	12	13	14
	연주 (생년)	정축	정축	정축	정축	정축	정축	정축	정축	정축	정축	정축	정축	정축
	월주 (생월)	병오	병오	병오	병오	**정미**	정미	정미	정미	정미	정미	정미	정미	정미
	일주 (생일)	경신	신유	임술	계해	갑자	을축	병인	정묘	무진	기사	경오	신미	임신
	대운 남	9	9	10	10	10	1	1	1	1	2	2	2	3
	대운 여	1	1	1	1	10	10	10	10	9	9	9	8	8

	14	15	16	17	18	19	20	21	22	23	24	25	26	27	28	29	
	17	18	19	20	21	22	23	24	25	26	27	28	**3/1**	2	3	4	
음	정축	정축	정축	정축	정축	정축	정축	정축	정축	정축	정축	정축	정축	정축	정축	정축	
1	임인	임인	임인	임인	임인	임인	임인	임인	임인	임인	임인	임인	임인	임인	임인	임인	
월	을사	병오	정미	무신	기유	경술	신해	임자	계축	갑인	을묘	병진	정사	무오	기미	경신	
	5	5	5	6	6	6	7	7	7	8	8	8	9	9	9	10	
	5	5	5	4	4	4	3	3	3	2	2	2	1	1	1	1	
	14	15	16	17	18	19	20	21	22	23	24	25	26	27	28	29	30
	18	19	20	21	22	23	24	25	26	27	28	29	30	31	**4/1**	2	3
음	정축	정축	정축	정축	정축	정축	정축	정축	정축	정축	정축	정축	정축	정축	정축	정축	정축
2	계묘	계묘	계묘	계묘	계묘	계묘	계묘	계묘	계묘	계묘	계묘	계묘	계묘	계묘	계묘	계묘	계묘
월	갑술	을해	병자	정축	무인	기묘	경진	신사	임오	계미	갑신	을유	병술	정해	무자	기축	경인
	4	5	5	5	6	6	6	7	7	7	8	8	8	9	9	9	10
	6	5	5	5	4	4	4	3	3	3	2	2	2	1	1	1	1
	14	15	16	17	18	19	20	21	22	23	24	25	26	27	28	29	30
	17	18	19	20	21	22	23	24	25	26	27	28	29	30	**5/1**	2	3
음	정축	정축	정축	정축	정축	정축	정축	정축	정축	정축	정축	정축	정축	정축	정축	정축	정축
3	갑진	갑진	갑진	갑진	갑진	갑진	갑진	갑진	갑진	갑진	갑진	갑진	갑진	갑진	갑진	갑진	갑진
월	갑진	을사	병오	정미	무신	기유	경술	신해	임자	계축	갑인	을묘	병진	정사	무오	기미	경신
	4	5	5	5	6	6	6	7	7	7	8	8	8	9	9	9	10
	6	6	5	5	5	4	4	4	3	3	3	2	2	2	1	1	1
	14	15	16	17	18	19	20	21	22	23	24	25	26	27	28	29	
	17	18	19	20	21	22	23	24	25	26	27	28	29	30	31	**6/1**	
음	정축	정축	정축	정축	정축	정축	정축	정축	정축	정축	정축	정축	정축	정축	정축	정축	
4	을사	을사	을사	을사	을사	을사	을사	을사	을사	을사	을사	을사	을사	을사	을사	을사	
월	갑술	을해	병자	정축	무인	기묘	경진	신사	임오	계미	갑신	을유	병술	정해	무자	기축	
	4	4	5	5	5	6	6	6	7	7	7	8	8	8	9	9	
	6	6	6	5	5	5	4	4	4	3	3	3	2	2	2	1	
	14	15	16	17	18	19	20	21	22	23	24	25	26	27	28	29	30
	15	16	17	18	19	20	21	22	23	24	25	26	27	28	29	30	**7/1**
음	정축	정축	정축	정축	정축	정축	정축	정축	정축	정축	정축	정축	정축	정축	정축	정축	정축
5	병오	병오	병오	병오	병오	병오	병오	병오	병오	병오	병오	병오	병오	병오	병오	병오	병오
월	계묘	갑진	을사	병오	정미	무신	기유	경술	신해	임자	계축	갑인	을묘	병진	정사	무오	기미
	3	4	4	4	5	5	5	6	6	6	7	7	7	8	8	8	9
	7	7	6	6	6	5	5	5	4	4	4	3	3	3	2	2	2
	14	15	16	17	18	19	20	21	22	23	24	25	26	27	28	29	
	15	16	17	18	19	20	21	22	23	24	25	26	27	28	29	30	
음	정축	정축	정축	정축	정축	정축	정축	정축	정축	정축	정축	정축	정축	정축	정축	정축	
6	정미	정미	정미	정미	정미	정미	정미	정미	정미	정미	정미	정미	정미	정미	정미	정미	
월	계유	갑술	을해	병자	정축	무인	기묘	경진	신사	임오	계미	갑신	을유	병술	정해	무자	
	3	3	4	4	4	5	5	5	6	6	6	7	7	7	8	8	
	8	7	7	7	6	6	6	5	5	5	4	4	4	3	3	3	

2057(정축)년 【단기 4390년】

	음력		1	2	3	4	5	6	7	8	9	10	11	12	13
음 7 월	양력		**7/31**	**8/1**	2	3	4	5	6	7	8	9	10	11	12
	연주 (생년)		정축	정축	정축	정축	정축	정축	정축	정축	정축	정축	정축	정축	정축
	월주 (생월)		정미	정미	정미	정미	정미	정미	정미	**무신**	무신	무신	무신	무신	무신
	일주 (생일)		기축	경인	신묘	임진	계사	갑오	을미	병신	정유	무술	기해	경자	신축
	대운	남	8	9	9	9	10	10	10	10	1	1	1	1	2
		여	2	2	2	1	1	1	1	10	10	10	9	9	9
음 8 월	음력		1	2	3	4	5	6	7	8	9	10	11	12	13
	양력		**8/30**	31	**9/1**	2	3	4	5	6	7	8	9	10	11
	연주 (생년)		정축	정축	정축	정축	정축	정축	정축	정축	정축	정축	정축	정축	정축
	월주 (생월)		무신	무신	무신	무신	무신	무신	무신	무신	**기유**	기유	기유	기유	기유
	일주 (생일)		기미	경신	신유	임술	계해	갑자	을축	병인	정묘	무진	기사	경오	신미
	대운	남	8	8	8	9	9	9	10	10	10	1	1	1	1
		여	3	2	2	2	1	1	1	1	10	10	10	9	9
음 9 월	음력		1	2	3	4	5	6	7	8	9	10	11	12	13
	양력		**9/29**	30	**10/1**	2	3	4	5	6	7	8	9	10	11
	연주 (생년)		정축	정축	정축	정축	정축	정축	정축	정축	정축	정축	정축	정축	정축
	월주 (생월)		기유	기유	기유	기유	기유	기유	기유	기유	기유	**경술**	경술	경술	경술
	일주 (생일)		기축	경인	신묘	임진	계사	갑오	을미	병신	정유	무술	기해	경자	신축
	대운	남	7	8	8	8	9	9	9	10	10	10	1	1	1
		여	3	3	2	2	2	1	1	1	1	10	10	9	9
음 10 월	음력		1	2	3	4	5	6	7	8	9	10	11	12	13
	양력		**10/28**	29	30	31	**11/1**	2	3	4	5	6	7	8	9
	연주 (생년)		정축	정축	정축	정축	정축	정축	정축	정축	정축	정축	정축	정축	정축
	월주 (생월)		경술	경술	경술	경술	경술	경술	경술	경술	경술	경술	**신해**	신해	신해
	일주 (생일)		무오	기미	경신	신유	임술	계해	갑자	을축	병인	정묘	무진	기사	경오
	대운	남	7	7	7	8	8	8	9	9	9	10	10	1	1
		여	3	3	3	2	2	2	1	1	1	1	10	10	9
음 11 월	음력		1	2	3	4	5	6	7	8	9	10	11	12	13
	양력		**11/26**	27	28	29	30	**12/1**	2	3	4	5	6	7	8
	연주 (생년)		정축	정축	정축	정축	정축	정축	정축	정축	정축	정축	정축	정축	정축
	월주 (생월)		신해	신해	신해	신해	신해	신해	신해	신해	신해	신해	신해	**임자**	임자
	일주 (생일)		정해	무자	기축	경인	신묘	임진	계사	갑오	을미	병신	정유	무술	기해
	대운	남	6	7	7	7	8	8	8	9	9	9	10	10	1
		여	4	3	3	3	2	2	2	1	1	1	1	10	9
음 12 월	음력		1	2	3	4	5	6	7	8	9	10	11	12	13
	양력		**12/26**	27	28	29	30	31	**1/1**	2	3	4	5	6	7
	연주 (생년)		정축	정축	정축	정축	정축	정축	정축	정축	정축	정축	정축	정축	정축
	월주 (생월)		임자	임자	임자	임자	임자	임자	임자	임자	임자	임자	**계축**	계축	계축
	일주 (생일)		정사	무오	기미	경신	신유	임술	계해	갑자	을축	병인	정묘	무진	기사
	대운	남	6	7	7	7	8	8	8	9	9	9	10	1	1
		여	3	3	3	2	2	2	1	1	1	1	10	9	9

음 7 월	14	15	16	17	18	19	20	21	22	23	24	25	26	27	28	29	30
	13	14	15	16	17	18	19	20	21	22	23	24	25	26	27	28	29
	정축	정축	정축	정축	정축	정축	정축	정축	정축	정축	정축	정축	정축	정축	정축	정축	정축
	무신	무신	무신	무신	무신	무신	무신	무신	무신	무신	무신	무신	무신	무신	무신	무신	무신
	임인	계묘	갑진	을사	병오	정미	무신	기유	경술	신해	임자	계축	갑인	을묘	병진	정사	무오
	2	2	3	3	3	4	4	4	5	5	5	6	6	6	7	7	7
	8	8	8	7	7	7	6	6	6	5	5	5	4	4	4	3	3
음 8 월	14	15	16	17	18	19	20	21	22	23	24	25	26	27	28	29	30
	12	13	14	15	16	17	18	19	20	21	22	23	24	25	26	27	28
	정축	정축	정축	정축	정축	정축	정축	정축	정축	정축	정축	정축	정축	정축	정축	정축	정축
	기유	기유	기유	기유	기유	기유	기유	기유	기유	기유	기유	기유	기유	기유	기유	기유	기유
	임신	계유	갑술	을해	병자	정축	무인	기묘	경진	신사	임오	계미	갑신	을유	병술	정해	무자
	2	2	2	3	3	3	4	4	4	5	5	5	6	6	6	7	7
	9	8	8	8	7	7	7	6	6	6	5	5	5	4	4	4	3
음 9 월	14	15	16	17	18	19	20	21	22	23	24	25	26	27	28	29	
	12	13	14	15	16	17	18	19	20	21	22	23	24	25	26	27	
	정축	정축	정축	정축	정축	정축	정축	정축	정축	정축	정축	정축	정축	정축	정축	정축	
	경술	경술	경술	경술	경술	경술	경술	경술	경술	경술	경술	경술	경술	경술	경술	경술	
	임인	계묘	갑진	을사	병오	정미	무신	기유	경술	신해	임자	계축	갑인	을묘	병진	정사	
	1	2	2	2	3	3	3	4	4	4	5	5	5	6	6	6	
	9	8	8	8	7	7	7	6	6	6	5	5	5	4	4	4	
음 10 월	14	15	16	17	18	19	20	21	22	23	24	25	26	27	28	29	
	10	11	12	13	14	15	16	17	18	19	20	21	22	23	24	25	
	정축	정축	정축	정축	정축	정축	정축	정축	정축	정축	정축	정축	정축	정축	정축	정축	
	신해	신해	신해	신해	신해	신해	신해	신해	신해	신해	신해	신해	신해	신해	신해	신해	
	신미	임신	계유	갑술	을해	병자	정축	무인	기묘	경진	신사	임오	계미	갑신	을유	병술	
	1	1	2	2	2	3	3	3	4	4	4	5	5	5	6	6	
	9	9	8	8	8	7	7	7	6	6	6	5	5	5	4	4	
음 11 월	14	15	16	17	18	19	20	21	22	23	24	25	26	27	28	29	30
	9	10	11	12	13	14	15	16	17	18	19	20	21	22	23	24	25
	정축	정축	정축	정축	정축	정축	정축	정축	정축	정축	정축	정축	정축	정축	정축	정축	정축
	임자	임자	임자	임자	임자	임자	임자	임자	임자	임자	임자	임자	임자	임자	임자	임자	임자
	경자	신축	임인	계묘	갑진	을사	병오	정미	무신	기유	경술	신해	임자	계축	갑인	을묘	병진
	1	1	1	2	2	2	3	3	3	4	4	4	5	5	5	6	6
	9	9	8	8	8	7	7	7	6	6	6	5	5	5	4	4	4
음 12 월	14	15	16	17	18	19	20	21	22	23	24	25	26	27	28	29	
	8	9	10	11	12	13	14	15	16	17	18	19	20	21	22	23	
	정축	정축	정축	정축	정축	정축	정축	정축	정축	정축	정축	정축	정축	정축	정축	정축	
	계축	계축	계축	계축	계축	계축	계축	계축	계축	계축	계축	계축	계축	계축	계축	계축	
	경오	신미	임신	계유	갑술	을해	병자	정축	무인	기묘	경진	신사	임오	계미	갑신	을유	
	1	1	2	2	2	3	3	3	4	4	4	5	5	5	6	6	
	9	8	8	8	7	7	7	6	6	6	5	5	5	4	4	4	

2058(무인)년 【단기 4391년】

월	구분		1	2	3	4	5	6	7	8	9	10	11	12	13
음 1 월	음력		1	2	3	4	5	6	7	8	9	10	11	12	13
	양력		**1/24**	25	26	27	28	29	30	31	**2/1**	2	3	4	5
	연주 (생년)		정축	정축	정축	정축	정축	정축	정축	정축	정축	정축	**무인**	무인	무인
	월주 (생월)		계축	계축	계축	계축	계축	계축	계축	계축	계축	계축	**갑인**	갑인	갑인
	일주 (생일)		병술	정해	무자	기축	경인	신묘	임진	계사	갑오	을미	병신	정유	무술
	대운	남	6	7	7	7	8	8	8	9	9	9	10	10	9
		여	3	3	3	2	2	2	1	1	1	1	10	1	1
음 2 월	음력		1	2	3	4	5	6	7	8	9	10	11	12	13
	양력		**2/23**	24	25	26	27	28	**3/1**	2	3	4	5	6	7
	연주 (생년)		무인	무인	무인	무인	무인	무인	무인	무인	무인	무인	무인	무인	무인
	월주 (생월)		갑인	갑인	갑인	갑인	갑인	갑인	갑인	갑인	갑인	갑인	**을묘**	을묘	을묘
	일주 (생일)		병진	정사	무오	기미	경신	신유	임술	계해	갑자	을축	병인	정묘	무진
	대운	남	3	3	3	2	2	2	1	1	1	1	10	10	9
		여	7	7	7	8	8	8	9	9	9	10	10	1	1
음 3 월	음력		1	2	3	4	5	6	7	8	9	10	11	12	13
	양력		**3/24**	25	26	27	28	29	30	31	**4/1**	2	3	4	5
	연주 (생년)		무인	무인	무인	무인	무인	무인	무인	무인	무인	무인	무인	무인	무인
	월주 (생월)		을묘	을묘	을묘	을묘	을묘	을묘	을묘	을묘	을묘	을묘	을묘	**병진**	병진
	일주 (생일)		을유	병술	정해	무자	기축	경인	신묘	임진	계사	갑오	을미	병신	정유
	대운	남	4	3	3	3	2	2	2	1	1	1	1	10	10
		여	6	7	7	7	8	8	8	9	9	9	10	10	1
음 4 월	음력		1	2	3	4	5	6	7	8	9	10	11	12	13
	양력		**4/23**	24	25	26	27	28	29	30	**5/1**	2	3	4	5
	연주 (생년)		무인	무인	무인	무인	무인	무인	무인	무인	무인	무인	무인	무인	무인
	월주 (생월)		병진	병진	병진	병진	병진	병진	병진	병진	병진	병진	병진	병진	**정사**
	일주 (생일)		을묘	병진	정사	무오	기미	경신	신유	임술	계해	갑자	을축	병인	정묘
	대운	남	4	4	3	3	3	2	2	2	1	1	1	1	10
		여	6	7	7	7	8	8	8	9	9	9	10	10	10
윤 4 월	음력		1	2	3	4	5	6	7	8	9	10	11	12	13
	양력		**5/22**	23	24	25	26	27	28	29	30	31	**6/1**	2	3
	연주 (생년)		무인	무인	무인	무인	무인	무인	무인	무인	무인	무인	무인	무인	무인
	월주 (생월)		정사	정사	정사	정사	정사	정사	정사	정사	정사	정사	정사	정사	정사
	일주 (생일)		갑신	을유	병술	정해	무자	기축	경인	신묘	임진	계사	갑오	을미	병신
	대운	남	5	4	4	4	3	3	3	2	2	2	1	1	1
		여	6	6	6	7	7	7	8	8	8	9	9	9	10
음 5 월	음력		1	2	3	4	5	6	7	8	9	10	11	12	13
	양력		**6/21**	22	23	24	25	26	27	28	29	30	**7/1**	2	3
	연주 (생년)		무인	무인	무인	무인	무인	무인	무인	무인	무인	무인	무인	무인	무인
	월주 (생월)		무오	무오	무오	무오	무오	무오	무오	무오	무오	무오	무오	무오	무오
	일주 (생일)		갑인	을묘	병진	정사	무오	기미	경신	신유	임술	계해	갑자	을축	병인
	대운	남	5	5	5	4	4	4	3	3	3	2	2	2	1
		여	5	6	6	6	7	7	7	8	8	8	9	9	9
음 6 월	음력		1	2	3	4	5	6	7	8	9	10	11	12	13
	양력		**7/21**	22	23	24	25	26	27	28	29	30	31	**8/1**	2
	연주 (생년)		무인	무인	무인	무인	무인	무인	무인	무인	무인	무인	무인	무인	무인
	월주 (생월)		기미	기미	기미	기미	기미	기미	기미	기미	기미	기미	기미	기미	기미
	일주 (생일)		갑신	을유	병술	정해	무자	기축	경인	신묘	임진	계사	갑오	을미	병신
	대운	남	6	5	5	5	4	4	4	3	3	3	2	2	2
		여	5	5	5	6	6	6	7	7	7	8	8	8	9

음 1 월	14	15	16	17	18	19	20	21	22	23	24	25	26	27	28	29	30
	6	7	8	9	10	11	12	13	14	15	16	17	18	19	20	21	22
	무인	무인	무인	무인	무인	무인	무인	무인	무인	무인	무인	무인	무인	무인	무인	무인	무인
	갑인	갑인	갑인	갑인	갑인	갑인	갑인	갑인	갑인	갑인	갑인	갑인	갑인	갑인	갑인	갑인	갑인
	기해	경자	신축	임인	계묘	갑진	을사	병오	정미	무신	기유	경술	신해	임자	계축	갑인	을묘
	9	9	8	8	8	7	7	7	6	6	6	5	5	5	4	4	4
	1	1	2	2	2	3	3	3	4	4	4	5	5	5	6	6	6

음 2 월	14	15	16	17	18	19	20	21	22	23	24	25	26	27	28	29	
	8	9	10	11	12	13	14	15	16	17	18	19	20	21	22	23	
	무인	무인	무인	무인	무인	무인	무인	무인	무인	무인	무인	무인	무인	무인	무인	무인	
	을묘	을묘	을묘	을묘	을묘	을묘	을묘	을묘	을묘	을묘	을묘	을묘	을묘	을묘	을묘	을묘	
	기사	경오	신미	임신	계유	갑술	을해	병자	정축	무인	기묘	경진	신사	임오	계미	갑신	
	9	9	8	8	8	7	7	7	6	6	6	5	5	5	4	4	
	1	1	2	2	2	3	3	3	4	4	4	5	5	5	6	6	

음 3 월	14	15	16	17	18	19	20	21	22	23	24	25	26	27	28	29	30
	6	7	8	9	10	11	12	13	14	15	16	17	18	19	20	21	22
	무인	무인	무인	무인	무인	무인	무인	무인	무인	무인	무인	무인	무인	무인	무인	무인	무인
	병진	병진	병진	병진	병진	병진	병진	병진	병진	병진	병진	병진	병진	병진	병진	병진	병진
	무술	기해	경자	신축	임인	계묘	갑진	을사	병오	정미	무신	기유	경술	신해	임자	계축	갑인
	1	9	9	9	8	8	8	7	7	7	6	6	6	5	5	5	4
	1	1	1	2	2	2	3	3	3	4	4	4	5	5	5	6	6

음 4 월	14	15	16	17	18	19	20	21	22	23	24	25	26	27	28	29	
	6	7	8	9	10	11	12	13	14	15	16	17	18	19	20	21	
	무인	무인	무인	무인	무인	무인	무인	무인	무인	무인	무인	무인	무인	무인	무인	무인	
	정사	정사	정사	정사	정사	정사	정사	정사	정사	정사	정사	정사	정사	정사	정사	정사	
	무진	기사	경오	신미	임신	계유	갑술	을해	병자	정축	무인	기묘	경진	신사	임오	계미	
	10	10	9	9	9	8	8	8	7	7	7	6	6	6	5	5	
	1	1	1	1	2	2	2	3	3	3	4	4	4	5	5	5	

윤 4 월	14	15	16	17	18	19	20	21	22	23	24	25	26	27	28	29	30
	4	5	6	7	8	9	10	11	12	13	14	15	16	17	18	19	20
	무인	무인	무인	무인	무인	무인	무인	무인	무인	무인	무인	무인	무인	무인	무인	무인	무인
	정사	**무오**	무오	무오	무오	무오	무오	무오	무오	무오	무오	무오	무오	무오	무오	무오	무오
	정유	무술	기해	경자	신축	임인	계묘	갑진	을사	병오	정미	무신	기유	경술	신해	임자	계축
	1	10	10	10	10	9	9	9	8	8	8	7	7	7	6	6	6
	10	10	1	1	1	1	2	2	2	3	3	3	4	4	4	5	5

음 5 월	14	15	16	17	18	19	20	21	22	23	24	25	26	27	28	29	30
	4	5	6	7	8	9	10	11	12	13	14	15	16	17	18	19	20
	무인	무인	무인	무인	무인	무인	무인	무인	무인	무인	무인	무인	무인	무인	무인	무인	무인
	무오	무오	무오	**기미**	기미	기미	기미	기미	기미	기미	기미	기미	기미	기미	기미	기미	기미
	정묘	무진	기사	경오	신미	임신	계유	갑술	을해	병자	정축	무인	기묘	경진	신사	임오	계미
	1	1	1	10	10	10	9	9	9	8	8	8	7	7	7	6	6
	10	10	10	10	1	1	1	1	2	2	2	3	3	3	4	4	4

음 6 월	14	15	16	17	18	19	20	21	22	23	24	25	26	27	28	29	
	3	4	5	6	7	8	9	10	11	12	13	14	15	16	17	18	
	무인	무인	무인	무인	무인	무인	무인	무인	무인	무인	무인	무인	무인	무인	무인	무인	
	기미	기미	기미	기미	**경신**	경신	경신	경신	경신	경신	경신	경신	경신	경신	경신	경신	
	정유	무술	기해	경자	신축	임인	계묘	갑진	을사	병오	정미	무신	기유	경술	신해	임자	
	1	1	1	1	10	10	10	9	9	9	8	8	8	7	7	7	
	9	9	10	10	10	1	1	1	1	2	2	2	3	3	3	4	

2058(무인)년 【단기 4391년】

음 7 월	음	력	1	2	3	4	5	6	7	8	9	10	11	12	13
	양	력	8/19	20	21	22	23	24	25	26	27	28	29	30	31
	연주 (생년)		무인	무인	무인	무인	무인	무인	무인	무인	무인	무인	무인	무인	무인
	월주 (생월)		경신	경신	경신	경신	경신	경신	경신	경신	경신	경신	경신	경신	경신
	일주 (생일)		계축	갑인	을묘	병진	정사	무오	기미	경신	신유	임술	계해	갑자	을축
	대운	남	6	6	6	5	5	5	4	4	4	3	3	3	2
		여	4	4	5	5	5	6	6	6	7	7	7	8	8
음 8 월	음	력	1	2	3	4	5	6	7	8	9	10	11	12	13
	양	력	9/18	19	20	21	22	23	24	25	26	27	28	29	30
	연주 (생년)		무인	무인	무인	무인	무인	무인	무인	무인	무인	무인	무인	무인	무인
	월주 (생월)		신유	신유	신유	신유	신유	신유	신유	신유	신유	신유	신유	신유	신유
	일주 (생일)		계미	갑신	을유	병술	정해	무자	기축	경인	신묘	임진	계사	갑오	을미
	대운	남	7	6	6	6	5	5	5	4	4	4	3	3	3
		여	4	4	4	5	5	5	6	6	6	7	7	7	8
음 9 월	음	력	1	2	3	4	5	6	7	8	9	10	11	12	13
	양	력	10/17	18	19	20	21	22	23	24	25	26	27	28	29
	연주 (생년)		무인	무인	무인	무인	무인	무인	무인	무인	무인	무인	무인	무인	무인
	월주 (생월)		임술	임술	임술	임술	임술	임술	임술	임술	임술	임술	임술	임술	임술
	일주 (생일)		임자	계축	갑인	을묘	병진	정사	무오	기미	경신	신유	임술	계해	갑자
	대운	남	7	7	6	6	6	5	5	5	4	4	4	3	3
		여	3	3	4	4	4	5	5	5	6	6	6	7	7
음 10 월	음	력	1	2	3	4	5	6	7	8	9	10	11	12	13
	양	력	11/16	17	18	19	20	21	22	23	24	25	26	27	28
	연주 (생년)		무인	무인	무인	무인	무인	무인	무인	무인	무인	무인	무인	무인	무인
	월주 (생월)		계해	계해	계해	계해	계해	계해	계해	계해	계해	계해	계해	계해	계해
	일주 (생일)		임오	계미	갑신	을유	병술	정해	무자	기축	경인	신묘	임진	계사	갑오
	대운	남	7	7	6	6	6	5	5	5	4	4	4	3	3
		여	3	3	4	4	4	5	5	5	6	6	6	7	7
음 11 월	음	력	1	2	3	4	5	6	7	8	9	10	11	12	13
	양	력	12/16	17	18	19	20	21	22	23	24	25	26	27	28
	연주 (생년)		무인	무인	무인	무인	무인	무인	무인	무인	무인	무인	무인	무인	무인
	월주 (생월)		갑자	갑자	갑자	갑자	갑자	갑자	갑자	갑자	갑자	갑자	갑자	갑자	갑자
	일주 (생일)		임자	계축	갑인	을묘	병진	정사	무오	기미	경신	신유	임술	계해	갑자
	대운	남	7	6	6	6	5	5	5	4	4	4	3	3	3
		여	3	3	4	4	4	5	5	5	6	6	6	7	7
음 12 월	음	력	1	2	3	4	5	6	7	8	9	10	11	12	13
	양	력	1/14	15	16	17	18	19	20	21	22	23	24	25	26
	연주 (생년)		무인	무인	무인	무인	무인	무인	무인	무인	무인	무인	무인	무인	무인
	월주 (생월)		을축	을축	을축	을축	을축	을축	을축	을축	을축	을축	을축	을축	을축
	일주 (생일)		신사	임오	계미	갑신	을유	병술	정해	무자	기축	경인	신묘	임진	계사
	대운	남	7	7	6	6	6	5	5	5	4	4	4	3	3
		여	3	3	4	4	4	5	5	5	6	6	6	7	7

음 7 월	14	15	16	17	18	19	20	21	22	23	24	25	26	27	28	29	30
	9/1	2	3	4	5	6	7	8	9	10	11	12	13	14	15	16	17
	무인	무인	무인	무인	무인	무인	무인	무인	무인	무인	무인	무인	무인	무인	무인	무인	무인
	경신	경신	경신	경신	경신	경신	**신유**	신유	신유	신유	신유	신유	신유	신유	신유	신유	신유
	병인	정묘	무진	기사	경오	신미	임신	계유	갑술	을해	병자	정축	무인	기묘	경진	신사	임오
	2	2	1	1	1	1	10	10	10	9	9	9	8	8	8	7	7
	8	9	9	9	10	10	10	1	1	1	1	2	2	2	3	3	3

음 8 월	14	15	16	17	18	19	20	21	22	23	24	25	26	27	28	29	
	10/1	2	3	4	5	6	7	8	9	10	11	12	13	14	15	16	
	무인	무인	무인	무인	무인	무인	무인	무인	무인	무인	무인	무인	무인	무인	무인	무인	
	신유	신유	신유	신유	신유	신유	신유	**임술**	임술	임술	임술	임술	임술	임술	임술	임술	
	병신	정유	무술	기해	경자	신축	임인	계묘	갑진	을사	병오	정미	무신	기유	경술	신해	
	2	2	2	1	1	1	1	10	10	9	9	9	8	8	8	7	
	8	8	9	9	9	10	10	10	1	1	1	1	2	2	2	3	

음 9 월	14	15	16	17	18	19	20	21	22	23	24	25	26	27	28	29	30
	30	31	**11/1**	2	3	4	5	6	7	8	9	10	11	12	13	14	15
	무인	무인	무인	무인	무인	무인	무인	무인	무인	무인	무인	무인	무인	무인	무인	무인	무인
	임술	임술	임술	임술	임술	임술	임술	임술	**계해**	계해	계해	계해	계해	계해	계해	계해	계해
	을축	병인	정묘	무진	기사	경오	신미	임신	계유	갑술	을해	병자	정축	무인	기묘	경진	신사
	3	2	2	2	1	1	1	1	10	10	9	9	9	8	8	8	7
	7	8	8	8	9	9	9	10	10	1	1	1	1	2	2	2	3

음 10 월	14	15	16	17	18	19	20	21	22	23	24	25	26	27	28	29	30
	29	30	**12/1**	2	3	4	5	6	7	8	9	10	11	12	13	14	15
	무인	무인	무인	무인	무인	무인	무인	무인	무인	무인	무인	무인	무인	무인	무인	무인	무인
	계해	계해	계해	계해	계해	계해	계해	계해	**갑자**	갑자	갑자	갑자	갑자	갑자	갑자	갑자	갑자
	을미	병신	정유	무술	기해	경자	신축	임인	계묘	갑진	을사	병오	정미	무신	기유	경술	신해
	3	2	2	2	1	1	1	1	10	9	9	9	8	8	8	7	7
	7	8	8	8	9	9	9	10	10	1	1	1	1	2	2	2	3

음 11 월	14	15	16	17	18	19	20	21	22	23	24	25	26	27	28	29	
	29	30	31	**1/1**	2	3	4	5	6	7	8	9	10	11	12	13	
	무인	무인	무인	무인	무인	무인	무인	무인	무인	무인	무인	무인	무인	무인	무인	무인	
	갑자	갑자	갑자	갑자	갑자	갑자	갑자	**을축**	을축	을축	을축	을축	을축	을축	을축	을축	
	을축	병인	정묘	무진	기사	경오	신미	임신	계유	갑술	을해	병자	정축	무인	기묘	경진	
	2	2	2	1	1	1	1	10	10	9	9	9	8	8	8	7	
	7	8	8	8	9	9	9	10	1	1	1	1	2	2	2	3	

음 12 월	14	15	16	17	18	19	20	21	22	23	24	25	26	27	28	29	
	27	28	29	30	31	**2/1**	2	3	4	5	6	7	8	9	10	11	
	무인	무인	무인	무인	무인	무인	무인	무인	**기묘**	기묘	기묘	기묘	기묘	기묘	기묘	기묘	
	을축	을축	을축	을축	을축	을축	을축	을축	**병인**	병인	병인	병인	병인	병인	병인	병인	
	갑오	을미	병신	정유	무술	기해	경자	신축	임인	계묘	갑진	을사	병오	정미	무신	기유	
	3	2	2	2	1	1	1	1	10	1	1	1	1	2	2	2	
	7	8	8	8	9	9	9	10	10	9	9	9	8	8	8	7	

2059(기묘)년 【단기 4392년】

음 1 월	음	력	1	2	3	4	5	6	7	8	9	10	11	12	13
	양	력	2/12	13	14	15	16	17	18	19	20	21	22	23	24
	연주 (생년)		기묘	기묘	기묘	기묘	기묘	기묘	기묘	기묘	기묘	기묘	기묘	기묘	기묘
	월주 (생월)		병인	병인	병인	병인	병인	병인	병인	병인	병인	병인	병인	병인	병인
	일주 (생일)		경술	신해	임자	계축	갑인	을묘	병진	정사	무오	기미	경신	신유	임술
	대운	남	3	3	3	4	4	4	5	5	5	6	6	6	7
		여	7	7	6	6	6	5	5	5	4	4	4	3	3
음 2 월	음	력	1	2	3	4	5	6	7	8	9	10	11	12	13
	양	력	3/14	15	16	17	18	19	20	21	22	23	24	25	26
	연주 (생년)		기묘	기묘	기묘	기묘	기묘	기묘	기묘	기묘	기묘	기묘	기묘	기묘	기묘
	월주 (생월)		정묘	정묘	정묘	정묘	정묘	정묘	정묘	정묘	정묘	정묘	정묘	정묘	정묘
	일주 (생일)		경진	신사	임오	계미	갑신	을유	병술	정해	무자	기축	경인	신묘	임진
	대운	남	3	3	4	4	4	5	5	5	6	6	6	7	7
		여	7	7	7	6	6	6	5	5	5	4	4	4	3
음 3 월	음	력	1	2	3	4	5	6	7	8	9	10	11	12	13
	양	력	4/12	13	14	15	16	17	18	19	20	21	22	23	24
	연주 (생년)		기묘	기묘	기묘	기묘	기묘	기묘	기묘	기묘	기묘	기묘	기묘	기묘	기묘
	월주 (생월)		무진	무진	무진	무진	무진	무진	무진	무진	무진	무진	무진	무진	무진
	일주 (생일)		기유	경술	신해	임자	계축	갑인	을묘	병진	정사	무오	기미	경신	신유
	대운	남	2	3	3	3	4	4	4	5	5	5	6	6	6
		여	8	7	7	7	6	6	6	5	5	5	4	4	4
음 4 월	음	력	1	2	3	4	5	6	7	8	9	10	11	12	13
	양	력	5/12	13	14	15	16	17	18	19	20	21	22	23	24
	연주 (생년)		기묘	기묘	기묘	기묘	기묘	기묘	기묘	기묘	기묘	기묘	기묘	기묘	기묘
	월주 (생월)		기사	기사	기사	기사	기사	기사	기사	기사	기사	기사	기사	기사	기사
	일주 (생일)		기묘	경진	신사	임오	계미	갑신	을유	병술	정해	무자	기축	경인	신묘
	대운	남	2	3	3	3	4	4	4	5	5	5	6	6	6
		여	8	8	8	7	7	7	6	6	6	5	5	5	4
음 5 월	음	력	1	2	3	4	5	6	7	8	9	10	11	12	13
	양	력	6/10	11	12	13	14	15	16	17	18	19	20	21	22
	연주 (생년)		기묘	기묘	기묘	기묘	기묘	기묘	기묘	기묘	기묘	기묘	기묘	기묘	기묘
	월주 (생월)		경오	경오	경오	경오	경오	경오	경오	경오	경오	경오	경오	경오	경오
	일주 (생일)		무신	기유	경술	신해	임자	계축	갑인	을묘	병진	정사	무오	기미	경신
	대운	남	1	2	2	2	3	3	3	4	4	4	5	5	5
		여	9	9	8	8	8	7	7	7	6	6	6	5	5
음 6 월	음	력	1	2	3	4	5	6	7	8	9	10	11	12	13
	양	력	7/10	11	12	13	14	15	16	17	18	19	20	21	22
	연주 (생년)		기묘	기묘	기묘	기묘	기묘	기묘	기묘	기묘	기묘	기묘	기묘	기묘	기묘
	월주 (생월)		신미	신미	신미	신미	신미	신미	신미	신미	신미	신미	신미	신미	신미
	일주 (생일)		무인	기묘	경진	신사	임오	계미	갑신	을유	병술	정해	무자	기축	경인
	대운	남	1	1	2	2	2	3	3	3	4	4	4	5	5
		여	9	9	9	8	8	8	7	7	7	6	6	6	5

음 1 월	14	15	16	17	18	19	20	21	22	23	24	25	26	27	28	29	30
	25	26	27	28	**3/1**	2	3	4	5	6	7	8	9	10	11	12	13
	기묘	기묘	기묘	기묘	기묘	기묘	기묘	기묘	기묘	기묘	기묘	기묘	기묘	기묘	기묘	기묘	기묘
	병인	병인	병인	병인	병인	병인	병인	병인	**정묘**	정묘	정묘	정묘	정묘	정묘	정묘	정묘	정묘
	계해	갑자	을축	병인	정묘	무진	기사	경오	신미	임신	계유	갑술	을해	병자	정축	무인	기묘
	7	7	8	8	8	9	9	9	10	1	1	1	1	2	2	2	3
	3	2	2	2	1	1	1	1	10	10	10	9	9	9	8	8	8
음 2 월	14	15	16	17	18	19	20	21	22	23	24	25	26	27	28	29	
	27	28	29	30	31	**4/1**	2	3	4	5	6	7	8	9	10	11	
	기묘	기묘	기묘	기묘	기묘	기묘	기묘	기묘	기묘	기묘	기묘	기묘	기묘	기묘	기묘	기묘	
	정묘	정묘	정묘	정묘	정묘	정묘	정묘	정묘	정묘	**무진**	무진	무진	무진	무진	무진	무진	
	계사	갑오	을미	병신	정유	무술	기해	경자	신축	임인	계묘	갑진	을사	병오	정미	무신	
	7	8	8	8	9	9	9	10	10	10	1	1	1	1	2	2	
	3	3	2	2	2	1	1	1	1	10	10	9	9	9	8	8	
음 3 월	14	15	16	17	18	19	20	21	22	23	24	25	26	27	28	29	30
	25	26	27	28	29	30	**5/1**	2	3	4	5	6	7	8	9	10	11
	기묘	기묘	기묘	기묘	기묘	기묘	기묘	기묘	기묘	기묘	기묘	기묘	기묘	기묘	기묘	기묘	기묘
	무진	무진	무진	무진	무진	무진	무진	무진	무진	무진	**기사**	기사	기사	기사	기사	기사	기사
	임술	계해	갑자	을축	병인	정묘	무진	기사	경오	신미	임신	계유	갑술	을해	병자	정축	무인
	7	7	7	8	8	8	9	9	9	10	10	1	1	1	1	2	2
	3	3	3	2	2	2	1	1	1	1	10	10	10	10	9	9	9
음 4 월	14	15	16	17	18	19	20	21	22	23	24	25	26	27	28	29	
	25	26	27	28	29	30	31	**6/1**	2	3	4	5	6	7	8	9	
	기묘	기묘	기묘	기묘	기묘	기묘	기묘	기묘	기묘	기묘	기묘	기묘	기묘	기묘	기묘	기묘	
	기사	기사	기사	기사	기사	기사	기사	기사	기사	기사	기사	기사	**경오**	경오	경오	경오	
	임진	계사	갑오	을미	병신	정유	무술	기해	경자	신축	임인	계묘	갑진	을사	병오	정미	
	7	7	7	8	8	8	9	9	9	10	10	10	10	1	1	1	
	4	4	3	3	3	2	2	2	1	1	1	1	10	10	10	9	
음 5 월	14	15	16	17	18	19	20	21	22	23	24	25	26	27	28	29	30
	23	24	25	26	27	28	29	30	**7/1**	2	3	4	5	6	7	8	9
	기묘	기묘	기묘	기묘	기묘	기묘	기묘	기묘	기묘	기묘	기묘	기묘	기묘	기묘	기묘	기묘	기묘
	경오	경오	경오	경오	경오	경오	경오	경오	경오	경오	경오	경오	경오	경오	**신미**	신미	신미
	신유	임술	계해	갑자	을축	병인	정묘	무진	기사	경오	신미	임신	계유	갑술	을해	병자	정축
	6	6	6	7	7	7	8	8	8	9	9	9	10	10	10	1	1
	5	4	4	4	3	3	3	2	2	2	1	1	1	1	10	10	10
음 6 월	14	15	16	17	18	19	20	21	22	23	24	25	26	27	28	29	
	23	24	25	26	27	28	29	30	31	**8/1**	2	3	4	5	6	7	
	기묘	기묘	기묘	기묘	기묘	기묘	기묘	기묘	기묘	기묘	기묘	기묘	기묘	기묘	기묘	기묘	
	신미	신미	신미	신미	신미	신미	신미	신미	신미	신미	신미	신미	신미	신미	신미	**임신**	
	신묘	임진	계사	갑오	을미	병신	정유	무술	기해	경자	신축	임인	계묘	갑진	을사	병오	
	5	6	6	6	7	7	7	8	8	8	9	9	9	10	10	10	
	5	5	4	4	4	3	3	3	2	2	2	1	1	1	1	10	

2059(기묘)년 【단기 4392년】

월	구분		1	2	3	4	5	6	7	8	9	10	11	12	13
음 7 월	음력		1	2	3	4	5	6	7	8	9	10	11	12	13
	양력		**8/8**	9	10	11	12	13	14	15	16	17	18	19	20
	연주 (생년)		기묘	기묘	기묘	기묘	기묘	기묘	기묘	기묘	기묘	기묘	기묘	기묘	기묘
	월주 (생월)		임신	임신	임신	임신	임신	임신	임신	임신	임신	임신	임신	임신	임신
	일주 (생일)		정미	무신	기유	경술	신해	임자	계축	갑인	을묘	병진	정사	무오	기미
	대운	남	1	1	1	1	2	2	2	3	3	3	4	4	4
		여	10	10	9	9	9	8	8	8	7	7	7	6	6
음 8 월	음력		1	2	3	4	5	6	7	8	9	10	11	12	13
	양력		**9/7**	8	9	10	11	12	13	14	15	16	17	18	19
	연주 (생년)		기묘	기묘	기묘	기묘	기묘	기묘	기묘	기묘	기묘	기묘	기묘	기묘	기묘
	월주 (생월)		**계유**	계유	계유	계유	계유	계유	계유	계유	계유	계유	계유	계유	계유
	일주 (생일)		정축	무인	기묘	경진	신사	임오	계미	갑신	을유	병술	정해	무자	기축
	대운	남	10	1	1	1	1	2	2	2	3	3	3	4	4
		여	10	10	10	9	9	9	8	8	8	7	7	7	6
음 9 월	음력		1	2	3	4	5	6	7	8	9	10	11	12	13
	양력		**10/7**	8	9	10	11	12	13	14	15	16	17	18	19
	연주 (생년)		기묘	기묘	기묘	기묘	기묘	기묘	기묘	기묘	기묘	기묘	기묘	기묘	기묘
	월주 (생월)		**갑술**	갑술	갑술	갑술	갑술	갑술	갑술	갑술	갑술	갑술	갑술	갑술	갑술
	일주 (생일)		정미	무신	기유	경술	신해	임자	계축	갑인	을묘	병진	정사	무오	기미
	대운	남	10	10	1	1	1	1	2	2	2	3	3	3	4
		여	1	10	10	9	9	9	8	8	8	7	7	7	6
음 10 월	음력		1	2	3	4	5	6	7	8	9	10	11	12	13
	양력		**11/5**	6	7	8	9	10	11	12	13	14	15	16	17
	연주 (생년)		기묘	기묘	기묘	기묘	기묘	기묘	기묘	기묘	기묘	기묘	기묘	기묘	기묘
	월주 (생월)		갑술	갑술	**을해**	을해	을해	을해	을해	을해	을해	을해	을해	을해	을해
	일주 (생일)		병자	정축	무인	기묘	경진	신사	임오	계미	갑신	을유	병술	정해	무자
	대운	남	9	10	10	1	1	1	1	2	2	2	3	3	3
		여	1	1	10	10	9	9	9	8	8	8	7	7	7
음 11 월	음력		1	2	3	4	5	6	7	8	9	10	11	12	13
	양력		**12/5**	6	7	8	9	10	11	12	13	14	15	16	17
	연주 (생년)		기묘	기묘	기묘	기묘	기묘	기묘	기묘	기묘	기묘	기묘	기묘	기묘	기묘
	월주 (생월)		을해	을해	**병자**	병자	병자	병자	병자	병자	병자	병자	병자	병자	병자
	일주 (생일)		병오	정미	무신	기유	경술	신해	임자	계축	갑인	을묘	병진	정사	무오
	대운	남	9	10	10	1	1	1	1	2	2	2	3	3	3
		여	1	1	10	9	9	9	8	8	8	7	7	7	6
음 12 월	음력		1	2	3	4	5	6	7	8	9	10	11	12	13
	양력		**1/4**	5	6	7	8	9	10	11	12	13	14	15	16
	연주 (생년)		기묘	기묘	기묘	기묘	기묘	기묘	기묘	기묘	기묘	기묘	기묘	기묘	기묘
	월주 (생월)		병자	**정축**	정축	정축	정축	정축	정축	정축	정축	정축	정축	정축	정축
	일주 (생일)		병자	정축	무인	기묘	경진	신사	임오	계미	갑신	을유	병술	정해	무자
	대운	남	9	10	1	1	1	1	2	2	2	3	3	3	4
		여	1	10	10	9	9	9	8	8	8	7	7	7	6

음 7 월	14	15	16	17	18	19	20	21	22	23	24	25	26	27	28	29	30
	21	22	23	24	25	26	27	28	29	30	31	**9/1**	2	3	4	5	6
	기묘	기묘	기묘	기묘	기묘	기묘	기묘	기묘	기묘	기묘	기묘	기묘	기묘	기묘	기묘	기묘	기묘
	임신	임신	임신	임신	임신	임신	임신	임신	임신	임신	임신	임신	임신	임신	임신	임신	임신
	경신	신유	임술	계해	갑자	을축	병인	정묘	무진	기사	경오	신미	임신	계유	갑술	을해	병자
	5	5	5	6	6	6	7	7	7	8	8	8	9	9	9	10	10
	6	5	5	5	4	4	4	3	3	3	2	2	2	1	1	1	1
음 8 월	14	15	16	17	18	19	20	21	22	23	24	25	26	27	28	29	30
	20	21	22	23	24	25	26	27	28	29	30	**10/1**	2	3	4	5	6
	기묘	기묘	기묘	기묘	기묘	기묘	기묘	기묘	기묘	기묘	기묘	기묘	기묘	기묘	기묘	기묘	기묘
	계유	계유	계유	계유	계유	계유	계유	계유	계유	계유	계유	계유	계유	계유	계유	계유	계유
	경인	신묘	임진	계사	갑오	을미	병신	정유	무술	기해	경자	신축	임인	계묘	갑진	을사	병오
	4	5	5	5	6	6	6	7	7	7	8	8	8	9	9	9	10
	6	6	5	5	5	4	4	4	3	3	3	2	2	2	1	1	1
음 9 월	14	15	16	17	18	19	20	21	22	23	24	25	26	27	28	29	
	20	21	22	23	24	25	26	27	28	29	30	31	**11/1**	2	3	4	
	기묘	기묘	기묘	기묘	기묘	기묘	기묘	기묘	기묘	기묘	기묘	기묘	기묘	기묘	기묘	기묘	
	갑술	갑술	갑술	갑술	갑술	갑술	갑술	갑술	갑술	갑술	갑술	갑술	갑술	갑술	갑술	갑술	
	경신	신유	임술	계해	갑자	을축	병인	정묘	무진	기사	경오	신미	임신	계유	갑술	을해	
	4	4	5	5	5	6	6	6	7	7	7	8	8	8	9	9	
	6	6	5	5	5	4	4	4	3	3	3	2	2	2	1	1	
음 10 월	14	15	16	17	18	19	20	21	22	23	24	25	26	27	28	29	30
	18	19	20	21	22	23	24	25	26	27	28	29	30	**12/1**	2	3	4
	기묘	기묘	기묘	기묘	기묘	기묘	기묘	기묘	기묘	기묘	기묘	기묘	기묘	기묘	기묘	기묘	기묘
	을해	을해	을해	을해	을해	을해	을해	을해	을해	을해	을해	을해	을해	을해	을해	을해	을해
	기축	경인	신묘	임진	계사	갑오	을미	병신	정유	무술	기해	경자	신축	임인	계묘	갑진	을사
	4	4	4	5	5	5	6	6	6	7	7	7	8	8	8	9	9
	6	6	6	5	5	5	4	4	4	3	3	3	2	2	2	1	1
음 11 월	14	15	16	17	18	19	20	21	22	23	24	25	26	27	28	29	30
	18	19	20	21	22	23	24	25	26	27	28	29	30	31	**1/1**	2	3
	기묘	기묘	기묘	기묘	기묘	기묘	기묘	기묘	기묘	기묘	기묘	기묘	기묘	기묘	기묘	기묘	기묘
	병자	병자	병자	병자	병자	병자	병자	병자	병자	병자	병자	병자	병자	병자	병자	병자	병자
	기미	경신	신유	임술	계해	갑자	을축	병인	정묘	무진	기사	경오	신미	임신	계유	갑술	을해
	4	4	4	5	5	5	6	6	6	7	7	7	8	8	8	9	9
	6	6	5	5	5	4	4	4	3	3	3	2	2	2	1	1	1
음 12 월	14	15	16	17	18	19	20	21	22	23	24	25	26	27	28	29	
	17	18	19	20	21	22	23	24	25	26	27	28	29	30	31	**2/1**	
	기묘	기묘	기묘	기묘	기묘	기묘	기묘	기묘	기묘	기묘	기묘	기묘	기묘	기묘	기묘	기묘	
	정축	정축	정축	정축	정축	정축	정축	정축	정축	정축	정축	정축	정축	정축	정축	정축	
	기축	경인	신묘	임진	계사	갑오	을미	병신	정유	무술	기해	경자	신축	임인	계묘	갑진	
	4	4	5	5	5	6	6	6	7	7	7	8	8	8	9	9	
	6	6	5	5	5	4	4	4	3	3	3	2	2	2	1	1	

2060(경진)년 【단기 4393년】

월	구분		1	2	3	4	5	6	7	8	9	10	11	12	13
음 1 월	음력		1	2	3	4	5	6	7	8	9	10	11	12	13
	양력		**2/2**	3	4	5	6	7	8	9	10	11	12	13	14
	연주 (생년)		기묘	기묘	기묘	**경진**	경진	경진	경진	경진	경진	경진	경진	경진	경진
	월주 (생월)		정축	정축	정축	**무인**	무인	무인	무인	무인	무인	무인	무인	무인	무인
	일주 (생일)		을사	병오	정미	무신	기유	경술	신해	임자	계축	갑인	을묘	병진	정사
	대운	남	9	10	10	10	9	9	9	8	8	8	7	7	7
		여	1	1	10	1	1	1	1	2	2	2	3	3	3
음 2 월	음력		1	2	3	4	5	6	7	8	9	10	11	12	13
	양력		**3/3**	4	5	6	7	8	9	10	11	12	13	14	15
	연주 (생년)		경진	경진	경진	경진	경진	경진	경진	경진	경진	경진	경진	경진	경진
	월주 (생월)		무인	무인	**기묘**	기묘	기묘	기묘	기묘	기묘	기묘	기묘	기묘	기묘	기묘
	일주 (생일)		을해	병자	정축	무인	기묘	경진	신사	임오	계미	갑신	을유	병술	정해
	대운	남	1	1	10	10	9	9	9	8	8	8	7	7	7
		여	9	10	10	1	1	1	1	2	2	2	3	3	3
음 3 월	음력		1	2	3	4	5	6	7	8	9	10	11	12	13
	양력		**4/1**	2	3	4	5	6	7	8	9	10	11	12	13
	연주 (생년)		경진	경진	경진	경진	경진	경진	경진	경진	경진	경진	경진	경진	경진
	월주 (생월)		기묘	기묘	기묘	**경진**	경진	경진	경진	경진	경진	경진	경진	경진	경진
	일주 (생일)		갑진	을사	병오	정미	무신	기유	경술	신해	임자	계축	갑인	을묘	병진
	대운	남	2	1	1	1	1	10	10	10	9	9	9	8	8
		여	9	9	9	10	10	10	1	1	1	1	2	2	2
음 4 월	음력		1	2	3	4	5	6	7	8	9	10	11	12	13
	양력		**4/30**	**5/1**	2	3	4	5	6	7	8	9	10	11	12
	연주 (생년)		경진	경진	경진	경진	경진	경진	경진	경진	경진	경진	경진	경진	경진
	월주 (생월)		경진	경진	경진	경진	경진	**신사**	신사	신사	신사	신사	신사	신사	신사
	일주 (생일)		계유	갑술	을해	병자	정축	무인	기묘	경진	신사	임오	계미	갑신	을유
	대운	남	2	1	1	1	1	10	10	10	9	9	9	8	8
		여	9	9	9	10	10	10	1	1	1	1	2	2	2
음 5 월	음력		1	2	3	4	5	6	7	8	9	10	11	12	13
	양력		**5/30**	31	**6/1**	2	3	4	5	6	7	8	9	10	11
	연주 (생년)		경진	경진	경진	경진	경진	경진	경진	경진	경진	경진	경진	경진	경진
	월주 (생월)		신사	신사	신사	신사	신사	신사	**임오**	임오	임오	임오	임오	임오	임오
	일주 (생일)		계묘	갑진	을사	병오	정미	무신	기유	경술	신해	임자	계축	갑인	을묘
	대운	남	2	2	1	1	1	1	10	10	10	9	9	9	8
		여	8	9	9	9	10	10	10	1	1	1	1	2	2
음 6 월	음력		1	2	3	4	5	6	7	8	9	10	11	12	13
	양력		**6/28**	29	30	**7/1**	2	3	4	5	6	7	8	9	10
	연주 (생년)		경진	경진	경진	경진	경진	경진	경진	경진	경진	경진	경진	경진	경진
	월주 (생월)		임오	임오	임오	임오	임오	임오	임오	임오	**계미**	계미	계미	계미	계미
	일주 (생일)		임신	계유	갑술	을해	병자	정축	무인	기묘	경진	신사	임오	계미	갑신
	대운	남	3	2	2	2	1	1	1	1	10	10	10	10	9
		여	8	8	8	9	9	9	10	10	10	1	1	1	1

	14	15	16	17	18	19	20	21	22	23	24	25	26	27	28	29	30
	15	16	17	18	19	20	21	22	23	24	25	26	27	28	29	3/1	2
음	경진	경진	경진	경진	경진	경진	경진	경진	경진	경진	경진	경진	경진	경진	경진	경진	경진
1	무인	무인	무인	무인	무인	무인	무인	무인	무인	무인	무인	무인	무인	무인	무인	무인	무인
월	무오	기미	경신	신유	임술	계해	갑자	을축	병인	정묘	무진	기사	경오	신미	임신	계유	갑술
	6	6	6	5	5	5	4	4	4	3	3	3	2	2	2	1	1
	4	4	4	5	5	5	6	6	6	7	7	7	8	8	8	9	9
	14	15	16	17	18	19	20	21	22	23	24	25	26	27	28	29	
	16	17	18	19	20	21	22	23	24	25	26	27	28	29	30	31	
음	경진	경진	경진	경진	경진	경진	경진	경진	경진	경진	경진	경진	경진	경진	경진	경진	
2	기묘	기묘	기묘	기묘	기묘	기묘	기묘	기묘	기묘	기묘	기묘	기묘	기묘	기묘	기묘	기묘	
월	무자	기축	경인	신묘	임진	계사	갑오	을미	병신	정유	무술	기해	경자	신축	임인	계묘	
	6	6	6	5	5	5	4	4	4	3	3	3	2	2	2	1	
	4	4	4	5	5	5	6	6	6	7	7	7	8	8	8	9	
	14	15	16	17	18	19	20	21	22	23	24	25	26	27	28	29	
	14	15	16	17	18	19	20	21	22	23	24	25	26	27	28	29	
음	경진	경진	경진	경진	경진	경진	경진	경진	경진	경진	경진	경진	경진	경진	경진	경진	
3	경진	경진	경진	경진	경진	경진	경진	경진	경진	경진	경진	경진	경진	경진	경진	경진	
월	정사	무오	기미	경신	신유	임술	계해	갑자	을축	병인	정묘	무진	기사	경오	신미	임신	
	7	7	6	6	6	5	5	5	4	4	4	3	3	3	2	2	
	3	4	4	4	5	5	5	6	6	6	7	7	7	8	8	8	
	14	15	16	17	18	19	20	21	22	23	24	25	26	27	28	29	30
	13	14	15	16	17	18	19	20	21	22	23	24	25	26	27	28	29
음	경진	경진	경진	경진	경진	경진	경진	경진	경진	경진	경진	경진	경진	경진	경진	경진	경진
4	신사	신사	신사	신사	신사	신사	신사	신사	신사	신사	신사	신사	신사	신사	신사	신사	신사
월	병술	정해	무자	기축	경인	신묘	임진	계사	갑오	을미	병신	정유	무술	기해	경자	신축	임인
	8	7	7	7	6	6	6	5	5	5	4	4	4	3	3	3	2
	3	3	3	4	4	4	5	5	5	6	6	6	7	7	7	8	8
	14	15	16	17	18	19	20	21	22	23	24	25	26	27	28	29	
	12	13	14	15	16	17	18	19	20	21	22	23	24	25	26	27	
음	경진	경진	경진	경진	경진	경진	경진	경진	경진	경진	경진	경진	경진	경진	경진	경진	
5	임오	임오	임오	임오	임오	임오	임오	임오	임오	임오	임오	임오	임오	임오	임오	임오	
월	병진	정사	무오	기미	경신	신유	임술	계해	갑자	을축	병인	정묘	무진	기사	경오	신미	
	8	8	7	7	7	6	6	6	5	5	5	4	4	4	3	3	
	2	3	3	3	4	4	4	5	5	5	6	6	6	7	7	7	
	14	15	16	17	18	19	20	21	22	23	24	25	26	27	28	29	
	11	12	13	14	15	16	17	18	19	20	21	22	23	24	25	26	
음	경진	경진	경진	경진	경진	경진	경진	경진	경진	경진	경진	경진	경진	경진	경진	경진	
6	계미	계미	계미	계미	계미	계미	계미	계미	계미	계미	계미	계미	계미	계미	계미	계미	
월	을유	병술	정해	무자	기축	경인	신묘	임진	계사	갑오	을미	병신	정유	무술	기해	경자	
	9	9	8	8	8	7	7	7	6	6	6	5	5	5	4	4	
	2	2	2	3	3	3	4	4	4	5	5	5	6	6	6	7	

2060(경진)년 【단기 4393년】

	음 력		1	2	3	4	5	6	7	8	9	10	11	12	13
음 7 월	양 력		**7/27**	28	29	30	31	**8/1**	2	3	4	5	6	7	8
	연주 (생년)		경진	경진	경진	경진	경진	경진	경진	경진	경진	경진	경진	경진	경진
	월주 (생월)		계미	계미	계미	계미	계미	계미	계미	계미	계미	계미	계미	**갑신**	갑신
	일주 (생일)		신축	임인	계묘	갑진	을사	병오	정미	무신	기유	경술	신해	임자	계축
	대운	남	4	3	3	3	2	2	2	1	1	1	1	10	10
		여	7	7	8	8	8	9	9	9	10	10	10	10	1
음 8 월	음 력		1	2	3	4	5	6	7	8	9	10	11	12	13
	양 력		**8/26**	27	28	29	30	31	**9/1**	2	3	4	5	6	7
	연주 (생년)		경진	경진	경진	경진	경진	경진	경진	경진	경진	경진	경진	경진	경진
	월주 (생월)		갑신	갑신	갑신	갑신	갑신	갑신	갑신	갑신	갑신	갑신	갑신	갑신	**을유**
	일주 (생일)		신미	임신	계유	갑술	을해	병자	정축	무인	기묘	경진	신사	임오	계미
	대운	남	4	4	3	3	3	2	2	2	1	1	1	1	10
		여	6	7	7	7	8	8	8	9	9	9	10	10	10
음 9 월	음 력		1	2	3	4	5	6	7	8	9	10	11	12	13
	양 력		**9/25**	26	27	28	29	30	**10/1**	2	3	4	5	6	7
	연주 (생년)		경진	경진	경진	경진	경진	경진	경진	경진	경진	경진	경진	경진	경진
	월주 (생월)		을유	을유	을유	을유	을유	을유	을유	을유	을유	을유	을유	을유	**병술**
	일주 (생일)		신축	임인	계묘	갑진	을사	병오	정미	무신	기유	경술	신해	임자	계축
	대운	남	4	4	3	3	3	2	2	2	1	1	1	1	10
		여	6	6	7	7	7	8	8	8	9	9	9	10	10
음 10 월	음 력		1	2	3	4	5	6	7	8	9	10	11	12	13
	양 력		**10/24**	25	26	27	28	29	30	31	**11/1**	2	3	4	5
	연주 (생년)		경진	경진	경진	경진	경진	경진	경진	경진	경진	경진	경진	경진	경진
	월주 (생월)		병술	병술	병술	병술	병술	병술	병술	병술	병술	병술	병술	병술	병술
	일주 (생일)		경오	신미	임신	계유	갑술	을해	병자	정축	무인	기묘	경진	신사	임오
	대운	남	5	4	4	4	3	3	3	2	2	2	1	1	1
		여	6	6	6	7	7	7	8	8	8	9	9	9	10
음 11 월	음 력		1	2	3	4	5	6	7	8	9	10	11	12	13
	양 력		**11/23**	24	25	26	27	28	29	30	**12/1**	2	3	4	5
	연주 (생년)		경진	경진	경진	경진	경진	경진	경진	경진	경진	경진	경진	경진	경진
	월주 (생월)		정해	정해	정해	정해	정해	정해	정해	정해	정해	정해	정해	정해	정해
	일주 (생일)		경자	신축	임인	계묘	갑진	을사	병오	정미	무신	기유	경술	신해	임자
	대운	남	4	4	4	3	3	3	2	2	2	1	1	1	1
		여	5	6	6	6	7	7	7	8	8	8	9	9	9
음 12 월	음 력		1	2	3	4	5	6	7	8	9	10	11	12	13
	양 력		**12/23**	24	25	26	27	28	29	30	31	**1/1**	2	3	4
	연주 (생년)		경진	경진	경진	경진	경진	경진	경진	경진	경진	경진	경진	경진	경진
	월주 (생월)		무자	무자	무자	무자	무자	무자	무자	무자	무자	무자	무자	무자	무자
	일주 (생일)		경오	신미	임신	계유	갑술	을해	병자	정축	무인	기묘	경진	신사	임오
	대운	남	4	4	4	3	3	3	2	2	2	1	1	1	1
		여	6	6	6	7	7	7	8	8	8	9	9	9	10

	14	15	16	17	18	19	20	21	22	23	24	25	26	27	28	29	30
	9	10	11	12	13	14	15	16	17	18	19	20	21	22	23	24	25
음	경진	경진	경진	경진	경진	경진	경진	경진	경진	경진	경진	경진	경진	경진	경진	경진	경진
7	갑신	갑신	갑신	갑신	갑신	갑신	갑신	갑신	갑신	갑신	갑신	갑신	갑신	갑신	갑신	갑신	갑신
월	갑인	을묘	병진	정사	무오	기미	경신	신유	임술	계해	갑자	을축	병인	정묘	무진	기사	경오
	10	9	9	9	8	8	8	7	7	7	6	6	6	5	5	5	4
	1	1	1	2	2	2	3	3	3	4	4	4	5	5	5	6	6

	14	15	16	17	18	19	20	21	22	23	24	25	26	27	28	29	30
	8	9	10	11	12	13	14	15	16	17	18	19	20	21	22	23	24
음	경진	경진	경진	경진	경진	경진	경진	경진	경진	경진	경진	경진	경진	경진	경진	경진	경진
8	을유	을유	을유	을유	을유	을유	을유	을유	을유	을유	을유	을유	을유	을유	을유	을유	을유
월	갑신	을유	병술	정해	무자	기축	경인	신묘	임진	계사	갑오	을미	병신	정유	무술	기해	경자
	10	9	9	9	8	8	8	7	7	7	6	6	6	5	5	5	4
	1	1	1	1	2	2	2	3	3	3	4	4	4	5	5	5	6

	14	15	16	17	18	19	20	21	22	23	24	25	26	27	28	29	
	8	9	10	11	12	13	14	15	16	17	18	19	20	21	22	23	
음	경진	경진	경진	경진	경진	경진	경진	경진	경진	경진	경진	경진	경진	경진	경진	경진	
9	병술	병술	병술	병술	병술	병술	병술	병술	병술	병술	병술	병술	병술	병술	병술	병술	
월	갑인	을묘	병진	정사	무오	기미	경신	신유	임술	계해	갑자	을축	병인	정묘	무진	기사	
	10	10	9	9	9	8	8	8	7	7	7	6	6	6	5	5	
	1	1	1	1	2	2	2	3	3	3	4	4	4	5	5	5	

	14	15	16	17	18	19	20	21	22	23	24	25	26	27	28	29	30
	6	7	8	9	10	11	12	13	14	15	16	17	18	19	20	21	22
음	경진	경진	경진	경진	경진	경진	경진	경진	경진	경진	경진	경진	경진	경진	경진	경진	경진
10	병술	**정해**	정해	정해	정해	정해	정해	정해	정해	정해	정해	정해	정해	정해	정해	정해	정해
월	계미	갑신	을유	병술	정해	무자	기축	경인	신묘	임진	계사	갑오	을미	병신	정유	무술	기해
	1	10	9	9	9	8	8	8	7	7	7	6	6	6	5	5	5
	10	10	1	1	1	1	2	2	2	3	3	3	4	4	4	5	5

	14	15	16	17	18	19	20	21	22	23	24	25	26	27	28	29	30
	6	7	8	9	10	11	12	13	14	15	16	17	18	19	20	21	22
음	경진	경진	경진	경진	경진	경진	경진	경진	경진	경진	경진	경진	경진	경진	경진	경진	경진
11	**무자**	무자	무자	무자	무자	무자	무자	무자	무자	무자	무자	무자	무자	무자	무자	무자	무자
월	계축	갑인	을묘	병진	정사	무오	기미	경신	신유	임술	계해	갑자	을축	병인	정묘	무진	기사
	10	10	9	9	9	8	8	8	7	7	7	6	6	6	5	5	5
	10	1	1	1	1	2	2	2	3	3	3	4	4	4	5	5	5

	14	15	16	17	18	19	20	21	22	23	24	25	26	27	28	29	30
	5	6	7	8	9	10	11	12	13	14	15	16	17	18	19	20	21
음	경진	경진	경진	경진	경진	경진	경진	경진	경진	경진	경진	경진	경진	경진	경진	경진	경진
12	**기축**	기축	기축	기축	기축	기축	기축	기축	기축	기축	기축	기축	기축	기축	기축	기축	기축
월	계미	갑신	을유	병술	정해	무자	기축	경인	신묘	임진	계사	갑오	을미	병신	정유	무술	기해
	10	9	9	9	8	8	8	7	7	7	6	6	6	5	5	5	4
	10	1	1	1	1	2	2	2	3	3	3	4	4	4	5	5	5

2061(신사)년 【단기 4393년】

월	구분		1	2	3	4	5	6	7	8	9	10	11	12	13
음 1 월	음력		1	2	3	4	5	6	7	8	9	10	11	12	13
	양력		**1/22**	23	24	25	26	27	28	29	30	31	**2/1**	2	3
	연주 (생년)		경진	경진	경진	경진	경진	경진	경진	경진	경진	경진	경진	경진	**신사**
	월주 (생월)		기축	기축	기축	기축	기축	기축	기축	기축	기축	기축	기축	기축	**경인**
	일주 (생일)		경자	신축	임인	계묘	갑진	을사	병오	정미	무신	기유	경술	신해	임자
	대운	남	4	4	3	3	3	2	2	2	1	1	1	1	10
		여	6	6	6	7	7	7	8	8	8	9	9	9	10
음 2 월	음력		1	2	3	4	5	6	7	8	9	10	11	12	13
	양력		**2/20**	21	22	23	24	25	26	27	28	**3/1**	2	3	4
	연주 (생년)		신사	신사	신사	신사	신사	신사	신사	신사	신사	신사	신사	신사	신사
	월주 (생월)		경인	경인	경인	경인	경인	경인	경인	경인	경인	경인	경인	경인	경인
	일주 (생일)		기사	경오	신미	임신	계유	갑술	을해	병자	정축	무인	기묘	경진	신사
	대운	남	6	6	6	7	7	7	8	8	8	9	9	9	10
		여	4	4	4	3	3	3	2	2	2	1	1	1	1
음 3 월	음력		1	2	3	4	5	6	7	8	9	10	11	12	13
	양력		**3/22**	23	24	25	26	27	28	29	30	31	**4/1**	2	3
	연주 (생년)		신사	신사	신사	신사	신사	신사	신사	신사	신사	신사	신사	신사	신사
	월주 (생월)		신묘	신묘	신묘	신묘	신묘	신묘	신묘	신묘	신묘	신묘	신묘	신묘	신묘
	일주 (생일)		기해	경자	신축	임인	계묘	갑진	을사	병오	정미	무신	기유	경술	신해
	대운	남	6	6	6	7	7	7	8	8	8	9	9	9	10
		여	4	4	4	3	3	3	2	2	2	1	1	1	1
윤 3 월	음력		1	2	3	4	5	6	7	8	9	10	11	12	13
	양력		**4/20**	21	22	23	24	25	26	27	28	29	30	**5/1**	2
	연주 (생년)		신사	신사	신사	신사	신사	신사	신사	신사	신사	신사	신사	신사	신사
	월주 (생월)		임진	임진	임진	임진	임진	임진	임진	임진	임진	임진	임진	임진	임진
	일주 (생일)		무진	기사	경오	신미	임신	계유	갑술	을해	병자	정축	무인	기묘	경진
	대운	남	5	6	6	6	7	7	7	8	8	8	9	9	9
		여	5	5	4	4	4	3	3	3	2	2	2	1	1
음 4 월	음력		1	2	3	4	5	6	7	8	9	10	11	12	13
	양력		**5/19**	20	21	22	23	24	25	26	27	28	29	30	31
	연주 (생년)		신사	신사	신사	신사	신사	신사	신사	신사	신사	신사	신사	신사	신사
	월주 (생월)		계사	계사	계사	계사	계사	계사	계사	계사	계사	계사	계사	계사	계사
	일주 (생일)		정유	무술	기해	경자	신축	임인	계묘	갑진	을사	병오	정미	무신	기유
	대운	남	5	5	5	6	6	6	7	7	7	8	8	8	9
		여	6	5	5	5	4	4	4	3	3	3	2	2	2
음 5 월	음력		1	2	3	4	5	6	7	8	9	10	11	12	13
	양력		**6/18**	19	20	21	22	23	24	25	26	27	28	29	30
	연주 (생년)		신사	신사	신사	신사	신사	신사	신사	신사	신사	신사	신사	신사	신사
	월주 (생월)		갑오	갑오	갑오	갑오	갑오	갑오	갑오	갑오	갑오	갑오	갑오	갑오	갑오
	일주 (생일)		정묘	무진	기사	경오	신미	임신	계유	갑술	을해	병자	정축	무인	기묘
	대운	남	4	5	5	5	6	6	6	7	7	7	8	8	8
		여	6	6	5	5	5	4	4	4	3	3	3	2	2
음 6 월	음력		1	2	3	4	5	6	7	8	9	10	11	12	13
	양력		**7/17**	18	19	20	21	22	23	24	25	26	27	28	29
	연주 (생년)		신사	신사	신사	신사	신사	신사	신사	신사	신사	신사	신사	신사	신사
	월주 (생월)		을묘	을묘	을묘	을묘	을묘	을묘	을묘	을묘	을묘	을묘	을묘	을묘	을묘
	일주 (생일)		병신	정유	무술	기해	경자	신축	임인	계묘	갑진	을사	병오	정미	무신
	대운	남	4	4	4	5	5	5	6	6	6	7	7	7	8
		여	7	7	6	6	6	5	5	5	4	4	4	3	3

음 1 월	14	15	16	17	18	19	20	21	22	23	24	25	26	27	28	29	
	4	5	6	7	8	9	10	11	12	13	14	15	16	17	18	19	
	신사	신사	신사	신사	신사	신사	신사	신사	신사	신사	신사	신사	신사	신사	신사	신사	
	경인	경인	경인	경인	경인	경인	경인	경인	경인	경인	경인	경인	경인	경인	경인	경인	
	계축	갑인	을묘	병진	정사	무오	기미	경신	신유	임술	계해	갑자	을축	병인	정묘	무진	
	1	1	1	1	2	2	2	3	3	3	4	4	4	5	5	5	
	10	9	9	9	8	8	8	7	7	7	6	6	6	5	5	5	
음 2 월	14	15	16	17	18	19	20	21	22	23	24	25	26	27	28	29	30
	5	6	7	8	9	10	11	12	13	14	15	16	17	18	19	20	21
	신사	신사	신사	신사	신사	신사	신사	신사	신사	신사	신사	신사	신사	신사	신사	신사	신사
	신묘	신묘	신묘	신묘	신묘	신묘	신묘	신묘	신묘	신묘	신묘	신묘	신묘	신묘	신묘	신묘	신묘
	임오	계미	갑신	을유	병술	정해	무자	기축	경인	신묘	임진	계사	갑오	을미	병신	정유	무술
	10	1	1	1	1	2	2	2	3	3	3	4	4	4	5	5	5
	10	10	9	9	9	8	8	8	7	7	7	6	6	6	5	5	5
음 3 월	14	15·	16	17	18	19	20	21	22	23	24	25	26	27	28	29	
	4	5	6	7	8	9	10	11	12	13	14	15	16	17	18	19	
	신사	신사	신사	신사	신사	신사	신사	신사	신사	신사	신사	신사	신사	신사	신사	신사	
	임진	임진	임진	임진	임진	임진	임진	임진	임진	임진	임진	임진	임진	임진	임진	임진	
	임자	계축	갑인	을묘	병진	정사	무오	기미	경신	신유	임술	계해	갑자	을축	병인	정묘	
	10	1	1	1	1	2	2	2	3	3	3	4	4	4	5	5	
	10	10	10	9	9	9	8	8	8	7	7	7	6	6	6	5	
윤 3 월	14	15	16	17	18	19	20	21	22	23	24	25	26	27	28	29	
	3	4	5	6	7	8	9	10	11	12	13	14	15	16	17	18	
	신사	신사	신사	신사	신사	신사	신사	신사	신사	신사	신사	신사	신사	신사	신사	신사	
	임진	임진	**계사**	계사	계사	계사	계사	계사	계사	계사	계사	계사	계사	계사	계사	계사	
	신사	임오	계미	갑신	을유	병술	정해	무자	기축	경인	신묘	임진	계사	갑오	을미	병신	
	10	10	10	1	1	1	1	2	2	2	3	3	3	4	4	4	
	1	1	10	10	10	9	9	9	8	8	8	7	7	7	6	6	
음 4 월	14	15	16	17	18	19	20	21	22	23	24	25	26	27	28	29	30
	6/1	2	3	4	5	6	7	8	9	10	11	12	13	14	15	16	17
	신사	신사	신사	신사	신사	신사	신사	신사	신사	신사	신사	신사	신사	신사	신사	신사	신사
	계사	계사	계사	계사	**갑오**	갑오	갑오	갑오	갑오	갑오	갑오	갑오	갑오	갑오	갑오	갑오	갑오
	경술	신해	임자	계축	갑인	을묘	병진	정사	무오	기미	경신	신유	임술	계해	갑자	을축	병인
	9	9	10	10	10	1	1	1	1	2	2	2	3	3	3	4	4
	1	1	1	1	10	10	10	9	9	9	8	8	8	7	7	7	6
음 5 월	14	15	16	17	18	19	20	21	22	23	24	25	26	27	28	29	
	7/1	2	3	4	5	6	7	8	9	10	11	12	13	14	15	16	
	신사	신사	신사	신사	신사	신사	신사	신사	신사	신사	신사	신사	신사	신사	신사	신사	
	갑오	갑오	갑오	갑오	갑오	**을미**	을미	을미	을미	을미	을미	을미	을미	을미	을미	을미	
	경진	신사	임오	계미	갑신	을유	병술	정해	무자	기축	경인	신묘	임진	계사	갑오	을미	
	9	9	9	10	10	10	1	1	1	1	2	2	2	3	3	3	
	2	1	1	1	1	10	10	10	10	9	9	9	8	8	8	7	
음 6 월	14	15	16	17	18	19	20	21	22	23	24	25	26	27	28	29	
	30	31	**8/1**	2	3	4	5	6	7	8	9	10	11	12	13	14	
	신사	신사	신사	신사	신사	신사	신사	신사	신사	신사	신사	신사	신사	신사	신사	신사	
	을묘	을묘	을묘	을묘	을묘	을묘	을묘	을묘	**병신**	병신	병신	병신	병신	병신	병신	병신	
	기유	경술	신해	임자	계축	갑인	을묘	병진	정사	무오	기미	경신	신유	임술	계해	갑자	
	8	8	9	9	9	10	10	10	10	1	1	1	1	2	2	2	
	3	2	2	2	1	1	1	1	10	10	10	9	9	9	8	8	

2061(신사)년 【단기 4393년】

월	구분													
음 7 월	음력	1	2	3	4	5	6	7	8	9	10	11	12	13
	양력	8/15	16	17	18	19	20	21	22	23	24	25	26	27
	연주 (생년)	신사	신사	신사	신사	신사	신사	신사	신사	신사	신사	신사	신사	신사
	월주 (생월)	병신	병신	병신	병신	병신	병신	병신	병신	병신	병신	병신	병신	병신
	일주 (생일)	을축	병인	정묘	무진	기사	경오	신미	임신	계유	갑술	을해	병자	정축
	대운 남	3	3	3	4	4	4	5	5	5	6	6	6	7
	대운 여	8	7	7	7	6	6	6	5	5	5	4	4	4
음 8 월	음력	1	2	3	4	5	6	7	8	9	10	11	12	13
	양력	9/14	15	16	17	18	19	20	21	22	23	24	25	26
	연주 (생년)	신사	신사	신사	신사	신사	신사	신사	신사	신사	신사	신사	신사	신사
	월주 (생월)	정유	정유	정유	정유	정유	정유	정유	정유	정유	정유	정유	정유	정유
	일주 (생일)	을미	병신	정유	무술	기해	경자	신축	임인	계묘	갑진	을사	병오	정미
	대운 남	2	3	3	3	4	4	4	5	5	5	6	6	6
	대운 여	8	8	7	7	7	6	6	6	5	5	5	4	4
음 9 월	음력	1	2	3	4	5	6	7	8	9	10	11	12	13
	양력	10/13	14	15	16	17	18	19	20	21	22	23	24	25
	연주 (생년)	신사	신사	신사	신사	신사	신사	신사	신사	신사	신사	신사	신사	신사
	월주 (생월)	무술	무술	무술	무술	무술	무술	무술	무술	무술	무술	무술	무술	무술
	일주 (생일)	갑자	을축	병인	정묘	무진	기사	경오	신미	임신	계유	갑술	을해	병자
	대운 남	2	2	2	3	3	3	4	4	4	5	5	5	6
	대운 여	8	8	8	7	7	7	6	6	6	5	5	5	4
음 10 월	음력	1	2	3	4	5	6	7	8	9	10	11	12	13
	양력	11/12	13	14	15	16	17	18	19	20	21	22	23	24
	연주 (생년)	신사	신사	신사	신사	신사	신사	신사	신사	신사	신사	신사	신사	신사
	월주 (생월)	기해	기해	기해	기해	기해	기해	기해	기해	기해	기해	기해	기해	기해
	일주 (생일)	갑오	을미	병신	정유	무술	기해	경자	신축	임인	계묘	갑진	을사	병오
	대운 남	2	2	2	3	3	3	4	4	4	5	5	5	6
	대운 여	8	8	7	7	7	6	6	6	5	5	5	4	4
음 11 월	음력	1	2	3	4	5	6	7	8	9	10	11	12	13
	양력	12/12	13	14	15	16	17	18	19	20	21	22	23	24
	연주 (생년)	신사	신사	신사	신사	신사	신사	신사	신사	신사	신사	신사	신사	신사
	월주 (생월)	경자	경자	경자	경자	경자	경자	경자	경자	경자	경자	경자	경자	경자
	일주 (생일)	갑자	을축	병인	정묘	무진	기사	경오	신미	임신	계유	갑술	을해	병자
	대운 남	2	2	3	3	3	4	4	4	5	5	5	6	6
	대운 여	8	8	7	7	7	6	6	6	5	5	5	4	4
음 12 월	음력	1	2	3	4	5	6	7	8	9	10	11	12	13
	양력	1/11	12	13	14	15	16	17	18	19	20	21	22	23
	연주 (생년)	신사	신사	신사	신사	신사	신사	신사	신사	신사	신사	신사	신사	신사
	월주 (생월)	신축	신축	신축	신축	신축	신축	신축	신축	신축	신축	신축	신축	신축
	일주 (생일)	갑오	을미	병신	정유	무술	기해	경자	신축	임인	계묘	갑진	을사	병오
	대운 남	2	2	3	3	3	4	4	4	5	5	5	6	6
	대운 여	8	7	7	7	6	6	6	5	5	5	4	4	4

	14	15	16	17	18	19	20	21	22	23	24	25	26	27	28	29	30
	28	29	30	31	**9/1**	2	3	4	5	6	7	8	9	10	11	12	13
음	신사	신사	신사	신사	신사	신사	신사	신사	신사	신사	신사	신사	신사	신사	신사	신사	신사
7	병신	병신	병신	병신	병신	병신	병신	병신	병신	병신	**정유**	정유	정유	정유	정유	정유	정유
월	무인	기묘	경진	신사	임오	계미	갑신	을유	병술	정해	무자	기축	경인	신묘	임진	계사	갑오
	7	7	8	8	8	9	9	9	10	10	10	1	1	1	1	2	2
	3	3	3	2	2	2	1	1	1	1	10	10	10	9	9	9	8
	14	15	16	17	18	19	20	21	22	23	24	25	26	27	28	29	
	27	28	29	30	**10/1**	2	3	4	5	6	7	8	9	10	11	12	
음	신사	신사	신사	신사	신사	신사	신사	신사	신사	신사	신사	신사	신사	신사	신사	신사	
8	정유	정유	정유	정유	정유	정유	정유	정유	정유	정유	정유	**무술**	무술	무술	무술	무술	
월	무신	기유	경술	신해	임자	계축	갑인	을묘	병진	정사	무오	기미	경신	신유	임술	계해	
	7	7	7	8	8	8	9	9	9	10	10	10	1	1	1	1	
	4	3	3	3	2	2	2	1	1	1	1	10	10	9	9	9	
	14	15	16	17	18	19	20	21	22	23	24	25	26	27	28	29	30
	26	27	28	29	30	31	**11/1**	2	3	4	5	6	7	8	9	10	11
음	신사	신사	신사	신사	신사	신사	신사	신사	신사	신사	신사	신사	신사	신사	신사	신사	신사
9	무술	무술	무술	무술	무술	무술	무술	무술	무술	무술	무술	무술	**기해**	기해	기해	기해	기해
월	정축	무인	기묘	경진	신사	임오	계미	갑신	을유	병술	정해	무자	기축	경인	신묘	임진	계사
	6	6	7	7	7	8	8	8	9	9	9	10	10	1	1	1	1
	4	4	3	3	3	2	2	2	1	1	1	1	10	9	9	9	8
	14	15	16	17	18	19	20	21	22	23	24	25	26	27	28	29	30
	25	26	27	28	29	30	**12/1**	2	3	4	5	6	7	8	9	10	11
음	신사	신사	신사	신사	신사	신사	신사	신사	신사	신사	신사	신사	신사	신사	신사	신사	신사
10	기해	기해	기해	기해	기해	기해	기해	기해	기해	기해	기해	**경자**	경자	경자	경자	경자	경자
월	정미	무신	기유	경술	신해	임자	계축	갑인	을묘	병진	정사	무오	기미	경신	신유	임술	계해
	6	6	7	7	7	8	8	8	9	9	9	10	1	1	1	1	2
	4	3	3	3	2	2	2	1	1	1	1	10	10	9	9	9	8
	14	15	16	17	18	19	20	21	22	23	24	25	26	27	28	29	30
	25	26	27	28	29	30	31	**1/1**	2	3	4	5	6	7	8	9	10
음	신사	신사	신사	신사	신사	신사	신사	신사	신사	신사	신사	신사	신사	신사	신사	신사	신사
11	경자	경자	경자	경자	경자	경자	경자	경자	경자	경자	경자	**신축**	신축	신축	신축	신축	신축
월	정축	무인	기묘	경진	신사	임오	계미	갑신	을유	병술	정해	무자	기축	경인	신묘	임진	계사
	6	7	7	7	8	8	8	9	9	9	10	10	1	1	1	1	2
	4	3	3	3	2	2	2	1	1	1	1	10	9	9	9	8	8
	14	15	16	17	18	19	20	21	22	23	24	25	26	27	28	29	
	24	25	26	27	28	29	30	31	**2/1**	2	3	4	5	6	7	8	
음	신사	신사	신사	신사	신사	신사	신사	신사	신사	신사	**임오**	임오	임오	임오	임오	임오	
12	신축	신축	신축	신축	신축	신축	신축	신축	신축	신축	**임인**	임인	임인	임인	임인	임인	
월	정미	무신	기유	경술	신해	임자	계축	갑인	을묘	병진	정사	무오	기미	경신	신유	임술	
	6	7	7	7	8	8	8	9	9	9	10	10	9	9	9	8	
	3	3	3	2	2	2	1	1	1	1	10	1	1	1	1	2	

2062(임오)년 【단기 4395년】

월	구분		1	2	3	4	5	6	7	8	9	10	11	12	13
음 1 월	음력		1	2	3	4	5	6	7	8	9	10	11	12	13
	양력		**2/9**	10	11	12	13	14	15	16	17	18	10	20	21
	연주 (생년)		임오	임오	임오	임오	임오	임오	임오	임오	임오	임오	임오	임오	임오
	월주 (생월)		임인	임인	임인	임인	임인	임인	임인	임인	임인	임인	임인	임인	임인
	일주 (생일)		계해	갑자	을축	병인	정묘	무진	기사	경오	신미	임신	계유	갑술	을해
	대운	남	8	8	7	7	7	6	6	6	5	5	5	4	4
		여	2	2	3	3	3	4	4	4	5	5	5	6	6
음 2 월	음력		1	2	3	4	5	6	7	8	9	10	11	12	13
	양력		**3/11**	12	13	14	15	16	17	18	10	20	21	22	23
	연주 (생년)		임오	임오	임오	임오	임오	임오	임오	임오	임오	임오	임오	임오	임오
	월주 (생월)		계묘	계묘	계묘	계묘	계묘	계묘	계묘	계묘	계묘	계묘	계묘	계묘	계묘
	일주 (생일)		계사	갑오	을미	병신	정유	무술	기해	경자	신축	임인	계묘	갑진	을사
	대운	남	8	8	7	7	7	6	6	6	5	5	5	4	4
		여	2	2	3	3	3	4	4	4	5	5	5	6	6
음 3 월	음력		1	2	3	4	5	6	7	8	9	10	11	12	13
	양력		**4/10**	11	12	13	14	15	16	17	18	10	20	21	22
	연주 (생년)		임오	임오	임오	임오	임오	임오	임오	임오	임오	임오	임오	임오	임오
	월주 (생월)		갑진	갑진	갑진	갑진	갑진	갑진	갑진	갑진	갑진	갑진	갑진	갑진	갑진
	일주 (생일)		계해	갑자	을축	병인	정묘	무진	기사	경오	신미	임신	계유	갑술	을해
	대운	남	8	8	8	7	7	7	6	6	6	5	5	5	4
		여	2	2	3	3	3	4	4	4	5	5	5	6	6
음 4 월	음력		1	2	3	4	5	6	7	8	9	10	11	12	13
	양력		**5/9**	10	11	12	13	14	15	16	17	18	10	20	21
	연주 (생년)		임오	임오	임오	임오	임오	임오	임오	임오	임오	임오	임오	임오	임오
	월주 (생월)		을사	을사	을사	을사	을사	을사	을사	을사	을사	을사	을사	을사	을사
	일주 (생일)		임진	계사	갑오	을미	병신	정유	무술	기해	경자	신축	임인	계묘	갑진
	대운	남	9	9	8	8	8	7	7	7	6	6	6	5	5
		여	1	2	2	2	3	3	3	4	4	4	5	5	5
음 5 월	음력		1	2	3	4	5	6	7	8	9	10	11	12	13
	양력		**6/7**	8	9	10	11	12	13	14	15	16	17	18	19
	연주 (생년)		임오	임오	임오	임오	임오	임오	임오	임오	임오	임오	임오	임오	임오
	월주 (생월)		병오	병오	병오	병오	병오	병오	병오	병오	병오	병오	병오	병오	병오
	일주 (생일)		신유	임술	계해	갑자	을축	병인	정묘	무진	기사	경오	신미	임신	계유
	대운	남	10	10	9	9	9	8	8	8	7	7	7	6	6
		여	1	1	1	2	2	2	3	3	3	4	4	4	5
음 6 월	음력		1	2	3	4	5	6	7	8	9	10	11	12	13
	양력		**7/7**	8	9	10	11	12	13	14	15	16	17	18	19
	연주 (생년)		임오	임오	임오	임오	임오	임오	임오	임오	임오	임오	임오	임오	임오
	월주 (생월)		**정미**	정미	정미	정미	정미	정미	정미	정미	정미	정미	정미	정미	정미
	일주 (생일)		신묘	임진	계사	갑오	을미	병신	정유	무술	기해	경자	신축	임인	계묘
	대운	남	10	10	10	9	9	9	8	8	8	7	7	7	6
		여	10	1	1	1	1	2	2	2	3	3	3	4	4

	14	15	16	17	18	19	20	21	22	23	24	25	26	27	28	29	30
	22	23	24	25	26	27	28	**3/1**	2	3	4	5	6	7	8	9	10
음	임오	임오	임오	임오	임오	임오	임오	임오	임오	임오	임오	임오	임오	임오	임오	임오	임오
1	임인	임인	임인	임인	임인	임인	임인	임인	임인	임인	임인	**계묘**	계묘	계묘	계묘	계묘	계묘
월	병자	정축	무인	기묘	경진	신사	임오	계미	갑신	을유	병술	정해	무자	기축	경인	신묘	임진
	4	3	3	3	2	2	2	1	1	1	1	10	10	9	9	9	8
	6	7	7	7	8	8	8	9	9	9	10	10	1	1	1	1	2
	14	15	16	17	18	19	20	21	22	23	24	25	26	27	28	29	30
	24	25	26	27	28	29	30	31	**4/1**	2	3	4	5	6	7	8	9
음	임오	임오	임오	임오	임오	임오	임오	임오	임오	임오	임오	임오	임오	임오	임오	임오	임오
2	계묘	계묘	계묘	계묘	계묘	계묘	계묘	계묘	**갑진**	갑진	갑진	갑진	갑진	갑진	갑진	갑진	갑진
월	병오	정미	무신	기유	경술	신해	임자	계축	갑인	을묘	병진	정사	무오	기미	경신	신유	임술
	4	3	3	3	2	2	2	1	1	1	1	10	10	10	9	9	9
	6	7	7	7	8	8	8	9	9	9	10	10	1	1	1	1	2
	14	15	16	17	18	19	20	21	22	23	24	25	26	27	28	29	
	23	24	25	26	27	28	29	30	**5/1**	2	3	4	5	6	7	8	
음	임오	임오	임오	임오	임오	임오	임오	임오	임오	임오	임오	임오	임오	임오	임오	임오	
3	갑진	갑진	갑진	갑진	갑진	갑진	갑진	갑진	갑진	갑진	갑진	갑진	**을사**	을사	을사	을사	
월	병자	정축	무인	기묘	경진	신사	임오	계미	갑신	을유	병술	정해	무자	기축	경인	신묘	
	4	4	3	3	3	2	2	2	1	1	1	1	10	10	10	9	
	6	7	7	7	8	8	8	9	9	9	10	10	10	1	1	1	
	14	15	16	17	18	19	20	21	22	23	24	25	26	27	28	29	
	22	23	24	25	26	27	28	29	30	31	**6/1**	2	3	4	5	6	
음	임오	임오	임오	임오	임오	임오	임오	임오	임오	임오	임오	임오	임오	임오	임오	임오	
4	을사	을사	을사	을사	을사	을사	을사	을사	을사	을사	을사	을사	을사	을사	**병오**	병오	
월	을사	병오	정미	무신	기유	경술	신해	임자	계축	갑인	을묘	병진	정사	무오	기미	경신	
	5	4	4	4	3	3	3	2	2	2	1	1	1	1	10	10	
	6	6	6	7	7	7	8	8	8	9	9	9	10	10	10	1	
	14	15	16	17	18	19	20	21	22	23	24	25	26	27	28	29	30
	20	21	22	23	24	25	26	27	28	29	30	**7/1**	2	3	4	5	6
음	임오	임오	임오	임오	임오	임오	임오	임오	임오	임오	임오	임오	임오	임오	임오	임오	임오
5	병오	병오	병오	병오	병오	병오	병오	병오	병오	병오	병오	병오	병오	병오	병오	병오	병오
월	갑술	을해	병자	정축	무인	기묘	경진	신사	임오	계미	갑신	을유	병술	정해	무자	기축	경인
	6	5	5	5	4	4	4	3	3	3	2	2	2	1	1	1	1
	5	5	6	6	6	7	7	7	8	8	8	9	9	9	10	10	10
	14	15	16	17	18	19	20	21	22	23	24	25	26	27	28	29	
	20	21	22	23	24	25	26	27	28	29	30	31	**8/1**	2	3	4	
음	임오	임오	임오	임오	임오	임오	임오	임오	임오	임오	임오	임오	임오	임오	임오	임오	
6	정미	정미	정미	정미	정미	정미	정미	정미	정미	정미	정미	정미	정미	정미	정미	정미	
월	갑진	을사	병오	정미	무신	기유	경술	신해	임자	계축	갑인	을묘	병진	정사	무오	기미	
	6	6	5	5	5	4	4	4	3	3	3	2	2	2	1	1	
	4	5	5	5	6	6	6	7	7	7	8	8	8	9	9	9	

2062(임오)년 【단기 4395년】

월	구분		1	2	3	4	5	6	7	8	9	10	11	12	13
음 7 월	음력		1	2	3	4	5	6	7	8	9	10	11	12	13
	양력		**8/5**	6	7	8	9	10	11	12	13	14	15	16	17
	연주 (생년)		임오	임오	임오	임오	임오	임오	임오	임오	임오	임오	임오	임오	임오
	월주 (생월)		정미	정미	**무신**	무신	무신	무신	무신	무신	무신	무신	무신	무신	무신
	일주 (생일)		경신	신유	임술	계해	갑자	을축	병인	정묘	무진	기사	경오	신미	임신
	대운	남	1	1	10	10	10	9	9	9	8	8	8	7	7
		여	10	10	10	1	1	1	1	2	2	2	3	3	3
음 8 월	음력		1	2	3	4	5	6	7	8	9	10	11	12	13
	양력		**9/3**	4	5	6	7	8	9	10	11	12	13	14	15
	연주 (생년)		임오	임오	임오	임오	임오	임오	임오	임오	임오	임오	임오	임오	임오
	월주 (생월)		무신	무신	무신	무신	**기유**	기유	기유	기유	기유	기유	기유	기유	기유
	일주 (생일)		기축	경인	신묘	임진	계사	갑오	을미	병신	정유	무술	기해	경자	신축
	대운	남	1	1	1	1	10	10	10	9	9	9	8	8	8
		여	9	9	10	10	10	1	1	1	1	2	2	2	3
음 9 월	음력		1	2	3	4	5	6	7	8	9	10	11	12	13
	양력		**10/3**	4	5	6	7	8	9	10	11	12	13	14	15
	연주 (생년)		임오	임오	임오	임오	임오	임오	임오	임오	임오	임오	임오	임오	임오
	월주 (생월)		기유	기유	기유	기유	기유	**경술**	경술	경술	경술	경술	경술	경술	경술
	일주 (생일)		기미	경신	신유	임술	계해	갑자	을축	병인	정묘	무진	기사	경오	신미
	대운	남	2	1	1	1	1	10	10	9	9	9	8	8	8
		여	9	9	9	10	10	10	1	1	1	1	2	2	2
음 10 월	음력		1	2	3	4	5	6	7	8	9	10	11	12	13
	양력		**11/1**	2	3	4	5	6	7	8	9	10	11	12	13
	연주 (생년)		임오	임오	임오	임오	임오	임오	임오	임오	임오	임오	임오	임오	임오
	월주 (생월)		경술	경술	경술	경술	경술	경술	**신해**	신해	신해	신해	신해	신해	신해
	일주 (생일)		무자	기축	경인	신묘	임진	계사	갑오	을미	병신	정유	무술	기해	경자
	대운	남	2	2	1	1	1	1	10	10	9	9	9	8	8
		여	8	8	9	9	9	10	10	1	1	1	1	2	2
음 11 월	음력		1	2	3	4	5	6	7	8	9	10	11	12	13
	양력		**12/1**	2	3	4	5	6	7	8	9	10	11	12	13
	연주 (생년)		임오	임오	임오	임오	임오	임오	임오	임오	임오	임오	임오	임오	임오
	월주 (생월)		신해	신해	신해	신해	신해	신해	**임자**	임자	임자	임자	임자	임자	임자
	일주 (생일)		무오	기미	경신	신유	임술	계해	갑자	을축	병인	정묘	무진	기사	경오
	대운	남	2	2	1	1	1	1	10	9	9	9	8	8	8
		여	8	8	9	9	9	10	10	1	1	1	1	2	2
음 12 월	음력		1	2	3	4	5	6	7	8	9	10	11	12	13
	양력		**12/31**	**1/1**	2	3	4	5	6	7	8	9	10	11	12
	연주 (생년)		임오	임오	임오	임오	임오	임오	임오	임오	임오	임오	임오	임오	임오
	월주 (생월)		임자	임자	임자	임자	임자	**계축**	계축	계축	계축	계축	계축	계축	계축
	일주 (생일)		무자	기축	경인	신묘	임진	계사	갑오	을미	병신	정유	무술	기해	경자
	대운	남	2	1	1	1	1	10	10	9	9	9	8	8	8
		여	8	8	9	9	9	10	1	1	1	1	2	2	2

음 7 월	14	15	16	17	18	19	20	21	22	23	24	25	26	27	28	29	
	18	19	20	21	22	23	24	25	26	27	28	29	30	31	**9/1**	2	
	임오	임오	임오	임오	임오	임오	임오	임오	임오	임오	임오	임오	임오	임오	임오	임오	
	무신	무신	무신	무신	무신	무신	무신	무신	무신	무신	무신	무신	무신	무신	무신	무신	
	계유	갑술	을해	병자	정축	무인	기묘	경진	신사	임오	계미	갑신	을유	병술	정해	무자	
	7	6	6	6	5	5	5	4	4	4	3	3	3	2	2	2	
	4	4	4	5	5	5	6	6	6	7	7	7	8	8	8	9	
음 8 월	14	15	16	17	18	19	20	21	22	23	24	25	26	27	28	29	30
	16	17	18	19	20	21	22	23	24	25	26	27	28	29	30	**10/1**	2
	임오	임오	임오	임오	임오	임오	임오	임오	임오	임오	임오	임오	임오	임오	임오	임오	임오
	기유	기유	기유	기유	기유	기유	기유	기유	기유	기유	기유	기유	기유	기유	기유	기유	기유
	임인	계묘	갑진	을사	병오	정미	무신	기유	경술	신해	임자	계축	갑인	을묘	병진	정사	무오
	7	7	7	6	6	6	5	5	5	4	4	4	3	3	3	2	2
	3	3	4	4	4	5	5	5	6	6	6	7	7	7	8	8	8
음 9 월	14	15	16	17	18	19	20	21	22	23	24	25	26	27	28	29	
	16	17	18	19	20	21	22	23	24	25	26	27	28	29	30	31	
	임오	임오	임오	임오	임오	임오	임오	임오	임오	임오	임오	임오	임오	임오	임오	임오	
	경술	경술	경술	경술	경술	경술	경술	경술	경술	경술	경술	경술	경술	경술	경술	경술	
	임신	계유	갑술	을해	병자	정축	무인	기묘	경진	신사	임오	계미	갑신	을유	병술	정해	
	7	7	7	6	6	6	5	5	5	4	4	4	3	3	3	2	
	3	3	3	4	4	4	5	5	5	6	6	6	7	7	7	8	
음 10 월	14	15	16	17	18	19	20	21	22	23	24	25	26	27	28	29	30
	14	15	16	17	18	19	20	21	22	23	24	25	26	27	28	29	30
	임오	임오	임오	임오	임오	임오	임오	임오	임오	임오	임오	임오	임오	임오	임오	임오	임오
	신해	신해	신해	신해	신해	신해	신해	신해	신해	신해	신해	신해	신해	신해	신해	신해	신해
	신축	임인	계묘	갑진	을사	병오	정미	무신	기유	경술	신해	임자	계축	갑인	을묘	병진	정사
	8	7	7	7	6	6	6	5	5	5	4	4	4	3	3	3	2
	2	3	3	3	4	4	4	5	5	5	6	6	6	7	7	7	8
음 11 월	14	15	16	17	18	19	20	21	22	23	24	25	26	27	28	29	30
	14	15	16	17	18	19	20	21	22	23	24	25	26	27	28	29	30
	임오	임오	임오	임오	임오	임오	임오	임오	임오	임오	임오	임오	임오	임오	임오	임오	임오
	임자	임자	임자	임자	임자	임자	임자	임자	임자	임자	임자	임자	임자	임자	임자	임자	임자
	신미	임신	계유	갑술	을해	병자	정축	무인	기묘	경진	신사	임오	계미	갑신	을유	병술	정해
	7	7	7	6	6	6	5	5	5	4	4	4	3	3	3	2	2
	2	3	3	3	4	4	4	5	5	5	6	6	6	7	7	7	8
음 12 월	14	15	16	17	18	19	20	21	22	23	24	25	26	27	28	29	
	13	14	15	16	17	18	19	20	21	22	23	24	25	26	27	28	
	임오	임오	임오	임오	임오	임오	임오	임오	임오	임오	임오	임오	임오	임오	임오	임오	
	계축	계축	계축	계축	계축	계축	계축	계축	계축	계축	계축	계축	계축	계축	계축	계축	
	신축	임인	계묘	갑진	을사	병오	정미	무신	기유	경술	신해	임자	계축	갑인	을묘	병진	
	7	7	7	6	6	6	5	5	5	4	4	4	3	3	3	2	
	3	3	3	4	4	4	5	5	5	6	6	6	7	7	7	8	

2063(계미)년 【단기 4396년】

월	구분		1	2	3	4	5	6	7	8	9	10	11	12	13
음 1 월	음력		1	2	3	4	5	6	7	8	9	10	11	12	13
	양력		**1/29**	30	31	**2/1**	2	3	4	5	6	7	8	9	10
	연주 (생년)		임오	임오	임오	임오	임오	임오	**계미**	계미	계미	계미	계미	계미	계미
	월주 (생월)		계축	계축	계축	계축	계축	계축	**갑인**	갑인	갑인	갑인	갑인	갑인	갑인
	일주 (생일)		정사	무오	기미	경신	신유	임술	계해	갑자	을축	병인	정묘	무진	기사
	대운	남	2	2	1	1	1	1	10	1	1	1	1	2	2
		여	8	8	9	9	9	10	10	9	9	9	8	8	8
음 2 월	음력		1	2	3	4	5	6	7	8	9	10	11	12	13
	양력		**2/28**	**3/1**	2	3	4	5	6	7	8	9	10	11	12
	연주 (생년)		계미	계미	계미	계미	계미	계미	계미	계미	계미	계미	계미	계미	계미
	월주 (생월)		갑인	갑인	갑인	갑인	갑인	**을묘**	을묘	을묘	을묘	을묘	을묘	을묘	을묘
	일주 (생일)		정해	무자	기축	경인	신묘	임진	계사	갑오	을미	병신	정유	무술	기해
	대운	남	8	8	9	9	9	10	1	1	1	1	2	2	2
		여	2	1	1	1	1	10	10	10	9	9	9	8	8
음 3 월	음력		1	2	3	4	5	6	7	8	9	10	11	12	13
	양력		**3/30**	31	**4/1**	2	3	4	5	6	7	8	9	10	11
	연주 (생년)		계미	계미	계미	계미	계미	계미	계미	계미	계미	계미	계미	계미	계미
	월주 (생월)		을묘	을묘	을묘	을묘	을묘	을묘	**병진**	병진	병진	병진	병진	병진	병진
	일주 (생일)		정사	무오	기미	경신	신유	임술	계해	갑자	을축	병인	정묘	무진	기사
	대운	남	8	9	9	9	10	10	10	1	1	1	1	2	2
		여	2	2	1	1	1	1	10	10	9	9	9	8	8
음 4 월	음력		1	2	3	4	5	6	7	8	9	10	11	12	13
	양력		**4/28**	29	30	**5/1**	2	3	4	5	6	7	8	9	10
	연주 (생년)		계미	계미	계미	계미	계미	계미	계미	계미	계미	계미	계미	계미	계미
	월주 (생월)		병진	병진	병진	병진	병진	병진	병진	**정사**	정사	정사	정사	정사	정사
	일주 (생일)		병술	정해	무자	기축	경인	신묘	임진	계사	갑오	을미	병신	정유	무술
	대운	남	8	8	8	9	9	9	10	10	1	1	1	1	2
		여	2	2	2	1	1	1	1	10	10	10	9	9	9
음 5 월	음력		1	2	3	4	5	6	7	8	9	10	11	12	13
	양력		**5/28**	29	30	31	**6/1**	2	3	4	5	6	7	8	9
	연주 (생년)		계미	계미	계미	계미	계미	계미	계미	계미	계미	계미	계미	계미	계미
	월주 (생월)		정사	정사	정사	정사	정사	정사	정사	정사	**무오**	무오	무오	무오	무오
	일주 (생일)		병진	정사	무오	기미	경신	신유	임술	계해	갑자	을축	병인	정묘	무진
	대운	남	8	8	8	9	9	9	10	10	10	1	1	1	1
		여	3	2	2	2	1	1	1	1	10	10	10	10	9
음 6 월	음력		1	2	3	4	5	6	7	8	9	10	11	12	13
	양력		**6/26**	27	28	29	30	**7/1**	2	3	4	5	6	7	8
	연주 (생년)		계미	계미	계미	계미	계미	계미	계미	계미	계미	계미	계미	계미	계미
	월주 (생월)		무오	무오	무오	무오	무오	무오	무오	무오	무오	무오	무오	**기미**	기미
	일주 (생일)		을유	병술	정해	무자	기축	경인	신묘	임진	계사	갑오	을미	병신	정유
	대운	남	7	7	8	8	8	9	9	9	10	10	10	10	1
		여	4	3	3	3	2	2	2	1	1	1	1	10	10

	14	15	16	17	18	19	20	21	22	23	24	25	26	27	28	29	30
	11	12	13	14	15	16	17	18	19	20	21	22	23	24	25	26	27
음	계미	계미	계미	계미	계미	계미	계미	계미	계미	계미	계미	계미	계미	계미	계미	계미	계미
1	갑인	갑인	갑인	갑인	갑인	갑인	갑인	갑인	갑인	갑인	갑인	갑인	갑인	갑인	갑인	갑인	갑인
월	경오	신미	임신	계유	갑술	을해	병자	정축	무인	기묘	경진	신사	임오	계미	갑신	을유	병술
	2	3	3	3	4	4	4	5	5	5	6	6	6	7	7	7	8
	7	7	7	6	6	6	5	5	5	4	4	4	3	3	3	2	2
	14	15	16	17	18	19	20	21	22	23	24	25	26	27	28	29	30
	13	14	15	16	17	18	19	20	21	22	23	24	25	26	27	28	29
음	계미	계미	계미	계미	계미	계미	계미	계미	계미	계미	계미	계미	계미	계미	계미	계미	계미
2	을묘	을묘	을묘	을묘	을묘	을묘	을묘	을묘	을묘	을묘	을묘	을묘	을묘	을묘	을묘	을묘	을묘
월	기해	경자	신축	임인	계묘	갑진	을사	병오	정미	무신	기유	경술	신해	임자	계축	갑인	을묘
	3	3	3	4	4	4	5	5	5	6	6	6	7	7	7	8	8
	8	7	7	7	6	6	6	5	5	5	4	4	4	3	3	3	2
	14	15	16	17	18	19	20	21	22	23	24	25	26	27	28	29	
	12	13	14	15	16	17	18	19	20	21	22	23	24	25	26	27	
음	계미	계미	계미	계미	계미	계미	계미	계미	계미	계미	계미	계미	계미	계미	계미	계미	
3	병진	병진	병진	병진	병진	병진	병진	병진	병진	병진	병진	병진	병진	병진	병진	병진	
월	경오	신미	임신	계유	갑술	을해	병자	정축	무인	기묘	경진	신사	임오	계미	갑신	을유	
	2	3	3	3	4	4	4	5	5	5	6	6	6	7	7	7	
	8	7	7	7	6	6	6	5	5	5	4	4	4	3	3	3	
	14	15	16	17	18	19	20	21	22	23	24	25	26	27	28	29	30
	11	12	13	14	15	16	17	18	19	20	21	22	23	24	25	26	27
음	계미	계미	계미	계미	계미	계미	계미	계미	계미	계미	계미	계미	계미	계미	계미	계미	계미
4	정사	정사	정사	정사	정사	정사	정사	정사	정사	정사	정사	정사	정사	정사	정사	정사	정사
월	기해	경자	신축	임인	계묘	갑진	을사	병오	정미	무신	기유	경술	신해	임자	계축	갑인	을묘
	2	2	3	3	3	4	4	4	5	5	5	6	6	6	7	7	7
	8	8	8	7	7	7	6	6	6	5	5	5	4	4	4	3	3
	14	15	16	17	18	19	20	21	22	23	24	25	26	27	28	29	
	10	11	12	13	14	15	16	17	18	19	20	21	22	23	24	25	
음	계미	계미	계미	계미	계미	계미	계미	계미	계미	계미	계미	계미	계미	계미	계미	계미	
5	무오	무오	무오	무오	무오	무오	무오	무오	무오	무오	무오	무오	무오	무오	무오	무오	
월	기사	경오	신미	임신	계유	갑술	을해	병자	정축	무인	기묘	경진	신사	임오	계미	갑신	
	2	2	2	3	3	3	4	4	4	5	5	5	6	6	6	7	
	9	9	8	8	8	7	7	7	6	6	6	5	5	5	4	4	
	14	15	16	17	18	19	20	21	22	23	24	25	26	27	28	29	30
	9	10	11	12	13	14	15	16	17	18	19	20	21	22	23	24	25
음	계미	계미	계미	계미	계미	계미	계미	계미	계미	계미	계미	계미	계미	계미	계미	계미	계미
6	기미	기미	기미	기미	기미	기미	기미	기미	기미	기미	기미	기미	기미	기미	기미	기미	기미
월	무술	기해	경자	신축	임인	계묘	갑진	을사	병오	정미	무신	기유	경술	신해	임자	계축	갑인
	1	1	1	2	2	2	3	3	3	4	4	4	5	5	5	6	6
	10	9	9	9	8	8	8	7	7	7	6	6	6	5	5	5	4

2063(계미)년 【단기 4396년】

월	구분		1	2	3	4	5	6	7	8	9	10	11	12	13
음 7 월	음력		1	2	3	4	5	6	7	8	9	10	11	12	13
	양력		**7/26**	27	28	29	30	31	**8/1**	2	3	4	5	6	7
	연주 (생년)		계미	계미	계미	계미	계미	계미	계미	계미	계미	계미	계미	계미	계미
	월주 (생월)		기미	기미	기미	기미	기미	기미	기미	기미	기미	기미	기미	기미	**경신**
	일주 (생일)		을묘	병진	정사	무오	기미	경신	신유	임술	계해	갑자	을축	병인	정묘
	대운	남	6	7	7	7	8	8	8	9	9	9	10	10	10
		여	4	4	3	3	3	2	2	2	1	1	1	1	10
윤 7 월	음력		1	2	3	4	5	6	7	8	9	10	11	12	13
	양력		**8/24**	25	26	27	28	29	30	31	**9/1**	2	3	4	5
	연주 (생년)		계미	계미	계미	계미	계미	계미	계미	계미	계미	계미	계미	계미	계미
	월주 (생월)		경신	경신	경신	경신	경신	경신	경신	경신	경신	경신	경신	경신	경신
	일주 (생일)		갑신	을유	병술	정해	무자	기축	경인	신묘	임진	계사	갑오	을미	병신
	대운	남	6	6	6	7	7	7	8	8	8	9	9	9	10
		여	5	4	4	4	3	3	3	2	2	2	1	1	1
음 8 월	음력		1	2	3	4	5	6	7	8	9	10	11	12	13
	양력		**9/22**	23	24	25	26	27	28	29	30	**10/1**	2	3	4
	연주 (생년)		계미	계미	계미	계미	계미	계미	계미	계미	계미	계미	계미	계미	계미
	월주 (생월)		신유	신유	신유	신유	신유	신유	신유	신유	신유	신유	신유	신유	신유
	일주 (생일)		계축	갑인	을묘	병진	정사	무오	기미	경신	신유	임술	계해	갑자	을축
	대운	남	5	5	6	6	6	7	7	7	8	8	8	9	9
		여	5	5	5	4	4	4	3	3	3	2	2	2	1
음 9 월	음력		1	2	3	4	5	6	7	8	9	10	11	12	13
	양력		**10/22**	23	24	25	26	27	28	29	30	31	**11/1**	2	3
	연주 (생년)		계미	계미	계미	계미	계미	계미	계미	계미	계미	계미	계미	계미	계미
	월주 (생월)		임술	임술	임술	임술	임술	임술	임술	임술	임술	임술	임술	임술	임술
	일주 (생일)		계미	갑신	을유	병술	정해	무자	기축	경인	신묘	임진	계사	갑오	을미
	대운	남	5	5	5	6	6	6	7	7	7	8	8	8	9
		여	5	5	5	4	4	4	3	3	3	2	2	2	1
음 10 월	음력		1	2	3	4	5	6	7	8	9	10	11	12	13
	양력		**11/20**	21	22	23	24	25	26	27	28	29	30	**12/1**	2
	연주 (생년)		계미	계미	계미	계미	계미	계미	계미	계미	계미	계미	계미	계미	계미
	월주 (생월)		계해	계해	계해	계해	계해	계해	계해	계해	계해	계해	계해	계해	계해
	일주 (생일)		임자	계축	갑인	을묘	병진	정사	무오	기미	경신	신유	임술	계해	갑자
	대운	남	4	5	5	5	6	6	6	7	7	7	8	8	8
		여	6	5	5	5	4	4	4	3	3	3	2	2	2
음 11 월	음력		1	2	3	4	5	6	7	8	9	10	11	12	13
	양력		**12/20**	21	22	23	24	25	26	27	28	29	30	31	**1/1**
	연주 (생년)		계미	계미	계미	계미	계미	계미	계미	계미	계미	계미	계미	계미	계미
	월주 (생월)		갑자	갑자	갑자	갑자	갑자	갑자	갑자	갑자	갑자	갑자	갑자	갑자	갑자
	일주 (생일)		임오	계미	갑신	을유	병술	정해	무자	기축	경인	신묘	임진	계사	갑오
	대운	남	4	5	5	5	6	6	6	7	7	7	8	8	8
		여	5	5	5	4	4	4	3	3	3	2	2	2	1
음 12 월	음력		1	2	3	4	5	6	7	8	9	10	11	12	13
	양력		**1/18**	19	20	21	22	23	24	25	26	27	28	29	30
	연주 (생년)		계미	계미	계미	계미	계미	계미	계미	계미	계미	계미	계미	계미	계미
	월주 (생월)		을축	을축	을축	을축	을축	을축	을축	을축	을축	을축	을축	을축	을축
	일주 (생일)		신해	임자	계축	갑인	을묘	병진	정사	무오	기미	경신	신유	임술	계해
	대운	남	4	5	5	5	6	6	6	7	7	7	8	8	8
		여	6	5	5	5	4	4	4	3	3	3	2	2	2

	14	15	16	17	18	19	20	21	22	23	24	25	26	27	28	29	
음 7 월	8	9	10	11	12	13	14	15	16	17	18	19	20	21	22	23	
	계미	계미	계미	계미	계미	계미	계미	계미	계미	계미	계미	계미	계미	계미	계미	계미	
	경신	경신	경신	경신	경신	경신	경신	경신	경신	경신	경신	경신	경신	경신	경신	경신	
	무진	기사	경오	신미	임신	계유	갑술	을해	병자	정축	무인	기묘	경진	신사	임오	계미	
	1	1	1	1	2	2	2	3	3	3	4	4	4	5	5	5	
	10	10	9	9	9	8	8	8	7	7	7	6	6	6	5	5	
윤 7 월	14	15	16	17	18	19	20	21	22	23	24	25	26	27	28	29	
	6	7	8	9	10	11	12	13	14	15	16	17	18	19	20	21	
	계미	계미	계미	계미	계미	계미	계미	계미	계미	계미	계미	계미	계미	계미	계미	계미	
	경신	**신유**	신유	신유	신유	신유	신유	신유	신유	신유	신유	신유	신유	신유	신유	신유	
	정유	무술	기해	경자	신축	임인	계묘	갑진	을사	병오	정미	무신	기유	경술	신해	임자	
	10	10	1	1	1	1	2	2	2	3	3	3	4	4	4	5	
	1	10	10	10	9	9	9	8	8	8	7	7	7	6	6	6	
음 8 월	14	15	16	17	18	19	20	21	22	23	24	25	26	27	28	29	30
	5	6	7	8	9	10	11	12	13	14	15	16	17	18	19	20	21
	계미	계미	계미	계미	계미	계미	계미	계미	계미	계미	계미	계미	계미	계미	계미	계미	계미
	신유	신유	신유	**임술**	임술	임술	임술	임술	임술	임술	임술	임술	임술	임술	임술	임술	임술
	병인	정묘	무진	기사	경오	신미	임신	계유	갑술	을해	병자	정축	무인	기묘	경진	신사	임오
	9	10	10	10	1	1	1	1	2	2	2	3	3	3	4	4	4
	1	1	1	10	10	9	9	9	8	8	8	7	7	7	6	6	6
음 9 월	14	15	16	17	18	19	20	21	22	23	24	25	26	27	28	29	
	4	5	6	7	8	9	10	11	12	13	14	15	16	17	18	19	
	계미	계미	계미	계미	계미	계미	계미	계미	계미	계미	계미	계미	계미	계미	계미	계미	
	임술	임술	임술	**계해**	계해	계해	계해	계해	계해	계해	계해	계해	계해	계해	계해	계해	
	병신	정유	무술	기해	경자	신축	임인	계묘	갑진	을사	병오	정미	무신	기유	경술	신해	
	9	9	10	10	1	1	1	1	2	2	2	3	3	3	4	4	
	1	1	1	10	10	9	9	9	8	8	8	7	7	7	6	6	
음 10 월	14	15	16	17	18	19	20	21	22	23	24	25	26	27	28	29	30
	3	4	5	6	7	8	9	10	11	12	13	14	15	16	17	18	19
	계미	계미	계미	계미	계미	계미	계미	계미	계미	계미	계미	계미	계미	계미	계미	계미	계미
	계해	계해	계해	계해	**갑자**	갑자	갑자	갑자	갑자	갑자	갑자	갑자	갑자	갑자	갑자	갑자	갑자
	을축	병인	정묘	무진	기사	경오	신미	임신	계유	갑술	을해	병자	정축	무인	기묘	경진	신사
	9	9	9	10	10	1	1	1	1	2	2	2	3	3	3	4	4
	1	1	1	1	10	9	9	9	8	8	8	7	7	7	6	6	6
음 11 월	14	15	16	17	18	19	20	21	22	23	24	25	26	27	28	29	
	2	3	4	5	6	7	8	9	10	11	12	13	14	15	16	17	
	계미	계미	계미	계미	계미	계미	계미	계미	계미	계미	계미	계미	계미	계미	계미	계미	
	갑자	갑자	갑자	**을축**	을축	을축	을축	을축	을축	을축	을축	을축	을축	을축	을축	을축	
	을미	병신	정유	무술	기해	경자	신축	임인	계묘	갑진	을사	병오	정미	무신	기유	경술	
	9	9	9	10	1	1	1	1	2	2	2	3	3	3	4	4	
	1	1	1	10	10	9	9	9	8	8	8	7	7	7	6	6	
음 12 월	14	15	16	17	18	19	20	21	22	23	24	25	26	27	28	29	30
	31	**2/1**	2	3	4	5	6	7	8	9	10	11	12	13	14	15	16
	계미	계미	계미	계미	**갑신**	갑신	갑신	갑신	갑신	갑신	갑신	갑신	갑신	갑신	갑신	갑신	갑신
	을축	을축	을축	을축	**병인**	병인	병인	병인	병인	병인	병인	병인	병인	병인	병인	병인	병인
	갑자	을축	병인	정묘	무진	기사	경오	신미	임신	계유	갑술	을해	병자	정축	무인	기묘	경진
	9	9	9	10	10	10	9	9	9	8	8	8	7	7	7	6	6
	1	1	1	1	10	1	1	1	1	2	2	2	3	3	3	4	4

2064(갑신)년 【단기 4397년】

월	구분														
음 1 월	음력		1	2	3	4	5	6	7	8	9	10	11	12	13
	양력		2/17	18	19	20	21	22	23	24	25	26	27	28	29
	연주 (생년)		갑신	갑신	갑신	갑신	갑신	갑신	갑신	갑신	갑신	갑신	갑신	갑신	갑신
	월주 (생월)		병인	병인	병인	병인	병인	병인	병인	병인	병인	병인	병인	병인	병인
	일주 (생일)		신사	임오	계미	갑신	을유	병술	정해	무자	기축	경인	신묘	임진	계사
	대운	남	6	5	5	5	4	4	4	3	3	3	2	2	2
		여	4	5	5	5	6	6	6	7	7	7	8	8	8
음 2 월	음력		1	2	3	4	5	6	7	8	9	10	11	12	13
	양력		3/18	19	20	21	22	23	24	25	26	27	28	29	30
	연주 (생년)		갑신	갑신	갑신	갑신	갑신	갑신	갑신	갑신	갑신	갑신	갑신	갑신	갑신
	월주 (생월)		정묘	정묘	정묘	정묘	정묘	정묘	정묘	정묘	정묘	정묘	정묘	정묘	정묘
	일주 (생일)		신해	임자	계축	갑인	을묘	병진	정사	무오	기미	경신	신유	임술	계해
	대운	남	6	5	5	5	4	4	4	3	3	3	2	2	2
		여	4	5	5	5	6	6	6	7	7	7	8	8	8
음 3 월	음력		1	2	3	4	5	6	7	8	9	10	11	12	13
	양력		4/17	18	19	20	21	22	23	24	25	26	27	28	29
	연주 (생년)		갑신	갑신	갑신	갑신	갑신	갑신	갑신	갑신	갑신	갑신	갑신	갑신	갑신
	월주 (생월)		무진	무진	무진	무진	무진	무진	무진	무진	무진	무진	무진	무진	무진
	일주 (생일)		신사	임오	계미	갑신	을유	병술	정해	무자	기축	경인	신묘	임진	계사
	대운	남	6	6	5	5	5	4	4	4	3	3	3	2	2
		여	4	5	5	5	6	6	6	7	7	7	8	8	8
음 4 월	음력		1	2	3	4	5	6	7	8	9	10	11	12	13
	양력		5/16	17	18	19	20	21	22	23	24	25	26	27	28
	연주 (생년)		갑신	갑신	갑신	갑신	갑신	갑신	갑신	갑신	갑신	갑신	갑신	갑신	갑신
	월주 (생월)		기사	기사	기사	기사	기사	기사	기사	기사	기사	기사	기사	기사	기사
	일주 (생일)		경술	신해	임자	계축	갑인	을묘	병진	정사	무오	기미	경신	신유	임술
	대운	남	7	6	6	6	5	5	5	4	4	4	3	3	3
		여	4	4	4	5	5	5	6	6	6	7	7	7	8
음 5 월	음력		1	2	3	4	5	6	7	8	9	10	11	12	13
	양력		6/15	16	17	18	19	20	21	22	23	24	25	26	27
	연주 (생년)		갑신	갑신	갑신	갑신	갑신	갑신	갑신	갑신	갑신	갑신	갑신	갑신	갑신
	월주 (생월)		경오	경오	경오	경오	경오	경오	경오	경오	경오	경오	경오	경오	경오
	일주 (생일)		경진	신사	임오	계미	갑신	을유	병술	정해	무자	기축	경인	신묘	임진
	대운	남	7	7	6	6	6	5	5	5	4	4	4	3	3
		여	3	4	4	4	5	5	5	6	6	6	7	7	7
음 6 월	음력		1	2	3	4	5	6	7	8	9	10	11	12	13
	양력		7/14	15	16	17	18	19	20	21	22	23	24	25	26
	연주 (생년)		갑신	갑신	갑신	갑신	갑신	갑신	갑신	갑신	갑신	갑신	갑신	갑신	갑신
	월주 (생월)		신미	신미	신미	신미	신미	신미	신미	신미	신미	신미	신미	신미	신미
	일주 (생일)		기유	경술	신해	임자	계축	갑인	을묘	병진	정사	무오	기미	경신	신유
	대운	남	8	8	7	7	7	6	6	6	5	5	5	4	4
		여	3	3	3	4	4	4	5	5	5	6	6	6	7

음 1 월	14	15	16	17	18	19	20	21	22	23	24	25	26	27	28	29	30
	3/1	2	3	4	5	6	7	8	9	10	11	12	13	14	15	16	17
	갑신	갑신	갑신	갑신	갑신	갑신	갑신	갑신	갑신	갑신	갑신	갑신	갑신	갑신	갑신	갑신	갑신
	병인	병인	병인	병인	**정묘**	정묘	정묘	정묘	정묘	정묘	정묘	정묘	정묘	정묘	정묘	정묘	정묘
	갑오	을미	병신	정유	무술	기해	경자	신축	임인	계묘	갑진	을사	병오	정미	무신	기유	경술
	1	1	1	1	10	10	9	9	9	8	8	8	7	7	7	6	6
	9	9	9	10	10	1	1	1	1	2	2	2	3	3	3	4	4
음 2 월	14	15	16	17	18	19	20	21	22	23	24	25	26	27	28	29	30
	31	**4/1**	2	3	4	5	6	7	8	9	10	11	12	13	14	15	16
	갑신	갑신	갑신	갑신	갑신	갑신	갑신	갑신	갑신	갑신	갑신	갑신	갑신	갑신	갑신	갑신	갑신
	정묘	정묘	정묘	정묘	**무진**	무진	무진	무진	무진	무진	무진	무진	무진	무진	무진	무진	무진
	갑자	을축	병인	정묘	무진	기사	경오	신미	임신	계유	갑술	을해	병자	정축	무인	기묘	경진
	1	1	1	1	10	10	10	9	9	9	8	8	8	7	7	7	6
	9	9	9	10	10	1	1	1	1	2	2	2	3	3	3	4	4
음 3 월	14	15	16	17	18	19	20	21	22	23	24	25	26	27	28	29	
	30	**5/1**	2	3	4	5	6	7	8	9	10	11	12	13	14	15	
	갑신	갑신	갑신	갑신	갑신	갑신	갑신	갑신	갑신	갑신	갑신	갑신	갑신	갑신	갑신	갑신	
	무진	무진	무진	무진	무진	**기사**	기사	기사	기사	기사	기사	기사	기사	기사	기사	기사	
	갑오	을미	병신	정유	무술	기해	경자	신축	임인	계묘	갑진	을사	병오	정미	무신	기유	
	2	1	1	1	1	10	10	10	9	9	9	8	8	8	7	7	
	9	9	9	10	10	10	1	1	1	1	2	2	2	3	3	3	
음 4 월	14	15	16	17	18	19	20	21	22	23	24	25	26	27	28	29	30
	29	30	31	**6/1**	2	3	4	5	6	7	8	9	10	11	12	13	14
	갑신	갑신	갑신	갑신	갑신	갑신	갑신	갑신	갑신	갑신	갑신	갑신	갑신	갑신	갑신	갑신	갑신
	기사	기사	기사	기사	기사	기사	기사	**경오**	경오	경오	경오	경오	경오	경오	경오	경오	경오
	계해	갑자	을축	병인	정묘	무진	기사	경오	신미	임신	계유	갑술	을해	병자	정축	무인	기묘
	2	2	2	1	1	1	1	10	10	10	9	9	9	8	8	8	7
	8	8	9	9	9	10	10	10	1	1	1	1	2	2	2	3	3
음 5 월	14	15	16	17	18	19	20	21	22	23	24	25	26	27	28	29	
	28	29	30	**7/1**	2	3	4	5	6	7	8	9	10	11	12	13	
	갑신	갑신	갑신	갑신	갑신	갑신	갑신	갑신	갑신	갑신	갑신	갑신	갑신	갑신	갑신	갑신	
	경오	경오	경오	경오	경오	경오	경오	경오	**신미**	신미	신미	신미	신미	신미	신미	신미	
	계사	갑오	을미	병신	정유	무술	기해	경자	신축	임인	계묘	갑진	을사	병오	정미	무신	
	3	2	2	2	1	1	1	1	10	10	10	10	9	9	9	8	
	8	8	8	9	9	9	10	10	10	1	1	1	1	2	2	2	
음 6 월	14	15	16	17	18	19	20	21	22	23	24	25	26	27	28	29	30
	27	28	29	30	31	**8/1**	2	3	4	5	6	7	8	9	10	11	12
	갑신	갑신	갑신	갑신	갑신	갑신	갑신	갑신	갑신	갑신	갑신	갑신	갑신	갑신	갑신	갑신	갑신
	신미	신미	신미	신미	신미	신미	신미	신미	신미	신미	신미	**임신**	임신	임신	임신	임신	임신
	임술	계해	갑자	을축	병인	정묘	무진	기사	경오	신미	임신	계유	갑술	을해	병자	정축	무인
	4	3	3	3	2	2	2	1	1	1	1	10	10	10	9	9	9
	7	7	8	8	8	9	9	9	10	10	10	10	1	1	1	1	2

2064(갑신)년 【단기 4397년】

음 7 월	음력		1	2	3	4	5	6	7	8	9	10	11	12	13
	양력		8/13	14	15	16	17	18	19	20	21	22	23	24	25
	연주 (생년)		갑신	갑신	갑신	갑신	갑신	갑신	갑신	갑신	갑신	갑신	갑신	갑신	갑신
	월주 (생월)		임신	임신	임신	임신	임신	임신	임신	임신	임신	임신	임신	임신	임신
	일주 (생일)		기묘	경진	신사	임오	계미	갑신	을유	병술	정해	무자	기축	경인	신묘
	대운	남	8	8	8	7	7	7	6	6	6	5	5	5	4
		여	2	2	3	3	3	4	4	4	5	5	5	6	6
음 8 월	음력		1	2	3	4	5	6	7	8	9	10	11	12	13
	양력		9/11	12	13	14	15	16	17	18	19	20	21	22	23
	연주 (생년)		갑신	갑신	갑신	갑신	갑신	갑신	갑신	갑신	갑신	갑신	갑신	갑신	갑신
	월주 (생월)		계유	계유	계유	계유	계유	계유	계유	계유	계유	계유	계유	계유	계유
	일주 (생일)		무신	기유	경술	신해	임자	계축	갑인	을묘	병진	정사	무오	기미	경신
	대운	남	9	8	8	8	7	7	7	6	6	6	5	5	5
		여	1	2	2	2	3	3	3	4	4	4	5	5	5
음 9 월	음력		1	2	3	4	5	6	7	8	9	10	11	12	13
	양력		10/10	11	12	13	14	15	16	17	18	19	20	21	22
	연주 (생년)		갑신	갑신	갑신	갑신	갑신	갑신	갑신	갑신	갑신	갑신	갑신	갑신	갑신
	월주 (생월)		갑술	갑술	갑술	갑술	갑술	갑술	갑술	갑술	갑술	갑술	갑술	갑술	갑술
	일주 (생일)		정축	무인	기묘	경진	신사	임오	계미	갑신	을유	병술	정해	무자	기축
	대운	남	9	9	9	8	8	8	7	7	7	6	6	6	5
		여	1	1	2	2	2	3	3	3	4	4	4	5	5
음 10 월	음력		1	2	3	4	5	6	7	8	9	10	11	12	13
	양력		11/9	10	11	12	13	14	15	16	17	18	19	20	21
	연주 (생년)		갑신	갑신	갑신	갑신	갑신	갑신	갑신	갑신	갑신	갑신	갑신	갑신	갑신
	월주 (생월)		을해	을해	을해	을해	을해	을해	을해	을해	을해	을해	을해	을해	을해
	일주 (생일)		정미	무신	기유	경술	신해	임자	계축	갑인	을묘	병진	정사	무오	기미
	대운	남	9	9	8	8	8	7	7	7	6	6	6	5	5
		여	1	1	1	2	2	2	3	3	3	4	4	4	5
음 11 월	음력		1	2	3	4	5	6	7	8	9	10	11	12	13
	양력		12/8	9	10	11	12	13	14	15	16	17	18	19	20
	연주 (생년)		갑신	갑신	갑신	갑신	갑신	갑신	갑신	갑신	갑신	갑신	갑신	갑신	갑신
	월주 (생월)		병자	병자	병자	병자	병자	병자	병자	병자	병자	병자	병자	병자	병자
	일주 (생일)		병자	정축	무인	기묘	경진	신사	임오	계미	갑신	을유	병술	정해	무자
	대운	남	9	9	9	8	8	8	7	7	7	6	6	6	5
		여	1	1	1	2	2	2	3	3	3	4	4	4	5
음 12 월	음력		1	2	3	4	5	6	7	8	9	10	11	12	13
	양력		1/7	8	9	10	11	12	13	14	15	16	17	18	19
	연주 (생년)		갑신	갑신	갑신	갑신	갑신	갑신	갑신	갑신	갑신	갑신	갑신	갑신	갑신
	월주 (생월)		정축	정축	정축	정축	정축	정축	정축	정축	정축	정축	정축	정축	정축
	일주 (생일)		병오	정미	무신	기유	경술	신해	임자	계축	갑인	을묘	병진	정사	무오
	대운	남	9	9	8	8	8	7	7	7	6	6	6	5	5
		여	1	1	1	2	2	2	3	3	3	4	4	4	5

	14	15	16	17	18	19	20	21	22	23	24	25	26	27	28	29	
	26	27	28	29	30	31	**9/1**	2	3	4	5	6	7	8	9	10	
음	갑신	갑신	갑신	갑신	갑신	갑신	갑신	갑신	갑신	갑신	갑신	갑신	갑신	갑신	갑신	갑신	
7	임신	임신	임신	임신	임신	임신	임신	임신	임신	임신	임신	임신	**계유**	계유	계유	계유	
월	임진	계사	갑오	을미	병신	정유	무술	기해	경자	신축	임인	계묘	갑진	을사	병오	정미	
	4	4	3	3	3	2	2	2	1	1	1	1	10	10	9	9	
	6	7	7	7	8	8	8	9	9	9	10	10	10	1	1	1	
	14	15	16	17	18	19	20	21	22	23	24	25	26	27	28	29	
	24	25	26	27	28	29	30	**10/1**	2	3	4	5	6	7	8	9	
음	갑신	갑신	갑신	갑신	갑신	갑신	갑신	갑신	갑신	갑신	갑신	갑신	갑신	갑신	갑신	갑신	
8	계유	계유	계유	계유	계유	계유	계유	계유	계유	계유	계유	계유	계유	**갑술**	갑술	갑술	
월	신유	임술	계해	갑자	을축	병인	정묘	무진	기사	경오	신미	임신	계유	갑술	을해	병자	
	4	4	4	3	3	3	2	2	2	1	1	1	1	10	10	10	
	6	6	6	7	7	7	8	8	8	9	9	9	10	10	1	1	
	14	15	16	17	18	19	20	21	22	23	24	25	26	27	28	29	30
	23	24	25	26	27	28	29	30	31	**11/1**	2	3	4	5	6	7	8
음	갑신	갑신	갑신	갑신	갑신	갑신	갑신	갑신	갑신	갑신	갑신	갑신	갑신	갑신	갑신	갑신	갑신
9	갑술	갑술	갑술	갑술	갑술	갑술	갑술	갑술	갑술	갑술	갑술	갑술	갑술	갑술	갑술	**을해**	을해
월	경인	신묘	임진	계사	갑오	을미	병신	정유	무술	기해	경자	신축	임인	계묘	갑진	을사	병오
	5	5	4	4	4	3	3	3	2	2	2	1	1	1	1	10	9
	5	6	6	6	7	7	7	8	8	8	9	9	9	10	10	10	1
	14	15	16	17	18	19	20	21	22	23	24	25	26	27	28	29	
	22	23	24	25	26	27	28	29	30	**12/1**	2	3	4	5	6	7	
음	갑신	갑신	갑신	갑신	갑신	갑신	갑신	갑신	갑신	갑신	갑신	갑신	갑신	갑신	갑신	갑신	
10	을해	을해	을해	을해	을해	을해	을해	을해	을해	을해	을해	을해	을해	을해	**병자**	병자	
월	경신	신유	임술	계해	갑자	을축	병인	정묘	무진	기사	경오	신미	임신	계유	갑술	을해	
	5	4	4	4	3	3	3	2	2	2	1	1	1	1	10	10	
	5	5	6	6	6	7	7	7	8	8	8	9	9	9	10	1	
	14	15	16	17	18	19	20	21	22	23	24	25	26	27	28	29	30
	21	22	23	24	25	26	27	28	29	30	31	**1/1**	2	3	4	5	6
음	갑신	갑신	갑신	갑신	갑신	갑신	갑신	갑신	갑신	갑신	갑신	갑신	갑신	갑신	갑신	갑신	갑신
11	병자	병자	병자	병자	병자	병자	병자	병자	병자	병자	병자	병자	병자	병자	병자	**정축**	정축
월	기축	경인	신묘	임진	계사	갑오	을미	병신	정유	무술	기해	경자	신축	임인	계묘	갑진	을사
	5	5	4	4	4	3	3	3	2	2	2	1	1	1	1	10	9
	5	5	6	6	6	7	7	7	8	8	8	9	9	9	10	10	1
	14	15	16	17	18	19	20	21	22	23	24	25	26	27	28	29	
	20	21	22	23	24	25	26	27	28	29	30	31	**2/1**	2	3	4	
음	갑신	갑신	갑신	갑신	갑신	갑신	갑신	갑신	갑신	갑신	갑신	갑신	갑신	갑신	**을유**	을유	
12	정축	정축	정축	정축	정축	정축	정축	정축	정축	정축	정축	정축	정축	정축	**무인**	무인	
월	기미	경신	신유	임술	계해	갑자	을축	병인	정묘	무진	기사	경오	신미	임신	계유	갑술	
	5	4	4	4	3	3	3	2	2	2	1	1	1	1	10	1	
	5	5	6	6	6	7	7	7	8	8	8	9	9	9	10	10	

2065(을유)년 【단기 4398년】

음 1 월	음력		1	2	3	4	5	6	7	8	9	10	11	12	13
	양력		**2/5**	6	7	8	9	10	11	12	13	14	15	16	17
	연주 (생년)		을유	을유	을유	을유	을유	을유	을유	을유	을유	을유	을유	을유	을유
	월주 (생월)		무인	무인	무인	무인	무인	무인	무인	무인	무인	무인	무인	무인	무인
	일주 (생일)		을해	병자	정축	무인	기묘	경진	신사	임오	계미	갑신	을유	병술	정해
	대운	남	1	1	1	2	2	2	3	3	3	4	4	4	5
		여	9	9	9	8	8	8	7	7	7	6	6	6	5
음 2 월	음력		1	2	3	4	5	6	7	8	9	10	11	12	13
	양력		**3/7**	8	9	10	11	12	13	14	15	16	17	18	19
	연주 (생년)		을유	을유	을유	을유	을유	을유	을유	을유	을유	을유	을유	을유	을유
	월주 (생월)		기묘	기묘	기묘	기묘	기묘	기묘	기묘	기묘	기묘	기묘	기묘	기묘	기묘
	일주 (생일)		을사	병오	정미	무신	기유	경술	신해	임자	계축	갑인	을묘	병진	정사
	대운	남	1	1	1	2	2	2	3	3	3	4	4	4	5
		여	9	9	9	8	8	8	7	7	7	6	6	6	5
음 3 월	음력		1	2	3	4	5	6	7	8	9	10	11	12	13
	양력		**4/6**	7	8	9	10	11	12	13	14	15	16	17	18
	연주 (생년)		을유	을유	을유	을유	을유	을유	을유	을유	을유	을유	을유	을유	을유
	월주 (생월)		경진	경진	경진	경진	경진	경진	경진	경진	경진	경진	경진	경진	경진
	일주 (생일)		을해	병자	정축	무인	기묘	경진	신사	임오	계미	갑신	을유	병술	정해
	대운	남	1	1	1	2	2	2	3	3	3	4	4	4	5
		여	10	9	9	9	8	8	8	7	7	7	6	6	6
음 4 월	음력		1	2	3	4	5	6	7	8	9	10	11	12	13
	양력		**5/5**	6	7	8	9	10	11	12	13	14	15	16	17
	연주 (생년)		을유	을유	을유	을유	을유	을유	을유	을유	을유	을유	을유	을유	을유
	월주 (생월)		**신사**	신사	신사	신사	신사	신사	신사	신사	신사	신사	신사	신사	신사
	일주 (생일)		갑진	을사	병오	정미	무신	기유	경술	신해	임자	계축	갑인	을묘	병진
	대운	남	10	1	1	1	1	2	2	2	3	3	3	4	4
		여	10	10	10	9	9	9	8	8	8	7	7	7	6
음 5 월	음력		1	2	3	4	5	6	7	8	9	10	11	12	13
	양력		**6/4**	5	6	7	8	9	10	11	12	13	14	15	16
	연주 (생년)		을유	을유	을유	을유	을유	을유	을유	을유	을유	을유	을유	을유	을유
	월주 (생월)		신사	**임오**	임오	임오	임오	임오	임오	임오	임오	임오	임오	임오	임오
	일주 (생일)		갑술	을해	병자	정축	무인	기묘	경진	신사	임오	계미	갑신	을유	병술
	대운	남	10	10	1	1	1	1	2	2	2	3	3	3	4
		여	1	10	10	10	10	9	9	9	8	8	8	7	6
음 6 월	음력		1	2	3	4	5	6	7	8	9	10	11	12	13
	양력		**7/4**	5	6	7	8	9	10	11	12	13	14	15	16
	연주 (생년)		을유	을유	을유	을유	을유	을유	을유	을유	을유	을유	을유	을유	을유
	월주 (생월)		임오	임오	**계미**	계미	계미	계미	계미	계미	계미	계미	계미	계미	계미
	일주 (생일)		갑진	을사	병오	정미	무신	기유	경술	신해	임자	계축	갑인	을묘	병진
	대운	남	10	10	10	1	1	1	1	2	2	2	3	3	3
		여	1	1	10	10	10	10	9	9	9	8	8	8	7

음 1 월	14	15	16	17	18	19	20	21	22	23	24	25	26	27	28	29	30
	18	19	20	21	22	23	24	25	26	27	28	**3/1**	2	3	4	5	6
	을유	을유	을유	을유	을유	을유	을유	을유	을유	을유	을유	을유	을유	을유	을유	을유	을유
	무인	무인	무인	무인	무인	무인	무인	무인	무인	무인	무인	무인	무인	무인	무인	**기묘**	기묘
	무자	기축	경인	신묘	임진	계사	갑오	을미	병신	정유	무술	기해	경자	신축	임인	계묘	갑진
	5	5	6	6	6	7	7	7	8	8	8	9	9	9	10	10	1
	5	5	4	4	4	3	3	3	2	2	2	1	1	1	1	10	10

음 2 월	14	15	16	17	18	19	20	21	22	23	24	25	26	27	28	29	30
	20	21	22	23	24	25	26	27	28	29	30	31	**4/1**	2	3	4	5
	을유	을유	을유	을유	을유	을유	을유	을유	을유	을유	을유	을유	을유	을유	을유	을유	을유
	기묘	기묘	기묘	기묘	기묘	기묘	기묘	기묘	기묘	기묘	기묘	기묘	기묘	기묘	기묘	**경진**	경진
	무오	기미	경신	신유	임술	계해	갑자	을축	병인	정묘	무진	기사	경오	신미	임신	계유	갑술
	5	5	6	6	6	7	7	7	8	8	8	9	9	9	10	10	1
	5	5	4	4	4	3	3	3	2	2	2	1	1	1	1	10	10

음 3 월	14	15	16	17	18	19	20	21	22	23	24	25	26	27	28	29	
	19	20	21	22	23	24	25	26	27	28	29	30	**5/1**	2	3	4	
	을유	을유	을유	을유	을유	을유	을유	을유	을유	을유	을유	을유	을유	을유	을유	을유	
	경진	경진	경진	경진	경진	경진	경진	경진	경진	경진	경진	경진	경진	경진	경진	경진	
	무자	기축	경인	신묘	임진	계사	갑오	을미	병신	정유	무술	기해	경자	신축	임인	계묘	
	5	5	6	6	6	7	7	7	8	8	8	9	9	9	10	10	
	5	5	5	4	4	4	3	3	3	2	2	2	1	1	1	1	

음 4 월	14	15	16	17	18	19	20	21	22	23	24	25	26	27	28	29	30
	18	19	20	21	22	23	24	25	26	27	28	29	30	31	**6/1**	2	3
	을유	을유	을유	을유	을유	을유	을유	을유	을유	을유	을유	을유	을유	을유	을유	을유	을유
	신사	신사	신사	신사	신사	신사	신사	신사	신사	신사	신사	신사	신사	신사	신사	신사	신사
	정사	무오	기미	경신	신유	임술	계해	갑자	을축	병인	정묘	무진	기사	경오	신미	임신	계유
	4	5	5	5	6	6	6	7	7	7	8	8	8	9	9	9	10
	6	6	5	5	5	4	4	4	3	3	3	2	2	2	1	1	1

음 5 월	14	15	16	17	18	19	20	21	22	23	24	25	26	27	28	29	30
	17	18	19	20	21	22	23	24	25	26	27	28	29	30	**7/1**	2	3
	을유	을유	을유	을유	을유	을유	을유	을유	을유	을유	을유	을유	을유	을유	을유	을유	을유
	임오	임오	임오	임오	임오	임오	임오	임오	임오	임오	임오	임오	임오	임오	임오	임오	임오
	정해	무자	기축	경인	신묘	임진	계사	갑오	을미	병신	정유	무술	기해	경자	신축	임인	계묘
	4	4	5	5	5	6	6	6	7	7	7	8	8	8	9	9	9
	6	6	6	5	5	5	4	4	4	3	3	3	2	2	2	1	1

음 6 월	14	15	16	17	18	19	20	21	22	23	24	25	26	27	28	29	
	17	18	19	20	21	22	23	24	25	26	27	28	29	30	31	**8/1**	
	을유	을유	을유	을유	을유	을유	을유	을유	을유	을유	을유	을유	을유	을유	을유	을유	
	계미	계미	계미	계미	계미	계미	계미	계미	계미	계미	계미	계미	계미	계미	계미	계미	
	정사	무오	기미	경신	신유	임술	계해	갑자	을축	병인	정묘	무진	기사	경오	신미	임신	
	4	4	4	5	5	5	6	6	6	7	7	7	8	8	8	9	
	7	7	6	6	6	5	5	5	4	4	4	3	3	3	2	2	

2065(을유)년 【단기 4398년】

월	구분		1	2	3	4	5	6	7	8	9	10	11	12	13
음 7 월	음력		1	2	3	4	5	6	7	8	9	10	11	12	13
	양력		**8/2**	3	4	5	6	7	8	9	10	11	12	13	14
	연주 (생년)		을유	을유	을유	을유	을유	을유	을유	을유	을유	을유	을유	을유	을유
	월주 (생월)		임신	임신	임신	임신	임신	**갑신**	갑신	갑신	갑신	갑신	갑신	갑신	갑신
	일주 (생일)		계유	갑술	을해	병자	정축	무인	기묘	경진	신사	임오	계미	갑신	을유
	대운	남	9	9	10	10	10	10	1	1	1	1	2	2	2
		여	2	1	1	1	1	10	10	10	9	9	9	8	8
음 8 월	음력		1	2	3	4	5	6	7	8	9	10	11	12	13
	양력		**9/1**	2	3	4	5	6	7	8	9	10	11	12	13
	연주 (생년)		을유	을유	을유	을유	을유	을유	을유	을유	을유	을유	을유	을유	을유
	월주 (생월)		갑신	갑신	갑신	갑신	갑신	갑신	**을유**	을유	을유	을유	을유	을유	을유
	일주 (생일)		계묘	갑진	을사	병오	정미	무신	기유	경술	신해	임자	계축	갑인	을묘
	대운	남	8	9	9	9	10	10	10	1	1	1	1	2	2
		여	2	2	1	1	1	1	10	10	10	9	9	9	8
음 9 월	음력		1	2	3	4	5	6	7	8	9	10	11	12	13
	양력		**9/30**	**10/1**	2	3	4	5	6	7	8	9	10	11	12
	연주 (생년)		을유	을유	을유	을유	을유	을유	을유	을유	을유	을유	을유	을유	을유
	월주 (생월)		을유	을유	을유	을유	을유	을유	을유	을유	**병술**	병술	병술	병술	병술
	일주 (생일)		임신	계유	갑술	을해	병자	정축	무인	기묘	경진	신사	임오	계미	갑신
	대운	남	8	8	8	9	9	9	10	10	10	1	1	1	1
		여	3	2	2	2	1	1	1	1	10	10	9	9	9
음 10 월	음력		1	2	3	4	5	6	7	8	9	10	11	12	13
	양력		**10/29**	30	31	**11/1**	2	3	4	5	6	7	8	9	10
	연주 (생년)		을유	을유	을유	을유	을유	을유	을유	을유	을유	을유	을유	을유	을유
	월주 (생월)		병술	병술	병술	병술	병술	병술	병술	병술	병술	**정해**	정해	정해	정해
	일주 (생일)		신축	임인	계묘	갑진	을사	병오	정미	무신	기유	경술	신해	임자	계축
	대운	남	7	7	8	8	8	9	9	9	10	10	1	1	1
		여	3	3	2	2	2	1	1	1	1	10	9	9	9
음 11 월	음력		1	2	3	4	5	6	7	8	9	10	11	12	13
	양력		**11/28**	29	30	**12/1**	2	3	4	5	6	7	8	9	10
	연주 (생년)		을유	을유	을유	을유	을유	을유	을유	을유	을유	을유	을유	을유	을유
	월주 (생월)		정해	정해	정해	정해	정해	정해	정해	정해	**무자**	무자	무자	무자	무자
	일주 (생일)		신미	임신	계유	갑술	을해	병자	정축	무인	기묘	경진	신사	임오	계미
	대운	남	7	7	8	8	8	9	9	9	10	1	1	1	1
		여	3	2	2	2	1	1	1	1	10	10	9	9	9
음 12 월	음력		1	2	3	4	5	6	7	8	9	10	11	12	13
	양력		**12/27**	28	29	30	31	**1/1**	2	3	4	5	6	7	8
	연주 (생년)		을유	을유	을유	을유	을유	을유	을유	을유	을유	을유	을유	을유	을유
	월주 (생월)		무자	무자	무자	무자	무자	무자	무자	무자	무자	**기축**	기축	기축	기축
	일주 (생일)		경자	신축	임인	계묘	갑진	을사	병오	정미	무신	기유	경술	신해	임자
	대운	남	7	7	8	8	8	9	9	9	10	10	1	1	1
		여	3	3	2	2	2	1	1	1	1	10	9	9	9

	14	15	16	17	18	19	20	21	22	23	24	25	26	27	28	29	30
	15	16	17	18	19	20	21	22	23	24	25	26	27	28	29	30	31
음	을유	을유	을유	을유	을유	을유	을유	을유	을유	을유	을유	을유	을유	을유	을유	을유	을유
7	갑신	갑신	갑신	갑신	갑신	갑신	갑신	갑신	갑신	갑신	갑신	갑신	갑신	갑신	갑신	갑신	갑신
월	병술	정해	무자	기축	경인	신묘	임진	계사	갑오	을미	병신	정유	무술	기해	경자	신축	임인
	3	3	3	4	4	4	5	5	5	6	6	6	7	7	7	8	8
	8	7	7	7	6	6	6	5	5	5	4	4	4	3	3	3	2

	14	15	16	17	18	19	20	21	22	23	24	25	26	27	28	29	
	14	15	16	17	18	19	20	21	22	23	24	25	26	27	28	29	
음	을유	을유	을유	을유	을유	을유	을유	을유	을유	을유	을유	을유	을유	을유	을유	을유	
8	을유	을유	을유	을유	을유	을유	을유	을유	을유	을유	을유	을유	을유	을유	을유	을유	
월	병진	정사	무오	기미	경신	신유	임술	계해	갑자	을축	병인	정묘	무진	기사	경오	신미	
	2	3	3	3	4	4	4	5	5	5	6	6	6	7	7	7	
	8	8	7	7	7	6	6	6	5	5	5	4	4	4	3	3	

	14	15	16	17	18	19	20	21	22	23	24	25	26	27	28	29	
	13	14	15	16	17	18	19	20	21	22	23	24	25	26	27	28	
음	을유	을유	을유	을유	을유	을유	을유	을유	을유	을유	을유	을유	을유	을유	을유	을유	
9	병술	병술	병술	병술	병술	병술	병술	병술	병술	병술	병술	병술	병술	병술	병술	병술	
월	을유	병술	정해	무자	기축	경인	신묘	임진	계사	갑오	을미	병신	정유	무술	기해	경자	
	2	2	2	3	3	3	4	4	4	5	5	5	6	6	6	7	
	8	8	8	7	7	7	6	6	6	5	5	5	4	4	4	3	

	14	15	16	17	18	19	20	21	22	23	24	25	26	27	28	29	30
	11	12	13	14	15	16	17	18	19	20	21	22	23	24	25	26	27
음	을유	을유	을유	을유	을유	을유	을유	을유	을유	을유	을유	을유	을유	을유	을유	을유	을유
10	정해	정해	정해	정해	정해	정해	정해	정해	정해	정해	정해	정해	정해	정해	정해	정해	정해
월	갑인	을묘	병진	정사	무오	기미	경신	신유	임술	계해	갑자	을축	병인	정묘	무진	기사	경오
	1	2	2	2	3	3	3	4	4	4	5	5	5	6	6	6	7
	8	8	8	7	7	7	6	6	6	5	5	5	4	4	4	3	3

	14	15	16	17	18	19	20	21	22	23	24	25	26	27	28	29	
	11	12	13	14	15	16	17	18	19	20	21	22	23	24	25	26	
음	을유	을유	을유	을유	을유	을유	을유	을유	을유	을유	을유	을유	을유	을유	을유	을유	
11	무자	무자	무자	무자	무자	무자	무자	무자	무자	무자	무자	무자	무자	무자	무자	무자	
월	갑신	을유	병술	정해	무자	기축	경인	신묘	임진	계사	갑오	을미	병신	정유	무술	기해	
	2	2	2	3	3	3	4	4	4	5	5	5	6	6	6	7	
	8	8	8	7	7	7	6	6	6	5	5	5	4	4	4	3	

	14	15	16	17	18	19	20	21	22	23	24	25	26	27	28	29	30
	9	10	11	12	13	14	15	16	17	18	19	20	21	22	23	24	25
음	을유	을유	을유	을유	을유	을유	을유	을유	을유	을유	을유	을유	을유	을유	을유	을유	을유
12	기축	기축	기축	기축	기축	기축	기축	기축	기축	기축	기축	기축	기축	기축	기축	기축	기축
월	계축	갑인	을묘	병진	정사	무오	기미	경신	신유	임술	계해	갑자	을축	병인	정묘	무진	기사
	1	2	2	2	3	3	3	4	4	4	5	5	5	6	6	6	7
	8	8	8	7	7	7	6	6	6	5	5	5	4	4	4	3	3

2066(병술)년 【단기 4399년】

월	구분		1	2	3	4	5	6	7	8	9	10	11	12	13
음 1 월	음력		1	2	3	4	5	6	7	8	9	10	11	12	13
	양력		**1/26**	27	28	29	30	31	**2/1**	2	3	4	5	6	7
	연주 (생년)		을유	을유	을유	을유	을유	을유	을유	을유	**병술**	병술	병술	병술	병술
	월주 (생월)		기축	기축	기축	기축	기축	기축	기축	기축	**경인**	경인	경인	경인	경인
	일주 (생일)		경오	신미	임신	계유	갑술	을해	병자	정축	무인	기묘	경진	신사	임오
	대운	남	7	7	8	8	8	9	9	9	10	10	9	9	9
		여	3	2	2	2	1	1	1	1	10	1	1	1	1
음 2 월	음력		1	2	3	4	5	6	7	8	9	10	11	12	13
	양력		**2/24**	25	26	27	28	**3/1**	2	3	4	5	6	7	8
	연주 (생년)		병술	병술	병술	병술	병술	병술	병술	병술	병술	병술	병술	병술	병술
	월주 (생월)		경인	경인	경인	경인	경인	경인	경인	경인	경인	**신묘**	신묘	신묘	신묘
	일주 (생일)		기해	경자	신축	임인	계묘	갑진	을사	병오	정미	무신	기유	경술	신해
	대운	남	3	3	2	2	2	1	1	1	1	10	10	9	9
		여	7	7	8	8	8	9	9	9	10	10	1	1	1
음 3 월	음력		1	2	3	4	5	6	7	8	9	10	11	12	13
	양력		**3/26**	27	28	29	30	31	**4/1**	2	3	4	5	6	7
	연주 (생년)		병술	병술	병술	병술	병술	병술	병술	병술	병술	병술	병술	병술	병술
	월주 (생월)		신묘	신묘	신묘	신묘	신묘	신묘	신묘	신묘	신묘	**임진**	임진	임진	임진
	일주 (생일)		기사	경오	신미	임신	계유	갑술	을해	병자	정축	무인	기묘	경진	신사
	대운	남	3	3	2	2	2	1	1	1	1	10	10	10	9
		여	7	7	8	8	8	9	9	9	10	10	1	1	1
음 4 월	음력		1	2	3	4	5	6	7	8	9	10	11	12	13
	양력		**4/24**	25	26	27	28	29	30	**5/1**	2	3	4	5	6
	연주 (생년)		병술	병술	병술	병술	병술	병술	병술	병술	병술	병술	병술	병술	병술
	월주 (생월)		임진	임진	임진	임진	임진	임진	임진	임진	임진	임진	임진	**계사**	계사
	일주 (생일)		무술	기해	경자	신축	임인	계묘	갑진	을사	병오	정미	무신	기유	경술
	대운	남	4	3	3	3	2	2	2	1	1	1	1	10	10
		여	7	7	7	8	8	8	9	9	9	10	10	10	1
음 5 월	음력		1	2	3	4	5	6	7	8	9	10	11	12	13
	양력		**5/24**	25	26	27	28	29	30	31	**6/1**	2	3	4	5
	연주 (생년)		병술	병술	병술	병술	병술	병술	병술	병술	병술	병술	병술	병술	병술
	월주 (생월)		계사	계사	계사	계사	계사	계사	계사	계사	계사	계사	계사	계사	**갑오**
	일주 (생일)		무진	기사	경오	신미	임신	계유	갑술	을해	병자	정축	무인	기묘	경진
	대운	남	4	4	3	3	3	2	2	2	1	1	1	1	10
		여	6	7	7	7	8	8	8	9	9	9	10	10	10
윤 5 월	음력		1	2	3	4	5	6	7	8	9	10	11	12	13
	양력		**6/23**	24	25	26	27	28	29	30	**7/1**	2	3	4	5
	연주 (생년)		병술	병술	병술	병술	병술	병술	병술	병술	병술	병술	병술	병술	병술
	월주 (생월)		갑오	갑오	갑오	갑오	갑오	갑오	갑오	갑오	갑오	갑오	갑오	갑오	갑오
	일주 (생일)		무술	기해	경자	신축	임인	계묘	갑진	을사	병오	정미	무신	기유	경술
	대운	남	5	4	4	4	3	3	3	2	2	2	1	1	1
		여	6	6	7	7	7	8	8	8	9	9	9	10	10
음 6 월	음력		1	2	3	4	5	6	7	8	9	10	11	12	13
	양력		**7/22**	23	24	25	26	27	28	29	30	31	**8/1**	2	3
	연주 (생년)		병술	병술	병술	병술	병술	병술	병술	병술	병술	병술	병술	병술	병술
	월주 (생월)		을미	을미	을미	을미	을미	을미	을미	을미	을미	을미	을미	을미	을미
	일주 (생일)		정묘	무진	기사	경오	신미	임신	계유	갑술	을해	병자	정축	무인	기묘
	대운	남	5	5	5	4	4	4	3	3	3	2	2	2	1
		여	5	5	6	6	6	7	7	7	8	8	8	9	9

음 1 월	14	15	16	17	18	19	20	21	22	23	24	25	26	27	28	29	
	8	9	10	11	12	13	14	15	16	17	18	19	20	21	22	23	
	병술	병술	병술	병술	병술	병술	병술	병술	병술	병술	병술	병술	병술	병술	병술	병술	
	경인	경인	경인	경인	경인	경인	경인	경인	경인	경인	경인	경인	경인	경인	경인	경인	
	계미	갑신	을유	병술	정해	무자	기축	경인	신묘	임진	계사	갑오	을미	병신	정유	무술	
	8	8	8	7	7	7	6	6	6	5	5	5	4	4	4	3	
	2	2	2	3	3	3	4	4	4	5	5	5	6	6	6	7	
음 2 월	14	15	16	17	18	19	20	21	22	23	24	25	26	27	28	29	30
	9	10	11	12	13	14	15	16	17	18	19	20	21	22	23	24	25
	병술	병술	병술	병술	병술	병술	병술	병술	병술	병술	병술	병술	병술	병술	병술	병술	병술
	신묘	신묘	신묘	신묘	신묘	신묘	신묘	신묘	신묘	신묘	신묘	신묘	신묘	신묘	신묘	신묘	신묘
	임자	계축	갑인	을묘	병진	정사	무오	기미	경신	신유	임술	계해	갑자	을축	병인	정묘	무진
	9	8	8	8	7	7	7	6	6	6	5	5	5	4	4	4	3
	1	2	2	2	3	3	3	4	4	4	5	5	5	6	6	6	7
음 3 월	14	15	16	17	18	19	20	21	22	23	24	25	26	27	28	29	
	8	9	10	11	12	13	14	15	16	17	18	19	20	21	22	23	
	병술	병술	병술	병술	병술	병술	병술	병술	병술	병술	병술	병술	병술	병술	병술	병술	
	임진	임진	임진	임진	임진	임진	임진	임진	임진	임진	임진	임진	임진	임진	임진	임진	
	임오	계미	갑신	을유	병술	정해	무자	기축	경인	신묘	임진	계사	갑오	을미	병신	정유	
	9	9	8	8	8	7	7	7	6	6	6	5	5	5	4	4	
	1	2	2	2	3	3	3	4	4	4	5	5	5	6	6	6	
음 4 월	14	15	16	17	18	19	20	21	22	23	24	25	26	27	28	29	30
	7	8	9	10	11	12	13	14	15	16	17	18	19	20	21	22	23
	병술	병술	병술	병술	병술	병술	병술	병술	병술	병술	병술	병술	병술	병술	병술	병술	병술
	계사	계사	계사	계사	계사	계사	계사	계사	계사	계사	계사	계사	계사	계사	계사	계사	계사
	신해	임자	계축	갑인	을묘	병진	정사	무오	기미	경신	신유	임술	계해	갑자	을축	병인	정묘
	10	9	9	9	8	8	8	7	7	7	6	6	6	5	5	5	4
	1	1	1	2	2	2	3	3	3	4	4	4	5	5	5	6	6
음 5 월	14	15	16	17	18	19	20	21	22	23	24	25	26	27	28	29	30
	6	7	8	9	10	11	12	13	14	15	16	17	18	19	20	21	22
	병술	병술	병술	병술	병술	병술	병술	병술	병술	병술	병술	병술	병술	병술	병술	병술	병술
	갑오	갑오	갑오	갑오	갑오	갑오	갑오	갑오	갑오	갑오	갑오	갑오	갑오	갑오	갑오	갑오	갑오
	신사	임오	계미	갑신	을유	병술	정해	무자	기축	경인	신묘	임진	계사	갑오	을미	병신	정유
	10	10	10	9	9	9	8	8	8	7	7	7	6	6	6	5	5
	1	1	1	1	2	2	2	3	3	3	4	4	4	5	5	5	6
윤 5 월	14	15	16	17	18	19	20	21	22	23	24	25	26	27	28	29	
	6	7	8	9	10	11	12	13	14	15	16	17	18	19	20	21	
	병술	병술	병술	병술	병술	병술	병술	병술	병술	병술	병술	병술	병술	병술	병술	병술	
	갑오	**을미**	을미	을미	을미	을미	을미	을미	을미	을미	을미	을미	을미	을미	을미	을미	
	신해	임자	계축	갑인	을묘	병진	정사	무오	기미	경신	신유	임술	계해	갑자	을축	병인	
	1	10	10	10	9	9	9	8	8	8	7	7	7	6	6	6	
	10	10	1	1	1	1	2	2	2	3	3	3	4	4	4	5	
음 6 월	14	15	16	17	18	19	20	21	22	23	24	25	26	27	28	29	30
	4	5	6	7	8	9	10	11	12	13	14	15	16	17	18	19	20
	병술	병술	병술	병술	병술	병술	병술	병술	병술	병술	병술	병술	병술	병술	병술	병술	병술
	을미	을미	을미	**병신**	병신	병신	병신	병신	병신	병신	병신	병신	병신	병신	병신	병신	병신
	경진	신사	임오	계미	갑신	을유	병술	정해	무자	기축	경인	신묘	임진	계사	갑오	을미	병신
	1	1	1	10	10	10	10	9	9	9	8	8	8	7	7	7	6
	9	10	10	10	1	1	1	1	2	2	2	3	3	3	4	4	4

2066(병술)년 【단기 4399년】

월	구분		1	2	3	4	5	6	7	8	9	10	11	12	13
음 7 월	음력		1	2	3	4	5	6	7	8	9	10	11	12	13
	양력		**8/21**	22	23	24	25	26	27	28	29	30	31	**9/1**	2
	연주 (생년)		병술	병술	병술	병술	병술	병술	병술	병술	병술	병술	병술	병술	병술
	월주 (생월)		병신	병신	병신	병신	병신	병신	병신	병신	병신	병신	병신	병신	병신
	일주 (생일)		정유	무술	기해	경자	신축	임인	계묘	갑진	을사	병오	정미	무신	기유
	대운	남	6	6	5	5	5	4	4	4	3	3	3	2	2
		여	5	5	5	6	6	6	7	7	7	8	8	8	9
음 8 월	음력		1	2	3	4	5	6	7	8	9	10	11	12	13
	양력		**9/19**	20	21	22	23	24	25	26	27	28	29	30	**10/1**
	연주 (생년)		병술	병술	병술	병술	병술	병술	병술	병술	병술	병술	병술	병술	병술
	월주 (생월)		정유	정유	정유	정유	정유	정유	정유	정유	정유	정유	정유	정유	정유
	일주 (생일)		병인	정묘	무진	기사	경오	신미	임신	계유	갑술	을해	병자	정축	무인
	대운	남	6	6	6	5	5	5	4	4	4	3	3	3	2
		여	4	4	4	5	5	5	6	6	6	7	7	7	8
음 9 월	음력		1	2	3	4	5	6	7	8	9	10	11	12	13
	양력		**10/19**	20	21	22	23	24	25	26	27	28	29	30	31
	연주 (생년)		병술	병술	병술	병술	병술	병술	병술	병술	병술	병술	병술	병술	병술
	월주 (생월)		무술	무술	무술	무술	무술	무술	무술	무술	무술	무술	무술	무술	무술
	일주 (생일)		병신	정유	무술	기해	경자	신축	임인	계묘	갑진	을사	병오	정미	무신
	대운	남	6	6	6	5	5	5	4	4	4	3	3	3	2
		여	4	4	4	5	5	5	6	6	6	7	7	7	8
음 10 월	음력		1	2	3	4	5	6	7	8	9	10	11	12	13
	양력		**11/17**	18	19	20	21	22	23	24	25	26	27	28	29
	연주 (생년)		병술	병술	병술	병술	병술	병술	병술	병술	병술	병술	병술	병술	병술
	월주 (생월)		기해	기해	기해	기해	기해	기해	기해	기해	기해	기해	기해	기해	기해
	일주 (생일)		을축	병인	정묘	무진	기사	경오	신미	임신	계유	갑술	을해	병자	정축
	대운	남	7	6	6	6	5	5	5	4	4	4	3	3	3
		여	3	4	4	4	5	5	5	6	6	6	7	7	7
음 11 월	음력		1	2	3	4	5	6	7	8	9	10	11	12	13
	양력		**12/17**	18	19	20	21	22	23	24	25	26	27	28	29
	연주 (생년)		병술	병술	병술	병술	병술	병술	병술	병술	병술	병술	병술	병술	병술
	월주 (생월)		경자	경자	경자	경자	경자	경자	경자	경자	경자	경자	경자	경자	경자
	일주 (생일)		을미	병신	정유	무술	기해	경자	신축	임인	계묘	갑진	을사	병오	정미
	대운	남	6	6	6	5	5	5	4	4	4	3	3	3	2
		여	3	4	4	4	5	5	5	6	6	6	7	7	7
음 12 월	음력		1	2	3	4	5	6	7	8	9	10	11	12	13
	양력		**1/15**	16	17	18	19	20	21	22	23	24	25	26	27
	연주 (생년)		병술	병술	병술	병술	병술	병술	병술	병술	병술	병술	병술	병술	병술
	월주 (생월)		신축	신축	신축	신축	신축	신축	신축	신축	신축	신축	신축	신축	신축
	일주 (생일)		갑자	을축	병인	정묘	무진	기사	경오	신미	임신	계유	갑술	을해	병자
	대운	남	7	6	6	6	5	5	5	4	4	4	3	3	3
		여	3	4	4	4	5	5	5	6	6	6	7	7	7

월																	
음 7 월	14	15	16	17	18	19	20	21	22	23	24	25	26	27	28	29	
	3	4	5	6	7	8	9	10	11	12	13	14	15	16	17	18	
	병술	병술	병술	병술	병술	병술	병술	병술	병술	병술	병술	병술	병술	병술	병술	병술	
	병신	병신	병신	병신	병신	**정유**	정유	정유	정유	정유	정유	정유	정유	정유	정유	정유	
	경술	신해	임자	계축	갑인	을묘	병진	정사	무오	기미	경신	신유	임술	계해	갑자	을축	
	2	1	1	1	1	10	10	9	9	9	8	8	8	7	7	7	
	9	9	10	10	10	10	1	1	1	1	2	2	2	3	3	3	
음 8 월	14	15	16	17	18	19	20	21	22	23	24	25	26	27	28	29	30
	2	3	4	5	6	7	8	9	10	11	12	13	14	15	16	17	18
	병술	병술	병술	병술	병술	병술	병술	병술	병술	병술	병술	병술	병술	병술	병술	병술	병술
	정유	정유	정유	정유	정유	정유	**무술**	무술	무술	무술	무술	무술	무술	무술	무술	무술	무술
	기묘	경진	신사	임오	계미	갑신	을유	병술	정해	무자	기축	경인	신묘	임진	계사	갑오	을미
	2	2	1	1	1	1	10	10	9	9	9	8	8	8	7	7	7
	8	8	9	9	9	10	10	1	1	1	1	2	2	2	3	3	3
음 9 월	14	15	16	17	18	19	20	21	22	23	24	25	26	27	28	29	
	11/1	2	3	4	5	6	7	8	9	10	11	12	13	14	15	16	
	병술	병술	병술	병술	병술	병술	병술	병술	병술	병술	병술	병술	병술	병술	병술	병술	
	무술	무술	무술	무술	무술	무술	**기해**	기해	기해	기해	기해	기해	기해	기해	기해	기해	
	기유	경술	신해	임자	계축	갑인	을묘	병진	정사	무오	기미	경신	신유	임술	계해	갑자	
	2	2	1	1	1	1	10	10	9	9	9	8	8	8	7	7	
	8	8	9	9	9	10	10	1	1	1	1	2	2	2	3	3	
음 10 월	14	15	16	17	18	19	20	21	22	23	24	25	26	27	28	29	30
	30	**12/1**	2	3	4	5	6	7	8	9	10	11	12	13	14	15	16
	병술	병술	병술	병술	병술	병술	병술	병술	병술	병술	병술	병술	병술	병술	병술	병술	병술
	기해	기해	기해	기해	기해	기해	기해	**경자**	경자	경자	경자	경자	경자	경자	경자	경자	경자
	무인	기묘	경진	신사	임오	계미	갑신	을유	병술	정해	무자	기축	경인	신묘	임진	계사	갑오
	2	2	2	1	1	1	1	10	9	9	9	8	8	8	7	7	7
	8	8	8	9	9	9	10	10	1	1	1	1	2	2	2	3	3
음 11 월	14	15	16	17	18	19	20	21	22	23	24	25	26	27	28	29	
	30	31	**1/1**	2	3	4	5	6	7	8	9	10	11	12	13	14	
	병술	병술	병술	병술	병술	병술	병술	병술	병술	병술	병술	병술	병술	병술	병술	병술	
	경자	경자	경자	경자	경자	경자	**신축**	신축	신축	신축	신축	신축	신축	신축	신축	신축	
	무신	기유	경술	신해	임자	계축	갑인	을묘	병진	정사	무오	기미	경신	신유	임술	계해	
	2	2	1	1	1	1	10	10	9	9	9	8	8	8	7	7	
	8	8	8	9	9	9	10	1	1	1	1	2	2	2	3	3	
음 12 월	14	15	16	17	18	19	20	21	22	23	24	25	26	27	28	29	30
	28	29	30	31	**2/1**	2	3	4	5	6	7	8	9	10	11	12	13
	병술	병술	병술	병술	병술	병술	병술	**정해**	정해	정해	정해	정해	정해	정해	정해	정해	정해
	신축	신축	신축	신축	신축	신축	신축	**임인**	임인	임인	임인	임인	임인	임인	임인	임인	임인
	정축	무인	기묘	경진	신사	임오	계미	갑신	을유	병술	정해	무자	기축	경인	신묘	임진	계사
	2	2	2	1	1	1	1	10	1	1	1	1	2	2	2	3	3
	8	8	8	9	9	9	10	10	9	9	9	8	8	8	7	7	7

2067(정해)년 【단기 4400년】

월	구분														
음 1 월	음력		1	2	3	4	5	6	7	8	9	10	11	12	13
	양력		2/14	15	16	17	18	19	20	21	22	23	24	25	26
	연주 (생년)		정해	정해	정해	정해	정해	정해	정해	정해	정해	정해	정해	정해	정해
	월주 (생월)		임인	임인	임인	임인	임인	임인	임인	임인	임인	임인	임인	임인	임인
	일주 (생일)		갑오	을미	병신	정유	무술	기해	경자	신축	임인	계묘	갑진	을사	병오
	대운	남	3	4	4	4	5	5	5	6	6	6	7	7	7
		여	6	6	6	5	5	5	4	4	4	3	3	3	2
음 2 월	음력		1	2	3	4	5	6	7	8	9	10	11	12	13
	양력		3/15	16	17	18	19	20	21	22	23	24	25	26	27
	연주 (생년)		정해	정해	정해	정해	정해	정해	정해	정해	정해	정해	정해	정해	정해
	월주 (생월)		계묘	계묘	계묘	계묘	계묘	계묘	계묘	계묘	계묘	계묘	계묘	계묘	계묘
	일주 (생일)		계해	갑자	을축	병인	정묘	무진	기사	경오	신미	임신	계유	갑술	을해
	대운	남	3	4	4	4	5	5	5	6	6	6	7	7	7
		여	7	7	6	6	6	5	5	5	4	4	4	3	3
음 3 월	음력		1	2	3	4	5	6	7	8	9	10	11	12	13
	양력		4/14	15	16	17	18	19	20	21	22	23	24	25	26
	연주 (생년)		정해	정해	정해	정해	정해	정해	정해	정해	정해	정해	정해	정해	정해
	월주 (생월)		갑진	갑진	갑진	갑진	갑진	갑진	갑진	갑진	갑진	갑진	갑진	갑진	갑진
	일주 (생일)		계사	갑오	을미	병신	정유	무술	기해	경자	신축	임인	계묘	갑진	을사
	대운	남	3	3	4	4	4	5	5	5	6	6	6	7	7
		여	7	7	6	6	6	5	5	5	4	4	4	3	3
음 4 월	음력		1	2	3	4	5	6	7	8	9	10	11	12	13
	양력		5/13	14	15	16	17	18	19	20	21	22	23	24	25
	연주 (생년)		정해	정해	정해	정해	정해	정해	정해	정해	정해	정해	정해	정해	정해
	월주 (생월)		을사	을사	을사	을사	을사	을사	을사	을사	을사	을사	을사	을사	을사
	일주 (생일)		임술	계해	갑자	을축	병인	정묘	무진	기사	경오	신미	임신	계유	갑술
	대운	남	3	3	3	4	4	4	5	5	5	6	6	6	7
		여	8	7	7	7	6	6	6	5	5	5	4	4	4
음 5 월	음력		1	2	3	4	5	6	7	8	9	10	11	12	13
	양력		6/12	13	14	15	16	17	18	19	20	21	22	23	24
	연주 (생년)		정해	정해	정해	정해	정해	정해	정해	정해	정해	정해	정해	정해	정해
	월주 (생월)		병오	병오	병오	병오	병오	병오	병오	병오	병오	병오	병오	병오	병오
	일주 (생일)		임진	계사	갑오	을미	병신	정유	무술	기해	경자	신축	임인	계묘	갑진
	대운	남	2	3	3	3	4	4	4	5	5	5	6	6	6
		여	8	8	7	7	7	6	6	6	5	5	5	4	4
음 6 월	음력		1	2	3	4	5	6	7	8	9	10	11	12	13
	양력		7/11	12	13	14	15	16	17	18	19	20	21	22	23
	연주 (생년)		정해	정해	정해	정해	정해	정해	정해	정해	정해	정해	정해	정해	정해
	월주 (생월)		정미	정미	정미	정미	정미	정미	정미	정미	정미	정미	정미	정미	정미
	일주 (생일)		신유	임술	계해	갑자	을축	병인	정묘	무진	기사	경오	신미	임신	계유
	대운	남	1	2	2	2	3	3	3	5	4	4	4	5	5
		여	9	9	8	8	8	7	7	7	6	6	6	5	5

음 1 월	14	15	16	17	18	19	20	21	22	23	24	25	26	27	28	29	
	27	28	**3/1**	2	3	4	5	6	7	8	9	10	11	12	13	14	
	정해	정해	정해	정해	정해	정해	정해	정해	정해	정해	정해	정해	정해	정해	정해	정해	
	임인	임인	임인	임인	임인	임인	**계묘**	계묘	계묘	계묘	계묘	계묘	계묘	계묘	계묘	계묘	
	정미	무신	기유	경술	신해	임자	계축	갑인	을묘	병진	정사	무오	기미	경신	신유	임술	
	8	8	8	9	9	9	10	1	1	1	1	2	2	2	3	3	
	2	2	1	1	1	1	10	10	10	9	9	9	8	8	8	7	
음 2 월	14	15	16	17	18	19	20	21	22	23	24	25	26	27	28	29	30
	28	29	30	31	**4/1**	2	3	4	5	6	7	8	9	10	11	12	13
	정해	정해	정해	정해	정해	정해	정해	정해	정해	정해	정해	정해	정해	정해	정해	정해	정해
	계묘	계묘	계묘	계묘	계묘	계묘	계묘	계묘	**갑진**	갑진	갑진	갑진	갑진	갑진	갑진	갑진	갑진
	병자	정축	무인	기묘	경진	신사	임오	계미	갑신	을유	병술	정해	무자	기축	경인	신묘	임진
	8	8	8	9	9	9	10	10	10	1	1	1	1	2	2	2	3
	3	2	2	2	1	1	1	1	10	10	9	9	9	8	8	8	7
음 3 월	14	15	16	17	18	19	20	21	22	23	24	25	26	27	28	29	
	27	28	29	30	**5/1**	2	3	4	5	6	7	8	9	10	11	12	
	정해	정해	정해	정해	정해	정해	정해	정해	정해	정해	정해	정해	정해	정해	정해	정해	
	갑진	갑진	갑진	갑진	갑진	갑진	갑진	갑진	**을사**	을사	을사	을사	을사	을사	을사	을사	
	병오	정미	무신	기유	경술	신해	임자	계축	갑인	을묘	병진	정사	무오	기미	경신	신유	
	7	8	8	8	9	9	9	10	10	1	1	1	1	2	2	2	
	3	2	2	2	1	1	1	1	10	10	10	9	9	9	8	8	
음 4 월	14	15	16	17	18	19	20	21	22	23	24	25	26	27	28	29	30
	26	27	28	29	30	31	**6/1**	2	3	4	5	6	7	8	9	10	11
	정해	정해	정해	정해	정해	정해	정해	정해	정해	정해	정해	정해	정해	정해	정해	정해	정해
	을사	을사	을사	을사	을사	을사	을사	을사	을사	을사	**병오**	병오	병오	병오	병오	병오	병오
	을해	병자	정축	무인	기묘	경진	신사	임오	계미	갑신	을유	병술	정해	무자	기축	경인	신묘
	7	7	8	8	8	9	9	9	10	10	10	1	1	1	1	2	2
	3	3	3	2	2	2	1	1	1	1	10	10	10	9	9	9	8
음 5 월	14	15	16	17	18	19	20	21	22	23	24	25	26	27	28	29	
	25	26	27	28	29	30	**7/1**	2	3	4	5	6	7	8	9	10	
	정해	정해	정해	정해	정해	정해	정해	정해	정해	정해	정해	정해	정해	정해	정해	정해	
	병오	병오	병오	병오	병오	병오	병오	병오	병오	병오	병오	병오	**정미**	정미	정미	정미	
	을사	병오	정미	무신	기유	경술	신해	임자	계축	갑인	을묘	병진	정사	무오	기미	경신	
	7	7	7	8	8	8	9	9	9	10	10	10	10	1	1	1	
	4	3	3	3	2	2	2	1	1	1	1	10	10	10	10	9	
음 6 월	14	15	16	17	18	19	20	21	22	23	24	25	26	27	28	29	30
	24	25	26	27	28	29	30	31	**8/1**	2	3	4	5	6	7	8	9
	정해	정해	정해	정해	정해	정해	정해	정해	정해	정해	정해	정해	정해	정해	정해	정해	정해
	정미	정미	정미	정미	정미	정미	정미	정미	정미	정미	정미	정미	정미	정미	**무신**	무신	무신
	갑술	을해	병자	정축	무인	기묘	경진	신사	임오	계미	갑신	을유	병술	정해	무자	기축	경인
	6	6	6	7	7	7	8	8	8	9	9	9	10	10	10	1	1
	5	4	4	4	3	3	3	2	2	2	1	1	1	1	10	10	10

2067(정해)년 【단기 4400년】

월	구분		1	2	3	4	5	6	7	8	9	10	11	12	13
음 7 월	음력		1	2	3	4	5	6	7	8	9	10	11	12	13
	양력		**8/10**	11	12	13	14	15	16	17	18	19	20	21	22
	연주 (생년)		정해	정해	정해	정해	정해	정해	정해	정해	정해	정해	정해	정해	정해
	월주 (생월)		무신	무신	무신	무신	무신	무신	무신	무신	무신	무신	무신	무신	무신
	일주 (생일)		신묘	임진	계사	갑오	을미	병신	정유	무술	기해	경자	신축	임인	계묘
	대운	남	1	1	2	2	2	3	3	3	4	4	4	5	5
		여	9	9	9	8	8	8	7	7	7	6	6	6	5
음 8 월	음력		1	2	3	4	5	6	7	8	9	10	11	12	13
	양력		**9/9**	10	11	12	13	14	15	16	17	18	19	20	21
	연주 (생년)		정해	정해	정해	정해	정해	정해	정해	정해	정해	정해	정해	정해	정해
	월주 (생월)		기유	기유	기유	기유	기유	기유	기유	기유	기유	기유	기유	기유	기유
	일주 (생일)		신유	임술	계해	갑자	을축	병인	정묘	무진	기사	경오	신미	임신	계유
	대운	남	1	1	1	2	2	2	3	3	3	4	4	4	5
		여	10	9	9	9	8	8	8	7	7	7	6	6	6
음 9 월	음력		1	2	3	4	5	6	7	8	9	10	11	12	13
	양력		**10/8**	9	10	11	12	13	14	15	16	17	18	19	20
	연주 (생년)		정해	정해	정해	정해	정해	정해	정해	정해	정해	정해	정해	정해	정해
	월주 (생월)		**경술**	경술	경술	경술	경술	경술	경술	경술	경술	경술	경술	경술	경술
	일주 (생일)		경인	신묘	임진	계사	갑오	을미	병신	정유	무술	기해	경자	신축	임인
	대운	남	10	1	1	1	1	2	2	2	3	3	3	4	4
		여	10	10	9	9	9	8	8	8	7	7	7	6	6
음 10 월	음력		1	2	3	4	5	6	7	8	9	10	11	12	13
	양력		**11/7**	8	9	10	11	12	13	14	15	16	17	18	19
	연주 (생년)		정해	정해	정해	정해	정해	정해	정해	정해	정해	정해	정해	정해	정해
	월주 (생월)		**신해**	신해	신해	신해	신해	신해	신해	신해	신해	신해	신해	신해	신해
	일주 (생일)		경신	신유	임술	계해	갑자	을축	병인	정묘	무진	기사	경오	신미	임신
	대운	남	10	1	1	1	1	2	2	2	3	3	3	4	4
		여	10	10	9	9	9	8	8	8	7	7	7	6	6
음 11 월	음력		1	2	3	4	5	6	7	8	9	10	11	12	13
	양력		**12/6**	7	8	9	10	11	12	13	14	15	16	17	18
	연주 (생년)		정해	정해	정해	정해	정해	정해	정해	정해	정해	정해	정해	정해	정해
	월주 (생월)		신해	**임자**	임자	임자	임자	임자	임자	임자	임자	임자	임자	임자	임자
	일주 (생일)		기축	경인	신묘	임진	계사	갑오	을미	병신	정유	무술	기해	경자	신축
	대운	남	10	10	1	1	1	1	2	2	2	3	3	3	4
		여	1	10	9	9	9	8	8	8	7	7	7	6	6
음 12 월	음력		1	2	3	4	5	6	7	8	9	10	11	12	13
	양력		**1/5**	6	7	8	9	10	11	12	13	14	15	16	17
	연주 (생년)		정해	정해	정해	정해	정해	정해	정해	정해	정해	정해	정해	정해	정해
	월주 (생월)		**계축**	계축	계축	계축	계축	계축	계축	계축	계축	계축	계축	계축	계축
	일주 (생일)		기미	경신	신유	임술	계해	갑자	을축	병인	정묘	무진	기사	경오	신미
	대운	남	10	1	1	1	1	2	2	2	3	3	3	4	4
		여	10	10	9	9	9	8	8	8	7	7	7	6	6

음 7 월	14	15	16	17	18	19	20	21	22	23	24	25	26	27	28	29	30
	23	24	25	26	27	28	29	30	31	**9/1**	2	3	4	5	6	7	8
	정해	정해	정해	정해	정해	정해	정해	정해	정해	정해	정해	정해	정해	정해	정해	정해	정해
	무신	무신	무신	무신	무신	무신	무신	무신	무신	무신	무신	무신	무신	무신	무신	**기유**	기유
	갑진	을사	병오	정미	무신	기유	경술	신해	임자	계축	갑인	을묘	병진	정사	무오	기미	경신
	5	6	6	6	7	7	7	8	8	8	9	9	9	10	10	10	1
	5	5	4	4	4	3	3	3	2	2	2	1	1	1	1	10	10

음 8 월	14	15	16	17	18	19	20	21	22	23	24	25	26	27	28	29
	22	23	24	25	26	27	28	29	30	**10/1**	2	3	4	5	6	7
	정해	정해	정해	정해	정해	정해	정해	정해	정해	정해	정해	정해	정해	정해	정해	정해
	기유	기유	기유	기유	기유	기유	기유	기유	기유	기유	기유	기유	기유	기유	기유	기유
	갑술	을해	병자	정축	무인	기묘	경진	신사	임오	계미	갑신	을유	병술	정해	무자	기축
	5	5	6	6	6	7	7	7	8	8	8	9	9	9	10	10
	5	5	5	4	4	4	3	3	3	2	2	2	1	1	1	1

음 9 월	14	15	16	17	18	19	20	21	22	23	24	25	26	27	28	29	30
	21	22	23	24	25	26	27	28	29	30	31	**11/1**	2	3	4	5	6
	정해	정해	정해	정해	정해	정해	정해	정해	정해	정해	정해	정해	정해	정해	정해	정해	정해
	경술	경술	경술	경술	경술	경술	경술	경술	경술	경술	경술	경술	경술	경술	경술	경술	경술
	계묘	갑진	을사	병오	정미	무신	기유	경술	신해	임자	계축	갑인	을묘	병진	정사	무오	기미
	4	5	5	5	6	6	6	7	7	7	8	8	8	9	9	9	10
	6	5	5	5	4	4	4	3	3	3	2	2	2	1	1	1	1

음 10 월	14	15	16	17	18	19	20	21	22	23	24	25	26	27	28	29
	20	21	22	23	24	25	26	27	28	29	30	**12/1**	2	3	4	5
	정해	정해	정해	정해	정해	정해	정해	정해	정해	정해	정해	정해	정해	정해	정해	정해
	신해	신해	신해	신해	신해	신해	신해	신해	신해	신해	신해	신해	신해	신해	신해	신해
	계유	갑술	을해	병자	정축	무인	기묘	경진	신사	임오	계미	갑신	을유	병술	정해	무자
	4	5	5	5	6	6	6	7	7	7	8	8	8	9	9	9
	6	5	5	5	4	4	4	3	3	3	2	2	2	1	1	1

음 11 월	14	15	16	17	18	19	20	21	22	23	24	25	26	27	28	29	30
	19	20	21	22	23	24	25	26	27	28	29	30	31	**1/1**	2	3	4
	정해	정해	정해	정해	정해	정해	정해	정해	정해	정해	정해	정해	정해	정해	정해	정해	정해
	임자	임자	임자	임자	임자	임자	임자	임자	임자	임자	임자	임자	임자	임자	임자	임자	임자
	임인	계묘	갑진	을사	병오	정미	무신	기유	경술	신해	임자	계축	갑인	을묘	병진	정사	무오
	4	4	5	5	5	6	6	6	7	7	7	8	8	8	9	9	9
	6	5	5	5	4	4	4	3	3	3	2	2	2	1	1	1	1

음 12 월	14	15	16	17	18	19	20	21	22	23	24	25	26	27	28	29
	18	19	20	21	22	23	24	25	26	27	28	29	30	31	**2/1**	2
	정해	정해	정해	정해	정해	정해	정해	정해	정해	정해	정해	정해	정해	정해	정해	정해
	계축	계축	계축	계축	계축	계축	계축	계축	계축	계축	계축	계축	계축	계축	계축	계축
	임신	계유	갑술	을해	병자	정축	무인	기묘	경진	신사	임오	계미	갑신	을유	병술	정해
	4	5	5	5	6	6	6	7	7	7	8	8	8	9	9	9
	6	5	5	5	4	4	4	3	3	3	2	2	2	1	1	1

2068(무자)년 【단기 4401년】

월	구분		1	2	3	4	5	6	7	8	9	10	11	12	13
음 1 월	음 력		1	2	3	4	5	6	7	8	9	10	11	12	13
	양 력		**2/3**	4	5	6	7	8	9	10	11	12	13	14	15
	연주 (생년)		정해	**무자**	무자	무자	무자	무자	무자	무자	무자	무자	무자	무자	무자
	월주 (생월)		계축	**갑인**	갑인	갑인	갑인	갑인	갑인	갑인	갑인	갑인	갑인	갑인	갑인
	일주 (생일)		무자	기축	경인	신묘	임진	계사	갑오	을미	병신	정유	무술	기해	경자
	대운	남	10	10	10	9	9	9	8	8	8	7	7	7	6
		여	1	10	1	1	1	1	2	2	2	3	3	3	4
음 2 월	음 력		1	2	3	4	5	6	7	8	9	10	11	12	13
	양 력		**3/4**	5	6	7	8	9	10	11	12	13	14	15	16
	연주 (생년)		무자	무자	무자	무자	무자	무자	무자	무자	무자	무자	무자	무자	무자
	월주 (생월)		갑인	**을묘**	을묘	을묘	을묘	을묘	을묘	을묘	을묘	을묘	을묘	을묘	을묘
	일주 (생일)		무오	기미	경신	신유	임술	계해	갑자	을축	병인	정묘	무진	기사	경오
	대운	남	1	10	10	9	9	9	8	8	8	7	7	7	6
		여	10	10	1	1	1	1	2	2	2	3	3	3	4
음 3 월	음 력		1	2	3	4	5	6	7	8	9	10	11	12	13
	양 력		**4/2**	3	4	5	6	7	8	9	10	11	12	13	14
	연주 (생년)		무자	무자	무자	무자	무자	무자	무자	무자	무자	무자	무자	무자	무자
	월주 (생월)		을묘	을묘	**병진**	병진	병진	병진	병진	병진	병진	병진	병진	병진	병진
	일주 (생일)		정해	무자	기축	경인	신묘	임진	계사	갑오	을미	병신	정유	무술	기해
	대운	남	1	1	10	10	10	9	9	9	8	8	8	7	7
		여	9	10	10	1	1	1	1	2	2	2	3	3	3
음 4 월	음 력		1	2	3	4	5	6	7	8	9	10	11	12	13
	양 력		**5/2**	3	4	5	6	7	8	9	10	11	12	13	14
	연주 (생년)		무자	무자	무자	무자	무자	무자	무자	무자	무자	무자	무자	무자	무자
	월주 (생월)		병진	병진	병진	**정사**	정사	정사	정사	정사	정사	정사	정사	정사	정사
	일주 (생일)		정사	무오	기미	경신	신유	임술	계해	갑자	을축	병인	정묘	무진	기사
	대운	남	1	1	1	10	10	10	9	9	9	8	8	8	7
		여	9	10	10	10	1	1	1	1	2	2	2	3	3
음 5 월	음 력		1	2	3	4	5	6	7	8	9	10	11	12	13
	양 력		**5/31**	**6/1**	2	3	4	5	6	7	8	9	10	11	12
	연주 (생년)		무자	무자	무자	무자	무자	무자	무자	무자	무자	무자	무자	무자	무자
	월주 (생월)		정사	정사	정사	정사	정사	**무오**	무오	무오	무오	무오	무오	무오	무오
	일주 (생일)		병술	정해	무자	기축	경인	신묘	임진	계사	갑오	을미	병신	정유	무술
	대운	남	2	1	1	1	1	10	10	10	9	9	9	8	8
		여	9	9	9	10	10	10	1	1	1	1	2	2	2
음 6 월	음 력		1	2	3	4	5	6	7	8	9	10	11	12	13
	양 력		**6/30**	**7/1**	2	3	4	5	6	7	8	9	10	11	12
	연주 (생년)		무자	무자	무자	무자	무자	무자	무자	무자	무자	무자	무자	무자	무자
	월주 (생월)		무오	무오	무오	무오	무오	무오	**기미**	기미	기미	기미	기미	기미	기미
	일주 (생일)		병진	정사	무오	기미	경신	신유	임술	계해	갑자	을축	병인	정묘	무진
	대운	남	2	2	1	1	1	1	10	10	10	10	9	9	9
		여	8	9	9	9	10	10	10	1	1	1	1	2	2

음1월	14	15	16	17	18	19	20	21	22	23	24	25	26	27	28	29	30
	16	17	18	19	20	21	22	23	24	25	26	27	28	29	**3/1**	2	3
	무자	무자	무자	무자	무자	무자	무자	무자	무자	무자	무자	무자	무자	무자	무자	무자	무자
	갑인	갑인	갑인	갑인	갑인	갑인	갑인	갑인	갑인	갑인	갑인	갑인	갑인	갑인	갑인	갑인	갑인
	신축	임인	계묘	갑진	을사	병오	정미	무신	기유	경술	신해	임자	계축	갑인	을묘	병진	정사
	6	6	5	5	5	4	4	4	3	3	3	2	2	2	1	1	1
	4	4	5	5	5	6	6	6	7	7	7	8	8	8	9	9	9
음2월	14	15	16	17	18	19	20	21	22	23	24	25	26	27	28	29	
	17	18	19	20	21	22	23	24	25	26	27	28	29	30	31	**4/1**	
	무자	무자	무자	무자	무자	무자	무자	무자	무자	무자	무자	무자	무자	무자	무자	무자	
	을묘	을묘	을묘	을묘	을묘	을묘	을묘	을묘	을묘	을묘	을묘	을묘	을묘	을묘	을묘	을묘	
	신미	임신	계유	갑술	을해	병자	정축	무인	기묘	경진	신사	임오	계미	갑신	을유	병술	
	6	6	5	5	5	4	4	4	3	3	3	2	2	2	1	1	
	4	4	5	5	5	6	6	6	7	7	7	8	8	8	9	9	
음3월	14	15	16	17	18	19	20	21	22	23	24	25	26	27	28	29	30
	15	16	17	18	19	20	21	22	23	24	25	26	27	28	29	30	**5/1**
	무자	무자	무자	무자	무자	무자	무자	무자	무자	무자	무자	무자	무자	무자	무자	무자	무자
	병진	병진	병진	병진	병진	병진	병진	병진	병진	병진	병진	병진	병진	병진	병진	병진	병진
	경자	신축	임인	계묘	갑진	을사	병오	정미	무신	기유	경술	신해	임자	계축	갑인	을묘	병진
	7	6	6	6	5	5	5	4	4	4	3	3	3	2	2	2	1
	4	4	4	5	5	5	6	6	6	7	7	7	8	8	8	9	9
음4월	14	15	16	17	18	19	20	21	22	23	24	25	26	27	28	29	
	15	16	17	18	19	20	21	22	23	24	25	26	27	28	29	30	
	무자	무자	무자	무자	무자	무자	무자	무자	무자	무자	무자	무자	무자	무자	무자	무자	
	정사	정사	정사	정사	정사	정사	정사	정사	정사	정사	정사	정사	정사	정사	정사	정사	
	경오	신미	임신	계유	갑술	을해	병자	정축	무인	기묘	경진	신사	임오	계미	갑신	을유	
	7	7	6	6	6	5	5	5	4	4	4	3	3	3	2	2	
	3	4	4	4	5	5	5	6	6	6	7	7	7	8	8	8	
음5월	14	15	16	17	18	19	20	21	22	23	24	25	26	27	28	29	30
	13	14	15	16	17	18	19	20	21	22	23	24	25	26	27	28	29
	무자	무자	무자	무자	무자	무자	무자	무자	무자	무자	무자	무자	무자	무자	무자	무자	무자
	무오	무오	무오	무오	무오	무오	무오	무오	무오	무오	무오	무오	무오	무오	무오	무오	무오
	기해	경자	신축	임인	계묘	갑진	을사	병오	정미	무신	기유	경술	신해	임자	계축	갑인	을묘
	8	7	7	7	6	6	6	5	5	5	4	4	4	3	3	3	2
	3	3	3	4	4	4	5	5	5	6	6	6	7	7	7	8	8
음6월	14	15	16	17	18	19	20	21	22	23	24	25	26	27	28	29	
	13	14	15	16	17	18	19	20	21	22	23	24	25	26	27	28	
	무자	무자	무자	무자	무자	무자	무자	무자	무자	무자	무자	무자	무자	무자	무자	무자	
	기미	기미	기미	기미	기미	기미	기미	기미	기미	기미	기미	기미	기미	기미	기미	기미	
	기사	경오	신미	임신	계유	갑술	을해	병자	정축	무인	기묘	경진	신사	임오	계미	갑신	
	8	8	8	7	7	7	6	6	6	5	5	5	4	4	4	3	
	2	3	3	3	4	4	4	5	5	5	6	6	6	7	7	7	

2068(무자)년【단기 4401년】

음 7 월		1	2	3	4	5	6	7	8	9	10	11	12	13
양 력		**7/29**	30	31	**8/1**	2	3	4	5	6	7	8	9	10
연주 (생년)		무자	무자	무자	무자	무자	무자	무자	무자	무자	무자	무자	무자	무자
월주 (생월)		기미	기미	기미	기미	기미	기미	기미	기미	기미	**경신**	경신	경신	경신
일주 (생일)		을유	병술	정해	무자	기축	경인	신묘	임진	계사	갑오	을미	병신	정유
대운	남	3	3	2	2	2	1	1	1	1	10	10	10	9
	여	8	8	8	9	9	9	10	10	10	10	1	1	1

음 8 월		1	2	3	4	5	6	7	8	9	10	11	12	13
양 력		**8/28**	29	30	31	**9/1**	2	3	4	5	6	7	8	9
연주 (생년)		무자	무자	무자	무자	무자	무자	무자	무자	무자	무자	무자	무자	무자
월주 (생월)		경신	경신	경신	경신	경신	경신	경신	경신	경신	경신	**신유**	신유	신유
일주 (생일)		을묘	병진	정사	무오	기미	경신	신유	임술	계해	갑자	을축	병인	정묘
대운	남	3	3	3	2	2	2	1	1	1	1	10	10	9
	여	7	7	8	8	8	9	9	9	10	10	10	1	1

음 9 월		1	2	3	4	5	6	7	8	9	10	11	12	13
양 력		**9/26**	27	28	29	30	**10/1**	2	3	4	5	6	7	8
연주 (생년)		무자	무자	무자	무자	무자	무자	무자	무자	무자	무자	무자	무자	무자
월주 (생월)		신유	신유	신유	신유	신유	신유	신유	신유	신유	신유	신유	**임술**	임술
일주 (생일)		갑신	을유	병술	정해	무자	기축	경인	신묘	임진	계사	갑오	을미	병신
대운	남	4	3	3	3	2	2	2	1	1	1	1	10	10
	여	6	7	7	7	8	8	8	9	9	9	10	10	1

음 10 월		1	2	3	4	5	6	7	8	9	10	11	12	13
양 력		**10/26**	27	28	29	30	31	**11/1**	2	3	4	5	6	7
연주 (생년)		무자	무자	무자	무자	무자	무자	무자	무자	무자	무자	무자	무자	무자
월주 (생월)		임술	임술	임술	임술	임술	임술	임술	임술	임술	임술	임술	**계해**	계해
일주 (생일)		갑인	을묘	병진	정사	무오	기미	경신	신유	임술	계해	갑자	을축	병인
대운	남	4	3	3	3	2	2	2	1	1	1	1	10	10
	여	6	7	7	7	8	8	8	9	9	9	10	10	1

음 11 월		1	2	3	4	5	6	7	8	9	10	11	12	13
양 력		**11/25**	26	27	28	29	30	**12/1**	2	3	4	5	6	7
연주 (생년)		무자	무자	무자	무자	무자	무자	무자	무자	무자	무자	무자	무자	무자
월주 (생월)		계해	계해	계해	계해	계해	계해	계해	계해	계해	계해	계해	**갑자**	갑자
일주 (생일)		갑신	을유	병술	정해	무자	기축	경인	신묘	임진	계사	갑오	을미	병신
대운	남	4	3	3	3	2	2	2	1	1	1	1	10	10
	여	6	7	7	7	8	8	8	9	9	9	10	10	1

음 12 월		1	2	3	4	5	6	7	8	9	10	11	12	13
양 력		**12/24**	25	26	27	28	29	30	31	**1/1**	2	3	4	5
연주 (생년)		무자	무자	무자	무자	무자	무자	무자	무자	무자	무자	무자	무자	무자
월주 (생월)		갑자	갑자	갑자	갑자	갑자	갑자	갑자	갑자	갑자	갑자	갑자	갑자	**을축**
일주 (생일)		계축	갑인	을묘	병진	정사	무오	기미	경신	신유	임술	계해	갑자	을축
대운	남	4	4	3	3	3	2	2	2	1	1	1	1	10
	여	6	6	7	7	7	8	8	8	9	9	9	10	10

	14	15	16	17	18	19	20	21	22	23	24	25	26	27	28	29	30
	11	12	13	14	15	16	17	18	19	20	21	22	23	24	25	26	27
음	무자	무자	무자	무자	무자	무자	무자	무자	무자	무자	무자	무자	무자	무자	무자	무자	무자
7	경신	경신	경신	경신	경신	경신	경신	경신	경신	경신	경신	경신	경신	경신	경신	경신	경신
월	무술	기해	경자	신축	임인	계묘	갑진	을사	병오	정미	무신	기유	경술	신해	임자	계축	갑인
	9	9	8	8	8	7	7	7	6	6	6	5	5	5	4	4	4
	1	2	2	2	3	3	3	4	4	4	5	5	5	6	6	6	7

	14	15	16	17	18	19	20	21	22	23	24	25	26	27	28	29	
	10	11	12	13	14	15	16	17	18	19	20	21	22	23	24	25	
음	무자	무자	무자	무자	무자	무자	무자	무자	무자	무자	무자	무자	무자	무자	무자	무자	
8	신유	신유	신유	신유	신유	신유	신유	신유	신유	신유	신유	신유	신유	신유	신유	신유	
월	무진	기사	경오	신미	임신	계유	갑술	을해	병자	정축	무인	기묘	경진	신사	임오	계미	
	9	9	8	8	8	7	7	7	6	6	6	5	5	5	4	4	
	1	1	2	2	2	3	3	3	4	4	4	5	5	5	6	6	

	14	15	16	17	18	19	20	21	22	23	24	25	26	27	28	29	30
	9	10	11	12	13	14	15	16	17	18	19	20	21	22	23	24	25
음	무자	무자	무자	무자	무자	무자	무자	무자	무자	무자	무자	무자	무자	무자	무자	무자	무자
9	임술	임술	임술	임술	임술	임술	임술	임술	임술	임술	임술	임술	임술	임술	임술	임술	임술
월	정유	무술	기해	경자	신축	임인	계묘	갑진	을사	병오	정미	무신	기유	경술	신해	임자	계축
	9	9	9	8	8	8	7	7	7	6	6	6	5	5	5	4	4
	1	1	1	2	2	2	3	3	3	4	4	4	5	5	5	6	6

	14	15	16	17	18	19	20	21	22	23	24	25	26	27	28	29	30
	8	9	10	11	12	13	14	15	16	17	18	19	20	21	22	23	24
음	무자	무자	무자	무자	무자	무자	무자	무자	무자	무자	무자	무자	무자	무자	무자	무자	무자
10	계해	계해	계해	계해	계해	계해	계해	계해	계해	계해	계해	계해	계해	계해	계해	계해	계해
월	정묘	무진	기사	경오	신미	임신	계유	갑술	을해	병자	정축	무인	기묘	경진	신사	임오	계미
	9	9	9	8	8	8	7	7	7	6	6	6	5	5	5	4	4
	1	1	1	2	2	2	3	3	3	4	4	4	5	5	5	6	6

	14	15	16	17	18	19	20	21	22	23	24	25	26	27	28	29	
	8	9	10	11	12	13	14	15	16	17	18	19	20	21	22	23	
음	무자	무자	무자	무자	무자	무자	무자	무자	무자	무자	무자	무자	무자	무자	무자	무자	
11	갑자	갑자	갑자	갑자	갑자	갑자	갑자	갑자	갑자	갑자	갑자	갑자	갑자	갑자	갑자	갑자	
월	정유	무술	기해	경자	신축	임인	계묘	갑진	을사	병오	정미	무신	기유	경술	신해	임자	
	9	9	9	8	8	8	7	7	7	6	6	6	5	5	5	4	
	1	1	1	2	2	2	3	3	3	4	4	4	5	5	5	6	

	14	15	16	17	18	19	20	21	22	23	24	25	26	27	28	29	30
	6	7	8	9	10	11	12	13	14	15	16	17	18	19	20	21	22
음	무자	무자	무자	무자	무자	무자	무자	무자	무자	무자	무자	무자	무자	무자	무자	무자	무자
12	을축	을축	을축	을축	을축	을축	을축	을축	을축	을축	을축	을축	을축	을축	을축	을축	을축
월	병인	정묘	무진	기사	경오	신미	임신	계유	갑술	을해	병자	정축	무인	기묘	경진	신사	임오
	9	9	9	8	8	8	7	7	7	6	6	6	5	5	5	4	4
	1	1	1	1	2	2	2	3	3	3	4	4	4	5	5	5	6

2069(기축)년 【단기 4402년】

월	구분														
음 1 월	음력		1	2	3	4	5	6	7	8	9	10	11	12	13
	양력		**1/23**	24	25	26	27	28	29	30	31	**2/1**	2	3	4
	연주 (생년)		무자	무자	무자	무자	무자	무자	무자	무자	무자	무자	무자	**기축**	기축
	월주 (생월)		을축	을축	을축	을축	을축	을축	을축	을축	을축	을축	을축	**병인**	병인
	일주 (생일)		계미	갑신	을유	병술	정해	무자	기축	경인	신묘	임진	계사	갑오	을미
	대운	남	4	3	3	3	2	2	2	1	1	1	1	10	1
		여	6	6	7	7	7	8	8	8	9	9	9	10	10
음 2 월	음력		1	2	3	4	5	6	7	8	9	10	11	12	13
	양력		**2/22**	23	24	25	26	27	28	**3/1**	2	3	4	5	6
	연주 (생년)		기축	기축	기축	기축	기축	기축	기축	기축	기축	기축	기축	기축	기축
	월주 (생월)		병인	병인	병인	병인	병인	병인	병인	병인	병인	병인	병인	**정묘**	정묘
	일주 (생일)		계축	갑인	을묘	병진	정사	무오	기미	경신	신유	임술	계해	갑자	을축
	대운	남	6	7	7	7	8	8	8	9	9	9	10	10	1
		여	4	3	3	3	2	2	2	1	1	1	1	10	10
음 3 월	음력		1	2	3	4	5	6	7	8	9	10	11	12	13
	양력		**3/23**	24	25	26	27	28	29	30	31	**4/1**	2	3	4
	연주 (생년)		기축	기축	기축	기축	기축	기축	기축	기축	기축	기축	기축	기축	기축
	월주 (생월)		정묘	정묘	정묘	정묘	정묘	정묘	정묘	정묘	정묘	정묘	정묘	정묘	**무진**
	일주 (생일)		임오	계미	갑신	을유	병술	정해	무자	기축	경인	신묘	임진	계사	갑오
	대운	남	6	6	7	7	7	8	8	8	9	9	9	10	10
		여	4	4	3	3	3	2	2	2	1	1	1	1	10
음 4 월	음력		1	2	3	4	5	6	7	8	9	10	11	12	13
	양력		**4/21**	22	23	24	25	26	27	28	29	30	**5/1**	2	3
	연주 (생년)		기축	기축	기축	기축	기축	기축	기축	기축	기축	기축	기축	기축	기축
	월주 (생월)		무진	무진	무진	무진	무진	무진	무진	무진	무진	무진	무진	무진	무진
	일주 (생일)		신해	임자	계축	갑인	을묘	병진	정사	무오	기미	경신	신유	임술	계해
	대운	남	6	6	6	7	7	7	8	8	8	9	9	9	10
		여	5	4	4	4	3	3	3	2	2	2	1	1	1
윤 4 월	음력		1	2	3	4	5	6	7	8	9	10	11	12	13
	양력		**5/21**	22	23	24	25	26	27	28	29	30	31	**6/1**	2
	연주 (생년)		기축	기축	기축	기축	기축	기축	기축	기축	기축	기축	기축	기축	기축
	월주 (생월)		기사	기사	기사	기사	기사	기사	기사	기사	기사	기사	기사	기사	기사
	일주 (생일)		신사	임오	계미	갑신	을유	병술	정해	무자	기축	경인	신묘	임진	계사
	대운	남	5	6	6	6	7	7	7	8	8	8	9	9	9
		여	5	5	4	4	4	3	3	3	2	2	2	1	1
음 5 월	음력		1	2	3	4	5	6	7	8	9	10	11	12	13
	양력		**6/19**	20	21	22	23	24	25	26	27	28	29	30	**7/1**
	연주 (생년)		기축	기축	기축	기축	기축	기축	기축	기축	기축	기축	기축	기축	기축
	월주 (생월)		경오	경오	경오	경오	경오	경오	경오	경오	경오	경오	경오	경오	경오
	일주 (생일)		경술	신해	임자	계축	갑인	을묘	병진	정사	무오	기미	경신	신유	임술
	대운	남	5	5	5	6	6	6	7	7	7	8	8	8	9
		여	6	5	5	5	4	4	4	3	3	3	2	2	2
음 6 월	음력		1	2	3	4	5	6	7	8	9	10	11	12	13
	양력		**7/18**	19	20	21	22	23	24	25	26	27	28	29	30
	연주 (생년)		기축	기축	기축	기축	기축	기축	기축	기축	기축	기축	기축	기축	기축
	월주 (생월)		신미	신미	신미	신미	신미	신미	신미	신미	신미	신미	신미	신미	신미
	일주 (생일)		기묘	경진	신사	임오	계미	갑신	을유	병술	정해	무자	기축	경인	신묘
	대운	남	4	4	5	5	5	6	6	6	7	7	7	8	8
		여	7	6	6	6	5	5	5	4	4	4	3	3	3

	14	15	16	17	18	19	20	21	22	23	24	25	26	27	28	29	30
음	5	6	7	8	9	10	11	12	13	14	15	16	17	18	19	20	21
	기축	기축	기축	기축	기축	기축	기축	기축	기축	기축	기축	기축	기축	기축	기축	기축	기축
1	병인	병인	병인	병인	병인	병인	병인	병인	병인	병인	병인	병인	병인	병인	병인	병인	병인
	병신	정유	무술	기해	경자	신축	임인	계묘	갑진	을사	병오	정미	무신	기유	경술	신해	임자
월	1	1	1	2	2	2	3	3	3	4	4	4	5	5	5	6	6
	9	9	9	8	8	8	7	7	7	6	6	6	5	5	5	4	4
	14	15	16	17	18	19	20	21	22	23	24	25	26	27	28	29	
음	7	8	9	10	11	12	13	14	15	16	17	18	19	20	21	22	
	기축	기축	기축	기축	기축	기축	기축	기축	기축	기축	기축	기축	기축	기축	기축	기축	
2	정묘	정묘	정묘	정묘	정묘	정묘	정묘	정묘	정묘	정묘	정묘	정묘	정묘	정묘	정묘	정묘	
	병인	정묘	무진	기사	경오	신미	임신	계유	갑술	을해	병자	정축	무인	기묘	경진	신사	
월	1	1	1	2	2	2	3	3	3	4	4	4	5	5	5	6	
	9	9	9	8	8	8	7	7	7	6	6	6	5	5	5	4	
	14	15	16	17	18	19	20	21	22	23	24	25	26	27	28	29	
음	5	6	7	8	9	10	11	12	13	14	15	16	17	18	19	20	
	기축	기축	기축	기축	기축	기축	기축	기축	기축	기축	기축	기축	기축	기축	기축	기축	
3	무진	무진	무진	무진	무진	무진	무진	무진	무진	무진	무진	무진	무진	무진	무진	무진	
	을미	병신	정유	무술	기해	경자	신축	임인	계묘	갑진	을사	병오	정미	무신	기유	경술	
월	1	1	1	1	2	2	2	3	3	3	4	4	4	5	5	5	
	10	10	9	9	9	8	8	8	7	7	7	6	6	6	5	5	
	14	15	16	17	18	19	20	21	22	23	24	25	26	27	28	29	30
음	4	5	6	7	8	9	10	11	12	13	14	15	16	17	18	19	20
	기축	기축	기축	기축	기축	기축	기축	기축	기축	기축	기축	기축	기축	기축	기축	기축	기축
4	무진	**기사**	기사	기사	기사	기사	기사	기사	기사	기사	기사	기사	기사	기사	기사	기사	기사
	갑자	을축	병인	정묘	무진	기사	경오	신미	임신	계유	갑술	을해	병자	정축	무인	기묘	경진
월	10	10	1	1	1	1	2	2	2	3	3	3	4	4	4	5	5
	1	10	10	10	9	9	9	8	8	8	7	7	7	6	6	6	5
	14	15	16	17	18	19	20	21	22	23	24	25	26	27	28	29	
윤	3	4	5	6	7	8	9	10	11	12	13	14	15	16	17	18	
	기축	기축	기축	기축	기축	기축	기축	기축	기축	기축	기축	기축	기축	기축	기축	기축	
4	기사	기사	**경오**	경오	경오	경오	경오	경오	경오	경오	경오	경오	경오	경오	경오	경오	
	갑오	을미	병신	정유	무술	기해	경자	신축	임인	계묘	갑진	을사	병오	정미	무신	기유	
월	10	10	10	1	1	1	1	2	2	2	3	3	3	4	4	4	
	1	1	10	10	10	9	9	9	8	8	8	7	7	7	6	6	
	14	15	16	17	18	19	20	21	22	23	24	25	26	27	28	29	
음	2	3	4	5	6	7	8	9	10	11	12	13	14	15	16	17	
	기축	기축	기축	기축	기축	기축	기축	기축	기축	기축	기축	기축	기축	기축	기축	기축	
5	경오	경오	경오	경오	**신미**	신미	신미	신미	신미	신미	신미	신미	신미	신미	신미	신미	
	계해	갑자	을축	병인	정묘	무진	기사	경오	신미	임신	계유	갑술	을해	병자	정축	무인	
월	9	9	10	10	10	1	1	1	1	2	2	2	3	3	3	4	
	1	1	1	1	10	10	10	10	9	9	9	8	8	8	7	7	
	14	15	16	17	18	19	20	21	22	23	24	25	26	27	28	29	30
음	31	**8/1**	2	3	4	5	6	7	8	9	10	11	12	13	14	15	16
	기축	기축	기축	기축	기축	기축	기축	기축	기축	기축	기축	기축	기축	기축	기축	기축	기축
6	신미	신미	신미	신미	신미	신미	신미	**임신**	임신	임신	임신	임신	임신	임신	임신	임신	임신
	임진	계사	갑오	을미	병신	정유	무술	기해	경자	신축	임인	계묘	갑진	을사	병오	정미	무신
월	8	9	9	9	10	10	10	10	1	1	1	1	2	2	2	3	3
	2	2	2	1	1	1	1	10	10	10	9	9	9	8	8	8	7

2069(기축)년 【단기 4402년】

월	구분		1	2	3	4	5	6	7	8	9	10	11	12	13
음 7 월	음력		1	2	3	4	5	6	7	8	9	10	11	12	13
	양력		8/17	18	19	20	21	22	23	24	25	26	27	28	29
	연주 (생년)		기축	기축	기축	기축	기축	기축	기축	기축	기축	기축	기축	기축	기축
	월주 (생월)		임신	임신	임신	임신	임신	임신	임신	임신	임신	임신	임신	임신	임신
	일주 (생일)		기유	경술	신해	임자	계축	갑인	을묘	병진	정사	무오	기미	경신	신유
	대운	남	3	4	4	4	5	5	5	6	6	6	7	7	7
		여	7	7	6	6	6	5	5	5	4	4	4	3	3
음 8 월	음력		1	2	3	4	5	6	7	8	9	10	11	12	13
	양력		9/15	16	17	18	19	20	21	22	23	24	25	26	27
	연주 (생년)		기축	기축	기축	기축	기축	기축	기축	기축	기축	기축	기축	기축	기축
	월주 (생월)		계유	계유	계유	계유	계유	계유	계유	계유	계유	계유	계유	계유	계유
	일주 (생일)		무인	기묘	경진	신사	임오	계미	갑신	을유	병술	정해	무자	기축	경인
	대운	남	3	3	3	4	4	4	5	5	5	6	6	6	7
		여	8	7	7	7	6	6	6	5	5	5	4	4	4
음 9 월	음력		1	2	3	4	5	6	7	8	9	10	11	12	13
	양력		10/15	16	17	18	19	20	21	22	23	24	25	26	27
	연주 (생년)		기축	기축	기축	기축	기축	기축	기축	기축	기축	기축	기축	기축	기축
	월주 (생월)		갑술	갑술	갑술	갑술	갑술	갑술	갑술	갑술	갑술	갑술	갑술	갑술	갑술
	일주 (생일)		무신	기유	경술	신해	임자	계축	갑인	을묘	병진	정사	무오	기미	경신
	대운	남	2	3	3	3	4	4	4	5	5	5	6	6	6
		여	8	7	7	7	6	6	6	5	5	5	4	4	4
음 10 월	음력		1	2	3	4	5	6	7	8	9	10	11	12	13
	양력		11/14	15	16	17	18	19	20	21	22	23	24	25	26
	연주 (생년)		기축	기축	기축	기축	기축	기축	기축	기축	기축	기축	기축	기축	기축
	월주 (생월)		을해	을해	을해	을해	을해	을해	을해	을해	을해	을해	을해	을해	을해
	일주 (생일)		무인	기묘	경진	신사	임오	계미	갑신	을유	병술	정해	무자	기축	경인
	대운	남	2	3	3	3	4	4	4	5	5	5	6	6	6
		여	7	7	7	6	6	6	5	5	5	4	4	4	3
음 11 월	음력		1	2	3	4	5	6	7	8	9	10	11	12	13
	양력		12/14	15	16	17	18	19	20	21	22	23	24	25	26
	연주 (생년)		기축	기축	기축	기축	기축	기축	기축	기축	기축	기축	기축	기축	기축
	월주 (생월)		병자	병자	병자	병자	병자	병자	병자	병자	병자	병자	병자	병자	병자
	일주 (생일)		무신	기유	경술	신해	임자	계축	갑인	을묘	병진	정사	무오	기미	경신
	대운	남	3	3	3	4	4	4	5	5	5	6	6	6	7
		여	7	7	7	6	6	6	5	5	5	4	4	4	3
음 12 월	음력		1	2	3	4	5	6	7	8	9	10	11	12	13
	양력		1/12	13	14	15	16	17	18	19	20	21	22	23	24
	연주 (생년)		기축	기축	기축	기축	기축	기축	기축	기축	기축	기축	기축	기축	기축
	월주 (생월)		정축	정축	정축	정축	정축	정축	정축	정축	정축	정축	정축	정축	정축
	일주 (생일)		정축	무인	기묘	경진	신사	임오	계미	갑신	을유	병술	정해	무자	기축
	대운	남	2	3	3	3	4	4	4	5	5	5	6	6	6
		여	7	7	7	6	6	6	5	5	5	4	4	4	3

월																	
음 7월	14	15	16	17	18	19	20	21	22	23	24	25	26	27	28	29	
	30	31	**9/1**	2	3	4	5	6	7	8	9	10	11	12	13	14	
	기축	기축	기축	기축	기축	기축	기축	기축	기축	기축	기축	기축	기축	기축	기축	기축	
	임신	임신	임신	임신	임신	임신	임신	임신	**계유**	계유	계유	계유	계유	계유	계유	계유	
	임술	계해	갑자	을축	병인	정묘	무진	기사	경오	신미	임신	계유	갑술	을해	병자	정축	
	8	8	8	9	9	9	10	10	10	1	1	1	1	2	2	2	
	3	2	2	2	1	1	1	1	10	10	10	9	9	9	8	8	
음 8월	14	15	16	17	18	19	20	21	22	23	24	25	26	27	28	29	30
	28	29	30	**10/1**	2	3	4	5	6	7	8	9	10	11	12	13	14
	기축	기축	기축	기축	기축	기축	기축	기축	기축	기축	기축	기축	기축	기축	기축	기축	기축
	계유	계유	계유	계유	계유	계유	계유	계유	계유	계유	**갑술**	갑술	갑술	갑술	갑술	갑술	갑술
	신묘	임진	계사	갑오	을미	병신	정유	무술	기해	경자	신축	임인	계묘	갑진	을사	병오	정미
	7	7	8	8	8	9	9	9	10	10	10	1	1	1	1	2	2
	3	3	3	2	2	2	1	1	1	1	10	10	9	9	9	8	8
음 9월	14	15	16	17	18	19	20	21	22	23	24	25	26	27	28	29	30
	28	29	30	31	**11/1**	2	3	4	5	6	7	8	9	10	11	12	13
	기축	기축	기축	기축	기축	기축	기축	기축	기축	기축	기축	기축	기축	기축	기축	기축	기축
	갑술	갑술	갑술	갑술	갑술	갑술	갑술	갑술	갑술	갑술	**을해**	을해	을해	을해	을해	을해	을해
	신유	임술	계해	갑자	을축	병인	정묘	무진	기사	경오	신미	임신	계유	갑술	을해	병자	정축
	7	7	7	8	8	8	9	9	9	10	10	1	1	1	1	2	2
	3	3	3	2	2	2	1	1	1	1	10	9	9	9	8	8	8
음 10월	14	15	16	17	18	19	20	21	22	23	24	25	26	27	28	29	30
	27	28	29	30	**12/1**	2	3	4	5	6	7	8	9	10	11	12	13
	기축	기축	기축	기축	기축	기축	기축	기축	기축	기축	기축	기축	기축	기축	기축	기축	기축
	을해	을해	을해	을해	을해	을해	을해	을해	을해	**병자**	병자	병자	병자	병자	병자	병자	병자
	신묘	임진	계사	갑오	을미	병신	정유	무술	기해	경자	신축	임인	계묘	갑진	을사	병오	정미
	7	7	7	8	8	8	9	9	9	10	1	1	1	1	2	2	2
	3	3	2	2	2	1	1	1	1	10	10	9	9	9	8	8	8
음 11월	14	15	16	17	18	19	20	21	22	23	24	25	26	27	28	29	
	27	28	29	30	31	**1/1**	2	3	4	5	6	7	8	9	10	11	
	기축	기축	기축	기축	기축	기축	기축	기축	기축	기축	기축	기축	기축	기축	기축	기축	
	병자	병자	병자	병자	병자	병자	병자	병자	병자	**정축**	정축	정축	정축	정축	정축	정축	
	신유	임술	계해	갑자	을축	병인	정묘	무진	기사	경오	신미	임신	계유	갑술	을해	병자	
	7	7	8	8	8	9	9	9	10	10	1	1	1	2	2	2	
	3	3	2	2	2	1	1	1	1	10	9	9	9	8	8	8	
음 12월	14	15	16	17	18	19	20	21	22	23	24	25	26	27	28	29	30
	25	26	27	28	29	30	31	**2/1**	2	3	4	5	6	7	8	9	10
	기축	기축	기축	기축	기축	기축	기축	기축	기축	**경인**	경인	경인	경인	경인	경인	경인	경인
	정축	정축	정축	정축	정축	정축	정축	정축	정축	**무인**	무인	무인	무인	무인	무인	무인	무인
	경인	신묘	임진	계사	갑오	을미	병신	정유	무술	기해	경자	신축	임인	계묘	갑진	을사	병오
	7	7	7	8	8	8	9	9	9	10	10	9	9	9	8	8	8
	3	3	2	2	2	1	1	1	1	10	1	1	1	1	2	2	2

2070(경인)년 【단기 4403년】

음 1 월	음력	1	2	3	4	5	6	7	8	9	10	11	12	13
	양력	2/11	12	13	14	15	16	17	18	19	20	21	22	23
	연주 (생년)	경인	경인	경인	경인	경인	경인	경인	경인	경인	경인	경인	경인	경인
	월주 (생월)	무인	무인	무인	무인	무인	무인	무인	무인	무인	무인	무인	무인	무인
	일주 (생일)	정미	무신	기유	경술	신해	임자	계축	갑인	을묘	병진	정사	무오	기미
	대운 남	7	7	7	6	6	6	5	5	5	4	4	4	3
	대운 여	3	3	3	4	4	4	5	5	5	6	6	6	7

음 2 월	음력	1	2	3	4	5	6	7	8	9	10	11	12	13
	양력	3/13	14	15	16	17	18	19	20	21	22	23	24	25
	연주 (생년)	경인	경인	경인	경인	경인	경인	경인	경인	경인	경인	경인	경인	경인
	월주 (생월)	기묘	기묘	기묘	기묘	기묘	기묘	기묘	기묘	기묘	기묘	기묘	기묘	기묘
	일주 (생일)	정축	무인	기묘	경진	신사	임오	계미	갑신	을유	병술	정해	무자	기축
	대운 남	7	7	7	6	6	6	5	5	5	4	4	4	3
	대운 여	3	3	3	4	4	4	5	5	5	6	6	6	7

음 3 월	음력	1	2	3	4	5	6	7	8	9	10	11	12	13
	양력	4/11	12	13	14	15	16	17	18	19	20	21	22	23
	연주 (생년)	경인	경인	경인	경인	경인	경인	경인	경인	경인	경인	경인	경인	경인
	월주 (생월)	경진	경진	경진	경진	경진	경진	경진	경진	경진	경진	경진	경진	경진
	일주 (생일)	병오	정미	무신	기유	경술	신해	임자	계축	갑인	을묘	병진	정사	무오
	대운 남	8	8	7	7	7	6	6	6	5	5	5	4	4
	대운 여	2	3	3	3	4	4	4	5	5	5	6	6	6

음 4 월	음력	1	2	3	4	5	6	7	8	9	10	11	12	13
	양력	5/10	11	12	13	14	15	16	17	18	19	20	21	22
	연주 (생년)	경인	경인	경인	경인	경인	경인	경인	경인	경인	경인	경인	경인	경인
	월주 (생월)	신사	신사	신사	신사	신사	신사	신사	신사	신사	신사	신사	신사	신사
	일주 (생일)	을해	병자	정축	무인	기묘	경진	신사	임오	계미	갑신	을유	병술	정해
	대운 남	9	8	8	8	7	7	7	6	6	6	5	5	5
	대운 여	2	2	2	3	3	3	4	4	4	5	5	5	6

음 5 월	음력	1	2	3	4	5	6	7	8	9	10	11	12	13
	양력	6/9	10	11	12	13	14	15	16	17	18	19	20	21
	연주 (생년)	경인	경인	경인	경인	경인	경인	경인	경인	경인	경인	경인	경인	경인
	월주 (생월)	임오	임오	임오	임오	임오	임오	임오	임오	임오	임오	임오	임오	임오
	일주 (생일)	을사	병오	정미	무신	기유	경술	신해	임자	계축	갑인	을묘	병진	정사
	대운 남	9	9	9	8	8	8	7	7	7	6	6	6	5
	대운 여	1	2	2	2	3	3	3	4	4	4	5	5	5

음 6 월	음력	1	2	3	4	5	6	7	8	9	10	11	12	13
	양력	7/8	9	10	11	12	13	14	15	16	17	18	19	20
	연주 (생년)	경인	경인	경인	경인	경인	경인	경인	경인	경인	경인	경인	경인	경인
	월주 (생월)	계미	계미	계미	계미	계미	계미	계미	계미	계미	계미	계미	계미	계미
	일주 (생일)	갑술	을해	병자	정축	무인	기묘	경진	신사	임오	계미	갑신	을유	병술
	대운 남	10	10	9	9	9	8	8	8	7	7	7	6	6
	대운 여	1	1	1	1	2	2	2	3	3	3	4	4	4

음 1 월	14	15	16	17	18	19	20	21	22	23	24	25	26	27	28	29	30
	24	25	26	27	28	**3/1**	2	3	4	5	6	7	8	9	10	11	12
	경인	경인	경인	경인	경인	경인	경인	경인	경인	경인	경인	경인	경인	경인	경인	경인	경인
	무인	무인	무인	무인	무인	무인	무인	무인	무인	**기묘**	기묘	기묘	기묘	기묘	기묘	기묘	기묘
	경신	신유	임술	계해	갑자	을축	병인	정묘	무진	기사	경오	신미	임신	계유	갑술	을해	병자
	3	3	2	2	2	1	1	1	1	10	10	9	9	9	8	8	8
	7	7	8	8	8	9	9	9	10	10	1	1	1	1	2	2	2

음 2 월	14	15	16	17	18	19	20	21	22	23	24	25	26	27	28	29	
	26	27	28	29	30	31	**4/1**	2	3	4	5	6	7	8	9	10	
	경인	경인	경인	경인	경인	경인	경인	경인	경인	경인	경인	경인	경인	경인	경인	경인	
	기묘	기묘	기묘	기묘	기묘	기묘	기묘	기묘	기묘	**경진**	경진	경진	경진	경진	경진	경진	
	경인	신묘	임진	계사	갑오	을미	병신	정유	무술	기해	경자	신축	임인	계묘	갑진	을사	
	3	3	2	2	2	1	1	1	1	10	10	10	9	9	9	8	
	7	7	8	8	8	9	9	9	10	10	1	1	1	1	2	2	

음 3 월	14	15	16	17	18	19	20	21	22	23	24	25	26	27	28	29	
	24	25	26	27	28	29	30	**5/1**	2	3	4	5	6	7	8	9	
	경인	경인	경인	경인	경인	경인	경인	경인	경인	경인	경인	경인	경인	경인	경인	경인	
	경진	경진	경진	경진	경진	경진	경진	경진	경진	경진	경진	**신사**	신사	신사	신사	신사	
	기미	경신	신유	임술	계해	갑자	을축	병인	정묘	무진	기사	경오	신미	임신	계유	갑술	
	4	3	3	3	2	2	2	1	1	1	1	10	10	10	9	9	
	7	7	7	8	8	8	9	9	9	10	10	10	1	1	1	1	

음 4 월	14	15	16	17	18	19	20	21	22	23	24	25	26	27	28	29	30
	23	24	25	26	27	28	29	30	31	**6/1**	2	3	4	5	6	7	8
	경인	경인	경인	경인	경인	경인	경인	경인	경인	경인	경인	경인	경인	경인	경인	경인	경인
	신사	신사	신사	신사	신사	신사	신사	신사	신사	신사	신사	신사	신사	**임오**	임오	임오	임오
	무자	기축	경인	신묘	임진	계사	갑오	을미	병신	정유	무술	기해	경자	신축	임인	계묘	갑진
	4	4	4	3	3	3	2	2	2	1	1	1	1	10	10	10	10
	6	6	7	7	7	8	8	8	9	9	9	10	10	10	1	1	1

음 5 월	14	15	16	17	18	19	20	21	22	23	24	25	26	27	28	29	
	22	23	24	25	26	27	28	29	30	**7/1**	2	3	4	5	6	7	
	경인	경인	경인	경인	경인	경인	경인	경인	경인	경인	경인	경인	경인	경인	경인	경인	
	임오	임오	임오	임오	임오	임오	임오	임오	임오	임오	임오	임오	임오	임오	임오	**계미**	
	무오	기미	경신	신유	임술	계해	갑자	을축	병인	정묘	무진	기사	경오	신미	임신	계유	
	5	5	4	4	4	3	3	3	2	2	2	1	1	1	1	10	
	6	6	6	7	7	7	8	8	8	9	9	9	10	10	10	10	

음 6 월	14	15	16	17	18	19	20	21	22	23	24	25	26	27	28	29	
	21	22	23	24	25	26	27	28	29	30	31	**8/1**	2	3	4	5	
	경인	경인	경인	경인	경인	경인	경인	경인	경인	경인	경인	경인	경인	경인	경인	경인	
	계미	계미	계미	계미	계미	계미	계미	계미	계미	계미	계미	계미	계미	계미	계미	계미	
	정해	무자	기축	경인	신묘	임진	계사	갑오	을미	병신	정유	무술	기해	경자	신축	임인	
	6	5	5	5	4	4	4	3	3	3	2	2	2	1	1	1	
	5	5	5	6	6	6	7	7	7	8	8	8	9	9	9	10	

2070(경인)년 【단기 4403년】

음 7월														
음력		1	2	3	4	5	6	7	8	9	10	11	12	13
양력		**8/6**	7	8	9	10	11	12	13	14	15	16	17	18
연주 (생년)		경인	경인	경인	경인	경인	경인	경인	경인	경인	경인	경인	경인	경인
월주 (생월)		계미	**갑신**	갑신	갑신	갑신	갑신	갑신	갑신	갑신	갑신	갑신	갑신	갑신
일주 (생일)		계묘	갑진	을사	병오	정미	무신	기유	경술	신해	임자	계축	갑인	을묘
대운	남	1	10	10	10	9	9	9	8	8	8	7	7	7
	여	10	10	1	1	1	1	2	2	2	3	3	3	4

음 8월														
음력		1	2	3	4	5	6	7	8	9	10	11	12	13
양력		**9/5**	6	7	8	9	10	11	12	13	14	15	16	17
연주 (생년)		경인	경인	경인	경인	경인	경인	경인	경인	경인	경인	경인	경인	경인
월주 (생월)		갑신	갑신	**을유**	을유	을유	을유	을유	을유	을유	을유	을유	을유	을유
일주 (생일)		계유	갑술	을해	병자	정축	무인	기묘	경진	신사	임오	계미	갑신	을유
대운	남	1	1	10	10	10	9	9	9	8	8	8	7	7
	여	10	10	10	1	1	1	1	2	2	2	3	3	3

음 9월														
음력		1	2	3	4	5	6	7	8	9	10	11	12	13
양력		**10/4**	5	6	7	8	9	10	11	12	13	14	15	16
연주 (생년)		경인	경인	경인	경인	경인	경인	경인	경인	경인	경인	경인	경인	경인
월주 (생월)		을유	을유	을유	을유	**병술**	병술	병술	병술	병술	병술	병술	병술	병술
일주 (생일)		임인	계묘	갑진	을사	병오	정미	무신	기유	경술	신해	임자	계축	갑인
대운	남	1	1	1	1	10	10	9	9	9	8	8	8	7
	여	9	9	10	10	10	1	1	1	1	2	2	2	3

음 10월														
음력		1	2	3	4	5	6	7	8	9	10	11	12	13
양력		**11/3**	4	5	6	7	8	9	10	11	12	13	14	15
연주 (생년)		경인	경인	경인	경인	경인	경인	경인	경인	경인	경인	경인	경인	경인
월주 (생월)		병술	병술	병술	병술	**정해**	정해	정해	정해	정해	정해	정해	정해	정해
일주 (생일)		임신	계유	갑술	을해	병자	정축	무인	기묘	경진	신사	임오	계미	갑신
대운	남	1	1	1	1	10	10	9	9	9	8	8	8	8
	여	9	9	9	10	10	1	1	1	1	2	2	2	3

음 11월														
음력		1	2	3	4	5	6	7	8	9	10	11	12	13
양력		**12/3**	4	5	6	7	8	9	10	11	12	13	14	15
연주 (생년)		경인	경인	경인	경인	경인	경인	경인	경인	경인	경인	경인	경인	경인
월주 (생월)		정해	정해	정해	정해	**무자**	무자	무자	무자	무자	무자	무자	무자	무자
일주 (생일)		임인	계묘	갑진	을사	병오	정미	무신	기유	경술	신해	임자	계축	갑인
대운	남	1	1	1	1	10	9	9	9	8	8	8	7	7
	여	9	9	9	10	10	1	1	1	1	2	2	2	3

음 12월														
음력		1	2	3	4	5	6	7	8	9	10	11	12	13
양력		**1/1**	2	3	4	5	6	7	8	9	10	11	12	13
연주 (생년)		경인	경인	경인	경인	경인	경인	경인	경인	경인	경인	경인	경인	경인
월주 (생월)		무자	무자	무자	무자	**기축**	기축	기축	기축	기축	기축	기축	기축	기축
일주 (생일)		신미	임신	계유	갑술	을해	병자	정축	무인	기묘	경진	신사	임오	계미
대운	남	1	1	1	1	10	10	9	9	9	8	8	8	7
	여	8	9	9	9	10	1	1	1	1	2	2	2	3

음 7 월	14	15	16	17	18	19	20	21	22	23	24	25	26	27	28	29	30
	19	20	21	22	23	24	25	26	27	28	29	30	31	**9/1**	2	3	4
	경인	경인	경인	경인	경인	경인	경인	경인	경인	경인	경인	경인	경인	경인	경인	경인	경인
	갑신	갑신	갑신	갑신	갑신	갑신	갑신	갑신	갑신	갑신	갑신	갑신	갑신	갑신	갑신	갑신	갑신
	병진	정사	무오	기미	경신	신유	임술	계해	갑자	을축	병인	정묘	무진	기사	경오	신미	임신
	6	6	6	5	5	5	4	4	4	3	3	3	2	2	2	1	1
	4	4	5	5	5	6	6	6	7	7	7	8	8	8	9	9	
음 8 월	14	15	16	17	18	19	20	21	22	23	24	25	26	27	28	29	
	18	19	20	21	22	23	24	25	26	27	28	29	30	**10/1**	2	3	
	경인	경인	경인	경인	경인	경인	경인	경인	경인	경인	경인	경인	경인	경인	경인	경인	
	을유	을유	을유	을유	을유	을유	을유	을유	을유	을유	을유	을유	을유	을유	을유	을유	
	병술	정해	무자	기축	경인	신묘	임진	계사	갑오	을미	병신	정유	무술	기해	경자	신축	
	7	6	6	6	5	5	5	4	4	4	3	3	3	2	2	2	
	4	4	4	5	5	5	6	6	6	7	7	7	8	8	8	9	
음 9 월	14	15	16	17	18	19	20	21	22	23	24	25	26	27	28	29	30
	17	18	19	20	21	22	23	24	25	26	27	28	29	30	31	**11/1**	2
	경인	경인	경인	경인	경인	경인	경인	경인	경인	경인	경인	경인	경인	경인	경인	경인	경인
	병술	병술	병술	병술	병술	병술	병술	병술	병술	병술	병술	병술	병술	병술	병술	병술	병술
	을묘	병진	정사	무오	기미	경신	신유	임술	계해	갑자	을축	병인	정묘	무진	기사	경오	신미
	7	7	6	6	6	5	5	5	4	4	4	3	3	3	2	2	2
	3	3	4	4	4	5	5	5	6	6	6	7	7	7	8	8	8
음 10 월	14	15	16	17	18	19	20	21	22	23	24	25	26	27	28	29	30
	16	17	18	19	20	21	22	23	24	25	26	27	28	29	30	**12/1**	2
	경인	경인	경인	경인	경인	경인	경인	경인	경인	경인	경인	경인	경인	경인	경인	경인	경인
	정해	정해	정해	정해	정해	정해	정해	정해	정해	정해	정해	정해	정해	정해	정해	정해	정해
	을유	병술	정해	무자	기축	경인	신묘	임진	계사	갑오	을미	병신	정유	무술	기해	경자	신축
	7	7	6	6	6	5	5	5	4	4	4	3	3	3	2	2	2
	3	3	4	4	4	5	5	5	6	6	6	7	7	7	8	8	8
음 11 월	14	15	16	17	18	19	20	21	22	23	24	25	26	27	28	29	
	16	17	18	19	20	21	22	23	24	25	26	27	28	29	30	31	
	경인	경인	경인	경인	경인	경인	경인	경인	경인	경인	경인	경인	경인	경인	경인	경인	
	무자	무자	무자	무자	무자	무자	무자	무자	무자	무자	무자	무자	무자	무자	무자	무자	
	을묘	병진	정사	무오	기미	경신	신유	임술	계해	갑자	을축	병인	정묘	무진	기사	경오	
	7	6	6	6	5	5	5	4	4	4	3	3	3	2	2	2	
	3	3	4	4	4	5	5	5	6	6	6	7	7	7	8	8	
음 12 월	14	15	16	17	18	19	20	21	22	23	24	25	26	27	28	29	30
	14	15	16	17	18	19	20	21	22	23	24	25	26	27	28	29	30
	경인	경인	경인	경인	경인	경인	경인	경인	경인	경인	경인	경인	경인	경인	경인	경인	경인
	기축	기축	기축	기축	기축	기축	기축	기축	기축	기축	기축	기축	기축	기축	기축	기축	기축
	갑신	을유	병술	정해	무자	기축	경인	신묘	임진	계사	갑오	을미	병신	정유	무술	기해	경자
	7	7	6	6	6	5	5	5	4	4	4	3	3	3	2	2	2
	3	3	4	4	4	5	5	5	6	6	6	7	7	7	3	3	3

편저자

박규병

이 책을 쓴 저자 청필(淸苾) 박규병은 1941년 황해도에서 태어나, 서울 양정고등학교를 거쳐 고려대학교 사학과를 졸업했다. 20여 년 교직생활을 하면서 개인적으로 역학에 심취, 학생들의 사주를 통해 적성과 진로 등을 입시전략에 응용하여 많은 수험생들을 자신이 원하는 대학에 합격시켰다.
앞으로 학원을 설립하여 역학에 관심이 있으나 기존의 방법으로는 배우기 힘들어하는 사람들을 위하여 이 책의 내용을 기초로 후진양성에 여생을 보내고자 한다.

1935(을해)년~2070(경인)년

한글 四柱·大運 만세력

1판 1쇄 발행_2012년 8월 20일
편 저 자 • 박 규 병
발 행 인 • 정 현 걸
발 행 • 신 아 사
인 쇄 • 예지인쇄
출판등록 • 1956년 1월 5일 (제9-52호)
주 소 • 서울특별시 은평구 녹번동 28-36번지 2F
전 화 • 02) 382-6411 • 팩스 02) 382-6401
홈페이지 • www.shinasa.co.kr
E-MAIL • shinasa@chol.com

ISBN 978-89-8396-773-2

정가 *25,000*원